彭树智◎著

两斋文明

【第三卷】

自觉论随笔

LIANGZHAI WENMING
ZIJUELUN SUIBI

中国社会科学出版社

目　录

第　三　卷

第九集　历史明智

第十集 中东国家和中东政治

第九集

历史明智

第 一 编

世界史、中东史

一 马克思、恩格斯的"大历史"观

马克思、恩格斯在《德意志意识形态》中指出:"我们仅仅知道一门唯一的科学,即历史科学。历史可以从两方面来考察,可以把它划分为自然史和人类史。但是这两方面是不可分割的;只要有人类存在,自然史和人类史就彼此相互制约。……我们所需要研究的是人类史,因为几乎整个意识形态,不是曲解人类史,就是完全排除人类史。意识形态本身不过是人类史的一个方面。"(《马克思恩格斯选集》第 1 卷,人民出版社 1995 年版,第 66 页)

这种"大历史"观是宏观审视历史的尺度,它体现了历史科学的整体性和联系性,也反映人类与自然之间交往的历史逻辑。人类是大自然之子,大自然宇宙是人类赖以生存和发展的物质基础。大自然在先,人类在后。先有大自然,而后才有人类。所以自然史先于人类史,也大于人类史。

人类生活在自然界之中,以某种人文化的自然物为工具,如石器、陶器、铜器、铁器、机器;或以人的某种生产为业,如渔猎业、游牧业、农业、工业等而形成种种物质文明,以及在此基础上产生的精神、制度、文明,以及与之相联系的生态文明。人类有了文明,就有文明交往,从而产生了由交往自发性发展到交往自觉性,进而走向人类文明交往自觉的历史不断更新进程。

人猿揖别以后的人类史,仍然与自然交往密切,彼此依存又互相制约,呈互动交织状态。不过,人类史终究从自然史分离而出,成为独立的历史和专门的人类学科。随着文字和国家的产生,开始了人类的文明史。文明史是人类历史主要的内容,它以制造工具(石器、铜器等)以及从事渔牧、狩猎、农业而成为各时期不同的文明社会。不过,不能忽略自然生态环境对每个文明提供的直接机遇和发展前提。人类脱离了蒙昧、野蛮状态以后,便逐渐发展到具有经济、社会、文化传承和政治制度开化状态的文明史时期。

马克思、恩格斯的"大历史"观还表现为人类文明史中的世界史阶段。世界史是人类文明史转变的结果,是人类文明史中的工业文明新阶段。用马克思、恩格斯的提法,大工业"首次开创了世界历史,因为它使每个文明国家以及这些国家中每一个的需要满足都依赖于整个世界,因为消灭了以往自然形成的各国的孤立状态"。(同上书,第 67 页)马克思还明确地说:"世界史不是过去一直存在的;作为世界史的历史是结果。"(同上书,第 28 页)马克思和恩格斯解释这个转变的关键交往互动规律所致:"各个相互影响的活动范围在这个发展过程中越是扩大,各民族原始状态由于日益完善的生产方式、交往以及因交往而自然形成的不同民族之间的分工消灭得越得彻底,历史也就越是成为世界史。"(同上书,第 88 页)显然,这里的世界史与今日的"全球化"概念是一致的。

由以上的"大历史"观把历史科学贯而通之成为一个大的整体,这就避免了仅仅从自然史、人类史、文明史、世界史本身而孤立地谈论历史,也清晰地看出了历史科学发展的整体面貌。根据这个思路,也避免了就地区史、国别史、专门史而谈论各自专业的局限。这样,历史科学的发展脉络应该是:

自然史——人类史——文明史——世界史——地区史——国别史——专门史。

二　马克思、恩格斯的世界历史理论

(一)马克思关于世界史的理论中,最可注意的是关于"世界史"的理念。按常识说,世界史是全世界的历史,而不是地区、国别、专门史的简单之和。然而,马克思的世界史理念与常识上的世界史不同,它是历史哲学理念,即从事物交往互动规律的变化上观察世界历史的变化。具体说,是从生产力和生产关系发展到资本主义社会后,各民族、各国家因世界市场和资本的普遍联系而出现的世界史。交往的普遍性,表现为西欧资本主义的现代性向全球强行扩张和民族国家之间的联系加强而融合的世界史。这是人类文明交往的全球化时期,是人类文明史的世界史阶段。

（二）过去，对马克思主义的古典经济学来源开掘较多。例如世界市场、殖民理论、现代民族国家等方面，都与世界史理论直接相关。在世界史理论来源方面，还应注意黑格尔的世界主义思想，特别是其整体观、发展观。马克思摒弃了黑格尔的唯心主义、抽象化、民族偏见，尤其是他用生产力、生产关系、生产方式取代了唯心主义的"世界精神"。黑格尔没有看到历史向世界史转变的真正动力，马克思的创造性在于发现了生产力和生产关系的矛盾交互运动正是这种动力所在。他认为："非常明显，随着每一次社会制度的巨大变革，人们的观点和观念也会发生变革，……但是现在的变革和过去一切变革不同的地方恰恰在于人们最终识破了这种历史变革的秘密。"（《马克思恩格斯全集》第 7 卷，人民出版社 1959 年版，第 240 页）

（三）世界史成为人类文明史的新的自觉时期，其标志在于生产力和生产关系发生了根本的变动，其中关键一点在社会分工的大变动。在人类文明史上，"物质劳动与精神劳动的最大一次分工，就是城市与乡村的分离"，它伴随着"野蛮向文明的过渡、部落向国家的过渡，城市的局限性向民族的过渡"（《马克思恩格斯全集》第 1 卷，人民出版社 1995 年版，第 86、104 页）。这次大分工无疑是开创性的、空前的，但不是唯一的、绝后的。只是资本主义大工业分工社会化的社会性、扩张性，才开始了人类文明史上的新时代。大工业分工带来了交往的普遍性、世界性、全球性，而交往的变动促进了生产力，特别是科学技术的保存和传播。正是交往的这些特性，推动了历史向世界史发展，带动了全世界范围的文明化。交往运动中的资产者奔走于全球，凭借着交往工具如通信技术、运输工具、货币、军事上的坚船重炮，进行更广阔的世界范围活动。如马克思、恩格斯在《共产党宣言》中所讲："资产阶级，由于一切生产工具的迅速改进，由于交通极其便利，把一切民族甚至最野蛮的民族都卷进文明中来了……它迫使它们在自己那里推行所谓的文明，即变为资产者。一句话，它按照自己的面貌为自己创造了一个世界。"

（四）马克思非常重视交往在人类文明史中的作用。他最早表达生产力和生产关系的矛盾运动，用的是"一切冲突都根源于生产力和交往形式之间的矛盾"。（《马克思恩格斯全集》第 1 卷，人民出版社 1995 年版，第 89 页）他把"生产关系"称为"交往形式"，这表明他特别注重人类文明交往中的经济交往。他把"生产关系"从一般经济关系（经济交往）中抽出来，足见他对生产交往在经济交往中重要性的关注。马克思研究经济和生产关系，目的在于研究其中的规律。从经济学方面说，历史转变为"世界历史"，是资本不断追求剩余价值的本性所驱动的资本主义生产方式向全球扩张的结果。他认为，要揭示资产阶级的经济规律，无须描述生产关系的真实历史。但是把这些生产关系作为历史上已经形成的关系来正确地加以考察和推断，总是会得出这样一些原始的方程式——就像自然科学的经验数据一样——这些方程式会说明在这个制度以前存在的过去。这样启示连同现代的正确理解，也给我们提供了一把理解过去的钥匙——这也是我们希望做的一项独立的工作。另一方面，这种正确的考察同样会得到预示生产关系的现代形式扬弃之点，从而预示着未来的先兆，变易的运动。这是对生产关系这种交往形式对过去、现在和未来作用的说明。生产关系也就是生产交往，它是经济交往的一部分，当然是重要的一部分。交往是个广义的概念，涵盖面相当广泛。马克思、恩格斯在《德意志意识形态》一书中，多次谈到"交往"，都与人类文明交往有关。我在《文明交往论》中已谈到一些，这里不再重复。

（五）把"文明"和"交往"联系起来，虽不在马克思研究重点之中，但他在许多论述中，提出了很有启示性的思想。例如他在《摩尔根古代社会摘要》中，就引摘摩尔根的"美国人的文明以及同美国人的交往，冲击了印第安人的制度；从而使他们的民族文化生活正处于逐步崩溃之中"(《马克思恩格斯全集》第 46 卷（上），人民出版社 1979 年版，第 558 页)。例如在关于英国文明与印度文明的交往文章中，深刻地论述了英国对印度"小小的半野蛮半文明的公社"(《马克思恩格斯全集》第 1 卷，人民出版社 1995 年版，第 765 页)的破坏，是社会的变革。再例如，马克思也总结过一条文明交往很重要的规律："野蛮的征服者总是被那些他们所征服的民族的较高文明所征服，这是一条永恒的历史规律。"(《马克思恩格斯全集》第 7 卷，人民出版社 1961 年版，第 247 页)此外，马克思恩格斯在《共产党宣言》中谈的"许多种民族的地方的文学形成了一种世界的文学"中的"文学"（Literatur），德语泛指科学、艺术、哲学、政治等方面著作，即泛指精神文化（文明）。总之，这方面研究的空间相当广阔。

（六）马克思的世界史理论是与他的人类解放和共产主义思想联系在一起的。他有以下论点可证：

1. "每一个单个人的解放程度是与历史完全变为世界历史的程度一致的。"(《马克思恩格斯选集》第 1 卷，人民出版社 1995 年版，第 89 页)

2. "单个人随着自己的活动扩大为世界历史性的活动，越来越受到对他们来说是异己力量的支配，受到日益扩大的、归根结底表现为世界市场的力量的支配，这种情况在迄今为止的历史中当然也是经验事实。"(同上)

3. "历史从哪里开始，思维进程也应当从哪里开始，而思维进程的进一步发展，不过是历史进程在抽象的、理论上前后一贯的形式上的反映；这种反映是经过修正的、然而是按照历史过程本身的规律修正的。"（同上书，第2卷，第43页）

4. "所有历史编纂家，主要是18世纪以来的历史编纂家……必然会碰到这样一种现象：占统治地位的将是越来越抽象的思想，即越来越具有普遍性形式的思想。"（同上书，第1卷，第100页）

5. "自由人的联合体"，"每个人的自由发展是一切人的自由发展的条件"中的"自由"为哲学概念，而不是社会学、政治学及日常生活中的概念。它是指过去人们的发展受到各种自然和社会的限制而言，它意味着人们能够对自己的生产和交往、对历史发展、社会生活可以自觉控制与支配。这就是由全球性交往和各民族国家融合的加深，最终走向人类的解放——共产主义的历史趋势。如马克思和恩格斯所说的："生产关系或交往关系的基础，并且第一次自觉地把一切自发形成的前提，看作是前人的创造，消除这些前提的自发性，使它受到联合起来的个人的支配。"（同上书，第1卷，第122页）

上述论点，归纳起来，在我看来都是人类文明交往的自觉问题。

三　论当代史

（一）对克罗齐"一切历史都是当代史"三解

1. 人们总是站在他们的时代看历史，任何史书史论总是为解决时代所赋予的问题而作的，因此必然以当代眼光观察和解释历史。因此克罗齐此语有部分真理。

2. 但是人们要研究历史，不可滥用此说，不可无限延伸，不可不顾史实任意评说，否则会陷入谬误和歪曲历史，尤其"一切历史"的提法，是以偏求全，太绝对化了。须知：真理向前跨出一步，就会变成谬误。对此要具体问题具体分析和运用。

3. 有人说，研究历史，要恢复历史本来面目。事实上要完全恢复历史本来面目，是不可能做到的，也不必去做。

"一切历史都是当代史"这个"历史命题"有点"凡是的味道"。似乎和傅斯年的"史学即史料学"的命题一样，只有局部的真理，可以在一定条件下加以强调。不过傅氏命题似乎比克罗齐有更多的真理性，因为史料是史学的基础，缺点是把史论一层忽略了。记得我在西北大学的老师陈登原先生（《国史旧闻》、《中国文化史》、《历史之重演》作者）在讲"史料学"时，就说过："史料是铜钱，史论是钱串子，只有用钱串子把铜线串贯起来"，才可称之"贯通"的史学。

（二）在何种意义上，"当代"可以成史

1. 两种"职责"：历史学家是把实际发生的事讲明白；评论家是评论发生的事。这二者职责有别。历史学家研究当代史的戒心：离我们的价值世界太近；历史判断必须有距离感；史料多而无筛选与甄别时间，容易随心、主观。

2. 传统与理想："通古今之变"（太史公）；"习六艺之文，考百王之典，综当代之务"（顾炎武：《日知录》）。

3. 理解事件的来龙去脉（内在逻辑——区分"把戏"与真影响；史学修养、历史感与历史甄别工作；避免过度的文化和诗意阐释的冲动）。

4. 跟随历史、思考历史，发现演变脉络，要有耐性，避免浮躁而开特别快车、下结论。不仅广泛收集材料，还要审视研究标准和方法。

5. 超越史学研究中古代与现代的学科界限和传统分野，具有宽深视野和穿透力。

6. "越是走近我们自己的时代，就越难于分辨什么是持久的成就，什么是短的时尚。"这是贡布里希在《艺术的故事》第11版中增加《没有结尾的故事——现代主义的故事》的语句。

（三）当代史种种思考

1. 当代，即当今时代，如此贴近我们，许多现状尚未沉淀凝固，不少东西尚待打捞搜集，最急需表现出研究者的锐利眼光和思维穿透力。当代，称之为记录，可以；称之为历史，难。退而言之，回顾与反思，下真工夫是有价值的。

2. 当代史不只是政治史，还要注意经济、社会生活史和文化思想史。这中间就有传承问题。文化思想中的传承，与生物学中的遗传形类似而实不同，血缘纽带与遗传变异也相像而实有大异。有文化、有理想的传承，最重要的研究工作，是理清脉络，发现内外联系，弄清交往关系，作出准确判断。在这里，学问功力固然重要，勇气和毅力更关键。

3. 历史不能假设，但历史有规律可循，可以以史事为根据，以常识为基点。可以用无数个"如果"，寻找事物发展的各种可能性。当代世界是怎样的世界？这应成为常问常新的问题。

4. 以文明交往自觉思想为中心线索，在别人止步停笔之处，前进！在别人不着笔之处，写作！

四　简说世界当代史

编完《世界史·当代卷》，① 有感于当代人类文明交往的特殊复杂性，有感于它对当代青年理解当代世界的重大意义，于是有本文之作，以飨读者。

（一）

世界当代史的研究对象，是从 1945 年第二次世界大战结束直到当前的人类社会文明史的演进过程，是当今时代的世界历史发展过程。

反法西斯的第二次世界大战胜利，是人类文明对野蛮的胜利。正是这一胜利，把 20 世纪的历史划分为"现代"和"当代"两个不同时期的断代史。

人们有理由把"二战"结束以来的世界史称为世界现代史的第二阶段，也有理由把它称为"战后史"。但是，作为世界史分支学科的断代史，即从世界古代、近代、现代、当代的发展序列结构而言，"当代世界史"的界定更为确切，因而已普遍为世界史学界所认同。

当代世界史的特殊性主要表现为历史因素和现状因素的复杂交织联系。历史是人类过去的、稳定的和已经结束的社会经历，而现状则是人类当前的、动荡的和正在变化着的社会活动。这个历史因素和现状因素相结合的、流动变革的当代世界史，其研究难度是很大的。但可作为范例的，是马克思在他那个时代撰写的当代史——《路易·波拿巴的雾月十八日》一书中，却精妙地体现了"政变的历史"（《马克思恩格斯选集》第 1 卷，人民出版社1995 年版，第 579 页）、"活生生的时事"（《马克思恩格斯选集》第 1 卷，第 582 页）和唯物史观三者有机的统一。

当代世界史的复杂性主要表现在它跨越了 20 世纪和 21 世纪，是距离我

---

① 普通高等教育"十五"国家级规划教材《世界史》4 卷本，由齐世荣总主编，第 4 卷为当代卷，由彭树智主编，高等教育出版社 2006 年出版。

们最近、变化空前迅速，而且是最新的历史时期，也是人类与自然、人类与社会、人类与自身之间文明交往联系最频繁、最密切和广泛而深刻的历史时期。

如果把当代世界史研究的对象加以具体化，首先看到的是两个基本部分：第一，当代世界的事件、人物、思潮、制度的发展已经告一段落、有了明显结局、形成完整体系和出现稳定格局的历史部分；第二，当前的国际政治、经济、军事、文化、科学技术、社会状态等正在发展变化的现状部分。然而，这只是简单的历史与现状的二分法。在当代世界史上，这两部分变动系数很多，互动张力难测，常态和变态并存。

思考当代世界史体系，我想起了 20 世纪初期德国学者斯宾格勒（Oswald Spengler）提出的问题："历史是不是有逻辑呢？"（斯宾格勒：《西方的没落》，齐世荣等译，商务印书馆 1993 年版，第 13 页）我对此回答是肯定的。实质上他寻找的"历史的人类"结构的东西，其逻辑就隐藏在人类文明交往结构的深层。在这个深层之上，既有一系列不确定的、偶然的和无法核对的因素层面，也有许多浮在表面的清晰可见的政治、社会和精神生活等外表形式层面，下层才是人类文明交往长期积累的历史深层结构层面。

克罗齐的名言是：一切历史都是当代史。当代史又是什么呢？当代史是不是有逻辑呢？我对此回答也是肯定的。然而，当代史和一切历史一样，其逻辑是很复杂的，决不能用绝对的"都是"作特别快车式的结论。在当今世界，不同民族、不同国家、不同宗教、不同价值观念之间的文明交往活动中，都存在着历史的内在联系。这种联系是复杂的、多样的、相对的和特殊的人类文明交往逻辑。对当代世界史而言，这种表现在历史逻辑规律的"历史的人类"文明交往结构上，其历史和现状的积累层面变迁，则具有各自独特的文明交往形态。

（二）

当代世界史最显著的特征是日新月异和动荡多变。这种"新异"和"多变"的社会现象，实质上所反映的是人类现代文明交往在当前时代的重大转折。如果把当代世界史的研究对象再加以具体化，在我们面前所显现的，是以下三个递进的、不同类型历史层面[①]的人类文明交往积累发展过程。

---

① 参见彭树智《当代世界史讲座·绪论》，河南大学出版社 1988 年版；另见笔者的《书路鸿踪录》，三秦出版社 2004 年版，第 685—699 页。

第一，当代世界较早稳定下来的新型历史层面。这个历史层面的时间段为1945年"二战"结束到20世纪50年代末。它被称为"战后初期"阶段，是在"二战"直接影响下形成的新的世界历史。它的总特征是"新"，它反映了当代历史转折时期世界经济新变化、世界政治新格局和世界思想文化新潮流。这是全球性崭新的文明交往活动，包括现代化、新的世界体系重建和早期历史成果的积累层面。战后初期最为重大的事件，在世界政治方面是两极格局的形成和冷战的开始，是社会主义国家和发达资本主义国家的政治发展，是西方殖民主义体系的崩溃和亚非拉民族独立国家体系的初步形成。在世界经济方面，是世界经济体系下两大阵营的两个平行市场。这种不利于世界市场发展的状态，随之转变为各国之间的联系日渐增多的态势。特别是伴随"二战"结束而来的第三次技术革命的兴起，这种新的生产力和交往力成为推动世界经济发展的重要动力，呈现出"科学技术化、技术科学化"的显著特征。它冲击到人类社会结构、政治体制、军事力量、思想观念、思维方式的变革，并使这种智慧和创造精神的先进科技，在全球范围内促进和平、发展、合作，造福各国人民。虽然，这些稳定下来的世界历史的特点，是递进式发展和在互动交往中的新变动，不能一刀断流；但作为当代世界史的第一个历史积累层面，则是明确的。

第二，当代世界稳定不久的最新型历史层面。这个历史层面的时间段为20世纪60年代到90年代初。亲身经历过第一研究层面的学人，都会记得从"大动荡、大分化、大改组"到东欧剧变和苏联解体的观察过程。它与战后稳定的两极格局不同，出现了新兴民族独立国家和不结盟运动，两大阵营已经分化，多极趋势已经萌生，两极与多极都在冷战中交错运行，终于在20世纪90年代初进入了世界格局大转变的阶段。发达资本主义国家从经济繁荣走向低速发展，社会主义国家经历了多种改革和巨大变动。从1945年到1990年摆脱殖民统治的104个亚非拉民族独立国家，也都在探索着不同的发展模式，其中尤以东亚发展模式的经济高速增长令世人瞩目。亚洲、非洲、拉丁美洲一些新兴的民族国家开始了从农业社会向工业社会发展的现代化改革，特别是发展中的社会主义中国的改革开放，在这一时期呈朝气蓬勃的向上势头。发展中国家的改革走向，虽然曲折而漫长，但这些亿万人口国家的社会经济进展，是人类生产力的大解放，这种人类文明的新演进，为下一个历史层面的形成，积累了基础。以市场经济为特征的全球改革浪潮，从20世纪80年代开始，汹涌澎湃，把现代文明推进到21世纪。总之，20世纪60年代到1991年12月苏联解体和冷战结束，这三十多年的世界激烈变化已经凝固为人类社会最新型的历史层面了。

　　第三，当代世界正在稳定的现状型历史层面。这个层面的时间段为1991年到现在。现状型历史层面有两方面内容，它基本上是现状而不是历史，但已呈现出某些历史征兆；它在某些事件上表现出历史发展的连续性，但仍具有现状的基本特征。此层面最为变化不定和具有复合性、动态性和过渡性的突出特征。它开端于经济全球化和区域经济集团化两大同步发展与相互促进的世界经济一体化趋势。代替冷战时期两极格局的，是国际政治多极化的发展态势。以美国为世界唯一超级大国和以欧盟、俄罗斯、中国、日本、东盟、印度、巴西、墨西哥、南非等多强的"一超多强"局面正在发展。欧洲虽以19世纪的中心地位降至边缘侧翼，但欧盟把"欧洲统一观"落到实处而融入全球化大潮之中，这是世界文明交往的一大成果。在诸多国际组织（1991年6月底共有28200个）中，各国普遍关注的是联合国。它从成立之初的50个国家，发展到2005年9月的191个，现在需要通过机制改革，在维护世界和平与发展和建立国际新秩序方面，发挥更大作用。此外，被称为"经济联合国"的世界贸易组织的作用也不能忽视。人类生存状态危机，如环境污染、核威胁、恐怖主义、资源匮乏、自然灾害、人口压力、贫困化、安全问题、精神危机，以及现代文明社会所面临的希望与危险并存的重重难题，都将在充满变数的嬗变中，由现状历史层面逐渐地向着最新型历史层面凝结稳固。这使人想起希腊神话中智慧女神密涅瓦的猫头鹰等到黄昏来临时才起飞的故事。象征着思想和理性的猫头鹰之所以在黄昏来临时才起飞，是因为在事物发展过程结束时，人们才能真正理解到它的本质。研究当代世界史也是这样。只有在最新型历史层面形成之时，研究者才能克服自己认识上的局限性，才能避免犯绝对化和开特别快车式结论的片面性错误。当然，这并不意味着学人放弃对现状型历史层面变化过程的追踪研究。

（三）

　　人类社会历史结构在形成中，在某种程度上有些类似地球的地质构造，由于长时段的文明交往，形成了已经凝结稳固、正在凝结稳固和尚未凝结稳固的历史积累三个层面。这三个历史层面的逻辑联系，不仅是递进性的，不仅是融有传统、现代和未来三个文明社会目标的密切联系，而且有双向互动的经纬交织发展主线贯穿其中。经线是生产力的发展，特别是科学技术的发展；纬线是人们之间的社会交往活动，特别是不同文明之间的交往活动。前者是物质生产基础；后者是世界经济发展的前提条件。前者制约着后者；后者反作用于前者。正是这种多重经纬交织交往共同组成了当代世界历史的多样性的统一体。① 社会文明在这种人类基本实践活动中演进。人类的生产活动和交往活动的经纬交织，形成了丰富多彩的世界史包括当代世界的整体历史层面。当代世界史的递进和主线演变，都证实了马克思和恩格斯所阐明的生产力和交往的互动关系："某一地方创造出来的生产力，特别的发明，在往后的发展中是否失传，完全取决于交往扩展情况。……只有当交往成为世界交往并且以大工业为基础的时候，只有当一切民族都卷入竞争斗争的时候，保存已创造出来的生产力才有了保证。"（《马克思恩格斯选集》第 1 卷，第 107—108 页）今天，作为第一生产力的科学技术，已经成为现代文明发展和国家兴衰的决定力量，而世界性的交往已经把世界经济推到一个由各国分工和世界市场为基础的互相联系、互相依赖、多向互动的贸易、金融、生产的有机整体结构。一个一体化的世界经济体系、一个共同的世界市场、资本主义和社会主义两种制度、发达的资本主义国家和包括社会主义在内的不发达国家两个国家体系之间的交往，当代国际社会这四种结构的演进，标志着人类不同文明之间交往的全球化新阶段的到来。

　　人类不同文明之间的交往既表现在物质文明、精神文明和生态文明方面，也表现在制度文明交往方面。当代世界史表明，资本主义和社会主义是两种不同的制度文明，两者之间的交往关系是对立统一的关系。它们之间的交往是一个漫长的相互依存、相互影响和彼此竞争而又对话合作的过程。在当代，两种不同制度的国家，都具有创造全球经济繁荣的活力，都有发展世界经济与国际和平的基本要求。列宁指出"社会主义共和国不同世界发生联系是不能生存下去的，在目前情况下应当把自己的生存同资本主义的关系联系起来。"（《列宁全集》第 41 卷，人民出版社 1993 年版，第 167 页）邓小平在论述建设有中国特色的社会主义问题时指出："社会主义要赢得与资本主义相比较的优势，就必须大胆吸收和借鉴人类社会创造的一切文明成果，吸取和借鉴当今世界各国包括资本主义发达国家的一切反映现代社会化生产规律的先进经营方式、管理方法。"（《邓小平文选》第 3 卷，人民出版社 1993 年版，第 373 页）改革开放，是发展生产力和扩展交往的强国富民之

---

　　① 　吴于廑先生把世界史这两个基本方面称为"世界历史的纵向发展和横向发展"（见《世界史·现代编》上卷，第 8—12 页），他最早提示世界史研究者对马克思和恩格斯关于生产力和交往论述的注意，而且，在高等教育出版社出版的 6 卷本《世界史》总序中，对世界历史作了综合的全局研究。

路。邓小平强调这种对外交往和对内交往之间的联系时说:"中国要谋求发展,摆脱贫穷和落后,就必须开放。开放不仅是发展国际间的交往,而且要吸收国际的经验。"(《邓小平文选》第3卷,第266页)资本主义的文明成果,是人类的共同财富。社会主义制度的思想、理论、运动,以至于国家,都是从资本主义的工业文明发展过程中形成的。两种制度文明之间的交往,将在共同的历史生存空间中长期存在。两种制度文明都有自己的辉煌和失误,都有不完善和需改革之处,而且都在创造人类安全环境和经济合作方面有共同利益。不可否认,某些西方势力无视和平与发展的时代潮流,但资本主义想消灭社会主义是不可能的,正如社会主义要完全取代资本主义是不现实的一样。资本主义与社会主义两种制度文明的交往关系,对人类社会文明发展具有重大现实意义和深远的历史意义。正如邓小平所说,社会主义要赢得与资本主义相比较的优势,必须在全球化交往大潮中善于自立、善于学习和善于自处。只要自觉开展内外交往,积极参与国际分工,主动影响全球化进程和在发展生产力上表现出毋庸置疑的优越性,社会主义制度就一定能赢得历史对自己的选择。

在新世纪初,中国改革开放二十多年来的辉煌成就,已经显示出未来世界社会主义制度文明发展的新曙光。中国正在采取一系列自我完善社会主义制度的重大措施,"在建设有中国特色社会主义的道路上已经并正在取得举世瞩目的成就,这充分说明社会主义这种新生制度是富有生命力的"(齐世荣:《世界史·现代编》序,高等教育出版社1994年版,第4页)。现在的经济全球化是人类文明交往积累的历史产物。全球化从起源和形成过程来看,是"资产阶级奔走于全球各地"的资本主义的全球化,而从发展趋势和未来结果上思考,却是作为"世界历史性"的世界性经济、世界性政治、世界性技术、世界性文明而实现的社会主义、共产主义的全球化。[1]从人类文明交往的长时段看,历史上的全球化是资本主义的全球化,当代的全球化是不同制度共存和竞争的全球化,未来的全球化是社会主义、共产主义的全球化。全球化,实质上是"以生产力的普遍发展和与此相联系的世界交往为前提的"(《马克思恩格斯选集》第1卷,第8、87页)世界历史发展进程。它的根本特征是世界性的密切联系。世界性贸易、世界性市场、世界性经济的

---

[1] 《马克思恩格斯选集》第1卷,第86、87页。值得注意的是,在同书的第88页中,有这样的话:"人类活动的一个方面——人改造自然。另一方面人改造人。"在这句话的边注是:"交往和生产力。"

发展而产生巨大生产力和普遍性全球化交往，主体力量的日益文明化，都为社会主义、共产主义提供了深厚的物质基础和精神条件。社会主义国家的社会生产力和科学技术发展水平的持续提高，社会主义制度的长时段的实践探索和深入的理论探讨，也会使社会主义、共产主义在同资本主义的全球化文明交往过程中，增加开放的主动性，理论的互补性、经济的合作性、文化的互鉴性、国际的协商性。总之，社会主义国家既不能游离于世界市场经济大潮之外，也不能盲目汇入资本主义主导的全球化进程之中，而是逐步地提高社会主义参与全球进程的自觉性，从而使自己更具有科学性、主体性和创造力量，以其优越性而吸引全世界的人民。

（四）

当代世界是一望无尽和奔腾不息的历史长河。当代人类社会在不同文明之间和相同文明之内的互动交往中向前发展，在人们互相理解中追求人的自由全面发展。问题是如何提高人的文明自觉，用大智慧来解决和平与发展这个时代的大主题。

我在 1988 年中国史学会年会上曾有题为《史学工作者的社会责任和当代史研究》的发言，其中说"现在我们面临着一个丰富多变的世界。史学工作者的社会责任在于从历史角度帮助人民（首先是青年）了解世界，对第二次世界大战以来的当代史有一个基本的认识"。（《史学情报》，中国史学会编，1988 年第 4 期）我正是从此出发，在吴于廑、齐世荣先生主持下，在诸位编者的共同努力下，为青年编写世界当代史。这本全国高校学生使用十多年并几经修改的《世界史·当代卷》便是为大学生学习世界当代史提供一个读本。

法国年鉴派史学家费尔南·布罗代尔认为，历史学是人文科学中要求最严格、最新颖、最独特的科学，历史学的首要任务是把新的研究成果传播给青年，而他的《文明史纲》就是一本世界史教材。值得注意的是，他强调通过实例历史研究文明"交往的至关重要性"，指出"没有一种文明可以毫不流动地存续下来；所有文明都通过贸易和外来者的激励作用而得到了丰富"（肖昶译，广西师范大学出版社 2003 年版，第 30 页）。他的历史教材观中，关注时间顺序、重事实、述人物、思考发展阶段的联系，以及引导学生的历史透视感，使他们发现时代的真实性、方向、连续更替和意义，对我们的编写工作颇有启发性。

我读《文明史纲》，常想从事教材编写工作，体会到提高质量的一个关键环节,在于由综合性进入研究性。综合性很重要。翦伯赞先生说过,教材的编写者犹如古代传说中的饕餮,对知识的贪馋善食,消化力强,一本专著中的研究成果,在教材中只浓缩为几句话。但是,研究性更为重要,无研究性即无教材的学术品位。因此,我觉得教材编写者更像忙碌的蜜蜂,采百家花,酿自家蜜,"老来仍为育人忙"。(彭树智:《布罗代尔的历史教材观》,见《松榆斋百记:人类文明交往散论》,西北大学出版社 2005 年版,第 164 页)已故去的周一良和吴于廑两先生,不是为世界史教材建设而辛勤劳作一生吗?现在,齐世荣先生和我以及其他多位作者,都在继续他们的事业。

我在为大学本科生编教材的同时,也为研究生编写了《阿拉伯国家史》和《二十世纪中东史》两本教学用书。这两本书都涉及当代史问题,尤其是后者,直接是 20 世纪这个巨变的世纪和变革的中东问题。在这两本书的修改过程中,我有这样的体会:20 世纪中东文明交往的百年流变史,是人类文明流变的多彩篇章之一;也告诉我们:"历史的思维是流动的,历史的变革是永恒的,但历史的本质是朴素的。从始到终,一个世纪的历史的消失的形式是很简单的,但人们研究历史的精神却永远是执著的。"(彭树智主编:《二十世纪中东史》修订本后记,高等教育出版社 2001 年版,第 473 页)青年应该从人类文明交往的漫长、复杂和曲折过程中,提高历史感,培养历史思维,增加人生修养的历史深厚度。

在编修教材过程中,我愈是思索人类文明交往问题,愈是感到深入历史研究的重要性。我对有志于历史科学的青年要说的话是:沿着人类文明交往的历史轨迹,独立而冷静地思考,面对汹涌而来的各种思潮,作出自己主体性的判断,从而在更广阔的时间和空间中,深刻而全面地理解人的本性以及人类对和平、幸福、富裕、民主、自由等文明和谐生活的追求。

五　历史感

(一) 何谓历史感

英国诗人艾略特在《传统与个人才能》(*Tradition and the mdividual Talent*)中解释说,历史感是"与历史的过去存在相关、更与历史的现时存在的一种感觉"。

艾略特说的是诗人需要历史感,但他的解释也适用于一切学者。请看他下面的进一步说明:"历史感的存在使得人们在写作时不仅意识到自身所处的时代，还会有这样一种感觉，那就是自荷马以来的整个欧洲文学（包括写作者祖国的全部文学）同时并置在自己的面前。"

所谓历史感，首先是一个思维方式的问题，是从历史发展和历史联系中看问题的。恩格斯称赞黑格尔的思想方式以"巨大的历史感作基础"。同时，历史感也是学者的历史定位问题。在面对历史以及自己在历史中所处的位置的时候，学者才会表现出真正的谦逊。这里所说的历史，可以具体化到学术史，即从整个学术史来看自己，才会有实事求是的心态，才会有符合实际的估计，才会有正确的自我认识，即对自身的文明自觉。

艾略特讲的要义在于："任何诗人，还有任何门类的艺术家，都不可能独自获得完整的意义。他的意义和价值存在于他和死去的那些诗人和艺术家的相对关系之中。你无法单独评价他，必须拿他来跟前人作对比。"这对一切领域的学者也是适用的。

历史感的认知，存在于学者的直觉之中。这种直觉是学者在同历史与现实对话中长期积累的结果。学者的治学首先是同历史上学者、而同时又是同现实中学者的毕生对话。前辈学者必然对后学者的成长过程产生影响，最深处应是文明自觉的历史感。

历史感的更广义和深义的表达，应该是人类对自然史和人类史变革的自觉认识，即：①对自然由屈从、顺从、有意识地控制到顺应交往互动规律；②对人、对社会交往互动的规律自觉；③对自我身心的"自知之明"。

（二）历史为何物

1. 我喜爱历史。历史就像人类之家，人类文明之家。它全力保护人类，同时又给前进以动力，把人类引向未来。文明交往在民族、国家内部和外部，在物质、精神、制度、生态各方面，引导着历史从自发走向自觉。文明交往互动的规律在推动着历史的发展。

2. 研究历史和一切科学一样，靠大脑思索，这是人所共知的。然而，手的作用往往被人忽视。苏联科学家巴甫连柯认为："作家是用手思索的。"他解释说："只有不断用手写，也能触到语言。"这里，他好像是针对"述而不作"讲的。其实自己口述，别人用手记录下来，才能表达思想。《论语》就是孔子的门徒用手记录下来的经典，因此才使他的思想得以传承。但自己动手勤，确实重要，手脑并用，是治学之乐。

3. "历史是一张无缝之网，任何分期都会撕破它，从而都不可避免有专断性。"这是梅兰特反对历史分期的论断。分期分段可以体现历史的联系性，是研究历史的主要方法之一。只有从历史发展的连续性中，才可以发现其进展和未来趋势。如果不用这种方法，人们怎样认识历史的特点和规律性？历史分期有专断性，或者主观性，但可以通过研究逐步纠正。历史不是"无缝之网"，而是长河，虽然刀断水流水复流，难于割断，但长河的转折、曲折，终究要表示其脉络和去向。

4. 文学家如果和哲学思维联结在一起，就会有许多历史家想不到的联系事情出现。2009 年 6 月 7—11 日，在捷克首都布拉格举行作家节。叙利亚的哲理诗人阿多尼斯、巴勒斯坦诗人穆利德·巴尔古提（Mourid Barghouti）等与会。大会主题："2001 夜：讲故事的艺术。"组委会主席米歇尔·马奇（Michal March）解释："大会意在将《一千零一夜》的传统与当代世界交汇。"2001 夜指"9·11"事件。他们想从中找到历史、政治与文学之间的关系。

5. 每一个人都有对历史的知情权。然而，捉摸不定的现实图景却经常使这一"天赋人权"打了折扣。历史与现实之间这种差距提出了两个问题：①到底是历史为现实制造困局？②还是告诫历史学家必须打破差距？

6. 文明交往与"和平之城"耶路撒冷的历史，似乎对名实之间可以作这样的理解：暴力、战争，是否它的最后的浪漫？后人或礼赞、或咒骂历史人物的时候，其实历史也在考验着社会的文明自觉程度和民族、国家的宽容和忍耐力。今天在面对"和平之城"与冲突、战争这个现实的悖论时，其实也在考验着以色列、巴勒斯坦这两个民族、国家的自觉程度。

7. 文明是人类历史的属性。回归历史本体，实质上是回归人类文明史。文明包括文化。文化是文明的核心，文明是人类历史的整体。贯穿人类文明史的中心线索是文明交往，其规律是文明交往互动规律。交往互动是人类的社会本性。回归历史本体，是在省察人类各种文明之间的交往互动关系，从中获得文明自觉。

六　古今历史"四句谚"

据说马克思的女儿燕妮请教德国著名历史学家维克特：怎样把古今历史缩成一本简明扼要的小册子？

维克特回答说："不必。用四句谚语就可以概括古今历史。"

燕妮问："哪四句谚语？"

维克特说："第一句：当上帝要灭亡某人时，往往使其有炙人的权势。

第二句：时间是筛子，最终会淘汰一切陈渣。第三句：蜜蜂盗花，结果使花开得更旺盛。第四句：夜暗透了便望得见星光。"

第一句谚语的另一说法：上帝欲使人灭亡，必先使其疯狂。第二句换个说法：浪淘尽千古风流人物。第三句换个说法：历史会捉弄人，本来是走进这个房间，却步入另一个客厅。第四句换个说法：阳光总在风雨后。可惜缺乏一句总括性谚语。这种概括本来很难。近现代西方历史学家总结为：封建贵族时代的统治观念为荣誉、忠诚；资产阶级时期为自由、平等。都有其时代局限，难成普世性。缺憾是美，人类为弥补缺憾而创造新的历史和美好的明天。

七　李蕴仪的世界史观念

李蕴仪是我在陕西泾阳杨梧村仪祉农业技术学校的校长，著名水利学家李仪祉的胞妹。我至今仍记得她那高度近视眼镜下圆胖而严肃的面孔。我们同学都很怕她。但在她严格要求之下，仍有母亲般的关怀，看见我们在校园中念英文，便露出赞许的笑容。和我们一起嫁接苹果树，也说起华盛顿小时砍樱桃树的故事，鼓励学生诚实、宽容万物。后来，她和丈夫回四川省亲时遇车祸，而双双遇难。她的追悼会很隆重，辛亥革命元老、民国的监察院长于右任也参加了。我当时在三原高中上学，写了文言文的悼词，当时国文老师、《大公报》记者张警吾对此文大改后，以《一位学生的心声》为题在大会上宣读。于右任听后，手抮长须，用关中口音说："师生情谊，地久天长！"可惜这篇被张老师费心改过的悼词，没有保存下来。对校长的怀念和对张老师的感恩，只能留在我的心中了。

时间过去了六十年，我意外地发现，李老师不仅仅是一位教育家，还是我国世界史研究的先行者。我读了她和梁柏年合著的《西洋史》，1905年由湖北法政编辑社印行。这个出版社是受了日本文学士野村浩一的影响。使我惊讶的是，该书第2页就提出了一个重要的命题："世界史名目应包东西洋而言，不宜隶属于西洋史一部分。"看来她是受了日本当时"世界历史"观念的影响，把世界历史性具体化为东洋史和西洋史两部分。她正是以此为主旨同梁柏年合作而撰写这部西洋史的。这本书实际上是一本世界史。

对照当时的史学史趋势，《西洋史》一书是在同日本文化交流中形成的。

福泽渝吉在《文明论概论》中，已经明确认为文明是“人类智慧的进步”，而反对“西方文明永恒代表最高文明”的观念。1903 年上海文明书局出版的《万国通史》（天野为之著、吴启孙译）进而认为“总絜万国之大事，发明世界之全体”。值得注意的是 1903 年广智出版社出版的《世界近世史》（杜平康国著，梁启勋译）所谈的“自然法则”：“世界史者，视世界为一国、视人类为一族者也。……条条举关系世界全局之大事，然后大事与大事之间，贯以自然之法则，属于历史哲学，而世界史之所叙述，即循此法则为基础也。”作者还有“文明中心转移”之说：“夫世界文化发源于亚欧，横穿于希腊，注入于罗马，泛滥于欧洲，今也激浪怒涛之势，复归向东方，将来取西洋之文化，与东方旧时之文化相合，自成一种新文明，二十世纪之历史，其洋洋大观乎？虽然，今时机遇未至，犹未能以东方为世界之中心也。读此书者，其奈何哉!”

梁启超是受此中日交往中成果最大的人。他的《文野三界之别》即是受福泽渝吉的影响。他想用“文明”这把尺子去衡量中国文明的世界地位。他的《历史研究法》也是读了日本的一些世界通史性著作而所成之书。他反对以欧洲史为世界史，指出：“日本人所谓世界史、万国史者，实皆西洋史耳。泰西人自尊自大，常觉世界史为彼等所专有，故往往叙阿利安西渡之一种族兴废存亡之事，而谬冠以世界之名。”（见《东籍月旦》）李翥仪先生的《西洋史》也与梁启超同为反对欧洲中心论史观的反驳。她写了《西洋史》，这比梁启超更深入到专门史领域，内容更具体。她和她同时研究的世界历史，尚属早期，如汪荣宝《史学概论》（译书汇编，1902 年）所说：“今日史学之程度，尚不足以为真正之世界史。”当然，开拓者之功，不可没，值得人们纪念。

读书至此，使人们更加认识“历史”成为“世界史”的意义。把中国史纳入人类整体发展过程的意识，包含：①认识西方（他者）；②认识中国（自身）；③历史定位（过去与现在）；④发展方向（前瞻）。20 世纪人类文明交往大潮之后，21 世纪全球化必将是人类文明交往自觉的洋洋大观。

八　史学之为用

史学为基础学科，必大楼之基。它涉及以往人类各个领域，其对象可以远溯古代文明，近及当日新闻。所谓世界通史，应写到作者落笔之时。

史学之为用是：①提示分析各种问题之路径；②提醒人类自身经历留下的记忆；③促使先辈们走过的道路、付出的代价变为今日社会、政治建构的永恒价值和瞬间光彩；④与所有学科交叉渗透，发人深省的思辨力，运用人文社科及自然科学各种方法，去追溯既往，发现问题，探索答案。

史学是无用中的大用。它所产生的效益是无法用金钱来估量的。其主要受益者：学术界、文化界、教育界、亿万青年、干部，甚至全体国民，也可能越出国界，惠及各国人民爱好和平和追求进步的事业。

"读史使人明智"、人文素质、独立思考，重要在于通过"史实"，提高"史魂"（历史意识）。"史魂"为用历史眼光看待世界、判断是非、引领生活的能力，而非充实谈资式的附庸风雅。"史魂"是还原历史本真所得，从关注历史真相如何被扭曲。

史学之为用，在于对"功用"的具体分析。面对一门科学的选择，都有"功用问题"。这本无可厚非。然而，"功用"有种种表现：有急功近利之用，眼前之用，升学、升职称、升官位之用，解决实际问题之用。这也是无可厚非的。应该还有一种长远之用，无用之用。如史学有什么用？暂时看确实创造不出物质财富，至少是用处不大。不过，从长远看，它有助于人的历史意识的培育，可以提高人的人文素质，使人一生受益，这就是无用中之大用。实际功利之用，眼前之用，常为人们所关注；而长远之用，无用中之大用，则往往为人所忽视或者放弃。如果能把二者有机统一起来，那就能获得文明交往的自觉，进入人生理想境界。

九 历史研究法诸因素

（一）空间和时间。不自觉的时间划分表现为认识周围的无限自然和眼前瞬间的真实、逝去时间的无限空洞和未来的虚幻。自觉的时空感表现为用回忆来充实逝去，使之不至于失去；在未来的虚幻中加进希望和计划，使设想付诸实践。语言和概念在使用者与过去之间架起桥梁。

（二）可知性与不可知性。人的思想是无数过去的结晶，这是人类与过去直接联系的、有意识的、自觉的结晶。这种结晶一层一层重叠，通过传承或学习方式使之化为己有。康德在《纯粹理性批判》中说出一种矛盾：人的精神通过思维，无法认识事物的本质，无法掌握其可知性；他又证实，人的自由意志以无条件的可知性和认识的真实性为条件，并始终与责任这一概念联结在一起。只有人在实践的参加中,人在对历史的加工中才有可知性。

(三)个人愿望与集体意志的交叉。每个时代的历史,都是由无数个人的目标、利益和行为交叉和交融而形成的社会交往网络。每个个体都受着他精神和道德生活中业已形成内容的制约。这是几千年来延续的文明交往网络:三角形、四边形……的交往互动。

(四)语言文字。语言文字是人类文明最重要的标志,是人类文明交往中人文精神的表现。语言文字是人类思想的集中反映,思想促使人类说话写字。动物不会说话写字,因为它们无人类的语言文字,类人猿也是如此。文字更体现文明,人类的信息由于有文字可以在更广大范围内传播。人类生活在自然的时间和空间之中,其行为方式不可能超出自己所处环境的限制。但人类与出于动物生存本能不同,他们可以掌握自然规律,可以用合成方式把各种物质的质地、强度或韧性最大限度地加以利用,以使达到人类自身发展的目的。人类可以用语言文字印记在各种材料上,用语言文字表达各种成果,使之传承和传播。人类在不同时间、空间用多种语言文字表达内心情绪及创造成果,如同圆周线和圆心之间的关系。以一个圆心为基点可以画出许多圆周线,不过,所有圆周线都指向圆心。人的内心就如圆心,是产生语言文字表达的源泉。要认识人的内心,有效可行的方法之一,是从语言表达中辨认它、掌握它,借助于它而构成表达形式对之进行重新建构。

(五)了解与理解。了解与理解是迭进的文明交往的两对词组与概念。了解越多,处于矛盾对立状态的历史就更易达到理解。历史是理解的学问,历史的方法是为理解而研究。历史学的自我表达也受交往互动律影响,是研究者从孤立状态走向与周围活生生世界的联系过程。人一旦跨入历史的门槛,他就能从单纯的表象探索到隐藏背后的精神实质,也就脱离了动物界而成为人。联想、辨别、比较、判断、结论都是从了解到理解的环节。人类的文明创造反映了人文精神,同时又被人文精神所理解,经验便由此产生。理解是人类文明交往活动中的一种创造性行为。一切具有人性的行为都是基于理解,出发点、目标都围绕着理解。理解是人与人之间交往的纽带,是所有合乎道德存在的根基。历史理解除了解决"是什么"(何事)、"为什么"(何故)之外,还要研究"有何意义"的价值问题。

十　历史五纲

人类历史千头万绪，不能简单用一句话归纳。简单化必然导致片面化。我过去在大学时代的课堂讨论中，曾提到"历史五纲"：人物、地点、时间、事件、制度。

英国马丁·吉尔伯特在《二十世纪世界史》（陕西师范大学出版社 2001 年版）第 3 卷导言中，有几段也涉及这几条纲：

"要展示任何一个历史时期，必须注意一些事件处在中心位置上，只有草率的作者才会忽视它。在本卷中，这类中心事件也有数百件，诸如斯大林和毛泽东的辞世、肯尼迪总统遇刺、越南战争和人类登月球。本卷叙述了百件此类事件，其目的是为了解解释我的一些基本命题，或是为了理解未来的某些方面。"

这第一句和最后一句很重要，是指事件的选择和目的。

"一些曾在一时一地产生影响的事件后来在公众的观念中退色了，但我仍力图就其当时所产生的影响把它纳入叙述范围。"

事件在时间和地点中发生，而其中心是人的活动，于是他在下面接着写道："多年来，我一直试图把广泛地叙述情节同提及那些对这些事件产生影响的人物联系起来——尽管很多人物地位卑微或没有想到表现自己。……我所叙述的人物部分不仅重视注重个人行为，而且还注重他们在世界各地为个人的民权和人权所作的奋斗。"

这篇写于 1999 年 6 月 21 日的导言最后意味深长地说："自本世纪初以来为更美好的生活而进行的斗争并未随本世纪的结束而结束。尽管这一切斗争的性质常有变化，但对美好生活和人类抱负的追求将肯定会对 21 世纪提出挑战。"

作为历史，他竟然没有谈到制度，而只是以历史事件为中心涉及了人物、时间、地点。这也许正如他在导言中所说："由于个人经历不同，多年来的兴趣也不同，所以历史学家看法各异是不足为奇的。"

十一　人类历史的文明交往连续性

（一）在阿拉伯有句谚语说："安拉无须忙于造物，我们未创造他的世界。"

（二）上述诗句说明一个问题：人类文明自觉一旦被唤醒，其改善自身条件的潜在的劳动与创造将是巨大的。研究历史的普遍意义在于研究人类在历史上的不断的连续性的创造，在于把许多个别事件联系为一个整体，从而给每一种独立事件赋予一种特殊的意义。

（三）整体线条与链条的历史连续性：联系表现在历史上的连续性，连续性首先是补充民族历史上破碎的和模糊的线条。历史研究的任务不是重现过去发生的事实，不是重构过去，也不可能提供某一时期的真实写照。过去的东西已经一去不复返，它只是在我们想象之中的残留物。历史学者的任务只能是对过去残留下来的印痕、记忆、传说、文物、材料进行研究，力求认识它们，从中理解当时主人们的活动意图和目标，弄清他们用这些文字和文物形式所表现的"自我"。研究者的任务是：①从留传下的残缺不全的材料中，设法认识他们的意愿和行动的效果；②根据他们的言行和创造寻求他们的"自我"；③在补缀和连接他们全部存在的线条基础上，确定其在整个人类历史过程中所占据的地位。历史连续性不是预先设定的"发展"路线，而是把每一细节安置在历史进程中的各个链条上面。链条表现为：①从连续性中获得创造的新力量，在自然的存在中获得更多的自由空间；②认识强制、制约人类存在的条件，借助它们实现人类自己的目的；③人类历史的意图和真理就在这连续性和改善之中，研究者凭借经验对过去的所有细节进行研究，目的是从分离的细节中一点一滴地确认历史的连续性，最后达到完整安置各个细节所组成的历史链条；④历史进程中的链条性研究范围涵盖人类物质和精神生活的所有方面，即人类活动的所有领域。

（四）历史个案与普遍性、必然性：如何科学总结二者的关系？首先明确研究者的工作是设法补充、连缀、扩展、更正我们对过去的残缺、有限、模糊的概念和认识；并设法不断从不同视角提高文明的自觉性。其次是丰富、系统化史学家的思想世界，使自己有根据地认识人类社会发展的连续性，认识人类现在构成的活的发展过程只是眼前的一个环节，而我们自己则肩负着传承文明并把我们对其连续的因果关系的理解传递给后代的重任。

（五）历史的原型或模式，历史学家无法提供。诗人、小说家、影视家可以借此类幻象自娱或为别人取乐，历史学则不能。历史学家不能割断历史，而是连接、补缀历史的连续线条、链条组成的人类文明史画卷。连续性归根到底是联系性，是发展中事物的联系性。联系（内在与外在）是文明交往的本质概念。

十二　诗意史学

人类诗意地栖息在有历史的生活社会之中。人类诗意的存在，都表现在喜剧、悲剧交织的具体历史事件中。人类居住在地球和时间之中，其爱、恨、情、仇，都化作诗意，激荡于时空之中，历史不仅是自我记忆，而且是自我反思，自我欣赏。阅读一个民族的历史，就是进入其文脉深处的美的历程。

（一）真与美如何兼存于史学？史学求真，可以尽力重建真相（往事）而又作正确合理的解释。史学在求真的同时能求美吗？诗性与史性是不可分的。历史学家应该是包含诗性的思想家。但应该在历史中发掘诗意美。海德格尔有言："思就是诗，尽管并不是就是诗歌意义上的一种诗。"我们也可以说，人类历史存在之思，是史诗，人类最早用史诗表示存在之思，就体现了在求真中表现审美的社会生活世界。

（二）后现代主义史学的代表人物海登·怀特认为，历史研究的过程是科学，而历史的表述是文学。另一位后现代主义史学家、荷兰人安克施密特认为，就算后现代主义带来了历史学的秋天，它也不过是吹落了历史学这棵大树上的一些叶子，作为大树的主干的"科学的历史编纂"，还是岿然屹立的。我想，史学之树本身就包含着美。

（三）对后现代主义的"历史的文学形式"和"历史学的叶子美"，不应一概拒斥，而应关注"历史的真"和"史学著述之美"的恰当结合。被鲁迅誉为"史家之绝唱"与"无韵之离骚"的司马迁的《史记》，不是早为后人树立了典范吗？"无韵之离骚"，虽无韵律，但充满着诗意，把史家之本真与离骚之诗意相结合，就是诗意治学。诗意治学，史学自应在治学之中了。汪荣祖在《史学九章》（三联书店 2006 年版，第 200 页）中有"惟史蕴诗心，始称佳史"，表明史学应有"笔走龙蛇的雄浑气势"和体现"文笔恣肆，善于叙事"的诗意特点。

（四）史学本位的真要坚守，对别派理论切不可深闭固拒，否则，易流于极端，而呈村学腐儒的冥顽陋相。现时下学界将海登·怀特的"Metahistory"译为"元史学"似乎不确。"元"是"开始"，或"居首"，而怀特原意是"设"于"文本背后"的史学。汪荣祖译为"后设历史学"，又有些费解。怀特把此种史学归纳为几个诗学模式，其中之一为 Contextualism，一般译为"情景论"或"语境论"，汪译为"上下文的"，让人有脱掉"西服"、换上"便装"的亲切感。

（五）法国年鉴学派改变了史学研究对象和拓展了范围，即从政治、军事、外交等领域下移到经济、社会并和社会关系的总和联系在一起。人的自利性无善恶之说，关键在制度与教育的双重引导，把自利动机变为有利社会的制度及思想教育。人斗人、人吃人实现利己，人要比野兽还坏；人为人、人助人而达利己，人比天使还好。当然制度出发点与终点及执行不当而表明了制度并非万能，但有制度总比无制度好。最理想的制度设计需将防恶与求善相结合的"两极互补"。人的素质和制度约束之间的良性互动，是交往文明化的"善业"。"用德"化民与使官"有德"，关键在于后者。依法治国必依法治官之"权"；以德治国必依法治官之腐。中国古代社会盛衰兴亡的"周期率"是落后制度与落后的人共同作用的结果，人类文明也是如此历史主体脉络。自觉、自律、自由比启蒙、限制、强制重要。

总之，人类之所以诗意地栖息于大地，其诗意就体现在具体的历史过程、历史人物、历史事件之中。用诗性眼光读历史、写历史，不能忘记主体是历史。没有历史，诗意、文化、文明都将失去光辉。法国年鉴派史学家吕安·费弗尔肯定地写道："我们的任务是要创造历史，因为在动荡不安的当今世界，唯有历史能使我们面对生活而不感到胆战心惊。"

十三　伊斯兰史学传统的特征

（一）如何发现伊斯兰史学思想与其他地区如西方史学思想的不同，我们的方法是找出差异原因的依据。先找差异，再找原因，最后找特征而归纳伊斯兰史学与西方史学的区别。

（二）地区说与专题说。①阿拉伯地区、奥斯曼土耳其地区、伊朗伊斯兰地区、阿富汗伊斯兰地区、非洲伊斯兰地区、东南亚和南亚伊斯兰地区的文献，此为地区说。②论点、原因、序论、证据、体裁，此为专题说。地区说的优点是史学思想源于共同人类环境，从而形成历史写作动机的差异，避免简单孤立地把文献看做文明或民族"范例"。

（三）史学——借鉴和求助的行为活动，它借鉴伦理学目的和政治学目的，哲学和自然科学方法，文学的体裁和推理、发现的支持。用新史学结构分析伊斯兰史学。

（四）伊本·赫尔顿（Lbm Khaldun）的《史论》（*Muqaddimah*）所关注的范围内，是历史发展循环论的总体模式。这样，某一特定时期的艺术与科学可以很好地幸运保存下来，并可以继续无终止地发展下去。赫尔顿本人敏锐地认识到了这一事实：他本人的人类文化科学是完全独创的。他的历史的进化是周期的、直线的、螺旋式的，是演化的。

（五）历史思想绝非限于史学家的思想，也常见于纯文学作品、哲学作品和政治学作品。很难确定史学传统的中心和连续性。伊斯兰史学传统法律的历史"证据"，是非常广泛和普遍的相互作用。人们对伊斯兰史学传统进行彻底的研究，但它显然是具有中心性和连续性的。注意问题：①证据（shahada），②传播者链条（isnad），③单个传递和多个传递（abad tawatur）等有关法律讨论对史学的影响。涉及法律文献的研究，所涉及的是文明交往问题，这才是史学思想背后的深层次动因。

（六）历史撰写作为借鉴活动，也是一种交往活动，在任何时期都会自然而然地利用文学规范的体裁。在伊斯兰传统中，《亚哈》（*Ahab*）即纯文学作品，或者更好的是 Paidea 的传统，正形成于伊斯兰史学的起源与演化过程中。

（七）任何一种广泛史学传统都同那些划分历史时期的主要里程碑的影响密切相关。这就是"史之大事"，任何文化史、思想史都绕不开它。伊斯兰史学思想也是如此。

（八）伊斯兰史学传统的两个特色：①特别而长期、广泛地关注非穆斯林民族的历史与人种，如比鲁尼（Biruni，约 1050 年）的《印度》，就是反映这种人类社会传统的最杰出作品之一。穆斯林历史学认为，由于伊斯兰教是人类最后的宗教，所以它也就是世界文明的继承者。这样就产生了一种对作为伴随各民族历史概念的文明的明显而"独特"的关注。②特别而长期地关注传说。传记大全构成了伊斯兰史学博大而独特的部分。篇幅长短不一的、各行各业的人物传记，包括了伊斯兰各历史时期，赋予了伊斯兰史学的一种生动性、多样性。

十四　中东考古的新发现

（一）

80 万年前古人类取火遗迹在北部约旦河西岸胡拉谷地附近发现。此地有 78 万年前旧石器时代遗址 12 个考古层，经 15 年发掘、筛选分类研究，发现有多个连续、有控制使用火的遗迹。据以色列希伯来大学考古学家尼拉·阿菲尔和纳马·印巴介绍，这是古人类取火遗迹，证明古人类当时具备向非洲后大范围向欧亚迁徙的能力。这是迄今发现的最早人类狩猎、取火的遗址。此前人类生火最早的证据为 25 万年，该考古将时间提前到约 80 万年前。

（二）

"约旦考古之友"穆罕默德·纳贾尔和美国加利福尼亚大学托马斯·莱维最近在美国《国家科学院学报》发表他们在约旦南部古铜矿和冶炼厂遗址考古发掘报告。该遗址约 9 公顷，有约 100 所建筑和一座大城堡。大量黑矿油表明这里曾经有大规模铜矿冶炼，矿渣中发现的椰枣核、柳枝、木材及古埃及护身符和圣甲虫等手工制品表明，其年代为公元前 10 至前 9 世纪，这正是《圣经》记载的所罗门王时期。据此，该考古研究报告认为遗址很可能就是传说中的所罗门王宝藏所在地。但也有学者认为，虽然其年代确定，但无法证明铜矿主人就是所罗门王，因其位置当时并非所罗门领土。

十五 中东的小陶俑和铜镜

小陶俑塑像是古代世界小雕塑艺术品中的特殊种类。高度不过 20 厘米，有的甚至只有 5.6 厘米。中东地区和世界其他地区一样，在石器时代晚期已出现了。

突出者，如塞浦路斯岛在前 650—前 500 年，已有 2000 多件大小不一的赤陶像。这是岛民作为自己的替身安放在那里，充当他们所信奉的丰产女神的永远崇拜者。再如巴比伦古城址出土了前 600—前 500 年的母婴赤陶像、希腊赤陶小雕像（见英人吉塞提罗切特尔著，杨瑾译：《希腊小陶雕像和小浮雕》，《秦陵秦俑研究动态》1991 年第 1 期），和西方不同之处是，中东往往反映了文化多元性，如阿富汗这个古老农耕与游牧混合地区，希腊化、当地袄教神和不同族群的女性神灵。

南巴克特里亚（阿富汗）出土陶俑不多。"二战"后法国赴阿考古工作者在巴尔赫和 20 世纪 70 年代苏联和阿富汗考古团在迪尔拜津（Dilbegin）遗址中有少量发现。大批在巴克特里亚（今乌兹别克斯坦西南）（见杨瑾、刘夏盈:《巴克特里发现的小陶俑》,《陕西历史博物馆刊》2004 年第 11 期)。

日本考古学家原田淑人在《通过正仓院御物看东西方文化交涉》[《东亚古文化研究》,昭和十五年 (1940)] 中谈到土耳其伊斯坦布尔的基奥斯克美术馆收藏的"哈姆泽之盾"的器物,就是指唐代铜镜——双鸾狡禽兽花纹镜。此镜是在巴勒斯坦的赫拉姆发现的,伊朗的苏珊也发现了唐镜。

中国、中亚、中东在文明交往史上是连成一线的。中亚塔吉克斯坦1946 年在加尔姆州哈伊特发现海兽葡萄白铜方镜、1947 年撒马尔罕东方片治肯特发现海兽葡萄镜破片;哈萨克斯坦发现花朵四鸟八棱镜,上刻突厥文(YUYIΛ NIJΛN),西伯利亚哈卡斯自治州马莱伊·科拜内的突厥墓中有银壶;吉尔吉斯斯坦的克拉斯维纳·莱奇卡发现瑞鸟四神的铜质铜镜,好像是佛教人物。

粟特人与突厥人在铜镜发现地有交往痕迹。中亚在此时属粟特领地,而此时天山南路由西突厥控制,与唐文明接触频繁。西伯利亚的哈卡斯人是叶尼塞·吉尔吉斯人的后裔。突厥人同叶尼塞·吉尔吉斯人都相近土耳其系民族。他们在图瓦州的积石墓中,曾于 1957—1958 年发现有唐"秦王镜",直径 10 厘米,上有"赏得秦王镜,判不惜千金。非关欲照胆,特是自明心"的铭文。

中亚发现的唐镜有四种:①海兽葡萄方镜;②海兽葡萄文镜(只有纽,方、圆不明);③花朵四鸟八棱镜;④瑞鸟四神镜。

突厥人与粟特人在中亚文明交往中,曾与萨珊波斯发生一段关系。西突厥可汗室点密派粟特商人马尼亚赫为使节,出使拜占庭,谒见查士丁尼二世(568—578)。拜占庭又派蔡马库斯同马尼亚赫一起到西突厥。可见粟特人的作用。楚河西为粟特人所居,绿洲成群。唐高宗显庆二年 (657) 灭西突厥,唐玄宗天宝九年 (750),唐高仙芝兵败于阿拉伯军,中亚此后逐渐伊斯兰教化。尽管是一进一退,中亚还是与唐帝国联系起来。其中粟特人频繁往来于东西方,这就是首都长安文明带有浓厚西域风采的主要原因。

十六　为什么是中东史

本题目是美国学者史华慈(Benjaminl Schwartz)在《古代中国的思想世界》(1985)中开卷提出"为什么是思想史"而改写的问题,旨在理清中东史的思路。

史华慈研究中国思想史的兴趣，是受了"世界历史尺度的"思考类型的激励，也就是受了卡尔·雅斯贝尔斯"轴心时代"见解的影响。他认为"轴心时代"出现的中东、希腊、印度和中国的古文明都将直接或间接塑造这些文化随后的全部历史。他所说明的是中国文化的内部多样性和张力，进而分析中国古代思想与当代跨学科问题的关联。他给人们的启示之点，在于他把中国问题研究拓展至人类文明研究，并以比较方法探讨"轴心文化"和人类文明的共同点，批判"西方中心论"，思考当代人类文明发展中的困境和解脱的道路。

从"世界历史尺度"看各种文明，从各种文明交往看人类文明的历史和发展走向，也是我"文明交往论"的思路。中东史富于活力和变化。它的地理位置处于东西方之中，从远古开始，就是人类文明生成和聚散的中心，吸收了多种文化与思想，融合了不同的宗教与语言。这个地区称之为"中东"，也是人类文明交往发展的结果。它的复杂性与空间性是各世界大地区中相当独特的。我认为，文明交往在当今世界的焦点之一在中东，在中东地区日益激化的美国同伊斯兰世界的对抗与交融。2006 年夏，黎巴嫩与以色列发生了对双方都造成损害的战争，但停火后，双方都不言苦难而宣告自己的胜利。黎以之间的战争从本质上讲，是美国和伊斯兰世界对抗加剧的表现。巴以冲突、伊拉克和伊朗及中东其他冲突，都可作如是观。这种冲突给人类带来无穷苦难，是文明交往中的"交而恶"的表现。"文明冲突论"即由此而来。但历史终将证明：仇必和而解，事因交而通，人以知而化，文缘觉而明。

人类文明从石器时代开始，本来在同一个起点上起步，先是母系氏族公社的原始宗教，有五大特征或五种崇拜，即自然、图腾、生殖、女性、祖先。后来父权家长制又有五种新特征或崇拜，即祖先、天帝、君权、圣人、父权。由原始共产社会，由血缘进入地缘，二者结合，发展为部族、民族、国家。四方同源，万世一脉，古圣今圣，西哲东哲，中东各国文明大同小异，其揆一也。德国哲学家伽达默尔的阐释学释历史文本之要义有言：历史并非独立于我们之外的客体，我们阐释历史文本的同时也参与了历史。

中东地区古代的文明，两河流域、尼罗河流域的古文明，一个又一个中断了。中断的原因各种各样，而结果都是一样可怕的。中断之后的古文明就很难复兴，很难传承。中华文明是人类古老文明中唯一没有中断的文明，因为它有从古到今一以贯之的、可以长期不因王朝更迭而延续的、善于坚持传统又吸收外来先进因素的主流文明。很难复兴但并不是不能复兴，西方文明中有文艺复兴，复兴了希腊罗马文明的精华。犹太的希伯来文明也在以色列得到了复兴。伊斯兰文明也经历了多次复兴。中华文明从五四到"文革"结束的 57 年，也在中断的过程中，"文革"到达了危险的边缘。改革开放使中国人看到世界文明进步成果。但彻底否定中华文明之后，带来一些负面东西，如崇拜外国文化、贬低自己文化而产生"三好"、"三不好"的观念：外国好，中国不好；现代好，古代不好；新的好，旧的不好。主流文化缺乏，造成了中国社会各种弊端和怪现象。现在中华民族的复兴，正是中华文明的复兴。复兴不是复古，而是对文明精华的传承，从孔夫子到孙中山的中华文明的工作由这一代人做。符合中国实际的创新中国化的东西，都是文明自觉的表现。

中东也面临文明复兴的形势。阿拉伯—伊斯兰文明、奥斯曼土耳其—伊斯兰文明、波斯伊朗—伊斯兰文明、阿富汗—伊斯兰文明、犹太—希伯来文明等中东文明从近代以来就同西方文明在复杂、曲折的交往中复兴。有些复兴似乎是重复着过去复兴的周期律，在旧的经济基础不变的条件下只能循环。然而，宗教、民族、现代化这三个关键因素决定着新的全球化进程。其趋势是：①由文化问题提到文明问题；②制度文明（政教合一的政治文明）、法律伦理准则和穆斯林团结意识正在深刻变化；③伊斯兰文明解释的多元化；④研究者要全面、历史、辩证地具体时空下形成的传统，这是确定伊斯兰文明复兴走向重要的理论原则；⑤犹太—希伯来文明是中东文明复兴中一个不可忽略的文明交往问题。

为什么是中东史？因为是文明交往自觉的中东史！需要深思。

十七　中东历史的写法

（一）文化自觉：全球化时代的中东，特别需要中东人的文化自觉。中东文化从哪里来，现在在哪里，要到哪里去，思路清晰，不易被各种时髦理论冲昏。还要明白民族基因（历史沉淀下来的）。文化自觉后就是文化自信，在全球大环境下了解世界和历练自己，在世界多元文化激荡交往的舞台上展现和丰富自己。这是对自身传统的最好继承。

（二）中东文化特点：兼有沙海型、海湾型、高原型和中心与边缘型交织特征。文化是效率的道德基础，技术是效率的物质基础，常规与超常效率均源于此二基。移民社会通常有艰苦创业精神、较强的凝聚力和高效率，以色列可证。对外传播、对内传承，特别是广大青年学习西方同时了解自己优秀文化。最重要的任务是研究人文精神所赋予中东的文化特有的"价值性内涵"。中国的自然、艺术、人生，西方的自由、民主，而阿拉伯、伊朗、土耳其、以色列呢？

（三）如何写中东史？①不能按西方学术方式，用概念、理论来组织，而应考虑生活和哲学与地理环境、理念相结合方式。②融合为一体的五元素：形、象、神、韵、境界。③文眼有诗眼的传神深入史的心灵，表现"虚实相生"，写实的书，体呈后面启动的虚，此为关键。④纵中有横，特别注重横切面，这样可在较少篇幅中写出简洁性，即"形散神不散"。融西方逻辑性与东方大格局、大气象，给读者自由空间感。⑤考虑精神追求、审美情趣、生活艺术，体现中东的现实和精神境界。

（四）问题意识有"言有尽而意无穷"的作用。我有"九何而问"的"九问"，犹如天坛之游的哲理韵味：在天坛"四处走一走，到处不离九"。中国人不像西方人那样追求象征绝对的完美——"十"，因为现实当中没有十全十美的绝对东西。

（五）行文干净，感性理性结合，感而又深且赋有诗性。

（六）图文并茂，文字与图水乳交融，文要秀，图要美而有灵气，有文化、文明特别赋予的神韵。

（七）最难之处在"活"，思维在活，心灵在动，笔在活，表现手法活，全是动态的。

（八）尽量做到史实、史论和史趣的统一，使人类文明交往的智慧和人类对自然、对社会、对自然的新知范围的扩大和深入。历史著作的上乘应当是一件精美的艺术品，给人以历史感和美的享受，增加人类对已逝去文明的兴趣，增加人类对智慧积累的趣味。名画要如诗句读，古琴兼作水声听，史学名著所反映的正是这种诗意治学境界。美国作家爱默生的《美的透视》（湖南文艺出版社）中关于《历史》的话，可做本随笔的结语：

"每一部历史都应该以一种能看穿我们亲缘的范围，并能把事实看做象征的智慧来写。看到我们所谓'历史'竟然成了一篇浅薄的村俗的故事，我真感到惭愧。如果我们更要真实地表白自己那主要的与关系广泛的天性，从一种伦理上的改革，从一永远新鲜、永远有益的良知的输入，避免我们的自私和自负，我们就得把历史写得更宽更广。"

十八　中东史研究的几个问题

（一）现代的文明是女性吃亏的文明。女性处于弱者状态。但也有女性自强性欠缺，自甘依赖的原因。目前时代存在着精神的伟大的缺失，工业化浪潮不可阻挡，理想信仰的严重缺失，在人类残缺的心灵家园中产生了危机，尤其体现在女性文化和道德评判上。这不仅是历史学，而且是社会学、人类学关注的问题。

（二）西方学者关注妇女史和性别史，涉及女性生活的解放。这与下层人民史有关，并转向非西方世界，包括中东史在内。

中东妇女史或女性主义史概况见 Gershoni 和 Singer 及 Erdem 的《中东史学》（*Middle East Historiographies*，2006 年西雅图版，第 7—100 页）。其中要点有：①质疑传统与现代二分法。②挑战民族主义史学将殖民者与被殖民者对立起来的本质主义方法，视二者为两个独立范畴。③其主要指向将殖民者和被殖民者、将欧洲移民与殖民地的妇女进行交织、敏锐和完善的研究。④关注妇女的历史经验，即在反殖民主义的民族斗争中得到好处（进入学校、参与政治生活）、又经常被放在国家需求之下实现自己的需求，这一点独立前后之间无区别。⑤根据性别来划分社会和政治空间的做法，在政权转移之后仍在继续。⑥女性主义史学反对男性中心主义、男性统治地位的民族国家叙事和揭露与西方殖民主义和帝国主义的内在联系。西方文化、文明和政治影响在妇女问题上的表现，要着重研究。

（三）民族主义史学与民族国家：民族国家概念中强调民族文化多元性、少数民族妇女和全球化跨文化研究方法和跨国性研究。中东女性主义学者批评民族主义史学并未减弱它在历史实践中的深远影响，原因：①当地与西方冲突已经凸显出民族主义的重要性；②该地区史学遗产——庞大的奥斯曼帝国官方文献，为史学家从事帝国、民族层次和地方层次的政治史研究创造了条件。当地史学家超越民族主义史学标准形式尝试的例子：1915 年土耳其政府对亚美尼亚人的放逐和屠杀的评价——传统观点：虽不幸但却是正义行动（强化了民族一致性），有助于获得民族统一。戈舍克（Fàtma müge Göçek）在《阅读种族灭绝：关于 1915 年放逐和屠杀亚美尼亚人的土耳其史学》中，提出了近年来新一代土耳其史学家对此事件的不同解释：①土耳其社会是一个由多社会集团、多民族集团、多宗教信仰构成的多样化群体；

②每个不同社会集团、民族集团、宗教信仰对于现代土耳其都有相同价值；③批评过去土耳其史学家对亚美尼亚人宗教信仰的负面描述；④断言土耳其的民族主义给亚美尼亚人带来痛苦和不幸。

（四）民族国家因全球化以及它对现代技术、经济政治和文化等主要方面的思化作用而终结？社会学家乌尔利希·贝克（Ulrich Beek）在《全球化是什么？》（what is Globalization？剑桥，2001）中认为"全球化"就等于"去民族化"（de-nationalization），并且说我们现在正从民族国家时代向全球化时代迈进。尽管可能产生跨国政府（欧盟），但民族国家不但未消失，相反正在加强，特别是民族国家在复兴。经济学家与社会学家以现代化理论认定：16世纪以后资本主义世界经济和世界市场是理解现代国际共同体的关键；而当今全球化带来资本主义经济在世界范围更广泛深刻的扩张，并未给任何地方带来政治、文化，哪怕是经济的同质化。所谓"威权主义"政权统治下的中东国家，也是如此。

（五）全球化是全球文明交往，其关键性的主题是：大范围的人口流动和经济波动，技术的跨文化转移、长途贸易、宗教信仰、观念和理念的传播、传染病的流散，而且全球化进程并不必然是进步的。全球化研究多出自社会学家、政治学家、经济学家，民族主义史学转向跨文化、世界史、全球史，但对全球化社会效应、文化效应上，史学家关注较少。经济全球化在任何地方都经历来自当地传统、习惯、见解对消费模式的修正。人类文明交往广阔的历史背景，为历史学者形成全球化进程导致的变迁提供了条件。

（六）最近几十年（1990年以后）的历史与现代化理论相悖：经济层面的现代化将伴随公民社会的强化、见解世俗化和政治民主化，西方文明是历史发展顶点和世界其他地区的典范。但不能忽视多元化与本土模式，不能不顾文化和日常生活、重大政治事件、灾难与社会变迁、革命、工业化、殖民运动的文化、制度背景。原教旨主义在伊斯兰人群、以色列、美国、波兰，甚至中国兴盛，民族主义正在涨潮。近几十年全球化世界变化的研究方法"需要认识时间性和空间性的差异，也就是在同质化强大压力下仍保持不变的不同世界观"［德里克（Alif Dirlik）：《世界史是什么？》］。

（七）用文明交往论研究当前世界的关键——全球化过程之中复杂和冲突：社会科学分析手段要超越美英社会科学、法国布罗代尔"年鉴派"史学、各种流派的结构学派的方法；也要超越斯宾格勒、汤因比的比较文明；还要超越弗兰克、沃尔夫、沃勒斯坦、麦克尼尔等现代国际共同体与体制理论。多极、多元全球观点来认识世界史学变化、演变的动力——来自世界各个地区（包括中东）的史学实践。文明交往的自觉史观特别需要。

（八）普遍史——世界史——要明确。首要地处理不同层面上从经济和贸易到移民到疾病传播传染到流行文化形式的扩展互动过程。文明——人类共同体之间在不同阶段、长时期的联系变化。

（九）伊斯兰史学史：伊本·卡尔顿（Ibn Khalduu）的《历史导论》(*The Magaddimah，An Introduction to History，Princeton*，1981）的历史视野是伊斯兰的世界史，历史视野的普遍性和文化性是其特点，关注主要一点是从原始的游牧文化向高度城市文化的转变。塔利夫·卡利迪则认为有两大特点：关注非穆斯林民族史与人种论，关注人物传说（二者都是长期而独特的），见《探求共同的史学原则：关于伊斯兰传统的辩护及评论》(《新史学》第7辑，大象出版社2007年版，第135—138页)。

十九　中东史的思考

（一）何为"中东史"？开宗明义的老问题

1. 由现代而古？由窄而广（边界？泛化）。

2. 中东性——独特的、东方式和西方式的地区、国家思想理念。

3. 中东偌大社会人群所不断建构起来的人类共同体。

（二）历史是追求着自己目的的人的活动

1. 研究对象在总过程中对历史作用大小，顺应与违背，进步与阻碍。

2. 实践与现实生活土壤

3. 民族精神，价值标准 ⟩ 史识的生命力

（三）分期

1. 文化类型（"史网"于文）（寻根——生命之根）。

2. 百年（世纪断代）。

3. 现代 I（走向世界）现代 II（走在世界）。

（四）地区史："一切存在的基本形式是时间和空间，时间以外的存在和空间以外的存在同样是非常荒诞的事情。"（恩格斯：《反杜林论》）

（五）常识：人寿问题

有一则评论说，中东人平均寿命普遍不高，而显贵难有高寿，如叙利亚总统阿萨德终年69岁，摩洛哥国王哈桑二世70岁，纳赛尔总统68岁，约

旦国王侯赛因 64 岁，以色列总理拉宾 73 岁，巴勒斯坦领导人阿拉法特 74
岁。该评论说，活到 70 岁以上就不错了。这很有中国俗话所说"人生七十
古来稀"的指向。

　　但凡事不可轻易下结论，未经统计调查就对一些问题像特别快车那样做
总结，难免出常识性错误。在评论中所列举的一大串名字中，至少有三人未
列入作者视野：①沙特阿拉伯国王法赫德 82 岁；②科威特埃米尔贾比尔
(1928—2006) 88 岁；③阿拉伯联合酋长国总统扎耶德（1918—2006）98
岁。还有埃及的诺贝尔文学奖得主纳吉布·马哈福兹 2006 年已经 95 岁。何
况，作者也未分清正常和非正常死亡，这一点在统计中也是应估计的因素。
作者所说的阿拉法特、拉宾，甚至纳赛尔三人，就是如此。对阿拉法特之
死，可作各种分析，但不宜引申到中东人平均寿命，引申到"至高显贵也难
有高寿"之说。

二十　中东史随记

（一）中东人

　　以色列历史学家贝利（Eliezer Berri）："埃及的内在生活是以现代化为
其表征，而叙利亚是紧张情势，伊拉克则是极端主义。"

　　伊拉克社会学家瓦尔地（Ali al-wardi）："伊拉克人的人格包括了一种
二元性，远较其他人更耽溺于演说与著述所要求的远大理想，但同时也是那
些叛离这些理想最远的人之一。他跻身于那些与宗教最少联系之辈，但却也
是陷入宗教斗争之最深者。……在伊拉克有两种价值体系，一种是赞成的力
量、勇气与傲慢，这些都属于征服的英雄特质；另一种并存的价值体系则是
勤奋与工作与忍耐……众所周知，伊拉克人民是个不和睦而伪善的民族……
但伊拉克人民实际上与他人并无甚差异。不同之处是其理想化的思想，所想
的是他无法执行的原则，并且是他所不能够达到的目的。"（JuDith Miller
and Lauzie Mylzoie 著：《萨达姆与波斯湾战争》，熊自庆译，香港中原出版
社 1991 年版，第 76—77 页）

（二）复兴社会党理论家阿弗拉克

　　Michel Aflaq 与 Salah Bitar 1928—1932 年一起就读于巴黎大学。前者
死于 1989 年，葬于巴格达复兴党国家总部。在大学受法西斯主义影响，据

叙利亚史学家提比研究，他"对希特勒充满了狂热"，从中看到了可作为综合民族主义与社会主义的典范。颂扬阿拉伯人种，反共而无可行的政治纲领。

（三）石油

石油是现代世界的海洛因，它所提供的便利生活方式，没有其他任何一种能源能够相比；而曾改掉一种习惯，却既痛苦又难于成功。……对石油控制权的争夺，成了串联历史仇恨、民族情感和宗教狂热这易爆组合的导火线，也正是造成波斯湾紧张情势的根源（同上书，第154页）。

美国的民主、自由、人权，后面是海军、空军、陆军，三军出动"当然为了石油"（老布什商务部长 Robert Messbacher 语）。

二十一　中东史琐闻录

（一）当代中东的战争因素

英国《经济学家》2006年8月12日的一期，以《迷失的中东》（*Lost in the Middle East*）为题，叙述了美国因素的核心是战争。它说，美国在中东，是在多条战线上作战：要扑灭黎巴嫩战火，要阻止伊朗发展核武器，要从伊拉克泥潭中拔出，要结束巴以冲突，但哪条战线都不成功。美国不是像中东史上的奥斯曼帝国和法英殖民帝国那样在当地发号施令。它的友邦如以色列、埃及、沙特，都是独立演员。美国的战略应放弃支持以色列，让它跟邻居实现和平，战争解决不了问题。

德国《明镜》2006年7月24日一期以《以色列能这样生存吗?》（*Kann Lsrael so üBerleben*）为题，批评美国的政策，并且认为，用武器不能解决中东问题。它写道："无论是黎巴嫩还是以色列，都没有办法在暴力中生存。"

（二）亚历山大大帝在中东的三个遗愿

亚历山大大帝是亚里士多德的学生，他欲望世界，而征服亚洲，半途夭折而死于中东。他一病不起，占领的土地、强大的军队、锋利的宝剑和所有的财富，对他说来都毫无意义。希腊文化衰落了。死神使他无法回到家园。他仅留下了三个遗愿：①"我的棺材必须由我的医生独自运回去"；②"当我的棺材运回坟墓时，通向墓园的路要撒满我宝库里的金、银和珠宝"；③"把我的双手放在棺材外面"。

亚历山大大帝的三个遗愿是他死前总结的三条教训：①让医生运载他的棺材，是要人们意识到医生不可能真正地治疗人们的任何疾病，面对死亡，他也无能为力。希望人们活着的时候能够懂得珍爱生命；②人们不要像我一样追求财富，这是在浪费时间；③"希望人们明白我是空手来到这个世界的，而且我空着手离开了这个世界。"

亚历山大大帝死前的三个遗愿和三条教训告诉人们，文明交往中有各种支点，地理支点，经济支点，但重要的是在世界上存在的文化支点。文明交往中也有国家支点、军事支点、行政支点，但民间的艺术家、宗教家、学者、商贸者、旅游者更有影响。亚历山大大帝的遗愿与教训，也是一个征服者对自身的最后认识，是自身的文明自觉，值得后来者引以为训。

（三）合作与回归

美国自由派思想库汀生中心的容安澜（Alan Romberg）说："中美之间存在分歧和冲突并不可怕，关键是要进行合作。实在的共事比空洞的对话重要。"

美国海军分析中心的冯德威说，中国的快速发展不是"崛起"，而是"回归"到中国作为一个有着数千年历史大国的本位，中国的发展已经使自己的经济利益扩展到全球，而全球性的经济利益同时是全球性的政治利益和责任。

合作与回归，要求对资本无限扩张所造成的全球极端无序化和社会与自然的巨大危机进行科学、理性和民主经管理。

当今世界，国家间利益关系不是一味冲突与合作，而是互相排斥的利益和互相依赖的利益同时交叉存在，对抗与合作两重性交织纠缠在一起。强权政治、实力政策的现实主义与平等、互利、合作、共赢的两种思维同时并存。2006年4月24—26日在华盛顿国防大学召开的有91个国家参加的国际反恐会，竟未请中国参加。

（四）茶与糖

约850年，阿拉伯人通过丝绸之路把茶叶由威尼斯带到了欧洲。

11世纪，东征的十字军骑士，才在叙利亚尝到糖的甜味。此前他们只是在蜂蜜中尝到糖味。

（五）哈塔米

哈塔米，1997—2005 年任伊朗总统，"文明与文化对话"国际研究会领导人。2006 年 9 月 1 日—8 日访美，参加旨在促进全球文明对话活动，如 7 日在华盛顿国家大教堂发表讲演，8 日出席纽约联合国"文明对话会议"。此外，12 日在芝加哥公开谴责美国霸权，抨击美国反恐政策。

二十二　中东早期文明的意义

（一）早期城镇：美索不达米亚、埃及、印度、非洲都已出现，但规模小，交往不发达，过于依赖内部自给性交往。这些城镇居民在交往上的分工水平和政治组织对于前 4000 年新工具与生产技术的发明及传播至关重要。

（二）石器时代到青铜时代转变：公元前 4000—前 3000 年。文字（最早在美索不达米亚）极大改变人们交往方式，促进维系巨大城市系统的两大纽带：贸易网的扩展；官僚机构的扩大。

（三）中东两个大河流域文明的特征：①公元前 3500 年美索不达米亚的两河流域（底格里斯河、幼发拉底河流域，真正意义上的文明），相信人的命运不可抗拒；②公元前 3000 年埃及沿尼罗河的居民，更重来世，他们还有政治、文化及与地中海沿岸、东非、欧洲甚至大西洋彼岸交往中的风俗习惯影响。

（四）中东最初文明是苏美尔文明（公元前 4000 年前后）。金属、犁、锄、武器的发明，使中东成为世界上首先由石器时代过渡到青铜时代的地区。新技术进一步推动分工，手工业者制造金属器物用来交换食物，交往扩大到军事、政治结构的正规化，交往又扩大贸易〔到遥远的阿富汗和英格兰采购铜和锡（青铜原料）〕。

（五）帝国忽盛忽衰原因：不时的入侵。作用：打断帝国的历史进程。

（六）公元前 2000 年前后，苏美尔人写了世界最古老的《吉尔伽美什》史诗，口头流传更早（约在公元前 7000 年）。吉尔伽美什为古代城邦统治者，世界文学史中的第一位英雄人物。有两点值得注意：①史诗描述一场毁灭人类的洪水，只有一个家庭因建造了方舟才幸免于难，这个家庭的后代后来形成了一支新人种；②史诗中关于人生与人死观的哲理："吉尔伽美什……你被赋予王位，这是你的命运；永恒的生命却不是你的命运……吉尔伽美什，你为什么要寻找？你寻找的生命根本找不到。当神创造这个世界的时候，死就已成为人类命运的一部分。"③苏美尔人有众神在大洪水灾难中创造了大地和神通过洪水对人进行惩罚的宗教信仰，影响了很晚以后在中东出现的犹太教（出现在苏美尔人居住的西部，包括犹太人的《圣经》）、基督教和伊斯兰文明。这次大洪水载入犹太教的《圣经》，也成为今日基督教和伊斯兰文明的文化成分。

二十三　中东地理环境作用的理论思考

人类古文明为何在中东较早地生成和聚散？为何伊斯兰文明核心地带在中东？这与地理环境的作用和反作用有何联系？

（一）地理环境决定人们的气质性格，人们的气质性格决定他们采用何种法律和政治制度。此为西方地理环境决定论代表人物孟德斯鸠的观点。

（二）"劳动和自然界一起，才是一切财富的源泉，自然界为劳动提供材料，劳动把材料变成财富。"此为恩格斯说。马克思又加入劳动过程三要素：①有目的活动或劳动本身；②劳动对象；③劳动资料。后二者即自然物质中的土地、森林、河流、矿藏等地理环境自然物质。

（三）文明肇始，地理环境对成长其中的人类共同体的物质生产活动情况具有决定性影响，伴随而来的是，在很大程度上，也决定了人类文明的类型及其发展进程。在人类活动初期，不同的共同体在各自的自然环境中，找到不同的生产资料和不同的生活资料。因此他们的生产方式、生活方式和产品，也就各不相同。他们不能随心所欲从事物质生产活动，只能因其生存的地理环境所提供的条件，形成自己的物质生产类型和具体的内容及方式，故有游牧民族、渔猎民族与农业民族之别。生活在地中海沿岸的古希腊人、腓尼基人因自然条件而主要从事农业，同时，手工业、商业也发达。对动物的驯养、植物的改良也不同。生活内容与方式也因物质生产方式不同而不同。

（四）可见，地理环境因素决定物质生产活动的类型、方式诸多方面；地理环境通过决定人类的物质生产活动进而影响到人类的社会生活、政治和精神生活。所以说世界各地区不同的地理环境与人类的交往过程中，使不同地区的人类文明产生了许多差异，呈现出不同面貌。不同文明初期的不同地理环境影响下形成的、具有各自特征给各自社会生活打上深刻烙印和在特定社会矛盾互动下的独特发展道路。

（五）可见，在人和自然的交往中，物质生产活动对社会生活具有极端重要作用；但是在人类共同体物质生产活动的基础上，人类的具体物质生产活动作用于自然和和改造自身，形成新的观念、力量，造成新的交往方式、需要和语言。某个民族逐渐形成了具体的、某种特点的性格、气质和心理状态。人类文明交往、交换变换于物质生产的直接、主要联系。

（六）具体到中东，它处于亚欧非的交接处，此种地理环境极易受外来文化的影响。环境不独立，本土文明与外来文明交往频繁，易兴易衰。但中东地区又不是统一环境地区。地中海沿岸、红海沿岸、海洋诸小湾地区，又各有不同。大陆地区与沙漠地区环境，都有各自不同的文明特点。其中大河地区（两河流域、尼罗河流域）的人类远古文明，大陆地区的土耳其、波斯、阿富汗文明，沙漠地区的阿拉伯—伊斯兰文明，以及后来的奥斯曼、波斯、阿富汗伊斯兰文明，更早一些的希伯来文明，都在此地区呈现异彩纷呈特色。中东地区为人类文明交往聚焦地区，直接关系着它的历史、现状和未来。

二十四　世界和历史的两种眼光

处于全球文明交往时代，一要有世界眼光，二要有历史眼光。

当今世界，面临两大危机，一是安全，二是贫穷。

当代中国，中国人一要脱贫，二要脱愚；贫加上愚，使近代中国落后挨打；富而愚，使目前先富的人群之中，有些落马，其危险似不亚于贫与愚。

世界眼光不仅是"引进来"，还要"走出去"；不仅是"跟着走"，而且要"想着走"；不仅关注立足现在的国情、世情，还要记住历史和重视未来。

"想着走"是保持头脑清醒，安不忘危，眼光时时关注国情与世情。经济全球化趋势深入发展，国际间生产要素重组和产业转移加快，为我国跨越式发展开辟了道路，但也存在着巨大压力和风险。就世情而言，眼光也需两处看：和平与发展已经成为时代主题；但霸权主义与强权政治又有新表现，恐怖主义的威胁依然存在。

世界眼光与历史眼光是面向世界、面向未来的眼光。看过去，不是迷恋过去，而是借鉴和吸收有营养的物质；看世界也是如此，其最终目的是为了创造新的、充满生机与活力的新文化，站在世界先进行列。

眼光的焦点有二：一是生产力，特别是科学技术的发展；二是交往力，主要是内部和外部的文明化交往的发展。这是关乎国家前途、民族命运的眼光。改革就是发展生产力，开放就是发展交往力。

迷信与愚昧，是遮蔽眼光的两片树叶。"一叶蔽目，不见泰山"，这两叶蔽目，问题就更大了。文史学人的科盲大都与此有关，轻者是激愤、狂言而无益于现实，大则为蒙昧主义、信仰主义的伪科学东西所惑。

在世界史的现代和当代部分，历史是如此靠近我们。特别是当代，许多东西正在变动，许多尚未沉淀凝固，不少东西尚待搜索、打捞和连缀。研究者在其中的穿透目光十分有限。当代史，称之为记录，可以；称之为历史，难。退而言之，回顾与反思，留有余地，是有价值的。人类思想中关于思想之间的传承，与生物之间的血缘纽带遗传，有很大不同。传承中最重要的工作是理清内外文明交往的联系，作出准确判断。在这里，科学积累的厚度固然很重要，但穿透其中的理论勇气和坚毅坚持更重要。我常想，中国五四时代人物为何不理会西方文化根基的基督教信仰成果，而更普遍侧重于选择尼采、马克思，甚至达尔文等人的文化成果？思考社会达尔文主义与马克思阶级斗争理论之间的关系，是很有意思的。

历史不能假设，但历史是有规律可循的。历史要求研究者以事实为依据，以常识为基点，通过无数个"如果"的偶然性，去寻觅事物发展的各种可能性与必然性之间的互动交往关系。

二十五　《世界当代史》通稿手记

（一）文明与文明交往问题

在近代，工业革命和法国大革命是深刻改变西方文明形态的两个最大的事件。19世纪和20世纪的经济成就、资产阶级和工人阶级的矛盾对立，旧贵族、庄园制、专制主义的被推翻，经济个人主义和政治自由主义、文化民族主义及其"义子"——极权主义的发展、拉美的政治革命、北美独立战争，等等，都与工业革命和法国大革命有直接、间接、或多或少的联系。联系是交往的哲学表达的方式和主要概念。这种交往，在1870—1945年间，使西方处于世界中心地位。西欧、美国在工业上处于优势。1914年和1939年世界大战两度爆发，结果是，严重削弱了西方国家的中心地位。值得注意的是，东方国家都把西方文明的某些成分纳入自身的文化模式之中。

"二战"后，世界文明的多样性逐渐取代西方文明的中心地位。19世纪的列强（英法德）是全欧共同市场条件下的西方强国。美国和苏联这两个超级大国在"二战"后的二十年冷战之后，开始认识各自权力的局限性，调整预期目标，把焦点由西方转到了亚洲、非洲和拉丁美洲的新兴民族独立国家，而且比过去更激烈地进行争夺霸权"政治游戏"。一切内外文明交往都成为世界性的。特别是在苏联解体的冷战后时期，经济全球化和政治、文化的多样性，成为全球文明交往化的研究课题。发展、和平、合作是三个最显著特点。

（二）中东的历史模式

按一般将阿富汗到埃及18个国家称为的中东地区，在当代世界史上的动荡之激烈与变化之迅速，远非世界其他地区可比拟。

这18国相似的历史模式是：①伊斯兰（以色列是唯一例外）；②奥斯曼的统治与瓦解；③民族主义取得政权；④现代化改革（兴建铁路、公路、学校，发展工业、科学、农业，进行土地改革）；⑤对愚昧、腐败、特权阶层和外国干预等严重挑战，无力应对；⑥贫穷、文盲、疾病、高死亡率程度不同存在；⑦世俗化政权对宗教力量矛盾的对策。

土耳其与埃及两国，在人口相近、国家方式上非常相似，可能成为中东一流国家。它们是正式承认以色列的两个穆斯林国家。它们都是以强大的世俗化共和国为立国国体。土耳其有凯末尔，相信自己的能力，1927年他那篇著名讲演长达6天。他的民族主义中少有种族主义，曾向从希特勒德国逃出来的犹太知识分子提供避难场所，并压制了土耳其的反犹宣传。埃及有纳赛尔、萨达特和穆巴拉克，同土耳其的埃夫伦、厄扎尔也有可比之处。

以色列主要国家特征：一个软弱无力的总统，一个强有力的总理，一个强大的议会。它的国力强大因素：西德的赔款，公民的富裕，民族素质强，美国巨额经济援助、军事援助（20世纪90年代一年30亿美元）及政治上的支持。巴以冲突的前景看来比过去更加遥远。以色列内部社会特征：挤满城市的土地（20世纪70年代，已有80%人口生活在城市之中）、阿拉伯裔以色列人和北非移民被歧视、犹太人口80%为"世俗"之人，20%为正统派，后者中的极端派企图把中东民主的以色列变成神权国家。

沙特阿拉伯——神权国家与开放国家，伊斯兰教文明之源和石油王国，其现代化类型在中东独树一帜。

伊朗——在古希腊、古罗马人眼中是与欧洲相对的亚洲——古老的波斯文明和奢华专制的东方。在中东的伊斯兰时期，是与奥斯曼帝国和中古阿拉伯帝国相匹敌的穆斯林势力。统治近四十年的巴列维国王，把现代化等于军事化，1959—1978 年在军火方面用掉 360 亿美元，其中半数是购自美国。军事专制导致伊斯兰革命法庭判处数百名国王的支持者，其中近三分之一是高级军事指挥官。78 岁的霍梅尼还乡后，建立了在宗教狂热基础上的、前国王的世俗统治有别的伊斯兰共和国的政权。

伊拉克复兴社会党政权模式：军事专制、加强统治实力、实行有利于耕者的土地重新分配、占中东石油储量第二位的精心管理，使之在对外贸易中占有利地位，人民生活水平较高，宗教宽容政策，男女平等（妇女有离婚权，规定强迫婚姻为犯罪）。但八年对伊朗战争成为中东现代史上最漫长、最血腥、花费最大的战争，这一战争使伊拉克元气大伤。萨达姆借助古代文物（修古巴比伦城）激励人民的民族意志，御用文人把他歌颂为古巴比伦法学家汉谟拉比。但这种政权形式会因扩张而遭遇内外危机。他的同类型政权叙利亚似乎要比较明智。

约旦在伊拉克侵略战争中的两难处境是阿拉伯人地位含糊不清的代表。侯赛因国王顺从西方去谴责伊拉克，并同意对伊拉克封锁。但在经济上有陷入瘫痪的危险，而且与民众反帝情绪相违。但在夹缝中生存的约旦外交，却深谙小国处世之道，有文明交往自觉的鲜明意识。与此相反，中东大国的伊拉克，萨达姆这位如此世俗人物以伊斯兰名义进行圣战，尤其是使穆斯林分裂去反对穆斯林，是非常荒诞的。这场战争是权力、特权和石油之争，其前途在内外交往中是异常危险的。

（三）中东留给文明交往研究的问题

世界上，有的地方纯净清新如水晶，让人易于分辨；有些地方，却神秘悠远、扑朔迷离，让人美妙遐思。中东就属于后者，它是一块诱人深思的地区。

中东曾经是西方文明的摇篮，是东西方文化的通道，也是孕育过世界古代文明和古代帝国之间交往的土地。自"二战"以来，中东越来越动荡不宁，成为该地区漫长历史上急剧变化的、空前的频繁交往时段。

如若以"变中求常"思路研究中东当代史，其"常"的因素至少有以下几点：

1. 巨量石油储备（占现已证实的世界总石油储量的三分之二）带来的贫与富（赤贫仍是大多数居民的命运，豪富只是沙漠君主制国家和波斯湾诸国君主及上层的特权和权势）、安与不安的国际交往态势（战略重要性在地域之外又加上了石油资源，成为一个变动的利益常数）。

2. "窝里斗"或内耗（阿拉伯人极其缺乏的是在任何领域的团结精神）。1945 年成立的阿拉伯联盟，埃、沙、约、叙、黎、也为六个发起国，初衷的愿望，始终未能消除内部的差异与不和。联盟的军事右臂埃及因萨达特与以色列人讲和而被逐出，一度被其他阿拉伯国家视为贱民。

3. 爆炸性的民族冲突：阿拉伯人与犹太人之间的长期冲突与被占领区巴勒斯坦人的处境；使这个爆炸性力量复杂化的力量还有：土耳其、伊拉克、伊朗境内的库尔德人，伊朗、阿富汗境内的俾路支人，塞浦路斯的希腊族和土耳其族人。

4. 冲突的杀伤性因素，来自美、苏、西德、法国的尖端武器，对中东不稳，对世界和平构成威胁。

5. 两次海湾战争及萨达姆政权的被消灭，为中东的火药库增加了新燃料，激起阿拉伯人对外来势力的敌视态度，并危及一个和平、稳定的中东前景。

中东期待着国际上新的发展，使之走出现代史上怪圈的纠缠。

（四）当代中东史的界定一说

1798 年为起点：这时伊斯兰社会已开始与传统脱节，阿拉伯民族主义者用现代科学知识武装自己；1918、1945 年阿拉伯思想研究薄弱；已有凯马尔·H.卡尔帕特《当代中东的政治和社会思想》的先例。此说见蔡德贵《当代伊斯兰阿拉伯哲学研究》，人民出版社 2001 年版，第 5 页。

（五）勃兴特论欧洲合作

和平与发展，是当代世界的主题，但这个主题的连接点和交往处是合作。

维利·勃兰特在《欧洲的和平政策》中写道："不仅是西方，而且还有东方，越来越明白全欧合作的重要性。慢慢地人们会弄清楚，欧洲的合作与统一不是针对任何人的，只是希望这种认识的形成能越早越好。在一个充满危机的时代和一个被冲突搞得四分五裂的世界中，欧洲的合作更确切地说可以成为不同政体和不同社会制度国家通过和平的努力而获得繁荣与安全的一种典范。"

欧洲开地区合作之风。不同文明之间的交往，都是在合作之风的吹拂下向社会进步方向发展。

20世纪70年代任西德总理的勃兰特，在青年时代就反对希特勒。30年代从德国逃至挪威，参加了那里反纳粹的抵抗运动。他跪在华沙一座纪念纳粹大屠杀中受害犹太人的纪念碑前，决心对德国过去的战争罪行进行赔偿，并决心缓解东西方之间仇恨的果敢举动，是和平、发展和合作的象征和文明自觉的行动。

(六) 研究当代史的难处

当代人能不能写当代史？这看起来似乎不成为问题。从古到今，多少人都在写当代史，这还能成为问题吗？不过，当代史离政治太近，而且许多事件都还在发展之中，贸然作结论，轻率使之入史，确实不可取。恩格斯说，马克思的《法兰西内战》"在伟大历史事变还刚刚在我们眼前或者刚刚终结时，就能够准确把握这些事变的性质、意义和必然后果"，那是大手笔所为。可见，等待历史的沉淀凝固的同时，也需要追踪研究，持严谨科学的态度，是当代史作者必备的品质，关键在实事求是，实践检验。这是我主张的"用写实笔法"写世界当代史的原则所在。

编写世界当代史教科书更是一件很困难的事，而写它最后一章更加困难。

对这种历史与现状交叉时段的研究，必须做到两点：

第一，对当前社会进行及时分析；

第二，对当前事件的发展，要努力辨别其中在五至十年后仍然是重要的典型事件。

这就是说，不仅要对事件中，去决定已经成为重要事态，而且要决定将成为重要的事态。前者本来就很困难，后者更加困难。

预言总是一种非常棘手的事，而人类的特异习性却总愿意猜测未来。历史学家的工作，就是承认人类这种习性，而这种工作使历史学家讨厌下述论断：单独指出这个运动或那种趋势对未来"有重要意义"。

我的态度是：具体讨论"二战"后至今的若干趋势和困扰社会的最严重问题，并且时时在提醒人们：不要忘记这些趋势和问题，都是历史发展所造成的。

因此，如果把现状作为历史发展的一部分来看待，就要使现状研究工作走向历史的深处。

（七）当代世界文明与文明交往问题

1. 冷战中的热核时代，源自结束热战（"二战"）的1945年长崎、广岛被原子弹炸毁事件。有一种说法：生产和拥有热核武器是对和平的保证。他们辩解说，"核保护伞"下各国有安全，因为这种装置能给予对方摧毁一切的破坏性，它使哪一国政府也不敢使用这种武器。传统上人们把四十多年未发生世界大战归功于美苏两个超级大国拥有大规模武库。此说法忽视这样一个事实：空前规模的军备竞赛！一个预示：核屠杀的世界末日的危险；另一个预示：大量极有毒放射性废料及核武器生产工厂失去监督下对公众健康的危害。即以军备竞赛而言，据统计，"二战"后到1987年，全世界花在国家军事力量的钱，等于在国际上维护和平行动开支的2900倍。朝着和平发展的阶段性进步是军备控制谈判。裁军之路更其艰难。军事霸权是以牺牲人民基本社会需求为代价的，这种代价是高昂而沉重的，美国如此，苏联更惨！

2. 20世纪后半期的两种政治趋势：国内权力越来越集中；意识形态作为决策因素在下降。前者在某种程度上是超级大国权势造成的，无论是什么制度的国家，都在加强行政权力，在不安全的世界寻找安全。后者主要是面临各种社会问题，集中解决民众的生计被放在首位。追求发展成为压倒一切的原则。西方对苏联解体和东欧剧变的误解，认为这是人类历史的终结于资本主义，连拉尔夫也斥此论为一种犹如《圣经》启示录式的宣言，使人想起古代琐罗亚斯德教的末世学说，这种学说想象世界到了末日的时候，光明会战胜黑暗。东欧各国人民在抛弃信誉扫地的政治和经济机构时，并不一定就放弃了他们原先寄予希望的，但被那些机构的头头们所背叛的理想。现代资本主义国家也不是那些新解放社会要仿效的十全十美的样板。

3. 1965—1972年欧美青年的抗议与骚动：其特点是广泛性，造反是年轻人的特性，领导者不是老一代，而是20岁左右的青年。1968年的法国受捷克斯洛伐克影响，要求大学现代化改革，引起工人（1000万）罢工。柏林抗议伊朗国王访德，意大利大学生反对校园过于拥挤和美国反越战运动。此外还有妇女运动与之交叉，美国的黑人运动，均为世界性社会问题。

4. 地球环境生态文明和人口问题。对大自然的袭击、废弃物的污染、土壤的利用、洁净空气和水源、森林。杀虫剂破坏自然生态平衡，水土流失，全球变暖，人口爆炸，自然灾害。

5. 科学技术的成就与限度。对一个国家而言，科学技术是激烈的国际竞争中抓住机遇、赢得主动的基础条件、关键因素、重要内容。科学技术造福人类，又成为全人类难以负担的生活事实。原子能的利用与危险并存。技术造成的失业。科学技术不会对世界各种问题提出救世良方，解决问题的关键是人，而不是靠机器。要对自己的过去有明智的判断，要有准备地去解决问题。历史的教训太多了，最重要的是：当那些对人类命运负有责任的人，了解了人性的作用时，才能对现状有个清晰的认识，也才能对未来有个明智的规划。但要了解那个极其复杂和吸引人的机制，最好的来源莫过于历史了。文明和文明交往均在历史深处，走入历史的深处吧！

(八) 技术乐观主义

什么是科学？科学是现实之物的理论化，只有理论化把握现代的方式才是科学。科学不是意见和常识，而是用极有统摄力和穿透力的概念和语言去表述那些人与人须臾不可分离却难以显现的真理。

什么是技术？技术是人实践地改造对象的主要方式，技术可使世界发生现实的变化。技术是发明新工艺、生产新产品。在古代技术先于科学；在近现代，科学先于技术。

科学技术的发明和使用，提高了劳动率，解放了人自己，为人类创造了福祉。然而，科学技术是一个悖论式的存在，科学技术是双刃剑。这个"生产力"的巨大力量在推动、在改变着人类社会的方方面面，在文明的演进中总是正负两极在交错发展。

对待科学技术发展方面，莱文森（Paul Lenson）对媒介演进与人类前途的积极乐观态度，可属一派代表。他的理论创见是：①媒介演化的"人性化趋势"论，即技术在模仿甚至复制人体某些功能，那是在模仿或复制人的感知模式和认知模式；②媒介补偿性论，即任何一种媒介后继者，都是对前一种媒介先天性不足功能的补偿或补救；③用人性化（善和美）论来代替麦克卢汉的"媒介决定论"。

保罗·莱文森的《人类历程回顾：媒介进化理论》（1979 年博士论文）、《数字麦克卢汉》（社会科学文献出版社 2001 年版）、《思想无羁：技术时代的认识论》（南京大学出版社 2003 年版）、《真实空间：飞天梦解析》（中国人民大学出版社 2004 年版）、《手机：挡不住的呼唤》（几乎在美国和人大同时出版）等著作，都是在不断完善他的上述理论。

以手机为例，说明技术的善和恶的两刃。他对信息时代充满信心："我想最终结果是不错的。一切生命都依靠信息而繁盛辉煌，人的生命尤其如此。缺少信息，脱离接触往往会造成误解，往往比接触造成的损失更为严重。""不完美的、得失皆有的媒介演化进程就这样继续进行下去……只要利大于弊，那么我们就能恰如其分地说，我们取得了进步。"

科学在人类历史上从来就是推动文明交往的重要力量，技术在发展中也追求和谐发展。世界上没有尽善尽美的东西，只有在发展中不断完善的东西，冷静的乐观主义是正确的。

当今人类对科学技术作用的分析、反思十分必要，它的负面作用改变着人的生存机遇和生活方式。现在需要将人类用于开发身外的自然和人自身的自然这方面，转向开发人的精神资源，即创造人的精神产品，培养用于提升心态力量的兴趣与品质的人文精神。

（九）不能粗暴地对待谬误

在人类文明交往中，不能粗暴地对待谬误，除非这种谬误是不负责任的胡编乱造。

真理和谬误在严肃的科学家那里，都会经常发生，二者同出一个来源。这是奇怪的，但又是确实的。

科学史上的托勒密的"地心说"，并非人们印象中那样，是在制造谬误，而是在经过了许多观察与计算之后才得出这一结论的。他是一个真正的科学家，不幸在这个结论上错了。哥白尼的"日心说"是伟大的成果，那是运用优美而简单的数学方法，得出了正确的结论。哥白尼在《天体（球）运行论》中谈到，自然界不如托勒密描述的那样复杂，因为托勒密设计了80个假想的"齿轮"，来解释天体（球）运动，但如果把太阳与地球易位，甚至连一半"齿轮"都用不了。因为哥白尼相信：自然界必定是优美的和简单的。简单美的数学原则使哥白尼成功了。

但我们不能因此把哥白尼说成推动前进的勇士而把托勒密说成是阻碍科学发展的骗子。历史真相告诉我们：任何粗暴地对待谬误，那就是在粗暴地对待真理！

只要我们认真读一下《天体（球）运行论》（Orbium，古代天文学家假想能带动天体运行的透明的"天球"），就可以在序言中看到哥白尼的那种犹疑不定的心态，隐含着世界观的改变，使我们认识到人与自然交往中，实在有人文精神在科学创造中起的作用。

（十）第二次世界大战的代价

1946年1月9日，英王乔治六世在庆祝联合国大会第一次大会上说：

"1945 年结束了所有时代最残酷、最广泛、最危险的冲突，带来了对人类自由敌人的最后胜利。但那场（战争）胜利的赢得付出了非常沉重的代价，其后果是留给胜利者很重的责任。现在，胜利者一起加入联合国组织中来了。事实上，你们无数同胞以及尚未出生的生命的幸福，就由你们的手成之或毁之。"

这句话同英国指挥家托马斯·比彻姆勋爵下述话对照起来，很有联系性："20 世纪前半期的历史一旦被恰如其分地书写，人们将会认识到文明的极其荒唐和残忍。"两次世界大战，尤其是第二次世界大战（约有 4600 万人丧生，当然，这是永远无法统计清楚的数字）不正是文明的两重性表现吗？但文明在与野蛮的交往中终究是胜利了。

（十一）追溯历史，审视现实，关注将来

你想深刻地了解现在吗？你想关注将来吗？

请你立足于现实，追溯历史，再从历史的高度审视现实，并且在追溯历史和审视现实的综合观察中，关注将来。

现实—历史—将来，这是一个整体，三者有密切联系。贯穿三者的中枢是理论思维。要把三者有机联系起来，就须臾也离不开理论思维。只有理论思维的贯通，才能使现实感、历史感、将来感具有动态性、深刻性，从而把研究工作引向前沿和高处。

人类文明—人类文明交往—人类文明交往自觉，特别是人类文明交往的互动规律，就是这种理论思维之一。

和谐的治史之思。对热点地区、热点问题持具体而细致的冷思考。把历史经验与现状发展的深度结合起来，在回顾与前瞻的历史思绪中找答案，找真、善、美。史学中哲学思维的创新，历史积淀的哲理真知、学理价值、理论支持，是治史之魂。在历史发展和现实观照过程中，坚决反对走极端，坚决反对从一极跳向另一极。极端——这是不和谐之风所致。注意思维方式中的逻辑起点：①写作动机上有无纯政治、纯利润意识？②构思过程的先入为主思想；③材料的片面化、不确切性。当代世界史政治因素强劲，应以写实为准则。史学的时代思潮、社会影响与政治理念的偏颇性，以历史观念来审查，是可以理解的。但以此思潮、理念甚至行政权力压制，造成对历史严重歪曲，则为学术所不容。此中的教训，在未明之前，或有违背，需弄明白错在何处；既明之后，坚决改正，坚守不懈，时刻警惕，坚持到底。

二十六 走向学科、学术自觉的《中东史》编写工作手记

为编写《中东史》，2008 年 1 月 20 日—25 日，我在北京松榆斋思考之后，写下下述手记，以记不忘，以表心态：

（一）挑战和超越：中东所有《20 世纪中东史》，有《阿拉伯国家史》，有 13 卷《中东国家通史》这几部大的集体著作之后，然后再写人民出版社的《中东史》，面临此挑战可谓巨大。我们如何超越自己？

（二）动力与阻力：《中东史》是一本地区简史，仅 40 余万字，最多为 50 万字，简而明难，浓缩、突出重点难，消化、选择重大问题难。插图又是一项新工作，图文并茂，选择与正文相配合、形象而深化、双向统一更难。有了前三项大型中东史书，既是优势，是动力，也可能成为阻力，可能使我裹足不前，既吸收不好，又无法超越。真正的学术"里程碑"，有可能不是成就，而是遗憾！

对此要头脑清醒：回归史学本体，关注学术自觉。

（三）思考与问题：前三套书中，①在中东领域中，我们成就了什么研究工作？②什么问题有待深入与扩展？③如何从整体上把握中东史？④文明交往论的基本思想，如何与中东史重大问题相结合？

（四）起点和基础：研究扩展较易，深入研究较难。基本概念、史料分析取舍和写作模式三者的研究，要针对历史学的本质属性。掌握典型材料，事实永远是起点与基础，在写作中要关注这方面的"清理"。

（五）整体框架与"问题域"：从重大专题研究中确定"问题域"。没有史料、史实不行，仅有此还不够。必须有问题，问题是研究的先导，无问题就陷入史料与史实的海洋之中。从丰富史料研究中提炼文明交往的实质与规律性问题。史实为基，史论为魂，史趣为美，三者大成，最为理想。

（六）接受与影响：文明交往论是"影响研究"。以中东史而论，可突出阿拉伯—伊斯兰文明、希伯来—以色列文明、基督教文明、波斯文明、奥斯曼文明等文明之间的接受—冲击—影响—整合—创造。此五环节中，影响为中间转折环节，至为关键。可以这样说，"接受""冲击"为开端，"整合""创造"为作用，结果，"影响"则扣其他两端。在考察中要坚持交往互动规律，进行双向或多向审视，结合各历史阶段特点，就相关时代命题，进行同步思考和不同观照，从中进行文明之间互识、互证、互补的考析工作。

（七）"之间"和"之内"：文明交往的"思想结构"，从中东史范畴讲，要有一种时间向度的研究观念。这种观念是一种"尺度"，由此确定基本问题、某些规律性问题的方向，如文明交往的世界性、本土性和现代性等。"思想结构"和"思想立场"相关，但要注意历史进程的完整性。我觉得应从文明交往的三个进程分析其轨迹：①不仅是中东不同文明"之间"的交往关系，而且要②分析同一文明"之内"的交往关系，只有这两方面的结合，才是全面的中东史；③物质、精神、制度、生态四大文明交往要全面反映，交往是全面的，各方面之间是交往互动的。

（八）模式与意义：研究模式解决：①研究什么？②如何研究？③为何研究？学术创新三途径：①新史料；②新观念；③新研究模式。中东文明交往史有两层次：①中东与不同国家、地区的文明交往过程；②中东与其他文明相互影响、相互创造的双向过程。模式上表现为影响问题的，一种是肯定的积极意义的研究类型，另一种是否定的、负面的"霸权"影响。两者的意义不同。意义表明了"影响"的两重性。

（九）自觉与反写（WRITE BACK）：新理解与发掘为一类，新阐释角度又可重构而引出新的开掘为一类。此二类应兼顾。"平等对话"是一种道德化的学术理想，不能因此掩盖历史与现实问题。必须分析中东史上文明交往中霸权与压制、他者化与自我他者化、自觉与"反写"的潜在结构。所谓"反写"主要是指近代以来阿拉伯文化与西方文化的关系。不是说此时阿拉伯文化对西方没有影响，只是说西方文化成了强势文化，有"覆盖性"。在这种情况下，强调阿拉伯文化的影响，本身就是一种"反写"。西方主导了中东二百多年，"主导"之下，掩盖了许多东西，"反写"尤其重要。

（十）国别与世界：事实上，历史上不存在一个超越国别民族性史学的"普世立场"。启蒙神话中的"世界文学"，当今的"全球史学"以及"文化形态史学"，其中都包含着西方中心主义的霸权思想。"交往"、"联系"、"关系"之所以重要，就是因为它们从"跨文化"、"跨文明"的"公共空间"来研究文明问题。历史是多样的，文明是多元的，相互作用、交互作用是一个系统化互动进程，这个进程形成于"跨文化"、"跨文明"的"公共领域"或"公共空间"之中。尽管弱势文明国家势单力薄，但也在某种程度上参与构建世界文明；尽管不同国家、地区文明交往存在"不平等"的现实，但都以自身独特的立场参与世界文明。世界文明不可能仅仅是任何一个民族、国家扩张的结果。

（十一）小结Ⅰ：文明交往与比较。从文明交往研究的优点：①具有真正现代的学术视野；②从文明交往研究切入世界历史和现状研究，可又创建中国化的世界史与历史研究的学术个性。对现有成果进行品味、咀嚼与消化，对已有研究模式、方法、理论和已有探索、尝试进行重估和反思，进行过滤、选择，去伪存真，从而进入深层、全方位而创新。比较是一个重要方法，"世界性"因素，可以激活文明精魂。中东学科的理论体系与学术框架在于文明的交往与文明的比较。比较之中有新的结构。中东学科建设离不开学科自觉。

（十二）小结Ⅱ：枝叶与主干。删繁就简（如何用"奥卡姆剃刀"把烦琐东西删除），文明交往要突出（如何突出主干，删除枝叶）。整体轮廓有新意（如何在别人停笔之处前进），超越前人在自知（应在别人不着笔之处着笔）。

史学精品有三大困难：①如何妥善处理政治与学术之间的辩证关系，在政治诉求与学术追求之间如何找到相互兼容的均衡点；②如何在本土与西方两种价值观之间寻找可以良性互动的支撑点；③如何摸索传统学术与现代性之间的传承点。三点归结于普世价值与特定价值在交往文明自觉上的有机结合。可惜人类文明交往被社会学、哲学、生态学所独有，而在历史学上却被忽视。忽视人类文明交往，也必然漠视人类，特别是人性，这些著作注定是短命的，会随时间推移而被淘汰。

我坚信史学的科学性，只要遵循史学本身的规律和科学研究方法，就可以达到史学研究的认识任务：揭露历史谬误，弘扬历史真理。但史学家的认识是相对的、有限的、有具体时代性的。史实层出不穷，史学家也有主观成分。

（十三）总结论：中东学科的自觉贵在学术创新。可分述如下：

1. 学者可贵的学说品格是"自得"。学者的自觉是学术个性化、主体性的集中表现。学科是学者从事的学术领域，有了学术的个性自觉，还应有更广泛的学科自觉，即对所从事的学术大领域有一个整体的理性认识和求知致真的高境界追求。他们至少知道自己从事的研究项目在学术史上所处的地位，并且为此而不懈努力。

2. 中东学科建设最需要的是学科自觉意识。我涉足中东学科领域说早也早，那是 1958 年伊拉克革命。但那只是昙花一现，被后来的政治风暴所吹掉。真正再进入时间要晚得多，可以从 1979 年苏军侵入阿富汗时开始。后来在 1985 年以后才正式确立定位。从那时起到现在，长时间的印象是，中东学科最缺乏的是学科基本建设，而基本建设中最缺乏的是中东学科独立的理论和方法。经过反复思考，独立的理论和方法的缺失，根源在学科意识不强，在学派自觉性不强，在原创性成果缺失，在研究队伍不大，特别是这支队伍中学术自觉性不强。不过，1991 年以来，这种自觉性逐渐加强，成果和队伍也逐渐壮大，所缺乏的是原创性独立理论和学派意识。现在的任务是：推进学科体系建设、学术理论构思和科学方法的创新。

3. 理论肇端于思想。学科要发展，思想要先行，这是源头。学科要发展，系列性成果要出现，学术范式要形成，这是结尾，是结果。不能只见尾，不见头，不能只见后果，不见思想。理论之源是创造力，是想象力，是假说，是思维方式，是方法，是后来者跟着传承的起点。这就是思想，是理论。真希望本书每一集都有思想，至少有自得之见，使人感受到文明交往思想之光的闪烁火花。

4. 学科自觉的理论始于并基于问题。问题是什么？是时代的要求，现实的需要，学术发展的活力。学问，学问，岂能没有问题。屈原在两千多年前的《天问》中，就向自然世界，提出了 127 个问题，可以说思想的光芒四射。中国当前面临许多国际问题，包括中东问题。美国在国际关系理论体系有主导地位，该国有"霸权稳定论"、"权力过渡论"、"长周期论"、"国际机制论"、"新自由主义制度论"，早期还有"平衡论"等，其中都有中东在内的问题。中国有一个如何面对国际社会和中东社会的问题。我们也从中找问题，真问题和自己的问题，从中具体问题具体分析，在解决问题的过程中，逐步形成自己独立的理论。我以为，现在可以做的，是把文明交往理论具体化，与中东问题结合的具体化，而不是跟着外国人跑，顺着、接着别人讲。

5. 学者与思想家的区别。熟悉一门学科而有所成就者，可称之为学者。有大成就者，可称之为大学者。但唯有那些兼有学问而又有胆略、有见识的新思想的开拓者方可称之为思想家。有知识的学者不是说没有思想，这是知识性的思想家。真正的思想家是创造性的思想家，是有创新理论的思想家。学者是文化财富的持有者和传播者，思想家不仅是文化财富的传承者、传播者，而且是文化财富的创造者、学术生命的发展者。人的智慧贵在创造，文化创造崇高而久远，需要赤诚、实干、肃敬、心平、气静。从实质上讲，用"学"统领"术"，和以"术"充实"学"，谓之"学术"。追求一时轰动效应，把心思用在功利上，就流于无心于"学"，而专注于"术"，终究会成为泡沫而泛浮破灭。为了保持《中东史》写作的学术自觉，爱因斯坦和泰戈尔的两位学者品位可作思考点。1931 年（正好是我的生年），他们两人进行了四次对话。马里安诺夫在《爱因斯坦和泰戈尔探求真理》一文中，称他们为

"行星式"的学者，称泰戈尔是"具有思想家头脑的诗人"，而爱因斯坦是"具有诗人头脑的思想家"。这两位是诺贝尔奖金得主，都是不同学术领域的大学者，更重要的他们都是思想家，是思考人与自然、人与社会、人与自身心灵关系的思想家，特别是诗意治学的思想家。在学术史上，兼学者与思想家并融诗意治学于一身的人虽然不多，但学者应该法乎其上，虽不能至，然心向往之。至少在科学研究方面有这样的自觉意识，并力求有所体现。

6. 中东学科在中国属新兴学科，尤其需要学术自觉。这种自觉是主体性的自觉，思想上的自觉，是文化"指纹"的独有自觉，是有自己头脑和自身发言权的自觉。中东学科的自觉在其生长点上就应当清醒自己的定位和方向。要学习西方学术上的一切优秀成果，但有一条最关键，这就是坚持主体意识，不要稀里糊涂地跟着走、顺着说，成为文化上的学舌鹦鹉，更不能不问是非而盲目地为西方说话和说西方的话。要用自己的思想去努力实行各种创新：原始创新、综合创新、引进消化后的再创新。学者如学养不够，最易见风使舵。因而坚定不移地沿着自己的思路，在学术制高点上审视东方西方古代当今，瞄准学科前沿，从历史、现实和理论的结合上建设中东学科尤其重要。当然，这不是写几篇文章、几本书就能够解决问题的。然而一定要心中有数、手中有笔，用头脑思考问题，才能有所体现；持之以恒，方有所成；脚踏实地，用实实在在的系列成果，从学术史上讲出有思想、有分量的话。

7.《中东史》的编写，应当提高到中东学科建设高度上认识，提高这方面的自觉性。由此出发，既要传承、借鉴，也要开拓、创新。不忘记我们中东研究所已有的一切成就、成果，也要大力吸取国内外一切优秀成果，使之化为己有。《中东史》要坚持史学本体，要有学术品位，也要有思想境界和"史趣"（诗意治史）的审美追求，特别不可没有"自得之见"。走自己的路，写自己的书，培养自己的人，建立自己的学派。这对中东研究所来说，任重道远，需要几代人才能完成，是山高水长的学术之旅。但路虽远，不走不至；事再难，不办不成。已成的第13卷《中东国家通史》，作者为集体笔名"钟志成"，意味着它是中东研究所师生协力而同心的众志成城之作。这次人民出版社出版的《中东史》是老、中、青三代代表肩负的承上启下的学科建设之作。努力吧！我坚信一定能成功。

这里借用英国史学家阿克顿（Lord Acton）在《历史研究讲演录》中的话作为结语："只要历史的写作是谨慎的，具有简洁性和洞见，就可以得到每一个有善意人的首肯，并迫使他们同意。"

二十七　东方和西方

萨义德（1935—2003）在《东方学》中，谈到了"东方学"研究中的种族中心主义倾向："欧洲民族和文化优于所有非欧洲的民族和文化。"其实，"东方"和"西方"都是西方学者在西方中心主义价值观的指导下"人为地建构起来的"。从哲学上讲，是西方代表了历史发展的逻辑或理性，其他民族、文明都应沿此轨迹前行。黑格尔、胡塞尔都认为中国思维是经验而未进入理性，即其表现。

其实不仅是哲学，还有科学技术的西化倾向。西方的理性是"求同"于西方的"我"，后期现代哲学如海德格尔、萨特开始承认"他者"的相对地位和文化与文化之间的冲突或共存关系。不过他们认为科学技术是哲学的"合法继承人"，西方人仍可以主宰世界（全球化、西化），如海德格尔在《面向思的事情》中写道："哲学之终结显示为一个科学技术世界以及相应于这个世界的社会秩序的可能控制的设置的胜利。哲学之终结意味着植根于西方——欧洲思维的世界文明开端。"

值得注意的是后现代哲学家列维·斯特劳，他在《忧郁的热带》中，强调对原始文明的天然同情和对"差异性"的关怀，强调不同文明之间的"非齐一性"。他在上述著作中承认文明选择的权利和现实，以及制度文明选择：为了保持人类的科学性，"我们必须接受下面的事实：每一个社会都在既存人类诸种可能性范围之内做了它自己的某种选择，而那些各种不同的选择之间无从加以比较：所有那些选择都同样真实有效。"（见《跨文化研究的主体间性之间》，杨大春，《光明日报》2005 年 4 月 12 日"理论周刊"）在德里达看来，"白"种人的理性神话并不洁"白"，其实它始终是苍"白"的，因为在被他们认可的希腊文明中，在柏拉图的"理念"中，就已经融有许多东方神话的文明交往。

谈到德里达，他认为中国只有思想，没有哲学。这说明德里达虽然强烈"解构"西方传统，而始终关注的却是西方文化的内部策略，而不是走向东方。他眼里的东方依然是西方人构造出的一个"他者"。西方哲学对西方中心主义的批判，仍然有西方中心主义。他们都认为，西方是一种理性思维，东方是一种神秘主义思维。的确，东西方差异很大，全球化同时伴随着主体化、本土化。文明交往的金律是双向互动、多向互动，这种"金律"作用所导致的乃是真正的杂交文化，它应该能够接受主体间的共存。我们应该从主体间性诸模式中关于现代理性及现代性的反思，探求不同文明"间性"的可能模式。

这种文明交往模式否定了全盘西化和中体西用的二元对立模式：既非全是外来，也非完全本土。杨大春提出了"杂交文化"的"跨文化"，"杂交概念意味着交织、交叉、互动、文化间多元共存、尊重差异等含义，实际上就是跨文化所包含的意思。"从文明交往角度看，根本上说，这是人类在多元共存、共荣文明形态中的发展问题。

可以这样说，只有复杂的西方，而不存在纯粹的西方。在西方，有不同的人在做不同的事：有的人在贩卖黑人奴隶，有的人在倡导人权；有的人在炫耀武力，有的人在宣扬博爱；有的人在经营跨国公司，有的人在玩弄政治权术，当然有的人说和做的又不一样，有的人变化异常。换个方位说，东方也不是清一色的，制造大灾难、大破坏的野蛮事情还少吗？文明也是这样，它总是在消除野蛮中演进的。只有交往文明化这座桥梁，会沟通地域上的局限而逐渐提高社会进步的文明自觉程度。

二十八　写出中东史的"活态"来

（一）中东史，本来就是活态的。这里，神话与现实、本土与外来文明交往、交织又交汇；这里，沙漠、环海、宗教、石油和血与火的洗礼，把人们带入了人类文明交往的广阔的境界。读书、看报、思考、写作，是最令我神往沉迷的事，特别是正在深入研究中东史、思索中东问题，思索进去，那真是美妙无比，趣味盎然。一日不读、不思、不写，则怅然若失。写就如实写出活态来！

（二）梁启超在《中国历史研究法》中，关于历史的写法有三点很有启发的议论："第一，以为一国为中心，而将当时数个主要的文化圈，平均叙述之。第二，其叙述不局于政治，当涉及全社会之各方面。对于一事典章与大事，固多详叙；而所谓琐语之一类，亦采集不遗。故能写出当时社会之活态，予吾侪以颇明之印象。第三，其叙事有系统，有别裁，确成为一种组织体的著述，对于重大问题，时复溯源竟委，前后照应，能使读者相悦以解。"

梁启超这三点议论，是受了日本通史体裁的影响，是宏观的设计。他未深入到专门史、国家史、专题研究，其中也有对《史通》中的"言事相兼"

方法的发挥。《尚书》记言,《春秋》记事,《左传》则"言之与事,同在传中",被《史通》称为"烦省合理,故使读者寻绎不倦,览讽忘疲"。梁启超提出按"文化圈"为历史单位,那是他自觉认识到历史的文化连续性,尤其是注重全社会各方面(典章、大事、琐语)的综合。写出当时"社会之活态",以及兼及有系统和别裁的"组织体"和溯源竟委、前后照应的分析重大问题等观点,其深处与人类文明交往相通。

(三)这种设想框架,说起来也容易,做起来困难。这种设想框架,往往是读通史时,人们最易动的念头。可以肯定的实行之处,在于写出当时"社会之活态"。把历史写活,实质上是把文明交往的主体(人)写活。

人类文明史中心是人,是历史人物的生动性、创造性、生动性,是从言论到行动写出人物的思想、道德、学识、行事、辞令、性格、爱好、才情、风貌。写历史,切忌简单平板,而是要注重人在文明交往中的细节和历史深度,乃至社会生活深处及人的心灵深处的表现与活动。文明交往过程是历史的、具体的、个别的和生动的。叙事体裁、修辞学的艺术、感染力的故事化笔法,都应予以使用。文史哲结合的文明交往史是艺术、思维和史学的结合。从《左传》、《战国策》、《史记》到中外许多史学名著,都有这样的风格:①多样性的篇章结构;②精练流畅的文字;③故事情节;④人物细致入微的描写;⑤人物复杂的内心世界;⑥引人入胜的历史事件曲尽其实质的描绘;⑦尤其是各种不同和相同文明之间的曲折交往。

以饮食文化为例,就充满了"活态"。食为食、衣、住、行之首,"民以食为天"也是人们常谈的事。在人类社会生存、生活史中,食的位置是头等重要的。要写出"活态"的历史,不但是描述的、实证的,而且要究其趣源和趣根。当代中东史中有许多人们常见的、却未思考其中的文明交往理念。例如,到约旦去的人,看到那里汇集了中东地区的特色美食:黎巴嫩的新鲜蔬菜和各种开胃小吃,叙利亚的素丸子三明治,埃及的多汁烤羊肉,伊拉克的辣肉碟子,库尔德风味的烤鱼,等等。游人尽饱中东饮食风味之时、之后,会生动感受到文明交往的力量。随着全球交往的文明化、扩大化、深入化,中国的饮食文化也许有一天会出现在安曼或中东其他地区。

(四)1958年10月18日,以郑振铎、柴树藩为正副团长的中国文化代表团,搭乘苏联客机"图104号"从北京出发,取道苏联上空,前往阿富汗王国和阿拉伯联合共和国(1958年2月埃及与叙利亚合并为阿拉伯联合共和国,1961年叙利亚发生政变后,埃及脱离阿联)。不幸在苏联楚瓦什苏维埃社会主义自治共和国的卡那什地方失事。周恩来为纪念此事,在1958年

10 月 31 日，写了一首名为《欢迎和悼念》，全诗如下："粉身碎骨英雄气，万炼千锤斗士风。走石飞沙留侠迹，上天入地建奇功。"这是中国和阿拉伯国家之间友好交往中一个不幸事件，留有此诗值得入史，也是中东"活态"史中的一曲。

二十九　重读《中东：激荡在辉煌之中》

伯纳德·路易斯的《中东：自基督教兴起至二十世纪末》是一部关于两千年中东兴衰、荣辱与发展的通史性著作。台湾郑元书译为《中东：激荡在辉煌之中》，蕴涵历史、文化、宗教，题目有新意。但"世纪史"的基督教文化纪年视角却被湮没，终未表达作者原意。也许为了体现东方人的历史视角，而不出现西方世纪纪年为书名，或以中国人的眼光看"中东"所致。（此书由中国友谊出版公司于 2000 年出版）

此书我前几年读过一次，只是印象中作者史料基础好，视野广阔，又能深入而浅出；而郑先生的译文译出了原书的精神，包括生动的文笔。为准备人民出版社之约编写《中东史》，我从首都图书馆借了这本书，重读之下，感而记之。

（一）以基督教降临为开端旨在"把今日所知的中东"和"自远古文献及遗迹中所理解到的中东远古文明联系起来"，"在基督纪元的头几个世纪——耶稣到穆罕默德之间——波斯以西的地区，已经由于希腊化、罗马化和基督教化这个持续进程而转化（transformation）了。"虽然古文明记忆被抹去，"经过上古末期到中古时期那没有间断的联系，也是值得注意的"。他认为自己对这两千年"这般丰富多元而又生动活泼"的历史，作了个人选择。

（二）埃及文明的联系性：埃及在波斯、希腊、罗马陆续占领下，保持鲜明特色的表现是古埃及语言和书写系统。它在一千年之间经历数番转变，仍有明显连续性。公元以后都沿用古象形文字和后来发展的"通俗体"（demotic），即较潦草的书体，最终形式是"科普体"（借用希腊字母转写埃及语文，不够的字母，再从"通俗体"变化而来）。"科学书体"首见于公元前 2 世纪，完全定型于公元 1 世纪。在罗马及拜占庭统治埃及时期，科普语成为埃及全国性文化用语。信奉伊斯兰教的阿拉伯人征服埃及，信奉基督教的埃及人随着伊斯兰化和阿拉伯化而采用阿拉伯语文。科普语文日渐衰落，今日只存在于科普教会仪式之中。埃及有了新的自我文明认同。埃及国家、社会的一致性和延续性比两河文明明显得多。

（三）希腊文明的影响：埃及人不自称埃及（Egypt），此词来自希腊文变体，根源于古埃及语，其中第二个音节，可能取自与"科普"一词同源的语根。埃及的阿拉伯名称是"密昔儿"（Misr），不过它可联系到"希伯来圣经"及其他上古文献对埃及的称呼。安那托利亚也源自希腊语（"日出"），拉丁文中的"Orient"（东方）和意大利文的"Levant"（地中海东岸），都有相同含义。这些名称反映了人当时的视野，所知世界的极限。后来地中海居民开始意识到东方还有遥远辽阔的亚洲大陆，他们才把自己所熟知的日出之地改称"小亚细亚"。后来更远的东方（East）出现时，此地就成了"近"的（Near）东方，然后又成了"中间"（Middle）东方。这"中间东方"就是举足轻重的伊朗。而近东、中东、远东另一意思后面还要重点说明。这其实是文明交往中不同方位人类的视野！！！（如郑和下西洋、西游记、东洋……）戈以庭（S. D. Goetein）心目中的伊斯兰世界是个"居于中间的文明"（the intermediate Civilization），即在时间和空间上处于中间（南欧、中非、南亚、东南亚和东亚；古代和现代之间）向现代普世文明迈进上，是阿拉伯—伊斯兰文明（失利中的觉醒、衰落中的探索、复兴中的前进）。

（四）中东史的写法：绪论（未变）；一、先祖（基督教以前、伊斯兰教以前）以宗教文明为前史；二、伊斯兰教的初生和巅峰（创始、哈里发、草原民族西来、后蒙古时代的转圈、弹药帝国仍以伊斯兰文明兴衰为纵线）；三、横剖面（国家、经济、精英大众、宗教和法律、文化）有些乱，但横层剖面的思路可取；四、现代的挑战（挑战、改变、回应与反弹、新观念、从战争到战争、从自由到自由），现代独开一编，虽无新处，但理应如此。大事年表、地图、书目举隅、历法说明，这些附录是必要的，译本删去后二者，可惜！附录要有开拓眼光，而且面向主要读者群。

（五）有些可在注中说明的词语，不必占正文位置：如波斯（Persia，Persis）为伊朗西南省法尔斯（Pars，Fars），位于波斯湾东岸，波斯湾因此得名。但波斯原非族名、非国名，而是伊朗主导文化和政治用语。

（六）中东宗教的特点：比人种、语言更复杂；许多古代信仰"托身于幻化的法身继续存在"（幻化）；罗马人在"调融综合"中也信 Isis（埃及依希斯神）、Adonis（叙利亚的阿多尼斯神）、Phrygia［小亚弗里吉亚的 Cybele（塞比利神）］；中东主要是两种互别苗头的两个一神论世界宗教——基督教与伊斯兰教，这两种文明的共同根基是犹太人、希腊人和波斯人传统。交往特点是"上古中东三大普世导向传统之间的邂逅与互动"。"唯一真神"（monotheism）这个观念在公元前第 14 世纪埃及法老易肯阿顿（Akhenaton）的赞美诗中已出现。然而在道德上的一神论当做本宗教不可或缺的是犹太人的"希伯来圣经"。古代伊朗高原上史称梅德人（Medes）和波斯人的两个同宗民族，也从自身的古老多神崇拜中演化出一套信仰，相信一位独一无二的至高神明，是为美好良善的终极力量，并与邪恶势力不断交战，形成祆教（Zoroastrianism）。《波斯古经》用古波斯文写成，波斯先知生活传教时代不详，学者们估计前后可差千年以上。祆教活跃在公元前五六世纪。

（七）波斯祆教对犹太教的影响："希伯来圣经"反映的巴比伦之囚前后（书、记）之间，在信仰和目光的显著差异表现诸伊朗宗教（主要是祆教）想象世界的影响有三：①善良势力与邪恶势力、上帝与魔鬼之间永无了期的斗争观念；②死后审判、上天堂或下地狱接受因果报应观念；③一位出自圣裔、敷了油的救世主，将在末日来到，确保善良终于战胜邪恶观念——这三个观念在《圣经·旧约》中，都有更清晰的发展。这三个观念在后期犹太教和早期基督教中，更为明显。犹太人与波斯人的交往具有政治意义：居鲁士善待犹太人，犹太人是回报以忠诚。犹太人无论是在家乡或在罗马人统治下的其他地区，往后几百年均备受猜疑，有时候，这些猜疑是合理的，因为犹太人同情甚至勾结罗马的大敌波斯。

（八）轴心时代是文明交往之根、之源。"轴心时代"（axialage）是德国哲学家与历史学家雅斯贝尔斯（Karl Jaspers）的论点。雅斯贝尔斯说："人类一直靠轴心时代所产生的思想所创造一切而生存，每一次新的飞跃都回顾这一时期，并被它燃起火焰。轴心期潜力的苏醒和对轴心期潜力的回忆，或曰复兴，总是提供了精神力量。对这开端的复兴是中国、印度和西方不断发生的事情。"他认为公元前 800 年到公元前 200 年之间，在遥远并且显然不通闻问的人们，在精神上与思想上都有重大突破。中国有孔子、老子，印度有释迦牟尼，伊朗有琐罗亚斯特及其主要门徒，以色列有众位先知，希腊则哲人辈出。这些大家们彼此无交往，印度佛教活动影响也不大。轴心时代的文明之间交往，只要波斯居鲁士及其继承人时代有彼此良性的互动交往。正是居鲁士的继承人向西拓展其疆域，翻越安那托利亚高原来到爱琴海，与希腊人接触、冲突，建立起多条交往渠道，沟通了正在勃兴的希腊文化与波斯文化及波斯帝国内各民族的交往。

　　(九)有人在古文明方面认为,人类古老文明的五大发源地是:埃及、苏美尔、巴比伦、印度、中国、希腊(包括罗马犹太)文明。人类文明发展的奠基者是印度、中国和西方。也有人认为,除了第一轴心时代外,还有公元3—9世纪的文明重构时代和文艺复兴后的西方文明崛起时代。特别4—8世纪形成的并延续至今的佛教、伊斯兰教、基督教、犹太教的地域文明格局,是透过外物研究人的精神、内涵、从关系的深度研究。也有人重提古代地中海文明是分化至今日宗教地域格局未变,只是西方资本主义文明对东方文化(包括阿拉伯文明)强势地位的变化。这些论点注意到了中东。本书正是这方面的说明和补充。

　　(十)希腊、罗马在中东的两大劲敌。希腊哲人、科学家对中东有重大影响,波斯帝国也采用了希腊技术。马其顿的亚历山大东征把希腊文化带入伊朗、中亚、印度边境、埃及,罗马将军庞培、安东尼、克里奥道特拉,统治中东,与其对抗者只有——安息和犹太人。安息人的帕提亚王朝对希腊文化持开放态度。萨珊(Sasania)王朝是其政权、社会、政府机制的一部分,是宗教史上第一个国立正统宗教,有教士集团阶层,压制异端。国家被阿拉伯人所灭,祆教随之衰亡。祆教迫害的异端:①密特拉教(罗马帝国有不少信徒,英格兰也有);②摩尼教(216—277),合基督与祆教理念;③马兹达克(宗教共产主义,6世纪兴起于伊朗,对什叶派有启发作用)起来反抗伊斯兰教扩张。祆教只是伊朗人的宗教(政治、文化),民族本位宗教随信仰政权而同归衰落。

三十　"读史使人明智"解

　　"读史使人明智",这是尽人皆知的名言。但在实践中却难以实现,甚至要求别人注意历史经验的人,自己却误读了历史经验,而重蹈覆辙。这些政治人物,面对历史和现实并且处于潮流事变之前,常常爱憎迎拒,就不那么明智。所谓"当局者迷",或迷于权势,或热衷于功利。

　　问题何在?在于忘记了以下原则:

　　1.每一个政治活动家,都只不过是一种社会潮流、一种社会趋势、一种社会力量、一种社会意志的代表者;

　　2.如果他不是这种代表,他将一无所为;

　　3.如果没有他来代表,就会有另外的代表人物;

4. 总之，历史在不断寻找、也不断会找到自己的代表人物。

明白了以上诸点，就不会从一己的爱憎、好恶、得失、利害出发，评价中外古今的历史人物；也就不会因自己的喜爱而将发生的一切归功于他，也不会因厌恶而将发生的一切归罪于他。

明白了以上诸点，就懂得他们不外乎是历史的自觉或不自觉的工具。但是，即使是自觉的，其所享的自由也是有限度的。这是因为自觉虽然高于自发，但绝不是无限的，而是有条件的。这正如马克思在《路易·波拿巴的雾月十八日》中所说的，人们在创造历史，而这"并不是他们选定的条件下创造，而是在直接碰到的、既定的、从过去继承下来的条件下创造"。人们创造历史的主观能动性，只能在"直接碰到的、既定的、从过去继承下来的条件下"创造。条件是客观的，是难以选择的，主观只能自觉地和它相结合，方可创造历史。

读史使人明智，关键就在这里。语云："利令智昏"，干扰智慧的是利益，是各种利益，尤其是权力。参加事变之中的人，利害的差异比智慧的差异，起着更大的作用。过一坎，明一步；吃一堑，长一智。成功和挫折，可使人明智。作为历史学家，理应超越此种利害，持冷静深思的理性态度，力求使自己有更高的文明自觉，自觉而后自明，进而引导人们明智，实现"历史使人明智"职责。

第 二 编

阿拉伯—伊斯兰文明

一　马克思、恩格斯论阿拉伯—伊斯兰文明

　　（一）方法—交织互动画中的总画面与各细节之联系："当我们深思熟虑地考察自然或人类历史或我们自己的精神活动的时候，首先呈现在我们眼前的，是一幅由种种联系和相互作用无穷无尽地交织起来的画面，其中没有任何东西是不动的和不变的，而是一切都在运动、变化、产生和消亡。……但是，这种观点虽然正确地把握了现象的总画面的各个细节；而我们要是不知道这些细节，就看不清总画面。为了认识这些细节，我们不得不把它们从自然的或历史的联系中抽出来，从它们的特性、它们的特殊的原因和结果等方面来逐个地研究。这首先是自然科学和历史科学研究的任务……精神的自然研究只是在亚历山大时期的希腊人那里才开始，而后来在中世纪由阿拉伯人继续下去；可是真正的自然科学只是从十五世纪下半叶才开始，从这时起它就获得了日益迅速的进展。"（《马克思恩格斯全集》第20卷，第23—24页）（按：自然科学与历史科学中的共相与殊相关系，是研究的重点所在。）

　　（二）三大文明民族：在圣查理·福斯特的《阿拉伯的历史地理》一书要点摘录中，恩格斯写道："在西南部定居的阿拉伯人，看来曾经是埃及人、亚述人等一样的文明民族；他们的建筑物就证明了这一点。伊斯兰教徒入侵时的许多事情也说明了这一点。"（按：从实物与交往中见文明。）

　　（三）"伊斯兰教世界"起义的周期性冲突：伊斯兰教"特别适合于阿拉伯人的，也就是说，一方面适合从事贸易和手工业的市民，另一方面也适合于贝都因游牧民族，而这里就存在着周期性冲突的萌芽。市民富有起来了，他们沉湎于奢华的生活，对遵守'律条'满不在乎。生活贫困并因此而保持着严峻习俗的贝都因人，则以嫉妒和渴望的眼光看待那些财富和享受。于

是，他们就团结在某个先知，即某个马赫迪的领导下，去惩罚背教者，恢复对礼仪、对真正信仰的尊重，并把背教者的财富作为给自己的奖赏而收归己有。自然，过了一百年，他们又处于这些背教者所处的同样的地位，又需要来一次信仰净化，又出现新的马赫迪，戏又从头演起。从非洲的阿尔摩拉维德王朝到阿尔摩哈德王朝对西班牙进行侵略战争起，直到喀土穆的那位最后的马赫迪非常成功地抗击英国人止，情况一直都是这样。波斯以及其他伊斯兰教国家的起义，情况也都是这样或差不多这样。所有这些在宗教的外衣下进行的运动都是由经济原因引起的（按：外衣——动因皆一，而内衣不同；而动因、目的、结果相异）；可是这些运动即使在获得胜利的情况下，也把原有的经济条件原封不动地保留下来。这样，一切又照旧，冲突就成为周期性的了。与此相反，在信奉基督教的西方的人民起义中，宗教外衣只是用来作为进攻陈旧经济制度的旗帜和掩盖物，陈旧的经济制度终归被摧毁，为新的经济制度所取代，世界向前迈进。"（《马克思恩格斯全集》第22卷，人民出版社1965年版，第526页）（按：原地转圈与前进上升，二者不同。我在《西亚非洲》1997年第4期发表的《当代中东地区性研究的几个问题》中，对恩格斯此段话的理解，着眼点放在经济变化上。）

（四）历史运动中的宗教色彩（佛教、基督教与伊斯兰教）："历史上的伟大转折点有宗教变迁相伴随，只是这迄今存在的三种世界宗教——佛教、基督教和伊斯兰教而言。旧的、自发产生的部落宗教和民族宗教不进行宣传，一旦部落或民族的独立遭到破坏，它们便失掉任何抵抗力；在日耳曼人那里，甚至只要他们一接触到它刚采用的、适应它的经济、政治、精神状态的世界基督教，这种情形就发生了。仅仅在研究这些多少是人工造成的世界宗教，特别是基督教和伊斯兰教的时候，我们才发现：一般的历史运动带有宗教的色彩。"（《马克思恩格斯全集》第21卷，人民出版社1965年版，第328页）（按：历史转折点与宗教变迁相伴随，此观点值得反复体会。）

（五）文明交往的一条永恒历史规律："相继征服过印度的阿拉伯人、土耳其人、鞑靼人和莫卧儿人，不久就被当地居民同化了。野蛮的征服者总是被那些他们所征服的民族的较高文明所征服，这是一条永恒的历史规律。不列颠人是第一批发展程度高于印度的征服者，因此印度的文明就影响不了他们。他们破坏了本地的公社，摧毁了本地的工业，夷平了本地社会中伟大和突出的一切，从而消灭了印度的文明。"（《马克思恩格斯全集》第9卷，人民出版社1961年版，第246—247页）（按：此历史规律在两河流域古文明交往中也被证实，见我主编的《中东史》，人民出版社2010年版，第

18页。)

（六）蒸汽机、铁路其作用相当于精神文明（思想）："英国发明了蒸汽机，英国修筑了铁路，而这两件东西，我们认为，却抵得上一大思想。就是这样！英国人发明这样东西是为了自己还是为了全世界呢？法国人自吹他们到处传播文明，尤其是在阿尔及尔。那么，在美洲、亚洲、非洲和澳洲传播文明的不是英国，又是谁呢?"（《马克思恩格斯全集》第4卷，第424页）

（七）阿拉伯的"明哲小寓言"，此系《马克思致劳拉·拉法格》（1882年4月13—14日星期四于阿尔及利亚，见《马克思恩格斯全集》第35卷，第297—304页）："有一个船夫准备好在激流的河水中驾驶小船，上面坐着一个想渡到对岸去的哲学家。于是发生了下面的对话：

哲学家：船夫，你懂得历史吗？

船夫：不懂！

哲学家：那你就失去了一半生命！

哲学家又问：你研究过数学吗？

船夫：没有！

哲学家：那你就失去了一半以上的生命。

哲学家刚刚说完这句话，风就将小船吹翻了，哲学家和船夫两人都落入水中，于是船夫喊道：你会游泳吗？

哲学家：不会！

船夫：那你就失去了你的整个生命！"

马克思这样告诉劳拉·拉法格，"这个寓言会使你对阿拉伯人产生某些好感。""我们要把自己放在稍微高一点的历史观点上。和我们同时代的游牧的阿拉伯人（应当说，在许多地方他们都衰落了，但是他们为生存而进行的斗争使他们也保留下来许多优良品质）记得，以前他们中间产生过一些伟大的哲学家和学者等等，也知道欧洲人也因此嘲笑他们现在的愚昧无知。"（按：用"历史观点"，"高一点"看阿拉伯人，研究他们的文明"复兴"的自觉自此着手。）

（八）征服阿尔及利亚的法国将军们："野蛮军人所采用的打仗方式应当受到严厉的谴责……但征服阿尔及利亚，对于文明的进展却是有意义和值得庆幸的事。"事例：a. 制止柏柏尔国家的海盗行径；b. 迫使突尼斯、的黎波里海湾和摩洛哥踏上文明的道路。（按：文明交往的双重性，即历史不自觉的工具，如英国在印度那样。）

（九）论奥斯曼帝国时，指出这个"伊斯兰教帝国必然崩溃。它将通过

这样或那样的途径处于欧洲文明的影响之下。"(《马克思恩格斯全集》第 28 卷，第 225—226 页)

(十) 东方问题："每当(欧洲)革命风暴暂时平息的时候，一定要出现同一个问题——这就是一直存在着的'东方问题'。"(注：a. 1789 年法国革命后法军侵入土耳其；b. 1848 年，欧洲革命后俄皇尼古拉又入侵土耳其；c. 以后的各大国卷入。此即"同一个问题"。)

(十一) "土耳其(按：奥斯曼帝国三部分：a. 非洲藩属国，如埃及、突尼斯；b. 亚洲部分；c. 欧洲部分)受到屈辱和威胁，甚至它的领土受人侵犯，它受到了'文明世界'的挑衅，可是土耳其在所有这些遭遇面前仍然是沉着、清醒、坚强、果敢而冷静。"(《马克思恩格斯全集》第 10 卷，第 18 页)

(十二) "现在我们就东方问题的实质做一个简短的结论。沙皇的这样大的一个帝国只有一个港口作为出海口，而这个港口又是位于半年不能通航、半年容易遭受英国人进攻的海上，这种情况使沙皇感到不满和恼火，因此，他竭力想实现他的先人的计划——开辟一条地中海的出路。他正在把奥斯曼帝国的最边远的地区一个一个地从奥斯曼帝国身上割下来，而且要一直这样做下去，直到这个帝国的心脏——君士坦丁堡——停止跳动为止。每当他看到土耳其政府似乎加强，或者遇到一个更大的危险，即斯拉夫人要用自己的力量谋求解放，从而威胁到他对土耳其的计划时，他就会侵入这个国家。他利用西方列强胆小怕事，吓唬欧洲，过分提高自己的要求，以便后来得到自己本来想要的东西就止步，使人觉得他宽宏大量。"按：(十)(十一)(十二)的"东方问题"论述，还有很多，此处只是一小部分。

(十三) 路易·勃朗以为似乎法国是独一无二的文明传播者。恩格斯曾指其谬误。在揭露资本主义国家在经济落后的国家里传播"文明"的本质时，马克思、恩格斯在关于印度、爱尔兰、中国、伊朗的书信和文章中指出，这些国家被拖入资本主义关系之中。尤其是在 1853 年在《不列颠在印度统治的未来结果》中说："当我们把自己的目光从资本主义文明的故乡转向殖民地的时候，资本主义文明的极端的伪善和它所固有的野蛮性就赤裸裸地呈现在我们面前了，因为在故乡它还装出一副道貌岸然的模样，而在殖民地它就一点不加掩饰了。"

(十四) 复兴："一切有力量坚持下来的事物则生存，一切腐烂的东西则应死亡。生活就是这样。"(《马克思恩格斯全集》第 11 卷，第 345 页)(按：可用于古老文明的复兴。)

（十五）文化与自由："文化上的每一个进步，都是迈向自由的一步。"（《马克思恩格斯全集》第 3 卷，1995 年版，第 456 页）（按：自由是文明自觉的表现。）

（十六）现代自然科学与古代自然哲学的区别："现代自然科学同古代人的天才的自然哲学的直觉相反，同阿拉伯人的非常重要的、但是零散的大部分已经无结果地消失了的发现相反，它唯一地达到了科学的、系统的和全面的发展。"（《马克思恩格斯全集》第 20 卷，第 360 页，按：研究阿拉伯人的古代自然哲学时，应注意这一不同。）

二　从文明交往角度看阿拉伯文明的形成和发展

研究中东史，必然把阿拉伯文明研究的定位放在多种文明的互动交往的视角中。

阿拉伯文明的主要特征是宗教（伊斯兰教）、民族和语言（阿拉伯语）的文明，而宗教为核心思想，民族为社会构成，语言为表现形式。半岛的阿拉伯人用伊斯兰教完成统一，建立帝国，形成自己宗教和语言的民族文明区。

文明交往的作用，无论从内部还是从外部而言，都在阿拉伯文明形成中起着特别突出的作用。它是古埃及、两河流域、波斯等古典文化综合而又发扬起来的，并且是相互交往作用的结果，是阿拉伯人的教义学、教律学、语言加上波斯人、叙利亚人和犹太人的哲学、科学、医学的结合体。阿拉伯人通过翻译、吸收古典哲学、文学创造自己的文明，又反转过来影响西欧基督教文明的觉醒。

阿拉伯人主要在西班牙、西西里和南意大利输入西亚耕作方法、开运河、兴水利、引种水稻和葡萄等水果。

阿拉伯人 10 世纪巩固西西里统治后，在进攻意大利南部时，一度进逼罗马，迫使教皇一度交纳贡金。尤其是 11 世纪末诺曼人建立的王国，成为伊斯兰文明和基督教文明的奇特的结合物。基督教徒是统治者，许多文化、行政系统和主要官吏却是伊斯兰的。特别是罗吉尔二世（1130—1154）和弗雷德里克二世（1215—1250）统治时期，伊斯兰文明有着深刻影响。

阿拉伯人不仅建立横跨欧、亚、非三洲的大帝国，使这个文明昌盛区注入新血液，而且中国的印刷术、火药、指南针三大发明和印度的十位数字

（特别是"0"这个有巨大意义的数字），都经由阿拉伯人传到欧洲而遍及全球，为人类文明和社会进步的贡献是无与伦比的。正由于此，阿拉伯民族在近代衰落之后，是最有资格谈"复兴"的。

阿拉伯人建立的帝国也是海上帝国，它控制了地中海东、南和西部海岸、红海、波斯湾、阿拉伯海（北部海岸）。他们造船方法特殊，用椰树绳捆船板，船桅装三角帆，便于在多种风向下航行。（刘迎胜：《丝路文化·海上卷》，浙江人民出版社1996年版，第67页）阿拉伯人占领印度洋西部海域的科摩罗群岛（8世纪）、与马达加斯加岛建立贸易交往（9世纪），移居东非海岸，形成许多商业城市（12世纪）。他们的亚洲航线是：红海的吉达港或波斯湾的西拉夫、巴士拉→印度→锡兰→孟加拉湾→安达曼群岛→马六甲海峡→中国→越南。

三　阿拉伯—穆斯林与西班牙文明交往

"绿啊，我多么爱你这绿色，/绿的风，绿的树枝。/船在海上，/马在山中。/影子裹着她的腰，/她在露台上做梦……/"

西班牙诗人费特列戈·加西亚·洛尔迦（1898—1936）这首《梦游人谣》曾影响了中国"文革"时不少青年。1933年诗人戴望舒的西班牙之行引起其翻译《洛尔迦诗抄》的兴致，该书给北岛、芒克、方含等朦胧派诗人以启发。

人们没有联想，绿色是穆斯林崇尚的颜色。这里隐喻着阿拉伯—穆斯林与西班牙的文明交往。

（一）阿拉伯—穆斯林在北非有多种称谓，如柏柏尔人、摩尔人、撒拉逊人，其中柏柏尔人是皈依伊斯兰的北非土著民族的统称。这些被称为各种北非人是阿拉伯化、伊斯兰化的北非人，在711年入侵西班牙。他们既带有北非的文化基因，与阿拉伯—伊斯兰文化融合后，进入了伊比利亚半岛。该半岛的居民已是融合了腓尼基人、希腊人、凯尔特人、迦太基人，特别是罗马人文化的族群。409年，从俄国迁移来的哥特人，占领了以拉丁语和基督教为文化基础的这个罗马帝国行省，建立了哥特王国，取代了公元前133年以来统治伊比利亚半岛五百年罗马帝国的统治地位。该岛人民称征服哥特王国的北非阿拉伯人为摩尔人。

（二）阿拉伯—穆斯林统治西班牙，文明交往呈现新的态势。主要表现为：①东方农耕技术传入西班牙；②开凿运河；③从东方引进农作物和水果；④与地中海东部建立广泛贸易关系。

但最重要的是：西班牙成为西欧文化中心：

1. 阿卜杜·拉赫曼定居科尔瓦多。他在文化上与帝国抗衡，传播伊斯兰教不遗余力。如用重金收买基督教圣文森特教堂，在原址上建立一座与哈里发身份相符的清真大寺。这座清真寺的变迁颇具文明交往的复杂性：原来阿拉伯的征服者把清真寺设在圣文森特教堂里，殿堂一分为二，半为天主教徒礼拜，半为穆斯林举行仪式；阿卜杜·拉赫曼买了天主教堂的另一半，翻修时仍遵照原教堂的轮廓，只把后殿改为壁室，尖塔代替了钟楼，圆柱来自基督教化的非洲，石板由拜占庭工匠凿制，泥瓦工来自半岛北部的俘虏，历史学家还发现该寺散发着犹太人的理性哲学气氛。寺内石柱上雕刻着摩西与法老斗法，诺亚遇洪水、7人1狗入洞得道等故事。后来，西班牙光复后，仍然尊重这座寺院建筑的混合性质，天主教徒的建筑师在翻修时并没有全部拆毁清真寺，而是在它的基地上建造了新教堂。现存的大寺遗迹仍可以看出当年大寺的宏伟规模。西班牙国王查理五世颇有开放眼光，他责备该建筑师说："你建造的东西别人在别处也能建造，而你毁掉的东西却是世上独一无二的。"

2. 阿卜杜·拉赫曼二世不但在政治上与帝国争雄，他还要用文学和音乐征服西班牙，改变他们的性格。

3. 阿卜杜·拉赫曼三世（912—961）更值得大书特书，他在政治上建立高度集中的中央集权，不遗余力地把东方阿拉伯人的学术与艺术传播到西班牙。当时的科尔瓦多（被称为"世界的宝石"）、托莱多、塞维利亚、马拉加、格拉纳达等城市都开办大学。西班牙学者和学生可以到埃及、叙利亚、伊拉克、波斯、中亚留学，东方学者也来西班牙讲学。科尔瓦多一地就有图书馆70座。

4. 阿卜杜·拉赫曼三世之子哈康二世（961—976）时期可谓盛世。他本人藏书大半来自埃及、叙利亚、巴格达，达60余万册。他作为史学家，对收藏的书大都看过，甚至批点和考订历史人物的生卒年月。他的皇宫成为学术中心，雇有优厚报酬的大批抄写、校对、装订者。他在传播文化上还注重普及方式，在各地清真寺教长中注意使用开明学者，为信教大众讲述学问。在他影响下，民间收藏、抄录古书成风。

5. 哈康之子希沙姆二世（976—1009）年幼，首相曼苏尔摄政，继续关注文化传播。他对清真寺、宗教学校、教育多有建树，经常巡视、入座听讲，而且参加讨论。他还奖励贫穷优秀学生。在他的带动下，全国清真寺变成研究学问（哲学、天文学、数学）的殿堂，课程包括哲学、天文学、数学等。学问成为启发智慧、发扬思想的主渠道。

6. 总之，在西欧文化某种断裂（罗马帝国文化被严重破坏）、西欧城市兴起而需要知识之际，西班牙成为了解古典东方文化的主渠道（拜占庭、意大利南部也是渠道）。西班牙成为东西方文明交往的基地。

7. 西班牙的大学也是欧洲人的榜样，11 世纪的许多城市的大学相当发达。这时西欧大学在意大利个别城市才出现，最早的法国巴黎大学就是受意大利大学的影响。

8. 注意：文明交往的奇特现象——世间少有的"三文化共处的古城"。这就是位于新卡斯蒂亚中心地带的托莱多城。西哥特人统治西班牙于 527 年定都此地，711 年为占领者阿拉伯人首都。1085 年，有摩尔人血统的阿方索六世统治后，也把此地定为国都，允许不同族群宗教信仰、生活习俗，宽容三教并存，即基督教、伊斯兰教、犹太教和睦共处于一城。

9. 注意：文明交往中的民族、阶级、宗教关系。阿拉伯人在西班牙建立的政权，是征服民族建立起来的外来封建政权，其社会在政治文化上是以阶级压迫和民族压迫为内容、以宗教统治的面貌表现的文化。宗教宽容是阿拉伯统治者的文明交往进步之处。宗教政策的进步可以缓和但不能消除矛盾和冲突。阿拉伯统治者的脆弱之处，在于其文化和西班牙固有文化水平、先进程度相当。西班牙固然不能征服阿拉伯文化，但阿拉伯文化也不可能征服西班牙文化。西班牙的基督教徒不可能放弃自己的信仰。从长时段看，西班牙人不可能接受一个外来民族的统治，包括文化上征服。于是就有了七个多世纪的"光复运动"。[①] 这是文明交往中复兴运动史例。

10. 注意：比阿拉伯人在文明交往中来得更早的犹太人，在西班牙人与阿拉伯人的争战中，始终在夹缝中左右逢迎，在文化交融中渗透着他们的影响，也为人类文明发展留下印迹。

11. 注意：入侵西班牙的真正阿拉伯人把安达卢西亚和阿拉贡肥沃土地占有，分给率先进入西班牙的摩尔人以干旱的卡斯蒂利亚高原和沙漠。此种利益分配促使摩尔人与当地基督教居民合作、通婚，开始了 10 世纪真正阿拉伯人越来越少的"种族稀释"过程。同时也出现了阿拉伯化（尤其是青年

---

　　① Reconqust，音译为"列康吉斯达运动"，直译"再征服"，意译为"光复"或"复兴"似更适宜。

中把信守基督教与赞美阿拉伯文化奉为时尚）。但是，西班牙—阿拉伯文化不利于维持天主教的正统。不是种族而是宗教精神成为西班牙"光复运动"的动力。1031 年，哈里发被废，西班牙利用阿拉伯人的分裂不断扩大地盘。到了 1469 年，政权得以光复与统一。八百年阿拉伯统治结束了，阿拉伯—伊斯兰文明从来没有完全同化西班牙。

12. 不能忽视摩尔人对西班牙民族性格的影响。威尔·杜兰在《信仰的年代》中说："音乐、舞蹈、史诗，不仅成了王庭的消遣，更是普通民众发自内心的感受。欧洲骑士与摩尔人的骄傲混杂在一起，就是爱好荣誉、尊重女性、以正直为美德，最终使得西班牙成为 13 世纪欧洲文明景致中最独特的一面。"例如弗拉门戈舞曲中，就渗透了穆斯林文化的反复说唱元素的东方色彩。

四 伊斯兰制度文明

伊斯兰文明的基础是精神文明和制度文明。

伊斯兰传统是信仰体系、文化方式、社会生活方式，而从根本上说是社会制度。

传统的伊斯兰社会文化制度盛行于古老的中世纪。它可以概括为：①政教合一的国家体制。伊斯兰教从经典、法理、道义为这种政治、经济、文化奠定了基础。②泛伊斯兰团结意识。"天下穆斯林皆兄弟"有利于多民族国家的社会整合和化解社会与民族矛盾的功效。③法律与伦理准则。伊斯兰教为穆斯林个体和群体确定了统一的法律制度和伦理价值准则，有利于民族联合和社会平衡。这三条都是从制度文明方面理解伊斯兰宗教文化自足性资源和巨大历史惯性传统思维方式的兴盛、衰落和复兴问题。

对伊斯兰制度问题的巨大冲击来自西方工业文明的兴起、殖民化浪潮及列强殖民体系的形成。应对此挑战陷入困境的伊斯兰世界，在寻找复兴之路时所持的原则是"宗教兴则民族兴"。复兴运动中的各种思潮（如近代强调"团结意识"和圣战的"奋斗"精神的泛伊斯兰主义的政治形态；如现代的文化适应与辩护的伊斯兰现代主义、民族主义、社会主义、原教旨主义等），都没有完全脱离伊斯兰教这个宗教文化传统的核心价值。

伊斯兰现代主义认为，传统伊斯兰文化中同样富有近代西方工业文明中的科学思想和理性主义。民族主义派别众多，仅中东就有土耳其、阿拉伯、伊朗、阿富汗等民族主义派别。其中土耳其民族主义有强调世俗主义、政教分离宗教个休化，也有伊斯兰政治派别；而阿拉伯民族主义把宗教性与民族性两种因素统一于政治功利主义之中，但各国各地区也有区别。当代"政治伊斯兰"主要形态的原教旨主义注重伊斯兰文化的主体性，其本质特征是：回归传统、反对西方化、反对世俗化。极端主义也经常以伊斯兰名义鼓吹各种不同观点。其他宗教学者，"神职"人员、军政强人、政党领袖，甚至宗教政治反对派也都拿伊斯兰教说事。伊斯兰教本身就是文明，任何派别都不能脱离伊斯兰教这个传统。

制度文明包括了政治、经济、文化制度，而主要是伊斯兰教传统的政治和社会文明资源。这种传统资源很难为现代政治文明建设提供强有力的智力、法理支持，因此，复兴需要创新，包括理论与制度等方面。这方面有三个类型：①土耳其凯末尔的五项原则：共和主义、民族主义、国家主义、世俗主义、改革主义等都体现了伊斯兰文明制度框架外的大胆吸纳与创新；②阿拉伯国家中，有些为伊斯兰留有空间（宪法中伊斯兰教为国教），国家元首必须为穆斯林，伊斯兰教法（沙里亚）为国家立法主要渊源之一；③还有些保守阿拉伯国家的体制仍为"政权合一"，"托古改制"是制度创新常见形式（从宗教传统中为新思想、观念和制度寻求合法性依据），然这些国家在政治体制、司法制度、经济制度也发生了许多明显变化。

五　文明的历史记忆、复兴及其他

（一）人类文明是全人类创造的共同财富，因而具有互相交流的共通性，这就为不同文明之间的交往创造了前提。任何一个民族、国家的文明，都需要在交往中取长补短，持开放态度，才有发展活力。

（二）人类超越动物界，能够了解事物"记忆变化"而运用其规律，都在于人类每一代个体可以传承各种文明遗产，承袭对先辈文明成果，越过人类几千年经历的文明进程，从新的起点上前进。许慎在《说文解字》中对"史"的解释是：史，"记事者也"，已经表明"记"的重要性。传承过程是记忆过程，中外文明典籍都是强调此点。如希伯来的《圣经》中，"记忆"一词，多次出现，"纪念标志"、"祭品"、"记录"、"纪念"、"铭记"等概念，都在强调对往事及经验不可忘却。

（三）人类文明中历史记忆至关重要。中华文明源远流长与中国历来重视本国史有关。许多世界古文明倏起倏灭,很快在地球上消失,原因之一,在于这些国家无自己的历史。有历史总有记录,记录总可以在后来恢复记忆。这就是历史记忆。历史记忆比一个人的记忆力要大得多。一个人记忆力丧失,便成为废人。一个民族、一个国家,如果失去了历史记忆,便无法生存,便是失去族魂、国魂,失去了认同感、自豪感、凝聚力。

(四)人类古老文明中的复兴现象,是古文明中某些因素的"复归"或"回归"。此种现象并非都是"复古",其中反映了人类文明交往史上的螺旋上升的发展轨迹。作为具有自觉意识的人类,创造文明的历史进程,比一般机械运动和一般生命运动更复杂多变,在许多具体阶段更具有偶然性、随机性。但从历史的长时段过程放眼去看,人类文明交往史确实刻画出辩证的螺旋上升轨迹,每一次"复归"的结尾,又是新一次螺旋上升的开始,欧洲14—16世纪的"文艺复兴",其"回归"形态是"复兴"古希腊、古罗马文明,用古典人文主义反抗中世纪的神本主义,其文明交往结果,是人类文明史上一次大转折。16世纪的欧洲宗教改革运动,其"回归"形态是"复兴"《圣经》的原本精神,以修正中世纪束缚人们的宗教秩序。

(五)《老子》第十六章中有"复归其根",《周易·系辞上传》有"原始反终",《周易·复》中有"反复其道",都是对上述复兴现象的概括。清代学者吴乔在《围炉诗话》中用"诗道"讲了文明复兴之道:"诗道不出于变复。变谓变古,复谓复古。变乃能复,复乃能变,非二道也。"变和复,是一个互动的连续过程。中国古代近代思想文化史上此类事件颇多,对中东伊斯兰、犹太文明的复兴,当有所启发。

(六)"挑战、应战或刺激、反应"是西方文明学者的现代化公式之一。"西力东渐"被认为是现代化唯一动力。实则西方冲击与东方各国内在因素彼此互动激荡产物,而非一方之力所能达。否则,对同样挑战、刺激,东方各国应战、反应不一,便无法解释。西方民主、民族、民族国家思想也有西方与东方两个观念动因,其理则一,此论可用文明交往互动作用规律来说明。

六　用交往互动律研究阿拉伯—伊斯兰文明复兴

(一)互动律有时被误解为单一的"冲击—反应"模式,即把阿拉伯—伊斯兰文明仅仅看成为传统固有文化的消极被动的刺激反应。这是西方学者的观点。我们应当强调东方作用的影响。

（二）互动律有时被误解为"从内部发现历史"模式，即发掘内部新文化的因素，而未能与外来文化的作用很好结合。

（三）互动律是双向的，多向的。清晰描述文化转型轨迹，一是必须揭示内在机制，二是必须分清外在条件。前者是传统文化内部长期积累起来的某些新质因素，造成原有文化结构失衡；后者要看清传统文化遇到外来文化的严峻挑战。由此产生两个过程：①传统文化自身蜕变与演进过程；②西方文化随侵略而来的与传统文化的交往（冲突与交融）。

（四）理性认识近代文化大趋势，揭示中东文化与世界文化真实关系及其与政治变革的关系。

（五）互动律在中世纪阿拉伯世界表现为：征服者被征服。先是穆斯林军的征服：7世纪初，伊斯兰教在阿拉伯半岛兴起，不到一个世纪的时间里，征服扩张，形成地跨亚、欧、非三大洲的哈里发帝国。后来，阿拉伯人也一批批走出沙漠，定居征服地区，一与当地居民通婚，二传播伊斯兰教，三通用阿拉伯语。文明交往的规律是互动双向，阿拉伯征服者接受了被征服民族的生产方式、科学技术和文化知识，又成为被征服者。

（六）阿拉伯哈里发帝国各民族共创共享科学文明：①一百多年的翻译运动（8世纪中叶到9世纪中叶）。主要是古希腊的学术（格林的医学论文，希波克拉底的《誓言》，托勒密的《天文大集》，欧几里得的《几何学原理》，亚里士多德的《范畴篇》、《解释篇》、《伦理学》、《物理学》、《形而上学》等，柏拉图的《理想国》、《法律篇》等）。此外，还有印度的《悉昙多》（《历数全书》、医书《阇罗迦》和《苏斯特拉塔》等）。②独立创造，先在帝国东部，后到西部（主要在西班牙）的学术活动。特点：不同民族和不同宗教信仰的学者共同创造；科学为帝国的统治、宗教服务；阿拉伯社会受益于科学、医学的理性思维，与盲目迷信不同。

（七）阿拉伯—伊斯兰文化的复兴，可从该文明对待科学的态度进行溯源式的考察。科学之所以兴，在于哈里发的重视关注和奖掖。以医学为例，事关哈里发长寿长治。拉齐（865—925）的《医学集成》汇集希腊、波斯、印度知识而有创新。伊本·西那（980—1037）既为哲学家、语言学家、诗人，又是"医生之王"，所著《医典》为医学百科全书，与《医学集成》齐名。为不误礼拜与朝觐，确定麦加方位、斋期，乃有天文、数学、地理、建筑诸学之兴。为与不同信仰者辩论信仰问题而需要哲学和逻辑学。天文、地理事商贸、航海业因而发达。阿拉伯统治衰而文明衰，如王权腐败、继承制、奴隶近卫军、地方小王朝出而优越社会环境失,如外力的 11 世纪末十字军东侵、13 世纪蒙古人西侵和 1492 年基督徒收复西班牙失地而亡。9 世纪下半叶对强调理性的穆尔太齐赖派的镇压,伊斯兰教权威安萨里(1058—1111)的活动,特别是对法拉比、伊本·西那等世俗哲人的批判扼杀了理性与科学。还有,"乌理玛"用理性为信仰论辩护。尤其是伊斯兰教关于"真主的启示"是一切知识源泉的思想,使得宗教学科成为唯一的知识部门。此种思想占主导地位之后,科学知识部门即走向枯萎。外部的西方近现代科学后来居上,取代阿拉伯世界科学文明地位。

(八)阿拉伯—伊斯兰世界的科学文明承上启下,继往开来,其文明交往,堪称模范。①保存、继承、发展古代的科学知识;②通过叙利亚、西班牙和西西里岛传入欧洲;③大批欧洲学者到西班牙的大学学习;④12—17 世纪时期内阿拉伯—伊斯兰文明统治欧洲,伊本·路西德以"双重真理"说影响欧洲哲学家,欧洲学者运用阿拉伯—伊斯兰文明中的新思想资料,与基督教教会、经院哲学作斗争。其中著名者有:罗吉尔·培根(约 1214—1294)、邓斯·司各特(约 1265—1308)、奥卡姆(1300—1350)和弗兰西斯·培根(1561—1626)。

(九)回味恩格斯的话:"在罗曼语系诸民族那里,一种从阿拉伯人吸收来的和从新发现的希腊哲学那里得到营养的明快的自由思想愈来愈根深蒂固,为 18 世纪的唯物论作了准备。"(《马克思恩格斯全集》第 20 卷,第 316 页)

(十)理性思维的发展,无形中促进了阿拉伯人的思想解放,不可避免地冲击着宗教信条,这是哈里发和宗教界所不愿看到的。宗教界最初极其敌视理性,然而宗教的发展又离不开理性。宗教家接受了理性,使原来为科学服务的理性,转而成为宗教信仰的工具。这与今日有神论者用"大爆炸宇宙论"和"智能设计论"来为自己服务,从反对科学到利用科学,甚至还有"创世科学"之说,何其相似。不过,这也是互动律的表现。

(十一)出生在意大利北部亚历山大市的安伯托·艾柯和法国人类学家李比梭(Le Pichon)提出"互动人类学"理论,反对西方传统的人类学。他们主张互相以人类学方式看彼此,比如东方如何看待西方。按传统西方人类学者的观念方式,总是以"西方文明中心"论对东方地区进行考察,总带着居高临下的色彩。他们的"互动人类学"变成一种知识模型,衍生出"互动知识"。艾柯由此提出了"新百科全书"理论,主张各种文明中最好的知识生产、学科、文化传统,都应参与世界文明的建构,而非只考虑到西方的思潮理论。艾柯是 1988 年跨文化研究中心建立以来一直任主席的学者。2007 年来华举办以"治与乱"为主题的国际跨文化研讨会。他 1993 年和 2007 年两次来华，他的《玫瑰之名》中有一句刻薄话："笑是耶稣基督唯一的没有体验过的人类智慧。"2004 年广西师范大学出版社出版《带着鲑鱼去旅行》有对后现代文化的深度思考。他是符号学领域的第一号人物，有横跨哲学、历史学、语言学、文艺评论的教养。提出"互动人类学"是有条件的。他的理论可以帮助文明交往中互动律的理解。

七　当代伊斯兰文明的复兴问题(要点)

中东现代化进程不仅要理顺宗教传统与现代性的关系，而且要关注战乱环境所带来的负面效应。这是观察当代伊斯兰文明交往的一个重要视角。吴云贵在《当代伊斯兰文明的趋势与特点》(《中国社会科学院学术咨询委员会集刊 2007 年第三集》，第 142 页)引用我的《伊斯兰教与中东现代化进程》(西北大学出版社 1997 年版，第 15 页)的话说，四次中东战争，八年两伊战争，美国两次对伊拉克战争，阿富汗战争，炮声隆隆轰鸣于伊斯兰世界。对此确实要倾听深思。须知：穆斯林占全球人口的 19.2%，已超过 13 亿，这使伊斯兰教首次超过天主教，成为世界上信徒最多的宗教。[①]

（一）伊斯兰国家。文明复兴见之于伊斯兰，在当代是伊斯兰民族独立国家体系的建立。在当代国际交往中，只有伊斯兰赋予基本政治单位和行为主体以宗教属性。国家属性这种宗教认同显示了当代伊斯兰国家与非伊斯兰国家的差异。居民主体是穆斯林，元首只能由穆斯林担任，伊斯兰文化有广泛的影响，这三点为伊斯兰国家的特征。伊斯兰国家也不大赞赏西方的价值观念（个人主义、自由主义、宪政制度、多党政治、议会民主、市场经济、世俗主义、政教分离）。中东虽是伊斯兰世界的中心，但最大的伊斯兰国家却是印度尼西亚。苏加诺的"纳（民族主义）、沙（伊斯兰教）、贡（社会主义）"很有时代印记。在印度尼西亚拥有两亿人口，其中 89% 是伊斯兰信徒。东南亚的伊斯兰教与现代化进程值得关注，如与中东相比较，更有意义。

---

① 见 2008 年梵蒂冈出版的年鉴。当然，加上所有基督徒（东正教、圣公会、天主教徒）20 亿人，占全球 33%，仍超过穆斯林人数。

（二）伊斯兰会议组织。文明复兴在于伊斯兰世界自身文明的发展战略思考。"二战"以后，亚、非政治地图一大变化是出现了一系列取得民族独立主权的伊斯兰国家，加上原来保持独立的少数国家组成的民族国家体系。这个体系中，有不同的国体和政体，但超国家、跨地域的泛伊斯兰政治实体已不存在，维护本民族利益的现代民族国家已成为政治文明建设的主流趋势。在伊斯兰世界存在的只有新泛伊斯兰主义与民族主义相结合的伊斯兰团结意识，其具体组织就是 20 世纪 70 年代成立的、现有 57 个成员国组成的"伊斯兰会议组织"，即伊斯兰世界。美国总统布什为改善伊拉克战争造成的美国形象恶化，2008 年 3 月 27 日任命得克萨斯州企业家萨达·坎伯为驻伊斯兰会议组织首任特使。

（三）伊斯兰文明思潮与运动。近现代伊斯兰复兴运动是一种文明思潮和运动。泛伊斯兰主义、伊斯兰现代主义、民族主义、伊斯兰原教旨主义都属于推动复兴运动的思潮，而以现代化改革运动实质上从传统社会向现代工业社会转型、以发展道路的选择和再选择群众性运动。

（四）伊斯兰复兴运动的周期律。伊斯兰文明是以伊斯兰教为精神文明和制度文明的基础。传统的伊斯兰教包括：①信仰体系，②礼仪制度，③社会制度，④传统文化，⑤生活方式。从思维定式上看，每当伊斯兰文明陷入困境时，回归宗教文化并从中寻求出路已成为周而复始的重要周期。这与伊斯兰的制度文明有关。伊斯兰传统制度文明的特征是：①为政教合一的国家体制提供法理与道义依据（真主授予哈里发权力）；②为多民族的传统社会的整合提供宗教文化基础，（UMMA）即宗教社团重于国家，国家基本宗旨是捍卫宗教信仰，促进民族团结，整合社会功能；③有包罗万象的个体与群体共同遵守道德价值准则的生活法典（即伊斯兰教法，集宗教、伦理、法律于一体，其法源理论将神圣启示知识与人类理性知识有机结合，涵盖婚姻家庭、遗产继承、民商交易、刑事犯罪与处罚等人生领域）。

（五）传统文明向现代文明的演变，即现代化进程。宗教和民族国家是"二战"后伊斯兰文明建设的现代化课题。复兴过程中的巨变，首先要突破传统伊斯兰政治文化的历史局限，进行理论与制度创新，为现代民族国家的制度建设提供强有力的法理支持。凯末尔主义的伟大之处在于五大纲领基础上的土耳其政治制度、它的新型现代民族国家，是伊斯兰体制之外的大胆创新。此外，尚有两种演变：①阿拉伯世界的纳赛尔主义（阿拉伯统一）、民族主义和社会主义与伊斯兰教无直接关系，制度创新同时，为宗教留有余地，如宪法规定伊斯兰教为国教、伊斯兰法为立法主要渊源之一，但明令禁止宗教干预政治。②海湾国家在制度文明交往中的继承与创新，一方面在"二战"后，以酋长制、君主制、君主立宪制为基础建立宪政、议会制度，前者为西方文明的吸取，后者为"伊斯兰民主"精神；另一方面，制度文明建设尚需在传统政治文明资源中采取更灵活变通解释，进一步创新。

（六）伊斯兰教法。中世纪教法符合时代要求，它把人际交往、人与社会转化为人与真主关系，靠宗教信仰、宗教道德的神圣性强化社会立法的约束力，造成广泛的社会影响。近代以来伊斯兰教法滞后于时代与社会要求，"二战"后，伊斯兰国家引进欧洲外来法，修改商法、民法、刑法，伊斯兰法限于婚姻、家庭、遗产继承的"家庭法"内。但宗教道德的重要性仍高于非宗教道德。

（七）伊斯兰帝国的政治结构、格局的统一、解释主体统一为 Ulema（教层）在近代以来已不存在。1924 年以后，奥斯曼帝国解体，伊斯兰世界的统一只有象征性。发现了：①泛伊斯兰主义（团结精神和斗争精神）；②伊斯兰现代主义（适应和改革，天下穆斯林皆兄弟，圣战）；③民族主义（从民族关照宗教的凯末尔主义）；④伊斯兰原教旨主义（沙特的瓦哈比、伊朗的霍梅尼主义）；⑤巴基斯坦的"四论"（真主主权论、先知权威论、代行主权论、政治协商论）为阿希尔—阿拉·毛杜迪所创；⑥还有精神领袖埃及穆斯林兄弟会的总训导师哈桑·班纳、苏丹兄弟会首领哈桑·图拉比。

（八）塞缪尔·亨廷顿"文明冲突论"是国际政治理论，强调"文明差异性"的对抗性与永久性，伊斯兰世界与西方世界一千三百年持续冲突的东西二元对立。"文明差异"是文明交往中不同文化价值观的差异，如果有矛盾、有冲突，通常是非对抗性的，只要处理得好，可以文明化解决，并不必然导致暴力、恐怖主义和战争。这里最重要的是具体问题具体分析。

（九）西方如何看待伊斯兰文明？当代有两个阶段：①"二战"到 70 年代末，只关注美苏两极格局下激进的阿拉伯民族主义国家的走向；②20 世纪 80 年代伊朗伊斯兰革命后的复兴浪潮后，才转向伊斯兰世界，而把"伊斯兰"作为政治符号。极端主义强调二元对立的西方"文明冲突论"的公式是：伊斯兰＝反西方；伊斯兰原教旨主义＝反对现代性；伊斯兰世界＝反民主、反自由、反人权。

（十）伊斯兰世界如何看待西方文明？伊斯兰世界不是统一政治经济实体，只是共同宗教信仰和相似文化传统这条无形纽带连成一体而由西亚、北非、南亚、东南亚生活的地域空间人群。它不是以物质主义和世俗主义而批评西方，并非造成政治上对抗。共同利益需求常常在国际交往中超越意识形态、价值观，甚至民族性的事例，在伊斯兰国家与西方国家可说是常态，如明确拒绝西方价值观的两个伊斯兰大国沙特和埃及，都是美国在中东的重要盟友。

（十一）美国为首的西方文明，在同伊斯兰文明的交往中，对伊斯兰原教旨主义势力的态度是：不作丝毫让步、妥协，否认该势力有温和与激进的区别，宁肯支持在西方看来毫无"民主"、"人道"可言的"独裁政权"。最恶劣者是把原教旨主义等同于恐怖主义。为什么？①他们认为前者反对西方文明，不同于伊斯兰现代主义的文化适应论，属弘扬传统、回归传统的宗教文化保守主义，坚持伊斯兰宗教意识的独立性、排他性；②认为西方资本主义和东方社会主义的发展模式已"彻底失败"，伊斯兰国家在社会发展道路上，应选择伊斯兰特色的"第三条道路"；③一致拒绝西方价值理念，批判穆斯林社会西方化、世俗化，在本国为政治反对派，在国际上也属于反对西式的现代化、全球化阵营。

（十二）美国一些军事专家在反思伊拉克战争时，提出了美军的"伊拉克之痛"，在很大程度上反映了其"软实力之痛"。美国哈佛大学教授斯坦利·霍夫曼承认，伊拉克战争中，美军依靠其强大的"硬实力"推翻了萨达姆政权，赢得战争胜利后，"软实力"却受到重创。2004年1月美国助理国防部长约瑟夫·奈在《软实力》一书中，提出美国要靠军事、经济等"硬实力"之外，还要靠文化（价值观、外交政策）"平伏天下"。在国家、军事层面之外，这种"软实力"其实就是有强大辐射力、渗透力、影响力的大众传媒。但更深层面是渗透于美国主流传媒日常报道的"文明冲突论"。美国对伊斯兰世界，总是以一种"文明冲突"方式来对付，而不是去了解、去欣赏对方文明中的精华部分，不是去吸收对方文化与价值观中合理成分。这种理论的结果，是将本国的主流意识和文化价值观强加于其他民族。于此，我们可以看出，渗透于美国大众媒体之中的这种文化霸权才是导致其"软实力之痛"的真正原因，也是我在《中东国家通史·卷终六记》中把卡塔尔半岛电视台在伊拉克战争中的表现看做伊斯兰—阿拉伯文明复兴的一个象征的原因所在。

八　阿拉伯世界的新觉醒

当今世界人们都在注视着阿拉伯世界的觉醒。《经济学家》2009年7月

25 日在评论联合国开发计划署发布的第五份阿拉伯世界现状报告时，用了 Walking from its sleep 这个标题。

该文对联合国这份 14 页的专门报告的看法是：读起来令人担心。文章承认阿拉伯人是充满活力、富有创造性的民族，有悠久自豪的历史，在艺术、文化、科学和宗教方面作出了杰出贡献。但它强调了以下几点：

1. 现代阿拉伯国家让人印象至深的是它们的失败记录；

2. 现代阿拉伯国家没能让它们的人民富有；

3. 它们虽有石油，而联合国的报告说，大约有五分之二的阿拉伯人每天只能以 2 美元或更少钱来维生；

4. 阿拉伯世界要在 2020 年前创造 5000 万个新职位来满足年轻劳动力就业，以目前的趋势看不可能实现；

5. 大部分阿拉伯人似乎不愿意为变化付出代价，他们宁愿忍受停滞，也不愿面对变化可能带来的混乱；

6. 政府指望人民永远忍受下去是不明智的；

7. 现状是——在几乎每个阿拉伯国家，更多的人接受了教育，商人希望在经济方面有更大的发言权，卫星电视革命打破了国营媒体的魔咒，这些因素加在一起，在创造巨大的骚动。

从以上情况可以看出：觉醒其实就是阿拉伯文明在全球化时代巨变的集中表现。从 20 世纪初，东方的觉醒就是从阿拉伯世界开始的。一个多世纪以来，变化一直在继续，阿拉伯民族独立国家体系的形成，现代化的进行，社会变革的涌动，直到 21 世纪初，这个统一而又多元的世界，其变化可谓异彩纷呈。从沉睡中醒来，从觉醒中复兴，"巨大的骚动"，是西方人眼中阿拉伯世界的变化图景。

赛义德在《人本主义与民主批评》（2004）一书中有段很有启发意义的话："任何传统都有一个复杂的谱系，我们对之可以批判、重估，或从任何一点切入，但绝不能一概反对之，或使之断裂，或弃而不估。"这是对阿拉伯世界觉醒中传统因素的自觉认识。

九 伊斯兰文明复兴人物卡林·阿贾汗

在当代中东文明交往过程中，伊斯兰文明的复兴是最值得关注的问题。有一个伊斯兰国家的宗教领袖在 1957 年以后就出现了，他就是当年父亲死后继任苏丹依玛姆的卡林·阿贾汗四世 (Karim Agakhan Ⅳ)。

这位苏丹穆罕默德·沙·阿贾汗三世的幼子,是一个充满神秘色彩的人物。15万世界穆斯林什叶派易斯玛依派把他看做伊斯兰精神的守护者和领袖。

但是他并不是守旧派。他出于生日内瓦,母亲是英国人。他以全球化的教派领袖形象出现,参与人道救援、经济发展和少数族群保护等全球性事业中去。他的言行总代表着开放、对话的伊斯兰世界,与不同文明进行广泛交往。

他有巨大的财富,这笔财富使他成为国际上层社会举足轻重的人物。1986年,为了庆祝他继位25周年,他拿出3亿美元从事社会公益事业,为苏丹人民开办大学、中学和医院。

在他看来,伊斯兰真正的教义,应当是建立在两大基石(宽容和慷慨)之上。他真正想做的事就是让知识在全球流动和传播,而不仅仅是金钱。

伊斯兰文明在复兴,在冲突、矛盾、战争中复兴,在现代化、全球化中复兴。也许卡林·阿贾汗四世是大浪潮中的水花,但人们不能忽略他。

法国《快报》(L' express) 2007年7月11日一期封面上,刊登了他的照片,这样描述他的形象:karim Agakhan IV, Le prince des pauvres ("穷人的王子")。

这令人想起马克思所说的阿拉伯伊斯兰民族的"冲突周期率",尤其是马赫迪在苏丹的起义。阿拉伯伊斯兰民族按社会组成,一为市民,从事贸易和手工业,一为游牧的贝都因人。前者富有,后者贫困,贫困者在某个先知即马赫迪领导之下,反对富有的叛教者,按马克思的说法,"把背教者的财富作为给自己的奖赏而归己有。自然,过了一百年,他们又处于这些背叛教者的同样的地位;又需要来一次信仰净化又出现马赫迪,戏又从头演起。"这种利用宗教外衣虽同因经济而起,却与基督教徒改变经济制度不同,他们是原封不动地保留旧制度。若要改变"净化"周期率,得从改变经济制度开始。

十　阿拉伯文明复兴传统一例

多年来阿拉伯世界最大胆、最重要的文化行动之一,是2007年的"卡利玛"(阿语意为"词")翻译世界名著计划。该计划由阿联酋政府的文化与

遗产组织提供启动资金，拟翻译包括 16 种语言（一半多是英文）的 100
种世界名著。其中有弥尔顿的《复乐园》、霍金的《时间简史》、村上春树
的《卡夫卡在海边》、维吉尔的《埃涅阿斯纪》、乔治·爱略特的《米德尔
马奇》、阿斯特利德·林格伦的童话《高筒袜皮皮》等（Astrid Lindgren
1907－2002）。

这是中东地区传播世界学术与文学这一开拓性计划一部分。阿拉伯文明
中有吸收外来文化的传统，其开放性曾经使西方文明受益。但中世纪以后，
被译为阿文的名著稀少，中东藏书中此项内容空缺巨大。联合国估计，在过
去的千年中译为阿文的外国书籍总量与每年译成西班牙文的持平。目前，世
界名著在阿拉伯国家仅能找到原著，大多数读者无法阅读。"卡利玛计划"
首席执行官卡林·纳齐指出：这个计划实施后，"我们可以开始让阿拉伯读
者接触世界文学与学术的伟大作品了，以此来弥补阿拉伯图书馆的缺憾。"

英国小说家伊恩·麦克尤恩（Ian MeEwan，1948－　）说："在过去的
几个世纪，阿拉伯文化对西方知识传统来说，是一个宝贵的源泉。这个重大
翻译行动能够把知识财富奉还，这就是其值得庆祝的理由。"西方作者这段
话，可以理解为：这是一次让西方为中东阿拉伯地区偿还"历史债务"的文
化行动之一。这是文明交往中交互作用规律所使然，更是阿拉伯文明复兴的
一个例子。另一方面，也有开放性的文明自觉的意义在焉。

十一　阿拉伯文明复兴又一例

教育和人力资源的培养，是当代阿拉伯文明复兴的重要表现。据联合国
教科文组织 2002 年发表的报告显示，在阿拉伯地区，成年人的不识字率高
达 40％。报告说，高文盲率会阻碍经济和社会发展。在一个文盲充斥的国
家，很难谈古老文明的复兴。

阿拉伯联合酋长国部长会议总理、迪拜酋长谢赫·马克图姆·本·拉希
德·马克图姆在 2007 年 5 月 19 日宣布，成立一个 100 亿美元的基金，用于
推动阿拉伯世界的教育，消除文盲，促进这一地区的"知识分享"，培养受
教育的一代人。

他的目的是降低高失业率。他说，阿拉伯地区"目前需要创造 1500 万
个就业机会，而今后二十年，我们阿拉伯世界需要创造 7400 万至 8500 万个
就业机会。"

更有远见的是，马克图姆说，投入这笔资金，还将给学生、学者、专家的写作和研究提供资金，帮助把各类书籍译成阿拉伯文。这使人想起阿拉伯文化全盛时代的翻译运动，正是这场大规模的文明交往运动，不仅繁荣了当时叹为观止的阿拉伯—伊斯兰盛世，而且为西方文艺复兴准备了条件。

谁人不知，马克图姆以雄厚的石油美元为后盾，承传阿拉伯—伊斯兰文明的优秀传统，正在从事着这一桩古老文明的复兴事业。

然而，中东决不是遍地文盲。据俄罗斯《共青团真理报》报道，联合国教科文组织 2007 年 5 月对各国公民每周读书时间进行的排名中，埃及名列第五。排名前十的国家依次是：印度（10 小时）、泰国（9.4 小时）、中国（8 小时）、菲律宾（7.6 小时）、埃及（7.5 小时）、捷克（7.4 小时）、俄罗斯（7.1 小时）、瑞典（6.9 小时）、匈牙利（6.8 小时）。全球读书时间平均每周 7.5 小时，排在前十名中的第五名，已属可贵。当然这并不能说明文化很高，不过仍然可以窥见文明复兴的一线光芒。

十二　阿拉伯文明复兴的一个亮点

我在《中东史》的绪论中，对叙利亚诗人阿多尼斯的现代化中人的自觉言行有所介绍，但未能同阿拉伯文明的复兴联系思考。读阿多尼斯在 2009 年 11 月 12 日第二届"中东国际诗歌奖"的受奖词后，对其思想中的复兴因素应当有所补充。

阿多尼斯不但是叙利亚，而且是当代阿拉伯世界杰出的诗人，还是阿拉伯世界杰出的思想家。请看他的自白：

"如果说我有属于自己的诗歌'轨道'，那么我的轨道并非封闭的自我圈子，而是整个阿拉伯历史，是阿拉伯文化的共同遗产。这是为了透彻认识阿拉伯文化，而后自如地从中走出，步入一个新的文化天地；在阿拉伯历史之内，利用阿拉伯历史自身的素材，重塑新的历史。我以不同于他人的眼光审视历史，以便看清被历史的多重厚幕遮蔽的现实。读者可以从我的许多诗篇中领悟这一点。"

在这里，我们看到了阿拉伯文明复兴之光，看到了诗人承担阿拉伯文明复兴历史责任的自觉性。不仅是在议论中，而且在他的诗歌中，洋溢着复兴的哲理。阿拉伯文明的复兴不只是对负罪感、服从性、明智力、自然性的简单复归或当代观照，而且要把阿拉伯—伊斯兰文明看做活生生的动态文明，进行与时俱进的重建。齐亚丁·萨达尔在《重建伊斯兰文明》一文中对"复兴"有下述生动的比喻：伊斯兰社会如同一座宏伟而古老的建筑，年久失修，其基础虽十分坚固，但有些部位需要"重建"。（见《世界宗教资料》1991 年第 2 期）正因为宏伟，重建就包括各方面。文学是文明的重要方面。阿多尼斯所涉及的诗歌领域正是阿拉伯—伊斯兰文明复兴的一个亮点。他举出从自诗集《大马士革的米赫西尔之歌》到长诗《伊斯梅尔》、阿拉伯城市，再到三卷本诗集《书》等诗中，申明了上述主旨。他特别举出《书》中作为诗人的"我"与"他者"的复杂糅合，以至于他与阿拔斯王朝的诗人穆太奈比之间，也难以区分。作为诗人的"我"，预先熔融于作为社会的"我们"之中，而读者却能理解如何糅合及如何离析，如何一致又如何歧异。"诗歌，既是政治又是艺术，既是道德又是忤逆，既是破坏又是建设。"这是诗人在诗歌中反映的文明复兴观。

我看到受奖词的全文，题目是：《诗歌的意义在于撄犯》。"撄犯"，这是薛国庆译文中的所用名词。按诗人的说法："无论诗歌在形式上、内容上如何与社会格格不入，它在本质上总是与社会的语言相关，即在政治、宗教和文化层面上与社会历史相关。在诗歌面前只有两条道路，要么是作为消费品而写，要么是作为'违犯'而写。消费（Consommation）、违犯（Transgression），是一对语言。译者把违犯译为'撄犯'。汉语中'撄'为'触犯'，意义与'违犯'相同。英语中 Transgression 有法律上、宗教上和道德上违犯的意思，变为名词是'罪人'（Transgressor，也可以是'撄犯者'）。诗人所说的'撄犯之路'是根本地、全面地撼动这个社会制度赖以建立的非诗歌的文化基础。诗人认为，改变制度并不能改变任何本质。这已被 20 世纪后半叶的阿拉伯政治实践所证实。因此，诗人应该超越政治的质疑，去作本体论（Ontologize）质疑。这正是'撄犯文化'的分内职责。"

诗歌，文学艺术，如果放弃从思想角度思考问题，很可能使作品走向平庸。如果缺乏洞察力、理解力、表现力等思想力量，就不能与读者保持平等而深切的对话。思想是艰苦的对话和探索。作家的生活和民族的生活，都隐含着价值观，这种对生活中的看法包括思想观念、思维逻辑和思考判断以及对生活的独特见识。从受奖词中，诗人强调思想观念有：①阿拉伯诗人的自我意识；②关联着他对阿拉伯宗教、社会和文化现实及文明史的意识；③尤其是关联着"其中的与创新、因袭、自我与他者有关的一切"；④"自由—批评、发现与表达的自由"；⑤抗拒消费文化的个性，但不抗拒集体、大众与民族本身，而是与之"对话"，"激发其中撄犯的能量，即自由、革新与进

步的能力"。除了这些与阿拉伯文化复兴有关问题外,他还提出了阿拉伯诗人面临的两大问题:

(1) 阿拉伯社会如何摆脱视诗歌为诱惑与迷误的宗教观念?

(2) 如何摆脱诗歌为歌颂、商品或消费观念?

诗人在问题意识上保持了高度自觉。他的思想深刻性在于:发现阿拉伯文明中所蕴藏的人类恢弘的感情,藐视诱惑与迷误的宗教观念,要摆脱世俗人情的羁绊。这两个问题是一个普世性问题。

诗歌的独特性是以艺术方式求知和理解世界及人生,以"流亡"的自觉为起点,在趋于完善中获得人道的、普世价值。"当我们谈起艺术,我们首先指的是各种形式、各个层面上的攍犯之力。这种攍犯发端于人内心最深刻、最广博的冲动:即创造的意志,摆脱一切压制和强权的意志,保持青春的永恒愿望。"

上述言辞的复兴意义主要是:"致力于走出消费的全球化,而步入攍犯的疆域",发挥诗歌的"攍犯能量"。这是一种文明交往自觉的"能量"。

十三　阿拉伯—伊斯兰世界交往琐记

(一) 纪伯伦的慨叹

纪伯伦心目中的西方对阿拉伯的面包"施舍教育":"面包唤醒我们的全部良知,略微启迪我们的才智","让我们活下去";置我们于死地的是它"分割我们的语言,削弱我们的统一,切断我们的纽带,疏远了我们的关系,直至我们的国家变成兴趣各异、口味不同的一小块一小块殖民地,每一块都依附于一个西方国家,高举它的旗帜,歌颂其荣耀和功德"。受美国教育,倾向于美国代办,法、俄、英都如此(《纪伯伦全集》(三),河北教育出版社1994年版,第229—230页)。

(二) 文明交往的描述

石油和商人:有了石油的现代人不丢传统——身着长袍的沙特阿拉伯人跪在石油井架前祈祷礼拜;两难交往——沙特巨商卡索吉一幅照片:半边阿人传统服装"索伯",半边身着西装、白衬衣和领带。(黎瑞刚:《阿拉伯商人》,江西人民出版社1995年版,第88页)酋长回家的风貌:科威特市东区新建的海湾商业大厦,售货厅聘50多名外国女售货员,身着漂亮西装裙,彬彬有礼接待顾客。历史悠久的黄金走私和贸易港口迪拜（阿联酋），虽水面上来回还有古老的独桅三角帆船，但大街上几乎不见传统集市，在洲际饭店后，哈佛男服商店、沃利紫士服商店、花花公子商店、"大力水手"小吃酒吧，有100多家饭店出售意大利比萨饼和威士忌酒，书店摆满西方风格连环画和神秘小说，使人感到伊斯兰教不能约束这里。（托马斯·李秀曼：《伊斯兰与穆斯林世界》，新华出版社1985年版，第214页）但海湾却是酋长国家！

十四　浙江义乌与阿拉伯人

2007年，在义乌的阿拉伯餐馆有百余家。越来越多的阿拉伯人在这边定居。许多阿拉伯人都戏称，义乌快成为阿拉伯世界的一个村了。

据义乌市相关统计显示，长期居住在义乌的阿拉伯人已超过3500人。另外，还有数目庞大、无法精确统计的来来往往的阿拉伯人。

在义乌城市繁华的街道上，放眼望去，尽是马立克理发店、苏莱曼烧烤、黎巴嫩人饼屋、奈尔穆餐厅。来自约旦的穆罕默德是义乌一家叫"阿克萨"餐馆的老板。他来中国已六七年了，并和一位安徽姑娘结了婚。

这使我想起了大学的世界史老师楼公凯先生，他是义乌人。他如果活至今日，返回故乡，说不定把对法国史的爱好，转向对阿拉伯与浙江关系的考察了。他给我大学毕业论文的高分（90分）至今还和论文原件保存在我的书橱里。他那高度近视眼镜后面慈祥的目光、满面的笑容和高大的身影，以及浙江浓浓的乡音，至今还留在我的记忆里。

义乌当时的媒体还专门开设了一个"跨国姻缘"栏目，有越来越多的阿拉伯小伙子，娶到了义乌美丽的姑娘。读了上述刊载在《新晨报》2007年5月21日的《有多少外国人愿移民中国》后，我想起《中东国家通史·海湾五国卷》的后记中，谈到中国运动员诸宸同卡塔尔的穆罕默德的结合，他俩的女儿还住在浙江温州的外婆家里。

十五　伊斯兰音乐

世界上共有12亿伊斯兰教徒，占世界人口五分之一。伊斯兰教的中心在中东，但最大的伊斯兰国家是印度尼西亚。那里的两亿国民中，89％是伊斯兰教徒。美国约有 500 万穆斯林，非洲裔居多。人们对伊斯兰世界中较少了解的莫过于音乐。其实，音乐是抒发内心情感的审美形式，是"本真的"听觉表现艺术，也是一种文明的交往手段。其交往是创造主体和鉴赏主体之间通过听觉感知来激发人的情感体验。

音乐交往是人类情感的交往，它通过音乐外在的声、形、色敏感地捕捉和感知内涵的力度强弱、节奏的张弛，来体验旋律美、韵律美、结构美、形式美、声响美，从而提高审美的文明交往力——音乐的审美体验能力。

研究伊斯兰世界的艺术，音乐的独特性质与音乐的审美体验能力，值得思考其复杂性。

（一）伊斯兰性与民族性。艺术的伊斯兰性，具体说，音乐的伊斯兰性与民族性，这二者之间的关系是有区别的。伊斯兰性是宗教的范畴，它根源于《古兰经》和圣训，也根源于历史和民族传统。《古兰经》作为真主的话包含有诗歌的内容，却很少提到音乐与视觉艺术。这里就有历史时代和民族传统问题。在伊斯兰教产生以前的阿拉伯半岛社会，诗歌主导社会生活和政治生活。诗人据说受神的感悟而成为本部落的宣传者。"格绥达"（颂诗）成为阿拉伯诗歌价值最高形式。穆罕默德敏锐地把诗歌的力量用于伊斯兰事业上来。但是，在穆罕默德时代的阿拉伯社会，音乐和视觉艺术的创造力远远低于诗歌的创造力。因此，音乐只是诗歌的伴奏物，连乐器从歌唱中独立出来的可能性，在阿拔斯王朝之前也没有实现。在《古兰经》第 6 章第 8 节和第 74 章第 8 节，也只提到 7 世纪使用的诸多乐器之一的"号角"。看来，诗歌的阿拉伯性还是表现在歌唱音乐上。

（二）阿拉伯固有音乐，是产生在前伊斯兰（622 年以前）时代阿拉伯原有居民中游吟诗人为诗作曲的音乐。先知穆罕默德的堂兄弟哈利斯（624 年死）即为一游吟诗人，在《古兰经》中（第 31 章）他被作为职业上与政治上的敌对者而加以嘲笑。他在赫拉地方（美索不达米亚）的王宫里，以新式弦乐器乌德（ud），取代了古老的柳特米兹哈尔，并把这一改革带到麦加。游吟诗人写诗作曲，促使诗歌、乐器的发展，也促进音乐的传播。7 世纪的乐器有弦乐诗琴、三弦琴、索特里尔琴、竖琴、长笛、牧笛、狭长形鼓、响板，歌曲用单音、和音、八度音，用打击乐器表达式用颤音、回旋音表达旋律，不知和声概念，无音乐理论。

圣迁麦地那之后（622 年 9.20），阿拉伯音乐成为伊斯兰教徒的音乐。在伊斯兰教的礼拜中，除五次祷告（阿赞）之外，其他的音乐一概犯禁，但作为教徒的娱乐音乐在生活中被认可，称之为"俗乐"。伊斯兰时代，音乐仍是伊斯兰文化上的一部分，并随之盛衰而兴衰。622—790 年为兴盛期，750—847 年为全盛期，847 年至现代为停滞期，当代为世界乐音时代。日本学者岸边成雄的《伊斯兰音乐有"阿赞"的乐谱》（中译本，第 20 页），阿赞不算礼拜一部分，但被作为伊斯兰时期阿拉伯音乐旋律的典型。

（三）伊斯兰音乐的主要特点：①源于美索不达米亚、古代波斯、萨珊王朝波斯和希腊音乐以及印度音乐的文明交往总的文化交流之中；②随着伊斯兰的征服，迅速扩展到伊斯兰地域；③有代表性的音乐文献——法拉吉·伊斯法哈尼（897—967）在伏尼斯、阿里·卡梯卜、依本·阿里·卡尔比（? —819）《旋律书》、《歌女之书》基础上写成的《诗歌集》（《歌曲大全》）；④《诗歌集》对使用音程记有八种调式，后吸取伊朗文化调式增至 18 个以上；⑤音乐服务于各种宗教用途：对《古兰经》吟唱强调真主讲话规范意义（用不着传达给信士），阿拔斯时期各文化中心用世俗曲调吟唱《古兰经》，招祷（呼唤穆斯林作礼拜）吟唱到 10 世纪起有军乐加入，使用鼓与铜鼓，朝觐、斋月、纪念先知诞辰等大的宗教活动也要伴之以歌唱；⑥用诗琴的四根弦对应土、水、气、火等要素及情绪、季节、罗盘上的主方位，其他乐器也按照弦数与特定东西对应联系（9 世纪哲学家肯迪的著作）；⑦苏菲主义用音乐、歌唱（牧笛、长笛、鼓）鼓动宗教情绪和使听者入神，在此影响下，土耳其清真寺接受了音乐；⑧什叶派在伊斯兰历 1 月间纪念侯赛因被害日也伴有音乐；⑨宫廷保护世俗音乐，王室绘画肖像中"王子由乐师陪伴"成为主题。

音乐的文化根基、文化渊源、文化内涵、文化审美的心理研究，对伊斯兰音乐研究很重要，特别是从民族性探讨其文化传承脉络，从多视角、全方位来分析其音乐形象、诠释其音乐行为，集成其音乐技术，进而理解民族情感与宗教性的关系。

（四）审美深层。音乐的审美价值对研究伊斯兰音乐有深层意义。穆斯林的审美态度、审美理解、审美趣味、审美评价，对伊斯兰音乐与道德、文化、社会规范及意识形态诸方面的相互关系，归结于实现人的全面、和谐、自由发展和完善人格建构和审美精神对整体素质和个性的培养上。运用美的规律具体研究伊斯兰音乐艺术的审美感知、判断、鉴赏，探讨其内涵中的审美情趣、观念、能力、个性，是文明交往的重要一环。

音乐是民族的，也是世界的。从 1999 年至 2005 年，北京"音乐无国界"中外歌手大型比赛已举行七次。这是促进中外文化广泛交流、发挥音乐作用的表现形式。

十六　阿联酋开国总统扎耶德

扎耶德（Shayikh Zayid，1918－2006），是一位阿拉伯世界具有开创性的政治家。他的经历要点是：①生于阿布扎比，小时学《古兰经》，玩鹰、狩猎、骑马和骆驼、击剑；②后到艾因市，1949年任该市市长，开发地下水资源；③先后出访英、美、瑞士、黎巴嫩、伊拉克、埃及、叙利亚、印度、伊朗、巴基斯坦、法国，深感国家急需改革，应尽快复兴；④1966年8月，出任阿拉伯联合酋长国，接替退位的其兄赫布提；⑤领导石油工业，国家迅速发展；⑥1971年12月12日，由阿布扎比、迪拜、沙迦、哈伊马角、阿治曼、富查伊拉和乌姆盖7个酋长国组成阿拉伯联合酋长国，他任总统。

扎耶德——典型奉行伊斯兰主义的现代政治家。其政治思想是伊斯兰主义占首位的、以阿拉伯世界联合为主旨的民族主义和以提高人民福利为主旨的人道主义三者互相交织渗透的社会政治思想，并且具有以下特征。

第一，伊斯兰主义之根："我们每走一步，都不偏离我们的伊斯兰遗产；文明不会诱惑我们放弃我们的价值和特有的伊斯兰性格；不会使我们离开这块生我们、养育我们土地的根。"（《扎耶德言论集》，文化艺术出版社1990年版，第2页）"伊斯兰的原则是主张建设、进步、求和、繁荣，提高社会生活水平和鼓励这些方面的实现。"（第18页）"为此，我们从西方文明中吸取对我们有益的东西，摒弃对我们有害的东西。"（第81页）"我们接受西方职业、科学技术的优点，但我们不能接受西方社会的性质。"（第83页）进步的伊斯兰原则，"不能改变那些基本的东西，例如宗教、传统和道德"。（第81页）"而《古兰经》是一切知识的基础，也是道德的源泉、道德的灯塔。"（第81页）维护伊斯兰传统根本是："我们笃信正统的伊斯兰教和宽宏的伊斯兰法典的教义，这一教义在任何时候都适用，因此我们依靠这些教义奠定了永久宪法的基础，因此我们用不着去向别人的立法讨教。真主的法典就是我们必须依靠的支柱和宝库。"（第86页）

第二，民族主义之路："联合是强大、尊严、稳固和共同富足之路。纵观历史，一些弱小的实体在今天的世界是没有地位的。"（第2页）海湾地区的部分小国的联合，是阿拉伯民族统一的第一步，而"阿拉伯的全面统一是医治阿拉伯社会所有疾病的唯一药方。"（第200页）"我们热心于保护我们正统的阿拉伯传统和民族遗产……它一直照亮我们未来之路。……历史是历史事件的汇集，现在是过去的延伸，谁不了解过去，谁就不会在现在和未来中生活。我们从过去中学习经验，总结出教训和成果。选择好的、适合我们现在需要的经验加以弘扬，从而避免先辈们所犯的错误。"（第28—90页）1973年10月的斋月战争使他相信："当整个阿拉伯民族全力以赴投入这场战争时，这一统一就非常明显地实现了。"（第20页）他主张用战斗实现统一，用武力解决巴勒斯坦这个"全体阿拉伯人"的"问题"（第231页），战争之后是"在经济等所有方面进行合作"（第227页），以经济机构的联合实现阿拉伯国家的经济一体化，从而充分利用各国资源，建立强大工业基础。

第三，人道主义之魂："人的建设是爱国主义和民族主义之必需，要先于建设工厂和设施，因为没有有作为的人，就不能实现人民的繁荣和幸福，我们希望塑造我们感到自豪的一代人，将来能够担负起重任的人。"（第91页）"最宝贵的财富是人"，"没有人，金钱就没有意义"，但要尊重"每个人"，"我们交换意见，集思广益，并从中得出结论，这就是我们的民主，统一的民主。"（第20页）他主张领袖不能狂妄、脱离人民，要用廉洁的人执政，要团结成一个强大集体，认为从学习中积累经验，可以少犯错误。1977年11月1日，他宣布阿联酋大学成立，之后又在该校首届毕业生的毕业典礼上强调："任何一个先进民族的实力都是它的人民本身，衡量民族进步的尺度是它的教育水平和普及教育的程度。"（第5页）"我的生活哲学是：我相信任何事情都依靠真主。我们作为人应该从相信真主这一信念出发努力工作。"（第2页）真主创造人就是让人来工作的，人要消失，而工作则永存。谁在今世出色地工作，出类拔萃，谁就会在来世中获得成功。（第10页）他提出一个生活诫训：为了工作好，必须克服"欲望"，人本身的"欲望"最危险，因为人类的"欲望"是无止境的，纠正"欲望"依靠正确的知识和信仰。对人的关怀，体现在对传统的解释："伊斯兰教鼓励妇女参加工作和建设"（第104页）。1973年他批准成立阿布扎比妇女复兴会，总统夫人任主席。

第四，对外交往之智：开放——"我们不能孤立于世界之外，单独生活，不同任何国家和人民友好是没有理由的。"（第206页）平衡——同伊斯兰国家之间"像兄弟对待兄弟一样相处"，同非伊斯兰国之间"一条纯粹人道主义的路线"（第262—263页）；平衡点是人类之间的合作。不结盟——对冷战期间的两大阵营，"我们则远远离开，我们不能成为任何阵营中的一员。"（第264页）不进入任何势力范围，摆脱世界上的所有政治领导。

墨西哥《改革报》2005 年 9 月 15 日发表《未来世界》一文。文中专谈中东的能源问题。主要有以下几点：①全世界对石化燃料引起的麻烦已经感到厌倦，正在为摆脱这种燃料而共同努力；②到 2060 年，石油已经是一种奢侈原料；③中东国家依赖石油，它们未作过经济多样化的努力，它们将受到残酷冲击而产生暴力；④但是新一代改革家将涌现出来，取代他们的前辈。他们的使命是设计出更加自由的政治制度。阿拉伯文明的复兴力量在青年一代。扎耶德的后继者将肩负起这一重任。

十七　海湾与迪拜

（一）迪拜模式的矛盾是 200 万人口的流动与 80％外籍人口之间的交往。这只是这种模式需要平衡的一个方面。当然是重要的方面，它包括：①不断流入的人口和城市基础建设供给的平衡；②本地人和外地人，以及外地人之间的利益分配的不平衡。有认为"人为创造人口红利"是迪拜模式的关键，有其理由。用什么来吸引外来人口进迪拜？有六大方面：旅游、房地产、交通运输、再出口、金融业和国际服务，也可称之为六大中心。惊人的商业资本和内需，都是这些被吸引而来的大批移民所带来。这是 1971 年建国独立以来阿联酋 7 个酋长国中第二大酋长国的空前的经济转型和社会转型。

（二）迪拜模式的平衡运行还需要处理好两个交往关系：①传统小政府管理经验和大公司管理经营模式之间的平衡；②穆斯林传统价值观和多元文化之间的平衡。平衡是持续发展的中心环节。迪拜不像海湾大部分国家那样，用于发展非石油经济的资金都来源于石油（政府直接从石油收益中拨款、间接通过石油收益提供流动性的债务），而是另辟蹊径。迪拜人说："我们是个很小的民族，我们需要别的地方和资金来这里，帮助我们建设迪拜。"真正让迪拜担心的是这些"有效人口"的离开，迪拜模式艰难的平衡点在于此。

（三）迪拜模式的另一个关键，是服务业的发展为投资环境这个核心竞争力创造了良好条件。它把少量的石油资源收入，全部用在修路、桥，建港口、机场，在此基础上，启动经济多元化发展。5％低关税，无经营税、增值税，甚至不设税务局。金融政策有利投资。环境安全，对外中立，不结盟。有 200 个不同国家人生活在迪拜，只要守法，就给致富机会。迪拜酋长说，把投资者吸引进来，还不算成功；只有让投资者成功了，迪拜模式才算成功。因此创造良好投资环境，是关键。

（四）现代性与伊斯兰性，即现代西方价值观和传统的阿拉伯文明之间的交往，也是一个重要的平衡点。这是重建新阿拉伯文明特征和复兴阿拉伯文明的一大课题。整个阿拉伯世界都处于现代性和伊斯兰性的冲突之中，只有迪拜找到了二者平衡和谐相处的较为宽广之路。让现代化成果服务于伊斯兰文明，并用"迪拜模式"来表达，很值得研究。迪拜与周边其他伊斯兰国家不同，比较开放。当然是有"度"和"线"的。伊斯兰的斋月、礼拜，饮酒之类的禁忌还是坚持信仰原则的，道义上和物质上都积极支持巴勒斯坦。历史上迪拜是欧亚贸易珍珠的集散地，这里人在多元构成的开放氛围中融合。现在皇室的马克图姆家族，是1830年从阿布扎比方向来的移民。也有伊朗人、印度人、巴勒斯坦人等迁移至此。英国的殖民统治、英国的教育，从酋长、副酋长都有西方留学的经历。多文化、多种族、多宗教之间的社会交往，形成了开放传统，迪拜领导人是站在迪拜看海湾、看世界的有战略眼光的人物，也是洞察迪拜国情的有智慧的人物。他们知道迪拜生存和发展中只有3％靠石油，97％靠服务业，不能依靠石油、水、粮食资源，而要依靠贸易、旅游、会展、航空、金融产业。他们把迪拜建成一个现代化金融服务中心，经济高水平、国际化水平的城市，虽有危机，但随着全球经济发展，其前途是看好的。

（五）最近的好转是世界银行的估计，2010年阿联酋经济将保持3％的增长速度，增幅明显高于2009年的0.3％。可见阿联酋朝着经济复苏方向发展。迪拜模式不是一夜之间突然崛起的模式，而是符合迪拜的非常开放的体系。它把迪拜变成一个真正拥有高品质基础设施的地区，有大量投资的支撑，更有吸引外资的有效控制，才有金融贸易中心的出现。加速地区一体化，发挥海湾合作委员会的作用，使区域内经济体投资具有少受发达国家牵连的独立性再共享能源。海湾合作委员会区域贸易也有小幅上升，从以往7.3％上涨到2009年的10.5％。虽比其他贸易区低，但趋势是增长的。当然，迪拜模式是一个需要平衡矛盾的模式。发展这个模式根本上还要靠政府在经济活动和城市长远发展上找出可持续发展的长远计划。海湾合作委员会的那些石油富国（科威特、巴林、卡塔尔、沙特阿拉伯和阿联酋）正处在"脱胎换骨"的阶段。据估计，到2030年，以海湾合作委员会成员国为主的海湾地区，将成为世界第六大经济体。作为阿联酋之一的迪拜，那时是"缺油区"，它的独特模式将有希望成为阿拉伯文明复兴的一颗更为璀璨的明珠。

十八　沙特前石油部长论石油问题

亚马尼是沙特阿拉伯前石油部长。他有句名言："石器时代的结束，不是因为石头被我们用光了；石油时代的结束，也不会是因为我们用光了石油，而是因为人们发明了替代能源。"

亚马尼在接受《外交》杂志采访时说："我们出现绿色能源热潮。许多人投资于各种设想，有 10 万人在试验 10 万种东西，其中 5 种可行，2 种可能会成为下一个绿色的谷歌。我不希望它是只有 12 个人在洛斯阿拉莫斯开展曼哈顿计划，希望它像 12 次革命，每个人都成为程序员。八九十年代是网络技术的年代，21 世纪将是能源技术的年代。"

亚马尼嘲笑杂志上列举的《拯救地球的 250 个简单可行的方法》一类文章："经常用于修饰绿色革命的形容词是容易的。那不是革命，那是派对。这种化妆派对只是做样子的环境保护论，没有面对制定环境政策所要考虑的问题，如实施改革成本和为什么投资新能源是划算的。"

2008 年的法兰克福书展把莱昂纳尔多·毛杰里的新作《石油时代：世界上最富有争议资源的神话、历史和未来》推荐为好书。作者是意大利能源公司——埃尼集团（当今世界上第 60 个上市的石油公司）的企业战略与规划部高级副总裁。他在书中提出以下几个问题：①我们正在耗尽石油吗？②伊斯兰极端主义对产油区真正的影响是什么？他认为：我们面临的既不是石油稀缺问题，也不是即将到来的敌对势力对西方石油的敲诈，只有那些在曲解问题情况下作出不合理的政治抉择，才会让我们走向一个黑暗的石油未来。他揭示了现代人们对石油认识的误区，批评了对石油的悲观态度，指出：石油市场自出现以来就伴随着一系列的繁荣与衰退，它们都会造成同样的心理跌宕和有缺陷的政治抉择。把石油资源从心理和政治联系在一起，这是人与自然关系的一个独特而有争议的视角。

曾经以《世界是平的》一书闻名的托马斯·弗里德曼在 2008 年又出版了一本姊妹作：《世界又热、又平、又挤》，把"热"放在首位。他写道："美国人对石油的依赖使得世界变暖加剧，石油独裁者更加强大，干净的空气变脏，穷人更穷，民主国家变弱，激进的恐怖分子更有钱。"他认为开发新能源的障碍不在技术方面，而在于制定政策的人和人们的意识。用他的话说："美国宠物食品行业每年用开发的费用比美国公用事业花得多。"

根据中国石油新闻中心的资料，到 2009 年止，世界石油的探明储量分别是：①中东：1020 亿吨；②欧洲及亚欧大陆：192 亿吨；③中南美：176 亿吨；④非洲：166 亿吨；⑤北美：97 亿吨；⑥亚太地区：56 亿吨。这个数字统计虽不十分精确，但中东作为最人的石油储量地区是不成为问题的。

石油作为全球核心能源，既是现代工业的血液，也是国际政治中的"权力源泉"。石油还有强烈的政治属性，经济学家用"自然资源—市场—权力"的分析框架，来揭示石油价格波动背后的政治经济动因和货币驱动力。这说明：石油不仅仅是一种大宗商品，的确有强烈的非市场因素在起作用。世界能源价格及其走向的决定因素是石油市场权力结构所制约的生产—消费体系。权力介入市场放大了供求双方的矛盾。然而，面对这个难题，美国经济学家保罗·克鲁格曼悲叹道："经济学中关键的难题从不会得到重新解决，它们只会慢慢消失。"

这些关键难题真的"会慢慢消失"吗？

十九　血与石油

Blood and Oil，这是美国记者 Michael Klare 在最近出版的一本书的名字。香港《明报》在 2005 年 6 月 20 日发表了高志坚的书评：《美国以血换石油》。

无独有偶，曾为鹰派的美国退伍军人安德鲁·巴切维奇在近著《美国的新军国主义》一书，也有一章就题为《以血换石油》。《华盛顿时报》2005 年 6 月 21 日发表了布伦丹·康伟的文章，题为《昔日的鹰派分子》。文章认为，美国的流行文化受到了人们的过分吹捧，而且也过分"血腥"。

两本书都把美国的战争政策联系在一起，而且都认为保障石油供应是其政策的动因所在。两本书都提到了美国前总统卡特，而且都引用了他 1980 年国情咨文的一句话：威胁石油供应等于威胁美国安全，美国"将采取一切必要手段击退"中东地区的侵略行为，"哪怕动用武力也在所不惜"。卡特此话发表于 1979 年伊朗的伊斯兰革命推翻亲美王朝而苏联又侵入阿富汗战争之时。"鸽派"总统此言只是开头，"鹰派"总统布什才是新保守派最危险和最完整的政治纲领的确定者。Michael Klare 在 *Blood and Oil* 中写道："自此之后，无论是伊拉克入侵科威特、'9·11'后阿富汗及伊拉克，美国都出于这项需要而出兵。""结果，美国深深地介入拥有大量石油储备、但局势十分动荡的中东地区。"

巴切维奇担心的是"美国承担了全世界安全的责任,因而呼吁美国撤出驻外国的军队"。布伦丹·康伟的评论说:"至少巴切维奇对美国的文化批评是站得住脚的。"他指出,美国人有两个"习惯于"(常备军的存在、接受巨额军事预算)和一个"支持"(支持政府发动战争)。他还说,美国人已经"把《第一滴血》和《比翼神鹰》等好莱坞电影当作了现实"。

Michael Klare 则把石油问题由中东延伸到中亚,进而延伸到中国。他提到美国近年来开始积极在世界其他地区巩固石油供应,其一个焦点是黑海四周的前苏联加盟共和国。布什最近从欧洲飞到高加索小国格鲁吉亚,想从巴库建一条油管经格鲁吉亚到达美国盟友土耳其的地中海的港口,以便西方从黑海油田获取石油供应。还有,美国在吉尔吉斯斯坦、乌兹别克斯坦两个中亚国家设立军事基地,其目的也是加强黑海地区的实力。他也进而谈到中国,从最近收购超过 160 亿美元的石油公司伏尼科,到预计进口石油在中国耗油量由目前的 40% 到二十年后的 80%,以及中国在中亚、中东及里海周边油田的争逐,等等。据他的立论,如果未来二十年,人类仍未找到其他能源来代替石油,中、美、俄等大国"在中东和中亚的争夺将会白热化,会否变成大规模的鲜血换石油,这个问题值得全人类共同关注"。

中东、中亚、中国的"三中"地缘格局都有石油的因素在起作用。美国、俄罗斯和中国都同这一地区利益相关。石油在这里成为政治、经济武器。法国《论坛报》发表阿克拉姆·贝勒卡伊德论文的题目也许说得更广一些:《石油打乱世界地缘政治》。因为他认为石油引起地缘政治变动波及拉丁美洲:"玻利瓦尔主义者查韦斯的想法很明确,只要美国对其移动手脚,他就会将每天送往墨西哥湾的石油产品改变航向,把它送到中国或印度。"

美国《时代》周刊网站 2010 年 8 月 14 日有迈克尔·曼德尔鲍姆的文章:《降低中东的重要性》。文章认为,世界都在受"中东病症"(高度依赖中东石油)的影响之害,以美国为甚。如美国减少石油消耗,①可降低国际油价;②可减少流入中东政府口袋的钱财(尤其是伊朗政府);③削弱依赖石油并推行反美的委内瑞拉和俄罗斯领导人力量;④使力量对比由产油国向消费国倾斜(美国及其盟友);⑤"使美国再次成为坚定、有效的全球领导者"。文章认为:减少石油消耗,"与外交倡议不同,它不需他国政府或人民配合。最重要的是,作为一项保护美国人免受中东构成的危险影响的策略,它必将获得成功。"这个"政策支招"能为美国政府采纳吗?

二十　海湾石油与伊斯兰文明

（一）交往的关键因素。海湾的阿拉伯—伊斯兰文明交往围绕着四大关键因素运行：伊斯兰性、阿拉伯性、现代性和全球性。这些因素如文明交往互动律所示，是互为因果、互相推动、彼此影响的。但伊斯兰性和现代性最为关键。此外，现代时期，石油因素提升到改变民族国家历史命运的高度。海湾国家有两大文明资源：伊斯兰教（它与阿拉伯民族性成为一体）和石油。这两种精神信仰资源和自然物质资源被认为是海湾民族国家"国份"的综合标志，是中东的世界性"热点"地区文明交往的基线。作为海湾地区各国重要经济支柱的石油经济，其发展决定性地影响着当代阿拉伯—伊斯兰文明的复兴进程。从海湾产油国的战略地位和地缘政治看，伊斯兰—阿拉伯文明复兴的影响，远远超出了海湾地区、中东地区，从而成为全球性的重大问题。

（二）石油带来的巨变。对石油与伊斯兰文明的关系，盖德里·盖勒阿吉在《科威特简史》中有一段很精彩的描述："石油从沙漠内部和海底深处一股股涌出来。石油是文明的点金石。由于它的作用，工厂的轮子飞速转动，轮船在海洋里航行，火车和汽车在大地上奔驰，飞机在空中飞行，在人类思想的漫游中，知识在竞争中比美，人类的漫漫黑夜变成光明灿烂的白昼。""他们迅速地改变了作为古代黑暗原始部落生活，出现了光辉文明的面貌。"（人民出版社 1973 年版，第 11 页）最后的切题话是：海湾君主国大国沙特阿拉伯、中等君主国阿曼和阿拉伯联合酋长国、科威特及卡塔尔、巴林都受惠于石油。是石油的开发，使它们从中世纪一举进入 20 世纪；一举由游牧或采集珍珠为生的国家，变成某些方面可与世界上最发达的国家相媲美的国度。石油的能源动力，推动了海湾的阿拉伯—伊斯兰文明的发展。但是，要在 21 世纪的全球文明发展中处于先进地位，则取决于以再生能源为动力，要实行交通运输多样化的循环经济的转变，以新型的经济保持持续的发展。在海湾也出现了现代化的迪拜模式。

（三）君主制的活力。20 世纪 70 年代，海湾君主制国家取得民族独立，出现了中东民族独立国家体系形成末期的新兴国家群。这个国家群特别鲜明地表现了伊斯兰性与现代性之间交往的矛盾性和适应性。海湾地区是伊斯兰教之源，是阿拉伯民族之根，宗教传统和部落家族遗存在这里源远流长而根深蒂固。伊斯兰性和阿拉伯性在这里结合更为紧密。伊斯兰性是现代化进程中寻找与现代性的契合点。这里的民族国家的国教是伊斯兰教,沙特阿拉伯王国和阿拉伯联合酋长国最典型地表现了伊斯兰性、阿拉伯民族性、王权和酋长部落的特点,而这些特点却在民族国家的现代政权形式上延续下来。这些民族国家适应现代化和全球化的时代潮流,恰当地运用石油财富,积极而稳妥地实行经济发展战略和政策,在改革中保持了政治制度文明的活力。

(四)伊斯兰政治的适应性。海湾国家的君主世袭制是伊斯兰制度文明的一部分。政权合一是它的基本内涵。这种制度既体现伊斯兰的政治宗教权威,又反映了伊斯兰文明的古老传统,而且以信仰的穿透力深入信徒们的心灵。这种保留至今的君主统治体系,是中东民族国家体系中最具有独特的适应性部分。这个适应过程中的变化,是中东现代化最值得研究的文明交往问题。现代化首要的条件是,在政治上是民族独立国家,在社会上是稳定秩序,在经济上是持续发展,在教育上是人的素质。现代化就是一个由各种要素组成的互相关联、彼此制约的连贯的整体互动形态。现代化实质上是人类文明的世界历史时期,它包括人类思想和行为一切领域的大变化。现代化至少包括工业化、城市化、社会流动、结构分化、世俗化、传播媒介的扩大、文化教育的提高、参政范围的扩大、下层群众的充分动员,等等。海湾君主制国家的保守、专制一面,也随着现代化进程的变化而正在发展变化,政治生活民主化的因素也在增加。伊斯兰教作为世界性的宗教,总是和世界历史性大转变相伴随,与时代俱进。在伊斯兰性和现代性的交往互动中,海湾君主制会以自己独特的、符合地区特点的新伊斯兰政治形态出现于世界。现代文明交往的智慧在引导着阿拉伯—伊斯兰文明在海湾的复兴。

(五)复兴的历史和现实。伊斯兰文明和人类一切强大的、悠久的文明一样,不但有萌生、成长、强盛、衰落阶段,也有汤因比所忽视的复兴阶段。伊斯兰文明的发展几起几落:①大一统的阿拉伯—伊斯兰帝国从阿拔斯哈里发时期(750—1258)的解体,伊斯兰世界一度呈现衰落;②波斯沙法维帝国(1502—1736)的兴衰;③印度莫卧儿帝国(1658—1736)的兴亡;④特别是奥斯曼帝国(1326—1922)长达近六百年的荣辱,所有这些历史转折,都是与伊斯兰教相伴随。现代史的穆斯林精英们把伊斯兰复兴(伊斯兰性)和民族独立(民族性)结合起来,救亡图存,终于在第二次世界大战后三十年间,建立了一大批民族独立国家,在殖民体系瓦解的废墟上,建立了民族独立国家体系(海湾国家是这个体系的组成部分)。这是人类文明的世界历史时期中,伊斯兰文明复兴的肇始。复兴(revival),有两种含义:

①恢复、光复，即复兴历史上曾经拥有的辉煌及采用过的文明（包括思想、文化及制度、典章等文明创造）；②振兴、创新，即努力改变停滞、衰落，或进步缓慢和失落现象，实现民族兴盛、国家发达和社会进步。伊斯兰文明的复兴包括着上述①②两义，是①＋②，但又用②来导①，其实质是③：振兴伊斯兰教、发扬历史文化的优秀传统和现代化改革，进行自我调适和适应时代潮流，建设新的伊斯兰文明。其走向是伊斯兰性与现代性的和谐、有机统一，以崭新而又独特的文明进入世界文明之林。

二十一　石油与海湾国家文明交往问题

"石油是文明的点金石"。（《科威特简史》，人民出版社 1973 年版，第 11 页）注意：是"点金石"，点石成金，特有的物质文明资源。但也可以是内外交往趋势的"试金石"，还可以是人类文明（强势的、弱势的、西方的、东方的、外来的、本土的）交往的"晴雨表"。

"海湾明珠因为石油而灿烂。"（《石油与伊斯兰教》，挪威研究委员会，1997）注意：这是指各国国内的交往变化，即跨越式发展。可以在一定程度上说，阿拉伯—伊斯兰文明因石油而复兴，因石油而现代化，而工业化，而金融化，而成为群星灿烂的、小而富有国家。

（一）内部交往：文明交往首先是内部发展的需要——内需

海湾石油——经济文明的交往发展模式。贫穷落后跃入高收入国家，石油使海湾国家成为设备、军火、汽车、金融市场。巨额资本积累、"石油美元"与烃类能源、原料、西方先进技术和外籍劳力诸要素营造海湾经济发展的"沙漠奇迹"。［注意：此模式的脆弱性］［高利益与高风险并存］

海湾石油——社会构成的演变动力。游牧经济为基础、血缘关系为纽带的部族社会向现代社会的推进者：①现代产业，②城市化，③现代国家机构，④游牧民定居而成为现代产业劳动者，⑤"中产阶级"（工商业、金融业的企业家、知识分子、自由职业者、政府工作人员等社会成分），⑥规模庞大的外籍劳工，⑦现代化：既是布满烈性炸药、又是不可逾越的"雷区"。

海湾石油——传统政治文明变化的动因。制度文明的交往，由于①经济发展，②社会分化，③各种利益集团的壮大，④复杂的社会经济活动需要现代化管理，⑤参政意识因教育发展和国民思想水平提高而增强。海湾传统政治体制——君主制向现代体制（不同形式的代议机构、现代法制、现代化政府职能机构、非王室技术官僚在政府中的作用）逐渐发展。

传统君主制统治政体（伊斯兰性、家族性，伊斯兰石油王国）与现代化的适应性。市场经济要求开放的民主政治体制。有阿拉伯诗云："石油犹如太阳，国王们恰似行星；太阳在，行星不会灭。"在海湾，英帝国的太阳落山了，石油的太阳在闪烁的沙漠中出现了。君主制在海湾是有石油的太阳，美国不会因为"人权"、"民主"而谴责它，相反是保持密切关系。

（二）外部交往：文明交往也离不开外部的需要——外需

海湾石油——国际关系的关键因素之一。两次世界大战及冷战的交往线，冷战后控制石油资源的地缘政治交往的生命线。美国借海湾战争占领伊拉克，把石油置于直接军事保护之下。丹尼尔·耶金在《大奖：一部追逐石油、金钱和权力的史诗》一书中称，石油是代表金钱、权力并诱使大国和跨国公司竞相追逐的"大奖"。

海湾石油——世界经济"载舟"与"覆舟"之水。"二战"后帮西方度过繁荣的黄金时代，养肥了一批西方著名跨国公司。20 世纪 70 年代以后，中东几次石油危机成为西方经济陷于"滞胀"和衰退的重要原因之一。三分之二的探明石油储量为世界关注，也是 21 世纪国际石油供应来源。20 世纪90 年代至 21 世纪初，中国转为净石油进口国。

石油不仅为海湾关系和中东供应安全，它涉及世界市场和经济全球化。有问题：①协调西方国家政策；②与新型跨国石油集团合作；③在全球市场的重新定位；④海外市场的困难；⑤国内市场狭小；⑥海湾商业诱惑掩盖着投资危机。（见杨光《海湾石油新论》第 3 页）

（三）交往的七个结论

1. 海湾石油——观望海湾经济、社会、政治之窗和世界风云之窗。

2. 海湾石油——显示自然资源对人类文明交往的特别强大的影响力。

3. 海湾石油交往特征——还宜从物质、精神、制度、生态四个文明交往层考虑其互动性。

4. 海湾石油交往的限度——注意其内外交往的不同和制约作用，但不宜夸大。

5. 海湾石油的四性：稀缺性、不可再生性、外向性、战略性。尤其是由外向性和战略性引申出的生产和销售的国际性，可以成为不同国家交往的特殊使者。用斯大林一句没有过时的话："在和平或战争时期世界列强争夺优越地位的命脉。"（《斯大林全集》第 7 卷，第 230 页）

6. 石油与现代文明："现今时代的文明，从某种程度上讲，是建立在石油的基础之上的。石油在危机与冲突中，起着决定'战与和'的关键作用。因为石油的安全有赖于石油的拥有者和使用者平心静气、避免对抗的决策。"（齐前进：《石油决定战与和》，《环球时报》1998 年 11 月 29 日）尼克松道出了他的后任历届当政者的真心话："美国为什么开战？""既不是为了民主，也不是为了自由，而是为了石油。"（安维华、钱雪梅：《海湾石油新论》，社会科学文献出版社 2000 年版，第 14 页）

7. 石油与价值观：石油经济的迅猛发展，西方价值观、尤其是发展模式的选择上，对海湾国家提出了严峻的挑战。传统的价值观受到冲击，新的价值观当待建立。发展模式和核心价值观都需长时间探索。失去了旧世界，而没有获得新世界，这就是问题所在：如何建设新世界？

二十二　海湾杂记

（一）科威特为保守的海湾君主国，议员均为男性为期已近半个世纪。2005 年给女性以选举权与被选举权。2009 年 5 月 16 日有 4 名女性被选入议会。她们是：①希尔·艾瓦蒂，40 岁，美国得克萨斯大学奥斯汀分校博士，大学讲师；②洛拉·达什迪，经济学家，几家公司顾问，科威特经济学家协会主席；③前卫生部长马苏玛·穆巴拉克；④萨瓦贾萨尔。此次大选中，共有 21 位候选人竞选 50 个议院席位，其中 16 人为女性。

（二）埃及《金字塔周刊》2009 年 5 月载文《海湾朝向东方的时代》认为，美国霸主位置今后几十年的衰落和中国的崛起，将对海湾国家带来动荡和新机遇。阿拉伯海湾国家与伊朗每年为中国提供一半以上的石油需求。海湾国家面临对岸伊朗与中国稳定的经济、军事和政治关系，于是在中国和美国之间的两难选择。它们较可取的是均衡策略，即通过海湾合作委员会与中国达成自由贸易协议（天然气、石油勘探、劳工），而在军事领域内采取稳安步骤，政治上鼓励中国进一步参与调停阿以冲突、解决伊朗核计划争端、恢复苏丹南部秩序与平等事务。海湾改变在国际政治舞台上习以为常的弱势地位，必须利用丰富能源、关键贸易通道的地理位置对中国与美国起重大作用，明智地抓住国际大国权力框架变化的机遇。

（三）欧洲的奥地利 OMY 油气公司和匈牙利 MOL 油气公司将和阿联酋的达纳天然气公司和新月石油公司共同开发伊拉克库尔德地区天然气。这是 2009 年 5 月 7 日在沙迦宣布的，开采项目总价值达 80 亿美元。

（四）阿曼的旅游业在传统的"文化遗产之旅"。该国有古堡 500 多座，许多宗教建筑和其他文化遗产。还有"生态之旅"，如 15 个保留区的生物物种的自然景观。它给人以古老、神秘而美好的印象。

二十三　海湾:恐怖主义温床

美国劳伦斯·赖特在《巨塔：基地组织与此 9·11 之路》（上海译文出版社 2009 年版，张鲲、蒋莉译）一书中对此问题的解释是：①年轻人自身问题（娱乐如电影、戏剧、音乐）被监视或完全付之阙如；年轻男女无法正常交往；成年文盲多，失业率在第三世界居首位，在"海湾地区，众多年轻人无所事事"。愤怒、憎恨、屈辱使其寻找极端出路。②基地组织以"殉教者"光荣死亡相诱，"圣战者"死后可跻身天国，甚至死前可见此情景；因为一人殉教，可换取家族中 70 名成员免遭地狱之火熬煎；贫穷的殉教者在天国将被授予镶嵌宝石的冠冕；有 72 名"深色眸子的天国美女，如秘藏珍珠一般贞洁"相伴闺中乐趣；她们还为他准备下肉食、瓜果和美酒的盛宴。如上述种种许愿，邪恶地创造了一种"对死的崇拜"。

对①和②的结合，是①自愿地接受基地组织的精神鸦片。海湾地区因此成为恐怖主义萌芽、滋生的温床。

我在《中东国家通史·海湾五国卷编后记》（第 527 页）中谈到文明生活的自觉，已谈到"物质生活需要非物质力量支撑，以抵低级趣味"和克服精神空虚懒散生活问题。其实不只海湾，而是整个中东地区，都是如此。

二十四　阿拉伯半岛的闪族迁徙

闪族迁徙是中东文明交往中的一个重大历史事件。艾哈迈德·艾敏在《阿拉伯—伊斯兰文化史》第一册中，对闪族（闪米特人，阿拉伯人即其一支）故乡阿拉伯半岛的描绘很具体："阿拉伯半岛居民和半岛四邻的居民，同出一源，后来的文化日渐发展，而岛内的居民仍然落后。如幼发拉底河流

域及尼罗河流域的居民，早已文化灿然了，而被包围在高山大海之中的半岛上的居民，仍然过着游牧生活。"（第3—4页）

阿拉伯人的根，本来在半岛沙漠地区，后在四邻迁徙，潮涌西亚北非，而他们却与四邻居民同出一源。

证①：周期性向外迁徙，约千年左右一次。原因为气候变化及其他方面。每次总由少数人带头，继而有越来越多追随者，这种交往形式，对于古代阿拉伯半岛居民，是一种文明范围扩散的"外溢"现象。

证②：公元前3500年，这些人取道东岸，由半岛向北迁徙，进入苏美尔人早已居住的两河流域。苏美尔人与闪族人混合，成为巴比伦人。公元前2500年，闪族的阿摩尔人迁移到肥沃新月区，组成了迦南人、腓尼基人（拼音字母的发明者、希腊字母的源头创造者）。公元前1500—公元前1200年，阿马拉（叙利亚人）进入北叙利亚地区，希伯来人进入南叙利亚。希伯来人是一神论的创造者，成为基督教和伊斯兰教信仰的渊源。

证③：半岛过剩人口，由西岸向北迁徙，经西奈半岛的岔路，迁入肥沃的尼罗河地区。希提在《阿拉伯通史》中写道："公元前3500年前后，闪族的移居，就是沿着这条道路，或取道于东非，向北上移，然后与埃及原来的含族居民相混合，这次混合产生了历史上的埃及人。我们的文明，有许多基本要素，就是这些埃及人发明的。"（中译本，1979年版，第10—11页）

证④：闪族源于阿拉伯半岛，因而应称为阿拉伯人，论者有埃及阿巴斯·阿卡德（1889—1964）的《阿拉伯对欧洲文化的影响》、伊拉克贾瓦德·阿里的《前伊斯兰文化及其发展阶段》。美国杜兰特（1885—?）的《文化的故事》中说："有资料证明，文化——此处指种植粮食和饲养家禽家畜——在没有文字记载的古代就出现在阿拉伯地区，然后由此呈文化三角形传播在两河流域（苏美尔、巴比伦、亚述）和埃及。"

以上各说，其实反映了人类早期文明之间的交往特征。阿拉伯文化是否追溯到如此久远，阿拉伯人与闪族人的关系，两河流域、地中海东岸文明与古阿拉伯文明的关系，都可以深入研究，空间很大，但从族源上看文明交往，其间必有联系。"迁徙"，可以说是文明交往的最重要渠道、方式。人类活动范围的日渐扩大，是文明发展、扩散的必然趋势。阿拉伯人的祖先——古代闪族人的一支，无疑是世界古文明的开拓者。他们与后来的阿拉伯—伊斯兰文明是相通的。只是他们早先落后于迁徙的闪族人而已。

《旧约》——《圣经》：闪族（犹太—以色列人和阿拉伯人的祖先）的集体创作（古代闪族人的各种典籍、文献，各种神话传说、英雄故事、诗歌、格言、散文的加工）。

注意恩格斯《1853 年 5 月 26 日左右致马克思》的信：

"现在我们已经完全弄清楚，犹太人的所谓圣书不过是古代阿拉伯的宗教传说和部落传记的记载，只是这些传说由于犹太人与他们同一族系但从事游牧的邻族早已分离而有了改变。巴勒斯坦靠阿拉伯的一面完全被沙漠，即贝都因人的土地环绕着，这种情况是叙述独特的原因。但是，古代阿拉伯的碑文、传说和《古兰经》，以及一切系谱等等易于解释，都证明了主要内容是关于阿拉伯人的，或者更确切些说，是关于一般闪族的，就像我们这里的《艾达》和德国的英雄传说一样。"（《马克思恩格斯全集》第 28 卷，人民出版社 1964 年版，第 250—251 页）

注意恩格斯在《自然辩证法》中关于阿拉伯人翻译带来唯物主义发展的作用："在罗曼语族各民族那里，从阿拉伯人那里吸收过来并从新发现希腊哲学那里得到营养的一种开朗的自由思想，越来越深入地扎下了根，为 18 世纪的唯物主义做了准备。"（《马克思恩格斯选集》第 20 卷，人民出版社 1995 年版，第 261 页）

二十五　新丝绸之路与海湾投资热

旧丝绸之路是 1300 年之前中东与东亚、南亚、中亚之间、也是世界上最重要的贸易大通道。此后的七百年间，商人看重了欧洲和美洲。进入 21 世纪，贸易与投资逐渐在两个地区之间，又重新流动。海湾又成为新丝绸之路的枢纽地区。

海湾石油得地独宜，直接投资与证券投资呈双向交流的趋势。

（一）东向

1. 迪拜酋长谢赫·穆罕默德·本·拉希德·阿勒马克图姆与巴基斯坦的数十亿美元一揽子计划，涉及基础建设、房地产及其投资；

2. 沙特阿拉伯王子阿勒瓦利德·本·塔拉勒用 20 亿美元购买中国银行股权；

3. 巴林的海湾金融所希望在新加坡的金融、医疗和休闲行业投资 10 亿美元。

（二）西向

1. 新加坡 7 家建筑公司组成联盟，在中东谋求建设项目；

2. 中国同海湾贸易呈增长态势，2008 年贸易额 282 亿美元。仅迪拜就有中国公司 2000 多家。2005 年迪拜的中国商人有 8 万人，2010 年增至 20 万人。

3. 三星电子公司开拓迪拜市场。

但新丝绸之路处早期阶段，需要大的改革。

二十六　文明交往与历史发展

文明交往推动着人类历史发展。

人类在大自然和社会的大舞台上，以共性和个性相结合的整体来演出历史，创造文明。

族有族性，国有国性，民有民风，诸多社区和众多群体各有自己的历史和文明，因地而异，与时俱进。文明交往是历史的能源，历史是文明交往的行踪，历史规律是文明交往的轨迹。

国家是人类文明的标志。古代和近代的政治家，大多数只知有国家利益和民族利益，而鲜知人类利益为何物。因此在交往中用战争形式解决问题，属不可避免之举。战争在历史中的历史积极与消极作用，视具体情况而决定其大小。古今中外，文明大国哪一个能离开战争？有人说，帝国是战神的骄子，道理在此。但穷兵黩武，则为畸形文明交往，亡于此的大国，不在少数。

文明交往互动规律是一个不平衡规律。不平衡在静态上表现为现实文明程度的差距，在动态上表现为发展速度的变动性与暂时性，在历史进程中表现为交替超越性、先进性与后进性、发达性与发展中的互变性。作为文明标志的各民族、各国家都有悲欢离合共存的往事，都有光荣与耻辱兼备的遭遇。它们在文明交往中类似正在进行的一场看不到终点的漫长跑步竞赛，领先者与落后者时常易位。跑在最早文明交往长跑道上的民族和国家以及后来居上的民族和国家都要清醒认识文明交往互动规律，提高文明交往自觉性。不要以祖先的光荣文明而盲目骄傲，不要因现在的领先位置而自甘落后。

尤其是那些正在发展中的国家，要看到最早出现的文明、发明和创造，今日都不是最好的。例如：①最早出现人工栽培植物和人工饲养动物的地方，却不是现在种植业和畜牧业最发达的地方；②最早发明炼铜术的地方，不是最早发明炼铁术的地方，而且它们都不是现在冶金业最发达的地方；③最早的大城市，没有一个是现在的世界大都会；④最早出现文字的地方，不是现在科学和艺术最繁荣的地方；⑤古代任何一个不可一世的大国强国富国，现在都不是超级大国。

不是有史学家要争自己文明的"五千年"吗？其实哪一个文明有五千年？开放型文明是创造性文明，开放就是交往文明化，有"外求诸人以博采众长，内求诸己而独创一格"，内外交往的文明化，才是文明的生命！

当然，这不是不让人们继承自己优良文明传统，只是说应当用人类文明交往互动的宏观视野看历史上的成败利钝。中国有一个故事：某楚王打猎时遗失了一张宝弓，随从急着去找，楚王反对说："楚人亡之，楚人得之"，没有什么损失。孔子闻而曰：此话去"楚"字更好：即"人亡之，人得之"。老子闻之曰：此话去人字最好：即"亡之，得之"。孔子所说，是从宏观历史眼光看世界各民族、各国兴衰，而老子则是以宏观宇宙眼光看天道人事变化。这是古今中外史学家应追求的视野，如此则天下文明化了。这正如我在《文明交往论》中引用欧洲中世纪神学家桑维克多·雨果（1096—1411）的话：发现世界上只有家乡好的人，只是一个未曾长大的雏儿；发现所有地方都像自己家乡一样好的人，表明他已经长大；但是只有当认识到整个世界都不属于他自己时，一个人才最终走向成熟。

二十七　中东变易谈

（一）中东的历史变化：渐变、突变、剧变、巨变的社会，变迁于微末之处，动荡于多姿多彩之间，环绕于交往互动的中枢之圈。

（二）中东的现实变化：忽明忽暗、忽冷忽热、忽上忽下、大起大落，如溪流行于崎岖之山道，流向路线在内部与外部以及内部之间的利害交往线。

（三）关注中东诸多变化后的人性隧道：坑坑洼洼；精神海拔：高高低低；灵魂表演：正正邪邪。暴力冲突，冤冤相报，交往混杂，在逆顺莫辨之中。其政治选择在正统与异端之间，其科学遭遇在真理与谬误之界，其道德操守在高尚与卑微之限。

（四）犹太民族、阿拉伯民族，两个苦难的民族，在苦难的试金石上，映射出灵魂的清洁和污浊。从人类文明交往史的层面去积极主动地迎接苦难，咀嚼苦难，思考苦难，在双方蒙受恐怖、仇恨、牺牲之后，精神方面还缺少什么？在展现血与火的苦难中，双方互换位置，为了各自的文明，还需要些什么思想？

（五）犹太文明、阿拉伯文明，两个文明交往中，觉醒、觉悟、自觉的良性交往力是反省力，是理智、理性智慧。两个文明都在苦难中走向复兴，而复兴需要什么？至少是：①对利己与利他的断裂环节时刻持高度警惕；②对一切报仇雪恨的社会心理要加以抛弃；③彻底拒绝暴力思想和行为；④对话中要拒绝下述陋习：宁可被好话埋葬也不愿倾听逆言；⑤保持各自独立传统，又要虚己服善。

（六）土耳其民族与伊朗民族的伊斯兰文明、阿富汗民族的伊斯兰文明、塞浦路斯的半希腊半土耳其文明、库尔德民族的伊斯兰文明在中东交往互动。它们变易于上述阿拉伯和犹太文明之间，形成复杂的合力，构成一幅动态变易的中东地区历史图画。

第十集

中东国家和中东政治

第 一 编

伊朗和地中海沿岸诸国

一 伊朗(波斯)—伊斯兰文明的影响

（一）在中东，阿拉伯—伊斯兰文明同伊朗、土耳其和阿富汗有着历史悠久性和现实密切性的交往互动关系。历史交往使伊朗、土耳其和阿富汗成为伊斯兰国家，成为伊朗（波斯）—伊斯兰文明和奥斯曼（土耳其）—伊斯兰文明和阿富汗—伊斯兰文明。伊朗、土耳其和阿富汗以其民族特性与伊斯兰性融合为一体，成为伊斯兰世界一部分。特别是伊朗、土耳其不但在阿拉伯帝国衰落后，扮演着伊斯兰文明在中东国家和中东政治中的主要角色，而且在现实中与阿拉伯世界继续共同交往互动，延续着往日的历史交往。2009年初的以色列进攻加沙事件，反映了阿拉伯世界缺乏内部领导，也没有共同计划和对未来的共同看法，造成了容易受外界影响而无能为力的局面。这时，我们首先看到的是伊朗的影响，哈马斯倒向了伊朗。其次，我们看到土耳其总理埃尔多安谴责以色列总统佩雷斯似乎比阿拉伯联盟的峰会更有力量。伊朗和土耳其以伊斯兰教的名义出现，使人想起了昔日中东历史之重演。它们在重演着波斯人和奥斯曼人历史上曾经扮演过的角色，在当代填补着阿拉伯人留下的战略空间的历史舞台。

（二）波斯文明是人类历史上的古老文明之一。它同伊斯兰文明在交往中融合为伊朗（波斯）—伊斯兰文明。杜维明在《中华读书报》2009 年 11月 18 日的《伊斯兰、儒家和基督教文明的对话》中说：“应该用多元的视角”来观察错综复杂的世界。并且说：“唐朝时传入中国的波斯文化也对中华文明有着深远的影响。”的确，中国和伊朗之间的文明交往史是常写常新的历史。我在《文明交往论》和《中东国家通史·伊朗卷》的编后记中，已经谈到前伊斯兰时期的伊朗和波斯—伊斯兰文明对中华文明的影响，这里不再重复。这里研究领域的空间十分广大，我希望有更多的学者从事这项研究工作。

（三）2008 年 8 月，《美国国家地理杂志》刊登《波斯：伊朗古老的灵魂》一文，从伊朗南部波斯帝国首都波斯波利斯遗址的特点，分析说，①在遗留的城墙上，没有暴力场景，不同民族祥和地在一起，手亲切地搭在对方的肩上；②在那个被称为"野蛮"时期，波斯波利斯看上去像一个国际化的地方，让很多人想起他们祖先的生活；③伊朗有记载的历史有两千五百年，而早在一万年前就有人居住。该文由此展开，认为古代文化遗产耸立在伊朗人的心中：①自由和人权的观念，可能不是源于希腊；②最大的证据，是公元前 6 世纪，居鲁士大帝建立了当时世界上最辽阔、最强大的波斯帝国，解放了被巴比伦奴役的犹太人，建立了世界上第一个宗教和文化宽容的帝国；③伊朗人怀恋他们强大的过去，帝国持续了一千多年；④伊朗人说他们不是阿拉伯人，征服了伊朗的阿拉伯人被认为是住在帐篷里的贝都因人，其文化都是伊朗人给他们的。读此文使人想起法籍伊朗学者阿里·马扎海里及其著作《丝绸之路：中国—波斯文化交流史》。我在《文明交往论》第 246—259 页中谈到此事。他还谈了波斯文化与阿拉伯文化这两种有伊斯兰属性文化的同异和独特而深刻的交往。读此文我还想，今日以色列和伊朗两国对抗，有朝一日，如果发生战争，犹太民族应该记忆起波斯帝国当年的宽容大度和恩惠情怀。这正如阿拉伯民族应该记住波斯文明给伊斯兰文明以光彩一样。影为形而发生，响为音而传播，交往的互动作用在两种文明形影音响之间。

（四）波斯（Medes）人居鲁士大帝的宗教宽容政策可圈可点。他允许犹太人从巴比伦的囚禁处返回以色列地方，并且下令由国家出资，重建在耶路撒冷的圣殿。居鲁士大帝十分尊重希伯来圣经。《旧约全书》记载了居鲁士（古列）："他是我的牧人，必成就我所喜悦的，必下令兴造耶路撒冷，发命立稳圣殿的根基。"（《以赛亚书》第 44 章第 28 节）在 45 章第 1 节，有"我，耶和华所膏①的古列，我搀扶他的右手，使列国伏在他面前"。

（五）德国《世界报》2007 年 6 月 13 日刊载德国抒情诗人和作家居伊·赫尔明格尔访问德黑兰的文章《在德黑兰喝啤酒》，其中显露出伊朗（波斯）—伊斯兰文明某些特征。其中要点可记如下：

1."我在德黑兰街头漫步的几周里，经常有人同我攀谈。曾经有一位年长的女士问我，她的国家给我的第一印象是什么。我说，所有的人都很友

---

①　"所膏"（amoint）意为"涂油"使居鲁士（Cyrus）神圣化。

好，我真的有受欢迎的感觉。她说：'没错，这是古老的波斯美德'。"

2. "德黑兰有很多色彩，有友善的面孔，德黑兰乐于助人而且不加掩饰。我问一些年轻人对他们城市的看法，他们说，很酷。他们说，人们可以在这里做任何事情，看任何电影，听任何音乐。"

3. "在我回去乘坐的出租车上挂着一面德国旗，同时还传来嘻哈风格歌曲声音，歌词则是德语和波斯语混杂的。"

4. "这里既没有难以计数的清真寺，也听不到祈祷时刻的声音。我过了一周才看到第一个毛拉。很多事情也都不会让人想到这是一个伊斯兰共和国。"《世界报》的编者按："伊朗政府试图挑起核危机。但作家赫尔明格尔在访问伊朗时却没有看到一个敌对的国家——而是恰恰相反。"

（六）由此使我想起伊朗前总统哈塔米关于"不同文明之间对话"的命题，也想到现任总统内贾德在核问题上的战术交往。内贾德说（2008.2.29接受采访）：安理会的制裁最终对伊朗是有影响的，但是，"伊朗民族是个拥有悠久文明和历史的民族，伊朗人能够保持冷静，在这种负面影响下依旧做好自己的事情"。伊朗在中东交往的经纬线上处处可见："贝鲁特南郊"真主党大本营的"乌贝里公司"大门口有朱色大字写的"感谢伊朗伊斯兰共和国政府捐赠"的纪念碑，该党自1982年成立以来接受援助达10亿美元。在1980年两伊战争开始后，唯一与伊朗结盟的阿拉伯国家叙利亚也是盟友，双方2006年6月秘密签订了《共同防务协定》，其中规定一方遭到外来攻击，另一方有责任出兵协防。此外，2007年伊朗在叙利亚投资达20亿美元；伊朗在阿富汗2001年贸易额为1000万美元，到2006年达5亿美元，双方在边境的交通计划拉近了伊朗边境与阿富汗邻近三省距离；伊朗与伊拉克的关系，从2008年3月2日内贾德总统访问是一次"有信心的访问"，访问提前宣布行程、高调接受欢迎仪式，在巴格达过夜，走过从机场到巴格达中心的危险路段。而同一天到伊拉克访问的美国国务卿赖斯却对行前最后一刻保密，坐直升机，只待几个小时，害怕遭受攻击；伊朗不仅接受哈马斯的培训，而且给其巨额经济援助（据说达4亿美元）。另一方面，伊朗在中东交往线上也出现了其他国家的疑虑，沙特阿拉伯、巴林冷眼看伊朗，埃及、约旦、科威特、卡塔尔、阿曼等国面对伊朗力量的增长，处处小心。

（七）2008年1月，成千上万的巴勒斯坦人冲过隔离墙进入埃及。在此危急时刻，第一个帮助穆巴拉克总统的不是美国总统布什，而是伊朗总统内贾德。伊朗的影响，还可以从《华盛顿邮报》的标题见到：《寻求和平中，白宫触电缩水》、《伊朗的影响力再次增加》。

(八) 法国《费加罗报》2009 年 2 月 6 日发表了阿拉伯国家观察研究所所长安托万·巴斯巴斯的《阿拉伯大"衰退"》一文。他在此文中,从以色列进攻哈马斯的加沙战争事件中,看到了阿拉伯世界悲惨的地缘政治现实:"22 个国家、3 亿阿拉伯人,在当今世界的影响力甚微。它不能召开统一的阿拉伯国家峰会。已经召开了几次的峰会,只是让人们看到了它们之间的不和。阿拉伯人眼看着自己的命运由中东地区的几个非阿拉伯大国所掌握。"他首先指出的就是伊朗,其次是以色列和土耳其。

(九) 美国制裁伊朗始于伊朗伊斯兰革命。美伊双方互相怀疑与对抗,结怨甚深,对话和解,难消积久仇恨。20 世纪 80 年代两伊战争期间,美国暗中支持伊拉克。1991 年海湾战争期间,美国也未放弃制裁伊朗。2003 年制裁仍为美国对付伊朗的方法。但一切制裁伊朗并未因此伤筋动骨。伊朗经济没有腾飞,也没有垮。

(十) 总之,任何制裁,都改变不了伊朗所扮演的中东非阿拉伯大国的角色。伊朗正是在制裁中显示出它在中东的地位和影响。影响力即交往力。形之影,音之响,如影随形,如音伴响。在人类文明交往过程中,中国文化的"影响"二字,颇为象形生动地表达了这种交往的力量。这也是汉字文化的魅力所在。伊朗的核力量是影响力之形、之音。它不但影响到海湾的阿联酋、沙特阿拉伯、伊拉克和以色列,而且也影响到埃及。2009 年 4 月 29 日,埃及总统穆巴拉克曾不指名地批评说:① "阿拉伯地区正在经历着一个微妙和艰难的阶段。它来自地区强国的威胁,这些强国信奉恐怖主义和极端主义,而且明确地高喊仇恨和平";② "这些强国及其雇用者已经侵犯了埃及的安全和主权。我明确表示,我不会允许发生这样的事情,我也不会容忍那些试图干涉埃及安全与稳定的人。"他说"这些地区强国及其雇用者"(当然是指伊朗),这是中东地区两大强国之间矛盾的表现。埃及与伊朗及所支持的真主党游击队之间的交往充满着冲突,其中也隐蔽着伊朗核力量的影响力。埃及总统穆巴拉克所说的"这些强国",也不只是指伊朗,可能也有以色列,这是中东拥有核力量的另一个强国。以色列 2008 年人均军费投入超过 2300 美元,是世界第一,这个数字后面也隐含着以色列多年来发展核力量的影响力。核力量啊,核力量,它总是和强国显示其影响力联系在一起,和当今文明交往联系在一起,真是如影随形,如响从音啊!

二　从伊朗官员的话看文明交往的自觉

作家王蒙在《伊朗印象》（山东友谊出版社 2007 年版）中，引用了伊朗一位高官对他讲的一段话："他们（指伊朗官员）曾经将一件精美绝伦的工艺品送给一位西方大国的外交官，向该使节讲述工艺的复杂与艰难。该使节的反应是：'我们可没时间干这个'，对不起，我只能说，这是另一种野蛮。"

此话是当今文明交往中不同文明之间对话的不同准则与方式的一个案例。这是看待文明与野蛮的另一个视角。

这位伊朗高官针对西方外交官的上述言论，继续说："不懂得现代化、财富、效率、速度、发展、科学、技术、竞争、经营与管理，是一种野蛮……然而，心灵、神性、美丽、虔诚、手艺、匠心、浪漫与精致……这些不能用财富和批量生产的技术来代替，它们无价。一旦这些东西的消失作为富裕与现代文明的代价而实现了好几个现代化的时候，呵，我们的生活还不如森林的猴子。"

的确，在当今文明交往中，西方主流媒体拥有强大的话语霸权，对伊朗加以丑化，使之变为愚昧的、独裁的、充满暴力的危险国度。在他们的宣传暴力下，把西方文明的价值观，强加到伊朗文明之上，使人看不到伊朗人民、伊朗社会、伊朗文明的真相。这种行为是恶性的交往，是野蛮行为，它剥夺了西方人民对伊朗、对伊拉克的知情权，使他们丧失了对这些国家理解的主动权。

自由、民主这些大家公认的文明准则，在各种文明中有不同的内涵。以自由而言，西方基督教文明的核心内容是个人自由，而在伊斯兰文明中，在信仰规范下的集体自由，却为公众认可，这甚至与政治无关。各民族、各国家和不同文明，都有自己认为值得珍重的文化价值。效率、管理、现代化，这是西方珍视的文明，但用此方式理解东方的手工艺器，是很难行得通的。文化中的虔诚、匠心，本来就无所谓进步与落后之分，如果把西方价值观强加于东方，可以说是一种不文明的暴力行为。

文明交往倡导对话、交流、互动，这是不同价值系统在求同存异基础上相互容纳的根本所在。王蒙在"主张文明对话的前总统哈塔米"一章中，伊朗朋友不断提醒中国人要提防欧美文化的渗透与侵略，要中国人在开放中要有自己坚定的选择。这就是在文明交往中的世界定位问题。伊朗是伊斯兰文明的一部分，作为当今多元文明中的弱势文明，有理由采取自觉态度，以便争取平等对话。反击西方媒体霸权，捍卫本民族的文明，是捍卫文明真谛的首要前提。

强势文明不称霸，弱势文明不自卑，两者共存同进，共同发展，才是人类走向文明交往良性互动的自觉之路。人类历史由原始、孤立、闭塞，走向现代、开放、互动，是文明交往互动规律作用的结果。21世纪，世界进入了地缘政治力量新格局时代。全球在21世纪，重演国际范围政治力量结构相对失衡的"春秋战国"状态，各地区中心纵横捭阖，争霸称雄。伊朗堪称中东地区的政治中心之一，世界多极中重要一极。伊朗作为强国与美国、欧盟、俄国、中国、日本、印度、巴西并存共进于世界政治舞台之上。

三　波斯文明札记

（一）波斯最早为农牧文明（属米底附庸国时，据说有六成人群从事农业、四成人群从事畜牧业）。波斯之名 Persia 来自早期居留地——帕萨（Parsa），位于今乌米亚湖南方地区，后与同属印欧民族米底人一起来到伊朗高原，实迁徙交往之功。

（二）创业者为阿赫墨尼德族主居鲁士（前558—前530年在位），经冈比西斯二世到大流士建立起古代第一个地跨亚非欧大帝国（东起印度、西到埃及、北达小亚细亚、西进入东欧，共有22行省）。中心在苏萨（波斯波利斯，即波斯城。此为老波斯，为亚历山大所灭）。还有公元224年波斯贵族灭帕提亚族建立的安息王国而出现的萨珊王朝，是为新波斯。版图基本依旧。

（三）波斯文明是世界帝国的政治文明，它的"整个世界文明主宰"理念，是亚历山大"世界帝国"思想和"罗马帝国统治下的和平"立国理想的原型。大流士神化自己，集行政、军事、司法、特务权于一身而建立了强大的君主专制制度。在直接统治区设立管军事民政的行省总督治理全国，在帝国范围扩大后的被征服地区，沿用当地制度，和总督并行的是全国五大军区军事长官制，互不相属、互相牵制。大流士的世界帝国的政治文明，还表现在吸收、改进了亚述人使用驿站制，全国驿站驿道畅通，最长的"御道"从小亚细亚西南海岸的以弗斯，东达伊朗高原的苏萨，全长2400公里，两周可达。统一币制也可视为世界帝国政治文明的有力措施，具体是①金币由帝国中央铸造，②银币由行省铸造，③铜币由自治市铸造。以上种种条件使波斯的政治文明具有世界性和宽容大度气势，从而采取怀柔政策。如尊重被征服地区原有宗教；大流士重建巴比伦神庙，冈比西斯自称为马杜克所派来统治巴比伦的人选；冈比西斯还重建了耶和华神殿，指派以色列长老负责维持地方秩序；冈比西斯接受埃及传统法老头衔，得到不少埃及祭司的支持。

（四）产生于公元前 6 世纪的祆教（琐罗亚斯德教）对世界古文明发生过历史性影响。它与犹太教（前 539 年以后）的来世说、死者复活、末日审判等思想的联系，对人们注重今生转而关注来世拯救有重要影响。我有《伊朗古代祆教的文化内涵》和《唐代长安与祆教文明的交往》二文，收在 2002 年陕西人民出版社出版的《文明交往论》中。对祆教在人类文明交往史上的地位、作用和影响，很有深入研究的必要。

（五）波斯的世界帝国政治文明理念，有助于在政策上的文化宽松，对保护古代文明优秀成果，特别是许多古老文明在失去其所依赖的国家和政体之后，还能将其精神遗产融入新生的文明之中。埃及可作例证。古埃及传统文化在丧失国家主权情况下，失去依附的主体，但可以用客观、务实态度看待外来文化，文明融合在波斯人统治时期，维持埃及原有制度。大流士拉拢神庙权势，有助传统文化的延续。他完成了尼科二世时开始开凿的运河工程，成为连接埃及与波斯的水运通道。世界帝国的文明胸怀，使之条条文明溪流汇集起来，流入未来的新世界文明海洋之中。它通过草原民族的中介而得到的丝绸，进而由宫廷中的希腊人而知丝国（"塞勒斯"）。萨珊王朝波斯四百余年间，即如《后汉书·西域传》所述"驰命走驿，不绝于时月；胡商贩客，日款于塞下"的繁荣情景，又有魏、晋、隋、唐初的通商高潮及移民附化、汉化，宗教（摩尼教、景教）传播，坎儿井（地下渠）、造纸术、拱顶建筑、波斯医药，均可作交往之证。

四 奥斯曼族源于突厥

（一）突厥为古族，广义包括铁勒。公元 6 世纪，游牧于金山（今阿尔泰山）一带。首领为阿史那。金山形似兜鍪（古代战盔），俗称"突厥"，因名其部落。初属柔然，西魏文帝大统十二年（公元 546 年）首领先打铁勒；废帝之年（公元 552 年）又破柔然，建政权于今鄂尔浑河流域（后扩张东至辽海、西达黑海、南到阿姆河、北到贝加尔湖),有文字、官制、刑法、税法等文明体制。北朝统治者与之通婚,人民互相往来,经济文化交往,促进了社会发展。隋开皇二年(公元582年),分裂为东突厥和西突厥。

(二)土耳其人(Turks),西突厥人后裔。西突厥为唐所灭以后,其中一部分,即塞尔柱朝的突厥乌古思人,在8—11世纪从中亚进入小亚细亚,同当地突厥化的希腊人、波斯人、亚美尼亚人长期融合,形成为土耳其人。12、13世纪塞尔柱罗姆素丹国家与周边国家交往进程中,形成为奥斯曼—伊斯兰文明。穆斯林一直将奥斯曼人称罗姆(roman)人,即源于此。《明史》作"鲁迷"也源于此。欧洲人俗称"土耳其"人(Turks)。古阿拉伯人称突厥人的领土为Turkiyah,欧洲仿此音义,称在小亚细亚半岛一带的奥斯曼突厥人的国家。19世纪后期土耳其被奥斯曼党人引入本民族语言中。1923年凯末尔革命后,推翻奥斯曼帝国建立共和国时,正式采用土耳其为国名。汉文习惯将土耳其的主体民族的自称"突厥"一并改译为"土耳其",以与古代突厥人相区别(请参考本编二十二"中东的源头"土耳其)。

(三)奥斯曼王室先世出于乌古斯突厥人的卡伊部族。该部因避蒙古大军而西迁,首领埃尔陶格鲁(Ertoghrul)率部投罗姆素丹国,被安置西北边境,参加对拜占庭的"圣战"。其子奥斯曼(Osmanl,1282—1326年在位),广纳"圣战"武士,蚕食拜占庭土地,正式跻身于边境诸侯之列。该王朝及其后帝国,遂以奥斯曼命名。其子奥尔汗(orham,1326—1360年在位),定都布鲁萨(Brusa)。奥斯曼帝国(ottoman Empire)在14世纪至20世纪长达六百年中,它由小亚细亚一隅发展至跨欧、亚、非三洲辽阔地区的一个突厥族穆斯林王朝统治的大帝国(1282—1923)。它在东西方文明交往中起了重要的作用。

(四)奥斯曼帝国在文明交往中的作用:①领土据丝绸之路西段,当东西交通要冲;②很早就主动学习西欧的先进武器和军事技术,并受东方各国不同程度的仿效;③此后资本主义的各种新思想和新知识,也以奥斯曼国土作为向东方和穆斯林世界传播的重要中介;④伊斯坦布尔作为帝国文化中心,亦成为伊斯兰文明的中心之一;⑤西方了解东方,也常借助于土耳其的渠道;⑥奥斯曼帝国在东西方经济贸易交往方面起着重要作用,虽新航路开拓后有所削弱,但仍不能忽视。

五　奥斯曼帝国的交往特点

1. 政治、军事力量比发展了几个世纪的阿拉伯哈里发国家强大得多，在西欧等邻近文明区引起恐惧。

2. 但无重建阿拉伯哈里发全盛时期具有的在国际上的那种活力。

3. 虽与阿拉伯人同信仰伊斯兰教，但蔑视阿拉伯—伊斯兰臣民，并且不像阿拉伯帝国那样提倡贸易，尤其是海运贸易。

4. 注重军事征服和行政管理。

5. 没有像阿拉伯哈里发那样成为唯一的国际联系中心，于是边界之外出现待填补的权力空间。

以上不仅与阿拉伯哈里发不同，而且与蒙古帝国不同（发展了第一个非阿拉伯人领导的国际框架是蒙古人在中亚、中国、俄国、中东、南亚，进行国际旅行、交流思想和技术）。

奥斯曼帝国和中国的清朝帝国有许多类似之处。我在《松榆斋百记：人类文明交往散论》中谈到"土耳其的奥斯曼帝国"时，曾引用了9世纪阿拉伯作家贾希兹的话：土耳其为"粗人"即"土巴佬"（见西北大学出版社2005年版，第180页）。实际，土耳其并不"土"，也不粗鲁，它在历史上有着辉煌的时代。据周宁在《天朝遥远——西方的中国形象研究》（北京大学出版社2006年版）中谈到，西方人在对非西方世界进行殖民征服和殖民统治的过程中，对所有的殖民地半殖民地文化，都作了否定性的描述和评价。其中把距"欧洲文明"最远的印度和中国，评为"东方黑暗愚昧的中心"，而离他们较近的土耳其人和埃及人、波斯人、阿拉伯人则比印度和中国要好些。不过，土耳其帝国也曾被他们称为"欧洲病夫"，后来又称作"西亚病夫"，和"东亚病夫"的中国清王朝一起要抬到病床上进行瓜分。在军事上、政治上也和文化、精神上一样，构成了侵略与被侵略、掠夺与被掠夺、统治与被统治、奴役与被奴役的"权力"模式关系。这是文明交往中的不平等关系，是必须从双方良性互动的文化、精神上要加以解放的权力关系模式，还之以平等之心对待。

晏几道曾说过："离多最是，东西流水，终解两相逢。"（《少年游》）人类文明交往如大江大河之水，虽分东西，但终要汇流入大海大洋。为学者终将以平等、平和心态，兼容并蓄，把学问转化为人生的暖流，关怀人类的文明和社会进步。"岸似双屏合，天如匹练开"(白居易：《夜入瞿塘峡》)。江河之水，使两岸如交往开合的"双屏"，天如展开的"匹练"，显示大同世界。天人合一的世界大同，要靠人类文明交往的自觉来创造。

六　土耳其作家奥尔罕·帕慕克的文明交往个案

> 我来自一个从未被殖民地化、从未被戕害过的文化。
>
> ——奥尔罕·帕慕克

(一)　东方美学的文化品格

在中东的作家中，奥尔罕·帕慕克是最幸运的一个。他的作品大部分有中译本。他的作品进入中国，交往的方向是由近及远的反时间而行。第一本中译本(2007)是代表作《我的名字叫红》，直到2009年人民文学出版社又出版了他的处女作《杰夫代特先生》。说他幸运，是比之叙利亚大诗人阿多尼斯尤其如此。这位诗人的《我的孤独是一座花园：阿多尼斯的诗选》2009年才由译林出版社出版。文化交流就是这样，有先有后。

奥尔罕·帕慕克在《我的名字叫红》的小说中，借用一个曾经是著名的波斯细密画大师的亡灵，说明东方文化品格。

有一则带有寓言的哲理故事说，中东历史上的征服者占领一城之后，第一件事就是将所得之书全部拆散，换上新献词重新装订后献给王者。但频繁征战使书不断拆散，书页焚毁，画页与书页无法互相对应。王召全城细密画家，来叙述画中的故事，以编排顺序。但众说纷纭，顺序更加混乱。于是请来早被大家遗忘的画监。人们发现这位年迈大师其实已经双目失明。大师要求找一个7岁的聪慧孩童，让男孩叙述看到的图画，老者抬起盲眼，向天际望去，便一一指出画页原来的文本。正是这稚眼和盲目使书籍得以重订，"王"书获得重生。

王询问大师的秘密：如何用一双盲目就能认清亲见也无法分辨的故事。大师回答：前辈先师是从安拉真主的记忆中创造出那些图画，而安拉的记忆在哪里？七岁稚童的眼光与之最近。但稚童的眼光并不等于安拉的观看。它还必须复活在文化记忆之中，复活而为被这种记忆反反复复塑造的心灵内视的神。

这则关于东方波斯绘画的寓言故事，虽然并不说明作者喜爱所在，甚至是作者要反对的，但却给读者诸多联想：①寻求大道自然的记忆，以大道自然的角度看世界；②此种境界需要生命个性（孩童般的纯真、鲜活）和内视世界中的记忆之神（悠远深长的文化记忆）的契合；③稚眼（纯真）与盲目（阅尽沧海的记忆）不可兼得，绘画迷人义艰难之处在此；④盲目，即失明（从正常、一般、无个性眼光中脱离）为失去庸常的无明；记忆（可见现象在心灵中的存活、内心世界得以彻亮）；⑤只有脱去常态的无明之后，重新获得鲜活的眼光与深谙文化传统的心灵记忆相契合，才是东方文化中绘画的真正力量。这是"大道自然"的文化品格。

何谓"大道自然"？唐代王维的《山水诀》："肇自然之性，成造化之功"（开启自然本性，修成自然造化而生万物的本领）。唐代张璪《历代名画记》："外师造化，中得心源。"造化（睁眼看世界）：第一只眼；心源（闭眼观心思）：第二只眼；大道自然（超乎自然之上的、造万之心源相通合者）：第三只眼。观东方千年绘画史：①有用前人眼光看世界者代代相传，有出新者；②有用自己眼光看世界者（我自用我法），也可归于悠远浓厚精神传统；③活在生命个性与记忆之神的契合之中，这是在原初与跬积的艰难矛盾、纯真与沧桑的生命张力之中看绘画艺术。

东方美学的命题在文化主体性之中。这主体不是简单的回到过去，重复一代代过去的生命；也不是把自己的位置放到一个地域观念之上，在二元格局中强调它的属性，而是神秘而有机的契合。

在《我的名字叫红》中译本 2007 年版的插图中，反映了帕慕克对不同细密画家画同一场景的画作，均有所倾向。帕慕克对绘画也情有独钟，在中文版扉页前新增了他自己绘制的藏书票一枚。这也说明，只有绘画才能以生动的自然本身，揭示大道自然的印痕，彰显东方美学的品格。安卡拉艺术博览会从 2005 年开始，每年举办一次，这是文化交流的盛会，其中包括人类绘画艺术。2008 年中国为艺术博览会主宾国，鲍振、郭红松、金亭亭、迟海波、李雪玫等中国画家的作品，表达了东方美学品格的一个方面。金亭亭的油画《土耳其女火炬手》取材于 2008 年奥运圣火在伊斯坦布尔传递期间，土耳其著名影星手执祥云火炬奔跑的场景：她长发飘逸、姿态优美，作品色调鲜明，表现了东西方文明交往的融汇图景。

（二）帕慕克与莫言的一席交谈

应中国社会科学院国际合作局和外国文学研究所之邀，帕慕克于 2008 年 5 月 21—31 日访华。他是一位被土耳其极端民族主义者视为"卖国贼"、一度谋划除之而后快的人。过去两年里,他大多在外游荡。这次要在北京、上海、杭州、绍兴等地,参加了一系列活动,其中于 5 月 27 日同中国作家莫言的谈话,具体涉及了他们的写作观、交往观,对话如下:

　　莫言:我的一些中国朋友说,《我的名字叫红》和拙著《生死疲劳》① 这两部作品的开头有相似之处,这真是一个奇妙的巧合。

　　帕慕克:可能正是因为这个原因,我们的共同朋友、日本作家大江健三郎先生喜欢我的叙事方式,大江向我推荐了你的作品。我回去之后一定好好拜读。

　　莫言:非常高兴在创作《生死疲劳》之前没有读过您的作品,不然则摆脱不了抄袭之嫌。

　　帕慕克:我是个土耳其人,在美国和欧洲,他们把我的东西给曾经是土耳其的人来评论,但那些人根本没有文学感觉。

　　莫言:这就是西方人对东方人所持有的一种东方现象。

　　帕慕克:爱德华·萨义德在这里很有名吗?

　　莫言:非常有名。他的几本重要著作都有了中文译本。您对他有何看法?

　　帕慕克:我只是见过他。我喜欢他。我们一起在哥伦比亚大学教书,我的许多朋友都崇拜他。在谈到西方人对东方的错误再现(misrepresentation)时,我只是提到他。

　　莫言:但是作家与作家之间可以互相理解。

　　帕慕克:……我觉得个人经验非常重要,但观察更重要。

　　莫言:观察也是一种想象力。

　　(见《莫言与帕慕克、基兰·德赛的对话》,《光明日报》2008 年 8月 21 日,翻译整理:钟志清)

　　这段对话是东方式的,也是全球式的,是东西方全球式的文明交往的自觉性对话。虽然都是有关文学艺术的内容,但如经验、想象力的关系,就是文明交往的自觉性表现。帕慕克在谈及西方人对东方人的"东方想象"时,特别问到美籍阿拉伯学者爱德华·萨义德在中国的影响,其中也包含着东方

---

　　①　莫言认为,他一生最值得流传的作品是《生死疲劳》和《红高粱》,前者在 2008 年 9 月 24日获得香港渡会大学第二届"红楼梦奖"(30 万元奖金)。

美学文化品格问题。萨义德对西方学者的"东方主义"的清算，应当是东西方文明交往研究一大贡献。至于莫言的《生死疲劳》和帕慕克的《我的名字叫红》开头相似之处，据揣测也极可能与东方美学思想有关联。总之，这一段中国和土耳其作家的对话，从一个侧面反映了文明交往自觉发展到当代的程度。

（三）文学是人类文明史的一个表现形式

不存在没有历史和哲学观念的文学。帕慕克在上海声言，他的作品是从哲学和人类学角度去发掘人的身份的含义。这样，他又把作品和人类文明交往中的自我身心关系问题联系起来。

第一，他认为土耳其地处亚洲边缘，并未完全西化，现代与传统之间的文明冲突也反映在自己的作品之中。一百五十年前，奥斯曼帝国败于西方，开始从军事上模仿，继而是工程、医学上模仿。但土耳其是主动地，而不是被动地走向现代化。把土耳其近代史看成主动史而非被动史，这与美籍华裔学者徐中约的《中国近代史：1600—2000 年中国的奋斗》观点相同。这种对亚洲近代许多历史人物表现的积极回应和悲观的失利，从而肯定这种主动性在现代转型中的积极作用，比一些历史学家仅写血泪史的写法更符合历史实际。土耳其现代化伴随着世俗化过程，身份认同成为文学内容，这反映了土耳其的国情特点。

第二，他自己虽出身世俗家庭，但从三岁起就读伊斯兰经典，包括大量苏菲派神秘主义作品。他在作品中，以寓言形式表现伊斯兰传统和自己的关系。他的作品，由于政治文化的原因，常引起冲突。

第三，他对民族身份问题，有如下总结："从政治角度定义文化，并把它强加于人民是不对的。当然，民族身份是不可避免的，特别是当我们看到在世界各地的国家正在建构这样一种身份的时候，民族身份是一个不可避免的问题。我们不应当感到十分为难。过去是我们的传统，是我们非常珍视的财富。但我们不应该对传统有道义上的责任感。我们具有自由的灵魂，应当有自由选择的灵魂，应当有自由选择自己的文化身份。"

第四，他有句名言："对我说来，或对一个作家说来，文化身份也是一个美学问题，在我的作品中也曾以很优美的方式去表现这样一种身份问题，这是一件让人愉悦、让人幸福的事。"

第五，他把非西方国家的民族耻辱感归咎于人民被错误地引导，感到自己国家（土耳其）在西方人权、自由之外。另外，他认为，东方、西方确实存在文化传统的不同，但仍可以沟通、相互交流。大家都是世界公民，并不存在土耳其人、中国人、日本人、波斯人。因此无须对传统负有特别的道德上的责任感。

（四）一与多、同与异汇于一身的人

选取一个横跨欧亚大陆、融欧亚文明的千年古都伊斯坦布尔作为小说开展的场景，奥尔罕·帕慕克不是第一人。英国作家古德温的《禁卫军之树》（殷杲译，上海译文出版社 2008 年版）也是以伊斯坦布尔为故事背景，内容同样是谋杀和侦破。古德温从外部窥视，站在新世纪和旧王朝的中轴线上，忧伤地眺望这里的保守者激进、革命者反动的怪现象。在这里，古德温获得了故事的羽毛的表皮。帕慕克则从伊斯坦布尔内部出发，探索出传统与现代、完整与缺失、相互排斥与彼此融合矛盾统一的状态。在这里，帕慕克抵达了精神的深处和底蕴。这真是中东地区将一与多、同与异汇于一身的人及其矛盾世界的缩影。人类文明交往原本是如此复杂，它反映在各个方面，并以多种形式去表现了文明交往的自觉。

帕慕克是使土耳其文学真正走向世界的作家之一。在他之前，还有许多人，如泰夫菲克·菲克雷特（1867—1915），奥斯曼帝国最后一位大诗人，受法国象征派的影响；穆罕默德·阿基夫·埃尔索伊（1873—1936），土耳其国家的作者；叶海亚·凯末尔·贝亚特（1884—1958），诗人、作家和政治家；纳泽姆·希克梅特（1901—1963），被称为 20 世纪世界文坛的伟大诗人；阿达莱特·阿奥卢（1929—），当代女性主义小说家和剧作家。帕慕克是他们的继往开来者。

帕慕克为 1915 年"三万库尔德人和一百万亚美尼亚人被土耳其杀害"事件呼吁。为此，他背负"侮辱土耳其国格"罪名而屡次成为被告。他反对极端民族主义。谈起土耳其百年来作家的命运，帕慕克说："这是焚书与禁书的一百年，是将作家下狱、杀害，迫害为叛国者、流放，以及不断侮辱他们的一百年。"这是他在 2008 年 10 月法兰克福书展会上说的话，当时土耳其总统阿卜杜拉·居尔就在场。土耳其社会正在出现宽容、进步的文明自觉趋势。土耳其文化和旅游部长埃尔图鲁尔·居纳伊表示："我们的多种特色不应该遭到破坏。"用帕慕克的融合论话语表达："如何得到人家的'西'，又不丢掉自己的'东'。"

帕慕克虽称自己为"世界公民"，但他的思维模式仍然摆脱不了地域特征。他身上种种矛盾正好是土耳其国家矛盾统一体的寓异于同的反映。土耳

其地跨欧亚两洲，三面环海，真正处于东西方之"中"，成为中东地区诸方文化（巴比伦、古埃及、赫梯、拜占庭、古希腊、基督教、阿拉伯、波斯、奥斯曼文明）的交汇之地。交汇处有异有同，有多有一，有宽容也有偏执，有自觉自知，也有盲目自信，有谦逊，也有傲慢。所以说，土耳其的地理优势给作家带来的并非全是优点和长处。帕慕克似乎如英国18世纪作家哥尔德斯密斯的《世界公民》中一句谚语所说："生下来嘴里就含着银匙子"，高度西化的家庭，与土耳其人接触有限，急于"脱亚入欧"的心态，促使他处处显得优于土耳其人、优于亚洲人。在自传体的《伊斯坦布尔》一书中，他坦白地谈到自己交往不文明的心态：

该书第116和119页说，他在昂贵的私立小学学到的是：①有些人是"白痴"，有些人比白痴更糟；②有人因无教养、懒惰、蛮横而受到惩罚时，自己"便忍不住觉得愉快"。还有，他对家中土耳其女仆，特别是对另一位叫尼姆的虔诚穆斯林女仆，百般羞辱、故意触犯其宗教禁忌。这种对本国人歧视又同情库尔德人和亚美尼亚人在历史上的不幸遭遇的矛盾统一于一身的表现，真是值得分析的奇特心理现象。

奥尔罕·帕慕克和印度的诺贝尔文学奖得主奈保尔两人同为非欧美作家，奈保尔却有"无根人"的苦恼。两人同为非欧美作家，奈保尔也不在意自己的作品是否表现了"世界公民"的胸怀。亚洲东端的日本，倒有一位自称"世界公民"者①。我忖思，这与亚洲西端的土耳其有相似之处：都是有"脱亚入欧"情结的国家。在西方主流文化议题中，日本被列入儒学文化圈之中。但在日本明治维新之后，它的走向是交往中的"向西看"，要"脱亚入欧"，出现了它与中国文化的"形似而神异"的现象。土耳其是伊斯兰国家，土耳其—伊斯兰文化在现代与日本有类似之处。自从凯末尔革命和改革以后，西化加剧，与阿拉伯的伊斯兰国家有明显差异，世俗化成为特征之一。它与欧洲接壤，"向西看"比日本更有得天独厚、得地独宜的优势，土耳其既有东西方文化合璧的人文景观，又有急于加入欧盟、以欧洲人自居的心态。在伊斯坦布尔，有些司机将象征欧盟的"圆环"加在了汽车牌照上。这比日本人的"脱亚入欧"的行动更直接、更快捷。当然，日本的"脱亚入欧"也摆脱不了"日本性"，可能还带一点"儒学性"。但今日从政治上看，

---

① 这就是主张"无国界的世界"之说的大前沿。他说："我的户籍是世界，我是一个世界公民，只是恰巧住在日本罢了。"他的主张是指全球化时代的企业，穿越国界，形成人才、资金、信息高度畅通的经济全球化发展态势。

是"脱亚入美"了。

　　但是，土耳其也有与日本明显不同之处。在土耳其，在衣食住行方面，也存在着与其他伊斯兰国家别无二致的现象。特别是在信仰领域，在精神世界，在价值观上等方面的现象提醒人们，有上千年历史的伊斯兰传统文明留给这个国家的烙印，比起短得多的"欧化"、"西化"进程，要深刻得多。这种"伊斯兰性"和"土耳其民族性"的长期融化的文脉，会深深地表现在政治与社会各方面。居尔总统在电视上出现时，身后是土耳其国旗和欧盟旗帜，而总统夫人出现时却戴着头巾。"脱亚入欧"的内涵，表达了两种文明相互包容的融合程度，有文明交往自觉性的成熟过程。土耳其文学在 20 世纪初期，其中心形象是沉疴初愈、沉睡初醒的"欧洲病夫"和"西亚病夫"的病态心理。过度沉溺此形象，就会导致主体性的放弃。初愈、初醒之人，最重要的是自觉，应有刚强的理性反思，并且与时代的幻想保持距离。帕慕克对"中西结合"的贬义理解，反映了这种心态。他以小说的形式，使我们理解"他者"，但在他的心灵世界中并不理解土耳其的传统。当然，他还年轻（1952 年生），现在的小说还年轻，他需要成熟和自觉。

（五）小结

　　《我的名字叫红》中有一段话："世间的一切都在重复，因此如果没有老死一说，人们就无法察觉到还有时间这种东西存在，而人们总以同样的故事与绘画来描写我们的世界，仿佛时间根本就不存在似的。"这是一段哲思性语言，它意味着人与时间、人与自然、人与社会之间交往。李白在思考时说到"夫天地者，万物之逆旅也；光阴者，百代之过客也"（《春夜宴从弟桃花园序》），正是指人在天地的"空间"和光阴的"时间"中，同万物一代代度过的。李白也用哲思性语言来表达。对照两人的思考中，李白把天地空间比作"逆旅"，把光阴比作"过客"，都表达一切皆变的暂时性；而帕慕克发现了世间一切的"重复"，只有人的"老死"才察觉到时间的流逝。我觉得都是说"变化"的真谛：变化是永恒的？还是不变（常）是永恒的？帕慕克在小说中描写了这种复杂"变"与"不变"。小说的故事在变，甚至在互变，如同社会在互变一样。所有一切的"变"与"不变"都体现在作家的描写活动中。变化之异和不变之常，都受制于时间、空间、人间的"三间"条件，人们只能像孔子在河川望水而叹息："逝者如斯夫，不舍昼夜！"（《论语·子罕》）

七　伊斯坦布尔——古都的荣耀与呼愁

土耳其—伊斯兰文明在世界伊斯兰文明史上占有很重要的地位。历史交往中的奥斯曼—伊斯兰文明是继阿拉伯—伊斯兰文明而出现的辉煌时期。奥斯曼帝国的衰落，进一步显露了伊斯兰文明的衰落。奥斯曼帝国的兴衰荣辱，又与它的古都——伊斯坦布尔紧密地联系在一起。

当代土耳其作家奥尔罕·帕慕克以小说的文学艺术形式，反映了土耳其—伊斯兰文明在交往中的变化。他的《伊斯坦布尔：一座城市的回忆》（何佩桦译，上海人民出版社 2007 年版），回忆了古都文化的历史变迁：

1. 一国古都，三重拥有：伊斯坦布尔拥有帝国史、民族史和文化史。

2. 两千年沧桑，三次变迁：欧亚大陆交界的伊斯坦布尔，不仅有三变：拜占庭、君士坦丁堡、伊斯坦布尔，而且历经波斯、马其顿、拜占庭、奥斯曼四帝国，文化遗址到处可见。

3. 文学家帕慕克生于斯、长于斯。如阿摩斯·奥兹里所说："只有当我们读到这个国家的文学时，才算真正进入了这个国家，才能了解这个国家的欢乐、悲伤和梦想。"我们从他对古都的描写中，也可以看到土耳其一个方面。

4. 帕慕克笔下的古都风貌："我所理解的伊城之魂从来都是黑白两色的。"这是何种心态？辉煌的往昔和衰颓现实对比下的独特情感，其心灵深处的失落—忧伤！黑白两色象征着前想古人、今思来者的苍凉！很容易使人想起中国那首凄美的古诗："前不见古人，后不见来者；念天地之悠悠，独怆然而涕下！"（唐·陈子昂：《登幽州台歌》）

5. 忧伤，这个土耳其语用汉语的音译，被彭程对应为"呼愁"。他解释这种"呼愁"，"不是某个孤独之人的忧伤，而是数百万人的阴暗情绪"（《中华读书报》，2009 年 10 月 28 日）。帕慕克的"呼愁"所反映的是生活在这座城市的人们一种集体的"情语"。用帕慕克的话来说："伊斯坦布尔的'呼愁'，不仅是音乐和诗歌唤起的情绪，也是一种看待我们共同生命的方式；不仅是一种精神境界，也是一种思想状态，最后既肯定又否定人生。"多么矛盾统一体式的语言！

6. 土耳其人中一些"呼愁"式地看待衰落的古都，反映了当代面临的无力再现的昔日奥斯曼帝国时代的辉煌。这是国民中精神压抑的深切挫败感。这种病态文化，正是"呼愁"的真正根源。奥斯曼帝国瓦解后，土耳其一度振兴，但为时不长，失去抱负的土耳其人觉得自己不行了。"脱亚入欧"路漫漫，"西亚病夫"又回到了"欧洲病夫"的卧床上。在土耳其，诗歌、音乐中反映了"要矜持，不要冒险，不要赚钱"的人生观。帕慕克用小说的形式，把这种"心中有、笔下无"的"呼愁"情绪，艺术地表现出来，从而彰显其本质的精神属性。这是文学发现的创造，经过文学形式，引申了人们的反思。的确，他用文学的质材在纸页上再造了一个古老的帝国古都。

7. 帕慕克少年时想当画家，后来在伊斯坦布尔科技大学建筑专业学习。在《伊斯坦布尔：一座城市的回忆》中，他画的是一幅木刻画，干净而优美的铅笔素描，质朴而深刻。其特点是：①空间建筑架构的深远透视；②牵引伊斯坦布尔两千多年来的文明，是历史的起重机；③塑造个人心灵轮廓的是入木三分的雕刻手法；④展现古城氤氲弥漫哀伤的是无韵行吟诗意境；⑤最值得注意的是，小说从土耳其民族心灵深处透视丧失归属感，这种惘然的无归属感，是地处东西方文明十字路口人们在交往互动中的矛盾社会心态。

8. 看看"没落贵族"的斑斑伤痕："我们看到这座黑白的城市，是透过失色的历史看到的伊城；是那些陈旧的、凋残的、不再有外人垂顾的事物的古旧色泽。即使最雄伟的奥斯曼建筑，也蕴藉着一种恭谦的质朴，隐透着末世王朝的阴郁、透着不得不臣服于欧洲人轻蔑目光和积重难返的贫穷沉痛。"历史在这里失去了往日的绚丽色彩，真是一个"废都"！

9. 帕慕克的《失落的传统》和上述《伊斯坦布尔：一座城市的回忆》，都悲叹昔日的光荣传统不会再现。这个昔日辉煌、如今寂寞而带有忧郁、优雅神情的文明古都，这个古都所代表的奥斯曼—伊斯兰文明，难道没有复兴迹象、没有再塑辉煌的希望吗？难道真的成了"废都"的文明弃儿吗？何况中国长安的"废都"作者已唱起新"秦腔"，回忆的伊城，真会使这个古文明永远"失落"吗？文明交往的自觉在土耳其走上"世俗"之后，在现代化进程是伊斯兰文明的"新模式"将如何发展？

10. 土耳其现代化道路上荆棘丛生、宗教与世俗之间、各民族之间，历史上遗留下来而成为当今政治问题的矛盾，都交互作用。文学上反映这些矛盾的，还有2007年出版的《伊斯坦布尔杂种》。此本小说是艾丽芙·沙法克(Elif Shafak)用英语写成。作者是土耳其敢于直言、才华横溢的女作家。"杂种"即英语的 bastark（私生子），书名是：*The bastard of Istanbul*。中心是反映土耳其历史和政治中的敏感问题——亚美尼亚大屠杀问题。这是艾丽芙·沙法克和奥尔罕·帕慕克共同面临的险题。据安纳托利亚通讯社

2008 年 3 月 21 日报道，民族主义的土耳其工人党领导人多古·佩林塞克、著名老记者伊尔罕·塞尔库克和伊斯坦布尔大学前校长凯末尔·阿莱德洛格鲁谋刺帕慕克，而被土耳其军方逮捕。此前已有 13 人因密谋行刺、意欲挑起社会动乱而被捕，其中包括一位将军和一位退役上校。行刺的对象还有土耳其名记者和库尔德族政治领导者。另有英国传来的消息，艾丽芙·沙法克也因"侮辱土耳其国格"罪而被起诉。2006 年 9 月，土耳其法庭以控方证据不足为由，宣布沙法克无罪。沙法克女士于开庭前五天，产下一女婴。她虽在整个怀孕期受此重案之压，苦不堪言，不过幸免牢狱之灾。荣耀与"呼愁"，都与伊斯坦布尔古都相关，土耳其今昔，路向何方？

八　土耳其的第十一届总统居尔

阿卜杜拉·居尔是集西方与东方、世俗与宗教、现代与保守于一国的土耳其的新总统，他 1971 年毕业于伊斯坦布尔大学，曾留学英国。1980 年起在土耳其的萨卡娅大学教经济学十一年，后又在沙特阿拉伯的伊斯兰发展银行工作七年，直到 2001 年 50 岁才投身于政治。2007 年 8 月 28 日，历经四个月的激烈政治斗争，以副总理兼外长的职务作为总统候选人在大国民议会举行的第三轮投票中当选。

这位土耳其世俗共和国史上首任穆斯林总统入主总统府的历程是：首次选举失败→退选→参选→二次选举一轮失败→二轮失败→三轮获胜。如此曲折艰难，可注意之点有：①一波三折反映伊斯兰与世俗政权的变化；②政局的变化，反映了正义发展党所代表的低收入阶层关注政治参与，他们占土耳其人口大部分；③民主宪政的成熟；④居尔、埃尔多安 2003 年以来的政绩（经济以年均 7％的速度增长、2005 年欧盟启动土耳其入盟谈判）；⑤居尔本人作用（有能力，不主张伊斯兰干政，如考虑提名一个其妻子不戴头巾的人做总统候选人，民意调查显示，如由人民而非议会选总统，他早当选了，欧盟领导人也欢迎）。

我观察居尔上台为土耳其总统，仍持《中东国家通史·土耳其卷》"编后记"观点，即全球化下传统与现代张力俱增情势下，中东民族独立国家内部两种对立的文明交往的趋势仍是"世俗国家，信教民族"这种有特色的政治社会生态。

居尔在 20 世纪 90 年代参加繁荣党（伊斯兰宗教色彩浓厚、带有原教旨主义倾向），埃尔多安也曾因反世俗罪坐牢。2001 年创立了正义与发展党，其伊斯兰背景为反对党和军方所怀疑。土耳其共和国宪法规定土耳其实行世俗政体，军方是坚强的保卫者。1960、1971、1980 年三次军方干政，1997年迫使埃尔巴坎政府辞职，以及此次武装参谋长比于克阿纳特警告："一些敌对势力试图有计划腐蚀世俗政体制，土耳其军队将不忘记国父凯末尔的教诲：创建共和国的人，也要维护它。"居尔在就职典礼上也回应说，他誓言会捍卫宪法以及国父凯末尔所奠定的世俗制度，"我会拥抱每一位公民，不会有任何歧视，也会小心地保持公正无私。"

此次议会，政府（总理）、总统这些权力中心为正义与发展党控制，并不意味着伊斯兰势力会改变现代民族独立国家的世俗政体，但确实反映了由传统精英阶层统治和垄断财富的态势开始向土耳其中低收入阶层变化。政局上也在变化。2008 年 2 月，该党推动议会取消宪法中"关于在大学内不得佩戴伊斯兰头巾禁令"，使得国内矛盾激化。3 月 14 日，土耳其上诉法院共和国最高法院向宪法法院提出诉讼，以违反"世俗原则"为理由而"取缔正义发与发展党"。但是，"世俗国家，信教民族"的整个政治社会生态不会改变。利益仍是当权者权衡于宗教之上的核心因素，一切或明或暗受此影响而动。

九　德裔土耳其人为何增加

（一）德国以前种族主义情绪极强。土耳其人在德国做外劳服务二十年，甚至一生，他的孩子还不是德国人。21 世纪初，德国受到各方面压力，也是它的自觉，改变了宪法。只要在德国服务一定年限即可成为德国人。2004年，有 10％的德国人是土耳其后裔。

（二）欧洲在当代政治中的走向是："从民族国家到超国家联盟"的地区化道路。欧盟的理论家根据康德关于"自由、平等、自治基础上同质共和国之间永久和平"的理论，把认同/身份政治（Identity Politics）及其关联的"认同"还是"差异"的论争，视为核心问题。这里，他们遇到了土耳其加入欧盟的麻烦问题。随之而来的便遇到了来自伊斯兰世界移民的逐渐增多，从而也稀释了以德、法等欧盟龙头国家内部核心凝聚力的问题。问题就是这样的：将一种"同质"共同体边界不断扩大，则势必遭到"异质"力量的侵扰，因而造成严重的不稳定因素。欧洲在文明交往中早已没有"世界帝国"

的念头，只有以欧洲文明标准衡量"同"和"异"。这种交往的政治哲学与美国的"世界（全球）帝国"的"一"和"多"政治哲学不同。亨廷顿的"文明冲突论"、福山的"历史终结论"，还有哈特和奈格里的"全球化政治秩序的帝国论"，都是以国家主权为理论基石的"世界（全球）帝国论"。欧洲热衷于"同"与"异"，美国强调"一"与"多"，亚非民族独立国家则应用"变"的革新与"常"的自主来应对。

（三）但是，随着欧盟的进展，土耳其移民不断增加的势头中，也暴露出一些新的社会问题。这就是土耳其移民的伊斯兰教信仰的融合问题，而且存在着生活状况的恶化现实。但是，直至20世纪80年代，尚有土耳其劳工处于悲惨的被奴役状态。德国作家冈特·瓦尔拉夫写了《最底层》一书，就是反映德国有大量土耳其劳工，他们干最脏最累的工作，毫无社会保障，人格受到歧视，但这些丑恶状况却长期遮蔽在德国公众视野之外。作家瓦尔拉夫决心将此现状公之于世，便侨装成土耳其劳工，深入其中生活三载之久，写成《最底层》一书。出版后，立即引起轰动。仅德国40天内就卖出350万册之多。瓦尔拉夫在土耳其20世纪80年代所走的每一步，夏衍早在1929—1935年间在中国都走过了。夏衍所写的《包身工》无愧为20世纪东方"底层文学"的鼻祖。

十　土耳其的现代性

现代性降临于土耳其，其情况与中国不同之处，在于从奥斯曼帝国时期就在寻求伊斯兰性与现代性之间协调的时代背景。中国的清王朝则是彻底隔断古代历史、语言与现代性的联系，采取闭关锁国政策。二者属于不同类型。

奥斯曼帝国从19世纪开始在西方步步紧逼之下，逐渐衰败，作为一个横跨欧亚非的大帝国，现代化具有某种"被强迫"的性质。如果不是西方强硬地打上门来，它至少不会那么主动地要让自己"现代"起来。它的现代化过程中，时间之长、挫折和失败之多，甚于晚清。但它有一个显著特点，现代性与传统之间的矛盾没有在大失败、大挫折之后，像中国那样在思想文化界引起大起大落。伊斯兰性遇到了西方现代性中的启蒙主义、科学、人道主义、自由主义思潮，没有随之发生激烈回响。土耳其改革的先驱者学习西方，但从来没有唯西方的马首是瞻，相反却是寻求西方现代性与伊斯兰性传统中解释出与西方制度的联结点。这种探求之路历经艰难,但却致力于国家现代化中不是以抛弃伊斯兰信仰为代价,而是努力于这一古老信仰获得新生。

土耳其现代化历史比中国早得多。长期的曲折进程增强了文明交往的自觉性。19世纪后期土耳其改革先驱者纳米尔·凯末尔,就是从《古兰经》及其宗教法《谢里阿特》中找出术语"巴亚"(baya,意为公众或公民)来接通传统与现代人民主权的联系。这是路易斯在《现代土耳其的兴起》中发现的。

晚清中国中西思想之间的交往,主流不是融通,而是抵抗、自我标榜,如将传统性思想划定为"体"的范畴,而将西方思想划为"用"的范畴。大失败震动深远,引发的五四运动开始的"现代性"表现:彻底否定传统、怨恨历史、憎恶典籍、打倒"孔家店",用清算作为开辟现代道路。用此种批判、指责甚至控诉,来提升变革现实的勇气和热情。其积极意义为:划分话语的新旧阵营。此种交往的结果是最大限度地输入外来文明,从而挽狂澜于既倒。但此种扩展现代性方式有两大严重后遗症:①历史虚无主义——伤害了民族自我的希望家园;②过度膨胀的"大我主义"——从怨恨中爆发出的巨大变革能量促使"大我"主观的无所不能、无所不在的狂热,唯意志论、唯我论流行,与此有关。

张奚若批评的"好大喜功、急功近利、藐视过去、迷信将来"可谓一针见血。"大跃进"、"文化大革命"可作"大折腾"的历史验证。教训深刻啊!

十一　土耳其人的奥斯曼帝国

我在《松榆斋百记》中的第八十记《土耳其人的奥斯曼帝国》,谈到了土耳其人推动了"历史上文明交往车轮的又一次转动"(第180页)。现在读到汤因比《历史研究》称奥斯曼文明为"停滞的文明"(上海人民出版社1966年版,第223页),有感于补论的必要。补充加再论,围绕文明交往问题,概述其要点如后。

(一)土耳其并不"土",相反是开放宽容地吸取各种文明。土耳其人所创立的奥斯曼文明,植根于伊斯兰文明,而奥斯曼—伊斯兰文明对伊斯兰教也不是只奉一个宗派。土耳其人对帝国范围内的基督教文明并不总是持排斥、敌对态度。他们也以择善吸收、借用的大度,对待蒙古人所承袭的东亚佛教文明和儒学文明。奥斯曼文明是阿拉伯帝国之后伊斯兰文明的中心。它以奥斯曼建国（1288）到凯末尔革命成功（1922）共 634 年，从奥尔汗即位（1326）到 1922 年，也有 598 年之久。而阿拉伯帝国从伍麦叶首任哈里发（661）到后伍麦叶穆罕默德二世（1025）冉到阿拔斯王朝 1258 年被蒙古人所灭亡，共 597 年。总之都是近 600 年之久。这就用历史事实否定了有的学者关于游牧民族建立起的帝国的寿命不会超过三代或者 120 年的结论。

（二）土耳其人建构的奥斯曼—伊斯兰文明体系的主要特征是封建军事制度文明，包括国家体制、社会结构、税收（军事采邑制）等军功制。伊斯兰教的作用由早期奥斯曼不称帝国，而称"真主保护的国土"（美玛利基马鲁萨）可见一斑。苏莱曼大帝（1520—1566）《法典》中所见的军事采邑制：①封地的赋税年收入为 0.3 万—2 万阿斯波者称蒂马尔（Timar），其领有者称蒂马利奥（Timariot），需向素丹提供 2—4 个骑兵或 4 个海军水手服兵役；②封地的年赋税为 2 万—10 万阿斯波者称齐亚美特（Ziamet），其领有者称扎伊姆（Zaim），需向素丹提供 4—20 名骑兵服兵役；③封地有 10 万阿斯波收入者称哈斯（Has），只与职务挂钩，不赏赐个人，用作县以上收入。领地上的农民（Raia，素丹臣民）对领主只定期缴纳实物税，无人身隶行关系。蒂马尔制度为历代素丹提供 3 万—13 万骑兵，形成不花国库、随时应征的军队。

（三）奥斯曼军事制度文明，还有近卫军团（Janisearies）的常备军，由素丹的奴隶组成，从小严格训练改宗伊斯兰教的巴尔干、希腊、匈牙利等地基督教家庭的"童奴"，学成后分级进入军事部门，成为近卫军团，1660年最多达 54222 人，纪律严明，操纵政权，能征善战，成为"<u>中世纪的唯一的一个真正的军事强国</u>"（马克思：《历史学笔记》第 2 册，红旗出版社 1992 年版，第 114 页）的支柱。这个支柱的基础是"戴夫沙梅"（Devshirme）制［从穆斯林哈里发 9 世纪的"古兰姆"（奴隶）制仿效，又从鲁姆、塞尔柱人那里直接学来］，是一种对被征服民族的强制同化制，这是一种以虐待异族为乐的"牧羊狗群团"，无家室之累，以效忠素丹，并以高举新月旗打倒十字架的狂徒。奥斯曼帝国强大稳定的原因之一，就在于"戴夫沙梅"制把帝国中有才能的、基督教家庭出身的少年（8—18 岁）吸收到近卫军团体系之中。素丹靠此体系保持特权集团的稳定，操纵运转国家机器。此种素丹专制政权基础有双重性质。

近卫军制度是奥斯曼文明在政治上高度集权的表现，军权膨胀必然增长政治上的专横，进而威胁到素丹政权的稳定。17 世纪中叶开始，近卫军团扩大到所有自由身份的穆斯林,人数扩大,纪律、效率削弱。过于机械、严格的制度开始脱节,成为帝国累赘。从 18 世纪以后,以军事文明制度为特征的奥斯曼帝国,被迫模仿敌人的军事制度。

军事采邑(土地)制的瓦解,深刻动摇了奥斯曼帝国。采邑大小与军事义务成正比。采邑的赋税收入比之战利品的收入,在采邑主收入中只占较小比例。战败则战利品少,军费耗费却不断扩大,采邑主收入转而依靠采邑赋税,于是采邑主努力扩大采邑。越来越多的西帕希成为封建土地占有者,以摆脱服役义务。蒂马利奥和扎伊姆则失去采邑。17 世纪末西帕希出征者仅有 2 万人。帝国只有扩大近卫军维持出征力量,这就使自由民败坏纪律和国库开支入不抵出。

十二　土耳其的"脱亚入欧梦"

土耳其是个特殊的穆斯林国家。在 50 多个穆斯林国家中,土耳其有三大特征:①唯一加入北约的国家;②正与欧盟谈判入盟问题;③与以色列保持正常关系。除了它在北约地位未变和与以色列关系在变之外,令人看到的是它的"脱亚入欧梦"。

(一)土耳其的"脱亚入欧梦"是东西方文明交往之梦想。这是历史、地缘和人缘、教缘交织之使然。奥斯曼—伊斯兰文明时代,就是欧亚文明交往时代。史称"欧洲病夫"是奥斯曼帝国暮年老态的形容词,即把土耳其算作欧洲与亚洲的综合大帝国。凯末尔的土耳其共和国,是以政教分离的面貌出现在世界,凯末尔主义的特点也是欧、亚洲民族性结合世俗政治文化为主体的西化改革。以"脱亚入欧"为基本国策,这比同欧洲最早结缘的奥斯曼帝国时代大大进了一步。奥斯曼帝国赋予地缘扩张的土耳其以"欧洲情结"。按《全球通史》的说法,奥斯曼帝国"是一个日益增长的火焰,不管遇到什么,都紧紧抓住,并进一步燃烧下去"。它灭拜占庭帝国,在东欧与俄国、波兰、瑞典争夺东欧大草原,在东南欧与神圣罗马帝国的奥地利争夺匈牙利,在地中海与威尼斯争夺海上优势,等等。这都是历史上欧洲地缘情结的回归。凯末尔这种历史回归的欧洲情结,从建国之初就是他对外交往的基本理念。当时,他向外派驻的 26 个外交机构中,19 个在欧洲国家。他说:"尽管欧洲人对土耳其有偏见。……但是,土耳其人总是始终不渝地向往着欧洲……为了政治文明国家,我们别无选择。"(William Hale, *Turkish*

Foreign Policy 1774－2000，London，p. 38）地缘上土耳其处于欧亚大陆之间，西方文化与伊斯兰文化互为激荡，成为土耳其民族国家交往的最显著特征。

（二）1999 年年底，土耳其总统德米雷尔在施政报告中说，21 世纪土耳其的目标是："跻身世界发达国家十强之列，土耳其必须加入欧盟。"经过了1987 年土耳其正式提出入盟申请之后，1999 年，欧盟才将它列为入盟候选国。德米雷尔的上述言论，反映了土耳其人长期徘徊于欧盟大门之外的复杂社会心态。不少有文化的土耳其人都以欧洲人自居，对入盟问题曾自傲地说，土耳其是欧洲国家，入盟与否都不会改变这个事实。大多数土耳其人的入欧梦来自现实的需要：①入盟可进入欧元区；②土耳其经济由此而得到大发展（农产品、纺织品、皮制品将更大规模地进入欧洲市场）。欧化气象笼罩着伊斯坦布尔，欧式住宅楼群面向大海；伊斯坦布尔和伊斯密尔的主干道和商业街的装饰风格也很欧化，饭店招牌上同时标着欧元和土耳其里拉的价格。土耳其汽车牌照规格和样式也与欧盟国家相似，不同之处是没有欧盟旗帜中由金星组成的圆杯图案。

（三）"脱亚入欧梦"在许多方面，是土耳其的一相情愿。很多欧盟成员国认为，土耳其还是地处小亚细亚半岛的亚洲国家，欧盟的部分成员元首，特别是法国总统萨科齐认为可吸纳土耳其为"特殊伙伴"而非正式会员。从表面上看，土耳其申请入盟一波三折。特别是从 2005 年 10 月正式启动土耳其入盟谈判之后一年，欧盟又以土耳其未能如期向塞浦路斯开放港口和机场为由，而冻结了入盟谈判全部 35 个领域中的 8 个，使土耳其在 2015 年成为欧盟正式成员国之梦，变得遥遥无期。实际上，从文明交往角度审视，土耳其入盟不是一般国家加入一个国家联盟那样的利害关系问题，而是标志着两个不同文明在交往中是否可以相互包容和彼此融合的问题。土耳其不断努力用城市化和世俗化政治更贴近欧洲国家，然而土耳其在宗教与民族特点方面，却与其他伊斯兰国家根深蒂固。历史提醒人们：具有上千年兴衰荣辱的伊斯兰文明的深远文脉，比几十年"欧化"进程要深刻得多。

（四）宗教阴霾冲击着欧洲人，使之与近代落后的奥斯曼帝国形象（"欧洲病夫"）成为鲜明对比。欧盟对伊斯兰文明的防范，是这个"基督教俱乐部与伊斯兰为社会基础的土耳其之间，缺乏认同的根源"。欧洲文明来源于欧洲特殊的宗教和世俗基础、历史传统与国际关系，以及宗教价值观系统带来的强烈政治归属性。基督教与伊斯兰教在长期交往中，互相视为异端。法国前总统德斯坦在任欧盟制宪委员会主席时就说过：不同文化、生活方式的土耳其入盟,"将是欧盟的终结。"(《外交事务》,2003 年第 5 期)欧盟是一个基于西方价值观的政治共同体。欧盟的边界具有共同价值观、文化和历史的界限。土耳其入盟,将要打破这个边界,这里,需要人类文明交往的智慧。

(五)亨廷顿认为,土耳其是"分裂国家"的典型案例(见 *The Clash of Civilizations*, Foreign Affaris, March, 1993, p. 49)。这个"分裂国家"的特征是:不是在形态上,而是指一个国家的政治领导者希望采取依托战略,使本国成为西方社会一员,但由于历史、文化以及政治传统的非西方性,导致该国与西方在人权、移民、贸易,甚至环境政策上的差异甚至冲突。亨廷顿道出了土耳其的"依托战略",背靠欧洲大树好乘凉的脱亚入欧的梦源。事实上,在军事上也是同样战略。土耳其是北约成员国,它的军队有 50 余万人,炮兵、海军都较强,但同时却有 25 个美国军事基地。土耳其的面积、军队规模,比欧盟的核心国法国、德国都大。伊斯兰文明正处于复兴之中,土耳其的人口也快速增长,民族性的加强,文化传统和宗教属性日浓,都与欧盟的经济、政治的"双一体化"相矛盾。

(六)土耳其—伊斯兰文明根深蒂固,土耳其脱亚入欧的梦也正酣方浓。这是在入盟标准上的悖论。自 2005 年以来,土耳其因种种冷遇而对欧盟的信任感也有削弱的迹象。土耳其批评欧盟国家在入盟问题上的双重标准,以人口、地理、文化、宗教方面差异而将土耳其拒之门外。在土耳其,大大小小的清真寺,极富伊斯兰特色的甜点,戴着小白帽的老人,裹着头巾的妇女,一派伊斯兰国家的景象。老百姓关心物价上涨和货币贬值,比入盟更感兴趣。欧盟却关注保障非穆斯林的宗教权益、减少军队干政、保护言论自由和打击腐败问题。何况持"深度一体化"的法、德国家和持"松散自由贸易区"的英国与北欧国家之间,立场大不相同。土耳其的"欧洲化"和"民主化"符合欧盟地缘政治和安全利益,但受目前"吸纳能力限制",不少成员国都认为,欧盟在短期内难以消化土耳其的影响。一个有象征意义的电视镜头是:当土耳其新任总统居尔身后飘扬着土耳其国旗和欧盟旗帜的同时,却出现了居尔夫人戴头巾的画面。在土耳其城市土耳其、欧洲合璧的人文景观背景下,要圆"脱亚入欧"之梦,不仅是土耳其人的事,也是欧洲人要思考的问题。这是一个文明交往的自觉问题,也只能在今后文明交往中加以逐步解决的问题。

(七)2009 年 5 月 4 日晚 9 时,在土耳其东南部马尔丁首府马泽达厄县附近的比尔盖村,前村长切莱比为女儿举行婚礼。五六个蒙面人突然出现,用自动步枪向参加婚礼的人群扫射，致使 44 人死亡，6 人受伤。死者中一半是妇女和儿童，其中有 21 人同属一个家族。新娘、新郎和前村长都在袭击中丧生。土耳其内政部长说："事件是因家族矛盾和仇恨所致，被捕嫌犯为同一村庄，其中多数为同一家族。"路透社 5 日称，这一流血事件是"欧盟候选成员国——土耳其历史上最惨烈的涉及平民的袭击之一。"美国《纽约时报》网站 5 则用"可怕的屠杀"形容这一事件。该网站报道说，在土耳其东南部常常发生此类事件，一般是一家人的亲戚先被另一家谋杀，然后被谋杀的亲戚会杀死谋杀者家族一名男性为血亲复仇。法新社 5 日也报道：在这里，守旧传统依然盛行，文盲率很高，政府应付库尔德工人党已经疲于奔命，因而支持当地持枪的"村庄保卫队"，这里很多人把枪视为保卫自己尊严的合法工具。这一事件是土耳其社会矛盾的一个反映。土耳其是一个矛盾体，也被称为"集东方和西方、宗教和世俗、现代和保守的两极国家"，城乡差别大，落后地区的村以下社区基本靠传统势力、宗教习俗和家族治理，民间枪支多。这虽是一个个案，但对土耳其政府为之奋斗多年的"脱亚入欧"的外交目标，也有负面影响。

十三　土耳其饮食文化及其他

（一）旅行者们时常听到的话中，有关土耳其的饮食文化方面，总有这样一句：世界上最讲究吃的第一是中国，第二是法国，第三是土耳其。地处欧亚大陆交界处的土耳其，东西文明交往频繁，使得土耳其人思想开放，饮食文化像整个文明一样的丰富多彩。

（二）土耳其烤肉世界闻名。无论是美国的曼哈顿街头，还是英国的牛津街，甚至北欧小镇，连我住的北京松榆斋对面的超市里，也有现做的土耳其烤肉的小店。在土耳其本土的任何一个城市，都有烤肉店。这可能与土耳其早期的游牧文明有关，相比于蔬菜、水果而言，大块鸡肉和牛羊肉，才是土耳其饮食文化的主流。

（三）在国际旅游地理组织曾经评出一个人一生一定要去的 50 个城市中，伊斯坦布尔竟然高居第二。人们称该城为"奇幻城"。这里发生过太多的动人故事和历史事件，给该城打上了不平凡的烙印，甚至路旁边一个不起眼的小门，都可能记录着令人叹息的过去。伊斯坦布尔大巴札、香料等集市、阿拉伯风情街道，都给人领略土耳其饮食文化创造了广阔的天地。土耳其的菠菜味馅饼，特别是博斯普鲁斯海峡边上的烤鱼三明治，使人们从中品味出伊斯坦布尔古城的文化醇香。土耳其人爱品茶，爱吃用奶酪作夹心的甜食，这略略苦涩的红茶和各种甜品相配佐，使人可以领略土耳其—伊斯兰文明的独特传统风味。

（四）伊斯坦布尔历史区是列入《世界遗产名录》的文化、自然遗产的九项古迹之一。其他为：迪夫里伊大清真寺和医院、哈图沙什、内姆鲁特山、桑索斯和莱顿遗址、萨夫兰博卢城、特洛伊古城，以及自然遗产格雷梅国家公园和卡帕多西亚石窟建筑、赫拉波利斯—帕穆卡莱。后者为公元2世纪古罗马古城，是贝加蒙王国国王为取悦妻子而用此名。2—3世纪达到全盛，有9万平方公里，其中大剧院可容纳8万人，只是毁于一场大地震之中。修复后的圣城，令外国游人游览其中，如同土耳其人品味饮食文化一样，净化心灵，面对21世纪的人类文明交往的前景。

十四 埃及古文明的影响

埃及是人类最古老的文明之一，它代表着目前残存的宝贵的古文明。

埃及古文明随着古埃及国家的灭亡而失去依附的主体，在文明交往的链条上发生了断裂，没有直接延续下来。文字的丧失，是古埃及文明断裂的另一关键。当然，这并不是说它没有延续。它的延续形式采取了自身的文明辉煌成果在与其他文明交往中传播，而不是自身的直接传承。这种传播的外在交往，主要是以"影响"这个渠道，汇入了一个变化的文明大世界之中。

埃及古文明在文字、文学、天文、建筑、数学、绘画、雕刻、宗教哲学等方面都深深地影响着西方文明。这些都为许多研究成果所证明。埃及宗教哲学是不是以希腊文明为源头的西方文明之根，无论研究者认可与否，但对希腊文明的影响都是肯定的。可见，文明交往互动长河中的重要渠道——"影响"在埃及古文明与希腊文明之间的交往中的重要作用。

埃及古文明在失去国家这个依附主体之后，经历了利比亚人、努比亚人、波斯人、希腊人、罗马人的迁徙，断断续续地影响着历史社会进程。波斯的世界帝国的政治文明理念，使之对外来文化采取客观、务实的态度，把埃及古文明精神遗产融入新的文明。在波斯帝国时期，埃及维持着自己的制度文明。大流士对埃及宗教势力的政策，有助于传统文化的延续。他完成了尼科二世时期开始的运河工程，成为连接埃及与波斯的水运通道。

　　埃及古文明的根基是宗教哲学，而宗教体系的基础则为神话。埃及古文明和西方文明在这一点上有相通之处。郭丹彤在《史学理论研究》2007年第1期撰文指出，古埃及宗教和基督教其可比性为：①二者均被划分为秩序的创造、英雄的出现和完美秩序的回归三个部分或阶段；②二者在秩序创造阶段的内涵一致；③二者在秩序创造阶段有相似的英雄出现；④二者在完美秩序回归阶段的终极理想上有同一特征；⑤二者基本寓意相同。其神话可比之处如此之多，从中可以看出埃及神话对基督教神话的影响有多么深厚。然而，这种影响的明确评估因资料缺乏而无法确认。不过宗教学告诉我们：每一个宗教体系都是通过神话体系揭示人类对自己最终归宿的探求和关注。

　　亚历山大的后继者到罗马人对埃及的统治，使"希腊化"成为文明交往的潮流，它继亚历山大东征（前332年）到罗马人统治前的交流流程，把埃及古文明汇入地中海文明世界海洋之中。公元7世纪，伊斯兰教兴起，阿拉伯人入侵埃及，埃及文明之河，与西亚文明再度（此前古文明之间已在交流）汇合而入伊斯兰文明海洋。古埃及文明断层在托勒密王朝和罗马帝国时期，埃及本土文明流失殆尽。存在三千四百年（前3000年—公元4世纪）的古埃及文字被"希腊化"的希腊文影响的科普特语所代替。公元3世纪以后，基督教进一步扩大，古埃及文字被人遗忘。文字失则文明失，文字被考古辨识后，埃及已纳入阿拉伯—伊斯兰文明圈，而使之拉大与欧洲的距离。不过，西方文明后来越来越强劲地影响埃及，这就是现代化和全球化时期，埃及古文化只能作为学者研究和博物旅游而存在了。

　　传统文明对今天时代意味着什么？处于古老文明传统国度里的人，如何具有世界眼光，如何从历史连续性中过渡到现代文明，是不得不、不能不面对的处境和思考。

十五　埃及杂记

　　如果说，海湾给人的印象是神奇和有趣，而埃及给人的印象是神秘和深邃。浓郁的地中海风情，文化的兼容并蓄，经济上的活跃，以及伊斯兰教信仰带给埃及的虔诚和好客，以至于一位哲人有这样的话："埃及人在整体上是谦逊的和虔诚的，并有点调皮和淘气。"埃及的男人大多豁达刚毅，而女性多有伊斯兰面纱，显得内敛沉稳，也更加神秘。现在我的笔，走进了埃及的当今政治和历史。

　　(一) 2007 年 10 月 30 日埃及与中国达成协议，在该国东部毗邻苏伊士运河地区，建立最大的工业园（占地 5 平方公里），今后十年分段完成，经营纺织、成衣、天然气、石油管道、电子产品、汽车、汽车配件。埃及贸易和工业部长拉希德说，投资、融资、开发建设和经营管理者为中国天津的泰达公司。施工造价 1 亿美元，预计吸引来自中国的投资 25 亿美元，互惠双赢（埃及人就业、学技术、增加埃及出口产品附加值及优越的亚非欧交界处为中国产品起支撑作用）。

　　(二) 2007 年前 9 个月，埃中贸易额超过 30 亿美元，同比增加 50％。年底有望由去年 31 亿美元突破 40 亿美元。未来六年，中国将取代美国成为埃及最大的单国贸易伙伴。

　　(三) 两个数字：①大开罗聚集埃及近四分之一人口，有数百万辆汽车；②埃及国土面积约 95％是沙漠。

　　(四) 埃及考古重大发现，女法老哈特谢普苏特（公元前 1503—前 1482 年在位）的木乃伊之谜被解开。详见埃及文化部长法鲁克·胡斯尼和最高文物委员会秘书长扎希·哈瓦斯 2007 年 6 月 27 日的新闻发布。据称：1903 年出土的木乃伊有两具身份不明的老年女性木乃伊，埃及考古学家与国际考古人员合作，对原被视为女法老奶妈的木乃伊进行 DNA 鉴定，认为她才是真正的哈特谢普苏特女王的木乃伊。在埃及有一句流行话：不到卢克索，算不得真正到过埃及。宏伟的哈特谢普苏特神庙就是历史名城卢克索的有名古迹旅游景点之一。据说，卢克索的文物占全国三分之一。

　　(五) 埃及古代的文明交往遗留：①金字塔（90 座或 110 座）的法老文化；②卢克索（底比斯古城）的神庙和地下陵墓；③亚历山大的地下古墓群，距今一千八百年罗马墓葬，埃及化的罗马历史或被罗马化了埃及历史。亚历山大与开罗一样，经历古埃及、希腊、罗马、基督教、阿拉伯、奥斯曼多个时期，有相似历史基调，也有地中海地域特征。亚历山大贯通古代现代埃及，多元文化并蓄；④埃及人谦卑（对生命的悲观意识、虔诚）来源于悲观的历史观和伊斯兰教的安拉高于一切的信仰；⑤多元人种：黑色、白色、棕色、黄色、杂色遍及广阔国土。

十六　埃及的威权政治

　　中东政治文化是"缺席群"（莱奥纳尔·宾德）吗？是"例外论"吗？

是"前景暗淡"（亨廷顿）吗？20世纪90年代，英、法、美及伊斯兰学者都对此进行了研究。威权政治成为主要课题之一。

最早研究新兴国家威权政治的是阿根廷学者奥唐奈尔，但他只研究拉丁美洲威权政治演进，未论及中东国家。

后来，海内外诸多学者将此和威权论扩大到东亚与东南亚，仍未涉及中东国家。

王林聪是将此论扩大到中东政治中成书的第一位中国学者。他把中东国家威权主义国家分为：①沙特阿拉伯式的传统威权主义；②埃及式的现代威权主义，凯末尔的土耳其、萨达姆的伊拉克、叙利亚等，也归于此类型；③约旦式的混合型威权主义，科威特、巴林、卡塔尔、阿联酋、伊朗等均属此类型。

关于埃及，他在《中东国家民主化问题研究》一书（中国社会科学出版社2007年版）中，认为它是中东现代民族独立运动和民族国家建设的现代威权主义典型。其特点是：①合法性靠民族主义和"克里斯马"人物的超凡魅力、独特禀赋与个人业绩，而不是传统的神圣性、规则与规范；②强烈的现代化赶超取向，经济现代化为主；③世俗化的政教分离，宪法和代议制法理倾向的强人政治集团政治系统运作，世俗性政权加上对伊斯兰传统、特别是对社会成员文化心理的利用。

王著中论民族主义时，注意到我的民族独立国家体系问题，也关注民族国家建设问题。他认为："如果说中东地区民族主义催生了民族独立国家的形成，那么，民族运动推动着现代威权主义的出现。"（第275页）另一方面，王著也看到中东的现代化是"借助于国家力量自上而下启动"，"需要一个强有力的核心——威权政治的有效统治"（第278页）。这中间强人政治往往表现为"军人政权"对政权的控制，加强国家权力。

我的学生王泰的博士学位论文《当代埃及的威权主义与政治民主化研究》。从文明交往中的"政治交往视角"观察国家、社会与政治伊斯兰三者的关系。他试图用政治文明、现代化、民主化、权力、秩序的交往中，研究埃及的典型个案。权威主义或威权主义是政治交往的政权形式，又是必需的兼有稳定与一定抑制民主的双重性发展阶段。该文末谈民族主义在埃及国家独立和经济发展中的作用（正面与负面），而世俗性民族主义在中东阿以战争中的衰微、在经济上的危机，使世俗政权（威权主义）发生动摇，伊斯兰复兴运动在中东意识形态的真空中涌动而兴。

埃及民主化的实质是由集权制度向分权制度的转变，其文明交往的政治内容是制度文明的交往，其结果是结束威权主义统治，建立民主制。穆巴拉克的 2005 年大选在民主合法性上，是一种对民主化挑战的反应。但埃及仍是威权主义政权主导下的有限民主。

埃及建国之初为何抛弃"虚假民主"？①新政权初建，稳定第一，民主提上日程；②新政权把民主意识形态同殖民统治联系，把西方民主也否定了；③殖民统治时期的选举游戏及弊端使人民厌恶。因此取消政党，也因人民对现代化经济发展心切而不大反对。纳赛尔强调"合理的民主"，即"没有经济民主或者社会方面的自由，政治自由或者在政治方面的自由是没有价值的"；也是"个人应当得到解放，社会应当得到解放，并建立在合理基础之上"，而"绝不是简单地制定一部宪法和成立一个议会"。但军事惨败、经济下滑，使萨达特、特别是 1981 年穆巴拉克总统执政以来，确定宪法权威和民主建设的社会生活道路，把民主纳入政权建设，使反对派经选举进入议会，司法独立、舆论监督加强了，但仍用《紧急状态法》严格控制社会、制约民主化的正常步伐。

分权制衡与统治合法制、有效性的矛盾：威权政府控制经济资源、权力部门、军队，压制反对派，限制社会力量。借口：反恐，稳定与秩序，伊斯兰主义力量威胁。民主有无"工具化"倾向。

伊斯兰教及其传统政治文化对民主化的作用决定于信仰者的具体地位与利益，或者受其支配，不直接、不起决定性的作用。埃及《金字塔报》专栏作家艾哈迈德·萨拉玛说："埃及没有真正的反对党，唯一压力就是穆斯林兄弟会。如果民主之门开启了，他们就很可能上台执政。"关注伊斯兰势力抬头对埃及民主化进程的影响，也关注宗教本身的变革。理顺政教关系，给宗教活动一个明确而可以接受的界限，这需要政教关系的深层次变革。

归根结底：①制度文明交往是政治交往之路——西方专制君主制→二元君主制→立宪君主制→议会共和制；中东殖民统治制→君主专制→有限民主制→民主制。②民主化是自上而下和自下而上的互动，先自上而下，逐步到两者的结合。自由化与民主化。③变革（政治、经济、文化、社会）是埃及，也是中东走向民主制度完善、吸纳各种文明成果，克服保守封闭，步入开放、理性的文明自觉之路。

民主是人类的共同诉求。民主是政治现代化的中心。民主是人类文明交往的自觉性体现。

十七　泛(大)叙利亚主义

（一）大叙利亚区（the sham，the Greater Syria）也称列万特（Levant）地区，古代为西边的"黄金海岸"（沿地中海）和东边的两河"黄金水道"，构成了文明创新的大通道。是古代语言文字和宗教的发源地。在历史上，是统一的阿拉伯帝国的一部分，当时叙利亚的大马士革是伍麦叶王朝的首都，其周边的叙利亚、黎巴嫩、约旦、巴勒斯坦、土耳其及伊拉克一部分古称"大叙利亚"。奥斯曼帝国统治时期，叙利亚、黎巴嫩、巴勒斯坦、外约旦属于大马士革省。

（二）19世纪末阿拉伯基督徒布斯坦尼提出"泛叙利亚"概念，其定义为：追求叙利亚国家认同、民族解放及历史（自然）疆界重新统一的区域整合主义。其要义有：①布斯坦尼为基督教的马龙派知识分子，他认为用欧洲民族国家观念，唤起没有国家概念的地区居民，抛弃种族、信仰、语言、文化差异，建立政治实体。这是叙利亚民族自觉意识的表现。②叙利亚的民族自觉产生齐头并进的叙利亚民族主义与阿拉伯民族主义。后者主要指它争取阿拉伯人与奥斯曼土耳其人政治平等、独立自主、建立主权国家。③大叙利亚计划。Siryon是闪语的叙利亚之源，本为地理名词。古希腊人称地中海至幼发拉底河之间的地区为Coele Siyria。公元前3世纪塞琉西人以叙利亚称西南亚之地。罗马人以叙利亚称小亚细亚与埃及之间的地区。7世纪至该地的阿拉伯人给予新名称：Asn-sham（北方）、Bilad asham（sham国）或Barr ash-sham（sham之地）。但欧人沿古欧洲古称，1825年基督教新传教士引用Suriya入阿拉伯世界，遂广为流传，以至成为Syria。可见欧人也把约旦、黎巴嫩、巴勒斯坦、土耳其东南部包括在大叙利亚地理范围之内。

（三）泛叙利亚主义与泛阿拉伯主义的同异与相似之处。同之处在于：①泛阿拉伯主义源自泛叙利亚主义的大叙利亚统一（1932年叙利亚民族行动联盟为萌芽，1940年巴斯党为发展）；②大叙利亚主义为泛阿拉伯主义的一部分（阿拉伯世界：大叙利亚，阿拉伯半岛，尼罗河地区，西部阿拉伯）。异之处在于：①用极端手段与自然结合；②纯叙利亚与埃及泛阿拉伯；③叙利亚统一是否以泛阿拉伯主义为前提；④血统论与语言文化。相似之处在于：①叙为起源之心脏地区，②不接受叙现有疆界，③自然历史疆界，④利用人民仇外情绪向外扩张，借以减少内政压力。

（四）泛叙利亚主义与大黎巴嫩主义。后者可称黎巴嫩分离主义、马龙民族主义。阿拉伯帝国时期黎巴嫩山区为基督教及伊斯兰什叶、德鲁兹少数派的避难所。11—13 世纪该区基督徒教徒受法国保护，以叙分裂于 16 世纪末。直至 1920 年法国建立委任统治后该区改称大黎巴嫩。泛叙利亚主义与大黎巴嫩主义二者对立不相容，"二战"后虽黎巴嫩独立，但叙利亚不承认。

（五）大叙利亚主义与大约旦主义：1920 年 3 月 8 日，侯赛因第三子费萨尔在大马士革建立叙利亚君主政体，包括黎巴嫩、巴勒斯坦、外约旦，并推广阿拉伯语，成立阿拉伯语科学院，但不久夭折。在整个委任期间，外约旦统治者仍追求此目标。1948 年阿卜杜拉提出建立哈希姆王朝的"大叙利亚计划"，主张恢复"从亚喀巴湾到地中海海岸和幼发拉底河"的"天然叙利亚的统一"。1948 年战争之后，阿卜杜拉又一次提出外约旦的大叙利亚思想，1950 年兼并西岸。1967 年西岸被以色列占领，1988 年约旦才放弃对西岸的主权。

（六）泛叙利亚主义思潮和运动。前面提到的布斯坦尼（1819—1883），1860 年办有《叙利亚号角报》，著有《叙利亚没落》。号召阿拉伯人以叙利亚为效忠焦点、用阿拉伯语写作，借以复兴阿拉伯文化传统。杰萨里是他推崇领袖，但遭拒绝。1905 年阿佐里（Negib Azoury）提出，操阿拉伯语的叙利亚应在奥斯曼帝国内实行自治。1908—1912 年，泛叙利亚主义的叙利亚中央委员会、文学俱乐部、奥斯曼多数党提出分权自治。1914—1918 年有侯赛因的军事行动，最后占领叙利亚全境。1918—1950 年行动失败。其中如叙利亚国王、叙社民党"大叙利亚"计划的提出、"肥沃新月带联盟"计划、约旦兼并西岸等表现了叙利亚主义者的决心。实质：阿拉伯统一在家族势力之下，后果是明显的：不仅有"大埃及"的抵制，也有沙特阿拉伯等国在政治方面的反对。

（七）1950—1970 年泛叙利亚停滞。1954 年巴斯党成立，1958 年叙埃合为阿拉伯联合共和国，无泛叙主义活动余地。注意：民族国家独立（1946—1948 的叙、黎、约、伊拉克）。

（八）1970—1974 年阿萨德的东线联盟（又名肥沃新月湾联盟，包括：叙、黎、约、伊拉克、巴勒斯坦）。被伊拒绝后又有新"大叙利亚目标"，即黎、约、巴、土耳其的亚历山大勒达省。

（九）埃及纳赛尔主义由泛叙利亚主义衍生出泛阿拉伯主义，强调自古居阿拉伯中心地位的埃及，应为霸主，此其一。泛叙利亚强调世俗与社会主义，与原教旨主义矛盾，对后者兴起有刺激作用，此其二。

（十）大叙利亚主义促进阿盟成立。阿盟扮演调解、仲裁中东各国纷争的最高权力机构。20 世纪 40 年代，约旦国王阿卜杜拉热衷大叙利亚计划，40 年代，伊拉克在英国支持下推出新月湾联盟计划，引起埃及、沙特反对，使埃及主导的阿盟成立。

（十一）阿萨德绝口不谈泛叙，实为之确立中东枢纽地位。他表面上标榜大阿拉伯统一，实则寻求泛叙政策。泛叙被阿萨德模糊、混淆之后，有了实质好处，其中有广阔而富弹性活动空间。

（十二）总结：①第一次世界大战后列强分裂阿拉伯世界，瓜分叙地区为叙、黎、约、巴，所引发边界问题长期存在。②大马士革为中心的叙战略计划，不仅叙之希望，约旦也想入主。③大马士革、开罗、巴格达等几个阿拉伯中心，可演中东之春秋战国中心。④非阿的德黑兰、安卡拉也是政治枢纽之中的二体。⑤也许还有利雅得的政治沙特和两圣地的宗教沙特。⑥但有两重要城市颇有影响：一是大马士革的伍麦叶王朝首都。世袭王朝从 661—750 年，其 14 任哈里发历时 89 年。巴格达是阿拔斯哈里发帝国的首都，帝国统治时间（750—1258）共 508 年。一是巴格达位于底格里斯河畔，该河自土耳其向南流与来自西邻叙利亚的幼发拉底河在伊拉克第二大城市巴士拉汇流成阿拉伯河。在巴士拉以南，阿拉伯河形成了伊朗与伊拉克的边界。

十八　伊斯兰社会生态文明

中东社会的文明生态是各种文明交往的生态环境。最基本的因素是民族和宗教。这两个因素的交往既紧密联系又互相区别。理顺这二者的关系，成为中东各国政府现代化建设中面临的共同问题。

阿拉伯民族、伊斯兰教无疑是民族与宗教问题中最值得关注的问题。在伊斯兰与阿拉伯国家文明建设中，常见的诸多类型或模式中，有两类政治制度交往现象与趋向值得注意：①较为保守的政治制度的国家与伊斯兰教有较多的兼容性，如沙特阿拉伯王国，王权、家族、宗教形成三位一体、互为依托的格局；②较为激进政治制度的国家，如纳赛尔主义的故乡埃及，民族主义政权经常遭到传统宗教势力的反对而陷入政治合法性危机。

现代化进程是观察当代伊斯兰文明交往的另一个重要视角。阿拉伯世界是伊斯兰文明的核心地区。这里要解决的问题有：①宗教文化传统与现代化进程中的社会现代化交往问题；②和平安宁的社会环境；③战乱对现代化进程的负面效应,这是文明交往研究的一个大问题。巴勒斯坦与以色列之间战争、黎巴嫩战争、伊拉克战争都是重点案例。

当代中东的文明生态应特别重视伊斯兰文明交往中的以下问题:①古老的伊斯兰文明的基础是:以伊斯兰宗教为精神文明和制度文明;②伊斯兰传统文明主要特征:信仰体系、社会制度、文化方式、社会生活方式;③文明复兴的周期性传统思维模式:宗教兴则民族兴;④此思维模式产生于历史交往惯性,而在近代的伊斯兰复兴运动史上一再重复;⑤直接原因是:近代西方工业文明的冲击、殖民化浪潮使之陷于衰落;⑥复兴从自足的宗教文化(民族性、意识形态、价值观)资源本身来寻求出路。

伊斯兰教传统是现代复兴中的重要体现:①伊斯兰世界的现代主义、民族主义、社会主义、原教旨主义等现代文明思潮;②是中世纪伊斯兰文明的继续发展;③物质、精神、制度、生态方面的复兴表现;④结论:传统(特定时空条件下形成的)研究,特别是全面、历史、辩证地研究它,应成为伊斯兰文明走向的重要理论原则。一个文明的复兴,从文化复兴开始,继承、传承核心,创新新文化,是必由之路。文化有持续性、积累性,对内为传承,对外为传播。

中东阿拉伯—伊斯兰文明虽同属宗教、民族传统,但国情又使各国对自己的传统采取多种不同立场、态度、做法,结果自然也各不相同。

中东阿拉伯—伊斯兰文明的走向与中东政治走向紧密相关。中东的社会生态是宗教派别、家族、氏族的形态,威权主义生长的土壤在此。阿拉伯—伊斯兰文明、奥斯曼—伊斯兰文明的演进,都沿此走向而来。美国"大中东"计划是现代最大的文明交往冲击波,它比其他西方强势文明都有力地打乱了中东社会生态,什叶派、逊尼派、极端势力等会有新的变动。在中东文明生态中,阿拉伯—伊斯兰文明在文明交往中得到复兴,文明交往力最为重要。正确的文明交往力是阿拉伯—伊斯兰国家的战略能力,是整体的战略意识。萨达姆的胜利是战略能力的成功;他的失败即战略能力的失败。悲剧人物萨达姆的被处死,确如一本书名所显示的:他是《注定要震惊世界的人》。贫穷出身的他,曾有过1969—1979年的成功内政振兴,也有过八年的两伊战争和对科威特的入侵。还有以高压专制而巩固其统治。我们不赞成他的暴行,但客观地说,他的社会复兴党中的"社会主义"和"复兴"表明了他具有阿拉伯哲学思想,是阿拉伯—伊斯兰文明交往过程中成长起来的威权主义政治家。他平静而视死如归地走向绞首架,表现了他对强权的藐视,而美国布什族团的必置他于死地而后快,则反映了文明暴发户在政治上的恐惧和狭私。然而，文明交往中的战略力在萨达姆的悲剧中是一个重要因素。

十九　马克思在阿尔及利亚的言论

马克思 1882 年在阿尔及利亚治病时，有以下言论：

（一）穆斯林居民的特点："事实上穆斯林居民不承认任何隶属关系：他们认为自己既不是'臣民'，也不是'被管理的人'，除了在政治上以外，没有任何权威，——这是欧洲人所不能理解的。"（《马克思恩格斯全集》第 35 卷，人民出版社 1971 年版，第 298 页）

（二）摩尔人①在"实验公园"的传统与现代娱乐："有六个来参观的摩尔人……坐在粗糙的矮木板台子上面，弯着腰，交叉着双脚享受自己的'小咖啡壶'（每个人都有自己的小咖啡壶）带来的愉快，同时在一起玩着纸牌（这是文明对他们的征服）。下述场面使人非常吃惊：这些摩尔人中间有几个穿着很讲究，甚至很豪华，其余的穿一件我不妨暂且叫作'短衫'的衣服，看样子过去是白色毛料的，但现在已经破烂不堪，然而在真正穆斯林的眼里，这类事情，幸运或者倒霉，都不会造成穆罕默德的子女之间的差别。"（同上书，第 301—302 页）

（三）穆斯林平等观的特点："他们（阿尔及尔的穆斯林。——引者注）在社交中绝对平等——是完全自然的；相反，他们只是在风俗习惯受到破坏的时候，才意识到这种平等；至于谈到对基督教徒的仇恨及最后战胜这些异教徒的希望，那么他们的政治家正当地把这种绝对平等感，把这种平等的实际存在（不是在财产或地位，而是在人格方面）看做支持这种仇恨并且不放弃希望的保证（然而没有革命运动，他们什么也得不到）。"（同上书，第 302 页）

（四）马克思认为，应当站在历史哲学观点的高度上看待阿拉伯文明："我们要把自己放在稍微高一点的历史观点上。和我们同时代的游牧的阿拉伯人（应当说，在许多方面他们都落后了，但是他们为生存而进行的斗争使

---

①　摩尔人，西班牙称呼 710 年入侵伊比利亚半岛的阿拉伯人为摩尔人，这些人实际上是阿拉伯化历史不久的一支北非民族（柏伯尔人）。他们带着北非民族的文化基因，混同了阿拉伯文化后，一同带进了伊比利亚半岛。此后 800 年，阿拉伯人统治了西班牙，占领者以哈里发名义，宣布西班牙归伊斯兰帝国，这里马克思所说的"摩尔人"就是北非的阿拉伯穆斯林。

他们也保留下来许多优良品质）记得，从前他们中间产生过一些伟大的哲学家和学者等，也知道欧洲人因此而嘲笑他们现在的愚昧无知。由此产生了……很能说明问题的短小的、明智的哲学家与船夫对话的阿拉伯寓言。"这个寓言在本书第九集第二编第一部分第七节已引用过，此处不再重复。

（五）恩格斯在 1882 年给伯恩施坦的信中，谈到埃及的阿拉比时的话，也可附在此处："我觉得在埃及问题上您过于袒护那个所谓祖国党了。关于阿拉比我知道的不多，但是可以十拿九稳，他是一个普普通通的帕沙，他不愿把税收让给财政巨头，因为他按照地道的东方习惯只想自己饱私囊。农民国家中常见的历史正在那里重演。从爱尔兰到俄国，从小亚细亚到埃及——在农民国家中，农民的存在为的是受人剥削。从亚述帝国和波斯王国的时代起就是如此。萨特拉普——另一种说法即帕沙——这是东方剥削者的主要人物，正如商人和法学家是现代西方的人物一样……我认为，我们完全可以支持被压迫的费拉（埃及下层农民），但不必赞成他们现在的种种幻想（要知道农民需要遭受世世代代的欺骗，才能通过切身经验醒悟过来），我们可以反对英国人的暴行，但绝对不必因此而支持他们现在的军事对手。在一切国际政治问题上，对法国人和意大利人的那样在政治上感情用事的党派的报纸应当采取非常小心谨慎的态度，我们德国人既然具有理论上的优越性，我们就有义务在这方面通过批评来证明自己的这种优越性。"（《马克思恩格斯全集》第 35 卷，人民出版社 1971 年版，第 344—354 页）

[注①：埃及问题即英军炮轰亚历山大里亚后，1882 年 8 月 3 日《社会民主党人报》编辑部发表《社会民主党人和埃及问题》一文，该文赞同法国盖德派组织关于上述事件抗议集会和决议，并向阿拉比—帕沙和祖国党表示敬意。]

[注②：1879—1882 年埃及抗英斗争，反对英法资本家对埃及进行殖民掠夺。1878 年英法代表以债权国身份进入埃及政府当部长。领导者的口号："埃及是埃及人的"，领导人为阿拉比—帕沙上校。进程——开罗卫戍部队起义，埃及总督（执政者）被迫于 1881 年 9 月实行宪政；12 月开国会，祖国党起领导作用（于同年成立），目的——实现独立，建立宪制。1882 年 2 月民族政府成立（阿拉比任军政部长），解除外籍官员在埃及政府中职务，计划实行民主改革。1882 年夏，为英军镇压，9 月占领开罗，镇压起义者，埃及沦为英殖民地。]

[注③：恩格斯 1882 年 8 月 9 日致爱·伯恩施坦信如上述，主张不要对任何暴乱"根本不加批判地欣喜若狂"，如"整个罗曼语族革命界"那样感

情用事。]

二十　苏丹作家塔依卜·萨利赫的文明交往观

2009 年 2 月 18 日，苏丹作家塔依卜·萨利赫在伦敦去世，享年 80 岁。

他的经历是东西方文明交往的经历：1929 年生于苏丹北部马拉维镇一个穷苦家庭，先在伊斯兰学校上学，后入本地的英国学校，长大后赴英留学，而后在欧洲和阿拉伯国家流连多年，甚少返回故乡。

他的小说也是东西方文明交往的内容：①对阿拉伯及非洲民众寻求自我认知的艰辛经历的描述；②集中主题于西方殖民主义在东方的穷途末路；③突出表现 20 世纪 60 年代民族独立运动的风云巨变。

他的代表作《北迁季》（*The season of Migration to the North*），突出了东西方文明交往中的冲突。小说描述了被苏丹祖国和欧洲新居的两种文化撕裂的非洲知识分子的心境。主人公回忆他在西方的生活：不断勾引而后离弃英国女人，最终在强烈的、爱恨交织的痛苦中与其中一个女人结婚，然而最终还是亲手杀死了她。

像一般人对小说主人公的命运所猜测的那样，有人说这部小说脱胎于作者本人的生活经历。他确曾同一位苏格兰女士结婚。但他始终否认这一点。他说："我将所谓的东西方关系重新定义为一种本质上的冲突，这种关系始终身染浪漫色彩。"这是一位作家目光下的东西方文明交往观。

真的，他的《北迁季》在 20 世纪 90 年代末，被苏丹政府抨击为色情之作，而且亵渎了伊斯兰教义。但西方报纸如《纽约时报》在 2 月 23 日刊登关于他的讣告中却指出，大多数评论家认为苏丹政府攻击他，是因为对书中关于苏丹政治和文化环境的尖锐描写反感。

二十一　阿拉伯的头巾与头脑

头巾在阿拉伯语中，称为"卡菲耶"，多为棉布、薄纱、真丝、绸子，往往有刺绣、挑花等。这种阿拉伯传统文明民族服饰具有多种意义。

传说先知穆罕默德认为，对穆斯林来说，缠不缠头巾，是"区分不信与真信的樊篱"。可见头巾是个信仰真主的标志性服饰问题。

在伊斯兰世界,阿拉伯—伊斯兰文明的头巾标志特别引人注目。阿拉伯男子的头巾十分考究。除最早的白、米两色之外,后来各色都有。苏丹男子尚纯白色头巾,一般阿拉伯人尚杂色,尤其是尚白、红、黑、蓝等混合色系。颜色在一些国家中,有贵贱之分。如阿曼,王室家族戴红、蓝、黄三色基调色的头巾,而老百姓只能戴白色的或素色的。

从文明交往的社会生活层次而言,头巾首先是与阿拉伯人的生活环境息息相关。头巾是阿拉伯人与自然关系的具体交往特征外在表现之一。头巾为防沙防热,因地区又有不同。一类是无头箍的,一类是带头箍的。海湾地区的居民,由于炎热多风沙、尤其是海风的气候环境,头巾在这里出现"带头箍"一类的缠头巾。海湾阿拉伯男子,带头箍的缠头巾配上宽松大袍,不仅表示信仰上的虔诚,而且显得大气大方,体现了海湾地区阿拉伯人的特有民族感情与气质。在卡塔尔、巴林等海湾国家,规定这种服装为工作服,一般人民眼中,它还是有教养、稳重和成熟的表现。甚至许多崇尚时尚的小伙子,在相亲时,还脱下西装,穿上长袍,戴上头巾,以博得异性好感。

头巾上的头箍,阿拉伯文称为"固特拉"。人们把一块下垂的大布巾,折叠在头部,用黑色双圈驼毛编成的头箍加以固定,以防日晒和沙尘及虫扰。头箍也有白色的,粗细不等。年轻人为了表现潇洒,喜爱在粗重的头箍上,再系以飘带。这也是在海湾气候环境下,人们求实求美的表现。但海湾国家的阿曼,男子却和北非的阿尔及利亚、毛里塔尼亚一样,不带头箍。这是文明中的同中之异。

说起头巾,也门的阿拉伯人把头巾的功能发挥得淋漓尽致。如平时为帽、购物为包、礼拜为垫、洗脸为巾、睡觉为盖,遇风沙蒙脸等。头巾实在是说不完的社会生活话题,其形式各种各样:长方形、正方形、三角形,长者为素丹,有3米长,一般也有2米多。头巾的文明交往意义在漫长岁月中,伴随着阿拉伯—伊斯兰文明与其他文明交往的发展,已由社会生存转为社会文化,甚至荣誉、地位,以至于关乎政治交往特征。

阿拉法特的头巾是一个典型事例。他的头巾呈现着不规则的巴勒斯坦地图形状,白格代表城区居民,红格代表沙漠中的贝都因人,黑格代表农民。其缠头围法与贝都因人、也门人、海湾各国人、努比亚人、撒哈拉人不同。头巾就如同他的名字(阿拉法特)与他出生圣地(伊斯兰教、基督教、犹太教)一样有来头,源自圣地附近一座山峰(原意为"神与吉祥");他常把巴勒斯坦地图包在自己头上,被称为"鸡头帽子"的阿拉伯头巾(黑色和白色方格），左耳露出，脖子上另一条同样图案围巾缠绕整齐，塞在军便装领子内。这不仅是阿拉伯世界、伊斯兰世界，也是全世界最有文明象征的头巾了。阿拉法特1969年起带此头巾，一直到他74岁去世，伴随着他为争取民族独立和建立国家而奋斗的大半生。因此，他被称为"头上顶着国土的总统"。马克思评价19世纪上半期的阿拉伯改革家穆罕默德·阿里时，称赞他是当时"唯一能真正用'头脑'代替'讲究的头巾'的人"。（《马克思恩格斯全集》第9卷，人民出版社1961年版，第222页）这个评价对阿拉法特有了新的意义：阿拉法特是位把"讲究的头巾"与"真正的头脑"统一起来的阿拉伯政治家。他为巴勒斯坦民族建立独立国家、为弥补中东民族独立国家体系的"缺环"而贡献了全部力量和智慧。2005年，巴勒斯坦民族权力机构决定为阿拉法特建新陵园，耗资100多万美元。此外，还要修建博物馆，将收藏的阿拉法特私人物品中，他常戴的独特风格的头巾，是引人注目的纪念物。

其实，头巾在国际事务中，也有尊重对方的礼仪内容。例如，2008年3月17日，瑞士联邦委员会主席兼外交部长卡尔米·雷伊，在同伊朗签署一份高达数百亿美元的天然气供应协议时。曾引起美国的不满。美国政府认为这是向伊朗发出"错误信号"。值得注意的是，在会见伊朗总统内贾德时，卡尔米·雷伊带上了一条半透明的头巾，被瑞士报纸评为"像一个顺从的女人"。但这位女主席兼外长回国后表示，她带头巾是为了表示对伊朗的尊重，毫无屈服之意。她还表示："头巾并不妨碍我为人权而奋斗。"

二十二　中东的源头

（一）从文明交往解释中东，应当置身于中东地区，并从追溯历史角度和以长时段的视野进行考察

中东既不能从西方人的立场定位，也不能从现代约定俗成地沿用，尽管这都有一定的缘由。

从中东今日所在地的古代文明源头上，我们会发现闪米特族腓尼基人的地理方位观。这是一个善于航海的民族，据说先居住在波斯湾的巴林，后来迁徙到叙利亚和黎巴嫩的地中海东岸。正像他们到达之处都常常给不少地方命名一样，把地中海称腓尼基海。他们以地中海东岸为基点，把东面称为亚细亚，西面称欧罗巴。在古代闪语中，亚细亚是"太阳升起"、"东方日出"

的意思；欧罗巴是"太阳下山"、"西方日落"的意思。东方与西方，是最早在闪语而后逐渐流传成为欧、亚两大洲的名称。

从今日中东所在地的两河流域（幼发拉底河和底格里斯河）的古代国家亚述，也有中东的源头。亚述语有 Asu（亚苏，阿苏）和 Ereb（伊尔卜）之名词。古代威尼斯人的商船航行于地中海上，把地中海以东的国家称 Asu，以西的国家相对称为 Ereb。Asu 意为日出，东方；Ereb 意为日落，西方。后来分称亚、欧两洲。

以上可见，亚、欧即古代中东地区活动的民族，自认是"中"，而且在"日出"、"日落"和"东方"、"西方"之"中"。这与古代作为文明交往活动的商贸往来用语有关，比日后西欧殖民主义东进的方位感要早得多。这是否可作为中东先民自诩之称"中东"呢？

（二）中东国名旧闻

1. 阿拉伯联合酋长国：1971 年 12 月 2 日，阿布扎比、迪拜、沙加、富查伊拉、阿治曼、乌姆盖万六个酋长国组成阿拉伯联合酋长国，宣告独立。1972 年哈伊马角酋长国宣布加入。这七个酋长国由于盛产石油，被誉为"油海七珍"。它处于阿曼的边缘平原地区（萨赫尔阿曼），公元前 2000 年的美索不达米亚的楔形文字资料中，称它为马干。公元 7 世纪为阿拉伯帝国的一部分，16 世纪起，葡、荷、法等国相继侵入。18 世纪英国入侵海湾，贬称此地区为"海盗海岸"。1820 年英与各酋长国签订"永久休战条约"后，此地称为"特鲁西尔阿曼"（Truce，休战），成为英国的保护国。

阿布扎比——阿语羚羊之地。

迪拜——部族图腾的蝗虫的幼虫。

沙加——阿曼海上多数酋长国之母。

哈伊马角——"帐篷之岬"。

富查伊拉——有水流的平坦土地，流水之国。

阿治曼——伊阿曼部族（源于）。

乌姆盖万——力量之母，或源于一古城遗址。

2. 阿曼苏丹国，阿曼一词意为"宁静的土地"。《后汉书·西域传》称阿曼为"阿蛮"，《新唐书·地理志》称之为"没巽国"，宋人赵汝适《诸蕃志》称之为"瓮蛮"，宋代亦有"勿巡"之称。

3. 塞浦路斯，英文 Cyprus，本名希腊文 Kypros，译为"基普罗斯"，源于拉丁文"铜"（Cuprum），公元前 3000 年岛上即发现铜，有"铜之乡"之称。其他几说：①古代岛上美丽野花，希腊人初来此岛，以那种花为岛名；②从黎巴嫩引进的丝柏（Cypress）为名；③古代基尼拉王朝（前 8—前 6 世纪）以一个带有传奇色彩的公主命名。此外，"极乐岛"（富庶）、"东地中海明珠"、"东地中海钥匙"也是别称。

4. 土耳其，由"突厥"（九姓回纥后裔），鞑靼语为"勇敢"之意。1300 年突厥首领奥斯曼征服小亚西亚，建国。19 世纪末以前，土耳其人即"乡下土巴佬"或傻瓜同义语，是对农民的称呼。19 世纪末（1897）青年诗人穆罕默德·艾明宣称自己是土耳其人，并以土耳其民族自豪："我们是土耳其人，血管里流的是土耳其血液，起的是土耳其的名字"，一改奥斯曼帝国时期市民自称穆斯林、大城市人称奥斯曼人之惯例。1923 年共和国建立时，正式以此为国名。

5. 沙特阿拉伯："阿拉伯"——公元前 853 年见于亚述碑文：作 aribi（阿里比人），指叙利亚沙漠贝都因部落。希伯来语 arābhā——旷野、荒芜，即不毛之地沙漠。阿拉伯语中的 arabah，即沙漠。古代美索不达米亚人对幼发拉底河以西的部族称 Ereb（西方），沙漠地带。此外尚有"干燥的草原"，阿拉伯人自称，意为"有能力的人"。但今日的沙特阿拉伯为沙特家族统治，"沙特"在阿语中为"幸福"，因之沙特阿拉伯即"幸福的沙漠"。

6. 叙利亚：古称苏里斯顿——"玫瑰之地"。叙利亚意为"高地"，由地形平原而来，并不高。这里山地古称叙利亚安纳（Siryon），后演化为 Sina。阿拉伯人自称沙姆（"左边"、"北方"，以麦加为政治中心），今叙人仍喜自称此名。还有古代亚述或腓尼基首都 Tyra 转称。

7. 伊拉克："陡崖"（平原边缘和阿拉伯沙漠接壤处有高达 7 米石灰岩峭壁）；"血管"（两河流域汇成一片肥沃平原，河网如人的血管）；"根基深厚的国家"（历史悠久）；"岸"、"底地"之意。伊拉克国名定于 1921 年 8 月。

8. 伊朗：古波斯语意为"光明"。梵文和波斯文中也有富裕、贵人之义。古波斯人称"伊兰"，即伊朗译音，源于雅利安人国家。"波斯"意为"产马之地"（伊朗高原与阿拉伯高原产有名马）。又一说：源于阿契美尼王朝的发祥地 Pars。闪语中意为"骑兵"、"养马人"。Pars，在塞姆语中为马夫，梵文中为"骑士"。中国《魏书》首见波斯国名，此前称安息。

9. 埃及：源于希腊称尼罗河（Aegypttus）。此外尚有：①科普特人的讹传;②古埃及人称 Kemet（黑色之国），古希腊人称 Aiggptes，传到罗马，变成 Aegyptos。还有腓尼基语 kapthor（岛）之称，位于尼罗河三角洲岛状地带。此语入希腊，被加上前缀（Ai-a 地方、国家），便成了希腊名称 Aigyptos。阿拉伯人称埃及为 Misr（米斯尔，"辽阔的国家"，一直沿用至今）。唐称为"绿衣大食"，"孝亿国"，见于《酉阳杂记》卷四。

10. 卡塔尔：面积 10382 平方英里，等于黎巴嫩面积。水源缺乏，石油业有发展前途。

11. 科威特：17 世纪称为"古赖因"，意为"犄角"。至 1672 年前后，哈立德氏族酋长巴拉克·本·古雷尔在瓦提亚（今科威特市）修建四方形城堡式建筑——"库特"（"小城堡"），此处便以"科威特"之名为世人所知。

二十三 地中海文明坐标

史继忠以地中海为文明坐标，以此"俯视古今，环顾全球"。他把地中海比为世界文化的"旋涡"，认为世界文化不能简单地分为"东"或者"西"。谈到地中海，他写道："地中海位于欧、亚、非大陆结合部，很难把它定为'东'或'西'。它是一个旋涡，各种文化在这里交汇，又从这里分流。"但是，他又随意把大笔一挥，挥出悖论："人类文明星辰首先在欧亚大陆，东方明亮。地中海文明是古代东方文明的继承和发展。这是前后相继的两个发展阶梯，不是相互平行的两个系统。"（史继忠：《地中海——世界文化的漩涡》，当代中国出版社 2004 年版，第 1 页）问题最后回到了文明之间的交往，他提出的"阶梯论"是有启发性的。

地中海是一定的空间，地中海成为文化旋涡是具体的时间。地中海之所以成为文明坐标，更重要的是人的能量，即人的文明交往力。《庄子·齐物论》说："恢诡憰怪，道通为一"，把时、空、能量统一于人了。《淮南子·齐俗训》说："往古来今谓之宙，四方上下谓之宇。"背后隐然是主体的人，是人的能量。这个能量来自智慧之源——大脑。问题是如何运用大脑，以脑中的能量，扩充空间，延长时间，各尽其文明交往力之妙。

二十四　塞浦路斯:爱与美女神的诞生地

传世的古希腊雕塑精品里有一件常被称为"维纳斯的诞生"的浮雕,表现的爱与美女神从海中诞生,希腊语称为"阿芙罗狄忒(Aphrodite,出自海水泡沫)的诞生"。希腊神话说,女神出生地在帕福斯附近的海面上。帕福斯,位于塞浦路斯岛西南,古时曾是该岛首府。塞岛建有多个阿芙罗狄忒神庙,以帕福斯最为著名。公元1世纪,该岛国铸造的钱币上就有帕福斯阿芙罗狄忒神话的图像,它显然被看做塞浦路斯的象征。据考古材料,塞浦路斯早在公元前6世纪就开始铸造钱币了,钱币上常常铸有希腊诸神的头像。

最早到塞浦路斯的希腊人是迈锡尼—阿卡亚人。他们原本生活在希腊北部,约在公元前1600年进入希腊中南部,然后渡海入塞岛,与原有居民雅利安人融合,把雅利安人在公元前3000年就有的丰产女神基普里斯(Kypris)变成了阿芙罗狄忒。考古学家发现了基普里斯女神既苗条又丰满的雕塑像,这种影子在阿芙罗狄忒身上已有体现。后来。罗马人统治该岛,积极修复被损坏了的阿芙罗狄忒神庙,因为在他们的心目中,阿芙罗狄忒就是他们的维纳斯。

荷马史诗(公元前8世纪)是西方古典著作开端。塞浦路斯诗人斯塔西诺斯的史诗《基普利亚》(实际上是丰产女神基普里斯的另一种叫法),是和《伊利亚特》一样,是讲公元前11世纪规模最大的一次希腊移民浪潮的故事,可能与特洛伊战争有关。《基普利亚》和《伊利亚特》一样,讲的是特洛伊故事,和塞浦路斯其他早期文学作品一样都是用希腊文写成的。可能是由于荷马的史诗太耀眼了,也可能是《基普利亚》比荷马晚了一两百年,斯塔西诺斯和他的《基普利亚》只有很少的人知道。荷马的史诗被看做希腊神话的系统总结,阿芙罗狄忒便是在讲特洛伊战争起因时首次提到的。

在希腊东南部爱琴海米洛斯岛上出土的"米洛的维纳斯"是断臂的,旁边有一赫耳墨斯方形石柱,因此有人推测原来一只手臂是扶着石柱的。出土处附近还发现一只持着苹果的手,而希腊语里"melos"意为苹果,于是有人又认为,此雕像既非阿芙罗狄忒也非维纳斯,而是"苹果岛女神"。石座上刻有艺术家的签名,英语译为"Alexrndros(或 Agesandros)from Antioch on the Meander"(来自河曲上安提克的亚历山大罗斯)。安提克位于土耳其东南的奥伦斯河岸上,受古希腊文化影响很深。石柱约为公元前150—

100 年作品，属希腊文化晚期。有些研究者推断艺术家可能依据一尊公元前 4 世纪阿芙罗狄忒雕像创作的。此雕像现为法国巴黎卢浮宫博物馆镇馆之宝，但法语中"Venus de Milo"（米洛的维纳斯）这个称呼却混淆了希腊与罗马神话。

罗马文化传承自希腊，罗马神话的基本部分也传承自希腊。但有一点很重要，在罗马帝国中后期，埃及、小亚细亚及中东地区宗教信仰不可忽视。希腊神话中的爱与美的女神故乡在中东的塞浦路斯，可见一斑。

第 二 编

中东政治交往

一 中东地区的政治地缘内涵

"中东"的地区称谓不是一直存在的。它是人类文明史发展的世界历史阶段形成的，是东西方文明交往的政治地缘概念。

这一点在第一编的二十二"中东的源头"已谈过。古代闪米特的腓尼基似乎已有居"东西方之中"的方位观了。不过，真正意义上的"中东"最初是欧洲看东方的地理方位视角，而不是亚洲人对这一地区的定位。因为，用"中东"来称谓西亚北非地区，并不合乎亚洲人视角。在亚洲人的地理方向上，现在中东的方位，明明是"西"，而不是"东"，自然也谈不到"中东"了。然而在欧洲人看，这一地区是东的方向，以后的"近东"、"中东"、"远东"，是顺理成章和合乎情理的。

东方是一个大的方位概念。这个欧洲人的自然方位观的具体划分却是变化的、多样的。例如，一般曾称之为"近东"的地区包括巴尔干国家、亚洲的地中海沿岸国家和东地中海的塞浦路斯。但是，在第一次世界大战以后，西方的学者便用"南欧、东南欧"取代了"近东"的巴尔干国家。现在"近东"一词已经很少使用了。欧洲人把距自己更远的东方（中国、朝鲜、韩国、日本）称为"远东"地区，也只偶尔使用了。唯独"中东"称谓，从近代以来，成为人们使用广泛的政治地缘概念。

中东作为政治地缘概念，在于它的重要战略地位和石油资源地位。中东处于亚洲、欧洲、非洲三洲的结合部。"五峡"（博斯普鲁斯海峡、达达尼尔海峡、曼德海峡、霍尔木兹海峡、伊斯坦布尔海峡）、"六海"（黑海、地中海、红海、阿拉伯海、马尔马拉海）、"七湾"（波斯湾、阿曼湾、亚喀巴湾、盖迈尔湾、苏伊士湾、亚丁湾、安塔利亚湾）星罗棋布于中东地区。还有苏伊士运河组成了沟通两大洋（大西洋和印度洋）的国际航道。中东从远古时期，就是人类文明的生成和聚散的枢纽地区，是东方和西方文明联系的纽带，被称为人类文明交往的"金桥"。西方文明的源头——"两希文明"中的希伯来文明，即产生于此。贯通凿空的"丝绸之路"，连接东方和西方，被视为人类文明的"十字路口"。世界三大宗教（犹太教、基督教、伊斯兰教）均发源于中东，被誉为人类文明的"圣地"。中东经历了漫长的历史进程，经过多次帝国更替和文明变迁，至今仍然是世界关注的焦点地区。石油成为中东地区政治的易燃物。这个石油富产区与西方切身利益息息相关，因此随时都会使热点更热，不时冒出引火的政治火花。在2010年4月，两艘中国海军舰首次访问阿联酋之后，英国《金融时报》就发表了《中国和海湾沿着新丝绸之路前进》的文章，文中说："中国无疑是一支新兴的力量，它仍不足以挑战美国在中东的主导地位。"该报统计说，2008年，中国取代美国，成为中东的最大出口国。中国约35％的原油进口都来自海湾，13％来自伊朗。该刊认为，"这种伙伴关系反映出新的地缘政治现实，对于中东国家来说，它们寻求自己的经济及外交关系的多元化也说得通。需要观察的是，这种动力在未来将出现什么样的变化。"① 西方的警觉于此可见其端倪。

　　中东地区是人类早期文明的源头，是人类文明交往的频繁地区。"中东"的地缘政治概念本身，就是东西方文明在"历史转变为世界历史"过程的历史产物。在16世纪以后，欧洲强势文明的东扩过程中，逐渐出现了"近东"、"中东"和"远东"的地理方向的称谓，而且具有越来越浓的殖民霸权争夺意味，和殖民主义体系形成密切相关。"近东"、"中东"和"远东"这些称谓如萨义德在《东方学》中所言，其政治地缘内涵实质上反映了由近及远的"西方向东方一步一步地入侵"。

　　1900年，英帝国的将军托马斯·爱德华·戈登爵士（Thomas Edward Gordon），为了区别"近东"和"远东"，首次提出了具有"东西方之间"含义的"中东"地区概念，并为"中东"赋予更为明显的"欧洲中心论"的政治色彩。"二战"期间，英军的"中东司令部"设在埃及的开罗。反法西斯的"二战"，强化了"中东"地区称谓的东西方文化普遍认同感。国际传媒、政坛和学界越来越多地使用它、传播它，从而为非欧洲人所广泛接受。随着"二战"后殖民体系的瓦解和民族独立国家体系的形成，时过境迁，早

---

　　① 英国《金融时报》，2010年4月27日。该刊说，新的丝绸之路上，中国"在考虑到石油以及确保油轮能够安全通过霍尔木兹海峡时，这种安全重要性愈发明显"。

期出现的各种"中东"含义已经泛化，习非成是地成为一种常用的地区称谓。

这里用《荀子·正名》中的"名无固宜，约之以命。约定俗成谓之宜，异于约则谓之不宜"，可以解释"中东"称谓的文明交往现象。"中东"之名，经过长期工业文明形态转型过程的使用而固定下来，现在已经成为世界历史和国际政治研究领域中所公认的"约定俗成"的政治地缘地区性概念了。

然而，"中东"地区称谓虽为人们以"约定俗成"地广为使用，而就其具体范围的认识和划分却不尽相同。1951年苏联陆军部军事出版社出版的《英国侵略中东史》曾指出："关于'中东'一词，看法不一。本书系指印度、阿富汗、伊朗及中亚细亚而言。"（斯捷比利格著：《英国侵略中东史》，林源译，五十年代出版社1954年版，第1页）1987年美国康奈尔大学出版社出版的《中东政治》一书，则将巴基斯坦列入中东地区。现在，广义的"中东"地区，包括东起阿富汗、西到摩洛哥和毛里塔尼亚的广大西亚和北非地区。比较通用的是"十八国说"：即阿富汗、沙特阿拉伯、以色列、伊拉克、也门、巴勒斯坦、叙利亚、伊朗、土耳其、埃及、科威特、阿曼、阿拉伯联合酋长国、卡塔尔、巴林、黎巴嫩、约旦和塞浦路斯。"十八国说"从国家现状说明中东地区所包括的区域范围，这当然并不意味着中东史仅仅局限于这一核心地区的历史，例如马格里布的西非地区和苏丹等北非外缘地区也从文明交往中予以关注。

"中东"地区不仅是中东地区的空间各个国家的简单相加，而是整体空间、时间和人间"三间"交往之和。仅从"中东"形成的近现代考虑并不能深入地说明问题，必须从"中东"形成以前的漫长文明交往史的长时段发展看当代中东，方能认识这一地区的全貌。中东地区文明史的基本特征（共相）是中东地区整体区域性形态与社会结构、自然生态结构的发展史。中东地区史的特殊差异（殊相）是中东地区不同分区性形貌与类型发展史。这种共相与殊相的结合，显现了中东的普遍性与特殊性。中东文明交往是贯通中东历史和现实的中心线索和主要脉络，其根本关键在于：一区多样、同区异国、常区时变。正是这三种一与多、同与异和常与变的辩证要素组成中东地区的整体结构面貌。

中东地区研究遵循的是历史的连续性，据此原则对古今大事进行梳理、连缀、整合，使之组成点、线、面有机统一的地区结构性体系和发展形态。

中东地区研究的普遍意义，在于汇总本地区历史和现实中的文明创造，把众多孤立个别事件联结成地区性整体，并给予每个独立事件在文明交往链条上以确定的位置。

中东地区研究的自觉性集中在人类文明交往的互动规律的运用和检验上。中东史研究关注的是，在全球视野下的中东地区经济、政治、社会、文化的巨大变革和人与自然生态的互动关系，并以此规律审视地区内外交往互动中的文明自觉，并由此彰显它在人类文明史中的地位和作用。

二 中东政治交往与政治转型问题

政治交往是研究政治转型的思路之一。

交往互动作用则是研究政治交往的中心线索。

第一，经济运动与政治运动的交往互动——作用与反作用。威权政治向民主化过渡，其互动作用无疑是经济（工业化、经济增长）以及由此带来的民众教育文化水平提高和政治参与性的广泛性、社会多元化、中产阶级形成的结构性要素。这种变化无疑是政治交往中转型的基本条件，但不是立即、紧跟的立竿见影作用。注意恩格斯的两段话：①"社会的政治结构绝不是紧跟着社会经济生活条件的这些剧烈的变革立即发生相应的改变"；②"总的来说，经济运动会为自己开辟道路，但是它也必定要经受它自己所确立的并且具有相对独立性的政治运动的反作用，即国家权力的以及它同时产生的反对派的运动的反作用。"（《马克思恩格斯选集》第 3 卷，第 446 页及同书第 4 卷，人民出版社 1995 年版，第 701 页）交往互动的复杂关系集中于经济发展为各种政治力量提供了互动的基础（"形成了产生现代阶级对立的基础；这些阶级的对立……又是政党形成的基础，党派斗争的基础，因而也是全部政治史的基础"）（同上书第 4 卷，第 196 页）。

第二，客观环境与主观理性的交往互动——相互交错的合力交往。政治行动者在政治转型的结构性因素（合法性、经济、外部条件）联结过程中的互动交往上考察历史结果。历史的最终结果（包括政治转型）"总是从许多单个意志的相互冲突中产生出来的，而其中每一个意志，又是由许多特殊的生活条件，才成为它所形成的那样。这样就有无数相互交错的力量，有无数个力的平行四边形，由此就产生出一个合力，即历史的结果"（同上书，第 697 页）。

第三，在转折时期的策略交往互动——相互交往的主动启动与被动接受。这是把政治交往当做动态过程，从此过程看，政治精英权威的理性与能力、信念、特质、意愿，也起相当重要作用。20世纪后期的民主化浪潮中，威权主义政治或地区不同的转型路径以及大相径庭的政治后果，与此直接相关。有人统计，战后发展中国家的威权政治，没有一个能持续二十五年以上而不出现政治民主化变革的。威权政治领导人或领导层有两种选择方式：①审时度势，主动在关键时点上启动政治转型，实现政治体制转型的"软着陆"；②不识时务、消极回避，最终导致被动的政治体制转型的"硬着陆"。当然，这只是就大体而言。实际情况还要对具体问题进行分析。

三　伊斯兰教与民主化

（一）民主化必须在世俗化的基础上进行，必须由世俗的、倾心于民主化的统治者掌握实际权力。

（二）把伊斯兰教当做一种政治文化，发掘伊斯兰经典及其他文献中一切可以支持民主的文明资源。如①"舒拉"（商议、协商），虽未制度化，但有民众参与内涵；②"伊智玛尔"（公议），改革逊尼派教法学家的"公议不谬说"，使之成为扩大参与者范围；③"伊拉哈德"（创制），用现代观点重新解释以经、训为基础的教法基本原理；④间接支持民主的"公平"、"公道"、"平等"。

（三）既靠老一辈乌莱玛，更靠年轻一代宗教学者。

（四）对其一般唯心论内容，只要无碍大局，不必苛求，没有必要进行有神与无神辩论，以防引起不必要矛盾。

（五）伊斯兰共同体各有差异，应具体对待。

四　权威主义是中东民族独立国家的一种政权形式

（一）权威主义或威权主义来自西方学者对中东政治的一种称谓。权威包括：①令人信服的力量或威望；②某种范围内最有威望、有地位的人和事物；③对人和规章制度的认可服从。权威主义是指政治系统中，专制制度化的统治方式（统治方式权力高度集中，民众参与明显缺乏）时，即为权威主义的政权形式。伊斯兰国家的权威的真正源头是宗教权威，是对真主的虔诚，是宗教对政权的权威，而不仅仅是个人的权威。这种权威在各国都有不同形式的表现。

（二）权威政体（authoritarian regime）：1964 年美籍西班牙学者胡安·林兹（Juan J. Linz）在《西班牙的权威政体：西班牙》一文中首用，专指佛朗哥统治下的西班牙。他还在格林斯坦、波尔斯比主编的《政治科学大全》中，写有《极权与威权政权》一条。1973 年林兹又发表《权威体制下的反对：西班牙个案》一文，载 Robere A. Dahl 主编的《体制和反对》一书。可见，林兹只就西班牙的佛朗哥政权而谈威权政体的。

（三）官僚权威政体（bureaucratic-authoritarian regime）：1973 年由阿根廷学者吉尔莫·奥唐奈（Guillermo A. O'Donnell）在《现代化与官僚权威主义：南美政治研究》一书中，用此概念界定拉丁美洲国家出现的军人政治体制。

（四）权威与极权的区别：①有限多元与全面控制；②意识形态与心态上差异；③政治冷漠与政治动员；④党松散与党政军一元化。

（五）权威主义：奥唐奈已用不同阶级间冲突、结盟与工业化阶段结合起来，对拉丁美洲官僚威权体制的"威权主义"给予解释。但 D. 科里尔主编的论文集《拉丁美洲的新权威主义》（1979）发表的争论文章中，由拉丁美洲波及东亚和东南亚。中国大陆北京经济学院出版社 1989 年出版了刘军、李林编的《新权威主义——对改革理论纲领的争论》一书。

（六）20 世纪 30 年代以后出现的"权威主义"：在《不列颠百科全书》、《布莱克维尔政治百科全书》中有贬义，与极权专制独裁近，而美国萨托利在《民主新论》（冯克利、阎克文译，东方出版社 1998 年版）则认为"权威反映卓越"，"权威主义指的是滥施淫威、践踏自由的压制性权威"。只有迈克尔·罗斯金、罗伯特·科德等著，林震等译：《政治科学》中，把"权威主义"与"极权主义"加以区分。该书把"权威主义看成一个政府系统"，一个由"小团体行使，很少有大众输入"的权力系统。而"极权主义"（Totalitariansm）是"一战"后出现的独特政体，其表现为国家拥有无限的权力：意大利、法西斯德国、西班牙佛朗哥都是典型极权政体。

（七）权威主义种种：①一些西方学者的"权威主义"与自由民主绝对对立，用成熟民主制解释权威主义；②权威主义在发展中的两面性——限制民主、自由与具有发展、稳定取向的权威主义；③新权威主义、现代权威主义与旧的传统的权威主义；④早期与现代权威主义；⑤传统家长制权威主义与官僚（行政与技术官僚）权威主义；⑥半权威主义；⑦过渡时期的权威主义。在 20 世纪 80 年代末期，阿拉伯国家和政权中枢出现交班现象，传奇式的"偶像型"、"强人型"、"铁腕型"的权威主义者，开始培养新一代领导人。因此，20 世纪末到 21 世纪初，会有更大型出现。

（八）权威主义是一种政权形式，专指统治权力高度集中、社会成员政治参与明显缺乏的一种统治方式。这种政权具有：①统治者的权威通常不是或不完全来自臣民授予和认同；②统治者的决策以及权力行使不受或不完全受民众监督或宪法的制约；③正在、尚未向民主化转型的政权形式表现了地区与国家的复杂性、多样性。

（九）亨廷顿在《变革社会中的政治秩序》、《难以抉择——发展中国家的政治参与》和《第三波——20 世纪后期民主化浪潮》这三本著作中，强调了国家和秩序、稳定、组织和制度化。他认为："人类可以无自由而有秩序，却不能无秩序而有自由；必须先有权威，才能约束权威。"民族国家为凝聚统一、摆脱分裂危机，威权主义和独裁主义都可以从这种社会需要中获得合法性，这就是亨廷顿所关注的民族国家的主要原因。在经济发展、平等以及不同群体参与等不同目标之间，他与琼·纳尔逊提出了以社会现代化为基础的四大模式：①中产阶级模式；②专制模式；③大众模式；④技术官僚模式。

五　东方文化中的权威

约瑟夫·奈，美国政治学家，曾任助理国务卿、助理国防部长和国家情报委员会主席，任教于哈佛大学。

他认为中国文化中最难理解的是对权威的绝对服从，以及权威对个人表达的干预。

很多学者热衷于他的"软实力"言论，其实他所说的"软实力"是美国文化，和硬武力如影随形，根子是霸道，也有"武化"的强制性，因而受到其他国家的憎恶。

不过，他认为传播中国文化不会对美国文化构成威胁，因为文化之间的交往不是零和游戏。文化在两国之间的交往有完全遏止中美的冲突。

特别是他关于权威的理解，有助于我们对西方学者的"权威主义"或"威权主义"的思考。中世纪晚期，西方战乱频仍，资本主义萌芽阶段的最大政治与社会问题，是如何建立世俗化的权威主义王权。从文艺复兴、地理大发现到启蒙运动，西方文明的突飞猛进，民主自信心加强之后，便担心是否能持续下去。果然，"一战"之后，出现了"西方文化衰落"的忧患意识。"二战"之后，留下了冷战格局，西方又困惑于自身为何孕育了马克思主义。20世纪后期，中国等东亚南亚的崛起，儒家理论、亚洲价值是否可成为现代化的人文或伦理基础？马克斯·韦伯的新教理论与资本主义发展理论，甚至西方现代化理论，也发生了动摇。

法国《回声报》2010年9月6日刊载了法国国际关系研究所特别顾问多米尼克·伊莫西的文章：《东风、西风》。他认为，中国成功主要是"经济上的无可置疑的成功"，而这种硬实力上的成功，对西方传统经济学（从亚当·斯密到熊彼得）提出了质疑。他虽然看到中国模式是西方的一面镜子，但还是认为北欧贫富差距适当的模式可取。不过他尽管想靠"北风"使"西风"获得新生，然而仍认为"东风"的挑战是积极的，可以促使他们去关注资本主义现代化和民主制度更好地运转。

现代化只有西化一条路？经济模式、政治制度模式和思想资源，以至传播的影响力，根本上说，还在于硬实力。软实力在影响上说，只是反作用。

在中东，民主的复杂性是：①民众的矛盾心态：既需要强势人物，希望国家出现权威主义；又希望通过民主方式推动国家往前走；②让一个伊斯兰国家如何在宪法、政治制度与伊斯兰教在民主问题上实行有机统一。此外，民生是民主选举一大问题。上层社会多接受民主制（西方），下层民众受到部落、家族影响较大。

六　福山和弗洛伊德

把福山和弗洛伊德的名字连在一起，似乎是不合逻辑的，把他二人和文明联系在一起，更有点远。不过，这三者的确是在人类文明交往问题上有内在联系。

1989年，弗朗西斯·福山（1953—　）在纽约长大、师从美国哲学家阿兰·布卢姆、沃尔伏威茨，结识威廉·克里斯托（新保守主义杂志《旗帜周刊》主编）。他在《历史的终结》一书中写道："我正在见证的不仅是冷战的结束，或者是第二次世界大战一个特别的历史时期的结束，而且是下面这种历史的终结：即人类思想进化史的终结，而且是西方的自由民主政体将作为政府的最终形式得到普遍推广。"这种被称为"福山式"的"新福音传道者的辩词"是"基督教末世学"的说教，是单向度的精神想象。甚至弗洛伊德的精神分析中，也不能从人类文明史中得出"历史终结"的思想结论。

这个思想一直是布什族团向伊拉克人灌输的思想，而福山也是布什主义的积极支持者。1998年，福山就曾经是鼓吹美国在伊拉克进行政权更迭的、以建立自由民主政体为目标的"斗士"。他和拉姆斯菲尔德、沃尔福威茨一起，为推翻萨达姆政权在致克林顿总统的信上签名。"9·11"事件以后，他又在一封类似的信件上签名。美国的坦克开进巴格达以后，他在《华尔街日报》上撰文，欢呼胜利。不过这位单方面解除意识形态之争的牧师，也不那么自信，他一直在忐忑不安地暗自怀疑美国出兵伊拉克的后果。2003年，萨达姆政权被推翻后一个月，他就同一个对美国入侵伊拉克持乐观态度的朋友打赌说："不出五年，情况就会变得一团糟，我就等着赢钱了。"

伊拉克战争对美国文明是一剂清醒而苦口的良药，它唤醒并将继续唤醒美国人。2006年3月19日，英国《星期日泰晤士报》刊载了记者萨拉·巴克斯特访问福山的文章，题目是：《我曾是一个新保守主义者，我错了》。福山直率告诉这位记者说："我是一个叛徒"，并认为：从理论上、实践上完全错误的伊拉克战争，导致了他与新保守主义的决裂。就像苏联解体后福山把《历史的终结》一文展开为同名的书一样，他在这次谈话后，也出版了一本书：《新保守主义之后：美国处在十字路口》。在这本书中，他有如下结论："新保守主义无论是作为一种象征还是作为一种思想体系，已发展到我不能再支持的东西。"福山的判断是在英国最终形成的。他说："我记得当时人们对美国的反感令我大为震惊。美国人犯了一个大错误，就是没有正确判断这种感情。人们很容易对此置之不理，认为这不过是一向的反美主义。"福山在书中终于认识到，伊拉克是一个复杂的社会，不可能由上而下地被改造成"民主国家"。他甚至把自己说成是一个马克思主义者："因为我相信经济和现代化有一个普遍的进程。"他告诉记者说：一个国家的社会变革只能在社会的边缘引导和加速事物的发展，不可能强加于它。

谈到福山，不能不提到芝加哥大学精神病学者乔纳森·利尔。正是他把福山和弗洛伊德联系在一起。乔纳森·利尔说，20世纪90年代冷战结束后西方的乐观情绪使他欢呼"历史的终结"，并且预言苏联解体为西方自由、民主世界取得胜利铺平道路。"历史的终结"是一个大胆的希望，这个希望便是结束冲突。乔纳森·利尔作为精神病学家，提醒人们别忘了弗洛伊德。即使弗洛伊德的声望在20世纪90年代降低到最低点，但是他说过一句话非常有现实意义：历史不会终结，因为历史是人类创造的。正如乔纳森·利尔医生所讲，弗洛伊德这句话值得倾听，即使他的精神分析法从来就没有治好过病人。

据杰里·阿德勒在 2006 年 3 月 27 日的美国《新闻周刊》上发表的《弗洛伊德在我们当中》一文中所言："在美国，人们更可能把弗洛伊德看做人文学者而不是自然科学家。《新闻周刊》2005 年把弗洛伊德和马克思同归于一类大哲学家，认为他们的学说对世界的影响长达一个世纪，但时过一年就过时了，不像达尔文那样，进化论的学说在知识界的影响经久不衰。因此，作为一种补偿，同时也为了迎接 2006 年 5 月 6 日弗洛伊德诞辰 150 周年庆祝活动，有大量的讲座。"

正巧，我从北京回到西安，西北大学地质系舒德干教授赠我一本达尔文《物种起源》的新译本。他的译文流畅通达，相当专业。这部传世之作被作为"科学元典"丛书，列入北京大学通识教育经典名著之中。"科学元典"是科学史和人类文明史上划时代的丰碑，其中的科学创造、科学精神、科学思想和科学方法，具有永恒价值。达尔文、马克思、恩格斯的著作，自然是历经时间考验的不朽之作，而弗洛伊德关于"人类生活从本质上讲充满冲突"的隐蔽性和"来自被压抑愿望与本能而未意识到"的精神分析，也是长留于世的一家之言。为人们所忽视的，是弗洛伊德的"历史永远不会终结"的名言，是他从 1930 年的《文明及其不满》中引申出来的，比福山省悟此理早八十八年。他认为，任何文明的代价，都是阻挠人的本能驱动。只有放弃和约束人类的某些自然本能，才能保证文明社会的安全与和谐。不过，他认为这是不容易做到的，因为所有文明只能提供部分缓和。本能力量是强大的，人类压抑本能会引起无意识冲突，精神病的根源在此。人的社会病态与此有关吗？文明冲突论与此有关吗？如何从交往视角看冲突呢？文明和人性之间有何具体交往？这些都与福山和弗洛伊德有关联。

2001 年我在《论人类的文明交往》一文中对"文明交往"的解释是："概括地说，文明交往就是不同文明之间和相同文明之内的人与人的社会联系。这种联系又涉及人与自然的关系。文明交往就是人与人、人与自然之间联系的文明化问题。研究文明交往的历史、现实、内容、形式、因素、属性、环节、特征和规律，可以了解人类文明交往进程的不同侧面。现在流行的'文明冲突论'、'历史终结论'、'文明融合论'、'文明整合论'、'文明危机论'、'文明异化论'等理论，都应在各个历史和现实的文明交往过程中接受验证。"（见《文明交往论》，陕西人民出版社 2002 年版，第 46—47 页）"历史终结论"那时已进入我的思考领域。此后，福山的转变又和我的中东史研究领域有关。美军入侵伊拉克的战争，福山的观察中提到马克思主义，乔纳森·利尔、杰里·阿德勒提到了弗洛伊德和他的"历史永远不会终结"，都同我的"文明交往论"联系在一起。任何文明都是有代价的，这种代价是在文明交往中付出的。任何文明都需要自觉，这种文明自觉实质上都是文明交往的自觉。文明自觉是通过交往实践逐步提升的，其最深层是人的精神的历史觉醒、思想的启蒙，进而达到文明的自觉。

七　美国文明中的安全思维

2005 年，意大利一城市举办"世纪谎言"评选，布什总统的"萨达姆拥有大规模杀伤性武器"一语，一举夺魁。这是这位"谎言冠军"的荣光，也是他"先发制人"战略目标下，不择手段的一次世纪性表演。

布什打"反恐"牌，不能笼统称其为假，"反恐"少不了美国实力的支持。但扩张利益、势力触角，借"反恐"之名进行，也千真万确。布什为何以"反恐"和伊拉克战争为谋求国家安全的核心，并以此为竞选纲领而获得广大选民认同？虽屡有声势浩大的反战游行，但为何仍悍然奉行其"先发制人"战略？这是否与美国文明中寻找新威胁和寻找下一个敌人的社会心态、特别是安全思维方式有关？

"先发制人"是一个侵略性、冒险性和进攻性战略，对国际法体系和原则造成大冲击。美国文明中有一种极其强烈的意识形态化思维方式，即认为任何一个大国都随着经济力量的增长必然要追求军事力量的强大，最后必然会走上霸权国家的道路。埃伦·M.伍德这位加拿大学者在《资本的帝国》（王恒杰、宋兴无译，上海译文出版社 2006 年版）中，认为布什主义代表了帝国主义的一个新品种——资本帝国主义，它寻求在任何可能的情况下，不借助于政治统治而确立自己的经济霸权。它当然有赖于军事力量的协助，但军事存在和军事行动的着眼点，并不在于土地占领与和平问题，而是为了帝国资本的海外扩张及其安全。这是对美国文明中安全思维的一种回应。

值得注意的是，德国《每日镜报》2005 年 8 月 23 日刊载了克里斯托夫·冯·马沙尔的《布什主义的终结》一文。作者指出，布什是打着"反邪恶轴心"的斗争旗帜开始其第一任期的。新保守派的"先发制人"军事打击、武力干涉实现别国的政权更迭和"谁不支持我们就是反对我们"的世界划分理论，在布什的第二任期已有所改变。在朝鲜，布什政府不得不在六方会谈中表现出耐心；在伊朗，不得不寄希望于欧洲人对话艺术中寻求国际社会帮助；在伊拉克的重建中，为阿拉伯世界打造一个"民主模板"的目标，十分渺茫。朝鲜和伊朗都更轻视美国的压力。美国的强势文明终将知道自己的力量有限而不得不调整其外交政策和改变一下其思维方式。德国总理施罗德劝布什"让我们把军事选择从桌面上拿开，我们已经看到它不起作用"。

"9·11"事件是美国文明发展的一个转折点。经常悲观预言未来、迷信世界终将毁灭的忧心世界末日的社会心理，影响着美国的安全思维。美国作家迪姆·拉哈亚和杰瑞·简肯的宗教幻想系列小说《末世迷踪》畅销 6000 万册，就是这种情况的反映。宗教影响美国社会，表现在以基督教福音派为代表的保守派势力的壮大。美国外交关系委员会高级研究员沃尔特·米德在《外交》杂志上发表的题为《宗教与美国外交政策》一文中解释美国政府为什么如此坚定地支持以色列。它指出，其群众基础是占人口大多数的基督徒相信，他们生活在《圣经》所描述的世界里，犹太人返回其祖先的家园是上帝确实存在的一个证明。美国支持以色列，上帝就保佑美国。美政治评论家凯文·菲利普斯的《神权美国》中认为：在美国，神学已代替了正确思维的逻辑和政府行为。

宗教本源于人类对自然的敬畏，科学使宗教不像中世纪那么权威。但菲利普斯指出，美国社会状况与全盛时期的罗马帝国相似，神权政治以宗教狂热向海外推广自由民主，而战线太长，反而威胁到它本身的生存。对石油的过分依赖和国家与个人债务庞大，核武器、恐怖主义也影响到美国文明的安全思维和战略选择。

归根结底，贪得无厌必利令智昏，也难得清醒面对现实与历史。明代吕坤曾有"鉴不能自照，尺不能自度，权不能自称，囿于物也"（《呻吟语·广谕》）的警句。"囿于物"，即无自知之明和知人之明，无明则智昏，智昏则思维必混乱，有历史之鉴也不能自照，有现实之尺也无法自量，安全自然难保。布什是美国面临艰难选择的总统，他是"囿于物"的代表人物。他不理解交往的文明化。须知：互信、互利、平等、合作作为安全思维的主线，要由共同利益作保证，互信合作为条件，并且贯穿平等协商于其中！

八　人类学家挽救不了布什在中东的败局

（一）彼得·沃桑在《20世纪思想史》中写道："人类学家的工作在于

证明，一切文化都是相对的。人类学是小学科，却催生了 20 世纪最伟大的思想之一：相对主义。"人类学家比哲学家更早地注意到"差异优先"的原则。最初的人类学领域做实地考察的传教士，他们是拯救"野蛮人"变为"文明"的基督教徒的，他们向学术界宣布"文化多元主义"的宽容原则。后来，西方哲学家德里达的解构主义才提出："差异是同一的条件，认为差异先于同一，多样先于单一。"这是人类文明史这个大学科发展的结果，是人类在文明交往过程中自觉性的表达。

（二）人类学家有自己的职业操守。他们的研究成果不应该用于伤害他人。他们进行的研究，要得到被研究人群的一致同意，研究活动不可秘密展开。1918 年，美国人类学之父博厄斯就致函《国家》杂志，斥责过四个人类学家在战争期间到拉丁美洲为美军收集情报，指控他们是"披着科学外衣进行间谍活动，出卖了科学"。

（三）美联社堪萨斯州莱文沃斯堡 2007 年 6 月 22 日电称：随着美军在伊拉克和阿富汗陷入泥潭，陆军领导人求助于人类文化学家来制定反叛乱政策。莱文沃斯堡对外军事研究办公室分析家罗伯特·库尔茨为美军制定了下述的"反叛乱原则"：

（1）通过理解文化来遏制叛乱分子；

（2）从当地人视角看问题，有效地知道前进的方向；

（3）与人类学家和其他社会学家合作，创造一种风气，在军队各级训练中培养文化意识。

（四）堪萨斯大学的两名人类学家费利克斯·穆斯和巴特·迪安站出来讲话了：早在第二次世界大战中，当指挥官制订军事行动计划时，人类学家已经占有一席之地了。在伊拉克处理平民事务的陆军预备役的查尔斯·巴特莱斯中尉应声说，要设法使伊拉克相信，与军方警方合作，查出"叛乱分子"，符合整个社会的最佳利益。

（五）果然，2007 年 9 月以后，美国一些人类学家和社会学家陆续被派往伊拉克与阿富汗，协助美军。他们进入平民住所，同吃同住，形成互信之后，再回到五角大楼，告诉哪些人该杀。人类学家马歇尔·萨林斯说："参战的人类学家，是跟在世界各地扩张权力的美军勾结，粗暴地干涉他人的生活。令人难以置信、理应受到谴责的是，这些专家卷入了文化支配行动，把美国的价值观和政体强加给那些早就知道该如何维持和爱护自己生活方式的人。"人类学家蒙哥马利·麦克法特认为自己是"把军事人类学化了"。他本人就是《陆军反游击战》一书的作者，是帮助美军进行不流血的战争。

（六）人类学家中，其实有各种各样的人物，而且有些人的内心是很矛盾的。如著名的露丝·本尼迪克特就是处于学术与政治分裂状态之中。她本人有超然远离过去与未来的品质，但她无法远离现实政治。1944 年 6 月，她在美国战争情报局工作，受命用文化人类学研究日本人的思维和感情特征，帮助美军解决日本投降后，是否保留天皇制问题。她的研究成果就是名著《菊花与刀》。她的答案是：应当保留天皇制。其原因是天皇制可以使日本民众追随天皇，接受投降后的政局。但是，伴随她一生的，是什么？是疏离感。

（七）布什侵略伊拉克以后，总是为此辩护。用《美国新闻周刊》2007年 6 月 19 日一篇文章的标题，就是《人类学，人类对一切事情都能自圆其说》。此文引用社会心理学家卡罗尔·塔夫里什和埃利奥特·阿伦森的新著《犯错误了，但不是我犯的》中的"心理学上的认知失调"所感受的一种极端心理不适感；又引用了心理学家埃迪·哈蒙—琼斯的"思维本能"选择论，证明了人类犯了错误，还有证据证实自己做了件"聪明事"。人类学证明：不愿意坦白承认错误的人，一旦他的信念被证明是错误的，他反而会更加坚持错误不撞南墙不回头，这就是布什。

（八）格恩·格伦瓦德（Glenn Greenwald）在其《悲剧遗产：善恶心理如何摧毁了布什的总统任期》（A tragic Legac：How a good vs. Evil Mentality Destroyed Bush presidency，Crown，2007.6）中，认为布什头脑中充满了善与恶的较量，把宗教化的使命强化到了极端。这深深地影响到布什的世界观和美国政府的对外政策，他从《圣经》中，而不是从现实和历史的经验中寻找治国之道，而把正与邪的势不两立，把斗争的绝对性，把对立面看成必择其一，认为美国的价值观是最好的。在对外交往中，只能站在这一边，没有妥协、谈判的余地。侵略伊拉克，出兵阿富汗，是所谓的"美国使命"。这种善恶心理（Good vs. Evil Mentality），真的在他的内心深处涌动，为政治上留下了悲剧。

（九）格恩·格伦瓦德所说的心理学上的问题，也许是一个深层问题。不过作为一个大国总统，直接面对的是政治利害和经济利益。他的行为绝非一个人的好恶所能决定的。当然，他不像里根、基辛格那样，承认错误。甚至不如他任下的其他官员。如驻伊拉克美军最高司令官桑切斯中将。2007年 10 月 12 日，桑切斯在华盛顿举行的一场国际形势论坛会上，坦率地承认，入侵伊拉克，那是"一场看不到尽头的噩梦"。他尖锐地批评了布什政府进行的伊拉克战争，认为战争一开始的计划，就带有"灾难性的错误"，充满了"不现实的乐观",并且对布什这位"不胜任的战略领导人",表示"痛心"。心理医生可救不了战争狂人的狂妄病啊!而人类学家只能研究自己专业领域的事,挽救不了布什在中东的败局。他留下的悲剧遗产,只能由后任总统收拾。

九　中东能以美国的复制品而进入现代世界吗

中东有个以色列,是中东的西方式国家。21世纪初,伊拉克这个阿拉伯社会复兴党模式的民族独立国家政权,被美军以武力颠覆了。布什族团竭力使它在军事占领条件下变为美国"民主"式的国家。不仅如此,它还野心勃勃地要对伊朗霍梅尼式的伊斯兰共和国如法炮制。

2006年4月9日,美国退役陆军上校罗伯特·基勒布鲁在《华盛顿邮报》上发表了一篇文章,题为《伊拉克的不同模式——忘掉与越南战争的类比,朝鲜战争是更好的比较》。文章认为:"1953年朝鲜战争结束时,西方有人怀疑被带入现代社会的亚洲人能否掌握民主制度和自由市场经济。半个世纪以后,我们看到了对中东人民类似的疑虑。"这位美国的职业军人想象着在中东地区"催生"一个类似韩国那样的"美国盟友"。他对此愿望的信心,来源于中东的"石油财富",由此他预计可获得更大的成就。

这使我想起新加坡马凯硕(Kishore Mahbubani)的著作:《亚洲人会思考吗?》(*Can Asians Think?*)。中东地区按一般的"十八国说",除埃及是非洲国家以外,其余十七国均为西亚国家。由于政治地缘上中东是世界的热点,因而被置之于亚洲之外而独立成区。然而马凯硕在上述文集的下述话语,也适用于中东:"21世纪将对亚洲社会构成严峻挑战。在过去五百年的大部分时间,亚洲一直落后于欧洲社会,它们有追赶西方的强烈愿望。当亚洲为此而行动时,'亚洲人会思考吗?'这个问题必须得到回应。"

马凯硕所讲的思考,主要是指选择什么发展模式、走什么道路和如何重建亚洲国家的核心价值观念问题。他提出这个问题是在20世纪末,当时各个文明之间的关系,正受到西方学者的关注。美国学者亨廷顿的"文明冲突论",反映了西方学者的文明优越论的倾向。当时,许多西方学者有意识或潜意识地认为,没有西方价值观念体系,任何社会都不可能真正实行现代化。亚洲人中,也有怀疑自己的传统,全部否定自己的核心价值观。

全球化是西方某些学者探讨西方文明丧失支配地位角度之一。他们为防止其核心价值观念受到侵袭,提出"加强防守"的策略。但是,"9·11"恐怖袭击之后,美国的安全战略发生变化,攻击性增强,"先发制人"首先用于入侵伊拉克。伊拉克战争表明,布什政府的真实目的并不只是要清除萨达姆的"大规模杀伤性武器",而是用"政权更迭"方式改造伊拉克,在中东中心楔钉子、树样板,进而改造阿拉伯世界,全面推行美国式的"民主"理念和价值观。当年惠灵顿公爵的"大国无小战"的名言,在此应验。华盛顿的新保守主义者们坚信:只有这样,才可以既根本上消除恐怖隐患,又可以用战争推行其价值观。

但是,新保守主义是疯狂的冒险好战分子,而且不惜用谎言欺骗本国人民和世界舆论。他们侵入伊拉克战争的目标却会使全球不同民族、不同国家深感西方文明的新威胁。西方文明的价值观越来越强烈地冲击着世界文明交往的格局。

文明自觉一个重要标志是对历史的自觉。1975年亨利·基辛格在《重建的世界》中这样写道:"一般国家很少从历史中吸取教训,更别说从中得出正确结论了。"同时,在《基辛格越战回忆录》中,他提醒美国人鼓起勇气反思越战那段经历:"当最痛苦的时刻到来时,越南又让我感到了挫败和可悲。"这种历史自觉使他在伊拉克战争后,发出了失败、失去信誉使美国国际地位承受灾难性后果的慨叹。信息化战争可以使美国在短短数日打败萨达姆,但自以为拥有天赋权利、精制武器、战场控制和用"万能"理想去塑造别的国家,却使自己处于骑虎难下的两难困境。美国政府需要改变其缺乏历史自觉的痼疾。

全球化的不断深入,强国拥有军事实力,经济资源也随之增长,文化、传播跟在信息网络化迅速加快,文明之间的交往越来越失衡。弱势文化面临强势文化同化的危险。同化与反同化的过程必将矛盾迭起,从而增加了发展中国家寻找自身发展模式的难度。20世纪下半期形成的中东民族独立国家体系本来就是脆弱的,内部的利益纷争和外部的西方、特别是美国的经济、军事和文化力量的扩张,更增加了这个体系的分化。

然而,中东必须寻找符合自己国情的发展道路。马凯顿提出一个尖锐的看法:强势文明与弱势文明之间的交往、东方学习西方的过程中,"最重要的是:不要迷失自我"。他写道:"富裕之国并不意味着就是真理之乡。"在他看来,问题的关键不在于亚洲发展中国家能否达到现在发达国家的生活水平,而是将来采取什么模式达到这种生活水平,而这种模式又靠什么核心价值观念支持。

核心价值观念是发展的核心，是团结凝聚的民族精神力量源泉。中国有句古训："福善之门莫美于和谐，咎患之首莫大于内离。"（《汉书·东平思王刘宁传》）中东向哪里去？中东主要是亚洲人，会像东亚、东南亚和南亚人那样思考吗？他们在选择发展模式过程中，会团结起来，和谐福善，不再"内离"，共御外力干扰，开动脑筋，从而找到各国自己的发展之路吗？我想，这是一个长期而艰难的过程。这当然不仅对中东，而且对整个亚洲，包括中东，都是严峻的历史考验。它在考验着这块有悠久文明传统的、千差万别又有许多相同的各个民族国家，考验着整个亚洲人的智慧，激励着他们去思考、去创造新的未来。当然，现在作任何判断还为时过早。只有时间知道中东社会的未来。但是，有一点可以肯定：阿拉伯民族、波斯民族、土耳其民族、库尔德民族，以及中东所有民族的未来，都掌握在自己的手中。

与埋头苦干比较，保持清醒头脑更为重要。文明交往自觉论不可能解决人类在 21 世纪面临的所有问题，即使是中东地区的问题，也是如此。重要的是，我们应当及时地提出一些值得我们深思的问题，同时也一再告诫自己不要忘记自己的传统。难道这些不是我们研究中东史时，对追求全球化和市场化的现实往往最容易忘却的、忽略的事吗？

英国学者、欧洲外交事务委员会执行主任马克·莱昂纳德（Mark Leonard）2008 年 2 月出版了《中国在思考什么？》（*What Does China Think?*）。在书中他回顾了 2003 年在北京的访问，也体会到"思考"："通过社会实验，一种新的对世界的见解正在形成，并可能发展为受认可的中国模式——一条可选择的、非西方的道路，供世界上其他地区加以仿效。""中国模式"不是放之四海而皆准的，但这种模式蕴藏的深层精神——从本土实际寻求真理和道路的精神，独立思想和创造性却非常重要。正如 2008 年 3 月的《展望》（*Prospect*）杂志以《中国怎样思考》（*How China Think*）为题，刊出的长文所显示，当代中国思想界的"思考"，使他要用三年探索这不断变化的活生生的历史。我们研究中东问题的学者，理所应当用更多时间去关注中东思想界在思考什么。

十　由阮次山谈话引起的思考

（一）布什挑起文明冲突

《参考消息》记者（驻香港）张立在 2006 年"9·11"前夕，访问了凤

凰卫视首席评论员阮次山。其谈话要点如下:

1. 新保守主义和布什主义至今仍在犯一个严重的错误就是挑起文明的冲突。它们无形中表露出来的就是文明问题。现在美国人仍未能痛定思痛。西方人的观念与东方人的思维是不一样的。美国人以独霸的观念与世界交往,认为绝对的经济优势与军事优势是其外交的主轴。攻打伊拉克就是一个事例。以色列打黎巴嫩真主党也是美国在背后支持。

2. 恐怖主义具有很强的生命力。恐怖主义实际上是文明的冲突,其主要根源在西方。美国不了解这一点,不能面对西方与东方文明、基督教与伊斯兰文明之间的差异与冲突,进而去解决问题。为什么伊斯兰极端分子有自杀性攻击的勇气? 就在于他们有自身的宗教信仰! 而美国人认为这是恐怖主义。伊斯兰教认为在战争中人们可用各种方式去保卫自己的国家。一概而论恐怖主义并不贴切。美国一直用"恐怖主义"看待对方,而全球有 10 多亿穆斯林,这种冲突是不可避免的! 恐怖主义被美国偷换为与其为敌的国家。"非敌即友"反面效果,为恐怖主义提供仇恨动力与能量。失败之处在此!

3. 从历史的高度看,反恐是冷战的思维。美国屡犯错误,在于布什一直使用意识形态斗争。面对世界不同宗教与思维,美国至今仍是冷战思维去二分化。美国应当用更包容的 21 世纪的思维去处理反恐怖思维。

4. "9·11"是美帝国没落时代的开始,转折点在美国入侵伊拉克:①与基地本·拉登无联系;②未经联合国认可。尤其是美国打伊拉克后更加没落,很多国家不能再跟它了。法、意、德在伊朗问题即是一例。美国经济正在衰退,吃老本。美国的世界影响正在下降。过去冷战思维引领下的全球余威正在下降。恐怖战争主战场在美国,是最大的受害者。五年反恐战争,美国胜少败多。

5. 现在中东地区伊斯兰世界,既不相信美国,也不信任俄罗斯。中国是唯一在全球没有霸权行为的大国。中国是在全球最适合担当协调者的大国。协调、参与、奉献都要积极。不张牙舞爪,必须有牙有爪,要为自身利益而努力,要用行动使世界了解中国无侵略野心! 中国的关键是自己的行为与实力!

(二) 中东应走土耳其道路

《伊斯兰与西方》一书作者伯纳德·刘易斯在"9·11"后,出版了《布什出了错:西方的冲击和东方的反应》。他是"文明冲突论"的早期人物。他认为,伊斯兰文明与宗教文明的宗教特点与多元交往不相容,因而冲突不可免。伊斯兰世界把自己的衰落归咎于外界而产生的屈辱和仇恨，不仅毒害了自己，也使美国成为"伊斯兰未能成功现代化这一生存困境的受害者"。这正是"9·11"事件的真正原因。他是土耳其史学家，认为伊拉克战争是推动中东现代化的机遇，中东应走土耳其式道路，从而改变伊斯兰世界面貌。

（三）布什不了解伊斯兰世界之特点

1. 伊斯兰世界有许多派别和观点，有的还有很大分歧。即便是逊尼派内部，也有激进与温和之分。什叶派内部也有许多派别和观点（支持和反对美国的，都有，不是铁板一块）。

2. 巴勒斯坦抵抗武装、黎巴嫩真主党、叙利亚、伊朗联合对付以色列、埃及、沙特"亲美"国家。

3. 有一种办法使伊斯兰世界相信：可以和平共处之道，实现现代化可行之道。

（四）美国的暴发户心态

1. 不到三亿人口，不到三百年历史的美国，变成不可一世的霸权帝国。

2. 占了两次世界大战的便宜。

3. 夜郎自大，不虚心向人类古老文明学习。

4. 据说，在美国的国际关系理论中有一个潜规则，即打不败的敌人就是朋友。这个潜规则使它碰壁之后再从敌人中找朋友。

（五）老子"三宝"宜多思

老子说："我有三宝，持而宝之：一曰慈，二曰俭，三曰不敢为天下先。"（《老子·三宝第六十七》）一、二很重要，三也要分析，"先"若意思为"头"，总想当"头"，最后是树大招风，霸道遭祸，可作为蛮不讲理、强词夺理之事，这是强势文明之训。

十一　布什的"文明之战"

2006年9月11日，美国总统布什在纪念"9·11"五周年讲话中，把反恐战争提升到"文明之战"的高度，称这是一场旷日持久的"为维护文明世界的自由生活方式"的战争。

这场"文明之战"的结果：10万伊拉克国民死亡，上千名美军丧生，美国并未得到绝对安全。9月12日，美驻叙利亚大使馆遭汽车炸弹袭击，是恐怖分子对布什讲话的回答。

美国是有收获的：军事上节节胜利，展示了美军实力，检验了新式武器，锻炼了作战队伍，在中亚、中东最重要的地缘政治要地楔入了"铁钉"。

世界安全成了大问题，军备竞赛新一轮升温。这使国际政治格局严重失衡，世界政治秩序持续不公，一些国家谋求用武力解决民族矛盾、领土纠纷，只能加剧紧张。"文明之战"不能解决文明分歧，只能使问题复杂化、矛盾激化，对抗加剧，并给人类带来灾难。

我们还是引用1946年诺贝尔文学奖得主、德裔瑞士作家赫尔曼·黑塞(1877—1962)在1914年的一首诗的篇名来回敬布什：《啊，朋友，换个调子吧!》。当年，罗曼·罗兰读到此诗后，立即对这位文学家表示尊敬，认为自己结识了德国民族"最优秀人物之一"，并认为：黑塞在用笔拯救"欧洲的未来"。布什既然谈"文明"，就不要侈谈战争，还是"换个调子吧"!

布什是战争总统，在解决中东和平问题上，用战争思维。他一手发动战争，一手从政治上孤立处于中东风暴上第一线的"轴心"——加沙的哈马斯、黎巴嫩的真主党和叙利亚以及伊朗。2006年以色列与黎巴嫩真主党交战，欧洲人要求美国政府出面促使以色列结束战争，国务卿赖斯说："我对恢复原态不感兴趣"。布什政府的外交政策大多与其朋友接触，而不是与其敌人对话。这是解决不了问题的。布什应该听拉宾的遗言："我们讲和对象是我们的敌人，而不是我们的朋友。"看来这个政府不会这样，我们只有看下届政府了。

十二　美国的伊拉克战争札记

捏造谎言，用以作为发动战争的"理由"，是美国政府的惯技。从1898年的美国与西班牙的战争（美西战争），到1964年的越南战争，直到2003年的伊拉克战争，都是如此。美西战争的借口，是"缅因"号战舰被西班牙人炸毁，越南战争是美国国家安全局故意制造"北部湾事件"，伊拉克战争是借口摧毁大规模杀伤性武器。侵略战争的发动者总是需要骗人的理由，以掩盖真相。但历史不容欺骗。

1.《伊拉克：借来的壶》，这是斯洛文尼亚哲学家斯拉沃热·齐泽克的著作。作者引证弗洛伊德关于"借来的壶"的论述，分析了美国当政者攻打伊拉克的前后矛盾和漏洞百出的借口，揭示了他们的逻辑混乱话语后掩盖的真相。作者以语不惊人死不休的风格和魔术般的逻辑思维谈论问题，请看三联书店2007年汤险峰译本中，有一个有意思的小标题："一杯去掉咖啡因的'现实'"！

2. 美国与罗马帝国。有一些美国学者喜欢把今日美国与罗马帝国相比。倒是美国华盛顿大学美国经济研究中心主任亚当·古德哈特说出了历史教训："古罗马的历史发出警示信号一直被美国人忽略了，罗马向外征服力量只在两个地方遇到了阻力。首先当然是莱茵河沿岸，尚武的日耳曼部落挡住了罗马的进程。另一处是底格里斯河和幼发拉底河山谷，古美索不达米亚地区——大致就是今日的伊拉克。"当时，波斯国王沙普尔一世把罗马皇帝当做上马的脚凳取乐。侮辱被俘的瓦莱里安之后，沙普尔叫人把熔化的金水灌进瓦莱里安的喉咙，把他的皮扒下来，往里面填上稻草后当做战利品保存下来。

3. 美国是罗马吗？卡伦·墨菲在《美国是罗马吗？》一书中，则劝美国人欣赏不同文化，不要总以为自己什么都好，像罗马帝国那时的自以为是的年轻人。美国国务卿赖斯在波士顿大学被授予荣誉学位后，有100名师生举起"不要假我之名"（"Not in my name"）标语，抗议美国政府出兵伊拉克。这个女人在评论抗议事件时，竟然说了这样一句话："我曾在世界不同地方遇到抗议，这正是民主的真义。"从深层的民主信仰、理念和社会制度根源看，其要点为：①美国视自己的民主制度是上帝赋予的；②这种民主制度是世界典范和楷模；③世界所有国家都应接受此种制度。这种根深蒂固的人种优越性和注定要征服新大陆的信念，起源于种族和文化传统，其根在美洲大陆开发之初萌生，在杰克逊时代深植，在19世纪晚期注入了活力。20世纪以来，用美国制度改造世界，构成了矛盾、冲突的核心。当今的新形式、特点如经济制裁、内政干涉、政治孤立、军事威胁、颜色革命、发动战争等，总之，只要有利于其输出美国式民主制度，便可不择手段。

4. 用战争输出民主。美国在中东输出民主制度，最大一手是以战争方式进行交往。枪杆子里面出"自由"，这是侵略者的逻辑。2003年，用侵略战争方式和谎言为依托，绕过联合国，军事占领伊拉克。此举遭到美国当代著名哲学家理查德和欧洲以哈贝马斯、德里达为代表的知识分子的坚决反对。军事占领之后，接着便是"全面"移植美国式民主制度，企图以伊拉克为据点，然后向其他中东国家辐射和延伸。暴力狂常常会引火烧身，布什政府的强硬路线陷入伊拉克泥潭而不能、也不愿自拔。2007 年 1 月 15 日美国国防部长罗伯特·盖茨在访问北约总部时，在讲话中曾经把伊拉克的"民主"试验当做"大中东"计划最重要的组成部分，并且和美国在中东地区政治主导权，以及美国长期、核心的战略利益紧紧连在一起。

5. 荒唐的对比。美国总统布什 2007 年 7 月 4 日在西弗吉尼亚州国民空军警卫队第 167 空运联队发表独立日的讲话中，把伊拉克战争等同于美国独立战争。什么是独立战争的原则呢？这就是自由原则。这是《独立宣言》所体现的价值观。布什太健忘了，美国独立战争是在本国为反对英国统治而打的，而伊拉克战争是入侵别的主权国家的战争。看来布什太缺乏数学天赋了：怎么能在伊拉克战争与美国独立战争之间画等号？布什说，他执行的是独立战争的"原则"。布什在 2007 年美国第 231 年国庆节日时，谈独立战争真不是时候。美国人对四年战争的厌倦。全球化有一个全球现象，这就是人们对美国的谴责已经超越了国家、阶级、宗教和年龄界限。英国《金融时报》2007 年 7 月 4 日在用下列触目惊心的事实事唤醒美国的文明自觉：(1)"美国人太爱钱了，它崇拜金钱，把市场当做上帝"；(2)"美国人太吝啬了，它的捐款比例比其他国家低"；(3)"美国很粗俗，是个暴发户"；(4)"美国的文化地位低下，却要推行文化帝国主义"；(5)"美国令人害怕'美国化'"；(6)"美国傲慢无礼，用恩赐态度对待来自其他文化的'小猴子'"；(7)"美国太强大了，它的军事开支超过了世界上其他国家的总和"；(8)"美国是伪君子，它把为自身利益而发动的战争，粉饰成人道主义干预，并用刺刀来输出民主"；(9)"美国自相矛盾，它煽动一些'不民主'国家的'政权更迭'，却为另一些'不民主'国家提供武器、援助和贸易"；(10)"美国的外交政策出尔反尔，它摒弃了维系了数十年和平的'不先进攻'原则，用没有任何国际法依据的'先发制人'取代了'威慑'"；(11)"美国和以色列走得太近了"；(12)"美国抵制多边会议，喜欢单边主义和霸权主义"；(13)"美国招致欧洲国家的忌妒，导致了它们要建立一个与之抗衡的势力集团"；(14)"美国撞上了砖墙——中国的长城"；(15)"美国没有能解决伊拉克难题"；(16)"美国甚至不是一个民主国家，总统大选中的 44％投票率就证明了这一点。"《金融时报》记者莫里斯·萨奇用"醒醒吧，睡美人美利坚"的醒目标题开始，又用"现在是时候把她叫醒了"作结语，意在让美国摆脱迷惘、困惑和茫然，而走向"自知之明"。

6. 什么安全？伊拉克战争与西方安全问题曾经引起美国《时代》周刊

2005 年 7 月份一期编者的注意：该刊 18 日一期同时刊登两篇观点不同的文章：①丹尼尔·本杰明在《为什么伊拉克使我们更不安全？》中说："美军入侵伊拉克把自己送到了恐怖分子面前"；"美国很擅长追捕恐怖分子，不幸的是，在占领伊拉克后，它更擅长制造恐怖分子"；"现在美国与激进伊斯兰分子的对抗更加漫长而血腥"。②查尔斯·克劳萨默在《为什么说这是无稽之谈？》中说："反恐战斗是一项长期战斗……从根本上说，我们必须致力于改变相应的政治文化。改变这种政治文化从伊拉克开始。我们在伊拉克所要做的不仅仅只是用一个民主政府代替以前的政权，而且还必须创造一种类似催化剂的东西，用于在别的地方实行类似的改变政治文化的行动"。"政治文化"是美国大中东的战略目标。2006 年 9 月 21 日，穆巴拉克在埃及执政的民族民主党第四届闭幕会上，对此有警觉："中东地区正面临着危险的动乱不安局势，有人企图无视本地区人民意愿，强加于人。中东和平进程的停滞和失败，是中东各种问题的根源。任何'大中东'或'新中东'言论忽视了这一事实。国际强权应该承认现实，加紧采取行动，严肃、公正地解决中东问题。"应该"催化"的是中东和平进程，而不是把颠覆伊拉克政权、建立美国式民主当做"催化"于中东其他国家。据联合国估计，美国入侵伊拉克，不安全的首先是伊拉克，480 万难民因此流离失所，其中 280 万人逃到国内相对比较安全地区，100 多万人逃到叙利亚，100 多万难民寄居约旦、伊朗、埃及、黎巴嫩、也门和土耳其。

7. 有必要专谈一下布什。他在其第二任总统就职演说只有短短 20 分钟，"自由"一词竟使用 27 次，而"自由"往往是和"民主"连用的。他声称："美国的政策重心将是在全球范围结束暴政、伸张自由民主"，"要把自由扩散到全世界各个角落"，"推行这一理想是时代赋予美国的使命"。他还说："保卫美国安全的唯一途径就是促进海外的自由民主。"布什的狂妄嚣张是美国的霸权症暴发的表现。麦克尼尔（McNeli，W. H.）在《西方的兴起》（1963）中，欢呼美国文明向全球凯歌行进；以后又在《世界史》中又把美国霸权合理解释为文明传播成就论，即引诱或者改变其传统生活。布什的用武力把"民主"、"自由"推向中东行动，松尾文夫早在 2002 年 8 月号的日本《中央公论》月刊上，就发表过《自高自大的美国和新帝国主义》的文章。而在 2006 年 7 月 15 日，布什与普京举行首脑会晤后接见记者时，向普京推销伊拉克式的"民主"、"自由"："我对普京总统说明了我们的想法，并希望推动一些国家在制度上有所改变，就像伊拉克那样。现在伊拉克有新闻自由和宗教自由，我们美国许多人希望俄罗斯可以作同样的改变。"普京立即打断布什的话:"可以非常坦率地告诉你,我们肯定不想要伊拉克那样的民主。"布什还喃喃地说:"那我们走着瞧。"普京接着说:"没有人比我们更了解我们的国家,我们坚信没有民主我们的国家不会强大,但我们走自己的路。我们俄罗斯不会参加任何十字军东征,或者任何神圣同盟!"看看伊拉克的爆炸、枪击和各类袭击,难怪美联社也形容布什推销的伊拉克式的"民主",是"血腥的民主"!据西班牙《起义报》2007年5月5日报道,伊拉克从中世纪以来,已知的战争中都没有发生过像美国入侵伊拉克战争中这么针对妇女的强奸和暴力罪行,更不用说在关塔那摩等地关押1.8万伊拉克囚犯的非人道待遇了。《起义报》在2008年9月6日刊载的《西方民主的另一张面孔》文章中说,"布什总统并非唯一卑鄙的人,西欧的大部分'民主国家'在巴勒斯坦、伊拉克、阿富汗的屠杀战争中都发挥了令人羞愧的作用,而所有这些国家无一例外地都是以维护民主和人权的名义干下了所有这些勾当。"

8. 世界谎言冠军。这在本编第七题"美国文明中的安全思维"中已有叙述,这里不再重复。

9. 美国的社会心态。布什主义如果有其形态,这与美国的社会心态有关。冷战后,唯一超级大国的美国为保持其地位,在寻找新的威胁和下一个敌人。大国强大了,经济力量增长了,要追求军事力量的强大,以防现实的敌人和潜在的敌人。德国《每日镜报》2005年8月23日刊载了克里斯托夫·冯·马沙尔的《布什主义的终结》一文,其中历数了布什以"反邪恶轴心"为口号的第一任期和陷入伊拉克泥潭的调整第二任期之间的变化。

10. 恐惧感。社会心态中的恐惧感也是因素之一。加州传媒学院教授玛格特·亨理克森在《奇爱博士的美国——冷战核威胁下的文化与社会》一书中写道:"如果说到重塑美国乃至欧洲文化的力量,那么没有什么比原子弹更有影响力了。"应该说,核恐怖心理一直影响到美国政治、社会、外交和意识形态。可以说此种"综合征"化为一种社会心态,特别魂牵梦绕着美国当政者,当前又和"反恐"结合在一起,风声鹤唳般响在他们的耳边,如该国军事科幻作家汤姆·葛兰西在《恐惧的综合》一书中,对中东恐怖分子用核弹袭击美国时描绘的心态那样。也如同该国科幻杂志《轨迹》创始人查理斯·布朗所言:"科幻是研究变化的文学","科幻小说中所描写的,往往是社会科学领域中的'奇点'。"这篇讲话讲的美国科幻小说在变化,实质上反映的是美国文明在变化。反映到政府文化(如"布什主义")领域,也像事物发展到物理学上的"奇点"以后,就会发生实质性变化一样。美国在伊拉克的战争也可以作如是观。

11. 夏兰斯基。布什推行全球民主战略，也受了纳坦·夏兰斯基的很大影响。夏兰斯基为苏联持不同政见者，后移民于以色列，曾任以色列副总理兼住房和建设部长。他写的《论民主：战胜暴政和恐怖主义的自由力量》一书，是影响布什的一本重要著作。2006 年 3 月 5 日，他在《洛杉矶日报》上发表了《民主能结束暴政吗？》一文，承认了现实："美国在中东推进民主计划已遭到重创，伊拉克、埃及，特别是加沙和西岸最近的选举结果……使该地区最危机和最反对民主的分子通过民主手段取得了权力。"他指出，布什"强调要在每一个地方都尽快举行选举，但选举绝不能取代民主"。这位布什的高参说，他曾建议先实行三年"民主改革"，然后再进行选举，未被布什采纳，而"哈马斯在最近的选举中胜出就是只注重民主（选举）的形式而非实质（建设和保卫自由社会）政策的结果。于是，他提出如下新建议：①使用道义、政治、经济影响；②将贸易与经济自由挂钩；③鼓励外交官会晤所在国的持不同政见者；④援助和保护持不同政见者；⑤通过政策声明表示：扩大自由对各国有利。夏兰斯基所在的以色列，是西方民主在中东的样板。他建议美国在阿拉伯国家中，如伊拉克那样再搞几个"民主"样板。不过这位持不同政见者并不大了解阿拉伯世界、中东历史和伊斯兰文明。

12. 文明危机。2003 年 3 月，当美国发动对伊拉克战争开始前夕，我应上海《外滩画报》写了一篇《倾听战争背后的政治交往之声》的短文，其中最后一句是："美国文明真正的危机开始了！"这是因为美国衰落论之声从 20 世纪 60 年代开始，一直在忽断忽续，而且提出此论者多为美国人自己。如 1987 年的保罗·肯尼迪的《大国兴衰》，如亨廷顿甚至预言美国将在 2000 年衰落。当时，编辑担心的不是我关于美国文明衰落的这句话，而是我在文中肯定布什族团非打这场侵略战争不可，而且是战争即将爆发的估计。直到美国炮火在伊拉克响起，空军、陆军，特别是坦克代替了民主、自由声音之后，编辑才放下了心。但是，我很看重美国文明危机始于伊拉克战争这句话。1915 年诺贝尔文学奖得主、法国文学家罗曼·罗兰在 1916 年第一次世界大战正在进行之际，面对人类历史上这场空前浩劫，他满怀"推倒一世之智勇，开拓万古之心胸"，组织反战人士，群起抵制不义之战。苏联作家高尔基致信罗曼·罗兰，约他为儿童写一本贝多芬的传记。信中写道："这场荒谬的战争便是我们道德衰竭、文化没落的明证。""您是那些少数未被这场疯狂的战争弄得心灵忧郁少有的人之一，知道您高尚心灵保存着人类美好原则，这确是莫大的愉快。"用侵略战争颠覆一个主权国家，推行美国式的民主自由,这难道不是"荒谬"吗?难道不是"道德衰竭"吗?难道不是"文化没落"吗?这种危机总会以不同形式给美国文明留下不良的后果,这是肯定的。

13. 衰败幻觉。法国《回声报》2007 年 12 月 18 日发表了法国战略研究基金会教授布鲁诺·泰尔特雷的文章《美国衰败的幻觉》,其中列举了美国众多的"世界首位":(1)全球生产总值中所占的份额;(2)国民收入;(3)农产品生产;(4)软件制造;(5)服务出口;(6)外国投资储备;(7)国防支出保证其对海洋、高空、网络空间的控制权;(8)受中等教育人口比例在经合组织内居首位;(9)世界大多数一流大学;(10)众多诺贝尔奖金获得者;(11)发表科学论文集中于美国;(12)研究与开发费占世界三分之一以上;(13)申请专利数超过世界总数一半;(14)接受世界一半以上受过高等教育的移民;(15)美元占世界外汇储备三分之二以上;(16)一半的国际商业交易和一半的国际债券用美元支付;(17)金融体系的世界优势;(18)高技术工业的竞争优势;(19)政治机制的稳定性在世界上绝无仅有;两个世纪以来它一直是同一部宪法和同样的制衡体系。作者认为,美国未来的王牌主要是惊人的活力和社会持续的自我再生能力。然而,衰败于不断的战争,这绝非"幻觉",而是美国的历史、现实与未来。

14. 政治文化。布林克·林赛(Brink Lindesy)在《富足时代:繁荣如何改变了美国政治文化》(*The Abwndance,How prospety Trasformed America's Politices & Culture*,2007)一书中从政治文化与经济富裕的关系上,提出如下观点:①第二次世界大战后,美国人衣食丰裕,转而求索自我与人生意义,安于社会和政治稳定;②美国的富裕一度影响了苏联,赫鲁晓夫与尼克松发生了著名的"厨房辩论",苏联人不服输,但美国人也没有找到心灵的安宁;③在急风暴雨般的 60 年代以后,美国人的年轻一代更加颓废。美国的伊曼纽尔·沃斯坦在《美国实力的衰落》(谭荣根译,社会科学文献出版社 2007 年版)中,则坚信美国实力的衰落,其主要因素为:①美国霸权的经济、政治、军事因素;②全球化;③种族主义;④伊斯兰教。他提出,"美国是一个衰落的霸权国家","9·11"事件是一个证据。

15. 长时段视角看伊拉克战争。"9·11"事件是一个历史转折,伊拉克战争又是一个明显的标志。单极时代的霸权主义,难以为继。美国无法独自应付恐怖主义的威胁。朝鲜、伊朗的核挑战,说明了全球面临的挑战,需要各国共同协力。伊拉克战争确实使美国霸权主义者完成了政权更迭,但那个泥潭很深,那个"伊拉克壶"的饮料是一杯去掉咖啡因的"现实"。2003 年

3月发动伊拉克战争的结果是1991—2003年"典型单极世界"的结束，进入了"松散单极世界"时期。2003年之前，美国发动科索沃战争，退出《反导条约》，发动阿富汗战争，实现自己政策与国际战略安排时期过去了。它无力解决伊拉克稳定，建立"民主"秩序期望破灭，大量军力财力被牵制在伊拉克，国内反战情绪高涨，在朝核危机、伊朗核危机中，表现美国统治世界的捉襟见肘困境。它终于使战争发动者明白：倾听是金，冷静是银。反思战争与人性，审视人类灵魂在残酷战争中的变异，必须寻找新世纪和平发展的道路。美国在伊拉克进行的战争，其时间是短暂的，然而其后果需要从长时段才能清晰显示出来，可能需要十年、二十年，甚至是半个世纪。21世纪的中东，是从伊拉克战争揭开序幕的，它用血腥的暴力撕开了文明交往之网，中东历史更复杂化了。不过，对一个经历了太多战争的中国，我们在和平安宁的今天，应当看到，战争离我们并不很遥远。伊拉克战争、阿富汗战争，那种一边倒，不仅无还手之力，连招架之功都没有的战争，不能不让我们居安思危。国无防不安。我们要有以戈止戈的武装力量。我们要枕戈待旦，加强国家实力。

16. 背离外交传统。美国《纽约时报》2008年7月9日刊登《美国在海外：审视我们以自由之名所行之实》一文，作者特德·威海默也是《自由的约柜：美国与世界》一书的作者。他的书毛病很多，如文笔平淡单调、陈词滥调甚多，他曾经是克林顿总统的讲稿起草人，总奉承克林顿政府的政策。但是，他的精彩部分在结尾：关于伊拉克这一章讲述了小布什如何严重背离了最崇高的外交政策传统。他指出："布什政府发动战争确实与《启示录》中描述的冲突非常类似"，"在21世纪初，重读《独立宣言》可能会令人感到不快。在傍晚的光线中，它读起来可能像是讨伐我们自己的宣言"。

17. 巴希尔与布什。美国加州大学中东历史学教授马克·莱文在卡塔尔电视台网站2008年7月17日撰文《先是巴希尔，接着是……布什》，认为国际刑事法院（ICC）对苏丹总统的指控，很容易指向美国总统布什。如控词说："巴希尔对（民兵组织的活动）负有直接责任。他是总统。他是总司令。这不仅是表面之词。他动用了整个国家机器。他动用了军队……他拥有绝对的控制权。"布什是总统，动用整个国家机器，也拥有绝对控制权，发动了伊拉克战争。马克·莱文说：他2004年春和2007年冬访问伊拉克，看见美军在那里犯下的累累罪行。数不清的伊拉克人被夺去生命令人感到痛心，布什连同两次选他上台的美国人对此负有责任。发动战争、侵犯别国显然违背联合国宪章。除虐囚等大量侵犯人权行为外，布什还有很多违反美国联邦法律的行为。布什及其伊拉克战争的设计者和执行者至少应该和巴希尔一样,遭受被人称作国际在逃犯的耻辱。

18. 战争与经济。伊拉克战争和美国布什政府的国内经济政策有关。2008 年度经济学奖得主保罗·克鲁曼在《美国怎么了:一个自由主义者的良知》(刘波译,中信出版社 2008 年版)中,严厉抨击布什政府的伊拉克战争,希望后布什政府的当政者"为了美国,他们应当实施一切坚定的自由派计划,扩大社会安全保证的覆盖面,缩小贫富差距"。他提醒美国人不要忘记 1929 年经济危机的历史教训,发动一场新的"新政"。布什总统以全美失业率达十六年最高、低于 30% 支持率和遭到八十年来最严重金融危机而下台。这个提醒是重要的,有历史和现实的意义。美国人确实应当以此为训,冷静地思考、认真地提高文明自觉性。

19. 破坏古迹。2004 年 4 月,美国、波兰和其他国家组成的联军在巴比伦王尼布里尼撒的都市废墟上建立了军营,并一直驻扎到 2004 年 12 月,破坏情况:2000 多名侵略军占领巴比伦遗迹所造成的破坏是永远无法恢复的。出于军事目的挖战壕、驾驶重型车辆,污染了满是考古学证据的土地,把巴比伦之外的土壤运到这里,在古代世界最著名的地方之一,修建了一块停机坪。这件事使人想起了《圣经·旧约全书》,该书说,上帝毁掉巴比伦,以此来惩罚该城的堕落和残忍。现在,这场新的灾难造成者不是上帝,不是文物盗匪,不是当地人,而是驻伊拉克的美、波联军!"巴比伦的古代大都市遗址永远无法恢复原貌了"!英国伦敦的《泰晤士报》记者本·霍伊尔在 2008 年 11 月 10 日的网站上叹息地写到。

20. 政治悲剧。美国国际政治学者米尔斯海默在《大国政治的悲剧》一书中指出,美国主流舆论总愿意把本国与敌国之间的战争看成是善与恶的较量。"美国领导人常把自己发动的战争描绘成一场道德十字军讨伐或意识形态之争,而不是为权力而战。"美国前国务卿基辛格也说,美国的对外战争常常要找一个道德借口。具体的最近实例就是当美国总统布什 2001 年宣布对恐怖主义开战时,就说这是"正义与邪恶之战,是又一次十字军东征"。E. H. 卡尔说得对:美国是"在善良外衣下掩盖他们自私的国家利益的艺术大师"。美联储前主席在 2007 年出的一本书中,明确说,布什侵略伊拉克是为了石油。"推翻暴政"原来是为"自由"地使用伊拉克石油开路。美国式的"正义",到底是何种外装?

21. 鞋和布什。2008 年 12 月 14 日,布什总统卸任还有 37 天、在突访伊拉克之际,遭到"鞋弹"的袭击。一个名叫宰迪的伊拉克记者在布什与马利基联合的记者招待会上，大声喊道："布什，你要对数以千计的伊拉克人负责！"同时将两只鞋子脱下，向布什砸去。在阿拉伯文化中，用鞋底攻击他人，是一种侮辱行为。两只鞋没有命中布什，第二鞋底却砸在了布什身后的美国国旗上。这是对布什总统卸任之际送上的"告别礼物"。受袭之后的布什，仍忘不了唱老调。他在巴格达迪亚电视台发表声明，要求释放记者，认为这"符合美国政府向伊拉克民众作出的民主和自由的承诺"。布什政府给下届留下了何种政治遗产？金融危机引起的全国经济萧条，失业人数居高不下。阿富汗安全局势持续恶化、恐怖元凶依然逍遥山地。尤其是伊拉克战争深陷泥潭。数千名美国士兵丧命，上万亿美元打水漂。国内混乱，民主自由，仍为画饼。2008年年底，以色列空袭加沙地带，中东和平调解败局已定。这使布什留下的惨不忍睹的政治遗产无疑是雪上加霜。迷信武力和战争的政治狂人怏然离开白宫。

22. 文明衰退和文化变异。2001年"9·11"事件之后，美国著名作家苏珊·桑塔格曾立即投书《纽约客》，认为此事件"并非对'文明'、'自由'、'人性'或'自由世界'的'怯懦'进攻，而是对世界上自封为超级强权的攻击"。这位1967年因参加反对美国侵略越南战争而被捕的女作家，有许多历史性见解。苏珊·桑塔格在谈到"9·11"和"反恐战争"时，认为文明的衰落和文化变异二者相连，又与道德伦理相关。她对阿布莱布监狱虐囚事件的犀利分析，超过了此事件本身。这是她对美国暴力文化的严厉批判。这些批判不但富于洞察力，而且鲜明地表现了她在逆境中的独立而高尚的品格和"美国公众的良心"。她是有预见的。她的儿子戴维·里夫说："她写作时用一只想象的眼睛盯住后代"。她有强烈的道德观念，为自己提出了伦理任务。她斥责美国文化为"堕落文化"，此种文化中每一个人的痼疾是"简化现实"、"鄙视智慧"。她在批判此种"堕落文化"时，提出了一个概念——"同时"。她的伦理模式是：我们的宇宙的特征是：很多事情都是"同时"发生的。她有"不同之中的时空观"："时间之所以存在，是为了使一切不至于同时发生；空间之所以存在，是为了使一切不至于都发生在你身上。"（见《同时：随笔与演说》，黄灿然译，上海译文出版社2009年版）

23. 布什政府留下的难题。华盛顿近代政策研究所研究员马力·克雷默曾经在"9·11"事件后出版《沙滩上的象牙塔：美国中东政策的失败》一书而闻名美国学术界。在伊拉克战争之后，对中东政治的观点是：伊拉克和整个伊斯兰世界一样，专制主义浓厚，不具备实行民主政治的条件。如果美国要在伊拉克推行"民主改造"，使"政治体制多元化"，从而使伊拉克本来就脆弱的政治更加脆弱,甚至造成恐怖主义的滋生。他提出,伊拉克战争之后,有以下三个因素威胁地区稳定:什叶派、库尔德民族和难民。民主解决不了这三个问题。他认为,这三个问题虽然是"次国家认同",实际上高于"国家认同"。美国应扶持这些认同,使之成为被尊重的"意识形态实体"。布什留下的伊拉克泥潭已成为难题。

24. 九问布什。布什在接受英国《世界新闻报》记者查尔斯·吉布森的采访时,称自己最大的遗憾是轻信了萨达姆拥有大规模杀伤性武器的情报,在没有准备好的情况下轻率地发动了伊拉克战争。发动一场战争,在于轻信和轻率,总算浮皮潦草地、半遮琵琶地承认了点错误。① 但应当向布什提出9个问题:①一个人、两个人轻信了情报情有可原,为何世界上最发达国家的政府却这样容易"集体上当"呢?②一向注重集体意愿的美国为何置安理会决议于不顾而悍然发动这场战争呢?③一向重视民意的美国政府为何对美国一浪高过一浪的反战呼声视而不见呢?④发动战争这样的大事,一向喜欢投票实现民主的美国,战前为何不进行全民公决呢?⑤军事技术、特别是情报系统世界领先的国家,为何在如此重大问题上会犯如此低级错误呢?⑥为什么在已知情报错误的情况下,布什政府还不迅速结束战争?⑦尽管许多人建议布什从伊拉克撤军,而布什说"我不能让美国士兵白白牺牲",难道伊拉克人民就活该在美国的枪炮下家破人亡吗?⑧美国经常以"世界警察"姿态来责问别国专制、侵犯人权,可是伊拉克人民难道需要外军入侵而无权决定自己国家命运吗?⑨既然打击恐怖主义,为何为此要发动欺世盗名的伊拉克战争,这难道不是在世人面前作掩耳盗铃式的借口吗?中国有句话:九者数之极。细听布什 2008 年 1 月 20 日的告别演说,还有许多问题、更多问题问他,但他已正式卸任,虽然有些自称"最大遗憾"的事是发动伊拉克战争,但对此事却仍是盲人骑瞎马,盲目性压倒了自觉意识。美国此类当政人物什么时候才能在错误中改变强势文明的心态呢?

25. 民族国家。伊拉克战争没有联合国授权,是非法的。发动战争的借口是虚构的。战争是违反和平发展合作的时代潮流的。战争加剧了美国同伊斯兰文明的冲突。伊拉克战争之后,西方政治学界围绕"民族国家"(Na-

---

① 2010 年 1 月 29 日,追随布什的英国前首相布莱尔接受伊拉克战争独立调查委员会质询时,也承认是情报不确定情况下的决定。但英国前驻美大使克里斯托夫·迈耶和布莱尔的前外交顾问大卫·曼宁都作证说,2003 年 3 月,他们都奉命向美国通报英国支持"倒萨"立场。布莱尔和布什一样,是先定罪名,后找罪证,真假不论,能用就行。

tion-state）概念展开讨论。这反映了美国超级霸权趋势的转变。基督教文明与伊斯兰文明之间的冲突的指向不是文明之间的冲突和生活方式的优劣，而具体表现为国家与国家之间的冲突和国际秩序的重建。国家、主权、国家建设等以"国家利益"为中心的重要概念，被赋予新的含义。2004 年，曾倡导"历史终结论"的福田，出版了《国家建设》（State Buiding），成为这一趋向的代表。伊拉克战争之后，西方政治学正在完成海德格尔未竟的心愿，找到了"此"与"在"偶然相逢的世界。这种不计较意识形态利害得失，直面现实，有发展的空间。

26. 实力衰落。2010 年 8 月 31 日，美国总统奥巴马宣布：结束美国在伊拉克的作战任务。9 月 1 日，美国副总统拜登主持了军事指挥权移交仪式。从 2003 年 3 月 20 日开始的美国入侵伊拉克战争宣告结束。美国当时依仗有将近 11 万亿的 GDP 实力，侵略一个仅有 2300 万人口的小国伊拉克。结果七年中牺牲 4419 名士兵，开支达 7423 亿美元（不包括在战争中受伤的 3.2 万士兵今后的医疗和生活费用开支）。伊拉克战争以后，美国实力衰落。历史上走向衰落的大国，历来都是选择用先发制人的战争来挽救颓势。问题是，先发制人的大国，首先要有足够的实力，特别是经济实力。伊拉克战争像癌症一样消耗着美国的经济实力。诺贝尔经济学家约瑟夫·E. 斯蒂格利茨，为说谎的侵略者算了一笔细账。他在《三万亿美元的战争》一书中，不仅仅是计算了 3 万亿美元的战争成本，而且表现了一位有良知、有责任的经济学家对这场战争后果的客观观察和冷静反思。他说："战争是男人和女人杀戮和伤害其他男人和女人的行为，战争的代价在战争的最后一枪结束后，还长远地影响着人们。"据斯蒂格利茨统计，伊拉克战争费用高达 3 万亿美元，而且还是个保守估计。战争引起的石油价格狂涨，导致粮食及其他商品价格不断攀升。有些美国人不顾中国 13 亿人消费石油仅占美国一半的事实，将油价飞涨赖给"中国的崛起"。没有偏见的学者会看到事情的本质。美国芝加哥大学政治学教授罗伯特·佩普在 2009 年的《国家利益》双月刊 1—2 月号上，发表了《美国衰落》一文，指出：由于美国发动伊拉克战争而处于"前所未有的衰退之中"。他引用罗伯特·吉尔平的话来表达他有相同的看法："对于一个处于衰退过程中的社会，第一个也是最有吸引力的反应就是消灭战争的根源……这就是我们所说的霸权战争。"问题的实质在此。

十三　西方哲人的民主忠告

1. 苏格拉底：古希腊为西方文明发祥地。当时希腊的城邦雅典实行公民（不包括女性和奴隶）通过公民大会决定宣战和媾和、法庭终审等民主制。但大思想家苏格拉底因"腐蚀青年思想罪"被此制度判死刑。

2. 柏拉图：苏格拉底的学生、大思想家柏拉图对此愤怒不已，认为"暴民"政治之源是：希腊民主制否认人的差异（智力、品行、能力等），预设男性公民不分良莠都同样行使政治权力，后果不堪设想。他提出治病治国该找谁的问题：即病人治病该召集民众，还是寻医问诊？治国难度胜过治病，又该找谁呢？

3. 亚里士多德：优良政体的两个必备条件：①稳定的中产阶级多数；②确立法制。理由：中产阶级不像穷人那样易谋他人财物，也不会像富人那样易引别人觊觎。中产阶级占多数是优良政体基础。至于法律，应该是城邦优良政体的权威，法治规范可防独裁和暴君。

4. 卢梭："主权在民"。《社会契约论》提出：一人一票难题，即一万公民的国家中，每个公民的主权是万分之一；十万人的国家，公民主权是十万分之一，国越大，公民对国家的影响力越小，民主效果越差。他认为，理想的民主社会应为小国家、小政府，因为贫富差距不大，可免于对抗。

5. 哈耶克：《通往奴役之路》——"我们无意创造一种民主拜物教。我们这一代人可能过多地谈论和考虑民主，而没有足够重视民主所要服务的价值。"他把民主严格界定成一种决策程序、一种手段而非终极价值。终极价值是人的自由。多数决定如果滥用也不一定有合法性（如多数人决定要分少数人的财产）。民主所服务的价值高于民主本身。

思考点：

1. 柏拉图的"精英主义"的政治理念中，有民众意识过弱的缺点，但简单的多数选举程序隐患不少，甚至出现了 1933 年希特勒纳粹党获得 37.4％ 的选票而成为德国议会第一大党。面对这场世界性灾难，如果柏拉图地下有灵时会说，我早就预见这种差点毁掉西方文明的"民主"！

启示处：经济发展、文化深厚、教育上升、法治社会、公民意识所导致的政治精英和全面监督的新型民主制。

2. 发展中国家民主制建设最佳切入点，不是一人一票，而是大力发展经济和教育，壮大中产阶级，加快法制建设。民主的本质是竞争、透明和责任。

3. 民主的服务价值：国家良好的治理和人民的幸福生活。不为民主而民主，不迎合西方，用国家眼光，研究、实践自己面临的问题。走自己的路，改革政治体制。

4. 现在，西化语境、西方意识形态的强势统治着国际关系理论，特别是政治体制理论。中国有出息的学人要有主体意识。如蔡元培所说："一己之说，不得束缚于他人；而他人之学说，亦不束缚于自己。诚如是，则科学、社会等等，均将任吾人自由讨论矣。"民主也如此。

只有"程序民主"不是真民主。不能把民主简单化！

这里还有一个本国传统主流文化资源的开发利用问题。任何国家的政治体制改革都应有根有源。程序民主不是实质民主。要看到西方政治科学与政治实践的脱节。例如，中国传统的为政之道是"经国济民"，这比"发展经济学"的西式套话如转型、进步、后现代化更到位。"二战"后，国际货币基金组织和世界银行要发展中国家采用"进口替代"，东西方却是"出口推动"和在"威权主义"集权制体制中进行，而不是以民主为经济发展前提。发展经济学认为，经济发展的先决条件是传统社会和文化"转型"，而东西方在发展中是顽强捍卫传统。

十四　希伯来语言与文学的复兴

（一）

为纪念以色列建国六十周年，2008 年 5 月 19 日到 8 月 30 日，耶路撒冷的以色列博物馆展出了两片极为珍贵的《以赛亚古卷》。这是四十余年的首次。《以赛亚古卷》为死海古卷中最完整的圣经篇章，约公元前 120 年用希伯来文写成。1947 年春在极偶然情况下，发现于死海岸边杰里科附近一个山洞中。正是这一卷中，记载着伊朗居鲁士大帝对犹太人的宽容。

1948 年 5 月 14 日以色列国成立，这是希伯来语复兴的开始。长期以来，希伯来语像拉丁语一样，是一种已经濒临死亡的古语。它为学者、教士用于特定场合之中。现在，希伯来语在 600 万以色列人的生活中，已经成为唯一以书面语为基础的口语。它被作为"语言复兴的最佳范例"，展现在文明交往的大潮之中，成为中东文明复兴的多彩图景之一。《中华读书报》记者康慨在报道中写道：

"无论在电台脱口秀、议会、学校，还是在办公室、街头、厨房，它均活生生无处不在，成为儿童生来便润泽其中的真正'母语'。与此同时，一大批以希伯来语进行写作的小说家和诗人，如阿摩斯·奥兹和已故的耶胡达·阿米亥（1924—2000），为这门古老语言在世界文学版图上赢得了令人尊敬的一席之地。"（康慨：《花甲以色列最大奇迹：希伯来语的复活》，《中华读书报》2008 年 5 月 21 日国际版）

康慨报道中所提到的耶胡达·阿米亥，对希伯来语的复兴，起了巨大的作用。希伯来语的生命力，不仅在于它用发音、拼写规则为文字，统一了来自世界各地的犹太移民，使之成为国民；而且，这种语法和词汇还要依靠文学作品来表现它在文明交往意义上的广度和深度。耶胡达·阿米亥的诗已被译成 30 多种语言，在以色列的受欢迎程度更令人叹为观止，婚礼、葬礼上都可以听到他的作品。1994 年诺贝尔和平奖得主、以色列总理伊扎克·拉宾在颁奖典礼上，就朗诵了他的诗作《上帝怜悯幼儿园的孩子》。

值得一提的是耶胡达·阿米亥的诗歌，既有世界视角，又有本民族本位。他的诗歌不仅奠定了新生以色列文学的基础，也使希伯来语作为一门文学、甚至世俗语言的特征。例如，他的诗《在本世纪中叶》中有一句"使我们共处其中的麻毛混织物"，英译为"the linsey-woolsey of our being together"，中译为"在我们共处渎神中"，都使人不得要领或诗意全无。原来希伯来语的"shaatnez"一词，指《圣经》时代一个禁忌，即麻毛不可混纺。但对于希伯来语的读者，立刻就会抓住诗人的寓意：两种截然不同的东西结合在一起，明显犯了禁忌。诗人就是这样，有意用《圣经》词汇，而不用现代希伯来语的近词意，以表现特殊风格。

（二）

在希伯来语中，出现的新型诗人被以色列的尼希姆·卡尔德尼称为"民族诗人"。他在《以色列民族诗人八论》中称："民族诗人的首要特征就是叛逆……是对犹太信仰的重大反叛……犹太人过去的诗人……是个宗教诗人。他的权力来自上帝。但民族一说要求一个非宗教的犹太人集体。"尼希姆·卡尔德尼认为："民族诗人是同在巴勒斯坦建立犹太民族国家联系在一起的。"

根据以上原因，他认为只有以下三人配得上民族诗人的称号：①海伊姆·纳曼·比亚里克（1873—1934）；②内森·奥特曼（1910—1970）；③海姆·古里（1922—　　）。关于宗教与民族的关系问题，尼希姆·卡尔德尼有独特的见解："创建犹太民族是历史的需要。犹太人认为我们走过的历史之路告诉我们，宗教将无法保存我们这个集体，直面反犹教派将无法解救我们个人。故而需要民族。所以，第一个民族作家比亚里克就在诗篇里，用犹太人的历史和犹太人的审美资源，造出了一个世俗而审美的神话，以代替非历史的宗教神学。"而奥特曼"所以成为民族诗人，是因为他教会以色列人找到一个深刻的普遍人性，而不单单是深刻的犹太特殊性。这种深刻是诗意的、文学的，是当行吟诗人永不歇脚地周游天下时才会向他显露的秘密。居有定所的人和市民们并不明白他们自己的事，行吟诗人则知道"。海姆·古里是1948—1950年战争时出现的民族诗人，他是以士兵的身份来说话。

独立战争以后，"希伯来语言里再没有出现过民族诗人。这时排斥民族之声的现象出现了。用你自己的声音说话，不要用集体的声音——这是以色列今天对诗人的要求。古里说，今天的以色列人在一些最根本问题上彼此分歧太大，因而不可能共有一位民族作家。"（见《中国社会科学院院报》2006年10月26日，袁伟译）

（三）

希伯来文学舞台上"复兴文学"一词被反复讲述了一百多年。与此词有关的还有："复活"、"再生"、"延宕了的还乡"。现代希伯来文学在形成中是带有某种复兴精神的。创造新人、创造新家园是希伯来语作家的两大任务。

西奥多·赫茨尔1902的《古老的新国家》这部小说以回归古代的模式，用所处时代的时空精神，讲述《圣经》中出使埃及故事。在许多情况下，意识形态取代了宗教，最终导致了带有民族主义命令色彩的宗教。诺贝尔文学奖得主阿格农的《去年》则以洪水滔滔表明了新型犹太复国主义主人公为大地的圣坛献身，但是他们死去时也为抛弃了犹太人社区而深深痛悔。希伯来复兴文学的作家在建立"新民族"过程中使用《圣经》中的叙事方式，在历史与神话意义上进一步阐明犹太人的某些民族特征。

希伯来复兴文学是一个民族在背井离乡中创造出来的。这与欧洲文艺复兴时期居住在自己国土上创造的文学截然不同。欧洲是回归希腊、罗马和早期基督教的审美模式。现代希伯来文学也有"回归古代起源"、回归古典美学模式，但主张真正从流散中回归故乡。这里很像美国移民文学。希伯来复兴文学像美国拓荒者一样，放眼"以色列土地"，应付一块新地域。当然，这是两个极不同的新地域。19世纪末20世纪初的"以色列土地"所遇到的居民是阿拉伯人，这就是希伯来复兴文学中所写的"延宕了的还乡"的描述。

结束此文时，我想用"难题丛生"来叙说复兴问题。复兴出现于语言、文学，但必然发展到政治。个人与集体梦想、民族之间的交往，都需要新的自觉。

十五　以色列遐思

以色列每年的建国悼念活动成为犹太民族的历史教育传统。两千多年来，犹太人历经四次大屠杀，"二战"后仅余 1150 万人。苦难建国，不忘历史，传承经典文明，犹太民族因此千年流而不散。苦难磨炼了它的过人智慧和创造力，GDP 从建国初 2 亿美元到 2007 年近 2000 亿美元，人均 3.2 万美元，位列世界 12 强。全国高科技企业 3500 家，仅次于美国。在人与自然交往中，靠科技解决水、能源与环境危机，建立沙漠绿洲和现代城镇，在人与社会交往中，力图融合宗教、传统与现代民主于一体。但和平依然是心头大患，建国日被巴勒斯坦阿拉伯人称为"灾难日"。如何化干戈为玉帛，却是大难题。令人遐思之点有：

1. 以色列——人类走向文明、诞生三大宗教、而今又冲突频发之地。

2. 以色列——犹太民族靠一代人的努力就实现经济腾飞奇迹之所。

3. 以色列——地处西亚、在许多方面却更多地融入于欧洲文明交往之乡。

4. 以色列——中东犹太与阿拉伯两大民族长期对抗又对话的一方。

5. 以色列——犹太民族珍爱这千年回归梦得以实现之国，经济与安全状况好转，但 83 岁左翼领导人、诺贝尔和平奖得主佩雷斯 2007 年任第九任总统时表示：只有非犹太裔公民享有完全平等，以色列才能实现和平。

6. 盘点中国与以色列关系：中国是以色列最大的亚太区贸易伙伴，2007 年双边贸易达 50 亿美元，年增长 40%。来华旅游以色列人 5 万，去以公务访问 5000 人。2007 年为两国建交十五周年，犹太人说："建交十五年，友好一千年"。

7. 六十年前，即 1948 年 5 月 14 日，以色列宣布建国。对犹太民族四千年的流散迁徙命运，法国《快报》2007 年 12 月一期用下面的话形容："独一无二的命运，激烈的世纪沉默"。的确，《旧约》这本犹太人的经典中下列话句，似乎决定了犹太人四千年的命运：独自居住的人群。一群人，一本书，一块土地，他们的信念，支撑着他们对抗所有艰难时日。

8. 在以色列、在美国政界，以色列院外游说团对美国外交政策的影响，是人所共知但又是被有意回避的禁忌话题。约翰·米尔斯海默（John J. Mearsheimer）、斯蒂芬·沃尔特（Stephen M. Walt）著的《以色列游说团和美国外交政策》（*The lsael lobby and U. S. Foreign Policy*）一书中，对此作了有眼光的判断。作者认为，美国从战略和道德基础上说，对以色列的过分偏袒是站不住脚的。这既不符合美国利益，从长远来看，也有损以色列的利益。此书出版前已引起争议，说明它是一个值得注意的问题。

9. 从 1973 年到 2002 年 12 月，以色列已花掉美国 1.6 万亿美元援助（《基督教科学箴言报》）。1951 年以色列的美援为 10 万美元，埃及事变后迅速增至 8640 万美元，以对抗阿拉伯民族主义（《国际社会主义评论》2000年）。《华盛顿报道》1997 年统计，以色列人口只占世界的千分之一，却占美国对外援助的三分之一。文章称，以色列每人平均从美国得到 1463 美元。2008 年美国财团对外援助单上，以色列以 24 亿美元，名列第一，以下名次是伊拉克（18 亿）、埃及（17.21 亿）、阿富汗（10.67 亿）。1998 年 12 月，美国传统基金会刊统计，在联合会议上，美国十大援助国反对美国的比例，以色列最少（7%），印度最高（80%），埃及次之（66%）。以色列讽刺作者 B. 迈科尔曾这样称美援："我们的主人给了我们食物吃，我们就咬他让我咬的人，这就叫战略合作。"埃及《观点报》的时政部主编马尔旺说：埃及要"擦亮眼睛"，因为美国的目的性太强。

10. 以色列建国，犹太文明得以复兴。犹太民族为人类文明贡献了《圣经·旧约》。2008 年，以色列一支考古队在耶路撒冷老城城墙考古中发现一枚《圣经·旧约》中记载的二千五百年前第一圣殿时期的石刻印章。这枚石刻章上刻有提迈赫的名字。据《圣经·旧约》尼希米书记载，公元前 5 世纪的提迈赫家庭是第一圣殿的仆人，巴比伦人公元前 586 年毁灭圣殿后，把犹太人驱赶到巴比伦，后来他们又返回耶路撒冷。

考古队长马扎尔说，他们在耶路撒冷老城的丹门附近挖掘出了这枚黑色的石刻章，上刻图案记载了祭祀仪式。祭坛两边站立两位牧师，双手上举祈祷。祭坛上方是代表巴比伦主神的满月，最下面有三个希伯来字母——提迈赫。图案表明，犹太人似乎并不反感巴比伦的主神，所以才把满月主神刻上去。石刻发现地点离尼希米时期圣殿仆人居住地奥派勒地区数十米。马扎尔说，考古证实了圣经的记载，这枚石刻章是圣经中记载的家族的直接证据。

这是《光明日报》记者陈克勤的报道（2008 年 1 月 17 日）。

十六　当代以色列文学的几点补充

我在《中东国家通史·以色列卷》的后记中，曾经谈到以色列文学的当代发展，其中着重论及阿摩司·奥兹。现在觉得有几点需要补充。

阿摩司·奥兹在《我的米海尔》开头，谈了人死观问题："我之所以写下这些是因为我在年轻时浑身充满着爱的力量，而今那爱的力量正在死去，而我不想死。"他在跨入文坛四十年之后，写了自传体小说《爱与黑暗的故事》，谈他母亲的死。15 岁时，他决定离家出走，其原因是两年半以前他母亲就自杀了，和书呆子父亲合不来，那是 1954 年。他母亲去世时 38 岁，他写这部回忆青少年时代的自传体小说时，认为"按我现在的年龄，可以做他的父亲"。

阿摩司·奥兹在《爱与黑暗的故事》中文版前言中说，他的写作目的，不是要拿童年的不幸找父母亲清算或者开脱自己，而是想展现某些"悖性"的东西。用他自己的话说："我的童年是悲剧性的，但是一点都不悲惨。相反，我拥有一个丰富、迷人的童年，尽管我为此付出了高昂的代价。"他在探讨他聪慧、慷慨、儒雅、互相体谅的父母，为什么酿成一场悲剧的原因。

他在这部 600 页的书中，有很复杂的内容。他告诉读者："假如你一定要我用一个词形容我书中所有的故事，我会说，家庭。要是你允许我用一个形容词，我会说：不幸的家庭。"然而，这本书远远超出了这个文学母题，它以耶路撒冷为背景，给我们展示了百余年间一个犹太家族的历史和民族的叙事，表现了一个犹太知识分子对历史、世族、家园、受难者（包括阿拉伯人）的众多问题的深沉思考。

在当代，犹太民族和阿拉伯世界之间的矛盾，堪称国际关系中的前沿问题。用历史、用哲学、用政治学来分析，已属难题，而用文学来描述和探索这些矛盾，更是严峻挑战。这个重任由这位作家兼政治评论家来承担了。讲故事，在他看来是人与人之间最好的交流方式，是他的最大乐趣。《爱与黑暗的故事》的作者说，他母亲教他如何听、如何讲，因而他体悟到讲故事也是爱情开始的最好方式，并认为是他写作的秘密所在。

作者是一位文明交往的自觉者。他说："我出生在哪里，哪里就是世界的中心"，这对一个作家来说就是真理。他在回忆年轻时代人们问世界的中心在哪儿？纽约？巴黎？伦敦？但他没有钱到这些地方去啊。有一天他读了美国作家舍伍德·安德森的一本短篇小说集，写的都是美国内陆小镇人们的生活。此书一下打开了思路：可以写自己认识的人，写基布兹里的生活，写童年时代的耶路撒冷。

十七　阿摩司·奥兹论中东

以色列作家阿摩司·奥兹 2005 年获得歌德文化奖，2007 年获阿斯图里亚亲王奖，2008 年又同英国剧作家汤姆·斯托帕和亚美尼亚裔加拿大电影导演艾腾·伊格言同获丹·大卫奖。主办方特拉维夫大学称："因为在描绘历史事件的同时突出个人遭遇，以及非常人性化的视角探索两个民族的悲剧冲突"而获奖。

在论及历史在决定中东地区未来方面扮演怎样的角色时，他 2008 年 2 月于特拉维夫在回答《新闻周刊》的乔安娜·陈提问中说：

1. 过去仍然统治着这一地区，而不只是扮演某个角色的问题。我认为这是本地区的悲剧之一。人们的记忆太过清晰，又有太多记忆。犹太人和阿拉伯人承载着沉重的伤痛和戏剧性的伤痛。

2. 双方可否抛弃这些记忆而着眼于当前？他说：我们能够这样做。我们也能把自己的记忆用作砖瓦，共建未来。比如，我们能够说，这些创痛的记忆可以（作为）如何对待他人，以及应该怎样对待我们本国少数族裔的教训。这是处理历史问题的一种方式。

3. 作家仍然是人民心中社会良心的表达者吗？他回答说，在犹太传统中，有一种长期存在的希望，即作家和诗人应当在某种程度上成为先知的继承人。当然，没有作家能够承担这一使命，甚至在先知那个时代，在改变人民观念上做的也不是很成功。但这种希望是存在的。

4. 你反对过以色列威胁入侵加沙地带吗？他认为这样做会使全体巴勒斯坦人民，甚至整个阿拉伯世界团结在哈马斯周围。它会提高哈马斯的公众形象。如果我们不小心行事，就会得到这种结果。这种情况没有发生，但可能发生。

5. 他从文学角度谈悲喜剧，使人想起在历史记忆方面的中东地区的悲剧；他在《爱与黑暗的故事》中想着消弭悲剧与喜剧间的界限：我不再相信悲剧与喜剧是阴阳两重天。它们只是两个不同的窗口，让我们从中看见生命的同一片土地。[按：这里所说的《爱与黑暗的故事》，他回忆了自己的童年和少年时代，并首次讲到母亲的自杀，以及此事给他一生带来的隐秘而巨大的冲击。此书由钟志清女士翻译，由译林出版社出版，被《中华读书报》选入2007年十佳图书。]

6. 你母亲自杀时，你还是孩子，你曾听到她的声音吗？他说，是的，有时。我总是频繁地听到死者的声音。死者对我非常重要。

7. 要是一个人不想听到死者的声音呢？他的回答：不听这些声音，是因为你失去了一部分自己。写《爱与黑暗的故事》时，我就邀请死者到家中来喝咖啡。我对他们说："坐吧。咱们喝杯咖啡，聊聊。你活着的时候，咱们聊得不多。咱们聊政治、聊时事，但不谈实质性的东西……聊完了，咖啡也喝完了，你就走吧。你不会留下来，住在我家里的。但我邀请你随时来串个门，喝杯咖啡。"这就是我心目中对待死者的正确方式。

十八 犹太文明的思考

古文明的消失，原因很多：有些是在人同自然之间的交往过程中出现了问题，有些是失去了国家政权的依托，有些是失去了文字的传承，有些是失去了历史的记忆。犹太文明是人类文明交往中一个很独特的历史个案。犹太人失去国家政权之久，历史罕见，虽长期流散世界各地，但却文脉不断。它引起人们的思考。

（一）犹太文明的理论思维特点是求异性思维，创造性强，崇尚个体和个性自由独立，习惯于挑战权威与质疑争论。犹太民族的精英阶层，用知识和技术，彰显着自己的文明。

（二）犹太民族善于记忆。亡国失地千余年后复国复兴的奇迹，根本原因有：①传承本民族固有的经典和律法，始终保持自己文化身份（犹太经典和经师俱全）；②吸取外来文化。

（三）犹太民族视知识为上帝赐予的礼物，视知识的承载者为上帝代言人，奉知识的权威为政治领袖。摩西有《摩西五书》，他领导犹太人摆脱埃及奴役。流散时期的各犹太族群团结在以拉比为首的知识分子周围，保证文脉不断，薪火相传。

（四）善于经商有经济头脑，是犹太民族及其文明长存的物质文明动力。这个动力推动着犹太人的富裕和实力的增强。这一点是不能忽视的。

十九　犹太人流散的另一面

犹太文明作为一个古老文明，其"流散"世界各地被视为不幸和苦难。但"流散"却有另一面。从此犹太民族被迫与其他更年轻的民族交往。这种外部交往和内部交往尽管艰难险阻、曲曲折折，但文明之间和文明之内的联系在缓慢进展，彼此影响、渗透，激发了犹太民族的复兴。

历史真是会捉弄人，本来是进入这一间房子，却阴差阳错地走进了另外一间。有人感叹历史的狡计："如果当初不经历流散各地的命运，那么这个人口不多的民族，或许就沉沦于无形了。就像其他在古代就创造了高度文明的世族一样，犹太民族在一种自我优越感中将自己封闭起来，他们的男子日夕诵读和注释犹太经文，女人则被排斥于教育之外。但流散之后，犹太民族被迫与其他更年轻的文明发生联系。"（程巍：《主持人语》，《中国图书评论》2009 年第 4 期）

这是对一种特殊文明交往史例的感悟。仰望而前追其源，俯察而瞰视其流，学而思后得其神髓，犹太民族文明的交往史，真是一个值得研探的历史类型。历史只有引起现实的思索，打动现实的兴趣和现实的心灵生活融为一体时，才能成为真正的历史。过去的历史只有赋予当代意义，方能在我们现实思想流动中复兴、复苏，才能获得历史性和现时性的统一。这种统一是关注人类文明交往历史与生活的联结贯通。一个古老文明的传承、传播，既影响其他文明，为世界文明作贡献，也同时使自己具有世界性文化的意义而成为世界性文化形态。从世界的角度、以交往的视角反观自己的文化，有助于提升文明的自觉性。这就是全球范围内对自己文明进行理性审视。

由此我也想到，研究人类历史和现实，都要引申到人类的文明交往，而作为古文明的发源地和聚散的中东，作为今日地缘政治的主战场之一，都是研究者绕不过去的地区。文明史是历史和现实的深化。研究中东国际政治、国际关系等国际问题，需要世界的、全球的视野，更需要人类社会和人类文明的大背景，需要有文、史、哲、政、经五大支柱的支撑。作为社会科学的国际问题研究，应该不同于外交部的国际研究所那样的实用性的工作，要有学术性、理论性。把关注点放在当前的"热门"话题的时候，只能跟踪眼前发生的事情，"中东何以成为中东"？

谈中东、以色列、伊斯兰文明，意在引起对中国文明的关注和理解。参照中东可以更清楚地认识自己。冷静地观察外部世界，摆脱恩怨情结和先入为主的价值判断，就会发现：历史的经验可以从根本上自觉给人类文明以深刻的启发：朴实、扎实反对走极端，警惕把"规范"变成束缚思想的表现形式的框框，特别要反对"升虚火，发高烧，瞎折腾，漠视客观规律"。

文明交往的自觉，可以对世界史、中东史有广深度的审视。

我对"文明交往论"毫不存疑，在研究文明史时，总是千方百计贯彻此观点。中华文明经久不断，伊斯兰文明盛衰复兴，犹太文明流而不散，都是如此。

二十　以色列在中东战争中的"溃疡"

2007年，25万以色列人仍然住在120个官方认可的徙置区；18万以色列人定居在东耶路撒冷；1.6万人占领着戈兰高地。1967年的第三次中东战争（即"六·五"战争，又称"六日战争"）曾被当年以色列国防部长达扬认为是自己的发明，甚至用来和《圣经》"创世纪"中上帝六日创造天地相媲美。然而，甚至连以色列一些学者也反思"六日战争"的"战利品"（约旦河西岸、耶路撒冷和戈兰高地），因为它只会使以色列没有安全感。以色列前总理佩雷斯说过："第三次中东战争的胜利对以色列来说是难忘的，不幸的是，它并不是最后一次战争。"英国《经济学家》在2007年纪念"六·五"战争的文章中，认为四十年前以色列的胜利是"一场被浪费掉的战争"。

这次战争从1967年6月5日开始，双方都想用先发制人的战术取胜，但塞济夫在《六日战争：犹太人和普鲁士人》一书中认为，渴望土地的以色列人胜利之后，沿约旦河西岸而下，"就像是探险家来到日夜渴望的大陆，很多人来到新占领的土地上，视之为真正的以色列传说中的希望之地。"

暴力能解决一切问题吗？一般有理智的人都会给予否定的回答。但对于通过武力达到目的的人，却避免不了对暴力的依赖。以色列人无法回到1967年6月4日的边界，他们无法忘记当年的历史。《华盛顿邮报》专栏作家查尔斯·克劳斯默回顾了那段历史："那时以色列一寸被占领的土地都没有，而整个阿拉伯世界却磨刀霍霍，准备消灭以色列国，然而全世界却什么都没有做。"

阿拉伯世界磨刀霍霍，向着貌似弱小的"羔羊"。1948年建国的以色列在阿拉伯人看来是令人痛恨的新生儿，他们哪有资格在巴勒斯坦建国？然而以色列在中东站住脚，主要是依靠欧美的支持，以军事胜利，"枪杆子里面出政权"。1956年，以色列国防部长达扬率军在第一次中东战争中就打败了埃及。正是这个达扬，十一年后，又成为"六日战争"的胜利者。阿拉伯人轻视以色列国是有道理的，那时新生的犹太人国家在军事上根本无法同阿拉伯世界抗衡。尤其是在埃及总统纳赛尔的眼中，有着必胜的信心。1967年5月16日，他要求在埃以中间驻扎十年之久的联合国隔离部队撤走。随后又迅速出兵封锁了以色列在红海唯一的出海口——埃拉特燃油装卸港，实施了海上封锁。他想当阿拉伯世界的头，但正如迈克尔·奥伦在《六日战争史》中所说，他被苏联的假情报障目。这个情报说，以色列正准备进攻叙利亚，背后的真实目的是企图借阿拉伯世界之手摧毁欧美支持的以色列的核力量发展势头。美国虽卷入越南而力不遂心，却仍计划干预。

以色列国内虽不统一，但在狂热情绪下，达扬的军队骨子里就是"侵略"理论占了上风，最终决定先发制人，用战争之针，扎破阿拉伯世界强大而不可战胜的"肥皂泡"。

战争交往一路"凯歌行进"：

1967年6月5日当地时间7时45分，以色列地面部队自加沙、阿里什和阿布奥格拉大举进攻；同时袭击杰宁以西的约旦炮兵阵地。

6月5日下午17时，以军空袭阿拉伯国家开始。阿拉伯国家损失飞机451架，其中埃及336架，叙利亚60架，约旦29架，伊拉克25架，黎巴嫩1架，而以色列损失只有26架。

6月6日上午，以色列夺取耶路撒冷旧城至以色列占领的斯科普斯山之间的地区，并于当日占领纳布卢斯城。

6月7日，以色列军占领耶路撒冷东区和约旦河西岸约旦管辖的全部地区。当日20时，约旦和以色列接受联合国停火决议。

6月8日，以军全歼埃及在西奈半岛上的5个师，抵达苏伊士运河东岸，当日以色列宣布同意停火。

6月9日，以军占领戈兰高地。

6月10日，以军未经战斗占领最终目标库奈特拉，夺取横跨阿拉伯地区通往黎巴嫩的输油管。

6月11日，叙利亚和以色列签署停火协议。"六·五"战争至此宣告结束。

从文明交往角度看，这是以战争形式进行的阿拉伯人和犹太人之间的、有关国家的、民族命运的大交往。结果是阿拉伯世界的错误战略虽然损失惨重,然而以色列的胜利并没有给自己因得到土地而带来和平。回眸四十年,值得大书的事件是,当年以色列最大敌手埃及后来实现了双边关系正常化。阿拉伯文明的变化是民族世俗主义从此销声匿迹,伊斯兰激进主义取而代之。暴力和仇恨能换取土地与和平吗?"独眼"将军达扬取得了巨大胜利,只迷信暴力是否只有一只眼去看文明交往呢?

2007年6月5日,第三次中东战争四十周年纪念日当天,以色列警察阻止了巴勒斯坦人的纪念集会。没有看到阿拉伯人的其他纪念活动。这是文明交往史上,很少有的一场如此短暂的战争给世界带来巨大而持久的影响。进入21世纪,战争双方已经淡化了敌对的气氛。一个不争的事实是,当年引发的顽疾像溃疡一样继续折磨着后人,成为中东文明交往史上两大民族(阿拉伯人和犹太人)彼此深入思考的教训。

二十一　巴勒斯坦与以色列的交往图

在巴以之间,交往可谓人类文明交往中交恶难解的"死结"。

解决问题的原则联合国有关决议及"土地换和平"早已存在,问题在政治谈判难进行、互信建立难建成、和平难以实现。总之,是个交往的老、大、难问题。

两个民族国家一实一虚,都有文明自觉薄弱的共疾。欲劝和促谈,宜启蒙于五点:

第一,文明交往的缺环宜补。以色列已建国半个多世纪,巴勒斯坦人民建立独立民族国家的愿望至今未能实现,这是中东民族独立国家体系上的缺环。突破此环,实则面对现实、尊重历史,解决边界、难民、水源等问题的共处历史性自觉。

第二,文明交往的基本概念是和平与理解,因此,和解为内外交往所必需。和为最珍贵的文明自觉,须知武力不可能带来和平,暴力只能加深隔阂。妥协为对话的必要,铸剑为犁,坚定和谈信念,义务、措施,双方均应表现出智慧、勇气。这里的双方是指巴以之间和巴以各自之内,同舟共济才能共享和平。

第三,文明交往要从大处着眼,大中东环境共建至关重要。巴以问题与黎以、叙以,以及中东地区其他热点问题全面平衡处理,外邻条件与巴以相配合。

第四，文明交往要从近处着手，可行性的举措是：加强发展合作，打好和谈基础。

第五，文明交往需要运行的良好机制。国际上和中东各方力量进行认真协议，建立和平机制（促和、监督、执行）。

对待巴以和平进程，人们已习惯了耐心和冷静，但不能丧失信心和毅力。它必须在世界大格局下才能解决，但根本上还在于巴以双方的文明交往自觉。人们不能观望，而要行动。当然，美国的因素至关重要。

二十二　再谈"隔离墙"

我在《松榆斋百记：人类文明交往散论》附录2的《两个隔离墙》中谈到了柏林墙和以色列的"安全栅栏墙"。在人类文明交往中，有各种各样的墙。秦始皇完成的万里长城，其实也是一种"长墙"。比它晚不了多少年，罗马帝国在其行省不列颠的英格兰与苏格兰之间，也造了一座"长城"，功能也是防御入侵，也是"长墙"。

西方人对"墙"真是充满爱恨交织的复杂心情。美国现代诗人弗洛斯特（Robert Frost）的诗似乎反映此种情绪：

Good fences make good neighbors（好篱笆造就好邻家）。

以色列建墙，美国也在借鉴，在墨西哥边境建墙防墨西哥人进入；还在伊拉克的巴格达建墙以设置所谓"绿区"，因遭伊拉克政府反对而暂停。美国政府对以色列建立隔墙表示支持，它眼看着这个长墙把巴勒斯坦变成被围中的大"监狱"。英国最近（2007年5月）也为柏林墙拆除十八年之后念念不忘，出版了《柏林墙》（*The Berlin wall*，by Frederick Taylor，Bloomsbury）。

提起柏林墙，《柏林墙》作者 Frederick Taylor 所讲的"那堵1961年8月一个礼拜天的月黑风高夜、突然把柏林分割成两半的粗暴而阴险的水泥墙，直到1989年11月光荣倒塌"的历史时说：东德领导人喜欢建墙。其实，美国和以色列领导人为了一己私利也建造了与柏林墙相似的墙。只有美国总统里根在柏林墙边才发出了"推倒这堵墙的呼声"。

把长城和墙连在一起的，可联系《六道巷》中的一个故事：清人张英，官至礼部尚书。一次，家人从故乡修书，因地界与邻人争执。张英接信后，以诗作复："千里修书只为墙，让他三尺又何妨。长城万里今犹在，不见当年秦始皇。"家人接信后，立即让出三尺，一时传为佳话。这个"让"字，是退一步，天地广阔。互让是文明交往中最可贵的东西。隔离的城或墙，只能作为历史遗迹存在。

冷战时期的终结是以柏林墙倒塌为标志的。人们用各种鲜艳颜色在断垣上写下了标语："不再有战争，不再有围墙。一个和谐的世界。"还有："最终，所有的围墙都会倒塌。"

但是围墙在全球依然不灭，反而如雨后春笋般冒了出来：

（1）巴格达：正在修水泥墙和带刺的电线围成的篱笆墙。

（2）耶路撒冷：正在修水泥墙和带刺的电线围成的篱笆墙。

（3）印度：在克什米尔印控区立起一条长达 550 公里的由两道篱笆组成的隔离墙。

（4）泰国：2004 年以来有隔离南部叛乱的类似筑墙计划。

（5）美国：计划在与墨西哥长达 3000 公里边界线上修一道 11000 公里的双层篱笆墙。

中华文明中人类文明的"共同智慧"："万里长城今犹在，不见当年秦始皇。"然而，只有当人们之间不再受利益驱动，并且在心理障碍消除之后，它才能变为现实。

人类文明交往的开放力量，必将穿越封闭之墙。隔离之墙或毁、或在、或建，终究不能阻止文明交往之潮流。

二十三　《野生的和平》之歌

巴尔扎克有句名言："所有小说家都应该是历史学家。"意思是历史意识对优秀的小说家是很重要的，小说家要有独特的历史眼力，作品中要对历史有独特的评价。当然，上乘的小说家也应该成为哲学家、思想家，起码应该有哲学思想。历史学家式的小说家，能够居高临下，反观社会方面的巨大变迁和矛盾冲突，尤其是人物的内心深处焦虑。但对小说家而言，无论历史、哲学都需眼力，以艺术形式、艺术特色反映，而不是简单的社会图解。

巴尔扎克的《人间喜剧》就是这方面的典范。他那广阔深刻的艺术化社会图景，感人至深至美，为后代作家所奉为楷模。别的不说，当代的约旦—巴勒斯坦作家易卜拉欣·纳斯鲁拉便将巴尔扎克的《人间喜剧》改写为巴勒斯坦喜剧小说，反映了约旦、叙利亚、黎巴嫩不同占领与流放的故事。

巴勒斯坦在 20 世纪 60 年代有"抵抗诗歌"，后来有"占领诗歌"。1996 年去世的阿拉伯—以色列作家埃米尔·哈比比有小说《赛义德的秘密生活：乐悲观主义》从多角度描写幽默、痛苦与空想的交织，而他的形象出现在 2003 年的以色列的邮票上。

最能体现巴以双方遭受苦难的是已故诗人耶胡达·阿米凯，他和巴勒斯坦诗人马哈茂德·达尔维什一样，都拒绝使用毫无结果的和平协定上的语言，而使用了传统的普通词汇，将"和平"转变成日常生活中可触可及的东西。在耶胡达·阿米凯诗作《野生的和平》中，"和平"不是技术性的"停火的和平"，而是一种有生命的原始本真东西："让它来吧/像野花一样/突然来到/因为大地/必须有它：野生的和平。"

二十四　萨义德所做的最后一件事

爱德华·萨义德（Edward W. Said，1935—2003，似应译为"赛义德"更合乎阿拉伯音译，也有"萨依德"等译法，这里我从众，用《东方学》的译音），巴勒斯坦裔美国文学家和文化批评家，[①] 也是一位音乐活动家。他晚年写有好几本关于音乐的著作。最后一本是《论晚期风格：反本质的音乐与文学》（生活·读书·新知三联书店有 2009 年中译本）。在该书中他认为有两种晚期风格：越老越符合形式、越好听；还有奏鸣粗鲁又对立的贝多芬式的形式，成为反抗习俗压力的现代性特点。本书考察了贝多芬的《庄严弥撒》、莫扎特的《女人心》等作品，研究他们在人生最后阶段中，如何由于"时代错误和反常"，而使死亡径直进入了自己作品之中。萨义德的《论晚期风格》存在着难以理解的复杂性，对当代作家的思想活动研究有启发性。此书影响到日本作家大江健三郎，促进了日本、阿拉伯、美国和俄国的文化交流。

萨义德幼年的钢琴老师是波兰籍犹太人，教他勃拉姆斯的意义。他后来在纽约的卡内基音乐厅听到一名钢琴家在演变奏曲（海顿的、贝多芬的，也

---

① 在萨义德去世五年后，美国出版了两本批评他的《东方学》的著作：《阅读东方学：言说与被言说的》和《为西方辩护：萨义德东方学批判》。第一本书作者丹尼尔·马尔丁为人类学教授，指责萨义德玩弄"修辞伎俩"与"篡改引言"；第二本书作者为伊本·瓦拉奇，为印度裔穆斯林，指责萨义德在德语、法语、阿拉伯语、英语方面的"原典错误"。但多为细节，改变不了《东方学》的全景。萨义德仍以此书而成为翱翔西方学界的东方之鹰。

有勃拉姆斯的)。他在音乐上的贡献从变奏曲中回忆儿时生活时交往的情景开始,把音乐欣赏归为互相交往的两种类型:①个人的、私人的、小空间家庭式关系;②公众的、音乐厅的、城市大众文化式的关系。

萨义德认为,音乐厅变成商业行为之后,就不能代表作为音乐的"公共概念"。他心目中的公共性是理想性的:真正好音乐是一种能够把作曲者、演奏者和听众合在一起而创造的想象社群音乐文化。这是 18 世纪欧洲贵族听音乐的模式,边听边议的社会文化。他对音乐这种功能十分欣赏。

萨义德晚年在其职业生活上,并不快乐。在纪念《东方学》集会上,只有听见一个人谈论他的音乐贡献时,才有喜色。另一方面,他不喜欢美国文化研究中那种强烈的政治倾向。他在美国的职业生活中,永远介于专业领域和知识分子领域之间。他在学者身份进入知识分子领域方面做得很多。

萨义德在中东政治上扮演过重要角色,在薇思瓦纳珊编的《权力、政治与文化——萨义德访谈录》(单德兴译,生活·读书·新知三联书店 2006 年版)一书中,萨义德被称为"巴勒斯坦之音"、"中东在西方的主要代言人之一"。他的确也为巴勒斯坦请过命。他的《东方学》研究从文化思维方式上揭露了殖民霸权的"固态"惯性定式。但他晚年把实现音乐公共领域的理想,倾注到为阿拉伯人和犹太人的共处同进上来。

这也是一个引人深思的故事:萨义德晚年到伦敦开会时,偶然巧遇在阿根廷长大、会讲几种外语的犹太人巴伦博伊姆。两人很快成为莫逆之交,一个在欧洲,一个在纽约,好到每天半夜通电话。这源于两个人的共同理想:创立一个音乐社群——巴勒斯坦和犹太青年人的交响乐团。这中间用的典故就是歌德讲的"世界文学"的世界大同理想(这个典故曾被马克思、恩格斯引入《共产党宣言》之中)。这个乐团每年在一个国家(以色列、巴勒斯坦之外的)集训。乐团如难民,哪个国家愿意给钱就去哪个国家。集训完后,就在各地演出,录一张唱片。演出时萨义德带病,并带年轻巴勒斯坦人和犹太人去附近集中营参观。他自己身为巴勒斯坦人,同样感受到犹太人浩劫之苦,带团参观时,讲出双方立场。巴伦博伊姆为萨义德所感动,辞去芝加哥交响乐团总监职务,专心致志带领这个巴勒斯坦与犹太青年人乐团。

这件事使人联想起爱因斯坦这位犹太裔科学家。2008 年 5 月 16 日英国《每日电讯报》网站说,1954 年 1 月 3 日爱因斯坦用德文写给一位哲学家的信中表示,在他看来,犹太人的宗教,就像其他所有宗教一样,是最孩子气的迷信的化身。犹太人在能力方面和其他人没有什么不同。犹太人的宗教帮助信徒"实现了某种自我欺骗",并未提高他们的道德水平。他说:"上帝这个词对我来说不过是人类弱点的一种表达，《圣经》是一系列令人骄傲的原始神话，不过看起来有点孩子气。无论如何解释，都改变不了这一点。"他是位犹太裔，又是位科学家，他从犹太人来自宗教的优越感的议论值得思考。

总之，这是研究者未曾想到的：萨义德用音乐这种人类文明最容易交往的形式，为阿拉伯人和犹太人之间的和谐相处所做的最后一件事！

这是一件把真、善用美统一起来的事！

我在《中东国家通史·巴勒斯坦卷》的"后记"中，在强调解决巴以冲突这个当代人类文明交往难题的途径时，认为唯一正确的抉择是阿拉伯人和犹太人两个不同文明民族之间的和解。我在这个问题上，提出了这两个苦难的民族要一起来大合唱，共唱"互谅互让，互唱互和"的文明交往之歌。交往文明化之歌，如春江之水，柔能克刚。这正如一首中国民歌所唱：

　　　　唱山歌哎！
　　　　这边唱来那边和（hè），
　　　　山歌好比春江水，
　　　　不怕滩险弯又多！

我还写道："和平需承担风险，和平需付出代价。但是人们不会忘记拉宾为和平献身前所唱的'不要颂扬战争'的《和平之歌》，它最后的警句是'高唱一曲和平之歌，这是我们当务之急。'"

两个苦难民族要互相唱和和平和解之歌，不怕滩险弯多，争取和解之道，如山歌与《和平之歌》的和唱以及最后警句强调"高唱"，认为是"当务之急"。这和萨义德最后做的用两族青年乐团的实践来促和，是不谋而合的。

这件事说明，萨义德是感性化的理性民族主义者，他用音乐的美行善求真，直到生命最后一刻还为阿拉伯人和犹太人的和谐相处寻找诗意般的栖息共处。这本身就是一种高境界的文明交往自觉境界。遗憾的是，研究中东问题的学者并未关注他。有一本评述萨义德思想和活动的书：《向权力说真话：萨义德和批评家的工作》，对他这样有良知的、敢于向权力说真话的知识分子，对于那些把学术变为获取金钱与权力工具的人来说，确系一剂清醒剂！萨义德确实成为检验时下许多知识分子躬醒自身的意义资源。他的批判精神，在黎巴嫩诗人阿多尼斯身上有所体现。阿拉伯的此种精神与西方的哈耶克·阿伦特一样，用现世喻言反映了人文情怀的底色和问题意识，并一步一步地在理解历史、理解自己，从而在理解中实现文明的自觉。

二十五　张西平论萨义德的《东方学》

张西平在《读书》2008 年第 9 期上，写了《萨义德的〈东方学〉与西方汉学》一文，其中写有以下话句：

> 西方的东方学并不像萨义德说的那样简单，它有着多重的维度，需要从多角度来分析和把握。萨义德只看了一个维度而已……后派理论家们一根筋地看待人类文化间的知识，看待西方的东方学，看待西方的汉学，他们无法解释在云霭飞渡下的文化群山。近年来跟着萨义德的理论跑，用此来解释西方的汉学和西方的中国观的著作也不少，不能说他们洋洋大观的十几卷著作没有真知灼见、思想火花，语言的机智在这些学者的书中也都有。但总体上缺乏理论创造和文化自觉。他们解释西方东方学与汉学的整体框架和理论是萨义德的，是后殖民主义在中国的翻版。

读此段话句，使我想起跨学科研究方法问题。文明之间的交往问题本身，就是一个不同文明之间和同一文明之内的关系研究，比较性的跨学科研究尤为重要。在《东方民族主义思潮》开篇，我曾从"边义文化"角度讨论跨学科研究民族主义这类政治文化。文化是另一种样式的政治，在民族主义问题上，尤其是如此。政治与文化的统一为东方民族主义理论形态，就包括了这两方面的内容。政治学、文化学、社会学，直到历史学，都是不同方面的综合比较方法。《东方民族主义思潮》一书也是走这个途径的成果。

当时我并未看到《东方学》，也未形成后来的文明交往理论。不过，其逻辑思维也是沿着东西方文明的交互作用的规律进行的。书中所论及的孙中山、苏加诺、甘地、凯末尔以及中东的一些民族主义者的理论与实践活动，已经接近到文明交往论的许多侧面。这是很自然的过程。因为东方的民族主义者实际上都在不同文明交往方面表现出千姿百态的独特气象。既表现了东方的同质性，又表现了东方的殊异性。对西方给各人的影响而言，也是同异共存的。我思考不同的特殊性的同时，更注重普遍性、普世性问题。越是深入思考，越是觉得文明交往问题的重要。尤其是在编写大学教材《世界史》时，从古到今，特别是近代、现代和当代三卷中，由于我是直接参加其中，因而就有了人类文明交往论的思考，使我更关注东西方文化整体互动的作用。这种思考是宏观的，又是中观的，也是微观的，因为它是和我的中东地区、国家、专题研究结合在一起，所以经常容易从大见小，又以小见大。眼在远处，手在近处，后来终于有了文明交往论的形成过程。不过就学术史的自觉意识而言，当时并未形成系统。

我对萨义德是很钦佩的，对他的后殖民主义方法也很关注。当文艺界、文化界竞相仿效时，中东历史学界、政治学界却长期寂然视之。我曾多次在研究中提到《东方学》，在《松榆斋百记：人类文明交往散论》中，有一篇关于他逝世时的纪念文章，叫做《智星的陨落》。不过，我对文艺界、文化界用他后殖民主义方法编写的许多论著，大多看不懂，有些论著中一些"邯郸学步"的东西，令人读起来感到有些"理论疲劳"，有些"食洋不论"的感觉。对有些以萨义德的理论研究中西文化交流的论著，则有以论代史之感。须知：没有深入历史研究，离开了具体问题具体分析，再高的理论也是空洞的。何况萨义德的后现代理论，也有其难以逾越的局限性。也许人们跟西方的理论跑得太久了，有了懒惰的惯性，忘记了理论创造，失去了自我。如何吸取外来理论，如何学习，如何开展理论创造，真是个大问题。

正是在这一点上，张西平的议论，我颇有同感。文明交往深入到文明自觉，是我在探研过程的理论回应。

二十六　题外小记

（一）20 世纪的悲剧

"20 世纪是技术迅速发展并深刻改变人类文明图景的一百年，但悲哀的是，每当我们要解决人类内部争端时，仍倾向于诉诸武力。"

"知识来了，智慧却迟迟不见踪影。"

上述两段话是丁尼生在《20 世纪看得见的历史》（英国特里·布劳斯主编，周光尚等译，中国社会科学出版社 2006 年版）前言中的警语。这用来说明中东问题很合适。武力常见，冲突不已；知识已到，智慧滞后。中东人能思考吗？这正是中东需要面对的当务之急。21 世纪在行进，中东还要等吗？

（二）"和"字解

甲骨文和金文的"和"字的形状，右边为联结在一起的竹管，像笙的形状。左边为口，象征口吹管笙。本意是笙管合鸣，发出不同声音，但乐声和谐。谐，从言皆声，每人发声皆能和谐。和与谐相连即把各组成部分相互协调地联系在一起，差别相连而有合作。可见，和谐的合奏，有如音乐悦于耳而愉于心之美，是人与自我身心交往的理想境界。"和为贵"，信哉！

无独有偶，英文的 harmony（和谐），也与音乐有关，它有"谐调"、"和声"与"和声学"的内涵。同时，也有"和睦"、"和平共处"的意思。harmoic 有"和音的"之意；harmonica 为口琴；harmonicon 为口琴；harmonious 为悦耳的；harmonics 为"和声学"、"乐音学"之意；harmonist 为"和声学者"；harmonicous 为"音调和谐的"；harmonize 为"加调和音"，四福音书对照研究者；harmonicum 为小风琴；harmonomelier 为和声计。这些英文字都与音乐有关，而且与"和"字意义相通。可见，中英文字在"和谐"上有相通之处。

（三）印刷术为何在中国未大发展？

《启蒙运动的生意》为美国罗伯特·达思顿所著，叶丹等译。它通过法国出版商人出版《百科全书》的阴谋、冒险、投机、算计的活动，勾勒出一幅清晰的启蒙思想传播的图景。最令人厌恶的商人是赌徒杜普兰。但他是《百科全书》的助产士，他和其他书商一样，其贪婪的本性促使他们投机、冒险，但在获得最大利润的同时，也在客观上为人类文明作出了贡献。他自然是"历史不自觉的工具"，这也是商贸在文明交往中多重作用的例证。

印刷术是中国的四大发明之一，为何在它的祖国却未得到大发展？这是法国人巴比耶在其《书籍的历史》中提出的问题。他引用一位科学家的话作了回答："一项新技术的成功，是由它的市场来保证的。然而在中国，从长远角度看，那些能拓宽书市的条件并没有被集中利用，只有扩大书市才能维持生产的机械化。官僚主义和中国社会停滞的特点阻碍了书籍体系的发展。"

看来，新技术不仅由于交往的不发达而失传，也有因交往不发达而未大发展，关键在市场的条件和生产的互动。交往本身包括人和物的交往。马克思提到生产力和生产关系的矛盾时，曾把"生产关系"称为"交往方式"，其意义是指人在物质生产时所发生的各种交往活动，其中市场为重要因素。无市场交往则新技术不能扩大和发展，新技术就可能失传，至少是不能大发展。其实生产实践也是一种人和物之间的交往力。从唯物主义观点出发，强调物质基础，自然生产力处于主要地位。重视经济关系，把生产关系突出为交往方式中重要的物与人的交往，也是情理之中。

二十七 民主化与现代化

西方文献中，美国的《独立宣言》(1776) 和法国的《人权宣言》(1789) 是以自由民主为核心。自由、民主与现代化，不仅是技术、自然科学，还有政治社会思想制度层面、经济和道德层面。这里就有英国经济学家亚当·斯密的《国富论》(1776)，他是主张自由市场的自由主义圣徒。他虽主张自由市场经济规律，指出此市场中人人都在追求利润的最大化，有一只看不见的手在操纵市场，但他还有讲道德的《道德情操论》，亚当·斯密本人还是英国曼彻斯特大学的伦理学教授。

自由和民主是有联系的，此处着重谈民主。民主与现代是彼此交织的，这里着重谈民主化与现代化。现代化最核心的现代科学技术、思想意识和社会政治制度，其中民主化占重要地位。

（一）欧美的民主化概念：一人一票，普选，政党轮换。通过此种政治参与的民主化而实现了政治现代化。

（二）几个发展中国家的民主化实例：①印度，科技发展，落后的社会经济，贫困化严重；②博茨瓦纳，170万人实现西方民主制而大动乱，但依然极贫困化，人均寿命不足 40 岁；③哥斯达黎加，人口 400 万，90％为欧洲移民后裔，政治稳定、经济较好，但整个落后，贫富差距大，20％的人口贫困化；④菲律宾（美国创建的民主国家），发展缓慢；⑤利比里亚（美国黑人在非洲建立的民主国家）；⑥海地（美国家门口）；⑦伊拉克（美国枪口下的倒霉民主）。

（三）民主化的进程都是渐进的：美国黑人 1965 年才有投票权，瑞士 1971 年所有妇女才有投票权。

（四）民主具有普世价值，但民主形式却是多元的、多模式的。美国，还有英国以民主的"普世性"名义强制推行自己的民主模式，为此甚至不惜用武力，如美英之于伊拉克，使巴格达成为"人间地狱"（英国广播公司最新报道）。伊拉克人会用鲜花迎客吗？

（五）民主是制度、程序、规则，特点是"有限参与"，而不是"无限参与",为民主而民主。卢梭理想主义式呼唤人民主权,不断革命,法国革命为此付出代价,最后实现的是"工具民主"。

(六)民主需要宽容的政治文化和法制社会的形成。西方强行输出自己的民主模式给发展中国家的结果:①西方意识形态挂帅;②推广大规模激进民主化;③无视当地条件,酿成大乱。注意:社会之根非人为外力生成。

(七)民主国家的美国,有爱德华·曼斯菲尔德(宾州大学)和杰克·施奈德(哥伦比亚大学)两教授在合写的《选举到厮杀:为什么新兴民主国家走向战争?》(*Electing to Fight*:*Why Emerging Demoeracies go to War*)中称:发展中国家政客打"民粹"牌容易得票,使 20 世纪 90 年代"自由选举"之后进入战争状态的国家有:亚美尼亚与阿塞拜疆、厄瓜多尔与秘鲁、埃塞俄比亚与厄立特里亚。尤其是布隆迪—卢旺达的 100 多万人在大屠杀中丧生,原南斯拉夫国家中的波斯尼亚,死于战争的达 10 多万人(超过该国"二战"中的死亡人数)。当代世界史上多少罪恶应记入"普世"民主形式名下?

(八)西方人由此可以思考:

1. "唯我正统,别人都是异教徒"的"民主"思维模式摆正了吗?

2. 此种思维模式结果如何?如上述二教授所言,是当代历史上的无数次的动乱和战争。

3. 尤其是一些美国学者悟出了几乎毁掉了西方文明的希特勒,现在美国许多人似乎未从中吸取足够教训,布什在下台时,还在欢呼自己在伊拉克的胜利。

4. 美国真想在发展国家中推动民主,应思考什么?关键之一:尊重各国国情、民情,去掉救世主和霸主的架势,帮助发展中国家发展经济,探索民主化与各国实际,即教育、社会、经济的发展——市民文化和法制社会建设——民主化。

5. 还要思考民主是否是西方垄断的特权?新技术革命为民主提供各种新手段,发展中国家的文化传统、历史与国情,完全可能、也应该探索和选择自己独立的民主发展道路。

6. 大胆开放一些,西方国家也思考一下今日发达国家的民主实践,反思自己狭隘、僵化的民主观,客观对待各国渐进而深入的政治体制改革经验。

二十八　中东国际关系的方法论

（一）国际关系研究的对象不但是政治的、经济的，而且是历史性的、社会的、文化的。中东是当代世界的矛盾冲突的热点地区，民族、宗教、石油、战略地位诸多因素的交织，大国的角逐，一如历史上文明交往、帝国争夺，在国际关系上凸显出特别重要的地位。中东国际关系的研究，方兴未艾，将对国际关系史理应作出独特贡献。

（二）国际关系研究首先是理论研究。自从国际关系研究中出现了行为主义革命之后，主流的研究理论中，科学的实证方法成一元统方法。新现实主义和新自由主义都被基欧汉称为理性主义。但理性主义的理性有各种内涵，有目的理性（科学实证），也有交往理性和价值理性。从人文精神的角度看，还有实质理性和形式理性的宏观区分。在方法论方面，也有实证性的、诠释性的方法。中东国际关系研究也大致受上述限制，不过从历史和政治方面分析占多数，综合性研究也不少。但总的还是适合中东历史和现实的理论方法，不过，这还在探索之中。现在，主要的问题是在别人"跟着学"、"顺着讲"，至于"学贵自得"、"文从己出"的自主性研究方面，尚处于学步阶段。

（三）方法论是重要的，方法又是多元的，更重要的是自己的。国际关系理论和一切理论一样，源于对历史和现实的抽象，并非真正的历史和现实现象。尤其对国际关系理论这种属于政治学科的理论，如果过分机械利用，会远离于社会和文化的人类本体。理查德·派普斯说："对于人类活动的研究不同于对自然科学的研究，政治这门科学的主题是不受结构、模型、函数、地缘限制，而是实实在在的人类问题。"只有根据人类具体文明交往关系分析，作出具体符合实际的结论，才是正确的。解决全球化、现代化问题只有打破固定范式、模式或某种方程式自然科学的分析，才能有一个更灵活的、符合人类文明交往的人文性和社会性特征。中东应有自己的国际关系特征，而只能参照、不能套用一般国际关系的理论。这种理论只能靠中东研究者在博采众长、潜心研究之后，才能创造出来。

二十九　中东的现代化趋势

21 世纪的中东是一个新的中东。

中东的现代化进程必将更新这块地缘政治中各种文明交往的新格局。

中东现代化有一个落后变先进的过程，这是历史规律。先进和落后的互换有主观和客观原因。主观上最重要的是发展指导思想、制度、政策、政府能力，尤其是国家发展战略。客观上是国土大小、人口多少、资源、政治体制、社会秩序、科技水平、人民素质、社会风气。

中东的现代化绝非"西化"的翻版。随着科学技术的发展，中东将向世界展示现代化的新模式。这是一种将东西方价值观完全结合的新型模式，一种包容自由、有序、社会关系和人文精神等信念的模式。中东崛起虽有待时日，但它会有到来之日。作为历史研究者，看到这种趋势，察微知变，其中最大意义，在于发现正在孕育着世界现代化的新模式。

中东的现代化模式绝非一种单一模式，而是多样性并存与共同发展的模式。这种多样性特征是文明、历史、传统、内外部交往的多方面因素决定的。归根结底，它是中东自身发展的结果，任何外力推进的"民主政治和经济发展"都无济于事。

中东有西亚北非埃及 18 国之说，18 国之外，与之有密切传统联系交往的阿尔及利亚、利比亚、苏丹、突尼斯、摩洛哥、毛里塔尼亚，一起组成了横亘在亚非大陆上的阿拉伯世界。它既非欧、非亚、非非，又欧、又亚、又非，富有独特复杂政治地缘和文化地区。这里的现代化进程必然是复杂而多样化的。

中东历史悠久，其特点是：①六千多年前为世界文明中心之一，作为世界六大种族之一的闪米特人（阿、以共同祖先）就活跃在此世界咽喉要道；②四千年前中东有亚述、巴比伦古文明帝国以后又产生了许多文明古国（如埃及、波斯）、古老的宗教文明，直接影响到西方；③阿拉伯人的游牧放逐自然生活妨碍较早文化定型和较完整的社会形态模式；④6 世纪阿拉伯人从民族生存危机中的文化贫困感中产生了先知，创造伊斯兰—阿拉伯文明，建立仅次于蒙古版图的地跨亚、非、欧三大洲的大帝国；⑤13 世纪至 20 世纪初的奥斯曼帝国，突厥人主体代替阿拉伯主体，而伊斯兰世界却随之扩大；⑥16 世纪开始，阿拉伯人不甘沉沦，产生了阿拉伯主义，一直到 1931、

1933 年的两次（耶路撒冷、巴格达）阿拉伯国家代表大会，1944 年埃及倡导的泛阿拉伯政治文化组织，1945 年埃、叙、伊、沙等 7 国的"阿拉伯国家联盟"。总特点：①12 亿伊斯兰教徒（22 个阿拉伯国家、35 个非阿拉伯国家）息息相通的心灵；②出口量占世界 70％以上，贮藏量占世界 60％以上的石油；③对真主绝对信仰，追求正义、独立、无畏的献身精神，其习性与几千年沙漠生活的意志历练有关；④犹太教与以色列的强大力量；⑤基督教在塞浦路斯、埃及、黎巴嫩等的实力存在；⑥库尔德人、土耳其人、希腊人、阿富汗人、波斯人等民族之间的矛盾。

中东现代化的主要敌人是内耗所形成的一盘散沙式的四分五裂。外力干预也是一个重要条件。内外交互作用中的负面影响，阻碍着现代化进程的顺利进行。1973 年 10 月中东战争期间的阿拉伯人的团结很快烟消云散。宗教中教派对立，对外国势力的亲疏划分，从海湾冲突到伊拉克战争的离合，使伤痕愈裂不已。这使现代化始终为冲突所笼罩。不过，最值得注意的是阿拉伯—伊斯兰文明的复兴和土耳其—伊斯兰文明、伊朗—伊斯兰文明以及以色列—犹太文明之间交往的新变化。这些文明之间和文明之内的互动错综交往，与全球化交往结合在一起，将决定中东地区现代化发展的命运。

附　录

一　文明交往与人文精神

1. 文明交往和文明对话①

（一）

马明良同志的博士学位论文《伊斯兰文明与中华文明交往的历程和前景》即将面世。作为他的指导教师，我怀着十分欣喜的心情，乐于为之作序。

重读马明良同志的博士论文，我脑际重现着他在西北大学中东研究所攻读学位的岁月。那时，我的《文明交往论》在陕西人民出版社出版后不久，我主编的《中东国家通史》十三卷本正在商务印书馆陆续出版。我主编的《阿拉伯国家史》和《二十世纪中东史》也在高等教育出版社出了修订版，和这些以文明交往论为理论线索的著作问世的同时，我为博士研究生开设了内容相同的讨论课程。文明交往论研究的对象与一般文明学研究的不同之处，在于它关注不同文明之间和相同文明之内的相互作用和影响，尤其关注不同时间、不同空间、不同人群在文明交往中整体的动态的历史进程。人类文明交往在人与自然、人与社会、人与自身的活动中，在物质文明、精神文明、制度文明和生态文明的交往活动中，在不同民族、不同宗教、不同国家之间的交往活动中，都体现着历史的内在联系。马明良同志在学习中，特别重视文明交往中的"文明对话"问题。他注意到明清之际我国穆斯林学者以

---

① 本文是我为马明良教授的《伊斯兰文明与中华文明交往的历程和前景》一书写的序言，该书即将由中国社会科学出版社出版。

儒家学说诠释伊斯兰教经典的历史，也考察了美籍华裔学者、当代新儒家杜维明教授和美籍穆斯林学者纳斯尔（Nasr）教授 1993 年在哈佛大学、1995年又在马来西亚大学举办的伊斯兰文明和儒家文明研讨会。此外，2002 年 8月，杜维明教授在南京大学和哈佛大学联办的伊斯兰文明和儒家文明对话研讨会；1998 年伊朗总统哈塔米（Khatami）在第 53 届联大正式倡议将 2001年定为"全球文明对话年"和 2001 年联合国《文明对话宣言》的发表，1993 年亨廷顿（Huntington）教授《文明冲突论》的发表等，对他都有所启发。他学习文明交往论写了一些文章，而体会最深的是：文明对话是一种"积极的"文明交往；文明冲突是一种"消极的"文明交往。他正是以这一理论思路展开对伊斯兰文明和中华文明之间交往的历史和前景的研究。

　　本书最突出的创新之处，在于把伊斯兰文明和中华文明交往问题，放在全球化的大视野之下，对具体问题进行具体分析。我认为，全球化绝不仅仅表现在经济方面，全球化是一个文明化的概念，它涉及人类社会文明交往的各个方面。文明对话是一种开放态势，是全球交往文明化的需要。人类生活在不同文明之中，但却居住在同一个地球之上。文明对话是人类文明交往的主要途径。人类文明的生成和发展，人类文明程度的提高，人类智慧的升华，各大文明体系的形成，无一不在文明对话的基础上演进。"文明对话是全球化条件下不同文明之间自觉而理智的生活状态"①。英国学者卡尔（E. H. Carr）把历史界定为"现在与过去之间不间断的对话"。在我看来，这个"不间断的对话"就是跨文明之间的互动交往过程，"人类历史即人类文明之间不间断的对话"，而且越来越走向良性互动，也就是"积极的"文明交往。作为良性互动金律的主要途径——文明对话，是人类文明交往自觉的深入发展趋势，也是本书开拓两大文明交往研究新领域、新途径和新境界的理论线索。

（二）

　　本书在以下三个问题上，进行了深入探索，作出了创新性的结论：

　　第一，它较好地解决了全球化背景下伊斯兰文化与中华文明在生态环境方面的沟通和整合问题，从而为维护生态平衡、保护生态环境提供了价值支撑。具体而论，可分为：（1）整体宇宙生态的根本启示意义；（2）向善、为公及合理分配、适度消费理念的生存启示意义。前者主要是两大文明关于人

---

　　① 《全球化与文明对话》、《历史是不间断的文明对话》，见我的未刊书稿《文明交往论札记》，第 180 记，第 311 页。

与自然和谐相处、天人合一,有助于当代人类克服"人类中心主义",摆正自身在整个宇宙中的位置,正确处理人和自然的关系,与自然共存共荣,从而实现生态文明的高度自觉。后者有助于当代人类超越"民族中心主义"的狭隘观念,改变非理性生存和发展模式,从全人类长远利益出发,进行理性思考和合理规划,以实现可持续发展。我常想,宗教的宽容,通常都有生态的情怀,而伊斯兰教用生态和向善把二者有机统一起来。马明良同志的论述,值得重视。

第二,它较好地分析了全球化背景下伊斯兰文明和中华文明在世界伦理方面的沟通和整合问题,从而为人类共同构建和谐世界提供精神资源。两大文明的沟通和整合,有助于改变现代人类物质和精神追求的失衡,强调正义和精神境界的提升和内心的净化,确立一种全面而符合人性的发展观和幸福观。这是其一。其二,伊斯兰文明的"诚实"、"践约"和中华文明的"民无信不立"、"精诚"等观念的融合,再加上西方的契约意识,对于消除无信、造假和欺骗等社会现象,构建诚信社会、改进国际关系都有所帮助。其三,两大文明强调以爱为基础来处理家庭关系的思路,即以爱换取爱、彼此在感情上给对方以最大化的满足,有利于克服家庭关系淡漠、婚外恋、婚外性泛滥和虐待老人等全球性问题,从而有助于构建一种互爱、互敬、互忠的家庭伦理。

第三,它较深入地探讨了面对当前霸权主义和恐怖主义的挑战,伊斯兰文明和中华文明如何就世界和平问题进行对话,达成共识,从而为维护和平、保障人民生命财产安全,贡献高超的哲学智慧和独特的思维方式。两大文明在以下几个方面为此提供精神动力。首先,两大文明中的"和平"和"和为贵"思想的彼此沟通、互相交融和相得益彰,一旦为更多人所领悟、所接受,必将成为推动和平与发展的巨大精神力量,在全球文明化交往中作出重大的贡献。其次,两大文明都提倡仁爱、宽容,反对践踏生命、伤害无辜,主张公平、公正,把这些理念加以沟通、整合,使它们成为全人类共同的文明财富,可以使霸权主义、恐怖主义失去社会基础,可以使弱肉强食的社会达尔文主义的"丛林规则"为人类所唾弃。再次,两大文明的"多元共存"、"和而不同"的理念,有助于维护世界的多样性和构建各种文明和谐相处的世界文明新秩序。最后,两大文明关于"和平"、"和气生财"的理念,也为确立和平经济学、反对战争经济学和发展全球经济、改善民生、促进人类物质文明提供可贵的文化资源。

（三）

　　话题又回到序言开头提到的"文明对话"上来。本书以文明对话作为理论切入点，对伊斯兰文明和中华文明交往历程和前景问题的探讨，引起了我对文明交往互动规律的遐思。记得 1986 年在讨论《世界史》教材编写时，吴于廑先生把生产力和社会交往称为"世界历史纵向发展和横向发展"，他最早提出马克思和恩格斯关于生产力和交往问题的论述对研究世界史的意义。我也是从那时起，较为系统地阅读了《德意志意识形态》、《共产党宣言》和马克思、恩格斯其他有关生产力和交往的论著。我在学习中思考如何把世界史写成反映全世界、全人类的历史。西方史学家虽有《全球通史》的著作和"普世史"的热烈讨论，结果也并没有能够写成真正反映全球的普世历史。于是，我先考虑人类文明史，接着考虑文明交往史，我想，从这个理论角度研究世界史也许更能反映世界史的"世界历史性"。因为"世界历史性"表达的是"全球化"的实质内容，其根本特征是"以生产力的普遍发展和与此相联系的世界交往为前提的"。我之所以强调交往在文明史上的地位，是因为交往在人类文明生成和演进中起着决定性作用，例如，"在某一地方创造出来的生产力，特别是发明，在往后的发展中是否失传，完全取决于交往扩展情况"，而"只有当交往成为世界交往并且以大工业为基础的时候，只有当一切民族都卷入竞争斗争的时候，保存已创造出来的生产力才有了保证"（《德意志意识形态》）。此后，我在世界史、中东史、东西方文明关系史的探讨中，形成并检验了我的文明交往论，也结合当代世界各种文明交往关系，思考文明对话在互动交往规律中的作用问题。

　　我也研究了一些文明、文化理论和文明史著作，感到许多作者对"文明交往"问题有不同程度的忽视。即使谈"交往行为理论"的哈贝马斯（Habermas），也只强调语言而忽视社会生产和交往在塑造社会结构、社会制度、社会关系、社会意识和社会生活等文明交往五个形态的决定性作用。他只注意某个社会内部主体间的对话，而"没有重视在全球化背景下的文明间的对话问题"。后来，从苏联思想家巴赫金（Bakhtin）的"大对话"哲学中，我看到了文明对话所包含的互动、互补、互证的双向和多向交往特征：主体之间的相互尊重；他人与自己完全平等；"自我"与"他者"互相依存；放弃对话霸权和唯我独尊。实际上，巴赫金用"自我"和"他者"，"自我认同"和"互相认同"来确定文明对话的关系。他的对话理论完全适用于人类文明交往，因而"是一种理想的人类交往模式"。

　　对我印象最深的是以色列"对话主义"哲学家马丁·布伯（Martin Buber)的社会本体交往论。这种理论中的主体间接性、直接性和交互性,昭示了互为前提、互相依存的人类互动交往的本质联系,为当代人类文明交往活动的伦理与政治秩序建设,提供了有益的理论思考。从漫长而激烈的阿拉伯和犹太两大民族冲突过程中,布伯的"对话主义"交往理论的出现,反映了中东和平进程中人类文明交往水平的提高、智慧的增长和理性因素的增强,因此我在《中东国家通史·以色列卷》编后记中,用了较大的篇幅来评述它的意义。① 继布伯之后,伊朗前总统哈塔米(Khatami)又有"不同文明之间对话"的倡议和联合国的认同。这也说明了文明对话是消除对抗冲突、破除隔阂壁垒和走向国内和谐、国际和平的必由之路。在《中东国家通史·伊朗卷》编后记中,我用下面的话作为结语:"对话浪潮是大势所趋。21世纪文明交往的新时代曙光已经出现了。"

最后,我读到了美国学者斯蒂芬·儒(Stephon Ru)的《在对话中成长:后"9·11"世界的苏格拉底视角》一文,其中有这样的话:"哲学作为一种实践,恰恰是与他者的对话……对话不但使我们'认识你自己',而且也给我们带来真诚倾听他人的开放心胸;同时,从更深刻的层次来说,哲学作为对话将我带到'通'的状态。"这位"在学习中不断成长的人","在对话中找到了传统的新生"。他的"通"是融会贯通,是对话的理论与实践结合的具体体会,反映了对话是人类美好未来最大的希望所在。对话是人类文明内外交往不断发展的形态。费朗西斯·鲁宾逊(Robinson)说:"在将来,穆斯林世界可能与外部力量有力地啮合,并在与外部力量的互动中更全面地塑造自己。"哈贝马斯、巴赫金、马丁·布伯、哈塔米、斯蒂芬·儒都和费朗西斯·鲁宾逊或直接或间接都谈到交往对话秩序。哲学是学而思、思而通的学问,而"通"的中心是交往而贯通,是交而通,而不是交而恶,这是认识人类文明交往最深沉的"共通性"。我把这种"共通性"表述为"贯通的状态"② 也就是对斯蒂芬·儒"通的状态"的另一种译法。通过不同文明系统的比较研究,实际上是我们对话的具体研究形式,是省察人类文明交往过程中"自我"和"他人"的理性态度,它体现了人类的文明自觉。

这正是马明良同志在本书中所做的工作。从伊斯兰文明和中华文明之间

---

① 《中东国家通史·以色列卷》编后记写于2000年6月,2001年出版时漏排,2004年第2次印刷时补排。

② 《省身与文明对话》,载前引未刊书稿《文明交往札记》,第297页。

交往历史和典籍中归纳出人类的"共通性"理念，是文明交往历程中的深层研究工作，它本身就是良性的、积极的、平等的文明交往。求同存异、同存共进的文明交往自觉光芒，正是从这里照射全球。这种文明对话具有长时段的意义。科学技术是社会发展的决定力量，在推进人类社会现代化方面作出了突出的贡献，但由于人类的精神状况并没有同步发展，因而产生了一系列深刻的社会难题。在此情况下，必须用更开放的视野看待人类各种文明，通过文明间的对话实现社会的综合环境治理。不同民族的不同文明中有许多重要思想资源，需要加强研究与开发，也正是文明间对话的内容。对话必须和深度反思相结合，首先要尊重各种文明本来的歧义性与丰富性；其次要以平和心态面对不同文明中经典世界的生活经验；最后要仔细从中深入发掘未经明言而隐含在深层的思想理念。这样的文明对话才有新意。毫无疑问，在理想与实践之间，人们进行文明对话是存在着矛盾和差距的。不同文明之间，特别是不同宗教、不同哲学和不同文化之间由于排他性因素的作用，由于信仰、理念、价值观和经济、政治、社会利益的密切相关，双方随时都会失去对话的开放精神而导致交往文明化内容的丢失。对话也因此使差异变为冲突，成为对抗的手段，甚至文明会异化为野蛮，至少表现为各说各话、自说自话的单向独白。面对人类文明交往如此复杂的现实，研究者不必灰心失望。因为我们知道，人类总是不断探求社会进步的规律和不断把人类文明推向更高水平：谁破坏人类文明进程和成果，总是要受到历史的惩罚。因为我们知道，实现文明对话需要一个长期智慧积累和交往力逐渐成熟的过程，也需要一个理想与现实的互换和文明化程度逐步提高的秩序建构过程。细察这两个过程，宽容不同差异，注重彼此沟通，着力相互整合，光耀当今世界，泽及后世子孙，这就是文明自觉者所担当的历史责任。

（四）

我国学术界对西方文明的研究投入了大量的时间和精力，取得了丰硕的成果。相比之下，对东方文明，尤其是对中东伊斯兰文明研究不够，需要加强。伊斯兰文明在世界文明和中华文明中，具有重要的地位。有的学者已看到了现代中国文化三种文化（中、西、马克思主义）的互动，并与历史上的儒、释、道交往相联系思考。这里不要忘记，还有伊斯兰文明与中华文明的交往，也应当加以研究。马明良同志为此领域研究开了一个头，也是对中华文明深入研究的一个新启示。伊斯兰文明和中华文明同为悠久、灿烂并且为人类社会进步作出不可磨灭贡献而且是充满活力的文明体系。这两大文明交往有许多问题，特别是中东伊斯兰文明与中华文明之间的交往，需要深入研究。①

文明交往论是一种历史观。历史观是对人类社会和文化具有普遍性历史现象作出的规律性的总结。不同文明之间和相同文明之内的复杂交往，正是这种普遍性历史现象的规律性表现。众多的古往今来的历史与现实个案可以说明这一点。文明交往论正是伴随着世界历史的发展而旨在使整个人类亲近、使世界和平、使全球和谐与社会进步的文明史观。"文明的生命在交往，交往的价值在文明"，"文明的真谛在于文明所包含的人文精神本质"。② 只有维护人类文明的多样性，本着平等、民主、宽容精神，通过各种文明之间的互动合作、和平共处、互利互信、互学互补、共同发展，才能使人类走入丰富多彩的历史深处。

必须指出，文明交往论仅仅是为研究人类文明史提供了一个思考空间，它需要紧密结合历史和现实问题研究继续扩展和深入。马明良同志已经意识到从哲学、政治学、文化学、人类学、民族学、宗教学等各个角度，对伊斯兰文明和中华文明及其主要载体（国家）的关系进行综合研究。这是深入探讨文明交往论的开拓性设想，我想，他一定会锲而不舍、自强不息，取得系列性、开拓性成果。序文本不宜长，但行笔所至，思路欲罢不能，于是把一些文明对话与文明交往的新思考也写进本序了，就此搁笔。

（原载《西北大学学报》2006 年第 4 期）

2. 文明交往视野下的中东现代化

（1）问题：在中东这样一个有悠久文明交往传统的焦点地区，在实现现代化进程中，如何重建国家核心价值观和选择何种发展模式？

（2）视角一：两个进程的交往互动。中东现代化进程经常被战争所打断，和平的艰难进程压倒了现代化进程。中东现代化是在动荡环境下进行的。内讧不已与外部强势的严重冲击而使之陷入困境。这是当代中东文明交往的区情。

---

① 冯今源早在《民族与宗教》1988 年第 3 期发表的《要重视对伊斯兰教的研究》一文中，就提出了"伊斯兰文明是一个完整的体系"，"是一个历史的现实"；而对这方面的研究工作，"比西方落后了将近两个世纪"，今天回味起来，仍有现实意义。见《宗教研究四十年》，宗教文化出版社 2004 年版，第 907—914 页。

② 前引《文明交往论》，"总论"。

（3）视角二：两种要素的交往互动。以"伊斯兰性"和"现代性"为特征的传统与现代深层次的文明交往，因上述两个进程互动而复杂化。当代伊斯兰文明复兴的周期律，已经不是过去保留原有经济条件的简单"信仰回归"，已经不是过去的周期性冲突的"宗教复兴"[1]，而是在新经济条件下走向文明交往的自觉复兴。"伊斯兰性"在制度文明的三个层面（政教合一的国家体制、传统宗教社团重于国家和道德价值准则的法典）都在现代化进程中逐渐变化。

（4）视角三：政治文明交往的伴随者。中东近现代史的每一次伟大转折，都有伊斯兰文明的变迁相伴随。"伊斯兰性"作为"现代性"的伴随者，涌现在18世纪以来历次现代化改革浪潮之中。在内部和外部的文明交往互动下，在民族独立国家的制度建设中，出现了三种基本类型：①土耳其凯末尔主义六大纲领基础上的新型现代民族国家，这是在伊斯兰体制与理论方面的大胆创新；②阿拉伯世界的纳赛尔主义，在制度交往中禁止宗教干预政治，而宪法规定伊斯兰教为国教，伊斯兰法为立法主要渊源之一；③海湾诸国在制度文明交往中吸取西方文明和传承"伊斯兰性"的酋长制、君主制、君主立宪制和共和制为基础的宪政议会制是更为复杂多变的类型。如伊朗"伊斯兰共和制"[2] 即为突出一例。

（5）视角四：如影随形的现代化、伊斯兰性、民族性和全球化之间的交往互动。面临全球化的挑战，作为伊斯兰文明核心的伊斯兰性与民族性，都在调整和适应。正像经济全球化影响发展模式的选择一样，全球化也使各民族国家的核心价值观重建，处于新的发展空间之中。这两方面，正是中东现代化要思考的最为重要之点。

（6）视角五：社会经济、文明自觉和现代人的转化交往互动。全球现代化是当今世界发展的大方向，又是一趟没有终点的列车，在这里，社会转

---

① 恩格斯在谈到历史上伊斯兰教因利益冲突而出现的"周期率"时指出："所有这些在宗教外衣下进行的运动都是由经济原因引起的；可是这些运动即使在获得胜利的情况下，也把原有的经济条件原封不动地保留下来。这样一切又照旧了，冲突就成为周期性的了。"（《马克思恩格斯全集》第22卷，人民出版社1965年版，第526页）

② 1979年2月1日霍梅尼回伊朗后，在宣布"君主制时代结束了"的讲话中说："我们不反对他们（指伊朗青年）对现代性的追求，但这些东西（指电影院、广播、电视）从欧洲带到东方，尤其是带到伊朗之后，不幸的是，它们不是为了发展我们的文明服务，而是让我们回到野蛮状态。"他在这里提到了"现代性"、"文明"、"野蛮"，后面还提到"制宪委员会"和"伊斯兰共和国政府"，并以"借真主的仁慈与祝福，和平与你们同在"结束。"伊斯兰性"与"现代性"之间的文明互动交往赫然见之于霍梅尼主义之中。

型、经济变革、文明成型、人体健康成长、生活和生命价值相互交织。在现代化运行的列车上，物质文明和精神文明不能脱节，正如荷兰文化史家赫伊津哈所说，这样的生活，才是真正的"人的生活"。理性的生活，特别是人文精神，即人的睿智、人的创造、人的理想、人的道德①、人的审美情趣，是中东民众在思维与行为上"现代人"文明交往自觉化的人类解放的精神归宿。

（7）冷静乐观的走向："伊斯兰性"与"现代性"虽常有矛盾冲突，但已深深渗入中东社会经济文化生活之中。二者不是绝对互不相容的事物。伊斯兰文明在现代化进程与和平进程中，进行着自我革新、自我丰富和自觉与时代接轨的艰巨行程。中东现代化是任何外来力量都不能代为实现的。21世纪是中东的自主选择权真正掌握在自己手中的世纪。

（原载《西亚非洲》2006 年第 1 期，列入本书时，有增补）

3. 彰显《人文杂志》的人文精神
——为纪念《人文杂志》创刊五十周年而作

以"人文"命名的中国人文社会科学核心期刊——《人文杂志》，2007年迎来了自己的五十华诞。五十年来，《人文杂志》坚韧、坚定地守望人文、弘扬人文：坚劲、坚持着"观乎人文、传承文明、彪炳经典、前瞻新知"，把学术性、思想性、原创性放在首位，取得令人钦佩的业绩。作为一个老读者、老作者和文史老人，我衷心希望刊物保持稳定性和原有特点，以质量求生存、求发展；同时，我也以平静心态，回归人文本位，对人文精神与人类文明问题略陈己见。

在中华文明的优秀传统中，人文精神处于核心地位；它强调人文与文明、文化的互含互动成为一个最为显著的特征。古人把伏羲、神农、黄帝称

---

① 我在《悠得斋笔记》中有《现代化的道德自觉》一则笔记，见《书路鸿踪录》第 764—765 页，现附录如下："培根在《谈厄运》一文中说：'人的美德犹如名贵的香料，在烈火燃烧中散发出浓郁的芳香。正如恶劣的品质可以在幸运中暴露一样，最好的品德也正是在厄运中被显示出来。'恶德幸中露，美品厄中显。也许其中有内在联系。现代化带来物质宽裕、舒适和豪华，但往往也伴随着人的内心空虚。真、善、美从属于人的心灵。人的最宝贵的财富是从心灵涌流出来的道德自觉。现代化是有序的、规范的、健康的、有力的、宽容的、为所有成员接受的良好秩序。现代化的健康集中于人格，而分别体现于健康的道德自觉、自律。培根被黑格尔称为有丰富阅历、高深的想象、有力的机智、透彻的智慧的人。'学史使人明智'即他的名言。他的《新工具论》是必读之书。他把美德喻为烈火焚烧方可散发的香料，在市场经济大潮中值得品味。"

为"人文初祖"。"人文"二字，可谓一语中的，道出了中华文明所蕴涵的人文精神。《周易·贲·彖传》有言："小利有攸往，刚柔交错，天文也；文明以止，人文也。观乎天文，以察时变；观乎人文，以化成天下。"这段经典式的语言，耐人深思。它宏观天人关系，把文明秩序归结于人文：以人文观天而察自然时变；以人文观人而文化、教化成社会天下，凸显了中华文明中人文精神的丰富内涵。

我在《文明交往论》中对这段经典式语言的理解是："这种用'人文'来解释'文明'，用人的'观、察'和'观、化'来说明人与人、人与自然和人类自身的三种关系，从而揭示了人类文明的真谛。""文明的真谛是精神的，而不是物质的。这种精神就是人文精神。人文精神是文明的本质内涵，是文明发生的内在逻辑，是人类各种文明形态的真正核心，是不同文明交往的涵化基线。研究人类文明的任务，应当着重研究不同文明所包含的独特人文精神，揭示出各自人文精神的本质和价值，把握诸多人文精神的特点和规律。"①

文明自觉最要关注的是"文明以止"的人文精神的自觉。物质、精神、制度和生态文明，都仰仗人的人文精神进行自觉创造。在人类的交往活动中，也需要人以人文精神清醒而理性地看待不同文化和文明，从而得到自觉。

以人文社会科学和自然技术科学这两种科学文化的争论而言，出于对人文精神自觉的理解，在这一争论中，我是对话合作的文明交往论者。人文精神的自觉，表现在它立足于人类的福祉与和谐。这个立足点在何处起步、起飞？它依靠什么发展？第一，它依靠以人类本身（情感、人生价值、社会关系）及其活动为研究对象的人文社会科学；第二，它依靠以自然现象（自然物、人化自然）和人体为研究对象的自然技术科学。这两种科学分别体现为两种科学文化，并在交往中不同程度地跨越与交融，从而形成介于两者之间的各种分科文化。这两种科学文化同源于人脑、人手和社会实践，相通于科学思维，互含于研究方法，前者是人文处世之本，后者是人文立世之基；前者是后者的导向，后者是前者的础石。二者本来就是密切交往的，是相互合作，相辅相成，缺一不可，轻此重彼，人为分开，后果严重。对二者的关系，我的形象表述是：人文社科，自然科技，文化双足，文明两翼，交往自觉，阔步高飞。

---

① 《文明交往论》，陕西人民出版社2002年版，第49—51页。

再以广义的文明自觉而论,人文精神在人类历史深处涌动穿透,使之表现为两个文明交往的自觉层面和"三知之明"的自觉理性。何谓文明自觉?首先是人类在不同文明之间和相同文明之内交往层面的自觉。这两个自觉层面由自发而自觉交往,由接触而相识,由对立而对话,矛盾、冲突、吸收、宽容,都处在相互理解、平等尊重对方的基础上,并且多样性共处于同一个地球上。其次是在人与自身、人与社会、人与自然的文明交往中的理性自觉,即用人文精神共同认知和解决这三种相互联系的矛盾。人类文明自觉的基本特征是理性的认知而后觉明悟,它包括着人文精神所涵盖的反思、批判、兼容、创新和科学诸因素。人文精神引导着两个文明交往层面的自觉,也升华着知己、知人、知物"三知之明"的理性自觉。人类需要文明美好的理想世界,而理想世界需要人文精神在文明交往过程中逐步理性认知的自觉,方可逐步使之变为现实。理性认识需要理论的自觉,需要用新的理论体系来体现人类文明交往发展规律。因此,我认为,用下述理性语言来表述文明自觉较为合适:自知之明,知人之明,知物之明,交往自觉,全球文明。

当今时代,全球化和文明传统这两种力量都在交往进程中加强其能量和张力。在此情况下,不同文化、文明,不同价值观念的人群、民族、国家怎样和谐共处和共同发展问题十分突出,它促使人们愈来愈感到人文精神的重要性。费孝通提出以中华文明"和而不同"文化自觉理念为核心的"各美其美、美人之美、美美与共、天下大同"时,就强调了"不同人群在人文价值上取共识以促不同人文类型和平共处"[①]的问题。袁行霈在今年 6 月 17 日北京大学国学研究院成立十五周年座谈会上,也呼吁"在经济全球化的大趋势中,拥有几千年文化传统的中华民族,在吸取世界上其他民族优秀文化的同时,必须自觉地维护自己的根,这样才能自立于世界民族之林"。我从上世纪 80 年代即思考全球文明化交往问题,其中就包括人文精神在全球文明格局中的作用问题。在当前我更加迫切感到人类需要新的实践、新的文明自觉。基于在研究文明交往问题上的分析、开放、前瞻和追求新知的心境,我把彰显人文精神的思路提出来,愿与《人文杂志》一道,共同进入探讨大视野、长时段的全球文明交往进程,从而获得有益于人类的和谐和福祉的自觉。

(原载《人文杂志》创刊五十周年纪念专刊)

---

① 《费孝通文集》第 14 卷,群言出版社 1999 年版,第 194 页。

二 中东史

1. 成书者言

编写中国自己一整套中东史，曾经是我的长期志向。20 世纪 80 年代中期南亚中东史博士点建立之初，特别是 20 世纪 90 年代初，我在同《光明日报》、《中国教育报》记者谈话时，就曾说过，在我国图书馆的书架上，应当陈放有中国人写作的系列的中东史。1993 年，我拟议中的"中东国别史丛书"第一本《阿富汗史》成书。然而好事多磨，无奈中断。只是在商务印书馆将《中东国家通史》列入重点的约稿和我校将它列入"211 工程"重点项目之后，这部近 400 万字的中东史奠基之作才得以启动。

作为主编，我深知对完成这样高标准的大型课题，负有总责。高标准一直是该课题质量的中心点。中东学科建设以及历史、理论和现状的迫切需要，意味着高起点、严要求和前沿性。我自应殚精竭虑，投入大劳动量，和中东研究所的同志们一道，为完成这一大项目而勤奋、沉稳、冷静、寂寞地坚持努力。我最关注的是质量，是善始善终，因此为全书写了标志思路、理念和规划的《卷首叙意》；在审定每卷之后，认真写成学术性的《编后记》12 篇；在第 13 卷定稿之后，写成两万余字的《卷终六记》。现仍觉余意未尽，于是作《成书者言》，以明心志，为全书画上最后的句号。

夏历丁亥年春节，我在该书最后一卷即《海湾五国卷》署上"钟志成"的笔名，以表示"众志成书"和"一书之成，端赖众力"的集体协作精神。实际上，这是全书 13 卷每卷应有之义。的确，像任何一个重大科研项目的完成，后面必定有一支同心协力的科研群体一样，在《中东国家通史》这个事关学科建设的项目中，中东研究所所长王铁铮协助我做了许多组织工作和编写、修改工作，副所长黄民兴也参加了筹划、编写和修改工作。在这个科研群体中，还有郭宝华、杨辉、王新刚、何志龙、肖宪、黄维民、雷钰、苏瑞林、王新中、冀开运、林松业、韩志斌、王猛诸同志分工合作编写了各卷工作。这个项目也得到资料室冯淑珍和办公室李雅儒的鼎力相助。众志成书、科研群体受锻炼，大家的学术生长点根更深、叶更茂、干更壮、果更硕，促成了中东研究众木成林和中国化学派的形成。

中国科学院院士彭恒武关于科学研究有一副意味深长的对联："集体集体集集体，日新日新日日新。"他在这里道出了集体求新的力量。他对科学研究中的"宁静"精神，解释为："不为物欲所惑，不为权势所屈，不为利害所移。"他的这些话，应当融入个人中的集体，集体中的个人，实为 13 卷《中东国家通史》的作者的感同身受。

《中东国家通史》始于 1996 年，终于 2007 年，历时十年，是名副其实的跨世纪文化产品，也是十年磨一剑的真实写照。十年成书过程，其中艰辛苦乐，耐人深思，所值得总结者良多。但我觉得最关紧要的是"知足知不足，有为有不为"这十个字。"知足知不足"可表述为："尽力知足，尽心知足，尽责知足；学习知不足，学思知不足，学问知不足。""有为有不为"可表述为："为真求知，为善从事，为美养心；不为名缰，不为利锁，不为位囚。"此 51 字是人生辩证思维体悟铭言，其详解不在此展开。"成书千古事，得失寸心知"，这是 1992 年《二十世纪中东史》出版时我写的《成书之歌》中的一句诗，今日联想起来，人生书路，总会给人留下广阔深远的思考空间。

走笔至此，备感岁月之匆忙，我转瞬之间，已是"坐七（十）望八（十）"之年。宋代儒将宗泽在《早发》诗中说："伞幄垂垂马踏沙，山长水远路多花。眼中形势胸中策，缓缓徐行静不哗。"这首诗与我成书的"知足知不足，有为有不为"铭言的心境有相通之处。从容恬静的学术信仰，专心致志的科学精神，赤诚追求的科学胸怀，自我校正的自律意识，是我向往的"山长水远"的书路原则和心灵诗意栖息地。书与诗境界相融，书成而有感言，愿以此自勉，并与所有为本书尽心出力的同志们共勉。本书为我国中东史学科建设增添几块基石，也使中东史研究在我国学术界有一席之地。但是我们要"知足知不足"。本书之成，给我们很多启示，但最根本的是"有为有不为"。我虽年事已高，但心境未老，体力尚健，学志犹存，追求未了，在"多花"的书路上"缓缓徐行"，在"静不哗"中继续作出奉献。我衷心地希望在 21 世纪，有更多的中青年脱颖而出，生产出无愧于伟大时代的有价值学术成果，使我国中东史研究早日跨入国际史学领域的先进前沿行列。

（《西北大学学报》，2007 年 8 月 10 日）

2.《中东国家通史·约旦卷》编后记

我在审读《中东国家通史·约旦卷》的整个过程中，有三个关键词始终在脑海中涌动：小国、权力交接、中约关系。这三个关键词又始终受着人类文明交往的轴线的牵引，最后酿成以下三记。

（一）

　　《中东国家通史·约旦卷》是我主编这套 13 卷通史中的第 12 卷，仅剩下《海湾五国卷》一本，此项工程便可完成了。这既可以说"胜利在望"，更应当说"行百里者半九十"，保质保量，按时达到预期目标，尚需付出更多辛劳。

　　审读《中东国家通史·约旦卷》，第一引发联想思维的事，是 1988 年一位挪威史学家（可惜我记不起他的名字）同我关于世界小国问题研究的一席交谈。他是经马克垚教授在北京大学的介绍，专程来西北大学找我的。他回国后，还寄给我一本发表此谈话的挪威史学杂志，遗憾的是我已找不到原件了。他的主要看法是：史学界多注意大国、富国、强国，而忽略小国、穷国、弱国；不研究小国，是不正常的、片面的；小国的研究领域广阔，富有开拓性与现实性。他读到我写的《现代民族主义运动史》（西北大学出版社 1987 年版）一书，其中涉及阿富汗和尼加拉瓜这样的小国，并征求对小国研究的看法。他还告诉我，他正在从事北欧、亚洲和非洲诸小国的研究。

　　我当时负责国家教委重点教材 6 卷本《世界史》（吴于廑、齐世荣教授总主编）中的"现代编下卷"，思考的世界历史整体性问题也与小国的研究有关联。我记得是围绕世界史学科建设话题同他进行交谈的。我告诉他，小国研究对世界史的全面深入研究，有不可缺少、不可轻视的意义；世界史固然不是世界国别史的相加，但大国小国都应当在整体中占有恰当的地位；我希望他的小国研究成果早日面世，以便中国学者编著的 6 卷本《世界史》能够综合他的贡献。我还对他说，我正在研究 20 世纪中东史，也考虑小国的地位和作用问题。

　　从那时起，小国问题引起了我特殊的兴趣。1993 年，我主编的《阿富汗史》（375 千字）出版了。1994 年，我在为一位博士研究生批改作业时，发现他写的是约旦的对外关系。他的作业使我注意到一个小国在复杂的强邻包围下和战争险恶的环境中，如何自处的问题。当时正是约旦与以色列签署《华盛顿宣言》不久，侯赛因国王的中立、不结盟的全方位外交政策，显示了他高超的周旋交往能力。于是我给这篇作业加上了一个标题：《在夹缝中求生存的约旦外交》。后来，这篇经过我修改的文章，先后在《中东研究》和《西亚非洲》杂志上发表了。

　　从约旦这个小国研究个案中，我意识到挪威那位史学家所提出的问题，实质上是人类历史上文明交往能力的问题。1997 年我开始承担 13 卷的《中东国家通史》项目。中东地区堪称小国如林的地区。18 个中东国家中，就有阿富汗、以色列、黎巴嫩、科威特、阿拉伯联合酋长国、卡塔尔、巴林、阿曼、约旦、巴勒斯坦和塞浦路斯这 11 个国家属小国之列。这些国家都面临着如何同大国、强国交往而生存和发展的问题。例如阿富汗就是一直处于各帝国的争夺和角逐之中的小国，特别是从 19 世纪以来，英帝国和俄罗斯帝国成为主要的侵略力量。19 世纪末期的阿富汗国王拉赫曼，把这种处境比喻为"二狮之间的山羊"。用他的话说："阿富汗是一个小国，它就像两头狮子之间的一只山羊，或者像夹在两块磨石之间的一粒小麦。像这样的小国，怎么能够站在两狮之间不被吃掉，或位于双磨石之间而不被压为齑粉呢？"可以看出，如何在"夹缝中求生存"，是类似阿富汗这样小国面临的难题。

在中东诸小国中，约旦堪称独树一帜的沙漠王国。它的国土面积不足 10 万平方公里。如果在《约旦卷》前面一卷的《塞浦路斯卷》，被作者称为"蕞尔小国"，那约旦比起塞浦路斯，是还要小一些的小国。但是，约旦不仅在夹缝中生存下来，而且发展起来。约旦处于中东各种矛盾集中的地区，国家安危、社会经济兴衰，比之阿富汗更是处于险境。约旦问题的研究者异口同声地赞扬侯赛因国王及其继位者阿卜杜拉二世奉行的中立、不结盟的全方位外交政策。这种政策是一个小国面对周边强邻及世界大国的正确选择。这种选择体现在：①兼顾美国、欧盟各国、俄罗斯、中国、日本等世界大国的交往与合作。②处理好以色列与巴勒斯坦的比邻交往。③平衡与伊拉克、叙利亚及海湾诸国的交往。④积极扮演中东和平进程的重要角色。

可见，正确的选择，还需要领导人驾驭对外交往的能力。约旦在这方面堪称建树良多的中东小国。约旦是中东小国，又是中东和阿拉伯世界的大舞台，它是一个兼有小国家和大舞台的双重国家。如果说，美国前总统尼克松在《领导者》一书中，称李光耀是新加坡的"小舞台，大人物"，那么侯赛因就是在约旦这个小国家也扮演了世界大舞台的杰出人物的角色。人杰而后地灵，侯赛因国王使约旦在当代中东和世界发挥了重要的作用。63 岁逝世的侯赛因国王的葬礼那一幕，就可以反映出他的世界性政治家的地位：有 80 位国家元首和政府首脑专程赴安曼吊唁，其中包括美国总统克林顿、俄罗斯总统叶利钦、法国总统希拉克、埃及总统穆巴拉克、以色列总统魏茨曼与总理内塔尼亚胡、叙利亚总统阿萨德、英国首相布莱尔、日本首相小渊惠三，还有联合国秘书长安南、阿盟秘书长马吉德。正因为约旦哈希姆王国这种独特的重要地位，我把《中东国家通史》的卷次作了调整，从原计划的《黎巴嫩、约旦、塞浦路斯卷》中，把约旦分离出来，单独成为一卷。同样，由于地缘政治因素，也把黎巴嫩并入了《叙利亚卷》，塞浦路斯则单独成卷。这些卷次调整反映了我对中东小国问题研究思考的轨迹和留下的思考空间。

（二）

约旦哈希姆王国不但在对外交往中显示出它的重要地位，在中东政治文明的交往史上，特别是在国家权力交接上，也反映了它的历史作用。

1999 年 1 月 25 日，重病中的侯赛因国王为确保哈希姆家族的王权稳固，为使资源少、国力弱而又处于巴以冲突前沿和各大国争夺的约旦权力平稳交接，果断地废除哈桑王储，立阿卜杜拉为王位继承人。这个最后决策，避免了他去世后的政治动荡。这绝不是约旦一国的政治事件，而是历史和现实中常见的、因一代杰出君主去世后发生的权力争夺的政局混乱问题。多少国家，其兴也难，其衰也速，往往就是由此而来。现代约旦国家王权和平交接，在 20 世纪中东国家权力交接过程中，是一个承上启下的政治交往事件，也是现代中东政治文明由老一代领导人向新一代领导人过渡过程中的一个重要事件，因而是内部文明交往的问题。

中东现代政治文明因政治制度千差万别而表现得异常复杂。政治文明的异常复杂，其深刻原因在于经济、社会和文化背景的差异。中东的政治文明，简直就是世界政治文明的一个缩影。以政治制度划分中东，有君主制国家两个（沙特阿拉伯、阿曼）、君主立宪制国家 4 个（约旦、科威特、巴林、卡塔尔）、共和制度国家 10 个土耳其、埃及、叙利亚、伊拉克、黎巴嫩、也门、伊朗、以色列、阿富汗、塞浦路斯，还有集君主立宪与总统内阁制二元政治制度的阿拉伯联合酋长国和正在形成政治制度模式的巴勒斯坦国。

中东现代政治文明一个突出的特征，是君主制集中和君主掌握实权的地区。君主立宪制在许多国家是资产阶级的政治制度之一，君主作为国家元首，一般只是象征性的。在中东的君主立宪制国家中，君主掌握实际权力。在 4 个君主立宪制国家中，约旦较早地建立了议会，但国王拥有召集或解散议会，任命首相及其他内阁成员、解散内阁一般成员，并在议会闭会期间解除首相职务的大权。约旦是一个以世袭为特点的阿拉伯伊斯兰君主立宪制国家，最高权力掌握在以国王为代表的圣裔哈希姆家族王室手中。因此，王权的交接在中东具有特殊重要的意义。

下面，我们简要考察一下 20 世纪 90 年代在中东地区权力交接方面的主要事件。

在约旦这次国家权力和平交接之前，在 1995 年 6 月 27 日，卡塔尔发生了宫廷政变。埃米尔哈利发的长子哈马德·本·哈利发在法国、瑞士等国的支持下，罢黜了父王而立为埃米尔。这次政变是 1972 年 2 月卡塔尔不流血政变的继续，当时，卡塔尔的埃米尔艾哈迈德常在国外，甚至 1971 年 9 月 1 日卡塔尔宣布独立时仍不回国。当艾哈迈德在国外旅游时，王储哈利发在阿勒萨尼王族与军队支持下，发动了不流血政变，宣布接管政权。这前后两次政变虽然同属不流血政变，但 1995 年 6 月的政变，却揭开了中东国家权力交接的政治变迁的序幕。为什么这样界定？这是因为哈马德即位后的一系列措施，开始了中东国家权力交接后的共同趋势——政治文明的民主化趋势。哈马德的政治改革主要是：①在卡塔尔设立议会，通过了该国历史上第一部宪法。②废除新闻检查制度，具有世界影响的"卡塔尔半岛电视台"成立，后来观众达 3.5 亿人。③提高妇女地位，允许妇女参政，担任公职。2003 年，谢依哈·艾哈迈德·阿勒迈哈姆德女士为卡塔尔历史上第一位女大臣。④哈马德的改革，开始了 20 世纪 90 年代中东国家政权力交接后的改革风气之先，使卡塔尔这个小国成为海湾君主国中的民主、开放国家。

不过，卡塔尔 1995 年 6 月的政变，只是 20 世纪 90 年代中东国家权力交接的序幕性事件。说它是序幕，不仅是指时间上发生在先，而且还因为它以宫廷政变的"抢班夺权"形式出现，而不是后来权力交接中的政治文明交往形式。真正开始这种政治文明交往形式的，是 1999 年 1—2 月份约旦发生的和平交接事件：1 月 25 日，侯赛因立长子阿卜杜拉为王储，次日宣誓就职；2 月 6 日宣誓就任代国王；2 月 7 日侯赛因去世后，顺利继承王位。侯赛因不愧为约旦这个小舞台的大人物。在对外交往中，表现了文明化的交往能力；在内部交往中，也为约旦政治文明创造了前提，使新国王阿卜杜拉领导约旦向政治民主化和经济自由化发展方向，继续前进，并积极推进中东和平进程。这位年轻、务实又面临改革发展难题的新国王，在 2000 年 6 月访问美国，接受 CNN 采访时，表示希望美国帮助阿拉伯国家新生代顺利继位。他在 21 世纪初的阿拉伯政坛人物中，有一定代表性。正是这群冉冉上升新星们的政治理念和执政风格，将给中东乃至世界带来重大影响。

约旦国家政权的和平交接之后，紧接着是巴林发生的事件。1999 年 3 月 6 日，巴林埃米尔伊萨因心脏病突发去世，王储哈马德·本·伊萨·阿勒哈利法在几小时之内平静而顺利地完成了权力过渡，继任为第 11 任埃米尔。他在 1971 年巴林独立后，任国防大臣兼武装部队总司令。1974 年起任哈利法家族委员会副主席。他就任埃米尔，完全是一次和平的国家政权移交，顺利接了他父亲的班。他继位以后，和卡塔尔、约旦一样，进行了一系列的改革，主要是：①实行国家民主化建设和司法独立的君主立宪制，确立了三权分立制度，将巴林酋长国改为"巴林王国"；②在政治、经济领域进行了许多改革，并实行了对外扩大开放的政策。他被认为是阿拉伯世界有为的领导人之一。

20世纪90年代中东政权和平交接之风，波及北非的摩洛哥王国。摩洛哥王国属于"大中东"地区的国家之一，也是阿拉伯世界国家之一。1999年7月23日，摩洛哥国王哈桑二世病逝，他的长子、王储西迪·穆罕默德六世继承王位。这位诞生于1963年的年轻国王，精通阿拉伯语、法语、英语、西班牙语，长期在军队中任要职，多次随父亲参加国际会议和出国访问，曾获法国一所大学的国际法博士学位。他有阿拉伯现代派领导人之称。

阿拉伯世界的国家政权更替在2000年继续着它的和平形式进程，不过是具有与20世纪90年代的不同特点。2000年6月10日，号称"中东雄狮"的阿萨德去世。叙利亚人民议会通过修改宪法，将担任总统的年龄从40周岁放宽到34岁，结果致使1965年9月11日出生的巴沙尔·阿萨德，在2000年7月10日的全民投票中当选为叙利亚总统。巴沙尔顺利地"子承父业"，和平接班，取得了阿萨德突然去世后的政局稳定结果。2000年7月17日，巴沙尔在总统就职演说中，宣布了他的治国理念："我们不能把别人的民主用于我们自己。我们必须具备特别适合我们的民主经验。我们的经验来自我们的历史、文化和文明，它适应我们的社会需要，适应我们的现实需要。"这是头脑清醒的政治家的思路。

进入21世纪，阿拉伯国家的"子承父业"传统形成的权力继承的迷局在埃及和利比亚。穆巴拉克虽然宣布埃及不是君主制而是共和国，极力否认"世袭"；然而他的小儿子贾迈勒却强调："我不会提名自己当总统，但我不阻止别人提我的名。"利比亚"革命领导人"卡扎菲的三个子女（长子赛义夫、次子萨阿德、女儿阿伊莎）中，长子很可能接班，然而这并不能排除女儿接执权柄。利比亚妇女解放的程度，比起其他阿拉伯国家要高，国人也会接受卡扎菲精心培养的爱女登上宝座。在阿拉伯半岛国家中，令人产生悬念的是也门共和国总统萨利赫。他也曾多次宣布，儿子艾哈迈德不会继承他的位子。艾哈迈德早就是国家卫队司令。由于萨利赫声明过，他的儿子"有资格在民主和宪法的框架内参加竞选总统"，人们对其政权更选发展将拭目以待。2004年11月上旬，先后在阿拉伯联合酋长国和巴勒斯坦发生了政权交接事件。阿联酋总统扎耶德去世后的和平交接，反映了由约旦承上启下的发展趋势，而阿拉法特的突然病逝，其政权交接将是影响中东的最重大事件。

中东国家权力交接是政治文明的交往形式，这种交往形式与20世纪中东民族独立国家体系的形成过程的特点有密切的联系。西方国家的殖民体系在中东崩溃以后,形成了如下的不同国家政治制度模式:传统君主制、过渡政治和现代民主制。就其不同类型的表现,除了现代法律体系完整的国家之外,君主制或君主立宪制是继承制,而共和国家中的权威人物为核心的权力结构,宗教领袖以及伊斯兰教传统都成为权力交接的重要因素。此外,外力干预,特别是美国的干预,也是外部交往的重要因素。这一点在约旦政权交接中有明显表现。据1999年1月8日出版的《阿拉伯祖国》杂志提供的消息说,美国政府和国会高级官员曾向侯赛因国王提出,建议把国王与努尔王后所生的长子哈姆扎王子立为王位继承人,如果侯赛因国王同意,美国将全力支持约旦。美方甚至还要求侯赛因国王召集约旦军队和情报负责人来美国听取意见。侯赛因国王断然拒绝了美国的要求,反对美国干预约旦王室内部事务,美国才未能得逞。美国在"9·11"事件后,极力把20世纪80年代末期该国保守派政治家"改造中东政权,推进中东社会变革"的理论变成现实。为此,美国当权者已从阿富汗和伊拉克强行切入。但美国当权者应当明白:即使美国再强大几倍,企图将一种政体或文化,通过武力强加于一个地区的图谋,不仅是徒劳的、危险的,甚至是自掘坟墓之举。人类文明交往的历史经验告诉那些霸权政治家们,有几条法则是不能违背的:第一,社会变革主要是靠内部的变化来实现的;第二,社会变革是一个由量变到质变的渐进过程;第三,不同质的文化之间的交往的有效途径,只能是平等的交流,和平对话和互利合作、共同发展,只能是互动的交融;第四,唯新生者才有未来,主宰阿拉伯世界未来的生力军,是阿拉伯民族,而不是外来势力。

(三)

关于汉代以后约旦和中国历史交往的"空白"及其原因,本书已从外部大国侵略、商道改移和地理上约旦一隅归入叙利亚地区等方面,作了说明。最根本的原因除了约旦当时所处的地位,已失去了对外交往的物质基础和价值条件之外,这种文明交往"空白"现象,宜从阿拉伯—伊斯兰文明与中华文明之间的总体交往中去估量,也应从世界历史长河流向方面寻求理解。

时代是人类文明交往最重要的前提条件,时代制约着人类文明交往的水平,而人类以其社会的交往本能为内在动力,持续着探索未知世界的整体面貌。这种探索既同人们活动范围的地理知识的局限性相联系,又与人们对互动性规律认识的程度相连接。在15、16世纪,随着人类对世界认识的空前扩展,海上交通大发展,打破了各大陆之间和东西方之间相对闭塞状态,从而使各地区为主体的"天下观"发展为"世界历史观"。马克思和恩格斯在

《德意志意识形态》中概括这种变化时说，资本主义的大工业和世界市场，在经济上和交往方面把地球联结成一个整体，从而"首次开创了世界历史"。

　　明代晚期是中国历史上对世界认识开始变化的时代。在一些知识分子中间萌生了"世界意识"，觉察到中国是世界力国中的一个国家，而不是以中国为中心"天下"和以相邻地区为"代表"的有限世界。这种变化，多得益于西方传教士的世界地图的启示。其中最突出的当推1583年来华的耶稣会传教士利玛窦。他在中国二十八年，共绘制汉文世界地图六种（《山海舆地图》、《舆地山海全图》、《山海舆地全图》、《坤舆万国全图》、《两仪玄览图》和《东西两半球图》）。从这些地图看到，原来中国不过是世界万国之一，受中国文化影响的地区，仅占全世界五分之一，这使当时中国知识界受到深刻的震撼。

　　遗憾的是，这些地图对中国人"世界意识"的成长只走了一步，此后便步履蹒跚。直到鸦片战争前，清朝决策者的中间，大都不知道即将侵略我国的"蕞尔小夷英咭利"在地球的哪个角落，但这并不是说，中国人不探索世界。就在利玛窦来华之前，尽管仍在原来的天下观视角下，还是有人注意地理范围扩大的知识，对广义西域（中亚、西亚）的人文和自然地理进行记录与考证。明代嘉靖年间，由陕西三原人马理总纂和主笔的《陕西通志》卷10《土地·河套西域》部分，收录的《西域土地人物略》和《西域土地人物图》便是一例。马理，字伯循，《明史》有传，正德九年（1514）进士，嘉靖初起为稽勋员外郎，迁考功郎中，光禄卿。嘉靖二十一年（1542）间编修《陕西通志》。他可能与熟悉西域情况的同乡合作，完成了《西域土地人物略》和《西域人物图》，而且特别重视后者（占20页），前者仅占了11页。

　　下面，我从《西域土地人物略》的"天方国"以下文字，了解该书作者对西亚—伊斯兰世界社会生活和地理知识的描述：

　　（1）天方国："饭店儿，又西行六程，至天方国。"天方国"其城二重，有出家回回在城住，余皆进城礼拜，其南有架子井，北有阿思纳城天方国"。

　　（2）迷乩力城："天方国西行十五程，为迷乩力城，有缠头回回，种田。"

　　（3）牙瞒城："迷自乩力城又西行至牙瞒城，有发黑回回，出玛瑙、琥珀、羊、布、各色棉花。"

　　（4）文谷鲁城："牙瞒城又西为文谷鲁城，俱汉儿人，蓬头戴帽儿，种旱田，出珊瑚树、眼镜石，上有七样花草，城东有河，舟楫以渡。"

　　（5）阿都民城："文谷鲁城又西为阿都民城，有回回，种旱田，出花手巾，各色果品。"

(6) 也勤朵思城："其城四隅环以屋庐，周围有水，水有舟楫。俱汉儿人，蓬头戴帽儿，种稻田，出撒黑刺、镔铁刀，各样果品。"

(7) 撒黑四塞："也勤朵思城又西为撒黑四塞，其城二重，俱汉儿人，蓬头戴帽儿，出乌木、银木、白柴垣木、各样药材。"

(8) 哈利迷城："撒黑四塞又西为哈利迷城，有缠头回回，多羊、马，种旱田，有水磨，出黄葡萄及各色果品。"

(9) 阿的纳城："哈利迷城又西为阿的纳城，属鲁迷城，有回回，种廉子，出棉花。"

(10) 菲即城："阿的纳城又西为菲即城，其城二重，有王子，俱汉儿人，剪踪被发，戴帽儿，种稻田，养蚕，织金蟒龙撒黑刺，剪绒毡，出金子、黑石、珍珠。"

(11) 安各鲁城："菲即城又西为安各鲁城，有缠头回回，种旱田，出琐服，各样三梭旱，羬羖、毛织褐子，出大琐琐葡萄，城西距山，山上巡检司。"

(12) 可台城："安各鲁又西为可台城，有缠头回回，种旱田，出白棉花，夏布，山下出西孛罗天红花，城西有河，河有二水磨。"

(13) 孛罗撒城："可台城又西为孛罗撒城，有回回，种旱田，出各种果品，又西有海，中有舡，载千人，粮饭可用三个月，备有盔甲什物。"

(14) 鲁迷城："孛罗撒城又西为鲁迷城，其城二重，有自立王子，有缠头回回及汉儿人。有通事。种旱田，不出物产，东至孛罗撒城一千二百里。"

《陕西通志》的《西域土地人物略》和《西域土地人物图》并存，虽然两者互有差异，但互相对照之后，增加了对上述 14 个地理实体的自然地理与人文地理状况的理解，并且为进一步研究提供了可信性程度较大的证据。这两篇文献资料有以下记载值得注意：

第一，它把这一地区的穆斯林分成不同类型：①居住在天方国（麦加）城中的"出家回回"和"进城礼拜"的回回；②迷乩力城，哈利迷城，安各鲁城，可台城的"缠头回回"；③牙瞒城的"发黑回回"；④阿都民城，阿的纳城，孛罗撒城的未注明头饰的一般"回回"；⑤尤其是有 4 处对"汉儿人"的记述，这些"汉儿人""蓬头戴帽儿"或"剪踪被发，戴帽儿"，遍及文谷鲁城，也勤朵思城，撒黑四塞，菲即城（文中用"俱汉儿人"）。他们与"缠头回回"共处并存，而且还有翻译人员（"通事"）。这些记载值得进一步考证。

第二，有关城市城墙及城周围的记载：有双重城墙的城市是：天方国

（其南方架子井，北有阿思纳城）菲即城、撒黑四塞、鲁迷城（"有自立王子"）。对照《西域土地人物图》，天方国和撒黑四塞没有按《西域土地人物略》画出"其成二重"的双重城墙，而其他城的形状也被画成椭圆形或半圆形或正方形或长方形或长方形少一角或大城连小城，甚或有南北两端城加画半圆瓮城。在文谷鲁城图上，绘有高塔一座。迷乩力城被画为北东南三面长方形城墙，西南无城墙，而以山为城墙，山上又绘有一座朝西的拱形大门，标有"关门"（城之门）字样，加以说明。有些城为水围城，如也勤朵思城"四隅环以屋庐，周围有水，水有舟楫"。可台城"城西有河，河有二水磨"。迷乩力城"城周环山水"。字罗撒城"西有海，中有舡，载千人，粮饭可用三个月，备有盔甲什物"。如果此城为今土耳其的科尼亚或伊斯坦布尔，而"东至字罗撒城一千二百里"的鲁迷城为何城，有待考证。

　　第三，这一地区众多物产被记载下来：玛瑙、琥珀、羊、牛、马、各色绵（棉）花、珊瑚树、眼镜石、花手巾、黄葡萄等各色果品、水稻、糜子、乌木、银木、白柴垣木、西天红花等各种药材、镔铁刀、丝织品、剪绒毡、金子、黑石、珍珠、夏布。这些产品中，农作物多与土地有关，如菲即城"种稻田，养蚕"，迷乩力城"种田"，文谷鲁城、阿都民城、哈利迷城、安各鲁城、可台城、字罗撒城、鲁迷城"种旱田"。此外，在哈利迷城和可台城还有水磨的记载。

　　第四，这是两种有待结合其他资料进行进一步研究的历史和人文地理文献。前人对版本作过校订，今人有人为文补订，对作者也多作考证。成书时间也有不同见解。城市的位置颇多费解，如天方国条，指"其城二重"的麦加，往西行十五程为迷乩力城，再往西为牙瞒城，一直往西行。但查看地图，麦加往西行不远就是吉达，再往西就是红海了，如何西行？解此疑团，似宜西北行，沿红海至约旦的亚喀巴这一古代重要商埠，似为必经之地。但《西域土地人物略》和《西域土地人物图》都找不到相应记载。本文援引 14 个城市，只有第一个天方国和最后一个鲁迷城有较确切考证，而鲁迷城还不能最后确认。鲁迷城除上述今土耳其科尼亚和伊斯坦布尔说外，明代西方传教士艾儒略《职方外记》第 1 卷亚细亚国中出现了"鲁迷"（今阿拉伯半岛东端）的同音地名，未知有无关系，尚待考证。

　　不过，无论如何，《陕西通志》嘉靖本收录《西域土地人物略》和《西域土地人物图》这两种熟悉中亚西亚情况的作者的作品，对研究中国、中亚、中东之间交往是一个贡献。无名作者很可能就是明代晚期的陕西人。他特别关注陕西在中东的遗存，如在天方国往东，经饭店儿和也的纳城到黑旦城，而黑旦城之北，竟有一个"陕西斥城"的记载，未知此城与陕西有何关系，给后人留下了悬念。

人类文明交往史充满了偶然性，各民族之间的交往变幻莫测，时而频繁，时而中断，给研究者一种不断走错房间的感觉。从人类文明交往的复杂过程看，在各种偶然性的后面，有一种不易发觉然而实实在在存在的力量在起作用，这种力量就是交往力中间经常变化的"合力"。人类的生产力和交往力在错综曲折中发展，其发展往往不是按照人们自己主观设想直线如愿前进，而是在直接面临的变化着的各种力量的互相冲突、互相依赖、互相牵制、多样交织中所产生的"合力"导致的结果。治历史者着力研究的，就是从人类在历史交往中阴差阳错、升沉莫辨的过程中，细心察觉主体选择背后由"合力"推动而出现的必然性。历史经常和研究者开玩笑并使之走入误区，而研究者就需要在人类的历史中把握偶然性和必然性的内外联系，窥见历史的复杂性。

《明史·儒林传》称，马理为治"经学"的"天下之士"，高丽、安南使者均慕其文才，甚至为"关中马理先生不仕"而鸣不平。又称他"学行纯笃"，与高陵吕柟"并为关中学者所宗"。只要读他的《陕西通志》中的"雍人曰"、"愚按"等议论，字里行间，无不显露其见解。关于对外交往，他在《西域土地人物略》后的"愚按"中，便提出了"近者悦，远者来"，而"悦近在于修德"和"盛德至善"的观点，并总结了汉武帝以来"作无益而害有益"的"贵其异物，宝其远物，则民始不足，其人亦朝从而夕违之矣，何益哉"？尽管他反对"求善使绝域之人以通之，又求善战之将以威胁之"的开放交往观，其中有自我封闭的因素在，但也不是没有合理的部分。近邻与远友是互为依赖的，睦邻与远交是互相促进的，修德在和平外交中适用于邻邦和远国。中国与西域的古代交往史，是一部值得研究的文明交往遗产。

现在，历史已进入21世纪的文明交往的新时代。中国和约旦之间的交往已经提高到一个新水平。2004年7月30日，中国国家主席胡锦涛与来华进行国事访问的约旦国王阿卜杜拉二世在北京的会谈，反映了两国交往所达到的新高度。这个新高度为两国长期友好、互利合作，共同谱写着中国与约旦，进而谱写着中国与中东国家交往、了解和友谊的新篇章。

（2004年11月10日于北京松榆斋）（原载《中东国家通史·约旦卷》，商务印书馆2005年版，第380—395页）

3. 《中东国家通史》卷终六记

按书稿完成的顺序，《中东国家通史》的《海湾五国卷》为本通史的第13卷，也就是最后一卷。

在中东史学史上，开"编年通史"先河的，是"阿拉伯的司马迁"泰伯里（838—923）。他的13卷《历代先知和帝王史》上溯"传说时代"的"阿丹"（亚当）、"易卜拉欣"（亚伯拉罕）、"易斯马仪"（以实玛利），中及东方各国和阿拉伯古代史，下至阿拉伯—伊斯兰帝国的兴起，直到公元914年（作者去世前九年），可谓中东最早由古及今的"编年通史"。说也凑巧，我主编的不但是由古及今的中东"通史"，而且也恰巧是13卷。

可以作为中东史学史重要特征的著作，是伊本·艾西尔（伊赞丁，1160—1233）的12卷《历史大全》。该书起自"创世时代"，止于1230年，即作者去世前三年。它是继泰伯里之后阿拉伯—伊斯兰"编年通史"思潮的复兴，而实质上是9世纪末以来，特别是11世纪以来，在西方十字军东侵和东方蒙古人西侵条件下，阿拉伯—伊斯兰文明复兴思潮在史学领域的反映。谈到中东通史的古典著作，不能不提伊本·赫尔东（1332—1406）的7卷本通史——《阿拉伯人、波斯人、柏柏尔人的历史殷鉴和原委》（简称《历史大纲》或《史纲》）。尤其是作为全书精华的《绪论》，单独成册，其中反映了作者把物质文明、精神文明以及地理环境、政治、经济和科学作为史学研究对象的综合整体观，也反映了作者用发展眼光观察历史的社会进化历史观。

现在，由商务印书馆出版的《中东国家通史》，是以当代中东18个民族独立国家为主体、以中东各国不同文明之间和相同文明之内的交往互动为主线，由古及今（即每卷都写到成书当年为止）的中东"编年通史"。《中东国家通史》从《阿富汗卷》始，以《海湾五国卷》终。每卷之前，有"卷首叙意"。每卷之末，有"编后记"。现在的《海湾五国卷》是终卷。1999年我在《中东国家通史》首卷付印之前，有《卷首叙意》之作，旨在叙说全书的治史理念。2007年，我在《中东国家通史》终卷付印之前，写成《卷终六记》，意在借《海湾五国卷》的话题，从文明交往论和中东民族独立国家体系发展的角度，对1997—2007年的《中东国家通史》写作过程，画上一个句号。

提起"海湾五国"的课题，我首先想起了科威特女作家哈耶达·苏哈坦·萨利姆在《海湾拾贝》中的开篇词：

海湾,多么美丽的名字!它是阿拉伯世界的骄傲,它那古老的历史、灿烂的文化使我们感到自豪:海湾是多么富庶的地区,它不愧于阿拉伯福地的赞誉,那闪烁的珍珠、油亮亮的石油为世人瞩目。海湾,它又是多灾多难的地方,它亲眼目睹多少人为自由而鲜血流淌。英国殖民主义者的侵占,别有用心者的规制,使它心急如焚。海湾,如今它正在经历着一个全面的复兴:都市里高楼鳞次栉比,海面上油井矗立如林,教育改革方兴未艾。……海湾崛起了,它庄严宣布:只有它才是自己命运的主人。

这段用宏观的视角、炽热的激情和诗意的笔触,勾画了古老而年轻、传统又现代和靠沙漠而面海域的海湾多姿多彩的历史图景,概括了有雄厚经济实力、宽阔胸怀的阿拉伯海湾文明的历程和趋势,把我们引入了一个神往的研究领域。

海湾既然是令人兴味盎然的地区,因而有必要首先从空间上对它作地理学方面的解释。费南尔·布罗代尔在《文明史纲》中所讲的"内层地理因素对历史的影响最为深远"的话,提醒我们从长时段的"令人不易察觉"中去作深入的考察。

海湾①的不常用的称谓中,有洋湾、卡提夫湾、巴士湾之说,也有"巴林"的古称,即"两海之地"一说。所谓"两海之地"即沙漠瀚海和湖泊小海之间的地区。古代阿拉伯地理学家,也有把今日的卡塔尔、哈萨地区和科威特地区,统称为"巴林海岸"。以巴林泛指海湾地区,反映了巴林在海湾地区处于交通枢纽的重要地位和悠久历史、文化和商贸根源。巴林的众多岛屿在航海业、商业和城市发展上,都在海湾地区处于领先地位,因而被称为"照亮海湾的灯塔"。

海湾最常见的称谓是波斯湾。古代阿拉伯学者马苏第在《黄金草原》中就是这样称谓的。现代一些阿拉伯学者不认同这个称谓,他们强调海湾的"阿拉伯性"而称之为"阿拉伯湾"。巴勒斯坦学者穆斯塔法·穆拉德·代巳额在《阿拉伯半岛——阿拉伯人的故乡,伊斯兰教的摇篮》一书中称,阿拉伯人为了防止伊朗用"波斯湾"的政治目的,而用"阿拉伯湾"以恢复海湾

---

① 海湾字面上的意思是海洋深入陆地的地方。中东海湾地区指伊朗高原南部、美索不达米亚平原东部、阿拉伯半岛东北和北部及阿曼湾北部之间的水域。

的"阿拉伯性"。他把海湾界定为：北为伊拉克、东为伊朗、西为阿拉伯半岛，位于北纬24—30度、东经47—57度之间的地区。实际上，今日有的海湾国家，并不限于波斯湾或阿拉伯湾范围，还应包括阿曼湾和阿拉伯海在内，例如阿曼国家就处在这个地带上。2006年年底，阿拉伯国家与伊朗之间围绕海湾称谓发生了新的"阿拉伯性"与"波斯性"的争执。争执由商业领域扩大到政治领域，具有极其敏感的性质。本书无意介入此问题，因而用国际习惯认可的、泛义上的"海湾"称谓，来研究其西、南部沿岸的阿拉伯五国。

关于海湾国家，最常见的是"海湾八国"说，即伊拉克、伊朗、科威特、沙特阿拉伯、巴林、卡塔尔、阿拉伯联合酋长国和阿曼。也有"海湾六国"说，即八国之中去掉伊拉克和伊朗两国。本书根据《中东国家通史》编写体例的要求，把沙特阿拉伯、伊拉克和伊朗三国单独分卷，而把其余五国（科威特、巴林、卡塔尔、阿拉伯联合酋长国和阿曼）作为一卷，进行有分有合的统一类型研究，可称之为"海湾五国"说。下面各节将把"海湾五国"作为一个整体进行系统探讨，[①] 从人类文明交往论角度研究其同异。

（一）

海湾五国自古以来，一直是人类文明交往的中心地区之一。

在早期的文明交往活动中，海湾就同两河流域文明、希腊文明、罗马文明、波斯文明、印度文明、中华文明及非洲文明之间，存在着政治、商贸、文化等方面的联系。在阿拉伯帝国时期，海湾的伊斯兰化使该地区发生了历史性的巨变。由于内部和外部的复杂交往，海湾五国形成了阿拉伯性、伊斯兰性和海湾地缘性相统一的文明特征。在以后奥斯曼帝国统治时期、英国殖民统治时期，阿拉伯—伊斯兰文明和西方文明之间的交往，不但扩大了活动范围，而且在交往性质上也发生了新的变化。特别是在第二次世界大战以后，海湾五国在英国殖民体系崩溃的形势下，相继独立，建立民族独立国家体系，以新的文明姿态，在现代化、全球化的趋势下进行新的内外文明交往。

以早期的文明交往情况而言，海湾五国有许多史例反映了它的海湾性交往的特点。阿曼同中国的交往，本书已有较详细论述。这块"宁静的土地"

---

① 关于海湾五国，我早在《阿拉伯国家简史》（1991）的第十七章中，已单独列为第二节。该书经过1999年修订，再到2002年更名为《阿拉伯国家史》，"海湾五国"部分，都没有改变。该书对这五个小而富的石油王国的现代化模式，曾作为中心问题加以简述。

有许多名称,如《后汉书》称"阿蛮",唐人贾耽称"没巽国",宋人赵汝适称"瓮蛮"。还有"勿巡"之称。外国古籍及阿曼文物中,有"马干"(铜地)、"马箭"(公元前 3000 年)、"马肯"(破产之国)、"马祖纳"(公元前550—公元 241 年波斯统治时期)、"阿曼纳"(公元 1 世纪罗马史学家比利尼)、"胡贝加"(圣训)、"马斯卡特"(东西落下之地)等称谓。所有这些,都反映了阿曼在东西方文明交往中的重要地位。尤其是阿曼湾的哈伊马角,具有光荣的航海历史。在这里,来往于海湾内部的船只,云集风散。无怪乎在这里诞生了阿拉伯著名航海家和诗人艾哈迈德·本·马吉德。他对海湾与印度之间的交往起了指引作用,地理上的很多发现归功于他。阿曼还是东南亚的农作物的扩散重要地区,通过印度,这些亚热带农作物在阿曼获得了生长点。2004 年 9 月 12 日,阿曼外交国务大臣阿拉维在同中国外交部长李肇星会谈时,曾经回忆起历史上两国的交往。他说,6 世纪,航行于两国之间的著名的"苏哈尔"号帆船是两国传统友谊的象征。

巴林的文明交往情况有必要作些说明。

巴林的石器文化中,有用以剥皮和制兽皮衣服的石刀,有锐利的、锯形的花岗石块,也有收割粮食作物的石镰刀。这种石镰刀嵌着闪光贝壳的木把。此外,还有打猎用的花岗石箭镞。据考古学家研究,在扎拉哥和穆阿塔莱之间地区和杜哈山上发现的石器工具,与印度文化和叙利亚文化有联系,其特征反映它们之间的交往深度。

巴林西海岸的农耕和畜牧生活形态变迁,从古以来和周边的商业贸易交往、特别同海上贸易密切相关。在扎哥拉和穆阿塔莱之间海岸发现的众多的古墓群文物,证实了苏美尔人传说中的巴林贸易盛况。在巴林城堡发现了城市遗址。在巴巴尔和达拉兹发现了神庙。下列文物,反映了公元前 3000 多年前巴林同两河流域和印度河流域之间的商贸往来:

(1)黏土图画。在尼努佳尔神的赠礼画上,画有送往乌尔城的礼品、铜链及铜制品、珠链、稀有的红玛瑙、象牙及象牙餐具、化妆品及珍珠、椰枣和大葱等。这些商品,大部分并不产于巴林,而是经过巴林转运的。图画上多次出现马卡尔和迈伊鲁哈等一些国家的名字,可能是阿曼半岛、印度河谷一带地区。

(2)楔形文字上表达了当时贸易路线。

(3)两河流域的乌尔、印度河流域的劳萨尔及当地人使用的印章,可证当时巴林的对外贸易活动水平。

(4)成堆的贝壳、牡蛎,采珍珠业的发达及其广泛的贸易,可证当地特产已进入社会生活领域。

(5) 城市遗址上，有几条笔直大道和石头城墙。宫殿高达 12 英尺，有大厅、浴池、仓库、柏油漆柜匣、陶器、武器。建筑物下埋有 40 个墓穴，最古老的墓穴形状奇特，中间有几个带盖的面盆。盖子有的是蛇骨状，有的是珠子状，所有这些都反映了贸易中心的富庶景象。

(6) 神庙三座，石料分别来自巴林。最古老的一座神庙的黏土台上，发现祭品用的器皿、铜制花瓶、金项圈。第二座神庙中发现精制的铜牛像，与两河流域中乌尔王墓中发现的头像类似。第三座神庙的方台前发现铜制飞鸟、用绿宝石镶成的首饰、大理石花瓶等物品，都与苏美尔文明和印度文明相近，但又是不同于这两个文明而表现出本土特征。这是不同文明交往的结果。

此外，同中国的贸易往来也很频繁，因本书有专章叙述，这里不再重复。可以提到的是，在巴林博物馆，藏有中国制造的各种灯（包括马灯）、碗、手推小磨和古钱币等文物，反映了海湾五国同中国的贸易往来状况。

这里着重谈一下甘英到达海湾是否听到古希腊女神故事的问题。

东汉和帝永元九年（公元 97 年），班超经略西域，大获成功后，派甘英出使大秦。《后汉书·西域传》载，甘英"抵条支，临大海欲度，而安息西船人谓英曰：'海水广大，往来者逢善风，三月乃度，若遇迟风，亦有二岁者，故入海者皆赍三岁粮，海中善使人思土恋慕，数有死者'。英闻乃止。"

甘英所面临的大海，学术界有四说：里海说、黑海说、地中海说和波斯湾说。现在很少有人主张里海说和黑海说了。争议在地中海和波斯湾二说。班超派甘英去大秦，即罗马帝国，泛指罗马帝国统治下的地中海东部地区。甘英已抵达条支（Antiochia），位于波斯西部边界。在历史地理上有两个条支：一在罗马帝国境内的今日叙利亚的条支；一在波斯湾头，即公元前 166年由塞琉古帝国安条古四世建立的安条克（条支为其缩译）。约公元前 140年，此地为阿拉伯酋长占领，称喀拉塞（Charax），不久属安息。主张波斯湾说的学者认为，甘英未到罗马帝国境内的条支，他到的不是位于地中海滨、奥朗特河畔的条支，而是波斯湾西北岸的阿拉伯小国喀拉塞，即旧条支的所在地。

主张波斯湾说的学者最近又从甘英未能西进罗马的原因，来寻找新根据。过去认为波斯船员阻止甘英西进罗马的原因是：出于阻止中国与罗马帝国之间直接贸易交往之目的，以便垄断丝绸之路的商业利润。另一原因是甘英不明情况而止。张绪山在 2006 年 3 月 21 日《光明日报·史学》上发表文

章，提出了第三说：闻希腊女妖神话而返。他从《后汉书·西域传》中
"(永元)九年，班超遣掾甘英临西海而还，皆前世所不至，《山经》所未详，
英不备风土，传其珍怪焉"一段话中的"珍怪"考索；又从《晋书·四夷
传》中"汉时都护班超遣使甘英使其(大秦)国。入海，(安息)船人曰：
'海中有思慕之物，往者莫不悲怀。若汉使不恋父母妻子者可入。'英不能
渡"一段话中的"海中有思慕之物"与《后汉书·西域传》的"海中善使人
思土恋慕，数有死者"联系起来，使甘英这个有"不远游"传统的中原人，
怀有对客死他乡、葬身大海的恐惧感，因而成为他未渡海西进罗马的根本
原因。

　　作者对这个原因进行了经典生活世界的思考，并从古代经典的"读书得
间"分析中，发掘了古籍中未经明言而实际隐含其中的当时海上流传已久的
故事。他提出这个故事即希腊神话中的海上半人半鸟形"珍怪"女妖塞壬①
的传说。此女妖们善歌唱，常以妖媚动听的歌声迷惑航海使者，使他们听得
如醉如痴，停舟不前，待在那里一直听到死为止。女妖塞壬的故事早在公元
前9—前8世纪的荷马史诗《奥德赛》中已有记载：奥德修斯听从巫师建
议，用蜜蜡封住同伴耳朵，让同伴自缚于桅杆，才抗住了海妖们歌声的诱
惑，将船驶过海妖岛活了下来。另一则希腊神话中说，英雄俄耳甫斯过海妖
岛时，用自己的歌声吸引了同伴们，才得以躲过海妖们的歌声诱惑。诸如此
类关于女妖"珍怪"以优美歌声诱惑航海者忘归而死亡的故事在希腊—罗马
文化圈中广为传播，而安息(波斯)与罗马帝国西部毗邻，对此当不陌生。
波斯船员讲此类故事似属自然。

　　作者所提出的关于甘英来自内陆，对大海怀有神秘的恐惧感，所面临的
粮食、饮用水，加上安息船员所渲染的海妖故事，因而使这批中西方文化交
往使团西进罗马帝国受阻。但在这里，隐藏着中华文明和希腊罗马文明交往
的饶有趣味的插曲。不过，这只是一种"言论微中"的分析。如果波斯船员
把地中海之艰险加在波斯湾，以吓唬甘英呢？如果是波斯湾的故事呢？如果
是希腊与波斯交汇的故事呢？如果是阿拉伯人或与其他文明相融合的海怪故
事呢？王国维《咏史诗》第十二首中，有赞誉甘英的诗："西域纵横尽百战，
张班远略逊甘英。千秋壮观君知否？黑海东头望大秦。"看来，如果波斯湾

---

　　① 塞壬，即 Sirenas 或 Sirenes，希腊神话中的人身鸟足的美女妖，共有八名，一说三名，都
是福耳库斯(海神)和刻托的女儿。另一说是阿克罗俄斯(河神)和墨尔波墨涅(缪斯之一)的女
儿们。她们住在地中海的一个岛上，常用美妙的歌声引诱航海者触礁毁灭。

说因此而成立,甘英不是"黑海东头望大秦",应当是最早在波斯湾头望大秦、望海湾五国的中国人了。海妖神话很可能是航海人对灾难幻美化的形象表达,唯其幻美化而更使人产生恐惧感。这种恐惧感,使得当代法国符号学家罗兰·巴特也认为,不能倾听海妖的地狱之歌,心理分析的专家只能把耳朵塞起来。现代西方学者尚且如此,更何况是古代东方的甘英呢?但这一切只是存疑,难证考索之确,我们只有等待新据了。

(二)

处于海湾地区的五个国家,尽管在各个时代都用独自的名称相区别:但是,一条统一 24 万平方公里狭长的海湾水域,把这些星罗棋布、彼此相隔的岛屿同伊朗高原与阿拉伯半岛陆地之间,通畅地、没有间断地联系在一起。

海湾五国西起"犄角之地"的科威特,东至"航海之乡"的阿曼,依水流而傍半岛,蜿蜒横亘于海湾与阿拉伯海之间,组成了中东地区东部阿拉伯文明交往的心腹地带。

今日海湾五国,在新的历史条件下,传承、传播、复兴和创造着阿拉伯—伊斯兰文明。

在当代,决定海湾文明交往的主要因素是:①阿拉伯的民族性;②伊斯兰的宗教性;③海湾的地缘性;④石油的物质性;⑤全面的现代化;⑥经济的全球化。这"四性"、"两化"的内外因素彼此联系、互为交织、相互依存又各自区别,共同组成了巨大的合力,在推动着海湾五国的社会发展。

阿拉伯的民族性和伊斯兰的宗教性是整个阿拉伯世界的共同特点,也是海湾五国最根本的文明资源。这种民族性和宗教性是一个统一体,它们统一于海湾五国的社会生活深处。我们从海湾五国都是以阿拉伯民族为主体民族、以阿拉伯语为国语、以伊斯兰教为国教这些普遍的共性上,可以清楚地看到这一根本精神资源在文明交往中的决定意义。伊斯兰教是入世性、政治性极强的宗教。它从来是中东的重要角色。冷战后它不但在中东而且在国际政治层面凸显出其重要性。在海湾五国中,不仅在阿曼这个政教合一国家中,而且在其他政教分离国家中,伊斯兰教在政治、法律、教育、日常生活等领域中仍有不可低估的影响。阿拉伯联合酋长国的创建者、首任总统扎耶德的言论具有代表性。他说:"我们每走一步,都不偏离我们的伊斯兰遗产;文明不会诱惑我们放弃我们的价值观和特有的伊斯兰品格;不会使我们离开这块生我们、养育我们阿拉伯土地的根。"他又说:"我们热心于保护我们正统的阿拉伯传统和民族遗产,这种传统和遗产一直照亮我们未来前进之路。"

伊斯兰教之魂和阿拉伯民族之根，是海湾五国文明交往活动的内在决定性因素。

海湾的地缘性首先是政治和军事战略地缘性。海湾五国属阿拉伯和中东民族独立国家体系，这个体系的特点是：①建立现代民族国家历史短，有的还在建构中；②国家认同与民族认同、部落意识、宗教信仰等观念互相重叠、冲突；③民族独立国家复杂多变。中东动荡内因多源于此。大国卷入，特别是美国武力推进"民主"目标，成为中东动荡的外因。中东许多民族独立国家，跨越了巨大的历史空间和发展与知识鸿沟而突然进入当代世界（海湾地区最为明显），因此要在传统与现代之间搭建桥梁，需要较多过渡阶段。海湾五国的政治体制是家族君主制掌握统治实权的国家体制。在这个制度文明总特点之下，五国政治形态上各有差异。科威特为二元制君主立宪制，萨巴赫家族统治权受到议会和宪法的一定限制，但实权仍在埃米尔手中。巴林的君主立宪制中，三权分立仍受到哈利法家族代表埃米尔的监督。卡塔尔也是形式上有宪法的三权分立，萨尼家族的埃米尔拥有最高权力。阿拉伯联合酋长国是二元君主制和内阁制某些特征的联邦制国家，七个酋长国统治者世袭，而阿布扎比和迪拜二国起决定作用。阿曼没有宪法，是赛义德家族世袭的君主制度国家。海湾历来是各大国争夺中东地区势力范围的必争之地，尤其是石油发现之后日益加剧。海湾五国从不风平浪静，战云时不时密布上空。这些国家不惜斥巨资购买军事装备，构筑自保的国防安全体系。

海湾的地缘性是阿拉伯人的海湾性，沙海马背的风貌和豪放气势也融入海湾性之中。2006年卡塔尔多哈亚洲运动会开幕式上的神奇的海神、猎鹰、彪悍的阿拉伯马队等表演，都反映了这一特征。

海湾的地缘性也是自然生态文明资源，是海湾人民生命支持系统的物质基础。它涉及海湾五国人民的营养、能源和原材料需要，包括水产资源、矿物开发、旅游、生态保护等综合生计问题。与此相关的是战略地位的地缘性。这种为帝国必争之地的军事战略地位，当代因石油而特别凸显其重要性。在政治、军事、生态的地缘性的因素中，海湾阿拉伯人的"海湾性"①，把他们同居住在内陆沙漠的阿拉伯人区别开来。海湾人长期对海的习性的体

---

① "海湾性"这一特征是国际气派，国际会议，国际活动，国际艺术和旅游，世界贸易以及文明交往的亲和力。一个例证是他们在中国浙江义乌的外向性商贸交往。2006年仅在义乌一地就有阿拉伯联合酋长国43家贸易机构。长期居住的阿拉伯人超过了3500人，有些人与义乌姑娘结婚。体育的国际性文明交往也在海湾有突出表现，如中国女运动员诸宸同卡塔尔穆罕默德的结合，他俩的女儿还住在温州的外婆家里。

验中，养成了开放性、忍耐性、勇敢性、适应性的性格和互助合作的品格。他们知道如何在气候多变、波涛汹涌和险风恶浪的海面上，以商贸作为文明交往的重要渠道，坚毅地扬帆远航到达彼岸，他们也懂得在同各种文明交往活动中，如何传承、吸收和丰富自己的文明而用于当今社会，以造福人类。

　　石油是改变了海湾五国命运的自然物质资源。根据亚历山大时代史学家的记载，早在公元前 4 世纪，腓尼基人在海湾地区开展贸易活动的时候，就是用当地一种黑色液体照明。这是石油资源的最早记录。但是，只有到了20 世纪 60 年代以后，石油才成为文明的点金石，在政治、社会、文化、军事和国际关系诸方面，发生了具有深远意义的变革。海湾石油是海湾五国社会跨越式发展的原动力，是以农牧经济为基础和以血缘关系为纽带的部族社会，向现代社会转变的推动者。海湾石油是海湾五国经济文明交往发展模式，它使这五国成为设备、军火、汽车、金融市场、巨额资本积累和西方先进技术与外籍劳工等力量的文明聚焦地。石油使海湾五国由贫穷落后一跃而成为高收入、高福利国家，从而创造了海湾经济奇迹。石油又是海湾五国传统政治文明变化的物质力量。在传统与现代化的冲突中，海湾五国的阿拉伯性和伊斯兰性这个文明交往的根本因素因有石油而增添了内在的适应力。海湾石油王国的保守和君主制的家族政治也随着现代化和全球化进程逐渐向现代体制建设方向发展。石油带来海湾五国的现代产业和城市化；在社会结构上游牧民定居而成为产业劳动者；出现了中产阶级。石油虽非短缺资源，但它的国际化、战略性和不可再生性，表现了其两面刃的特性。石油固然可以使美国不会用"人权"、"民主"价值观而谴责海湾五国的君主制，但仅仅依赖石油资源，本地区人民的命运难得永远安全。海湾有远见的政治家和社会精英们已意识到：只有用石油资源促进经济多样全面发展和独立自主与西方交往，平等互惠，才能不沦于外力控制之下。石油给海湾五国准备了丰富的物质基础，但作为阿拉伯伊斯兰君主制小国，唯有不忘马修·R. 西蒙斯预言的"沙漠黄昏"的危机预感，用"以小事大"的大智慧，方能自保自处于一超多元的全球化国际社会之中。

　　全面的现代化和经济的全球化，是当今人类文明交往的两个相辅相成的时代潮流。这个潮流对海湾五国的阿拉伯民族性、伊斯兰的宗教性和海湾的地缘性，尤其是石油的物质性，形成了互为因果、互相推动、彼此制约的互动交往关系。海湾五国现代化要解决的主要问题是正确解决阿拉伯性、伊斯兰性与现代性的关系问题，从而在全球化背景下建构适合自己国情的发展模式。这涉及现代化的全面性问题。所谓现代化的全面性，包括人类思想和行为一切领域的变动，至少包括工业化、城市化、社会流动、世俗化、传播媒介的扩大、文化教育的提高和参政范围的扩大。海湾五国的现代化，不仅是石油资源的开发和利用，甚至不仅仅是经济上多样全面的发展，而是还有政治体制、社会秩序、人的素质和社会风气及安全等问题。

为应对全面现代化和经济全球化的时代潮流，海湾五国都认同只有联合才能形成合力，但仅仅加强自身联合是不够的。于是就有海湾六国（还有沙特阿拉伯）联合的"海湾阿拉伯国家合作委员会"的成立（1981 年 5 月）。这个区域联合组织虽然人口只有 3000 万，但市场广阔，石油美元旱涝保收，地处亚非欧交通要冲，海运空运发达，还有低关税的自由贸易，联合潜力巨大。2004 年六国国内生产总值以年平均 17％增长，石油总收入 1560 亿美元，个人年平均收入 13757 美元，其中卡塔尔领先，为 38239 美元。"海湾阿拉伯国家合作委员会"六国最需要的是石油以外的经济多元化。同时，海湾六国没有孤立于战乱不断的中东地区，也处于全球商家必争之地。因此，仅仅六国联合还远远不够，只有在政治、经济、外交上走出去，实行全球合作，走多元经济和全球文明化之路，才有更美好的发展前途。

这里还有一个中心问题，就是阿拉伯—伊斯兰文明的复兴问题。阿拉伯—伊斯兰文明像一切有生命力的悠久的大文明一样，不但有其萌生、成长、强盛、衰落阶段，而且还有为汤因比周期律所忽视的、也是重要的阶段：复兴阶段。根据阿拉伯—伊斯兰文明史上多次出现的复兴周期性规律，它的复兴大都与社会生活重大变动的历史转折关头相伴随。当代海湾五国的文明复兴是阿拉伯民族和伊斯兰教的双重文明振兴，是民族性与宗教性在政治文化统一交往联系上的体现。它所应对的是经济危机、传统社会的失衡、社会矛盾的激化、外来文明的挑战、统治者的腐败和伦理道德的衰败等问题。当代海湾五国文明复兴的关键在人的全面发展，这也是全面现代化的应有之义。海湾五国现代文明交往的独特风景线是：石油经济与阿拉伯—伊斯兰文明复兴并存；经济现代化与宗教原典化同在；西方文化的意识形态、价值观是石油输出的"伴生物"；外籍劳工干活，本国富有的寄生阶层追求物质享受，尤其是一些青年人厌学恶劳，直接影响到全面的现代化。这个风景线特别使外部势力着迷的是石油的战略意义，而对海湾五国安全最大威胁的也是石油的战略意义。同时，阿拉伯—伊斯兰复兴浪潮中因极端势力的疯狂而吉凶未卜。总之，在海湾五国现代化的全面性问题上，阿拉伯—伊斯兰文明的复兴，尤其是这些以丰富的石油资源为基础、以复兴阿拉伯—伊斯兰文明为旗帜，用特有的思维方式认识和影响世界的潮流，理应成为现代化研究的重点。

　　全球化是人类文明交往超越国界在世界范围内扩展与深化的历史联系过程。经济全球化是生产、分配、交换和消费超越国界在世界范围内扩展与深化的经济联系过程，它属于基础性因素。经济全球化是 20 世纪 80—90 年代世界范围内三大经济政治变化之一。其他两大变化是：冷战格局的土崩瓦解和石油价格震荡不已。这对海湾五国的影响非同小可。它宣告海湾五国依赖石油收入以实现经济快速发展时代的终结和新的经济发展机遇与挑战时代的到来。冷战后的世界市场经济体制推动着人类文明交往的全球化深度和广度，海湾五国的石油依赖于世界市场，受制于经济全球化。经济全球化虽然以发达国家的跨国公司为主导力量，但它的发展基础是资本的全球自由流动和生产力的巨大发展。这种历史趋势为海湾五国进行经济调整创造了前提条件，在与发达国家政策上的协调、与新型跨国石油集团的合作、在全球市场上重新定位，以发展商业与工业投资上的合理协调等方面，开拓了新的可能。自主的经济目标，实行经济多样化发展战略，成为海湾五国共同的发展趋势。此外，发展海湾阿拉伯国家合作委员会的区域性合作与外部合作是发展经济的共同需要。值得注意的是，海湾五国对贸易制度自由化已普遍受到重视。巴林、阿曼、卡塔尔、阿拉伯联合酋长国已成为世界贸易组织成员国。进入 21 世纪，海湾五国适应经济全球化而进行的调整工作，随着石油价格回升，其效果已经逐步显示出来。面临经济全球化大潮，海湾五国还有更严峻的挑战和更新的机遇。这里最需要的是积极、主动、自主地进入大潮，用文明自觉的大智慧对待全球化的文明交往。

（三）

　　阿拉伯—伊斯兰文明在海湾五国的复兴，最明显的表现是文化的复兴。文化复兴始于教育。20 世纪初，办学由宗教与科学知识并行方面起步。1912 年，由科威特"复兴之父"尤素福·本·伊萨（1879—约 1925）倡导、商人出资，创办了"穆巴拉克学校"。以后的巴林和迪拜（1919）、阿曼（1926），直到卡塔尔（1951）先后创办了第一所小学。文化复兴在新闻报刊表现得尤其活跃。从 20 世纪初至第二次世界大战以后，埃及、叙利亚和黎巴嫩的《新月》、《文摘》、《灯塔》、《金字塔》等报刊传入海湾五国，输入新的文化思想。

　　20 世纪 60—70 年代以后，海湾五国出现了许多报刊、出版社、电台和电视台。其中最著名的是 1996 年成立的卡塔尔半岛电视台。它拥有 37 个国外分社，24 小时不断用阿拉伯语广播。2005 年，增设英语频道，英国 BBC

资深记者戴维·弗罗斯特加盟该台,任总编。曾在 BBC 和美联社电视新闻节目任编辑的奈杰尔·帕森斯负责前期运作。据《今日美国报》报道,美军在卡塔尔的中央司令部前发言人乔希·拉欣可能做该电视台记者。[①] 该电视台在 2003 年伊拉克战争以后,播放"基地"组织领导人本·拉登的讲话、西方人质被伊拉克反抗者斩首的录像和伊拉克平民被联军打死的录像,因而引起美国反对,甚至布什计划要轰炸该电视台。只是由于英国首相布莱尔的劝告,希望考虑该电视台处于多哈商业区,以及卡塔尔是海湾地区的西方盟友等情况,布什才作罢。不过,2005 年 11 月 27 日的《英国观察家报》报道,在伊拉克战争期间,半岛电视台驻巴格达和喀布尔的办事处,遭到美军轰炸。在美国关塔那摩军事基地,有一名半岛电视台记者未经起诉就被长期关押。为了对抗半岛电视台,美国成立了"自由电台"。对此,半岛电视台驻北京分社社长伊扎特对《文汇报》记者讲了一个阿拉伯笑话:[②] 凡是自称"民主"国家,一般人都认为是"不民主"的。按这个逻辑,阿拉伯人是不是对美国"自由电台"的"自由"一名,推演出反面意思呢?

半岛电视台的宗旨是:中立、平衡、民主。半岛电视台的座右铭是:意见及异见。也许正因为这一点,沙特阿拉伯、伊朗和埃及等国对半岛电视台批评他们的内政感到不满,有的国家还下了"禁播令"。2006 年 4 月 27 日深夜,半岛电视台驻开罗负责人侯赛因·阿卜杜勒·加尼,被埃及内政部以"扰乱治安"罪名逮捕。半岛电视台在阿拉伯国家中拥有 3000 万至 5000 万的庞大收视人群,在它成立十周年之际,还要建立一个拥有 230 人、30 个驻外机构的英语部。它驻北京记者伊扎特,在 2005 年 3 月 6 日全国人大第三次会议的记者招待会上,用不太流利的汉语提问:"单边主义越来越单边,霸权主义越来越霸权,中国离实现多极化的目标还有多大希望?"中国外交部长李肇星认为这个"绕口令"式的提问对世界形势具有"认识上的深刻性"。2005 年春节前夕,中国剪纸艺术家赵才萱(63 岁)和她的母亲彭秀慧(91 岁),参加外交部答谢宴会上,当场表演剪纸。半岛电视台记者请求老人为该台剪个台标,并交出图样。赵才萱回去后,专门买了两张金色的纸,

---

① 曾在美国海军陆战队担任新闻联络官十四年之久的乔什·拉兴 (Josh Rushing) 出人意料地担任了卡塔尔半岛电视台的记者。他在 2007 年 6 月出版了《"半岛"使命:沟通,求真,改变世界》(*Missio Aljazeera*:*Build a Bridge*,*Seek the Truth*,*Change the world*)。该书力求扭转美国对阿拉伯世界的偏见,也希望美国人能够更好地利用海外媒体,扩大与外界交流。他认为,美国同阿拉伯世界之间的误解,以及对对方意图的歪曲报道,已经造成太多问题。这是一本文明交往之书。

② 参见《文汇报》2004 年 3 月 2 日。

按图样剪了幅"大写意"的作品,送给了半岛电视台记者,并说:"作品是免费送给你们台的,就算是我们一家人对外国友人的一点心意吧!"

2007 年 3 月 6 日,在全国人大十届五次会议的记者招待会上,该台记者又用汉语提出下述问题:"国际社会和联合国这两个名词我们特别熟悉。但我们看到,国际事务好像只有一个国家说了算,否则我们怎么解释一个超级大国,我指的是美国,侵略一个主权国家,我指的是伊拉克。国际社会和联合国到目前为止没有任何一点反应。同时,我们怎么能解释一个主权国家想发展和平利用核能,国际社会对它实施制裁,我指的是伊朗。同时另一个国家发展核武器,国际社会都视而不见,我指的是以色列。"他提出如何平衡不正常的、双重标准的国际秩序问题。李肇星认为这位记者"描绘了一个非常复杂、充满各种挑战、存在不同标准的世界"。实际上这里最大的问题是民族独立国家体系的危机问题、归根结底是人类交往的文明化问题。

我之所以给卡塔尔半岛电视台以较多的篇幅,是因为它是当今阿拉伯文明复兴的一个突出标志。[①] 它在全球拥有 6500 多万观众。它被称为"海湾的 CNN"和"阿拉伯的 BBC",以自己独特的声音,在西方传播"话语霸权"传统格局中迅速崛起。美国媒体宣传伊拉克战争是"伊拉克人民的解放战争",而半岛电视台则称"美国人入侵伊拉克";美国媒体称为"武装恐怖分子",而半岛电视台则称为"抵抗组织"、"游击队"。半岛电视台的独家热点新闻,更是西方媒体望尘莫及,从而显示了它在阿富汗战争、伊拉克战争期间的传播力。一个文明的复兴,不但要靠自身内部的传承力,也离不开对外的传播力。传播力和传承力都是文明赖以发展的交往力,二者如车之两轮,鸟之两翼,相得益彰地推动人类文明的发展。具体到卡塔尔半岛电视台,也正是把这种传播力和国际传播理念相结合,掌握了传的关键性契机、发挥了融媒体与军事记者队伍的关键性作用和实行了战时阿拉伯世界"本土"文化心理为核心的关键性国际传播战略,从而成为阿拉伯文明复兴的亮点。当然,这个亮点背后,是强大的石油经济后盾,但运用这个后盾的智慧,是历史积淀的阿拉伯民族的文明活力。这就是阿拉伯民族性与国际化传播交往力相结合的文明自觉。

---

① 伊斯兰宪政主义的思想家卡拉达维 1973 年在爱资哈尔大学获得博士学位以后,在埃及的宗教基金会短暂工作之后,来到卡塔尔,在半岛电视台主持"伊斯兰法律与生活"节目,每周播送一次。他还是卡塔尔伊斯兰研究中心主任,通过著作、磁带、光碟、网站,力图促进伊斯兰对现代的适应性转变。

　　和半岛电视台同用一个卫星转播的阿拉伯联合酋长国电视台，即阿尔迪尔卫视台的情况，更反映了交往的新特点。2006 年 7 月，阿拉伯联合酋长国的中国温州商会副会长王伟胜收购了这家电视台，2006 年 8 月 1 日开播，改台名为"阿拉伯·阿里巴巴商务卫视"。该台用阿拉伯语和英语 24 小时滚动播出。节目分为：①定点节目有小商品供求信息、中国文化风俗；②专门节目有：中国商旅直通中东、中东百业之富、周游中国、中国文化驿站；③还有商旅资讯，每日播报中国商贸快讯等内容。

　　文化交往潜移默化与汹涌冲击相交替。路透社在 2005 年 10 月 26 日从阿拉伯联合酋长国的迪拜发出电文说："在过去三年中，美国流行文化如暴风雨般征服了阿拉伯世界的电视屏幕。"它列举了阿拉伯国家可自由收视卫星频道中，全部播送美国情景喜剧、脱口秀和时事新闻节目的事实以后，指出其特征是：①加上了阿拉伯字幕，②剪掉了接吻镜头。电文说，不仅迪拜在 2004 年年底成立了一家提供美国这些节目的电视台，还有专门播送好莱坞电影的频道 MBC2，美国人投资的播放流行音乐的萨尔瓦电台和阿拉伯语卫星电视台——自由之声电视台。此外，美国《国际先驱论坛报》在 2005 年 10 月 26 日也对英国广播公司停办对东欧一些电视节目而决定开办阿拉伯语电视新闻频道一事，称为"东西方意识形态分界线的前沿""已转到幼发拉底河两岸"。巴林的《中东时报》周刊网站于 2007 年 6 月 21 日，专门报道了伊朗组建英语新闻电视台，以打破西方媒体在国际上垄断局面的消息。这家电台于 2007 年 7 月 2 日成立。于此可见文化交流中问题的复杂性。

　　文化统领文学，传媒促进文学复兴，而文学的复兴又以海湾五国民族独立国家体系的建立、东西方现代文明交往和传统与现代关系的会通为主要特点。了解阿拉伯民族，最直接快捷的方式，是了解其文学。这种文学建立在维系社会四种不同文化的基础之上：阿拉伯文化、伊斯兰教义、外来文明和内部文明之间的交往。民族主义文学成为建构民族国家共同体的重要环节之一。

　　诗歌是阿拉伯民族文化的精粹，是阿拉伯文学中的文学。海湾五国是阿拉伯世界突出的"诗歌之乡"，而科威特则是五国中最富有"诗歌之乡"特征的国家。哈利德·法拉吉（1898—1954）生于科威特，在巴林和沙特阿拉伯任官职，逝世前两年移居大马士革，1954 年在黎巴嫩去世。他被称为"海湾诗人"，因写有歌颂沙特家族统一史而被称为"沙特王室诗人"。在科威特居住了二十年（1970—1990）的伊拉克女诗人娜齐克·阿尔—马莱卡（1922—?），也兼有两国诗人之称。她是位爱国诗人，也写诗颂扬孙中山和甘地，视野广阔。科威特的新古典派诗人萨格尔·舍比卡（1894—1963）、哈利德·法拉季（1898—1954）、创新派浪漫诗人法赫德·阿斯凯尔（1910—1951）以及穆夫利赫·卡赫坦尼和女诗人苏阿德·穆罕默德·萨巴赫都是诗坛上的代表人物。

　　巴林的诗歌界也异彩纷呈。1920 年文学俱乐部创建者易卜拉欣·本·穆罕默德（1950—1923）和阿卜杜拉·扎耶德（1899—1945）是诗歌的先驱者，后者有"起来，阿拉伯人！施展你的雄风"的民族性诗句。与他们同具阿拉伯"民族性"的诗人还有阿卜杜·拉赫曼·穆阿瓦达（1911—　　），他有"阿瓦勒的子孙！你们为何不睁开双眼？/外国佬在这个国家逍遥自在/……侵略者胡作非为，靠的是枪杆、刀剑。/我看到巴林的今天，/正预示着明天的灾难。"殖民当局曾迫使诗人流亡卡塔尔十四年（1956—1970）之久，因此被认为是卡塔尔的诗人。此外，易卜拉欣·欧赖易德（1908—2002）是阿拉伯诗剧、叙事诗的开拓者之一。他的《烈士的土地》（1949）对巴勒斯坦人民的苦难与斗争进行了全面的描述，被黎巴嫩文学批评家马龙·阿布德称为"阿拉伯史诗"。艾哈迈德·哈利法（1930—　　）的《采珍人之歌》表达了海湾人的"海湾特性"："我是采珍人，/命运，坚毅伴我在海上，/多少次出生入死，/从不怕风骤雨狂。/岁月是我的老师，/教会了我勇敢顽强，/并给了我一颗心，/将自由事业向往。/我是波涛的儿子，还有雷雨、黑暗和曙光。/我同狂风搏斗，/我为青春歌唱……"

　　卡塔尔在文明交往中开放性较强，反映在诗人方面是，既有西方影响而且能守住阿拉伯传统的哈桑·尼达阿（1943—　　），他 1975 年获英国剑桥大学阿拉伯文学博士学位。同时，卡塔尔诗人也受埃及、伊拉克以及叙利亚和黎巴嫩"旅美派"的影响。此外，生于伊拉克的台巴台巴依（1776—1853）、生于沙特阿拉伯的伊本·奥赛迈因（1844—1944）、生于巴林的阿卜杜拉·拉赫曼·穆阿瓦达（1911—　　），都因长期生活或工作在卡塔尔，因而被认为是卡塔尔诗人。阿曼和阿拉伯联合酋长国，也是有诗歌传统的国家，特别是后者，有三代传承的诗人群体。

　　海湾五国的现代小说，最早产生于 20 世纪的科威特，是在同西方文化交流中出现的。代表人物有苏莱曼·谢迪（1935—　　）、苏莱曼·胡莱菲（1934—　　）。他们都在国外接受高等教育，受西方名作家影响较大。在写作上，前者有《微弱的声音》，描绘工人失去双臂后的艰难和屈辱；后者的小说《婚姻》则描写金钱使侄子的恋人成了年迈叔父的妻子。科威特在开发石油资源时代中，所面临的社会及家族问题，成为他们写作的主题。阿斯梅尔·法赫德(1940—)的大量小说,都是借鉴西方现代主义表现手法,笔锋指向海湾地区和阿拉伯世界。他有"五部曲"(1970 年的《天空原来是蓝的》、1971 年的《发光的沼泽》、1972 年的《绳索》、1973 年的《彼岸》和1980 年的《梦中的第一步》),反映了 20 世纪 60 年代社会变革时期的伊拉克社会。

　　海湾五国中,巴林的阿卜杜拉·哈里法(1948—)的《水与火之歌》和法姬娅·拉希德的《围困》入选 20 世纪阿拉伯作协 105 部优秀阿拉伯中篇小说之中。阿拉伯联合酋长国在 1979 年文学团体成立和《阿拉伯时间》周刊出版后,小说创作出现了阿里·艾布·雷什的《英雄的海》和阿卜杜·哈米德·艾哈迈德的《在荒野的海湾游泳》等名篇。阿曼作家阿卜杜拉·本·穆哈默德·塔伊(1927—1973)的《绿山的天使》被认为是阿曼中篇小说开山之作,其背景是 16 世纪葡萄牙入侵到 17 世纪中叶被推翻为止,中心思想在于强调团结。苏欧德·本·赛阿德·穆扎法尔(1951—)的《沙与冰》(1988)通过一名阿曼青年伊萨与他欧洲妻子希琳的婚事,反映了东西方文化的冲突。①

　　卡塔尔的小说界,有两位女作家特别值得一提。黛拉勒·哈里法和舒阿拉·哈里法是多哈姐妹之花。姐姐黛拉勒在英国大学取得英语硕士学位,1993 年有长篇小说《人与湖的传说》问世,这在卡塔尔文学史上尚属首创。作者以湖为镜,首先是主人公穆赫塔尔在湖面上看出自己的形象是一头雄狮。于是他雄心勃勃,在亲友支持下杀国王而上台执政。当权初期,他尚能自律,取得国人拥戴。不久即独断专行,排除异己,压制人民。几年之后,他又到湖边,以湖为镜,惊讶地发现,湖面映照他的形象变了:先是一条蛇,后来竟是一只猫。他在盛怒之下,命令填平此湖。他以为此举可以改变自己由雄狮变蛇、变猫的坏形象,但湖可填平,却无法抹去人们的记忆。这部小说在表现手法上承袭了《一千零一夜》等民间传奇故事的手法,讽刺了某些阿拉伯国家当政者的蜕变和独裁。阿拉伯古典性强烈,是最突出特点。小说无具体时间、地点,因而现实性和普遍性联想更大。

　　妹妹舒阿拉在姐姐《人与湖的传说》出版后大约一个月,即有两部中篇

---

　　① 见证了传统与现代、东方与西方、信仰与世俗之间难以避免冲突的小说,最近当推 25 岁的阿拉伯女作家贾娅·阿尔珊妮娅。她的处女作是《利雅得的姑娘们》(*Girls of Riyadh*)。2007 年 7月她这本书在阿拉伯世界一炮打红。故事以电子邮件通信方式,大胆描写了四个上层社会年轻女性,家境富有,追求时尚,为了寻找真爱,各自经历了曲折生活。这些受了良好教育的女性,是文明交往的实践者。

小说《海的旧梦》和《走向真理》问世。《海的旧梦》反映了 20 世纪 60 年代初至 90 年代初卡塔尔的历史进程。小说前半部以胡尔小镇为背景，后半部以首都多哈为背景，细致地反映了海湾人民潜海采珠的艰险生涯、当地的风土人情和风俗习惯，也突出表现了石油时代的变革给卡塔尔社会带来的各种新旧复杂矛盾。和姐姐不同，妹妹没有用哲理折射现实的笔法，而是通过革故鼎新与怀旧恋昔的苦乐心理变化来反映社会生活。小说有时借助文件和统计数字来说明发展和变革成果之不足，评论家认为是脱离文学形象思维而损害了创造性。

　　海湾五国的文学是阿拉伯—伊斯兰文化的组成部分，它体现文化特有的内涵：民族性、价值观、情感、思维方式、国民品性、人格追求、伦理情趣和社会生活风貌。文化是文明的核心，文明是社会的外壳。文明的内涵是社会制度、社会组织、社会设施和社会生活状态。这种内在的、精神的、灵性的文化与外在的、物质的、社会的文明，用人文精神把它组成一个统一体。① 在人类的文明史上，社会的发展与文艺的发展，进行着互相推动的良性循环运动；而文艺作为人类创造力和形象力的体现，在人类文明交往过程中起先导作用，海湾五国的现代文学虽然起步较晚，但是，它在发展中不但保持和发扬了诗歌的民族优良传统，而且借鉴外来先进文学思想和形式，形成了时代性和民族性相结合的风格。不仅如此，小说也在 20 世纪 70 年代以来，也由边缘走向中心，与诗歌并肩而立。海湾五国的文学以其体裁的多样性、内容的丰富性、进展的快速性与阿拉伯世界和世界文学同步前进，从而显示出阿拉伯—伊斯兰文化的精神流变轨迹。

　　海湾文学是阿拉伯民族精神和性格的体现。德国诗人和思想家弗里德利希·施莱格说："一件艺术品将在一个焦点上统一这个民族最有活力的伟绩。"文学将成为海湾五国民族文化富于生命力的创造性活动，从而在精神气质、观察和感受事物的过程中，形成自己的特征。海湾五国文学发展中反映的民族性是阿拉伯性，其深处有伊斯兰性，其特殊处有海湾性，其基础性在石油的物质性。阿拉伯民族和历史的时代性、世界性是海湾五国文学的永恒主题。任何民族性文化在文明交往中都会表现出它的优秀、糟粕和中性等

---

　　① 诺贝尔文学奖得主纳吉布·马赫福兹（1911—2006）在 2004 年德国法兰克福书展开幕式上的录音讲话中，有两处提醒和提问："人类文明就是其全部不可分离的文化之总和。阿拉伯文明过去给西方文明的影响之巨大，就如同今天西方文明影响他们一样。""难道西方要感到安全受到威胁时，才去重新发现伊斯兰文明和阿拉伯文化吗？"这位埃及作家用交往文明化的眼光去看全球化的深远视野。

方面。文化研究中有"越是民族的，越是世界的"之说，实际上这个笼统提法应改为"越是优秀的民族文化，才越是世界的"，更为确切。文化是陶冶情操、升华思想和传承文明的有效载体，也是反映和引领社会生活的重要平台。作为文化组成部分的文学，既要保持自己的民族特色，又要持开放心态，与各民族沟通和理解：既有发现本质的深刻思想和恢弘的人类感情，又有深入心灵的艺术审美和社会批判思维，才能以其优秀方面发挥先进的创造性作用。文明交往的自觉，将大力弥补文化土壤的缺失，让先进文学体现人文精神，留住历史，留住文化，以光和热温暖包括海湾五国在内的阿拉伯世界。

（四）

如果说，文化是一个民族赖以生存于自然、人文和历史环境中的大树，而哲学就是"文化树"之根。这里所说的哲学是民族哲学的广义的观念文化，而不仅仅是哲学家归纳和概括的哲学体系。这种民族哲学观念更多地渗透在各民族的形而下的种种日常文化生活状态中。阿拉伯—伊斯兰文明中的生活哲学是一棵由人文精神培养的、在社会生活中生生不息成长的、立地参天的"文化树"。

什么是阿拉伯—伊斯兰哲学？马坚在为第·博尔著的《伊斯兰哲学史》的"译者序"中写道："伊斯兰哲学就是阿拉伯哲学。"他所论的是阿拉伯帝国时期用阿拉伯文写作伊斯兰哲学的伊斯兰哲学家。因此，他的结论是："伊斯兰哲学和阿拉伯哲学是异名同实的。"但是，陈中耀译的另一本《伊斯兰哲学史》有这样看法："阿拉伯哲学和伊斯兰哲学，这是字面上截然不同而内容上又难以分割的两个概念。"他们的界定，是同中有异、异中有同的统一。

编审完《中东国家通史·海湾五国卷》后，我想从当代阿拉伯生活哲学角度，了解当代海湾地区的"文化树"之根的社会生活状态。阿拉伯哲学和伊斯兰哲学无论是"异名同实"或是"字面截然不同而内容上又难以分割的两个概念"，但在对待生活哲学方面，却是共同的。伊本·鲁世德就说过，他宁愿做一个市民，而不愿做一个隐士。他认为隐居不能产生工艺和学术，离群索居的人不得享用比以前更多的生活福利。伊本·赫尔东的历史哲学也把包括物质文明和精神文明在内的社会生活作为研究的对象，并且追溯人类谋生的行为方式，如何从野蛮、简陋、愚昧、封闭的生活逐渐发展为华赡、智慧、开放、繁荣的文明生活。

对于海湾这五个小而又富有的石油王国，研究其形而下的日常文化生活状态的哲学观念，尤其是阿拉伯—伊斯兰的生活哲学，具有重要的理论与现实意义。

当代海湾五国的生活哲学著作中，科威特女作家、记者和专栏评论家穆尼尔·纳素夫的《愿你的生活更美好》是一本代表性著作。

什么是生活？穆尼尔·纳素夫在这里所说的是人们的日常生活，是文明交往广泛波及的领域。这也就是人们现实的生活世界，人们实际所感受的、所经历的、可以描述的和交往的现实人际关系，是人的行为方式、情趣、习惯、人生境遇。这种生活场景所呈现的世界是活生生的感性活动。它与思想和意识所抽象出的、推演出的非日常生活不同，与被符号加工了的哲学世界、艺术世界、科学世界、政治世界、经济世界不同。这种生活世界不是简单的感官世界，而是包括着科学经验、宗教经验、道德经验、社会文化经验、历史经验、美学经验和情感经验的开放世界。生活世界是人类社会的内在基础。因此，它需要理性，需要哲学。当代阿拉伯生活哲学的宗旨是让生活有崇高追求，让哲学回归和引领生活，从生活中提炼与整合哲学，使之具有针对性和前瞻性，使生活日渐健康化、文明化。

穆尼尔·纳素夫的生活阅历丰富，她的足迹遍及阿拉伯各国。她的生活观察力敏锐，在《政治报》、《舆论报》等报纸上每日发表一文，主题都是阿拉伯社会的日常生活问题。她的这本《愿你的生活更美好》，就是她在大型刊物《阿拉伯人》上发表的部分论文结集而成的著作。它是专论阿拉伯生活哲学的著作，可称之为"面向生活的阿拉伯哲学"。她在这本著作中，以洞察人类日常生活交往的人性世态细枝末节为基础，在日常人未发现问题的地方发现问题。在她的笔下，有许多生活小事件比起大事件有更大的哲学价值。也许一个阿拉伯人对生活失去信心，比巴以冲突、比伊拉克问题、比黎巴嫩冲突、比伊朗、叙利亚问题更为严重，尽管政治冲突、军事冲突时不时充斥着所有报纸的头版头条。

《愿你的生活更美好》有以下几个突出的生活哲学特征：

第一，生活哲学的价值观是对人类健康、文明生活的追求。穆尼尔·纳素夫写道："当一个人失却了对生活价值的感受，就等于失却了对生活所给予他最好的享受。美好的生活，是人们终生为之奋斗的愿望和梦想。"金钱在生活中有何地位？她回答说："钱，是生活资料，没有它难以生活。但是，人们中的认识区别在于，不劳而获的钱与劳动换来的血汗钱是根本不同的。幸福并不是唯钱能换取的！"这就是她用生活哲学的简明语言所表达生活在金钱之中的诚实劳动、诚信生活，始终是人类文明自觉交往活动中所追求的美好和谐的文明境界。

第二，生活哲学的基石是用文明的创造去迎接生活命运的挑战。穆尼尔·纳素夫的生活哲学特别重视"活出意义来"[①] 这一深远目的。她的名言是："我所说的生活的意义包含在用我们的双手所创造的成果中。"这使我想起了英国哲学家罗素在 1915 年所讲的话："最好的生活，就是创造性的冲动占最大的地位，而占有性的冲动占最小的位置。"人类赖有后腿直立、双手操作和大脑思考的综合力，才创造了文明生活。人类的幸福在于创造的自觉性。这是哲学家的共识。马克思把哲学归结为"文明的活的灵魂"，把哲学的任务的重点归结为"我们应该去改变这个世界"，而不只是"诠释世界"。这里的"改变"就是"创造"，"改变"比"诠释"的重要之处，就在于"创造"。创造性即文明自觉。真的，新曲何须别人有，但握创造在手中。请看穆尼尔·纳素夫强调创造生活的欢乐："只有自己的努力才能使自己幸福，才能感到生活的甘美；如果我们的生活中充满了烦恼和痛苦，那我们的内心对生活就会产生厌倦感，尽管世界是美好的。"这无疑对海湾五国中的一些物欲横流、精神空虚懒散、信仰极端的生活现象具有针对性。现代化使物质化的力量深入生活根部，但物质化生活需要非物质力量来支撑，以抵御低级趣味的侵蚀。

第三，生活哲学是全新的文明生活态度。穆尼尔·纳素夫深入一层分析人类文明："文明给我们带来的一切总使我们心里感到不满足。文明的残渣几乎使我们忘记了最伟大的感情。"她对于这种"文明残渣"导致缺乏文化内核的人文精神的泯灭，作这样解释："这也不奇怪，正如有些人所想象的，在一个唯利是图、见物必争的时代里，我们生活在其中，对此不无感受。"她有一个简洁重要的和健康、文明的人文精神生活公式：爱＋责任心＋勇气＝全新的文明生活态度。她对这个公式有以下说明："责任心就是关心别人，关心整个社会。有了责任心，生活就有了真正的含义和灵魂。这就是考验，是对文明的至诚。"这个公式和说明，对当今人类文明交往的自觉和享受真正人性化的生活，具有启示意义。

读穆尼尔·纳素夫的《愿你的生活更美好》，不禁使我想起作家出版社 2006 年出版的毕淑敏的《心灵处方》。她说，医生的职业，让她时时面对死亡，她常感慨于人生之渺小和脆弱。她认为："如果由于我生命的存在，让

---

① 我在《中东国家通史·卷首叙意》中，引用了奥地利学者维克多·弗兰克的《活出意义来》一书，正好与穆尼尔·纳素夫此语相呼应，为生活哲学找到了同道者。

世界变得更美好，给别人带来哪怕是小小的快乐，我生足矣。"她的话和穆尼尔·纳素夫《愿你的生活更美好》都是文明的心灵自觉。最为触及日常生活的事实，最容易改变人们的思想和伦理观念，从而以唤起哲学的反思。正如工业文明对人类的异化，信息时代正显现出一个陌生的社会。面对生活的新挑战，人们应持冷静而乐观的态度，不像后现代主义者那样用取消问题的极端方式去解决问题。因为人类文明交往的强大功能，就是对环境的适应和改造。生活是不公平的，人要去适应它、改造它。生活会伤害人，人要从伤害处生活得更坚强。生活的哲学智慧告诉人们：不应该丧失信心，应该用人文精神的爱、责任心、勇气和努力让世界变得更美好。

　　1944年出生于科威特的美国心理学家阿玛斯，在1975年创立了科罗拉多州和加利福尼亚州的 Ridhwan 学苑，学员遍布世界各地。他的学术专长是物理、数学和心理学，也有丰富的个案经验。他认为，人类的心灵如许多切面的钻石，大部分心理学派与灵修体系，只磨修了这颗宝石的某些面向。只有"钻石途径"整合了情绪治疗、认知治疗、直觉式的揭露、呼吸技法及精微能量的探讨，求索心灵深度和广度，才能帮助人们面对各种心理障碍和关卡，使人活出充满爱、智慧、喜悦、活力的人生。他的著作在我国有胡因梦翻译的"钻石途径系列"（《内在的探索》、《解脱之道》、《自由的真相》），2007年出版。

　　阿拉伯的生活哲学在阿联酋前总统扎耶德的言论中也有深刻阐述。扎耶德虽然是一位伊斯兰主义占首位、以阿拉伯世界联合为主旨的民族主义政治家，但他的社会思想中也充满着对生活哲学的明确论证。在《扎耶德言论集》中，有以下几点最值得注意：①"伊斯兰的原则是主张建设、进步、求和、繁荣、提高社会生活水平和鼓励这些方面的实现"；②"我们的生活哲学是：我相信任何事情都依靠真主。我们作为人，应该从相信真主这个信念出发努力工作。……谁在今世出色地工作，出类拔萃，谁就会在来世中获得成功"；③"为了工作好，必须克制'欲望'，人本身的'欲望'最危险，因为人类的'欲望'是无止境的，纠正'欲望'须依靠正确的知识和信仰"；④"人的建设是爱国主义和民族主义之必需，要先于建设工厂和设施，因为没有有作为的人，就不能实现人民的繁荣和幸福"；⑤"最宝贵的财富是人……没有人，金钱就没有意义"。但要尊重"每个人"，"我们交换意见，集思广益，并从中得出结论，这就是我们的民主，统一的民主。"这些生活哲学的思想，对海湾现代化发展模式，特别是对精神文明建设和政教关系问题，提出了实质性思路。

　　另外,在哈姆提·塔玛姆的《扎耶德传》中,还有两处谈到生活哲学:①"石油是20世纪真主赐给海湾人民的巨大物质财富,这一财富成了海湾人民的文明源泉。""但是石油收入的钱不用来为人民谋利益就毫无意义。"他提出"用石油振兴国家","用教育改变落后","用人民智慧改变生活"的命题。②海湾的"问题不在于潜力,而取决于利用这些潜力的头脑,取决于国家的人才建设的程度"。青年的名字要同重视文化的风气联系起来,这比其他任何事情都更为重要和宝贵。因为只有靠青年人的头脑和思想,亚当的子孙才有所作为。"不是一个人的头脑,而是群体的头脑,用此来赶上现代的文明,使人民过上现代化生活。"

　　阿拉伯—伊斯兰文明的复兴,关键在用大智慧来解决深层的道德观和人生的终极追求、终极关怀问题。扎耶德最后三次谈到"头脑"的话,是对他提出的"用人民智慧改变生活"等命题的深入而形象的分析。石油富国的思想家以其国家对财富积累和福利生活来回答人类文明的基本问题:人为什么而活着?怎样活着?人非单纯的经济动物,而是有头脑、有思想的社会群体,很多东西需要从文化思想和人文主义精神方面下工夫,才能解决现代化进程中的问题。哲学被称为"爱智慧之学"。生活哲学则是用头脑思考日常生活的"启人心智之学"。泰勒斯(约前624—约前547)是西方哲学史上以思考宇宙为己任的第一个专职"哲学家"。据说,他走路时总是抬头看天思考,有一次他不小心掉进路旁一口井里,婢女嘲笑他说,泰勒斯想知道天上有什么,但脚下有什么,他却不知道。这个故事说明哲学家不必先忙于构建形而上的思想体系,而应当关注脚下实际生活的智慧表达。海德格尔由此得出的结论是:"哲学是本质上无所取用而婢女必予以取笑的那种思考。"思考什么?美国数学家艾伦·保罗斯在《我思故我笑——哲学的幽默的一面》(上海科技教育出版社2002年版)序言中说:"我认为,在哲学抽象和日常生活的关注之间的界限特别值得研究。"哲学再伟大,也伟大不过生活。理论是灰色的,而生活之树是长青的。进一步说,深入到干预生活,化解人们精神,物质负担,提高人们精神境界,充分发挥人性的优点,哲学方能显示出它的伟大,理论才有活力。哲学的伟大使命是指导人类怎么样生活得健康、自由、文明。所以,柏拉图谈到泰勒斯被使女讽嘲故事时,认为这是"针对所有生活在哲学之中的人的"。

　　无独有偶,马克思也讲过一个类似泰勒斯的阿拉伯"明哲小寓言":有一个船夫准备好在激流的河水中驾驶小船,上面坐着一个想渡到对岸去的哲学家。于是发生了下面的对话:

哲学家：船夫，你懂得历史吗？

船夫：不懂！

哲学家：那你就失去了一半生命！

哲学家又问：你研究过数学（引者注：9 世纪阿拉伯哲学家肯迪有"不通晓数学就不能成为哲学家"的名言）吗？

船夫：没有。

哲学家：那你就失去了一半以上的生命！

哲学家刚刚说完了这句话，风就把小船吹翻了，哲学家和船夫两人都落入水中，于是船夫：你会游泳吗？

哲学家：不会！

船夫：那你就失去了你的整个生命！

这是马克思给劳拉·拉法格（马克思的次女）信中所讲的。他说："这个寓言会使你对阿拉伯人产生某些好感。"① 这个寓言和上述泰勒斯与婢女的故事蕴示着阿拉伯文明和西方文明交往关系，同样，警示人们要关注人的生命，关注人的生活，关注人类自己本质力量的对象化，用生产和交往的实践活动再造一个"属于人的存在"和"此在人生"。人之为人，关键是通过自己的力量来解决社会生活中遇到的问题，重要的是思考生活的意义，防止物质生活极度扩张而导致精神生活的严重萎缩。在当今社会中，经济生活是主要的生活内容和交往，消费主义和个人主义的生活观和价值观广为传播，社会生活为我们提供了多种的可能选择。但是，高尚的生活是人在生活中必不可少的主线，它主导着生命在生活中的厚重、快乐和意义。

现在文化自觉、文明自觉和交往文明化问题日益突出地提到了人类文明的行程上。有识之士提出这样的疑问：是哲学遗弃了生活，还是生活放弃了哲学？哲学家是为了哲学本身的目的，还是为了哲学之外的身份、地位、名声、金钱而努力？这使人想起了黑格尔在《哲学讲演录·开讲辞》中的话，哲学要向前发展，首先要"回复自身"，"得到自觉"。另外"社会生活本质上是实践的。凡是把理论导致神秘主义方面去的神秘东西，都能在人的实践中以及对这个实践的理解中得到合理的解决"（《马克思恩格斯选集》第 1 卷，人民出版社 1972 年版，第 18 页）。实践是人通过与外部对象的文明交

---

① 据保尔·拉法格（劳拉·拉法格的丈夫）回忆，马克思"贪婪地大读特读那个城市的图书馆的藏书，看来他读了大量关于阿拉伯人状况的书籍，因此"这次归来，满脑子装的是非洲和阿拉伯人"（《恩格斯与保尔·拉法格、劳拉·拉法格通信集》，人民出版社 1979 年版，第 144 页）。

往互动作用把自身转化为对象的活动,它可以理解人的活动与改变自己本身的一致性。把哲学归还人的生活实践,也就是哲学的自觉。

哲学社会科学关注的是现实的人的生存与发展,面向现实生活的走向。遗忘时代的、人民的生活世界的哲学社会科学理论,正是在普遍知识原理中抽象掉生活世界的多样性、生动性、具体性和过程性,使其结论成为单一的、灰色的、空洞的和浮泛的理论。马克思说过:任何真正的哲学都是自己时代的精华,文明的活的灵魂;人民最精致、最珍贵的思想都集中在哲学思想里;意识在任何时候都只能是被意识到了的存在,而人们的存在就是他们的现实生活过程。全部社会生活本质上是实践的,人的生产和交往实践使人成为处在社会关系中具体的历史的人。每个人的自由发展是一切人的自由发展的条件。马克思哲学正是在本体论上实现了"世界何以可能"到"人的解放和自由何以可能"的转变,从而使哲学成为改造世界和实现人类自由解放的现实生活的哲学。因此哲学以生活世界为前提,哲学根源于生活世界,也应回归和面对生活世界,时刻关注生活世界深处的变动和它所反映的哲学的多元化。我们应当从阿拉伯世界生活本身生生不息这个大本源和这个根本问题上考察当代阿拉伯—伊斯兰文明复兴在现代化进程中的变化。

(五)

生活哲学领域所涉及的是人类的生存和发展问题。在当今世界,它是在全面现代化和经济全球化条件下的人类文明交往问题。人类文明交往有三大主题:人与自然、人与社会、人类自身的内心问题。这三大主题的中心是和谐问题,尤其是人类自身处理好自然属性生存需求和社会性需求矛盾的内心和谐问题。

我在 2001 年出版的《文明交往论·自序》中,用了《文明交往是关于全球文明和谐问题的科学课题》作为题目。在这篇《自序》的结尾,我用了下面的话,强调和谐问题:"不论人们如何矛盾冲突,人类总要在同一个地球上生存发展,各种不同文明总要接触对话。人们越来越强烈地期望着通过不同文明之间的交往,架起彼此理解之桥。文明交往论正是推动不同文明之间交往相互关系的研究,成为有助于全球社会文明和谐问题的科学课题。"①

---

① 研究和谐问题,中华文明的智慧源头在《周易》,即《易·乾·彖》的"保合太和,乃利贞。""太和"是宇宙万物在和顺运动中共存于一个统一体的和谐状态。宋代哲学家张载有《太和篇》,对这个运动的变易调节过程概括为:"气本之虚则湛一无形,感而生则聚而有象。有象斯有对,对必反其为;有反斯有仇,仇必和而解。"他的这种"为天地立心"的天道观,说明和谐不是既成的现象,而是用"仇必和而解"的方法处理矛盾冲突的结果。

　　和谐这一理念是人类文明交往的自觉理念。和谐是人类的理性体现。人类在同社会、同自然、同自身的内心交往中，经常遇到来自生活的种种压力。由于在竞争中偏离了追求的合适目标，人生的历程中时不时会出现时间差、空间差、期望差、变动差和前途差的危机，生活的意义就发生了问题。这时就需要用和谐的理念指导生活，用和谐的思维认识事物、对待问题、处理矛盾，用和谐的态度和价值取向规范行为，提高应对生活的交往能力。

　　我在《文明交往论·总序》中，把人类文明交往的总链条归结为人文精神。人文精神在生活哲学中，凭借着"知、意、情、行"四种基本社会心理功能解决人类自身的内心和谐问题。"知"，是应对的智力，即认识关系的科学之维。"意"，是健全的人格和意志，是欲求的实用之维。"情"，即稳定的情绪，是情感的审美之维。"行"，是个人与社会群体的健康交往，即行为实践之维。在人类文明交往中，唯有情感之维能打破主客二分的对象思维方式，用它来会通和统合认识、欲求和行为之维，平衡人与自然、人与社会、特别是人类自身的内心和谐问题。

　　哲学如此，历史学也是如此。编完13卷《中东国家通史》最后一卷之后，掩卷沉思，回眸过去的十年，倾听合作者声音，最深的感受在于一个"通"字。司马迁在《报任安书》中提出的"究天人之际，通古今之变，成一家之言"，实在是经典治史名言。它涵盖了人类文明交往三大主题：人与自然、人与社会和人与内心个性，并且用"究"、"通"和"成"的自觉思维把三者交互作用连成一体，其中心也是一个"通"字。《周易·系辞上传》有"一阖一辟谓之变，往来不穷谓之通"。可见"通"和"变"紧密相关。"通"是理解事物交往变化的自觉途径。"通"古今，"通"中外，"通"人与人，"通"人与自然之际，"通"人类自身。不"通"难"究天人之际"。不"通"难晓"古今之变"。不"通"难"成一家之言"。不"通"是治学之大忌。这次参加的编著者，都认同最大的收获是补了古代中东和古代世界的通史课，贯通了历史、现实与理论，"通"了中东与中国的文明交往史；每位作者都加深了并扩大了自己的科学研究生长点，专心致志于自己的科学研究方向。这对于西北大学中东研究所关于"立足现状，追溯历史，用历史的思维，审视和思考现状与未来"的方法论训练大有裨益，也对中东史的建设奠定了基础。

　　近代中西文明交往学者傅泛际与李之藻二人合译的《名理论》，把亚里士多德所讲的三种思维方法归结为"名理学三门"，即"一论明悟照物之纯识，是谓直通。二论明悟断物之合识，是谓断通。三论明悟由此及彼之推识,是谓推通"。这里所讲的"三通",即"直通"就是"直觉","断通"就是"综合","推通"就是"演绎",用"通"来传播亚里士多德的方法论,对于我上述的"现状—历史—现状—未来"的经线思维,是一个纬线思维的言在意中的自然内涵。这种经纬交织的方法论,也如朱熹在《朱子语类》中讲的"说千言万语,皆是一理。须是透得,则推之其他,道理皆通"。朱熹讲"通",强调"久则贯通",说的是思想文化积累。我体会到,这个"通",从研究方向上,也包括上面所说的"生活哲学"中的"回归生活世界"的问题。研究历史与现状,研究理论与方法,研究哲学和思维,都要"通"向纷繁复杂的社会生活的深层。社会生活不但是哲学深深根植之处,也是历史学的根深蒂固果硕之源。马克思在《马志尼和拿破仑》一文中深刻地指出:"现代历史著述方面的一切真正进步,都是当代历史学家从政治形式的外表深入到社会生活深处才取得的。"社会生活是生活世界中最丰富的领域,它不仅是经济方面,不仅包括阶层、等级、阶级、婚姻、家庭、社区、人口、民族、宗教、服饰、风俗、价值观念以及与之有关的自然环境、气候、灾变等内容,而且和人们的食、衣、住、行、医、教、科学等与生活、生存、生命活动息息相关。中东通史也应当通览、贯通、融通这些内容,取得质量上的真正提高。唐代李商隐《肠》诗云:"隔树澌澌雨,通湖点点荷。"通史犹如通湖的整体性,逐渐积雨而荷花才有勃勃生机。宋代周必大诗抄有:"鸣珮甘泉不乏人,谁能博古复通今?"今和古是一个整体,通史必须深深"通"向古今社会生活深处。当然,这需要用文明自觉的精神,进行不懈的细致深入的研究工作。我在《中东国家通史·卷首叙意》中,引用了维克多·弗兰克尔在《活出意义来》一书中的话。这位奥地利精神病医学家是从德国法西斯集中营中幸存下来的人。他一生都在追寻生命的意义,研究的结果是1946年写成的《活出意义来》一书。他认为,缺乏意义感是许多精神疾病的根源。人活着就要从事有意义的工作,心灵才会纯净而充实,如马克思所说,如果我们选择了最能为人类福利而劳动的职业,那么,重担就不能把我们压倒,因为这是为大众而献身。让我们共同努力,在13卷《中东国家通史》现有基础上继续前进,经过一段学而思、思而行,取得阶段性成果之后,再开展修改增订,使之臻于完善。

也许是1999年写《中东国家通史·卷首叙意》和为该书《阿富汗卷》写第一篇编后记以来,我作为主编的欣慰心态表现,欲罢不能,在最后一卷的编后记中写得有些展开。这篇《海湾五国文明交往六记》确实太长了。如果用以少总多、以简御繁加以概括的话来表达我在《六记》中的心情,我想只有以下八个字：对研究对象的理解。这里包含着三层内容：一是对研究对象怀有热爱和亲近感的理解；二是对以平等、宽容对待彼此差异的理解；三是从人类文明交往的整体发展和原因上的理解。总之，这种理解是思索倾注于情感和埋性的结合，文明交往论引为自豪的；是用文明交往视角，对人类不同文明的内部和外部各种逻辑、地域性知识体系、民间信仰、大众道德规范及生活世界进行人文理性的理解。这是一种文明自觉，也是我理解不同文明的学术旨趣和学术自觉。在这里，我愿以我的《当代中东地区性研究的几个问题》（1996）一文的结语作为《六记》的结语："科学研究者所追求的是理解，是对各种不同文明及相互交往的理解，以及在此理解基础上的科学分析。中东研究者将通过科学分析，进一步加深对研究对象的理解。"

2006 年 8 月 21 日—31 日初稿于西北大学中东研究所

2006 年 12 月和 2007 年 5 月再改和三改于北京松榆斋

2007 年 5 月、10 月和 2008 年 2 月、5 月七改于西安悠得斋

4.《中东史》的书前书后

上篇：中东史研究的几个问题

（一）何谓"中东"

中东史，顾名思义是中东地区自古代以迄当代的通史。[①]

中东史为中东地区的通史。它开端于远古的西亚文明和北非的埃及文明，终于 21 世纪最初的几年。它的中心线索是论述中东地区之内和中东地区周边之间各个文明的相互交往关系；同时又从人类文明的整体历史作共时性与历时性结合，确定彼此的内在联系。

中东虽为人所共知的名词，但是，"中东"的地区称谓却不是一直存在的，而是人类文明交往的历史结果。

初看起来，用"中东"来称谓西亚北非地区，并不合乎亚洲人的视角：在亚洲人的方位上，现在通用的中东，明明是"西"，而不是"东"，更谈不上是"中东"了。然而，在欧洲人看来，中东在他们的东方，中东这样的定

[①]《中东史》（人民出版社 2010 年 3 月出版）是继 13 卷《中东国家通史》之后，西北大学中东研究所出版的又一部集体中东史著作。由彭树智主编，撰稿人为：王铁铮、黄民兴、邵丽英和韩志斌。

位，却是合乎情理的。

西方学者把离自己较近的地区称谓"近东"（包括巴尔干国家、亚洲的地中海沿岸国家和地中海国家塞浦路斯）。第二次世界大战以后，西方学者用"南欧、东南欧"代替了"近东"。现在近东一词已比较少用了。西方学者把距欧洲较远的中国、朝鲜、韩国等则称为"远东"。新中国成立初期，苏联学者瓦·巴·柯切托夫来华讲学，为我们开设的课程就称为"远东和东南亚近现代史"。现在，"远东"也不多用了，而代之以"东北亚"。然而，在东方的分区称谓中，只有"中东"这一地区政治地理称谓沿用至今。

从人类文明交往史看，在16世纪以后，欧洲强势文明的东扩过程中，逐渐出现了"近东"、"中东"和"远东"的地理方向的称谓。这些称谓如萨义德在《东方学》中所言，其政治地缘内涵，实质上反映了"西方向东方一步一步的入侵"。1900年，英国将军托马斯·爱德华·戈登爵士（Thomas Edward Gordon）为了区别"近东"和"远东"，首次提出了具有"东西方之间"含义的"中东"地理概念，为之赋予更为明显的"欧洲中心论"的政治色彩。第二次世界大战期间，英军的"中东司令部"设在埃及的开罗，强化了"中东"地区称谓的认同感，国际传媒、政坛和学界越来越多使用它，从而为非欧洲人所广泛接受。随着第二次世界大战后殖民体系的瓦解和民族独立国家体系的形成，时过境迁，早期出现的"中东"含义已经泛化，习非成是地成为一个惯用的地缘政治区域称谓了。

可以看出，中东是一个独特的地区。它本来分属于亚洲和非洲，是亚洲和非洲的一部分；但又不是亚洲和非洲，而是一个独立地区。这里用得着《荀子·正名》中的话："名无固宜，约之以命。约定俗成谓之宜，异于约则谓之不宜。""中东"之名，经过长期工业文明形态取代农业文明形态转型过程的使用确定下来，现在已经成为国际政治和世界历史研究中所公认的"约定俗成"的地区性概念了。

"中东"地区称谓虽为人们广为使用，就其具体范围的认识却不尽相同。1951年，苏联陆军部军事出版社的《英国侵略中东史》称："关于中东一词，看法不一。本书系指印度、阿富汗、伊朗及中亚细亚而言。"[1] 1987年，美国康奈尔大学出版社出版的《中东政治》一书，则将巴基斯坦列入中东地区。当前，一般都认同西亚北非广大地区为中东范围，广义而言，是东起阿富汗、西到摩洛哥和毛里塔尼亚；狭义而言，仅限于西南亚地区和埃及。总

---

[1] 斯捷比利格著：《英国侵略中东史》，林源译，五十年代出版社1954年版，第1页。

之，对它所包括的国家则因人因时而异。本书在诸多的表述中，采用了较为通用的"十八国说"：即阿富汗、沙特阿拉伯、以色列、伊拉克、也门、巴勒斯坦、叙利亚、伊朗、土耳其、埃及、科威特、阿曼、阿拉伯联合酋长国、卡塔尔、巴林、黎巴嫩、约旦、塞浦路斯。"十八国说"从国家现状说明中东地区所包括的区域范围，当然这并不意味着中东史仅仅局限于这一核心地区的历史。人类文明交往的历史进程，必然要扩大活动范围，如马格里布诸国和苏丹等外缘各国也要在有关部分加以论述。

另一方面，中东史是中东地区整体空间、时间和人间之和，而不是中东地区各个国家史的简单相加。中东史的基本特征是中东地区整体地区性形态与结构的发展史。中东的特殊差异（殊相）是中东地区不同分区性形貌与类型差异，中东的共同地域（共相）是面临同时代的共同问题。这种共相与殊相的结合，呈现了中东地区人们活动的普遍性和特殊性：一区多样、同区异国、常区时变。正是这三种一与多、同与异和常与变的交互作用辩证要素组成了中东整体面貌。凡属中东地区古今之大事要事，都在中东史论述范围。对于这些大事要事，都要依据历史连续性原则，进行梳理、连缀和扩展，使之组成点、线、面相统一的文明交往史长卷。中东史研究的普遍意义，在于汇总这一地区历史和现实中不断连续性的文明创造，把许多个别孤立事件联结成一个地区性整体，给予每个独立事件在文明交往链条上以确定的位置。中东史所关注的是，在全球视野下中东地区经济、政治、社会、文化的巨大变革和人与自然环境的互动关系。中东地区在人类文明史上有独特的地位，本书着力在文明交往相互作用中去探寻本地区的结构性体系和发展性形态。

（二）用何类尺子衡量中东史

国家组成地区。国家史和地区史都属于"小历史"。中东史应从"大历史"的尺度作宏观的审视。什么是"大历史"？"大历史"首先是自然史和人类史。这就是马克思和恩格斯所说的："我们仅仅知道一门唯一的科学，即历史科学。历史可以从两方面来考察，可以把它分为自然史和人类史。但是这两方面是不可分割的；只要人类存在，自然史和人类史就彼此制约。"[①]人类是自然之子。自然环境与社会环境如影随形。自然生态环境是人类赖以生存和发展的物质基础。人猿揖别后人类并未脱离自然。自然史和人类史虽彼此分工但又彼此联系。这一史实在中东地区表现得特别突出。中东的地区性特征是它的地理位置、大河、环海、沙漠、地形、地貌、气候、资源、能

---

① 《马克思恩格斯选集》第 1 卷，人民出版社 1995 年版，第 66 页。

源等方面的特征。"自然环境对每个古文明都提供了直接的机遇"①,尼罗河、幼发拉底河和底格里斯河,对古埃及文明和两河流域文明以丰厚的馈赠。这些特征决定了中东地区人群物质生产活动的类型和社会结构形态以及政治、精神的生活方式。作为人类文明交往的十字路口的亚、非、欧交通枢纽和桥梁,中东不仅极易受外来文化影响,而且在内外交往中成为各种矛盾的焦点和世所瞩目的热点。

其次,"大历史"是人类的文明史。人类脱离蒙昧、野蛮状态以后,便逐渐发展到具有经济、社会、文化传承和政治制度开化状态的文明史时期。中东是人类文明的起源地区。公元前6000年以后,两河流域产生了哈孙那文化和萨马拉文化。交往在中东文明转变中起了关键作用。随着人类交往范围的不断扩大,世界上最早的文字以及从氏族到王国、帝国的古代人类社会发展的全过程,也最早发生在这里。早在公元前2000年成文的《吉尔伽美什史诗》也吟咏出人类生死观的哲理思想:"吉尔伽美什……你被赋予王位,这是你的命运,永恒的生命却不是你的命运……你为什么要寻找?你寻找的生命根本找不到。当神创造世界的时候,死就已成为人类命运的一部分。"这是对追求长生不老的统治者的启蒙。尼罗河流域的埃及文明,是中东、也是世界最古老的文明之一。它以发达的中央集权国家和农业经济,显示了一个真理:只有人类的劳动和自然界一起,才成为财富的源泉。美索不达米亚诸神通过奖惩来干预历史,国王的铭文记载着统治时期的宏观状况,将眼光扩展到未来和后世。而古埃及却相反,是以礼仪仪式和周而复始的轮回为主导的社会,从而产生了各种制度、机构和回忆沟通历史的场所,即金字塔式的坟墓。② 中东的帝国文明(波斯帝国、亚历山大帝国、萨珊帝国、塞琉古帝国、托勒密帝国、帕提亚帝国)的兴衰更替交往,特别是阿拉伯—伊斯兰文明的形成与发展,反映了中东古代文明交往的三个突出的特点:第一,蕴涵着人类文明交往史上中东"文脉"的连续性与中断性的辩证联系脉络;第二,塑造了伊斯兰教、阿拉伯国家和阿拉伯地区相互重叠的中东区域性三个同心圆的结构形态;第三,进而演变为东方三大伊斯兰帝国(土耳其奥斯曼帝国、波斯萨法维帝国和印度莫卧儿帝国)这个有强烈辐射性维度的伊斯兰文明圈。

---

① 《地理环境是文明的坐标》,《松榆斋百记:人类文明交往散记》,西北大学出版社2005年版,第175—177页。

② 赛顿·劳埃德著:《美索不达米亚考古》,相建华译,文物出版社1990年版,第28—30页。

　　最后，"大历史"对中东地区影响最大的是世界史。世界史是人类文明交往的新时代和"大历史"尺度。用简单的尺子无法衡量复杂的中东地区。"世界史尺度"是衡量中东地区最重要的尺度之一。前面已经提到，标志这个地区的"中东"称谓，正是在"历史转变为世界史"过程中产生的。世界史是人类的工业文明时期，由于新的生产力和交往力的交互推动而形成为整体性、体系性结构的世界史。这就是大工业"首次开创了世界历史，因为它使每个文明国家以及这些国家中每一个的需要满足都依赖于整个世界，因为它消灭了以往自然形成的各国的孤立状态"①。这也是因为"各个相互影响的活动范围在这个发展过程中越是扩大，各民族的原始封闭状态由于日益完善的生产方式、交往以及因交往而自然形成的不同民族之间的分工消灭得越是彻底，历史也就越是成为世界史"②。在人类文明进入世界性的普遍交往过程中，中东地区被卷入世界资本主义体系，成为其中殖民体系的一部分。与此相伴随的是，中东地区也开始了民族主义思潮、民族主义运动和民族独立国家的建立过程。但是，在历史转变为世界史的时代，中东地区与西方的交往在很长时间中处于不平等的状态，现代时期才有文明选择的自觉，其开始的标志是 20 世纪初期民族觉醒。这一次中东的土耳其、伊朗的革命成为亚洲觉醒的先声。在第一批民族独立国家（土耳其、伊朗、沙特阿拉伯和阿富汗）建立之后，以凯末尔为代表的中东世俗化改革和沙特王国的非世俗化的渐进改革模式，构成了中东现代化的基本趋向。中东史的当代时期，是殖民体系崩溃、民族独立国家体系形成和现代化的文明交往的新时期。中东不同政体和国体结构的民族国家，承载着不同现代化模式演进趋向，导致了文明交往过程中选择的多样性。阿拉伯国家和非阿拉伯国家之间的交往呈现交织状态。当代中东文明交往中，充满着民族性与全球性、现代性与伊斯兰性、战争与和平之间互动互变的复杂过程。全球现代化是经济变革、社会转型、国家重塑和人文创造的世界历史性潮流。世界历史性的文明自觉，把中东深深卷入了世界历史的进程之中。尤其是全球性网络用交往的拉力把不同文明"拉"在一起，使之冲突融合；又用交往的推力把不同文明"推"开，使之在变革中回归本位，从而加深了中东地区的一与多、同与异、常与变的社会结构模式演进。

① 《马克思恩格斯选集》第 1 卷，人民出版社 1995 年版，第 67 页。
② 同上书，第 88 页。

(三) 何谓文明自觉

历史自觉是深层的文明自觉。从"大历史"观察中东史,从中东史反思"大历史",把中东史和人类文明兴衰紧密联系在一起,用历史体悟借鉴现实实践,其中所遵循的是文明交往到文明自觉的思维轨迹。所谓文明自觉,是以思想文化自觉为核心、以文明交往自觉活动为主线的人类创造历史的理论和实践活动。文明交往自觉的理论要点,可简略地概括如下相互联系又相互区别的九个方面:

(1) 一个中轴律。人类文明交往互动的辩证规律。交往互动是矛盾对立与统一的辩证形态和矛盾辩证运动过程。在文明交往过程中,文明对抗、冲突和文明共处、同进是文明交往互动中两种对立又相互渗透的转化形式。认识和把握交往互动规律的自觉性表现为:在深刻的矛盾对立中把握文明交往互动,把对抗、冲突和共处、同进统一于历史选择的相融点上,使之在这个中轴律上良性和平衡运转。

(2) 两类经纬线。人类文明交往互动的经线为相同文明之内的相互融合,纬线为不同文明之间的相互交流。文明之间的交往互动,首先取决于各个文明内部交往互动发展的程度;同时,每个文明的整体内部结构,也都取决于它的生产以及内部和外部文明交往发展的程度。这种内外关系的经纬线多重交织,在人类生产、生活、生存、发展中织成了文明交往史的多彩长卷,从而使人类在回应全球文明化的整体性、联系性问题中获得自觉。

(3) 三角形主题。人类文明交往互动围绕着人与自然、人与社会、人与自我身心这三大主题的三角形路线进行。三角形的底线为人与自然之间的交往互动,三角形的两边为人与社会和人与自我身心之间的交往活动。人类立足于整体存在的底线上,自觉性表现为:对自然认知上有"知物之明",对社会认知上有"知人之明",对自我身心认知上有"自知之明"。知而后明,明而后行,在实践中知,又以知导行。

(4) 四边形层面。人类文明的互动交往包括物质文明、精神文明、制度文明和生态文明四个层面的无数相互交错的力量,这些力量的作用与反作用推动着历史事件的产生。这种多元的交往力制约着各个人的意志,使其以融合的总平均结果,出现于人类文明交往的每一阶段的历史结局上。文明交往的自觉性表现为人的集体理性追求的自利与利他、权利与责任相统一的社会制度建构上。

(5) 五种社会交往形态。人类文明交往史上有五种社会交往形态,即社会结构、社会制度、社会关系、社会意识和社会生活。从根本上说,文明是社会性的，它是由生产和交往实践所决定的历史社会形态。五种社会交往形态中，社会结构为基础，社会制度是文明的本质所在，正是社会制度构成了各种社会内在的体制形态。社会关系是人类本质属性之间的联系，而社会生活是文明交往的基本前提和首要的历史活动。

（6）六条交往力网络。人类文明交往的驱动力是与生产力相伴随的交往力，二者又是历史传统的积累和现实体躯的创造力。这六条交往力是：精神觉醒力、思想启蒙力、信仰穿透力、经贸沟通力、政治权制力和科技推动力。这六种交往力产生于物质、精神、制度和生态文明，从不同角度、不同领域的交往互动作用过程中，形成了思想解放、文明自觉的文明开放的多点、多线相互联系信息网络。

（7）七对交往概念。一切社会变革都必然深化为哲学思考，而哲学则具有创造概念的特点。文明交往的自觉是哲学的自觉，其概念有七对：传承与传播、善择与择善、了解与理解、对话与对抗、冲突与和解、包容与排斥、适度与极端。其中传承为文明内部发展之脉，传播为文明外部交往之路，选择是文明交往之键，理解的前提是尊重对方，极端为文明交往随时所应预防的危险倾向。

（8）八项变化。文明交往的世界是变化的世界，它通之于变，成之于明，归之于化。人类文明交往是变动化的实践活动，变化变通的要旨在"化"。文而"化"之为文化，文而明之为文明，但只有"化"才能明，才能使文明交往互动走向深化和自觉。变化的要义有八：教化、涵化、内化、外化、同化、转化、异化、人化。《周易·系辞下传》中所讲的"穷神知化"也是指"化"的内在力量和"化"因时、因地、因人而变。

（9）九何而问。人类文明交往的自觉在于问题意识的引导，它引导人们自觉地发现、提出、分析和解决问题。这些问题可归纳为"九何"：何时？何地？何人？何事？何故？何果？何类？何向？何为？"九何"的"九"，意指数之极，言问题多而求索不止，并非限于"九"而止步。获得自觉的周期率是：从问题始，以问题终，一个问题总在引发别一个问题，问疑不息，由一个思维周期，上升到更新周期。"九何"旨在强调人类从自觉认识到自我理解和实践上的局限性。

总之，全球化时代的文明交往和文明自觉，具有十分丰富的内容和宽广的研究空间。以上概括仅仅是我从历史研究，特别是从中东史研究中思考的初步心得。一得之见，谨供学界同行讨论，以共同提高学术研究的自觉性。

(四) 中东人在作何种思考

文明自觉论对研究历史和现实问题的意义,在于它重视不同文明之间和相同文明之内相互联系和影响,在于它关注这种相互联系和影响在不同时代、不同地区和不同国家所达到的程度与发挥的作用;不仅如此,更重要的是从这些联系、影响和作用中,自觉进行历史性的总结,发现一些共同的、可供实践借鉴的规律性问题。

我在《文明交往论》中提到"文明交往论所研究的基本课题,是对人类文明交往及其规律的认识。例如文明交往中出现的不平衡问题,其中包括在静态上表现为现实文明的差距,在动态上表现为发展速度的变动性与暂时性,在进程中表现为文明的交替超越性、先进与落后的互变性"。这个"例如",其实指的就是中东。因为中东社会在 21 世纪将面临着严峻的挑战,在过去五百年的大部分时间中,中东社会一直落后于欧洲社会。中东有着光辉灿烂的悠久文明历史。处于落后地位的中东先进人士,有着追赶西方、复兴自己文明和变落后为先进的强烈愿望。他们为此目的而行动的时候,必须回答"中东人会思考吗"这个问题。

对于这个问题,早在 19 世纪上半期,"近代埃及改革之父"穆罕默德·阿里 (Muharomad' Ali) 已经进行了自觉、明确而肯定的回应。马克思对穆罕默德·阿里的评价,正是从"中东人会思考"这个角度出发的。他说:在奥斯曼帝国中,穆罕默德·阿里是"唯一能用真正的头脑代替'讲究的头巾'的人",其治理下的埃及,是"奥斯曼帝国中唯一有生命力部分"。马克思在两个"唯一"处,都用了黑体字,强调了穆罕默德·阿里在同西方文明的交往中所表现的首创性、活动力和想象力,也就是思考力。实际上,这是当时一种文明交往的自觉,是改变落后面貌的自觉,是把中东放在世界历史这个"大历史"潮流中的自觉。

文明交往是人类交往的文明化过程。在人类进入普遍交往的当今时代,这个过程还在继续。文明自觉是一趟看不见终点的列车。人类的人文精神随着时代的发展,不断觉醒、不断摆脱新的思想枷锁而获得新的思想解放。"中东人会思考吗?"这个问题在新条件下还要不断地得到回应,还要对新问题寻找新的答案。中东民族独立国家体系是中东现代文明交往中选择的结果,但是这个体系还有许多缺环。最大的问题是巴勒斯坦人民建国的愿望至今未能实现,而近邻以色列建国已半个多世纪。即使以色列,也未能完全实现其建国目标,世界上三分之一的政府还没有承认它,中东只有土耳其和埃及与之建交,美国仍把大使馆设在特拉维夫而不是耶路撒冷。塞浦路斯也是中东民族独立国家体系的另一重大问题，希腊族和土耳其族的"同国异梦"、南北对峙的分裂局面，也因文明交往过程中非文明自觉性而留下了缺环。这使人想起了阿拉法特（Yasser Arafat）的"讲究的头巾"：他的头巾呈现着不规则的巴勒斯坦地图形状，白格代表城区居民，红格代表着沙漠中的贝都因人，黑格代表农民。他常把巴勒斯坦地图包在自己头上。被称为"鸡头帽子"的阿拉伯头巾（黑色或白色方格），左耳露出，脖子上另一条同样图案围巾缠绕整齐，塞在军便服领子内。他从1969年40岁起戴此头巾，一直到2004年75岁去世，伴随着他为争取民族独立和建立民族独立国家而奋斗的大半生。"阿拉法特式的头巾"，使马克思当年称赞穆罕默德·阿里"唯一能用真正头脑代替'讲究的头巾'的人"，表现出新的意义：阿拉法特把"真正的头脑"与"讲究的头巾"有机地统一起来了。这也是当代中东先进人士在为改变中东落后面貌而行动时，对"中东人会思考吗"的自觉回应。因为没有民族独立国家的建立，一切现代化问题都无从谈起，发展便失去了政治前提条件。

现代化是中东社会文明交往中的关键自觉概念。现代化是人的文明自觉化过程，是人的理智、理想、道德和健康成长过程。文明交往的主动性、积极性在塑造着"现代人"的文明素质和社会参与行为。许多中东先进人士也在思考社会转型和"现代人"文明自觉的交往互动。以色列哲学家马丁·布伯（Martin Buber）的对话主义本体论，就是对中东社会冲突的深刻反思。他从古老的希伯来精神中寻觅文明交往的真谛，从"主体性"向"主体间性"转变。他的对话主义，证明了"交往理性"所透视的"对话"原则，并非哈贝马斯（Habermas）的独家发明。对话，无论在当今政治或文化方面，都已成为文明交往中常见的通用词。正因为如此，《不列颠百科全书》称他为"20世纪精神文化生活中最有影响的人物之一"①。包容和对话一样，也是文明交往论应有之义。黎巴嫩诗人阿多尼斯早年追随叙利亚国家社会主义党而入狱，失去民族国家归属，以至于使他发出了自己"只有一个国家：自由"的慨叹。2009年3月访华时谈政治问题时他不再指责，而是包容和建设。他在回答《中华读书报》记者的提问中解释说，政治有两重含义：一是实践，二是建设一种文化。"要让每一个个体充分发挥能量"，"只有每一个人都发挥作用，这个社会才能成为好的社会。"这正是现代化进程中"现代

---

① 彭树智主编，肖宪著：《中东国家通史·以色列卷》编后记，商务印书馆2004年版，第347—350页。

人"应具备的文明自觉。

但是，当代中东现代化进程和战争交织在一起，内讧不已与外部强势的严重冲击往往使现代化陷入困境。这种激烈冲突和动荡的社会环境，令人备感文明交往自觉的重要。"和解"本为中东社会所必需，然而，"和解"为集团利益、权力斗争所困扰，又恰恰成为中东最为缺失的文明理念。"和平"，实为中东地区发展所必需。然而，正是"和平"为冲突的武装化和没完没了的冤冤相报所取代，恰恰成为中东最可望而不可即的文明理想。中东的先进人士都是思念"和解"、"和平"。人们不会忘记拉宾（Yitzhak Rabin）在为和平献身前所唱的"不要颂扬战争"的《和平之歌》，因为这首歌最后的警句是："高唱一支和平之歌，这是我们当务之急。"人们也不会忘记，巴勒斯坦裔美国文化学家、《东方学》作者萨义德（Edward W. Said）晚年做的最后一件事，是组织巴勒斯坦和犹太青年的交响乐团，用音乐这种优美的文明交往形式，宣传两个苦难民族年轻一代的和谐相处。和平，也如以色列诗人耶胡达·阿米亥（Yehuda Amichai）所说的，不是毫无结果的和平协议上和平和停火的和平，而是"因为大地必须有它：野生的和平"。这句诗化的语言和西蒙·佩雷斯（Shimon Peres）关于"和平进程不会消亡，人们需要和平如同需要呼吸空气一样"的话一样，是文明自觉的名言。

以色列文学家大卫·格罗斯曼（1954—　）的下述思考，是对中东和平进程的理性分析。他在次子乌锐遇难（2006年黎巴嫩战争）后，深有所感地说，这一家庭悲剧使他思想发生了变化。他认为："和平既是对以色列人也是对巴勒斯坦人最重要的解决方式，此外再无别的选择。越不实现和平，越会有更多的年轻人丧生，越有更多的家庭遭到不幸。"他把中东实现和平的希望寄托在双方"领袖们富有勇气"方面。不过，他认为，近期看到的和平，"当然不是充满玫瑰、鲜花与爱的和平，但却是一种互相理解的和平。"为何大多数人都需要和平，而和平进程又如此之艰难？他的分析是：大多数人"出于恐惧或者疑虑而不去做。许多巴勒斯坦人和以色列人仇恨对方，怀疑对方。他们情愿自己像对方一样忍受痛苦。这是一种由暴力引起的扭曲了的情感和逻辑"。这种社会情感和思维逻辑是社会性的、群体性的情感和逻辑，必须用文明交往的规律来引导，平衡各方的利益，求得互相理解的自觉性，方能逐渐从根本上解决。阿以冲突是当代人类文明交往中典型的史例，它使人们认识到了人类文明交往的复杂性和极端重要性。只有文明自觉才能结束恐怖和暴力，才能让人们过上正常的生活，才能改变如大卫·格罗斯曼所说的"目前处境确实非常危险，人们只是为了生存而活着"的"生存危机"。[1] 历史必将证明这两个苦难而自觉的民族，"仇必和而解"。这就是人类文明交往规律的力量所在。

下篇：书路心史

一、学术的路标

改革开放 30 多年，特别是 20 世纪 90 年代以来的这十几年，是我和我的学术群体（西北大学中东研究所师生）在本领域获得丰收的年代。2009 年年初，当我编完《中东史》之后，在写这篇后记之时，掩卷沉思，觉得自己很像一个勤劳的农民，此时此刻似乎站在田头地畔，伸伸腰，缓缓神，该清理清理劳动成果了。或者更确切地说，作为书路漫漫的长途跋涉者，我应当暂停脚步，回顾这些年的学术之旅，总结一下自己的心灵历程了。

回顾书路旅途，呈现在眼前的首先是有关中东地区一长串的系列性书文目录。这些不同类型的书文，象征着个体学术生命和群体学术生命一路远行的路标。

这些学术路标是：

（一）由我主编的集体著作（9 种）：

（1）概述性普及读物：《中东国家和中东问题》（河南大学出版社 1991 年版）；

（2）大学历史丛书：《阿拉伯国家简史》（福建人民出版社 1991 年版，1999 年修订二版）；

（3）研究生教材：《二十世纪中东史》（高等教育出版社 1992 年版，2001 年修订二版）；

（4）国家通史：《阿富汗史》（陕西旅游出版社 1993 年版）；

（5）专题研究：《伊斯兰教与中东现代化进程》（西北大学出版社 1997 年版）；

（6）研究生教材：《阿拉伯国家史》（高等教育出版社 2002 年版）；

（7）地区国家通史：《中东国家通史》13 卷（商务印书馆 1997—2007 年版）；

（8）地区通史：《中东史》（人民出版社 2010 年版）；

---

① 钟志清：《写作是了解人生的一种方式——大卫·格罗斯曼访谈》，《中华读书报》2010 年 3 月 17 日之"文化周刊"。

（9）现状专题研究：《当代中东局势发展及我国战略对策研究》丛书（国家社会科学基金重大项目，待出）。

（二）个人有关民族主义及文明交往论专著（6 种）

（1）《现代民族主义运动史》（西北大学出版社 1987 年版）；

（2）《东方民族主义思潮》（西北大学出版社 1992 年版）；

（3）《文明交往论》（陕西人民出版社 2002 年版）；

（4）《书路鸿踪录》（三秦出版社 2004 年版）；

（5）《松榆斋百记：人类文明交往散论》（西北大学出版社 2005 年版）；

（6）《两斋文明自觉论随笔》（待出）。

（三）世界史（5 种）

（1）《世界现代史》（北京师范学院出版社 1987 年版）；

（2）《当代世界史讲座》（河南大学出版社 1988 年版）；

（3）《世界史·现代编》（下册，高等教育出版社 1999 年版）；

（4）《第三世界的历史进程》（中国青年出版社 1999 年版）；

（5）《世界史·当代卷》（高等教育出版社 2006 年版）。

（四）论文

为了深入探索中东史，我也写了百余篇有关专题文章，其中 20 世纪 90 年代以来有代表性的有以下 12 篇：

（1）《巨变的世纪和变革的中东》（《西亚非洲》1990 年第 4 期）；

（2）《从伊斯兰改革主义到阿拉伯民族主义》（《历史研究》1991 年第 3 期）；

（3）《阿拉伯民族主义的历史轨迹》（《世界历史》1992 年第 3 期）；

（4）《阿富汗与古代东西方文化交往》（《历史研究》1994 年第 2 期，1995 年英文版《中国社会科学》秋季号转载）；

（5）《当代中东地区研究的几个问题》（《西亚非洲》1997 年第 4 期）；

（6）《唐代长安与祆教文化的交往》（《人文杂志》1999 年第 1 期）；

（7）《论人类的文明交往》（《史学理论研究》2001 年第 4 期）；

（8）《伊朗史中的文明交往与文明对话问题》（《西北大学学报》2001 年第 4 期）；

（9）《论巴勒斯坦阿拉伯人和犹太人的冲突》（《人文杂志》2002 年第 1 期）；

（10）《土耳其三题》（《西亚非洲》2002 年第 1 期）；

（11）《伊拉克民族国家问题六记》（《西京论坛》2003 年第 2—3 期）；

（12）《回归史学本体，获得学术自觉——为纪念改革开放三十年而作》（《世界历史》2008 年增刊）。

回首书路，不是借往事以思已逝的时光，而是如英国学者阿兰·德波顿（Alain de Botton）在《旅行的艺术》中所写："让我们在前往远方之前，先关注一下我们已经看到的东西。"当我看到上述一个个在人生学术之旅中那转折性的路标，泛浮涌动于脑海的，是一种人生领悟，是一种臻于成熟的思路，是一种历史的洞察，是一种对学术生命的爱护，是一种对有限时间的珍惜，是一种对真善美的追求，是一种有益于社会的目标。

二、学术生命的自觉

我在 2003 年的《书路鸿踪录》书前的《雪泥鸿爪存，披览前踪在》的序中说："唯学人求知和创新的自觉，在促进学术龄期的耕耘，以期有益于社会。"我在同书后面的《雁别蓝天去，山迎白云归》的跋中又说："科学研究是人类思维的建造、改造、创造世界的生命活动"，"是人类文明交往史上的特殊的生命活动"，"是求真中的理性自觉，向善中的道德自觉，爱美中的审美自觉，一句话，就是文化的自觉、文明自觉，特别是在文明交往中的人生自觉。"现在，在编完《中东史》之后，当我回首学术之旅的时候，在思想学术生命成长的心灵收获这样复杂的问题上，仍然是《书路鸿踪录》序与跋中所说的"文明交往自觉"这个为人治学简单的结论。

文明交往自觉论具体化到科学研究上，可以称之为"学术生命的自觉"，其要点可简要归纳为如下六点：

1. 学术生命的自觉始于科学研究生长点的选择和坚守。学者为学，以学术为生命，首先要将自我的生命同研究的对象相结合，并且必须落实到一个有开拓性的科学研究生长点上。选择好了生长点，还要坚守生长点，自觉把自己的学术生命与研究对象熔于一炉，你中有我，我中有你，在学术生命的持续活动中，生根、长叶、开花、结果，由点到线、由线到面，表现出生机和实力。

2. 学术生命的自觉壮大于科研群体的成长。个体学术生命活动的自觉可以在科研生长点上创造成果。但是，如果把个体学术生命融入群体学术生命之中，为了共同目的，同心协力，完成重大项目，那将是更理想的选择。个体学术生命的活动力毕竟是有限的。个体学术生命和群体学术生命融为一体，其活力将不是加法，而是乘法。每一项重大的科研成果，后面必然是学术带头人引领下科研群体分工合作的结果。

3. 学术生命的自觉定位于本学科的建设上。学科建设是一种学术史思考见之于本学科的自觉活动。任何一项科学研究都不是孤立的，都有其学术史上的定向和本学科建设的定位。学者的每项科学研究项目只有从学术史定向中间去考其定位、察其走向，从学科建设的具体位置中作出自己的贡献，才能赋予学术生命的地位和意义。

4. 学术生命的自觉根植于学派意识的觉醒。这种觉醒的推动力是独立、自由的科学思想和实践。这种觉醒促进了学派建设的自觉性。不要讳言学派，要建设自己的学派。不同学派是学术主体性的表现，是学术史上的常态。学派有师承关系，是一个研究群体，是一代又一代志同道合者在一个又一个重大学术成果和学派理论创造过程中自觉形成的。

5. 学术生命的自觉栖息于爱、好、乐的人文精神境界之中。对研究对象在理解基础上的"爱"、专注偏爱的"好"（hào）和审美情趣的"乐"（lè），这是学术生命自觉递进上升的三种境界，它受科学的求真、向善和爱美规律所制约。爱而深思，常使学者头脑中涌动着学术思维的波澜；好而成癖，没有比学术研究更为学者着迷的事；乐以审美，自然会使学术客体产生意外的生命创造。生活在爱、好、乐境界之中的学人，生命创造力之门总是经常敞开的。

6. 学术生命自觉的座右铭和箴言。铭为：坐得住，沉下来，静下心，不浅尝辄止，要深入问题，对学术充满深刻的理解感、庄严的使命感，从而坚定不移地走自己的路。言曰：知足知不足，有为有不为。这十字箴言可具体化为五十一字：尽力知足，尽心知足，尽责知足，学习知不足，学思知不足，学问知不足；为真求知，为善从事，为美养心，不为名缰，不为利锁，不为位囿。

三、治学的理念

编写完人民出版社出版的《中东史》，已经是坐七（七十八岁）望八（八十岁）的我，还正在行走于学术的旅途上。和我一道，在路上的学人们，长途跋涉磨炼了以下五方面的治学理念，仍激励我们不懈怠地行进：

第一，专心致志。即如马克思在《资本论》中借用但丁的诗句：走自己的路，任人们去说吧！

第二，崇实致真。手在近处，心怀远境，屈原有歌：路漫漫其修远兮，吾将上下而求索。

第三，固本致新。物我交往，诗意治学，北宋理学家张载咏芭蕉诗云：芭蕉心尽展新枝，新卷新心暗已随。愿学新心养新德，旋随新叶起新知。

第四，宁静致远。可以用宋代名将宗泽的《早发》诗来表达：伞帷垂垂马踏沙，山高水远路多花。眼前形势胸中策，徐徐缓行静勿哗。

第五，坚毅致强。用我自己一首《治学之路》诗来叙意：治学之路是活的/只要坚硬的脚跟坚定/这条路就有生命。/路/没有绝境/路/不怕坎坷曲径/路/不管风雪雨晴。/脚/无畏无惧地选择方向/纵使误入隧洞/走出来/将是一片光明！/

跋语：书路漫漫，且吟且行。相思不尽，栖而不息。一书之成，端赖众力。薪火相传，求真善美。成书千古事，得失寸心知。

（原载《西北大学学报》2009 年第 1 期）

5. 对中东史研究的思考

2000 年，我在为《二十世纪中东史》修订版写的后记《二十世纪中东文明交往的百年流变》中，把"史学本体的回归"[①]，作为提高这部给研究生编写教学用书的学术品位和获得学术自觉的关键。对于史学本体的认识，我当时用了下面话语加以表述：

"历史的思维是流动的，历史的变动是永恒的，但历史的本质却是朴素的。

从始到终，一个世纪的历史消失的形式是很简单的，但人们研究历史的精神却永远是执著的。

《二十世纪中东史》的修订，五十多万字的一部书，其实就写了下面几个字：'人类文明交往的历史反思'。"[②]

这种历史思维、历史精神和历史反思，并不是从 2000 年才开始的，而是伴随着我国改革开放 30 多年伟大历史变革的整个过程。三十多年来，中国社会和人文社会科学所发生的巨大变化可谓举世瞩目，史学的进步也早明了于心，而对于世界史、中东史的本体思考，尤其是从人类文明交往的思考，从 1978 年开始，便是我用力之处。回首往事，感想良多，兹就围绕史学本体与学术自觉问题，加以梳理，与同行交流，并作为对改革开放三十周年的纪念。

一、历史通识和历史通变

中东历史研究是世界历史研究的一个有机组成部分。和世界历史一样，

[①]　原载《二十世纪中东史》，高等教育出版社 2000 年版。后收入《文明交往论》，陕西人民出版社 2002 年版，第 329 页。

[②]　同上书，第 330 页。

历史在中东地区是通过人类的长期文明交往过程逐渐变为多样一体的中东史的。这个历史通识是我从世界通史由原始的、闭塞的、各个分散的人群,由古及今地发展为彼此密切联系、综合、整体全球史进程中获得的。为了加深对历史通识的认识,仅从一般通史理解历史本体,无论从史学理论上,或者从史学知识上,都是有限的、抽象的和空泛的。只有深入到地区、国别、专题的研究,方可进一步获得历史通识和历史通变的具体认识,使史学本体有更厚实的基础。中东地区史、中东国别史、中东专题史三者和世界史之间,中东地区、国别、专题研究之间,在通识、通变问题上,都是一个深化的过程。

中东是一个极富特色的、由多民族、多宗教、多国家组成的东西方各种文明交往的枢纽地区。民族和宗教成为中东地区最突出的问题。[①] 二者之间的交织和地缘政治、战略地位、环境资源联系在一起,内部与外部诸多因素的交互作用,使中东成为很难理清的动乱激荡地区。正是在这两个问题上,引发我三十年前对中东这个"大地区史"的史学本体的探索。民族主义运动、民族主义思潮、民族独立国家的建立并形成为体系和现代化进程、和平进程、传统与现代、经济与社会变革进程,都是我通过人类文明交往互动的通识和通变历史理念的两条既区别又联系的思路所在。

这两条思路集中于中东国家问题,集中于历史上中东不同人群生产和交往联系过程中形成的不同国家类型和体系,特别是当代中东国家的类型和体系。国家史是地区史的基础。不具体研究中东国家的"殊相",很难准确理解中东地区的"共相"。地区史不是国别史的相加,这是对的,然而在确立地区史通识和通变的时候,国别史却是分析、归纳和理顺地区史脉络不可或缺、不可逾越的桥梁和阶梯。当代中东国家和欧洲近代民族国家不同,是摆脱了西方殖民统治而建立的新兴民族独立国家。由这些国家形成的民族独立国家体系,不但是西方殖民体系废墟上建立起来的体系,而且是伴随着当代世界的历史进程出现的亚洲、非洲和拉丁美洲民族独立国家体系的一部分。从这个世界性的历史背景中看中东民族问题,去找寻国家建构的、文明交往的历史本体问题,可以从国家这个文明主要标志、交往政治实体和社会文明

---

① "民族与宗教作为人类文明交往的主要因素,是人类历史(首先是中东史)上昇异乎寻常的创造物。它如此古老而年轻,又如此强大而持久,过程既曲折又复杂,或直接,或间接,或明显,或隐蔽地把过去、现在和未来联结成一个统一的整体。"详见《中东国家通史·塞浦路斯卷》编后记,商务印书馆 2005 年版,第 398 页。

具体体现者发展中，探索史学本体问题。因此，我的《现代民族主义运动史》和《东方民族主义思潮》（二书由西北大学出版社分别于 1987 年和 1992 年出版）成为研究中东民族独立国家的生长点，而《中东国家和中东问题》（河南大学出版社 1991 年版）、《阿富汗史》（陕西旅游出版社 1993 年版）、《阿拉伯国家简史》（福建人民出版社 1991 年版、1999 年版）、《阿拉伯国家史》（高等教育出版社 2002 年版），一直到 13 卷本《中东国家通史》（商务印书馆 1997—2007 年版），都是每一部书围绕中东国家问题来研究中东地区史的。国家是人类文明的基本标志，是文明交往的载体，是文明存在的依托。于此可见国家的重要历史地位。

在中东历史上，民族和宗教问题是彼此交互作用的。在经济全球化的大环境下，中东民族国家类型和国家体系是很复杂和独特的，其政局多变而导致交往链条上的挑战多于机遇的脆弱性，成为主要特征。它们不但有伊斯兰文明的传统和现实背景，而且有政治上、经济上、社会上和文化上各层面发展中国家常遇到的现代化难题。[①] 中东历史上的每一伟大转折，总有伊斯兰教的变迁相伴随。在中东在当代国际交往中，只有伊斯兰教赋予政治单位和行为主体以宗教属性。国家属性这种宗教认同，是中东国家的一个重要特征。于是，在中东这样一个有悠久宗教传统的地区，出现了这样一个严肃的命题：实现现代化是否一定要以摒弃伊斯兰传统为代价？进一步说，在中东伊斯兰国家的建构中，穆斯林在经济社会发生转折的条件下，思考的最重要、最优先的问题，是如何对待伊斯兰教古老淳朴的传统启示，以决定在多大程度上和以何种方式扬弃 14 个世纪以来积累的文明遗产，以适应现代化的进程。在国别史的通识与通变研究的同时，也需要从专题史的视角，把民族和宗教问题与传统和现代化问题综合加以考察。这就是我在《伊斯兰教与中东现代化进程》（西北大学出版社 1997 年版）一书中，从文明交往互动关系视角来考察伊斯兰文明与中东现代化之间冲突与整合问题的初衷。

观察当代伊斯兰文明与中东现代化关系的另一个重要视角，是现代化进程与和平进程交往互动中的"现代性"与"伊斯兰性"。当代中东民族独立国家的现代化进程经常被战争所打断，甚至战争浪潮淹没了现代化进程。以至于期待和平的人们，似乎不大关注中东现代化社会变革的进程，而只是听到战场上的枪炮声和谈判桌上的舌战声。和平进程压倒了现代化进程。中东现代化是在缺乏稳定和平环境下艰难行进的现代化，它经常受制于地区内部

---

① 　王铁铮：《中东国家现代化进程的主要阶段》，《中东研究》2008 年第 1 期。

以及与之相关的强势外部因素的严重冲击而陷入困境。中东现代化的曲折脆弱和冲突战乱的频繁震荡，致使"伊斯兰性"和"现代性"为特征的传统与现代深层次的文明交往复杂化。伊斯兰文明在历史上遇到困境时，复兴的周期律随着社会经济的变革而发生了新的变化。它不是"原封不动地保留""原有的经济条件"①的简单的信仰回归，而是在顺应新的经济制度变化条件下而走向伊斯兰制度文明的革新。"伊斯兰性"在制度文明方面，是政教合一的国家体制，为多民族的传统社会提供的宗教文化基础（宗教社团重于国家）和包括个体、群体共同遵守的生活道德价值准则的法典。为了适应现代化经济社会变革，出现了以现代化改革运动为动力的近现代伊斯兰复兴运动。"伊斯兰性"作为"现代性"的伴随者，在复兴运动中首先要为现代民族国家的制度建设而突破伊斯兰政治文明的历史局限，从而进行深化的文明交往。中东在交往演变中出现了四种基本类型：①土耳其凯末尔主义六大纲领基础上的新型现代民族国家，这是伊斯兰体制的理论与制度的大胆创新；②阿拉伯世界中埃及的纳赛尔主义，在制度交往与创新之中虽禁止宗教干预政治，但宪法规定伊斯兰教为国教、立法主要渊源之一为伊斯兰法；③阿拉伯世界的海湾国家在制度文明交往中吸取西方文明和继承"伊斯兰性"的酋长制、君主制、君主立宪制、共和制以及其他形式为基础的宪政议会制度。④非阿拉伯世界的以色列、伊朗、阿富汗和塞浦路斯、阿富汗的形态各异的国家类型。至于因现代化挫折而出现的伊斯兰极端势力，是走向极端的少数人，从来不占社会主流。②

特别是在伊斯兰教发源地沙特阿拉伯王国，在世界与宗教、传统与现代之间谨慎地寻觅最佳结合点的类型，是需要重视的。这种使阿拉伯牧人跨上了"石油之马"的殊相类型，"其意义不仅在经济方面，而且在圣俗之间"，即在"伊斯兰性"与"现代性"之间。此外，伊朗的伊斯兰共和国也是"伊斯兰性"与"现代性"又一个值得关注的类型。以色列的特殊民族国家类型和塞浦路斯的"北土族、南希腊族"的民族国家形态，更值得具体研究。总之，从文明交往发展视野看，"伊斯兰性"和"现代性"之间的互动，已成为当代中东国家一个重大的发展走向。"伊斯兰性"作为中东伊斯兰国家文明传统的核心，"现代性"作为已经完成和正在进行现代化所具有的基本特

---

① 《马克思恩格斯全集》第 22 卷，第 526 页。

② 金宜久主编，吴云贵副主编：《当代宗教与极端主义》，中国社会科学出版社 2008 年版，第 278 页。

征，在交往中已经不是绝对对立和互不相容的事物。二者虽然有矛盾冲突、有不少待解决的问题，但都正在深深渗入社会经济和文化生活之中。我在十年前说过："面对新世纪的到来，绵延千余年的伊斯兰教，作为东方的伟大传统之一，能否在现代工业信息社会中保持和发扬，关键在社会发展中实现自我更新、自我丰富的程度和与时代接轨的程度，从而对社会发挥积极作用。""我们会看到'伊斯兰性'与'现代性'在中东社会的有机结合，当然这需要时间和实践经验。""中东现代化是任何外来力量都不能代为实现的。现在，这是两个世纪以来的第一次，中东的选择权真正掌握在自己手中。"①

伊斯兰教与阿拉伯国家之间的交往特别密切。用伊斯兰教、中东地区和阿拉伯国家这三个大、中、小同心圆的文明交往圈的交往互动作用，来探索中东史的本体，是我在《阿拉伯国家史》的三次修改中，②从宏观、中观和微观的方法论角度所作的学术尝试。中东史可从阿拉伯国家和非阿拉伯国家两部分来观察。传统的阿拉伯史学，把伊斯兰教作为理解阿拉伯史发展的基础，把《古兰经》、沙里亚和教规作为历史统一的基础。现代民族主义史学则把研究重点由宗教单位转向民族独立国家单位，但也离不开伊斯兰教的文明传统。

《阿拉伯国家史》不是一个国家通史性的著作，而是阿拉伯地区和这个地区内众多国家的通史性著作。通史性著作对于人文社会科学的建设具有首要的意义，对史学尤其是如此。中国和世界学术史告诉我们，通史性著作总是史学建设的龙头。史学及其分支学科形成的重要标志，往往就是以代表性的通史性著作出现。这是因为：从更综合、更整体和更广深的角度看，通史成果在很大程度上反映了该学科的学术高度。因此，重视阿拉伯国家的通史性特征，旨在把宗教、民族问题统一起来，把伊斯兰教、中东地区和阿拉伯国家这三个大、中、小的同心圆统一起来。这个同心圆的圆心是什么？这个圆心就是不同文明之间和相同文明之内在不同时间和不同地点的交往互动作用。正是这种文明交往互动成为推进人类历史的终极动因。这个史学本体的理论的问题，我将在下个问题中讨论。

这里要提到的是，我从《阿拉伯国家通史》写作中，以把宗教、民族、

---

① 《伊斯兰教与中东现代化进程》，西北大学出版社 1997 年版，第 27 页。

② 这三次修改是：《阿拉伯国家简史》，国家教委《大学历史丛书》，福建人民出版社 1991 年版；1999 年修订版；《阿拉伯国家史》，教育部推荐研究生教学用书，高等教育出版社 2000 年重写本。

国家统一于地区史的实践中，体会到国别史、地区史、专题史和世界史四者研究的分工合作和相辅相成的关系。这也是我在《二十世纪中东史》成书后的体会之一。① 的确，我在写作《二十世纪中东史》的过程中，既深感20世纪的历史是名副其实的全世界历史，地区之间、国家之间的影响比任何时候都要强烈，又感到经济全球化导致"全球利益"和部分"次国家主权"过渡的同时，"民族国家"和"国家主权"仍然是世界政治中的根本因素。乌布利希·贝克在《全球化是什么?》（剑桥，2001年）中，一方面认为"全球化"等于"去民族化"（de-nationalization），另一方面认为民族国家正在加强和复兴。事实上，宗教和民族国家在中东确有联系，但同时也要看到，在中东，不能只从宗教性看待伊斯兰国家。维护国家利益，才是一切政策的出发点和落脚点。这种情势促使我沿着《阿拉伯国家史》和《二十世纪中东史》的思路，进一步主编了包括中东18个国家的13卷《中东国家通史》，由商务印书馆在1997—2007年陆续出版。这是一部大型的中东地区国别史，也为我国中东史研究的进一步展开与学术体系构建奠定了初步基础。② 我的下一步工作，就是正在进行的、由人民出版社将要出版的《中东史》，是一本图文兼备的中东地区通史，也是一本建立在国家史、专题史、断代史和中东地区史贯通探索基础上和以人类文明交往自觉规律为中心线索的中东宏观地区通史。

综上所述，史学本体在不同的宏观、中观和微观层次，在国家、专题、断代路径的探索中，逐渐走向学术自觉。史学研究的根本目的是回归历史的本体，即历史的真实，而不是以单纯的逻辑推理作为最终结论。这种历史真实不是以世界某个"中心"为出发点，推导出一个涵盖全体的公式及规律，而是从各个国家、各个地区的具体历史和现实出发，以实际情况（国情和区情）为依据，作系统深入的分析，进而揭示历史的真实。总之是立足于多层面多角度地反映各国各地区文明兴衰更替的来龙去脉，客观描述重大历史事件的前因后果，并对时间、空间的变迁和人间、世间的事变，作出理性的阐释，以显示其共同和特殊的规律。

这里最重要的历史和现状的关系问题。史学的本体是历史本身。历史和

---

① 《二十世纪中东史》，高等教育出版社1992年版，2000年修订版，为教育部推荐的研究生教学用书。此书写作有三点体会，另外两点是：①历史与现实的关系；②在"大课题"研究基础上形成既吸取欧美研究成果，又有亚非特点的综合理论。参见《西亚非洲》1997年第4期。

② 张倩红：《文明交往语境下中东史学术体系的构建》，《世界历史》2008年第1期。

现状之间是何种关系？在史学史上称之为古今关系。司马迁用一个交往意义上的"通"字来概括，提纲挈领地称之为："通古今之变"。不过，他的整体史学观不限于"通"古今之变，而首先要解决人和自然的关系："究天人之际"；最终还要归结到"成一家之言"的史学家的学派主体性。这使我想到马克思和恩格斯的史学名言："我们仅仅知道一门唯一的科学，即历史科学。历史可以从两方面来考察，可以把它分为自然史和人类史。但是这两方面是不可分割的；只要有人类存在，自然史和人类史就彼此相互制约。"① 在这段名言中，贯穿了人类和自然之间"不可分割"和"彼此相互制约"的文明交往互动规律。恩格斯也谈到通史的特征是揭示"必然性和它们的内部联系，而不是从前那种被时间和地点所局限的历史片段，而是通史了"②。这也是司马迁要"究"的"天人之际"的交往互动的"间性"原则。"究天人之际，通古今之变，成一家之言"的"之际"、"之变"、"之言"这三个"之"，体现了人与自然、人与社会、人与自身心灵之间的连续统一体，是一个贯通史学本体的历史观。这是中国传统史学的精华，值得我们深思、消化和传承，也值得我们对照西方全球史学、普世史学，作根本上的参照、比较和反思。

以历史与现状的古今时间（共时性与历时性）的变化动态而言，司马迁的"通古今之变"确实是探讨历史真谛的"一家之言"。他的《史记》是一部察时变、化人文的长达三千年长时段"通变"的通史之作。我把中东史学史上最早的由古及今编年通史《历代先知和帝王史》作者泰伯里（838—923），称为"阿拉伯的司马迁"，就是强调"通变"在探索史学真实本体和获得学术自觉的重要性。我在《中东国家通史·卷终六记》中说："'通'是理解事物交往变化的自觉途径。'通'古今，'通'中外，'通'人与人，'通'人与自然之际，'通'人类自身。不'通'难'究天人之际'。不'通'难晓'古今之变'。不'通'难'成一家之言'。不'通'是治学之大忌。"③

"通"是用联系的理念了解事物的全过程，因而不但同专深不矛盾，而

---

① 《马克思恩格斯选集》第1卷，人民出版社1995年版，第66页。

② 《马克思恩格斯全集》第1卷，人民出版社1956年版，第657页。

③ 《中东国家通史·卷终六记》，商务印书馆2007年版，第499页。"通"的哲学观，傅雷的表达是："为学最重要的是'通'。'通'才能不拘泥、不迁腐、不八股；'通'才能培养气节、胸襟、目光；'通'才能成为大，不大便不博。"转引自李景瑞：《文学翻译史的一座里程碑：怀念傅雷》，《中华读书报》2008年6月25日。

且在整体史学的要求上是相辅相成和相得益彰的。人类社会历史的整体结构在其形成过程中，在某种程度上有些类似地球的地质构造。由于人类文明的长期交往互动，历史逐渐形成的三个有共同内在发展脉络而又有阶段区别的社会积累层：①已经稳定凝结的积累层；②新近稳定凝结的积累层；③尚未凝结变动的积累层。第一个社会积累层相当于远古、上古、中古和近代史。第二和第三个社会积累层相当于现代史和当代史。这三个社会积累层是人类的生产和交往实践活动的记录。它的特征在于时间和空间的递进性，在于传统、现代和未来的三个文明社会发展的联系性。所谓"通"的理念，就是重视历史和现状的递进性、联系性，从而贯通历史、现状和未来变化的自觉学术意识，把这三个社会积累层作为多向统一的追溯、反思、考察与关注的研究方向。

三个社会积累层的主旨，在于解决历史与现状之间的联系，其特征是高度关注现实问题。这与中东作为世界当代历史上重要热点有关。巴以冲突，海湾和黎巴嫩、库尔德、伊斯兰复兴问题，中东局势对中国穆斯林聚居的西北地区的影响，中国、中亚、中东之间的交往链条，都要求研究者要通古今中外之变，密切观察现实问题。因此，《二十世纪中东史》、《阿拉伯国家史》和《中东国家通史》都把时间的下限，确定到当前。[1] 另一方面，我和我的科研群体又承担了国家社科基金重大课题《当代中东局势发展及我国战略对策研究》。这样，把三个社会积累层用文明交往论统一起来，从而使中东史研究具有强烈的现实性和深刻的历史感，体现了对人类文明和民族命运的关注。

三个社会积累层在当代世界史中，反映最为集中，它既有新型历史积累层，又有最新型历史积累层，还有正在凝结的历史积累层。[2] 研究现状的学者，主要研究对象是当代的第三个社会积累层。即使如此，也要有建立在三个社会积累层的通识和通变的学术品位上：立足当代现状，追溯历史本体，再从历史高度审视现实，并关注未来。当然，研究历史的学者，也不能割断历史与现状的联系。只有这样的双向的"通识"和"通变"，才能使历史与现实统一起来，负起历史研究者的时代使命，才能对自己的研究对象有本质上的理解，从中获得史学本体的学术自觉。

---

① 黄民兴：《改革开放以来中国中东史研究的发展》，《中东研究》2008 年第 1 期。

② 详见《简说世界当代史》，《史学理论研究》2007 年第 2 期。

二、文明交往和文明自觉

中东史学科体系的建设，除了要解决历史与现状的关系，还有一个学科理论问题，也就是用学科理论来贯通历史与现状的关系问题。理论的滞后，从深层制约着史学的发展和对史学本体的认识。西方学者用政治学、社会学、经济学等专门学科的研究理论与方法，对中东史作跨学科分析，这无疑有助于开阔思路和推动学科体系创新。然而现存专门学科理论基本上是根据欧美各国的发展经验构筑起来的，因此不可能完全适用于非欧美社会，何况跨学科只是从综合研究着眼而容易离开史学本体。史学需要有本学科的理论。中东史学科更需要自身的具体理论，这是任何总体概论所不能代替的。20 世纪中，有斯宾格勒、汤因比、亨廷顿的文明理论，但历史学家对之持有疑义，是有道理的。研究者总不能总是翱翔于宏观的"高明之见"的天空上"悬而不下"，也不能总沉湎于微观的"考索之功"的底层而"不思上升"，更不能宥于政治偏见、陷于思维的片面性而"不能自拔"。我认为，历史上一切变动，无论是政治、民族、宗教，无论是经济、生产、社会、文化，都是人类文明交往的明显或不明显表现。反映历史本体的文明交往理论，必须建立在众多典型历史个案的总体思考和对现状的全面理解与客观检验的厚实基础之上，才能得到逐步丰富和完善。

和一般文明理论不同，我在世界史、特别是中东史领域的探索中，把"文明"和"交往"有机地联系为一个整体概念——"文明交往"。同时，又用"生命"、"价值"和"动力"三要素表述文明交往的内在联系：即文明的生命在交往，交往的价值在文明和文明交往是人类社会发展的动力。研究人类历史、现状和未来，不可不研究文明问题，而研究文明问题必须深入到文明交往问题。全人类都面临着人与自然、人与社会和人与自身之间的交往文明化问题，因为它既是人类对现实创造的积极肯定，又是人类追求的理想目标。"不论人们之间如何矛盾冲突，人们总是要在同一地球上生存发展，各种不同文明总要接触对话。人们越来越强烈地期望着通过不同文明之间的交往，架起彼此理解之桥。文明交往论正是推动不同文明之间交往相互关系的研究，成为有助于全球社会文明和谐问题的科学课题。"[1] 这是我在 2001 年《文明交往论》出版前言的结语。我当时用下面一句话，表明了我的心愿："我这本《文明交往论》谨作为抛砖引玉之作，以七十老翁的一得之见，奉

---

[1]　《文明交往论》，陕西人民出版社 2002 年版，第 6 页。

献给读者。"①

　　《文明交往论》一书从以下方面表述理论要点：人类文明交往的基础是生产实践活动，而生产实践活动的前提是人类的社会交往，这种人同自然的双重交往关系，是建立人类文明社会的根本；人类文明交往由低级向高级演进，由野蛮状态向文明化上升，使人类历史由地域的、民族的、国家的交往，走向世界性的普遍交往，使历史从分散逐步转变为整体的全世界史或全球历史；人类文明交往的基本内容是物质文明、精神文明、制度文明和生态文明，贯穿于四大文明交往的过程是人与人、人与自然之间的主体—客体—主体多向联系的本质统一；人类文明交往因社会历史状况错综复杂而表现为多种多样，大致而言，和平与暴力是两种基本的交往形式；人类文明交往有以下重要因素：主体和客观、交通和科技、民族和国家、利益和正义；人类文明交往的基本属性是：实践性、互动性、开放性、多样性、迁徙性；人类文明交往的链条为七对环节：挑战与应战、冲突与整合、有序与无序、外化与内化、现代与传统、全球与本土、人类与自然；人类文明交往发展的总特点是：由自发走向自觉，由自在走向自为，由情绪化走向理智化，由必然走向自然，由对立、对抗走向对话、合作；人类文明追求的目标是人与人、人与自由、国家与国家之间和睦、和谐、平等、互利，是对自己文明的自尊、欣赏和对异己文明的尊重、宽容，乃至欣赏，是抱着爱其所同、敬其所异的广阔胸怀和对人类共同美好理想的追求。

　　我把文明交往作为一个整体概念，来观察人类社会历史发展。这是在编写世界史教材过程中，结合学习哲学、社会学、文化学等理论时逐步形成的。马克思和恩格斯的《德意志意识形态》给我很大启迪。他们从"一切冲突，都根源于生产力和交往形式之间的矛盾"出发，从历史变为世界历史的高度，阐明了唯物史观。我正是由此出发，对世界历史、中东历史中的文明交往规律性问题进行思考和探索。②

　　后来，在《阿拉伯国家史》的修订过程中，我探讨了20世纪阿拉伯世界与外部文明的交往方面涌现的人文社会科学清新潮流。对文明交往的新现象有如下思考：这是一股和阿拉伯世界内部相辉映的、有深厚文史哲根基并吸取西方文明的侨民文化；它的代表人物是美籍巴勒斯坦裔文化学者爱德

---

　　①　《文明交往论》，陕西人民出版社2002年版，第6页。

　　②　参见笔者为李利安著《观音信仰的渊源与传播》一书写的序言：《信仰的穿透力》，宗教文化出版社2008年版，第6—7页。

华·萨义德，他在《东方学》著作中澄清了欧美式的"东方主义"迷雾，以远见和客观视野评价了阿拉伯和中东问题；①它的另外两位代表人物是美籍黎巴嫩裔历史学家菲力普·K. 希提和美籍黎巴嫩裔文学家纪伯伦，前者的名著《阿拉伯史》和《叙利亚史》反映了不同文明交往的深度，把史学的通识和通变建立在丰富资料的基础之上，堪称"侨民史学"的代表作；后者融东西方文学思想，并用阿拉伯语与英语写作诗文的"纪伯伦风格"而开创一代新风，其代表作《先知》被冰心赞誉为"满含东方气息的超妙哲理和流丽文词"，可与泰戈尔的名作相媲美。萨义德关心伊斯兰文明的发展，然而他和印度诺贝尔文学奖得主奈保尔一样，对自己本民族文明的前途不持乐观态度。伊斯兰文明的复兴力量，从根本上说，是民族内部的经济发展程度，自然这后面还有深远的历史道理。文明交往的自觉性，是古老文明复兴的精神力量。可见，一种文明的生命力最根本关键在于内在生长"定力"和适应新生存环境变化而复兴和创造新文化的交往力。总之，阿拉伯国家史的修订使我从文明交往的思考进入了文明交往自觉的具体内容思考；这种思考也和《二十世纪中东史》、《中东国家通史》编写过程结合在一起，使我从中东历史变化中深深感到，文明交往的真谛在于人类人文精神和人文理性的自觉。这使我在《中东国家通史·卷首叙意》中，提出了"文明交往论是文明自觉论"的命题。

人类文明的自觉，不仅在文明交往过程中提升，而且文明自觉实质上就是文明交往的自觉，是人类交往的文明化。这种自觉，是人类用自身的精神觉醒观察世界历史，是人类用自身的文明开启蒙昧和野蛮，是追寻人类文明交往中的盛衰与复兴，是人类在文明交往中不断摆脱新的枷锁而获得思想解放，是人类在实践中提高社会进步和文明程度的升华。文明自觉是以文化思想自觉为核心、以文明交往自觉活动为主线的人类创造历史的实践活动。文明自觉论可称之为文明交往自觉论，其要点可概括为九，见附录《中东史》书前书后，此处删去。

三、学科建设和学派意识

新中国成立以来，特别是改革开放 30 多年中，我国中东史研究取得了长足的进步。我们已经出版了一大批有关中东地区通史、断代史、国别史、专题史（包括经济、政治、社会、现代化、国际关系、宗教、文化等），翻

---

① 　参见《松榆斋百记：人类文明交往散记》二十四：《阿拉伯智星爱德华·萨义德》，第 64—71 页。

译了许多中东与西方学者的著作和原始文献，建立了遍及全国的学术机构，培养了众多的中青年学者，越来越多的大学设立了中东语言专业，史学研究与现状研究相互交织，与国外学术界建立了较为密切的联系。对此，有些学者曾多次作过总结，而且指出过存在的问题与研究方向。[①] 我在接受一次学术访谈中，也对中东史研究成果、学科发展、人才培养，特别是学科带头人的培养等方面提出自己的看法。我认为："最大的问题，是对中国中东学建设的自觉，不要忽视自己的学术特色和气派，不要忘记建设中国的中东学派。"[②]

学科建设是一种学术史思考见之于本学科的学术自觉行为。以中东史学科而言，它是历史学中世界历史的分支学科，自然离不开总体史学的学术史。当代英国历史学家爱德华·卡尔在《历史是什么？》一书中说："根据过去了解现在，就意味着也要根据现在了解过去。"又说：史学是"现在与过去之间不间断的对话"[③]。这种史学对话的反映之一，是 2000 年 8 月在奥斯陆举行的第十九届国际历史科学大会上，把"普世史可能吗"列为主题。英国学者帕特里克·卡尔·奥布赖恩在主题报告中认为，自希罗多德起，历史学家就开始尝试撰写全球史。但欧洲学者遇到了对世界其他部分缺乏了解的问题，而且显露出与帝国时代的罗马相联系的"文化傲慢"和"欧洲不可战胜主义"的传统。第二次世界大战后，虽然联合国教科文组织尝试资助多卷本世界史的撰写，但也未能提供被欧美大家所采纳的世界范围内重构世界史的任何范式。当代全球化趋势促进了全球史的发展，知识界要求对国别史和地区史进行重新定向和定位，将其纳入能更好应对 21 世纪将出现问题的框架中。这些认识在中国的世界史撰写中也得到了证实。世界史当然不是国别史、地区史的简单相加，但没有后二者系统深入研究的基础，特别是缺少对诸如人类文明交往环节与链条上比较与连接的研究，很难形成全球史的整体主导风格。用全球性的眼光，跨越国别、地区、时代界限来考察人类社会，是完全必要而正确的，但不对具体国别、地区、时代进行具体分析，又如何有全球整体联系性的真正认识呢？

中东史是地区史。它和任何通史一样，成为一体不但要有史实根基，史

---

① 最有代表性并从中东史学科建设角度进行学术史性质研究的论文，是姚大学、李芳渊的《新中国中东史研究五十年》，参见《内蒙古民族大学学报》2005 年第 1 期。

② 黄民兴：《从人类文明交往的高度把握世界历史》，《史学史研究》2008 年第 1 期。

③ E. H. Carr, *What is History*, Houndmills, 2000, p. 24.

趣形态，也要有"史魂"统摄，即具体学科的思想理论的会通。最有影响的通史著作如《剑桥世界史》，集众多著名学者之大成，学术质量上乘，但史学观念、理论体系不一。剑桥史系列的学术传统是以专题为主的写法，优点是专深，缺点是专题史与整体史发生脱节现象随之产生。《剑桥东南亚史》似乎察觉到这一点，而把专题集中在政治结构、经济发展、社会变迁和宗教文化四个方面。这个框架可以把历史叙述融入实质性问题之中，较为系统深入，而不是东南亚各国专题史的汇集。然而，仔细阅读之后，会发现这是另一类大的地区专题史。我在主编《中东国家通史》时，没有采取这两类体例，也没有用一般传统的按时期阶段划分整个地区史的体例，而是用"文明交往论"贯通中东18国的地区国家史。讨论这13卷《中东国家通史》体例时，因有《海湾五国卷》一卷为"小地区"特点，有学者曾提出去掉"国家"二字，称《中东通史》即可。考虑到中东国家与中东地区两类研究的相辅相成，而在地区史研究尚未形成厚实基础条件下，采用"文明交往论"贯通的、以综合性体现的、由古及今的中东国家通史，是地区史另一类型的尝试。同时，注重中国与中东各国的文明交往，各卷都设有专章，专述中国与中东国家的关系，把关注中东和关注中华民族的命运结合起来。① 编完之后，掩卷沉思，这种尝试是中东史学科建设实践的一个较为自觉的步骤。它从人类文明交往的高度把握"通识"，又从人类文明交往"通变"语境下构建中东史学术体系，还从人类文明交往学科理论与中东各国史实际的具体结合上，为撰写大的中东地区史打好了较为坚实的基础。话题是一个回归话题，又回到2001年我的《文明交往论》自序："人类文明问题是人类历史的核心问题。它在世界历史学科建设中居重要地位。"②

学科建设不仅是学术观点、科研方法的创新，而是整个学科体系的建设，这种建设离不开学派意识的觉醒，离不开学派自觉。我涉足中东学科时间不太长，印象是学科建设中缺乏有中国气派的理论和方法。初步思考的结果，感到这项长期艰苦的学术积累传承工程，不是一代人所能完成的。这中间有队伍建设、重大项目研究、国内外的合作与交流，其中学派建设的自觉性是中心问题。

学派意识源于科学思想，而在科学思想中，最重要的是独立、自由的学术思想。独立思想表现在"学贵自得"，即经过自己的深入钻研，用独立的

---

① 陈天社：《通古今之变，著自得之见》，《西亚非洲》2008年第8期。

② 前引《文明交往论》，第1页。

观点和理论，独特的视角和方法所取得系列开拓性成果而取得的"自得之见"。自由思想内在是超越自己，外在是超越别人，是鼓励挑战者，欢迎各种观点的自由讨论，当然最后要接受实践检验。没有科学的独立、自由思想，就很难形成学派。学术上如果只有一家一派，也难有科学的健康发展。

从学术史上看，学派的形成有以下几个标志：①有代表性的学派人物，特别是有思想独立、自由的学术带头人，这些代表人物有高度理论修养、博学专深、学术造诣与品德高尚；②有连续性的高水平的代表性成果（学科上有建树、呕心沥血、多年辛苦不寻常、穷年累月专心致力于学业，从而反映出学派观点、体系的力作）；③有年龄结构合理、知识构成均衡、学术上同心协力的群体（学术观点、研究方法、学术旨趣基本相同而又能合作共进的学人群体）；④有学术园地，一般为自由发表文章的学术杂志，主要反映学派论文成果，并与著作相配合；⑤有学术社团（独立组织）；⑥基金渠道（官方与民间的），并有立法保证其持久连续性。

在这些标志中，学术群体性和学术精神是很重要的。从学术史上看，学派是由于学术群体师承而形成的派别。学派有师承关系，有开拓者和创建者，但学派力量绝不限于一个人或几个人，而是一个研究群体，又是一代又一代志同道合的学术群体，也是一个又一个重大学术成果中造就的学术群体。学派特点是：①持有共同理论治学的群体；②持相同学术旨趣的群体；③有相通思想倾向的学术群体；④有相近风格的学术群体；⑤有互补的学术个性的群体。这个学术群体中，有远见、有洞察力和有科研组织能力的老、中、青学术带头人最为关键。理想的学派是带头人和各个独立研究者之间的结构是多样性与统一性的有机结合，体现了既分工又合作和有浓郁人文精神的文明交往化氛围。学术群体赖以凝聚的不仅是互相学习，而且都有人格、品质上的道德自律和敬业精神。共同境界是开放胸怀，既坚持自我又尊重其他学派，决不可门户自封和地域排外。共同的治学座右铭是：坐得住，沉得下，静下心，不浅尝辄止，要深入问题，对学术充满理解感、使命感，坚定不移地走自己的路。

通观学术史，史学家们的不同学术见解、不同文风、不同学派，都是常态。如果没有这些不同，史学家便失去了学术自觉，史学便失去了活力，史学本体便要错位。但学派之间要有容人雅量之风。不同学派之间虽不免优胜劣汰，但绝非不共戴天，正确的关系是互相促进、并生竞长和共同为繁荣学术而努力。

学科建设关键是学术自觉，而学术自觉不可缺少学派意识。中东史研究中关注学派意识，体现了学术研究的主体性。学术研究应具有开放的国际视野，必须下大力气学习借鉴古今中外的一切文明优秀成果，在认真吸收消化中进行固本创新。我寄希望于年轻一代学人。西北大学中东研究所从1987—2008 年已培养中东研究方向的博士 47 人，加上硕士，当在百人以上。这是改革开放 30 多年来最重要的收获。他们的学术自觉至关重要。我在 2007 年为研究生培养工作写的手记中有这样一段话："黑格尔在《哲学讲演录》的《开讲辞》中说，哲学要向前发展，首先要'回复自身''得到自觉'，我借用他的思路，谈研究生的教育发展，其重要之点和结语是：回归学术本位，深化培育学术自觉意识。"① 现在，为纪念改革开放 30 多年，在本文结尾处我再顺着这个思路，写下中东史研究的重要之点和结语：回归史学本体，获得学术自觉。

2008 年 7 月 22 日于悠得斋

三　培养世界史博士研究生工作手记

序

作为在世界史博士生导师岗位上工作了二十多年的学人，回忆过去，目的是有益于现在与未来。鉴于此，我把过去培养博士研究生的四篇心得性短文，连缀成文，与世界史学界同人交流，并望得到指正。

培养博士研究生，是世界史高层次专门人才建设的大事，直接关系到新世纪我国世界史学科的发展。任何层次的教育，都有两个永恒的主题：第一，探索获得知识和追求真理的途径；第二，揭示获得知识和追求真理对人类文明交往的意义。教育的共同目的，是使人受到培养和熏陶，从而获得全面而自由的健康发展。具体到博士研究生教育，我以为其真谛在于强化学术主体意识、树立学术个性品格和提高学术自觉意识，把治学和做人有机地统一起来。博士生导师给学生最主要的东西，应该是最坚定的学术志向和最广阔的学术研究空间，培养学生的治学情趣力、求真的探索力、坚韧力、选题的判断力、课题的协作力、理论的创造力。我在西北大学中东研究所为博士生确定了两条守则：在做人上"尊师、敬业、乐群"；在为学上"勤奋、严

---

① 《回归学术，培育自觉——培养研究生手记》，《学位与研究生教育》2008 年第 1 期。

谨、求实、协作、创新"。面对博士研究生,我时常提醒自己,要把严格要求和尊重他们的人格、主体价值以及最大限度激发他们各自潜在的创造力融合在一起。这是保证博士研究生培养工作质量的关键。

当然,无论多么先进的教育理念,都不能代替导师具体而深入的培养工作。引导博士生从事国内外学术前沿课题的研究,是博士生导师义不容辞的职责。这也是我的开题语要旨之所在。

1. 做好博士研究生指导工作的关键

博士研究生是未来各学科领域的学术带头人,有的将成为国家各领导部门、各条战线的骨干。这些人才虽然人数不多,但由于岗位的重要性,他们政治素质、业务水平和组织能力的强弱,直接关系到我国科学技术的发展水平,关系到我国社会主义现代化的进展速度。因此,培养质量高、数量多的博士研究生,是党和人民的需要,是时代赋予我们的责任。

我通过自己这些年培养中东史博士研究生实践过程中的体会,深感明确指导思想是培养博士研究生的关键所在。

具体说,指导思想有以下几个方面:

(1)树立"质量第一"的思想。从博士研究生的招生到毕业都必须坚持高标准,使其合乎德、智、体全面发展的要求。"质量第一"的思想,体现在培养工作上,就是严格要求、严肃认真、一丝不苟、宁缺毋滥。1990 年,我招收博士研究生 2 名。当时有 5 名报考人员。报考者认为,虽然有一定的竞争性,但必定有 2 人要被录取。有的考生还找关系说情。我全面地考核了报考者的水平,认为 5 人都不符合规格,结果一个人也没有录取。这件事引起了震动和一些人的不满。有人认为,在"招生难"的情况下,有这么多人报考就不错了,应该放宽尺度,降低水平,或照顾一下关系。然而,我觉得"质量第一"的指导思想,在任何情况下都不能动摇。

(2)坚持理论联系实际的原则。人文社会科学的生命力就在于它是根植于现实社会之中,人文社会科学的博士研究生的培养,都要贯彻这项重要原则。中东和南亚,一个是世界"热点"地区,一个是我国的近邻地区。这两大地区近 30 个国家和地区当前所发生的一些大事,对研究者理应有强烈的吸引力。在课程安排上,都要从当前实际出发,做到基础与应用兼顾,使整个培养过程都与现实息息相关,特别要注意引导博士研究生关心当前国际政治,研究当前所发生事件的背景和历史。在 1986 年、1990 年,我安排了面向全校学生的博士研究生国际问题讲座,由博士研究生讲解"中东和平进程的历史和现状"、"阿拉伯和以色列冲突的由来和发展"和"海湾危机的来龙去脉"。先由博士研究生讲，然后留给40分钟由听众提问，再由博士研究生回答。提问十分踊跃，台上台下形成一种讨论的热烈气氛。博士研究生反映：这是博士论文答辩的大演习。在海湾危机过后，我又组织博士研究生参加我主编的《中东国家和中东问题》一书部分章节的写作。他们的积极性很高，都按时完成任务，写作质量也不错。这些活动开阔了博士生的思路，拓宽了施展才华的场所，增长了才干，使他们思想上充满了活力。

（3）努力贯彻"百花齐放、百家争鸣"的方针。"双百"方针是发展科学和艺术的根本方针，它反映了学术研究的发展规律。在坚持四项基本原则和遵守宪法的前提下，导师要积极为博士研究生的健康成长创造一个学术民主和自由的讨论环境。这就是说，导师不仅要鼓励学生树立"青出于蓝胜于蓝"的抱负，而且要进一步培养学生不囿于旧说、勇于开拓新的研究领域的意识。为了培养具有开创性的高水平的科学人才，导师在把博士研究生引入自己研究领域的同时，也要把他们引入施展才能的新天地，使他们成为新学科的开拓者。我是研究中东和南亚地区的历史和思潮的。近年来，在东方民主主义思潮与东方政治文化的关系方面，做了一些研究工作。我经常在讲授自己专攻课题时，一方面启发他们在我的课题范围内发挥他们的智能，一方面引导和鼓励他们根据自己的兴趣、条件去接触新的研究领域。我有一个博士研究生，根据我对土耳其凯末尔主义的分析，在土耳其经济、历史方面写出了具有一定价值的论文。1991年毕业的两个博士研究生的毕业论文，都不在我的课题领域。一个是《恐怖主义与中东政治》，另一个是《沙特阿拉伯人力资源的发展及其对经济的影响》。这两个课题在国内外都是新课题，前者引起了许多专家的好评，与人民出版社达成了出版意向，后者在法国的中东国际学术会议上宣读，并被收录在论文集中。

（4）培养"勤奋、严谨、求实、协作、创新"的学风。这些年来，我在培养研究生的工作实践中，有一个很深的感触，这就是"做人"与"治学"应当并重。我认为，新一代的科学家，应当是以"勤奋"为治学基础、"严谨"为治学要求、"求实"为治学原则、"协作"为做人品质、"创新"为科研方向的人。他们应当是集纯真旨趣、高尚情操、献身精神、科学追求和创造意识于一身的新型学者。我强调做人与治学并重，是针对这几年一些不良倾向有感而发的。对博士研究生而言，要对他们有一个正确的估计，既不能过于"捧"，也不能苛于"抑"，而首先要严格要求，同时要热情而积极地引导，特别要使他们知道，任何科学成就都是来自对前人成果的继承和自己刻苦的努力。科学不能脱离前人的基础，也离不开自己的钻研和集体的协作。我经常用范文澜的"板凳要坐十年冷，文章不写一句空"的名言，来提醒博士研究生警惕滋长狂妄自大、目无师长和同行的不良学风。

(5) 实施"因材施教"的培养方法。"因材施教"是教育学方面一个很重要的哲学命题。它体现了人才观的辩证思维成果。[①] 博士研究生比硕士研究生更为成熟，他们在年龄、学历、爱好、气质和专长等方面，都已形成雏形并向定型方向发展，有的人已经在某些方面定型化。导师的任务就在于区别其不同特点而在研究方面加以恰如其分地引导，帮助他们在各自的基础上发现、确定在科学研究方面带有长远性的"生长点"。我有一个博士研究生，在理论思维方面有旨趣，他在硕士论文中根据阿富汗国家形成的历史实际，曾提出了国家产生的第四种形式的新见解。我就引导他参加我的"马克思史学名著选读"课程的研讨和部分讲课任务，开设了配套课程"西方史学史"。他能对当代西方史学流派全面评论分析，效果较好。在此基础上，我鼓励他开展专题研究，和别人合作写成《历史学的视野——西方史学流派概述》和主编了《西方史学史》两本在国内史学理论方面有影响的著作。另一名博士研究生对经济问题和社会生活史的研究有潜力，我指导他进入这两个领域，确定了他在科学研究方面的生长点。他写出了有关石油经济、中东人口等方面的论文。总结起来，我认为"因材施教"这个教育哲学上的命题，具体化到博士研究生的培养方面，可以用下面一句话来概括：视其所安，观其所由，察其所长，定其所向，使博士研究生现有的各自优势和固有的潜力得以充分发挥。

(6) 走"立足国内"和"多渠道"结合的培养途径。"立足国内"是我们首先要明确的指导思想。所谓"立足国内"，其实质是依靠我们自己的力量，根据我们的国情，发挥我们的有利条件，根据我们的需要来进行培养工作。我们西北大学有全国唯一的一所中东研究所，还有一个重点学科点——南亚中东史研究室。我作为一个学科带头人，有信心、有耐心从队伍建设、资料建设、课题建设等基础建设方面，扎扎实实地、逐步地从事南亚中东史学科的奠基工作，使我国这一学科立足于世界研究之林。我从培养工作一开始，就紧密地把它同学科建设工作结合起来，把博士研究生引入建设计划。

---

① 彭树智：《教育改革与现代教育中的人才观》，参见《西北大学教育理念文选》，西北大学出版社 2004 年版，第 109—116 页。

在课程安排上，组织他们参加我们承担的国家社会科学基金项目《二十世纪中东史》，用研讨的方法，从原始资料着手，到酝酿论点，制定提纲，确定重点专题，以提高他们的基础知识和科研能力。这本近 40 万字的著作已经由高等教育出版社出版。3 名博士研究生既从中受到了一次科学研究基本功的系统训练，又为他们撰写博士学位论文打下较好的基础和准备了条件。就他们承担本书的有些章节的水平看，已不下于国外博士研究生论文的水平了。我在该书后记中，以欣慰的心情引用了清代诗人郑板桥的一首咏竹诗："新竹高于旧竹枝，全凭老干为扶持。明年再有新生者，十丈龙孙绕凤池"，意在评估这种既出成果又出人才的立足国内培养的可喜收获。当然，立足国内的同时，也要开辟多种渠道，采用多种形式，与外国学者进行学术交流，并争取利用国外条件，进行联合培养。我有一名博士研究生，是同英国埃克塞大学中东研究所联合培养的，用一年时间在那里从事论文写作，在资料积累、吸收和研究方法上都有所受益。在回国后的博士学位论文答辩中，得到答辩委员会全体委员的一致好评，顺利地通过答辩，并获得了博士学位。

（国务院学位办主编：《学位与研究生教育》1992 年第 3 期）

2. 略谈博士研究生的学术个性化培养问题

博士生是创新型的高层次人才。创新是对博士生最基本的要求，也是最重要的质量标准。但是，创新关键何在？这需要从我国实行博士生教育以来的实践经验中具体深入地总结。我在这篇短文中，仅仅从人文科学，主要从历史科学角度，以极简略的方式略陈己见。

我 1982 年招收硕士研究生，1986 年招收博士研究生，从近二十年来的培养研究生过程中，有一些问题长期萦绕脑际。我常常想：我国人文科学界为何很长时间没有出现公认的大家或大师？为什么在 20 世纪前半期涌现出了灿若群星的人文科学的大家或大师？这些大家或大师，他们是怎样成长起来的？在他们身上都具有什么样的学术风格？大师们的成长历程对我们培养博士研究生有何启示？

我曾试图从中国和外国学术史上寻觅答案。从粗略的概览中，我发现凡是在人文科学上有所作为和有所创造的人，都具有鲜明的、与众不同的独特学术个性。他们在治学道路上大都表现出以下主要特征：有高度的学术自主性、独立性、创造性，不肯人云亦云；有旺盛的求知欲、好奇心和社会责任感，勤于思考，敢于直言，不肯亦步亦趋，而是另辟新径；有独特的思维方式，有新角度的思考方向，有强烈的求新求异的独自发现、独特表达自己观点的欲望和追求；在运用知识、获取信息、发现和解决问题方面，既充分尊重前人成果，又不迷信权威，而是勇于在探索未知领域中不懈地开拓新路。

我进而思考我国人文科学研究生培养工作中的问题，发现一个明显不足之处，在于缺乏一个多样的学术个性的环境和多样的学术个性化培养的途径。教育行政部门的宏观管理和导师对研究生的严格要求，完全是应当的。但是这一切工作的目标，在于增强研究生的创新能力。用一种规定、一个模式，一律地要求所有研究生，对于人才成长是十分不利的。须知在人们精神劳动的复杂过程中，个人的主动性是最具有学术生命活力的因素。同时，历史学科研究的问题在深层，浮在上面是发现不了问题的。这里需要长时间的个人艰苦的、主动的和创造性的探索。

注重学术个性化的培养，不是减轻，相反，是加重了教育行政部门和导师的责任。博士生创新的关键之所以在学术个性化的培养，这是由创新的本质要求所决定的。学术贵在创新，最主要的原因，就在于创新是理性思维、逻辑思维、形象思维、直觉思维和灵感思维等思维方式的综合体现，是治学的高层心理状态。它要求把个性教育深入到学术品格的心理层次，把博士生的个性发展和学术上的创造性紧密结合在一起，并具体化、多样化于管理体制和培养工作的全过程之中。培养学术个性化，在教学内容上要注重培养学术前沿性的创新智能，使博士生在坚实宽厚理论基础和系统深入专门知识的前提下，提高理论和知识的再生能力与科学研究的广泛适应能力。这里有一套不断更新的高层次教材至关重要。教材是教学之本。博士生的教材比硕士生更灵活，但还是应有一些相对稳定的教材。这些教材可分为专业理论、专业基础等种类，也可列多家之论著，但必须是高层次的学术性教材，最好是代表导师学术水平的专著，更理想的是有学派性内涵的开山之作。读学术个性化之教材，有利于学术个性化之人的培养。

我有幸从事教师职业，养成写作教材的习惯，因而从开始培养研究生之时，便注意教材建设。在诸多大纲、讲义、讲稿当中，现在成书者有六本，其中有两本（《二十世纪中东史》和《阿拉伯国家史》，高等教育出版社出版）被教育部审定为全国研究生用书。全国前三批共审定的八本历史学研究生用书中，已主编的书占四分之一。还有一本是我为博士生理论课写的《文明交往论》专著性教材。此书共六易其稿，历时十五年，作为西北大学"211 工程"项目已于 2002 年出版。前两本也是多次修改，先后出了两版。在每次修订中，都遵循着强化学术品位和提高史学本体性的首要原则。为此，我结合教学和科学研究实践，着重注意正确处理稳定性与创新性、政治与史学的关系，并致力于使史学向本体的回归，不断更新教材的知识体系和史学观念。教材是改出来的，毕业一届研究生，修改一次，研究生从中受到西北大学中东所的勤奋、严谨、求实、协作、创新的学风的熏陶，教材的学术水平也随着逐步提高。研究生的学术个性化培养工作和教材建设、中东史学科建设工作与时俱进，培养的人才群体在全国也初步形成了独特的学术风格。

培养学术个性化，主要是为博士生创造一个多样性的成长环境。现在学风浮躁、急功近利，冲击着原本平静的学术殿堂。过多的评估，过早的拔苗助长，过细的量化指标，过强的物质刺激，过高的荣誉地位，使部分学者不愿去做长期而且可能会失败的原创性研究，而是寻求如何早出成果、多出成果的所谓"捷径"。这就影响到研究生的成长环境。现有许多规定不利于学术个性化的发展，例如有些规定限制过死，对学术成果评估重数量不重质量，重刊物级别不重文章内容等，都亟须加以改革。博士生获取学位的标志是学位论文的质量。博士生和硕士生的主要不同之处，在于一入学就要进入科学研究领域的前沿，把质量目标集中在博士学位论文写作的高水平位置上。博士论文对一个人以后的学术生涯很关键，影响非同一般。它是个标杆，跳不过去，或勉强过关，在以后的研究工作中就上不去了。为培养他们的创新意识和能力，在写作论文的各个环节中都要注意提供广阔多样的思考空间和学术个性化的训练条件。

这里最重要的是：第一，充分发挥其潜力、爱好、兴趣，尤其是注重其科研生长点上的专业连续性。学位论文的选题，应当在全面权衡上述基础和连续性的综合优势处确定，要扬长避短，否则难有学术个性化发展，因为在短短两年多时间内，即使一般性学位论文也不易完成。第二，充分尊重其自主独立意识、个性意识，鼓励他们在勤奋、严谨、求实基础之上的自我多样的选择性和创新性。提倡经过艰苦劳动而取得的"自得之见"，反对简单炒作的"小智慧"，引导学生在论文写作过程中敢于探索难题，并扎实走有思想的"大智慧"之路。陈寅恪为王国维所题碑文中曾写道："先生之著述或有时而不章，先生之著述或有时可商；唯此独立之精神，自由之思想，历千万纪与天壤而同久，共三光而永光。"只有循独立精神和自由思想的途径而前进，方能成为有所创造的人。第三，多角度、多侧面启发其问题意识，使之掌握有疑和无疑的治学辩证法。创新意识生于疑问，疑问实为创新的动力。清代文人吴大澂（澄）在《读书偶见录》中说："书不熟读则疑不出，事不深思则疑不生。大抵无疑者，只是浅尝浮慕未尝着实用功耳，非真无疑也。学问不功，须于无疑中看出有疑，更从有疑中办到无疑，方是真得力。"的确，问题是学人表现自己上进精神状态的最实际的呼声，是学术个性化培养中不可或缺的要素。第四，学术个性化归结起来，是尊重博士研究生的独立人格，培养他们探索真理、追求真理的品格。不能跟着别人走，不能围着别人转，不能唯书、唯上。不能一味模仿，还因为这条路子只能蹈僵化教条之辙，于国家、社会和个人，均无利可言。总的目标应集中在出优秀的博士学位论文上，虽然现在人文科学这几届上榜甚少，这并不能动摇这个目标。对博士学位论文，既重培养过程，也重论文结果，贯通其中的是创新，而自由思想是新发展、新创造的内在要求。我很欣赏韩愈的"自古为文必己出"的主张，一篇论文，创造性尤其是原创性、首创性十分重要。"己出"其实就是自己独创性的个性化。鲁迅把个性称为"自性"。他在《坟·文化偏执论》中说："人必发挥其自性，而脱观念世界之执持。"他在致宫竹心的信中又谈到："寄《妇女杂志》的文章由我转去也可以，但我恐怕不能改窜，因为若一改窜，便失去了原作者的自性，很不相宜。"可见，鲁迅多么尊重别人文章的个性。我把西北大学中东研究所的发展原则和目标归结为：说自己的话，出自己的书，培养自己的人，走形成自己学派之路。这中间就包括着博士生的培养工作中的学术个性化问题。最近一个时期，各个教学科研机构都在实施学术成果评价的量化方法，并因此来确定年度奖金、学术职称和上岗级别。硕士生和博士生也采用量化评估。量化评估的优点在于简化了标准体系，提高了工作效率，可计量、可比较，便于行政操作。但弊端很多，如激励短期行为、强化长官意志、误识良莠人才，特别扼杀了学者的个性。我以为现行评估体系的最大问题是政学不分、数量质量混淆，把学术问题简单化了。对于培养人才和学术发展，尤其对精英人才的个性成长，极其不利。从学术发展的规律来探讨学术评估制度的改革途径，需要从政学分开的原则开始。

总之，学术个性化是博士生培养工作中的一个重要问题。它涉及人文科学和教育科学的学术研究，关系到现代人才培养模式、教学改革、教材建设和学科建设等一系列问题。更重要的是，它同以高尚道德人格和社会良知为核心的教育观念、创新精神与创新能力，以及多样化的人才质量观有密切联系。在当前研究生数量猛增，尤其是博士生数量与年俱增的情况下，我想起了《世界高等教育大会宣言》中的警世名句："21 世纪将是更加注重质量的世纪，由数量向质量的转移，标志着一个时代的结束和另一个时代的开始。

重视质量是一个时代的命题。谁轻视质量谁将为此付出沉重的代价。"

（国务院学位办主编：《学位与研究生教育》2003 年第 2 期）

3. 博士学位论文作者三层次说

博士学位论文为博士学术水平的标志，自主创新性是其主要特征。

创新性是具体的，从总体上看，应强化其主体性意识和个性化品格。主体性意识强烈，独立思考就越深入；学术个性化是博士研究生教育的真谛；也是博士学位论文之基。论文贵自得之见，即经过刻苦钻研而得到的独立见解，但别忘了群体协作意识。除了勤奋、严谨、求实、创新，还必须加上"协作"，科学品质才算完备。强调学人学术个性化的独特科学风格，没有个性就没有创造性，但这丝毫不意味着排斥不同理论与见解，而应使学术个性化建立在海纳百川的宽广谦虚的基础之上。

博士学位论文的作者，大抵可分为三种层次：①能从本领域已有广博知识系统中，选择开拓性选题，进行综合、分析，升华出思想命题并有新的整合力的，是谓"知者"。②能从本领域已有广博知识的运用中，选择创新性选题，进行跨学科比较，发现方法、有原创能力并有新突破的，是谓"能者"。③能从本领域已有广博知识的探索中，选择创新性选题，发现未知领域的新知识，开辟新途径，并使成果化为创造性思维力的，是谓"智者"。知者拥有的广博知识是孕育学术个性化的基础；能者拥有的民主精神，是哺育学术个性化的前提；智者拥有的自由思想是培育学术个性化的源泉。

博士的学位论文标准应有基线。知者属基线，达不到基线，即不合格。论文应有更高要求，通过论文写作训练，力争多出能者、智者。

知者不是低标准。不能轻看知者。知者是学人治学从感性阶段进入"知性"阶段的标志。"知性"阶段是认识史上感性阶段的飞跃，是人类智慧史上持续交替演奏着"应知道什么"和"更应知道什么"的情感理解文明交往的节奏和韵味。"知性"包含着"不知"即怀疑因素。怀疑产生好奇心、产生兴趣、产生追求真理的向往力。苏格拉底有言："我知我之不知"。我理解为：知须通知、深知、亲知。因为"知性"带有感性认识因素，但已跨越感性认识，深入破解难题的研究领域。导师应为知者设立规则，应为能者搭建桥梁，应给智者以钥匙。

知性认识阶段是人类认识史上不可或缺的理解阶段。知性功力不可少，但不可片面化、绝对化，也不能止步不前，而要努力进入自觉理解阶段。能者是文化自觉意识的表现，张伯苓有"见公见能"的主张，就是把能者和德者统一起来。这种意识是学人以渔，而不是取人以鱼；学习前人用以培养自己内在造血能力，而不是要为自己输血。能者是对事物知之较深的自觉理解性阶段的标志，是超越知性局限的突破性的进展，是进入了辩证理性之门。能者之为文，其特征是使潜能化为驾驭材料的能力，以追求知识的创新。

理性认识阶段是博士学位论文写作训练中的关键，它可能使能者成为智者。能者不易，智者更难。难，并非不可及。智者崇尚理性思考，追求治学的自觉性，善于锻铸问题意识，乐在疑与不疑的交织探索中，使理智和智慧有机统一，从而确定自己在科学研究中的前沿位置。智者在治学中，其实也不是万能的，即使进入理性阶段，也决不可自以为达到终极真理之巅，也不能认为真的已掌握了绝对规律。学人的理性再强，也是一种外在视角。即使像哈贝马斯所说的"情景理性"，能在亲历见闻中有"同情性理解"，那也有重感性轻理性的局限。辩证的理性，总是认识到自己的局限性。智者之所以为智者，就是经常清醒认识到这种局限性而虚怀若谷。智者之文需要历史的沉淀，时间是一个最无情和公正的裁判者。

知者之文、能者之文、智者之文，这三种不同的博士学位论文作者虽有区别，但有两点是相通的：①三者是递进上升的；②三者是互相依存和相互包容的。贯穿三者的经线是德性、悟性和韧性。德性使人的生命更坚贞，悟性使人的生命更坚定，韧性使人的生命更坚强。这三条经线和知者、能者、智者组成一个整体。学术德性、学术悟性和学术韧性，是无论哪一个层次的作者都要具备的科学品质，区别只在于强弱程度之分：知者的知性，相当于学术上的"学"；能者的理解性，相当于学术上的"才"；智者的理性，相当于学术上的"识"。学、才、识实际上也有高低轻重之分，其程度体现在对于人类文明交往认识的不同阶段和论文作者之自觉意识中。

(国务院研究生办主编：《学位与研究生教育》2006 年第 2 期)

4. 谈研究生与学术自觉意识的培养

高等学校的研究生教育有一个很重要的理念，这就是它肩负着培养学术人才的重任。从反思近年来学术界出现的急功近利的浮躁之风和学术不端行为中，更加凸显了学术道德、学术环境、学术规范、学术功能和学术制度创新的地位与意义。由于历史和现实诸多复杂原因，研究生教育需要改进的地方颇多。我从多午的体验中，深感回归学术本位、深化培育研究生的学术自觉意识，是导师义不容辞的职责。

研究生入学后，大都期望在所选课题中作出突破性的进展，但很快就会发现，问题不那么简单。他们最缺少什么？从深层的本源看，是学术自觉意识。他们在步入学术自由殿堂之初，思想上自发性多于自觉性，自在性多于自为性，盲目性多于有意识性。导师在引导他们从事学术前沿课题研究过程中，应当在学术实践中，以科学理性思维为指导，多方面地、不断地培育学术的自觉意识。

首先，培育学术生长点的自觉意识。学术史昭示我们，学术生长点是治学的基础。选好生长点犹如农民育良种之植沃土，它决定着学术的生命活力。这种活力表现为学士阶段对学术生长点的选择、硕士阶段的确定、博士阶段的发展这三个训练的连续性；表现为在学科领域对学术生长点上空白点、重点、难点、前沿热点这四点的开拓性；表现在学术生长点动力的德性、悟性、韧性这三性的锻铸性上。这种活力不仅是知识、能力的学术积累，而且是人文精神和科学精神的升华。学术生长点的生根、开花、结果的长时段效应，可能使研究生对自己认定的方向坚持十年、二十年、三十年，甚至终生受益。当然，稳定的学术生长点是绝对需要的，但不是绝对不变的。学术的自觉会因条件变化而转移自己的学术生长点。

其次，培育学术研究的主体自觉意识。学术史也昭示我们，学术研究的主体性是治学的根本。学术研究应具有开放的古今中外视野，必须花大力气学习借鉴古今中外的一切文明优秀成果，在认真吸收消化中进行固本创新。当前，面对学术界失去自我、照搬照抄、食"洋"不化之风和人云亦云、亦步亦趋跟在别人后面说话行走的倾向，我们应该以《庄子·秋水》中提到的"邯郸学步"故事以自警："且子独不闻夫寿陵余子学步（行）于邯郸与？未得国能，又失其故行矣，直匍匐而归耳！"说的是燕国寿陵人余子到赵国邯郸去学习以走步为专门技能的"国能"。由于余子只知机械模仿、不思独立创造，非但没有学到赵国的著名技艺，而且连自己原本的走步都忘掉了，遂爬行而归。这个哲理故事启示今人，学术个性化是学人的本色，对此要保持清醒的头脑。为此研究生要记住宋代姜夔的"论文要得文中天，邯郸学步终不然"（《送项平甫倅池阳》）的诗训，在治学中一定要善于学习，自主创造，加强主体自觉意识。

再次，培育学术理论思维的自觉意识。学术史还告诉我们，学术理论思维是治学的灵魂。"一个民族要想站在科学的高峰，就一刻也不能没有理论思维。"恩格斯这句名言也适用于研究生的学位论文训练："论文要得文中天"，就一刻也离不开理论思维的穿透。理论思维的培养，不能寄希望于灵性，而要在学术研究的具体实践中借鉴前人和反思自己经验，并付出扎实而艰辛的劳动，思而学，学而思，孜孜以求，方有所收获。理论思维是学术悟性的表现，更是理性思考在本学科理论和研究方法的熔铸结晶，它会在提炼"爱智慧"习惯的养成中，产生学术研究的良性增殖反应。这就是理性的自觉的意义所在。当然，理性也需要感性和知性的滋养，要对研究对象有浓厚的兴趣、童心般的好奇心，甚至再高一点的科学人生乐趣。这才是完整意义上的学术自觉意识。

复次，培育学术问题的自觉意识。学术史又告诉我们，学术问题意识是治学的关键。学术研究永远始于问题，终于问题，在研究中深化问题和启发新的问题。发现问题、提出问题、分析问题和解决问题，组成了研究生学习思维逻辑的中轴线。我把问题意识概括为"九何而问"：何时？何地？何人？何事？何故？何果？何类？何向？何为？"何"为问之首，"九问"也可称之为"九何而问"。"九何"之中，"何故"（何以、为何、缘何）最为重要，其要旨在学问和问学。问题始于怀疑，问题是疑问，而疑问是学术的转机之处。学问首先要学，关键在问，目的在求得真知。从学术史上看，只有出于对学术的兴趣、热爱，进而把职业（谋生的职业）变成"志业"（志趣的事业），从而毕生追求科学真理的伟大学者，才是研究生"法乎其上"的学习目标。

最后，培育学术道德自律的自觉意识。学术史也告诉我们，学术道德自律是治学的固有戒律。在人类文明交往的演进中，自律是自由的必然要求。一个道德高尚的人，违背了自律，就会感到惭愧而不自由；实践了自律，就会感到自尊和自由。我在给研究生讲课中，谈到人类文明交往的有序运行，必须敬畏"三律"：自然律、法律、道德律。这种敬畏，实质上是对人类良知的敬畏。学术界一如社会其他各界，也要谨守三律。因此，我经常提醒青年学者，要严格自律，树立勤奋、严谨、求实、创新、协作的良好学风，克服浮躁和急功近利的倾向。首先要坚守学术气节，保持学术气度，恪遵学术道德，要有健全人格、要爱护自己的学术生命，不可无天、无法、无德。学贵自律，而自律贵在自觉。

学术自觉归根结底是文化自觉、文明自觉和交往文明化的自觉。黑格尔在《哲学讲演录》的《开讲辞》中说，哲学要向前发展，首先要"回复自身"，"得到自觉"。我借用他的思路，谈研究生教育的发展，其重要之点和结语是：回归学术本位，深化培育学术自觉意识。

（国务院研究生办主编：《学位与研究生教育》2008 年第 1 期）

四　序言小集

1. 科学求真精神与问题意识的自觉——《印度古代观音信仰研究》序言

宗教是人类社会生活的基本要素之一，是文明的一个核心内容。古往今来，人类文明总是在交往中发展，在交往中丰富，并在交往中发挥其塑造灵魂、影响自然和改造社会的作用。在文明与交往的互依互存的一系列互动因素中，宗教成为文化传播与交流的一个重要载体。

佛教作为世界三大宗教之一，它从古代南亚向亚洲其他地区的传播就伴随着不同文明体系之间的交往历史，特别是佛教从南亚、中亚等地向中国的传播，成为古代世界持续时间最长、规模最大、影响最为深刻的一次文明交往，在整个人类文明史上写下了浓重多彩的一笔。

从表现形态来看，支撑佛教整个理论架构和实践体系的基本概念是菩萨。菩萨信仰自古以来就是全部大乘佛教中最流行的信仰形态。而在各种菩萨中，具备大慈大悲品格、以解救现实苦难为职志的观音，则受到中国人最热烈的欢迎。伴随着观音信仰的传播，中国文学、艺术、哲学、伦理、民俗、养生、医药等许多文化形态都受到其强烈的影响。因此，在很大程度上可以说，不了解观音，就不能完整理解中国人的信仰，也就不能全面理解中国的文化。

在印度文明和中华文明的交往史上，作为大乘佛教的重要象征，观音信仰自东汉末年和三国时期开始，从印度源源不断地传入中国，历时约一千年之久。所以，中国的观音信仰其实是经历了一个长期的文明交往之后才逐渐确立起来的。理解中国的观音信仰并探究和把握观音信仰向中国传播过程中所体现的中外文明交往特征，必然要建立在对古代印度观音信仰源流进行深入研究的厚实基础之上。可是，我国学术界对古代印度观音信仰起源和演变的研究却非常薄弱。李利安教授的这本《印度古代观音信仰研究》，从学术研究现状出发，溯源探流，寻根求本，可谓填补空白的厚重学术著作。

李利安教授在佛教研究领域已有很好的学术积累，对观音信仰也早有研究其源流及意义的兴趣。在他攻读南亚文化史方向的博士学位时，作为导师，我建议他把毕业论文的研究方向确定为观音信仰的源流研究，得到他的完全同意。此后，他便开始了努力的研究工作，并最终完成了36万字的长篇博士学位论文《古代印度观音信仰的演变及其向中国的传播》。我当时对其的基本评价是"本论文具有厚实的学术积累，有考索与独断的功底，有广阔的世界视野，有相当前沿性的学术水平，是我多年来少见的优秀博士学位论文之一，我很高兴看到这本勤奋、严谨、求实、创新的研究成果，它实际上是一部有学术价值的专著"。这次，他应《西部人文丛书》副主编方光华教授之约稿，将原博士论文当中的印度观音信仰研究部分单独抽出，加以修订，形成现在这本《印度古代观音信仰研究》。本书一个突出的特点是对时间、空间、人间这三个文明交往重要条件的把握和运用。时间即机缘，空间即地缘，而机缘、地缘，都是为人所用。人缘是主体条件。历史时间是人化的时间，历史空间是人化的空间，人缘统领着机缘和地缘。离开了人，离开了人的主体性活动，就无法认识时间和空间。李利安教授的这本书从时间、空间和人间三个条件的有机结合上，对古代印度观音信仰的起源和流变进行了缜密的追溯。这种追溯既展现了观音信仰发展的历史脉络与演变的内在机制，也体现了作者研究思路与研究方法的清晰到位，从而使本书具有较高的学术品位和学术个性。

一本书的学术品位和学术个性，取决于作者的治学门径。章学诚在《文史通义·答客问》中曾经说过："由汉氏以来，学者以其所得，托之撰述以自表现者，高明者多独断之学，沉潜者尚考索之功，天下之学术，不能不具此二途。"对章学诚的治学总结，从学术史上还可以再进一步，即：独到的史学理论见解和扎实的考证功夫，二者的完美结合，才是治学的理想境界。从整体上审视本书，二者的结合，都达到了较好的程度，并且体现了沉潜的考索与高明的独断之间的密切融会，表现了自己的学术特色。当然，在这两方面的结合上，本书走出了可贵的一步，当然还有待于进一步的完美化。

如何完美化？由此我又想到学术研究中的问题意识与求真精神。学术研究不可无问题意识。问题意识是学术研究的前导力。发现问题、提出问题、分析问题和解决问题，组成了学术研究的思维逻辑和行为的中轴线。问题意识从广义上讲，是产生于对时代、经济、文化、宗教、风俗、民情等各方的情感体验，以及这些体验对学人研究的问题影响。鲜明的问题意识，其实是很复杂的，它可以使学术研究焕发勃勃生机，又可导致学术研究混乱。这里，一刻也不能离开求真的科学精神和严谨的治学态度。

问题意识的关键在于"适度"。它体现着科学精神，即：度要适，不能过。《淮南子·主术训》说："言不得过其实，行不得逾其法。"真正有价值的学术研究，应游弋于问题意识与历史意识、当代眼光与历史眼光、主体性与客观性、批判激情与学术规范之间，从中细心地找到它们之间联系的"度"。平衡性是度的良性表现，及时调整、选择研究课题，尤其需要掌握度的尺寸。度的学问在于关注事物发展过程中的平衡性。有了平衡性，"度"才显示其重要性。

科学态度促进着问题意识的自觉，而问题意识的自觉，既表现在"打破砂锅问到底"的连续性追问过程中，还表现在运用各种科学理论和方法，去深入解决问题的整个研究过程中。即使是在理论和方法的运用过程中，也要有连续追问的科学求真精神。例如比较方法，不仅要关注"同"、"异"与可否比较的角度，还要有意识地透过比较方法，从中发现容易被人们忽略的"问题入口"处，而只有寻觅到科学研究的"入口"处，才有希望进入未被探索问题的核心。总之，问题意识是一个重要的科学思维方式，它是研究者自觉地把连续追问作为论述的切入点，把探索终极原因作为研究问题的主要突破口和落脚点。

科学精神和科学态度的要义之一在于"真"，若失去"真"，科学就会步入"伪"的邪路上去。做学问，宗旨在求真，求研究对象和研究成果之"真"。失"真"与滋长造假心理和单纯追求数量而产生的浮躁心理有关。科学研究是和勤奋与严谨治学紧密相连，与冷静、执著和耐得寂寞有不解之缘。真，纯真、本真、真心、真意、真情、真诚、真实，大道至真，这是学人的基本素质。要坚持"真"我、培养"真"我、完善"真"我，摒弃"假"我、"伪"我、"虚"我，要沉下心来做长线研究，动"真"感情、下"真"工夫、求"真"学问，才能出"真"知灼见，才能学有所成。科学研究是求"真"的工作，是求"真"务"实"、求质量而不单纯求数量的工作。真感情、真工夫、真问题、真学问、真知灼见，一个"真"字了得！

李利安教授的《印度古代观音信仰研究》，不但在问题意识和求真精神方面迈出了可喜的步伐，体现着精益求精的严谨治学精神，而且在印度文明和中华文明这两大文明的交往史上，开拓了广阔的研究空间，因而值得称赞，也值得向学术界推荐。

汉代扬雄有"百川学海而至于海"的警句，宋代范成大有"学力根深方蒂固"的诗句,愿与利安共勉。是为序。

彭树智
2005 年 5 月 4 日三改定稿于悠得斋

2. 探寻人类文明交往的内在思维路程——《核时代的现实主义:基辛格外交思想研究》序言

基辛格是世界著名的外交家、外交思想家,1971 年因秘密访问中国、打开中美关系的大门而声名鹊起,尤其在中国,几乎家喻户晓。此后,基辛格长期致力于中美关系发展,多次访问中国,对促进两国的文明交往作出了突出贡献。因此,中国学者关注他、研究他的外交思想,完全是顺理成章的。从 20 世纪 80 年代以来,国内关于基辛格外交思想的文章陆续发表,但都缺乏系统性。巨永明博士的《核时代的现实主义:基辛格外交思想研究》是国内第一部比较系统深入地研究基辛格外交思想的学术专著。它强调基辛格的现实主义特征是核时代,而不是传统意义上的常规实力现实主义,这就区别于国内外研究者对基辛格外交思想的定位。它的突出特点是细致地划分了基辛格的外交战略思想和策略思想,首次提出和论证了基辛格的外交心理理论、外交选择理论、弹性外交理论和领袖素质理论。它从哲学、历史学和现实主义三个层次对基辛格的外交思想作了评价,照应了基辛格自谓的"外交哲学"理念。它遵循理论与实践相结合的原则,归纳合理,论证严密,研究认真,方法科学,具有学术上的开拓性和创造性。

我从研究文明交往问题中注意到,外交是人类文明交往的一个极其重要方面,古往今来,不同文明之间的诸多交往活动,都可以归结为外交,而不同形式的外交活动推动着文明交往关系的发展,外交家成为文明交往的活的灵魂和纽带。具体地研究一个外交家的外交思想,可以深入探寻人类文明交往的内在思维路程,找到人类文明交往的质的规定性。因此,研究基辛格外交思想对于当今全球化时代的文明交往研究具有较高的学术意义和实践价值。

巨永明同志的这本学术专著是他在西北大学中东研究所做博士后的研究项目之一,是在博士学位论文的基础上,经过两年后续研究完成的。作为合作导师,我对他的研究成果出版面世比我自己研究成果发表更感到高兴。欣喜之余,还是愿重复一下他进站后我赠送他新著《文明交往论》扉页上所写的话:博采众长,士者为先,后来居上。我在他出站之时,也愿把今年出版的《松榆斋百记:文明交往散论》一书中引用爱因斯坦的话,转赠于他:"唤起创造性的表现与求知之乐，是为师者至高无上的秘方。"文不尽言，是为序。

彭树智

2005 年 1 月 5 日于西北大学悠得斋

3. 可贵的治学自觉性——《中国周边事态》序

张小兵同志是我多年前的一位学生，在我的记忆里仅仅是西北大学中东研究所的普通进修生，学习结业就销声匿迹了，我几乎忘记了他。今天他拿来了他历经数年的专著，面对这本并不厚重的著述，我却产生了沉重的感慨。

他身处陕北，资料匮乏，信息不畅，能完成世界史的教学工作已经实属不易，但是他还能静心读书，潜心治学，写成《中国周边事态》著作。这种自觉的治学态度和奋斗精神在物欲横流的今天非常难能可贵。

基层的世界史教师不能开展本学科的科研工作吗？小兵同志作出了很好的回答，他另辟蹊径，利用网络资源，借用媒体信息，艰难地开展了自己的工作，并且取得了一系列的科研成果。

基层的世界史工作者要想取得成绩，就得将世界史教学和科研紧密结合起来，从多年的教学实践中找灵感、找体会，形成自己的科研课题。小兵同志就是在多年开设《现代中外关系》的课程中，整理发掘自己的心得，从而形成了自己的成果。

本书作为一本学术专著，笔法尚显稚嫩，骨架尚不稳固，但是，作为年轻人的新作尚有许多可以称道之处：它视角独特，以小见大地解读中外关系，从当前发生的热点事件谈起，再从历史的发展中探索根源；它在解析中外关系上，由近及远拾级而上，最后纵览中国周边形势。这样的视角给人耳目一新的感觉。本书有一些新意值得我们关注，比如，书中引用了一些韩国的资料，澄清了一些问题，特别是在韩国的近代化和朝鲜战争爆发等问题上写得颇有新意；书中对日本与中国近代化再次作了比较，得出了与现在一些学者不同的结论，就是日本与中国没有可比性；从世界历史的角度分析了日本人错误的历史观产生的根源，认为冷战与中国的宽容是日本人错误的历史观形成的重要原因；书中对抗战时期的中美友好关系的成因作了深入的分析，并且探索了中美关系发展的内在动力，重新审视西方世界，对西方和中国对抗原因作了一定的探索。

总之，新人新作，新意迭出。书写数言，权以为序，愿与基层青年学人共勉。

彭树智

2005 年 6 月 19 日于西北大学中东所

4.《穆斯塔法·凯末尔》汉文版序言

　　我国维吾尔族学者玉素甫江·艾力·伊斯拉米的维文版著作《穆斯塔法·凯末尔》于 2001 年出版，2008 年汉文版即将由民族出版社出版，作者嘱我写几句序言。我粗读本书的汉文译稿，感到这是一本资料基础厚实，论述系统和客观的力作。该书出于自学成家的兄弟民族学者之手，在新疆、中亚和土耳其曾产生过广泛影响，如今又以汉文版面世，应当为之祝贺。

　　当我提笔为本书写序的时候，不禁想起 20 世纪研究土耳其和凯末尔的学术史话。我在主编《中东国家通史·土耳其卷》的后记中，已经简要地回顾过它的始末。那是一个高—低—高的波浪式发展过程，即 20 世纪 20 至 30 年代以后走向新高潮。为写此序，我翻旧籍，发现在 20 世纪 30 年代出版的教本《亚洲各国史地大纲》第十篇《土耳其》中，即有《土耳其复兴》和《凯末尔的生平》二节。作者兴奋地写道："凯末尔以百九十六票当选为土耳其共和国第一任大总统，努力建设，锐意革新，新土耳其的繁荣，大可计日待。"[1]

　　由此我又想起 20 世纪 90 年代以来，我国高校文科普遍采用的《世界史》教科书的六卷本和四卷本。这两部由高等教育出版社每年重印的现代卷中，都采纳了中国学界认可的、由我在 1979 年和 1987 年形成的下述观点：第一，凯末尔是 1919—1922 年土耳其民族革命战争的领导者，土耳其共和国的缔造者，杰出的民族主义革命家和思想家；[2] 第二，在两次世界大战之间亚非拉民族民主运动中，凯末尔革命是民族资产阶级领导类型的代表，凯末尔主义是世俗型民族主义的代表，凯末尔改革是中东地域型改革的代表。[3] 我想，如果能把玉素甫江的《穆斯塔法·凯末尔》一书，作为《世界史》这一部分的参考辅助读物，必将对读者对土耳其史和凯末尔的深入理解有所帮助。因此，我向中东学界，也向学习《世界史》六卷本和四卷本教科

---

[1]　洪涤尘：《亚洲各国史地大纲》，正中书局 1935 年版，第 496—497 页。
[2]　参见《凯末尔和凯末尔主义》，《历史研究》1981 年第 5 期。
[3]　参见《两次世界大战之间亚非拉民族民主运动的类型分析》，《世界历史》1987 年第 3 期。

书的大学生们推荐玉素甫江的这部著作。

我国研究凯末尔之所以取得现在的成果，是许多学者在改革开放 30 多年中辛勤劳动创造的智慧结晶。在此时刻，我们不能忘记 20 世纪 40 至 60 年代低潮时期的教训："在未弄清史实和内涵及各国国情的情况下，在有关书文中即对凯末尔（基马尔）主义予以教条主义的批判。在不恰当处理政治与史学关系的情况下，使史学失去了自己的本体地位。"① 这两个教训是很深刻的。回归史学本体，获得学术自觉，仍然是世界史、中东史学科建设的主要任务。我相信史学的科学性，只要遵循人类文明交往互动发展规律和科学研究方法，就可以完成揭露历史的谬误和弘扬历史真理；只要历史写作严谨、简洁而富有自得之见，每位有善意的人就会首肯。让我们共同努力，繁荣历史科学，为人类文明自觉增砖添瓦。

① 彭树智：《中东国家通史·土耳其卷》编后记，商务印书馆 2002 年版，第 399 页。

彭树智◎著

两斋文明

自觉论随笔

【第一卷】

LIANGZHAI WENMING
ZIJUELUN SUIBI

中国社会科学出版社

图书在版编目（CIP）数据

两斋文明自觉论随笔(全三卷)/彭树智著.—北京：中国社会科学出版社，
2012.1

ISBN 978-7-5004-9996-1

Ⅰ.①两… Ⅱ.①彭… Ⅲ.①史学－学术思想－文集 Ⅳ.①K0-53

中国版本图书馆 CIP 数据核字（2011）第 154426 号

责任编辑　张　林
特约编辑　蓝垂华　全太顺
责任校对　林福国
封面设计　李尘工作室
技术编辑　戴　宽

出版发行　中国社会科学出版社
社　　址　北京鼓楼西大街甲 158 号　　邮　编　100720
电　　话　010－84029450（邮购）
网　　址　http：//www.csspw.cn
经　　销　新华书店
印　　刷　北京君升印刷有限公司　　装　订　广增装订厂
版　　次　2012 年 1 月第 1 版　　印　次　2012 年 1 月第 1 次印刷
开　　本　710×1000　1/16
印　　张　76.25
字　　数　1370 千字
定　　价　198.00 元（全三卷）

序　说

《两斋文明自觉论随笔》

当我提笔为本书写序时，想起了巴金在《〈序跋集〉再记》中的话："在书上加一篇序或跋就像打开门招呼客人，让他们看见我家里究竟准备了些什么，他们可以考虑要不要进来坐坐。"

我在本序说中，借巴金的思路，开门见山从书名说起。本书名为《两斋文明自觉论随笔》，包含下述三层意思：

（一）"两斋"，即西安的悠得斋和北京的松榆斋，意在说明本书写作的空间和时间。

2001 年 1 月，我在《文明交往论》的"后记"中写道："我在 60 岁以后，曾把西安西北大学新村的书室命名为'悠得斋'，旨在'学问宜悠而得之，以适应老龄的现实'。"① 这就是"悠得斋"的来由。

2003 年 8 月，我在《松榆斋百记：人类文明交往散论》中谈到移居北京松榆南路美景东方小区以后，"因松榆路而把这个新居命名为'松榆斋'……以新楼为斋，当然也找不到北京老胡同的文化内涵，只有以我坐七（十）望八（十）的松榆般老龄作为新居的象征了"。

为了完成教学科研任务，我往返于西安和北京"两斋"之间，并且经常写一些学术随笔。2004 年 1 月，西北大学出版社出版了我在松榆斋写的部分随笔，名为《松榆斋百记：人类文明交往散论》。从那时到 2010 年的六年中，在两斋中又写了两千余条学术笔记，从中选一部分集成本书。因此，书名便以"两斋"起首。

（二）"文明自觉论"，这是说明本书的内容和思想。本书不但在时间和

① 悠得是静下心来，学习、思考、写作而乐在自得。如《大学》开宗明义所言："知止而后有定，定而后能静，静而后能安，安而后能虑，虑而后能得。"为学贵自得而不失自我，此理古今中外皆通。

空间上,同时也在内容和思想上是我的《文明交往论》一书的直接继续和深入。我的专业为历史学,我的研究路径走向是:印度史—亚洲史—民族主义运动和思潮史—国际共运史—世界史—中东史。历史学对我说来,有三种因素最为重要,这就是在本书第八集"学问学术"中所讲的史实为基、史论为魂、史趣为美。就史魂而言,在治史之路上,我是沿着两条互相交叉、彼此跨越的逻辑思维路线来思考史学理论问题的:

第一条思维路线:自然史—人类史—文明史—世界史;

第二条思维路线:人类的历史交往—人类的文明交往—人类的文明自觉。

从广阔的视野观察历史,历史学应当从人类史的角度进行思考;而人类史是从自然史分化而出的。马克思、恩格斯曾经说过:"我们仅仅知道一门唯一的科学,即历史科学。历史可以从两方面来考察,可以把它划分为自然史和人类史。但是这两方面是不可分割的;只要有人类存在,自然史和人类史就彼此相互制约。"(《马克思恩格斯选集》第1卷,人民出版社1995年版,第66页)这是本书第九集"历史明智"中所论述的"大历史观"。这种历史观贯穿着人类的历史交往、文明交往和文明自觉的发展逻辑。一方面表现为人类史和自然史始终彼此制约和不可分割的联系观;另一方面表现为人类史,之后又分化为文明史、世界史的历史科学的发展观。人类历史本质上是人类文明史。伴随着世界市场和工业文明而开端的世界史,实际上是人类文明史新时期,确切地说,是人类文明交往普遍联系的全球史时期。人类文明史之所以成为文明史,在于它有不同文明之间和同一文明之内的交往。正是这种文明交往互动的规律,推动着人类文明史由自发走向自觉。在《文明交往论》中,我说过:"文明的生命在交往,交往的价值在文明。文明的真谛在于文明所包含的人文精神本质。"在本书里,还要作一补充:文明交往之本在自觉,自觉之源在实践,文明交往自觉的核心在于对交往互动规律的理解、掌握和运用。于是,"文明自觉论"遂居于本书书名之中,成为本书的主体。

(三)"随笔",这是说明本书的写作文体和方法。学术随笔是学者读书、思考、动手随写的学术积累文体,其特点是随想、随记,在瞬息即逝的感悟消逝之前,用笔记、手记的形式,将其记录下来。尽管这种文体断断续续、未成连缀,是待理的脉络,且不时有矛盾、交叉、重复的不成熟之处,却表明了作者的思路轨迹和心态变动。在此类学术随笔中,首推宋代洪迈的《容斋随笔》。其后有许多以随笔命名的学术著作,如明代李介立的《天香阁随笔》，清代王立奎的《柳南随笔》。此外，还有欧洲文艺复兴时期的法国思想家蒙田（Michel Eyquem de Montaigne，1533—1592）。他一生只写过三卷本的《蒙田随笔录》，影响到培根和莎士比亚等人。给我印象最深的还是洪迈（1123—1202）。他是鄱阳人，字景卢，号容斋，又号野处，是位博览经史百家、医卜星算的大学者。他在《容斋随笔》的序中说："予老去习懒，读书不多，意之所之，随记随录，因其先后，无复诠次，故目之曰随笔。"读他的五卷《容斋随笔》，看他给随笔的界定，学者的自谦与手脑俱勤、相互表述的朴实语句，使人敬佩。我借用此界定，系于本书书名之尾。

我之所以把本书定名为"随笔"，也与我的"不拿纸笔不读书"和"处处留心皆学问"的习惯有关。我在陕西三原中学读书时的国文老师张警吾先生，经常用上面两句箴言教育我作笔记。我考入西北大学后，回到三原中学，他见到我后，除了问考试情况外，提出了一个问题："西安西城门楼西边有多少窗户？"一下把我考住了。① 他笑着说："没有注意吧，没有注意就视而不见啊！我当过《大公报》记者，就靠'不拿纸笔不读书'和'处处留心皆学问'这两句箴言工作！"张老师的箴言，伴随着我四年大学生活和三年研究生学习，也伴随着我的书路人生，一直到今天，可以说受用终生。现在我虽已年届八旬，仍利用打印过的活页纸张背面，随读、随记，笔录不止，每日或几百字，或千字文。看着这墨迹斑斑的行书笔记，不由想起元代王冕的《题墨梅》诗："吾家洗砚池头树，个个花开淡墨痕。不要人夸好颜色，只流清气满乾坤。"从 2004 年《松榆斋百记：人类文明交往散论》出版之后，到 2010 年六年间，又有两千余条学术随笔。现从中选取二百余条，编成十集三十三编和一个附录（共约百余万字），以文明自觉论为主体，成为《两斋文明自觉论随笔》一书。

（四）顺着随记，下面再就"手写"和"京隐"问题作些说明。我用笔手写的随记写作方式，已习惯成自然。但我并不拒绝现代便捷的电脑写作方式，那也是动眼、动脑、动手的点指工作。我虽用电脑阅读刚刚入门而未升堂，然心向往之。之所以用手写方式，主要是因为岁数大了，稍多看一看电脑，即头晕目眩，很不适应电脑的辐射。用手写作随笔还有一大好处，可练习书法，且心随手书，调息理气、静心养性，伴随学术思路，细心品味汉字艺术魅力，颇具审美情趣。治学需寂孤，用手写作更重要的，是可以沉下心

---

① 西城门楼就在西北大学附近。后来我注意数了一下，城楼西边共四排窗户，每排十二个，共四十八个。

来，安静而不安逸，沉寂而不寂寞，写作已融入我的生命之中，增强自我调节能力。我来北京已十个春秋，如与西安分半，两斋已各五年，安静生活得以实现。我常想，一个学者，如果频频出现于媒体，热衷于接见记者、主持人的采访，或到处作报告、办讲座，那他的学问一定是做到头了。须知，在电视、广播、报纸上露面越多，他就会离科研和课堂越远。我自知学问有限，有负听众，从不愿意应邀高谈阔论，这是我晚年的性格、习惯和自知之明。如果有人想了解我，请读我的书，我愿以书文会友，从书中认识我的为人、治学、情趣和追求。

"人各有一癖，我癖在章句。"这是白居易在《山中独吟》中的诗句。我居住松榆斋，犹如山中，静寂独吟，闭门读书写作，每每想起隐山者为"小隐"、隐市者为"大隐"的话。记得《昭明文选》中有晋代王康琚的"小隐隐陵薮，大隐隐朝市"的话，如此说来，我是"隐于北京"的"京隐"了。隐者，是一种安静的心境，居斗室，向东窗，读自己喜爱读的书，思考自己喜好的问题，写自己喜爱的文章，生活充实，不为名利所累。如刘勰在《文心雕龙·神思》中所说："寂然凝虑，思接千载；悄然动容，视通万里。"我所在的北京美景东方小区的广告牌上有"京城悠客"一说，却非我的"京隐"内涵。我是悠而不闲的人。已故书法家王海制有"从此愿作书中隐"印章，以健秀浑成气韵，道出了学人的癖在章句、隐居安静心境。我曾取字为石源，号两斋，看王海的金石书画遗作，使我再取号为"京隐"之愿日笃。我相信，人类文明交往互动的宇宙法则，鼓励那些"用心"的勤奋者和"静心"的平凡人。我是个平凡的人，在京华繁喧之地，隐而不露，符合我的性格。陶渊明的"问君何能尔？心远地自偏"和"此中有真意，欲辩已忘言"的超然自得诗句，挂在我客厅的条幅上，此文常在目，此意绕脑际。我不愿选择退而取其次的低品质人生。我是一个"乐在手脑并用"的人。我要用学术来安排自己的生命，从而选择坦然、达观、进取和幸福的人生。

（五）总之，《两斋文明自觉论随笔》是本书写作的时间、空间、内容、思想、文体和方法的整体统一名称，是《文明交往论》、《书路鸿踪录》和《松榆斋百记：人类文明交往散论》三部曲的续曲。书名反映了我对自己学术生活的思考。我比较重视书名，因为书名是透视知识分子心灵的东西。书名是一书之眼，作者凝情于书，书的精义凝集于书名。好的书名既可反映作者写作的心意，又可集中展现作者治学的心境、所得和情趣。但是，我觉得此事有雅趣但并不容易做好，没有长时间酝酿、比较，吸取别人之长和倾听别人之见，断无妥切和恰当的书名可言。现在的《两斋文明自觉论随笔》随洪迈《容斋随笔》之后，用写实的方法表述也只能说较为满意的书名。本书以真诚之心、专注之意对待人类文明交往自觉这一研究对象，力求给予准确而有广度、深度的反映，并且以朴素、平实的语言，表达自己求新知的心态。它是一本记录了我晚年治学思路和体验的随记。

我有《两斋诗》作为序尾。诗云："长相思，在长安。长安悠斋虽云旧，诗意治学伴暮年。长相忆，在京华。京华松斋作京隐，文明自觉观天下。不改笔耕乐，未泯育才志，春夏悠斋回，秋冬松斋归，两斋两地候鸟飞。皓翁八十未懈怠，随笔百万留余辉。"

彭树智

2009 年 12 月 8 日北京松榆斋初稿

2010 年 5 月 18 日再改于西安悠得斋

2011 年 3 月 18 日三改于北京松榆斋

总目录

第一卷

第二卷

第三卷

目　录

第　一　卷

第一集　交互金律

第二集　自我身心

第三集　知物之明

第一集

交互金律

第 一 编

文明交往自觉

一 文明交往自觉论纲

文明自觉是文明交往的自觉。我从文明交往观转变为文明交往的自觉观，是源于思想发展的逻辑，也是在学习人类历史过程中，逐步深入思考的结果。把文明交往作为一个整体思维方式，放在历史中思考人类面临的问题；把文明交往作为关注人类共同利益的价值观，以超越民族、国家的地域性局限。这是思维方式和价值观念的转变，这是思考历史自觉的轨迹。

历史自觉是人类文明交往的深层自觉。人类正是在自己的历史实践历程中，沿着自然史、人类史、文明史和世界史的阶梯，逐步由一个自觉走向另一个自觉。人的思想觉醒、觉悟始终是文明自觉的前奏，而这一切都是在文明交往过程中进行的。

所谓文明自觉是人类文明交往实践的产物。它是以人的思想文化自觉为核心、以文明交往自觉活动为主线的人类创造历史的理论和实践活动。人类的文明自觉是对文明交往活动的总结和升华，其集中体现就是对交往互动规律的践行和把握。

文明交往自觉的理论要点，可以简略地概括为如下相互联系又相互区别的九个方面。

（一）一个中轴律，即人类文明交往互动的辩证规律。交往互动是矛盾对立与统一的辩证形态和矛盾辩证运动过程。矛盾斗争和矛盾统一，都不是绝对的和静止不变的。马克思从人和自然的关系谈到交互规律时指出："人靠自然界生活。这就是说，自然界是人为了不致死亡，而必须与之处于持续不断地交互作用过程的。"（《马克思恩格斯选集》第1卷，人民出版社1995年版，第45页）人与社会、人类自身，也是"交互作用"的持续不断的过程。在文明交往过程中,文明对抗、文明冲突,文明对话、文明融合,文明共处、文明同进,都是文明交往互动的相互对立又相互渗透的转化形式。认识和把握交往互动规律的自觉性表现为:在深刻的矛盾对立中把握文明交往互动的常态和变态,把对抗、冲突,对话、融合,共处、同进适度地统一于历史选择的交汇点上,使之辩证地在中轴律上良性和平衡运转。

(二)两类经纬线。围绕人类文明交往互动律有两条纵横交织的经纬线:经线是相同文明之内的相互融合,纬线为不同文明之间的相互交流。文明交往不仅仅是对外交往。这种外部交往当然起着激活文明的重要作用,但交往互动首先取决于各个文明内部交往互动的发展程度;同时每个文明的整体内部结构,也都取决于它的生产以及内部的政治、社会及文化构成及其发展程度。相同文明之内的交往和不同文明之间的互动呈现于历史与现实之中的是经纬线多重交织的多彩长卷,从而使人类在生产、生活、生存、发展中回应全球文明化的整体性、联系性、依存性和制约性问题中间获得自觉。

(三)三角形主题。人类文明交往互动的主题有三,即人与自然、人与社会和人的自我身心。这三大主题在交往互动中形成了三角形,底线是人与自然之间的交往互动,三角形的两边为人与社会和人与自我身心之间的交往互动。三者的交往互动在不同时间、不同空间和不同人间的"三间"联系之中,以不同内容和形式相互依存、相互作用。人类在受制于自然界的前提下,通过不断改变自然界和个人意识直到整体意识的不断觉醒,自觉形成社会生态环境。这个"整个历史也无非是人类本性的不断改变而已"(《马克思恩格斯选集》第1卷,人民出版社1995年版,第172页)。人类立足于整体存在的底线上,同两个边线之间交往互动的自觉性表现为:对自然界的认知上为"知物之明",对社会认知上为"知人之明",对自我身心上有"自知之明"。这"三知"是行而可及的:对自然不掠夺,因而有持续的发展;对别派的文明不霸道,因而可和谐同进;对自己的文明不苟且,因而有独立品格。知而后明,明而后行,在实践中知,以知导行。文明自觉的"五句言"为:**自知之明,知物之明,知人之明,文明自觉,全球文明。**

人与自然、人与社会和人的自我身心三者的关系,是天文、地文与人文之间的关系。天文和地文,都是自然世界,都是在生生不息的和谐运行中。人生活在天地间组成了与自然生态一体的人间世界。人文是人类和自然共生同存的文明。天文、地文是人文之母、之源。人文精神是人类以亲和关系沟通人生与自然而逐步摆脱野蛮和愚昧的精神动力。人类文明正是以人文精神来对待自然界和人间世界而成为文明真谛的所在。

（四）四边形层面。人类文明互动交往由四个主要层面构成：①物质文明层面，它生产人类赖以存在的有形物质；②精神文明层面，它关注人类的思想文化，反思人类自身的生存和行为；③制度文明层面，它包括政治、社会、经济的制度化建设；④生态文明层面，它关乎人类生存环境问题，是人与自然界的和谐相处。这四个层面平行四边形的互动交往中，有无数交错的力量在彼此作用和反作用，推动着历史事件的产生和发展。这种多元多向的交往力制约着个人意志，使其以综合的总平均结果，出现于人类文明交往的每一阶段的历史结局上。人类正是在解决有关物质、精神、制度和生态问题之间的矛盾中，通过探索与努力，才形成了人类自身的文明。文明交往在这里的自觉性表现为：人类集体理性追求下的自利与利他、权利与责任相统一的社会制度建构。

（五）五种社会文明交往形态。人类文明交往史上存在着五种社会形态，即社会结构、社会制度、社会关系、社会意识形态和社会生活形态。人类文明实际上是社会文明。从根本上说，文明是社会性的和历史性的，它是由生产实践和交往实践所决定的社会历史形态。在五种社会交往形态中，社会结构是基础性的框架形态，它包括人口、婚姻、家庭、宗教、民族、阶级、阶层等社会群体之间的交往。社会制度形态是文明的本质所在，正是社会制度构成了各种社会内的体制系统。社会关系是人类本质属性之间的联系形态，社会意识形态则是人类思想文化的集中表现。社会生活形态是人类文明交往的基本前提和首要的历史活动。马克思谈到社会生活形态问题时，曾经指出："现代历史著述方面一切真正的进步，都是当代史学家从政治形式的外表深入到社会生活的深处才得到的。"（《马克思恩格斯全集》第12卷，人民出版社1962年版，第450页）

（六）六条交往力网络。人类文明发展有两种动力，这就是生产力和交往力。生产力和交往力是互相伴随，又都是历史传统的积累和现实生活的创造力。文明交往的交往力主要有六条，即精神觉醒力、思想启蒙力、信仰穿透力、经贸沟通力、政治权制力和科技推动力。这六条交往力产生于物质、精神、制度和生态文明的互动进程中，表现于内部与外部交往的经纬线上，从不同角度、不同领域的演进上，形成了人类思想解放和文明自觉的多点、多线相互联系驱动的信息网络，与生产力相互促进，推动着人类文明交往的自觉。这六条交往力网络所形成的交往互动的合力，比机械网络更复杂、更多变、更生动和更有力。因此形成的文明交往史更具有壮丽风采和恢弘气象。

（七）七对交往概念。一切社会变革都必然深化为哲学思考，而哲学则具有创造概念的特点。人类文明交往史的自觉，也哲学化为概念。这些概念有七对：传承与传播、善择与择善、了解与理解、对话与对抗、冲突与和解、包容与排斥、适度与极端。其中传承为文明内部发展之脉、传播为文明外部交往之路，善择与择善是选择的两个方面，了解与理解是交往的两个阶段，对话与对抗是交往的两种对立表现，冲突与和解是互为前提的交往过程，包容与排斥考验着文明交往的成熟程度，适度与极端是对文明交往自觉程度的检验。在这七对交往概念中，选择的善择与择善是文明交往之关键，理解的前提是尊重不同文明，而适度是文明交往的重要尺度，极端为文明交往中随时所应防止的危险倾向。文明的兴衰成败与正确认识和运用这些交往哲学概念息息相关。

这七对概念之内不但各对都互为联系，而且各对概念之间也互相交叉，彼此组成了文明交往的链条。例如理解与对话就有直接关联。什么是对话？对话从文明自觉的意义上讲，是从本质上理解文明交往过程中的人文精神。它意味着彼此理解对方文明，不是比优劣、分高下，而是追求互学共识、互相尊重和求同存异、共同受惠受益。人文精神是文明的真谛在对话与理解这两个概念中就这样表现出来。

（八）八项变化。人类文明交往的世界是变化的世界，它通之于变，成立于明，归之于化。人类文明交往是变通化的实践活动，变化需化为通，所谓变通，要旨在"化"。"化"是人对事变的主观能动性，这种能动性与客观规律的互动，是文明自觉性的催化剂。符合客观规律的主观能动性就是"化"，就是"人文化"。"文化"是"人而文之的变化"，是人的主观能动性见之于客观事物的行动和结果。文而"化"之为文化，文而"明"之为文明，但只有"人文化"才能文明，才能使文明交往互动走向深化和自觉。变化的要义具体到文明交往活动，在相同文明之内和不同文明之间，其要义有八：涵化、教化、内化、外化、同化、转化、异化、人化。涵化是对外来文明接受吸收过程，是文明选择的基线。教化是中华文明对交往的贡献。内化与外化是一对消化的范畴，同化、转化、异化都用人化来纠正。总之，"八化"是文明交往"互化"的八种形式。此文明交往的"八变"不仅是"穷则变、变则通"，而且是《周易·系辞下传》中所讲的"穷神知化"。化是人化，是人因时因地在交往中的变化。

（九）九何而问。人类文明交往的自觉，在于问题意识的引导，它引导人们自觉地发现、提出、分析和解决问题。这些问题可归纳为"九何"：何时？何地？何人？何事？何故？何果？何类？何向？何为？"九何"的"九"，指整数之极，言问题多而求索不止，并非限于"九"而止步。① 前四何是时间、空间、人间、事件，是史实基础；后四何是原因、后果、类型、走向，最后一何是目的。九何组成系列结构。人类从中获得自觉的周期率是：从问题始，以问题终，一个问题总在引发另外问题，问疑不息，由一个思维周期上升到更新的周期。"九何"而问旨在自觉认识到人类自身在理论和实践问题上的局限性和有限性，从而保持对文明交往研究的清醒态度。

总之，全球化时代，人类文明交往和文明自觉，事关人类的命运和前途，具有十分丰富的历史和现实内容以及宽广的理论研究空间。以上的论纲式的短文，仅仅是我从历史研究，特别是对人类文明交往有独特意义的中东史研究中的初步心得。一得之见，谨供学界讨论，旨在共同提高学问探讨和学术研究的自觉性。

二　共存同进和交往互动规律手记

手记开篇，想起英国哲学家罗素。他是一位主张精神独立、文明交往的智者。1919 年张申府翻译罗素的《我们所能做的》和罗素、罗曼·罗兰等人的《精神独立宣言》中，都有人类精神文明觉醒的"问题质疑"意识。尤其在《我们所能做的》一书中有这样的智慧思想："大多数人，一辈子没有多少疑问。他们看着流行的信仰和实际，就随声附和。自觉着若不反对世界，世界总会是他们的伴侣。这种服服帖帖的默许、甘从，新的世界思想实与他不能相容。新思想必须是一种知识的超脱，一种孤独的力量，一种能在内里主宰世界的力量。不乐于孤寂，新思想是不能得到的，但若孤寂至于与世隔绝，全灭亡了愿、与人结合的志愿，或若以知识超脱弄成骄慢轻蔑，也必不会切当如意地得到他。"文明交往中，外来思想与传统意识冲突，必然伴随着精神生活的质疑力量。这种质疑力量，会产生思想与激活思维，会坚持自我生命哲学，而不会走向极端。疑中有信，信中有疑，为文明自觉开启智慧之门。

---

① 《素问·三部九侯论》："天地之至数，始于一，终于九焉。"清人汪中《述学·释三九》："凡一二之所不能尽者，则约之以三，以见其多；三之所以不能尽者，则约之以九，以见其极多。"我这里的"九何"，包括上述两种含义。

　　（一）文明对抗和冲突、文明共存和同进，是处理全球化时代民族、国家关系的两种对立思维方式，也是文明交往的两种对立形式。

　　文明冲突论出自美国，有其社会根源。当今人类社会的纷争、混乱的动因是贪婪、追求金钱和权力，而在国家之间，则表现为强权政治。文明冲突的主要根源是美国的帝国霸权。美国追求的是本身资本利益的最大化和政治权力的最大化，在国际上不可能建立真正约束它的权力制衡机制。最好的防御即进攻，也就是用武力先发制人之说。美国新保守主义奉行"三论"：崇尚武力论、仁慈权威论、输出民主价值论。美国用此引领世界，目标是建立新帝国，让世界跟着它走，这自然会在不同文明传统的民族与国家之间引起冲突。文明冲突论是新保守主义"三论"的直接产物。但是，这只是一种思维方式和文明交往方式，而且是恶性的，不符合时代发展的和不符合人类交互规律的，也是会变化的。

　　（二）人类文明交往史告诉我们，共存同进的交往互动是文明交往活动由自发走向自觉的基本规律。我这样说，共存同进的交往互动是从和平、发展和合作这个时代特征出发的。共存同进的交往互动既是当代文明交往的规律，也是时代的辩证法。黑格尔在《小逻辑》中说过："当我们说'一切事物（亦即指一切有限事物）都注定了免不掉矛盾'这话时，我们的确见到了矛盾是一普遍而无法抵抗的力量，在这个大力之前，无论表面上如何稳定坚固的事物，没有一个能够持久不摇。"马克思和恩格斯则赋予了黑格尔辩证法以共存同进的交往互动性内容。他们从辩证法的不断"运动"及其暂时性理解，指出"普遍联系"、"对立的相互渗透"等规律性东西，以及对立统一辩证法的两种对立："正相反对"和非"正相反对"的对立，使辩证法本身有了矛盾的辩证限制性结构。特别是恩格斯关于"相互作用是事物的真正的终极原因"和人类对生物学的三阶段认识（"有机界的和谐合作"、片面的"生存斗争"和"既有和谐也有冲突"的相互作用）①的分析，结合当代国内外现实矛盾，对我们研究文明交互规律具有重要的借鉴意义。

　　过去一段时间，特别是进入和平、发展和合作的 20 世纪后半期，还强调对立统一规律中"对立的统一是有条件的、暂时的、过渡的，因而是相对的，对立的斗争则是绝对的"片面绝对认识，构成了极"左"的哲学根源。

---

　　① 《马克思恩格斯选集》第 4 卷，第 327—328、371—372 页。恩格斯所说的"相互作用是我们从现今自然科学的观点出发来整体考察运动着的物质时首先遇到的东西"中的"整体运动着物质"，其实质在我的理解中，也包括物质、精神、制度、生态四大文明交往的动态内容。

这在对抗性矛盾为主导的社会状态下是可以理解的，但这种对辩证法的矛盾性没有辩证理解的历史教训和代价是很深刻的。在 20 世纪后半期，尤其是 21 世纪，人们期望它是公正、和平的世纪，人们努力于可持续发展、长期和谐与合作、为消除贫困与保护环境而奋斗的时代。在此大气候、大背景、大潮流之下，辩证法使人们更加有了时代性的文明自觉，那就是以共存同进的交往互动为主导的辩证矛盾规律和否定性、斗争性辩证矛盾规律同时并行的文明自觉。这是辩证法观念的根本性转换和转变。

（三）共存同进的交往互动论者并不否认文明冲突，恰恰相反，他们清醒地看到文明冲突在交互运动中的地位和变化。他们认为在当今时代，世界历史的总体，是以不同文明之间和相同文明之内的相互吸收和融合为主导。冲突多是由政治经济原因所引起，其中也有民族、宗教与价值观因素，如中东地区的冲突。不同文明之间的冲突是可以通过文明交往自觉来解决的。因此，人类社会的出路和走向，应当是在互动交往中化解冲突、从冲突中总结交往规律，提高交往智慧和文明程度，加强交往互动的文明化进程。战争是文明交往中的暴力流血形式，应当尽力避免，促成政治和外交途径解决争端。历史也许可以帮助文明自觉。从历史上看，发动不义战争的狂人，一时可以得逞，但最终总是要失败的。强权政治、霸权主义，尽管一时会以强凌弱、以大欺小、以富压贫，从长时段的世界历史巨流中，最终会被大浪淘沙、会为前进的历史潮流所淹没。

（四）文明交往的自觉性不是否认文明冲突，也不是跟着文明冲突论者的话语朝下说，而是研究人类文明交往互动规律性问题，在深刻的矛盾对立中把握文明交往，把冲突和合作辩证统一于历史选择的相融点上，用交往互动的整体观从根本上对待文明冲突与文明共存同进问题。

文明交往本身就是一个矛盾的辩证体。交往互动作用的规律本身就是一个矛盾的辩证运动过程。每个文明在同其他文明的交往互动过程中，必然包括着对抗性与非对抗性矛盾，由此也会引起对抗和冲突，交往互动也正在彼此影响和反响中互为主体、互相参照、互相认识各自的优越性和局限性。文化霸权主义和文化部落主义，都是不可取的。开放性和宽容性，尤其是兼容并蓄、共存同进，最为关键。在全球交往文明化的意识关照下，处理文明共存同进关系，便可以逐步了解、理解对方，使每个文明都能平等对话、相互认同、相互合作，在交往中找到"交会点"。《尚书·尧典》中的"协和万邦"的"协和"精神，是人类文明交往互动和共存同进、追求共同福祉的大同理想参照命题。交往互动是一把复杂的多刃剑，人类努力的目标，是在交往互动中形成良性循环，是"交而通"、"协而和"，而不是"交而厌"，更不是"交而恶"、"分而斗"。

（五）此手记以罗素的话开头，又以罗素的话收尾。我觉得这里用英国哲学家罗素的下列名言，是再恰当不过的了。这位通达深远的智者，1922年访问中国之后，谈到中西跨文化比较时指出："不同文明之间的交流已经多次证明是人类文明发展的里程碑，希腊学习埃及，罗马借鉴希腊，阿拉伯参照罗马帝国，中世纪的欧洲又模仿阿拉伯，而文艺复兴时期的欧洲，则仿效拜占庭帝国。"读这段名言，使人想起了"学习"、"借鉴"、"参照"、"模仿"、"仿效"等不同文明之间和相同文明之内交往的关键词。这段话开头所说的"不同文明之间的交流"，其实就是"交往"，想必是他来访中国，看到了想到了这个东方文明古国与西方文明古国之间的交往，才说出一个历史多次证明了的真理：文明交往是人类文明发展的里程碑。

文明交往的历史，人类在其中因交往互动规律而出现的共存和共同进步，形成了一个又一个的文明自觉的里程碑。我们应当努力发现过去的里程碑，创建现在的里程碑，为未来的里程碑积累材料，创造全球文明交往的新自觉。

三　文明交往互动的自觉理念

（一）我从文明交往论转变为文明自觉论，是基于一种理念：我相信人类在理论与实践的结合与演进过程中，有一种人类发展思维逻辑可以使全人类获得自由而自觉的文明交往信息。作为人类交往过程的文明化，从蒙昧野蛮到开化文明，从局部交往到普遍交往，从世界性交往到全球化交往的"文明交往"之思，就是人类发展的思维逻辑的自觉化过程。人类思维在本质上都是基于这一理念。世界性特别是全球化，使之成为一与多、同与异、常与变、合与分、斗与和等对立交往过程中的互动统一。

理论走在文明自觉的大道上，才是有价值和有意义的理论。人类文明交往之思，其思维空间是广阔和深远的。在历史与现实、传统与现代、适度与极端等各种思维形态中，有越来越多共同的思维空间和基础，不同的族群、国家、地区之内、之际，都可以发现自己的位置。

人类发展思维逻辑这一自觉理念，可以理解为文明交往互动律的核心理念。

（二）辩证法告诉我们：任何事物都不是静止不动的、始终固定不变的，而是因为对立共处而互相依存、交往互动、互变互补的。自然界如此，人类社会也是如此，人类自我身心、特别是在人类思想本质上，也是如此。因此，人类面临的任务就是用文明自觉的大思维模式统一起来，以全球整体生存生活作为出发点和落脚点。

中国哲理中存在着人类未来文明自觉的许多思维资源。举例而言，有如下语言（可称之为"自觉语言"）：

1. 文明是"以化成天下"的人文创造，即"文而化之"的"文化"、"文而明之"的"文明"。

2. "睿哲文明"（《尚书·舜典》）的思考智慧。

3. "刚健文明"（《周易·大有》）的坚韧沉静之气。

4. "天下文明"（《周易·乾》）的宏大深远理想。

5. "不敬文，谓之野"，"君子贱野而羞瘠"（《荀子·礼论》）的文明的人文精神宗旨。

6. 主张"仇必和而解"的北宋理学家张载有言：不要"举一事而求理"，不能"设一理而限事"，这是对文明交往互动律的具体问题具体分析的语言。理论从诸事出，也是为解决诸多实际问题而求理，此为文明自觉的真谛所在。

7. 大书法家于右任1918年《谒黄帝陵诗》有"独创文明开草昧，高悬日月识天颜"之句。从其"文明语言价值"看，是诗化了的文明自觉语言。它不但字字寓意黄帝为"文明初祖"，而且首句即言蒙昧、野蛮与文明之别，第二句即把文明的"明"化为"高悬日月识天颜"，富于艺术想象和美感。

（三）文明交往互动律是矛盾律在人类交往过程中的体现，它不仅是"一分为二"的绝对对立，而且是对立面在交往过程中的互为依存和转化的辩证变化思维模式。此种规律之源在人类发展思维逻辑理念。它是动态的、发展的；它关注的历史和现实，是前景和未来；它着重的是对立物的相反相成、相偎相依、有起有落和有始有终及其阶段性变化和转化。

全球化交往是世界性交往的继续和发展，是世界各种力量之间的相互博弈进程，轴心律在人类文明的核心——文化交流中演进。强势文化的扩张导致同质化蔓延，弱势文化的民族独立性加强，其背后有价值的底蕴在。发展中国家的战略与对策，是文明交往的前沿性价值问题，需要有高度的文明自觉性。

传承、传播、交流、融合与发展的取向，在全球化背景下，本土文化与外来文化、世界文化的整合过程中，呈现出复杂状态。交流本身并不能确保双方可以平等而全面地彼此认识对方。交流的有效性取决于各种因素的制约。其中认识的偏颇、误解和封闭都会深陷泥淖，失去文化主体和重心。只有理解、开放、沟通，才有前途。文化在传承与传播的交往互动形式中发展，相互交往，包括冲突、融合、借鉴和扬弃。

21世纪是世界性的全球化时代，文明共存和文化对话是这一时代的主题。普遍、全面的文明化交往自觉思想，可以帮助人类建立新的自我和相互理解。文明交往的新理念也可以更自觉地理解新的世界历史和全球化时代，从而推动人类建立一个符合新时代要求的文明交往观和思维模式，从全球意识出发，共同负责选择各自发展模式和开辟未来。

四　交互作用是事物变化的终极原因

（一）什么是国家？国家是人类文明的重要标志。它形成于各种社会文明之间交往的体系之中。国家有两个层面：第一，在地域、人口、主权的层面上，我们可以把这个统一的整体称之为国家。第二，从文明交往层面上，国家是一组包括各种权力关系在内的、高度复杂的相互作用过程的综合社会形态。

（二）内外交往中外部因素：经济交换、军事实力等如何对国家内部各种结构施加影响及其方式。韦伯（Max Weber）强调现代世界的内部起源（新教理论），但在其《经济通史》（*General History*）中说明资本主义政治主要是外部世界的各种国际关系联系在一起。联系是交往的概念，内外联系是不同文明之间和同一文明之内的交往。柯林斯（Randal Collins）批评的结论是：内部政治和外部空间关系彼此来回激荡。他把文明交互作用形象化了。伯克（Victor Lee Burke）在《文明的冲突：战争与欧洲国家体制的形成》（王晋新译，上海三联书店2006年版，第3页）中说："除了区域内部各种发展动力之外，欧洲各国政府的变革还缘于它们之间在政治、经济、军事和文化上的相互作用。作为一种复杂的社会组织，欧洲各国有时是在稳定中发展的，但更经常的是在各种政治体系极为混乱的状态中发生的。无论是从各国与其内部权力资源的联系，还是各自与其他国家（包括正在形成的国家）、甚至与超出它们周边地域国家所做出的安排上看，这的的确确是真实的。""之间"、"相互作用"、"缘于"、"混乱状态"等关键词的运用，使他实际上把文明交往互动律具体化了。

（三）罗马教皇与中世纪基督教世界的社会创造了各种制度形式，资本主义从中产生。战争事务是形成中国家体制的各种观念和作为关键的转型原理，在汤因比"文明"概念中，其他地域的文明起着中轴性作用。亨廷顿（Samal Huntington）的各文明冲突，虽以民族国家为主要代表，但会超出民族国家界限，扩展为不同文明之间的矛盾、冲突。但他认为"文明冲突"将主宰全球政治事务，并构成各种结构。我们与他的思路不同，是根据这些结构，考察全球的分化与合作。

（四）亨廷顿的文明定义："人们所具有的文化认同感在最广泛层面上的最高文化集群。"这是一个文明与文化并行的概念，在这里文明涵盖文化、高于文化。

（五）但是，文明的存在不仅有时间、空间，还有人间的权力，而且有时离开文化这个核心。文明是核心与外层分合的统一体。各文明存在的各种有关联的"网状空间范围"——形成于特定领域（政治、文化、经济、军事、社会）之后，文明各种权力开始扩张（用武力、商贸、文化方式把自己的文明模式强加给周边地区的民众）。

（六）文明冲突：这是客观存在，表现在国家、民族之间，与政治制度关系最直接。首先影响左右国家争夺国际组织控制权。具体源于①经济，②政治，③宗教，④地理，⑤军事。如奥斯曼苏丹与哈布斯堡王朝是各自尊大的冲撞，造成两大文明在政治文化层面上的冲突。

（七）三大文明：伊斯兰教、东正教即由拜占庭文明发展而来的文明、西方文明在几百年中处于震荡之中，至今仍不断造成社会地震。如中东，伊斯兰和西方文明的相互作用，处在一种爆炸状态之中。中东是随时有大爆炸的火药库，其中有许多根引火索。从特定的政治和组织机构，及民族、宗教交往关系中，可以勾勒出各种内部分层体系、各种国际体系之间的内外关系。

（八）8—20世纪期间西欧国家体制发展的解释：8世纪（代表着罗马帝国崩溃之后的时代——法兰克人的加洛林王朝），吸取或摧毁了所有其他日耳曼人的联盟，创造出西欧最强有力的国家体制。17世纪（中世纪时代统治西欧的社会组织形态——封建主义西方基督教世界的坍塌），生长的国家体制已形成了。

（九）文明交往论的核心观点：当代亚非民族独立国家体系是诸多文明之间相互交往的产物。在文明交往的影响下，内外合力施加作用并塑造了各类的政治结构。它们相互作用,在各层面影响各种文明的命运。

(十)文明交往的因素:技术、生产力、交通运输。活动范围因时而异,中世纪欧洲文明地域狭小,而蒙古文明为其三倍,伊斯兰文明为其两倍。

(十一)因果关系层次(普世、超宏观、宏观、微观)中的普世层为"文明之间冲突"诸多斗争与融合,改变着各种社会结构、心理构成、文化产品、地理方位、语言特征及相关诸种文明之间的交往,同样还有这些文明中国家的兴起。

(十二)战争事务是外部刺激之一,影响到生产、生产方式。它与贸易一样把特定生产方式扩散四方。十字军对"不信奉上帝"者的战争是土地贵族对权力的渴求。蒙古武士的侵扰影响及欧亚大陆(13世纪)。伊斯兰—奥斯曼文明与哈布斯堡王朝的战争(罗马教廷支持后者),因此迟至15世纪,伊斯兰文明比西方文明强大,前者扩张进攻,后者分离破碎,东欧在拜占庭帝国覆灭之后相继落入奥斯曼帝国之手,罗马教廷付出沉重代价。

(十三)关联是联系的另一种表现形式。文明和一切事物一样,只有从关联或联系中才能发现其本质联系。透过现象看本质,是指导寻找出相互关联的事物或因素之间的内外联系,从中找到互为制约、彼此影响的最终动因。辩证法史告诉我们,文明之间的交往是交互作用,从此理解联系,可以从哲学角度解决人类文明发展的许多问题。2007年9月,中国社会科学出版社出版了一本《互动哲学——后辩证法与辩证法史略》。该书从相互关联的交往角度,阐述了这个当代哲学的前沿课题。例如,它阐述了与黎曼几何学和爱因斯坦相对应的辩证法,对柏拉图、莱布尼茨、康德、索绪尔、维特根斯坦、海德格尔、伽达默尔、德里达等的西方哲学家的影响。这种解读使人理解了哲学在交往互动中辩证法的力量。其实,恩格斯在自然辩证法的论述中,在关于历史唯物论的通信中,都分析过交往互动和合力是事物变化的终极原因。用交往互动律去理解人类文明交往的发展,是从根本上提高自觉性的哲学途径。

五　文明交往的互动作用

(一)历史的层次性顺序是:①自然史;②人类史;③人类文明史;④世界史;⑤地区史;⑥国别史;⑦专门史等。人类史是从自然史分化而出的,人类文明史是从人类史演化而来。布罗代尔察觉到人类历史活动的背后，是"步调异常缓慢的各种文明的历史、文明深层的历史、文明结构与布局特征史的实在性"以及"一种比文明更缓慢的、几乎原封不动的历史。这就是人类与养育人类之地球的亲密关系的历史"（《论历史》，刘北城、周立红译，北京大学出版社 2008 年版）。这种"文明深层的历史"，后来又演化为世界史的人类文明史层面。

（二）人类文明史后面是什么？文明交往史！文明交往史又是什么？文明交往史后面是什么？文明自觉史！整个自然（包括布罗代尔所讲的地球史在内的大自然史）后面驱动力是什么？交往互动律。交往的关键是互动，互动的作用是辩证的，又是唯物的。交往见之于人类文明史，其深处乃是人类文明的交往互动律。

（三）人类文明交往的互动立足于"破旧而立新"。批判性、斗争性是交往互动中的"破"，促进性互动的建设合作是"立"。在人类文明交往进程中，能持清醒批判态度者是个明白人，而能持远见的建设态度者是自觉人。"破旧而立新"是一体两面相统一的自觉行动。这种自觉在很大程度上是历史的自觉，是自然史、人类史、文明史、世界史等历史的自觉，是处于本土和人类相结合的自觉。

（四）历史是对现实的批判，而判断来自对过去和现在的认识，也是着眼于未来的期待。人类的自知之明比知物之明和知人之明更为重要。人必须只有认识自己的真面目，才有自信；有了自信，才能知物、知人，才会在不同文明之间和相同文明内的交往自觉。不识自己的真面目，那是身处其中，心在其内，只看正面或只看负面的片面性，从而走向极端，不是自大，就是缺乏自信。自觉的根本在于自信，没有自信，何来自觉？各民族、各国、各地区都应该有自信，都要反省自身，都应当有自己的文化自尊，都应当有自己独特的活法。

（五）人类文明之路是多条的、多向的、多样的。世界史不会是重复西方一条路发展。人类诸多文明的内在传承和外在传播都有自己的特色。发展中国家自身文明传播的要旨：①开放原则；②多元文化心态；③反对文化霸权与文化帝国主义；④"和而不同"的智慧与文化观；⑤摆脱近代以来的文化自卑感；⑥不迎合西方对东方文化的殖民性想象；⑦形成有吸引力、影响力的国民特征和行为模式。

（六）传播法则要点：①发展国家实力，使弱势文化向强势文化转化；②地方性（特殊性）逐渐被世界性（普遍性）所取代；③传播过程与文化冲突相伴随；④人的生存、享乐本能在文化选择、文化转型过程中发挥重要作用；⑤传播过程中某些问题可能相继发生，可能同时发生，因此阶段划分较难；⑥政府与民间的优势相结合；⑦提高文化中的信任、感情价值，使文化不为"势利"所淹没。

（七）交往关注"之间"、"之际"。国与国之间称"国际"，族与族、群与群、教与教、人与人之间称"族际"、"群际"、"教际"、"人际"。连接"之间"处尤其要多关注、多思考，品味空隙之处、之际之处。兵家作战，两部队之间处容易被双方忽略，常为薄弱易破之处。19世纪末20世纪初资本主义总链条的薄弱之处，易于突破，俄国成为十月革命发生地，重要之点在此。有句俗话说，连接山与山之间的是云，连接人与人之间的是心。连接文明与文明之间的是什么？是人的交往互动律，关键之处在此。

（八）如果把"学问得间"从广义上理解，"主体间性"就是它的哲理化概念。"主体间性"强调联系、交流、融合、和谐，其主旨是消除机械论的主体哲学。

（九）交往互动律在哲学上讲，其实是对立统一的矛盾律。在矛盾的人间、时间、空间里，联系特别复杂多样，然而又处于统一体中。这就是一与多、同与异、真相与假象、安详与恐惧、斗争与和谐、冲突与和解，都真实地并存着。"流水不腐，户枢不蠹，动也"（《吕氏春秋·尽数》）。动为互动，是万物在交往中的互动。互动使人们彼此制约、互相依存、互相渗透、互相发现对方，知道了世界，理解了别的文明和自己的文明，人类历史从此有自觉并且随之而改变。

真正意义上的世界史，就是全球化的文明交往史。这种交往史把交往的普遍性发展为"全球性"，用马克思和恩格斯的话来说，是"狭隘地域性的个人"，转变为"世界性的真正普遍的个人"。转变的方向，有赖于人类文明交往的普遍化发展为全球化的普遍性。世界史肇始的动因是资本主义及其生产方式、经济动力及时代特征、高科技革命与之相关的"网络化"。总体上说，这是与交往力相伴随的生产力的发展。

（十）世界史的主题是各民族、各国、各种文明之间的普遍交往，它集中表现为"世界性—全球性"。不同文明之间的"同"和"异"，特别是传统性差异，即价值观念的差异，成为文明交往的前提和内容。马克思说过："'历史'并不是把人当做达到自己目的的工具来利用的某种特殊人格。历史不过是追求着自己目的人的活动而已。"（《马克思恩格斯全集》第2卷，人民出版社1965年版，第118页）在这个意义上，历史常常表现为交往中世代人的更替。

（十一）"之间"、"之际"也就是"跨文化"的互动概念。跨于文化之间的矛盾运动的交往活动，旨在强调各种文明之间的交往是一种"互动作用"，即作用与反作用的相互依存、相互影响关系。仔细观察交往，要见物又见人，关注大综合又体味细节。人类文明交往就是在这种人与物、宏观与微观的考察中逐步由自发走向文明自觉。

附：

浙江省义乌市经济社会发展调查

互动律的一个案例是浙江义乌发展"构成要素"。市场这座富金桥使义乌成为全球最大的小商品批发市场和国际性商贸城市。该市市场外向度达55％，商品出口达 215 个国家和地区，城乡居民在 2008 年收入分别超过2.4 万元和 1 万元，每百户家庭拥用汽车 30 辆。中国特色发展之路课题组赴浙江义乌市调查组的调查报告（《光明日报》2008 年 10 月 28 日），从互动律方面总结的构成六要素，可供参考。义乌市是我的大学老师楼公凯先生（世界史教授）的故乡，每思及这位和蔼长者的音容笑貌，不胜感慨系之。下面是调查报告的要点。

改革开放以来，义乌走出了一条商贸主导、联动发展、创业富民、创新强市的独特发展之路。其主要构成要素是：

（一）群众创造和政府有为互动。义乌小商品市场是人民的创举。"百姓推着政府走，政府领着百姓跑"。改革开放之初，群众创造了小商品市场雏形，政府不仅作出开放市场决策，而且总结提升群众创造经验，提出兴商建县战略加以全面推广。市场发展过程中，群众创新了交易方式、交易手段，创办了联托运市场、家庭工厂等，政府积极参与市场建设、提升市场业态、完善交易规则、培育交易组织成长，引领市场朝着健康的方向发展。

（二）商贸发展和工业支撑互动。市场带动工业、工业支撑市场，市场与工业双向互动、共同繁荣。在实施兴商建县（市）战略的同时，充分发挥商贸资本雄厚、市场信息灵敏、经商人才众多等优势，实施以商促工、贸工联动战略，引导商业资本向工业扩展，发展与专业市场关联度紧密的小商品加工业，构筑了小商品、大产业，小企业、大集群的工业发展格局，促进了市场与工业联动发展。

（三）培育市场主体和健全市场体素互动。在创业中培育市场主体，在创新中健全市场体系，多元化的市场主体支撑起市场繁荣，健全的市场体系为市场主体提供创业创新的良好平台。通过赋予小商品经营者合法地位、营造放水养鱼创业氛围、鼓励市场主体多元化等举措，促进了 11.7 万个市场主体的形成。通过完善商品市场体系，培育人力、土地、资金、产权等要素市场体系，强化诚信体系建设等，促进了市场体系的健全。

(四)传承传统文化和吸纳现代理念互动。传承优秀传统文化，吸纳现代文明理念，传统文化与先进文化相结合产生强烈的渗透力。注重挖掘传统文化，引导群众在传承传统文化中汲取精神力量，并把创业创新精神深深植根于传统文化的沃土中。

(五)推进城市化和建设新农村互动。农村支持城市，城市反哺农村，城乡互动催生城乡经济社会发展一体化新格局。积极实施以工哺农、以商强农战略，通过实施"市场带百村"工程，拓展了农民致富渠道；通过实施农业"强龙"工程，推进了农业产业化；通过制定并实施城市一体化行动纲要，促进了农村向社区、农民向市民、农业向企业的转变，逐步实现了城乡经济社会融合。

(六)经济建设和社会建设互动。统筹经济建设和社会建设，营造经济社会协调互动、社会各成员和谐共处的社会氛围。注重改善民生，注重社会公平正义，通过建设覆盖城乡居民的新型社会保障体系、推行外来人口本地化政策等社会管理体制机制的创新，形成了农民与市民、本地人与外地人、本国人与外国人和谐相处、和谐创业的良好环境。

六　互动:交往中诸因素的相互作用

中华民族由古代"五方之民"(东夷、南蛮、西戎、北狄和华夏)交往互动而逐渐为一整体文明。此系中华文明内部交往而成。

文化交流的互动作用不一定都是两极可否的选择。接纳一方的文化也不都是必须放弃自己的宗教信仰。古代的犹太铭文证明：犹太人受希腊文明的影响很大，但它仍在希腊文化世界中坚持自己的传统。宋立宏在《古代的希腊铭文》(《历史研究》2005 年第 6 期)中考证：古希腊罗马时期，犹太铭文的特征是，虽希腊铭文占绝对多数，但不存在带犹太风格的希腊文，也不存在特有的犹太型铭文。他认为，这一特征为人们理解犹太教与希腊罗马世界文化互动提供了更加广阔的视角。

2001 年的汉诺威世博会上，德国馆展出了贝多芬、黑格尔、马克思等名人的塑像，告示牌上写着：德国伟人都无法在自己国家完成自己的事业，因而都走向了世界，他们有理由让世界各国观众在心中完成。告示牌上还写着：请观众在黑板上补充自己国家出名的德国人。素有骄傲之名的德国人，却把民族性放在世界性和互动性之间。与德国类似，法国馆把展览的主题定在十字路口，不知往哪里走，希望世界各国观众出主意。这也突出了文化开放性互动价值，而不是单向灌输。

七 梅文鼎的交互论

梅文鼎（1633—1721），安徽宣城人。字定九，号勿庵。这位明末清初的天文学家、数学家，为学以勤奋为特点，著书八十余种，今所传以承学堂所刻的《梅氏丛书辑要三十九种》为其代表。他的事迹见清学者阮元所著《畴人传》三十七、三十八。他谈论中西文明交往互动论时，有值得重视的自觉性。他的论点可概括为："理唯其是"、"平心观理"、"观其会通，取其精粹"。具体要点有：

(1)"技取其长而理唯其是"；

(2)"法有可采，何论东西？理所当明，何分新旧？"

(3)"在善学者，知其所以异，又知其所以同"；

(4)"去中西之见，以平心观理"；

(5)"务集众长，以观其通，毋拘名相而取其精粹"；

(6)"历以敬授人时，何论中西！吾取其合天者而从之而已"。

这是一种文明交往的自觉表现。在这里，没有"挑战—应战"的斗争交往模式，也不见"影响—反应"的被动交往模式。他的"去中西之见，以平心观理"和"法有可采，何论东西"在人类文明交往史上，可谓是"交往互动"的自觉交往模式。这既是交往模式的变化，也是思维方式的改变，还是一种心态形态的变化。

读他的"历以敬授人时，何论中西！吾取其合天者从之而已"以后，见到他学习西方文化的客观态度；读他的"在善学者，知其所异，又知其所以同"以后，佩服他的知"异"又知"同"的治学观；读他的"务集众长，以观其通，毋拘名相而取其精粹"以后，为其观通取精的远见卓识所心动。

现在有的学术著作，把通识定位于以当代西方为中心，并以此大谈其

"融合"、"认知"和"普世",这显然仍是单向的线形交往思维。东西方对话不能有"中心论"。尤其在当代全球化的新阶段,一旦有了"中心论",对话就失去彼此尊重的平等性质。有人说,当今世界是平的;有人说,当今世界是扁的(见后《平坦世界中的本土文化》)。我觉得,处在今日地球村的时代,世界依然是圆的,是正在变化的、旋转的地球世界。对全球说,每一个点都可能是圆心。恩格斯说过,他崇拜的是变化,这话是真理。世界不可能不在各种要素交往互动中变化。变化对任何一种文明之中的人,应该自觉思考的问题,是如何面对变化、观察变化,关注在变化中的取舍得失。有些东西注定要失去,有希望的文明,是要从失去的旧世界中,努力获得新世界。须知,失去了旧世界,而没有获得新世界,这是最悲惨的时刻。这是马克思论印度沦为英国殖民地问题时所说的警句。

　　无论是自然技术科学家,或者是人文社会科学家,都应该思考文明交往的自觉问题。马克斯·韦伯在《以政治为业》中,说出了政治家的自觉:"能够深深打动人心的,是一个成熟的人,他意识到了对自己行动为后果的责任,真正发自内心地感受着这一责任,然后他遵照责任伦理采取行动,在做到一定的时候,他说:'这就是我的立场,我只能如此。'这才是真正符合人性的、令人感动的表现。我们每个人,只要精神不死,就必须明白我们仍有可能在某时某刻走到这样一个位置上。"政治家的自觉和学者的自觉是相通的,因为他们都和人类文明自觉是相通的。

八　平坦世界中的本土文化

　　美国的托马斯·弗里德曼(Thomas L. Friedman)在《世界是平的——21世纪简史》中为人们描写了"全球化3.0"的概念时代(见本编第十三)。他认为柏林墙的倒塌、技术上的进步,特别是个人电脑和网络的流行以及在此基础上的创新模式的革命,把竞争的平台"推平了"。

　　实在说,他这里谈的思维科学在信息时代的变化,早就有人提出了。例如钱学森在1980年基于第五次产业革命和信息时代新型智能机的需要,已经提出下述命题:人工智能、智能机的理论是思维科学,而思维科学的发展也恰恰需靠人工智能和智能计算机和人机结合的智能系统提供的理论依据而逐步丰富。

　　现在人们好用"平台"这个词。平台要平,公平、平等,都是文明交往的原则。现在文明交往的平台更具国际性、多样性。这个平台不但更平，而且更广更深，它是思想舞台，文化讲台，学术论台，政治、经济、技术等的"平台"。这个"平台"的特点是不平衡和多变的，而且是丰富多彩的。

20世纪后半期的全球化潮涨潮落的不平衡进程中，技术和经济起了决定作用，而人们的反应和采取的行动尤其值得重视。在发达国家，特别是美国，社会被一些过于简单和重分析的思维方式与生活方式的宠儿所统治。这类人就是偏重用左脑特定思维起草协议和编写电脑程序的律师与啃数据的MBA们。他们应当用右脑的创造性思维方式来补充，这样才算形象与分析思维的完整头脑。

弗里德曼也并不是把世界平坦化的过程视为各种不同文明在交往过程的"同化"。在平坦世界中的竞争"平台"上，发展起来的文明只能是世界上前所未有的多样化文明，它们的潜能更强劲。平坦世界的竞争"平台"能使本土文化以更新的姿态，从保护中发扬光大，有更多的机会展现自己的民族性和时代性相结合的风采。

文明的多样性使多民族相互交往而丰富发展起来。多样性，现在、将来都存在于人类文明史上。人类共同追求的价值观和共同创造的文明成果，表现在科学、人权、民主、法制、自由、平等的不同模式上。人类的进步即表现在多种文明的共存、交汇和融合中。

有启发的事，是中国藏学出版社出版的马丽华的《走过西藏》一书中所显示的现代性焦虑。她两次去西藏，第一次发现"落后"，第二次发现辉煌的精神光环。她发现了现代化世界中的精神公园或后院，她爱西藏，而爱的方式是希望西藏永恒不变。这种善良的愿望毕竟是愿望。西藏会不会在中华民族生活中仅仅处于"保护"地位吗？西藏会不会在巨大的全球化体系中被隔离而处在被"观赏"地位吗？"西藏热"在20世纪90年代兴起，只有在中华民族巨大的市场化浪潮的背景下，才被人们"理解"、才有"文化补偿"，但它就只停留在、只满足于这种"补偿"吗？这些思考对中国、对世界、对人类文明交往来说，都是意味深长的。同时，也是文明交往自觉化过程中值得关注的问题。

九　变化与互动

德国的利希滕贝格说过："我不能说事物在变化中是否一定会改进，只能说如果事物要改进，那一定要变化。"这是对"变化"这个文明交往概念的进一步阐发。文明交往互动律的作用，就在变化与改进的"变化"与"常态"的互动之中。这是人类文明的自觉历史的持续精神觉醒过程，也是新的精神枷锁和摆脱此种枷锁的思想解放过程。人类文明自觉的不断性和阶段性的发展，决定了它们进程的无止境性，而"变"与"常"是交往互动历史规则的基本内涵，是在"变"（互动）中求"常"（恒常性，即合乎规则、道理的思想及事物自身规则的"理性"reason）的自觉性。

从变化中看一切事物，看前进，看曲折；看正面，看负面；看进步，看后退；看人性，看兽性；看文明，看野蛮；看人性之复杂与多彩；看人类的智慧与愚昧。这一切都发生在人类文明交往的互动过程之中。这意味着：既在动态的发展中看，也在静态的分析中看，是动与静的结合，而不是单一观察；既从多样性上看，也从同一性上看，是多与一的统一。这就是人类文明的交往自觉状态。

变化，在文明交往自觉论者看来，要为前进而变，为发展而变，为未来美好而变。即使是一个民族或国家引以为荣的文化和文明，如果不与时俱进，落后而妨碍前进，妨碍发展，就必须改变。坐在现存基础上自我陶醉而故步自封，对民族复兴的一切绊脚石视而不见，在自己缺乏自信的两极——排外与媚外之间摇摆，都应当在全球交往文明化的"变化"中加以摒弃。

十　理解的交往深度

胡愈之 1923 年在《东方杂志》上发表文章，谈到西方人真想了解东方，第一必须具有客观的无利害的态度，第二必须具有抒情诗人的同情心；不然，单从物质方面去追求，是不能抓住东方人的心的。他强调指出，可以肯定，历来到过东方的许多西洋观察家中，真正能和东方达到"神契化"的，只有拉夫卡迪奥·赫恩，"他是对于西方的'东方解释者'，他是从情绪方面解释东方，而不是从物质方面解释的。所以到了后来，连他自己也东方化了，变成了一个慈祥文秀的小泉八云了。"

拉夫卡迪奥·赫恩（Lafcadio Heam，1850—1904），希腊新闻记者，1890 年到日本，借妻子的姓取名小泉八云。开始有《陌生日本的一瞥》，后在《大西洋月刊》上发表有《大海湾》（At Gramde Anse）等数十篇文章，与周作人关系极密切。1904 年他的《日本：一种解释的尝试》，有理想化写日本倾向。开始，他认为对日本"一无所知"，后来成为日本化的希腊人了。

尊重别的文化，是相互理解的关键。胡愈之把尊重、平等的文明交往，具体而深化了。这就是他所说的"神契化"。西方文明几个世纪以来的强势地位，使一些西方人把自己的价值观常常强加于人。例如一些人鼓吹"中国威胁论"，他们不了解中国人的思维方式与当今中国的和平发展战略，前一个是文化的理由，后一个是现实的理由。人们常常对不了解的东西会产生恐惧，而且会从自己的文化角度进行猜测。西方世界对东方文化有不少解说，其原因就在于不同文化之间缺乏交往互动的深度和平等对话理解的文明化程度。

十一　交互作用与"盖娅"理论

英国大气物理学家詹姆斯·拉伍洛克于 20 世纪 60 年代提出了盖娅假说，1974 年开始写作《盖娅·地球生命的新视野》一书，1979 年由牛津大学出版。中译本译自 2000 年本，2007 年由上海人民出版社出版。

拉伍洛克是人与自然交往中交互作用这个"金律"的应用成果。三十年前，他和他的研究群体宣称：地球上的生命与非生命成分通过交互作用的规律作用，形成为复杂的、巨大的生命有机整体，生命与环境的交互作用决定了地球生态系统的状态与演变。读此书（肖显静、范祥东等译）有以下几点启示。

（一）科学假说要坚持，不能怕犯错误。科学精神似乎就是在制造错误、发现错误、矫正错误。坚持真理，修正错误，这也是人文真谛。拉伍洛克在书中不是以真理拥有者自诩，而是以一个探索者的身份与人们进行文明化交往。

（二）人文社会与自然技术这两种文化都是科学文化，交互作用体现为相互促进。本书的特点洋溢着自然科学原理与人文社会熔于一炉。它以故事的方式展开，又用诗歌、神话相辅述，隐喻、指代、典故灵活运用，可谓深通人文精神为两种科学文化的精髓。这使人想起最近许多有关科学文化的书籍，如卞毓麟的《追星——关于天文、历史、艺术与宗教信仰》（上海文化出版社 2007 年版），就是把日月星辰和历史文学等文化现象有机地糅合统一为整体，以人文精神阐述天体运动，体现出自然和社会两种科学文化、两种智慧。

（三）盖娅的地球生命理论是一种新的有机整体性的自然观。盖娅的人文精神消除了人类与自然二元对立的思维模式，为人类理性而又道德地对待自然提供了新思路。这种人文精神不是从人类中心的态度来看待污染，而是要人类充分认识盖娅的机能，明确人类应该做什么和不应该做什么，以保持盖娅的健康演化。

总之，盖娅理论的人文意义表明：为了把握自然和人类的命运，在文明交往进程中，必须把自然科学和社会科学用人文精神贯通起来。当然，盖娅理论还在发展中，它的合理内核和启迪价值对人类文明自觉、对创新环境哲学思维，尤其是对事物的交互作用的终极动因的理解将日渐彰显。

人们观乎天文，可向外发展了自然时变；观乎人文，向内发现了自己内心。这个被发现的过程，也可以用发现自然美的客观存在与人们的精神创造相交互作用，以体悟人与自然、人与人和思维与存在三层关系交往中的文明自觉。

十二　交互作用与后现代课程观

美国后现代课程观代表人物威廉·多尔的交互作用思维（多角度看问题，从中建立联系网）的要点是：

（一）以怀特海、杜威、普里高津为始祖。

（二）怀特海的教育节奏观是浪漫、综合、概括，多尔自己是游戏、原则和格式（在事实的基础上建立事物间的联系网）。多尔认为，在这个世界中最真实的不是事实，不是人或物，因为这些都会消失，最真实的是关系。

（三）交流生成理解，而对话是生成性的。以谁为中心都有片面性。知识是联系过程的副产品。经验是通过交流理解的交互式实践结果。

（四）杜威的民主是"关联生活"（Associative Living），要点：①人们为共同利益走在一起；②在这一过程中个人得到发展；③社会同时得到发展。这是一个完美化的世界观（这使人想起"美美与共"的交往文明化理想名言）。

（五）回归性＝前一个问题的答案成为后一个问题的题源。回归即重新审视原先的材料，用新的眼光去看这些材料，由低到高、由浅入深，这就是回归。问题有开拓性、有困难、有活力，才有回归的必要。回归性之外，还有联系性、可能性、严密性。因为这四性的英文字第一个字母都是 R，因而称为 4R。又因为汉字四个词中都有"性"字，称为"四性"。

（六）文化七论：①活的变化过程；②保存维系自身文化目标；③了解自己历史文化；④受自身文化激励而不受其羁绊；⑤一种文化不应该模仿抄袭另一种文化；⑥每一种文化都应该有自己存在的意义；⑦各个文化之间都需要相互交流，理解之间的差异，从而丰富自己。（按：通过比较，交流、差异，需要比较，有自知之明和知人之明，不是执劣执优，而是为了互交互学。）

（七）着重在挖掘自身文化，寻找其现代价值的大目标。

现代化课程的以上要点，启示我们：社会是人们交互作用的产物，是人们彼此之间发生的那些联系和关系的总和。历史是人类文明交往史，它的中心是人，然而它并不是把人当作自己目的的工具来利用的某种特殊人格。历史无非是追求着自己的目的的人活动而已，这中间就是文明交往活动的具体化。

十三　联系与交往

联系即事物的关联，交往在其中焉。

联系有内在联系，交往有内部交往，对照同异可提高一种文明自觉的思维与判断力。

在文明交往中，事物的可比性是比较的关键，可能性主要又在内部联系。比较的条件，不是以己之长比人之短，而是"三找"：找特点，找方法，找异同。

文化比较学为文明交往的自觉性打开了认识世界的大门。差别性研究为整体和门类比较找到了道路。

文化背景的差异决定了美学理想与要求的不同目的。如中国山水画和西方风景画差异在于："抒发胸怀"、"写胸中逸气"的如实心情与站在画外欣赏而固定景致。

联系在近代史上，有三阶段的交往变化。托马斯·弗里德曼把全球化分为：

1. 全球化 1.0 版：1492—1800 年（殖民扩张，全球化推动者为国家）；

2. 全球化 2.0 版：1800—2000 年（跨国公司扩张、交通、通信技术让世界变小，推动力来自企业；

3. 全球化 3.0 版：2000—互联网技术日新月异，世界进一步"缩小"，国家、企业、个人将在一平台上竞争。

以上观点见〔美〕托马斯·弗里德曼：《世界是平的：21 世纪简史》，湖南科技出版社 2006 年版。它对全球化交往问题的思考是有启发的。

十四　文明交往互动与人类的精神觉醒

自近代以来，西方的优势使西方的一些学者、政治家习惯用"西方中心"论的思维方式来看问题。一些人在冷战后，盲目乐观，认为全世界将按西方模式实现全球化，历史将终结于由西方文明的价值观所决定的民主自由的全球框架之下。现在欧美一些国家领导人和政策分析家仍按此思维方式行事。然而，"西方中心论"终于在美国历史学者爱德华·麦克诺尔·伯恩斯（Edward Menall Burns）的《世界文明史》（*World Civilizations，Their History and Their*）第七版序言中得到明确的纠正。他认为世界由欧洲和美国构成的观念早已过时了，他看到了文明交往在西方文明产生和发展中的作用："西方文明主要产生于欧洲。但它从来就不是绝对排他的。它的最初的根基在西南亚和北非。此外，印度的影响，最终还有中国的影响，也起了作用。西方从印度和远东获得了零、指南针、火药、丝绸、棉花知识，还有为数众多的宗教和哲学概念。"

伯恩斯的后继者菲利普·李·拉尔夫（Philip Lee Ralph）在上书第八版前言中引了上一段话之后，把近代以来的西方与东方文明交往作了如下概括：

1. "在近代最初的几百年间，得益于它们在科学技术方面史无前例的进步，欧洲把其影响扩及整个地球，对亚洲和非洲人民产生了革命性影响。"

2. "这些大陆的大片、大片地区成为西方的附庸，但本世纪开始出现了逆转的趋势。"

3. "欧洲人和北美人长期保持的政治和经济优势，由于自然资源的衰竭、两次世界大战的毁灭性影响以及两个超级大国为争夺世界霸权而进行的徒劳的竞争，因而受到了侵蚀。"

4. "而今，随着亚洲各国乃至小国狂热地进入经济发展和技术进步的大潮，西方不再能决定它们的命运，同时也不能把自己与世界其他地区分开。"

5. "以往十年最后几年的标志就是由来已久的欧洲和美国权力结构的解

体；它是一种令未来国际政治进程变得模糊不清的意外发展，但在同时为消除国家之间导致分裂的意识形态藩篱提供了可能。"

他的结论还落在文明交往的互动规律（包括人与自然的生态文明的互动交往）上："在通往文明的进程中，所有民族彼此互惠；他们在政治、经济和文化方面越来越互相依赖；另外，他们负有共同的责任来确保人类和所有其他生物的共存。"他主张对世界文明史课程进行改革，以适应美国"在相对孤立的背景下于21世纪上升到领导地位"的实际。他认为研究人类文明交往问题不但要注意各共同体分开的差异上，也要理解它们本身历史铸造力上。他引用了已故加拿大史学家赫伯特·诺曼的名言："历史学是一门使整个世界亲近起来的学科，是让个人遐思、针对全人类的学科。"这种把世界历史统一于全人类和谐的文明化，使研究者认识更自觉化了，在研究中认可下述的理念：只有通过各种文明之间的交往互动、对话合作、平等共存、互利互信，才能使人类的精神觉醒走向历史的深处。

［以上引语见《世界文明史》（赵丰等译），商务印书馆1998年版，第1—2页］

十五　人类文明交往力之源在"爱能"

交往力是什么？

交往力是人类的社会本能，是人类特有的高级自觉的"心能"、"智能"的产物，是有意识的联系力，是有目的、主动的生存与发展自己的力量，说到底是人的能力。

美籍俄裔社会学家索罗金（1889—1968）[①] 在20世纪50年代，曾有感于"原子能"的利用、又出于防止核战争的意愿，提出人类文明交往力中的"爱能"的概念。他在《神秘的爱能》一文中说："人的核心就是爱"，"物理科学已把原子分裂，使用它的能，但社会还未能分裂人的核心——爱。爱能如果被利用的话，可以拯救人类，使人免于大战的惨剧。"

"爱能说"的要点是：

1. "爱能"是人类三种"能"（即最高能的"真"、"善"、"美"）中"善

---

① 索罗金也译作素罗金，俄国十月革命前任社会学会秘书长，彼得格勒大学社会学教授，主张社会发展多因素论。20世纪20年代移居美国，曾任哈佛大学社会学系主任20年。

能"的表现,是不同于"物能"(如"原子能"的"人能"最高形式)。

2. "爱能"是人类社会文化进化中重要的决定因素,其作用和动力是互助合作原则,其表现为:①蒙昧时代,以家族和氏族为核心;②野蛮时代,地域联合代替血缘联合;③文明时代,互助化为伦理道德。

3. 博爱应由宗教、伦理转为建立和谐社会、阻止战争的途径,把"无私的爱能"化为生产、积累、流通,使之由"潜能"化为伟大的创造力量,此种"爱能"力可阻挡个人与侵略集团攻击,化敌对为亲爱,使之变为体质、心理、道德、健康要素。

4. 他在哈佛大学成立博爱研究中心,认为"爱能"作用主要有:①是反犯罪、反自杀、反恐惧、反憎恨与心理变态的良药;②是人类启蒙、提高道德、美学上有效的教育力量;③可以阻止国际战争和人与人的无限斗争。

5. "爱能"与"原子能"世纪,是把"爱能"转变为无限"动能",创造一个"爱能"的世纪,其方法是采用一切简单的和复杂的科学、美学、宗教学方法,以增进"爱能"。

索罗金的"爱能"说是针对冷战时期美苏两大阵营对立而提出来的。他的学说没有打动美苏两大国执政者。但是,他太理想化的说教也有其长远的合理因素。人类文明交往中,"爱"是一个核心观念。他把"爱"归结为"能",归结为互助合作形式,归结为"合群"是有道理的。在原始时代,人类的生存能力不如某些动物,人类之所以能战胜各种凶禽猛兽和自然灾害,主要有赖于合群、合作、互助。孙中山在 20 世纪初已指出,人类进化原则与动物进化原则不同之处在于前者以互助而后者以竞争。他说:"社会国家者,互助之体也;道德仁义者,互助之用也。人类顺此原则者昌,不顺此原则者亡。此原则行于人类已数十万年矣。"这与索罗金"爱能"说有相通之处。

2005 年 8 月 29 日,俄罗斯总统普京把 4 卷本的《俄意关系史》送给意大利总理贝卢斯科尼。贝卢斯科尼的感谢辞中有一句话能很好地说明交往中能力问题。他说:"我认为,我们两国关系之树会从这本书描述的根基汲取营养,不断长大;而我们应该表现出出色地进行合作的能力。"这种能力,也就是互动的文明合作交往力。

交往互动律的自觉运用,应在交往力的源头上思考。人类文明的交往能力就是亲和力、凝聚力、向心力、同化力、创新力。正是这种良性的交往力,把人类生命的意义和人类良知彰显出来。人类文明的交往力之根在于发挥"人能"、"爱能",把"仁爱"和"互助"、把"和平"、"发展"与"合作"结合起来，增进不同文明之间和相同文明之内的理解与对话，才能逐步进入和谐社会的建立。索罗金的下面一句话，可做本手记的结语："历史的神秘力量，似乎给人类提出了最后通牒：你的殒灭是由你一手制造出来，除非你能经由创造的爱之恩赐，把人类行为提高到更高的伦理层面。"

十六　文明交往互动律七思

人类不同文明之间和相同文明之内的相互交往、相互影响的事例难以胜数。民族之间、地区之间、远古、中古、近现代，尤其是当代，相互影响、相互接受，更为密切。这些交往受双向或多向互动规律的制约，是人类文明得以发展的动因。

（一）交往互动律简称"交互论"，是文明交往的"金律"。文明交往论由多元主体交往论、互动合作论、文明自觉论组成。其中心为互动合作论，因为：①包括"世界一体化"的整体性趋势和"世界多极化"的主体间交往的平等性的相反相成双重内容，互动交往推着二者发展；②由自发、盲目走向自觉、清醒，由封闭、自在走向开放、自为，由民族、国家、地区走向世界（全球），由情绪化走向理性化，总之，由自发的感知走向理解的自觉，其中轴线是文明交往互动律。

（二）互动而交往，也有交往反向而动的状况。在强弱二势的交互作用中，弱者可能胜；水火不容可能变成"水火相容"，甚至变为"水乳交融"；"为而不为"，为时要考虑到"无为"；"生而不有"，"为而不恃"，都是事物在对立发展中逆向互动。中国的老庄哲学为文明交往中的逆向互动提供了两极对立中的两极间消解的启示。"万物负阴而抱阳，冲气以为和"，就是这种"反者道之动"的反向互动，是说明有一种倾向中存在的反向动力或借助另一对立极的力量而发展自己。交往中的调节的曲线可用这样的哲语来表述："大曰失，失曰远，远曰反"的极端反回。这种"反者道之动"的平等精神，对己之省身和己对人之析辩，是文明交往之道。调节或协调与冲突或对抗在交互作用中，可以把这两种不同的，甚至是对立的类型化成交往合力，使不自觉走向自觉。

（三）平等是双方的同时位移，高者向下，低者向上。强势文明宽容，弱势文明平等，换位思考，最易互为理解。所谓换位，所谓"要得公道，打个颠倒"，就是人类文明交往的特有交互作用，是到达理解的重要路径。这不是物理和机械运动，而是人类所特有的高级生命的对立转化动态变化。

（四）任何一个文明都如同江河水的流动，它不是静态结构，而是川流不息的动态体。它一定是其他很多文明进行多渠道的沟通汇流。互动可使不同历史背景、不同文化传统和不同发展水平之间的诸多文明走向合作。它可以为交互的紧密性、示范性和战略性创造条件。国际政治上的多边性、多向性，世界文化上的多元性、多容性，全球经济上的一体化与多样性，都是推进交往良性互动的条件，都应"交而通"，不应"交而恶"。研究者都认为中国没有真正的宗教信仰，其实中华民族的"一体多元"，正是中华文明得以延绵的根基，包容性和弹性结构组成了中华文明的儒、释、道、基、伊五大教及诸多民间宗教和各民族信仰体现的多元价值观熔于一炉的统一体。

（五）良性互动在中国与希拉克时期的法国不同文明之间的表现，可作为典范，其特点是交往的全面性、对话的成效性、政治上的互信性。法国前总统希拉克总结 1996—2006 年的经验时说：中法开展文明交往与对话，加强文化、经济、司法、国际事务及青年交往，体现了他的文明自觉。他在回答《参考消息》驻巴黎记者郑甦春、严明关于法国的价值观、世界观和使命感问题时，指出了三个方面："自由、平等与博爱"；"和平与民族和解"；"独立与互助"（见《参考消息》2006 年 10 月 26 日）。同样，他又认为，"中国是有着悠久文明历史的国家，其经验足以帮助它建立实现和谐发展的理念和价值观，在世界舞台上长期承担自己那份责任。我还认为中国的复兴将为世界文化带来新的创造活力，并丰富世界文化。"他的这些话，已接近费孝通"美己之美，美人之美，美美与共，天下大同"的理想的文明自觉境界。这同他对中华文明的深深理解与爱好有很大关系，正如他所说的，他1978、1991、1997、2000、2004 年访华之后，2006 年 10 月 28 日还特地"带着深厚的情感重访中华文明的圣地西安"。我们记得，正是他最早把秦兵马俑称为"世界第八大奇迹"的。他素有中国青铜器专家之称。互动的正道是：自觉谋"大"利、"远"利，而不是小利、近利！

（六）世界社会学研究领域中有一种新知识理论："跨文化"。它主要研究和解决不同文化之间的平等对话问题。它试图通过对话建立一种可以共享的知识资源体系，称之为"互动性知识"，进而通过互动知识模型去分析共同感兴趣的各种重要问题，最后形成新的知识体系。这中间涉及交往互动律的几种关系：①秩序与失序；②战争与和平；③人类与权利；④社会正义与和谐。跨文化就是文化之间的交流，而文化是文明的核心。世界各种文化虽然存在明显的差异，但积极而平等的文化交流，对于增加理解，改善贫穷，促进社会正义和维护社会公正，以及建立合理的国际秩序至关重要。人们应自觉地运用交往互动律。

（七）文明交往的互动律因时因地而异。古代东方，由于三大文明圈从中心向外围辐射，虽有许多相互性作用，但传统的单向授予性、受惠性的特点较为突出。在当代，全球化潮流席卷世界，互动规律的双向性、多向性特点日益凸显。这种动态流程需要新的学术思维和创造性研究方法，方能逐步说清楚它的同异和常态、变动中的前因后果。

第 二 编

传播影响

一 文明传播琐议

文明传播正成为人类社会生活的一个重心。这在我思考《中东国家通史·海湾五国卷》的后记中，对卡塔尔的半岛电视台异军突起研究时已有考估。我认为该台作为阿拉伯文明复兴的一个个案，就是从文明交往的传播上着眼的。文明的发展离不开内在的传承，也离不开外在的传播，这二者是相得益彰的。现循此文明交往思路，对文明传播问题，琐议如下。

（一）传播在人类文明交往过程中，成为人类社会、政治、文化、经济活动与人类关系过程的重要因素。它的复杂性在当代互联网等新科技传播及全球化跨文化传播趋势影响下，集中表现于人类日常社会生活的现实世界中。传播学已成为显学，它是一个以研究人类信息交流的行为与传播活动过程为主要对象的、建立在多学科基础之上的学科，其特点是交往的相互关联、吸收、相通相融的知识共同体。我不是从传播学来研究文明交往问题，而是从传播学这门20世纪人类精神财富来反思文明交往问题。

（二）传播深处是思想，因此对传播在人类文明交往的意义必须进行哲学上的自觉反思。哲学反思是对传播构成的思想、构成思想的活动、构成思想的思维方式，以及由此导致的文明交往活动进行反思，从而达成人类的文明自觉。正如黑格尔所说："反思以思想本身为内容，力求思想自觉其为思想。"文明自觉是一个发展的历史过程，贯穿过程始终的是由浅入深的思想过程，其中就包括传播的思想构成、活动、方式。文明自觉关注的是综合的理论思维，主要包括影响、利益、历史背景、价值观、思想根源、信息传播思维和传播存在之间的矛盾及其在人类文明交往中的意义成为最核心问题。传播是文明交往的一个重要思想内容，这种思想是在人类不同文明之间和同一文明之内交往前提下进行的指导性理论思维。传播和传承一样，是相互区别又相互联系的关乎文明发展的关键之处。以爱智慧的哲学，来反思传播思想，方可"智周万物"。只有从人类文明交往发展的高度，结合各文明的自身实际，反思传播的思想内容和力求思想自觉其为思想，才是高水平、高阶段的文明自觉。

（三）传播思想见物更要见人，应从人文社会科学立足并结合自然技术科学整体考虑其思想特征。魏晋哲学家王弼讲："物无妄然，必由其理。"（《周易略例·明象》）这是以人观物，入乎物内，出乎物外。这个"理"就是有人才有思想，人之为人在于有思想，人的传播思想之所以重要，是因为它的主体是人，传播活动是人类文明交往的思想活动。一方面，自然科技有时过多地关注与价值观无涉的传播技术的社会影响，也有科技与社会的思考，这对传播思想有一个物的参照。另一方面，传播的人文因素决定着它的人性维度和本质属性。传播学者胡河宁、杨瑞明的下述观点对传播学的界定富有启发性："传播学研究的是人的信息属性，基于交往实践的信息传播需求，是人的生存和发展的最基本和最重要的需求。如果说，经济学研究的母题是经济人，社会学研究的母题是社会人，政治学研究的母题是政治人，人类学研究的母题是文化人，教育学研究的母题是学习人，管理学研究的母题是组织人，那么，传播学研究的母题是信息人。"（见《中国社会科学院院报》2007 年 11 月 1 日）文化的"文而化之于人"，文明的"文而明之于人"才有力量。作为物质的"硬实力"、作为精神之"软实力"、作为先进的生产力、作为先进的文化力，都是人类文明进步的力量。

（四）文明交往包括物质、精神、制度、生态四个方面的交往，人类的各个群体在实践中追求真、善、美的文明创造，又面临着人与自然、人与社会、人与自身之间的三大矛盾。要实现交往文明化，必须解决这三大矛盾，在传播交流过程中具有应对能力，使文明达到历史的进度和高度。有研究者把传播界定为"人类信息交往的总和"，提出"交往"是指相互的、中介的，把文明的成果，通过交往的途径，具体化为传播手段而扩大范围，发展文化和文明。传播是人类生存发展的总体中介，它的思想包括了文化的具体民族性、精神的价值观和意识形态性，即内核性的传播，其传播是相对的；而文明则是先进文化的总和，具有普遍的人类需求和全面发展的共同尺度。

（五）人与人的矛盾在传播方式上，起决定作用的是社会主体结构、社会认知、社会实践、社会利益、物质条件。传播主体的社会历史演进形态有：混沌主体、亚混沌主体、分化主体。

(六)人从自然界分化出来以后，又与自然界发生物质能量的重新组合。

(七)传播学上的"李约瑟之谜"：纸与印刷术为中国所发明，而近代报刊为何不产生于中国？答案：资本主义生产方式促进了印刷术、交通、读者群和制度。又一答案：从传播学上看，在社会主体结构，在西欧社会中世纪形成的主体关系模式，尤其是知识分子的地位与作用。深处——以平等交换为特征的商品经济最终导致资本主义生产方式的出现，社会主体分化为成熟形态时，才有对平等信息整合关系的需求，印刷出版成为社会分工的行业，近代报业遂应运而生而发达。

二　文明的传承与传播

美国史学家杰里·本特里、赫希·齐格勒合著的《新全球史》的副标题为："文明的传承与交流"，可以把"传承"理解为同一文明之内的交往，把"交流"理解为"传播"，即不同文明之间的交往。文明交往在世界历史中可以说到处可见，只是没有着重强调文明交往的作用和意义，只是仅仅把交往作为横向联系，并使之从属于社会形态的纵向发展。事实上横向与纵向是交织在一起，而且交往使之紧密相连为一个整体。传承和传播是相互依存、互为前提的。

提起传承，我不禁想起周作人在 20 世纪 30 年代初引用英国思想家霭理斯那段关于传承的动人的话："在道德的世界上，我们自己是那光明使者，那宇宙的历程即实现在我们身上。在一个短时间内，如我们愿意，我们可以用光明去照我们路程的周围的黑暗。正如在古代火把竞走——这在路克勒丢思看来似是一切生活的象征一模一样，我们手持火把，沿着道路奔向前去。不久，就要有人从后面来追上我们。我们所有的技巧便在怎样的将那光明固定的火炬递在他的手内，那时我们自己就隐没到黑暗里去。"手持火把的人为了将火把传下去，这就是"薪火相传"，这就是人类"光明使者"用火把传递不息的文明接力长跑的传承过程。这是一个文明交往的内在自觉行动。

传承是一个文明传统的交往方式。它受特定的历史环境、地域特征和人的社会条件所制约。传承是内在文明传统的交往力。传承不是封闭的。土耳其作家、诺贝尔文学奖得主奥尔罕·帕慕克有本《失落的传承》，有 40 多种译本，就是没有土耳其译本。作家为此感到内疚。他注意到了"传承"，使我想起了他的《伊斯坦布尔》。一个文明之所以先进，首先在于其内在的创造力、丰富的文化内涵和各方面的辉煌成就。然而，仅仅有传承是不够的。一个文明如果把自己封闭起来，与外界隔绝，不仅不能保持自我更新和发展的生命力，也不能具有世界性的价值。这就需要开放，需要对外交流，需要传播力，并在传播中汲取先进的养料。传播力是文明交往的外在交往力。传承力和传播力对一个文明发展来说，如车之两轮、鸟之两翼，彼此促进、互相推动着人类文明前进。

传播有开放、包容、开拓、共处、融合、合作的品格。一个文明的生成与发展，都需要向周边扩展伸张自身的力量，并随着内在力量的壮大而不断扩大活动的范围，在对外交往中不断完善地理概念，形成文明接触区、文明带和文明圈。通过生活在不同文明中的人际交往，你来我往，丰富了各民族文化的内容，互相借鉴、参照，取长补短，有利于理想模式的形成。交往可刺激、激励、开发、推动文明发展，可启发不同文明的创造智慧，促进各民族文化的世界性影响。

宗教传播影响途径广泛，这是因为它包含多层次内容，宗教化的东西是人的精神世界，可以被传播者所同化，也可以同化掉传播者。经典的媒介、工艺品、工艺技术、建筑、雕塑、绘画、音乐、医药、饮食、习俗，乃至文、史、哲思想均随之而交互作用，为彼此学习、了解架起桥、开通路（丝绸之路、海运之路……）。宗教传播是信仰的文明交往，有心灵穿透力的巨大深远作用。

传播的规律性见之于文明交往，表现如下各点：①影响大小取决于文明的综合实力；②其交往过程是一个波浪式曲线过程；③交往的不同时期有不同内容、形式；④开放性的输出和吸纳运动可以萌生而兴盛，可以衰退而复兴；⑤大规模传播和发生重要影响的文明，不是简单的文化符号、异国情调式的消遣，而是先进的文化形态（文明的核心）；⑥各层面文明要素传播不是平行的，而是外层（物质、技术）易，内核（制度、价值观、意识形态、艺术）慢一些，但影响是相互的；⑦传播一方和被传播一方的文明程度、需要程度最为重要，历史转折时期是关键；⑧当地文化特点决定输出和引进的定式，本土传统是正读、诠释的转化（民族化）之本。

传承有师传之说，并以"薪传"相喻。传火于薪，前薪烧完，火到后薪，火种传续不绝。《庄子·养生主》："指穷于为薪，火传也，不知其尽也。"《文苑英华》卷一四一唐人李子卿的《水萤赋》："览于心乃止水之常净，烛于物靡传薪之无绝。"这就成师徒相传为"传薪"的演绎。韩愈的

《师说》："师者，所以传道、授业、解惑也"，说的也是师传。师传之外，在宗教文化方面，更有"传道"。文化的薪承火继中还有"家传"。中华文化中以家庭为系脉的传承体系，其深厚积累是理解中华文明没有中断原因的一个关键之处。中华民族是古文明大族，生生不息的众多人口，是其他民族征服的不可逾越的人力障碍。喜马拉雅山、大海、长城圈内的地缘国力，也不易为朝代更替所改变。人口、地缘之处，最重要的是安居其中、共风乐俗的人群社会生活，以及作为文化传递载体的公私书院和文化家族所输入民族血液中的人文精神。这些精神，如孝、悌、忠、信、仁、义、礼、智、信等，已成为"遗传"文化基因，虽几经摧残，但仍与时俱进，如用苏格拉底的说法，那就是"美的共同性"并未因此而被革去。

有一例子是河北教育出版社出版的《南通范氏诗文世家》一书所显示的文脉绵传。这本书说明四百多年中，南通范氏十三代诗文传家、诗文集世次不断，堪称中华文明之内交往的一个范例。诗文书稿越朝代递嬗，岁月迁流，兵燹动乱，仍存数千册线装作品，真是"家传"之不易。无怪季羡林有"宏文巨制，可以藏之名山、传之其人矣"的"传承"交往题词；还有钱仲联的序中所说："清代惜抱（姚鼐）大桐城古文之派，以迄今日厥传未绝，南通范氏其吟坛牛耳者矣哉。"范氏传人范曾面对这廿一册《南通范氏诗文世家》问世，认为"流播而靡穷，这不仅是范氏之幸，也是中华民族文化的大幸"。文明因传承交往而显示其特征。

传播是不同文明之间的交往力。交往力见之于国际传播领域，发展中国家面临一个大困境，是受制于发达国家。国际上重大事件，特别是战争事件发生后，强势的西方（特别是英美的媒体）声音，垄断了舆论。人们在国际传播战争交往中希望看到的是弱音变强音，一音变多言，不平衡变平衡。在这方面卡塔尔"半岛电视台"可谓引人深思。作为一个弹丸小国的媒体，卡塔尔这个阿拉伯—伊斯兰的海湾国家在文明交往史上，给了我们什么启示？

第一，抓住全球传播战略成功的关键性契机。1991年的海湾战争让美国有线电视新闻网CNN抓住了这个契机而处于主流地位。可是2001年阿富汗战争到2003年伊拉克战争中，半岛电视台紧抓契机，横空出世。2007年初已拥有阿拉伯世界的4500万观众，在全球有6500多万观众，被称为"海湾的CNN"、"阿拉伯的BBC"，跃居全球大台之列。

第二，注重建立一支融军事与媒体于一体的战时关键性国际传播队伍。这一支队伍的水平不是和平时期的一般国际传播队，必须面向阿拉伯世界和西方国家，重金聘请大批精通阿拉伯语的编辑及技术人员。例如美军在卡塔尔中央司令部前发言人乔希·拉欣就是这种类型人物的代表。还有一段惊险的故事，也很说明问题：在美军轰炸阿富汗期间，半岛电视台驻喀布尔记者泰菲尔·阿洛尼在楼顶上现场采访塔利班政权外交部长助手穆罕默德·哈利米。炸弹把电视画面和声音都炸断了。几分钟后记者阿洛尼对多哈的演播室说："对不起，摄影师不见了，我也不知道他到哪里去了。"原来，摄影师从楼顶上掉下去了，但没有受伤，他又爬上楼顶，完成了战火中的采访任务。

第三，实行战时阿拉伯"本土"文化心理为核心的关键性国际传播战略。文化的首要因素是民族性。半岛电视台立足于这个特定的民族文化心理，善于从本土文化视角报道传播战时新闻。美国传媒宣传入侵伊拉克战争是"伊拉克人民的解放战争"，而半岛电视台则称"美国人入侵伊拉克"。与美国媒体声音不同，"武装恐怖分子"在半岛电视台的节目中称为"抵抗组织"、"游击队"。更重要的，由此国际传播战略出发，半岛电视台直接深入战地，而且与当地武装力量交往，赢得独家新闻。在阿富汗战争中，它是唯一与喀布尔保持全天候卫星联系的电视台，可以随时发布热点新闻，使西方媒体望尘莫及。在阿富汗战争和伊拉克战争期间，不仅阿拉伯世界大都喜欢看半岛电视台节目，而且世界其他国家，包括西方国家，也都十分关注它的轰动新闻。

第四，找准个性化与国际化之间关键性的结合点。战时交战双方的国际传播较量在于争夺新闻资源和观众，因此在守住"民族性"文化自我的同时，要把国际传播理念与阿拉伯世界的民族理念相结合。半岛电视台在坚持战争交往的传播原则（即客观、平衡、独立、快速播至全球各地）的同时，又保持自身的独立性原则（自己决定选题策划、议程设计、现场画面拍摄和采访人选的独特角度），以阿拉伯人的观点，发出与西方媒体不同的声音。半岛电视台在国际传播这块"没有硝烟的战场"上，变成了"射程最远的大炮"。

第五，从交往的传播关键处走上文明自觉之路。传播学的一个重要理念，是人们对外来文化思想，总是从自己的"语境"或文化背景出发，来进行解读的。这些被解读的文本，由于读者的参与而被理解和解释，由此形成了话语权力，生成新的启示或意义。半岛电视台的事例显示：一方面，阿拉伯"本土"民族文化交往战略，在国际传播方面是有无可取代的优势；另一方面，引起人们的深层思索，即它不但是文明自觉的表现，而且是阿拉伯文化复兴的亮点之一。

三　选择——不同文明之间交往的枢纽

选择是不同文明之间交往的一个关键环节。

道格拉斯·诺斯有"路径依赖"（path dependence）之说。他认为："人们过去作出的选择决定了他们现在可能的选择。"

和诺斯同国籍的格林斯潘（前美国联邦储备委员会主席）也有一句名言："无知而大胆的人容易失去资本，无知而谨慎的人则容易失去机会。"

上述二人都是就经济领域问题谈选择的。前者讲经济发展，后者讲理财与投资。美国虽属发达的商业社会，但许多人在家庭理财方面，特别是在面临多种选择情况之下，未能作出明智清醒的选择，因此才在选择问题上，产生了许多理性名言。

选择也是历史的偶然性与必然性的结合。

有一则关于选择的笑话，说的是三个人都要被关进监狱三年，监狱长允许他们每个人提出一个要求。于是，爱抽雪茄的美国人，要了三箱雪茄。浪漫的法国人要求一位美女相伴。最后是一位犹太人，他要了一部与外界联络的电话。三年过后，第一个冲出来的是美国人，嘴里鼻孔里塞满雪茄，大喊："给我火！给我火！"原来他忘了要火。接着出来的是法国人，他手里抱着一个婴儿，美女手里牵着一个小孩，肚子里还怀着第三个孩子。最后出来的是犹太人，他握着监狱长的手说："这三年我每天都同外界联络，我的生意不但没有停顿，反而赚了200％的利润。"

这则笑话隐喻着人类文明交往的智慧。即使被关在与外界隔离的监狱里，犹太人还想着做生意，想着对外交往，而那个美国人和法国人却把自己关在监狱里。因为选择，三人结果却大不相同。

诺贝尔说过："有什么样的选择，就有什么样的人生。"同样，对一个民族、一个国家、一种文明的前途，选择至关重要。民族、国家、文明之间的交往，常处于纵横交错的三岔路口，兴衰荣辱，均在于明智的选择。选择是在机遇中进行，机遇转瞬即逝，很难再次重现，一旦错过，很难挽回，即使仍有机遇，也要付出沉重的代价。

达尔文在自然哲学巨著《物种起源》中，讲物种自然变异和选择法则时，强调"适者生存"。他惊叹地写道："构造或体质上的细微差别，便能改变生活斗争的精密平衡，人类的愿望和努力消逝得何等快啊！人类的生涯和努力何等短暂啊！"由于他在逻辑知性考察基础上的感喟，使人在选择上感到了震撼的力量，后来的社会达尔文主义，可能由此把自然和人类的选择联系在一起，形成了一种思潮。不过，这种转用，把复杂的问题简单化了。

"物竞天择，适者生存"，这是自然选择说对生物如何适应自然变化而进化来的合理解释。然而达尔文的理论却不能解释第一个生命是如何产生的。是没有任何生命迹象的化合物最初创造了生命吗？第一个生命体是如何被装配起来的？大自然连一点微小的暗示都没有给出。美国《连线》杂志2007年2月号将此列为15个"人类未解之谜"的第3个。

现在的社会学、文化学从生物学上吸取遗传基因与选择变异之说，来阐释现代性问题。他们认为现代经济变异的传统文化（如"新儒学"），它有遗传下来的对应基因，又有天择的变异，这种经过选择的变异基因才有生命力，才能传承下来。文化基因得以复制是演化的基础，但发展的社会只复制变异的基因——这里文化演化论的观点，与生物学相通共相了。文化是人类的建构物，不过它像生物一样，也要接受天择，在本质上也要进行变异的复制和演化，生物的原理与文化原理相同了。按此解释，现代儒学是被"天择"过并纳入现代性框架的文化，它只是在现代文明框架内才使其中的"直觉理性"（勤俭、和睦、耐劳、重视家庭教育）的文化因子发挥促进作用，有利于现代性发展。儒学文化比较宽容，较易于容纳或接受现代性文化，并与之融合，有利于现代性进展，因而先于许多亚非民族独立国家中的其他非西方世界（如阿拉伯—伊斯兰世界），并获得较大成功的原因之一。

有的学者把生物学的原理同博弈论结合为文化演化论，进而解释文化冲突与共生问题。这种学说认为，文化冲突与共生都是人类的"天性"表现，是人类"天性"的两个方面。这种文化演化论认为人类是在斗争与合作中发展的，它的过程就是冲突与共生的不断持续。文化冲突之不可避免，根本原因在于多样性这个源头和核心，在于其方向是朝着最有创造性、最有活力和效用发展。当某种文化具有这一特点时，扩展和反扩展在传播中会发生冲击或冲突。所有文化都要经过"天择"，残酷但难以避免。

《天演论》是中国近代生存竞争思想的重要源头。王国维在《论近年之学术界》（1904）中说："近七八年前，侯官严氏（复）所译之赫胥黎《天演论》出，一新世人之耳目……是以后，达尔文、斯宾塞之名腾于众人之口，'物竞天择'之语见于通俗之文。"《天演论》的陕西味经售书处出版的木刻本刻印于1897年，为传播的最早版本。1901年闰三月十九日，孙宝瑄在日记中，把"物竞天择"与"合群"思想结合起来，反对"克己太深，自营尽珉"，并说其结果是"群体"的失败。这可能是受了梁启超的影响，因为梁启超在1897年即有《说群》一文，刊于《新知报》上。但孙宝瑄把这种思想与文明的对立面"野蛮世界"相联系，则表明了他的文明自觉。孙说："若夫甘受他人之损，不知自保其利者，道德品行非不高尚也，然使举世多如此，则彼以损人为事者，将益施志而无所惮，而君子道消，小人道长，适成野蛮世界而已。"孙中山则更进一步说："此种学说（生存竞争说），在欧洲文明进化之初，固适于用，由今视之，殆是一种野蛮之学问。今欧美之文明程度愈高，现从物理发明一种世界和平学问，讲公理，不讲强横，尚道德，不尚野蛮。"又说："共和国，首重平权，弱肉强食，优胜劣败之学说，是社会之蠹，非共国所宜用。""人类进化之主动力，在于互助，在于竞争，如其他之动物焉"。这里，孙中山承认生物进化论，但反对社会达尔文主义的"丛林原则"，推崇互助论，是文明自觉的表现。

什么是"强势文化"？它之所以是"强势"，就是经过不断选择的结果。经不起"天择"的文化终究是要被淘汰或处于弱势。"弱势"之所以"弱"，是缺乏或少于"选择"的结果。"天择"虽受制于文明核心价值的约束，但选择是不可避免的。选择过程往往会发生冲突。冲突带来变，变带来通，不变则亡。在此意义上冲突有进步意义。文明自觉就是把冲突限制在一定合理范围之内，在交往全过程中，尽力降低冲突的程度，掌握斗争的尺度，减少冲突带来的苦难。

文化的创造性、功效性，经济社会层面的先进性，决定着文化演化中哪种文化成为"强势文化"。文化的变革和创造性推动着发展的均衡与超越。人类天生是玩零和和非零和游戏的动物。古今中外，"天择"使得文化演化的趋向朝着零和互动减少方向，使非零和互动成为人类互动的主要方面。这是文化共生的基础，为文明交往自我选择的自愿的机遇。

文化或文明交往中各种形态的多样性逐步减少，其原因之一是共生观念淡化。前现代的人类共生是无意识的，共生状态主要文明之间的"均势"或不平等依附关系（弱者对强者、小者对大者的臣服庇护）来实现。现代以来，在相当长时间内，世界文明格局演变成一种文明（西方）对其余文明的冲击。结果有二：①导致世界形成一个有意识的互动体系，出现全球化趋势；②文明共生失衡（零和互动不断增加），西方文化的发达建立在对其余文化的压抑破坏的基础上，文明共生在全球殖民体系中进行。殖民体系崩溃后，民族独立国家体系形成，"一超几强"竞争，发展中国家入强，将影响

21 世纪世界格局。

现代性是多样的：西方现代性——如其源头希腊人清楚明晰的理性那样，是地中海纯粹的光和清澈的天空的一面镜子；东亚现代性——传统山水中复杂交错的枝条掩映在缭绕的山气之中。中东的现代性呢？南亚、非洲、拉美的现代性呢？

诗人李瑛（1926—）在 2007 年 2 月 5 日《光明日报》上发表的诗《一只阿拉伯单峰驼爬上了黄山》，生动地反映了中东文明和中华文明之间现代交往的浓郁风采。这是他陪同阿拉伯艺术家联合会主席萨阿德丁·瓦赫贝（埃及）游黄山写的叙意诗。全诗如下：

> 一只阿拉伯单峰驼
> 爬上了黄山
> 他暂时把金银和
> 金字塔上的太阳
> 储进驼峰
> 他想把肺叶里的黄沙
> 洗净
> 他的单峰成为这里的
> 又一座山峰
>
> 他大张开鼻孔喘息
> 大张开重睑凝望
> 脚下翻滚的云涛
> 使他想起撒哈拉的沙海
> 棵棵椰枣树的影子
> 仍铺在他肩膀上
>
> 他用不准确的汉语
> 问候遇到的
> 每座怪石　每棵奇松
> "你—好！""你—好！"
> 他惊异这里
> 空间像丝绸

风比奶更香

鸟鸣比水晶更亮

他触摸到了真实的自然和

悬在半空的中国山水画，以及

东方古老文明的脸

他把满口袋惊奇和

一垛子浓浓的友情

都卸在了这儿

他的大胡子颤动着

手指上的大戒指像一个梦

我们坐在长椅上，他说

请把我随便系在哪棵松树下

真想多留在这儿一会

只是祖国沙漠上

我的发烫的脚印

会昂起头召唤我

担心我的胃和水胯

退化

　　人一生都在选择。一个民族、一个国家、一种文明，时时刻刻也都在选择。中东的文明也站在新的历史选择点上。中东的现代化，也正像这个处于沙海之上、踏着坚实步伐的单峰驼，步入文明复兴之路，从而融入全球化文明交往自觉大潮之中。尼日利亚一位总统有此体会："人是一种动物，人可以变成坏动物，也可以变成好动物，这取决于一个人的选择。"他从政治上讲选择。如何选择？这就要智慧，而且不是小聪明，是大智慧！善于和敢于选择，有为有不为，知足知不足，舍与得，取与予，都要因时而定。人只能在既定的条件下选择，在机遇中选择。对人类文明交往而言，在于自觉的意识和行动。选择是一种哲学。哲学者，择善和善择之学也，信哉斯言！

四　适度与中庸之道

"中庸"始见于《论语·雍也》："子曰：中庸之为德也，其至矣乎！民鲜久矣！"朱熹解"中庸"之"中"为："中只是个恰好的道理"。

中庸之道是把两个极端统一起来，遵循适度的原则。"度"可以理解为中庸寻求平衡的智慧。其平衡智慧在：①人与自然关系上理想境界是"天人合一"的自然观、交往观，与征服自然的"战天斗地"观相反；②人与人（他人）关系上的"人我合一"的仁者"爱人"，"仁者，人也"观，与自我中心和绝对自我牺牲的人际交往观相反；③人类自身内部欲望与理智的"欲理合一"、"以理制欲"观，与纵欲与片面的"以理制欲"观相反。

中庸之道在"以美养心"的个人自身的性灵关怀上，把人生和宇宙视为一大整体，我心之主宰即万物之主宰，使人超越外在物质世界，融入宇宙生命世界。"为天地立心"可理解为养天地之心。为真求知、为善从事、为美养心中的"养心"，无论是中国的生命体验和超越，无论是西方的感性学或感觉意义上的美学，都是从心灵上体验审美。尤其是儒家的不离伦理日常的超越的生命情怀，佛教的纯生命体验的超越的空灵宇宙人生，道家的追求逍遥自由的超越，它们超越了知识、时空、欲望、功利，使人与宇宙万物、身与心相融为一，这就是中庸之道。

过去把王国维的"三重境界说"理解为处世治学三个递进境界，有其道理，然而若从哲学上理解的"中观"思想，更具有学术意义。佛学的大乘派有龙树菩萨的《中观论》，有创立中观学派的智颉所主张的中道观，既不执著"空"、"有"二边，同时又承认"空"、"有"各有合理性的立场。其实这与儒家的"中庸"之道相通，王国维在《人间词话》中以词论的形式，将中观这一中国哲学核心观念体现出来。王国维的"观"是自然之美的"中观"。他称赞清初词人纳兰性德的词是"以自然之眼观物，以自然之笔写情"。又说："诗人对自然人生，须入乎其内，又须出乎其外。入乎其内，故能写之。出乎其外，故能观之。"这实际上是"在意又不在意"的人生观。他认为，观物时主观介入者"隔"，超出主客关系，采取"以物观物"态度为"不隔"，他欣赏陶渊明、苏东坡的诗为"不隔"，而韦、柳、山谷"则稍隔"。他既更喜欢以物观物，又认为以人观物也有理，矛盾在此，中观论便由此而出。

此外,如"有我之境,以我观物,故物皆著我之色彩。""无以之境,以物观物,故不知何者为我,何者为物。"这种"有我"与"无我"之境,是处于"有我之境"的人去追求"无我"之境的实现,其苦恼成因在"三境"之中。"昨夜西风凋碧树。独上高楼,望尽天涯路。"这是俗境,人在俗境中想超越它追求理想之真境,故有此叹。"衣带渐宽终不悔,为伊消得人憔悴",是处于真境中的人,因太不食人间烟火,因而寂寞凄凉。"众里寻他千百度,蓦然回首,那人却在,灯火阑珊处。"人终于恍然大悟,原来真胜境并非完全脱离俗谛,在俗谛中也可以实现真谛;原来在真谛之光照耀下,"灯火阑珊处"的那人早就在我身边!王国维早在30岁时,就遇到了"可爱者不可信,可信者不可爱"的学术信念和生存的有限与无限冲突之中。他是一个介于文学家和哲学家之间的独特个人精神气质状态,他不满足于抽象概念思考,而求助于用论诗形式来解"有我"与"无我"之间的复杂终极忧患。这种"诗意治学"境界,请参看本书第八集"学问学术"之第四编"诗意治学"。

五　冲突和交融的新符号

2006年10月12日,瑞典文学院常务秘书霍勒斯·恩达尔在斯德哥尔摩老城中心,代表瑞典皇家科学院诺贝尔奖金委员会,将该年度诺贝尔文学奖授予土耳其作家奥尔汗·帕穆克(1952.6.7—)。授奖的理由是:"他在对故乡忧郁灵魂的探寻中,发现了表达文化之间的冲突和交融的新符号。"

他生于伊斯坦布尔,并且大部分时间生活在伊斯坦布尔这个曾经是三大帝国(罗马、拜占庭和奥斯曼)的都城,历史文化背景是多民族、多宗教的。1985年,他参加美国依阿华大学举办的国际写作培训班,加强了对西方世界和文学界新思潮的了解。传统的奥斯曼家庭生活经历和西方生活的经历,以及他特有的聪慧,从创作中领会不同文明。此前他也发表多种作品,这一年,他的历史小说《白色城堡》出版,后被译成多种语言。此后,他的《白色城堡》(1990)、《黑书》(1990)、《我的名字叫红》(1998和2005)分获法、意、德文化及文学奖。2005年,他的《伊斯坦布尔:回忆和城市》获2005年诺贝尔文学奖提名奖。

他是从审美层次上直面东、西方文明差异的作家。他从文明交往哲学层面,既从东方视角看西方,又从西方视角看东方,因此被誉为"一座博斯普鲁斯海峡大桥"。他有三年伊斯坦布尔技术大学建筑专业学历，又有成为画家的梦想，加上吸取西方文学中后现代派风格，以创造性交往能力，融合了东西方先进文化而独成一体。他的《白色城堡》、《新生活》（1994 年问世，已印刷 69 次）、《我的名字叫红》、《雪》（2002 年版，因写民族宗教冲突而在国内遭到非议）均为后现代小说典型。但这些小说不单纯是后现代式的，他运用文学类型手法的转换，形成了历史与现实、东方与西方、传统与现代、旧与新交织的特色画卷。

特别值得一提的是《我的名字叫红》（已被译成 40 多种文字，有中译本）。本书采用了后现代小说的重要元素——超构技巧，以精妙绝伦的结构再造历史，再造神奇世界，夹杂语言技巧，表现了多元性、多样性与跳跃性特征。《我的名字叫红》有许多人物从不同多角度来讲述，时空不断转换和倒置。它每一部分都有一个新的讲述者出现，以第一人称不断地讲述自己的故事。它的独特之处，在于不停留在用后现代手法解构整体，而兼用古典伊斯兰文学和欧洲近代文学细节处理方式叙事，恰似精心构造的文学丛林、哲学迷宫和艺术宝库。读者穿行其间，面对众多生灵，如同打破时空阻隔，畅游梦境，令人目不暇接。

《我的名字叫红》以文明交往中的"差异"概念，探索了伊斯兰文明的灵魂，展示了伊斯兰美术观与西方美术观的差异。令人回味的是，他笔下的谋杀恰恰是具有虔诚信仰的伊斯兰教徒所为。帕穆克的文明交往观洋溢着文明自觉，他传达给读者的一个重要教训是：不要走极端，对概念过于顽固的信仰和迷狂会埋下灾难，在国际事务中也不要偏执。他不相信"文明冲突论"："我的作品说明了这一点，土耳其文化证明不同文明能够融合。土耳其肯定会进入欧洲。"他认为，"文明冲突论"是令人害怕的结果，是使不同文明相互之间对立，并且造成成千上万人死亡。

最后要提到的是，他在民族问题上也有独见之处。他不顾土耳其政府的官方态度，说有 3 万库尔德人被杀害，说 20 世纪有 100 万亚美尼亚人遭屠杀。为此，被斥为"有辱国格"。此为土耳其政府对他获诺贝尔文学奖保持沉默的原因。

六　影响力交往的形与声

影响：事物交互作用。《管子·任法》："响之应声"、"影之从形"。这里讲得很形象：形、声，为影、响的来源，是相互伴随的"从"、"应"关系。事实上在人类文明交往互动活动中，影响出现频率越多，表明交往范围的不断扩大。

第一次给我有关影响力深刻印象的论述是马克思、恩格斯在《德意志意识形态》中的下列话："各个相互影响的活动范围在这个发展过程中愈来愈扩大，各民族的原始闭关自守状态由于日益完善的生产方式、交往以及因此自发地发展起来的各民族之间的分工而消灭得愈彻底，历史也就在愈大程度上成为全世界的历史。"第二次是列宁在《亚洲的觉醒》中关于亚洲"反转来"、"影响"欧洲的论述。"反转来"、"影响"，表明了作用与反作用是交互作用。列宁从自觉性角度，把这种影响归结为"亚洲人民觉醒"的表现，认为它"开始了一个大陆的新时代。"列宁还写了《落后的欧洲和先进的亚洲》，说明了文明交往中落后变先进的互动。

美国学者孟德卫的《1500—1800：中西方的伟大相遇》一书由江文君、姚霏译，新星出版社 2007 年出版。该书具体分析了中国和西方之间文明交往中的影响问题：

1. "中国文明和欧洲文明之所以伟大，因为经它们被证实拥有影响世界大部分地区的能力。"

2. 早期中西方的交往基本上是和平的和平等的，而且"1500—1800 年的三个世纪，是中国对欧洲乃至世界产生较强影响的时期，而后来的两个世纪（1800—2000 年）恰好相反，是欧洲和北美的西方文明在向中国施加影响。"

3. 中国文明和西方文明分属两种不同文明系统，在此前按自己道路独立、平行发展，16 世纪这两个世界上的巨人"才开始了真正意义上的思想文化交流"。

4. 影响力上，西方双向（向中国输入自己、向西方介绍中方）是西方皆积极、主动；而中国双向是消极、被动（其原因是"中国中心主义"社会心态；在上者闭关锁国，在下者对世界无知）。

5. 作为人类文明的交往力，有主动与被动之分。近代以来，在影响力上，对外扩张成为交往的西方主动之源（开辟世界市场、发展贸易、传教、殖民）。王公如德意志选帝侯弗雷德里希·威廉之为东印度公司获富而资助汉学汉文研究、法国国王路易十四于 1685 年派首批耶稣会士来华。还有"将上帝的福音传播到世界最远角落"的基督教会，如意大利神父利玛窦（为纪念他逝世四百年，余怀彦写了《利玛窦：一个文化的越境者》，见《中国社会科学报》2010 年 5 月 27 日）。此外就是商人，如 17 世纪初荷兰东印度公司成立，打开东西方贸易交往渠道。这些商贸使西方出现"中国热"（瓷器、手工艺品、茶叶、建筑园林）影响欧洲（见外语教学与研究出版社 2007 年出版的《欧洲十八世纪中国热》）。学者中有莱布尼茨、狄德罗、孟德斯鸠，特别是伏尔泰的话有分量："欧洲王公和商人们发现东方，追求的只是财富，而哲学家在东方发现了一个新的精神和物质世界。"

6. 反西方中心主义而提倡 1500—1800 年代为东方中心，是虚幻的影响：西方的欧洲发展起步，美国为美丽荒原，中国 16 世纪明朝"世界最伟大国家"实则是传统农业社会的"强大"。弗兰克的《白银资本》、彭慕兰的《大分流》、罗伯特·马克斯的《现代世界的起源》等以现代化为主题，说明西方率先现代化纯属偶然，强大中国很可能走一条与西方不同之路——历史不能假设！

7. 影响：中国对西方影响有限（范围）而无实质变化；西方对中国影响（社会变革）并非完全坏事，不可能因有损中国"辉煌"形象而贬低。

七　世界历史与国际关系中的"影响"概念

英国的学者巴里·布赞（Barry Buzan）和理查德·利特尔（Richard Little）合著的《世界历史中的国际体系》为刘德斌主译，高等教育出版社 2004 年出版。其中有以下两点值得注意：①用世界历史的视角看主流国际关系（威斯特伐利亚"情绪"）理论，构建新国际关系研究理论体系；②用"文明交往理论"（我的话语）观察人类社会、经济、政治、军事的国际体系发展轨迹和这些体系与部落、城邦、帝国、现代国家这些组织形式之间的相互影响。

互相影响中的"影响"，是文明交往的重要因素，互相影响中的"互相"是文明交往中的"金律"。我对"影响"的互相联系性不是一下子认识到的，只是从世界历史的众多史例中逐渐体悟到的。正如《世界历史中的国际体系》是从"世界历史"中认识"国际体系"一样，是从六万年长时段中人类从分散的采猎捕鱼群演变为今天高度一体化的全球国际政治经济文化体史所昭示的那种"影响"。

我有小诗《影响》：影随形，响随音，两者交往不离分；/形为本，音为根，两者交往有学问；/影一定是有形之本，形却不一定都会有影；/响是一定有音之根，音却不一定都有响；/对影子的过度阐释，是望风捕影；/对声音的一味响应，是无声之疼。

影响——国际关系和世界历史之间的相互性。方法论。

影响——突破"威斯特伐利亚条约束身衣"。欧洲中心论。

影响——破除国际关系。"美国化"特点。

影响——建立中国化特色（政治、历史、国际关系、社会、经济、人类等人文诸学科）。

影响——宗教在社会内部和社会之间的日常交往中具有深刻影响（因为利用一个以文化界定的超自然的维度：通过更为平常的传播渠道有可能增加信息的输入）。

注意：巴里·布赞和理查德·利特尔的下述观点：

国际关系理论的"非历史特征"："历史是社会科学的共同基础，没有对历史的系统参照，国际关系学就难以形成它需要具备的对其他社会科学宏观方面的影响。""世界历史如何采用更长时段的历史视角和更宽范围的地理跨度……使我们针对目前世界以全球化名义所经过的转折问题。"

中东：公元前1700年诸文明开始联合（单一经济体系、军事—政治体系）。

公元前1000—前800年，草原"马背"游牧文明对欧亚大陆产生的"巨大影响"。

影响——互动能力（理解交往变化、发展的关键），可以说是"交往力"，长时段（历史）——近距离观察（理论）推动者：物质技术和社会技术。

伊斯兰世界：①鼎盛时期（1503—1800，奥斯曼、萨菲、帖木儿，从地中海到南亚）；②1258—1503年伊斯兰疯狂扩张于安纳托利亚、巴尔干、印度、东南亚、非洲；③特点：商业传统、但无产权观念、清晰法律程序和独立商会；重城市忽视农村，无有效农业灌溉系统；无稳定政治制度以保证对工业的固定投资，为现代化之诟；伊斯兰世界在政治和宗教上对立（凝聚的社会，支离破碎的政治）。

八　地区文明与国际力量交往之间的张力

1. 古典文明时代开始，世界历史就存在着单个文明与更广泛的国际力量。国际力量制约着人们在穿越边界时的思想和行为方式。

2. 在 21 世纪初，也可能发生文明中的新的分裂现象和地区特征的新文明。

3. 在 21 世纪，又可能会降低（减少）文明间的差异，推动全球化趋势发展的新的同一性力量。

总之，全球化、多样性，和而不同，同异并存。

4. 注意文明之间的重要界限，它不因具有共同的主题（如现代化）而被抹去。对世界的笼统概括而在不同传统和新的经验中经不起检验。

5. 文明自觉表现在自知之明（对各自独特性、差异性的认识）和知人之明（如土耳其入欧盟，保存伊斯兰教，长期与西方特殊关系的基础，工业落后，要成为西方一部分，难度主要在价值观深层的巨大忧虑）之中。中东与欧洲之间的政治分界线在此处被重新勾画出来。

6. 不同文明的转化力量：中介力〔农业技术、世界宗教、新的粮食品种、发明（印刷术等）、世界贸易〕促进了转化、变化。但此变化、转化不是完全并入另一种文明模式（文化、政治、经济）。

7. 世界联系的增强为全球一体化，但不能把当代世界历史简化为西方论的研究。西方式的现代化（工业化、普及教育、议会民主制、低出生率、消费型社会、妇女平等）的标准分析法，混淆一个普遍推动力——传统模式的渴望（以民族传统、经济发展）和伊斯兰社会的地方传统价值的复兴力量。20 世纪 90 年代世界许多地方出现的分离主义的复兴，明确地反映出人类国际性发展造成的庞大非人力方面寻求平衡的需要。地球变小，但更复杂了。独具特色的传统继续修正，有时在逆转着强有力的同一性力量，差异性在增长，而同一性也在坚持。

结论："和而不同，同异并存"是极强的概括。

问题和答案是：

1. 不管处于何种有利地位，当我们思考未来时，问题将远远多于答案。

2. 对各个独特文明的新挑战力量——工商业、技术、大众文化等国际力量。

3. 这不仅仅是过去，那些世界潮流和个别文明传统之间紧张关系的重演，但预言单一世界框架的胜利是不明智的。

4. 国际力量与需求之间的张力、个别社会价值的特殊反应将塑造出来。

5. 张力的特征起到相互影响，因为相互交往与分离之间的张力已经在许多世纪中塑造了历史。

6. 把各文明的独特性凌驾于它们分享的整体世界利益之上有无可能？

7. 历史，文明交往史的作用：①过去世界上各文明是如何运作的；②不仅涉及关于现存各传统的知识，还提供过去行为的实例及变化的原因；③提供了世界现在与过去之间的联系；④提供我们关于未来所提出的问题的形式；⑤把关于世界过去的理解当作应对 21 世纪挑战的一个不完备的向导。

九　文明交往的"转化"环节

英国戴维·麦克莱伦在《卡尔·马克思传》（王珍译，中国人民大学出版社 2008 年版，插图本）中谈到马克思的思想来源时，认为有两大传统：①启蒙运动之后的自由传统（康德、费希特、黑格尔）思想；②基督教的传统，即救世情怀。这与列宁的三个来源观在分析思路上有所不同。

来源归来源。从文明交往的视角看，马克思之所以成为马克思，他创造马克思主义的关键，在于转而化之，他转化了启蒙运动的自由传统，又转化了基督教的人类拯救思想，使之成为现实的人类解放事业。人的自由、全面解放目标都是转化的结果。

十　交往杂记

（一）人缘，文化是文脉之树，有文缘与人缘相交往，谓人文之缘；（二）族缘，文缘与族缘相交往，是谓族缘；（三）教缘，文缘与教缘相交往，是谓教缘。

"缘"是诸事物之间的关系，人即置身于这一关系的网络之中，网络中诸"节"、"点"相互影响，呈现出"缘"。书是知识与精神的载体，在此网络中愈活跃流转，人与书结缘可能性愈大。一般研究人物，多从思想层面入手，关注价值层面的选择与冲突，尤其文史学人在价值与权势之间的挣扎。然而，此路单调而片面，忽视了人为社会的人，人生活在具体社会网络情景之中和处于复杂的社会关系之中。不仅有纯粹的观念交往，而是有经济生活、社会结构制约。这些都归之于社会交往的文明网络之中，即公共交往的各种机缘，传统与现代之网中。

伊林在《书的命运》中说："每一本传到我们手中的旧书，都缘是波涛汹涌的历史海洋里渡过来的一艘船。这样的船在航行中是多么危险啊！不是火，就是蛀虫，都可以毁灭它。"缘出有因，但有时候很脆弱。欲结书缘，需及时吸收。听说冯友兰在北大"牛棚"中，对着发来的一块玉米窝窝头，细嚼慢咽，津津品味。别的老先生都不愿吃，见冯友兰此状，奇怪发问，冯回答说："吸尽现有的、仅有的每一点营养，以求生存，等待来日。"此语用于人与书的"缘"，不放过碰到的每一本书，细细品味，总有收获。人与书的交往，需要此种精神，以积累文明。

十一 差异与多样随记

人类文明的社会性集中表现为矛盾的统一体。

人类社会的原生态集中表现为差异性与多样性。

差异性即矛盾，多样性即不同。

纯粹而单一的社会状态是不存在的。一切事物都是相比较而存在的。一音不动听，一色太无彩，一味难成佳肴，一种事物无法比较。"和"在中、英文中都有音乐和谐含义，万紫千红方有百花斗艳。

多样性不仅有利于自然界生态平衡，也有利于社会生态平衡。差异使社会有生机，单一、一律会破坏平衡。

矛盾是万物的动力的重要意义在化解矛盾中定方向、定空间、定和顺的发展。智慧将化解矛盾和利益交往的多元复杂性。协调、和解是永远的文明交往命题。

十二 文化交流中的"走漏"与"变形"

文化交流是不同文明之间进行心灵沟通的桥梁，展示民族、国家形象的重要手段，文明之间相知互信的渠道。

《中华读书报》2006年7月28日李红岩的《翻译：应以"信"为第一要义》中提出了"走漏"与"变形"问题。这对文化交流的"伴随物"有提示作用。

翻译是文化交流的重要载体。信、达、雅、化四个标准中，信列首位非常重要。有了"信"就不至于造成误解而产生错位。李红岩举 Ladies and

Gentlemen 被译为"女士们，先生们"，在中国便将"女士"与"先生"理解成相对的概念，造成误解，一旦有人将某位"女士"称为"先生"往往会引起诧异，奇怪"女士"怎么可以称为"先生"？

其实汉语中"女士"与"男士"对应，"先生"与"后生"对应。先生是不分男女的。当初如把 Ladies and Gentlemen 译为"淑女们，绅士们"，也许"走漏"与"变形"的误会就不会发生了。对外来语的翻译不能造成本国语言的混乱，这是"信"的原则应有之义。中外文化差异很大，但生活的本质有共同或共通之处。以语言而论，这共同或共通之处在深处会有强烈的感受。翻译中以"沟通"为目的，但有时会造成"断裂"。二者之间需要探求平衡。

目前，把 Comtextualism（上下文）译为"语境"，正如把 Heldebeg 译为"海德堡"一样，或许没有错。正因为如此，容易造成"变形"与"走漏"。例如把 berg 当作"堡"，其实它本意是"山"，到该地旅游去的人，未经深究，回国后大谈那里的古堡。冯至把 Heidelberg 译为"海岱山"就不会有所误解了。"语境"现在的许多误用，均走漏与变形在"上下文"的时尚化上。

文化交流不可不慎终追远，防止"走漏"与"变形"啊！

十三　文明的多样性与同一性

多样性是世界文明的基本特征。

多样性意味着差异，差异需要交往，交往可以促进发展、合作。

文明交往立足于寓于多样性中的动态同一性。这种同一性既是人类文明中民族文化的同一性，也是不同文明传统的合理交往中实现互补性和共同进步。

世界不同文明的冲突总是暂时的、破坏性的，不是文明发展的动因。

世界不同文明的和平交往与融合才是人类文明进步的重要动因。和平、发展、合作是人类文明最根本的共同利益、共同价值所在。

文明交往是双向的、平等的基础。"文本"间相互理解，在相互超越"自然"、进入"他者"，在差异中反观自身，在对照中互映自身，升华出新的自我解释。

交往中双方产生"交迭共识"，是异中之同，是一种内涵差异的共识，是寓差异性于动态同一性之中的差异性。互动、互渗中发生"中介"功能。

　　交往文明化三伦理原则：互相尊重、互相宽容、互相合作。合理、积极的交往而保持多样性与同一性的辩证统一。

十四　西方现代哲学中的交往对话理论

　　（一）胡塞尔（1859—1938）的现象还原法，即把"独立自主的客观世界"还原于超验主体所在的"生活世界"。"生活世界"主客观世界尚未分裂，是一切科学赖以存在的基础，"客观世界"是对"生活世界"的解释（概念化、抽象化），是"与之打交道"（交往）的一种方式。"超验主体"的决定性特权虽有唯心主义缺陷，但反躬自问的"那里转借"而"迷途知返"的探讨方式，开始了"二元分裂"道路上的转折，从而进入了相互良性对话历程。

　　（二）狄尔泰（1833—1911）以人文社会科学为主轴思考人类交往活动的对话特征。自然科学的对象是"物"，人文科学的对象是"人"。"人"，是"血管中流着真正的血的有血有肉的活生生的'认识主体'"，是历史和社会的代表的人的内在心理。人这一特殊对象要求通过"体验—表达—理解"方法研究时，才成为精神科学的对象。"理解是一个人与另一个人（包括一个人对自我的理解）的交流过程。一个人向另一个人开放，便是向他说的话开放。因此理解就是一种对话形式。"虽然有切断人文社会科学与自然科学的不足，但"同情式理解别国文化"具有积极意义。

　　（三）梅洛·庞蒂（1908—1961）的"对话造成生命世界"说。他在《知觉的优先性》中说："生活当然不是哲学……哲学也不是生活的无用的重复，而恰恰相反。因为没有反思，生活将被忽视，像肥皂泡似地消失，或变为混乱的东西。"（美国，西北大学出版社1964年版，第19页）他主张通过"对话"达到直觉色彩的理性——"自然之光"。他谈到了交往理性的对话哲学："哲学家是醒过来的说话的人，哲学是人的反思性的质问，是对自己存在的事实清醒过来的人的质问。哲学产生于这样的时刻，主体意识到自己作为一个主体，发现自己面前的对立物是一个模糊的世界，这个世界就像是一面雾蒙蒙的镜子，给他反射出一个混浊的镜像，这就是他个人存在的谜。"他在"理解—暗喻—对话"之间的异质同构交往中，特别强调暗喻的作用，从中寻求事物之间的相似性、新亮点和看法，通过联系说明人类的行为。从倾听我们在世界引起的回声中了解自己，这是理解的对话含义。

　　(四)寻求人类更全面的自我理解，不能不提到伽达默尔的解释学。他说，只有通过他人，我们才能真正地认识我们自己。解释学把历史学、文学艺术等都以一种合唱的声音，将人们已经"经历过的生活"转变成一种"叙述的生活"，然而再把"叙述的生活"还给生活。现代解释学关心的是人们做什么，即人的行动，而故事讲述又被认为是最杰出的行动，尤其是一种讲述前一段之时。解释学的新视野中最为真实的东西是：把过去的东西重新写出并与过去交流，最后产生新"视野"。它的核心是人类交流的开放性、对话的持续性和自我的深层性。注意：考证历史、恢复历史本来面目不是历史的唯一目的，它还必须以一种变调或复调将过去生活转变为"叙述的生活"，然后再将"叙述的生活"还给生活，从而给生活加进一些别的东西和为生活造就一种新的尺度。这是一种与考证不同的"理解"，如伽达默尔所云："真正的理解就是做出不同的理解。"

十五　文明对话研究的深入

　　河北人民出版社出版了一套"文明对话"丛书，共7种，分别是：

《儒家传统与文明对话》

《自我的圆成：中西对照下的古典儒学与道家》

《普天之下：儒耶对话中的典范转化》

《全球伦理与宗教对话》

《韩文的创立与周易》

《近代之挫折——东亚社会与西方文明的冲击》

《东西方哲学的交汇与东西方思维方式差异》

　　此丛书从不同方面，探讨了在当今世界中，如何用文明之间的对话来化解冲突，从而达成全球文明之间的和谐相处。

　　文明之间的共存，最需要的是理性的、平等交往精神，最应该的是尊重对方、倾听对方、进行讨论的文明交往自觉性，最忌的是"反唇相讥"，最可贵的是"反躬自省"，最难得的是宽容、理解对方，最好的研究方法是历史地、现实地比较分析，最缺的是研究伊斯兰文明和西方文明以及中华文明之间的对话性研究。

　　马明良作为一个中国穆斯林学者，有一部《伊斯兰文明与中华文明的交往历程和前景》（中国社会科学出版社 2006 年版）。它开了个好头，希望有更多更好的学术研究，使人深入了解中东文明与其他地区文明的交往问题。

我为这本著作写了一篇长序，其中特别提到杜维明对文明交往中的对话原则的揭决。杜维明是文明对话的积极倡导者。在 20 世纪 90 年代初，他在檀香山的一次会议上，就认为伊斯兰文明和儒家文明之间的对话势在必行。2009 年 11 月 18 日，他又和塞义德·侯赛因·约瑟（美国乔治·华盛顿大学教授）、彼得·乔希姆·卡赞斯坦（美国康奈尔大学教授）一起，在《中华读书报》的《对 21 世纪人类困境的回应——伊斯兰、儒家和基督教文明的对话》的综合报告中说："中世纪的西方社会大大得益于伊斯兰文明。因此，在 21 世纪，我们应该重新开始伊斯兰、儒家、印度等各种文明之间的对话。"

杜维明这种文明之间的对话原则得到了约瑟的积极响应。他说："伊斯兰和儒家文明一同影响了这个世界近一半人口，伊斯兰和儒家文明的对话不仅要探讨伊斯兰世界和儒家世界之间的关系，还要探讨伊斯兰和儒家文明是如何互相影响的。"他又说："基于多种原因，有必要完整记述伊斯兰同中国从科技到天文再到哲学等很多层面的历史交流，其中一个不容小看的原因是双方交流是世界文明史上最精彩的一页。而且，双方交往的长久历史对今天两种文明间建立和谐发挥了基础性作用，而建立和谐的基础不仅是现实考虑。"

杜维明特别举出了明清时期两位穆斯林大学者——王岱舆和刘智。他有感而发地指出："这两位穆斯林学者思想的重要性不亚于利玛窦，但他们的成果被很多学者所忽视。很多人都把文言文当做一门专门用来了解中国历史和思想的特殊语言，而忽视了中国古代文本中对其他文明进行研究的材料。但其实很多中国古籍记载了对伊斯兰文明的研究，我们应该对此予以重视。另外，从世界历史的角度看，如果没有人把阿拉伯文化的精髓介绍到西方，文艺复兴运动怎么能兴起？更不用说启蒙运动和现代西方社会了。"

读上述这一段话，引发我们从伊斯兰文明与中华文明之间交往的新思考。对王岱舆的《清真大学》和刘智的《天方性理》二书，许多研究者有某种程度的忽视，有些学者也作了研究，但为什么不从这两大文明之间交往的自觉视角去看待呢？杜维明的"世界历史角度"，正是一些研究者所缺乏的。有的学者谈中华文明的内部交往时，多谈儒道释、西马中，而不见伊斯兰文明的位置。这个问题，我在给马明良同志著作的序言中已经提到。从这一次对话中，又一次感到中国学人应在这一领域中深入对话。

　　对话中的复杂艰巨之后,是相互理解。约瑟说:"通过对话,我了解了杜维明的新儒家学派。"交往是实践,对话作为交往文化的一种形式,也是实践。整个文明都是人类所开创的历史进程。在论坛发言中,卡赞斯坦的文明多元史观为对话提供了理论前提。他反对阻碍对话的文明单一性的一元史观,认为文明是多元的。东西方的文明之内也是多元的。但他认为这多元文明都处于"全球家园",即一个承载人类知识与实践活动的全球体系之中。"全球家园这个概念所要表达的不是一套统一的标准,而是一种对于人类共享的价值理念的宽松认知,其中包含着人类和而不同的辩证观。这种对于共享价值观的宽松认知,是以人类的物质和精神福祉为核心的。"

　　从"全人类"的视角看文明,其视野中的福祉和权利不再是任何单一或若干个文明、政治结构和意识形态的特权,而是体现了文明固有的多元性和包容性,并在日积月累的实践进程中交会成一种全球范围的现代性文明。但是,从"全人类"的视角必须要进入"人与自然"之间的交往范围。认识自然是以发现真理为最终目的,而不是为征服自然。非洲的谚语说:"地球并非祖先给我们的礼物,而是后代交由我们保管的宝藏。"从"全人类"视角看文明,必须经常思考以下问题:我们自己是谁?在干什么?力量有多大极限?自然能为我们做什么?生命的终极意义是什么?如何维持人和自然的和谐并保持可续发展?总之要关注人类未来,顾及后代生存。这就是未来的地球承载力和人类发展的关系。我把文明交往归结为物质文明、精神文明、制度文明和生态文明,又把历史分为自然史、人类史、文明史和世界史的"大历史",都是由此而发的。

　　谈起"大历史",我想起了汤因比以单数形式及大写字母开头拼写的"大文明"(Civilization)的概念。卡赞斯坦认为:这种"大文明"需要所有生物一起来应对新的挑战,这种"大文明"认同或许会激发起追求"大文明"命运共同体为目标的社会和政治运动,在某种意义上就像人们早先追求民族命运共同体那样,"要成功创造出捍卫'大文明'的应对战略,每个国家和民族都应该参与进来,因为这一问题的最终解决还有赖于'大文明'中每一种文明的智慧与创造"。他又回到了文明多元观。我想,文明对话的深入研究,必然把文明交往自觉提上日程。文明自觉毕竟是涉及全局整体的"大问题"!

十六　经济与语言的平等权

语言是人类文明的标志之一。人类互相交往中最主要的工具就是语言，而语言背后又蕴藏着丰富的文化内涵和时代精神。在交往中，尚有以下的变与不变。

1. 交往与语言。人类交往的扩展，不同民族、不同国家的不同语言在相互影响。这种影响并不均衡。影响强弱要看经济力量的强弱。当然还要包括政治力、军事力。

2. 语言的平等权与经济、政治、文化成正比。从道理上讲，不同民族、不同国家的影响应当是相互的、平等的、双向的交流。但实际上语言很"势利"，它的影响是单向的，即经济、政治、军事、文化发达地区的语言，向落后地区扩张。

3. 心理作用。经济发达地区的语言受欢迎。它的语言有优势、强势。这是不以人们意志为转移的。

4. 强势语言以经济作后盾，可大面积流行。

5. 文化亦起作用。英语强势，但意大利音乐很发达，英语再强，不得不从中吸取词汇，在此领域不能不受它的影响。

6. 不发达地区个别语言因传媒而传播。

7. 语言是历史和现实的黏合剂，它蕴涵着世界文化的丰富性。

8. 在文明交往中语言是很势利的，但从文化渊源上看，语言又是很保守的。

9. 总之，语言是自主而开放性的，它总会保持自己的特色，无所谓优劣和美与不美。不片面排斥，不主观抵制。开放态度但要化外，固守己本，把根留住，对于外语，要为我所用。

十七　教室里的文明对话

来自以色列希伯来大学的伊迪·考夫曼和巴勒斯坦伯利恒大学的曼努埃尔·哈萨西恩每年夏天都在美国马里兰大学同时（周六）、同一讲台进行文明对话。

　　两位教授对话的课题是共同探讨巴以双方如何结束中东冲突的历史，如何理解眼下时事，希望找到解决冲突的良方，让双方用妥协的方法达成协议。

　　对话的方式是平等的：一人先讲一小时。每一件事都要事先商量，包括授课内容、阅读材料、使用地图和讲课用词。例如，在1948年，以色列建国时发生的事件，到底是称"解放战争"（考夫曼的说法），还是"灾难"（哈萨西恩的说法）。

　　对话一开始，两人并不熟识，在课堂上都希望超过对方，在课下则保持客气。慢慢两人发现他们有对古典音乐的共同爱好，经过多年合作，成为好友。

　　音乐是生活赐予人生的最自由的倾诉，是引领凡人感受天堂的使者。自然的韵律、人间的悲喜，勾起人们心底深处的东西，震撼人类灵魂的大美。美人之美，美己之美，从音乐开始。

　　对话形成了新局面，在课堂上创造出"中东和平"的"微型景观"：在美国讲课期间，两人分享一间办公室、住同一所房子、一道去健身房、一起观看足球比赛。在课堂上，两人合作也越来越愉快，哈萨西恩更是建议，学生们辩论是各选一方，辩论一段时间后再交换角色，尝试两种观点。

　　对话使两人观点都相当温和，他们都希望中东能够和平。

　　这种对话能够由美国扩大到中东，该是多好啊！

十八　"欧洲与阿拉伯世界"会议的对话自觉

　　2008年12月19日，以推动"不同文化间对话"为宗旨的"欧洲与阿拉伯世界"会议在维也纳举行闭幕式。来自欧盟27国和阿拉伯联盟22国政府与非政府组织代表就如何推动中东和平进程、阿拉伯国家妇女地位和作用等问题进行了交流和争论。

　　阿盟秘书长穆萨为找友谊"新途径"和奥地利外长施平德埃格尔的"二盟伙伴与合作"方向努力，为推动"欧阿对话"机制化，会议于2009年夏在埃及举行。

　　对话的自觉点有三：

　　1. 不存在不同文化之间战争的条件：欧盟必须放弃"双重标准"。即不能以人权为由，拒绝与海湾国家签署贸易协定，又同以色列深化合作。

2. 中东问题和解的条件：建立以耶路撒冷为首都的巴勒斯坦国；解决黎巴嫩和叙利亚被占领土问题；欧盟对以色列破坏协议和在占领区建居民点的态度。

3. 伊斯兰教问题：奥地利外长认为欧、阿历史上交往共处多于对抗与冲突；伊斯兰教为欧洲土生土长宗教，信徒从 20 世纪 50 年代的 80 万，到 21 世纪初已有 2000 万人。欧洲人口老化，阿拉伯有些国家 18 岁以下人口占全国总人口 60%。阿拉伯人年轻化的后果——世界银行估计，今后二十年阿拉伯地区将需要 1 亿个就业岗位安置年轻人。

十九　科技传播能力

科学技术从来都不是孤立存在的，而是在特定的文化环境和文明交往过程中发生与传播的。不仅如此，科学技术还是在特定的知识环境、经济、政治、宗教信仰的互动交往中发生发展的。对科学技术的传播能力的重新认识，促使人们对过去科学技术、学术交流史都要从文明交往力角度，重新审视把复杂问题简单化的问题。

1. 自从中国近年来推出《科学技术普及法》，发布《全民科学素质行动计划纲要》，制定《大众传媒科技传播能力建设工程实施方案》等一系列措施之后，得到在意大利召开的第一届国际科技传媒博览会各国代表的纷纷赞扬。这说明科技在当代交往力——科技传播能力的作用。

2. 传播不仅是传统文化的向外传播，尤其是科学技术的传播，是伴随科技发展和社会进步这些文明进展而来，国内公众对科技传播的需求越来越大。据中国科普研究所 2005 年进行的第六次中国公众科学素质抽样调查，中国公众对科技新闻很感兴趣，其中科学新发现、新技术应用和医学新进展，比例分别达到 54.5% 和 45.9%，而对国家经济发展感兴趣的比例为 53.5%。中国社会调查所对北京、上海、南京、西安、深圳、广州等九地电话调查，2005 年公众心目中的热点事件共 20 余件，前三件大事如：①禽流感疫情；②"神舟六号"发射成功；③"苏丹红一号"事件。

3. 中国的信息传播主要手段已经发展到传统大众媒体，电视、网络及移动通信方面尤其迅速。但对科技文明的传播，在传统大众媒介方面很不足，而互联网和移动通信才刚刚起步。2006 年 12 月发布的《中国科普报告》显示，在我国近 70 万个各类网站中，科技传播网站及栏目只有 408 个，仅占 0.58%，且原创内容少、交互性差、访问量小。科技传播能力将随着科技的进步而增加。

4. 传播对其他文化来说，同样有：①适应传播手段的变革；②观念的转变；③思路的调整；④传统大众媒体和网络的建设等问题。

5. 科技传播能力也是文明的交往力。这种交往力是推动社会发展的巨大力量。它将提高人类的文明程度。

第 三 编

历史文化

一　历史与文化的联系

优秀、先进的文化，包括在人类文明的进步历史之中。文明的民族性孕育于文化的精神之中。

文化如水，看似柔弱，实质坚如钢，承载着民族国家进步的灵魂。文明如织，文化交织于其中而成网络体系和社会状态。文明是世界的格局，国家与文明连在一起。大文明的格局，从历史上看有中国的儒家文明、西方的基督教文明、伊斯兰文明、印度文明。

有人说，1000 年开始时，强盛标志是对土地和人口资源的占有；1900 年开始时，技术、能源、资源占有成为强盛的标志；20 世纪最后二十年，强盛标志转为政治、科学、文化、国民素质的综合国力。这有一定道理，然而有以偏赅全、顾表忘里之弊。从人类文明史上观察，文明交往贯穿其中，文明自觉深入里层，并且潜移默化。外有文明，内有文化，他都没有看到广阔之林海与深沉之底层。

国家与世界的关系，不仅是一国与各国的关系，而是一国文明与其他文明，特别是西方强势文明之间的关系。全球化不是走向一体化文明，相反是加速了不同国家的"文明属性"。在全球化加速情况下，有关文明、文化、民族、族群问题日渐凸显。在文明冲突与文明对话之后，又有"软实力"概括文明潜力和文化创造力推向国家发展战略核心的地位。软实力的文化与硬实力的经济、军事等的关系，需要新的文明自觉的思想来穿透。重要力量、崇高使命需要矛盾辩证认识。

国民之魂，文而化之，国家之魂，文而明之。文化意义超过了教化而步入"人文化"之后，方是真谛。文化是由人化文；文明是以文明人。话剧

《立秋》有名句："天地生人，一人应有一人之业；人生在世，生一日当尽一日之勤。"业精于勤，勤奋之中蕴涵着坚定、坚韧与勇敢。

文化与文明的中心点是人，根本是人，是人的生活、理念、智慧、经验积累的结晶。文化与文明意义在提高人的生活质量，给人带来福祉、进步、有序、发展空间，给民族带来凝聚力、魅力、个性、形象、自豪、满意感。

文明自觉首先表现在对自己文明的认识高度，是重视人的尊严、价值、幸福和追求人的全面发展的向度；同时以开放心态对待别人的文明和自然界。文化以"文"化人，文明以"文"明人。对人增加交往的亲和力、凝聚力，对外增加交往的亲善力、影响力。以文化为核心的文明，是一个民族、国家的灵魂。文明的自觉，我还想到我概括的"三知之明"：自知之明，知人之明，知物之明，并且记住后面两句："交往自觉，全球文明。"

二　人类文明交往的历史进程

进程是动态的。进程对研究者的要求是：①理清脉络、线索、发展时期和阶段；②总结出共相与殊相、普遍性与特殊性以及在此基础上的特点以至规律性。

人类文明主要是社会、文化等方面的独特成就。在关注成就时，一定要同时从进程中看到其局限性。

人类文明有漫长的历史，了解过去文明的成就与局限，有助于人们更理智地关注当代问题。在人类文明交往的历史进程中，当代世界是我们的立足点。

政治文明在文明史上是重要的部分，但政治史的事实只有与文化、社会、经济、生态，特别是用制度文明的方式，并在交往过程中才能全面显现出来，才能生动而深刻。

在人类文明中，科学技术尤为重要，有时超过了政治力量。工业革命的重要性、信息革命的重要性，绝不亚于任何规模巨大的战争；而且从远古开始，战争总是和技术与贸易的交往方式相伴随的。

政治固然重要，但政治人物充斥史书，曾使英国女作家简·奥斯汀（1775—1817）笔下的凯瑟琳·莫兰（简·奥斯汀的小说《诺桑觉寺》主人翁）感到"烦恼"、"厌倦"。这说明科学家、思想家、文学家、艺术家，都应在史书中有其突出的地位。当然，普通人尤其是底层人的社会生活状况，也不能在文明交往中忽略掉。这是历史的动力及成败关键之处。

这样写人类文明史，其背后是由人类本身的特质所决定的。人类后腿直立，两手操作，大脑思考，其明显的成果是科学技术、生产和社会交往。对智力和人权的尊重，包含着对未来更加美好的文明追求。

三　文明史分期与文明交往

皮特·N.斯特恩斯（Peter N. Steams）等著，赵轶峰等译的《全球文明史》（中华书局 2006 年版）中，把世界史分为六期：

1. 文明兴起，多种多样地方社会、地域性群体共享制度和信仰，文明之间的"有限接触"。

2. 大文明共同体形成（中、印、地中海），关键词——文明区域"内聚"、之间"接触"。

3. 后古典文明（公元 500 年以后），交往延至新区，接触有宗教扩展、商业交换增强、国际性疾病传播加速。

4. 1450 年—贸易交往，美洲不再孤立而融入国际体系。

5. 1750—1920 年，西欧工业化社会影响明显（交往），互动关系的新频率、新的而且更多复杂势力关系架构在主要文明区之间发展。

6. 国际接触的复杂变化对某些社会产生后果，20 世纪发生第六次转折。

以上都是围绕文明交往而组成世界历史基本框架，很类似"织布机"——两套线索交错编织：①以核心特征叙述主要文明和游牧社会；②历史主要时期轮廓的平行历史过程与接触。

结论：文明之间和国际势力之间的互动是促成世界历史从文明的原始状态向今天状态演变的动力和基础。

本特利（Jerry Bentley）和齐格勒（Herbert Ziegler）合著的《新全球史》（北京大学出版社 2007 年版）的"新"处，是把各民族和各文明之间的"交流"作为世界史的主题。他所说的"交流"实际上就是"交往"，或者说是"交往"的一个方面，而"交往"更具有历史哲学的科学概念。该书不仅谈到妇女史、性别史、生态史、疾病瘟疫史、家庭史、人口史，而且注意到人类文明之间的诸多"交往"形式，如民族迁徙、帝国扩张战争、远距离贸易、农作物传播、生产技术、宗教、文化传播等方面。

此书从"交流"与"传统"立论,从横向和纵向两条线索,划定了文明史的分期。它追溯人类各个文明的历史演进,系统考察了"交流"与"传统"在各民族之间的相互影响。只是作者长于叙述而未能在文明交往理论上说清互动关系。作者"交流"的叙述上综合了物与人的细节,而未从根本上涉及人在交往中的本质特征。马克思说:"'历史'并不是把人当作达到自己目的的工具来利用的某种特殊人格。历史不过是追求着自己目的的人的活动而已。"(《马克思恩格斯全集》第2卷,人民出版社1965年版,第118页)例如,谈全球化交往,不能离开资本主义及其生产方式;经济动力及时代特征:即高科技革命与之相关的网络化。

四 历史给人类留下的两个字:文化

人类历史是一门全面的科学。简约的表达,可称之"文明"。再简约的表达,可称之为"文化"。

1. 任何一个文明的复兴,必须有物质文明、精神文明、制度文明和生态文明,它表现为经济发达、政治昌明。特别是文化(文明的核心)繁荣,这是一个国家、一个民族全面复兴之本。

2. 文化复兴为核心,一定程度说,它所达到的高度和成就比政治、经济更有持久的竞争力与恒久的生命力,更有重要的地位与作用。

3. 文明史为各民族、各地域文化创造的历史。一个时代一旦逝去而成为历史,它留给后人的只有两个字——文化。

4. 为什么?因为时间的推移会把一切物质文明的东西化为尘土,唯有精神文明(即狭义的文化)的创造,在历史长河的淘洗中,显示出永恒的"文脉"光辉。

5. "屈平词赋悬日月,楚王台榭空山丘。"李白的这首《江上吟》是在说:对人类文明贡献的大小,最突出的标志,不是财富,不是武力,而是文化,是伟大的思想家、科学家、文学家、史学家、艺术家及其不朽的精神文明所创造的成果。

6. 文化是说不尽的,它面广而疆界模糊,包括信息、知识,是浸润于、传承于特定人群的心态、行为,而交往则是贯穿了整个文明基因系统。

五　人而文之为文化

"化"旁为"人","化"前加"文","文"也是人的独特交往能力。人的此种本能也可以是"人而文"。所以人而文之为文化。人而文之，是说人类固有的人文精神。

手记名为：人而文之。文化的核心是什么？是人用"文"的本能，来"化"物，是使物质变精神，又使精神变物质。具体说，有以下要点：

1. 民族性：以爱国主义精神为灵魂。

2. 时代性：以开放创新精神为背景。

3. 价值观：①人们对物质和精神世界的判断、评价、取向、选择。②深层上表现为人生处世哲学（理想、信念、人生目的、意义、使命、态度）；表层上表现为利弊、得失、真假、善恶、义利、理欲等权衡和取舍。③主观特征：反映主体的根本地位、需要、利益；主体实现自己利益和需要的能力、活动方式（信什么、要什么、坚持追求和实现什么）存在的人的精神目标系统。④人和社会精神文化系统中深层的、相对稳定的而起主导作用的部分。

4. 形态（思想观念、行为规范、社会风尚、文化产品、制度体制）即思维内涵与方式。

5. 总之，主线为人，人而化之为文化，其内在力量为人文精神。内容：①人的自我身心；②人际关系；③人与社会；④人与自然；⑤人的国家与人的世界。

六　空间与文化

1. 欧洲人的地理大发现，扩大了地域空间。

2. 今天应扩大：①地域空间；②文化空间；③自然生态空间；④社会生态空间；⑤个人心灵空间。

3. 欧洲文艺复兴更多探索人的外部空间，今日古老文明的复兴，应更多探索人的内在空间（自身自省内省，道德修养，精神世界的完善与丰富的社会），即自我身心。

4. 在古文明的复兴中，当今人类最需要的价值追求：①生态文化；②道德文化；③精神文化。总之，是人文精神。人类希望在此，复兴的世界意义在此。

5. 什么是文化？文化首先是文字，是图形文字和正式文字。无文字之地的人群用自己构成方式和传统及记忆等方式表现文化；文字不发达地区的人群，文化存在于①生活方式中；②民风民俗等仪式中；③音乐、纹饰、祖传歌谣、神话谚语以及各种民间艺术中。因而文化是：一个群体在与自然互动中结成的一种关系，并形成的一种生产方式和生活方式的构成形式及思维模式。因为有人群的地方就有文化，文化在这里就有泛化的意义了。但孕育其中的人文精神，却依稀可见。

七　文化基因

传统文化是人们确立自我定位和民族认同的资源。它的生命力和影响在此。深究其根源，在于文化基因。

传统文化的基因在哪里？主要有：①价值观念；②道德情操；③审美情趣。这些蕴涵于传统文化的基因是可以塑造思维、行为模式和确定民族性的决定性因素，因而成为传统文化的内在精神。

传统文化的内在精神促使文化上的自信和自觉。首先是文化自觉；其次是文化自信。这些都是尊重传统文化的不同层次的心态。应有的认识、理解和责任是自觉不可缺少的。尊重是纯正的尊重，是弘扬内在的郑重态度。不要作秀，不要在尊重之名下图谋小利而失去内在的文化精神。

现在自觉的焦点，是在现代社会中如何保存、传承和弘扬传统文化。尤其是在全球化浪潮冲击之下，"我们是谁"的困惑越来越多，而答案的寻找离不开回归传统。这不是简单的回归，而是从回归中获得自觉，使文化基因赋予现代价值。这就是价值理性的自觉，即有"自知之明"，在化西之中的互化，在全球文明交往中复兴自身文明。

传统文化的表现形式转化为适合于现代人的生活方式，这是传承传统文化的重要途径。文明自觉源于文明交往自觉，也包括文化的交往自觉。人们的智慧和耐心的考验，正在回归传统与吸收外来文化之间的创新和发展。

文化传承的特性是既复杂又简单。它存在于一个民族的日常生活之中，细微的具体情趣处处可见，这是它的简单性。例如，民族习俗、传统节日，极为经常，司空见惯于吃、游文化，但极为简单的东西又不能简单化、表面化，重视其内涵又是复杂问题。这种自觉性表现在：科学态度、理性思维，目的在于复兴、弘扬传统文明，使之焕发新时代活力。传承是人们创造历史的条件。马克思说过："人们自己创造自己的历史，但是他们并不是随心所欲地创造，并不是在他们自己选定的条件下创造，而是在直接碰到的、既定的、从过去承继下来的条件下创造。"（《马克思恩格斯选集》第 1 卷，人民出版社 1995 年版，第 585 页）这段至理名言中所说的条件，就有"从过去继承下来"这一条。认清条件，是唯物史观中重要之点，也是知物之明的表现。

文化的民族性内涵在于民族认同感、民族凝聚力、民族身份的记忆力。民族性要守护、守望民族文化家园，让民族性放出浓郁的馨香。正是这种优秀的民族文化才是世界性的。多样性的优秀民族文明组成了全球的文明整体。

灵与肉的冲突是人与自身交往过程中一个古老而不易化除的问题。只顾肉就会忘却灵，相习成风，心灵生活便被视为怪事。尤其是物欲横流之下，人们便被物质舒适观念所惑，大家争着拜金钱之神，财神就成为至高之神，精神文明也就消失了，文化基因自然在此前就不存在了。

八　昆德拉论政治与文化

米兰·昆德拉（1929.4.1—）是有名的《生命中不能承受之轻》的作者，捷克斯洛伐克裔法籍大作家。他谈政治与文化的话题有直接的体验。1948 年，19 岁的他第一次加入捷共，两年后因"反党行为"被开除出党。1956 年第二次入党，1970 年再遭开除。在当时东欧历史条件下，他作为作家"两进两出"共产党，谈论政治与文化有深厚的社会背景。

西方评论界不假思索地认定他为"异见者"，但这位 1975 年流亡法国的文学家不愿承认此种"外加身份"，认为这是对他作品的简单解读。1985 年他最后一次接受记者采访时有下述独特的论点：

"当文化被简化为政治，其阐释便完全成了政治化的，以至于最终无人能理解为政治，因为纯粹的政治思想根本解读不了政治。"

此前，他还对美国作家菲利普·罗斯讲过："政治揭示了个人生活的哲学，个人生活则揭示了政治的哲学。"

他作为一个隐士，更多的政治隐喻被哲学思考所代替。80岁的他隐居在巴黎第六区，乐于用冷眼观察这个媚俗的、到处充满了故作伤感和自我愚弄的世界。他最讨厌的人就是法国的记者。

昆德拉的隐居，是洁身自为之士，于功成名就之际，隐遁于深邃的思想境域之中和精神境域之中。这种境域竟然就在喧闹的国际大都市之中，真是令人惊叹的奇事！

昆德拉是一位大"京隐"。

九 网络文化的交往特征

据2008年5月7日英国《每日电讯报》报道，巴以冲突已经蔓延到互联网上。巴勒斯坦组织和亲以色列组织利用维基百科网站来传播对各自有利的信息。亲以色列组织"美国中东报道准确性委员会"呼吁志愿者们编辑维基百科网站上带有明显偏见的条目，而此阴谋被巴勒斯坦"电子起义"所揭露。巴以开辟的这条"新战线"使我想起了网络文化的种种交往作用。

(一) 时代特征

1. 网络化衍生于以计算机和网络技术革命为标志的人类第三次技术革命。此时社会分裂为两大空间：现实与网络。农业社会文明使人类脱离蒙昧，工业社会文明教会民主、效率、发展、自由意识，而网络文化在思维上从平面到立体式，行为上从高成本到低成本，价值判断上从重物到重人。

2. 矛盾：一体与多样（经济秩序上的全球"一体化"与"本土化"；文化秩序上的"单一化"与"多样化"；政治上的"霸权主义"与"多极化"）。大浪淘沙。

(二) 思想特征

按信息的发生与处理为序，可分为：

1. 接受信息的认知层面：拥有一台连入互联网的电脑，人人都可成为知识生产者、传播者、获取者。

2. 处理信息的情感层面：表达、交流的解放，人与人关系的简单化。

3. 升华信息伦理层面：冲突、融合，衍生出开放性、开明性和去形式性。

4. 固定化信息的信仰层面：芜杂的网络社区。

（三）实践特征

1. 包容巨大：多样性超越农业的狭隘性、工业的排斥性（经济政策义化而扩张）、见诸笔的文字、发诸口的语言，可用多种语言，英语一统天下局面将改变。

2. 更新的快捷性：快餐文化价值普遍不高。

3. 形式上的分散性：分布面广，手法多样。

总之，网络文化充满了时代的交往特征。这是一个待观察、需要思考和研究的文明交往的新领域。

十 翻译的文明交往定位

翻译在人类不同文明之间的交往中意义重大，我从《文明交往论》到《松榆斋百记》中都谈到它。最近偶到首都图书馆看《译林》（1998 年第 4 期）许钧对季羡林先生的访谈文章《翻译之为用大矣哉》，以下文字引起我的注意：

"翻译对于促进人类文化的交流，其作用是不可忽视的。英国的汤因比说，没有任何文明是能永存的……既然任何文化都不能永存，那为什么中华文化能成为例外呢？我想，这里面是因为翻译在起作用。我曾在一篇文章中说过，若拿河流作比较，中华文化这一条长河，有水满的时候，也有水少的时候，但从未枯竭。原因就是有新水注入，注入的次数大大小小是颇多的，最大的有两次，一次是印度来的水，一次是西方来的水。而这两次的大注水依靠的都是翻译。中华文化之所以能长葆青春，万应灵药就是翻译。翻译之用大矣哉！"这是季先生对翻译的文明交往定位。

对中华文化之所以是古文化中连续至今的文化，季先生这个解释有独到见解。我在《文明交往论》中说过："交往中的翻译，甚至可以改变整个文化。"（第 25 页）我还说过："思想交往最独特的渠道是不同语言的翻译，无语言沟通则无交往，无互译则无互通……各地区、各民族之间的文明交往，特别思想交往，有赖于文献记录的翻译。"（第 425 页）我举的阿拉伯文化的两次大规模翻译运动，特别是 12—13 世纪在西班牙的翻译运动，意义更为重大，"通过此次思想交往，从思想上为新时代准备了基础，促进了欧洲文艺复兴的到来。"（第 425 页）我想，在颇大程度上，它把古希腊罗马文明的断裂带，同近代西方文明连接起来，创造了一个新文明。赛义德·菲亚兹·马茂德在《伊斯兰教简史》所言："数十年来，阿拉伯学者通过对数世纪作品的翻译成了文学巨匠。"（吴云贵等译，中国社会科学出版社 1981 年版，第 113 页）也正如威尔·杜兰在《文明史：信仰时代》中所说："通过从阿拉伯文译成拉丁文工作，产生了伊斯兰财富流入基督教西方的潮流。"西方文明的复兴，源头从此次交往开始。

美国天普大学教授、国际美学协会前任主席马戈里斯在 2010 年 8 月 9 日的第 18 届世界美学大会上说："不同语言之间的翻译的过程是人们在多样性基础上寻求融通的过程，而对于伟大艺术的共同欣赏是一种……显示人类文明普遍性的最为理想的方式和状态。"这个建设性意见是一种文明交往自觉。

任何文明（文化）都是内外交往的结果。内部交往是本文化传统在交往之中的扬弃，外部交往是交往中对外来文明的吸纳改造。内部交往之外，外部世界、邻近民族和国家，以至地区文化的影响（撞击、融合、交流）起着重要作用。新物种产生于两种元素的撞击，新品种产生于两种生物的杂交，大江大河成于泉溪的汇合。但不同文明之交的交往的方式是多种多样的。如战争、侵占、殖民、移民混居、通商贸易、宗教传播、文化交流（翻译是其中之一）。总括为迅疾的暴力强制，为潜移默化的和缓和平，为受授与取予同进，一句话是：双向互动、传承、借鉴、创新则为共同规律。从此两项规律看翻译的交往定位，对文明的兴衰，可能更准确些。中华文明之所以不像其他古文化中断，在于不断吸收新血液和自主创新两条，翻译是主动、自觉的形式之一，是积极开放、良性互动的表现，是勤于、善于学习外来文化和求知欲强烈的智慧交往手段。翻译有时会出错，如《古兰经》与《圣训》都有一句相似的格言："比缆绳穿过针眼还难"，最早的翻译把"缆绳"误译成"骆驼"，以致讹传至今。

这种现象现在已经约定俗成了，属习惯上的事了。就像人们经常谈到穆斯林尊重知识的传统时，习惯引用先知穆罕默德的话："学问即使远在中国，亦当求之。"但查遍《古兰经》和《圣训》，都找不到出处所在。因此许多严谨的学者不得不在此话之前，加上了"据说"两个字！这就是习非成是、习以为常了。

十一　文明多样性的力量

人类社会是一个异彩纷呈、多民族的大千多样性世界，人类文明与文化多样性是正常的社会生态表现。矛盾或冲突从古至今多来自帝国主义、殖民主义和霸权主义对文明多样性的仇视。消灭人类多样性，制造"文明冲突"来自强权政治。地球生态的恶化，是构成生态平衡的物种多样性的消失。人类社会面临的另一危机是对文化多样性的压抑和破坏。文明交往的常态应当是：不同民族、国家和文化之间在竞争中取长补短、在求同存异中共同发展。用一种模式铸套整个人类社会，必然导致危及和平的冲突。在自然界与人类的交往中，自然科学中有生物多样性的共识。人类文明交往中，生态文明应当是人与自然的互补共进，和谐相处。物质文明、精神文明、制度文明、生态文明，这四大文明交往层面中，生态文明虽然排在最后，但其重要性和作用，绝对不在前三种文明之下。多样性在人类文明交往中具有穿透力。

弱势文明强调文明的多样性，强势文明强调文明的普遍性、普世性或一体性。在文明交往中，这实质上是多与一、同与异的对立和统一关系。文明交往的互动规律终究要使弱势自强、强势宽容，二者相互促进，最后由自发走向自觉。

十二　文明门槛随想

1. 恩格斯在《家庭、私有制和国家的起源》中提出，希腊人按照氏族、胞族、部落、部族联盟组织起来，"出现在历史舞台上的时候，已经站在文明时代的门槛上了"。（单行本，人民出版社1972年版，第95页）

2. "民族"的希腊人已到了文明时代的门槛，紧接着之后，"民族"即文明时代。何谓"文明时代"？①多部落居住在同一地区（国家和旧氏族组织不同的地方，第一点就是它按地区来划分它的国民，不管他们属于哪一氏族或哪一部落）；②将不同的血缘关系组织在一起（"公共权力的设立"）（同上书，第167页）这就是"国家"，而"国家是文明社会的概括"。（同上书，第172页）

3. 对西方文明起源论（如塞维斯的"酋邦理论"、弗里德曼的"分层理论"、卡内罗的"限制理论"等）要作全面分析、综合理解，准确把握其适用度。若不谨慎理解理论，使有误的理论建立在沙滩之上，脱离实际。

4. 文明可分为"早期文明"与"成熟文明"，这中间又有一个文明"过渡期"，而"成熟文明"也有不同发展阶段。导致文明的发展动力，是文明交往的自觉。

十三　现代性多解

（一）现代性是一种精神：从文艺复兴（尤其是启蒙运动）以来的西方历史状况与文化精神。包括①历史背景：农业经济、礼俗观念、专制统治及社会结构与生活方式的前现代的传统性；②精神状态：摒弃人类蒙昧、未开化的精神世界，相信理性、自由、平等、博爱等价值理想；③核心：对美好、富裕、民主的美好未来的追求。

（二）从方法论工具解释东方国家的发展。欧风美雨中，科技先声，政治、文化紧随其后。现代性为利害并存的"双刃剑"。"现代性分化为科学与人文现代性两股潮流。前者崇尚科学精神与工具理性，追求理性对自然的胜利，将人与自然之间征服与被征服的矛盾推向极端。后者关注人的心灵与社会价值，关心人生物质生活丰裕之后如何提升思想境界、完善人生意义、实现生命价值，探求实现人的最终自由和终极解放。东方发展中国家应关注工具理性驱动下的片面现代性和科学掩盖下的人文精神流失和一系列社会问题。

（三）后现代性：①历史状况上的多元主义和持续差异；②文化观点上反思现代性的副作用；③现代性与后现代性二者可以并存共生，不是严格意义上的前后延续，但有因果关系。在发展中国家中，二者是矛盾共生关系，是在矛盾状态下走后发外生型现代化和全球化冲击下的现代化之路。它是现代性不充分发展之下出现的矛盾共生局面，正作用和负作用掺杂在一起。在交往中应以工具理性为轮，以价值理性为翅，将信念伦理与责任伦理相互交融，彼此互补，以促进社会发展。理性思考加切实行动以弱化现代化过程支付的高昂代价。

（四）哲学与现代性的交往。启蒙运动使哲学取代"神学"（"王者之尊"），成为达到外部世界的终极实在和永恒真理。启蒙运动成为现代性扭结，它确立了以本质主义、基础主义、普遍主义和总体性为核心的现代叙事，为现代社会的确立提供了合法性依据。哲学（反思性、批判性强的学科）与现代性之间的交往是以"博弈"（通过批判以实现现代性解构与建构）和"共谋"（被现代性体制收纳，成为现代社会合法性源泉）的关系进行，成为应对发展与挑战的范式。

（五）启蒙运动的旧唯物主义者的根本性缺陷，在于没有指出宗教产生的社会和认识根源。例如18世纪法国启蒙运动者就非常简单地肯定："宗教是由傻子和骗子相遇而产生的"。现代性要有正确的思维和为人民幸福（宗教是"人民幻想的幸福"，马克思"要求实现人民现实的幸福"）负责，变革不合理现实社会，创造出符合人性生存和发展的客观条件（不停留在思想批判、理论说明上）。

（六）现代性到后现代性转化为东方化的"三性"（外来理论与本土文化、普遍性与特殊性、相似性与差异性）。问题应放弃中西二元对立模式，东方虽有历史的具体性，但现代性成为现代思想的主题说明中西文化理念和社会形态演化都是命运与共的。协调现代性命运的休戚与历史差异之间的张力，为中心问题。

（七）现代性危机是精神文化危机。应反思人类存在的生活方式，反思生存和生命的意义，要把理性人化。东方国家当代问题为"可选择的现代性，焦虑问题：世界性与民族性的关系，即特殊化—普遍性，二者如何成为可能（现代性）"。

十四　文明交往、现代性与后现代性

人类文明就宏观而言，可分为前现代、现代和后现代三个时期；就其内涵而言，可分为前现代性、现代性和后现代性。

什么是现代文明？人类的现代化进程塑造了现代文明，而现代性是指建立在理性主义、人道主义理想和机器文明基础上，以现代民主制度和市场经济为标志，以实现经济繁荣、生活质量的总的提高为目标，以科学技术同步增长所确立的中心化、组织化、专业化、制度化的文明发展为基本原则。

现代文明是人类文明交往史上的划时代的革命，是对前现代的传统文明的扬弃与超越。现代文明立足于现代化，而把现代性看做是现代社会与工业文明的缩略语。现代性是一种价值观，它奠基于启蒙思想理性，在现代市场经济和科学技术等物质力量推动之下,现代性成为超越历史与文化传统差异的精神力量,处于人类文明发展具有普遍意义价值观的独特地位。

现代文明逐渐发展为一种新的传统而必须面对新的矛盾。例如,全球资本主义经济发展所导致的贫富差距扩大、生活的商品化、生态危机等。因此,后现代性应运而生。

福柯在《什么是启蒙》中说,现代性既是前现代和后现代之间的一个时代,更应该是一种辩护而非批判的态度。后现代是现代性的对立面,是批判、质疑而言。其思维方式的基本特征:否定性、非中心、不确定性、非连续性和多元性;反对现代性的主—客对立思维模式。其反对的是①基础主义;②本质主义;③理性主义;④道德理想主义;⑤主体主义;⑥人类中心主义。

后现代性不把文明看做结构性而是平面化,不是有序性、齐一性而是纷繁复杂乃至是混沌的。后现代性要"终结"包括现代性在内的所有传统,其面向未来的方式和态度是:寻求"不拘泥于形式和不追求确定结果的自我突破的创造性"。

结论:①现代性和后现代性二者的矛盾只有在现代化进程中才能解决;②社会进步与个性张力只有人现代化的核心——人的现代化(即社会普遍发展基础上)才可解决;③最重要的是,二者的矛盾只有在科学精神和人文精神协调发展、统一多元、相互开放、竞争互补的长期"自然历史进程"中才能解决。片面的科学化,单一的人文化,与人类文明发展的方向背道而驰。文明的现代化进程立足于:①历史的复杂性,②新的自我更新和自我完善,③通过解决而不是通过消除问题方式克服文明前进的困难。

强调:21世纪是高科技与人文高情感相平衡的转变,我们必须在现代文明交往中,学会把科学技术的物质基础和人性的人文精神平衡起来,理由二者是文化的核心,是文明核心的核心。

十五　文明交往与现代性

(一)现代性是现代化的基本属性,是现代社会和工业文明的核心概念。现代性首先出现于17世纪的欧洲,而且当今已成为整个世界社会组织、制度形态和社会生活方式的基本要素。这是人类文明交往的结果。

(二)现代性与传统性是现代文明交往进程中两个相互联系又相互对立

的范畴。二者分别标志着现代社会与传统社会的根本区别。现代性是对传统性的发展和变革。首先，从文明交往的互动规律着眼，现代性标志着人类活动范围扩大了时间和空间的局限性，在更广阔领域中把信息、能量和物质在场和不在场统一起来。其次，人类的活动从经验化的地域限制和"面对面"的交往关系，用货币符号的象征系统和交通、法律的理性体系进行更普遍更自觉的运行。最后，交往也使社会的现代化与人的现代化运动，现代社会高度的反思性与知识社会的密切互动。

（三）现代性是探求人的发展最重要的视角。现代社会的现代性物质基础、制度体系、文化机制、生活方式，既是"现代人"的能力和素质表现，也是人进一步发展的基础。社会的现代性与人的现代性、现代社会的制度发展与现代人的人格和素质的关系，是一种深刻的文明内在构成性交往关系。

（四）现代人是人的现代性的具体表现，是现代化发展的目标，即国民从心理到行动上与现代化发展相适应人文素质。有的研究者从以下方面分析：①新的生活、思想和行为；②头脑开放、思路开阔、能接受不同意见；③能接受社会改革和变化；④注重现在与未来，守时惜时；⑤强烈的个人效能感、效率感；⑥计划性；⑦知识性；⑧人们之间的信任感；⑨重视专门技术；⑩尊重选择，鼓励挑战；⑪自尊、尊重他人和相互理解；⑫了解生产及其过程。此分析稍嫌细碎，但也能体现一些反映现代人的本质，即个人自主、人格独立、平等、民主的新的价值观。价值（政治、法律的公共制度与公共价值）和市场经济（经济契约、信任经济）、公民文化（自身生活、观念、态度、素质、能力），都有心理和价值形态的内容。从深处说，现代性是现代社会的客观存在，甚至可以说是社会状态，是民族精神、素质和能力的表现。归根到底是人的发展，是离不开现代性本身的社会历史背景。

（五）美国学者阿历克斯·英格尔斯对发展中国家的个人现代化进行实证研究基础上，提出人的现代化问题，其理论为：人是一个国家进行现代化发展进程中的基本因素和发展自身的基本目标。我从中东地区的伊斯兰性与现代性矛盾对立与统一中也察出这一点：中东人思考的问题，除了民族国家核心价值观的重建和发展模式的选择之外，还有一个受后现代性的冲击问题。后现代性是现代性自身进化的助力。后现代思潮的核心原则是怀疑根源于现代性的内部矛盾，是以一种从属于现代性的激烈而辩证的方式。

（六）可以说后现代性的无中心、无权威思想，是一种超级"人性化"的时尚化、绝对化。低级情调、符号化使一些当代贪图享受玩乐的人把自己包装成为自命不凡的先锋派。这些人对多元化和差异的崇拜，最终导致相对主义、虚无主义和"怎么都行"的无公共秩序论。但后现代性却激活了对现代性的反思，使人们认识现代性的流动性和可选择性以及普遍的特殊化和特殊的普遍化。多元而一源、多元而主体，理性而历史化、实践化走向多元、多主体倾向。归根到底是如何解决"一"与"多"的关系。超越简单的"多"而建立别样的"一"；在特别的"一"下保证生动的"多"。公共性是"别样的一"，也许有其必要。

十六　"大"不见得是"伟大"

陕西先贤、朝邑（今属大荔）张奚若，原名张熙若，辛亥革命后改名为张奚若。

他有四句名言，至今仍让人记住。1957年，他批评国是，提出："好大喜功，急功近利，鄙视古人，迷信将来。"并直说，好大并不是好事，"大"，不见得是"伟大"。他还问：为何把天安门广场一定要修得比"红场"大？

环顾近年来大学"震撼世界"的大事，不少就有张奚若所说的影子。如"大合并"、如"大扩招"、如本科教学"大评估"，等等，使人想起了1958年教育"大跃进"的热劲。还有全国大扩校，占去千万亩良田建新校园。传言有要找某昔日城市，得在某大学中找，颇有"校中市"的议论。

这些"大"是"伟大"吗？

人类是文明的动物，然而常干不文明的蠢事，以至于在文明之路上总是走得曲曲折折。好在人类有反思的智慧，所以文明程度总是不断提升。但愿人类少重复犯错误，特别是少重复犯那些低级的错误，少走那些错误的回头路。

十七　经贸交往与对外交往

商贸交往的作用：①对外开放的窗口；②对外开放的途径；③对外开放的标志；④现代化必由之路。

中国的广州出口商品交易会，每年春秋两季，号称"中国第一展"。1957—2006年已100届。特点：①历史长；②规模大；③商品全；④到客多；⑤效果好；⑥综合性商品贸易盛会。中国外贸史、建设史光辉一页。为适应新形势，以扩大出口、增加进口、推动出口贸易协调平衡发展，从第101届开始，更名为"中国进出口商品交易会"。

几点总结：遵循世界贸易规则，扩大市场开放，积极参与全球多边贸易体制建设；鼓励双向投资，提高外资利用质量，积极引进先进技术和管理经验，大胆学习和借鉴人类创造的一切文明成果；完善涉外经济法律法规，实施保护知识产权的国家战略，努力创造公平竞争环境，依法保护各类企业和个人合法利益；同世界各国开展各领域交流合作，开创互利共赢的新局面，共建和谐世界。

中国与世界：互赖互相了解，众多中外企业交流信息、洽谈业务、推介品牌、采购商品，中国商品从此走向世界各个角落，是互利共赢战略的一部分。

十八　自由民主观念几误

1. 不能把自由民主同人类文明传统核心价值对立起来。人类需要自由民主。各国实现自由民主的具体政治发展道路和改革正在探索之中。

2. 自由民主观念是西方思想论证和人民斗争的结果，人类共同财富。

3. 自由民主同盟战胜法西斯主义的第二次世界大战的胜利，是自由民主的胜利，是人类共同价值观的胜利。

4. 第二次世界大战以后，自由民主价值观构成了一个民族国家对外要求主权平等和对外取得政治权威的道德前提与合法性主张，即文明内外交往的普世价值观。

5. 不能因西方国家以自由民主为旗号，敲诈别国经济政治利益，进而否定其人类文明价值。须知美国仅仅抓住它被利用的政治性和阴谋性，而无视其文明价值的思想性或人民性，其目的是把它作为实现霸权的宣传工具和发动阴谋的迷惑手段而已。

6. 分不清上述界限，中国学者不仅在现实国际社会中难以找到政治立足之地，而且在人类文明史上不能叙述自己的发展，总之是违反了人类文明交往的自觉性。

7. 政治体制改革观念是民主自由。

8. 自由民主价值不可作为改革的一般目标模式，必须探索其本国的具体方式。方向明确坚定，现代性核心价值为自由民主，避免"二化"（对西方政治制度神圣化、因制裁和演变而导致妖魔化)。

9. 总之,文明自觉必须解放思想,中国知识分子要有独立的、自主的学术研究,不能依靠西方学者基于西方利益立场和思想偏好的研究模式。二者有思想竞争,中国的真学术要有自己的知识产权、价值论证和思想理论支持,符合实际、客观,经得起批评辩论的思想。

第 四 编

文明兴衰

一 西方文明何以兴

何谓"西方文明"？就内容而言，西方古代有公元前 3 世纪到公元 5 世纪这八百年的"两希文明"（古希腊—罗马文明和希伯来—基督教文明）。这是近现代"西方文明"之源。

为何西方最先跨入近代文明之门？这首先映入历史学家眼帘的是不同文明之间的交往。在公元 7 世纪到 15 世纪期间，存在横跨欧亚非大陆的阿拉伯帝国、蒙古帝国、奥斯曼帝国等几个帝国。它们对西方国家的文明交往中的挑战，使得西方国家在应战中改变了自己的文明进程。阿拉伯帝国的挑战，不但影响到西方国家思想文化的进程，也影响到西方国家封建制度的最终形成。奥斯曼帝国对地中海地区的控制，促使欧洲国家最终作了开辟新航路的历史选择。蒙古帝国将火炮技术传入欧洲，正如阿拉伯人把印刷术等传入欧洲一样，在文明交往意义上特别重大。横跨欧亚之间几个大帝国充当了文明交往的桥梁和纽带的沟通历史的动力，虽然其中充满了冲突、战争、征服的野蛮历史，但对 15 世纪以后的欧洲，乃至在以后的人类文明交往中，是绝对不能忽视和否定的。帕克等学者的《剑桥战争史》（吉林人民出版社1999 年版中译本）中论述了各种战争，而我们从中发现的，是人类文明交往总是如影随形地伴随着残酷的战争。文明交往的自觉性也正是表现在"以戈止戈"武力流血教训中寻找最终制止战争的道路。

这里要强调的是，在人类文明交往的交往互动规律中，不仅要看不同文明之间的交往互动，更要把目光注意到西方文明这种相同文明之内的交往互动。任何一种文明的内部交往都是最根本的，其中包含着多种因素的整合，也包含着内部因交往而发生的变革。自觉的文明交往是把内外两个方面有机地结合起来。

西方文明曾经发生了几次关键性的变革：

1. 14 世纪至 16 世纪的文艺复兴。文艺复兴有三个互动一体的要素：①古希腊、罗马的科学主义和人文主义之根；②资本主义市场经济之本；③东学西渐之流。这三个要素也与一切复兴中的古文明，如中华文明、阿拉伯文明有关联。一个民族的文明复兴，一要保持住自己文明中的健康的文化基因，并自觉克服其保守性、落后性；二要发展经济基础、政治制度和文化体系；三要西学东渐，吸取西方文明的合理内核。民族性是文明复兴中最重要的"一性"，文明复兴离不开民族经济、政治制度和文化传统，其表述方式应是民族的语言和心理。这是一次伟大的、进步的思想变革。反封建反教权为西方文明奠定了思想之基。随之而来的是 16 世纪宗教改革运动，摧毁了天主教会的精神专制。

2. 17 世纪至 18 世纪的启蒙运动。启蒙运动是人类全面反思人与自然、人与社会及人的自我身心交往的伟大思想运动。彼得·赖尔和艾伦·威尔逊的《启蒙运动百科全书》中提到的 16 个国家和 100 多位思想家，一直影响到今天。自由、平等、民主、法制思想，进一步为摧毁封建制度、确立资本主义制度作了思想理论准备，为人类文明在社会经济政治方面的大变革创造了前提。

3. 18 世纪至 19 世纪末的欧洲工业革命，机器大生产代替了手工工场，生产技术和生产关系发生了大变革，世界市场的形成使人类文明交往成为普遍性。

4. 18 世纪末至 19 世纪中期的政治革命。1789 年的法国革命、1848 年的欧洲革命，以及 19 世纪 60 年代并远溯到美国、日本与此前的荷兰、英国革命，都使世界文明步入一个新时期。

当然，历史学家还需凝眸于不同文明之间和同一文明之内这两种文明交往的各种联系。

二　再读《西方的没落》

我读奥斯瓦尔德·斯宾格勒著的《西方的没落》的中译本，是戚国淦和齐世荣的版本。2006 年 10 月上海三联书店出版了完整的汉语全译本（由英语转译），读后有以下感想：

（一）他打破古代、中古、近代、现代的线性时间模式，用春、夏、秋、冬和童年、壮年、老年的大自然季节更替循环与人类生命的几个主要阶段，来探究历史内在进程和奥秘。他用文化形态学和历史观相结合，以"文化"为核心概念，用文化精神把世界史分为八大文化形态：古埃及、古巴比伦、古印度、古代中国、欧洲古典文化、阿拉伯文化、近代西方文化和墨西哥文化。这些文化有机体服从宇宙运动周期性和生命循环节律性。

（二）他预言了 20 世纪西方文化进入生长发展的最后阶段，其进程无可逆转。在该书结尾处还引用了古罗马哲学家塞涅卡的名言表示自己研究结论的自信："愿意的人，命运领着走；不愿意的人，命运拖着走。"本书第一卷出版于 1918 年，使人想到了列宁写的《帝国主义是资本主义的最高阶段》。领域、写作形式固然各异，但都为西方一些学者所不容，但他不愧为清醒者。哲学家卡西尔在《人论》中，便将这部分斥为"历史的占卜书"、"恶的预言书"。不过，他的睿智、他的神秘，不能视为"巫师"、"先知"，因为"没落"对一个文化只是长时段而言，绝非短期能窥其结果的。

（三）他的《西方的没落》是"一家之言"，其中论及西方文明时期进入最后阶段（他称之为"恺撒主义"）之际，在以大都市为基础的社会组织中，金钱和才智占据绝对的主宰地位；而且相信"能够推翻和废除金钱的只有血"。这与今日的财大气粗的美国，与知识经济的现实，与美国空前的霸权、单边文明下的恐怖主义滋生，与美国文明与世界各种文明中的血淋淋的战争事实，有奇妙的吻合之处。

（四）诗与历史有天然的联系，又有天壤的区别。史常从诗开始，史诗在人类历史上早于一般的历史。但史诗与真正的历史相比，还是历史的童年时期，是诗与史未分离的文体。亚里士多德在《诗学》中曾经想在诗与史中间画一条明确的分界线："历史学家描述已发生的事，而诗人却描绘可能发生的事，因此，诗比历史是更近于哲学、更严肃的；因为诗所说的多半带有普遍性，而历史所说的则是个别的事。"这句话前半有一定道理，后半则没有道理。对诗与史的关系，依继承史学传统和创造新的史学，可从美学的表达角度，用"诗性"史学来表达。司马迁的《史记》，在许多方面就表达了"诗性"史学的文、史、哲之美、之真、之深。斯宾格勒独具一格的世界历史表述模式，可视为直观、诗性的历史文化哲学，它用诗、史的结合，奏出了一曲西方文明的启示录式的挽歌。经过近一个世纪，歌声从西欧响彻美国大陆。

三　法国文化之死

2007年12月《时代》周刊在封面上宣布"法国文化之死"。

这与基佐1828年以历史眼光评判法国文化的结论成反比："法国文明比其他国家更加活跃，更具感染性。我有权把欧洲文明的画面集中在法国身上。"

法国哲学家贝尔纳·亨利·列维认为《时代》杂志的文章是美国人"强势文化的偏见和价值准则"的表现。美国人这种心理有五条准则：①文化是否健康，看能否激起美国文化的好奇心；②美国不会错；③艺术即艺术产业，文化即文化市场；④艺术就像科学，简单、自动化、普遍化，人人能弄懂，可以翻译成各种语言，尤其是英语；⑤经典著作必须马上译成英语。此外，列维认为，《时代》周刊表面上讲法国文化，其实是对美国文化现状的反思。作者所担忧和焦虑的是一切强势文化的命运——总有衰落之时，西班牙语、汉语或其他亚洲语言的兴起，将使英语不再是唯一的通行语言。

法国财政部长拉加德就工作价值问题说："这是一个古老民族的习惯：法国是一个思考的国家，想得够多了！让我们卷起袖子！"法国现总统萨科齐说："法国人在学说、理论和抽象上面花了太多时间，在应用到实践方面花的时间却不够多。"这两位政治家也在思考西方文明内部交往中的问题。他们所接触的问题，是从法国文化衰落中，看到了美国的民主和市场时代文化对法国贵族文化的胜利，看到了美国文化中实用主义的快速、粗野、多样和蛮横力量对思想的统治，又看到了整个西方文化的历史命运。他们与法国哲学家的看法殊途同归，虽然萨科齐讽刺前者空谈："别人在解决问题的时候，法国的哲学家却在左岸的咖啡馆里喝咖啡。"

1835年托克维在《美国的民主》中早已说过，美国作家追求的目的，与其使读者快慰，不如说是使读者惊奇。作家们努力的方向，与其说是使人感到美的享受，不如说是使人兴奋激动。该书有一个专章，解释"为什么在民主社会里研究希腊和拉丁文学特别有用"，结论是古代文学可以有效抵消民主社会特有的缺点，原因是希腊文学的"字里行间都是对于纯美的追求"。

四　德国人生活的恐惧感

恐惧感从何而来？它是先天产生还是后天形成的？据西班牙《万象》月刊 2006 年 10 月号发布美国拉特格斯大学基因研究小组教授格列布·舒米亚茨基的研究成果证明：恐惧感是有生俱来的，而文化和我们的人生体验让这种感觉具体地表现出来，恐惧感是可以治疗的，它需要有良好的意愿，并付出持续的努力。

恐惧的感觉，在德国有其特殊性。

据德国《明镜》（Der spiegel）报 2006 年 8 月 28 日一期载，近年来频繁发生的恐怖事件，又让德国人产生了恐惧。

恐惧是德国人的老病：1800 年恐惧生活在没有上帝的世界上；1900 年以后，德国经历了自由被滥用和两次世界大战的恐惧；进入工业社会是职业上的恐惧（20 世纪 80 年代，巴舍尔担心输掉大选而疯狂服用镇静剂，最后在瑞士一个酒店自杀。还有一个自由民主党领袖恐惧出现财政丑闻而从滑翔机上跳出自杀）。

《明镜》报说，德国每年有 1.2 万人因为恐惧和抑郁症而自杀，这个数字是交通事故死亡人数的两倍，在欧盟范围内，这个数字占整个欧洲的 20%。

恐惧感和危机感，有个人和社会的诸多因素。但这未必全是负面的。居安思危，惧则思变，也有其警示作用。

五　亨廷顿的忧惧症

2008 年 12 月 24 日，美国政治学家亨廷顿去世，享年 81 岁。他留下了 17 本著作和 90 多篇论文，其中最著名的是 1993 年在美国《外交》杂志春季号发表的《文明冲突》一文及 1996 年出版的《文明冲突与世界秩序的重建》一书。他的主要论点是：冷战结束后，经历了民族国家之间的战争以及资本主义与共产主义之间冲突，世界冲突的模式是不同文化和宗教之间的暴力相撞。

2001 年 9 月 11 日，在恐怖袭击纽约之后，本·拉登就曾引用亨廷顿的论点,把这次恐怖行动称为"文明冲突"的第一次高潮。2004 年,亨廷顿最后一本书出版,书名为《我们是谁?》。这是 1993 年美国《时代》周刊发表的《美国还是一个熔炉吗?》的延续。他顺着前者的思路,怀着恐惧心态,叙说以盎格鲁—撒克逊白人新教徒(WASP)主宰美国的时代正在过去。"美国已经变成了一个肤色意识强烈的社会","如果新移民不能融入一直以来支配美国的欧裔文化,那么美国人口的非西方文化是否意味着它的非美国化?"因此,他在《我们是谁?》一书中,要求必须对美国的南美移民,进行强有力的适应当地环境的措施。

这就是他切身体验的小环境。还有大的环境是西方基督教文化的萎缩。西方文化从近代以来,因经济、技术、军事、国力优势而在世界上占据主导地位。西方文明把世界卷入他们的现代化进程,强迫非西方国家选择西方的社会制度。特别是 1991 年苏联解体之后,这个现代政治问题似乎解决了。亨廷顿的学生福山即持此看法,而有乐观的"历史终结论"提出。这种理论是老思维模式,他把西方现代化中的价值观念和组织机构形式看做普世性(普适性、普遍性)。

亨廷顿与他不同。他认为"文明"是一个被忽视的政治问题,是被政治制度(组织结构)、意识形态掩盖的思维方式,是西方基督教文明的副产物。西方文化难以在其他文明中落地生根,世界各地都通过经济发展推动政治改革,但各地的现代化没有一个地方会喜欢建立在西方基督教文化基础上的同一性。其原因在于:①人们生活在不同历史传统中;②拥有日常生活共同记忆所构成的特有文化,一句话,有其民族性特色。亨廷顿所说的"本土化"(Indigenization)趋势,就是各个文明维护自己文化精神价值的主要方式。

但是,亨廷顿将人类文明的"七分法"(基督教、东正教、伊斯兰教、非洲、印度教、日本、儒教),特别是"三大主流"(基督教、伊斯兰教、儒教),这其实还是"西方与非西方"的"两分法",其实质为以西方文化在世界格局为坐标的"西方中心论"。亨廷顿比福山清醒:西方文化并未为其他文化容纳。现实是:经济全球化并未使全球西化,而是越来越多的国家在觉醒中强调自己的文化身份和民族特色文化价值。尽管他并不是用"文明冲突论"来强调东西方文明之间的冲突,而是描述未来世界格局与前景,但仍然是片面性理论。事实上,人类文明之间和之内的交往互动,既有冲突也有融合,有对立也有共处,有互争也有互利。"文明冲突论"有一个警示作用也有危险性。然而,哈贝马斯的"对话论"、约瑟夫·奈的"软实力"论似乎比之更有现实意义。仔细思考,这样把复杂问题简单化,终究对人类文明发展福少祸多。

德国学者哈拉尔德·米勒指出，亨廷顿"文明冲突论"的病根是在不安中寻找敌人的恐惧感。此语言之有理。但作为研究世界政治未来模式的学者，亨廷顿之忧应扩大为全人类之忧，惧应为全人类之惧，而不要局限于西方。治疗此种"特殊忧惧症"，从根本上说在于文明自觉。这种自觉来源于人类文明交往史的深处。

法国学者多米尼克·莫瓦希的《情绪的地缘政治》一书视角独特，认为"9·11"事件后的世界，不是文明冲突，而是三种"情感冲突"：①美国与欧洲出于对他者、对一些民族因失去特定身份和意义的"恐惧情感"；②伊斯兰、阿拉伯世界因历史原因导致宗教冲突和经济全球化中被排斥在外而产生的"羞辱憎恨情感"；③亚洲的中国与印度专注发展而构建美好未来的"希望情感"。三种情感是文化根本性倾向、特殊区域和特殊人群的情感，给政治、社会和文化带来了冲突，影响着变化了的世界。从文化背景差异后面的感情驱动力的问题，值得研究，它为人们从精神层面观察全球化带来后果提供了解释的一个新视角。

六　基佐对文明的分析

（一）文明的含义：最普遍、最卓越的"事实"是一切"事实"的归宿和总结，是一个民族全部生命和成就的总和。

（二）文明"是一切历史中最伟大的，因为它无所不包。并且由于这种巨大的包容性，使它很难描述、很难叙述，但仍有权被描述、被叙述，而且可以被描写和叙述"。（《欧洲文明史》）

（三）文明"这个大事实包含着两个事实，它靠两个条件存在，并通过两个标志显示出来：社会活动的发展和个人活动的发展，社会进步和人性的进步"。（同上）

（四）"把文明这个词的意义作为一个事实，按照人类的常识加以研究，研究它所包含的一切意思，这种做法使我们对事实本身的认识，比我们自己试图给它一个科学定义的做法能取得大得多的进展，虽然后者乍看之下可能显得更明白、更精确。"（同上）

（五）"文明的两大因素，即智力发展和社会发展，是非常紧密联系在一起的，文明的完善的的确确不仅在于它们的结合，而且也在于它们的同步

性，以及它们互相激发并发生自身的那种广度、便利度和速度。"(《法国文明史》)

（六）"文明不仅包括这两点（社会和人类发展），要使它完善，那么它的同步性，它们内部的和迅速的联合，它们的同步性，它们的相互作用是必不可少的。"

（七）英国社会发展比人性发展广泛、辉煌，盛行功利原则；德国的精神活动（哲、史、文）进展快，缺乏现实感受力，社会发展慢，主要特征：纯粹的智力活动机构；意大利个人与社会辉煌，但外部世界涣散压抑了人的精神；西班牙缺乏文明持续进步环境，有的是庄严的静止或没有结果的周而复始；法国"精神的发展和社会发展彼此从未相失过"。

（八）他否认东方文明的发展进步性，他将文明限制在西方社会，牺牲了伏尔泰史学的空间视野，而伏尔泰是"第一个试图在进步模式内叙述世界历史的人"。（赵立坤：《论启蒙时代的历史观》，《史学理论研究》2002年第4期）

七 章士钊论调和与差异

章士钊的调和立国论中，讲调和是差异协同与对立统一，是宇宙运动的基本规律。

他讲的"和"是"调和"，即调和社会各因素，使社会历史运动呈现承续性、渐变性、循环性的特点。宽容与妥协是他对人与社会的主张。

（一）何谓"调和"？保持事物本身旺盛生命力，又须与异体保持协同。事物这种差异协同关系就是"调和"。

（二）"盖社会上之情感、利害、嗜欲、希望，决难同一。所谓物之不齐，乃物之情，必勉强齐之，必且横决而不可收拾。庄生著齐物论，意在以不齐为齐，诚为笃见。故调和之为物，乃天理人情之至。"[章行严：《新思潮与调和》，《东方杂志》，1920.17（2）]

（三）尚异："所见不同者，人之情也；士论不一者，国之华者。"[孤桐：《答稚晖先生》，《甲寅周刊》，1925.1（22）]

（四）"调和生于相抵，成于相识；无抵抗力不足以言调和，无让德不足以言调和。"[章士钊：《甲寅杂志存稿（上）》，上海商务印书馆，1922]

（五）"和"、"调"、"斗"是辩证地联系在一起，不可截然分开。非对抗性矛盾需要调而和，对抗性矛盾需要"斗"而"争"。革命论、斗争论、调和论、和谐论因时因地而不同。章氏以"和"为核心理念，以和为主，以斗为辅，强调协同，使之理想化、扩大化、宽泛化，甚至绝对化。割裂和与斗，片面强调新质与旧质亲和性，忽视二者的排拒性，社会历史上只讲量变而无质变，只有渐变而无突变，只有循环变易而无螺旋上升，这导致其文化保守主义。

八 社会正义与文明交往研究

王梅芳《舆论监督与社会正义》（武汉大学出版社 2007 年版）一书的理论价值，在于把新闻界及社会公众关注的舆论监督纳入价值传播系统，并论证了舆论监督对实现人的全面发展、社会的合理发展与社会正义的一致性。目标、理念、实践的价值意义，都使舆论监督上升为文化力量，成为人类在追求全面自由发展过程中自觉的行为方式，成为通向社会正义的桥梁，成为一种文明交往自觉的标志。

此书的创新之处在于书内，但更重要的在于书外。作者使舆论监督入于新闻范围，又出于专业范围。她把研究领域的视野拓宽到人类社会发展和人自身发展的精神文明层面，从技术工具的交往层面，提到文明交往的理论层面。这就为舆论研究和新闻学研究打开了一扇新的大门，从人类文明交往角度开拓了研究思路的广阔空间。

人类文明交往研究有三种学术品格。第一，不照搬西方任何理论，尤其不受学术界中盛行西风时尚的消化不良影响。它关注中国自身文化背景，联系中国实际，探索具有人类文明的人类性普遍价值。第二，不作纯书斋的理论思考，而是把许多社会实践中的案例结合起来，使理论有明确的针对性，作学术层次和现实层次的双重批判。第三，它关注文明交往的历史现实与未来相统一的思考，不限于公式化结论，而追求关注、介入现实，并超越于学科立场之上的人类文明自觉视野和对具体价值标准的价值追求。总之，从文明自觉见之于学术自觉的，是不亦步亦趋于别说，而是要独立思考，要追求创造，且认识自己的局限性。学问有不同的做法，书有不同的写法，贵在自得，贵在自思，贵在智慧。

由舆论监督想起了文明交往中人性观问题。人性是复杂的，善性与恶性交织在一起，光明意识与幽暗意识交错为一体。清醒的人性观对人性中的罪性保持着高度的警惕。英国史学家布莱斯(James Bryce)在 The Americam Commonwealth 一书中引用了美国宪法之父麦迪逊(James Madison)的话说,结党营私是人类的通性,必须正视人性的丑恶面,"政府之存在不就是人性的最好说明吗?如果每一个人都是天使,政府就没有存在的必要了"。因此,他认为美国宪法的制定者"相信人的原罪,决心对犯罪作恶者关上一切他们可能关上的大门"。(New York,1889,p.306.)所谓"权力分置,互相制衡"制度原则的目的,在于防止政府权力集中于个人和集体而造成的个人独裁和集体专政,使各人的自私自利因相互牵制而有利于公共利益的实现,这种对人性堕落与罪性的判断,体现了对人性复杂的现实感,监督是制衡的杠杆,舆论监督不可少,它是文明交往的一个重要制衡器。

九 从丘吉尔的假牙看语言的交往价值

我在《松榆斋百记·七十·语言的交往价值》、《松榆斋百记·八十五》和《松榆斋百记·八十六·汉语的四重奏》、《附录二:语言不只是符号》、《语言文字的交往与理解》,都从不同角度谈到人类文明交往与语言的关系问题。这是我对《文明交往论》中关于语言文字在文明交往作用的几点思考。

近读《丘吉尔:一副假牙拯救世界》(《中国国防报》2008 年 4 月 29 日,作者小朗)忽然想到语言的心理与生理作用。过去,称教师是"口耕笔耘"。有人说不确切,应该是"舌耘笔耕"。不是吗?张仪在游说失败之余,曾让他的妻子看他的舌头在不在,说只要舌头在,什么都不怕。许多人在"逼供信"时,也有咬掉舌头以绝语言"祸从口出"之虞。

但这只看到口与舌的作用,而未看到牙的作用。丘吉尔 16 岁患牙病,20 多岁前上齿全部脱落,语言受阻,说话漏风,虽有假牙,但咬合不紧密,发音不清。第二次世界大战期间,英国名医威尔弗莱德·费希为他装了效果好的假牙。此后,他说话不再漏风。经过刻苦磨合练习,使他的讲演越来越出色,语调、语言,加上手势、身姿,处处透出感人的非凡勇气与力量,鼓舞着英国军民。舒适合体的假牙,成了至关重要的心理道具和生理道具,给了他在政治交往中能够自如地讲话。这对任何一个政治家,都是必不可少的。语言技巧是丘吉尔成功一个最重要的因素。

不过,用《丘吉尔:一副假牙拯救世界》这样取得"轰动效应"的宣传语言,是夸大了。问题不那么简单。我们还是从交往互动的综合性上看待这件事。

十　勒·克莱齐奥:一位对在主导文明之外和之下的人性探索者

本手记的副标题是瑞典文学院宣布的法国作家让·玛丽居斯塔夫·勒·克莱齐奥诺贝尔文学奖公告中的话。此话超越了所在的文明并且不带高高在上的姿态和世界性视野。反映了作者为何多以漂泊流浪边缘人物为作品主角特色的缘由。这些人物的特点是:以更感性、更直觉性认识世界,表达了作者对原始文明传统和古老文化的关注,对当代世界工业化文明的怀疑和批判。

他从处女作《诉讼笔录》(1963)就开始了对现代文明的批判,主人公为生活在西方文明边缘的亚当·波洛,他离家出走,"寻找与大自然的某种交流"而流浪,被警方视为"精神病人",其笔录鸡毛蒜皮,表达了他对现代文明强烈的逆反心理。此后有好多部小说都是揭露西方城市文明所面临的问题和人们的恐惧。如《可爱的土》(1967)把人排除在土地之外,只写主人公桑斯拉德一生所见的阳光、动物和植物。《沙漠》(1980)描绘了少女拉腊"在当今的西方世界中的不公正和贫困所进行的力量悬殊的斗争"。

生态文明交往是他关注的焦点。《战争》(1970)把生态危机描写为"战争开始了"。在《发烧》(1966)、《春季与其他季》(1989)等小说中赞美小人物对自由、原始的自然状态的追求。在《乌拉尼亚》(2006)中,描写了一个桃花源式的理想国:这里居住的人都来自世界各地的流浪者,人人平等,无贫富差别,孩子有自由的天性。人与自然关系纯真一人,顺天而生,一切都回归人性未被物质文明玷污的初始时代。后来,这个乌托邦的理想国在周围的族群围攻中被迫迁移,去寻找出路,讽刺社会弊病耐人品读。这种在地球上寻找天堂的理想,渗透着他对全球化过程中一些古老文明消失的思考有关。此书在2007年获得中国人民文学出版社21世纪年度最佳外国小说奖(法国卷),他在致中国读者的序言中说:"仅仅希望通过此书,使那些曾经给哥哥和我以勇气,帮我度过艰难的战争岁月的幻梦获得重生。""重生"有帮助人们在日常生活中对抗美国影响下的现代社会无节制扩张的资本主义势力。2008年来中国领奖时,他兴奋地说:"中国专家和诺贝尔评委有了惊人的一致。"

值得注意的是《浪漫的星星》(1992)这本小说，它以小女孩艾斯苔尔和母亲一起去寻找传说中自己的家园——圣城耶路撒冷的途中所遇到的种种情节，细腻地描述她以及亲人、朋友在希望、绝望、等待、死亡以及宗教方面所表现的心态，从而深刻表露了对战争和人性问题的思考。流浪是他诗意的栖息。1960年，他娶半法国半波兰血统的罗萨丽·皮克马尔为妻，后离婚。1975年他把拉美文化领悟到的东西结集出版，同时又娶一位摩洛哥热米亚为妻，90年代以后他和妻子就住在美国的新墨西哥州和非洲的毛里求斯岛。1997年他出版《欢乐的节日》中写道："这经历彻底改变了我的人生，改变了我对世界和艺术的看法，改变了我和其他人的交往方式，改变了我的衣食住行，改变了我的爱，甚至改变了我的梦。"他的思想超前，超现实，致使为一些人不解。

克莱齐奥认为，美洲印第安文化缺乏表达自己的机会，逐渐被现代文明破坏掉，其中有很多值得欧洲人学习的东西。他觉得美国人不用说，欠印第安很多，欧洲人同样如此，通过殖民地的糖和棉花贸易，获得了巨大财富而奠定了工业文明的经济基础。因此他们得还债。他关注失落的文明，他继承了法兰西人文主义传统，他对当代社会有了强烈批判精神，他思考人类与自然关系，他是一位有自己自觉追求人类前途的作家，他是世界性的超越国界的文明交往自觉者。法国总统萨科齐说："克莱齐奥在毛里求斯和尼日利亚度过童年，在法国尼斯度过青少年，在南北美洲游走，他是属于所有大洲的孩子。"外交部长贝尔纳·库什内称他为"世界公民"，他有法国和毛里求斯双重国籍，他周游世界，为的是理解"我是谁，他人是谁"。是的，他是"世界文明交往自觉者"。

十一　战争与政治关系问题一解

战争是政治的另一种交往手段的继续，这是克劳塞维茨在《战争论》中留下的至理名言。政治交往"并不因战争中断，也不因战争而变成某种完全不同的东西，无论使用什么手段，政治交往总是继续存在的"。(第984页)

政治交往是战争的主线，它不一定是武力攻击形式，但它比武力攻击更能实现小战大胜，甚至不战而胜。记得在成都武侯祠看到清末四川盐茶道赵藩的"从古知兵非好战"的题词，有感于学兵法终极的目的不是为了打仗，而是为了取得和平；战争也未必都是兵戎相见、炮火硝烟。通过舆论、外交政治解决，挫败敌方战略企图，是兵家上乘。以戈止戈之谓武，武力、暴力，是最后的选择，也是不得已的最后选择。备战、慎战最为重要。

公方斌在《政治作战初探》（解放军出版社2005年版）中提出了"政治作战"的概念，对于政治作战的本质、内容、特点、途径进行了界定。政治作战的中心是国家战略目标，是由军队主导开展的，在政治、思想、精神、心理诸领域，通过各种资源整合的作战方式，政治作战的主要特征是舆论、心理、法律的攻击性。

海湾战争以来几场高技术战争显示，在信息化战争条件下，在战争与政治关系上，有了交往的新特点。对高技术战争中"软性攻击"的理性思考，离不开全球化带来的日益增强的相互依赖，特别是战争高技术化带来的破坏力，给武力胜利的代价急剧提高，因而必须在军事打击中提高政治、心理攻击，以低成本换取大胜利。现代战争是追求一定的利益为主要目标，不再把攻城略地作为战争的主要目标，用政治攻势瓦解敌人成为重要工具。

现在似乎可以把战争是政治交往的继续的名言再引申一下：战争还应加上军事力量自然延伸到政治作战。因为和平与发展成为时代主题，政治交往除了武力形式之外，还要考虑到更复杂的、精妙的实力展示方式。在不便大规模运用军事实力条件下，化军事实力为政治影响力的交往方式，更能左右对手的现实变化。

高技术作战远远超出了克劳塞维茨的时代的特点，这个大的体系是一个全新的体系，他当年说的政治交往与当今的政治作战不能同日而语了。政治交往化为政治作战本身就是复杂的大系统，何况又要把它纳入高技术作战的更大系统之中去。战争与政治的关系需要深入研究。

十二　罗斯福论战争交往方式

1945年4月，美国第三十二任总统富兰克林·罗斯福在去世前不久草拟的演讲稿结尾处写道："我们不仅要结束战争，还要消灭所有的战争苗头。对，我们要消灭这种残忍的非人道的完全行不通的解决政府间分歧的方式。"

这是罗斯福在第二次世界大战结束时对战争交往方式的看法。但是，霸权主义、强权政治和恐怖主义肯放弃战争交往方式吗？

1939—1945年被希特勒监禁的前奥地利元首库尔特·冯·舒施尼格在第二次世界大战结束后，住在意大利的卡普利岛，并写完了自己的回忆录。

他回忆后的反思却是另一番心境：

"战争中人性有史以来第一次在新旧两个世界里悄然无声。这是一个漫长而痛苦的黑夜。人性在等待着日出的阳光。撒旦又一次借机竭力反抗上帝。黑夜故意忘记了人是上帝的造化，忘记了造化物应有的命运，把人分成了超人和弱智。战争的损失多年后甚至永远难以弥补。"

所有的战争，正义的、非正义的，或是进步的、落后的，或是推动历史的、阻碍历史发展的，在人类文明交往史上，都是对人类社会的伤害，而且在战场的双方直接伤害者，大多是普通老百姓。因此，都是我们不乐见的。但是，历史交往中，常有这样的时刻，在人类选择政治走向时，常常只有一种选择：用战争这种政治交往的手段来解决问题。例如，第二次世界大战，不用战争手段来反对德、日、意法西斯战争，人类将陷入大灾难之中。在历史的进程中，肯定很多人受到伤害，为了历史向和平、民主方向发展，加速人类交往的文明化进程，必须用流血的政治交往去排除历史前进中的绊脚石。

手记至此，想起古希腊哲学家赫拉克利特的话："战争是万物之父，也是万物之王。它使一些人变为神，使一些人变为人，使一些人变为奴隶，使一些人变为自由人。"我想，战争无论千变万化，人们从战争苦难中引发的不是对人的仇恨，而是对人的思考；不是人类的沉沦，而是觉醒；不是人类的野蛮，而是人类的文明；不是人类蒙昧，而是人类的文明交往自觉。

十三 "二战"与文明交往

"二战"即第二次世界大战的简称。

我在正式的书文中，使用的是"第二次世界大战"的全称，但为简便，也使用"二战"简称，不过得加上引号，以示专称。

"二战"与人类文明关系至为重要，有以下要点需要从文明交往角度加以思考：

（一）"二战"是人类文明史上一场空前未有的浩劫。德、日、意法西斯势力的暴行，在人类历史上留下最野蛮的、惨绝人寰的一页。

"二战"又是世界爱好和平与正义的国家和人民，同人类文明的凶恶敌人进行的一场殊死搏斗。世界反法西斯战争是人类文明史上捍卫文明成果最绚丽的篇章。

正因为如此，我在主编《世界史·当代卷》中，采用了"反法西斯的第二次世界大战"作为主题词，显示"二战"与"一战"的质的区别和"二战"的质的规定性。

（二）"二战"的胜利，是 20 世纪人类历史上的重大事件，对世界文明进步具有重大而深远的意义。

德、日、意法西斯在世界上发动的野蛮侵略战争，使人类许多文明遭受惨重破坏，使许多民族和国家面临着死亡的威胁，使人类文明面临着严峻的挑战。

以中华民族创造的悠久灿烂文明为例，它由于封建统治的腐朽制度束缚而经济、技术落后，文化衰落，而封闭自守，导致了源远流长的中华文明，在"二战"中惨遭日本侵略者破坏。

正因为如此，基于"二战"挽救了人类文明，对人类文明产生了持久的影响，我在《世界史·当代卷》的序言中，把胜利的意义概括为两点：①"人类文明对野蛮的胜利"；②"人类有史以来规模空前、影响深刻的、以战争形式进行的交往活动"。

（三）"二战"对人类文明产生的持久影响，表现在它是一个世界历史的转折点，它标着人类不同文明之间和相同文明之内交往的全球化与现代化的新阶段的到来。

"二战"胜利后，世界政治、经济、思想文化的新潮流汹涌澎湃，最为突出的是西方殖民主义体系的崩溃和亚非拉民族独立国家体系的形成。从1945—1990 年摆脱殖民统治的 104 个亚非拉民族独立国家成为国际舞台上一支有生力量，而且在探索不同的发展模式。其次是持续半个世纪的冷战和冷战被打破后，呈现出人类文明多样性和国际关系民主化发展的新局面，而社会生产力和科学技术也日新月异。

（四）"二战"的历史经验是：①总有一些逆历史潮流而动的势力，不惜以极端野蛮的方式，向人类文明挑战，但"二战"胜利再一次证明，人类文明的进程是不容破坏的；②人类总是在现实和历史的交往活动中，寻找社会进步的规律，不断把人类文明推向更高水平；③落后就要挨打，发展才能自强，改革开放是前进的总开关，抗争和创新是变弱为强的关键；④在文明化交往中，要维护人类文明的多样性，本着平等、民主精神，推动各种文明的和平共处、取长补短、共同发展，建设一个和平、文明、进步和丰富多彩的世界。

（五）人类的历史在一定程度上可以说是战争形式的交往史。"二战"是一次迄今为止的最大的战争形式交往。人们从不同角度来研究战争。艺术家是根据自己的感性认识来描述历史状态的,而有作为的作家则尽量站在人类、人性的角度去诠释历史,进而追求艺术的真实。战争像一切重大事件一样有其价值,有价值的艺术作品产生于战争引起的征服与被征服、掠夺与反掠夺、强权与反强权等变幻无穷的人类生活状态,产生于人类社会波澜壮阔的历史性悲喜剧。

(六)战争是残酷的,它在毁灭中唤起了新生的希望。艺术家从战争中看到了人性中的扭曲,也看到民族的尊严和长久利益。"二战"影片《第四十一个》中那第四十一枪所射的正是后者。这里也有个"悖论":为了后者需要不需要在战争中做出有悖于人道主义的选择?

历史学者也很难完全真实地还原战争的原貌,然而可以反映出人在战争中的非常态、扭曲的生存状态中人性之间的美好与丑恶的尖锐碰撞。正是战争把人性中的高尚和卑劣一起推向极致。历史学者有更多的理性,更深刻认识战争、生命、生活中交往的文明化过程及其意义。

十四　战争是外交失败的回报

(一) 弁言

池田大作在香港《紫荆》月刊 2006 年 6 月号上发表的《创造未来之力》中写道:"曾与我合作出版《展望二十一世纪》的英国历史学家汤因比博士有一句话叫我难忘:'战争是外交失败的回报'。"

池田大作认为,汤因比这句话是"一种与'战争即另一种形式的外交'唱反调的见解"。

外交是一个国家的对外交往。按一般的说法,战争是政治以另一种手段的继续。此语出自德国军事理论家克劳塞维茨的《战争论》,但一般说法中有一个大的疏漏,即"政治"后还有"交往"二字,即战争是"政治交往"以另一种手段的继续。战争是政治交往中的暴力或武力手段,毛泽东把它称为"流血的政治"。现在的学术语言是:"战争为政治集团、民族、国家之间矛盾最高表现形式,是解决纠纷的一种最高级、最残暴的手段。"我以为,应从人类文明交往成长过程中深入研究战争问题。

（二）池田大作的文明自觉

"战争是外交失败的回报"，是从对外交往角度来看待战争的。但是，池田大作是从深切反思日本侵略中国战争的历史教训来谈人类的外部交往的。他的下列论述洋溢着文明自觉：

1. 他从日本军队 1941 年 12 月突袭美国珍珠港开始着笔，回忆起当时 13 岁的他，为维持家计的报童生涯开始。他的父亲风湿病发作，卧床不起，四位兄长相继被迫应征入伍。他战时回家探亲的大哥有这样使他至今刻骨铭心的话："日本真是太过分了！那样粗暴，那样傲慢，大家不都是人吗？这样的行为绝对是大错特错的！"他写下了那个时代的切身感受："被战争夺去了父母、兄弟和姐妹，夺去了朋友与温馨的家，被剥夺了学习的机会。因此，我们对残酷的、愚蠢的战争深恶痛绝，共同怀着无论如何也要在地球上使之根绝的强烈真情。"

2. 他的结论是从切身感受到解决途径的思想升华："六十年岁月匆匆而过，可是恣意践踏亚洲人民之心的傲慢无礼的言行却没停止过，一些政治家不断大放厥词。只有先取得中国、韩国及亚洲各国的信赖，日本方能开始成为真正的和平国家，难道不是如此吗？"

"外交行不通往往就成了爆发战争的起因，这在历史上是屡见不鲜的。当今世界，从左右邻里到国家关系，'外交'应该有兼容并蓄的宽容，这才是人类的聪明智慧！"

"第二次世界大战前，日本推行的愚昧外交以失败告终，绝不能再回到那条死胡同的老路上去了。"

"不能只停留在政治、经济层面的外交往来，而应当加强教育文化交流，推动和加深民众与民众之间互相理解，这是绝对重要的大事。"

"为青年们开拓超越不同文明、让人与人能合作对话之路，是我一直以来的愿望和追求。"

"心与心联结而成的'民间外交'，积跬步以行千里，以渐进方式增进相互交往，希望最终能够融化掉那些所谓'国家权威、国家利害等等厚厚的坚冰'。"

3. 最后三点结论特别重要。一是对内、对青年的教育，对外为中日两国青年开拓交往文明化的合作对话之路。他回顾"日本发动战争，举国狂热，政府号召人民，为了国家，必须'灭私奉公'，人人争当最大的爱国者，邪恶的军国主义教育铺天盖地，弥漫着整个日本社会"。他进而得出教育日本年青一代的重要意义:"本来,培养青年,为青年开辟进取之路才是真正国家领导人应做的事。反之,利用青年充当战争的牺牲品就是魔鬼般的擅权者。教育有着引导人向善或向恶的作用力,如果基本思想错误的话,就会招致可怕的结果。"

4."国家权威"、"国家利害"等厚厚的坚冰,正是"魔鬼般的擅权者误导青年的结果"。正如他所得出的结论那样:"在错误的思想指导下,整整一代人被卷入了暴力与战争意识的泥沼中。因此,我们痛切地希望回归正确的教育,引导下一代走向和谐共生与和平。"(历史教科书事件的要义在此!)

5.作为日本创价学会名誉会长的池田大作,1968年就倡议中日邦交正常化,主张日本同韩国及亚洲人民友好交流,并全力以赴推动这些交往。这使他成为当代中、日文明交往的自觉使者。他在当今世界,无尽纷争又重新燃起战火,紧张、冲突此起彼伏,死难不已而许多人有束手无策的"无力感"情况下,充满信心地宣布:

"在人的生命中,拥有一种不管什么样的狂涛巨澜扑面而来也绝不退却的内在之力,我就是对此坚信不疑的一个人。历史推动着人,但是,推动历史、改变历史的却是人。"

"只有那种激发人们涌现自己去创造未来的力量,并使之如百川归海般汇集合拢起来的工作,才是今日人类所应面对的最重要的课题。"

(三) 余论随感

了解战争是人类的必修课。可是2007年上半年高中学生用的历史教材却把两次世界大战的必修课变成了选修课:"20世纪的战争与和平"。青少年学生不能忘记历史,同时也不能忘记战争。人类五千多年文明史中,发生过大约15000次战争,而没有战争的日子里只有三百年。每一百年中,人类至少有九十年生活在战争的阴影下。仅以十四年抗日战争而论,中国军民伤亡了3000万,财产损失和战争消耗1000多亿美元,间接损失5000亿美元以上。有学者估计,如果发生第三次世界大战,将意味着地球的毁灭。战争是政治交往的继续。战争的危害性、残酷性和灾难性之大,需要人类时刻保持高度警惕。不了解、研究、纪念战争,就很难有世界和平。

人类生命中内在的创造未来之力,就是文明自觉交往之力。这种交往力的文明化、自觉化和普遍化,有赖于人类智慧的积累和提高,从而终结战争,获得世界大同。

十五　时代、全球化与本土化交往

人类文明交往因时代不同而有不同特点。全球化是资本主义时代的产物。尽管有张骞、班超通西域打开的丝绸之路，或者郑和下西洋的海道之航，都不是全球化的交往。全球化的时代性是资产者积累财富、扩大市场而奔走全球的本性决定的。大工业、世界市场把全球联系在一起的全球化，区别于历史上一切文明交往，它与历史上一切文明交往有着本质的区别。

英国学者吉登斯认为全球化包括三大演变：①各国政府经济权正在被抽走；②各国的地方化群和地方力量逐渐增多；③横向、跨国界、跨地域的各种组织推动力。

其实变动是世界的互相依存性，市场运作是最大力量。但市场、国家、公民社会三者互相制约、健全、均衡发展，才是成功关键。把市场看成交往准则，对社会经济都有害无益。人文精神以人为本，不是以市场为本。

全球化冲破狭隘观念，同时又冲淡人与人之间的社群关系，又往往把人事单一化为市场交易。

本土化让人植根于亲近人物、事情、文化、习俗之间，同时又把人束缚在较为狭隘的领域内。

人们不是二者取其一，而是在全球化与本土化两者之间的张力之中，取得大家共同成长和学习的能量。

人们需要在全球化与本土化之间找到稳定的立足点。如吉登斯所说，在全球一体化和市场化的压力下，公民社会和政府需要发挥制衡跨国企业、制衡市场的作用。

面对变化迅速的 21 世纪，美国人托马斯·弗里德曼的《世界是平的——21 世纪简史》（何帆等译，湖南科技出版社 2006 年版）被评论者冯事峰认为是"信息时代的福音书"，甚至这样写道："他像是站在人类全球化航船的瞭望塔上，登高临远，向所有船员高喊他的惊人发现：世界是平的（The world is fale）！"难道今日科技发展就是把金字塔社会模式改变成新型的扁平模式？难道信息的流动就是只有人人平等机会吗？难道人们向往世俗生活和追求利润，就会战胜宗教偏见和种族仇恨吗？这位预言者真的被认为是先知了吗？

全球化从根本上说，是人类交往的文明化。各种不同文明的民族和国家都在其中寻找自己的位置。全球化也随时代而发生变化，在变化中走向文明自觉。

十六　由《中国人的性格》想起的中西交往

（一）《中国人的性格》为 1890 年美国传教士亚瑟·亨·史密斯在上海《字林西报》上连载，而后集结成书的。鲁迅在逝世前 14 天发表的《立此存照（三）》中，主张对"辱华"影片不但要看，而且看了还要"反省"时，提到了《中国人的性格》这本书。他认为，从中进行"自省、分析，明白哪几点说得对，变革，挣扎，自做工夫，却不求别人原谅和称赞，来证明究竟怎样的中国人"。

我们从中西交往角度看，西方的镜子是西洋镜，因时因地因人而异，有透明的，有不透明的，有正面作反面看，有反面作正面看，当然也有哈哈镜。西洋镜中的中国人的形象，对于冷静的中国人来说，当然可以看到自身的成长与衰败，看到自然的优越与缺憾。对西方的批评，如文明停滞、政治专制、性格缺陷，都会更加自觉，有自知之明。

马可·波罗时代的旅行家赞叹中国，地理大发现时代的商人、冒险家、传教士从各自角度描述中国，也有莱布尼茨、伏尔泰的赞美。中西文明交往的扩大，西洋镜中负面东西增多，变形、丑化又多于美化。史密斯处于 19 世纪末，在他的《西洋镜》中，充满了西方中心主义的作风、基督教文明的优越感和种族主义的高傲。但是，其中有些东西至今还值得深思。如随地吐痰一陋习，积沉难改。我所居住的松榆南路之武圣东路，冬季一来尤烈，到处是随地吐的痰，狗屎狗尿遍于人行道，可称肮脏一条街。这与此街的文明程度低下有关，到武圣路、松榆南路就好一些。这使我回忆起清代李鸿章出洋在纽约宾馆的红地毯上，吐浓痰一口，毫不感到丑陋。1982 年我到纽约时，美国的瓒梅博士还提及此事，可见历史记忆之深。《中国人的性格》说，看北京，从照片中看不到北京的不卫生，如随地吐痰。只有人到北京，才有体会。难道今日不是这样？一位外国人脚踩了地上的痰和狗屎，讽刺地说：在北京，要眼睛向下，否则……当然，这只是一例。我顺摘该书中七条议论，可作思考，见文后的附录。

（二）中西方交往有哪些规律性东西

1. 交往的俗（时尚）层与雅（研究）层。商品、书籍、衣着、娱乐、节日、饮食、宠物，属前者，面广，随时间流逝。思想、学说、制度、语言、价值观，属后者，点深，相对稳定。

2. 交往中的西风东渐与东风西渐。19世纪中期即鸦片战争以前的中国传统社会，被之后的西风东渐所改变。但18世纪却有长达百年的东风西渐，许明龙有《欧洲十八世纪"中国热"》一书，可证此事。

3. 交往中的颂与贬。一方欣赏另一方的单向欣赏，一方贬一方的单向贬抑，再到双向互补的互相欣赏。一方面，美国学者孟德卫的《1500—1800年中西方伟大相遇》（新星出版社2007年版）中，有"由于西方的胜利，欧洲人和他们在北美的后裔以为自己已经足够的进步，已无须从中国这样落后国家寻求更多的基本价值观"。另一方面，中国学者费孝通则有"美人之美，美己之美，美美与共同，天下大同"之说。

4. 交往中的正读与误读。文化传播中双方的局限性较难避免误读对方的信息。美化、丑化，甚至"妖魔化"、理想化、溢美、神话均由此而出。对各自的文化经典，如卡尔维诺所说："经典是这样一些书，我们越是道听途说，以为我们读懂了，当我们实际读它们，我就越觉得它们独特、意想不到和新颖。"

（三）马克思对英吉利民族特征的分析

西方人与西方人之间交往也有深浅不同的观察，可做中西交往的参照系。

例如，马克思是这样分析英吉利民族特征的："英吉利民族的特征是存在着未解决的矛盾，是截然相反的东西的合一。英国人是世界上最信宗教的民族，同时又是最不信宗教的民族；他们比任何人都关心彼岸世界，可是与此同时，他们生活起来好像此岸世界就是他们的一切；他们向往天国丝毫不妨碍他们同样坚信这个'赚不得钱的地狱'。因此，英国人怀着持久的内心不安——一种无法解决矛盾的感觉，这种不安促使他们走出自我而行动起来。矛盾的感觉曾经是英国人殖民、航海、工业建设和一切大规模实践活动的源泉。无法解决矛盾这一点贯穿着全部英国哲学，并促使它走向经验和怀疑论。"（《马克思恩格斯选集》第1卷，人民出版社1995年版，第20页）

附录：
《中国人的性格》一书摘录

（1）"文化是自私的，它总是有意无意地强调'我'，而不是'你'。

正如在中国，我们引以为自豪的文化，却经常遭到嘲弄和非理性的讥笑。如果中国文化对此不适当加以控制，难道外国引入中国的事物不会遭到同样的命运吗？"（第282页）（注：这个问题在文明交往自觉过程中可以解决。）

（2）"中国需的是正义。为了获得正义，中国人必须了解上帝，必须更新人的观念，并确立人与上帝之间的关系。（注：史密斯作为西方传教士，以为基督教是救中国唯一的灵丹妙药。）他们需要全新的灵魂，全新的家庭，全新的社会。总之……一种迫切的需要，即她应该永久地、彻底地接受基督教文明。"（第284页）

（3）"一个民族的勤劳，大致可以由三个方面来衡量：长度、广度和厚度。换句话说，有两个外延和一个内涵。所谓长度，是指勤劳所持续的时间；广度是指真正可以算做勤劳的人数；所谓内涵，是指'习惯于勤奋'和'始终专心工作'的能量。这三个因素综合起来形成一个整体。"（第13页）

（4）"据说，当今与中国人交往、了解他们的社会生活，有三条途径：研究他们的小说、民谣和戏剧。"但作者更重视"研究那些住在自己家乡的中国人的家庭生活"，认为这第四条途径比前三者相加起来还更有价值。作者把了解农村作为了解"中国特性"的重点，认为这是"中国社会生活的基本单元"。（第32页）

（5）"要使中国人对西方人保持稳固而持久的尊敬，唯一的途径是通过可信的客观事实，表明基督教文明无论在总体上还是在细节上都取得了中国已有文明所不能相提并论的结果"。（第92页）（注：一个美国传教士眼中的传播观！）

（6）"一位阿拉伯人的头巾被陌生人偷走了，失者非但没有因丢失了这件重要物品而去抓小偷，反而立刻去部落基地，坐在入口处；有人因为这种奇怪的行为问他，为什么不去抓小偷，他镇定且具有东方特色地回答：'他肯定最后会到这里来的'！"（第136页）作者以为这是一个"将消极等待予以夸张的故事"。但"也是韧性"表现，中国人也有。

（7）"历史是以实例教人的哲学，这是希腊人长期以来的观点"。（第145页）

（亚瑟·亨·史密斯著，乐爱国、张华玉译，学苑出版社2001年版）

十七　真善美的文明追求

（一）文明的内涵是真善美。真善为内质，美为真善心灵表露。文宜新、诗宜清、画宜淡。新、清、淡都是真善美的表露。新需真诚，创新不忘传承。人只能在直接遇到的、既定的、从过去继承下来的条件下创造历史。继往而开来为生新之道。

（二）真善美的追求，来自文明的自觉，来自对真善美的整体性和统一性的认识。真在三者中占首位。学习西方文明，要执著于真。从古希腊开始，就有求真至上的自然哲学。我国传统是伦理哲学，偏重于向善，所谓"至于至善"。善不能丢掉，真和美不可或缺。对待真善美，要有统一的文明视角，如果强调三者中的任何一种，使之孤立起来，结果就会走偏路。求真、向善、爱美，是全面的文明追求。

（三）真要靠理论思维，善要靠伦理思维，美要靠艺术思维。三者思维虽殊，却是相互依存、彼此促进。否则，如美国垃圾箱文学代表人物波德莱尔所吟咏的"凡人啊！／我像石头一样美，／我的胸脯生来就会使诗人的动情，／那爱情像物质一样无言，／却一个个碰得伤痕累累"。如果求善至上，难免天真受骗。捷克革命家伏契克在《绞刑架下的报告》中，留下遗言："善良的人们，你们可要警惕啊！"

（四）真善美与假恶丑的对立，有时使人们在选择中乱了性。美国垃圾箱派文学代表人物波德莱尔斥责善是人们的伪装，而恶才是唯一的真实存在，把真善美融入恶之中。在中国，也有些文学家在审丑和变态中寻求愉悦，自我欣赏，任精神垃圾潜移默化，成为现代社会的悲哀。

十八　文化的民族性和时代性

文化首要特点是民族性，民族性总体现着时代精神。

文化是文明的核心，文化的聚合力在于弘扬民族性和时代精神。

民族性是一种内聚精神，它由民族心理和文化传统结合而成。民族精神和时代精神又是文化的基本内涵。二者是内在社会基础和源泉与历史时期的体现与延续。二者的结合程度体现着一个民族的自觉性。

民族性和时代性结合成为文化的整体，其中还有意识形态和价值观的内涵。马克思说："如果从观念上来考察，那么一定的意识形式的解体足以使整个时代覆灭。"（《马克思恩格斯全集》第 46 卷下册，人民出版社 1980 年版，第 35 页）此外，价值观也具有同样意义。

民族性的生存与发展根植于各民族的文化传承与变革之中，又生存于发展于与世界文化的交往与交流之中。狭隘的民族主义和民族虚无主义均与弘扬民族精神和时代精神相悖。

十九　用真诚和真实维护人类文明

伊莱娜·内米洛夫斯基（1903—1942），俄国女文学家。她有《六月风暴》和《柔板》两部小说，是原计划中五部曲小说的两部。但是最受人们关注的是写于 1941—1942 年的小说《法兰西组曲》。此书是她被关进奥斯维辛集中营之前，由女儿作为"日记"保存的遗稿，在六十年后才重见天日。

真是传奇的小说和传奇的女作家。她作为一个犹太人的大银行家庭出身、十几岁经历俄国革命，和家人逃往法国。后来在第二次世界大战中被投入奥斯维辛集中营，一个月后便被杀害了。她被抓走之前，给女儿们（13岁和 5 岁）写了遗嘱，写了财产清单和她们二人的饮食禁忌；她同时还托管人带上自己的遗稿，即《法兰西组曲》。

人民文学出版社在 2006 年也出版了《法兰西组曲》的中文版，中国读者也有幸读到她这样需要人们进一步从人类文明角度去理解的话："生活是莎士比亚式的，是令人激赏的，是悲剧的，怎么能将生活贬低为一种快乐呢？"

小说给人的东西是真，真中有善、美，也有假、恶、丑。

小说写本族的犹太人，①如实写犹太人的顽强性格；②不美化，也写犹太人内心深处对人性的恐惧及逃避，对金钱的在意，更写犹太人代代相传的天赋："买卖蹩脚货、炒汇、做掮客。她也写法国人的麻木，写德国兵时没有忘记个别人的有教养和追求美好的本能。

她的不幸不是一生中不断做出错误选择而导致的原因，而是无法选择地生活在一个错误时间和错误地点而组成的综合。

这部小说的价值是：它的作者以"遗嘱式"的文笔，表现出一个世界疯狂时期的受害者，面对风雨飘摇、前途未卜的悲惨现实，仍然维护人类文明的基本价值：真、善、美！

第二集

自我身心

第 一 编

人 之 谜

一 人之谜和人之点及其他

任何一种文明，只要追溯其终极性问题，都要探讨人本身主体性问题，即自我身心交往问题。人生而有生存、情感、理解三要求。这三要求是人类的物质和精神上需要所致，同时又是在大自然宇宙背景和社会生活条件下进行的。人的自我身心问题，受着交往互动规律制约，核心是"自知之明"的自觉性问题。

（一） 人之谜——斯芬克斯之谜

在希腊神话中，斯芬克斯是堤丰和厄喀德那的女儿，一个带翼的狮身女怪。缪斯传授给她各种隐深谜语，她在底比斯城外叫过往行人猜，猜不出的人当场被杀害。于是城外白骨遍野，人烟断绝。这时，底比斯城邦国王拉伊俄斯被儿子俄狄浦斯误伤身死，国王的妻弟克瑞翁任国王。鉴于斯芬克斯危害社会，克瑞翁宣布：凡能消灭斯芬克斯的，可得王位，并娶他的姐姐（即先王的王后）为妻。俄狄浦斯自告奋勇，前去解答斯芬克斯的谜语。

斯芬克斯问："有一种动物，早晨用四只脚走路，中午用两只脚走路，晚上用三只脚走路，这是何种动物？"她又提示说："在一切动物中，这是唯一的用不同数目的脚走路的动物；而脚数目最多的时候，正是速度和力量最小的时候！"

俄狄浦斯略加思索，肯定地回答："这是人！"

斯芬克斯大声问："为什么？"

俄狄浦斯不慌不忙地说："人在生命的早晨（即幼年时期），是软弱无力的孩子，只能用两手两脚爬行，手起了脚的作用，所以是四只脚！在生命的中午，正值壮年，用两只脚走路。但到了老年，临到生命的暮年，但行路不稳，要靠拐杖帮助行走，作为第三只脚。对不对？"

斯芬克斯见谜底已被俄狄浦斯道破，便从悬崖顶上跳下而死。于是国王克瑞翁便把底比斯城邦和自己的姐姐交给俄狄浦斯，以实践诺言。后来，俄狄浦斯才知道国王的姐姐正是她的生身母亲。由于神谕他将来要杀父娶母，遂被父亲遗弃山崖，被放牧人收救养大，以逃避厄运。这时他和母亲结婚，已生有二子二女。当时该国瘟疫流行，神谕又来，要追究"杀父娶母之人，方能消灾免难"。俄狄浦斯虽娶母是真、但无意弑父，二事物都是事实，终于悲愤交集，在绝望中自己刺伤双眼，流浪而死。他虽从"殊相"中猜中了"共相"，却不能从"共相"中看到"殊相"，竟然不认识父母，也不知自己为"何人"。因此，卢卡奇在《历史与阶级意识》这部被西方马克思主义称为"圣经"的书中，把不可避免的悲剧命运比喻为"俄狄浦斯之路"。可见"自知之明"，是何等复杂而艰难！

斯芬克斯之谜的神话，后来在英国历史学家托马斯·卡莱尔（Thomas Carlyle，1795—1881）的《过去和现在》（*Past and Present*）中再次提了出来。在该书第二章中写道，有两个古代神话，一个是众神给非难天上音乐的迈达斯王一对"长耳朵"，另一个是关于斯芬克斯的古代神话："大自然是斯芬克斯，是女神，然却是还没有得到解放、半个身子还是兽形、还没有灵魂的女神；一方面，她是秩序和智慧，但同时又是黑暗、凶暴和宿命。"大自然每个时代的每个人提出问题：人是什么？卡莱尔把这个神话比喻延续下来，如同在神话里一样，现在人是猜谜者，同时是最广义的猜谜者。

恩格斯在《英国状况：评托马斯·卡莱尔的〈过去和现在〉》一文中说："卡莱尔大为不满的现状的无神性恰好是现代的有神性。由此也可以明白，为什么我们在前面把人叫做斯芬克斯谜语的猜谜者。历来总是提出这样的问题：神是什么？德国哲学这样回答问题：神就是人。人只需要了解自己本身，使自己成为衡量一切生活关系的尺度，按照自己的本质去估价这些关系，真正依人的方式，根据自己本性的需要，来安排世界，这样的话，他就会猜中现代的谜了。"恩格斯认为，"把假象当了真理"，即"受了宇宙永恒内在事实的表面的暂时表现形式的迷惑"，是"未能正确回答这个问题"的原因所在。恩格斯同时还提到了德国大作家歌德，赞扬他不喜欢和"神"打交道，"只喜欢人的事物，而这种人性，使艺术摆脱宗教桎梏的这种解放，正是他的伟大之处。在这方面，无论是古人，还是莎士比亚，都不能和他相比"。（见《马克思恩格斯全集》第 1 卷，人民出版社 1956 年版，第 632—

633 页）

人是什么？神是什么？这是从古代神话直到今天人类认识自我身心本质的大问题。正如恩格斯所指出："这是为了认识人类本质的伟大，了解人类在历史上的发展，了解人类勇往直前的进步，了解人类对个人的非理性的一贯有把握的胜利，了解人类战胜一切似乎超人的事物，了解人类同大自然进行了残酷而又顺利的斗争，直到具备自由人的自觉，明确认识人和大自然的统一，自由地独立地创造纯人类道德生活关系基础上的新世界。"（同上书，第 650—652 页）"具备自由人的自觉"，这就是对斯芬克斯之谜的最准确回答，也是恩格斯从评论卡莱尔引申出来的人类文明自觉结论。

斯芬克斯之谜是一个从"必有所不知"中"求知"的西方神话。人类的崇高理想和未来希望是两大终极性之谜。希腊文明中的神话时代，经过积淀、整合，而进入毕达哥拉斯以后的哲学时代。原始神话中的不可知的神秘被合理化清除，而自然实质性被保存。人类生活于大自然环境中所创造的神话，是文明之初始和肇端。人类异于其他动物，也在于会创造神话的想象力，这也是文明的交往力，是自觉性的表现。对神话的真知，是人类真知文明的本源和初创精神，是"自知之明"的自觉，理解神话之谜，对人类认识自我身心问题相当重要。

（二）人之点——存在和价值

人之为人的根据和理由何在？人的本质是什么？这个"斯芬克斯之谜"，俄狄浦斯真的没有回答上来。他只回答了人的二重性中的自然属性——作为肉体的存在的一部分。人的自我身心是受自然律决定和支配的、具有人经验的一面。而另一面，即人作为精神的存在，人受自由律的决定与支配的具有超越的一面，这方面由后来的哲学回答了："人是理性的动物。"

但是，理性并不是"实实在在"的存在，而是思想性、观念性的存在。这里又引出人的本质问题的"阿基米德点"问题。阿基米德有一句惊世之言："给我一个支点，我将把地球撬起。"这个支点即"阿基米德点"。放在本质问题上，西方古典哲学家把人之所以为人（不是人是"怎么"，而是人为什么会是"这样"）定在"理性"之点上。这个点是理性（思想、观念）的"虚幻"之点。从笛卡尔的"我思"，到康德的"先验自我"、费希特的"绝对自我"、黑格尔的"绝对理念"，到费尔巴哈的"类"，都是对人的理性本质的追问。他们都用的是去掉经验性因素的抽象方法来理解人的本质。

马克思对人的本质的解释是从批判费尔巴哈的"类"开始的，反对点是在于把人的本质归结为"宗教",把阿基米德点定为"一切社会关系的总和"(《马克思恩格斯选集》第 1 卷,人民出版社 1995 年版,第 60 页)在这里,他强调用"现实性"否定"抽象性"方法,后来又在《德意志意识形态》(同上书,第 67 页)中又把"生产"(生活资料)定为实践的基础和决定点,人是一个有血有肉的"实在人"、"现实人",使人回到了实践活动中。但不要忘记在这些有关生产实践活动中,交往始终是一个前提,一个实践活动,同样具有社会性。

人性有自然性、社会性、精神性和理性;理性有认识论中的与感性相对的理性、有与愚昧、迷信相对的理性(相当于"文明"),有人们运用概念对世界进行认识、判断和逻辑推理的思维能力。培根把理性的"真"与道德的"善"比作印章与印纹,认为"真理能够印出善德"(《培根及其哲学》,第 380 页)。莱布尼兹在《人类理智新论》中指出:"理性集真与善于一身","理性主要之点就在于真理和善"。(上册,商务印书馆 1982 年版,第 194 页)传统的科学精神,也就是理性精神,它具有真理性、精确性和逻辑性。马克思把人置于社会存在、历史发展和实践活动之中,为正确理解人性、人的本质和人类自由解放开辟了广阔的道路。不可忽视的是,马克思关于交往哲学的遗产,特别是其深入的与人类文明发展相联系的逻辑关系。许多哲学家为此走了好多路,如胡塞尔的"生活世界"、哈贝马斯的"交往论"、罗蒂的"后哲学文化论",都为研究人类自身提供了有价值的参考。许多历史学家也从人类文明发展中观察了交往的作用,但并未觉察到把二者的关系深入探研下去,而停留在一般的分类与描述过程,特别是未深入人类文明交往的自觉层次。

(三) 人之为人——物质丰富后的生活哲学

人在自然界是一种特殊的存在。人的自然性和社会性是两个最重要的属性。人的生存是自然性不断弱化和社会性不断增强的自觉过程。人的自然性是生存的本能。人的社会性不断改造人的自然属性,逐渐摆脱自然界赋予的动物本能,并且逐渐提高、完善人的社会属性。

人是自然性和社会性这两重矛盾的统一体。人的生存既有自然性和社会性的对立状态,也同时存在着统一状态。人具有从自然性出发的生存追求和从社会性出发的超越追求。

人又生活在物质世界与形而上精神世界的矛盾对立状态之中。正是这种矛盾,促使着人对生活世界的终极追求,进而升华为理性思维层次。

（四）人之交往：走向文明自觉之路

人类的生存和发展史，是对自然和社会规律的认识和掌握史。认识和掌握的程度，决定于人类社会进步的水平，表现于人类文明交往的内部和外部活动范围的扩大。

生产力的每一步发展，都与自然界的交往过程积累的科学技术知识相关联。科学原理、定理、定义、定律，都是对自然规律的认识。它们一经转化为改造自然的自觉行动，就表现为技术的交往力量。对自然规律的认识，是人类知识的积累与延伸。继承性、传承性、传播性是知识的本性。知识技术都如同整个生产力一样，是人类文明交往和生产力发展的源泉。

人对自然交往活动的特点：利用与发掘自然资源；制造与再现某些生存必需的物质、物品的能力。对非再生能源的开发与利用，是经过石器、铜器、铁器和机器时代，还有相伴随的煤炭时代、石油和天然气等时代的自觉之后所产生的结果。

交往是思维和实践过程的互动，最终达到融合后的提高、飞跃。

交往是人类生存、社会进步的重要手段，也是事物前提运动的主要形式。

事物在交往中充分展现了个性、特色、界度，并且也提供了对比、分辨、思考、创新与再创新的可能性。

事物通过交往才会有改进、变化。离开交往，也许在原始状态中徘徊。离开了交往，今后也难有作为。

交往有中心及转移。中心是对整体最有牵动力的那一部分而言。中心是指生产力、文明程度和交往力而言。自然界的中心不会轻易变更，如九大行星永远围绕自己的中心太阳旋转。人类社会的中心，也在交往互动金律中不停转移。中心不是自封的，是特定历史、地理、自然、人力综合因素作用而自发形成的。

交往创造了 20 世纪后半期的人类"离地"文明工程，而进入太空活动范围。

交往深化文明，深化对自然及社会的自由度、深化着对自然和社会的支配性、独立性和自觉性。

交往无穷，文明深化无穷，只要自然界和人类社会存在！

（五）人生之路——修养历程

任何生命，都有生有死。人是生命之物，生和死伴随着人生历程。欧共体（EC）之父卡莱洛奇说："东方之于生死，如书中之一页，翻上页即为下页，不断翻动，便有了生命与历史演进；而西方之于生死，则如书之首尾。故东方人视生命较为西方人坦然，生则充实、坚毅，死则沉着安然。"此言有理，但也不尽然，因为生死问题复杂，因人而异，不能分东方西方。

怎样认识人生历程？人们的回答各自不同：

"少年，我爱你的美貌；壮年，我爱你的言语谈吐；老年，我爱你的德行。"这是德国诗人歌德对人生走向成熟与完美的经历。

"少年是艺术的，一件一件地创作；壮年是工程的，一座一座地建筑；老年是历史的，一页一页地翻阅。"这是中国诗人刘大白的赞美人生三部曲。

"儿子，在土里洗澡；父亲，在土里流汗；爷爷，在土里埋葬。"这是中国诗人臧克家表现祖孙三代农民的悲惨生活。

"上帝把幼小的我们交给了父母，把青年的我们交给了社会，到了老年把我们还给了我们自己。"这是学者王鼎钧对人生独特体味的表达。

"少年时期，学会规矩礼貌（自律）；青年时期，学会控制自己的感情（自制）；中年时期，学会主持正义（自立）；老年时期，学会助人和咨询（自谦）；最后安然逝去，死而无憾（自然）。"这是希腊格言的"五自"句，其人生哲理，耐人寻味。

"吾十有五而志于学，三十而立，四十而不惑，五十而知天命，六十而耳顺，七十而从心所欲，不逾矩。"（《论语·为政》）这是孔子的修养过程，堪称对人生、对文明自觉范例。

诚实、和善、宽容，是老人的人生风貌。有首中国养生五言诗："人生苦其短，生死法自然。夕阳晚霞美，风物放眼观。心底无城府，胸怀大如天。老来智若愚，其乐乐无边。"

"人是什么"这一斯芬克斯之谜，随着"阿基米德点"在这个问题上的定位，对人类文明交往的自觉境界的追寻，找到了新的起点。

二　美是人的本质的对象化

我在《松榆斋百记》中引用过马克思关于"人也按照美的规律来塑物

体"的话。最近从席勒《教育书简》中，看到美的意义在于"培养我们的感性力量的整体达到尽可能的和谐"的教育理念。这引起我对文明交往中人对自身认识过程的深化。德、智、体、音、美、劳，是人类培养自身文明交往力的六大教育，而音、美在许多方面是相通的，而且是与时相随、与生相伴、代代传承、相互传播的。

美育可以育德、促智、健体，培养人生审美情趣和审美理想境界，从而促进诗意人生。美育的丰富教育功能主要不是培养艺术家、诗人、音乐家，它主要是使人具有发现和创造美好生活的趣味，给人以生命激情的触发，使人追求诗意人生——高品位生活、高境界人生，进而对生命的哲理沉思和精神上深度享受。

什么是美？美是一种文明交往能力，是人类感受美、鉴赏美、表现美、创造美的交往能力。美是受正确审美观念和理论的支持，把这种观念和理论的培养来自人的心灵深处所受的感染和感化，并且是通过现实美和艺术美的动情渠道潜移默化而成为自由、完整的生命存在。美从根本上是和谐的态度和人生观，美是用人格和谐来消解人在现实世界中存在的异化与扭曲状态，美是协调人在现实中的情感心理，是化解被物质化的生活积聚的焦躁、抑郁，是以自觉的审美态度，实现生命、自然与社会的和谐。

审美的人是超越了物质局限而在人格上全面自由发展的人。审美活动是一种无私的、非实用的个人自我超越的活动。审美的人由于生活在现代社会结构之中，因而不可能排斥功利，但他的人生主导绝不是功利，他的生活态度绝不可能物质化，而是崇高的审美情操和高尚的道德情操。

美是用来衡量人类自由自觉的尺度和人类解放的尺度。人类历史愈文明化，人类愈自由自觉，人也愈将在完美的意义上成其为人。

三 人自身是伟大的艺术品

人是自然的产物。人类经过了数亿年的进化过程，在不断优化中才走到了今天。

洛拉·韦特·马沙多在西班牙《国家报》2005 年 8 月 27 日发表的《内在美》一文，从另一个角度谈到人类自身的美。他写道："知道吗？您自身就是一件伟大的艺术品。我们的身体是经过世界上最优秀的建筑师创造而成，那就是进化。"为了证明"每一个生命体都是一件被不断创新和解构的艺术品"，他引用了英国作家温莎·乔尔顿的《身体：艺术品——一次身体内的旅行》一书。该书可贵之处，是从伦敦科学照片图书馆档案中收集了300多幅图片，尤其是大部分为科学照片（如拍摄者迈克·马滕所言："一幅照片就是一个故事"）。这些照片为人们展示了人的身体的内部面貌：细胞、DNA、高尔基体、线粒体、细胞质、分子、荷尔蒙以及各种美的形态。

在该书的德文译本的序言，是《明镜》周刊科技记者霍斯特·冈瑟罗所写。他深有所感地说："我们都太关注人类身体的外观，并习惯了以貌取人。但是，通过整容师之手，外貌就可以轻易改变……但真正决定我们每个不同人的特征是身体内细胞的质量和功能，是基因，是它们构成了肌肉、骨骼、机体以及神经系统。这些才是我们的身体。"

人类很早就在探索自身的构造。但科学地借助于工具技术诊断病情的革命始于近代。18世纪，法国医师勒内·拉埃内克发明了听诊器，人们得以听到身体内部的各种声音。人们还通过显微镜把身体内各种微小物质尽收眼底。X光射线、电脑、拍照、核磁共振、超声波以及内窥镜等技术手段的发明，都使人类能够更真切地观察到人自己身体结构的内在美：

（1）错综复杂的大脑子神经好比缠绕在一起的电脑线；

（2）大小血管如同树木的枝干；

（3）骨骼宛如一座构造精密的巨大的迷宫；

（4）胃壁和肠壁恰似厚实墙；

（5）肌肉组织犹如串联并紧缩在一起的超大植被；

（6）细胞构造酷似坚不可摧的高山。

人类生物学为我们展示了多么美妙的人体内在美！

可见人对自身的认识，不仅要在心理上，还要从生理上探索构造的秘密。这就要依靠自然科学家的努力。正如欧洲电子显微镜协会主席何塞·卡拉斯科萨对于《身体：艺术品——一次身体内的旅行》一书中图片的评价："我们的工作首先要依赖于各种设备和程序，对图片进行数字化加工，当然，还要依赖于生物学的发展。"也正如乔尔顿所说："全世界的科学家每天都在分析和绘制我们身体内每个细小结构的样图，为的是不要错过任何一个神奇的细节。"

看来，对人类自身的认识——这个人类文明交往的大课题离不开自然科学和人文社会科学的共同合作。最终解释人类生命的意义，这是对所有科学家最大的挑战。人自身——这不是一般的艺术品。

人是什么？这也不是一般的"斯芬克斯之谜"，而是需要用大智慧、下大力气和多少代人的持续努力，才能解答的人类文明交往之谜。

四　人的心理与理性自觉

人对自我身心的自觉认识，决定着行动的自觉，体现着文明交往的深度和心理状态的平衡。

人文理性培养着人的文明程度。人类面临的成绩与困难，常见而又不好处理。人文理性用人文精神定位所处方位后，便进入冷静对待的境界。

康德说："有两种东西，我对它们的思考越是深沉和持久，它们在我心灵中唤起的惊奇和敬畏就日新月异，不断增长：这就是我头上的星空和心中的道德律。"自然界的"星空"，其实就是中国人泛言的"天"；而心中的道德律，就是中国人一般讲的"人心"。司马迁要"究"的"天人之际"，讲的就是这种人和自然的交往。研究人的心灵深处，研究理性自觉和人文精神的创造性，也不可不深思、沉思人的心理。

（一）人有心理，就是精神，思想感觉、知觉、记忆、心灵

其实不仅仅是人类，动物也有心理活动，植物也有感知。但人的心理活动是心理的发展最高阶段。人不仅有感觉、知觉、记忆，而且有思维、情绪、情感、性格、心灵和能力，等等。

人在情绪遇到剧烈创伤时，内脏可能发生严重功能紊乱。动物也有此例，如《世说新语》言，某猴因小猴被人抢走，尾追大船中的小猴，船靠岸时，母猴跑上船大叫一声，倒地而亡。剖腹后，发现是"肠皆寸断"。这是心理应激反应性穿孔病。但这是动物本能，人则有更高的心理、心态和理性自觉。

（二）人有理性，这种理性对知性的超越，进而探讨真的本身

人有理性，这种理性是对理智的超越，进而探求善的本身。

人有理性，这种理性是对功利的超越，进而探求美的本身。

人的自我身心的这三种超越，分别是"知识哲学"、"道德哲学"和"美学"研究的对象。

知识哲学追求的是认知，是真之所以为真；道德哲学追求的是从善，是善之所以为善；美学追求的审美，是美之所以为美。

这三者综合体现了人类自身的精神觉醒、文明自觉，认识人之所以为人，人之所以为万物之灵。

（三）人有童心，而童心是没有经过兴衰荣辱、磨炼艰辛之心

童心经过人生沧桑仍应保持。保持童心，就是保持纯真之心，而加上了成就，是升华了的人性，是人文精神的眼光。

用这种眼光会见到人类的文明，会见到人性的光明亮点。

用这种眼光看老师、看学生、看朋友、看亲人，会见到生机盎然的世界。

用这种眼光，会穿透学术看到人的良知，会经过艺术看到人性的灵魂。

用这种眼光，不仅用视力、体力，而是用脑子、用心力在审视人性的真、善、美。

童心是纯洁的、光明的。有日和月之明的文明人，必定能保持住、坚守住自己一片童心。童心有时候很天真，而天真往往是兴趣、想象力和创造力的源头。

人总是要老的。人变老而人心不能随之变老。人总是要死的，童心不能因人死而在人间泯灭。

五　古埃及的《死者书》

埃及、希腊和印度是人类历史上最早、最丰富的神话文明国家。有文字记载的古埃及神话即著名的《死者书》（纸莎草纸文献）大部分内容写于三千五百年至四千年之前。这是一部当时埃及人心目中在阴间生活不可缺少的咒语书。因为它具有保佑主人在彼岸世界平安的价值，因而价格昂贵，只有富人才买得起。现在它藏在伦敦的大英博物馆内。

该书首先提到，人死后的灵魂要面临诸神的审判：最高裁判者奥西里斯（Osiris），鹰首人身的何露斯（Horus）、豺首人身的安努毕斯（Anubis）。后二者要用天平称量死者行为：天平一个称盘放着真理之神的雕像，另一称盘是死者的心。如果行为端正则心与雕像同重，如心比雕像重则为罪恶多端。端正者升天堂，罪恶者被鳄头人身的怪物吃掉。

该书给死者留下在奥西里斯神面前申辩机会，并向 42 尊神诉说自己的清白："我没有做过……"申辩词为："我来到你的面前，真理的主宰；我带

来真理，我驱走了谎言。我没有做过对别人不诚实的事，我没有杀害过……我没有行过恶，我没有做过亵渎神灵的事……我没有少过神庙里的面包，我没有少过诸神的食物，我没有拿过死者的安魂祭品。我没有改小过谷种的量器，我没有改短过尺度的标准，我没有越过凹地的界石，我没有添过杆上的秤砣，我没有改过秤上的指针……我诚实，我诚实，我诚实……"

诚实是美德，人类自古而然。说谎、欺骗是恶行，历来为人们所斥责。生前所为，死后又要由诸神来裁决。这在各宗教典籍里，传播甚广。这是教人向善的古老教化形式。其表现为：用死后的阴间奖惩来教化活着的人间，是用"倒看人生"的办法，不仅是死时，而且是死后裁审判决。

由《死者书》我想到古埃及人的死亡观。古埃及人坚信，人的死亡只是另一种存在形式的开始。人的灵魂是永存的。古埃及人也仰观天象，根据太阳总是从尼罗河东岸冉冉升起，又从尼罗河西岸缓缓落下，这种自然现象用于人的生死，就是生死轮回，而尼罗河就是一条划分东西、阴阳二界的生死"冥河"。古埃及人信仰神灵，为了祭神，他们建起了高大的神庙。人在尼罗河东岸栖息生命，而在西岸栖息灵魂，并在西岸建立了陵墓和祭拜殿。这种信仰的代表就是金字塔和法老文化。历史学家希罗多德在两千多年前把尼罗河与埃及的关系称作"埃及是尼罗河的赠礼"，是有其历史理由的。

六　善良为人

人是什么？亚里士多德说，人是政治动物。政治世界是政治无孔不入的世界，又是需要道德的世界，也需要正确对待人的精神的自私自利性和物质上资源稀缺性。这就需要把自私和利他二者在文明交往中文明化。这就有善良为人的问题。

善良是一种高尚品德，是人的本性。人拥有一颗善良之心，即可以平和心态对待世间的人和事，从内心深处珍爱世间万物。苏东坡诗："扫地惜蝼蚁，怜蛾虫罩灯。"

善良是一种责任，助人暖人暖己，知恩报恩。

善良也是道德底线，与人为善，择善而从，对人的自我和谐更是本质要求。

美国伦理学学者雅克·蒂活和基思·克拉斯曼的人道主义伦理学有五条原则：①重视人的生命价值原则；②重视行为善良原则；③重视公平正义原

则；④重视诚实又肯讲真话的原则；⑤重视个人自由原则。善良为人应当是做人之本。

宁波有许多神秘的慈善者，如化名为"朱学"（助学）、"无名氏"的捐款者。宁波慈善总会收到5000多万元的捐款中，有30％的金额来自匿名捐款。2005年"中国最有影响力的100位慈善人物特别奖"中，最高奖"顺乎自然"其人无法查找，也只好"顺乎自然"停止查找。2005年以前七年中，"顺乎自然"捐慈善款已达200多万元。

2006年7月，湖南永州市收到为台风"碧利斯"重创的灾区捐款3万元的，是一位浙江宁波的"风调雨顺"。据湖南慈善总会统计，从1999—2005年，与"风调雨顺"笔迹相同的"顺其自然"，通过宁波慈善机构向全社会捐款117万元。2006年3月22日，湖南湘潭慈善总会也收到5万元捐款，汇款人为"顺其自然"。

2006年7月下旬，江西赣州受台风"格美"影响而暴雨成灾。8月2日，赣州市红十字会收到浙江宁波的"风调雨顺"5万元汇款。此前2005年12月5日，九江地震后，也收到"风调雨顺"寄款3万元。江西红十字会虽找不到这个神秘人，但"杰出公益个人奖"还是属于这个人！这个人是谁？

"风调雨顺"、"顺乎自然"、"顺其自然"是个奉献爱心的代名词，是位有钱有德的善良人！

七　人对自我身心认识的生物学五问

1. 人类是否是宇宙中唯一的智慧生物？

2. 人能活多久？想活多久？

3. "即使遇到大灾难，人类也不会灭绝。那时自然界又会占据主导地位，生物学进化又将重新开始。"2002年诺贝尔医学奖得主悉尼·布雷内的这句话对吗？

4. 人类进化和人类构造的复杂系统之间有区别吗？

5. 用大脑皮层（控制思维）和用下丘脑（控制激素分泌）能处理人类、自然、技术和他人相处的关系吗？

五问之后，生物学家和哲学家一样，都会殊途而同归：人是一种有道德的动物。人和动物不同，人要过的是一种道德的生活。美国的阿瑟·克莱曼是一位人类学家，又是一个精神医生，他在《道德的重量》（方筱丽译，上海译文出版社 2008 年版）中，别开蹊径，用自己接待过的具体人物个案去思考一个问题：何谓道德？例如他在接待一位在"二战"中获勋的美国大兵、后又成为成功的法律专业人士，却患上了心理疾患。每当他想起在太平洋战争中犯下的暴行，便彻夜难眠，心灵备受煎熬，作者从此思考，这种终生挥之不去杀人暴行的愧疚秘密，不仅是医学问题，而且是一个道德问题。

道德，需要反思，像这位"二战"中美国士兵的反思，从反思中思考个人承担的责任，排除掉客观原因之外的个人责任，以及自己应该做的事。反思和笃行是从伦理层面、从体制制度层面，再到个人行动层面，去改变社会中不正当、不公正的事。缺乏此种反思和笃行的生活，是麻木不仁的生活，此种生活一旦成为社会上大多数成员的生活，道德真的便失去了重量。如阿瑟·克莱曼所说，不要说社会太强大，道德的力量在于：全世界的黑暗也不能使一支小蜡烛失去光辉。真的，如其坐而怨，不如起而行。

八　现实的人

唯物史观是"关于现实的人及历史发展的科学"（《马克思恩格斯选集》第 4 卷，人民出版社 1995 年版，第 241 页）。那么，现实的人究竟有哪些问题需要思考？

（一）何谓"现实的人"
1. 追求自身利益满足的人。
2. 追求自身主体性发挥的人。
3. 追求自身全面发展的人。

（二）"现实的人"需要人文关怀，何谓人文关怀
1. 以人的生存、安全、自尊、发展等需要为出发点和归宿。
2. 以充分地尊重人、理解人、肯定人、丰富人、发展人、完善人为内在的价值尺度。
3. 以助人自助为宗旨，使人达到"充分的存在"，能够对生存环境和主体自身进行自觉的自我调节，能够合理利用自主选择的权利，达到自我完善和功能的发挥。

4. 人文关怀的精神力量，推动着人们去感受生命的过程，从而升华人格变为自觉行动。

(三)"现实的人"存在的根本动力何在

1. 外力塑造人是自然过程。

2. 自主自决是人的能动性创造过程。

3. 生理意义和精神是人的存在的两重性。

4. 人的自觉能动性是人的存在的根本力量。

(四)"现实的人"的根本需求

1. 人有三性：能动性、自主性、自觉性。

2. 人有五个自我：自我认识、自我发现、自我发展、自我评价、自我完善。

3. 现代人最根本、最核心的需求是享受真正人性化的生活。

(五)"现实的人"相对应的是"抽象的人"，此是西方近代哲学的基本特征

1. 存在的本质是什么，接着追问"存在者"。

2. 提高的特征为本体率思维，具体为：由"多"问"一"，从"特殊"问"一般"，从"现象"问"本质"，从"变"问"常"，从"相对"问"绝对"，从"暂时"问"永恒"。

3. 其思维和逻辑是"存在者"不变，"变者"不存在，把一切存在物都变成不真实的"现象"，而本体或本质说成是世界上真正的永恒存在。

4. "人的本质是什么"？抽象的人所得出的结论是：一个与动物相区别的抽象的人类共性，一个精心制作的"概念的木乃伊"，即抽象的人。

(六) 两个出发点统一于人的实践

1. 从客体角度看历史，唯物史观强调从社会物质生产和社会经济时期出发。

2. 从主体角度看历史，唯物史观强调从社会物质生产中人的历史活动、人的历史地位和人的能动作用出发。

3. 社会生产力不仅是"物"的力量，而且是人在物质生产中形成的解

决社会与自然之间矛盾的现实能力。

4. 生产关系不仅是纯客观的力量，而且是人与人、人与社会之间的现实交往关系。

5. "社会生活在本质上是实践的"（《马克思恩格斯选集》第 1 卷，人民出版社 1995 年版，第 60 页），这是人类创造历史活动的哲学，是人在现实活动创造历史的现实人活动的规律。

6. 人是根据自己的目的、愿望在历史发展的可能性空间创造历史，然而又是在直接遇到的、既定的、从历史上继承下的诸多客观条件下创造历史。

7. 唯物史观的"物"是离不开人的"社会之物"，是物质生产主体的现实的人，即社会历史的创造者的最广大的人民群众。

九　自觉的人生

文明自觉是由感性、知性和理性认识与实践的升华；而升华交织着其中复杂的交换，其交织点关键在人的心灵自觉。自觉的人生是心灵的自觉。毕淑敏，这位由心理医学博士到作家在《心灵处方》（作家出版社 2006 年版）中以敏锐目光、宽厚胸怀和智慧文字，道出了文明自觉的关键。

她说，医生的职业，让她时时面对死亡，感慨生命之渺小，生命的脆弱。"我想得最多的，是人为什么活着。"按说，以她的年纪，还不该如此多地考虑死亡问题，但她深知，人生如此渺小，生命随时都可能中断，因此她对待死亡已有自觉的态度："如果由于我生命的存在，让世界变得美好，给别人带来那怕是小小的快乐，我生足矣。"

她的自觉性常表现为对镜独察自己心灵之窗——眼睛。她写道："当我独自一人面对镜子的时候，我严格审视自己的眼睛。它是否是保持着童年人的纯真与善良？它是否凝聚着少年人的敏锐与蓬勃？它在历尽沧桑以后，是否还向往人世间的真善美？面对今后岁月的风霜雨雪，它是否依旧满怀勇气与希望？"这正是用心灵审视人生，用双目观察文明。

自觉的人生是按照自己心灵需求来安排人生。杜维明谈到他早年接触儒学经典时，心灵上觉得它是自己"安心立命"之处。他说，对儒学的思考和学习，不是一般意义上的"执著"，而是心灵上对知识的"愉悦"。他学别的东西，可以学好，但不快乐。乐趣是他学习的动力。

杜维明的人生自觉,是兴趣爱好。他说,郭店楚简里所有的"仁"字,都写作"身心",心灵修养是内在的。正因为如此,他对同道者讲平等、自由,接纳一切人;学术上没有等级制,所作的学问都是平等的,都可以相互激发。他概括儒家人文精神有个人、自然、社会和天道四个方面,修身上有"心知"、"灵觉"都是心灵上的东西。日本学界的"汇读"和德国学界的 seminar 是他学术平等交流的开放形式。他有一句深刻的话:"社会价值取向在深层地影响着利益取向",对正义与利益在心灵深处找到契合点。这使他成为一位具有原创性的思想家。这与职业化的学者大不相同,这是掘井及泉的人生自觉。

十　生命的具体意义

(一)我在《中东国家通史·卷首叙意》强调"生命的具体(特殊)意义"。了解其要旨的关键在以下三"度"(即文明自觉律中的"适度"):

1. 对现有目标的"专注度"。

2. 对现有目标的"耐心度"。

3. 对现有目标的"求实度"。

锁定"现有目标",不为名所累,不为利所迷,不为潮所动,只求专一性、坚韧性和实效性,并把它和未来目标结合起来,方有所成。

(二)人的空虚感会销蚀生命中的希望动力。文明自觉在于意识到生命具体意义之中的"度"。"度"在哲学的意义上,是对事物性质所达到现实程度的把握基(底)线,也就是最低的限度。所谓"过犹不及",就是超过了这个限度。恰到好处,这是度的理想境界,是一个人对经验的积累和理性自觉。

"度"是多种多样的。人要生活下去,要有希望的热度,但"度"不能狂热。人要生活下去,要有多种观察事物的角度,但必定要防止杂乱。人要生活下去,要有居高临下的高度,但需要结合实际情况。人要生活下去,要有心灵的深度,但不可浅尝辄止。人要生活下去,要有"采菊东篱下,悠然见南山"的诗意纯度,但别离开审美之心。

十一　发现自己：人生文明的自觉体验

钱伟长谈自己的人生体验的时候，提出了"四自"名言：相信自己、说服自己，发现自己，改造自己。他一生的辉煌与苦难经历，首谈"相信自己"，可谓关键。人若对自己真正失去信心，那就失去了自己。"说服自己"是自我说服，对待自己，不能没自我说服。至于"改造自己"，应是建立在自主意识上的自我再铸。而要紧的则是"发现自己"，这是自我超越的起点。

科学家对客观世界的发现，是一种乐趣。诺贝尔物理学奖得主 R.P. 费曼（1918—1988）有《发现的乐趣》一书（已有张郁手译本，于 2005 年 10 月由湖南科学技术出版社出版）。费曼说，他研究物理学不是为了荣誉，而是为了一种纯粹的发现的快乐。此公十分幽默。在获诺贝尔奖后，记者请求他回答做了些什么工作而获奖，而且限定在两分钟之内。他的一个俏皮的回答是："嘿，如果我能够在两分钟之内把这个问题给你解释清楚，那我就不该得这个奖了。"

费曼对科学的解释很具体：①数学是图案，他一生都在寻找自然界以各种方式呈现出的图案；②科学是普遍性的知识，自然界一切东西都由原子所构成，它们都遵循相同的规律性。这种"图案"、原子构成的世界，岂不奇妙无比，懂得欣赏这种奇妙，难道不是一种乐趣？发现之乐在此。他进一步指出，科学有三大价值：①科学给我们提供许多实用的好东西；②科学令我们享受智力上的快乐，对社会科学而言，真正有价值的就是尊重传统智慧；③科学从不许诺我们有绝对正确的知识，相反，科学总是告诉我们怀疑的价值，怀疑是宝贵的精神价值。

费曼还有句话不能忽略：教育的目的不是为传授知识，而是激发惊奇、激发求知欲、激发好奇心和由此产生的兴趣。他虽坦言自己远离哲学，但所谈的是重要的教育之道。这说明长期的知识分工和专业化所带来的科学与人文对立，虽然使两个领域的工作者彼此变得陌生，双方虽然有互相夸大自己学科的优势与长处，而对自己的局限性视而不见。总之是没有正确认识自己。

美国学者杰拉尔德·霍尔顿在其《爱因斯坦、历史与其他激情——20世纪末对科学的反叛》（刘鹏、杜严勇译，南京大学出版社 2006 年版）中，对此现象深刻指出："文化中的科学与人文方面并不是各自追求唯我独尊的相互对立的世界观，它们实际上是我们的人性中互补的两方面，它们之间能够而且事实上也富有建设性地共存。"二者共存关系在于有共同的起源——想象。爱因斯坦说："科学理论所赖以建立的概念必然是人类想象的产物。因为最初也都具有'虚构性'特点。"

发现自己，对自然与人文社会科学就是互相超越两极对立的思维困境，发现相互包容、相互促进、相互融合的可能性。相信自己，说服自己，在"和则两利"、互相取长补短中改造自己，为了人类社会进步而共同携手前进。

发现自己，是随时提醒自己的重要，重视自己，提高自尊、自信、自重，努力做好每一件事，在干中磨炼能力。不自我设限，不受人限制，不受别人的看法左右，而相信自己。但也要看重别人，接受别人，用平常心待人，用平等态度对人，发挥团队合作精神。相信自己要有三力：①超越的想象力；②源源不断的创造力；③预见未来的透视力。同时要具备对别人的爱心、同情心。要知道逆境是磨炼"天将降大任于斯人也，必先苦其心志，劳其筋骨，饿其体肤，空乏其身，行拂乱其所为，所以动心忍性，增益其所不能"。(《孟子·告子下》)孟子这句名言含有发现自我的丰富人生文明自觉体验。

十二　别尔嘉耶夫论"尼采现象"

别尔嘉耶夫（1847—1948）是俄国哲学家，1922 年被苏俄政府驱逐出境。他在《俄罗斯思想》中写道：尼采把人分成"超人"和养育超人的"肥料人"是一种"旧约圣父意识"（专制意识）。他认为：凡是推倒上帝但又将某个人、某个集团、某个阶级甚至某种主义加以神化的理论与实践，都是"尼采现象"。打倒了神的至上性，赋予人的至上性，在现实生活中只有少数人获得了至上性，而大多数人被这种至上性所奴役和压迫，这就必然导致个人崇拜。"这样，内在的辩证法，使人道主义转化为反人道主义，人的自我确定导致人的否定。""人从过去的偶像膜拜中解放出来，又陷入新的偶像崇拜。"（第 95 页）尽管他对尼采哲学的评价不完全准确，但他据"尼采现象"而预言俄国当时的共产主义运动必然会导致个人崇拜；而欧洲的"尼采现象"必然会导致个人独裁的新灾难，都被历史所证实！

"尼采现象"使我想起尼采的《扎拉图斯特拉如是说》这本有影响的书。

尼采所说的扎拉图斯特拉在希腊语中意为"纯洁的星球"。据拉尔修说，柏拉图在埃及求学之后，"柏拉图还打算交往祆僧"。这里的"祆僧"是译者借中国隋唐人对波斯拜火教汉译教名，此译名一直被借用。如拉尔修在《名哲言行录》开篇序言曾介绍了琐罗亚斯德的历史："自波斯人琐罗亚斯德开始的祆教僧侣活动时间，是特洛伊沦陷前五千年。"（马永翔等译，吉林人民出版社 2003 年版）战争中断了柏拉图的波斯之行和同琐罗亚斯德的交往。在柏拉图所有的对话中，唯一提到琐罗亚斯德的，是《阿尔喀比亚德前篇》的下面两句话："当他 14 岁的时候，就会到人们称为'王室教师'的那里受教，这是所有波斯成年人中遴选出的最佳者：最明智的人、最正义的人、最自制的人和最勇敢的人。第一位老师要教导他们敬拜诸神，学习霍罗马泽之子琐罗亚斯德的教义，学习一个王者应该知道的东西。"尼采在《扎拉图斯特拉如是说》中，是借古人说事，因为柏拉图没有去过波斯，他便反其道而行之，请出波斯宗教奠基人扎拉图斯特拉，感谢古人为他领悟权力和永恒轮回的意义。他笔下的扎拉图斯特拉在山顶孤独地生活了十年，随后下山，已经 40 岁了。尼采写《扎拉图斯特拉如是说》时，也将 40 岁。古希腊人把 40 岁称为壮年，而柏拉图游外之旅，回到雅典时，也恰好是 40 岁。三者同为 40 岁，真是"无巧不成书"。不过对思想家，没有偶然的巧合，而是有意而为之。从这里还可看到的现象是：希腊、波斯两种文明交往史在现代的回响。这种回响可以延伸到别尔嘉耶夫。他的《俄罗斯思想》一书可以称作《别尔嘉耶夫如是说》。

十三　弗兰克论善与恶

弗兰克（1877—1950），俄国哲学家，1922 年被苏俄政府驱逐出境，著有《黑暗中的光明》，巴黎 1946 年版。此书有几点值得注意：

1. 不应轻视人的物质需要，不应以物质要求不如精神需要高尚而加以拒绝。物质需要涉及人的生存问题，如连生存都不关心，还谈什么爱心？

2. 托尔斯泰主义者的"勿以恶抗恶"，不要以恶的手段去抗恶。弗兰克反对此说，他认为善的手段无法制止恶时，必须用恶的手段，以此制恶，方不流于"假仁假义"。

3. 他认为，恶是手段，善是目的，可以"以恶制恶"、"以暴抗暴"，但不可无限制滥用恶的手段和暴力，更不应以"高尚目的"为借口而随意用恶的手段。使用暴力应以达到目的为限度。

4. 手段为相对因素，目的为绝对因素。破坏本是服从于创造的手段，有时为了创造产生破坏，而破坏是（永远是）从属因素，永远不能成为具有绝对价值的目的。无政府主义者巴枯宁的"破坏的激情就是创造的激情"会毁掉人类许多文明精华而成为恶。

5. 斗争也是手段："创造的劳动和斗争，生产和军事，仍具有根本区别；只有前者才有自身的价值，并带来真正的成果，而后者只是为了前者和作为前者的证明才需要。这种相互关系适用于人类生活的全部领域。""无论在哪里，斗争即使是必要的，也不直接是人类的生产方式，不是善，而是不可避免的恶。如果它取代了真正的生产劳动，则将导致相应的生活领域的贫困和落后。"他在《虚无主义伦理学》中写道，俄国革命的教训是："就是把斗争因素绝对化，并因而忽视了最高的、普遍的生产因素。"这种革命主义的基本道德，是"哲学错误"。他在这里证实了一个事实：斗争手段之转化为目的"斗争哲学"，把斗争因素绝对化，必将使恶横行于天下！

人也不能绝对化，他在两方面出问题：①"万美之美"主宰世界导致破坏生态平衡；②个人崇拜、阶级崇拜、主义崇拜带来的灾难！

弗兰克使我们警惕"尼采现象"，个人有限，民主政治的必要和现实性，也使我们认识"人高于所有制"，不能再为乌托邦的所有制原则而付出惨痛代价。

十四　"美治主义"

"美治主义"是张竞生在《美的人生观》（北京大学 1924 年版）中为"社会一切事业组织上"设计的一个"根本政策"。为此，他编了"审美丛书"，加了另外两条宗旨：①以"艺术方法"提高科学方法及哲学方法的作用；②以"美的人生观"救治那些丑陋与卑鄙的人生观。他乐观地宣称："希望无穷尽，工作勿许辍，前途虽辽阔，成立或可期。"鲁迅在同意张竞生的主张，但比较悲观，认为"大约当在 25 世纪"才可实现。我看到此书，是 1998 年广州出版社出版的《张竞生文集》，写这几句随笔时已经 21 世纪初了。谁不赞扬真善美？在张竞生之前，有 1919 年出版的《真善美论》，作者为时年 23 岁毕业于北京高师的刘式经。他认为："真善美之内容随哲学家思想而异，然其范围人心，统一精神则一也。"在张竞生之后，有《慈航画报》总编刘仁航的《东方大同学案》六卷，其中纲领第二条："任各派公开试验，竞美而竞杀。"这都是把美放在高处，以观察世界以及生活于其中的人。这固然理想成分多一些，然人无理想还是人吗？追求思想自由的"人"，探讨如何成为自由思想的"人"，这是人义的自觉。

十五　章鸿钊的《人类学自鉴录》

《人类学自鉴录》是 1923 年中国出版的一部探索人类自身的著作，作者是时年 36 岁的留日地质学家章鸿钊（1887—1951）。他以强烈的问题意识谈这个问题："人类要做什么，但问他生来的时候负着何种责任？人类可以做什么，但问他生来的时候带着何种精神？人类和别种动物有没有区别，但问他负着的责任、带着的精神，和别种动物有没有分别？人类将固有的精神和责任融成一片，结晶起来，这就是人类的真面目。"他用一种问题引申出另一个问题的问题意识，点出了人的责任、人的精神问题，表现了自然科学家的求知求真态度。但他并未就此了结，他接着又提出了表达自己自由思想的《自鉴》书，他追问："自鉴的问题究竟是什么？就是人类在这个大世界里负着何种责任，带着何种精神，从前是怎样来的？将来又应当怎样去的？"可见，他把问题又深入到人类的来去问题上了。他自鉴的不是个人，而人类才是问题的症结所在。他《自鉴》一书的章节也表达了他要解决问题的逻辑：人类的定义、人类的知识、人类的能力、人类的天性、人类的道德、人类的始末。这是一本难得的书，梁启超在序言中特别欣赏他自由的求知精神，他也提出了问题："人类的智识欲，曾无满足之时，进一步又想进一步。进步的程序怎么样呢？……爱存（章鸿钊之号）这部《自鉴》，最少也能使人认识这种研究之必要；他自己研究所得的结果，最少算古今中外这种研究里头加上他努力而添一种光彩。"章鸿钊一生为开拓中国地质学事业中有此开拓全人类著作，不知中国地质学史可曾对他有所述及？

时针拨到 2009 年 5 月 19 日，美国 Ballantime Books 集团出版了哈佛大学 Ellen J. Langer 的新作：《逆时针：心理健康和可能性的力量》。作者为心理学家，多年来他在思索一个问题：如果一个人将心理钟往回拨，那么在现实中会产生什么影响？时间也会倒退吗？在此书中，她的答案是：抱着一切皆有可能的信念，打开思路，对任何年龄段的人来说，都会有益于健康。在她进行的一系列实验中，有一组时光倒退的老人，设想回到 1959 年生活一周，结果显示，他们在听力、记忆力、灵敏度、胃口等方面，都有所改善。她用实验和科学数据，有力地说明人们的信念对身体功能，甚至衰老进程快慢有巨大影响。大脑与身体有着意料不到的联系，这是人类对自我身心认识的自觉。所以，通过心理上有意识的锻炼，自觉控制自己的健康，是有效果的。

十六　人类与自我身心的自觉

（一）人类与自我身心这个文明交往的主题，表述的是人的本身问题。它首先涉及人为主体，源于对象的"现象"为"本体"的划分。其次康德有本体论的转向，其中包括①世界是什么？世界怎么样？②人的世界是什么？人的世界怎么样？③人能够认识的世界是什么？人能够理解的世界怎么样？最后这个问题为文明交往自觉的落脚点。

但人不是唯一主体。世界被看成是与人相互平等、互相依存的主体。人与自然、人与社会、人与自我身心之间，也是相互平等、相互依存的。它们之间是对话、沟通、融会的交往互动关系。人类文明交往的自觉在于认识、掌握、实践这一交互规律。

（二）人类自我身心这个文明交往的主题，可以细化为：①人为主体；②人生价值；③终极关怀。

其实，人也可以一分为三：①人身血肉之躯；②人的心理状态；③人的灵性需求。

以上这些关于人的细化，都属于人类的自我身心交往。这是一个隐藏为很多谜团的世界，身体，尤其是心灵世界的探索，可以说是没有止境的。

人为万物之灵的"灵性"，人生价值在于用灵性良知对自己文明化，使物质文明与精神文明，即"灵"性并进互动。文化之于人的心灵，"内化"重于"外化"。文而化之为"文化"，人文化之于人心，尤为深刻。庄子有"外化而内不化"之说，与人的交往从众，"内化"在修炼内心世界，使人有悠然起俗的自得之乐。

人为万物之灵的"灵性"，生为修炼它，死为使它不朽、不灭。这是许多人的追求，因为如此方有完全文明化的人生合理价值观。

老子有言："死而不亡者寿"，身殁而精神仍存者，为真正的永恒。生生不息，死死不朽，物质不灭，精神永存，是谓人生大智慧。人死观与人生观在此得到统一。

（三）人的灵与体、身与心与道德律关系密切。人生之后，要育自己。康德所说的理性育人实际上是道德育人。他的名言是："有两种东西，我对它们的思考越是深沉和持久，它们在我心灵中唤起的惊奇和敬畏、社会日新月异、不断增长：这就是我头上的星空和心中的道德律。"这个思考，到了爱因斯坦那里，变为"无止境论"："茫茫宇宙和人类愚昧"的两个无止境的东西。

我想，由此再加以引申，那就是人类只能在自己面临的环境和时代条件下，只能生活在认识力所能及的"此岸世界"。面对无法认识的"彼岸世界"，首先是尊重，这是真实的理性。如康德所说："理性无直观则空，感性无理性则盲。"康德的第二批判专讲道德，这就是实践理性批判。康德有"科学知识是先天综合判断"的划分，他力图克服唯理论与经验论的片面性。事实上，只有"综合"才有全面性，合力论对自然技术科学与人文社会科学都是真理，当然，也适用于人类文明交往的自觉。

康德一辈子都没有离开过自己居住的小镇。他是一位真正"不出门便知天下事"的哲人。他虽居住小镇，却是"斗室观天下"，他的心灵深处拥有多个时代的"学缘"和多个民族的"血缘"的文明交往，因而能放眼世界。他的认识论是理性的，是思想与理论的互动结合，思想的解放借助于理论的开放，理论的开放又借助于思想的解放。在方法论上用批判性"求异"以促进"求同"。

（四）理性育人必须与德育结合，以德育人。对成绩和困难，理性对待，守望所处方位，有道德底线。对人性与境界，要彰显人文，追求非功利、非世俗，特别是非庸俗。古代中国知识分子之囚笼是功名，当代中国知识分子最容易被金钱锁住。人心应当是自然的，不能以物欲奴役自我；人的本性是自由而独立的，不能为物质利益诱惑而改变了人性。

法国社会学家埃德加·莫兰评价西方文明时指出："整个西方文明都侧重发展了文明的物质和技术方面，却没有足够培养乃至忽视了心灵精神，以及人与自身和与他人关系等内向探索因素。"心灵的精神是人的内在精神，人的智慧、自觉在于心灵的自觉。这种自觉首先在于德性。德性比知识重要。德性属内心世界的自觉意识，其特点不在书本，而在人类的良知，在于人类自身的心灵精神。

人贵有自知之明。人类文明交往中最为重要的是自知之明。中国古人对自知之明及自身所处现实环境的认识上，有些警语颇具自觉性。如"鱼游于沸鼎之中，燕巢于飞幕之上，不亦惑乎？"（南朝梁丘迟：《与陈伯之书》，《梁书·陈伯之传》）低级动物不知危机之将至，沸鼎、飞幕，是惑而不知。英国学者爱德华·克雷（Edward Craig）有《哲学的思与惑》之作，其中有人生三主题的解说：用柏拉图的《格黎东篇》说明"我应该做什么？"用休谟的《论奇迹》说明"我们如何知道？"用《弥兰陀王问经》说明"我是什么？"这是让人们从哲学经典认识人类自我身心问题。但是自知之明的自觉，就在于不敢轻言知道。须知：懂得越多，未知也就越多；看似完美，就面临着对不可知的致命危险。危机和问题意识对学者说，是动力而不是阻力。培根说："幸福所产生的德性是节制，厄运所产生的德性是坚忍，奇迹多是在厄运中出现的。"文明交往中人类与自我身心的自觉问题，靠这种德性的指引。

（五）孔子是中国历史上第一个全面研究人类并发现人与仁关系的人。他所创造的仁学是中国最早的人学。"仁"字在《论语》中，出现了 109 次，而"君子"二字仅比"仁"字少了一次。

"君子"是有独立人格而且有仁爱之心的理想人，而与之相对的"小人"，孔子也并非鄙视他们，而是对其向学、向善程度相比而言。

有句颇引歧义的孔子言"人"的话："唯女子与小人为难养也！近之则不孙，远之则怨。"（《论语·阳货》）这是孔子把人分为"君子"、"小人"之后，又对"女人"所作的分析。"女人"和"小人"太在意别人的心态，是因为社会地位不独立因而无独立人格。此可同情与理解，这是不学不善的小人与"君子"区别之处。

仁者，人也。不仁者，不可以久处约，不可以长处乐。不悲观，不妥协，不放弃，这是孔子以仁为怀的人生哲学。有人曾作《孔子言"仁"考》，也应有一篇《孔子言"人"考》，可分析孔子的人学思想，以便汲取孔子的智慧。这样，也不至于只谈古代西方早期对人的认识，从而达到人与自我身心的自觉。

十七　达尔文论"了解自我和万物"的启示

（一）

在人类文明交往史上，有两次大飞跃改变了自然科学的根本思想，促进了科技文化的长足的进步，改变了人类社会的根本，解放了社会思想。第一，1643年波兰科学家哥白尼在他去世前发表的《天体运行论》，阐述了"日心说"，打破了阻碍科学长河流向中的地球中心论和神创论的坚冰。它影响到开普勒、伽利略等一大批科学家，直到牛顿成了一位集大成者。第二，英国科学家达尔文在环球旅行考察后写成的《物种起源》，成为思想界革命性的创新之作，把人类对生命科学发展的理解，提高到了一个新的认识阶段。它使人们得以重新认识生命的发展及生物的树形结构。它以生物变异→自然选择→物种形成→生物进化的逻辑系统，攻破了神创论最后一个顽固堡垒。

百余年来，达尔文在《物种起源》中所提出的生物进化和自然选择思想，被不同的人解读为不同的信息。在古脊椎动物学、古人类学、进化生物学、遗传学、动物行动学、社会生物学诸领域中几乎获得的所有的重大发现，《物种起源》都成为比较和说明的元典。

进化论的两大要点：①生物进化，即每一物种都是在漫长的进化过程中产生出来的，而人类和动物有着共同的祖先；②自然选择是生物进化完全出于无目的、无方向的适应生活环境的进化，进化≠进步，并不必然导致更高动物的出现。威廉斯（George C. Williams）在《适应与自然选择》（中译本为上海科学技术出版社2001年版）中，详细分析了进化与进步之间的关系，并从五个方面否定了进化即进步的直观误解。进化≠进步对理解达尔文进化论至关重要，因达尔文认为，生物的进化，并不导致由复杂性或异质性的提高来界定抽象的、理想的"进步"。生物进化论存在的只有物质，不存在①人类中心，人被物化了；②上帝不过是表达神经复杂奇妙结合的语词或符号。总之，生物进化论说明了两个基本观点：所有物种都是自然演化的产物，而与上帝无关；生物演化的主要机制是自然选择作用。

（二）

2005年11月15日，《物种起源》的新译者舒德干赠我一册北京大学出版社出版的译本。在《译后记》中，他谈到这本"生物与自然环境的对立统一"和"无机界与有机界运动的大综合"巨著，引起了一场规模宏大、旷日持久的大论战，结果，"除了抱残守缺的宗教界，进化论几乎赢得了整个世界。"这使我想起了李大钊、蔡元培，特别是胡适等启蒙思想家在知识、社会水平和文明的自觉。这是一种属于民主革命思想和吸收西方自然科学和启蒙哲学，特别是达尔文的生物进化论及其衍生的社会进化论，因而具有科学的理性主义性质。胡适就说过具有代表性的话："达尔文三十年收集的证据，打倒了二千年的宗教学说"（《五十年来之世界哲学》），1996 年，连罗马教皇约翰·保罗二世也被迫放弃了"上帝创造世界和人类始祖"的信条。他在致函教廷科学院全体会议中说："（天主教的）信仰并不反对生物进化论"，"新知识使人们承认，进化论不仅仅是一种假设"，"事实上，由于各学科的一系列发现，这一理论已被科学家普遍接受。"

　　然而，在科学发展史上，没有任何一位科学家像达尔文那样受到人们的关注；也没有任何一个科学理论像进化论那样在社会公众中产生如此大的反响。直到 2006 年 2 月，《世界网络日报》还刊登了一份由美国发现研究所发起的、征集到 514 名科学家签名的《反进化论声明》。2006 年 5 月，英国《独立报》也刊登了另一个报道：《全世界科学家联名反对创世论》。

　　英美的创世论与进化论之争，波及世界范围。令人深思之处在于：反科学与伪科学是一种复杂的文化现象，必须对其产生的原因和有利其蔓延因素进行深入研究，从根本上遏制或阻止其给社会带来的严重危害。行政、法律、批判只是一个方面。此外，不能以"保守宗教信仰"或"对科学无知"为由而取消其发言权。要区分科学创世论者、智慧设计论者与 20 世纪原教旨主义者（创世论）的区别，反思科学的文化边界，揭露创世论者的手段与策略。

　　人是什么？文艺复兴时代的人文主义者肯定人道而反对神道，肯定人的尊严、伟大、智慧，在社会属性和自然属性的人性论中，更强调自然本性。启蒙时代的人，成为理性和自由的人，人是最高主体，有无限潜能，人就是上帝，可以为所欲为。在这个背景下，达尔文的研究，对人类的起源和历史提出了科学的启示。达尔文的思想中，人起源于动物和把人完全物化的研究影响到西格蒙格·弗洛伊德。他的精神分析把人的心理活动或心理结构分为自我、本我、超我三个层次，前提是无意识比有意识更重要。他把人的心理说得很阴暗，人已被废黜为动物的位置。他始于达尔文，但走得更远，为现代性"躲避"人的崇高、沉溺于物欲论开了头。怎样理解人类自身，是一个远远没有得到确定答案的问题。现代性的价值观，后现代性的价值观，是生活在时代的洪流中的浪花。人固然不能自高自大，成为放大的狂人，但缺少了崇高的追求，缺少了文明自觉，人会变得多么可怕！

　　于是，在美国兴起的新人文主义思潮中，爱德华·威尔逊这位大学者，想起了达尔文。他想从社会生物学角度，希望科学人文主义可以取代宗教，被称为"新达尔文主义"。正确的人文精神既要超越"人类中心主义"，也要超越人类学上意义对人的理解，更自觉地关注人的最高精神追求和价值追求。

（三）

达尔文的《物种起源》手稿写成后，在抽屉里放了 21 年。1858 年，如果不是华莱士差点夺去了他的优先发表权，很可能他还会沉默下去。

达尔文为何这样做？吉尔德认为是出于恐惧，而导致恐惧的主要因素是：年轻、没有学术背景、人微言轻，对他如此在理论上的骇世惊俗，岂能在没有足够理论支持的无把握情况下轻率举动！

1880 年，达尔文在自己的笔记中写道："对我而言，无论是错还是对，通过直接说理来反对基督教或有神论，都不会对大众有任何影响。要想促进思想自由的最佳途径，应该是在科学进步以后，人类对了解自我及万物的逐渐启蒙，才有功效。"

这是经验之谈。了解自我，是人类文明交往的最深之处。了解自我离不开了解万物，否则无法进入这最深之处。自我可分为"身"、"心"两个互相矛盾又统一的方面，它处于生命肉体层面的自我。人们一般把道德调节范围仅限于人与自然、人与社会，现在看来，应当把人与自然"身"、"心"之间的关系，也包括在道德调节范围之内。陈延斌、王体在《哲学研究》2006年第 8 期的《人与自我身心之际：道德调节的新向度》一文中，对此提出以下理由：①从道德调节作用得以发挥的机制分析，人与自我"身"、"心"之间的关系是与道德调节其他并列的另外二重关系，而且是其他关系得以实现的关键环节；②从道德主体自身矛盾运动关系考察，人与自我身心之间存在多重复杂的道德关系，具有丰富的伦理蕴涵。作者的结论是：①人自身"身"、"心"道德关系的提出，是社会发展的必然；②是人们对各种伦理关系的认识不断发展、深化的产物；③也体现了人类对生命自我身心的关照和追求。

所谓文明自觉，说到底，只有一句话：自知之明，知人之明，知物之明。自觉，靠自律，也离不开他律。人应当敬畏三律：道德律、法律、自然律，而且在认识和掌握三律中获得到自由。这"三知"（知己、知人、知物）和"三律"正如达尔文所说，要依靠科学进步，依靠人类对自我及万物的逐渐启蒙才见功效。

（四）

达尔文是了解自我的。赫胥黎并不相信达尔文的自然选择说，但这并不妨碍他们之间的合作。赫胥黎的确对达尔文进化论的传播起了大作用。中国人接触达尔文进化论，在很长时间不是直接的，而是通过赫胥黎（1894 年严复翻译的赫氏《进化论与伦理学及其他论文》）。20 世纪初中国人心目中的进化论是赫氏版的严译本，其中有社会达尔文主义的内容。中国六名流（章太炎、蔡元培、李大钊、陈独秀、钱穆，甚至孙中山）都不喜欢达尔文，以赫氏版《天演论》、克鲁泡特金《互助论》与之相比。他们从社会学、政治学视角，从情感上认为后者更可取、更科学。钱穆首为代表："在中国人传统思想方面，和平与仁慈还是正面，强力与斗争好像是反面"，"毕竟看不起强力，看不起斗争"。这就是孙中山总结的"王道"与"霸道"问题。内忧外患之际，不仅国际生物界也不大注意克氏对赫氏的批评，而且在中国，社会达尔文主义也有更大影响。1961—1917 年《新青年》杂志连载了马君武译的《海克尔一元哲学》。海克尔即德国生物学家恩斯特·海克尔，他也是社会达尔文主义者。此人的《宇宙之谜》即《海克尔一元哲学》不仅被毛泽东 1967 年 1 月 13 日晚在同刘少奇最后一次谈话中提出，让刘"要好好学习"，而且在 1975 年 11 月接见西德总理施密特时再一次提起。于此，可见影响之深。① 社会达尔文主义确实是社会偏见，它不了解人类社会发展规律，干扰了人类清醒地领悟生命历史的能力。马克思、恩格斯在达尔文进化论问世之初，已察觉了这一问题。

　　达尔文是了解自我的，也是了解万物的，他没有在理论上犯大错误。但他受地质学家莱伊尔的影响，过分强调渐进的进化。后来德弗里斯提出突变论，埃尔德里奇提出"间断平衡理论"，正如进化论新版译者、地质学家舒德干所说，达尔文似乎在强调种内斗争的残酷性，而在一定程度上忽视了种内的各种协作。《物种起源》发表一百五十多年来，进化论已经吸收了综合进化论、间断平衡论、中性突变说、连续共生等诸多理论。的确，生命世界是复杂的。人类进化史上的协作与共生应当受到重视，忽视这一方面，一味强调斗争哲学，甚至以斗争为乐，将是一个大悲剧。同样，科学和宗教对人类文明的影响而言，如果二者彼此视对方为敌人，也将是一种不幸。削弱了人类和谐共处的能力，是文明交往不自觉的表现。

---

　　① 2009 年 10 月 14 日，《中华读书报》刊载袁志英文章《关于达尔文主义者海格尔在中国的影响》中，也谈到他和其他 3 人，调至复旦大学理科批判组，专门翻译海克尔的《宇宙之谜》。该书出版于 1974 年，印行 47 万册，与马、恩、列、斯、鲁迅及"批林批孔"和"批《水浒》"书籍摆放在新华书店出售。

　　人类是进化的产物。人类有两个特点：①拥有发达的智力；②拥有丰富的情感。前者固然重要，后者也不可或缺。人类如果没有喜怒哀乐、信任关怀，人生也毫无意义。达尔文也了解人类自我问题。他在《物种起源》(1859) 和《人类的由来》(1871) 之后，在 1872 年义发表了《人类和动物的表情》一书。人类的情感和表达是天生的，不习自会的，并且具有共性。这是达尔文这本书中表达的基本思想，人类有五种基本情绪：①快乐，②悲伤，③愤怒，④恐惧，⑤厌恶。与此相对应，有五种次级情绪和变体：①欣喜和惊喜；②忧郁和惆怅；③惊慌、害羞与焦虑；④憎恨；⑤鄙视和轻蔑。达尔文的结论是"我毫不怀疑，总体说来大多数有感觉的生物的快乐要超过悲惨，尽管许多个体偶尔也会经历更多的磨难。"人比动物有强大的学习能力，有社会的自觉群体性，有自律和互相的道德情操和良知。

　　人类的文明自觉需历史科学的推动力。历史科学的自然史、人类史、文明史、世界史这四个层次是递进的，又是综合的，尤其是多向互动的。它是以人类文明交往互动规律制约。达尔文的了解自我和万物实际上包括了知物之明、知人之明和自知之明的文明自觉。

十八　变与不变的文明交往自觉

　　世界上一切都是变化的。"一切皆变"，唯有变化是"不变的"，唯一可以确定的事物就是变化。

　　自然界如此。公元 5 世纪，希腊哲学家恩培多克勒将宇宙描述为不断聚合和分裂的物质状态。今日的天体物理学家，则从宇宙的扩张和收缩看待变化。在自然界中，我们看到：包括我们人类自身在内的生物体，也都在不断变化。在社会界，变化也是无时、无处不在。

　　在变化中求恒常，是人类文明交往史中的中心课题之一。变化不仅是在不同文明之间和同一文明之内经常要应对的问题，在国际政治中，也有应对不完的变化。2005 年 12 月 10 日，美国"麦卡锡主义"者、前联邦参议员尤金·麦卡锡在华盛顿去世。这个事件被吉姆·霍格兰认为是"许多 1968 年发生的具有深远意义的重大变化已经告一段落"的终结。他从变化角度看国际舞台上的政治交往的潮起潮落，于是做出这样的结论："果断的领导人在历史改变他们之前改变历史，要积极控制应对多方面的变化。"

　　的确，有些人在变化之前自觉地改变历史，有些人在变化之前去世；去世之后，又引起新的变化。变化在文明交往中，是动态的，有多种可能性。变化是常态，静态是相对的。人们一般不愿意自发地应对变化，因为适应性往往落后于形势的变化。变中求常和常中观变，才符合思维的辩证发展。须知，变化也不是唯一的恒定值。不同文明和同一文明的核心价值观、民族性、意识形态是根，如若改变，那就是独特文明主体是否存在的问题了。因此，一种文明不能失去属于"自我"的根基去求变化。这样的变化，只能是被"同化"了的失落的文明。

十九　自我、倾听和超越

(一) 自我的倾听

茫茫过去，荡荡当今，渺渺未来，都要由人在文明交往中实现。问题在于，人的许多潜能却"潜而不发"，因此无法去实现。有研究者指出，一般人的潜能，终其一生，只发挥不到 5%，多遗憾啊！

自我，首先是一种志向，是一种价值取向，是发挥的智慧的追求，概而言之，自觉源于自我内在力量的升华。人生是短暂的，但人的创造是崇高的，小者可以积累文明，大者可以功垂千秋。人类精神的觉醒，是建立在自我觉醒基础之上。高远的志趣指引着人类自我的创造。

自我，是人自己唯一能够掌握住的东西。快乐与忧伤，虽来自外界的刺激，但乐寓我心，忧藏我心，可以由我的自觉去兴乐，去排忧，自尊地做一个快乐的人。"没有谁能击倒我们，除非我们自己。"这是放大了的自我，是一个由许多自我组成的群体，是一个既懂得自我、又懂得人类和一个既懂得民族、国家和世界历史含义的人们。这个整体自觉是由大智慧和大爱组成的集体。

超越自我是最难的，也是最重要的；而超越自我的力量，源于对自我力量的清醒认识。

巴金的《随想录》5 集是一部认识自我、超越自我的文集。他对自我的认识是深刻的。在佛教的学说中，"我"是涅槃四德之一，居常（永恒）、乐（无忧）之后，在净（清净）之前，是"自由"大我超越的境界。但对"自我"的认识有其规律，并非无常，也非无限，虽然很难，但可以逐步认识。自我了解、自我接受、自我实现，这三个步骤是自我认识连续性、反复性的自觉提高关键。

（二）耳朵的倾听

伏尔泰说过，通往内心深处之路是耳朵。

早在两千多年前，希腊哲学家戴奥真尼斯也指出，上天给我两个耳朵，一个嘴巴，就是要我们多听少说。

人对耳朵倾听功能不够重视，使耳朵不聪，以致目不明，不聪不明，愚蠢便跟踪之至，乱说胡说也不可避免了。魏徵有鉴于此，说出了"兼听则明，偏信则暗"的名言。

能够用双耳倾听的人、认真兼听而不偏信的人实在太少了。

在人际、族际、国际之间交往活动中，用心倾听对方的讲话，是爱的表现，是自尊尊人、互尊人格的坦荡胸怀的表现。倾听代表着耐心、开放和想要了解对方的诚意，是交往文明化的表现。

倾听，是不同文明之间相互了解的前提，是相互沟通、彼此理解的第一步。须知，沟通和理解，是"了解"对方，而不是"改变"对方。"无我"地倾听，静静地倾听，而不加任何成见、批判和否定，才能达到真正客观的成功的文明交往自觉。

倾听是金！

（三）超越的哲学

自我之后，着重要关注超越。超越什么？世俗名利是首先要超越的羁绊；权力贪欲是第二个要超越的诱惑。

自然超越是自我精神富矿的核心，开掘自我内在超越精神，是一种迎接挑战和经受考验的力量。超越自我的精神，可以升华人生，净化心灵。人生的真谛在于超越，事物发展的规律在于超越。只有不倦追求，才能在超越自我的境界中体味人生的升华。

人的生存常常是在现实化与超越化之间的两极状态中游弋。功利主义与理想主义的矛盾需要用超越思维来解决。西方是个体和自我为中心的文化和思维方式，最易流于自我中心主义，排斥他者，进而征服自我以外一切人和整个自然。靠这种思维方式，人是不可能解决自身的问题的。人类只有用非自我中心、去中心化和多维互动复杂的思维去解决自我问题。

超越思维是人类文明化交往进程中的精神产物，它可调解人与社会、人与自然、人类自身的创造性和应变力。

之所以把"超越"和"自我"联系在一起，是因为自我最易"迷失"，尤其在现代,自我和生活方向和行为目标最易被物质、金钱、技术、欲望和权力所异化。这好像是"自掘陷阱"。另外,封建意识,严重人身依附遗毒使一些人无视人的存在、人的尊严、人的权利、人的地位和人的发展。这严重地阻碍着现代化进程。

自我超越植根于现实,而其慧根在人,在人类的大智慧。人学研究最重要的成果就是大智慧:对人类本身的认识、改造和对社会、自然的认识和改造。前者是内在的交往,后者是外在的交往。前后二者的综合,就是大智慧:提高自己生命意识和自觉意义。大智慧为人类所独有,它在建构合理而健全的价值观念、价值尺度和价值规范,给人自身以活力和创造的超越力。超越是消除异化和物化,创造美好的文明和实现交往的文明化,将人与人的世界关系还给人的本身。

从文明交往的长河中,人会知个人的渺小,明芥豆之细微,知自身的价值。

二十　省身与文明对话的自觉

未曾省身的交往,是文明不自觉的表明。

苏格拉底在《申辩篇》中,有"论善"与"省身"的要求。他说:"我要告诉你们,必须每日讨论什么是善,不可有一日间断。你们还要讨论我所教导你们的,像我那样去省察自身及他人,人所能从事的最高事业不过如此,生命中缺少这种省察,就是枉活一世。"

这使人想起曾子"吾日三省吾身"的名言。曾子的"省身"也包括"省人","论善"虽在其中,但未明确提到"讨论",即"对话"。苏格拉底的生活方式、有意识地选择与评价的思考方式和实践行动,归结到三种成分:①讨论,②奉献,③思考(沉思、思想)。讨论或对话,是奉献和思想的前提,它包括着内在的理性深度及复杂性,它可使奉献(为新世界建设而努力)变为绝对必要,它可以促进沉思,从而通过沉思达到倾听,进而真正了解自我。

省身方面,本杰明·富兰克林这位"美国革命之父"说的和做的都彻底得多。他有这样文明交往和自我省身的理念和追求:"我希望在这个世界上生活,却不犯任何一点错误。这将征服自己所有的邪恶,不论是天性、习惯的缺点,还是交友不善可能把我导入误区。"他清醒地看到了惰性的力量。

因为它总会乘人不备，而人们的习性往往强于理性。为战胜自我，他有以下计划：①节制：食不过饱，饮不过量；②缄默：避免闲谈，言必有益；③秩序：物归其所，事需限期；④决心：当做必做，坚持完成；⑤节俭：节省花费，花必有值；⑥勤勉：珍惜时间，做有益事；⑦诚实：真诚待人，言行一致；⑧正直：多行善事，不损他人；⑨中庸：容忍为先，不走极端；⑩整洁：衣着整洁，居所清洁；⑪平静：临危不惧，处乱不惊；⑫节欲：少行房事，修身养性；⑬谦逊：效法耶稣，苏格拉底。

他用美德习惯的力量来战胜惰性。在他的日记中，这13种美德各占一页，每天检查自己所作所为，发现违反了哪项德性就在相应的格子中打上小黑点。每星期严密监控一次，13星期走完一周期，一年循环四个周期。他这样严格地每日、每星期、每13星期的13省自身，训练结果是：黑点不断减少。正是这些精神"细节"，表现了他的伟大和过人之处。他一生和各种人物、各种利益交往，涉世很深，因而在1731年5月19日在图书馆读一本历史书时，突然想起把各民族道德高尚和富有才干的人组成"联合道德堂"，并制定一个善意明智的章程和自觉遵守的党章。

富兰克林对青年说："如果一个人在这个世界上想要兴旺发达，那么，除了真诚廉洁的品质之外，再没有更好的资本了。"

难怪马克思在《资本论》中引用过富兰克林给人下的定义："《a tool-making animal》，制造工具的动物。"（《马克思恩格斯全集》第23卷，人民出版社1972年版，第205页）马克思认为，亚里士多德关于"人天生是城市的市民"的"定义标志着古典古代的特征"，而"富兰克林所说的人天生是制造工具的动物这一定义标志着美国社会特征一样。"（《马克思恩格斯全集》第23卷，人民出版社1972年版，第363页）富兰克林对人类自身的理性、民主、道德基因理解很深并将其注入革命之中。这就是美国首任总统华盛顿为之倾服的原因："在我的一生中，能让我佩服的人只有三位：第一位是富兰克林、第二位是富兰克林、第三位还是富兰克林！"

二十一　"知"的三段史

（一）西方理性主义传统三命题：①人类所有真问题都会得到解答，未知者总会有人知，只要不断追问即可得；②所有答案皆可知，只要不断学习；③所有知的答案都是互相兼容，不会产生矛盾。

(二) 浪漫主义认为上述启蒙三命题为假命题：①根据个体亲身体验，总有许多问题无答案；②有些答案不为人知；③答案有各种矛盾。

(三) 以赛亚·伯林在《浪漫主义的根源》中的结论："浪漫主义的结局是自由主义，是宽容，是行为得体以及对不完美生活的体谅；是理性的自我理解的一定程度的增强。"(亨利·哈代编，吕梁等译，译林出版社 2008 年版)

二十二　自知之明与"度"的把握

钱锺书有句认识自己的思考："你要知道一个人的自己，你得看他为别人做的传；你要知道别人，你倒该看看他为自己做的传。自传就是别传。"一个人认识自己，十分诡谲，但也有轨迹可循。至少自知之明有以下尺度：

(一) 理性的"度"。理性探索范围缩小到可能把握和可以知道的范围，在能确切知道与不能确切知道之间画一条明确之线，在信仰渴望上用实际的理性主义加以限制，同时抑制对未知世界的好奇心与激情求知于未知世界的限制。

(二) 平衡的"度"。冷静对待外物，不纵欲也不禁欲，专注于自己的精神的自然而然地节欲。生活一如常人，不管外界发生什么变化，坚定如常，"任凭风浪起，稳坐钓鱼船"。

(三) 温和的"度"。调动自我心灵最大力量——以"不动心"应对外界事物，用意志磨炼，用以人为善、宽容待人，但绝不改变自己的道德原则。

(四) 超越的"度"。立足此世、不幻想和渴望彼岸，又超越权名功利，恰当运用把握；而不强占权力，把权力视为过眼烟云，注意防止权力滥用和自我膨胀，冷静对待失败与成功，使自己的心灵得到宁静。

自知之明对崇尚经济成就、追求物质利益和攀附权势强烈的当代世界，对物欲横流、功利滔滔的浪潮，应多关心自己的精神。对人的评价并不看重财富多寡或物质成就或权力大小，而应看其德性、品格。物质财富不是所有人都能达到的，甚至不是多数人能达到的，权势也是如此。而心灵德性上的成就，则是任何身份、任何处境的人都可以通过自己努力可以达到的。尽职责、炼德性，按自然本性而生活是"自知之明"在"度"上的精神价值。这个问题，用陕西当今的"秦腔"说：简单得像"一"一样。不过，实践起来，却像"多"那样复杂。"一"与"多"是把握"度"的关键之处。"度"

也就是文明自觉律中的"适度"。

二十三　人在自我互动中的偶然性

人的活动遍布偶然性，有异常丰富的细节。这是作为历史主体的人本身所决定的。人是活生生的，有各种性格、情感、心理现象，人与人、人与事、人与自身的互动有异常丰富、复杂的变化细节。这种变化是无法预料的。

人的内心活动，人的各种怯懦、误会、自负、操守、投机、功利心、明哲保身，在具体事件发展上，常常有意料不到的作用。

然而，这种变化也受大历史时代环境的影响，特别是转折时期。这就是文明交往过程的"之际"。"之际"是最充满偶然性的时期，也是从偶然性中转变为必然性的时期。

二十四　人生四题

(一) 关于心态

心态随人，有不同的人就有不同的心态。它是人生观，具有现实和长久意义。坚劲，是一个坚定的良好心态问题。"千磨万击还坚劲，任尔东西南北风"（清·郑板桥：《题竹石》）。韧是中华文明的特点之一。

(二) 关于社会良知

社会良知是社会责任。人是社会人，应有社会责任。是非分明，又不情绪化。对人对事，不回避矛盾，多帮忙、多建议、多多人文关怀和同情理解。

(三) 关于人生价值

怎样的生命状态？做了多少事？

使"有限生命更充实，为无限事业多奉献"。各人有各人的活法，但活得要有意义。

（四）关于创造

人前进的不竭动力是创造新的思想和理论，而思想理论的创新生命力在何方？在科学精神和创造精神！在于站在前沿，关注前沿，思考前沿。

新曲何须别人有，但握创造在手中。

二十五　人是善于思考的动物

人是什么？

人是思考的动物，思考、用脑是人的特点。

不过，并非人人都能善于思考和勤于思考。

只有善于思考、勤于用脑、认真笃行的人才能成功。

"善思而笃行成功之母。"

"勤用脑、善用脑，用脑是达到成功彼岸之舟。"

这是日本丰泽丰雄的《用脑与成功》（张存礼译，工人出版社1989年版）中的两句话。

丰泽丰雄引用美国新墨西哥州高原地区的苹果园主杨格的名言："你想成为对社会有用的人吗？你想成为大众的好朋友吗？那你就多动脑子吧！要实干，要多动脑，这是顶重要的。"

请看杨格的广告词："如果你对苹果有不满之处，请函告本人。苹果不必退还、货款照退无误。"然而，高原果风味佳美，从无人退货。特大冰雹之后的苹果，味好有伤，他动脑思考，先作上述广告，然后在每箱苹果中装一纸片："这批货个个带伤，但请看好，此为冰雹致伤，此痕为高原地区苹果特有标记。此种苹果皮紧肉实，果糖味妙不可言。"结果9000吨苹果全部售出，以后竟有人专要伤痕苹果。

这就是勤用脑、善用脑的生动事例，也是人对自身特点的理解。

94岁的钱学森2005年3月29日在医院病房里说出了忧虑的一句话：我们一定要"培养出会动脑筋、具有非凡创造能力的人才。"85岁的两院院士师昌绪2005年10月对《光明日报》记者谈到一个人成长的四要素时，把智慧的大脑和健康的体魄放在首位，其他是勤奋、品德和机遇。人之贵，在于如此。

二十六　人的个性与交往

杜威的"经验"概念是一个大过程。它包括人们所做和所承受的东西，人们追求、热爱、相信和忍受的东西；它也包括人们如何行为并承受他的行为；它还包括人们行为、承受、愿望、享受、看到、想象的方式。个性也在经验之中，他认为个性不是现成给定的，而是在性质上来自日常的人类经验。

杜威从经验论出发，把个性与交往联系起来。他指出：个性不反对交往（association），"正是通过交往，人们获得其个性；也正是通过交往，人们锻炼了其个性"。（Lecture Notes：Political Philosophy，1982，p. 38，Dewey Papers）人不能离开与他人的交往。人具有不可化约的社会性。这是与人的统一性、独特性、多样性相联系的。

英国学者里查德·道金斯（Richard Dawkins）在《自私的基因》（*The Selfish Gene*）中，创立了"meme"（"拟子"或"觅母"）一词，反映了人的个性，其实就是观念、思想、理论体系等文化性。他认为，人之所长久，是因为 DNA 代代相传，这是"生物性"。人区别于动物的"个性"还有"文化性"或"社会性"，这是人成为天地之秀、万物之灵的个性。这种文化性或社会性不会因人的生物意义上的死亡而死亡。如牛顿，终身未娶，生物意义上已"断子绝孙"，他的 DNA 早已不复存在，但他创立的"拟子"（他创立的科学理论）却代代相传。中外历史上许多"立德"的从政者、"立功"的军事家、"立言"的思想家也是因有"拟子"的个性而名垂青史。

在人类文明交往中，一个民族、一种文明，要想生存、发展，就应当有自己代代相传的文脉和文化基因，就应当有自己的理论思维和理论体系，从而立足于世界文明之林。

二十七　历史是不间断的文明对话

英国学者 E. H. Carl 的《什么是历史？》中对"历史是什么？"问题的回答是：历史乃"现在与过去之间不间断的对话"。卡尔的论点是：必须用当代眼光（Contemporary unsighes）去分析过去，历史必须能够包容人们对现在的理解（understanding）。对卡尔在 1961 年的观点，大卫·坎纳丁在《当代的历史概念》（2001 年版）中，认为 20 世纪 80—90 年代历史界实行了"从因果到意义、从解释到理解的转移"；"转移"是"世界的权力"重心的转移→从西欧到北美（1906）→潜在世界权力到东欧、亚洲、非洲的转移。他最值得注意的是"对话"，把历史看做"连续性"。在我看来，这个不间断的"对话"就是跨文明的互动交流过程。文明对话已经越过民族而跨地区、跨大陆、跨海洋、跨地球的文明互动。这种在空间上不断扩大活动范围是人的本性。100 万年前直立人诞生之日起，已从非洲逐步走向世界。"丝绸之路"即有陆路与海路之分的跨越，海洋跨越中地中海文明交往，费弗尔已有《地中海史》之作。公元 600—1750 年长达一千多年间，印度洋的跨文明互动交往活动方面，波斯、阿拉伯、印度、印度尼西亚、中国航海家扮演主角。更不用说西半球的欧洲人、北美人在 1492 年以后的贸易、移民交往了。因此，历史是不间断的文明之间的对话。

二十八　建设新理论不易

在当今多元社会中，否定一个理论并不难，只要勇于说"不"就行。但要否定之后，提出建设性的新理论，哪怕是一些新的角度、思考方式，都相当不易。

但是，研究者必须有自己的思想、自己的理论。在科学研究中，"学人者生，似人者死"。南宋诗人姜夔（号白石道人）在《白石诗说》中的下述话语，颇有诗外的启发："人所易言，我寡言之；人所难言，我易言之。自不俗。"世界史、全球史、文明史，人已多言，而文明交往，人言者更少，而文明交往自觉者，人言者更少，此处可作"入而出"、"出而入"的广深研究空间。

理论有新有旧，有大有小，方向也有大有小，问题在于是否求真求是，真有道理。历史与现实，有沿流溯源，有由源及流，有掘井深探，有平湖远扩，方法虽异，目的则一。欲求事实真貌，只有考究全貌，方能烛照人类文明交往的自觉之途，理论遂从此出。

历史是理论之根，现实是理论之本，时代是理论之限。个体生命是短暂的、脆弱的；历史生命是长期的、坚强的；生活是长青的，实践的。有些理论家由历史、现实、生活中建设了理论，他可能不知道身后之事，也不知道在天之灵为他慰藉。但历史却会超越权力和世俗之外，可以给后人带来慰藉。生前寂寞，死后寂寞，而一旦重新发现，理论建设者便与历史共存谋。

二十九　认识自己,学会管理时间

人生苦短，时间有限。谈论珍惜光阴的人，都有一个实际笃行的观念，那就是：珍惜时间，首先要学会管理时间。这也是认识自己的开始。

康德的"人是什么"是逻辑中心问题，而儒学的出发点却是人的"为何在"、"在何处"、"向何在"的思考。

人在时空中活动、存在，时间是前提之一。管理学家彼德·杜拉克说："时间是最宝贵而有限的资源，不能管理时间，便什么都不能管理。""我们无法使时间停留、倒流，但可以控制时间的流向"。人生是通过有效的时间管理，让时光流向有意义的地方。

70 岁是多少"分"？多少"秒"？80 岁又是多少分秒？用数字"描绘"时间的可贵价值！！！这是大禹"惜寸阴"的当代计算。光阴荏苒，稍纵即逝。人认识自身，在时间上确有"文明自觉"的必要。

美国有一则统计，一位活到 72 岁的人，一生时间的分配是：睡眠——21 年；工作——14 年；个人卫生——7 年；吃饭——6 年；旅游——6 年；排队——5 年；学习——4 年；开会——3 年；打电话——2 年；找东西——1 年；其他——3 年。这个统计是模糊数学，是姑妄言之，尽管疏漏不确之处甚多，但告诉我们善于管理时间的重要；而管理之道，是善于处理缓急轻重，使人成为时间的主人。我常说，事紧勿急，急则生乱；事缓勿痹，痹则生变，这是一种大原则。具体而言，有计划、有步骤、合理安排时间，分清①重要而紧急，②重要而不紧急，③不重要而紧急，④不重要也不紧急，四大类，从而做到生涯管理，主动掌握时光流向，在岁月中认识人生。时间就是生命，爱惜生命，就要学会管理时间。

第 二 编

人之终

一　人之终——倒看人生的自觉

《三字经》从"人之初"开篇谈人生。有"人之初",一定有"人之终"。从"人之初"到"人之终",这是一个完整的人生过程。

（一）人的最终归宿是死亡。人的生命来自偶然中的必然,人的死亡来自必然中的偶然。人自生来,便如朝阳之注定要落于西山,生的意识终止,躯体便死亡而化为最初物质,复归自然,人人如此,概无例外。

（二）人,不论伟人凡人,穷人富人,在死亡面前都是一律平等的。这对一切有生命之物,都是同样的。曹操已经感叹"去日苦多",发现"神龟虽寿,犹有竟时,腾蛇乘雾,终为土灰"（《龟虽寿》）。在初生的婴孩面前,有人与众不同的发言:"他是要死的",此人虽是不知深浅地违犯了"言为时发"的鲁莽,却讲了普遍的道理。

（三）人在活着时,都能表现出自己的价值。不过,最能体现人的一生价值的,是人在临终时表现出的那种心态、语言和行为。弥留之际的眼神、表情、语言、手势,最值得人们冷静思考,而不应只停留在悲伤。这不是别的,而是人在一生终点时的体验、感悟,其中有更多的文明自觉成分。蒙田说过:"教人怎样死,即所以教人怎样活。"

（四）从人死看人生,即所谓"倒看人生"的意义在于对人生目的的关注。当一个眷恋着人的生存状态时,便会有意识地自觉地珍惜活着的自我;便会意识到人生光阴荏苒,若白驹过隙,也会决心随之面对现实,步步为营,针针见血,做出成绩,这就会避免到了生命尽头时,再悔恨、再遗憾的悲伤。

（五）人之生不由自己决定,但对死亡的思索,却能使人不断追寻自身存在的意义，而也使人意识到自身有掌握命运的自由，并且深思"人往何处去"的哲理，暗含对人生终极关怀的考量。

（六）人死观的真谛是什么？不是恐惧，死和生一样，极为平常自然，新陈代谢，病树沉舟，泰然处之。古人有言："始吾未生之时，焉知生之乐也？今吾未死，又焉知死之不乐也？"（《淮南子·俶真训》）生死皆大道，一生死，并不虚妄；齐彭殇，也不伤悲。人走了一生的路，应该休息一下，人的感知于：死亡的淡然自若，生命的万分珍惜。倒看人生，从死看生，从终点看起点，也许是更自觉的人生观，也许能更积极地面对人生。这样来规划人生，便会不为无益之事，思考何以遣有生之年。

二　希腊两大哲人的死亡观

德谟克利特和伊壁鸠鲁这两大哲学家都是唯物主义者，都是自然哲学原子论者。他们由于对原子理论的不同理解而走了不同的人生生活道路，从而具有不同的死亡观。

德谟克利特认为原子运动是直线下落的和相互排斥的运动，而伊壁鸠鲁承认上述观点外，还认为原子运动的起因在于它偏离直线而存在。马克思的博士论文《德谟克利特的自然哲学和伊壁鸠鲁自然哲学的甄别》认为前者"只是从现象世界的差别的形成这个角度，而不是从原子本身来考察原子的特性的"。（《马克思恩格斯全集》第1卷，人民出版社1995年版，第41页）而后者的"原子偏斜说就改变了原子王国的整个内部结构，因而通过偏斜，形式规定显现出来了，原子概念中所包含的矛盾也实现了"。（《马克思恩格斯全集》第1卷，人民出版社1995年版，第38页）正因为如此，马克思肯定地指出："把作为'本原'即原则的原子同作为'元素'即基础的原子区别开来，这是伊壁鸠鲁的贡献。"（《马克思恩格斯全集》第1卷，人民出版社1995年版，第39页）

这个区别对二人的死亡观有很大的影响。德谟克利特看不到原子本身的自在、自为的矛盾统一运动，原子下降的直线运动思想，折射到对世界的理解，只能是单一、表面，人被动地接受必然规律支配和统治。这就导致了他的怀疑人的所有感觉的东西，因为感觉妨碍了人对必然性规律的认识。纵观他的一生，是探索和追求超越感性知觉真实的一生。他游历各地，求学不倦，对世界充满了怀疑。他的死亡观是在感性和理智之间彷徨的死亡观。他甚至不相信自己的视觉感观，不以"眼见是实"为然。为了不使感性的目光蒙蔽了理智，他竟有意弄瞎了眼睛。由怀疑到探索，由无果而绝望，由绝望而死亡。他正是带着对知识的绝望而离开人世的。

伊壁鸠鲁的原子本原与元素的直线、偏斜相结合的原子论，把原子的自在自为本身矛盾统一认识，把握了人在世界面前的必然性和偶然性相结合，并从中悟出死亡在快乐生活之后。他在给美诺寇的信中说："死不是死者的不幸，而是生者的不幸"。他认为世界充满偶然性，人并非必然性的奴隶，人可以追求自身的自由和愉悦。他认为的死亡观表现为相信人的力量，首先是相信自己对事物的感觉和思考而带来的快乐。他是一位从哲学思考中获得快乐的哲学家，在他看来，快乐是"指身体的无痛苦和灵魂的无纷扰"（周辅成编：《西方伦理学名著选辑》上卷，商务印书馆 1964 年版，第 104 页），死亡没有什么可怕。他的名言是"死不是死者的不幸，而是生者的不幸。"因此生者在生时要珍惜生活，善待自己。他是一位生活、生命知足的哲学家，一生仅外出两次探望朋友，临死前洗了热水澡，喝了葡萄酒，安然而自然地离开人间。哲学史上把他这样的快乐生活称为"逍遥学派"，实际上他是知足于生活，不知足于学习和思考，是位死亡观上持乐观主义的哲人。

三　死的滋味

人人都要尝到死的滋味。

这是《古兰经》和《圣经》中对"人死观"的同样表达。

然而，大多数人是在死亡中领受这种滋味，他们来不及领悟这种滋味的意义。只有死过一次、再活过来的人，才有可能从死亡中领悟到这种滋味。对大多数人而言，都是从别人的死亡前后表现中去思考这种滋味所在。

实际上，《圣经·旧约》和《古兰经》有许多相同的格言、谚语和相类似的表述语言。如《旧约》中的亚当、夏娃、诺亚、摩西、大卫、所罗门、约瑟、亚伯拉罕，在《古兰经》中分别为阿丹、好娃、挪亚（努哈）、穆萨、达伍德、苏莱曼、易卜拉欣的故事。《圣经·新约》也有，如撒拉利亚、约翰、耶稣、玛利亚也分别在《古兰经》中表述为宰克里亚、亚哈雅、伊萨、麦尔产。有人统计，《古兰经》中，上述语言表述方式，甚至在 25 章中被提到 70 次，虽不如《圣经》系统，但明确地规定："凡有血气者，都要尝到死的滋味，我以祸福考验你们，你们只被召归我。"（21：35）死，即"归真"

（回归真主）。

这反映了希伯来、希腊、罗马文明与伊斯兰文明的交往情形。自然，一万个人读《圣经》，会有一万种读法。献身上帝的人读到了格言；世俗的人看到了传奇；对神秘力量有兴趣的人，关心里面超自然的段落；历史学家透过字面探究真相。有人也从《古兰经》中概括了四种要义：负罪感、服从性、明智力和自然倾向，也有人只看到伦理体系，还有人有一个"复兴"的生动比喻：伊斯兰社会如雄伟古建筑，年久失修，其基础十分坚固，但有些部位需"重建"（齐亚丁·萨达尔：《重建伊斯兰文明》，《世界宗教资料》1991 年第 2 期）。

从文明之间的交往看：①《圣经》的编纂者与阿拉伯人同为闪族，有共同精神生活和文明环境，有共同的祖先、共同的历史、共同的神话故事；②犹太教、基督教文明与阿拉伯文明长期交往，许多阿拉伯人对《圣经》内容熟悉；③在"人死观"上有相通之处。

释迦牟尼被佛门弟子称为"佛陀"，意为觉悟者。他在涅槃之际，见他的弟子阿难痛哭不已，便安慰说："有生必有死，精进勿懈怠。"这是佛陀留给世人的最后一句"人死观"的自觉的悟言。

谈到"人死观"还有一个参照，就是中华文明中的孔子。孔子对"人死观"的看法，很豁达，如"朝闻道，夕死可矣"。（《论语·里仁》）《史记·孔子世家》记载：孔子死前七天对子贡说："夏人殡于东阶，周人殡于西阶，殷人两柱间。昨暮梦予坐奠两柱之间，予殆殷人也。"他临死前不畏死，而是想着他的祖源和三代的死后殡葬问题。这使人想起心理学家荣格临死前，也做了类似的梦：一块大圆石，上面刻着"对你说来，这是表示单一和整齐的符号"。荣格对他的学生说，自己的理论已经完整地刻于石上，死而无憾与无惧。

孔子和荣格，都是以超出一己小我，而以大智慧眼光，体验着人死的滋味。现代的凡人，虽不那样执著于事业，却也在寻找克服对死亡恐惧的途径，其中包括用梦来安慰自己。帕特里夏·布莱克（Patricia Bulkley），是位在养老院工作了十年的心理医生，他目睹了许多老人濒临死亡时的惶恐惊乱。其中有一位 80 多岁的退休商船船长卡拉斯慕森，身患癌症。在恐惧之中，他梦见自己在一个宽广、黑暗、空荡荡的海上航行，再次感到了探险带来的兴奋和快乐。之后，他对布莱克说："奇怪的是，我再不怕死亡了。"死亡对他说来，不是人生的终点，而是一段旅程。

布莱尔根据自己在养老院十年心理医生的经历，同他的儿子合著了《做梦超越死亡》(*Dreaming Beyoud Death*)。书中对人的启示是：死亡之前的特别的梦，帮助人们了解生命的意义。弥留之际的表达感情的急促、生动的梦，是一个安慰即将死亡与其家人的一个精神资源，这些梦养在葬礼或以后成为家族史传奇的一部分。所有的宗教，包括佛教高僧安静圆寂，伊斯兰教中的复命归真，都是在坦然体味着死的滋味，而在临终关怀上认识自己，完成了人对自身认识过程的最后交往活动。不光是宗教徒、古希腊无神论者伊壁鸠鲁(约公元前341—前270年)给美诺寇的信《论道德》第五章中说："死不是死者的不幸，而是生者的不幸"。颜真卿在抗击安史之乱中，死前便为自己写了祭文、墓志铭，之后便坦然走向死亡。鲁迅三兄弟为不给活人添麻烦，在遗嘱中不求闻达，只求速朽。鲁迅是"赶快收殓、埋掉、拉倒"、"不要做任何纪念的事"。周作人80岁时自知不起，遗嘱中有"死无遗恨"、"吾死后即付大葬，或循留骨灰，亦随便埋却"，尤其是"人死声消迹灭最是理想"一句，风格与鲁迅一致。周建人96岁高龄，遗嘱中与此风格相同："我死后不要开追悼会，不要举行遗体告别仪式，尸体供医生解剖。"

生命对任何人来说，都只有一次，谁也不能重活一回。生是偶然中的必然，死是必然中的偶然。人其实是很脆弱的，所能做的是有限的。对人而言，知生死就应当珍惜生命，善待自己，注重现在。晚清重臣李鸿章临终时有"劳劳车马未离鞍，临死方知一时难"。这"难"就在无自知之明。"二战"后，世界级电影艺术家英格玛·伯格曼(1918.7.14—2007.7.30)，中年动过一次小手术，期间用药过度，在全身麻醉中昏迷了整整6个小时。他是这样感受死的滋味的：

"在这6个小时之中，我的生命完全不见了，没有梦，没有感觉，时间仿佛停止了……那种感觉真神奇，那种现象告诉了我一个信息，即我们出生到这个世界上，并没有意义，活着本身就是意义，人死了就化为乌有，不再存在，所以就没有来世了。"

我写到这里，笔下的手记似乎应当这样说：用"和谐"来统一内心世界、思想境界和外在世界和客观环境，从而由必然进入自由、由盲目进入自觉世界。这个世界中的美是平凡，乐是"宁静"，视"失"为"得"，以"弃"为"解脱"，以"平和"为处世处事的黄金法则。人生做了该做的事，就应当从容地对待生，平静地对待死。这才是坦荡的胸怀和气度，远大的目标和智慧，健康的心境和心力，纯净的心灵和品格。

由此手记我想起了另一本手记，那就是美国的托马斯·林奇的《殡葬人手记》（张宗子译，新星出版社 2006 年版）。其中记有一段对生的豪华追求和死后的节葬要求的牧师说：其实我想要告诉这家伙的是，做一个已死的圣徒，实在不比一条死鱼和枯树更值得认真看待。生活就是磨砺，一向如此。活着的圣徒，尚不能摆脱尘世欲火的刺激、保持贞洁的艰难及良心的刺痛。一旦永别，一切都随着遗体化为一缕青烟。这正是我要告诉那个牧师的：死者一无所求，只有生者营营不休。

死的滋味其实是活的滋味的最终晚餐。那种滋味对每一个人是意味深长的。人之初到人之终在这一刹那画上了句号，至于这个句号的圆满还是不圆满，对死者已不重要，重要的是对活者留下的意义。一个人，生下来就不间断地为自己画句号。退休时所画的是一个大句号。死亡时是最终的大句号。天地生人于一个大千世界之中，人最重要的是要用和谐这个文明交往理念来统领内心世界（思想的精神世界）和外在世界（客观世界），方可进入生活生存的"自由世界"。自觉的人文精神，平凡、宁静、坦荡、健康的心态，是这个世界真善美的境界。人一生尽责尽力尽心地做了自己应做的事，在自己品味死的滋味的临终之时，会心境平和，从容对待，死而无悔、无憾、无恨，含笑而去。

啊！手记啊手记，对于人生和人死问题，作为文明自觉的思索，在于随手记下所见所想所说，记下那稍纵即逝的思想火花，让它保存在备忘的手记之中。

四　伊斯兰教的生死观

伊斯兰教的生死观是两世论的生死观，是敬畏真主的生死观。《古兰经》有言："有一些人说，我的主啊！求你在今世赏赐我们美好的［生活］，在后世也赏赐我们美好的［生活］，求你保佑我们，免受火狱的刑罚。"（2：202）

伊斯兰教认为，生命是宝贵的，死亡是可怕的，真主及其使者提醒世人，应该珍视生命，关注死亡。《古兰经》中有这样的警言："信道的人们啊！你们应当敬畏真主，各人应当想一想，自己为明天准备了什么，你们应当敬畏真主，真主的确彻知你的行为的。"（59：18）

《古兰经》还有一些关于死亡的话语："任何人也不知道他明天将做什么，任何人也不知道他们将死于那一块土地。""当他们的定期来临的时候，他们不能延迟霎时；当其未来来临的时候，不能提前一霎时。"（16：61）这里强调的是今世，因为真正拥有的是今天。同时提醒不要以为后世很遥远，说不定在一夜之间，死亡就会来临而变为后世之人。今世与后世的关系，用真主的使者话说："今世是后世的一座桥梁，你们通过吧，不要装修。"在今世，在死亡来临时，穆斯林能带来的只是自己为真主所做的"善功"，这是打开后世乐园的钥匙。

具体说，有以下各点：

1. 人和动物相同。《古兰经》："凡有血气者，都要尝死的滋味。"（21：35）

2. 人死是真主的"召归"。《古兰经》："我以祸福考验你们，你们只被召归我。"（21：35）

3. 人生是真主从大地上"创造"。《古兰经》："我从大地上创造你们，我使你们复返于大地，我再一次使人们从大地复活。"（20：55）

4. 人死是生命的"复命归真"，而不是生命的终结。《古兰经》："他们遭难的时候，我们确是真主所有的，我们必须归依他。"（2：156）

5. 人的生死为追求信仰和美好。先知说："他曾创造了死生，以便他考验你们的作为是最优美的。"（67：21）

6. 死亡是人生命最后的必然归宿，贫富贵贱、身份高低皆不可免；死亡是人肉体的消失，又是精神再一次经历升华。一句话，为真主创造而生，为真主召归而生。"万物非主，唯有真主，穆罕默德是主的使者"，为穆斯林死前必念的"真言"。对死亡豁达，对丧葬变通，但又不离其"宗"（伊斯兰教）。对疾病，尤其是对重病在治疗的同时，希望真主宽恕自己，驱走病魔。真主给予人的生命，若真主要取走命，那治疗效果不大，因此病人最终想念真主，直到停止呼吸。

7. 从今世看后世，又从后世看今世，两世在这里是统一的。《古兰经》把"今世美好"和"后世美好"结合在一起。先知穆罕默德有两句名言，即"今世是栽种场，后世是收获地"、"耕耘今世，就如永生一样，准备后世，就如明天归真一样"。这正是两世并重的生死观。

五　莎士比亚自撰防患的墓碑

墓碑是后人书写的，而莎士比亚却自撰墓碑，碑文是：

"蒙天主仁慈，朋友们不要触碰我的墓。那些让我的墓地保持原样的人会被保佑，而碰到我的身体的人将遭到诅咒。"

这是莎士比亚在自己的墓碑上用四行古英语写的"咒语"般的碑文，用它来为自己守墓。

莎士比亚为什么写这样的碑文呢？原来这有一段死亡观的故事：

英国的斯特拉特福镇被人称为"莎士比亚的世界"，是一代文豪莎士比亚的故乡和墓地所在地。墓在小镇的圣三一教堂内的醒目处，在供奉耶稣的圣坛旁。该教堂有一个规矩，只要多付钱就可以为死者买到离圣坛最近的地方安葬。但这个地方并不平安，埋葬多年之后，棺木就会被管理墓地的人移到较偏远的墓穴去，把靠近圣坛的位置让出来，让新近死去的人埋在那里。这是教堂的生财之道。一个位置好的墓穴常被卖好多次，有些埋的尸骨后来就找不到了。

莎士比亚的人死观看到了身后的安宁。他没有在碑文中写自己的成就，也没有写他对后人的寄语，如"死亡还是生存，是人生根本问题"之类常见的话。他想到教堂里那些见钱眼开的管理者，忧虑这些人会移动他的墓，使他死后也不得安宁。

莎士比亚到底是大智慧者，他了解那些在教堂里负责移动墓穴的人，这些人是很迷信的。他相信那些掘墓人看到有诅咒字句的碑文是不敢动手的。所以，他写下本文开头引用的碑文，警告一切掘墓者。这个警告果然起了作用，一代又一代的教堂墓地管理者，没有人动他的墓。

在人死观的终极关怀中，只到死时为止。这是大多数人的境界。宗教界有进一步的关怀，即来世说，彼岸世界，等等。死后防掘墓者，也有多种，但谁能防止墓地不被掘移呢？

防止盗墓的诅咒案例古已有之。建于四千多年前的古埃及第五王朝的御医坟墓上，就刻有严厉的诅咒，声称打扰墓主安宁的人将被鳄鱼和蛇吞食。大约是诅咒起了作用，率先发现坟墓的盗墓贼很快被捕，人们由此发掘了"由许多眼睛和獠牙组成象形符号"的牙医之墓。

莎士比亚的死亡观延伸到墓地，他的碑文是一个留言，充满了对自己死后的忧虑之情和防止被掘之法。他的墓地是整个教堂里离圣坛最近的一个。之所以没有被掘搬走，并不是因为他是名人，而是因为他自撰的"诅咒"式碑文为自己守墓。难怪小镇每年吸引来世界各地的参观者，都要一睹这块标示莎士比亚死亡观的奇特碑文。

和莎士比亚相比，美国思想家、政治活动家、科学家本杰明·富兰克林却在自撰墓志铭上写道："印刷工人本杰明·富兰克林的躯体长眠此地，做蛆虫的食物。"他临终前最愿意听到的话是:"这个人活着时对大家有益",而不是"这个人死时很富有。"这两个人既知己又知人,可谓文明自觉啊!

六 理解死亡,人生会变得有意义

"当你理解了死,你会让每一天变得有意义。人生就是一条单行道,它的终点就是死,很多人看不到这个终点,看到的是无尽的欲望,每个人都是忙忙碌碌的,没有人相信其实不必那么忙。"

这是《三联生活周刊》记者苌苌访问美国作家米奇·阿尔博姆时,所得到的人死观的回答。

阿尔博姆有三本书(《你在天堂里遇到的五个人》、《相约星期二》和《一日重生》,都有中译本),都在谈人死观。其中《相约星期二》可作为代表作,里面讲他和身患重症的老师莫里·施瓦茨长达 12 个星期二的谈话,并眼看着老师最后不失尊严地死去。他们谈话的主题是:一个人在面临死亡时怎样看待人生。老师身上一股沉静的力量吸引了他,使他重新审视自己的生活。这个正在濒于死亡的生命感受,让作家意识到生命的无常,决定从死亡这个基点出发来计划生活,"问问自己什么是最值得做的,不会让自己临终时后悔。"

可贵的是作家对老师的尊重。当记者问他:对这位老师是不是有中国的"一日为师,终生为师"的尊师意识时,他回答很真诚:"《相约星期二》写完后很多出版社拒绝出版,但为莫里支付药费的初衷,让我多了份执著,少了些胆怯",就是中国这句尊师的名言在后面起了力量。美国没有这句成语,在美国很多人老师只存在于求学阶段,走向社会后自己站在舞台中心表演,不再需要老师。作家继续回答道:"其实不会改变的关系是'一日为师,终生为师',回去看望莫里的过程让我发现,人生始终需要老师。尽管他越来越虚弱,却仍然保持着睿智和风趣,这证明了他是一位终生的老师,这是他曾经的愿望。我从他身上学到很多,不再是具体哪门知识,而是生活本身。陪伴一个人走向死亡是很奇特的经历,他说的话、关心的事,对待过去的态度和平常人有所不同,而你可能在临终前很早就得到了这些经验。这样的一个人也会哭,会害怕,给了我不同层面的感受。我一直相信,我们永远可以从年长的人身上学到东西。"

这种师生情谊,注入、融化到《相约星期二》这本书之中。这也是这本书后来成为畅销书的重要原因。这本书重印了 200 多版次，在全球销售 1500 万册，成为美国出版界的一个奇迹。奇迹产生之根，在于它是人类最美好感情之一：师生情谊的产物。进一步说，这种现象是人类的三大文明交往（人与自然、人与社会、人与自我身心）的自觉表现，是人性中最美好的一种情谊。

事实上，正是这一点感动了许多人，如作家所说："因为他的故事不是社会学教授对自己一生功过的总结，而是一个时日无多的老人讲如何看待生死，每个人都能从他的故事联想到自己。"

我过去给学生讲过，要"倒看人生"，从终点看起点，从死看生。这是一种逆向"通看法"。这看似消极，实则可更积极、更自觉地对待人生。人死观无须回避。知人死才能更知人生如何有意义地度过。当然，如果把倒看人生和顺看人生结合起来，那是理想的、完整的人生观。

七　人死观析义

人生，是人从生到死的一个历程。人生观、人死观，构成了人之为人的面面观。

人类精神的觉醒是人类文明的自觉，是文明交往见之于人与自然、人与社会、人类自身的自觉，是人类各种文明在交往环境的自觉意识和自觉行动。

有的哲学家把中国基本人文精神概括为：①自强不息，②实事求是，③辩证逻辑，④以人为本，⑤内在超越，⑥有容乃大。这是有根据的。还有讲"和为贵"、"和而不同"等哲理。深入看，"和"离不开"生"，"和"的出发点和归宿都在"生"。所谓"和生"，是和而萌生，而发展，还有衰落之后的"复兴"。不仅如此，"和"而"生"，还包括吸收、借鉴、融合一切优秀的外来文化，进一步发展自己，从世界历史角度看问题，从人类文明交往视野审视历史与现实。

人死观是严肃课题，不是猎奇和故作姿态。它不受利益驱动，是珍惜、尊重、敬畏人生。世界观、人生观同属文化的核心。

人生不平庸需要把人死观和人生观统一为健康、清醒的全面死生观，并以"人死观"为突破口，倒看人生，珍视活着的每一步、每一刻、每一事，跨过每一道沟、每一道坎。不因社会强加的"与生俱来"的苦难，不愤世嫉俗、不颓废沉沦，不屈服于血统论的遗传学和宿命论的环境说，在有限生命历程中创造自己的光辉自我生命世界。

"有的人活着，他已经死了；有的人死了，他还活着。"臧克家这句人死观的哲理诗句可作为人死观的价值取向和结语。如果有补充的话，那就是：有的人活着时很伟大，而死后却显得渺小；有的人活着时微不足道，死后却伟大起来。这里用得上于右任的话："计利当计天下利，留名当留身后名。"清初的张潮更乐观，他的名句是："以忧生，不若以乐死。"

八　先上讣告，后上天堂

《先上讣告，后上天堂》，这是当代美国作家玛丽莲·约翰逊一本书的名字。该书所说的讣告内容其实并非死亡，而是由死亡引起的人世间的生活。讣告表现的是对死者的敬意，缅怀这个曾在人世闪烁而后熄去光芒的生命。但与此同时，它也是一种挑战，是向上帝或闪烁的群星挥舞拳头。作者沉迷于讣告，从新闻学角度研究离开这个世界的人们的故事及其吸引读者的原因。她每天在网上读讣告，拜访《纽约时报》讣告版编辑，参加世界讣告家大会，找出英语语言中最出色的讣告，还到各地细细品味最刻薄和最有文化的讣告，访问那些专门写讣告的作者，像学者一样研究讣告，比较讣告之间的差异，在此基础上写了这本描绘讣告和文化的书。

这是对人死后的文化仪式、时尚、习俗的研究。《纽约时报》、《每日电讯》、《卫报》、《独立报》和《经济学家》等世界名报都聘请名人写讣告，西方新闻学教授们告诉学生，注意报纸最下端的一个重要栏目："讣告栏"，认为这是"当记者最佳的入门处"，很多西方读者常跳过新闻和体育版，直接翻到讣告栏。作者即写过戴安娜王妃和马龙·白兰度的讣告。

这使我回忆起"文革"后的英年辞世的知识分子讣告很多，如西北大学中文系有一年每个月就有一张教师的讣告，写得有感情和有文采，令人谈论不已。系主任刘建军认为自己是生不逢时的晦气。我也常想，我们的报纸为何不设此专栏，以表现人死观呢？

小时候，不懂世事，写作文模仿大人："世事无常，人生苦短"。经历了许多事以后，又曾感叹生命之于人类的历史，是那样之苦短，而之于天灾人祸，是那样的脆弱！芸芸众生，世事莫测。但这一切悲叹之后，有所自觉，对这一切理应坦然处之，勇敢应对。细想死亡观，不在于死的悲哀，而在于活得精彩，在于为人类、为社会创造和奉献的多少。因此，在讣告上，应当为逝者的精彩人生喝彩，从逝者曾经闪亮的生命之光中，思考生者在忙碌工作之时，别忘记心态健康、身体健康，别忘了呵护生命，保重自己，活得愉快。

九 死亡方式的选择

人类可以避免的死亡方式有两条思路：

第一，人类死亡原因。人类死亡原因大概有 3000 种，而在三百年前，这个数字还不超过 100 种。人的死亡方式，这些悲剧从"A"排列至"Z"，全部是真实的历史。

第二，有自知之明的人，可以避免某些方式的死亡。如①因酗酒、吸毒、性传染病、吸烟而引起的；②用锻炼身体、吃健康食品、经常大笑来避免潜在性疾病而发生的；③因横穿马路而导致的；④干偷、抢、粗暴坏事而招致的死亡，等等。人都会死，死亡的方式在许多时候是无法选择的。人面对死亡因无知而恐惧，人对死亡直接或感受的经验极少。但对于死亡的知识可以从间接获得很多，这些间接知识经思考化为自知之明以后，便会走向自觉。

看清死的本质，面对死亡时会好受得多。死亡史的经验值得注意，意义在此。

十 死亡为人类最大的敌人

托马斯·霍布斯曾视死亡为人类最大的敌人。他对死亡的恐惧是他政治哲学的第一根桩。为逃避死亡，他奔走于英伦三岛与欧洲大陆之间。他在诗体自传中，写到他尚在母腹中就恐惧，他母亲因为恐惧西班牙无敌舰队失败而早产。他说："我母亲那时恐慌万状，所以生下了孪生子——我自己和恐惧。"

托马斯·霍布斯曾视死亡为人类最大敌人，以暴力下的死亡作为自然状态中人类的悲惨结局。他一生都保持着对时势的高度警觉，以免受死的威胁。然而，美国学者 A. P. 马蒂尼奇在其《霍布斯传》（上海人民出版社王玉明中译本）中所言，垂暮之年的霍布斯"终于明白，对任何时代的任何人来说，死亡并非最大的敌人"。霍布斯这时处于乡间，他平静地写道："死神站在我面前，说：'不要害怕'。"

这不禁使人想起，他一生将恐惧死亡放在思想的焦点上，在对教会分裂和查理一世人头落地，在世俗世界处于动荡和人们无所敬畏情况下，他为了避免在自然状态下"一切人反对一切人的战争"，而得出了"理性的人建立盟约接受主权者的统治"的专制主义结论。当此时，他是否对从严密逻辑推演出绝对君主制的理论前提产生过一丝怀疑呢？

哲学的伟大也有偶然性因素。要提出有创新、有生命力的理论是很困难的事。在某一时代，就某个问题，不同哲学家提出不同解释，那些解释碰巧影响深远的人被后人誉为天才，那些同样杰出的哲学家却被人遗忘。霍布斯属于那些碰巧对后世造成重大理论转折的人。

有的学者认为霍布斯的论证方式为现代民主权利学说开辟了道理，也许在纽约大学全球事务中心得到部分重演。该中心主任迈克尔·奥本海默在数以千计的英美军人在侵占伊拉克而死亡（有些人认为是"恢复伊拉克民主"）之后，竟然提出了这个国家必须恢复独裁统治体制的结论。他说："如果你能在伊拉克找到一个不按宪法办事的更独裁专制的人物，或许应该让他上台。"他甚至说："在伊拉克建立独裁政府是首选方案，它是唯一能使英美两国得到一点点利益的方案。"这位出自对于恐惧美国霸权死亡的理论家却对安插一个"仁慈的萨达姆"，而在伊拉克军队中寻找"铁腕人物"毫不恐惧。

十一 梁济自杀几说

梁济（巨川），清室遗臣，1918 年 11 月 10 日清晨自沉于北京净业湖（积水潭），时正是他的六十寿辰之际。

对他的自杀，众说不一，兹就其大者，综汇如下几说：

梁济的"殉清殉社会"说。他的自述自清朝灭亡之后，便暗立死志，甚至多次祝告祖先神明，并从 1913 年开始，针对不同对象（政府首脑、家人、亲戚、朋友、世人等），撰写内容各异的遗书。他的遗言说："此身之死，系为清朝而死"，但也"非反对共和，而且极赞成共和，因辜负清廷逊让之心，不实行共和爱民之政，故愤慨而死"。

梁漱溟的"落后"说。他为父亲辩护，肯定其人格而反对其落后的思想状态："到了晚年，就是这五六年，除了合于从前自己主张的外，自己常很激烈的表示反对新人物新主张（于政治尤然），甚至把从前所主张的，如伸张民权排斥迷信之类，有返回去的倾向。"梁漱溟将此归结为"精神状况的变化"，"知识的摄取力先灭了，思想的构成力也退了，所有的思想都是以前的遗留，没有那方兴方艾的创造，而外界的变迁，却一日千里起来，于是乎就落后为旧人物了。"

胡适的"知识思想陈旧"说。胡适在《通讯·梁巨川先生的自杀》（《新青年》第6卷第4号，1919年4月15日）中认为，梁漱溟的说法是"倒果为因，梁济的自杀不在精神先衰，乃在知识思想不能调剂补助他的精神，二十年前的知识思想绝不够培养他那二十年后'老当益壮'的旧精神，所以有一种内部的冲突"。

陈独秀的"忧虑"说。陈独秀被梁济视为"极端主新"，陈独秀只是委屈地说："把鄙人放在大骂之列，不知梁先生眼中，主张革新的人，是一种什么浅薄小儿！实是遗憾千万！"（《对梁巨川先生自杀之感想》，《新青年》第6卷第1号，1919年1月15日）不过，陈独秀对由此引起的自杀问题，颇为重视。1919年11月17日，北京大学学生林德扬自杀后，他写了一篇《自杀论》，其中说："有一个外国人，听见蒋梦麟谈学生在学潮后青年的三种心理：（1）事事要问做什么，就是对于事事怀疑；（2）思想自由；（3）改变人生观。他便说：好危险！将来恐怕有许多青年要自杀。"

林毓生的"完成道德实践"说。林毓生在《论梁巨川先生的自杀》（《中国传统文化的创造性转化》，三联书店1988年版）中，说梁济的自杀是"借思想、道德以解决政治问题的方法"。"面临着清末道德败坏的政治与社会情况，沉浸在儒家信仰中的梁济，深觉他应更自觉地努力实现他的道德本性以匡救中国的社会危机……社会中的道德堕落可说他对道德实践的一种挑战，看他能否在腐败的环境中坚持自己的道德原则，实践自己天赋的道德本性：一方面完成自己，另一方面影响别人。"

杨早的"启蒙困境"说。它与"殉清"或"殉文化"的道德层面分析不同，杨早在《中国图书评论》2009年第8期上，从《京话日报》三位核心成员彭翼仲、梁济和吴梓箴先后在同一年的自杀选择（彭未遂）事件中，认为这种社会行为是"个人选择汇集为知识团体的共同选择，或许喻示着始自清末的北京下层社会启蒙运动遇到了前所未有的困境"。"旧的启蒙目标已经不适用于当世,而旧的启蒙途径(办报、演说、戏曲改良①)也已经失败,梁济等人唯有用自杀方式来传达最后的抗议和呼吁。自杀固然是内心冲突的结果,但也是明志的手段,所以梁济才如此精心安排自己遗书公开的程序。"因此并非如陶孟和所说的只是"和自己奋斗",同样是"与社会奋斗"的一种形式。"梁济自沉的确引起了知识界的关注与讨论,但他所持的文化保守主义立场,却要待到20世纪20年代,才借由几次大争论引发知识界的分裂与碰撞——其子梁漱溟正是其中的活跃分子。而《京话日报》对旧家庭伦理的坚持,更将在新文化自上而下的推广过程中不断显影"。

　　程巍的"殉义"说。程巍在《廿五史中最末一臣——梁济与简纯泽的殉灭》(《中国图书评论》2009年第8期)中提出:"与其说他是殉清,不如说是殉义。"他引用梁济遗书:"义者,天地间不可歇竭之物,所以保全自身之人格,培补社会之元气,当引为自身当行之事,非因外势之牵迫而为也,清朝者,一时之事耳,殉清者,个人之事耳。就事论事,则清朝为主名。就义论义,则良心为通理。设使我身在汉,则汉亡之日,必尽忠;我身在唐,则唐亡之日,必尽忠;在宋在明,亦皆如此。故我身为清朝之臣,在清亡之日,则必当忠于清,是以义为本位,非以清为本位也。"他还举梁济以"义"为本位,期望"民国之人对于民国职事各各有联锁巩固之情,如以国性救国势",但"无奈民国以来专尚诡谋,不由正义,自上而下,全国风行,将使天理民彝丧失净尽,将何以为国,我又何以对我先民?此我所以不能不死以悟世人也。须知我之死非反眷恋旧也,关将唤起新也。唤醒国之人尚正义而贱诡谋,然后保存旧国性一二,国性存然后国可有。"程巍联想刘刚、李冬君的《文化的江山》一书时,进一步认为:《河山史》和《王朝史》不能分开,指出:江山"其实亦贯穴于廿五史之中"。

　　还有各说可述,然而我以为梁济的自杀颇为一典型个案,且有他的"自知之明"。本文开头说,在他六十大寿来临之前,他加快了自杀计划。1918年11月7日,他避开家人,只身到积水潭,住在好友彭翼仲家的一间邻湖小阁里。三天三夜闭门写遗书。到寿前三日清晨,他终于把厚厚的遗书整理

---

　　①　梁济生前主要致力于编写改良新戏。吴梓箴在《贺梁巨川》的演说中回忆说:1918年11月2日他应梁看其新编剧《庚娘》,曾嘱他记下庚娘打算自尽时所唱的台词,并说"(庚娘)所言皆吾将来临死之遗言也"。庚娘唱:"现在世界,实在不成其为世界,我今若糊涂一死,焉能令为恶之人知有报应,必要死一个光明磊落。"后来吴在挽联中已表追随梁的决心:"七日前杯酒相招倾盖论心剧场论戏一旦间愿遂志偿只此即堪针社会;十余载道义为友因忆时殉世完节殉宿处潭寒水洁将来有幸继先生。"果然,他后来果以死警劝了。

就绪，齐摆桌上，坐等天明。当彭宅院门一开，他便朝湖边走去，以死赠给共和国一份道德遗产。他说"古今亡国之时，必有臣工赴亡国之难者，廿四史不乏先例。岂廿五史之末竟无一人？吾故起而代表廿五史中最末一臣，以洗国无人焉之耻，而留天理不绝之机"。果然，《清史稿》（1928）在列《忠义传》殉清三遗臣中，梁济居首，以下是简纯泽和王国维。简纯泽自沉于山东文登海滨，时在 1916 年 10 月 10 日；王国维于 1927 年 6 月 2 日自沉于昆明湖。

写完梁济自杀事诸说之后，不由想起法国社会学家涂尔干于 1897 年写的《自杀论》。他给自杀下的定义是："任何由死者自我完成并知道会产生这种结果的某种积极或消极的行为直接或间接地引起死亡称之曰自杀。"自杀确随时代剧变而增加，而且在某个特定时刻呈间歇性高峰。各种年龄、职业人群中，又分别呈现不同形态。其原因的复杂性也具有时代的社会性。人对自我身心的认识自觉程度，无疑是重要因素。我们要考虑的重点探研，放在人类文明交往的大环境中观察，必有新的收获。

十二　"梁济殉清"事件的人死观

1918 年 11 月 10 日，60 岁的梁巨川以自杀殉清，引起当时震动。这位非清朝显宦，也无道学之名，在从容赴死之前写了《敬告世人书》，其中声明"殉清"，又声明"非以清朝为本位……以对于世道有责任为主义。此主义深印于吾脑中，即以此主义为本位，故不容不殉"。此书中无新旧冲突导致自杀的痕迹，只有盼太平安定、舒缓民生的衷心和对现实社会道德沦丧、政教糜烂的绝望。

梁巨川死后，有许多反应。其中陶孟和的《论自杀》认为"东方的自杀是消极的"，只有"与强权者奋斗的流血"才有意义。诗人徐志摩七年之后读陶文与之争论。陈独秀有《对梁巨川先生自杀之感想》一文，认为此事"总算是为救济社会而牺牲自己的生命，在旧历史上真是有数的人物"，指出"梁先生自杀，无论是殉清不是，总算是以身殉了他的主义"。半年以后，不仅民初的苟且图利、逢迎趋进、道德沦丧、党同伐异愈演愈烈，而且"公理战胜强权"和"战胜国"的梦已破灭。陈独秀又问："梁先生的眼中，主张革新的人，是一种什么浅薄小儿！"

梁启超有一句话尚可深思："吾敢信其片纸只字皆关世道，其效力即不见用于今，亦必见于后。"

2008 年华东师范大学出版社出版了《梁巨川遗书》一书。书后附录除陈独秀等人评论之外，还有现代学者林毓生撰写的长文。捧读之余，深感是 20 世纪初"旧学"与"新派"人物交往的历史对话。每念梁济的"一切法度纲纪，经数千年圣哲所创，岂竟毫无可贵？"的直觉发问，感到不无道理。"旧派"中有笃实特点，恰为"新派"所缺，"梁济殉清"，其"对于世道有责任为主义"，不惜以身相殉的行为，确是死亡观的一曲末世悲歌。

十三　美国"越战纪念碑"：一个表现"死亡"主题的杰作

提起美国的"越南战争阵亡者纪念碑"，使我想起了 1984 年在华盛顿考察人文科学教育问题时的一段往事。根据中美双方教育部的交流计划，应美方邀请，由美中关系全国委员会接待，我们中国人文科学教育考察团一行于 1984 年 3 月到达华盛顿。在许多考察项目表上，唯一未列入的是一次令人难堪的事，就是到美国越战纪念碑去参观。

当时天下着小雨，空气阴沉，路湿而滑，汽车缓缓前行。陪同的美国瓒梅女士是哈佛大学历史学博士，为人热情、知识渊博、彬彬有礼，指着窗外的景物不断介绍，给我们留下了很好的印象。车到一处绿色草坪、树林掩映的黑色建筑物前，戛然而止，瓒梅女士让我们下车，说要我们去看一个地方。大家都没有意识到到哪里去，就随着到了这花圈众多、一座长长的、黑色花岗岩纪念碑前，只见碑上是一排排战死者的名字。这可是一个政治敏感和不可跨越的地方。大家看团长，团长示意快走，就这样匆匆而过了。

后来我在写《访美之旅》时，曾整理了该碑的资料，发现这是 1979 年一群参加越战老兵的动议，其中：①碑上不要一字的评价和介绍；②刻上所有阵亡将士和失踪者的名字。1982 年美国国会批准请求，决定对碑的设计方案进行全国性评选，一个 21 岁的华裔女大学生林璎的方案在 1441 名应征作品中被选中。这位耶鲁大学建筑系四年级学生林璎的姑母是林徽因，姑父是中国建筑大师梁思成。这又动了我的写作念头，想把此事写入《访美之旅》。但又一想，尽管有一千个可写的理由，还是大道理管小道理，这是一条原则性红线，没有越过的理由。于是又放了下来。

这次写人死观的时候，我又想起了林璎的自述："1980 年秋天，那年我和其他五名同学正打算做一个有关墓地建筑的作业，主要强调如何通过建筑形态来处理'死亡'这个主题。有一个同学，偶然发现了征集越战纪念碑方案的海报。于是我想，何不把它作为毕业设计呢?"好一个用墓地建筑形态来处理"死亡"这个主题! 这是人死观的艺术视角，让我们仔细看一看一位杰出艺术家如何处理有强烈政治意义的越战纪念碑:

这是用黑色花岗岩筑成的墙体，像两面镜子，又如同打开的书向两面延伸。约有 3 米高的两墙相交处，底线从下面逐渐向两端升起，直接与地面相交，墙面上镌刻着 58132 个阵亡者的名字。这真是一座由镜子构成的"哭墙"，人们望着那两面发光的明而似镜的"哭墙"，那黑色、那黑色镜面反射出众多亡人的名字，在悲愤地默默说着战争的沉痛代价——人类最宝贵的生命。这种心灵上的几何学作用，放射着动静之光，打动着人们第四维度的沉思。这种思维是持久的。这些战场上的牺牲者，是不能用历史的镜子来"自鉴"的。正如明代哲学家吕坤所说:"鉴不能自照，尺不能自度，权不能自称，囿于物也。"但这些牺牲者的名字，透过这象征战争的黑色镜子，可以昭示人们以历史的遐思和反思:当政者为什么不远万里去发动战争，视人命如草芥呢?

林璎作为一个艺术家，她不去颂扬战争，但却面对现实，不忘记战争的残酷，她的创作意识却体现了人性的良知。她用下面一段话表达了她的人死观:"这项设计的主体肯定是'人'而不是政治。只有当你接受了这种痛苦，接受了这种死亡的现实之后，才能走出它们的阴影，从而超越它们。我希望人们为之哭泣，并从此主宰自己回归光明。"

反对林璎设计的人主张:纪念碑不应当陷入地下，而应当拔地而起，雄伟壮观。但林璎不愿意用艺术而使残酷的战争文明化，而希望通过死亡者的名字在怀念与忧伤中思考和反省人类生命的代价和死亡的原因。评审委员会的评语对这个"天才的杰作"的评语是:"这是与我们时代相符的纪念碑。设计者创造了一个意味深长的地方，在那里，天、地及被纪念者的名字朴素相接，并为所有了解这个地方的人提供了信息。"是啊，艺术品是需要体味的，正如评语所言:"你们凝视它越久，你就越被它打动，就越会看到其中蕴藏的惊人的力量。"

也有人说:这是地面上的一个黑洞，是麻烦的象征，是黑色伤疤，甚至有人说，怎么能用一个亚洲人(一个才 21 岁的大学生)来设计在亚洲发生的战争纪念碑，那对我们美国岂不是太讽刺了吗?更有甚者，一个美国巨商请一白人雕塑家，再设计一个包括三个美国军人和一面美国国旗的纪念物，放在林璎纪念碑的前方。美国财政部长沃特也出面威胁，如不同反对者达成协议，就取消纪念碑计划。林璎有一颗艺术家的良知，不向压力低头，她不同意将两种风格的纪念品放在一起的野蛮做法，她认为那个附加东西无异于一种造成缺陷的"入侵行为"。由于她的坚持，也由于美国建筑艺术界主持学术公正，经过再度审评，一致认为维持原决议。但为了林璎的天才杰作不致消失，同意在附近再建一个"三战士"铜塑和一面美国国旗。年轻的林璎，像一切大艺术家一样，坚守艺术心灵和面对现实的品格，得到正直美国人的认同。1984 年她获得美国建筑设计院奖，以后又获得总体设计奖。

林璎是用历史的眼光来进行艺术设计的。她用黑色、死者群体真名和地下、地面相交的镜面长墙，来表现"死亡"这个人死观的主题。她说："当你沿着斜坡而下，望着两面黑得发光的墙体，犹如在阅读一本叙述越南战争历史的书。"历史是一面镜子，鉴往而知今，人们在看到这光可鉴人的黑色花岗岩墙面上，从那些死亡者名字的缝隙间际之中所映出的遐思，会感到悲凉，会感到战争夺走的东西实在太多，留给人的伤痕实是太深。每年 400 多万参观者面对史鉴，一定会从中感受到艺术所体现的人死观意蕴——死亡意味着什么？记住死亡的人，会不会有自知之明？会不会产生文明自觉效应？让人们在长时段中体味、思索。美在不言中，这是深沉的含蓄美。

越战二十年后，美国当时的国防部长罗伯特·麦克纳马拉在回忆中忏悔道："人总是事后比事前聪明。人无完人，我们也难免犯错误。我不得不带着痛苦和沉重的心情坦白承认，这个格言也同样适用于我和与越南有关的一代美国领导人。"事后诸葛亮是为了昭示后来者，但历史教训不是所有人都能记取的。《经济学家》2007 年 12 月一期发表了题为《伊拉克和阿富汗：无休止才是正道?》一文，结论说："美国和西方盟友很可能再次面临越南式的悖论，即自己赢得了每一次战斗，但最终发现自己输掉了战争。"不过，我还是希望后来的当政者揽镜自鉴。我真心地希望美国的当政者能从林璎的越战纪念碑这个充满感情和意志的"死亡"主题形象中受到感染，产生共鸣，多一些理性，少一些霸道，走出战争的阴影。常到那个地方——那个设计者创造的意味深长的黑色镜子前去照照吧，别不把人民的死亡当回事！

从历史学家的视野中，美国侵略越南的血腥战争，是编造理由发动战争的一贯伎俩。一百多年前美西战争的"缅因"号战舰事件，到 2003 年伊拉克战争的摧毁大规模杀伤性武器，都是如此。越南战争只不过是美国政府的故技重演。据 2007 年 6 月《纽约时报》报道，美国历史学家艾德根据一份解密文件，揭开了 1964 年"北部湾事件"的真相。该文件证明，1964 年 8 月 4 日当晚，国家安全局的译电专家截获北越无线电信号时，犯了"诚实的错误"，把越南人民军的暗号"我们牺牲了两名同志"（指 8 月 2 日战斗中的伤亡），误译为"我们损失了两艘船"，从而判定北越对美军发起了进攻。已经发现错误的国家安全局却故意隐瞒，已经准备为全面发动越南战争的约翰逊政府正需要此借口，据于此展开全面军事入侵，进行了长达十年的血腥战争。战争使北越军民伤亡超过 170 万人，另有 33 万人失踪。美军死亡 5.8 万人，伤 30.4 万人，南越政府死伤近 70 万人。

回顾人类历史，几乎是一部战争史。即使在和平时期，"战火"也以另一种形式在人们心中燃烧；即使在和平时期，在没有硝烟的战场上，还有人们忙碌的身影。战争将长时期伴随着人类，而战争在一定意义没有赢家，西方舶来品的"博弈"屡为国人搬来使用，而战争确为两败俱伤的赌博。"越战纪念碑"是在交往的人性和文明的底线上塑造的"戒碑"，又是人性深处的"戒疤"。它的训诫表达着战争与人性的思考，它不是激发人们去仇恨，而是告诫人们不要去制造仇恨，走出文明深处的反文明，走出反人性战争的文明与人性的大失调。

十四　死前留言

苏格拉底："分手的时候到了，你们活，我去死，谁的去路好，只有神知道。"说得从容。

托马斯・莫尔："我的脖子是短的，好好瞄准，不要出丑。"说得悲壮。

丹东："生命对我是一个负担，谁要夺去，尽管让他夺去好了。"说得悠然。

耶稣："我父我父，你为什么离弃我？"说得真实而有震撼力。

十五　死后余波

1925 年苏联诗人叶赛宁在列宁格勒安格列捷尔酒店自缢，死时年仅 30 岁。

在他死了八十四年以后，即 2009 年他自缢时所用的绳索在俄罗斯拍卖网站上卖出。卖品包括叶赛宁妈妈在他死后剪下的诗人头发和画家约瑟夫・列维纳所画的叶赛宁棺中速写侧像。这三件套已于 10 月 14 日晚，以超过

200 万卢布（约合人民币 46.6 万元）成交。这三件套是收藏家尼基甫洛夫从叶赛宁的友人、画家列维纳手中买来的。

俄国人民特别喜爱大人物的塑像。10 月 7 日在圣彼得堡为诗人叶赛宁青铜像（3 米高）举行了揭幕式。在 10 月 14 日，在莫斯科国立大学为美国诗人惠特曼立了纪念碑，俄国外交部长拉夫洛夫、美国国务卿希拉里·克林顿和莫斯科市长卢日科夫为纪念碑剪彩。9 月 25 日，圣彼得堡国立赫尔岑师范大学举行了中国思想家、教育家孔子像的揭幕仪式。

十六　由普希金之死所想起的事

普希金（1799—1873）是天才的俄罗斯诗人。

他有名的诗句，使人记忆犹新：

"假如生活欺骗了你，不要悲伤，不要难过！/烦恼时要保持平静，/相信吧，快乐的日子就要来临！"

每当秋冬深夜，我仰望冷峻的月光，涌现出许多遐思。月亮，静夜的月光，惟其冷峻，才越发明亮！这时我想起普希金。诗人，一百多年前，你死了，那夺命的枪声，夺去了你的生命。"那是一次阴谋布置的决斗，你遇害了。"（莱蒙托夫：《诗人之死》）枪声如警钟之音长鸣。但是你因诗而活到如今。记忆只垂青对社会有价值的人，这使你仍然活在人们的记忆里。这就是记忆的价值。这种价值更大的意义，还在于警示后人，诗之美，不能代替自杀之丑，感性不能代替理性。理性是人的自觉之美！

普希金，你的死不是你欺骗了生活，而是你在生活中，因不自觉而欺骗你自己。幸好诗篇在，否则你早就烟消云散了。你在生活中留下了深深的教训印记。

人生格言应该把普希金的诗句再作引申：

"即使生活欺骗了我，我也绝不欺骗生活，理性应当选择冷静、平静和希望，心怀乐观面对现实！"

还是我的中学国文老师潘子实的话有力量："既然历史选择了你，你就要对得起历史。"这句话是他在我本来想进中文系，而被历史系录取了的时候，他专程到西北大学来看我时说的。这句话给我的印象太深了，每当烦恼时，他的笑容和这句话使我坚定起来。

普希金的诗句，也是我从他那里学到的。如果把他的话同这句话联系在一起，我更加想潘老师的为人和他对生活、对人生、对学生的热爱。

潘老师早过世了。他的神态、他的身影，连同他讲国文时的神采，都越来越模糊了。但这句话变得越来越清晰了：

"既然历史选择了你，你就要对得起历史！"

它和普希金的人生诗句同样活在我的记忆里。记忆是多么说明价值的东西啊！由记忆而纪念，由传承而传播，这就是文明交往的自觉，就是人类文明的生命力所在。它会穿越人的死亡走向文明的远征，引导着人类成其为人类而走向文明自觉。

十七　叶赛宁和马雅可夫斯基自杀的启示

前文说到普希金之死，本文谈另外两位俄罗斯大诗人的人死观：叶赛宁和马雅可夫斯基。

叶赛宁的桂冠颇硕："伟大的俄罗斯民族诗人"（诗人亚·普罗科菲耶维奇）、"俄罗斯伟大艺术家"（作家绥拉菲莫维奇）、"俄罗斯唯一的真正的抒情诗人"（苏联《真理报》）。诗人于1925年12月27日自缢身亡，年仅30岁。

叶赛宁死于精神抑郁症。30岁的他，人死观和婚姻观联系在一起。1914年在工厂做校对员，与排字员安娜同居，生一男婴，后叶赛宁离开她。1917年与吉娜伊达·拉伊赫一见钟情，三个月后结婚，生一女儿，1920年又离她而去。1922年，叶赛宁又爱上了应邀到苏联演出的美国舞蹈家邓肯，并且与之结婚。此人比他大17岁，在国外生活一年后离婚。1925年又和列夫·托尔斯泰的孙女索菲娅结婚（9月18日）。三个多月后，自杀而亡。这一段是他人死观的终结：他觉得搬进豪门，入赘感越来越强，拘束而乏味，似乎被托尔斯泰这个"伟大老翁"占据着，是"钻进了一个漂亮的金丝鸟笼"。于是大肆挥霍金钱，以酒解被包办的愁厌，终于用上吊自杀结束了生命。

高尔基对叶赛宁之死，认为是"最令人难过的悲剧"。他指出：他对此"早有预感，而且似乎深信不疑"。他对叶赛宁的人死观归之于十月革命前后俄国城市资产阶级腐朽生活的腐蚀，终于使这个年轻、出众的诗人，这个淳朴的"农村泥罐子"，终于被城市资产阶级的"铁罐子"砸碎了。

马雅可夫斯基比叶赛宁幸运。1922年他讽刺官僚主义作风的诗《终日泡会的人们》（又译为《开会迷》），发表于《消息报》后，列宁在全俄五金工人代表共产党团会议报告中赞扬说："昨天我偶然在《消息报》上读到了马雅可夫斯基的一首政治体裁的诗。我不是他诗的崇拜者，虽然我承认自己在这方面是外行，但从政治和行政观点来看，我很久没有这样愉快了。""诗写得怎么样，我不知道。然而在政治方面，我敢担保这是完全正确的。"

但是，就是这位被列宁称赞的诗人，却早就患有"慢性自杀症"。"我要自杀"，几乎成了他的口头禅，而且不是说说而已。早在 1916 年就采取行动，而且在电话中告诉妻子勃利克说："我要自杀，再见了，勃利克！"当他妻子急忙赶来时，看见他的桌子上放着手枪，大喊"我开枪了，是颗哑弹，第二枪没敢开，等着你"，"活到 35 岁——太老了！至多活到 30 岁"。他希望自己永远年轻，不愿意看到衰老，总想趁年轻时自杀谢世。他手中的枪都时刻装着两颗子弹，一哑一实，每次开枪自杀，都试着碰运气。1930 年，他终于碰上实弹，自杀成功，年仅 36 岁。

诗人的自杀，震惊了苏联，有列宁的政治包票在，无人揪他，只是以沉默对待。后来，斯大林作为列宁的接班人，又给他打了政治包票。斯大林在致苏共领导人耶若夫的信中说："马雅可夫斯基曾经是，如今仍旧是我们苏维埃时代最杰出的和最富才华的诗人。对他的著作漠然置之是一种犯罪……如果需要我帮忙做什么，我已准备好了。"因此，这位诗人身后还是有幸的。

自杀的原因不能一概而论，可以说因人、因时、因地而异。但从人类自我身心的交往活动而言，都直接和病态心理因素膨胀而失控有关。普希金、叶赛宁、马雅可夫斯基三位大诗人的自杀悲剧，说明了根治心理上抑郁症，对高知人群，特别是感情丰富而理性欠缺的诗人，多么重要！

第三编

人之亡

一　司马迁的"趋异"人死观

司马迁在《报任安书》中写下了人死观的名言："人固有一死，或重于泰山，或轻于鸿毛，用之所趋异也。"人死的轻重价值选择，不是"趋同"，而是"趋异"。"趋异"是说有多种不同的选择，可以"善择"和"择善"，以最大限度地发挥自己的人生价值。这个"趋异"使他选择了忍辱著书的人生道路，为中华文明贡献出了辉煌的巨著《史记》，使他生命的最后火花，大放光芒。

司马迁的人死观是建筑在"人固有一死"的前提之下。人生自古谁无死，但人之于死，意义各有不同，有的重于泰山，有的轻于鸿毛，这是"趋异"的不同结果。他当时是由于为投降匈奴的李陵辩护而触怒了汉武帝而被处之以宫刑。这种奇耻大辱的痛苦经历，给他生理上、心理上、思想上的摧残程度，是可想而知的。这自然使他思考到了人死观。人死观是人的自己身体与心灵的交往问题，是一个"自知之明"的问题：为什么会如此惨遭身心摧残？这是他首先思考的问题。

司马迁同李陵并无私交，他之所以为李陵辩护，完全出于对李陵这位人格高尚的名将的尊敬。在《报任安书》中，他叙说了李陵率军不满五千，直捣匈奴王庭，英勇征战的那种"沫血饮泣，更张空弮，冒白刃，北向争死敌"的顽强精神。他认为李陵是位"事亲孝，与士信，临财廉，取与义，分别有让，恭俭下人，常思奋不顾身以徇国家之急"的人。由此，司马迁认为，李陵之所以暂时投降，只是权宜之计，其目的在于"欲得其当而报于汉"。此种推断有一定理由，但李陵最终未能宁死不屈，因之司马迁的辩护是勉强的，也是不值得的。不过，即使不值得辩护，也不至于被处以惨绝人裹的刑罚。司马迁虽然被赦出狱，升为中书令，而这个官位通常是由宦官担任的。此种羞耻印记使他因宫刑而带来的精神折磨，更加如影随形，挥之不去，使他心灵不能平静。是苟且偷生，还是一死了之，这是一个十分艰难而痛苦的人生选择，是对司马迁的智慧、理性、坚强的严峻考验。这里特别需要人死观上的文明自觉。

司马迁在人死观上的自觉，来源于他父亲司马谈的教育和其先祖"世典周史"的史官世家背景。司马谈在司马迁的心目中，是"学天官于唐都，受《易》于杨何，习道论于黄子"（《史记·太史公自序》），是位继承祖上传统的博学多闻的人。司马谈的《论六家要指》在论述儒、道、法、墨、名、阴阳之学中，认为道家最能综合各派之长，"立俗施事，无所不宜"，认为人死是"形神离则死，死者不可复生，离者不可复反"。司马迁受此影响，被班固评为"是非谬于圣人，论大道则先黄老而后六经"，可见影响之深。但是，最重要还在于事业上司马迁是位子承父业的孝子。他出使西南回来，追赶汉武帝东封泰山的大军时，行至洛阳，父亲生命垂危，在病榻之前有以下动人的父子的事业交接场面：

> 司马谈"执迁手而泣曰：'予先，周室之太史也。自上世尝显功名于虞夏，典天官事。后世中衰，绝于予乎？汝复为太史，则续吾祖矣。今天子接千岁之统，封泰山，而予不得从行，是命也夫！命也夫！予死，汝必为太史；为太史，毋忘吾所欲论著矣。且夫孝，始于事亲，中于事君，终于立身。扬名于后世，以显父母，此孝之大者。夫天下称周公，言其能论歌文、武之德，宣周、召之风，达大王、王季思虑，爰及公刘，以尊后稷也。幽、厉之后，王道缺，礼乐衰，孔子修旧起废，论《诗》、《书》，作《春秋》，则学者至今则之。自获麟以来四百有余岁，而诸侯相兼，史记放绝。今汉兴，海内一统，明主贤君，忠臣义士，予为太史而不论载，废天下之文，予甚惧焉！尔其念哉！'迁俯首流涕曰：'小子不敏，请悉论先人所次旧闻，不敢阙'！"（《汉书·司马迁传》）

这种泣涕受命的经历，成为司马迁难以忘怀的记忆，成为他生平直面生活的原动力。元封三年（公元前108），司马迁任太史令，便开始了为实现父亲遗愿——著述史书之路。太初元年（公元前104），在制定太初历之后，正式进行《史记》的写作。正在撰写工作开展不久，天汉三年（公元前99）发生了上述使他痛不欲生的事件。司马迁以惊人的坚忍、坚定，在权衡轻重的激烈思想斗争之后，终于认识了"人固有一死，或重于泰山，或轻于鸿毛，用之所趋异也"的人死观哲理。他在人生重大的转折关头，选择了忍辱著书之路，好像是在再次俯首流涕回应父亲："小子不敏，请悉论先人所次旧闻，不敢阙！"见之于他自己的心态表述是发愤写作，是在《报任安书》中的自我表述："仆窃不逊，近自托于无能之辞，网罗天下放失旧闻，略考其行事，综其始终，稽其成败兴坏之纪"，即上自黄帝、下至汉武帝的《太史公书》。司马迁把这本书自定名为《太史公书》，隐含着"究天人之际，通古今之变，成一家之言"寓意，只是到后人不断变化，至《隋书·经籍志》的"文史部"，以《史记》为首，遂成定名。

"人固有一死，或重于泰山，或轻于鸿毛，用之所趋异也"的"趋异"论，是一种人与自我身心自觉交往的文明自觉理念。它不是让人们在面临重大挫折的生死关头，只选择轻生自残一条绝路，而是"趋异"这种长远的文明交往化的自觉理念。清醒而理智作出珍惜生命和有益于人类社会文明的价值抉择。司马迁忍辱著书之路是一条用人的生命书写的重于泰山、为人类创造文明的大道。司马迁的"趋异"论把自己的生命融入人类文明的创造之中，使他经历艰苦，终于用一百三十篇的《史记》总结了数千年中华民族文明的发展史，使他人生的最后火花，燃烧得如此壮丽、多彩而辉煌。正是这种"趋异"观使他开创了中国各朝修史的范本创造，成为中华文明中百科全书式的、用之不尽和取之不竭的宝贵资源。

二　讳死又不怕死的歌德

歌德的死亡观是奇特的。他很忌讳说"死"这个字。凡要用"死"字的地方，他总是用别的字来代替。据说，他患有"死亡恐惧症"。他不能看殡丧事宜，如有灵车从他门前经过，他就会大发雷霆，怒不可遏。

但是，他却不惧怕死亡，只是讨厌"死"字以及与人死有关的事情。其原因是他的信仰：人的灵魂是永恒的。他说："人活到 75 岁，有时不免想到死亡。我想到死亡时心里倒很平静，因为我相信生命是不可毁灭的，会在来世延续下去。就像太阳一样，我们以为看见它消失了，其实它并没有消灭，它仍继续在放射光芒。"

事实也是这样。1832 年，歌德预感到死亡来临时，便向老友米勒立下遗嘱，请他全权处理自己的作品及出版自己全集等事务，并将《浮士德》第二部作了交代。须知这部著作被称为欧洲文学中的四大名著之一，其他三部是：荷马史诗、但丁《神曲》和莎士比亚的《哈姆雷特》。这时他已 83 岁了。在 1832 年 3 月 22 日临终前，还说："很好，春天开始了，我的身体将更快康复起来。"

歌德的葬礼很隆重。鉴于他临终前怀有与席勒有"生不同时死同穴"的愿望，人们在 3 月 26 日将他的棺椁安放在席勒的棺椁旁。这里是 1827 年歌德在迁移席勒墓时亲自选定的墓址。歌德和席勒共同开创了德国文学的光辉时代，他们终于长眠在一起。这就是歌德人死观的见证。

歌德的人死观和他的无神论有直接联系。恩格斯说，歌德是"未来宗教"的预言家，"这种宗教崇拜的是劳动"。"歌德很不喜欢跟'神'打交道；他很不愿意听'神'这个字眼，他只喜欢人的事物，而这种人性，使艺术摆脱宗教桎梏的这种解放，正是他的伟大之处。在这方面，无论是古人，还是莎士比亚，都不能和他相比。"(《马克思恩格斯全集》第 1 卷，人民出版社 1956 年版，第 644、652 页)

三　达尔文与安妮之死

安妮是达尔文的女儿，达尔文很爱她，但她 10 岁时就去世了。

安妮的死，与达尔文的进化论研究有很直接的关系。

充满了爱心和人情味的达尔文，对安妮从婴儿期就开始了充满人性的细致观察，使他研究人类表情问题。安妮的病和死，加深了他对遗传学的思考。

这些是学术上的一般性推动，对达尔文来说，最重要的是安妮之死，成为他终生事业的转折点。达尔文从此看到了上帝和世界的残酷。

在此前两年左右，他从自己的科学研究中，已经发现了上帝的荒谬。安妮之死，进一步使他在亲人夭亡的悲痛中看清了科学的必需。

在英国学者凯恩斯（R. Keynes）著的《安妮的盒子》（陈蓉霞译，东方出版中心 2009 年版）中写道：达尔文"坚定地置基督教信仰于脑后。他不与全家一起出席教会礼拜"。与此同时，他加快了《物种起源》的科学研究工作。

请看达尔文下面一段自白：

"在口头上承认生存斗争的普遍性是真理，这不难，但至少我发现，要把这一传统铭记在心，却难上加难……我们常常看见自然界光明和愉欢的一面……却没有看见或忽略了我们四周闲散歌唱的鸟类大都以昆虫或种子为生，因而不断地在毁灭生命；而这些鸟类或它们的卵、它们的幼雏，也常被鸷鸟或猛兽所吞噬。"

安妮的死，使达尔文看清了"自然的野蛮力量"，他的自然选择理论——人类最伟大的发现之一，就是在这种情况下诞生了。

爱心是给他学术研究的伟大推动力之一。他爱诗，爱音乐，他在《自传》中写道："如果生活能从头来，我就会定下一条规则，每周至少要读些诗，听些音乐。"他认为失去对诗的感受力，不仅会失去快乐，更会影响心智，"因为它使得我们天性中情感部分有所弱化。"

达尔文对文学艺术的人文关怀，曾不断从同时代的华兹华斯、乔治·艾略特、狄更斯等文学家的作品中获得灵感和激励，这是一种"诗意治学"的表露，这多么使从事科学研究（自然技术科学和人文社会科学）的人深思啊！

1882 年 4 月 19 日清晨，达尔文在弥留之际，在妻子埃玛和儿女们的呼唤下，他最后一次睁开了眼睛，尽力把手放在妻子手上，以微弱的声音说："我不怕死。"他的妻子吻着他的前额，低声说："你不应该怕死。"片刻之后，他停止了呼吸，医生帮助他合上了眼睛。

"你的父亲不相信上帝，可是上帝相信他。他将安静地在他要去的地方休息。"这是埃玛对女儿说的话。然后，西斯敏主教为达尔文选择了墓地：位于该教堂中部的北侧。达尔文比法国剧作家莫里哀幸运，莫里哀因演员职业而被开除了教籍，教会不许把他葬在教堂里。虽经国王路易十四干预，才允许葬于公墓一角，和没有领洗就死去的孩子埋在一起。达尔文却葬在距唱诗班的围栏很近，同牛顿的墓地只有数尺之遥。两位大科学家也许会在地下冥冥之中交往对话，讨论各自科学的发现吧！其实这是众多科学家长眠的地方，法拉第、麦克斯韦、卢瑟福都在这里。牛顿在临终前念叨的"未被发现的浩瀚的真理海洋"和"如果我看得见比笛卡尔远一点，那是因为我是站在巨人的肩上的缘故"的话，仍在那里响起。

四　梁启超的生死观

1904 年梁启超写有《余之生死观》一文，文中所谈的生死问题，实际上是佛教的因果说。他在 1902 年写有《论佛教与群治之关系》一文，认为因果说"实天地间最高尚完满博深切明之学说，近世达尔文、斯宾塞诸贤言进化学者，其公理大例，莫能出此二字之范围，而彼则言其理而此则并详其法。"此二文是他当时动摇于革命与改良之间而读内典、用佛教"因果报应"的心得。

他的生死观也是人生观和宗教观，其核心为佛教的"业力不灭"所导引的"因缘果报说"。这种生死观在《余之生死观》中集中叙述了以下各点：①"业"和"业报说"，即世界万物皆在生灭流变之中，这种流变的一举一动、一言一行、一感一想，其影像直接入"羯磨"总体，即"造业"、"造作"之中。（"业"、"造业"为梵文 kama 的意译，音译为"羯磨"，泛指一切身心活动，可理解为"事业"）；②"业"永远存在，即死而不死者，分类颇多，一般而言，有"身业"（行动）、"语业"（口业、语业）和"意业"（思想活动）；③整个人类是以"羯磨"即"业"这个人类大生，甚至包括宇宙的"精神力"、"心智"之中；④"羯磨"既常住不灭，因果相继，就在于"业报"（"业"的报应和"业的果报"）有两种形式：一个人的活动势必传播波荡到他所属的社会乃至全人类，即"共业"；习染于本人又遗传给子孙的特性，即"别业"。二者自始以来又互相熏染，以递引于无穷而社会—群体中的每一个人，一代又一代人传承下去。

梁启超认为，佛、儒、基督三教所讲的生死观与人生观、宗教观其实是相通一贯的，而佛教的道理最高明而圆满。"圣灵"（基督）、"道"（儒）、"羯磨"（佛）为共通共有之精神。人的肉体有死而"精神"不死。其所以不死，在于每个人的"精神"相熏结而成人类总体"精神"。

梁启超后来把"文化"分为两种不同支配律。在《什么是文化》（1922）中，根据德国新康德主义者李凯尔特区分"文化科学"与"自然科学"之言，指出："自然系因果法则所支配的领土，文化系自由意志所支配的领土"。进而认为人类生命活动"集结交会"而成"文化共业"。

总之，直到晚年，他仍认为佛教的"业报"因果律乃是"宇宙间的唯一真理"，并告诉他的子女说："我的宗教观、人生观根本在此，这些话都是我切实受用所在。"（于文江、赵丰田：《梁启超年谱长编》，上海人民出版社1983 年版）

五　爱因斯坦的死亡观

1955 年 2 月，爱因斯坦在一封信中谈到了他的死亡观："我已经达到这

样的境界：把死看成一笔最终要偿还的债。"两个月以后，他就还完了这笔
"债"。

1955 年 4 月 18 日，爱因斯坦病逝，终年 76 岁。临终前他认真留下了
下述遗嘱：

"我死后，除护送遗体去火葬场的少数几位亲近朋友之外，一概不要打
扰。不要墓地，不立纪念碑，不举行宗教仪式，也不举行官方仪式。骨灰撒
在空中，和人类、宇宙融为一体。切不可把我居住的梅塞街 112 号变成人们
'朝圣'的纪念馆。我在高等研究院里的办公室，要让给别人使用。除了我
的科学理想和社会理想不死之外，我的一切都将随我死去。"

遗嘱简短、平实，没有提到自己的成就和贡献。当他的遗体火化时，只
有 12 个最亲近的人送行。他的骨灰撒在何处，外界无一知晓。在最后诀别
人生之际，他的死亡观表现了他一贯的高度理性思维和严谨的科学态度：
"科学理想和社会理想不死！"

这使人想起他的《我的世界观》："每个人都有一定的理想，这种理想决
定着他努力和判断的方向。在这个意义上，我从来不把安逸和享乐看作是生
活目的本身——这种伦理基础，我叫它猪栏的理想。照亮我的道路，并且不
断给我新的勇气去愉快地正视生活的理想，是善、美和真。"

这里，他把善摆在前，而把真也放置于美之后，对于一个濒死的科学
家，是意味深长的。他在悼念居里夫人时说："像居里夫人这样一位崇高人
物结束她的一生时，我们不仅仅满足于回忆她的工作成果对人类已做出的贡
献。第一流人物对于时代和历史的进程的意义，在道德品质方面，也许比单
纯的智慧成就还要大。"他作为一位自然科学家，非常重视高尚的道德、善
和美的人文精神境界。我认为这是爱因斯坦看做"不死"的科学理想和社会
理想的真谛所在。

六　川端康成自杀之谜

日本文学史上，有位划过长空的彗星般巨匠、智星。读过他的作品的
人，无不为他作品的魅力所感染。我指的是川端康成（1899.6—1972.4）。

川端康成的《伊豆的舞女》、《雪国》、《千纸鹤》这些使他最终在 1968
年获得诺贝尔文学奖的重要作品，给人的是悲悯人文情怀、对自然美的淡雅
忧伤的表达，还有对下层人民的同情与关爱。这不禁使人想起周一良先生在

《中外文化交流史》序中所总括日本传统文化艺术的"深义文化"的两个特点："苦涩"和"闲寂"，以及由此表达爱好大自然的总特征。（周一良主编：《中外文化交流史》，河南人民出版社 1987 年版，第 2 页）

读川端康成的作品，特别是他的《古都》，那种洋溢着对古都文明之美的意境，那种水乳交融的自然诗意情韵，行云流水，使人享受到真正的美。他的《千纸鹤》是在茶道的优雅舒适的气氛中展示美，但他本人认为："我的小说《千纸鹤》，如果人们认为是描写日本茶道的'精神'与'形式'的美，那就错了，毋宁说这部作品是对当今社会低级趣味的茶道发出怀疑和警惕，并予以否定的。"

我联想他的《古都》，思索他对"低级趣味"的批判，终于想到了一个"诺贝尔情结"——中国文学家的难圆之梦。川端康成令人瞩目，并不仅仅是获得过诺贝尔文学奖，而且是他作品的民族文化的先进性和优秀性。为什么都是描写"古都"的作品，到中国，古长安竟成了《废都》？古长安被一个作家"自戕"了？自我"低俗化"了？或者自我丑化而"自杀"了？也许川端康成关于文明个性化的论点是对的：

"规定艺术创作的纵向条件是时代；而横向条件是民族性、国民性、地方性，最后是个性。对艺术家，共同之处在于：无论他是时代的赞美者，还是时代的反叛者，无论他是新时代的先驱者，还是旧时代的怀古者，艺术家必定生活在自己的时代之中，以自己的时代为基础，进而来创作。与之同理，艺术家的创造，亦以他的个性、地方性或民族性为基础。"

民族文化不总是"本土的就是世界的"，也不总是"有个性的就是普世的"。只有先进的、优秀的民族文化，才是世界的；只有高雅的个性文化才是普世的。

但是，历史是很复杂的，人性的变数是很曲折的。令人奇怪和不解的是，这位热爱生活、讴歌自然、礼赞文明、崇尚人文的大作家，最后竟然选择了自杀，结束了他的古稀之年。1968 年，他在获得诺贝尔文学奖的得奖感言中曾说："我什么时候能够自杀呢？这是个疑问。唯有大自然比持这种看法的我更美，也许你会笑我，既然这样热爱自然而又想自杀。"他在随笔《临终的眼》中曾对芥川龙之介的自杀写道："无论怎样悲观厌世，自杀不是开悟的办法，不管德行多高，自杀的人想要达到的圣境也是遥远的。"

我在《人死观问题补议》中，也引过他在自杀前十二年说过的话："自杀而无遗书，是最好不过的了。无言的死，就是无限的活。"他后面的一句话，耐人深思。他得奖时，不是想到活，而是想到自杀，又怕人们笑他。后来又认为自杀不是"开悟"的办法。此前又肯定自杀是"无言的死"为"无限的活"。最后他终于还是自杀了却残生。

这使我想起了杰克·伦敦。他也是一位在作品中多次歌颂生命的作家。他的《热爱生命》可以说是一本关于生命的寓言。他常常抱怨说，许多人读了他的《海狼》，却没有发现，那是在攻击尼采的超人哲学。尼采几乎一生都在盛赞自杀是合乎人的尊严的："自然死亡是最卑下条件下的死亡，是不自由的死亡，是不恰当时候的死亡，是懦弱者的死亡。人应当出于对生活的热爱，寻求另一种死法，要自由、自愿的死去。"（卡尔·雅斯贝尔斯：《尼采其人其说》，鲁路译，社会科学文献出版社 2001 年版，第 346 页）于是，他自己却用自杀的方式，结束了他并不很长的一生（1876—1916）。生命在他这里，褪却了自身应有的本色。自杀是懦夫逃避，还是英雄回归，也是一个疑问。

关于川端康成之死，有三种解释：①死于思想负担过重，得奖后再写不出好作品，压力太大；②为复活军国主义作家三岛由纪夫自杀陪死；③服安眠药过度，无意打开煤气阀导致死亡。

也许这个矛盾之结、自杀之谜，永远无谜底。

七　储安平自杀之谜

储安平自杀过两次。第一次是在 1966 年 6 月 1 日《人民日报》发表《横扫一切牛鬼蛇神》社论之后，作为"大右派"被"扫荡"之后，扫完街道、筋疲力尽回到家里，发现又有红卫兵来揪他批斗。人的尊严已经丧失殆尽的他，便从后院翻墙而逃，跑到数十里外京西青龙桥的潮白河跳河自杀。因河水比较浅，被人捞上来而自杀未能如愿。

据他的儿子储望华回忆说："那一天是 8 月 31 日，不知是否巧合，老舍先生也是这一天投了太平湖。"老舍自杀了，"未遂"的储安平被押回九三学社，被造反派看管起来。有一天，他从九三学社被放回后，就没有人再见过他。9 月的一天早上，农工党被打倒的李如苍（曾和储安平一起在北京西南郊模式口劳动基地放过羊），在什刹海自己家门口发现一张纸条，只有一句简单的话："如苍兄，我走了。储"，连日期也没有。此后，就失踪了好几年，而且传闻甚多。直到 1982 年 6 月某一天，当储望华准备离京到澳大利亚留学、准备乘车去机场时，中央音乐学院院长办公室主任手拿文件说：

"刚刚接到中央统战部来函,对你父亲储安平正式作出'死亡结论',特通知其子女。"这是对"失踪"十六年之后,关于储安平死亡的正式结论。

但是,具体情况,不得而知,猜测传闻,仍间或有之。难怪储望华也不解他父亲自杀之谜:"从1957年成为最著名的'大右派'直到死,期间还有将近十年的时间……这十年他是怎么熬过来的?为什么在熬过了那样的十年后还会自杀?"他想起了20世纪60年代初,即"文革"之前,有一次在北京莫斯科餐厅吃完饭走出来的路上,储安平已经在儿子面前坦言:他常有自杀的念头。因此当有人向组织交代储安平曾打听塘沽距离天津有多远的谈话后,就被人怀疑是想在那里自杀或偷渡。

可以想见,一个在英国受过教育,相信英国的制度,相信那样的民主,也有过抱负,想把《光明日报》办成《泰晤士报》的有信仰、有抱负的、才华横溢的人,怎么能在"反右"之后,甘心认错呢?他要用什么方式结束痛苦、保持尊严,只有用自杀来吹灭生命的残焰。"死因不明"固然可作为暂时的结论,但死是确实的,而且从死亡的镜子里,也许可以发现他生命存在的邅思。他在思考政治、思考社会,不为社会所容,只能从旁边和自己内心交流。然而,究竟怎样交流,从那些违心的交代材料中是看不到的。

好在储安平八十诞辰时,储望华写了交响乐《秋之泣》,已由澳大利亚墨尔本交响乐团公演。储望华说:这首作品"不仅刻画了晚秋的苍凉景色,而且也是对作曲家之父亲的深厚缅怀与悼念——在1966年一个深秋之夜,作曲家之父倏地消失了……"他以音乐的艺术形式,完成了他们父子之间的心灵交流,也是人与人之间亲情交往的心灵安慰。

八　海明威的人死观

美国作家厄内斯特·海明威(1899—1961)的《死在午后》(*Death in the Afternoon*)谈到他的人死观。在该书第十章中,在他同一位老太太的谈话中,说到生死问题:"老太太,这世上并不是什么都能治的,医治一切不幸的最好的药就是死。"

在人死观问题上,海明威比较悲观。他的小说中,读者大都可以发现死亡的影响。在他眼中,世界充满了暴力和邪恶,死亡不可避免地等待着每一个人。他在《死在午后》中,也没有给死亡一个乐观的答案:"我们这一代中,科学家会设法扫除这些古老的疾病的,我们也是看到所有道德说教的终结的。"

期待科学家去解决生与死问题，不是出于乐观，而是无奈。须知，海明威的一生都是在死亡线上挣扎，最后是在自己的枪声中结束生命的。

海明威深刻之处，在于他的死亡观中，存在着对不同义化差异的分析。他谈到斗牛这种习俗的时候，认为热爱斗牛的国家必须具备两个条件：第一，那里的人必须饲养公牛；第二，那里的人必须对死亡感兴趣。西班牙人两者都有，而英法两国却没有。法国人对死者极为崇拜，他们感兴趣的是物质上的享受，地位、金钱、家庭、安全，对他们才是最重要的。英国人同样是为今世而活着，死对他们来说，是"不想、不考虑、不提起、不追求、不冒险，除非是为了国家的利益，为了好玩（for sport），为了令人满意的鼓励"。否则死被认为是不愉快的话题，忌讳说死，充其量也只能作为道德说教的话题。

海明威还比较英法两国的民族性格：英国人杀人是为了好玩，法国人杀人为了一个罐子，当然是一个天下最漂亮最好的罐子，值得用生命去交换的罐子。虽然是一个简单的随意生死问题的类比，但已超过了斗牛的范围。他的论说已深入文化内核之中，解释了文化差异所在。

九　言慧珠的三度自杀

言慧珠，20世纪著名的京剧梅派演员。她一生有三次自杀：

第一次，抗战胜利后的北平，被国民党"接收大员"将军刘漫天威逼，处于绝境，留下绝命书："社会太悲凉无情了，我一个弱女子不能对付这恶劣之环境"，因而服毒自杀，被亲友救回。

第二次，大起大落。1949—1952年组织"言慧珠剧团"，她德艺双馨，为抗美援朝"捐飞机、捐大炮"，赴朝慰问志愿军，又移植朝鲜古典名剧《春香传》、改编《梁祝》，一时誉满中外。公私合营浪潮袭来，失去了自己的舞台，旧上海、旧北平的"评剧皇后"、"女梅兰芳"成了为剧界冷眼相待的"小媳妇"。她为了请求复演《春香传》，四处奔走，请求领导接见，大风雪里竟如《春香传》那样被"冷冻"了几个小时。她心灰体痒，遂想用自杀的"一死了之"方式了却人生。仍然被亲友劝回上海。但各种谣言尾随而来，终于死念未绝，在梅兰芳夫人福芝芳护理下活了下来。

第三次，1966年9月10日，政治运动、夫妻感情破裂。在她儿子言清卿口述下的"托孤之夜"，透露出她死前的心态：言清卿当时上小学四年级，妈妈留给儿子的是 50 元和一块小黑板，还有让他交给姐姐咪咪的一块手表。妈妈给儿子最后的话是："清卿，乖儿子，妈妈要到一个很远的地方去。妈妈走后，你要听好爸的话，明天是礼拜天，你到公园去。""小黑板给你写字，你要好好读书。"这一次，言慧珠的自杀，心情很复杂，但却是做了冷静的思想准备的。除了给儿子一份母亲的临终遗书和遗物，还把儿子"托孤"给俞振飞（继父），叮咛跪在地下的孩子："清卿，好孩子，你以后要听好爸的话。"又对俞振飞说："孩子交给你了，你要把他抚养成人。"夫妻关系早已破裂的丈夫，只撂下这一句话："我有饭吃，他也有饭吃；我有了粥喝，他也有粥吃。"似乎放了心，把孩子领到自己房间，让他睡下，跟孩子说："乖孩子，你好好睡觉，我与你好爸再说会话。"这句话是她在世时留给儿子最后的一句话。

文中所说的咪咪姐姐，名叫徐常清，言慧珠的干女儿，长期和她生活在一起。徐常清告诉清卿，言慧珠自杀前留下了五封遗书：给丈夫、给儿子、给学校、给咪咪、给冯喆。

自杀多半是逼出来的。社会原因使人承受不了精神上的折磨和专业上的迫害。个人原因是性格、心理问题。言清卿说："妈妈个性刚烈……共有三次以死相抗的悲壮之举。在人格猥琐、溜须拍马、惧上压下成风的世道，刚正不阿正体现了妈妈的崇高与美丽。"他又说："妈妈以自身清白，向旧社会、恶势力抗争，妈妈死得壮烈、美丽。"

言慧珠三度自杀，从文明自觉方面，给了人们哪些启示呢？从人死观上，给了人们什么样的感悟呢？

我想起 1968 年被捕、蹲了三年之久监狱的英若诚。他亲眼看见很多犯人自杀，他自己下决心不重蹈覆辙。他在《水流云在——英若诚传》中写道："我决定要利用在监狱的日子尽量从其他犯人的背景、经历中吸收有用的东西，靠自己的智慧和幽默感生存下来。监狱成了人类学的一道智力题，一种让人思考、有趣的游戏。"在那个特定年代发生过许多特定事件，在黄梅戏演员严凤英服安眠药生死悬于一线之时，军代表还审问这个"反革命"半个小时。送到医院抢救时，医生还要证明文件，并说："像这样的反革命死一个少一个。"甚至在死后，军代表还要化验消化器官，看有没有国民党的密电。真是不可想象。

十　傅雷为美而死

傅雷为心中的美和爱而生，而死，他的死是孤独、凄凉、悲烈、悲情的，但是又影响着后代人的思考。

在那个特殊的年代，特殊的历史条件下，孤独者面临两个选择：①让苦难生活折磨人的伤口，用"忍者能安"的意思慢慢愈合；②选择死亡这个决绝的路，表明对生活的热爱。

有人统计了39位在那个特殊历史时期死于自杀的中国知识分子的名单，其中翦伯赞夫妇之死与傅雷夫妇之死最为相似。他们夫妇双方心心相印，为了捍卫人格与尊严而义无反顾，用死亡拥抱生活。其中傅雷夫妇比翦伯赞夫妇把捍卫生命尊严和权利发展得更为淋漓尽致。看看傅雷，即使在最后一天晚上，他留下的遗书笔迹也是工整清秀、精致、干净、清丽，那种从容、平静，那种美好心灵支撑的美感，跃然于绝命书之中。即使在生命的最后时刻，在抗争中还是用沉着的、坚毅的、率真的、透明的力量，追求真、善、美。

中国知识分子有很多深层的精神是一致的、相似的。这种价值观在全世界有理想、有追求、有信仰的人们中，大都有如此内心情结，而且在文学家、历史学家中尤其如此。我记得西北大学中文系一位教授告诉我，柳青在那个使人蒙屈受难的日子里，作家内心痛苦到了极点，他感到整个生活在向他挑战、冲击和猛攻。他无法反对一个时代的疯狂，宁愿玉碎花落地用自己个人人生的悲壮、悲情去和世界谢幕。柳青和傅雷不同之处，他自杀未成。正因为如此，他后来告诉人说，有了这番经历，要是他再写人的自杀时的心态，他会写得更深刻，更能触及死前的内心那种巨大无边又细微深层的孤独与无奈。遗憾的是，他被摧残的身体，并没有写这方面的东西，仍然像傅雷一样，留下了一个永远也无法弥补的遗憾。他们两人的心灵深处一定还有许多没有表达的人死观之音。

大凡人都是愿意活下去的，人在自己的世界中，面对苦难时都可以与自己的心灵，甚至自己的神明做深层的交流，在心灵之中，理想与现实是一致的。但是，真正面对的现实生活却不能对话交流，成为孤独者。一般人在常态中步履艰难，尚可做到与生活交流中保持相对距离、相对和解的态度，而像傅雷那样怀有宗教般情怀、把生命推向极致的人，便会走向非常态方式，不可能在充满疯狂的时代和荒诞的现实中生活下去。有人把知识分子好面子说成可笑的弊病，其实一个人如果连面子都不要，那还会是一个有尊严人格的人吗？当然这里有一个度的问题。无论如何，对一切践踏人的尊严人格、用权力让人的颜面扫地而成为奴性的人，应当是人类文明的摧残者、破坏者，是野蛮的、兽性的交往者！他们应当钉在历史的耻辱桩上。

但愿在人类文明交往自觉提升中，让那些历史悲剧不再重演！

十一　丁玲:"这下我可以死了"

1984 年 7 月 25 日，陈明①先生获悉：中共中央书记处已经批准了《关于为丁玲同志恢复名誉的通知》。翌日，在医院中的丁玲得知此讯，脱口而出："这下子我可以死了！四十年沉冤，这次大白了！"

丁玲要比其他蒙冤的作家与学者幸运得多。如老舍，1966 年 8 月 24 日，他对 3 岁的小孙女说了"和爷爷说一声再见"之后，再也没有回来。老舍没有等到平反的这一天。1966 年 9 月 3 日，傅雷遭批斗后，与夫人朱梅馥双双自缢身亡，含不白之冤而永别人间。1970 年 9 月 23 日，赵树理带着无限愤恨离开人世，也只是为了活着的人留下太多思考。史学家翦伯赞夫妇不堪威吓迫害，于 1968 年 12 月 19 日凌晨，服下了二人积攒多日的安眠药，双双含冤自尽。他在离开人世前留下的最后一张纸条上，写了下面一句话："我实在交代不出什么问题，所以走上了这条绝路。"最后毛泽东在中央会议上对逼供行为有"尊重人格"的"最高指示"，但传达到北京大学，已为时太晚了。

丁玲的"四十年沉冤"的四十年，是一个约略的整数。实际上，事情追溯到 1942 年开始。那一年她在《解放日报》文艺副刊发表《三八节有感》。以后，该刊还有艾青的《了解作家尊重作家》、罗烽的《还是杂文时代》，以及王实味的《野百合花》。随后的文艺座谈会、文艺界整风，以及 3 月 31 日《解放日报》改版会和 4 月 1 日文艺专栏停刊，丁玲在政治上、思想上、艺术上的厄运从此开始。

---

① 女作家丁玲命运多舛。陈明有《我与丁玲五十年：陈明回忆录》，其中回忆丁玲从西战团到整风运动，从边区土改到被划为右派、从"文革"到牢狱之灾，直到晚年生活。其间经历坎坷，读后令人叹惋欷歔，对"这个我可以死了"有深切感受。

　　四十年中，第二个转折在 1955 年，那一年她受批判，1957 年以"丁玲、陈企霞反党集团"下放到北大荒劳动改造，"文革"期间入狱，发往山西长治市郊老顶山公社嶂头村落户。1984 年 1 月重返北京，1984 年中组部 9 号文件，即开始所说的中央文件，彻底恢复名誉。

　　当丁玲听到平反消息后，随即取来录音机，留下了一段以"死"开头又以"死"结尾的遗言：

　　"我死了之后，不再会有什么东西留在那里，压在我的身上，压在我的儿女身上，压在我的身上，压在我的熟人、我的朋友身上，所以，我可以死了。"

　　一年多以后，即 1986 年 3 月 4 日，丁玲在北京逝世，终年 82 岁。她 1927 年以丁玲笔名写小说《梦珂》，时年 23 岁。51 岁以后，她基本停止了文学写作。有人算了一笔账，前 23 年和后 31 年从她 82 岁的人生中减去，作家"丁玲"只存在了 28 年。

　　真的，丁玲确实算是幸运的。1980 年，她在医院里，接受了美籍华裔作家聂华苓和她丈夫 Paul Engle 的花篮，并和后者谈笑风生。聂华苓回忆说："我很感动——一个共产党员和一个美帝，这样开心地笑。"1981 年，丁玲应邀去美国访问，同聂华苓和她的丈夫成了"无话不谈的忘年交"。有这一段难得的交往和对话，有这一段晚年可以慰藉的经历，丁玲就够幸运了，可以瞑目了。更何况三年以后，她就获得平反。

　　我有幸在 1954 年听过她的讲演，印象不太深，只记得陈明先生陪着她。还记得她讲的是写《太阳照在桑乾河上》的体会，那本书是她 1951 年获斯大林文学奖的作品。① 很可能，就是 1955 年被批判为"一本书主义"的罪状之一。因为这位不领工资、完全靠稿费生活的作家认为，以写作为专业的人，应该写出好的、成功的精品。"一本书主义"是别人概括的，其实就是写出高质量的传世"经典"，比在文坛身居高位、掌握大权更重要、更值得骄傲。这样"一本书主义"有什么错？难道不应该吗？

　　苏联作家索尔仁尼琴说过："一个作家的任务，就是要涉及人类心灵和良心的秘密，涉及生与死之间的冲突和秘密，涉及战胜精神痛苦和秘密，涉

---

　　①　当时，同丁玲一起获奖的还有周立波的《暴风骤雨》。丁玲把全部奖金、周立波把部分奖金捐给了中国作家协会。作家协会把两项捐款合在一起，办了幼儿园。直到现在，作协的老同志还对此项善举赞不绝口，说"别看'丁陈反党集团'搞得丁玲不像人样，可是丁玲这个人把金钱看得很轻很轻。这一点，很不容易。"（见阎纲：《作家与稿费》，《中华读书报》2008 年 4 月 9 日）

及那些全人类适用的规律，这些规律产生于数千年前无法追忆的深处，并且只有太阳毁灭时才能消亡。"这位"东西方的公敌"、"俄罗斯理念的捍卫者"、"不变的异者本色的独特作家"，对作家的任务讲得多么深刻厚重！

2008 年 8 月 3 日，他 89 岁时，在莫斯科去世。俄罗斯有句名言："一位长者的离世，等于烧毁了一座图书馆。"索尔仁尼琴的去世，使人忘不了他的一句话："一句真话比整个世界还重。"生与死，也是作家自己的秘密和规律。

顾彬在《二十世纪中国文学史》中谈到丁玲文学创作的转变时，认为"文字之争，成了政治事件"，"由美学评判转到事关生死的总体控诉，使文学和人成了政治附庸"。历史啊，历史，一个时代的历史借助特定人物的交往（如丁玲和周扬），提出问题，并在交往中以牺牲个人向前发展为代价。丁玲是历史的牺牲者，批判她的人，包括周扬，也成了历史的牺牲者。一个杰出的、正处在创作生涯旺盛时期的女作家，在被批判、被臭骂中消失，又在白发苍苍、备受折磨中连她创造的历史一起消失了。难怪她盼望的一纸文件还来不及看就自发地说："这下我可以死了。"丁玲言"死"，是一个历史的牺牲者的悲惨心声。

十二　犹太人汉娜·阿伦特二三事

汉娜·阿伦特（Hanan Arendt，1906－1975），是 20 世纪重要的女哲学家，生于德国犹太人家庭，后在美国普林斯顿大学和哈佛大学任教，主讲政治哲学。1962 年 3 月 19 日在出租车上（纽约中央公园附近）遇车祸后，在救护车上对生命的感悟是："最重要的是，在一瞬间，我觉得生命握在我自己手中。我可以决定，我可以活下去或者死亡。虽然我没有觉得死亡有什么可怕，但我想生命是美好的，我还是倾向于活下去。"

她是个特立独行的个性化文化象征。她认为勇气、感恩思想和忠诚这三个矛盾的品德其实是密切相连的。她有深邃的洞见和智慧，更重要的是有剖析本民族和自己思想的勇气。她在她的导师雅斯培斯（Karl Jaspers）生日的文章中说："在我们生命的尽头，我们会知道，只有我们直到最后还对某些事物保持着忠诚，而只有这些事物才是真实的。"她师从海德格尔，崇拜而爱他，然而不苟同其哲学（如"人只有离群索居时才能找到自我"），不愿意做"孤独的现代个体"，而要同观念相同的人共同构建属于自己的世界。

她同雅斯培斯的师生交往，是同一文明之内的另一种交往。这位老师虽同海德格尔为"同一战斗共同体"，而在学术风格上却大不相同。这位精神导师给了她两种品格：①坚强意志和严格自律精神，战胜重病和不囿旧说；②彻底的理性和坦诚，尽力清晰、明确而毫无保留地表明自己的思想，彻底展现自己并希望对方也能敞开自己的思想世界。前者使老师不讲康德、黑格尔和尼采等学院派课程，而是用讲课过程中产生的思想来培育学生的独立思考精神；后者则使她打开了双向交往的思想的壁垒，一方面开掘出自己内心深处隐藏着别人无法触及的角落，不再把这个角落与别人分开。这就是她说的勇气、信任、坦诚。雅斯培斯认为这三者是交往的基础，人与人只有在这个空间才能真正相知。这是一种人类文明交往的可贵自觉，也是阿伦特的新的思想给我们的启示。

她的代表作《极权主义的起源》（在美国用四年时间写成，1950年版）深刻分析极权政治的本质：有两种暴力统治，一是可以从某种角度来理解（暴君凶残皆有动机，必巩固统治、扩大疆域）；一是可以从"十足的无意"来理解。后者就是凶残的纳粹政权，即以完成"人类的历史使命"面目出现，而剥夺几百万犹太人生命又不会给德国人在军事、经济和国际地位带来好处的暴力政权。她分析极权政治拥戴者是一群精神上"无故乡的人"，联系他们的是简单的标语、口号为表征的意识形态，而不是思想和精神上的稳固共同体。这群乌合之众在谋杀过程中可以免受良心的责罚，会把非人道罪行推向别人。

她在《行动人生》一书中，把人生的价值定位于"他是否创造了一些持久的东西，而为共同的世界增砖添瓦"。她对犹太复国主义有独特的看法：犹太人应该有属于自己的居住地，但反对建立犹太国家。建立犹太国，必然引起阿拉伯和犹太两个民族之间的不和，而犹太国也容易沦为英美等世界大国的附庸，并且使中东地区永无宁日。真是可贵的预见！

《阿伦特为什么重要》一书出版于2006年，中译本出版于2009年（译林出版社），作者为美国的学者杨·布鲁尔。之所以要提起此书，是因为它从阿伦特的代表中，研究了她思想的一致性和连贯性，并且结合当代国际政治事件，如此较日本偷袭珍珠港和"9·11"事件，分析海德格尔与纳粹的关系，中国与日本在第二次世界大战后的关系，以及美国布什政府的所谓反恐战争等。在这本书中，可以看到阿伦特思想的全貌。

十三　想参加自己葬礼的贾植芳

享年 92 岁的作家、学者贾植芳，2008 年 4 月 29 日故去。他对死亡的看法极其独特。他生前曾多次对学生说：他很想参加自己的葬礼，看别人为自己挂哪张遗像、穿什么衣服；看自己躺在那里，是什么表情；谁来送花圈，写些什么话——说到乐处，往往自己哈哈大笑起来。

贾植芳把"死"置之度外，是因为他的苦难一生。他的一生，曾四次入狱，其中最长的监狱生活，是作为"胡风反革命集团骨干分子"，在牢中被关十二年。他在《狱中狱外》中，谈到了"死"："我走完了自己的苦难历程。值得安慰的是，我并没有失掉自我，我还是我，苦难反而深化了我对各国历史和现实的认识和思考，净化了我的灵魂。"他是个铁骨铮铮的人，也是个有幸看到死前画上完满句号的人。虽然不可能参加自己的葬礼，毕竟看到了人生满意的终点。

人死观的主体是人。不能失去主体，失去自我，这是一个人在死前应检讨的大事。贾植芳满足地说："在上帝给我铺设的坑坑洼洼的生活道路上，我总算活得像个人……生平最大的收获，就是把'人'这个字写得比较端正。"人文精神，是看重人，看重大写的"人"。人生中作为自我，也要把"人"字写端正，这是文明自觉、是文化自觉的最重要之点。自知之明的"明"在于"生"时"明白"、"死"时"明白"自己是否把"人"字写端正了。

十四　苏珊·桑塔格的《死海沉浮》

《死海沉浮》（*Swimming in a Sea of Death*）是美国作家苏珊·桑塔格的独生子——大卫·里夫关于母亲最后时日的回忆录。作家于 2004 年 12 月 28 日死于白血病。此书于 2008 年出版。凯蒂·洛菲（Kati Roiphe）在《纽约时报书评》说，本书说明：这位坚强而孤高的女智者，终于还原为凡人："平凡得令人吃惊"。

苏珊·桑塔格可谓女强人。她两次凭坚强意志战胜病魔（1970 年的乳腺癌，1990 年的子宫癌）。在抗癌的斗争中，她与乳腺癌抗争之后，对这一经历写了《疾病的隐喻》一书。她认为病就是病，反对把特殊意义加在疾病之上："没有比赋予疾病以某种意义更具有惩罚性的了——被赋予的意义无一例外是道德意义。任何一种病因不明、医治无效的重病，都充斥着意义。"她认为自己太特殊了，不能去死。两次战胜死神，这次也同样不肯服输，不承认她已经成了"垂灭之人"。

儿子对母亲面临死亡的心态有所探索，然而，失败的骨髓移植、反复感染、不停地入院急救，在紧绷的神经屡次达到崩溃边缘时，她还是不顾一切地在互联网上查找更多更好的治疗方法。这种不愿像平常人那样，相信癌症就是死亡，究竟是出于勇敢，还是傲慢，还是妄自尊大，还是求生的本能，儿子也说不清楚。

苏珊·桑塔格不相信、也不准别人相信知识、战斗意志、医术对癌症"毫无用处"。儿子是这样描写母亲在剧痛、失禁、半昏迷状态下，还得"用欢欣鼓舞的声调告诉她，与前一天相比，她好像看起来好多了"。"她最想让我做的，便是坚定地拒绝接受她'有可能'活下去的想法。""她想让人们对她撒谎，她想活下去，不惜一切代价。她是一个无法承受消失——死亡的人。所以她会为了每一口气而战斗，不管要为此承受多大痛苦。"

儿子在描述母亲最后的表现，反映了母亲注定悲壮失败的结局："她一死去，我就请病房其他人离开。我要真切地看一看，我不管不顾地脱去了她的上衣。她的全身上下都是溃疡。她的身体，从嘴里到脚趾都是溃疡。痛苦必定十分强烈。她看上去不再疼痛了。这么说，真的死去，反倒轻松了。"

儿子的下一段话值得思考："在最后的那几天，她有些退让了。她讲话的时候，讲的是遥远的过去——讲她的父母，讲她三十年前打交道的人。她的心思不在现在，也不在我们某个人身上了。然后，她陷入昏睡。然后她死了。"

儿子还回忆说，在她母亲确诊回来的路上，向窗外说了声"哦"，又说："这次，这辈子头一次，我再不觉得自己特殊了。"

但苏珊·桑塔格毕竟是女强人。她的人死观可称一个独特类型。她在"死海"中的挣扎沉浮三十多年经历，表现出了一种顽强精神。她的两次胜利和一次失败，使人想起她的一生：她成名甚早，多才多艺，写小说，写论文，在文化上成就杰出；她还冒着炮火去萨拉热窝排演话剧，抗议阿布格莱布的虐囚行径，甚至机智地从另一个国家的监狱里救出晚辈的知识分子。当重病的她，被飞机从西雅图运回纽约时，漫长死亡的拖延，无法抑制的痛苦，终于在儿子陪伴下离开了人间。啊！这就是她的死亡观，是人对自己心灵的"自知之明"。

十五　死去的爷爷活在小孙子心里

意大利当代作家普密尼（Roberto Piurmini）的代表作《马提与祖父》曾获荷兰沃拉哥·恩·威姆佩尔奖，由张莉莉译，新蕾出版社 2007 年版。这是一本从儿童视角来描写面对死亡、从哲学深度乐观接受死亡的故事。

故事的进程是：

幻想开篇——6 岁的马提和亲人们一起，等待着同躺在床上的爷爷永别。大家都在哭泣，看见气若游丝、一动不动的爷爷。爷爷临终前只有短短瞬间，他的生命正在衰竭，从衰竭到死亡的瞬间，却是小说故事的时间长度。马提想为爷爷赶走天花板上的一只苍蝇，不料爷爷却只对他一个人说话：咱们出去散步。

逃亡心旅——6 岁的马提和爷爷站在人类生命之河上，对岸是一匹银光闪闪的白马。他随爷爷过桥、登高、寻宝、历险，一个村庄、一座城堡、一个铜板中，都隐藏着某种哲学玄机：生与死的玄机。每次选择什么，爷爷都让马提决定；每个问题，爷爷都让马提自己解决，从选择与答案中领悟，二人心灵越来越相通。

回归今生——爷爷身体变小，小到马提看不见，使劲一闻，被吸入肚内。爷爷说，在孙子身上，他找到了最好的安居之所。这在马提眼前展现了低级死亡的过程。然而，死亡并不是爱的终结，消失的只是躯壳，离去的人在亲情的爱中获得永生的归宿。爱改变不了生命死亡的规律，而爱却能使生命有盼望。渡过河岸，回到今生，马提平静地接受了爷爷的离去，爷爷悄悄活在马提的心中。

故事的启示——这是一个让人流着温暖眼泪的故事。它有举重若轻的艺术表现手法，用深度地哲学把握，让孩子微笑接受沉重的负担。

启示 1：死，这是人类生命中要面对的最真实的事。任何人，不管权势多大、名望多高、多么富有、地位多显赫，都逃脱不了必然死亡的规律。炼丹修道，人定胜天，都无法阻挡死亡。

启示 2：死，这是人类生命中难以接受的事。许多失去亲人多年也活在创伤之情海中而不能自拔。在死亡离人很远时，人们不想，也不要面对，但不得不面对时，却无力或不敢面对。

启示 3：死，这是生命观要建构的根本大事。如何面对死、如何接受死，是一个面死向生的理解问题。不懂面死，焉能向生？对死亡理解越深，就会更深领悟生命、珍惜生命。

启示 4：死，是现实生活和我们义化中长期以来的忌讳。有人把死比作可怕的魔咒。有人把死亡比作潘多拉效应，众生心灵的苦痛和共痛，难于解脱。

启示 5：死，在《马提与祖父》的想象力笔触之下，为我们提供了儿童与死亡的思路，即我们所爱的人并不会真正死去，他们永远活在我们心中。

十六　人死观中的人生观

人死观其实和人生观是交往互动的整体，美国卡内基—梅隆大学计算机教授兰迪·鲍什的"最后一课"就是一例。他 2007 年 9 月被确诊为胰腺癌，并大面积转移到肝和脾，只有六个月的生命期。他向 500 名学生讲了一堂人死观中的人生观问题。短短 70 分钟里，他谈梦想、谈人生，谈人生无数障碍后面的世界，谈永不丢失的童心。他坦然面对死亡，这些都是他生命中最重要的东西。

请看他面对死的心语：

（1）"我快要死了，但我很开心。剩下的每一天，我一直会这样。"

（2）"我活着，就好像马上要死去；但同时，我活着，就好像我还好好活着。"

（3）"今天的讲演不是如何实现你的梦想，而是如何引领你的一生（Leaoljour Life）。如果正确引领你的一生，因缘自会带来一切你应得的。梦想会来找你。"

（4）他给三个小孩的人生建议是："如果我只给你们三个字的建议，我会说，'说实话'。如果还可以加以限制，那就是'永远'（All the Time）。"

（5）他为两岁的小女孩洛艾留下的话是："如果将来有一个男子喜欢你，不管他说了什么，只看他做了什么。"

（6）"我不能改变手中的牌，但可以决定如何出牌。"

（7）"厄运很快就会把我的家庭推下万丈悬崖，我无法抓住他们，这让我心醉，但我至少有时间为他编织一张安全网。"

这位才 46 岁的人，2008 年 7 月 25 日死在家中。他不抽烟，不饮酒，每天锻炼，饮食得当。他代表美国胰腺癌行动组织在国会听证会上发言时，拿出他的全家照（妻子和6岁的迪伦、3岁的洛根和2岁的女儿洛艾），指着妻子说："这是我的遗孀，这是一个你不会习惯的词。这个世界上没有多少疾病，是人在患上去之后就知道必死无疑。"

他感动了许多人，有些人从他的言行中打消自杀的念头，与他一样面临死亡时振作起来。

他在濒临死亡时，所思考的是人生的意义。

海德格尔提出了"向死而生"的哲学命题。死亡不仅在哲学、在文学，在文明交往中都是永恒的主题。死亡对于生命而言，并非外在关系，而是生本身就包括着死，正如死是生的走向一样，正如所有活着的人一步一步走向死亡一样。问题是人们是否自觉意识到这种"倒计时"的方式"向死而生"，审视、定位自己的人生，寻求积极的人生价值，战胜对死亡的恐惧。美国大卫·弗里曼1999年与人合作写有《100件你死前必须干的事——不该错过的旅行》，不幸在2008年8月17日在自家浴缸里摔死。他也属于"向死而生"的"倒看人生"的人。对于"向死而生"者，人的生命精神可以超越死亡，甚至理想的境界里把死亡考验看成了人性的试金石。如四川汶川大地震中忘却自身安危的值得尊敬的奉献者那样。

十七　死中有生的秘密

余虹，2007年12月5日正午，从所住的小区四季青世纪城10层，一跃而下。公安部门认定为：排除他杀，高坠身亡。终年50岁。

余虹为中国人民大学文学院教授，博士生导师，主要研究文艺学与批评理论。著有《思与诗的对话》、《中国文论与西方诗学》和《革命·审美·解构》等。

在这样的学术生涯正值盛年时，他为何选择走自杀之路？在他上路之前，给文学院院长杨慧林写了封信，称其在人大的经历是"最有意义的几年"，还表示"如果有来世，愿一起工作"。可见不是院内的原因。杨慧林也坚决否认此因，并在讣告中不用警方专业用语"坠亡"，而用"辞世"给新闻媒体。他愤怒地告诉记者，你那些猜测根本不存在！"余虹的死与一般人不一样"！

余虹的自杀①是不是家庭与经济上的原因？他经过两次婚姻后过着单身生活，下有儿子远在美国的华盛顿大学读书，上有一位70多岁的老母亲。为离婚的钱，他接了写一本《中国广告史》，写广州的几家广告公司，所得4万元稿费给第一个夫人买房了。余虹生前对他的学生王长才说："像我们这些做学术的人，婚姻上不会太顺利。不过，没关系，专心做事业，靠本事吃饭，个人问题不会成问题。"王长才相信余虹肯定不是被婚姻所打败。余虹在遗书中提到欠朋友5万元的事。经济上并无困难，他原在上海有一套房子，卖了93万元，后搬进世纪城新家，有一辆宝马车，后换成雪铁龙。

余虹是受不了疾病的折磨吗？他确有胃病，而且因此带来失眠的困扰，但他不断找中、西医治疗。杨慧林认为："如果余虹住院进行治疗，或许不会发生这样的事。"可见病痛与他选择自杀有间接原因。在他学生的眼里，余虹无法忍受胃病对自己精神的束缚。

余虹的死亡观到底是什么？他的学生王长才认为：余虹"对死亡绝不会恐惧。很可能的是，他强大的精神受到羸弱的身体拖累！"他的另一位学生赵志义说："余虹的《艺术与归家》一书中，对生死作了很深的思考，其中提到了福柯对死亡与自杀的迷恋。"2007年6月，他在西南交通大学讲他的死亡观，讲人大那些硕士、博士的自杀，讲马加爵、赵承熙的事，讲中西不同的爱和宽容，讲宗教，还说：你的生命属于你。此次讲课，引起震动，该校学生们说："人大老师给我们讲自杀在校内外传开。"

值得注意的有两件事：①他在患病中说：现在不适合见人，包括他的上海导师在11月13日来看他，一贯尊师的他，居然也不见。学生的感觉是，即使余虹遇到什么问题，也不找人倾诉，他觉得自己已经想得太明白了。②他是一个完美主义者。在首都师大的博士生论文答辩会上，他认为"唯美主义"是一种"致命的美"，"难以抵抗的美"。2004年2月19日讲福柯时，自比福柯："一个人，最重要的作品就是他自己。"他说："人的一生就是对自己的精雕细刻，而不是一无所知、浑浑噩噩，他要按自己的方式去长，越长越有味，按照他认为美的方式去长……他对自己精雕细刻，成为一个独特的人。"福柯在接受采访时说，"他这个人从来不会接受一种普遍的、平常的

---

①　关于自杀，2007年，日本政府发表了《防自杀白皮书》，号召国民对自杀态度进行彻底反思，以便化解几个世纪以来社会压力与传统之谜。日本每年有32000例自杀，自杀率位列世界第九，远比许多国家高。日本政府制订了分九个步骤改变对自杀的看法与治疗方式，希望在未来十年内减少自杀人数20%。自杀问题在中国也有许多研究，例如《自杀作为中国问题》（吴飞著，三联书店2007年版）。

快乐……这种平常的快乐什么都不是。"

余虹在《一个人的百年》中有"自杀不易，活着更难"之句；他思索为何自杀者多为女性。他把青年女性的轻生和他的导师石璞历经百年风雨摧残而安然健在的事实加以对比，从而作出如下结论："'石璞'之名有什么微言大义？一切对恶没有激烈反抗却有持久拒绝的石头，一块对善没有悲壮献身却有耐心执著的石头，以她不绝的微光烁伤我正在死去的心。也许英雄时代早已过去了，也许从来就没有什么纯粹的英雄，日常生活的重负与担当在每一个人身上，那些像石璞一样举重若轻的人让生命看到了希望。"

值得注意的是余虹的《人生天地间》（大学生文化读本，导读，中国人民大学出版社 2004 年版）中表现的人死观："不错，人总是要死的。中国人将死亡视之为人的大限，再聪明的人也无法知道死后是怎么回事，再能干的人也不能不死，死亡以最明白的事实启示人的有限和人生的短暂。一旦意识到自己的有限和短暂，人会更加敬畏和谦卑，人会加倍珍惜自己的生命，难怪有人说，死亡中有生命的秘密。""死亡中有生命的秘密"，这是余虹留下一句哲理性语言，值得深思。

余虹带走了"死亡中生命的秘密"。他走向了极端。唯美、完美与现实封闭了他自身。他的好友崔卫平 2007 年 11 月 13 日博客中是这样描述这"致命的美"，胃病困扰他精神上完美主义的矛盾时，"他几乎没有和任何人联系"，包括他的导师来看望也被拒绝，"这是一种典型的需要援助的心理，但居然没有人知道，包括他本人。我们都自以为很强，别人都以为我们很强，但其实都是无比脆弱的，有些人则更加脆弱。"徐贲在《死亡中有生的秘密》中认为："余虹是一个由于关注死亡而特别重视人的存在意义的思想者。"这种"思想者"应当是海德格尔的"向死而生"的人生观，或者也许是福柯对不得已的选择称之为"也许是快乐的"选择吧！

此次悲剧中是否给人们多一点自知之明呢？

十八　由余虹之死所想起的

《死亡中有生的秘密》写完后，不禁使我想起了王国维。

1927 年 6 月 2 日，王国维自沉于北京颐和园的昆明湖。这一年王国维整 50 岁。他有遗书一封，是他死亡观的文字表达。其中有"五十之年，只欠一死"之语；也有"经此世变，义无再辱"之言。王国维在 20 世纪初就是陷于信仰与理性的冲突而不能自拔，此种矛盾来自内心深处，因有上述的语言表达。

对于他的死因，众说纷纭。或云殉清，或说殉于一种文化，[①] 或论痛于晚年和生平挚及失和，等等，莫衷一论。

余虹，2007年12月5日，自坠楼身亡，也正好是50岁。在王国维事件八十年之后，又一位50岁学者重蹈同一自寻死亡之路，引起人们深思。

我从此事忽然悟到偶然性与必然性在人死观上的纠葛线索。这个线索虽千头万绪，欲理还乱有说不尽的偶然性。但人的内心和谐线到了50岁，也许是一个关键转折点的年龄。对王国维说，这个年龄是"知天命"之年，一个有尊严感的文人，就是不能再受侮辱。这是心态失衡的深切与痛切之处。50岁时，一个文人想什么？要想获得自觉，需从此思考，从此处变通。

陈忠实在50岁以前，在"不惑"之年时写道："我在进入44岁这一年很清晰听到生命的警钟"，"我突然强烈地意识到50岁这年龄大关的恐惧。如果就只能写写发发那时的那些中短篇，到死时肯定连一本可以当枕头的书也没有，50岁以后的日子不敢想怎么过。"他把50岁当做"年龄大关"，进而想起了"到死时"的作家生涯问题。这可以说是他对死亡观的"顿悟"，由此产生了评论家用白烨评语："可以放在书架上的书"——《白鹿原》。可见，人在中年，想起了死亡前的生活，自觉地想起自己人生的直起腰的支撑点，多么重要。

我以为，王国维的"义无再辱"，还不只是陈忠实的"枕头"，他已有"枕头"，他看重的是人的尊严，是人的立身之本的德行。"枕头"不是人人发愤之后都可以做到的，而德行则是人人可守住自己内心的操守，坚守原则，保持人格尊严。这个操守要守到死亡，坚持到死亡，要不为名所缠，不为利所锁，不为位所困。从死亡倒看生活，一切均身外之物，得之淡然，不得坦然，不屈权贵，不失气节，不昧良知，执著于真理。人不自辱，不受钱、权、衔、誉所诱惑，别人岂能辱哉！周作人在《中年》一文中也谈了"得体地活着这件事比得体地死要难得多"的话，他还提出40岁之后"能平

---

① 1954年，我们北京大学历史系研究生一班人在团日泛舟颐和园，听一位目击者传言，在昆明湖上初见王国维时，只见到水上漂着他不肯剪掉的辫子。陈寅恪对王国维之死归结于文化："凡一种文化值衰落之时，为此文化所化之人必感苦痛，其表现此文化之程量愈宏，则所受之痛苦亦愈甚；迨既达极深之度，殆非出于自杀无以求一己之心安而义尽也。""盖今日之赤县神州值数千年未有之巨变，劫尽变穷，则此文化精神所凝聚之人安得不与之共命而同尽？此观堂先生所以不得不死，遂为天下后世所极哀而深惜者也。"

凡地生活……不至于出丑"的话，可是他没有做到，他做人的支撑点不存在了，就再也直不起腰了。他的死亡观是"不得体"而活，因而"不得体"而死，这真是一个悲剧。

回头再看余虹，一个当代中年知识分子，一个有感性和诗性的内心被什么焦虑所悲伤？他研究西学中遇到了什么问题？他的好友王岳川回忆有"人类问题"和"中国立场"这个思想性极强的课题，但并不构成他走向绝境。问题在于今日中国知识分子的经济困境和尊严所限，使他不能去继续做他思考的学术工作。王岳川在余虹去世一年之后，写出了以下的话："大概这就是中国知识分子的命！我们在有限的学术生命中既不可能下海经商，也不可能像海外大学那样待遇优厚。我们只能在努力写作中保护自己、爱惜自己，当我们自己不爱惜自己的时候，就没有爱惜的人了。"

这是一种文化上的哀伤，是无奈的现实，使余虹留下的知识分子面对现实的问题。在 21 世纪，怎样在保护爱惜自己前提下，完成自己应有的文化使命，归根结底是一个文明自觉的问题。

还是孔子总结得有理："三十而立，四十而不惑，五十而知天命，六十而耳顺，七十而从心所欲，不逾矩。"（《论语·为政》）十，虽非准确得一年不差，但以十来清醒关注生命段的心态变化，从而清醒地面对死亡之前的"得体"生活，是人与自身文明交往的自觉表现。三十而立的"立"就是"立身"；"不惑"是四十的自觉；"知天命"包括自知之明、知人之明、知物之明；六十而"耳顺"是宽容兼备，听得各种意见；七十岁以后应该是"自由人"了。

十九　阿根廷作家胡安·赫尔曼的《墓志铭》诗

金开诚有言：他不怕古人，因为他是研究古人的；他也不怕名人，因为他就是名人。他怕什么？怕后人！"不畏先生畏后生"！前一代先生的墓志铭由这一代人完成，这一代人的墓志铭由后人完成。此为通例。海德格尔看到的亚里士多德的墓志铭是："他被生下来，劳作了，又死了。"但下面的作家却自己用诗写铭。

阿根廷诗人胡安·赫尔曼（1930—），2008 年西班牙语世界最高文学奖获得者。他的《墓志铭》诗如下：

曾经，一只鸟住在我身体
一朵花在我血中旅行
我的心是一把小提琴

我爱过，或不曾爱。不过总
有人爱我。我也喜欢
春天
牵着的手，快乐的事。

我说做人就应该像个人样！
这里躺着一只鸟。
一朵花。
一把小提琴。
他还有《界限》诗云：
谁曾说：饥渴到此为止
水到此为止

谁曾说：风到此为止
火到此为止

谁曾说：爱到此为止
恨到此为止

谁曾说：人到此为止
到此为止？

又有希望长着透明的双膝
流血不止。

　　二诗合一起，诗人把死和希望连在一起。诗人说，他写诗完全因为懒，因诗的好处是字少，全篇短、诗行也短。其实，人的一生也很短，可以短为生、死二字，再加上希望二字也就够了。
　　附记：这位阿根廷大作家的文学灵感与思想火花，以及经历，可参考

《博尔赫斯谈话录》（豪尔赫·路易斯·博尔赫斯著，〔美〕理查德·伯金编，王永年译，上海译文出版社 2008 年版）。其中有家庭背景及诗人对文学、写作、多位世界文学名家和名著的看法，是了解其内心世界的书。联想起萨义德的《论晚期风格：反本质的音乐与文学》（中译本为三联书店 2009 年版）中研究作家、艺术家晚期作品中呈现的思想、心态、矛盾等形态，这个角度有独到之处。作家、艺术家到了晚期，其时限接近人生最后阶段，反映出对人死观的认识和以前不同。此书是萨义德在 20 世纪 90 年代在哥伦比亚大学为研究生讲座讲稿整理而成。从作品文本中所反映的作家、艺术家也可能比墓志铭丰富，但却不如墓志铭直接。书法家启功的墓志铭提前多年写成，以"陋"字作结语，颇有老人幽默乐趣。剧作家魏明伦也在中年时，在回答《追求者的自由》编者问"你的目标？"时，写了下面的话："最终目标是坟墓！人总是要死的嘛，只望我墓碑上能留下两行字——没有白活的人，值得研究的鬼！"使人想起李清照有关项羽的诗句："生当作人杰，死亦为鬼雄"。

二十　德国老妇人沙尔特的奇特自杀

79 岁的德国老妇人贝蒂娜·沙尔特 2008 年 6 月 28 日在家中自杀身亡。她是巴伐利亚一名退休的 X 光技术人员。她既没有得病，也没有生命垂危。她的死亡观很奇特：恐惧和想死的原因是不愿意进养老院，其根源是她一生未婚，没有家人，朋友不多，一生几乎不怎么出门。她感到自己最后的归宿是一个人在养老院生活，她害怕陌生人，并且自认为自己难以忍受没有她聪明的人。

她的死亡观独特，她自杀的方式更独特。她的自杀是在德国两位前总理格哈德·施罗德和赫尔穆特·科尔的顾问，还曾出任过德国汉堡地区司法部长勒格尔·库施协助下自杀的。库施本人是协助自杀的积极倡导者。库施向沙尔特提出如何自杀的建议，但没有提供药物和在酒中下药。沙尔特自己喝下了有致命毒药的鸡尾酒，说了最后一句话："再见"！库施随即离开了她的房间。三小时后他再回来时，沙尔特已经在自己的床上死去。

值得注意的是库施，他记录下和沙尔特长达四小时的对话，并且自动摄像机拍下了沙尔特自杀的全过程，以证明自己的清白。库施帮助沙尔特自杀以后，在记者的电话采访中说，他会帮助更多像沙尔特这样的人自杀："从上星期开始，我可以做的，是让人们在他自己的床上离开世界。这是大多数人的愿望，现在在德国。这有可能实现了。"

　　但是此事引起了德国国民对死亡权利界限的激烈争议。大多数国家在此前已有争议，而德国尤为尖锐，其原因是纳粹曾对 10 万名精神病或绝症患者实施过安乐死。当地司法部长贝亚特·默克认为："库施的行为特别可怕。这个女人除了恐惧以外，没有别的毛病。但他没有给她别的选择。"德国总理默克尔在 7 月 2 日的电视新闻栏目中，明确地表示："不管以什么为幌子，我绝对反对任何形式的协助自杀。"巴伐利亚州和另外四个州在 4 日通过禁止自杀协助者的投机行为。

　　问题不那么简单。自杀本身并不是犯罪，协助自杀也不是。虽然巴伐利亚的很多人不愿意德国成为第二个瑞士，而瑞士对安乐死宽松的法令使当地协助自杀的业务特别红火。过去十年里，近 500 名德国人越过边境，在瑞士协助自杀团体的帮助下结束自己的生命。

　　库施却用沙尔特的告别信为自己辩护：如果她的死亡能帮助说明政坛人士修改有关自杀法律，那么她的目的——拥有"带着尊严死去的自由"——就实现了。

　　而德国巴伐利亚州司法部长默克却坚决反对，他说：我们希望能提供"预约自杀"的行为在这里成为非法。

　　一位 79 岁健康老人的自杀，是在"协助"之下决定的。此事是一个关于死亡权利的争论问题，也涉及人死观的理论问题，因而是特别值得关注的问题。

二十一　土耳其作家阿齐兹·奈辛的幽默式遗嘱

　　国人今日皆知土耳其作家帕慕克，因其获诺贝尔文学奖而名声倍增；而对曾任土耳其作家协会的主席、以独特讽刺艺术而闻名于土耳其和欧美的阿齐兹·奈辛却不甚注意。他不但是位多产作家，有 80 多部作品问世，已翻译成 30 多种文字，举凡诗歌、小说、剧本、童话、寓言、杂感、游记、回忆录均有涉及；而且是政治活动的积极人士，他以已故土耳其著名共产党诗人纳齐姆·希克梅特为"了解社会、认识人生的老师和向导"，一生坐牢二十多次，并用希克梅特的话表明心态："铁窗生活坚定了我的信念，拓宽了我的创作领域。我终生感谢那些法官和狱卒先生。"

　　最为独具风格是他那份生前留下的幽默而充满爱心的遗嘱。

1972 年，他用 50 亿里拉（约合 120 万美元）建立了为穷孩子服务的基金会。他用这批基金创办了儿童之家，每年招收 4 名穷孩子，从生活到学习，直到就业，都由他料理。他持之以恒，先后收养 50 多个孤儿弃女，使之成家立业。晚年他心脏病日益严重，于是决定把自己的译著版权完全捐给基金会，以便在自己离开人世之后，这个基金会维持下去。他的遗嘱就是在死前这种心情下写成的。

这份遗嘱有以下几点：

（1）死后不要铺张，可悄悄埋葬在基金会院内某个不大惹人注意的角落；

（2）死后他希望每天看到孩子们玩耍、学习、成长；

（3）死后不想让孩子们到坟上看望，以免心悲神伤；

（4）死后不想躺在一块巨大墓碑下，让孩子们担惊受怕。

这是一份多么热爱、牵挂与温馨的遗嘱啊！

这是用一片纯真的爱心写成的人死观颂歌，它平平淡淡，其中不乏安详、有趣的幽默。

谈起遗嘱，使人联想起鲁迅在去世前（1936 年 9 月 5 日）以《死》为题的文章。那里面表现了他对于死亡的无所畏惧。其中有 7 条遗嘱：①不得因丧事，收受任何人的一文钱——但老朋友的，不在此例。②赶快收殓，埋掉，拉倒。③不要做任何关于纪念的事。④忘记我，管自己的生活——倘不，那就真是糊涂虫。⑤孩子长大，倘无才能，可寻点小事过活，万不可去做空头文学家或美术家。⑥别人应许给你的事，不可当真。⑦损着别人的牙眼，却反对报复，主张宽容，万勿和他接近。这 7 条是拟做遗嘱，当时仅是为文艺而作，不料在 10 月 19 日变成谶语。不过，这里也表现了鲁迅的人死观。和鲁迅类似，郁达夫也预立遗嘱，如 1945 年元旦，他预料日本宪兵不会放过他，留下了最后的遗言："余年已 54 岁，即今死去，亦享中寿。天有不测风云，每年岁首，例作遗言。"就在当年 9 月 17 日他被日本宪兵杀害。遗嘱也反映了他的人死观。

阿齐兹·奈辛的父母是来自内地安纳托里亚农村的贫穷穆斯林而移居于马尔马拉海中一个小岛上。1934 年 6 月土耳其大国民议会通过采用姓氏的决定，改变了有名无姓的习惯。他父亲把姓氏定为"奈辛"，意为"生以何干"，以明确人生的目标。于是，他的姓名成为"努斯雷特·奈辛"。他在军队中工作，按规定不许为报刊投稿，爱好写作的兴趣便用了父亲的名字："阿齐兹·奈辛"。此后他的真名遂不为人知，人们只知道后者。他父亲文化不高，别人怀疑其冒名顶替。任老人家的多方解释，却不能说服人。作家向人提及此事，眼含泪花，拍手大笑，听者也感苦涩无言。

这，也就是作家终生惯用幽默来表现他的人死观的遗嘱内容。

二十二　临死的享受

有一位名叫汤姆索耶的美国人，回忆他濒临死亡的享受，其中有几段体现了人死观的感受：

"他倏地感觉到一种从未有过的安宁和轻松。"

"某种力量越来越强烈地推着他向前去，前方出现了一丝光，它先是犹如天际的一颗星星，瞬间又变成一轮太阳，光芒四射的阳光并不使他感到炫目耀眼，相反，眼望着这轮红日，他感到无比快乐。"

"突然，他眼前出现了他已故去的父母亲，他们笑吟吟地朝他走来。转眼间他的脑海里出现了一幕幕重大的生活经历：生日庆典、订婚仪式、甜蜜的婚礼。"

"最后，他同光线融合在一起，他感觉到了一种无法形容的心醉神迷。他似乎和宇宙合为一体，许多美景在他眼前闪过，飞逝的森林，高山，河流，天际，银河……宇宙的一切神秘全都展现在他的面前。"

叶小沫在回忆她父亲叶至善的文章《爸爸的祈求》（《中华读书报》2008年3月5日）中引用汤姆索耶的这些濒死的感受，也希望他父亲有同样幸福的感受。他写道："汤姆的这一段话马上让我想起了临死前的爸爸，想起了他那张一扫平日里焦灼生病时痛苦，一下子变得平静安详的脸和那双睁了近一个小时一眨也不眨的清澈明亮的眼睛。我想，爸爸一定像汤姆一样，看到了他感到美妙和幸福的一切。尤其是汤姆写到的看见星星、太阳、天际、银河和宇宙的那些感觉，更让我对此坚信不移。"

把濒死当做人生的幸福享受，这确是快乐的人死观。尤其是对终生忙碌的人来说，再合适不过了。叶至善终生忙碌，他所要的只是时间。在1982年写科学家巴斯德的短篇小说《祈求》的结束语时，就有这样的话："时间对于我来说当然是越多越好。"他的人死观是："人死并不可怕，可怕的是把人脑袋里的东西都带走了。"他用意志和毅力争取时间，在最后四年里修订准备再版的《叶圣陶集》25卷本和《父亲长长一生》34万字。写完后者时，叶至善已经是87岁身体虚弱的老人。他除了有生理生命之外，还有写作生命，虽知体力不济，但不相信写作生命真的会结束。学人在死之前总有些"未完成"的遗憾，但死前努力赢得时间而完成的一切，总是一种莫大的宽慰。对文明自觉推动的"自知之明"的人说，这里从死看到活着时应干些有意义事业的责任精神。我认为"倒看人生"，即只有从人死看人生的"人死观"才是积极而清醒的，不是浑浑噩噩的"醉生梦死"。

二十三　鲍延毅的《死雅》与中华死亡观

鲍延毅著的《死雅》，是中国大百科全书出版社 2007 年出版的一本汉语独字字典，共有一万余条目，约 150 万字。这是一部中华文明死亡观的记录，对于人类自身心灵的认识，特别是对死亡的认识，有十分重要的研究价值。

这本汉语独字字典中的"死"，使人感受到汉语的丰富、优美和表现力。在《死雅》中人们可以看到大量文化知识，接触到大量对"死"、"生"的不同价值观，对生命和死亡科学十分有益。书中对"死"的同义、近代语词，每一条都有语义诠释和数例书证，以反映该词的运用及历史演变过程。从"死"的不同与相同表述及其反映的自然和社会现象，都是不同人生态度的反映。人们从中思考，以人类精神觉醒、文明交往自觉，去超越死亡的个别认识，从而上升到洞悉死亡的本质。

这本汉语独字字典中，提出了几个值得思考的死亡观问题：

第一，在人认识自我内心世界时，要把死亡观和生命观联系在一起。人的一生当中，死亡始终深植于生命之中，而不是独立于生命之外。这就是说，生之初就意味着要最终离去，人能预见、预知这一点，正是人之为人而独立于其他动物的重要标志。马列主义经典作家曾说，生就意味着死。柏拉图认为，哲学是死亡的练习。费尔巴哈认为。死本身不是别的，而是生命的最后表露。这些话都是把死亡观和生命观联系在一起的至理名言。

第二，死亡是人类文明交往中人类认识自身的永恒主题。孔子说："死生亦大矣，而不得与之变。"（见《庄子·德充符》）他把死放在生之前。仔细想来，人对自身的死亡，由思考到敬畏，是一种文化的现象，是文明交往中人类"自知之明"一个重要内容。这一思考历程从人类文明肇始先民们的原始宗教活动、丧葬仪式等形式中已经表现出来。后来便出现了因阅历、时代、学识不同，对死亡有各种认识，但有一个普遍现象就是对生命的珍惜和热爱，还有对不死的憧憬和对彼岸和来世的想象。

第三，死亡是什么？死亡是肉体生命的结束，但它是威胁？还是挑战？《荀子·礼论》有言："生，人之始也；死，人之终也。终始俱善，人道毕矣。"这是理性的积极的认识。死亡本身并不是最可怕的事，可怕的是对死亡的恐惧，是对死亡讳莫如深，终日忧心忡忡，最终也无法逃避死亡。人要死而不死于"恶死"，唯有热爱生活、生命，积极思考和统筹人生，才能使自我人生更奋发、充实、达观而有意义。

第四，曾子说："鸟之将死，其鸣也哀；人之将死，其言也善。"（《论语·泰伯》）《死雅》作者鲍延毅在"文革"中长期遭受磨难，数度濒临死亡边缘。"文革"后他用二十八年编此宏典，均用手写稿纸，数易其稿，在生命最后十四个月中，大手术之后，十次化疗，坚持完成生死学问并以身殉书。此种学术经历，为《死雅》一书作为作史写下一个有力的活生生注解，也为学术史增添一生动史例。他一生有《寓言词典》、《孔门寓言》、《傻瓜寓言》之作，又主编《中国古今书名释义词典》，还有《金瓶梅语词溯源》等方言研究，可谓博学专学有成，励志笃行不倦，他的生命洋溢学人之光彩。《死雅》虽尽言人"死"，却是研究人"生"价值的宝库，实值得人们开掘。例如89岁汉藏语学者邢公畹在序言中所说，无论哪个民族，对于死亡的表述都甚少使用外来语，这个观点就值得从《死雅》中提炼，是"死亡"有民族性？还是价值观念？我觉得还可以在提炼本书资料之后，再同其他大的文明典籍（如《圣经》、《古兰经》）加以比较，方能达到对此问题的解决。

第五，从人死观上看，生不由人，死也不由人。死亡带来的悲、恐、愤、焦虑等情绪，人们不能等闲视之。逝者已逝，而逝前的临终关怀，逝后的诸多后事，特别是社会所必需的生命教育，都是必须正视的。逝者已矣，人死是人的生理生命的终结，但人世间还存在着文明社会构建的血缘生命、人际生命、精神生命。这些生命是永续的。人之死不是人类之死，死后的生命仍存在于生生不息的人类群体中。这中间，精神生命弥足珍贵。《死雅》第105条对"不朽"的解释是"不靡灭，永存。特指杰出人物，虽死犹生，精神永存。"就是指死而不朽的健康的人生观。《死雅》中收录的"死且不朽"、"死而不忘"、"死有千秋"、"死有重于泰山"、"死留碧血"，也都是对人死观的深义表达。

第六，在人死观看来，其思维逻辑是逆向思维方式，即站在人生的终点观察人生的过程。中国有句古语："自死而得生"。站在死的基点上来观察人生、思考人生的方向和价值，才能珍惜生命，活出意义，并且会珍惜时间，做到不为一生碌碌无为而悔恨、蹉跎岁月而遗憾。立足于"生",是很难得到真正的生,由死看生,看生和看死结合,才能得到真正的生,这就是人死观的真谛。

总之,这是一本用社会责任感纺织成死亡的锦缎,用学术良知精雕细刻成死亡的工艺品,用生命之手写成的死亡辞书,实在值得细阅勤读多查。

第 四 编

人 死 观

一 一论人死观：理解死亡

理解死亡，消除悲惧，按自己的方式活着和死亡。

知死可以通达地生。知死生，才能不惧死而惜生。

"死亡"一直是国人颇为忌讳的词语。近几年冰河开冻，关于死亡的话题，成书成文者多有所见，如《穿透死亡》、《死亡日记》、《父亲：对生命的最后倾诉》等；甚至山东枣庄师专中文系教授鲍延毅还编成百余万字的《死雅》。

在现代科学视野下，死亡（除意外事故或夭亡），一般说是人的自然衰老过程的终结，是不可抗拒的人生必然性序列中的最后一环。有位伟人说过，人死是辩证法的胜利，当然，他却不愿这个胜利来得过早。

这也是人之常情。难怪美国政府每年公布的《死亡统计报告书》中，不允许有"年老"这一最正常不过的"死亡原因"的选项。

努兰（Sherwin B. Nulend）1930 年的《如何死亡：对生命最后篇章的反思》（中译本名为《死亡的脸》，海南出版社 2002 年版）一书中说："世界上任何地方的任何人，死于老年，都是不合法的。"但是有着三十多年临床经验的努兰，肯定了非常多的人，是死于老年的。但是为了应付上面的统计和医院的规章，他总是在每份死亡证明上随手写上科学的诊断。生老病死，老与死有联系的，我不明白为何医学上要切断这种联系。

人们都想长寿。汉代就有延年益寿的瓦当。但人们忘记了，生命世界的世代交替是一个最普遍的规律。这是最平凡的真理。秦始皇想长生不老的梦早已被证明：上天并不优待特殊于皇帝。

罗马帝国皇帝奥勒留把死亡观同权力观联系在一起，并用死亡观消解对权力"自我膨胀"和滥用权力，从而对人生有所感悟。权力无非是过眼烟云，使他在《沉思录》中认为万物处于无常的流逝、没落的循环之中，大自然和人世间所有的一切，都是合理、协调的，连坏的东西也是为好的东西创造出来的。因此，他认为以平静对待平凡的一生，无须厌烦生，无须寻死，而是遵循人的本性，自然地走完人生历程。

美国国父之一杰斐逊当年对亚当斯说："当我们活过了自己这一代的年岁，就不应当去侵占另一代了。""让出一个空间，以利他人成长"。

荷马有个形象的比喻："人类当如叶子一般。当一代兴盛时，另一代就衰微。"

人们常常喜欢谈"人生观"，却很少有人直接谈"人死观"。不知生焉知死与不知死焉知生，其中道理是一样的。死与生两者不过是从不同方向、不同方面去观察同一事物或同一生命过程而已。死生之道，在于提高生存能力、提高生活质量，乐观地生，乐观地死，有益于社会而无愧。

国际长寿中心主管罗伯特·巴特勒博士说："老年应当处于人生反思和反叛的阶段。老年应当是充满梦想和回归的时期。"从人类文明交往自觉的观点看，上年纪的人应当是人类文明自觉中那些最美妙元素的保管者，应当是年轻人的积极向导、顾问、模范和批评家。

老年人应当体悟罗纳德·科图拉克在《找到退休之后的生活目标》一文结语的问话："你健康吗？你有益于社会吗？"（美国《芝加哥论坛报》2000年10月9日）

退休表明：老与死是接近了。有一项医学研究证明，老人仍有创新精神。50岁开始进入人生"重新评价"阶段；60岁进入"自由解放"阶段；70岁进入"吸收新思想"阶段；80岁进入"精神境界重新察视"阶段。老年人的智慧是岁月的结晶，如黑格尔用希腊智慧女神密涅瓦身旁思想与理性象征的猫头鹰那样："等到黄昏来临时才起飞！"

二　二论人死观：三大要素的自觉

人生观和人死观处于人的生命的两端，是以人生存的目的、维护人的尊严和追求生命意义这人文精神三大要素的统一体现。人生和人死是人的生命的一个自然过程，如庄子所说："相与为春秋冬夏四时行也。"但人是社会的、现实的人，这个自然过程和社会过程交织在一起，使人们对生与死观点，却理解纷纭，莫衷一是，显得分外复杂。

谈人死观这个话题，不由人想起孔子的话："朝闻道，夕死可矣！"（《论语·里仁》）也想起司马迁的话："人固有一死，或重于泰山，或轻于鸿毛。"（《报任安书》）我还想起了鲁迅那篇名文：《老而不死论》和萨特《恶心》中的"生也荒诞，死也荒诞"的话。回忆我后半生进入中东史研究领域，穆罕默德圣训中的"三不死"的命题，颇发人思考。所谓"三不死"是："人死一切皆止，唯川流不息的施舍、益世济众的学问和常为先人祈祷的后代不死。"这使我想起了中华文明中的"三不朽"：立功、立言、立德。

谈此话题，我又想起 1968 年诺贝尔文学奖得主、东邻日本的川端康成。他在自杀前的十二年前就说过："自杀而无遗书，是最好不过了。无言的死，就是无限的活。"他后边一句话，耐人深思。前面一句话，却和他的死联系了起来。他有一篇《美的存在与发现》的讲演，讲到阳光在餐架到放杯子的缓慢移动，从一个杯子的角，到整个杯子，再到一、三、四、五……杯子。阳光移动是难看到的，但他细腻地描写了几乎静止的视觉观察感受，真是非常微妙。然而，就在讲话后没有几天，他就自杀了。法国哲学家德里达在死前说："生命就是幸存。"汪曾祺晚年说，他是"哭着生，笑着死。哭着来，笑着去"。这都是对人死观的种种表达方式。

人类文明史昭示我们，对待自我身心的交往互动之中，大思想家、大文豪之所以被死亡所困扰，那是因为他们对人类终极关怀问题的深切关怀和思考。我想再举两位世界文化伟人的死亡观，作进一步说明。

第一位是俄国大文豪列夫·托尔斯泰。他的名言是："要是一个人学会了思考，不管他思考的对象是什么，他总是在想着自己的死。"人愈到晚年，就愈多地想到死，老死相连，这是自然过程，老而不死，才是反常的。老而常想到死，这并不都是怕死，而对于善于思考的人来说，是思想成熟的表现。托尔斯泰所说的思考，正是这种死亡观类型中的普遍类型。一个人自觉地思考死，必会珍惜生命，从而做到无愧人生，无悔无怨人生。我曾多次向我的学生讲，青年人要学会倒看人生，从死的终点来安排起点，从自己将来总会死亡这个终点，来审视自己人生的生命活动日程。一个大学生，一入学，觉得四年好长啊，没有思考这四年的安排，随波逐流，顺流而下，等到毕业时，收获不大，后悔已晚。硕士生、博士生的六年，如若不从终点看起点，结果就大不相同。人生同样如此，60 岁退休，退休之前这几十年，如何过，才不会悔怨，要倒着看，顺着做，长打算，短安排。只有如此，才会在做什么、如何做等人生行为上步步为营、针针见血、一步一个脚印、扎扎实实走完人生之路。这就是在自我身心上思考的自觉性。

第二位是歌德。对死亡问题的思考之深，在哲人中当推德国的歌德。这位文化巨人、思想巨擘在 31 岁（1780）时，在吉息尔山顶的小木屋中写了一首小诗："群峰／一片沉寂，／树梢／微风敛迹。／林中／栖鸟默契，／稍待／你也安息。"61 岁（1813）时，他第二次去这个小木屋，将墙壁上的小诗重描一遍，以加深他的思考。82 岁（1841）时，他第三次去这个小木屋，他在这首小诗面前伫立默想，自言自语道："稍待，你也安息。"次年，他以 83 岁高龄逝世，他安息了。

歌德一生三上吉息尔山，31 岁，61 岁，82 岁，写诗，思考诗，都是同一首诗，同一首在人生历程中思考死亡的诗。这首诗虽小，却在他的脑海中荡漾了 51 年。这首融自然与人的物我一体的小诗，背后深深埋葬着寂静的人生苦短的归宿——死亡。他以此诗思考着人生观和人死观的生存目的、人的尊严和追求生命意义这三大要素，并且从中不知疲倦地思考死亡之谜，是忧思着心灵深处埋藏着人生双重忧虑：既是对生命的渴望和留恋，也是对死亡的恐惧与无奈。人生观和人死观交织在他的思考之中，这个复杂的过程把生死如此纠缠而密不可分。他对待生死，既顺看，又倒看，既忧伤，又冷静。31 岁的诗歌，表现了以后半个多世纪，竟一字不改，直到死亡，真是看透了生和死。萦怀于心的究为何物？写到这里，不由使我想起他在与此诗同年完成的传世之作——《浮士德》。该书第二卷中，他借主人公之口，道出了同一个心声："瞬间啊，停留一下吧，你是那样美！"

谈到人死观，不能不提到歌德同他的秘书爱克曼的谈话："到了 75 岁，人总不免想到死。不过，我对此处之泰然，因为我深信：人类精神是不朽的，它就是太阳，用肉眼看，它像是落下去了，而实际上永远不落，永远不停地照耀着。"我想，歌德面对落日，说这些掷地有声的话，是对活着的人的哲理启示：一个人活着，以何种态度和有限的时间和空间打交道。人的一生，时间是短暂的，空间是有条件的，但生命是美好的，精神的传承，人文的文脉是直通一代又一代人的心灵深处的。美好的生命激励着人们更有益于人类社会、有助于人类文明。问题是要有文明的自觉，要认识到时间和空间的质量都掌握在自己手中，任何人都只能影响你，而不能代替你。

托尔斯泰之思，歌德之诗，也使我想起了宋代大诗人陆游。我之所以想起他，是因为他们在人死观的问题上，真是有许多相近之处！陆游早就有"早岁哪知世事艰，中原北望气如山"（《书愤》）。后来在《示儿》诗中又道出了他死亡之前的、未了的爱国情："死去原知万事空，但悲不见九州同。

王师北定中原日，家祭毋忘告乃翁。"他看透了死亡，一死了之，原本就是一切皆空，但国家未统一，他多么悲伤啊，多么牵挂，多么不愿死啊！无奈啊！只有让儿子有朝一日，看到军队北征之时，家祭别忘了告诉他这个好消息，让他在九泉之下得以安息。陆游的《示儿》诗和歌德的《安息》何等相似！不过他是以豪壮之气象来表达死亡观的。他的一生壮志未酬。请看他的诗："北征谈笑取关河，盟府何人策战多。扫尽烟尘归铁马，剪空荆棘出铜驼。"（《书事》）还有"楼船夜雪瓜洲渡，铁马秋风大散关。塞上长城空自许，镜中衰鬓已先斑。《出师》一表真名世，千载谁堪伯仲间？"（《书愤》）他多么想为国家统一付出一切啊！然而，这个铁血男儿，不仅洋溢着爱国热情之美，也有爱情的遗憾美。他的名词《钗头凤》，连呼"错！错！错！"，特别是他晚年多次去伤心的沈园，那是既为怀恋往日爱情，又是对逝如流水时光的追思和对生命的惋惜。这和悔恨交错之思和老年对死亡之思，又与托尔斯泰思索死亡，何等近似！"早岁哪知世事艰"，人到老年，才会体验人生不易。然而，生是人生的起点，死是人生的终点。从起点看终点，这是顺看人生；从终点看起点，这是倒看人生。我强调倒看人生，是关注人生的迫切感、清醒感，不包含任何悲观因素，反而是要人们更自觉地对待人生。理想的是顺看和倒看人生相结合，真正过好每一天。人生最宝贵之处在于能正确地总结生命经验，问题是在生与死之间的长过程中，面对种种转折和坎坷，谁又能时刻清醒而自觉地去总结这些经验呢？

　　自杀是死亡观中一个许多人迈不过的坎。2003 年 9 月 12 日凌晨 1 时 49 分至 13 日下午 3 时 12 分，广州急救中心就接到 7 宗自杀报案。据统计，自杀事件正在 50 岁以下人群中攀升，同年，中国自杀者已占世界四分之一。法国社会学家乔治·米诺瓦在《自杀的历史》（2003 年 1 月经济日报出版社中译本）中，谈到法国每年都有 1.2 万人自杀成功，12 万人自杀未遂。死于自杀的人远比死于车祸的人多，大约每 50 分钟就有一个人自杀。自杀，无论在哪个国家，无论在什么时代，无论是什么具体原因，都是对生命的提前自我否定，是一种盲动的、反常的行为。对自杀现象除了加强干预机制建设之外，要不要从人死观的视角，解决人们的理念危机呢？

　　人类行为中还有比自杀更特殊的事吗？动物的自杀现象是不存在的，只有人才会对自己的存在目的、人的尊严、追求生命的意义进行思考。一些人被残酷迫害、走投无路、或战争到来之前、疾病或衰老之前，选择了"生不如死"的自我了断。他们疯了吗？他们能证明自己对生命有最高决定权吗？乔治·米诺瓦在《自杀的历史》中研究了 16 世纪以来西方世界对死亡的看法，提出了要理解自杀者。其理由是他们的态度揭示了生命在社会价值的问题，而这种态度与个人有关，也离不开社会和时代的影响。

他认为，"如今，我们拥有和自杀有关的数据和信息，但对最深层次问题的认识却一点进步都没有。如果人们都默认无论花什么代价只要活着就比死有价值，而且都认为这是理所当然的，那思想就不会进步。"他提出了"安乐死"的问题。对这个人死观中最敏感的问题，面对着数以百万计的忍受着、煎熬着非人生活的人群，却宣布要活下去的严峻现象，他叹息地问道："价值观上的转变是困难的，那些聚集于生物伦理的争论，难道不应该也考虑一下死亡伦理吗？"这也是他《自杀的历史》总结一节中的最后一句话！

北京有位 28 岁的女作家，专作死亡记录，把晚报上有关死亡的事件逐日记录下来，写在一个墨绿色的笔记本内。她说，2003 年一年，在录死者达 3000 余人。她对北京电台记者说，她每天都认真、快乐地当作最后一天过。她在记录中认识到生命的可贵，因而有要把死亡记录记到自己生命最后一天的决心。她的工作是对人死观的实录。

人必有一死，但在未开化的原始人那里，却不这样认为。人类学家对澳大利亚、非洲和美洲处于初级文明阶段的部族调查，证明了这一点。列维·布留尔在《原始思维》一书中认为，这是现代人与原始人智力习惯的重大差别之处。这个结论乍看起来有理，仔细想起来，并非无懈可击。现代人虽不把死亡归之于巫术，而归之于基因缺陷，似乎只要找到长寿基因，生命就可以长生不老。俄罗斯科学家弗拉基米尔·沃尔科夫在《永生的医生》一书中，认为只要不同季节吃不同的食物，人就可以活到 280 岁！人类文明发展了几千年，对死亡的看法不见得有什么本质的差别。人为何不反过来想一想，人的个体是有限的，人类作为一个物种也终归是要灭亡的。有限的人，却向往着无限的前程，真不如对死亡采取一种积极而豁达的态度！据说，世界上最长寿的法国妇女活到一百几十岁，她在面对记者关于养生之道的问题，回答却是：千万别活那么久！

不仅物种，就是大自然中的万事万物，皆必有终。银河系何其茫茫，每个月中就有一颗星走向死亡。诗人郭沫若所歌颂的"永恒的太阳"，太阳其实也不是永恒的。据天文学家推测，46 亿年前诞生的太阳，将在 50 亿年后耗尽所有能源而走向死亡。不过也不必为此而悲观失望，杞人忧天。天文学家对新发现的星云中彗星形态"结"的研究揭示，这些死去恒星的残存材料，将成为下一代恒星形成的原料。生生死死，死死生生，物质不灭，这是宇宙万物运行的规律。人们对生老病死自不应持消极悲观态度。

张学良在去世前半年，对来访的刘安东（老部下刘澜波之子）一行人说："顶天立地男儿汉，不怕死来不爱钱。丈夫决不受人怜，磊磊光明度余年。"这是 2000 年 5 月 27 日，再过几天就要活到 100 岁的张学良，一字一句地在轮椅上背下他作的诗。"不怕死"，是英雄的写照；"不受人怜"，是自尊自重的态度。这位饱受中国政治传统中"软禁"半生之苦的政治家的咏叹，令人深思。

有了宝贵的只有一次的生命，又知道这最宝贵的生命必然要走向死亡，那就应当站得更高，看得更远，远处着眼，近处着手，在面临的具体时间段和空间域完成自己应该而且尽力完成的具体社会任务。自己的人生存在、尊严和价值，就能一个又一个地具体在自我走过的人生之路上。到了死亡这一天，也不必因为虚度光阴而悔，也不必庸碌无为而恨，必不会面对死亡而恐惧！

三　三论人死观：从微观看人死观

维克多·雨果在《悲惨世界》中说过："望远镜终止的地方，是从显微镜开始的。"

在上一个话题中，我从宏观上谈了人死观问题，也从微观上谈了自杀问题。但只是开了个头，本话题从这个显微镜开始的地方，进一步观察人死观中自杀这个微观世界。

人死于非自然死亡中，自杀在我国呈上升趋势。1995—1999 年间，每年自杀死亡 28.7 万人，占死因中的第五位；而在 15—34 岁人群中，自杀是第一死因，占人群死亡总数 19%。在中国工作了十八年的加拿大人费立鹏认为，自杀并不主要是精神卫生问题，而是一个社会问题。他指出："百分比有时并无价值，一个自杀者，对于他的家人还有亲戚朋友，可能就是全部，就是百分之百。最重要的是关注他们，挽救他们！"因此，他的口号是："自杀，一个都太多（one is many）"。

香港大学教授彭迈克（Michale Bond）对费立鹏的研究，评定为"世界水平"，并提出国家干预建议。2002 年 12 月 3 日，北京心理危机研究与干预中心成立，标志着从研究向干预的转变。农业部农药鉴定所副所长顾宝根从费立鹏的研究成果中延伸到农村，他在干预中心成立大会上说："中国

62％的自杀者服用农药和灭鼠药自杀，而 75％ 服用的毒药来源于家中存放的。"现在政府已采取措施，对农药进行查处，农村的自杀率是城市的 3 倍，这个干预将使许多人免于因自杀而死亡。美国前总统吉米·卡特为美国预防自杀机构订立了有远见的理念："一旦我们有所了解，我们就会关注处理，而我们一旦开始关注和处理，我们就能改变。"美国把每年"9·10"定为"预防自杀日"。

谁愿意自杀？有许多自杀者因一念之差，在决断时已悔之晚矣。文学家柳青在"文革"中夫妇双方为表明自己无罪、不愿再受羞辱，为抗议迫害折磨而要自杀了断。他幸而被救，在后悔此事时说，如果他再写小说，写到那些因蒙冤而寻短见的人物时，就会能更深切地表现其复杂的矛盾心理状态。他用自己的体会，反思死前那种抑郁苦闷，那种焦躁不安，那种痛苦辗转反侧于生死线上的情感，非一般人所能想象。生命是宝贵的，救命是医生真正的梦想，愿费立鹏这句名言为轻生者戒：不要等叫"救命"，而要珍惜生命。既然任何的自杀都是因为缺少爱，那首先就要学会自爱。

如果从精神障碍导致自杀的中西比例看，中国为 63％，而西方为 95％，这就涉及文化背景问题。据费立鹏的意见，与基督教文化相比，现在有证据说，中国人中存在着一种在文化上允许自杀的倾向。但是，在台湾、香港地区的自杀率要比大陆低很多。这从根本上否定了中国文化允许自杀而形成高度自杀率的观点。这中间肯定还有社会、经济与心理原因，有几项指标决定了自杀的目的：解除痛苦、抗争现实、报复他人、威胁他人、减少他人负担、回避责任。其实中国人最爱面子，最怕丢面子，而自杀是最丢面子的事。自杀这种死亡方式的结果是：更大的震惊、悲痛和更强烈的羞耻感与罪疚感，给家人亲朋带来的都是颜面丢失。当然，自杀既是一种社会现象，其原因是复杂而多样的，而且随着时代不同而变化，并且也受交往互动规律所支配。

自杀现象显示了人性中的脆弱面。人类一方面创造了独有的灿烂文明，显示了自身的强大和万物之灵长的地位；另一方面从内在基础上说，这种强大其实是有限度的，甚至是脆弱的。人体体质学和生理医学的研究证明：由于现代化增加了社会生活中的紧张感，致使人类新生疾病和心理病患出现的速率与形式越来越频繁，而且防不胜防和难以治疗。乌尔里希·贝克·安东尼·吉斯登和科斯特·拉什合著的《自反性现代化》(商务印书馆 2001 年中译本)一书中，提出了人类行为的自反性特征，这个有新意的见解，在我看来，实质上反映了生态文明交往的自觉。生态环境与社会环境危机昭示了人类自我身心的不足、不完善和局限性。环境即人境，人类要自觉地对待自然环境，按自然规律和社会环境规律对待环境。人类文明交往的自觉，就在于主动掌握交往互动相促规律，为自我身心与自然之间交往创造和谐环境。人要关心地球整体性生存生活的知、情．意、行的理性和"诗意般栖息"美德，从根本上减少自杀现象。

哲人斯宾诺莎说过，一个自由的人想得最少的莫过于死亡。想得少，还要想。1957 年诺贝尔文学奖得主、法国哲学家加缪在其哲理随笔《西西弗神论》开篇即讲："真正的哲学问题只有一个：自杀。"这话有些绝对，也有其着重点和针对性，这里不必评论其准确性。然而，自杀者确应在自杀念头上升时，作认真的生命价值的哲学思考，以便从自杀问题的教育和心理干预中，医治自己的不文明病症。在文明交往中面临三大主题（人与自然、人与社会和自我身心）中，在对待生命的漠视、对交往的盲目与疏远，又遇到社会经济大变动之际，人们尤其要注意、观察和思考人死观和人生观的关系问题。

四　四论人死观:《Tea of Two》——死亡的无奈

美籍华裔作家白先勇的小说《Tea of Two》，描写了两位染上艾滋病的主人公，相互结伴，结束自己的生命，逃避了病魔的吞噬。这是作家用他的笔，表达了人类对死亡这个自我身心交往问题的无奈解决。

不过，白先勇认为那是一种福气，"没办法，那是人生的必经阶段，保持尊严，那是最大的福气，如果是一个不得已的选择的话"。他这里所谈的选择，包括作者一生的背景、经历和广阔的逻辑思路。他 2003 年已经 66 岁，他说，活到这个年纪，自然想到死亡的问题。这就是人死观问题。

白先勇一方面写小说，一方面写他父亲白崇禧将军的传记。白崇禧将军1966 年在台湾去世。白先勇说，他父亲直到去世前还相信自己的选择。白崇禧用他对国家认同和重感情影响和熏陶儿子，形成了作家儿子独特的个性和风度。白先勇思考问题的逻辑是：①对于家国，文化意义超过政治意义，政党、政府、政治，都是短暂来去的过客，应当从整个大中华几千年的文化看问题；②对于文化，从人类的局限性出发，用宗教情怀（佛教的大慈大悲、基督教的博爱）的超现实的"大爱"去看问题。他认为，文学的最高境界是最能感动他的这种"大爱"。"大爱"是他人死观的核心部分。

他说："人类不能解决人类的好多问题，包括死亡问题。""可能有一种更高的存在，可能在作最后的判决。"这是他的泛宗教的死亡观，而不是特定的宗教。

死亡问题说复杂也复杂，说简单也简单。其实，死亡是生命的自然过程。生命每一天都在变化。对生命缺乏自觉认识的人，不再关心生命河流的流程和流速，因而不知道生命多么可爱和可贵。父母给我们的生命，不是一片不落的帆，不是一盏不灭的灯。生命天天在流逝。怎样使生命在流逝中过得有意义，这是面对川流不息的生命之河所应当随时考虑并予以回答的问题。人类文明交往经常是与自我身心的交往，文明自觉就表现于人生观和人死观问题上。对待这两个相互统一的人生观和人死观问题，有四种不同的态度：聪明的、明白的、一般的和糊涂的。前两种是先知先觉的，第三种是不知不觉的，第四种是错觉的。前两种是自觉的，后两种是不自觉的。生命因对工作、对时代、对祖国、对人类文明的热爱而充满意义。这也与关注自我身心健康、关注人的生死是一致的。

人生观和人死观是人类自我身心交往的统一体，它流淌于人的生命江河之中。如果把二者对立起来，自然就把生命的正常流程打断，使之在实践中丧失热情与信心，又失去了美好和诗意，从而脱离了民族、社会和时代。思考人死观，是一个积极的、自觉的、面对现实的和有意义的文明自觉课题。

五　五论人死观：德里达面对死亡的文明自觉

在《悠得斋笔记》和《松榆斋百记》中，我曾四次讨论人死观问题（见前四题）。2004年10月8日，法国当代哲学家德里达因前列腺癌逝世。这位74岁的老人在去世前一个多月（8月19日）对《世界报》记者发表了关于死亡的谈话。这篇报道，促使我第五次讨论人死观问题。

德里达过去曾讲过这样的话："研究哲学，就是学会死亡。"然而，在他死前对《世界报》的谈话中，却从"生命，就是幸存"就生命问题大加发挥：

"我永远对幸存这个题目感兴趣，幸存并不为生活和死亡补充意义。它是原始的：生命就是幸存。幸存的表面意义是继续活着，但也是死后活着……它既不源于生活，也不源于死亡。"

老人去世前已知绝症威胁，这凸显了他的幸存和延续生命的忧伤情绪。

他说:"越来越经常想的是,由于与我相关的思想家大多已经死亡,人们把我当做幸存者:一代人的最后代表。"他指的是萨特、罗兰·巴特、福斯、布尔迪厄等哲学家。

从更广义的背景看,有人就认为德里达是犹太人,因而会有上年纪犹太人那种认同,即活下来多多少少都是那个时代的幸存者。从普遍意义看,"活着就是幸存"这句话,具有更深刻的含义。人的一生,谁没有某种幸存的经历?只是有程度和次数的差别,有意识到和没意识到的差别。德里达所谈的是思想的幸存问题,是比肉体幸存更重要的思想生命的人死观问题。这一点触及人的根本问题,是思想的传承问题。

他在回答《世界报》的谈话中说:"我留下的踪迹对我同时意味着看我的死亡——将来临的或已经变成的——和能够在我之后存在的希望。"他提到科技文化时代,幸存问题从此将采取不可预料的形式。柏拉图的著作可以存在 25 个世纪,而今天,各种资料的模式、磨损或破坏的加速,读他的书的人,"可能在世界上只有几十个","我死后十五天或一个月,什么都不会留下,除了在图书馆的正规收藏。"

临死之前,自然想到了死后的"幸存"。这比一般人死观中的临终关怀更进了一层,比尊严的死更深了一层。德里达作为哲学家,他下面的两段有深度的话是意味深长的:

"幸存,这是生活之外的生活,比生活更生活,而我的话相反不是致命的,而是对宁愿要生活的一个生者的肯定,即死后的幸存。因为,幸存,这不仅仅是留下的东西,这是最可能激烈的生活。我从来没有在幸福和快乐的时刻,这样被死亡的必然性所缠绕。"

"享受和哭泣面临的死亡,对我说来是同一件事情。当我回忆起我的一生,我倾向于认为,我曾经有、甚至热爱我生活中的不幸时刻的机遇,并赞美这些时刻。当我回忆那些幸福时刻,我也赞美他们,当然也同时促进我想到死亡,走向死亡,因为这已过去、结束。"

哲学家死亡前思考"幸存"问题,皇帝死亡前想什么? 16 世纪,神圣罗马帝国皇帝查理五世死前做的事是很独特的。他对帝国的荣耀产生了厌倦和幻灭,怀着庄严激愤的心情退位,到一座道院去隐居,直到死去。但他对葬礼感兴趣,不但参加修道院举行的所有葬礼,而且在妻子的忌日为去世多年的妻子重办丧礼,甚至预先为自己举办丧礼。葬礼那天,教堂四壁挂满黑幔,教堂中央的棺材蒙着黑面,教友和皇族尽着丧服。在修道士的哀悼声中,人们举行祷告,祝福脱离躯体的灵魂升入天堂。查理本人也身穿黑衣,走在丧礼参加者的行列中。他将燃烛递给教士，表示将自己的灵魂交给了万能的上帝。这次假葬礼后不到两个月，查理就死了，神圣罗马帝国短暂的光辉，也随他的死亡而衰落。

哲学家死亡前思考"幸存"问题，皇帝死亡前为自己举办葬礼，其实人人在死前都有自己的想法。美国作家劳伦斯·布洛克在1982年写了本《八百种死法》一书，说的是当时纽约有800万人左右，就有800种死法。他通过卡德侦探每日从报纸的社会版和戒酒令会友那里，知道了纽约各种令人震惊的死亡事件，证明了纽约是"最佳犯罪城市"。

哲学家死亡前思考"幸存"问题，这是一种文明自觉。面对死亡，有各种各样看法，即使哲学家也千差万别。我记得有位哲人就曾经说过："在你生命的最后，你才会发现，令你后悔的，不是做了什么，而是你没有做什么。""你可以不这样做吗？"曾经是"幸存者"取舍和选择主动权的关键。中国当代文学家刘绍棠有句名言："莫因逆境生悲戚，且把从前当死看。"这句名言和他另一句"活着是为干活"合成了人生观和人死观的两个侧面。最令人回忆的是樊云芳，这位首届范长江新闻奖得主，在47岁正值英年之时，癌细胞向她发出黑色挑战，使她命悬生死之间。她面对死亡，"深深留恋眼前的每一片落叶，每一丝清风"。她和死神对话十多年，她的生命之歌中，有痛苦的挣扎，有对生命的尊重，有亲情、友情、信心和责任。珍惜现在，拥有事业而不要忽略家，不要等到失去它们的时候再后悔，这就是她的最为珍贵的死亡体验。她写道："不管是生还是死，都要勇敢地、平静地去面对——这就是那场灾难教会我的。"这就是同哲学家一样的、一个年轻文学家的文明自觉。

我常想，临死之前，才想到死亡，是人类不肯接受死亡的表现。有一个伟人在经历了无数战争之后，说自己是"幸存者"，并且还说过，死亡是辩证法的胜利。这应该是自觉的人死观。

遗憾的是，他的理论是脱离实际的。一个同意关于遗体火化集体决定的人，临死前却不肯留下实践诺言的只字片语，可见他的死亡观实际上是不自觉的。

六　六论人死观：再谈德里达及其他

德里达，这位法国结构主义大师同德国法兰克福派巨匠哈贝马斯合著了关于恐怖主义问题的著作《9·11概念》。这是德里达最后一本书，他谈的是泛义上的死亡。

德里达在人生到人死问题有一个对"从尘土到尘土意味着什么"的回答，即"是生命"！他认为生命是美好的，那是从尘土到尘土之间，是从生到死之间。"之间"，是文明交往的重要概念，交往过程离不开"之间"，人与自身的心灵交往也在"之间"——生死之间。

从德里达我想到蔡元培。蔡元培有两段相互联系的人死问题的话，是对人死观的哲学反思：①"人不能有生而无死。现实之幸福，临死而消来。人而仅仅以临死消灭之幸福为鹄的，则所谓人生者有何等价值乎？"他认为现象世界的价值短暂，而实体世界是以超脱为主要特征的美感教育。因此，在②中又说："人既脱落一切现象世界相对之感情，而为浑然之美感，则即为造物者为友，而已接触于实体世界之观念矣。"他关于美育的思想是一种超脱生死的最终价值观，是一种"择东西方之精华而取之"的生死观，把康德和孔子的思想融合在其中。美比之真、善更有了新的含意。当人把死亡作为现实和事实接受的时候，文明程度在认识自我方面才算进了一步。实际上人一生下来，每分每秒都有一些东西离我们而去，在死亡之路上每时每刻也在步步逼近，这是不可避免的。倒是哲学家苏格拉底想得开："死亡要么就是一场没有梦的睡眠——那显然也好；要么就是灵魂移居到另一个世界。"人生如梦，死后天堂，都是不明白死亡和生命的意义。真正认识到性命在某一时刻分秒结束的时候，什么都可以区分得清清楚楚。但是为时已晚了，人死观迟到了。

生死是一切有生命之物所必须经历的过程。赵朴初这位至性如佛的学者，最后告别人生的诗特别值得品味："死固欣然，死亦无憾。花落还开，水流不断。我今何有，谁与安息？明月秋风，不劳寻觅。"这真是一位佛学大师用诗意的美表达对人死观的彻底感悟。尽管生命都有求生的愿望，但所有生命注定要死亡。大自然造化着生命，大自然也要求一切生命生生死死。蒙昧的生命渴求长生不老，而求永生者只能是生命的荒唐和生命的灾难。从人的生生死死中，有一条互动互制的文明交往规律在起作用。万物的生生灭灭，都是互动所致，唯有文明自觉，才会产生主动积极的态度。我想再重复荀子的话："生，人之始也；死，人之终也。终始俱善，人道毕矣。"（《荀子·礼论》）这种对生死观的达观态度，把人生观和人死观俱善的人道看透，是中国古哲人的闪光见解，是明人心智的生死观。

七 七论人死观:傅伟勋的生死哲学

生命为何？死亡又为何？这是人生的终极问题。

傅伟勋在他的《死亡的尊严与生命的尊严》（北京大学出版社 2006 年版）中是这样回答的：

"我们每一个人生下来即是'向死的存在'，则高龄化乃至死亡过程就不是根本问题，生死（乃是一体两面的）问题才是根本问题。"

"现代人天天讲求所谓的'生活品质'，却常忘记'生活品质'必须包含'死亡（的尊严）品质'在内，或者不如说，'生活品质'与'死亡品质'是一体两面、不可分离的。于此，高龄化到死亡的过程，深一层地说，即不外是训练每一个人培养'生命的尊严'与'死亡的尊严'双重实存的态度的最后阶段。"

在这里，傅伟勋把人的高（老）龄化过程化为人类精神文明中自我心灵的深化过程，把死亡哲学的问题化为生命哲学的问题。

他的《死亡的尊严与生命的尊严》1993 年在台湾出版，副标题是：《从临终精神医学到现代生死学》。这本书是他患淋巴腺癌、经历两次手术、50多次电疗，在身体尚未恢复情况下，用 3 个月时间写成的。可以说，既是濒死的体验，又是生命的礼赞。这是一部智者觉悟之书，靠学识、又靠生命来探讨"智慧之道"、深入"解悟之境"，从而进入解惑生死立对的自觉。这与他从事的专业——美国宾夕法尼亚天普大学宗教研究和教授生死学课程的思考有关。为博士班讲课，使他对生死的看法，由知识、学问的境界上升为智慧、体认合一的实践理性自觉境界。他在建设一个新学科——"临终精神医学与精神治疗学"。新兴学的生命力在于它的跨学科性和实践性。他有多年教学经验的深厚基础，他把死亡学与精神医学、心理学、医药伦理学、宗教学、哲学等学科综合研究，成为广义的死亡学。它考察的对象，为濒死患者的正负面精神状态，尤其是对负面精神状态进行综合（心理、宗教、文学、音乐、艺术等）而有实效的临终精神治疗，使患者自然安宁接受死亡，保持死亡的尊严。

读此书使我感到人自身心灵问题到临死时最为突出。面临死亡如何迎接死亡挑战？如何面对精神自我、情感自我的死亡恐惧？如何保持自身的独特性、尊严性？如何从容不迫地维持人的生命尊严到最后？当然，这不能等待临死时才想这些问题。死亡是人类一个永恒问题。自古以来世界各种宗教、文学、史学、哲学、医学探讨不休。当代科技医疗进步，老龄化社会出现使今人比古人更感到孤独无依而出现了多样性结局。自杀增多，安乐死呼声高涨①，人的主体价值观通过生死观强烈表现出来。人类寿命的延长，在某种程度上，与其说增加了生活的欢乐，也毋宁说延长了死亡的负面心理纠葛。在当今社会生活中，退离休老人群（准老人、弱老人、绝症老人、健康老人）的日常生活精神安顿，成为人类文明发展的大问题。这是同人与自然、人与社会相关的人类自身心灵的大问题，当然是人类文明交往的大问题。人要与自我交往，而且在死亡问题上与自己心灵交往。生、老、病、死，一齐涌来。现代工业社会、信息化社会处理死亡的机械化及非人性化的方式，使人们在生命最后关头非常恐惧不安。这里不仅关系到社会、法律、道德、伦理方面的一系列问题，特别是涉及人的精神信息、与修养的内心世界问题。扩而大之，体认生命的意义，应对死亡的挑战，关系文明社会的进展。人们在认识自身内心交往中，多么需要培养和积累生活经验和知识，多么需要体味、证悟、彻悟死亡，从而提升文明交往的自觉啊！

附：

生与死的三部曲

《学问的生命与生命的学问》、《道元》和《死亡的尊严与生命的尊严》是傅伟勋关于生命与死亡问题的三部曲。

1993 年的第一曲有两重奏：东学和西学皆"生命的学问"："生命的学问"的生命，需从"死亡学"角度和高度理解。

1996 年的第二曲，是以"禅学"为体而着重强调"宗教体验"与"生命历程"关系的书。

2006 年第三曲是一曲多重奏：患淋巴腺癌后"面临大难，所以更珍惜余生"，践行"人生是一种课题任务甚至使命"（傅朗克《医生与灵魂》中语）；宣布自己面临死亡情况下，显示出"死亡尊严"的"本己性"或"此

---

① 比利时名作家雨果·克劳斯因患老年性痴呆症多年，于 2008 年 3 月 19 日以安乐死方式结束自己生命，终年 78 岁。他生前著有百余部小说、诗歌和剧本，且多次名列诺贝尔文学奖候选人。代表作为《比利时人的悲伤》，写第二次世界大战中比利时人与纳粹合作的故事。但文学成就并未引起人们普遍关注，"安乐死"这种结束自己生命的方式却成为议论的主题。

在性"，是一种"向死而在"生存体验和状态下的"尊严"呼声；死亡的本体论的"终极关怀"和"心性体认"，从终极和心性层面思考、阐述死亡的深沉一曲。

三部曲终唱：不能从自然事件层面、不能从一般情况下看待死亡，因为这是终极层面的问题。古希腊名医希波克拉底说："最好的医生是你自己。"哲学家海德格尔说："死亡是最本己的可能性。""我是谁"是哲学中人生问题的一个至为根本的问题，其实是世界宗教和现代死亡学的大课题。人们的任务就是要"看透"、"穿透"种种"遮蔽"而深入"终极关怀"和"心性体认"的深层次中去！文明的自觉深入到精神寄托，在人的自身心灵上有和谐文明之根本！

三部曲是贯穿着的一个整体。"这种整体现和科学活动的任何一个大小环节都当做人类探索其自身的活动。"（[法] 弗朗克·阿瓦莱—佩列雷：《纯洁性的欲望到统一性的要求》，见陆象淦：《男人的气味》，社会科学文献出版社 2006 年版，第 302 页）人类自身的和谐问题，在面临死亡的学者中，大多考虑的是文明自觉的整体观。

八　八论人死观：保尔·利科关注人生

当代法国哲学家保尔·利科（Paul Ricoeur）死于 2005 年 5 月 25 日。据法国媒体说，他是在睡梦中自然死亡于巴黎家中，终年 92 岁。他的代表作《活生生的隐喻》、《时间与记述》。前者出版于 1975 年，后者出版于 1985 年，二者相距十年之久。

保尔·利科 1999 年曾来北京讲学，他当时是这样谈他的生死观的：

"我在生死观上的看法要比海德格尔的范围和视域广阔得多。""我最重视的'能够是'（成为），它要大大超过'死而生'，因为我们对'死'是一无所知的，是通过他者，即死者的家属的悲伤而获得的，而对我们而言，死就意味着终结。因此，我更关心的是'生'，是与他们的一起的'生'。我所关注的是'公正'的东西，这是超越人生的。我希望与'他人'一起生。海德格尔没有谈到'生'，在这一点上，我与海德格尔不同，我一直希望'生'，对'生'的关注要超过对'死'的关注。"（《哲学动态》1999 年第 11 期）

从这段自白词中看，当时 86 岁的保尔·利科虽不属讳言"死"的老人

行列中人，他更多关注的是"生"，而且同他人一起"生"。他是清醒中
"生"，睡中"死"，是一位自觉的哲学人。这与他的人生经历有关，也与他
深广的学术视野有关。他个人曲折的战争和政治纠葛，使他跨越了法、德、
美三国的哲学背景。正如法国总统希拉克在利科逝世时所说，利科以广度和
深刻，"将会继续让那些寻求理解我们时代的人得到思考"。

在生死观问题上，同样可以让人们继续思考，从而理解已过去的 20 世
纪。"生"是什么？"死"是什么？众说纷纭，人要认识自身，达到自知之
明，真不容易。在这里，我想起了印度诗人泰戈尔的生死观的名句："生如
夏花般的绚烂，死若秋叶般的静美。"他把"生"和"死"用诗化的语言表
达出来，这种形象性比喻，印证了孔子的"不学诗无以言"和"兴观群怨"
价值，也反映了亚里士多德关于诗是按照"可然律或必然律"来描述事实上
比历史更真实的论断。哲学家也有如柏拉图为了"正义"与"德行"试图将
诗人逐出"理想国"，但仍然承认他"自幼就和诗发生了爱情"。智慧，真、
善、美，在文、史、哲的人文领域中多么错综复杂、千姿百态和因人、因
时、因地而异啊！

九　九论人死观：理查德·罗蒂的死亡哲学

美国哲学家理查德·罗蒂在《偶然、反讽与团结》一书中，提出整个文
化要诗化，而不是理性化或者科学化，并使本书诗化。

他写道，从古希腊开始，哲学家或形而上学家们就开始推崇理性和感
觉、单一和杂多、一般和个别、本质和现象、部分和整体、静和动、必然和
偶然、永恒和短暂、彼岸和此岸等成对范畴中前面的那一个。然而全面反对
形而上学的反讽主义者，首先是他自己，倒认为应该接受后一个，并说，追
求前一个没有必要而且白费力气。

他把形而上学家和反讽主义者的区别集中在：前者认为人的道德性就在
于人有理性、信仰上帝或掌握了真理；后者认为，人面对非人的东西，不再
有能力通过获取和转化来超过偶然和苦楚，在面对世界时，人类所能期望的
唯一力量是承认偶然和苦楚。

结论：形而上学家担心在死神来临时是否已超越了动物性；而反讽主义
者担心的是他是不是一只具有独特性的濒死动物。

议论：人们通常是后知后觉的，多年前不晓人和事的意义，多少年后才

恍然明白有些事非偶然，有些事为偶然，这中间各对范畴中，原来是辩证的。死亡之事，亦如此。

死亡哲学研究多半和个人生活经历有关。有些经历是和政治环境有关。段德智及其《死亡哲学》就是同他的生命体验直接相关。1972 年 11 月 18 日，他被人揭发与武汉地区的"5·16"反革命组织有关系而被审查。这在当时是一件大事，许多人在被审查时丢了性命，有些人为了自保而乱咬人。他没有这样，但是"一个人倘若被无缘无故地剥夺政治权利和自由，这种人生经历必定是刻骨铭心的。"他由是关注和思考生和死、人和人的主体性，一生学术基点由此产生。《死亡哲学》一书由此产生。他出于对"以阶级斗争为纲"这一政治路线的愤懑和厌恶而步入欧洲近代唯理论和经验论的研究。

十　十论人死观：钢铁炼成的生命哲言

台湾《新史学》2001 年 12 月发表的《苏联保尔·柯察金到中国》一文主要是研究中国与苏联文化交往中的社会文化与政治文化交织的历史现象。该文详细考察了这个文化产生的多元化参与过程，解读官方与民间对苏联作家奥斯特洛夫斯基《钢铁是怎样炼成的》中"保尔·柯察金精神"。该文有两点值得注意：①在 50 世纪 50 年代初的中苏文化交往中，受保尔·柯察金精神影响的交往特点，是精英与大众虽有异同但共同扮演着主角；②《钢铁是怎样炼成的》一书，"平心而论，若除掉意识形态"，"还是一本能鼓舞人在逆境中不要放弃希望、勇敢而对命运挑战的好书"（第 70 页）。该文在保尔·柯察金精神影响和帮助许多人"渡过人生难关"的例证中，引用了我在 1953 年发表于《中国青年》杂志第 21 期的文章：《苏联文艺作品鼓舞我战胜了疾病》。

读此文后，引起了我对半个世纪以前自己青年时代的遐思。当时我是西北大学历史系三年级学生，参与了这场文化交往。这是场人类本性、良知的交往，是人怎样对待生命、对待人生、对待困难的自身心灵的交往。当时患肺结核的我，几乎是崩溃了。因为这种病当时是难治之病，恐肺结核病犹如今日之恐癌病。在此病查出后，我被隔离在一个专门病区，没有特效药，外出要戴上口罩，人人见了都避而远之，心情压抑到了极点。幸好我从小爱好读文学书籍，尤其是爱读小说的习惯帮了忙。在如饥似渴地读文艺书籍的情况下，接触了大量的欧美，特别是苏联小说，其中最有影响的是《钢铁是怎样炼成的》。它的主人公——保尔·柯察金一段哲理名言和他的英雄经历合为一体，那就是影响了新中国同代青年的钢铁般的精神力量：

"人类最宝贵的是生命。生命对每个人只有一次。人的一生应当这样度过：当回忆往事的时候，他不会因为虚度年华而痛悔，也不会因为碌碌无为而羞愧；在临死的时候，他能够说：'我的整个生命和全部精力，都已献给了世界上最壮丽的事业——为人类的解放而斗争。'"（人民文学出版社中译本1952年第1版；1995年第5版，2001年第8次印刷，第278页）

奥斯特洛夫斯基在《钢铁是怎样炼成的》这本小说中，借主人公（其实就是以他为原型）保尔·柯察金的口所讲的这段哲理名言，闪烁着人类文明交往中"自知之明"的光辉，洋溢着积极的、向上的、坚定的、长远的生命哲学精神。尤其是生死观上，他是从倒看人生、从临终看进程，濒死看人生。这段话概括得很精炼、很深刻，发人猛省，也成为耐人常思的座右铭。我从中受益匪浅。我的文章在《中国青年》杂志发表后，收到全国各地许多来信，交了不少朋友，特别是病友们在交流思想方面，找到了生活的目标和动力，获得了战胜疾病和困难的力量。我告诉他们，健康的文学是有人生观价值的，它是治疗心灵的滋养精神补品，其作用往往超过了物质力量，至少可以和药物有同样的疗效。它通过形象思维的表达，通过美的风格，其中提炼的哲学语言，思想含量很高，能给人长久难忘的记忆。近几年，对悲观、厌世、精神抑郁的青年，我经常劝他多读文学名著，以端正心态。高学历者自杀人群上升，年轻生命因心理问题而给人生画句号。不妨在人生观上找原因，在心理学上补文学的精神食品。这些年，我在欢送退休人会议上，常常听到许多老人不约而同地提起保尔·柯察金这段名言，用一生经历谈实践它的难和易、苦和甜、满足和遗憾。我至今认为，奥斯特洛夫斯基的《钢铁是怎样炼成的》虽然算不上一流的文艺小说，然而它炼成的这段富有哲理性的钢铁语言，在很长时间令许多人难以忘怀，这对一部小说来说就足够了。

奥斯特洛夫斯基在《钢铁是怎样炼成的》中所炼成的保尔精神，是正确对待生命、对待生和死的精神。它一直影响到我的现在。在古稀之年的我，有许多不足之处、不满意之处，但没有在晚年吃"后悔药"，对这"只有一次宝贵的生命"没有白过。虽不能说对人类解放有何贡献，总还在常常意识到这种精神的鼓舞，做了对人类有益的事。直到2004年在写《松榆斋百记：人类文明交往散论》第八《人死观补议》的结语时，还再次提到了这种精神与文明自觉的关系："生生死死，死死生生，这是宇宙万物运行的规律。人们对生死自不应持悲观消极的态度。有了宝贵得只有一次的生命，又知道这宝贵的生命必然要走向死亡，那就应当站得更高，看得更远，远处着眼，近处着手，在面临的具体时间段完成自己应该尽力完成的具体任务。自己的人生价值就一个又一个地具体体现在自我走过的人生之路上。到了死亡这一天，必不会因为虚度光阴而悔，必不会因为庸碌无为而恨，必不会面对死亡而恐惧!"字里行间，都有保尔·柯察金的钢铁生命誓言的精神在!

十一　十一论人死观:《钢铁炼成的生命哲言》续

写完《十论人死观·钢铁炼成的生命哲言》后，想起了高学历自杀人群呈明显上升趋势问题。

例一：广西大学动物科技学院身患癌症的女硕士生何国英，她来自贫困山区，在生命最后时刻，坐在轮椅上，一边吸氧气，一边进行毕业论文答辩，颇有保尔·柯察金精神。34 天后，她无悔地离开人世，无愧地完成了人生谢幕，用实际行动回答了如何珍惜生命价值的问题。

例二：中国科学院化学研究所硕士生王伟，因被怀疑剽窃他人文章，研究生院将其开除，遂跳楼自杀而未遂。他自称，痛感学业失败，一时冲动，便起轻生念头。跳楼骨折后情绪低落，不配合治疗，轻生念头仍然存在。

例三：中国科学院上海某所年仅 26 岁的博士生孟懿跳楼自杀身亡。死后其父孟范武要求报社公布孟懿的遗书，理由是："孩子已经'自私'地走了，我将遗书公开，目的有二：一是警告后人珍惜生命，对社会负责；二是大学生自杀悲剧时有发生，希望各高校从孟懿的身上吸取教训，提高应对能力。"

人生观与生命观紧密相关。例一与例二适成对待人生和生命的鲜明对比。例三事件的合理解释是学术研究压力过大。高学历者自杀现象背后也要具体分析，不要简单归之于"精神脆弱"、"心理问题"。但心理导向和问题却值得注意，良好的素质和健康的心态，对高学历人群更为需要。他们是高层次人才，国家、家庭、个人都付出很多代价，他们也担负着未来社会建设的重任。知识高不一定心理素质都高，不一定道德都高，不一定应对各种挫折的能力都强。保尔·柯察金的"钢铁炼成的生命哲言"，对这个人群同样有用。

对青年进行珍惜生命和正确的人生观教育宜具体化。其中有一条，便是把这种教育同青年的价值观和生命的期望值结合在一起。这种教育有两方面矛盾：追求完美卓越和认识有限缺憾。现实的常态是：人生没有尽善尽美，所实现的东西是有限的；人生有顺利如意之时，也有忧伤失意之日。有的青年在轻生的时候，唱着"我是一只小鸟，怎么也飞不高"，或悲叹自己是"一棵小草，怎么也长不大"的时候，应当在不完美、不卓越中寻找内心的欢乐。也许他应当换一支歌曲，唱着"我就是一只小鸟，其实许多人也是小鸟"和"我是一棵小草，其实许多人也是小草。"如果这样扎实坦荡地直面人生，那将使走向极端的人回头是岸。

钢铁是坚强的，不过它是锻炼才成为坚强的。人们常叹惜自杀者脆弱，怎么一遇见挫折困难总是退却，他们到底缺少什么？从教育者来说，北京特级教师李烈在《给生命涂上爱的底色》一文中道出教育的真谛：诠释生命的"以爱育爱"。其实，受教育者何尝不是自我的"以爱育爱"呢？青年需要爱的知识、爱的智慧、爱的能力，使之对自己生命有平衡而冷静的认识，使理性常驻于生活之中，为爱而避免于不幸。把教育和爱的本质结合起来，锻炼成坚强的钢铁意志的年轻人，在挑战中成长。

附言：《钢铁是怎样炼成的》的影响，从 2002 年日本文艺春秋出版社出版的阴山英男的一本书名也可见一斑：那本书叫《天才是怎样炼成的》。作者是位乡村公立小学校长，反对日本近年来时兴的所谓轻松教育潮流，而坚持重视基础教育，采用"读写算"等传统方法。他最大的心愿是："让孩子们在毕业后若干年后回忆起在学校的生活时至少要有个美好的瞬间。"

天才是炼成的？这个熔炉在哪里？在教育的理性关怀和精神价值，核心是正确的价值观和健全的人格而不应停留在物质和工具层面。教育给人们思想和意识深处留下的烙印不同，使受教育者在生活中的各个侧面就会有很大差异。保尔·柯察金精神是在教育精神熔炉中造成的。

十二　十二论人死观：道家的生命生态论

生命哲学本是人的生命精神。人的生命本原、本质、修养、价值等问题，历来是人类文明交往中人的自身内心问题的核心。中国道家在生命特质与生命精神方面的文化资源，相当深厚。

人民出版社 2005 年出版了李霞的《生死智慧——道家生命观研究》，从四层分析中概括道家生命观的特点。这四层是：①老庄道家生命观的主题——生命与自然；②黄老道家生命观的主题——生命与社会；③向玄学过渡的道教生命观的主题——个体养生；④玄学新道学的生命观——生命与自由。在此基础上，他概括了道家生命观的特征：①生命本位；②自然关怀；③超越意向。值得注意的是，该书围绕"生命"问题对道家的思想价值的八项观点：①"道"是生命产生的终极根源，"德"是生命存在的现实依据，因此"道生德成"是生命的本源；②"阴阳气化"是生命的机制；"形神相依"是生命的结构；③"生死更替"是生命的过程；④"贵人重生"是生命的价值；⑤"自然朴真"是生命的本质；⑥"无为生存"是生命的存在；⑦"形神兼养"是生命的修养；⑧"身心超越"是生命的境界。对道家生命观分析之细，使人对生死智慧的开掘，发人深思。

　　人类文明交往的三大主题之中，人与自然、人与社会和人与自身，相互联系而又集中于人这个整体之中。李霞对道家生死智慧的研究，对人类文明交往中的生态文明发展，也有启迪意义。日本学者薮内清在《中国·科学·文明》一书中指出："在世界上，与中国同样建立了古老文明的地域有埃及、中东、印度河流域等，然而无论哪一种文明，都早在两千年前就灭亡了。没有一个像中国那样，使同一民族及其文明保持到今天。中国文明的产生可以说是世界奇迹。"这中间就有中华文明组成部分的道家。道家的代表作《老子》的英译本据日本学者加岛祥造考证，超过了孔子的《论语》和佛典，仅次于《圣经》，而且大多数是"二战"以后译成英文的。在中西文明交往中，道家的和平思想，适应了"二战"之后人们对和谐国际社会的向往和对生命的珍惜，因而具有人类文明的经典价值。道家文明源于中国母系氏族公社时期，而且带有女性崇拜特征的原始宗教文明。史学是综合性极强的学科，它具有跨学科的品格。史学这个特质对道家影响颇大，作为道家创始人老子的史官因素，在研究生命观时，表现了博学思想家的特征。老子的生命观把上古神话、原始宗教中的生命崇拜、古代经典中的生命意志和生命关怀从深层思维上紧紧连在一起，并使之在生态文明、生态智慧上理论化了。

　　李霞对道家生命特征的概括，也来源于对道儒两家生命观的比较。这是有意义的工作。儒家文化是夏、商、周，特别是西周原始宗教革命后形成的父权家长制文明，其中也包括生态文明。儒道两家的元典是人类文明交往三大主题以汉字（全世界唯一遗存下来的古代象形文字）记载下来的古代典籍，其中蕴藏的文明资源十分丰富。道儒两家的文化互动交往，后来还有佛教文化，组成中华传统文明的主旋律。

　　"天地之大德曰生"，《易经》这一句话既通向孔子的"仁"，也通向老子的"慈"。这种共能性在于人的奉天地化育的思想。人生最大的目的是广泛化育万物，用生生不息来延续文明。生是死的克星。

　　庄子的人死观是："死生，命也，其有夜旦之常，天也。人之有所不得与，皆物之情也。"（《庄子·大宗师》）他把"人之生"，看作是"气之聚"；把"人之死"，看作"气之散"，气散"则为死"（《庄子·知北游》）。他又说："方生方死，方死方生"（《庄子·齐物论》），认为是死生一体。庄子的人死观传至西晋哲学家郭象，有了一个大变化。郭象把向秀所注的《庄子》，"述而广之"，作《庄子注》，提出"独化于玄冥之境"的"死生出入，皆欻然自尔"的"独化说"；又提出"与变为体，故死生若一"的"玄同生死"说。郭象用"智解"与"慧辨"的理论，取代了庄子以"心"解脱的悲感人死观，强调人的主体，顺潮流以言生死，是人的自我意识的觉醒。这种觉醒，是魏晋时期中视生命如草芥人的生命自由问题的觉醒，有保命苟且的无奈，因而没有达到真正生存发展的文明自觉程度。

十三　十三论人死观：自尽的遗传基因

　　据说美国作家海明威是患抑郁症而自尽的。的确，有许多人的自尽与抑郁症有关。但抑郁症有遗传吗？

　　海明威的孙女玛丽尔·海明威在《海明威的魔咒》一文中，认为：我无法改变基因，但可以用一套全新的生活方式走向身心健康、事有所成之路。

　　她说："我的爷爷是一位作家，他于1954年获得诺贝尔文学奖，代表作是《老人与海》，他的名字就是欧内斯特·海明威。爷爷为家族带来了无上的荣耀，然而几十年来，病魔却也一直缠绕着他的家族。爷爷在我出生前几个月因病抑郁自杀，而他的父亲早在他年轻时也是因为抑郁症而自尽。他的妹妹、弟弟、我的一个叔叔、两个姐姐后来又相继因酗酒、吸毒、抑郁症或其他怪病而自杀或暴毙。人们都说海明威家族被诅咒了，所有家庭成员都将不得善终。"

　　为了改变父母酗酒成瘾、滥用药物、自暴自弃和发疯的家庭环境，玛丽尔16岁离开故乡到好莱坞当演员，并且改变了饮食结构和生活方式：戒酒、戒咖啡、吃最天然食物、每天做瑜伽和冥想沉思。一人身心健康，全家其乐融融。后来她在电影界大获成功，获得奥斯卡最佳女配角提名，还登上《人物》杂志封面。她写了几本身心健康的书，开办自己的瑜伽健康房，筹划去巴黎执导海明威的小说《流动的乡宴》拍成电影。

她兴奋地说："我终于打败了海明威家族的诅咒！"她用自己的实践，证明了海明威的铮铮铁言："一个人并不是生来要被打败的，你尽可以把他消灭，可是打不败他！"

海明威自杀于 1961 年 7 月 2 日，离他 63 岁的生日只有几天。他死前没有留下只言片语给妻子玛丽解释为什么要这样做。2002 年 1 月 13 日，海明威的小说《老人与海》的主人公原型——富恩特斯去世，享年 104 岁。第二天，世界上许多网站都出现了问卷：为何一个拥有一切的人选择了死亡，而一个一无所有的人却选择了活着？当近 20 万条答案在国际互联网上被人点击时，这位渔夫的儿子公布了据说是海明威去世前一天给他父亲的信，其中有这样的话：人生最大的满足不是对自己地位、收入、爱情、婚姻、家庭生活的满足，而是对自己的满足。

海明威，这位诺贝尔文学奖得主的抑郁症已由她女儿陈述，也为他的妻子事后所猜测。1928 年，他的父亲用猎枪自杀后，给他的心中留下了难以抹去的阴影。他在 20 世纪 30 年代作的自传中写道："自杀，就像运动一样，是对紧张而艰苦的写作生活的一种逃避。"他承认自己内心深处埋葬的矛盾与痛苦：充满了渴望自杀与极力抵挡这种想法之间的冲突。他有时幻想着富于诗意的自杀方式①：从夜航的轮船上纵身跳入大海，或是直接把枪筒伸进嘴巴。在清醒时，又企图甩掉这些消极的影子。这种抑郁症的煎熬，缠绕着这位作家几十年。加上他 60 岁之后，体弱多病（失眠、视力模糊、脑震荡的后遗症、糖尿病、高血压、皮肤病、铁质代谢紊乱症、阳痿），尤其是健忘，写作力下降。早在出事前几星期，他给自己提出了一个问题："人生什么最宝贵？"他回答说："身体健康、好好工作，与朋友一起聚餐畅饮，美美地睡觉，这一切都离我而去。"这些话和他给富恩特斯信中的话对照，可以理解他的矛盾心态。这位从来都是站着写作的作者，终于在抑郁症爆发之后倒下去，以致在他的墓碑上刻下了"恕我不能站起来"的双关妙语。

自杀者有的是患抑郁症，但不限于此一点，其原因是复杂的。生理原因有遗传基因，这种基因不是不可以控制的。社会原因是基本的，在许多情况

---

① 公元前 30 年埃及艳后克丽奥佩特拉意识到自己末日来临时，在亚历山大城内四处搜集各种毒药，研究哪种自杀方式能保持体面外表而又无痛苦死去，甚至在死刑犯身上试验。她终于发现毒蛇咬死不会产生呻吟或惊厥，只能使人在昏睡中平静死去，她终于选择了这种死法。

下，社会原因会刺激生理原因，加剧生理原因互动合力在这里起作用。在特殊情况下，自杀或有自杀念头的人群，会成为社会现象。宗璞在《刚毅木讷近仁》（《张岱年研究》，清华大学出版社 2004 年版，第 28 页）中，被错划为右派的哲学家张岱年对宗璞（作家冯仲璞）道出了此种心情："批判想不通，觉得世间再无真理，但想到我若自杀，你七姑①和孩子就没法活了。"张岱年在《中国哲学大纲》的《结论：中国哲学中之活的与死的》一文中，谈中国的人生思想时，提出中国道德教训注意人我的关系，倾向于轻视知识。"知即德"与"知即力"是中西哲学的区别。他未曾想到，政治高压之"力"，几曾使他走向绝望。

　　当然，综合性才是对死亡原因的最佳理解方法。希腊哲学中，谈人认识自己之难。其实，人生和人死中最难把握的不是一般的"人"，而是人的心灵。英国大作家王尔德在思想德尔斐神谕时说："认识到一个人的灵魂是无法把握的，这是智慧的最终成果。人本身是最终之谜。"真的，智慧终止于灵魂。

十四　十四论人死观：情殇——对死亡的文学描写

　　女作家冯沅君在谈死的"情殇"描写时说："恋爱的路上的玫瑰花是血染的，爱史的最后一页是血写的。"

　　一般文学上写"殇"是生/死的简单价值判断：非正即邪，非美即丑，非伟大即渺小。此种描写看重死亡的社会意义，轻视死亡的丰富感情内涵。徐学在《当代台湾散文中的生命体验》（《台湾研究集刊》1995 年）第 32 页中写道："唯有面对死亡，才能充分展示生命极脆弱又强韧的丰富内涵——其不能解而无常无奈与其不可逼使的庄严与尊贵。死亡体验，是生命过程中一切体验的最高峰。"

　　记得巴尔扎克说过："艺术家的使命就是把生命灌注到他所塑造的这个人体里去，把描绘变成真实。"即在更广阔的审美视阈里表达生命的多姿多彩。即使在写死时，也理应在表现生命脆弱的同时，也应表达对生命的热爱与尊重。难怪铁凝的小说很少直接写到死，尤其是非正常的死，那是因为她

---

　　①　现代中国哲学界，有三位著名哲学家：张岱年、冯友兰和任继愈，这三位还是亲戚关系。张夫人是冯友兰之女宗璞的姑母。这在中国哲史界传为美谈。

是一个对人生的看法"并不灰心和绝望的作家"。正如谢有顺在《发现人类生活中残存的善》中所说,铁凝"一般不让自己的主人公亲历死亡,也不把他们往死路上面逼,生活再难,也总让他们存着活路和希望"。

当人们在现实生活中丧失了生命的旨趣,甚至走向死亡边缘时,艺术家应该用美学思维引导,应该鼓舞其以超越的勇气,来重新建立受打击的精神世界。当人们无法逃避生存的重压,文学就可以引导其奋然跃升。文学的价值在于使人生活得更好,应该表现人们对生存的渴望,写出人生的意义。这是人生观和人死观的自觉状态。

在现实生活中,马雅可夫斯基之死,也属情殇一类诗人。他同莉丽娅有15年刻骨铭心的爱情生活,但在势利父母的威逼下,莉丽娅被迫嫁给别人。莉丽娅成了他诗中的唯一女主人。马雅可夫斯基在自杀前的绝命书中还写道:"莉丽娅,爱我吧!"可见对她用情之深。不过莉丽娅颇有心计,她上书斯大林,说马雅可夫斯基的诗"在今天仍有现实意义,是最强有力的革命武器"。斯大林重视马雅可夫斯基,受益最多的是莉丽娅。她早已结婚而且很爱自己的丈夫,却多次阻挠和破坏马雅可夫斯基与其他女人发展关系。她和她的丈夫在马雅可夫斯基自杀之后成了这对夫妇的"保值品"。

在莉丽娅之后,马雅可夫斯基又有一次失败的爱情经历。和莉丽娅一样,他爱的波伦斯基也是有夫之妇。1930年初,马雅可夫斯基向波伦斯基提出结婚要求,同时离开剧院。为了离开剧院一事,二人经常发生激烈争吵。加上严重的流感、政治形势的压力,1930年4月7日在诗歌朗诵会上,又遭到有敌意青年的捣乱与辱骂,他悲愤至极,在会上他就想到了死:"当我死了的时候,你们会流着感动的眼泪读我的诗……"4月14日,诗人精神上完全崩溃,他希望从爱情中得到拯救,要求波伦斯基不要去剧院,而波伦斯基担任剧中重要角色,又不能不去。当她刚离开房门,屋里便传来一声枪响,诗人用一颗子弹结束了自己37岁的年轻生命。下面是诗人绝命书《致所有的人》中的话:

"关于我的死别赖任何人,也请别造谣生事"。他的死因是"爱的小舟在生活的暗礁上撞碎。我跟生命已交割清楚,何必再提彼此的痛苦、不幸和怨怼"。

十五　十五论人死观:凡高之死——《麦田上的乌鸦》的绝唱

文森特·凡高(1853—1890),荷兰人。27岁开始学画,37岁自杀身亡。以不到十年的从画经历，用将近两千幅画奉献给人类文明。人们从这些充满艺术个性的画作中，窥见了黑暗现实基地上的新世界。

凡高在他父亲去世时留下一句话："死亡是冷酷，但人生更冷酷无情。"这句话简要而明确地表示了他的人死观和人生观。

人死观和人生观都是生命观。凡高是个敢于向生命挑战的艺术家。他用明亮的、更明亮的画布和颜色，表现他坚强的生命力和自然力的合力。他宣布："我越老，越丑，越多病，我越是想利用绚烂的色彩回击生命。"

他的作品如其人。他在基督像下写道：永远痛苦，永远快乐。此种矛盾状态，根源于一个大喜乐的人生态度。面对现实生活，他"常常处于极度痛苦之中，但我的内心平静，充满和谐感和美感，无一丝杂念"。美是他的"前途是美好的"理念，苦是现实的苦难。他24岁之前，在海牙、伦敦、巴黎画店当店员，后来在比利时南部的博里纳日矿区作传教士。这些物质与精神极度贫困的生活体验，使他领悟到用绘画来表现自己的人生价值。他选择了绘画，曾乐观地比喻逆境"如鸟儿换毛的时节"，相信痛苦和伤害都是一种暂时现象，即使吃饭没有餐具，甚至用画刀吃面包时，他的宗教信仰也使他保持乐观态度。

他从事绘画之后，依然贫困潦倒，全靠弟弟提奥的支持，才勉强维持生计。1890年5月，他弟弟把他这位病魔缠身的哥哥，从精神病院接到法国小镇奥维尔休养。7月，弟弟倾家荡产的消息，使他失去了创作激情和生活勇气。23日，凡高创作了他生命中最后一幅画《麦田上的乌鸦》。这既是病魔缠身，以绘画来打发痛苦的画家最后的哭诉，又是深切绝望的死亡宣言。画面中一群乌鸦，张皇无助地在麦田上低飞，似乎无数碰壁之后，死亡的本能，已经看不见远方发出的希望的召唤。画的背景同样凄惨杂乱：看不见的地平线被拦腰斩断，橙黄色的麦田正在成熟，在红褐色点彩压力下，已经不堪生命重负，天上的乌云遮蔽着太阳，三条不交的泥褐色小路表示对草绿色的绝望。总之，这幅画不啻为凡高的绝命书，他创作完作品后，到窗外看看那小山旁的麦田，毫不犹豫地向自己的胸口开了枪。虽未当即致命，但36个小时后，即1890年7月29日凌晨，因严重发炎而去世。他最后的遗言是："痛苦便是人生。"

凡高一生是失败的人生。他是在嘲笑、咒骂声中，也是被认为是疯子中度过。他十年画业中，仅卖过一幅画。他不知道自己是个天才，也不敢自称为艺术家。上帝造就了他这位旷世奇才，却没有造就能欣赏他的观众。他是个终生都被误解、被遗忘的弃儿。但正是这悲剧性的生涯和独特的作品相互辉映，激发出一个生活重压下诚实而丰富的人生。他的死亡选择是无奈的，是在茫茫长夜中屈服于人生海洋的巨大的、无法抗拒的沉重压力。他的37岁的人生像灿烂的彗星一样，放射出为后世所炫目的光辉。想当时，他为《向日葵》一幅画想象的最高价为500法郎。1987年，此画在伦敦拍卖时，仅用4分钟，便被日本安田水上公司以4000万美元买走。1990年，在纪念他逝世100周年热潮中，他的《伽赛医生》更以8250万美元的天价被日本的纸业大王斋藤英买走。早在1973年6月2日，凡高美术馆正式开放，荷兰女王为之剪彩。生前寂寞，死后辉煌，这是凡高之死留给人们对人生观和人死观的众多思考。

十六　十六论人死观：诗人诗语

夏完淳，9岁即写诗集《代乳集》。父亲自杀殉明后，他与老师及岳父决心抗清到死。1647年被捕入狱，不畏威胁、不受利诱，写下许多诗篇，如"片风诗语笼烟絮，玉点香球。玉点香球，尽是东风不满楼，暗将亡国伤心事，诉与东流。诉与东流，万里长江一带愁。"9月16日，在南京就义时，高声吟诗："复楚情何及，亡秦气未平。雄风清角尽，范日大旗明。缟素酬国家，戈船决死生。胡笳千古恨，一片月临城。"吟完后，坦然就义，时年仅16岁。

诗人臧克家在1949年底，为纪念鲁迅所作的诗《有的人》中写道："有的人活着，他已经死了；有的人死了，他还活着。"诗很短，也不宏大、不华丽，但却在人死观上留下了至今的佳句。

奥地利诗人里尔克（Raimer Rilke，1875—1926）留下了下列诗句：

> "我爱生命中的晦暝时刻，它们使我的知觉更加深沉；像披阅旧日的信札，我发现那平庸生活已经逝去，正如传说一样久远、无形。我从中得到省悟，有了新的空间，去实践第二次永恒的生命。"

> "有时，我像坟头上的一棵树，枝繁叶茂，在风中沙沙作响，用温暖的根须拥抱着逝去的少年，他曾在悲哀和歌声中将梦失落，如今我正完成着他的梦想。"

俄国诗人普希金的《纪念碑》："我所以永远为人民所敬爱，/是因为我曾用诗歌，/唤起人们善良的感情，在这残酷的世纪，/我歌颂过自由，/并且还为那些倒下去了的人们，/祈求过宽恕同情。"这是诗人在死前一年写的。其实，诗人在 16 岁时就写了墓志铭："这儿埋着普希金；他和年轻的缪斯，和爱神相伴，慵懒地度过了一生，他没有做过什么善事，然而凭良心起誓，谢天谢地，他还是个好人。"

美国诗人艾略特（thomas Eilot，1888—1965）留下了下列诗句：

"家是我们出发的地方，随着我们年岁渐老，世界变为陌路人，死与生的模式更为复杂。那已与我们隔绝——没有以前也没有以后的，不是那强烈的瞬间，而是每瞬间都在燃烧的一生，不仅是一个人的一生，而且也是那些如今无法辨认的古老的石碑的一生。"

"老年人应该是探索者，此时或此地无关大局，我们必须静静地继续前进，越过寒冷和空旷无人的废墟，越过波涛的呼啸、大风的怒号，海岛和海豚的浩淼大海，进入另一个感情的强度，为了获得更进一步的一致，更深入的交往。在我结束中是我的开始。"

里尔克对生命与梦想的自觉，艾略特的死与生加上老时的交往自觉，有人的精神觉醒和复兴在其中。老年人认识世界多怀有悲凉情味，但确如艾略特所说："应该是探索者"，"必须静静地继续前进，穿越艰难险阻"，"更深入的交往"，"在我结束中是我的开始"，在生死过程中探索人类文明。

保加利亚大诗人尼古拉·约科夫·瓦普察洛夫在 1942 年 7 月 23 日，在就义前面对法西斯写下了他的遗作："遭到刽子手——再遭到蛆虫，就是这样简单的逻辑。"他当时只有 32 岁。这首《就义之歌》全诗如下：

"战斗是艰苦而残酷的，
战斗，正像人们所说的，是史诗。
我倒下了。另一个就接替我——
何必特别标榜一个人呢？
遭到刽子手——再遭到蛆虫，
就是这样简单的逻辑。
可是，我们的人民啊，因为我们这样热爱你们，
在暴风雨中我们必将和你们在一起！"

读此诗，使我想起我国许多革命者，虽非诗人，但在就义时也能以诗明志，表述自己的人死观。如夏明翰的名诗："砍头不要紧，只要主义真。杀

了夏明翰,自有后来人。"从这些诗中,人们可以体味他们最后的遗诗,思考应该怎样面对人生,面对生活。

谭五昌在《20 世纪中国新诗中的死亡想象》(安徽教育出版社 2008 年版)中说,在所有死亡想象中,诗人的触觉无疑是最丰富而敏锐的。诗歌中的"死亡想象更多地是指艺术世界的文本,而诗人的自杀则属于现实世界。二者是紧切相关,根源来自精神与生存两大危机的社会思想境遇。郑敏的《诗人之死》揭示了社会境遇造成生存悲剧。诗人海子、戈麦、顾城、徐迟之死属于精神悲剧"。殷国明有一个观点,认为诗人死亡有个体生命和群体生命两重意义,个体生命从死亡中得到解脱,群体生命却能从死亡中得到警示。这个警示的意义是深刻理解生命的意义,尽量避免再次沦入深渊。里尔克说的话更有意义:"我们悲哀时越沉静、越忍耐、越坦白,这新事物也越深、越清晰地走进我们的生命,我们也就更好地保护它,它也就更多地成为我们自己的命运。"

的确,死亡是个重大话题,与每个人生命有关。在对待死亡方面,更应该有自知之明,应该有更多的文明自觉。

十七 十七论人死观:黎巴嫩画家和哲理
诗人纪伯伦论生命的奥秘

纪伯伦(1883—1931)一生遭遇坎坷困境和多病悲境之中,在纽约逝世时年仅 48 岁。这位"旅美文学的旗手和灵魂"的画被老师罗丹誉为"20 世纪的威廉·布莱克"。1983 年,他被联合国教科文组织列为七位"具有世界意义"的人物之一,其他是瓦格纳、司汤达、马克思、欧勒、卡夫卡和马丁·路德。他的代表作是散文诗《先知》,其中把人死观的叙说,化为对生命奥秘的解读。

纪伯伦把人类精神发展的轨迹概括为:"奴性—人性—神性。内心中的'无限'是巨人,而巨人的芳馨带着你们在天空翱翔,他不停旋动使你们永远摆脱死亡。"他说:"当你弄明白生命的所有奥秘时,你就渴望死亡,因为死亡也是生命的另一个奥秘。"在他看来,"生与死是勇敢的两种表现";"愿望是半个生命,冷漠是半个死亡"。

在《先知》中,有一节专门论死亡。它集中表达了纪伯伦的死亡观。他借先知之口说:

"你想晓知死亡的秘密吗?

如果不在生命中探寻死亡,你又怎能找到它呢?

黑夜里能够看见,而在白天盲目的猫头鹰,它是不能揭示光明秘密的。

你如果真想揭开死亡的秘密,那就要对生命的肉体敞开你的心扉。

因为生与死是一体的,正像江河与大海是一体一样。"

诗人梦想着春天,希望从梦中找出隐藏的"永生之门"。诗人不要对死亡恐惧。他在《论死亡》中,用下述两段诗结束他的人死观:

"死亡不过是赤身裸体站在风口上,消融在烈日之下吗?

断气不就是呼吸从无休止的潮汐中解脱出来继之升腾,不受任何限制地追寻上帝去吗?

只有你们饱饮静默河水时,你们才能真正引吭高歌;

只有你们到达山顶之时,你们才能开始登高;

只有大地夺走你们的肢体之时,你们才能真正手舞足蹈。"

诗人把探索生命当作无止境的事业:"对于生命,你和我将永远是陌生的"。

诗人把人死观作为学问研究,他是一个诗人,又是一个哲学家。他意味深长地写道:

"学者与诗人之间隔着一片秀美田野,如果学者穿越过去,他就变成了圣贤;如果诗人穿越过来,他就变成了先知。"

这种互动交往,使我由人的死亡问题,转到了诗意治学问题。我将在后面的第八集"学问学术"中进一步展开"此中有真意"的问题。因为人类文明交往的思考,像一条小溪,"这条小溪仅剩下一次转变,之后在这林间只做一声低语,便奔向你那里,化作无边大洋中的——自由涓滴。"用纪伯伦笔下预言家美特拉的话说:

"把你们知道的关于生与死之间的学问告诉我们"。

十八　十八论人死观:农村自杀现象与家庭政治文化

我在《松榆斋百记:人类文明交往散论》中提到费立鹏对自杀现象的研

究。吴飞的《浮生取义——对华北某县自杀现象的文化解读》(中国人民大学出版社 2009 年版)中,有孟陬的老人回忆身边情况的叙说:"过去的时候,没有怎么听说多少人寻死觅活的。就是 80 年代以后,这样的事多起来了。特别是 1985 年、1986 年以后,大概到 1995 年,老是听谁家喝药了,这几年还挺多,不过比前些年少点了。"为何自杀?有些农村人的解释是:"以前的人老实,想不到自杀。像当媳妇的,到了婆家就挨打受骂,谁都忍着,一般都不会去寻死。人们都觉得这是应当的;而且等生了孩子,自个在家里地位高了,也就不受气了。现在可不是了。一个个都不得了。当媳妇的能受婆婆的气?婆婆不受人家的气就是好事。一不顺心,就寻死觅活的。"

这两段话反映了以家庭为主要生活单位的农村在今日社会中的某些文化特征。父权社会,家庭等级制政治文化已经瓦解,医学也不完全从心理学、精神病学中得到合理解释,问题要复杂得多。旧的家庭结构变了,新的表达正义途径尚未在家庭亲密关系中找到。失去了旧世界,而未获得家庭日常生活中的新世界。吴飞的分析是有道理的:"因为家庭中没有了过去的父权制度来维护其基本的稳定结构,反而使家庭政治变得更加复杂、微妙和不可预期。妇女们有了更大的平等权和自由空间,对不公正就极为敏感,更容易反抗一点点委屈。我想,这就是那位老人那句话背后更深层的社会问题。"(第55—57 页)

这里所讨论的是农村家庭政治文化问题,所涉及的人的自我身心在家庭交往的自觉问题。在城市生活的人们,自杀总是与"恐惧"、"绝望"、"选择"等关键词相联系。不到绝境,人们不会作此无奈选择。许多人以八卦心态旁观评说死亡。也有认真反思的,思考人们如何活得更好,因为在城市,活着也许更艰难。不过,在城市艰苦紧张生活的人们,大多不理解农村自杀的轻率。一些家庭琐事(婆媳间的一次口角、夫妻间的一句争吵)就轻生自杀。农村政治文化也有几个关键词:"过日子"(日常生活)、"委屈"、"冤枉"、"说法";还有文化中的"人格"与"面子"。生活于农村家庭的政治文化环境中,自杀被视为生命在"过日子"的权利斗争中向往美好生活的极端方式。当家庭成员正义权利得不到应有尊重时,当个人的消极等待无法逆转生命质量时,自杀便成为争取道德优势的选择。这种极端方式,启示人们在安置农村日常家庭生活秩序方面,采取制度建设与干预机制最为重要。自杀现象在农村与城市都是社会问题,其深处都是人类文明交往中的自我身心自觉问题,这是差异中的大同。

十九　十九论人死观:大卫·格罗斯曼理解的死亡

以色列作家大卫·格罗斯曼（1954—）认为，"理解另一个民族的最好方式就是阅读其文学作品"。这与我的体悟相同。我在《中东国家通史》的后记中，几次谈到了这个问题。正是从中东文学作品中，我管窥到中东文明交往中的自觉问题。

大卫·格罗斯曼的小说《证之于：爱》，是我理解以色列人为什么非常脆弱，总有生存危机感之书。那是大屠杀带给犹太民族的深重苦难所造成的。小说主人公莫米克是一个大屠杀幸存者的后代，思想深处恐惧着：什么时候会发生另一场大屠杀，因而生活于死亡的边缘。莫米克一生似乎没有真正的活过。对他来说，他生活中的生命与爱降低到最原始的本能冲动：爱就是性，性就是爱。这正是小说《证之于：爱》的主题。

大卫·格罗斯曼不愿意把大屠杀真相告诉他3岁的儿子，怕暴力污染了孩子纯洁的心灵。但是他回忆自己童年时，终于理解到死亡与生活是如此的接近。他这样写："我小时候，是个精力充沛的孩子，对一切充满了好奇，生怕睡觉时错过了什么。不到4岁时，有一次家里举行聚会，我看着大家，突然觉得大家都会死掉。我非常害怕。不敢和母亲说。也许从那时开始，我就试图理解死亡与生活如此接近。"

中国人中有一个故事，说的是一家生了孩子，为孩子过生日，前来庆贺的人都称赞孩子漂亮可爱，为这家人祝福。只有一个人不识相，却说："这孩子将来会死的！"这自然引起了众人的恼怒。言为适时者发。这个人在喜庆日子说这样扫兴的话，使人感到诅咒的味道。但是，他说的话，是确实的：有生就有死。当然，这个人不该这时说，不管他怎么想，这也确实的。死的道理，孩子在小时候，也和成人一样，这个基本问题也要面对。

生和死，是生存的悖论。大卫·格罗斯曼一直不涉及阿以冲突这个"灾难地带"。转机发生在他次子乌锐要服兵役时，开始描写外部局势的残酷如何造成家庭悲剧。他写道："乌锐在第二次黎巴嫩战争（2006）中死去后萌生的灾难意识，影响着我的人生。记忆的力量确实巨大而沉重。然而，写作为我创造了某种空间，一种我以前从未了解的情感空间。在这个空间里，死亡不再是与生命截然对立的同义语。在写作时，我感到自己不再处于在'受难者'与'侵略者'之间、没有更为人道的第三种选择的二元对抗中。在写作时，我是一个完整的人，在我的各部位之间具有自然的通道，有些部位在不放弃我自己身份的情况下更为亲近苦难，亲近以色列敌对方所持的正义主张。"这真是：要得公道，打个颠倒。换位思考可以理解对方。

　　这是一段文明交往的自觉者之言。过去，他参加了诸如国际和平倡议的活动。每当巴以双方有对话机会时，他也同邻居们见面。但他却不用文学形式表达。现在，他的写作因家庭变故而进了死亡这个"感情空间"。于是以亲近苦难、亲近对方正义主张的交往文明化的"完整的人"出现了。这正是他追求的"相互理解的和平"。于是，"死亡不再是与生命截然对立的同义语"了。

二十　二十论人死观：马克斯·韦伯的人生终极判断

　　（一）古代农人与今日"文明人"的临终感受。马克斯·韦伯在《学术与政治》中，谈到了古今老人对临终前"享尽天年"的表现："亚伯拉罕或古代农人'年寿已高，有享尽天年之感'，这是因为他处在生命的有机循环之中，在他临终之时，他的生命由自身的性质所决定，已为他提供了所能提供的一切，也因为他再没有更多的困惑希望去解答，所以他感到此生足矣。而一个文明人，置身于被知识、思想和问题不断丰富的文明之中，只会感到'活得累'，却不可能'有享尽天年之感'。"

　　（二）学术事业的独立性和自由性与社会生活价值与精神层面的意义。韦伯上述感慨，首先是对学术资源匮乏的担忧，但更多是对他生活世界的困惑。经济迅速发展的世界与精神世界无所依归相矛盾而互动，激化了他的内心冲突，他希望在庸俗享乐主义泛滥的市民社会中，寻找信念、思想、自信的学术神圣事业的回归。古希腊哲人通过逻辑思辨方式塑造了一个概念化的"真理"世界，苏格拉底及其弟子们体验了充满乐趣的精神生活。文艺复兴又使实践理性引领科学，它同探索"真理"一起，使科学打通了走向自然之路。但是，消费主义使科学变为提供感官便利与超越性，醉生而梦死，堵塞了这条道路。科学对人生的终极意义问题只能阐释而无法加以判断。人生到人死的终极和高贵的价值，几乎从公共生活中消失，学术本身开始碎片化，学术只存在于个人体验或宏大叙事之中，学术身份、地位日渐沦落为身后隐含的社会资本的标志。

　　（三）学术与政治和历史学与政治学。马克斯·韦伯在其一生中思考的中心问题是学术与政治的关系，其具体变动轨迹是，历史学家—社会学家—政治学家的视野。李凯尔特有一段对韦伯的评论："由于历史学只涉及个别事件，它本身不会使行动的人感到满足。政治家总是关心着未来，因此从单一事件中学不到多少东西。逝者如斯，永难再现。如果他需要从理论上对自己的实践进行定向，他就必须从过去的个别事件转向适用于许多时代的普遍原则，然后他才有可能从社会学的普遍性说明中，获得实现政治目标所需要的手段。对韦伯来说，这种'实用主义'观点肯定不起决定性作用，但是他的社会学转向，却使理论思考同政治行动较之以往更为接近。现在，社会学能够成为政治家的工具，正如逻辑学变成了专业研究者的手段一样。"

（四）知识与意志和文明自觉。且不去评估李凯尔特的评论，但丰富的知识和坚定的意志二者的结合，却能使处于现代文明社会的"文明人"，由感到"活得累"而有可能产生"有享尽天年之感"的可能。马克斯·韦伯所走的是把学术专业和政治专业相协调之路。学术活动本身在他那里成为一种政治活动。他自身的价值矛盾从这种协调的适应活动中体现了终极价值。韦伯认为在学术活动中因社会原因而出现的疲倦感、厌世感、轻生感，是背离了学术的本质和经不起物质时代的诱惑。学术在他看来不仅仅是生计、饭碗，而是对真善美的追求。只有"文明人"成为严谨的专家，才能确定在自己研究领域中，才是保持独立、自由学术品格的前提，从而在协调适应中介入政治而又使学术与现实政治之间保持适当的距离。这个难题他也未能真正解决，许多人也正在对这一问题思考之中，身在现代文明之中的"文明人"，反而不如古代人在临终时感到满足而享受"此生足矣"的乐趣，反而被无数困惑问题所纠缠，是进步还是后退？这正是人类文明交往自觉要解决的问题。

第三集

知物之明

第 一 编

人与自然

一　由恩格斯的警告想起的

恩格斯有一句关于人与自然关系的警语，为人所熟知："我们不要过分陶醉于我们人类对自然界的胜利。对于这每一次胜利，自然界都对我们进行报复。每一次胜利，起初确实取得了我们预期的结果，但是往后或者再往后却发生了完全不同的出乎预料的影响，常常把最初的结果又消除了。"（《马克思恩格斯选集》第 4 卷，人民出版社 1995 年版，第 383 页）他接着以森林的乱砍滥伐和水土流失问题进行了具体的说明。

我觉得他下面一段话，更向人类敲起了警钟："因此我们每走一步都要记住：我们统治的自然界，绝不能像征服者统治异族那样，绝不是像站在自然界之上似的，——相反地，我们连同我们的血、肉和头脑都是属于自然界和存在于自然之中的，我们对自然的全部统治力量，就在于我们比其他一切生物强，能够认识和正确运用自然规律。"（《马克思恩格斯选集》第 4 卷，人民出版社 1995 年版，第 383—384 页）

这里包括着一个理念：人与自然的关系，是人类生存与发展的最主要、最基本的关系。这里包含着一种文明自觉意识，即把生态上升到文明的高度，上升到人、经济、社会与自然全面协调可持续发展的现代文明的高度。这里有一条制约着人与自然的规律，即矛盾统一、作用与反作用规律，其根本轴心是人类文明交往互动作用的规律。文明自觉就是人类要尊重自然规律的自觉性。恩格斯在《自然辩证法》中肯定了人类可以"使自然界为自己的目的服务"，这是因为人类能够从良性互动规律上科学、理性、人文地认识自身和自然界矛盾统一的交往活动。具体而论，有三点警示：①人对自然的合理利用的底线，是不违背自然生态规律；②人与其他物种和谐平衡相处，共享资源;③人类应受自然正义的约束。总之,人必须顺应自然规律,和自然进行良性互动,从而达成和谐相处。所谓文明自觉,正表现在对人类与自然、与社会、与人类自我身心的认识自觉上。

人产生于自然,但为自身存在与发展,又需不断与自然进行物质创造交往、人化自然、改造自然,同自然处于矛盾统一的互动交往中。现代人类与自然之间的物质交往达到了空前的规模、总量、广度和深度;这种交往不但延伸到其他星球和宇宙空间,而且深化到人类自身的自然(如基因工程、克隆技术、人工生育)。人同自然的交往力,已经达到了相当高的程度。人同自然的交往关系,促进人类在社会实践中认识、利用、适应、改造和保护自然,从而实现交往的文明化。一方面人类依赖自然、影响自然,包括索取自然,与享受生态系统的惠泽,另一方面又向环境排放废弃物。此外,自然又对人类产生影响,包括气候变异,自然灾害,如地震、海啸、台风、泥石流,以及生态退化。自然资源制约着人的生存和发展。当自然生态平衡被破坏,当人和自然的交往处于恶性状态时,当天地发怒时,人的力量是有限的、被动的,人的生存也就变得脆弱了。

美国学者艾伦·韦斯曼在《没有我们的世界》(上海科技文献出版社中文版)中,以新的视角探讨了人类对地球的影响。他设想,人类如果突然从地球上消失后,地球将慢慢恢复元气,人类留下的数以千吨计的核原料将继续释放有害的辐射,数千亿只塑料袋像风吹草木一样在地球上飞扬。人类在地球上建造了文明大厦,同时留下来的是千疮百孔的星球。这本书使我们人类猛省,使我们人类反思过去的行为,以便明白我们应该走向何方。这是一种从人类消亡的"倒看人生"的逆向思维,会使我们人类更加自觉。这本书被比尔·麦克吉评为"当代最伟大的思想实践,是极富想象力写作的伟大创举"。出版后被评为2006年美国最佳科学作品,荣登《纽约时报》非小说类畅销书榜首。

自然界在变化,人类也在变化。人类的不科学耕耘,使土壤肥力下降。现代工业、农业的负面作用,也使环境污染。干旱,是乱砍滥伐森林的结果之一。据联合国专家预测,环境恶化将使5000万人背井离乡,海平面上升、沙漠扩大化也形成了新的灾难。2004年的印度洋海啸,2005年的美国"卡特里娜"飓风,中国、中东的戈壁滩和突尼斯、摩洛哥、利比亚等地的沙漠都在扩大。

人与自然是一个交往互动、矛盾统一的整体。人与人之间的矛盾需要和解,人与自然之间的矛盾也需要和解。人不要过分依赖人造环境,而要在自然环境中诗意般生活。人与自然的和谐是统一于自然，而在人的理念上是善待、善意、亲和于自然界。对自然是科学开发，而不是破坏开战；是保护、养护、节约，而不是掠夺；是治理污染，而不是以牺牲生态环境为代价；是与自然界的文明交往，而不是野蛮的征服。

物质文明、精神文明、制度文明、生态文明四大要素交往互动，构成人类文明交往的系统整体。如果生态文明系统不能持续提供资源能源，其他三要素也就失去了载体和基础。

是的，人类在与自然交往中，每走一步，都要想到自然规律，否则就要受到惩罚。这就是知物之明的生态文明自觉。

二 人与自然之间的交往

人类与自然之间的关系原本是统一的。把人类同自然的关系从历史中排除出去，必然造成了历史中人类同自然的对立。

（一）人是自然之子。人是自然的存在物。人类的实践能力最直接的来源是自然。人类从生产实践和交往实践来理解人的创造文明的本质。人生活在自然之中，与自然浑然一体，成为这个有机体的重要组成部分。人与自然的统一有两个依赖：①依赖于自然界中的无机生命事物（空气、土地、水）；②依赖于自然界中的有机生命事物（植物、动物、他人）。这两种依赖是相互的，形成了像核桃的核心与外壳、以至于如大葱的层层互为外与内的生态系统。

（二）敬畏自然是人与自然的原始阶段。火和耕作使人类熟悉自然与自然和谐相处，从而步入文明阶段。2010 年 8 月 11 日的西班牙《国家报》报道，在埃塞俄比亚沙漠中发现了距今 340 万年前人类祖先用来切肉和取骨髓的石器。埃塞俄比亚科学家泽雷塞奈·阿莱姆格德说："使用工具从根本上改变了我们远祖与大自然之间的互动方式，使他们可以吃到新种类的食物，开发新的土地，也开始制造其他类型的日趋完善的工具。"从此，人类文明化和自然的人化交错着进和退的双向过程，人与自然的关系如庄子所云："其嗜欲深者，其天机浅。"（《庄子·大宗师》）人自身灵性与自然的完整性都因为改造与征服力而渐减。

（三）人类与自然的分裂有内外两个方面。除人与环境分裂之外，还有感性与理性的分裂。轻感性，重理性；轻直觉判断，重逻辑推理，使人们失掉了通过感觉的经验去理解事物自然本性，把大脑变为纯粹度量和识辨工具。西方文化中理性与感性、思维与知觉、抽象与直觉的分裂，在工业化时代，文明沦为新的野蛮。这里人的自然分裂，造成人文与科技的分裂，工具理性取代人文精神的指导。工具理性的精细分工妨碍人与人之间交往的文明化，而使交往变为交易，友谊成为功利。

（四）"天人合一"与"天人对话"是从人类工业化之后的人与自然关系两个不同阶段。前者是人作为自然的微小部分与自然合为一体；后者在二者分裂人类征服者身份与自然的反思。反思①："回到自然，事实上不是（简单地）返回自然，而是一种（螺旋式）上升，升到一种高尚、自由乃至可怕的自然与自然状态中去"（尼采：《偶像的黄昏》）。反思②："掀起保护自然区、保护野生动物、停止贪得无厌的技术开发；保护整个地球的高潮"（托马斯：《顿悟：生命与生活》）。

（五）自然有广义的自然，即整个物质世界，即自然社会和人类社会；又有狭义的自然，即与人类社会相区别的物质世界。我们关注的重点，是狭义中的"自然"，是自然界中的"人化自然"。也就是进入人类视野，即将成为或已经成为被人类的实践活动所改造的那部分自然。

（六）人与自然的交往范围会不断扩大和逐步深入，人类的文明自觉也会随之提高。理性引导人类更高层次的理念。人和自然的关系已经集中到三个方面：①人是自然的产物和一部分，是物质世界进化的最高形态；②自然制约着人类，人类的生活资料和生产资料均来源于自然资源，人类只能在与自然和谐的状态中生存和发展；③人类改造自然，也在改造着自己，人类要生活得美好，要深刻认识自然规律，尊重自然规律，按自然规律办事，否则就将受到报复和惩罚。这三条实际上就是文明自觉的内容，概括起来，就是"知物之明"，也就是"知"物质世界，"知"自然规律之"明"。

（七）生态危机不过是以人和自然关系为中介的人和人关系的危机，其本质是不公正的社会制度、国际政治、经济秩序及全球自然资源不公平分配下，所形成的人与人之间的冲突。历史上和当代西方发达国家对发展中国家资源的掠夺，形成的西方中心的生态文明论必须抛弃，把调整人与人之间利益关系的制度文明，作为生态文明的理论基础。不能忽视社会与自然物理之间的联系。解决生态危机之路，根本上是从制度上规范人们分配和使用自然资源、享受权利和承担责任、义务的理性自觉，处理好人和自然、人和人之间及社会经济发展与人的发展之间的关系。

三　人类文明与自然的审美关系

人类不同于其他物种。人类有对自然进行改造的主观能动性，而不是仅仅对自然的适应性。人类从驯养动物、栽培植物开始，一直到现代化的电子技术，都是掌握了自然规律的结果。人类不能违背自然规律，否则就要受到无情的惩罚。人类有保护美化自然的责任，这就引发了人类与自然的审美关系。

人类在 300 万年前，就选择了一条别的物种无法攀登的神圣之路——文化之路。这条由人脑和人手创造的文而化之于自然万物之路，后来发展为由文化内核和文明外壳组成的文明交往之路，这条交往之路直通人类心灵的爱美与文明化深层。这是一条人类文明自觉之路。

（一）从审美角度看人和自然关系，是人、自然和人与自身的交往，为美而养心，可以把人与自然关系引入一个新境界。"天地有大美而不言"，人和宇宙万物的主体间性关系，在审美视角下也体现了文明交往中良性互动的规律。人与万物共生，人与自然万物交换能量、交换信息，而且互为主体的"我"、"你"关系，多么美啊！审美在生态上的美感，往往因万物和谐运行而惊讶，常常因宇宙完美秩序而赞叹，时不时因万物欣欣向荣而愉悦，不断因万物衰败而哀感，有时因自然灾害破坏而恐惧，审美的深度见诸人的心灵的是对大自然的好奇、兴趣，进而产生毅力，和栖而不息的诗意美，于是成为科学发展的原动力。

（二）人类该不该敬畏自然？特别是该不该畏惧自然？敬畏感来自于人类对大自然神奇力的反应。人类在早期社会，面对未来环境变化和其他物种的压力，"敬畏感"中以"畏"惧为主，逐渐了解自然变化一些特点之后，"敬"重便化为理性美感了。这种文明交往的自觉是：人类认识到理性、科学的限度，认识到在人类理性之上、在人类科学之外，还有一个自身反省的自律性。这也是一种敬畏。这种敬畏是超越自然狂妄以后的成熟的主体自信，是人内心主动性的自觉。与古人"敬畏"不同之处是敬重的自然规律，是意识到由"征服"走向"共存"和"改造"、"利用"、"保护"兼顾的和谐美。这就是敬重遵循生态文明交往的相互依赖、相互制约、相互促进、相互补充的规律。这个规律具体化有以下几点：①维持生命活动的生态系统律；②保持生物多样性律；③维持生命活动的生态系统的可承受律；④自然生态平衡律。

(三)敬畏自然是敬畏生命,也是一种信仰,一种人生观。1952年诺贝尔和平奖的获得者阿尔贝特·施韦泽(1875—1965)倡导生命伦理学。他说:"善是保持生命,促进生命,使可发展的生命实现其最高价值;恶是毁灭生命、伤害生命,压制生命的发展。这是必然的、普遍的、绝对的伦理原则。"环境的美的和谐性和生物的多样性是人类生存的条件。在20世纪两次世界大战和地球环境恶化的背景下,施韦泽从生命的互相交往中,观察到人类不能妄自尊大,提出了"敬畏一切生命"的理念,在一定层面上反映了人性的本质。这与佛教的"不杀生"有相通之处,其根基是"众生平等"。但物理学家何祚庥在接受《环球》杂志专访时,却语出惊人:"人类无须敬畏大自然。"他说:"我们在处理人和自然的关系时",奉行以下原则:①以人为本;②保护环境和生态的目的是为了人;③为了人,有些时候需要改变一下生态环境;④在实际工作中要权衡得失,改造自然的后果要符合人类发展的利益。归纳起来,他认为人在自然面前要有所作为,"该防御时要防御,该制止时就制止","敬畏"而不去改造自然是"反科学的哲学"。他特别提出:"要相信科学的作用和力量,要看到科学的未来。"

(四)以人为本,其要点是人对自然关系的文明化,是文明人对自然的交往。人类改造自然的目的不是为了征服自然,而是要在自然界更好地生存和发展,是要置身于美好的生活环境之中,与自然和谐发展。甘地说过:"大自然可以满足人类的基本需要,但无法满足人类的贪欲。"世界自然保护联盟首席科学家杰夫·麦克尼利的话是科学的:"2005年印度洋的地震中,死亡人数的增多,与人类盲目活动,尤其是在沿海地区修建度假村、毁坏天然屏障活动有关;全球气候变暖、拙劣的沿海开发计划、红树林湿地和珊瑚礁等天然屏障的削弱,都使得海啸得以疯狂。"为了人和为了自然,符合人类发展的利益,人在自然面前要有所作为,这中间有一个人与自然交往的文明自觉问题,即两者之间的和谐和人的长远利益和尊重自然规律问题。

(五)生态文明交往的规律,是"大写的规律",它首先是为了人类。环保学家唐锡阳写了《尊重自然是现代生态学的一面旗帜》。文章说:"尊重自然"是保护人类生命和人类利益。所有生命都有其自身存在价值,都有所用,不能滥用,不能滥伐树木,不能看见河流就建筑大坝,不能滥捕乱吃野生动物。因此,生态文明告诉人们:人生活在世上,总要有所敬畏,总要有内疚、自省和脸红的时候;总要有些事情不敢干、不能干,干了就睡不着觉,就有心惊肉跳的时候。在现代社会文明发展的阶段,尤其在当代中国,出现了太多的无法无天的"大无畏"的社会心理，因而强调一下"敬畏"是有针对性的。自然是"人类之母"，对母亲多一些保护、爱护，那就是维护自然的尊严。在市场经济有个法规他律和道德自律的问题；在工业时代以来，"气吞山河"、"与天地斗其乐无穷"的斗争哲学带来环境问题之后，人们到头来却发现：大自然还是需要敬畏的。

（六）自然孕育了人类早期的文明。优越的自然环境率先产生了人类文明最重要的标志——国家。大河流域灌溉农业，如尼罗河，在公元前4000—前3000年建立了古埃及王朝，公元前1900年两河流域兴起巴比伦王朝，恒河流域、黄河长江流域莫不是自然环境给人类文明的赐予。所以，斯宾诺沙对《圣经》的新解释是："上帝就是自然"。孟德斯鸠在《论法的精神》中，论证了影响人类社会生存及发展的地理和自然条件，如气候、土壤、面积、居民的性格等因素。回顾反思人类与自然交往这一段历史，可见保护自然、不做违反人的天性、不做违反自然规律的事的重要。人类的伟大之处，文明之处，不在于征服自然，而在于保护、美化自然，人贵为万物之灵，就在于处理好人类与自然的和谐审美关系。

（七）人是主体，科学技术是最重要的生产力。科学的合理性如果泛化，把科学的理性绝对化的唯科学主义却值得分析。唯科学主义有两个突出特点：①相信科学能解决人类生存领域的全部问题；②相信除科学之外，无真理和意义可言。由此导致了：①对科学的非科学信仰；②人类面对自然的狂妄自大；③把特定时间、地点、角度的科学认识的合理性，误认为是人类与自然普遍的合理性；④后果是盲目对自然的征服、战胜、改造，这样只有短时段的效益，却引发可以预见的长时段灾难。表面上看，科学透视了自然、控制了自然，从深远处看，却离人类赤子之心、人类精神越来越远，心灵越来越受到异化。

（八）在人文社会科学与自然技术科学分化之前，人和万物有共同的道性和神性；二者在人类文明交往过程中，也有着双重净化问题。审美就是把美学的感性与理性认识、抽象思维与逻辑思维统一起来。因为二者"道生一，一生二，二生三，三生万物"的共生、同源关系。主体间性决定了沟通人的心灵而从体验中产生知觉与情感。这种体验不是直观、实验了解生态，而是用审美了解生态的深层次问题。

（九）古希腊文中的"技术"本意为"引发"，而现代"技术"却成为"促逼"。"促逼"之下，造成生态系统的失调，把"万物"变成促逼的"资源"，把自然界作为"能量储存器"。在这种情况下，人与自然的关系很难和谐，交往恶性化为征服，冲突因现代科技而愈演愈烈。时代呼唤审美交往：羔羊和狮子的和解，在奥尔弗斯的琴声中；被罚苦役的西西弗斯，在审美的体验中；人和自然的和谐，在爱的阳光下。这是一个生态的美梦和希望的世界，这种理想世界也许永远无法实现，但它可以帮助人类加强对现实弊端的清醒认识和心灵的慰藉。毕竟人类不能长期生活在一个与自然对立和无休止格斗的家园里。人与自然的交往文明化需要审美的指引。

（十）人与自然的关系，还涉及艺术领域。艺术的最高目标是提高人的精神境界，其深层是生活中的哲学审美思想。这种对人与自然的哲理思考，在中国古代集中表现为"天人合一"的物我两忘、主客不分的诗意审美意境。审美、艺术对协调一和多、同和异有独特作用。"一"和"同"的普遍性的巨大能量，可以丰富人生，但不能与历史环境割裂开来；"多"和"异"可以显示人类普遍性最为理想的状态，但多样性应与庸俗、低下的倾向区别开来。

（十一）面对自然规律，一是尊重规律，二是发挥人在规律面前的主动性和自觉性。规律是客观的。人固然不能制造、改变规律，但可以改变客观规律存在和发生作用的条件，可以使规律作用的方向和结果符合人的主观选择和努力。对自然灾害和人祸，首先要防，其次要治，发挥人的主观能动性而有所作为。

四　由人与自然的关系看矛盾的辩证思维

人与自然的关系是人类文明交往中需要认识的一个基本方面。这个问题应从辩证思维、进而从矛盾的新理论中去研究。

地球自有人类以来，人类就与自然在互相影响、互相作用、互相制约的互动规律中发展。一万年前的农业革命、二百年前的工业革命，给人类留下一条宝贵经验，就是正确认识人类改造自然与发展经济、改善生活与破坏环境、浪费资源与污染环境之间的关系。这正是交往文明化的问题。

人与自然的关系肯定不是完全和谐的，肯定是在矛盾中走向和谐，而和谐是解决了矛盾之后，才进入和谐状态的。矛盾是绝对的。人与自然的矛盾主要是合作性的矛盾。春夏秋冬，四季运转，阳光、空气、水，万物生生不息，这是大自然的规律。但这并不排除对抗性、斗争性矛盾。天人是有矛盾的，天人合一是人类在文明交往总体上和长期努力所向往的美好境界。理性世界在现实中存在着良性的、发展性因素。天人关系合作和谐一面是主流的，但是在特定的时间段，如地震、水旱灾、海啸、沙尘暴等天灾，总是不以人的意志为转移的。因此，抗灾、防灾的斗争是不可免的。当然，这也有一个文明的自觉性问题，要认识天灾的规律，科学技术的进步，生产力和交往力的发展，可以减少天灾给人类带来的破坏和危害。

王安石的《春日》诗与一般歌颂春天的诗歌不同。他这样写道："春日春风有时好，春日春风有时恶。没有春风花不开，花开又被风吹落。"他同时看到的春日春风这种自然的"好"和"恶"两个矛盾的对抗性与统一性两个方面，春天正是在这样矛盾运动中发展，美也就在其中了。人与自然的交往文明化中，也要持这种矛盾的辩证思维和审美观。认识和运用这种思维和审美观越深入，文明交往也就越自觉。

许多天灾与人祸有内在联系，特别是与经济发展有密切关系。环境、资源是大自然的赐予，人类在与自然的交往过程中，总的趋势是逐渐自觉，逐渐走向文明化。1992 年，联合国在里约热内卢召开的环境与资源大会，是人类认识自然环境与经济发展关系的一个转折点。会议对"高投入、低产出、高排放"的线性掠夺型的传统经济发展模式，进行了批判，提出了"减量化、再利用、再循环"的新的发展理念。2005 年，中关村国际环保产业促进中心编著、人民出版社出版的《循环经济国际趋势与中国的实践》一书，总结了德国、日本、美国、丹麦等八国发展经济的循环模式、特点、成就以及中国的清洁生产、生态工业园和区域循环经济建设的试点，为此提供了新的经验，其中蕴涵着从根本上解决人与自然矛盾的辩证思维。

自然资源是有限的。对于那些资源型城市，如何寻找生态与经济协调的途径？海湾国家已有成功的范例。阿拉伯联合酋长国第二大城市迪拜因石油而富有。但当地石油开采年限据测算只有三十年。该国生态环境不好，国土大部分为沙漠。为持续发展，迪拜的发展思路是：①发展旅游业，建立了霍尔河畔的旅游区，建立起了世界第一个七星级宾馆；②发展国际物流业，成为海上运输枢纽；③发展国际金融业；④建设奢侈品化的新兴艺术市场。这正是从"得地独宜"向"因地制宜"的自觉转变。

辩证思维所说的"根本"是指矛盾的根本属性，即对立性与同一性。对立性发展的方向：①斗争性；②竞争性；③合作性；④斗争性与合作性兼有。对立性发展的结局：①一方吃掉一方；②双方同归于尽；③双方融合为一；④双方共存共荣。对立性与同一性矛盾的转化尚有同向与异向形态。对立性（不只是斗争性）是绝对的，同一性是相对的。任何矛盾体都在不同背景和条件下演化出各种方向的变化关系。因此，用这种矛盾辩证思维看待人与自然关系，才可以避免"征服自然"的"斗争哲学"，从而走向人与自然的和谐、协调发展。

五　人与自然分裂观念的渊源

（一）在美索不达米亚古文明中，不将人类视为更广阔的自然界中的一部分，而将人类从自然中分离出来。其要点为：①人类能以一个特殊优势地位来观察和开发自然；②视自然为对手；③不从中寻求和平。

这种观念影响到古希腊和后来的基督教文化，而与中国、印度和南非的文明观念不同。此基本差异导致以后截然不同的科学方法、宗教目的。中东与欧洲长期以来是动荡和不安的宗教中心。

早期文明本身不是文明交往研究的重点，重点在了解后来的宗教。问题是：美索不达米亚文明传统的内核是怎样传播到希腊、基督教文化中去的。此问题是解决西方和东方文化差异渊源的一个关键。

（二）知物之明是知物质世界与人类文明的交往关系。这里有两个层面意义：①物质层面，研究物质层面的自然技术科学成果，表明人类对自然的认识深化和利用自然资源手段的丰富，技术创新，产业进步，给人类生活带来了革命性变化；②精神层面是科学精神，知物之明是知道科学的巨大作用，又知道科学并非万能。科学应该是老老实实、严谨缜密、勇于批判、善于创造，具有坚持为人类福祉而献身的信念。知物之明这两个层面是不可分割的、互为依赖、互相促进的。在更深层的互动中，科学精神比物质意义上的科技成就更重要。这是因为科技进步的影响与时代具体背景密切相关，而科学精神却永远是人类精神中最宝贵的财富。

（三）研究人类文明交往问题，除了物质和精神层面的思路之外，还有一个对未来世界预知和设想的终极文明层面。这个思路的最新表现是2009年美国的《2012》、《陨石浩劫》和《神秘代码》。这三部电影触目惊心地展现了地球的毁灭情景。在人类文明交往中，无论东方或西方都不能一概而论，即以宗教意识而论，如"末世灾难"（即现实世界在某个时候终结的观念）有基督教的"千禧年"、佛教的"轮回说"、玛雅历法中关于"2012年末世"的预言，以及横跨东西方的"凤凰涅槃说"。这些思维都有类似大轮回的由"毁灭"之路而实现"拯救"、"更兴"、"复兴"，从而进入更理想、更完美的世界。人类在与自然之间的交往过程中，从未停止过对未来世界的预测，宗教精神和科学精神都从不同角度追寻这个人类学上的基本和深刻的内涵。美国三大影片的"末世灾难"意识也可以从地球灾难拯救人类的宗教意识的复兴，是从今日人类在科技发展的成就和存在的社会问题中所产生的极端需求的"盛世危言"。它反映了在人类与自然、人与机器之间以及人类自我身心关系方面深远的思考。从人类文明自觉意识观察，人与自然之间的关系的"知物之明"在于各种文明特征的互补性。现代文明中，从自然科技的角度对待自然，创造了物质财富，却相应破坏了人与自然的和谐统一；而过度强调人与自然的和谐统一，也暴露了对大自然挑战的软弱性。科学技术和法制化的文明和人与自然的和谐的文明，在应对环境、资源等生态危机方面，都是交往互动的多元融合的文明自觉态势。它们既冲突、又融合，如同火鸟凤凰飞翔落户于世界一样，光耀人类文明。

六 人与自然：本是同根生、同根长

前工业革命时，人类与自然的关系是水乳交融的"和谐"时代吗？或者换句话说，人与自然尖锐对立，是工业革命后的特有产物吗？如果再退一步说，"人类中心主义"观念所引起无休止掠夺，由于工业革命无节制纵欲才加剧了人与自然关系的极度紧张？

英国历史学家基思·托马斯在《人类与自然界：1500—1800 年间英国观念的变化》（宋丽译，译林出版社 2008 年版）一书对此作了与众不同的回答。

基思·托马斯认为，把人与自然之间的关系困局归咎于"人类中心主义"，或者归咎于工业化带来的人与自然的疏离，其实是找错了方向。他认为，关键是一个难以解开的死结：人类为了生存和发展，不得不无休止地向自然索取；而人的心理、情感和道德观念，又厌恶、抗拒这种无休止的索取。现代文明面临的两难选择，例如，要征服，还是要保护？要杀生，还是要慈悲？都是来源于这个死结。

他把这个两难困境形象地比为硬币的两面：正面——人类的生存和发展，离不开对自然万物的开发和利用；反面——自然界已经不是那个我们欲取予求的存在物了，它已经包含了我们投射于其上的那些浪漫情感和道德意识，它事实上已构成人类本身的一部分了。

他认为，人类自然观念在欧洲的表现，始于基督教文明的正统神学观念：人以外的所有被创造物都是上帝为人所创造的。人对动物和植物的使用，无论以何种方式，都是正当而合理的。他考察工业革命以后的历史时写道，随着人类认识水平和改造自然能力的空前提高，出现两方面的变化：①对自然的胜利和自信心，激起了征服和掠夺自然的欲望；②同时也有包含同情和怜悯的多愁善感的浪漫主义情怀。为什么是这样？因为人类认识到人与自然之间的绝对界限的观念，越来越难以立足，而对人是自然的一部分，在其内而其外的认识越来越自觉。人对自然，尤其是动物的观念发生了微妙的变化，如机器大量使用，不再无节制使用和盘剥动物。此外，人对动物的同情和道德感，随着自身的安全和生活的富裕，日益增多了对自然环境和动植物生存和命运的关怀。

他由此得出的结论是：和很多人的想法相反，近代工业化以来，人对自然界的态度演变，恰恰不是人类中心主义被不断强化的过程，而是逐渐崩溃的过程。他举例说，人类居住在城市，一方面是人与大自然之间的确越来越疏离；另一方面恰恰是工业化以一种曲折方式加强了人对自然界的认同和依恋。

他想用三个方案打开人与自然难解之结：①重返工业时代的绝对人类中心主义；②在保护人类长远利益的基础上，寻求一种人与自然之间的平衡；③将自然提升到与人并驾齐驱的地位，强调自然本身的权力和人类自然的义务。

初读此书，有一种别开思路之感。人与自然之交往，多游弋于微观上关于人性的反思和价值的判断以及宏观上空大之谈，此外，尚有不同利益集团的意向和对现存秩序的不满。在人与自然的交往方面，确在不断改进，但未从深层开掘，且前景不很乐观。在这方面的交往文明化，关系着人类文明的未来。基思·托马斯的三个方案，可行者为②、③两种，但还需深化。他不愧为历史学家，厘清对此既定问题的来龙去脉，以便从历史中寻找富有启发性经验教训是可取的。他的《人类与自然界：1500—1800 年间英国观念的变化》一书应当成为不容忽视的别开生面之作。

更深一层意义是，从交往互动规律看，自然与人文不总是对立的，是可以互相融合的。法国人类学家列维·斯特劳斯（1908—2009）在考察原始部落的亲缘关系时，指出"乱伦禁忌"原则是自发选择的结果，在不同人种中都是如此，因此是普遍的、自然的；同时，它确实成为规范又是社会的、自觉的。根据这个规则，在亲属结构中，婚姻可以交叉式进行（或者间接地、外部地、横向地）发生在表兄妹之间或陌生男女之间，但绝对不可以垂直地或直接地发生在亲兄妹之间，或父母与子女之间。这种现象是自然与文化的融合，它同时是这两者。这个见解否定了自然与人文的对立。事实是：既没有纯粹自然的东西，也没有纯粹人文的东西。自然与人文互相汇流、彼此互动，否则，就没有人类和人类的文明。

七 生态的主体间性哲学

（一）生态学：1869 年，德国科学家海克尔将两个希腊字——Okios（家，环境）和 Logos（研究）组合为 Oekologie，即生态学。这门新学科按其内容是"研究生物体在家（环境）中生存的科学，特别是动物与其他生物之间的有益与有害关系"。这个定义的意义在于：它把每个生命体都看做有自己的家（环境）、利益、生存方式的主体，各生物体之间的关系都是主体之间关系。这样，主体间性的理念就扩展到整个生态圈。

（二）深究生物体的主体间性原则，可以看出，在生态学诞生之前，这一主体间性理论的应用仅局限于人类世界。康德强调的也是"敬重总只施于人，而永远不施于物"。生态学依据生态整体主义哲学核心概念之后，还找到了自己的哲学另一基础——主体间性哲学。这种哲学把主体间性思维从人与人之间的交互主体性，扩大到探讨人与自然物之间的交往互动主体性，探究到人与自然物发生的平等的、主体间的联系互动时的心理机制和哲学基础。

（三）人文社会科学与生态相联系的跨学科类别很多。21 世纪兴起的生态批评，是文学界与生态交叉的新学科。它给文学研究带来了生态哲学的理念。这是在批评人类中心主义的、主客二分思想体系之后的新跨越。克洛伯认为这种跨越的生态批评"并非将生态学、生物化学、数学研究方法或任何其他自然科学研究方法用于文学研究。它只是将生态哲学最基本的观念引入文学批评"。这就把鲁克尔特的"为文学研究提供生态学和生态学概念"，"为文学的阅读、教学和写作提供生态学概念进而发展出一门生态诗学"的说法推进了一步。生态哲学具体为"协调人类与非人类的事物"，揭示古往今来文学中所蕴涵的生态思想，为生态文明建设承担社会使命。

（四）人类文明交往互动规律在这里突出地显现出来。如斯密斯所说："我们也许可以跳出在主体/客体或文化/自然之宏大认识论两极间始终绷张宇宙，进入由所有存在的各种关系构成的宇宙中，在那个宇宙里，各种存在物不断地彼此协调和转换。"在我们"为他者加上了一个交互性概念之后，生态的互动进程——人类和其他存在物在相互影响中发展、改变和学习的方式——便清晰可见了"。人类文明交往中的"交互主体性"，成为生态整体性的轴心点。

（五）问题：自然物体主体性如何确定？自然主体如何主动地与人主体交互论证？人主体的客体化认识对象的必要性如何解释？人与自然物交往的心理机制如何论证？人与自然生命的对话、交往、合作（如"人类声音与非人类声音的相互作用"），以及如何理解非人类生命的主体性（人的主体性为主动筹划、创造、认知世界的能力，而非人类生命大多数无此能力）而怎样扩展生态的主体性？

（六）说明：西方文学生态学的生物批评还有生态文艺美学之说，提出"内外交互"的良性阐释性循环，由此想到文学的"东西文艺双向交流"问题。

八　人与自然交往的自觉

人与自然和人与社会之间的交往，是两种不同的交往。其不同之处在于：

1. 人与自然交往的非平等性。人与社会是个人或群体之间的交往。处于一定社会关系之中的交往双方都是具有理性的主体，他们是以社会关系存在为前提的平等交往。人与自然的关系包括人与有机生物界和无机生物界的交往。这种交往是理性的主体与非理性的自然界的交往，它们之间并不存在平等的前提。人是自然界的产物和一部分，有自然属性。自然界是人赖以生存的条件，人只能从自然界中取得维持生存的物质条件。因此，人也受自然规律的支配，必须利用、改造和保护自然。人与自然的非平等性是以不可商议的独断方式进行的。

2. 人与自然交往方式选择的被动性。自然界与人的交往实践并无获取发展自由而主动与人交往，并且，自然界似乎也不需要通过与人的交往而获得自我发展的机会。这里无论是有机物与无机物，并不存在通过与人的交往而获得自我发展的目的和要求，更不存在交往方式上的自觉选择。人与自然交往过程中，物完全处于被动地位。

3. 人与自然交往关系反应模式的迟滞性。人与社会、天与人之间的交往是基于不同反应模式而发生的。人与社会之间的人际交往是能动而连续的作用形式。其基础是特定的社会关系，其交往双方是理性指导下的试探与反思的活动，试探者和接受者都在反映或反馈中调整自己的行为方式。自然交往与人际交往不同之处是服从自然法则而不是服从理性法则。有机界有生物求生的本能，无机界是机械的反应。天人交往是根据自然物的自身的特性，依照自然运动规律去处理物物关系，而人们不能按推己及人原则，不是试探—接受的连续回应过程。它需要延续极其漫长的时间。总之，自然界不存在目的性、自律性，不会根据人类的反应而做出相应调整。但这并不是互动律不起作用，它的行为始终是按照宇宙间物质相互作用所决定的方式运动。

认识到这种不同，是人的文明交往自觉的表现。在此基础上认识到人的道德对生态伦理的关系还需更深的自觉。

道德是人在社会实践中形成的、建立在人自身交往经验基础上的一种理性。它存在于人与人结成一定关系的社会之中。传统的道德只能是人类自身的观点，即使生态环境恶化下的道德泛化，也不能否认道德主体领域的有限性，而简单地将伦理原则推广于自然界，赋予其道德主体地位，进而用道德力量约束与限制人对自然界的过度开发。

正确的做法是，反思以往人与自然交往上的种种问题，找到和谐的人与自然关系的支点。关键在于：

1. 认识人与自然交往史的不自觉到自觉过程。依赖而存的服从适应关系→开发而存的利用关系→掠夺而存的索取无节制关系→和谐而存的理性自觉关系→这个漫长过程的转折是生产力、科技进步和交往力的提高，以及大自然的报复与惩罚和掠夺方式的严重危害。从理性自觉的原始"天人合一"，到掠夺阶段的"人定胜天"，再到"天人和谐"，这是各阶段的不同表现。人与自然和谐的伦理关系的实质就是人类对自然规律的深刻理解和对自我理性的节制。

2. "度"是自觉性的具体规定性。人类发展与生态环境破坏是贯穿历史交往的永恒矛盾。因为人类须从环境中获得物质与能量才能存在之故。"度"——自然界自我供给和恢复的限度；"度"——人类治理能力和方法的限度。这里有人类改造的影响、干预不能超过自然生态系统的稳定程度，也有人类对自身生产（人口控制）和消费的适度、有序发展程序。"度"是保持人与自然、人与社会和人类自我身心平衡状态的关键。只有把人类自身的发展融入自然演化之中，遵循文明交往互动规律，才能达到二者的和谐统一。

3."自律"与"他律"结合。人类对内提高人的生态道德认识、道德情感、道德良心，对外建立生态伦理基本原则规范，发挥社会舆论作用，完善生态立法，实现和谐发展。这是内外双方的交往互动。

九　"三知"之明的纵横联系

（一）两层自觉的互动。人类文明交往活动不是消极对待自然，而是积极地主动地保护自然，节约能源，以关爱珍惜之心，对待自然生态环境。这是人类文明交往的自觉。文明自觉在这里有两层意义。第一，在人类与自然、人与人和人类自我身心的交往中，由感而知，经历着由知而觉，即由感性而知性、由知性而理性和德性的反复螺旋上升的认识过程；第二，在不同文明之间和相同文明之内的交往，是由接触到相识，由对立到对话，有矛盾，有冲突，有吸收，有传播，有传承，互相尊重、互相影响、互相作用，多样性共处于同一个地球之上。

这两层自觉过程是互相联系的、互相依存和互为因果的。前者是共同认识文明交往三大主题的自觉；后者是文明交往活动中，各民族、各国家、各文明形态之间"和而不同"的自觉。在人类文明问题的自觉上，有各种见解。我认为，文明自觉实质上是文明交往的自觉，其要点是知物、知人和自知这"三知之明"，其核心是一个"知"之，其方向是"人文"而"明"之。

（二）"三知"之明。人类文明自觉的基本特征是理性的、德性的。它可以用批判、反思、兼容、创新和科学这五大精神来表述。用下述12个字更可集中表述文明自觉的人类主体理性、德性内涵：自知之明、知人之明、知物之明。这三知之明是学习、实践、思考和研究的自觉，"知"是在这个过程中逐步提高的中心思维活动。

首先要自知，就是自我身心的认知。《周易·系辞下传》："自知者，既能返复求身，则自知得失也。"人贵有自知之明，自知之后方有自觉，自觉之后方有自由。自知包括多重意义，如知根知底、知精知粗、知择知度。从根本上说，自知之明，是人类对自我身心的理性认知和德性把握。

其次是知人。知人不可或缺。知己知彼，百战不殆，这个兵家哲理也适用于文明交往，惟其如此，方有良性的、积极的和健康的交往。《老子·辨德第三十三》："知人者智，自知者明。"自知而又知人，方有更高层次的文明自觉。这对自己的文明和异己文明都是重要的。知人也有多重含义，最不可少者是不盲从、不拒斥、不囫囵吞枣、不全盘外化。因此，知人之明是人类对社会的理性、德性认识。

最后是自知之明、知人之明之外，还应有知物之明。尤其是当前自然环境问题日益严峻的情况下，知物之明的突出地位，与日俱增。海德格尔在《科学与沉思》中，把科学的本质概括为"现实之物的理论"，说明了新的自然科技科学观负有"知物之明"的现实使命。"知物之明"是人对自然的理性和德性的认识。

自知之明、知人之明、知物之明虽分属三大文明交往主题，但三者之间是相辅相成、相互作用的。它同样受着文明交往互动规律的制约。所谓自知之明、知人之明、知物之明的"知明"是人类文明自觉的集中表现。这"三知"体现了人的主体意识和思想的自觉。这"三明"表明了人类文明自觉达到的水平或高度。

不过，这三者还是有很大区别的。这里先不谈自知之明和知人之明，只就知物之明的特点略作分析。

（三）"三性"之别。人与自然交往因对象不同，因而有三性之别。首先，人与自然之间的交往，与人的社会交往和人自身的交往在类型上具有非同类性。人在这种交往中，面对的交往对象，不是有理性主体的人与人之间的交往，也不是有理性的人自身的交往，而是理性的人与非理性的自然界（有机生物界与无机生物界）之间的交往。这种交往在理性主体与非理性自然界的相互关系上，并不存在同类的平等前提。自然界是人赖以生存和发展的前提和条件，人也是自然界的产物和自然界的一部分，具有自然属性。但人的本质属性是社会性，人是有理性的，人与人的交往是处于一定社会关系之中的交往双方，是同类的、平等的。理性把人与人和人与自然之间的两种交往完全区别开来。

其次，人与自然之间的交往，与人的社会交往和人类自身的交往具有不同反应模式上差异性。人与社会、人类自身的交往，其"挑战—反应"模式是能动的、连续作用的，其基础是特定的社会关系，其活动方式是理性指导下的应战—试探—反思，进而调整各自的行为方式。人与自然的交往不同之处在于：交往活动不服从理性法则而服从自然法则；在反应模式方面，有机生物是求生本能的反应，无机物则是机械的反应；在时间上，交往不是连续性的快速回应，而需要延续极其漫长的时间，并且不存在自律性、目的性。总之，在互动规律上有其特殊性。

最后，人与自然之间的交往，与人的社会交往和人类自身交往在选择方式上，自然万物完全处于被动性。自然万物的"物性"，必须因人而"明"，它们本身并无获取发展自由而主动与人交往。自然界的"物性"似乎也不需要通过与人的交往而获得自我发展的行动。无论是有机物或无机物，在自我发展中，不存在交往上选择方式自觉选择或是自觉地调整。但这并不是说互动律不起作用，它的行为始终是按照宇宙间物质相互作用所决定的方式来运动。人如果违反自然规律，打破了自态结构和生态平衡，会直接影响到人类的生活和文明的进程。在这时，自然也会惩罚人类。农业革命的教训，工业革命的教训，气候与生态、植被与生态、动植物资源、土地生态、水资源以及由此而引起自然灾害的增多，但说到底这是人类自己在惩罚自己。其根源在于人类与自然交往中的文明不自觉或自觉程度不高。交互作用是事物发展的终极原因，深刻认识人与自然的交互作用、影响，将从根本上提高人类文明的自觉认识和行为。

（四）三"维"之觉。文明自觉依赖于对人类行为的反思和对自然变化的认识，其要点在于以下三个维度的掌握。

第一，科理之维的觉悟。科学是理性的。理性是自觉之根。科学的理性之维引导人类不断反思与自然的关系。现在人类已察觉科学主义的负面作用和人类中心主义过度功利化的作用，但科学是人类改造自然、创造物质文明的根本力量，它对真理追求的理性本质，既是生产力，也是交往力的集中表现。这一点是毋庸置疑的。现在科学主义和人类中心主义都在对自身进行反思，正视问题，在坚持人在宇宙中核心价值地位的同时，也提出更为理性的方式，以解决人与自然交往中的问题。

第二，伦理之维的觉悟。在生态环境恶化、生态文明危机情况下，人类意识到自己承担的伦理道德责任。但是，道德伦理是什么？它是人类社会实践中形成，并且建立在人自身反思经验基础上的一种理性。它存在于人与人结成的一种社会关系之中。即使在生态文明危机条件下，也不能简单地把伦理道德原则推广到自然界，赋予其道德主体地位。正确的做法是，反思以往人与自然交往中出现的种种问题，找出人与自然交往和谐相处的支点。这个支点首先要建立在文明交往的互动规律上。环境伦理学的创始人美国学者莱奥波尔德在《大地伦理》中写道："事实上，人只是生物队伍中的一个成员的事实，已由对历史生态学的认识所证实了。很多历史事件，至今还都从人类活动的角度去认识，事实上，它们都是人类和大地之间相互作用的结果。"具体而言，生态伦理应建立在从文化上反思、从实践上践行、从制度上解决人类应当为目前生态危机应负的伦理责任。

第三，哲理之维的觉悟。哲学是高于科学和伦理之维的认识支点。它使人认识到人与自然两个不同的类别及其间的交往关系的变化过程：①依赖而存的服从适应关系；②开发而存的利用关系；③掠夺而存的索取无节制关系；④和谐而存的理性自觉关系。它使交往文明化的阶段性清晰：①原始的"天人合一"；②掠夺阶段的"人定胜天"；③"天人和谐"的理性自觉。它使人由本身与自然交往中，认识到人本身、本性中有限智慧与无穷欲望之间的矛盾，进而反思：①人之初取火制造，带来温暖、光明和可食之物，但人之间抢劫、杀戮、焦土乃至物种灭绝相伴而来；②农业种植、动物驯养是自然供给匮乏之后的智慧文明产物，但它带来却是沙化、滥杀；③科学技术的发明创造，究竟是福祉还是有没有祸患随之而来。反思的结果在于自觉到具体规定性的"度"（适度、限度、尺度）上。人类发展与生态环境的破坏，是贯穿人类文明交往史的恒久矛盾，其根源在于人类必须从自然环境中获得物质与能量才能存在与发展。"度"，是自然界自我供给和恢复的限度；"度"是人类治理能力和方法的适度；"度"，是人类"自律"与自然律、法律、道德律、"他律"的适度结合。人与自然交往的文明自觉程度的尺度在这里。

（五）知物之明的批判意识。科理、伦理、哲理这三维之觉在文化思想上，是人类认识上的两个不同阶段的自觉升华。在早期，人们对自然的好奇和兴趣而静观沉思，产生了强调对象化与认识主体中立性的自然哲学，其目的主要是为了获得对必然王国的认识而达到自觉。在这自然哲学上有数字、实证、实验相结合的理论化自然科学。面对着工业化带来的环境危机，在20世纪70年代诞生了环境哲学，是在种种激化了的环境危机而生的。一方面，它既把人与自然关系广泛化（生态、社会、人文），又把人与自然关系提高到存在、变化交往上，寻找人类和生命之物栖居的最佳状态。另一方面，还要深入到人与自然环境的行为、道德、政策、伦理方面。

文明自觉在理性反思基于广博扎实的知识、清晰严谨的逻辑。它既是人类获得知识、分析问题和解决问题的根本能力，又是人类改造自然、创造物质文明的根本力量。人类正是依靠这种对"真"的追求的科学本质能力同自然界打交道。

文明自觉归根结底是从对环境和后代问题的两种极端态度中解放出来，既不盲目乐观，也不悲观失望。极端是反映了认识的两极片面性，人类在政府与社会力量合力中会不断走向全面认识，从而采取谨慎的行动和清醒的理性之途。

但是，文明自觉的理性素质并不排除感性素质。理性中的感性素质为人的文明增加了：①感受世界、体验自然之美和幸福生活的能力；②体验良好环境的敏锐感性能力；③美化生态环境，提高内在心理要求的环境意识。理性与感性的有机统一，从深层思维上加强了人类的文明自觉性，"知人"与"知物"之明自然结合在一起。

此外，文明自觉根源在人类的智慧。但智慧的反思必须要有批判、质疑精神。智慧让人越来越相信自身力量的伟大，以为胜天降地征服自然，然而结果带来的饥饿、干旱、洪涝等被自然惩罚和报复的灾难。其实智慧批判、质疑在其他方面也是如此。文字出现，可以记史实，也可以录谎言。教育可以启智也可以禁锢。法律、道德伦理，有时也纵容强者而规范弱者。宗教有无坚不可摧的穿透力，却也存在蒙蔽。智慧用于政治，可能有暴政生；用于军事，也能产生残酷战事，血流成河；用于科学，会制造出杀人如麻的武器。用于人与人的相互交往，也会产生欺骗、狡诈、坑蒙以及阴谋诡计。卡尔·波普对质疑、批判的哲学活动提出激励想象和智慧，"对假定的前提进行检验"，才能使社会不会僵化，信仰不会变为教条，智慧不会陷入贫乏。他说："社会如果躺在无人质疑的教条的温床上睡大觉，就有可能渐渐烂掉。"这是哲学作为"智慧之学"的解释。哲学词源上的"爱智慧"（philo-phia），本身就意味着对智慧的真诚热爱、忘我追求和批判反省。

十　生命的种类

人的生存与动物相同之处，在于都有生命，都有活命的本能。活命是生命的基础，但并非生命的全部。

人和动物都是从大自然中分化出来的生命之物。

1543 年，维萨留斯《人体构造》的出版，标志着生理学和医学的革命。从 16 世纪的科学革命到 17 世纪近代科学的诞生，自然科学分为物质科学和生命科学两大门类。

人的生命是一个多元统一体，其多元性包括五类：①肉体生命；②精神生命；③自然生命；④意义生命；⑤价值生命。

人的生命中，如果只有肉体生命、自然生命，而没有了精神生命、意义生命与价值生命，那就与动物无异，因而就不再是真正的人的生命了。

鲁迅讲过，人活在世上，一要生存，二要发展，无疑包含着这五种生命。

　　人的生存，除了满足人的肉体即生存的需要之外，还需要满足精神、意义、价值生存的需要。这三大需要中，最重要之点是人们的自由思想、自由表达自己意愿的需要，是全面发展自己的需要。所以，马克思所指的自由、全面发展的人类美好前景，即由此而来。

　　作为时代精神的哲学，是启迪智慧、追求真理的科学，表达真正的完整意义上的人那样活着的自由思想：肯定合理、批判不合理；不一味颂扬现实，要敢讲真话。关键是造成讲真话光荣，讲假话可耻的社会环境。

　　史学家黎澍在去世前说过一句意味深长的话：我一生最难理解的就是"百花齐放，百家争鸣"。能实现吗？他困惑了。

　　难道这个方针的字面意义真的难以理解吗？深思其根源，令人对人的自由思想环境倍加关注。

十一　科学传统是人文化了的文明

　　科学传统是非物质的，无形的，但比几个科学人才和科学研究成果要重要得多。人文化是指感化、融化、同化，滋润、渗透所有社会成员心脾和灵魂，使人们自律和互相熏陶。

　　陈方正在《继承与叛逆：现代科学为何出现于西方》（三联书店 2009 年版）一书，从西方本身的传统中寻找"现代科学为何出现于西方"寻找原因。古希腊的文化传统是以探索宇宙奥秘为目标。以追求严格证明的数学为基础的。这是从另一个角度研究问题，对李约瑟的"中国科技为何在近代以降落后于西方"（公元前 1 世纪—公元 15 世纪中国科技领先于西方）进行质疑。这种以西方科学传统为镜、对中国文化传统所作的反思，对中西文明交往也有启发。但不能以偏赅全。李约瑟《中国科学技术史》能否定得了吗？英国 G. E. R. 劳埃德说："科学几乎不可能从其结果的正确性来界定，因为这些结果总处于被修改的境地。"（《古代世界的现代思考——透视希腊、中国的科学与文化》，纽卫星译，上海科技出版社 2008 年版），说李约瑟提的是个"伪问题"，对此结论，似乎尚可斟酌。只能说，角度不同，提问题的思考点不一样，先不急于说别人是真是伪。正面研究自己思考的问题，使之有科研说服务，才是应当用力之处。

　　科学研究需要传统的慢慢积累，需要时间判断什么是持续真正的能力，即劲性、韧性和敢于、善于创新。科研方向为先,人才环境为重,追求先进学问。平等、民主的科研政策和自由、祥和的治学传统、自由研究的方法,从基础科学开始,将研究成果转化为创新之用。

积累的人文化过程是:扬弃—筛选—积淀—形成规范—继承—发扬—变革,聚凝结晶为训(规范)。积累有自觉、有不自觉、有好的和不好的积累,但有实践与时间的筛选、检验,有综合与提炼,从感生、知性、理性上升为经验教训。

高层次的理性即高层次的文化自觉,它将成为人们共同的信念和行为准则,构成一个科研机构的共同约定的行为规范——变成为传统。

十二　从人的大脑构成说到人性与兽性

人和动物都有感情,但人何以区别于动物?成人和儿童都是人,但儿童为何保有赤子的童心,而成人则无?

记得在农村时,人们常提醒不要轻易抚摸幼儿的额头(陕西话称"信门子"),说那里没有长好,乱动乱摸会损伤孩子,要变笨。最近读美国两位学者天宝·葛兰汀和凯瑟琳·约翰逊的《我们为什么不说话——以自闭者的奥秘解码动物行为之谜》(马百亮译,华东师范大学出版社2008年版)之后,得一新解。

该书认为,人的大脑由以下三部分构成:①位于头颅的最底层的最古老部分,是掌管基本生理需要的爬行动物的大脑;②负责处理情感的大脑旧皮层,为哺乳动物的大脑;③大脑新皮层,哺乳动物也有,但仅在灵长类、尤其在人类中最发达。这三部分由神经纤维连接,但每部分都有一定的独立自主性。因此,大脑是人性之中存在兽性、人类大脑与动物大脑并存。

人类新皮层的额叶区最为重要,它拥有整合、概括能力,即从个别事物推断整体概念;它也拥有智力的联想能力,从杂乱无章的细节中,理顺连贯为有机联系的整体。如果额叶区出现问题,信息的整合就会发生障碍。真如陕西省关中方言所说的"信门子"(额叶区),有些地区称为"脑门",常把"拍脑门"办事作为口头禅。其实,那是信息之门,有了障碍,门就关闭了,就患交流障碍的自闭症。自闭症的起因,为我们认识自闭精神障碍或儿童的额叶尚未发育完善而乱摸变傻的根源。也解决了为何人类有种复杂情感、认知和行为,而动物情感单纯、儿童的纯真童心和多动症的生理缘由。由此出发，从人类的文明交往自觉性角度思考，也应时刻思考自己的局限，如重视整体而忽视细节。动物具有发达的关注细节的能力，也许在动物的视野内，世界是支离破碎的，任何一个细节的变化，都会引起警觉。养过宠物的人都知道，自己宠物的察言观色能力惊人，狗的能力更强。动物的认识被大量具体细节所束缚而缺乏概括能力，因而不如人聪明，但人因有类推能力而关注细节的能力却严重退化。这使我想起了如今流行的口号："细节决定成败"。过度概括，要犯大而化之的错误。这也使我想起今日文化研究上过度概括的抹杀具体人性丰富多样性毛病，如用"竞争好斗"来概括西方文明，用"和谐合作"来概括东方文明。其实，"斗争哲学"中"斗则进，不斗则退"、"与天斗、与地斗、与人斗其乐无穷"也是中国的土产品，今日的学者怎么这样健忘！

　　文明交往问题上的真正无知是对人的无知，文明交往的自觉是学会研究人、发掘人、发现人，惟其如此，才能获得真正的突破。研究人就需对人性的复杂性、丰富性、玄奥性、可能性和开放性进行研究。关于人性与兽性问题，恩格斯在《反杜林论》中说："人来源于动物界这一事实已经决定人永远不能摆脱兽性，所以问题永远只能在摆脱得多些少些，在于兽性或人性程度的差异。"恩格斯这句话说明了人对自身认识的自觉性的有限和无限，也说了人性的本质是永远处于交往互动于自然、社会和人的自身。"永远不能摆脱兽性"正是因为人的大脑是复杂的，它本身三层结构中也在交互作用。人性的复杂、丰富性是无穷的，人性的玄奥、可能和开放是无限的，人性的高度和深度不断引导人类文明交往走向真善美和人文精神的思考。

　　人的大脑有三层结构，我认为这正是人之为人的优势所在。人不仅能用额叶发达的新皮层进行概括、联想的思维能力和行为，而且也可以用额叶发达的新皮层连接其他两部分，使之成为有机整体。人类文明交往的自觉，从生理上讲，就是在人性与兽性相互交往的生产实践和社会实践中发展的。动物世界没有民主，民主的真正意义上是人性而非兽性。动物世界没有平等，平等在真正意义上是人性而非兽性。动物世界没有德性，德性的真正意义上是人性而非兽性。人性与兽性存在着不可通约性。然而，人性与兽性又是长期的，以不同形式存在于一体之中。解决这个矛盾，只有用人性克服兽性，才会有真正意义上的文明自觉，人类的发展才能实现全球的交往文明化。那将是一个漫长的、逐渐的、螺旋式向上的、由盲目到自觉的发展过程。美国商业史学家钱德勒在《信息改变了美国》一书中，将美国的"信息高速公路"的铺设追溯到三百年前，得出了"信息是三百年来推动美国转型的动力"这一结论。究根溯源，也许应了陕西关中对额叶区称谓"信门子"的含义：那是信息科学源头的"信门子"！

十三 人类生存与人性

人有两种属性：动物性和人性。

人的第一需要是生存和发展。

人是环境的产物，自然和社会的大环境必然影响人类。自觉的人思考的是在大环境之下营造小环境，建立合理的假设，争取有限度的自由与成功，从而力行之。

动物性的特征表现在内心的自私与外在的野蛮。

人性首先表现为自我生存和人类共存所需要的道德律和法律，所需要解决的是利益原则和正义原则。

人是社会关系的总和。社会的人组成集团、政党、民族、国家的利益（生存与发展）共同体。

"文明冲突论"产生的动因是西方的生存与发展危机。

"文明交往论"的立足点是全人类的和谐与福祉。

任何理论，归根到底是人类生存与发展的理论。

任何理论的影响，都取决于它所反映与代表的群体利益人数量。

十四 物化人生不可取

（一）文明的目的

一位站在中世纪通往新时代门口的欧洲思想家但丁，在《论世界帝国》（商务印书馆1986年版，第5—6页）中说，"文明有同一目的"，即保护和平和争取发展。

（二）站住和站高

文明交往中的步骤：

一要站住，是在生长点上站稳。

二要站高，是在生长点上提高。

一位世界银行最年长的副行长、华人章晟曼在自传体《先站住，再站高》一书中，道出了一步一步往高处走的经历。不过，人们从中还进一步看到：站住，不是最终目的，站得高，才是战略人生。

（三）文化生活

文化生活是一种人类身心活动，其思考要点是人类的交往文明化：

1. 特征：内省、克制活动。限度于非外在功利主义、片面追求物质效果。

2. 罗素论生活：他在《社会改造原理》中写道："在政治生活和私人生活中，最高的原则应该是促进一切创造性的东西，从而减少任何占有性的冲动和愿望！"

3. 选择与拒绝：人每天都在做（行善或作恶）的事。

4. 如果科学的批评、道德的指导无力于正确选择，那么，物质生活世界无论怎样丰富，人们总感到生活无目的，创造也变得毫无意义。

5. 新的未必是真的，真的不必都是新的。"舶来文化"不都是创新文化。创新应是批判性的创新。

6. 在世纪转折之际，应站在东西方交汇高度，用自己的概念重新诠释中国传统思想。如无此工作，东方传统将为西方概念所淹没，成为西方思想的附庸。

7. 不能为了物质利益而牺牲思想传统和更高的文明价值。

（四）做人要知足，做事要知不足，做学问要不知足，欲望需节制

明人朱载育《十不足》歌："终日奔忙只为饥，才得美食又思衣。置下绫罗身上穿，抬头又嫌房屋低。盖下高楼并大厦，床前少美貌妻。娇妻美妾都娶下，又虑出门没马骑。将钱买下高头马，马前马后少跟随。家人招下数十个，有钱没势被人欺。一铨铨①到知县位，又言官小势位卑。一攀攀到阁老位，每日思想到登基。一日南面坐天下，又想神仙来下棋。洞宾与他把棋下，又问哪是上天梯？上天梯子未做下，阎王发牌鬼来催。若非此人大限到，上到天梯还嫌低！"

总之，文明的目的、文明交往、文化生活要人文化，注重精神质量，切忌物化人生。

---

① 铨，衡量，考量，按官吏资绩，确定等级升降。

十五　《鹰之归化》

　　郭启宏在 2004 年 9 月 10 日《文汇报·笔会》发表《鹰之归化》一文，言说猎人驯鹰的有趣故事。此文用文言写成，不由引起我的遐思。中学时为悼念仪祉农业职业学校校长李夤仪（水利学家李仪祉的胞妹）不幸遇车祸身亡，我曾用文言文习作祭文《祭李校长文》一则，被国文老师张警吾（《大公报》记者）修改后在悼念大会上宣读。使我兴奋的是，张老师还在会后将我引见给参加大会的于右任先生，于先生长须过胸、着棉袍、穿布袜布鞋，翘起拇指用关中口音说："师生情谊，山高水长"！那种洪亮的声音，至今犹在耳边。此后，我也曾有过练笔文言文，现仅存一篇《中国历史文选》序，共 780 余字，收入《书路鸿踪录》（三秦出版社 2004 年版，第 684—685页）。今见郭文写得颇见功力（见附后全文），又引发我想起文言以精短显示其特点，似可体现汉字炼意、表形和审美功德，于今日文风改革仍有借鉴作用。确实的，我们追求的文言的简洁浑成、西语的井然有序和口语的亲切自然。如果有诗意的文采，那将更美。此谓诗意治学之果。

　　不过，郭文对我的启发主要还在于人类文明初期与自然界的交往活动。以西亚为例，由食物采集猎取到食物生产驯化的人类与自然交往的文明变革过程，经历了 3000—4000 年，即从公元前 10000 年左右到公元前 7000/6000 年左右的漫长时间。人类在冰川期结束后，动物北移，有些人随猎兽迁移，继续过着游牧文明的生活；一些人仍留在原地，开始驯化动物和栽培植物，建立村落，过起定居生活。随后，村落演变为城市，文字也出现了，真正意义上的"文明"，在人与自然、人与人交往过程中产生了。研究证明，在公元前 9000 年到前 8000 年间，这个文明变革过程在西亚已迈出了第一步。公元前 7500—前 6500 年，在安纳托利亚东部（今土耳其）、叙利亚、伊拉克、伊朗等地，已经出现了完全的定居农业。公元前 6000 年，农业文明已成为西亚地区主导性的生存形态，而饲养牲畜对农业是一个补充。公元前 5000 年左右，农业在中国三个地区和美洲一两个地点也出现了。在公元前 3500 年，文明交往活动使农业由东亚和西半球逐步扩散，遍及全世界。

　　郭文描述了一个当代牧人驯鹰的"归化"故事，由今及古，这种由人化自然的归化现象，有"被动发展论"一说。在远古时代，人们只是在利用狩猎或捕捞不能保证肉食供应的情况下，以一种被动的、不得已而为之的方式驯化动物。但最早驯服的不是鹰，而是牛、羊，首先是猪。迄今为止，外国学者研究证明，世界最早饲养的猪出现在西亚，时间大致距今 9000 年。中国在距今 8500 年。猎人驯鹰，"熬之三夜，始脱野性"，但仍为主人"逐脱兔，掠飞雀""低飞盘旋"，听主人呼哨，"箭射而来"。这个驯化过程是否为远古先民长期积累经验而成，尚待考证。然而，"归化"一词，确有文明交往的特殊含义在。

从文明交往的观点看，许多动物的驯养，早于定居农业，但是农业和驯养动物这两个交互作用的交织过程共同构成了人类文明的关键性转变——新石器革命时代。不同动物以不同方式被驯养，这反映了人类和自然之间的互动交往方式。狗在驯养之前是一种追捕人类或在人类居住地附近觅食的狼，大约在公元前 12000 年的石器时代已被人驯化，用来探路和追捕猎物。后来又用于保护和控制羊群，以至人类定居时的看家守护。动物驯养促进了畜牧文明的发展，游牧文明作为一种生产和生活方式，成为农耕文明最强劲的竞争对手。马背文明和驼队文明都建立了强大的帝国。驯化动物与游牧民族结合，其军事力量足以挑战农业社会的技术。骑在马背上驱赶牛羊的蒙、满游牧民族和骑在骆驼背上的阿拉伯民族，都在自己文明创造中起过重要作用。这些文明之间和他们自身文明之内的交往，在人类文明交往史上占有重要的篇幅。

美国贾雷德·戴蒙德在《枪炮、疾病与钢铁》中，认为小麦、水稻、玉米、大豆、大麦、高粱、棉花、干豆、油菜和黍这十种"支柱作物"是人类文明起源的基石。农业开始于人类对野生植物的驯化，而欧亚大陆生长着更容易被驯化的野生植物。欧亚地区的大部分农作物起源于中东的一块月牙形地区，即"新月沃地"（Fertile Rescent）。这块地方具有典型的地中海气候特征，每年都有一个短暂的、适于植物生长的雨季，以及漫长的旱季。当地的野生植物经过多年进化，逐渐适应了这种气候。为了让下一代迅速生长，它们的种子营养丰富，很适合人类食用，科学家在这里发现了和现代小麦非常接近的野小麦。农业生产开始了人类文明。

附：

鹰之归化

郭启宏

白山黑水间，一苍鹰低飞盘旋，猎人老佟头指顾，此新熬者也！被执之初，甫成年，喙曲而锐，趾具钩爪，逐脱兔，掠飞雀，猛鸷异常，熬之三日夜，始脱野性而归化焉！余曾闻熬鹰之惨烈，固未睹，闻亦未详，便邀述，一快耳读也。

噫嘻！那物端的了得。一之日，暴烈悍野，爪不停挠，喙不停唳，绳网外有羊肉清水，彼未稍顾，意殊不屑，见我等行来，辄扑击，羁足之铁链纠纷，碰撞之噪声乱耳，一跌再跌，屡踬屡起，犹怒目相向，仰天悲唳，待入夜，寒风袭来，篝火在侧，吾等不睡，彼亦无眠，相对血红眼。二之日，怒且躁，戾气升腾，煞气郁结，盖饥饿之感生焉，吾等伪为奉肉，彼竟扑人，巨翅大张，惊风横扫，人为之趔趄，移时仍不顾肉，以喙击链，噼啪爆响，喙血淋漓，点点斑斑，至夜幕笼黑，始失神，茫然无依，然犹与人对峙竟夕。三之日，喙如墨染，血痂黑硬，血淤竟塞鼻，于是戾气散，煞气消，阳光下疲躯难负重荷，铁无响，眼半合，昏欲睡，吾等不敢懈怠，长木撩拨，毋使安眠，彼无可忍，盛怒重聚戾煞之气，却如无芒刀，毕竟走失底蕴，唳啸喑哑，惟余悲凄，夜幕再降，人以录音机造境，骤时风吟水响，俄而走兽之啸吼噪叫，由远及近，彼闻之肃然，敛毛羽，近篝火，瑟缩畏葸，一至颤栗不已，眼神顿改向日之桀鸷，尽露乞怜意，吾等窥得时机，迅即入网围，揽彼在怀，抚之、摸之、梳之、理之，自头及身，反复者三四，彼若依人小鸟，舒展躯体，柔顺温良，吾等更将肥羊嫩肉托之掌心，彼欢然进食，当此际，恩怨俱泯，功德圆满矣！

老佟头言罢，一声呼哨，那物箭射而来，立其肘，头戴黑，体披苍灰，目灼灼，遥瞻遐方。余怅然怆然，心中念念：鹰乎！鹰乎！其归化乎！

十六　简单是美，平实是福

物质文明与精神文明的理想关系是和谐有度、美好幸福的互动交往，以下哲语，颇有深意。

1. 已故的清华大学国学院四大导师之一的赵元任关于文明的话很简单："物质文明高，未必精神文明高；物质文明不高，精神文明一定高不了。"20世纪80年代初，我在美国加州大学伯克利分校东亚研究所，看到他的遗像，想起他儒雅的面容，他的这句话更加深了我对物质文明、精神文明、制度文明、生态文明之间紧密联系的认识。

2. 我国数学家华罗庚也有类似名句："数学是简单美。"他自问自答的名联也令人领悟到他的审美的智慧：三强韩赵魏，九章勾股弦。据说这是几位科学家在飞机上娱乐活动：对对联。华罗庚出上联：三强韩赵魏。"三强"是双关语。一为历史上春秋战国三强国，特别是战国七雄中的韩赵魏"三强"；二是科学家中的钱三强。他要求用在座科学家的名字和古代某物为对立，说出下联。当大家为难时，他说出他的下联：九章勾股弦。九章也是双关语：一为中国数学名著《九章算经》；一为在座科学家赵九章；而勾、股、弦正是《九章算经》中关于几何学的三个概念。"三强韩赵魏，九章勾股弦"真是妙联！显示出华罗庚的审美素养。

3. 胡绳是位忠厚的长者风度的人文社会科学学者，历史学家。他任中国社会科学院院长期间，在这个顶级的科学机关里，可以说是有口皆碑的。他关于自然技术科学和人文社会科学的价值观，其实也非常简单："没有科技，一打就垮；没有人文社科，不打自垮。"这和上述第一条中赵元任的话相互对应，含理深刻。

4. "一拳之石取其坚，一勺之水取其净。"启功这位"坚定居"的"坚净翁"，这句简单的美言，本身就体现了朴实、卓见而美好。

5. 歌唱界的"常青树"关牧村的话更其明白："平常心是道，简单是福。"她唱红歌几十年如一日，平常心使她年轻，虽历经岁月变化而不衰。她所说的"平常心"、"简单"，也可以理解为"朴素本真"，也就是《庄子·天道》中所说的"朴素而天下莫能与之争美"。

十七　人直接遇到的是自然

1. 自然：人类存在和发展的前提条件。人：主体视角，认识自然及生态系统价值，掌握人与自然共生同荣。人与自然的价值取向：尊重自然，尊重生命；爱护自然，爱护生命。这是符合自然生态的规律。

2. 人直接地是自然存在物。人是自然的一部分。人与自然之间的交往目的，是与自然的和谐相处、协同发展，从而达到人类相互理解、换位思考，使人与人之间的交往文明化。人类在交往中首先和经常遇到的、既定的、从过去继承下来的条件是自然界！

3. 自然价值论、自然价值观是生态学原理的价值观念、思维模式、经济法则、生活方式和管理体系。和谐、包容是它的核心。人类从来都不是超于自然界的统治者，而是自然界的生物链条上的一员。人与自然息息相关、唇齿相依。大自然总是慷慨的回报者。

4. 地震、海啸、洪水、暴风、传染病等自然灾害，是大自然发出的警钟。在长鸣的警钟声中，人们要反思，要自觉：①人类在原始蒙昧阶段，对大自然无比敬畏，其反思和初步的自觉结果是巫术与宗教；②在农耕社会中，人类重视"天时"、"地利"，靠天吃饭，是顺乎自然；③进入工业社会，科技拥有巨大的能量，人类越来越蔑视自然，进行掠夺性资源开发，迷信"无极限发展"，陶醉于对自然的肆意征服、战胜，结果不断遭到无情报复。

5. 人类若同自然较劲失败之后，会觉得自己十分渺小，生命非常脆弱；会觉得要尊重自己、爱护自然，同大自然和谐相处，做到"天人合一"。

6. 适时地反思，摆脱思想枷锁，是走新的文明自觉的关键。从寻觅和谐共处之道的美好愿望出发，以一种悲天悯人的关爱情怀，探求人与自然之间的良性互动关系，正是文明交往论者的苦心孤诣之所在。这样做，体现了对人类命运与归宿、幸福与完善的思考，也是终极关怀。

7. 人类文明交往的过程中，时间总会带走许多东西，但必然会留下一些有价值的东西。多难兴邦，多灾思变，久弱图强。人类在灾害面前，总是持续地向大自然应战，从中获得发展动力。①自信力；②推动力；③凝聚力；④亲和力；⑤科学力，等等，会与时俱增。摆脱严重的理性功能主义，通过实践、体验、思考，去发掘人类文明交往的潜在力量！

十八　诗意自然

1. 诗意自然是审美自然，是把自然作为审美对象的自然观。这与狭隘的科学主义自然观不同，它以审美态度对待自然。自然技术科学使人类真切地发现，实证地认识自然，也合理地利用自然、改造自然。但同时也容易走向占有自然、改变自然、消费自然，到破坏自然。这是人类与自然交往的不自觉表现。文学，尤其是诗歌，按美国勒内·韦勒克、奥斯汀·沃伦在《文学理论》中的说法："审美经验是一种凝神观照的形式，是对审美对象的性质以及性质上结构的一种喜爱的注意。"如辛弃疾的《贺新郎》中形象的说法："我见青山多妩媚，料青山，见我应如是。情与貌，略相似。"也如爱默生在《讲演录》中的美文所述："田野和树林给予我的最大快乐是人和植物间玄妙关系的暗示。我并非独自一人，也不是没有人认识我。它向我点头，我向它点头。"可见，人与自然的文明交往，是中外文学的共同主题。

2. 诗意自然是人类用眼睛和心灵观察体悟到的自然的整体知识，而后又用诗词加以美的表达。诗可以"多识"自然，包括鸟兽草木在内的自然万物。它不是动植物志、矿物志和天体学，而是艺术化了的自然。自然在诗人眼中不是解剖分析，也不是哲理思考，而是形象生动、多姿多彩。晏殊观春："燕子来时新社，梨花落后清明"（《破阵子》），秦观看春："有桃花红，梨花白，菜花黄"，"正莺儿啼，燕儿舞，蝶儿忙"（《行香子》），韩愈看春的诗是："草树知春不久归，百般红紫斗芳菲，杨花榆荚无才思，惟解漫天作雪飞。"（《晚春》）"雁引愁心去，山衔好月来"（《与夏十二登岳阳楼》）王维诗中有画，"明月松间照，清泉石上流"（《山居秋暝》），让人心旷神怡。杜甫超越图画，用"两个黄鹂鸣翠柳，一行白鹭上青天"（《绝句》）来表现听觉审美体验。

3. 诗意自然反映"人与自然"关系的"天人合一"的和谐哲理与终极性审美的回归。人常说，诗如画，但作为审美对象的自然，终究不同于人类艺术创造的艺术品。自然是人类的由来和归属，它具有原始和终极两种品格。"天人合一"，不是以自然或人类为中心，而是天人融为统一整体，语言文字在这里会失去描写和形容的能力。这正如庄子所说的"天地有大美而不言"的"大美"，这种"大美"是不能用语言文字所能完全表达出来的。陶渊明"采菊东篱下，悠然见南山。山气日夕佳，飞鸟相与还"，人和自然"合而为一"，他用了"此中有真意，欲辩已忘言"的诗句，戛然而止，把言已尽而意无穷的"诗意"，表达得恰到好处。此类诗句还有张孝祥在"玉鉴琼田三万顷，看我扁舟一叶"之后的"悠然心会，妙处难与君说"和陶弘景回答皇帝时的"山中何所有，岭上多白云。只可自怡悦，不堪持赠君。"这些诗意自然都体现了人与自然的和谐观。我在第八集"学问学术"中谈"诗意治学"，正是由此出发而产生的遐思。

4. 诗意是意会，难以言传而又在形影相连之中。唐诗《春江花月夜》云："人生代代无穷已，江月年年只相似。不知江月照何人，但见长江送流水。"在浩渺宇宙面前，唯有诗歌才能吟咏人类生命和情感的意境美！

十九　现代生态学的先驱——吉尔伯特·怀特

环境史家沃斯特在《自然经济体系：生态思想史》一书中，评论吉尔伯特·怀特的贡献时说："怀特超出了日常观察和娱乐层次，他把塞尔彭周边视为一个复杂的处在变换之中的统一生态整体。《塞尔彭博物志》的确是英国科学中对生态领域最早时期的贡献之一。"

《塞尔彭博物志》是怀特对家乡塞尔彭的气候、地质、地貌、鸟类、物候、物产、人口、生态的长期研究的结果，出版于1789年。他以书信的形式（与本南德和巴林顿的通信）写成。这两位科学家名声很大。本南德（1726—1789）是威尔士博物学家、《不列颠动物志》作者、瑞典科学院院士、英格兰皇家学会会员；而巴林顿（1727—1800）为英格兰律师、古董商、博物学家。但是，在生态史、文化史、科学史上，怀特却超过了他们。《塞尔彭博物志》在20世纪生态运动史上，被奉为圣经之一。

怀特研究的特点是：①从生物的生态价值的角度，观察事物，用人与生物的交往关系看自然生态。例如他在1774年和1775年在英格兰皇家学会的《哲学集刊》上发表的4篇文章不局限于食性和分类，而是生命价值和习性，并且纠正了《不列颠动物志》上的错误。②以人文情怀的心态描述大自然的和谐和美好。沃斯特在《自然的经济：生态思想史》中指出："有两点使他形成了生态学见解，一个是对他自童年起就已了解的土地与动物的强烈感情，另一个是对设计了这美好生活统一体的上帝神明怀着同等深切的尊敬。科学和信仰对于怀特来说，在这个合二而一的观念上有着一个共同的结果。"③有高度的综合生态意识。《塞尔彭博物志》的译者缪哲说，此书不同于一般从人的利益出发而善待虫鸟草木，或当初坑害草木，而是这样的研究态度："是受到启蒙的基督徒的；动植物中，有上帝的影子，他的本业，是从中发现他的智慧与完美。这样的态度，是科学的，艺术的，也是宗教的。"

还有一点应当提及的，是他对家乡的热爱。他研究的空间地域专注于家乡，是生他养他的身边的自然风物。1720年他生于英格兰南部距伦敦不到60英里的小乡村塞尔彭，他一生的研究工作大都在这里。由于他的著作，他的家乡成为达尔文、洛厄尔、巴勒斯等博物界名人拜访的圣地。

提到达尔文，我想起他在《物种起源》一书结论中最后的美趣话语："看一眼缤纷的河岸吧！那里草木丛生，鸟儿鸣于丛林，昆虫飞舞其间，蠕虫在湿木中穿行，这些生物设计得多么精巧啊！彼此虽然如此不同，但却用同样复杂的方式互相依存，而它们都是由发生在我们周围的那些法则产生出来的，这岂不十分有趣！"

我在20世纪80年代初，在西北大学建立了文博学院，设三个专业，把文物学和博物学作为两个独立专业与历史学专业相互联系为一个整体。我想起了李广田、周作人、叶灵凤对《塞尔彭博物志》的介绍。怀特开创了人文精神的博物学，对学人的诗意治学和老百姓的自我身心健康，都是有益的。沉思自然之美，多么令人神往的意境啊！

第 二 编

生态文明

一 生态文明的意义

（一）生态文明是人类文明之根、之源，是人类在物质层面、精神层面和制度层面上对工业文明反思的自觉，也是关乎人类文明整体发展的自觉。生态文明首先是人和自然之间交往中形成的一种和谐的生存、生活状态。但它是与物质文明、精神文明和制度文明相互联系的，也是与自然相适应的生产方式、生活方式和消费方式的社会环境密切相关的。生态文明的自觉，呼唤科学的生产、生活、消费、人口、资源和环境之间的相互依存、相互促进的良性循环社会形态。

（二）自然界是人类存在和发展的基础所在。马克思指出，人对自然有着高度的依赖性，这是因为"自然界，就它本身不是人的身体而言，是人的无机的身体。人靠自然界生活。这也就是说，自然界是人为了不致死亡而必须与之不断交往的、人的身体"。（《马克思恩格斯全集》第 42 卷，人民出版社 1979 年版，第 95 页）人与自然的和谐交往，是人与社会、人的自我身心的基础。生态文明的自觉集中表现为可持续发展的理论和行为。生态文明形态的核心是生态规模基础上生态系统和社会秩序。这种系统的活力在于以生态主义取代物质主义价值观，用文明交往互动规律调适经济系统与生态系统之间的动态平衡。

（三）我在《史学理论研究》2001 年第 1 期发表的《论人类的文明交往》一文中，把"生态文明"作为人类文明交往四个组成部分之一提出。其他三个组成部分是：物质文明、精神文明和制度文明。我在《文明交往论》（陕西人民出版社 2002 年版）中，从人类的生产实践活动的社会交往前提，即社会关系或联系角度，进一步论述了这四个基本交往的关系。此后，经过多年的学习、思考和写作，在 2009 年完成了由文明交往深入到文明自觉的转变，在《回归史学本体，获得学术自觉》(《世界历史》2009 年纪念专刊)一文中，提出了以文明交往互动规律的九点认识。后来，收入了我主编的《中东史》(人民出版社 2010 年版)的绪论之中。此文把生态文明归结为人类文明交往、互动交往"四边形层面"之一，与物质文明、精神文明、制度文明的"无数交错的力量的作用与反作用推动着历史事件的产生"。

于此可见，生态文明是人类社会文明多维互动中积极、良性和可持续发展的文明形态。它的基础为环境资源的承载力，它要求实行可持续的社会经济政策，它旨在建构人与自然和谐发展的社会。从根本上说，生态文明是人类遵循文明交往互动规律而建构的科学和自觉的文明形态。它的特征自觉性，不仅是理论上、科学上的自觉，还必须有整体上和实践上动态发展的自觉。

(四) 2010 年 4 月 15 日，《中国社会科学报》刊登了美国学者罗伊·莫里森 (Roy Morrison) 的《走向生态社会》一文。从介绍中得知，他正式提出"生态文明"是 2005 年出版的《生态文明 2140》 (*Eco Civilization 2140*)。此前有《生态民主》(1995)、《生态调查》(2001) 等著作。《走向生态社会》一文论述了"工业生产：人类意志选择的陷阱"、"以人为本：改造技术工业型政治体制的精神自觉"、"生态社会：从生态学观点去理解自然"、"生态中心主义：人类如何适应生物圈"、"价值建构：生态社会中必需的制度和文化因素"等问题。文中认为："人类唯一确定的天性"，就是"改变自然"；而这种改变是"通过与意识和文化适宜的生产"来进行的。他认为"人类之于生态系统的标记"是"意识"中的"想象力和思考力"。文章写道："马克思认为意识是劳动过程的决定性因素，而劳动或生产是人之为人的决定性因素。"生态社会、生态系统，在他看来是有内在有机联系的，要把所有因素联系在一起升级为一个整体，而不是像现在的生产模式将自然割裂开来。莫里森做了近三十年的美国政府能源顾问，为企业和政府客户提供技术分析，他的经验对生态文明有特殊意义。

(五) 健康、安全是文明的基本要求。幸福是文明的最高境界。人类要健康、安全、幸福地生活，不能不关注生态文明的建设，而良性、和谐的生态环境是与物质文明、精神文明和制度文明紧密地联系在一起的。

就人类健康、安全、幸福本身而论，离不开自然生态环境，乃至动植物的健康。在人类生存的地球这个生物圈内，人类受日月光华的普照和空气、水分的浸润，也与动植物共呼吸、同生存。

文明交往表现为生命物质信息的交流与交换，从而健康地成为一个交叉循环概念。如中国科学院动物研究所张树义所说，大自然不健康，野生动物不健康，人类休想健康！

因此，人与自然和谐相处，重要之处在于：爱护自然，爱护环境，爱护动植物。说这是"首要"，其实这首先是爱护人类文明。人与自然交往理性了、科学了，健康、安全、幸福、文明就来了。这就是生态文明的意义。

（六）具体地说，生态文明的首义在人类的建设，在于遵循自然与人类发展的交互相促律，保护和创造和谐的生态环境。其主要内容有：①节约资源；②建设新型产业结构；③建立制度化管理；④使增长方式合理化；⑤符合生态环境的新消费模式的形成。这就是说，生态环境或生态系统的要旨在于认知人类文明交往的意义和自觉意识。生态文明不是孤立的，它与制度、物质和精神文明因素在人与自然关系上的具体认知和体悟，其中包括生态伦理层面的理解。生态文明是人类社会和谐和自然环境和谐的结合。它既可以包括水、土地、气候、生物、矿藏等自然生态过程和生态服务功能的生态和谐，也包括生产、流通、消费模式与物质生产环境的和谐，还包括社会环境中人与人、民族与民族、国家与国家、区域之间的利害竞争、合作、集群、分异关系的社会生态的和谐。文明的社会性和生态性，决定了人类社会的技术、制度在时间、空间、量度、结构、序列和管理层面的矛盾与统一关系。自然技术科学和人文社会科学的协作，"以人为本，改造技术工业型政治体制的精神自觉"（罗伊·莫理森），是解决可持续发展的有效途径。

（七）"生态"一词的出现，不过百年历史。"生态文明"的概念也不过是近十来年中才形成的。现在缺乏的是对生态危机严重性的认识和有力措施。的确，20世纪是一个辉煌的世纪。人类在创造了一个亘古未有的物质文明的同时，也几乎控制了所有的生态领域。可是，在这快速"生产文明"的过程中，在势不可当的工业化过程中，人类已经创造了超过600万种化学物质，并且新的化学物质还以每年1500—2000种的速度递增，其中绝大部分危害不可能一一进行评估。这些日益严重的污染与能源危机一样，正日益成为威胁人类自身存在的隐患。研究证明，环境激素对人类生育能力的消极影响，将是21世纪人类面临的最大、最严重的挑战。

二　生态环境与文明交往的自觉

（一）人类文明交往的自觉，从根本上说是历史的自觉。所谓历史自觉是立足现实、回顾性思考和前瞻性思考的贯通，是从历史的反思中探索未来。中国环境科学出版社出版的《中国环境史研究（第 1 辑）：理论与方法》为此做出了努力。主编唐大为不仅是用历史家的智慧，而且强调"自然与人的互动"的历史规律，这是面对生态危机的历史自觉的表现。

（二）要全面了解人类文明交往史，生态环境问题不可或缺，生态环境的历史也不可或缺。

自然环境的恶化，直接影响到人类的社会生活，也制约着人类文明的进程。

有许多研究成果证明，古埃及文明、古印度文明、古巴比伦文明、古地中海文明、古玛雅文明之所以失去光辉，或者消失在历史的遗迹之中，原因之一就是人们破坏了生态结构和生态平衡。在丝绸古道上，我们看到许多古城的残垣断壁，横陈在沙漠风尘的落日余晖照射之下，皆因缺水无林所造成。文明交往的波涛起伏，都有生态环境在起作用。

（三）生态环境的变迁，直接影响到社会发展。农业革命的教训，已使环境问题凸显于人类文明交往史之中。工业革命的教训，更其严重。气候与生态，植被与生态，动植物资源，土地生态，水资源以及由此引起的灾害，都是值得研究的文明交往问题。深入、全面了解生态文明，认识人类与自然环境的交互作用，可以更好地提高人的文明的自觉。

生态文明不仅是贯穿人类文明史的主要组成部分之一，而且超越了农业文明、工业文明的发展阶段，在物质、精神、制度的融合中，形成了新的形态。它所包括的内涵是人与人、人与自然和人类身心的和谐、共生理念的坐标。有些研究者指出，人类自身发展和发展的理念纳入自己的存在与发展之中，把生态文明的理念融入生命各方面，从最深层引导"人与自然的氤氲化生，见证着人类的发展方向，寄寓着人类的文明自觉"。

（四）1844 年，马克思曾这样思考文明提升的自觉过程："这种共产主义，作为完成了的自然主义，等于人道主义，而作为完成了的人道主义，等于自然主义，它是人和自然界之间、人和人之间的矛盾的真正解决，是存在和本质、对象化和自我确证、自由和必然、个体和类之间斗争的真正解决。

它是历史之谜的解答,而且知道自己就是这种解答。"(《马克思恩格斯全集》第42卷,人民出版社1979年版,第120页)解决这种历史之谜也可以理解为"知物之明"和"自知之明"的文明互动交往过程。

后来,马克思在《资本论》中又进一步提到,由于物质代谢出现"断裂"和被"搅乱",因而自然环境被破坏。至于恩格斯关于人类过分相信对自然的支配和胜利而遭到自然报复的观点,在"知物之明"和"自知之明"的交往互动关系上,更是文明自觉最明确的表示。

(五)日本环境哲学家岩佐茂在《环境的思想——环境保护和马克思主义的结合处》一书中,提出了"生态社会主义"。他认为,资本主义在社会结构上须保持贫富分化的不正义性,否则无法获得利润。社会主义的本质在于公平正义,按理念讲,应当包括于经济之中。这是极有启发性的见解,是从制度层面观察生态文明的值得重视的见解。

人类史实质上是人类的文明史,是人类与自然之间,以及人与人之间的交往史。文明交往的要素是分与合、选择与创新、传承与传播、推陈与整合的交替过程。人类文明的变革经历了从农业社会文明向工业社会文明的变革和工业社会文明向生态文明的变革。这个变革从18世纪开始直到21世纪,还在进行之中。据统计,2006年,世界上有29个国家已经进入第二次变革,有90个国家进入第一次变革,有12个国家处于传统农业社会,还有几百个原始民族处于更后进社会形态。21世纪的世界历史处于更大变革之中,各种文明的此消彼长的交往互动都将融合到现代化进程之中。

三　宇宙诸法则之下的和谐现实

美国《纽约时报》网站2007年5月20日刊载沃尔特·艾萨克森的《爱因斯坦:人生和宇宙》;同时又有《大师的宇宙》出现在同一网站。这主要是介绍沃尔特·艾萨克森的《爱因斯坦:人生和宇宙》(4月份出版)新书。

爱因斯坦的探索宇宙历程,反映人与自然的高层次的交往,而且是一种高水平的文明化的交往,也是宇宙诸法则之下的和谐现实。

作为20世纪一位顶尖科学家,他与一般物理学家不同之处,在于对于原始奥秘的不停思考和细致分析以及不懈追问,以求得科学之真谛。

人们常提他的一句名言:"我没有特殊的天才,我只是怀着极大的好奇心。"这是他对他的朋友卡尔·泽利希讲的真心话,但并不是每个知道这句话的人，都领悟了其中真谛。艾萨克森深有体会地说，"极大的好奇心"，正是爱因斯坦的天赋所在，是一颗科学家的童心。可以说，这是他的文明交往的高度自觉性。

他认识宇宙的好奇之心始于 16 岁（1895 年）：想象和光束一道旅行将是什么样子。思考，惊人的专注于思考的持续性：1905 年发表 5 篇论文，提出狭义相对论。这是第一个十年。再过十年，即 1915 年，他对自然的探索，终于创造了科学上最完美的理论之一：广义相对论。第三个十年，即 1925 年，他思考的转折点：他帮助发起的量子力学革命逐渐变成一种新的基于不确定和可能性的力学。

前三十年是"革命者"的三十年。之后的三十年是"抵抗者"的三十年。他没有停止思考，他一如既往，通过持续的思想实验、想象力探索"统一场论"。他希望将物理学全部纳入这个理论之中。他几乎是一直顽固地批评他所认为的量子力学的不完整性，直到 1955 年临终之前还写下一些潦草的等式。

好奇心推动他持续思考，推他想象，并且在实验中猜测。在一次实验中，他想象坐在封闭的电梯里向上加速穿越空间，感受到的结果将和对重力的体验没有什么区别。他猜测，重力是对时间的扭曲。他想出一些方程式，描述这种弯曲的动态怎样来自物质、运动和能量的相互作用。思考是一项思想实验。他于是又想象，在一个二维蹦床平面上滚动一只保龄球，然后再滚动几个台球。台球滚向保龄球，不是因为后者有什么神秘的吸引力，只是因为蹦床的纤维弯曲了。如果发生四维空间时空将会怎样，这是爱因斯坦下一步的思想探索。

爱因斯坦最重要的科学品质是甘愿一生宁静、孤单，不因袭盲从而安然自得。习惯独立思考，因而可以突破传统束缚。他具有科学家淳朴善良的气质，内在的自信与敬畏自然，也使他产生谦恭与彼此调和。他能做出复杂的方程，但更重要的，是他懂得数学是大自然的语言。它是用来想象和创造现实生活的发展。"想象力比知识更重要"，他的这句名言背后是用电磁场方程式展示的一个与光线同行的男童。

物理学家李·斯莫林说："我们大多数既没勇气又没耐心去仿效爱因斯坦。"这是因为今日科研环境注重相互协作、发表成果及角逐资金，与当年爱因斯坦治学之路不同。尽管爱因斯坦在 1905 年发表《论动体的电力学》一文首次提出狭义相对论，但这一学术上的突破却并未立即给他带来学术声誉。1906 年，他应邀在伯尔尼大学做了试讲后，才得到正式的"无薪物理讲师"聘书。得到的,他处之漠然;得不到的,他处之泰然。但是,持续的思考,想象力、创造力,这些科学精神仍长期存在。特别是爱因斯坦所说的"宇宙宗教情感",即与宇宙真理相通的思想,表达了人类与自然的文明交往。

在今天强调科学和数学教育的时代,在强调"教之道,贵以专"的同时,应当记住爱因斯坦的话:"素材的积累不应当压抑学生的独立性。"社会竞争的优势,不是死记硬背,不是人云亦云,不是亦步亦趋,而是思考、创造,是激励想象、好奇。科学是激励人走向崇高,走向全球文明化、和谐化。

好奇心是一种童心,是孩童的天性、勇气,是大自然的本性。丹麦哲学家日兰·克尔凯郭尔热爱大自然集中在两样东西:天空的飞鸟与原野的百合。为什么?因为它们身上有一种自然的"神圣的缄默"。谈到这两样东西,他向人们坦言:"你们应当重新成为孩子。"是啊,好奇心,兴趣,理解,想象力,毅力,诸如此类心态,都是从童心中生成、成熟的,要保持好奇心和不泯的兴趣,常需要童稚之心、童稚之勇去质疑如今这个已被全面物化的正负兼有、文明野蛮同在的世界。这是什么心态?是一种自我完全舒展的心态,其中所蕴涵的由心灵的澄明而显现出勃勃生机的心态。这就是科学家的和谐心态,是自觉的心态,自觉于宇宙诸法则下的和谐现实的表现。

四　生态环境的文明自觉

(一)文明是什么?从人与自然关系上讲,文明是人类对自然的利用,是人类在尊重自然规律前提下的劳动创造,是人类认识、利用自然规律为自己谋福祉。人类脱离了完全依靠自然,有了农业,安居而有生活保障,创造文字,建立国家,从自然状态而步入文明生态。但是,农业是简单的生产方式,年复一年,周期重复,文明进步缓慢。只有进入工业文明,才是扩大再生产。后者的直接结果是自然技术科学的不断进步和人的思想意识的不断提高。农民流入城市,人口流对传统农业文明是一个大冲击。"交往的压力带来了传统社会的土崩瓦解","使传统的农民逐渐步入现代世界"。(美国比较社会学家埃弗里特·M. 罗吉斯:《乡村社会的变化》,浙江人民出版社 1988年版,第 309—310 页)

(二)生态文明是什么?是人类在与自然交往中,对农业社会文明、对工业文明、对自然科学技术异化为环境而产生尖锐矛盾的辩证自觉认识与活动。环境生态与人类心态在与自然交往实践的过程中，既有共生、共存的互动关系，也有树立作为人的自由和全面发展核心观念——"和谐"的形成过程。这个过程是不断克服"人为物役，心为形役"的人类文明交往提高自觉性的过程。

（三）自然环境是人和社会存在的物质基础和前提条件。人与社会的存在和发展，依赖于自然界。人作为行动的主体，又以自身的劳动这一人的本质为中介，创造性地影响和改变自然界。马克思十分看重人的劳动，认为"劳动首先是人和自然之间的过程，是人以自身的活动来中介、调整和控制人和自然之间的物质变换的过程"。（《马克思恩格斯选集》第 2 卷，人民出版社 1995 年版，第 177 页）我们所说的人与自然交往的自然界，是人类改变了的自然界，是在人与自然交往的社会历史中不断生成、受社会制约的自然界。

（四）现代工业文明以至经济信息文明给人类带来了两种强烈的倾向：需要自由，需要驾驭控制物质。这两种倾向，走向极端化的交往互动的负面作用，矛盾随之出现：需要绝对自由，而得到的却是变形的专制；需要绝对的控制、驾驭物质，反而为物质所奴役。自由是对必然的认识，不认识必然，便没有自由，便失去了对事物规律性的理性认识，失去人类文明交往中最为宝贵的东西——人文精神。知物之明，就是回归人文理性的自觉，解放物质加在人身心的枷锁，恢复人作为人的本来面目。

（五）科学对环境产生负面效应，不能责难于科学本身，而完全在于掌握科学的人，自近代科学革命以来，现代科学是近代社会的特质之一。人的不自觉带来了科学对环境带来的负面效应，是对科学这把两刃剑的认识上的不自觉。由不自觉到自觉需要一个过程，自觉认识产生于逐步的实践过程中。人们最初为提升自己的生活质量，而制造了汽车、电视、煤气、飞机、暖气、空调等科学化了的物品，却发现它们带来了温室气体排放；人们也开发了使社会经济发达的化工、冶金、电力等科技产业，却对自然资源和生态环境带来空前压力。这种双刃剑的作用，主观上反映着人类的人文关怀，而在客观实践中，其责任在人们的生产、消费、发展方式，特别是适度、平衡人类与自然关系的程度和底线问题。科学精神的求实存真和自然批判气质，终于使人们在陶醉于征服自然时，保持了清醒的文明自觉。

（六）当前生存和发展的全球性困境，从根本上说，是人类生存和发展的人文精神理念的错位，是人文理性的危机。它在本质上反映了人类文明交往的危机，即现代性文明的危机。笛卡尔是柏拉图之后第一个具有现代思想、并重新架构哲学体系的思想家。这是英国哲学家罗素对他的评价。应该说，他还是现代科学思想的奠基者。后现代主义者批评笛卡尔：①人与自然两分的二元论者；②张扬自我过度；③工具理性。对批评他的思想影响到：①现代科学的某些畸形发展和过度发展；②人类对自然环境过度挤压。所有以上各点，有相当合理成分。"我思故我在"，在中国也有，如王阳明也有"宇宙便是吾心，吾心便是宇宙"的"心即理"之说。但笛卡尔为现代自然科学建构哲学，首先是科学哲学，其次是普遍哲学，而王阳明是"正心"的道德"善"念。笛卡尔一定程度上是自然科学家，他并把数学作为一切方法论的基础，重视几何学的认知作用。对笛卡尔还需要全面而客观地作历史的评价。

（七）树立生态文明意识，必须有以下四方的转变：①调整生产方式（提高资源利用率，减少污染物的排放）；②调整生活方式，改善奢侈需求；③调整消费理念，不攀比豪华，树立人与人之间的公平公正；④制度保证。总之，是人与自然的和谐，使生产方式、生活方式、消费理念和制度的互动，在人口、资源、生产、消费、环境之间互存互进，良性循环。

五　顺应生态规律的自觉

人类的经济社会活动，不能超越自然生态的承载度，超过了这个度"物极必反"，自然会惩罚、会报复。

在人类的文明长河中，此种人与自然的交往中，不乏教训。一些古老文明国家和地区，如古埃及文明、古巴比伦文明、古地中海文明、印度恒河文明、美洲玛雅文明衰落、消亡的共同深刻根源之一，就是过度砍伐森林、过度放牧、盲目灌溉的后果，如广袤森林、草原植被遭到破坏，河道淤塞、水土流失加剧、土地沙化、盐碱化，肥沃的表土遭到侵蚀，失去了农作物生长需要的大量矿物质营养。随着土地生产力的衰竭，它所支持的文明也在这种恶性交往中日渐衰落以致消亡。黄河文明的兴盛衰落，也与自然生态系统的繁荣与破坏密切相关。

人类文明交往见之于自然生态方面有一条规律：顺自然生态规律者兴，逆自然生态规律者亡。

生态文明在人类文明史早期，已有负面作用出现，但交往互动中地球生物圈尚有巨大自我恢复能力，保持平衡。农耕时期，人类使用、改造自然能力越来越大，过度开发林地、草地、江河、湖、海，曾带来环境恶化，文明衰落者屡见不鲜。关键是工业文明时期（20世纪人类消耗1420亿吨石油、2650亿吨煤，380亿吨铁，7.6亿吨铝，4.8亿吨铜。其中占世界人口15%的工业发达国家消费了世界56%的石油、50%以上重要矿产资源），因而生态环境出现危机。

六　生态伦理的理论与实践

（一）在人类文明史上，伦理一直是表述人与人之间交往的范畴。人与自然之间的交往何以存在伦理关系？人与人之间的交往范畴如何拓宽到人与自然的交往之中？这是人与自然物之间的交往中，自然物怎样和人一样，具有伦理主体的特征？

（二）在"知物之明"中，西方围绕以上问题，进行生态伦理学合法性的论证。其代表者为：①英国生物学家史怀泽的生物中心论派，认为不存在无价值的生命，因而要保护、繁荣和增进生命；②澳大利亚哲学家辛格和美国哲学家雷根的人与动物平等派，认为感受苦乐的能力是动物获得道德关怀的充分理由。两派论证生态伦理合法性的途径，是论证自然价值和自然权利。

（三）反对者认为，上述后现代倾向的"独断论式"逻辑是：①先赋予自然物以独立人格，使自然物以独立人格，与人获得平等的主体地位；②再用传统的伦理规范、构成要素来调节人和自然之间的交往关系；③因而充满了自然神化（人化）的色彩。反对者还指出：从思维方式上看：①从人来源于自然物和存在共性出发；②进而推断自然物和人一样拥有平等的伦理地位；③再将传统伦理规范拓展到人与自然之间，其结果忽视了人类与自然的根本区别。这个区别表现为：①人来源于自然又高于自然，人为自然进化的最高级的生物体；②自然永远不能独立主张其自身权利，因此，带有主观性的生态伦理规范最终由人定夺；③生态伦理中的平等是人所理解的平等，自然最终没有也不可能获得与人平等的地位；④因此，自然没有能力实现任何伦理思想，生态伦理的实践主体是人，自然物始终难以跨越"主体性"这条鸿沟。

（四）美国学者哈格洛夫（Eugene Hargrove）的《环境伦理学基础》

(1989 年版,中译本为杨通进等译,重庆出版社 2007 年版),说明西方哲学如何遗忘了自然这一主题。它从西方思想史上探讨环境哲学与美学关系,把自然美作为环境伦理学的基础。"几乎从三千年前开始,当西方人第一次开始哲学思考时,哲学就要么与环境思考无关,要么与之相冲突。"古希腊哲学家是唯一从生态学视角理解自然的人,但他的自然目的论的形而上学观点决定了他不可能产生环境保护思想。这是因为他认为植物是为动物而存在的,其他动物又是为人类而存在的。古希腊哲学中的神学目的论和理性至上论也阻止了人对自然的客观存在。"近代西方哲学家之父"笛卡尔的第一哲学及其方法论导致了对外部自然之客观性的怀疑。笛卡尔的二元论及其神学预设否定了物质和精神的交往互动,一切都由上帝创造,因而使保护自然变得毫无意义。笛卡尔遵循希腊主流思想,认为感觉干扰了对自然的研究,所以他试图在经验之外去发现适用于最基本的终极实在的原则。哈格洛夫认为"环境伦理学是(西方)哲学修正自身巨大错误——拒斥在真实的生活中所具体体验的自然世界——的一次机会"。他此书的任务就是在西方思想传统中为环境伦理学找到根基。"我们不需要一件新外衣;我们需要的是一件进行了重要修补了的外衣。"这对中国人自己的环境伦理学很有实践意义。

(五)一方面,中国生态伦理学由西方引进,停留在生态伦理的学理层面(合法性),而忽略了生态伦理的实践活动。另一方面,在传统伦理学学科范围内,生态伦理学无自洽性理论本性,解决途径是应用新的范式来解读生态伦理。新生态伦理的根本特征是实践性,应通过实践水平窥视其表现,探究其应用伦理,借鉴西方生态伦理成果和中国发展进程,用新的世界观、新的视角和方法,从人类文明交往三大主题去解决自然。按我的想法,就是用自知之明、知物之明和知人之明三种文明自觉去上下探索,使生态意识和保护生态环境渗透到社会经济生活、生产、政治诸领域,把自上而下和自下而上的政府和民间两方面的自觉,形成为有机结合社会实践生态伦理建设中去,探索适合于中国情况的道路。

七 英国文化学者汤因比的生态伦理观

(一)历史观:人类各种文明起源、生成、衰落和解体规律,并以宗教信仰为线索来阐释人类文明的源泉、类型、发展动力与发展方向的比较文化史观。

（二）生态观：是他晚年对人类生存危机和生态问题的关注而引起的，反对人类中心主义、传统基督教处理人与自然关系的方式，考察现代化的扩张，提出宗教救赎方案。

（三）总的内容：利用宗教中的自我克制精神来遏制人的贪欲，力图建立一个融合多种宗教的优点的"爱的宗教"，以此来拯救人类文明，缓解生态危机。

（四）具体方面：

1. 人与自然同属于生物圈组成部分。"生物圈的各种成分是互相依赖的，人类也和生物圈中所有的成分一样，依赖于人与生物圈其他部分的关系。在思维法则中，一个人可以把自己和其他人相区别，与生物圈的其他部分相区别，与物质和精神世界的其他部分相区别。但是人性，包括人的意志和良心，正如人的肉体一样，也存在于生物圈中的。"（《人类与大地母亲：一部叙事体世界历史》，徐波等译，上海人民出版社 2001 年版，第 6 页）

2. 人类中心主义产生了人的贪欲和侵略性。坚持人类中心是"一种错误的信仰"，照此行事是"一种狂妄自大的罪恶"。（《一个历史学家的宗教观》，晏可佳、张龙华译，四川人民出版社 1990 年版，第 11 页）这又是一种道德错误，把人类自身带入歧途，是本质冲动与绝对本质依赖之间陷于不可解决的矛盾之中。（同上书，第 89 页）

3. 万物皆有其自身的价值和尊严，"如果人侵犯了它的尊严性，就等于侵犯了我们本身的尊严性"（汤因比、池田大作：《展望 21 世纪》，苟春生等译，国际文化出版社 1985 年版，第 414 页）。

4. 犹太教、基督教的一神教使自然置于人类支配之下，见《创世记》第一章第二十六页第三十节中，神允许人类自由处置他所创造的万物，去掉（破坏了）对自然的敬畏之心。但犹太教、基督教又承认某种最高的终极存在及其至上性，并提倡一种禁欲主义生活方式，一定程度上可破除人类的自我中心，缓和人和自然之间的紧张关系。

5. 生态危机根源：①一神教取代多神教；②自然崇拜取代征服自然。

6. 宗教观：①超越人类精神的终极关怀（终极精神存在，佛、上帝、真主）；②爱（基督只爱上帝和邻人，佛爱自然）；③科技、国家主义、共产主义均为"信仰形式"的宗教，均不控制人的欲望，追求利益"最大化"；④一切对自然有崇敬之心的人类精神层面的新宗教（佛、道、泛神、万物有灵论）。宗教解救观——宗教对人类道德、价值观建构的作用在于改善人与自然的紧张关系。宗教是什么？就是指这样的一种人生态度：能在某些大问题上，像宇宙的神秘性、人在宇宙中的作用等，令人的精神得到满意的答案，并为人的生存提供切实的训诲，从而使人们能克服人之为人所面临的种种困难。(前引与池田大作对话:《展望 21 世纪》，第 288 页)

结论:①要求将人类的爱施予他人、社会、生物，可取;但无"爱"的宗教具体内涵阐述;②把宗教与人生观、世界观、价值观等同，以宗教社会功能界定宗教本质，使之与其意识形态相混淆，从而使泛宗教论"泛而无边"。

八　阿尔内·内斯的生态观

挪威学者阿尔内·内斯的生态观是"深层生态学"(deep ecology) 的生态观，其核心理念是:地球与其居住者在生存与发展方面拥有同样权利，需要加以保护，以对抗数十亿人的破坏。具体的举措是:①计划生育，减少人口;②采用软技术;③不干涉自然。

实际上，他还有更广层面的"T 生态哲学"(ecosophy T)。这是一种关于生态和谐与平衡的哲学，它要求人类据此拓宽自己狭隘的自我观念，以包容整个生态系统。他在柏林和维也纳学哲学。回到自己祖国挪威后，在奥斯陆大学任教，直到 1954 年是该国唯一的哲学教授。

他赋予生态以哲学的含义 (ecosophy 由"生态"和"哲学"组合而成)，又用"T"(1937 年他在山中的书屋，屋名特佛加斯特，第 1 个字母为 T) 表示独特之处。

他要求人类包容自然的整个生态系统，受了甘地、佛教的思想影响，"众生平等"深入他的内心。蕾切尔·卡森的名著《寂静的春天》对他启发最为直接。

他的重要著作有:《自由、情感和自我存在》(1975)、《生态、社会和生活方式》(1980)、《生活的哲学:更深世界中的理性与情感》(2002)。

他对 21 世纪满怀悲观，不过又看好 23 世纪。经过长时段努力，到 23 世纪，计划生育初见成效，技术百利而无一害，孩子在理想的自然环境中长大。那时，"我们将走上返回天堂之路"。

他生于 1912 年 (奥斯陆)，逝世于 2009 年 1 月 12 日，享年 96 岁。

九　得天独厚,得地独宜

中国有句老话:得天独厚,得地独宜。天给人以时,地给人以利。自然环境由天地组成,人即生活其中。地利是最关乎人类的。我在《松榆斋百记》中,从塞浦路斯问题的角度谈了地理环境的作用,现又有所思,补充如下:

(一)文明交往的环节中,"影响"环节是关键,不同文明之间、相同文明之内,人与人、人与社会之间,也包括人与自然之间。地理环境对人类的影响,是人与自然之间的主要部分,其影响过去早有定论。文明程度不高,地理环境影响越大;文明程度越发展,地理环境影响越小。尽管人们利用地理环境的能力越来越强,然而地理环境的作用绝不可轻估。有一段时间,"地理环境决定论"的帽子很吓人,有的著作中连斯大林在《辩证唯物的主义和历史唯物主义》中关于地理条件不起决定作用,但起重要作用中的"重要"作用也不敢用,不过后来还是纠正过来了。

(二)人类进入 21 世纪,生态文明问题凸现出来。文明程度越高,利用、改造和保护生态越重要。文明程度越发展,越是要提高文明交往中生态文明的自觉性。人类和自然、特别是和地理环境的和谐发展,在新的条件下,成为全球问题。

(三)事实上,自然资源在国际政治交往中,也一直是、并且越来越和国际战略地位的重要性结合在一起,在当代尤其如此。我正在审读《中东国家通史》的"海湾五国卷",纵观中东海湾地区诸国,为何具有如此重要地位?小布什这个"牛仔总统"为什么要侵略伊拉克?为什么他又陷入比当年"越战"泥潭还惨后而仍不罢手?为什么不断以武力威胁伊朗?为什么在海湾布防军事基地?一个最重要的原因是"黑金子"能源石油出在此地。多年来大国争夺伊朗的态势,今日益演愈烈。美国首当其冲,老大自居,当霸不让。俄国也不甘落后,欧盟也不能坐视。大国伊朗如此,海湾小国何尝不是如此?科威特,面积小却很富有,其他如巴林、卡塔尔、阿拉伯联合酋长国和阿曼,也实现跨越式发展,都成为国小而富有、国小而气魄大,现代化、国际化超速前进,动辄以亚洲这"最"来说话。为什么?就是因为有了石油。生活中哪里的人,要是没有石油,哪能变得这样财大气粗;要是没有石油,恐怕还在以捞珍珠为生呢!

　　(四) 自然环境与社会环境产生人类文化的各种形态。人类文明交往于两个环境之中。人得于天地之厚宜,只有得于物质资源这个重要条件,才有生存和发展的用武的环境。"石油是安拉对阿拉伯的恩赐",阿拉伯文明得以有复兴的物质基础。

十　为什么有些文明会消亡

　　把文明消亡的原因归之于战争和统治者昏庸专横,在历史著作中几乎是老生常谈,而对生态环境与文明的交互作用却没有受到重视。人们一般都认可文明是一种社会状态,却很少关注文化作为文明核心对环境社会生态的交互适应。其实,文明是人类在保护环境平衡前提下的自然、社会与文化的进步状态。如果失去了平衡,支持文明的自然环境在交往中遭到彻底破坏,生态危机会导致一个文明的毁灭。

　　自从 1866 年,德国动物学家 E. 海克尔把"研究有机体与环境相互关系"的科学命名为"生态学"以来,人与自然的交往关系就已经从理论上体现了人类文明交往互动作用的规律。生态学提出一百多年以来,与人类文明越来越密切,尤其是五十年来环境、资源、人口之间的尖锐矛盾,使生态文明成为全球化问题。在生态文明的发展中,出现了生态文明史观、价值观、经济观、政治观、文化观、伦理观,大大丰富了人类文明的社会形态。

　　美国加利福尼亚大学地理学、生物学、人类学教授贾雷德·戴蒙德(Jared Diamond)有两本关于研究文明的书:《枪炮、病菌与钢铁》(*Guns, Germs and Steel*)和《崩溃》(*Collapse*)。此二书都不是真正意义上的历史著作,但都从地理自然环境因素角度讨论人类文明交往问题。《枪炮、病菌与钢铁》着重分析环境因素在诸多文明兴起过程中的作用,特别是地理和结构性原因对西方社会文明得以称霸世界的作用。此书有一些有趣的分析,如为什么有的野兽能驯服,有的却不能;为什么有的社会能接受外来文明,有的却没有。这本书曾获普利策奖,是本名作。

　　我在此想着重谈后者《崩溃》。此书值得注意的论点是:

　　1. 主题——为什么有的社会文明民族 (如复活节岛的居民、玛雅人和卢旺达人) 会消亡;

　　2. 原因——长效环境因素 (不是一时的政治影响力);

　　3. 环境因素中的"他杀"与"自杀"——美洲原住居民大批死于天花,

小冰期在 1450 年左右使格陵兰岛上的维京人在劫难逃，这属于前者；滥砍滥伐林木而消亡的复活节岛居民，则属于后者。复活节岛的居民本为渔民，在公元 3 世纪前，除了造独木船毁掉大树外，用树木造交通运输工具和火葬，生火做饭，使大的原木一棵不剩，结果无船出海捕鱼。考古学家发现，该岛居民把家畜吃完后，连飞鸟都吃光了。结果，居民不是活活饿死，就是被征服者作食物。那时最流行的话是："你他妈的肉塞进了我的牙缝。"人吃人——自然界对人类的惩罚！

4. 环境的脆弱环节最易断裂——复活节岛是太平洋群岛上最脆弱的环境链，森林区最易荒芜。这是该地居民不营木造林的愚昧所致。

5. 社会与气候、地理、自然资源的关系——地球生态中最为平凡作用的因素（土壤、树木、水）被人类破坏，犹如自割血管，眼看自己死亡。这就是"自杀"。

特别是 66 平方英里的复活节岛，约在公元 1500 年居住 6000 人左右，最高达 30000 人左右。1722 年被荷兰探险家雅各布发现时，散落在岛上的 400 座石像使他们感到困惑和震惊。这些长耳无腿的男性最大者有 70 英尺高，是富人的形象。他们与贫民之间发生过战争，以争夺不断减少的资源，结果在无处逃生中同归于尽。现在是全球化的时代，地球变成一个"复活节岛"，但资源有限，也无其他星球可以逃生。"复活节岛"的命运给我们的启示，不就是以可持续的方式来对待发展吗？

可参考的是，古代阿拉伯史学家伊本·赫勒敦（1332—1406）曾归纳了公元 11—15 世纪的西班牙、西非洲、西西里岛等地的历史，总结成他的历史、社会、文化哲学。他用历史的因果律、相似律、可能律、变化律等规律，承认"风土人情、气候物产等环境因素对各民族内个人和社会、身心的影响"，但反对人类文明未达到最高级，不是由于地震、洪水等简单的事变，而是由于"文明的繁荣是循着一定规律而进化的。"（第·博尔著：《伊斯兰哲学史》，马坚译，中华书局 1958 年版，第 200 页）

十一 再谈"为什么有些文明会消亡"

贾雷德·戴蒙德在《枪炮、病菌与钢铁》出版十年之后，2008 年又出版了论述人类历史兴衰的《崩溃》的中文版。

在他看来，人类文明兴起的原因很简单。但人类文明的崩溃却不那么容易说清楚。

在他的《枪炮、病菌与钢铁》一书中，文明的成败兴衰和兴亡，归结为书名所示的三因素，三因素归结为一点，即农业和畜牧业的发展；而农业和畜牧业的发展，则取决于那块土地正好有适合被驯化的野生动植物，并不首先是那里人民天生聪明或者本性勤劳。

在他的《崩溃》一书中，他把文明的成败、兴衰和兴亡归纳为五：①生态环境恶化（包括瘟疫）；②气候变化（包括全球变暖、冰河期、火山爆发、地震等）；③强邻在侧；④友邦援助减少；⑤错误的对策。

值得注意的是，《崩溃》中不仅把生态环境恶化作为历史上许多文明灭亡的主要原因，而且作者把"社会如何选择成败兴亡"作为本书的副标题，表明他把社会应对环境恶化的选择，提升到人类文明交往的高度。这就是人类对文明的自觉。因为文明总是与社会联系在一起，社会经济、社会制度、社会结构、社会生活、社会意识诸形态，决定着社会的选择应对生态恶化的途径。

美国人类学家约瑟夫·泰特（Joseph Tainter）在《复杂社会的崩溃》（*The Collapse of Complex Socities*）中，同戴蒙德一样论"崩溃"（*Collapse*）。不过他的角度是：随着文明发展，社会结构肯定会复杂化。经济学上有"边际效用递减论"（Diminishing Marginal Utility）在他看来在这里起作用。因为一个社会组织结构越复杂，为了解决问题而付出的成本就越高，最后该成本一定会高到自然资源无法满足的程度。到这时，这种文明的崩溃便不可避免了。

以古为鉴是否可以通今？戴蒙德在《崩溃》前言中说："现代社会的问题和过去社会有诸多不同，我们不应该天真地认为只要以古为鉴就能找到通今的解决方法。古人没有文字，无法得益于从前社会崩溃的例子带来的警示，他们对生态环境的破坏是一种无法预见和始所未及的悲剧，因此在道义上既无法归咎于盲从，也不能归咎于有意识的自利行为。"他既不同意种族主义者斥责远古"土著"的乱砍林木行为，也反对极端环保主义者回到传统生活的伊甸园中去。他既主张发展科学技术，也主张高科技带来的新问题，充分认识它的"双刃剑"作用。这种具体问题具体分析的方法，戴蒙德在分析几十个太平洋小岛的具体多样性上，发挥得淋漓尽致。如大型岛和小型岛往往可以持续发展，而中型岛容易发生生态崩溃。大型岛容易产生独裁者的由上而下的管理模式，小岛则会变成民主的管理模式。最坏的是类似复活节岛这样的中型岛，以及墨西哥尤卡坦半岛上的玛雅文明。此二岛由于各种原因，未出现统一帝国，结果持续内乱混战，生态系统渐衰，最后走向崩溃。

戴蒙德对各种个案的分析，从形态各异的"多"中，找出了"同"和"一"：没有包治衰败病的"万能药"，对待环境问题，只能是具体问题具体分析的科学态度，总结历史教训，避免古代社会文明失落教训的重演。这是文明自觉之路。

十二　石油时代的终结问题

现在，谈终结正像回归一样，使用频率的频繁，正反映在人们思维定式的走向之中。"历史的终结"之后，又有"石油时代的终结"之论为世所关注。

石油和地球上的一切自然资源一样，并非取之不尽、用之不竭的；这种能源也遵循着一条规律，越用越少，最终要走向枯竭。

但是，欧佩克创始人扎基·亚马尼对石油悲观主义者调侃过这样语惊四座的话："石器时代的终结并非源于缺少石头，同样石油时代也不会因为石油枯竭而消亡。"

调侃归调侃，而石油时代的终结问题是复杂的，多种因素促使人们深思人和自然交往关系。

首先，石油储量日渐减少。全球已探明的石油储量，截至 2006 年底，有 1.2 万亿桶。具体分布为：中东在 7420 亿桶以上，非洲有 1170 亿桶，南美和中美洲为 1000 亿桶；接下来依次是俄罗斯、北美洲、前苏联地区、亚洲和欧洲。这组数据并不十分准确，不过也反映了使用目前技术条件和成本的常规原油数量。至于全球原油生产量，截至 2006 年底日产量为 8170 万桶。需要指出的是，频频发现大油田的时代已经过去，便捷和廉价的石油时代也一去不复返，地缘政治也引起争执。

其次，常规石油减少，不可开采的非常规石油已变成必须可能的目标。如加拿大的艾伯塔省发现的油砂，其储量可能已经超过了沙特阿拉伯目前可开采的石油储量。但油矿需从挖出的油砂岩石中，在高温高压下通过化学方法将其中的沥青提取出来，再将沥青提纯与炼化，再转化为加工的石油。此法有污染环境危险。

最后，石油是否枯竭还取决于：①全球需求（未来几年内能源年增长 2%，其中 80% 的需求为巴西、俄罗斯、印度、中国）；②技术知识（勘测、钻探、开发远海油田、生产阶段);③油价因素(高油价的解决方案)。

综观石油时代的终结话题,关乎子孙后代福祉,而主要还在于人类的文明交往力——经济能力和理性力。归根结底,要回答"石油枯竭"问题,在于人类的创造力这个根本力量。"知物之明"是文明交往自觉化的结果。

十三　人与自然交往中的石油能源问题

《沙漠黄昏:即将来临的沙特石油危机与世界经济》,这是国际能源分析家、投资银行家、亚蒙斯国际公司创办人和现任董事长马修·西蒙斯的名著,中译本 2006 年由华东师范大学出版社出版。

此书对 20 世纪 60 年代以来的"石油顶峰论"和"科技进步论"的争论,提出了看法。

科技进步可带来石油增产,石油资源量和储量也在增长,但应看到:①极易麻痹人们对油田开采速度敏感性的警惕;②忽视油田生产顶峰的自然趋势;③轻视了油田压力的下降和自然寿命的缩短。因此作者以一位学者的诚实与认真精神,坚定地认为:每一项油田开发技术的运用,在加速开采的同时,也加速了油田的衰竭。

石油顶峰的到来,应对之路是全新的发展理念和模式,而且要在长期能源规划中加以体现和准备。西班牙、德国和澳大利亚的科学家,都在做海藻生物变石油的实验,据说已经研制出利用绿藻生物在不断循环中吸收二氧化碳的可再生"生态石油"。海湾与海藻,可是有密切关系。石油衰竭之时,会不会在科学的"知物之明"方面有新的自觉?能源战略要站在时代高度,要以世界眼光,并从海湾国家的实际出发,综合考虑需求、资源、环境、技术和经济诸因素。从再生性方面看,除生物能之外,太阳能、核能的先进、高效当属未来的四大基地(基础研究、材料、生物、纳米)与能源统一协调。

石油不仅是人与自然的关系,还有人与人的关系。当前石油市场并不缺油,供求价格也变化不大。油价上涨是通货膨胀、美元贬值、投机经营等原因。稳定国际油价,不将石油当作国际政治斗争的工具,是沙特阿拉伯国王阿卜杜拉的主张。当欧佩克第三次会时,查韦斯和内贾德提出,用欧佩克的地缘强势地位做工具抗击西方时,遭到了阿卜杜拉的拒绝。他认为,欧佩克不是一个政治组织,如何应对美元汇率是每个石油输出国自己的事。

十四　路与水:楼兰文明的兴衰

楼兰古城是人类文明交往古城。古城曾是文明交往的名城。楼兰本身就是一种古文明。

1901 年,斯文·赫丁在当地向导帮助下,在罗布泊北部发现这座神秘消失的古代名城。这座被西方学者称为"沙漠庞贝城"的古城再现于世界。

一个文明之城在古代丝绸之路上曾经盛极一时,为何突然衰落?

2007 年 6 月中旬,曾经 26 次进出罗布泊的我国沙漠学家夏训诚考察该区环境演变之后,认为是社会经济条件变化和自然条件变化的综合原因所致。

"路断城空"、"水断城空"是他最精炼的概括。他的研究再一次证明社会经济交往与生态文明交往互动的作用。

路,是东西丝绸之路,是文明交往的大通道;路是生命、交往之线;水是生命生活之源。西汉时期,楼兰为西域交通重要枢纽,担负着"负水担粮,送迎汉使"重任,路、水、粮集中于屯田之上,社会繁荣有赖于此。后来一方面,天山南麓道路兴起而使楼兰中西交通中转站衰落;另一方面,位于该城的孔雀河下游水系变化大,人们为生产生活而另觅居住地。于是"路"、"水"俱断而城空。生态文明的重要性,于此可见,不良的交往互动便起了综合的负作用。

十五　生态理性的人文关怀

古希腊德尔斐神庙的墙上,镌刻着"认识自我"的铭文,它昭示着人类文明交往中有关人的本性认识的永恒主题。

"人是什么"关乎人类精神生活、心灵世界,也关系到人身生理机能的大课题,还涉及人与自然的关系。

对于这个"老大难题",见仁见智,人们从不同角度作了各种各样的探讨,结果仍然是莫衷一是。

于是乎有了柏拉图的"人分理念"说,有了亚里士多德的"人是政治动物论"、"人是理性动物说",英国经验派的"人为感性动物说"、费尔巴哈的

"人本主义的爱"论。于是乎有了恩斯特·卡西尔《人论》中的"劳作论"（work），有了马丁·海德格尔的人的"存在"本身论（不是社会与自然对立，而是生命与自然的原初性的融合）。

于是乎有了沃尔夫冈·韦尔施的"人类定义恰恰是现世之人［与世界休戚相关之人］，而非人类之人［以人类自身为中心之人］。"（《如何超越人类中心主义?》,《民族艺术研究》2004 年第 5 期）

于是有了霍尔姆斯·罗尔斯在《哲学走向荒野》中文版序中的有关人与自然交往的名言："我们的人性并非在我们自身内部，而在于我们与世界的对话中。我们的完整性是通过与作为我们的敌手兼伙伴的环境的互动而获得的，因而有赖于环境也保有其完整性。"（吉林人民出版社 2000 年版，第 93 页）我之所以说它是"名言"，是因为它从人文性角度上把握人性，因而使人是"理性动物"这一命题不再是冷冰冰的工具理性，而是在人性深层中存在的充满人文情怀的当代生态理念。这才是文明交往互动中真正的人性。

于是有了由挪威哲学家奈斯（A. Naess）开端的深层生态学。这个理论经过德韦尔（B. Devall）、塞申斯（G. Sessions）、福克斯（W. Fox）等人的发展而形成为一种新的环境哲学，一种整体主义的环境保护思想。它旨在批判和反思现代工业社会在人与自然关系上种种失误及其背后的深层根源，并致力于人类生活的真正价值及现代社会的合理建构。它的思想是构成后现代生态世界观的主要来源。它的支持者认为，这种理论把人类的责任和义务不仅扩大到后代人，而且还包括对一切生命的自然存在。但它的批评者认为是一种生态乌托邦，甚至是牺牲人类，把物种利益凌驾于人类利益之上的"生态帝国主义"。在没有公正的国际秩序下，理想化的"自然保护"不是穷国的福音，而是富国的奢侈。这当然是一种广泛关注的大众哲学，是一种有待拓宽和深化的理论。

于是乎我们又回到了 19 世纪恩格斯在《自然辩证法》中关于人的生态本原性的论述："特别自本世纪自然科学大踏步前进以来，我们越来越有可能学会认识并因而控制那些至少是由我们最常见的生产行为所引起的较远的自然后果。但是这种事情发生得越多，人们就越是不仅再次尝感觉到，而且也认识到自身和自然界的一体性，而那种关于精神和物质、人类和自然、灵魂和肉体之间的对立的、荒谬的、反自然的观点，也就越不可能成立了……"（《马克思恩格斯选集》第 4 卷，人民出版社 1995 年版，第 384 页）这里，恩格斯提醒我们在注意人与自然的相异性的同时，绝不能忽视人与自然之间的相同性。因为问题很清楚，人类来源于自然，自然是人类生命之源，是人类幸福生活的保障。人类不应该在实践上造成二者之间的敌对与分裂。人类必须认识自己是整个自然生态环链中的一环，与自然有相同性，不能用工业文明的"征服自然、掠夺自然"的实践去破坏这个环链。人既不是听命于自然摆布的奴隶，也不是凌驾于自然之上的主人，人与自然应是共生共荣、相互依赖、互为补充、协调发展，用一句流行的话说：人和自然是"和谐的朋友"。

总之，人类的生态理性促使自身提高生态的觉性。人不是动植物，不能那样只关心自己的生命、后代及其同类。人类要维护自身的生存和发展，作为生态环链中唯一有理性的动物，不能对自然万物不闻不问，而要用自己的生态理性，自觉维护生态环链。罗尔斯把生态理性的自觉性概括为"完美性"，其理由是：人类处于生物链（食物）和金字塔（生态层）的顶端，应当通过"看护地球"的途径"去展示这种完美性"。

十六　《老子》生态观的启示

在人与自然的交往中，《老子》达到了文明化的理论高度，至今仍为主客观交融、人性和自然性的智力资源。综其要点有：

（一）"道生万物"。"道"为万物本源，制约万物盛衰规律。知"物"不可不知"道"，知"道"才有知"物"之明，才有对天地万物的和谐整体观。"道生万物"，从中要"知"：①万物相互联系交往；②人不是独立于自然之外，而是自然有序网中的一链；③人不是生物意义上的动物，而是"道大，天大，地大，人亦大。域中有四大，而人居其一"。"知"此三点，即知物循"道"而行，即知尊重天地自然、一切生命，即知按自然本位状态生存，从而知自身在自然中所应处的地位，进而把握生态文明自觉的最高境界。

（二）"道法自然"。宇宙万物演化动力源于自然，人与自然和谐交往，要按自然方式对待自然。《老子》主张"人法地，地法天，天法道，道法自然"其中精华部分是"道法自然"，知"道"是"知物之明"，就要"知"自然为一个和谐有机系统。"知"维护此系统，"知"顺应此系统，"知"爱护此系统。这是深层的生态观，是"俭啬慈善"、积"德"认"道"的"玄德"生态文明自觉理念。

（三）"自然无为"。"无为"不是消极的不作为，而是顺应自然的不妄为、不强作为。所谓"为无为"指的是以"无为"的态度去"为"，又要在

"为"中"为而不恃"、"为而不争"。"无为而无不为"的中心是不妄为，有为而有不为，其原则是不做违反事物发展的自然律、道德律及事物运行秩序的法律。遵循自然发展的自然律，方能顺理自觉地"无为而无不为"。"知"三律，"行"三律，是"知"物之明、"知"人之明、自"知"之明的文明自觉。

（四）《老子》把天地人以道贯之，人生追求的目的是泛爱万物，而不是征服自然。这种思想不但对环境治理中，有理顺天、地、人三者关系的作用，而且对人与社会、人与自然也有借鉴作用。以"道"观物、以"道"观人，实质上是既反对人类妄自尊大、以自己为中心，大胆妄为，把大自然当作掠夺对象的生态观，也反对人类放弃主观能动性、不做顺应自然规律而为的生态观，还反对人类过度追求物质欲望、无度地向自然和社会索取的生态观。在今天，人类社会从物质主义向后物质主义的价值取向过渡过程中，我们应在人与自然、人与人和人类自身之间的交往中，持更理性的态度，不要唯利是图、见利忘义。理性的辩证思维可以表述为：有为有不为、知足知不足，在人类社会生活方式上，进行物质、精神、制度、生态四大文明之间的自觉交往。

（五）庄子继老子之后，认为天、地、人都由气构成，主张"无以人灭天"，通过"坐忘"、"心斋"的忘我体验来达到"天地与我并生，而万物与我为一"。这种人与自然在本质上是统一的观点，有其合理性。其中消极和不科学的观点自然很明显。老子和庄子的天人合一思想是天人相混不分的思想。是人类认识人与自然之间关系过程的一种表露。这种思想在于强调了人属于自然界的一部分和存在形式，人性的真谛是自然性，所以人应当忘己、无己，把自己融于自然界之中。

十七　"道法自然"的追思

"道法自然"立足于"治身"的实证精神，还有"其鬼不神"的情怀，其实蕴藏着追根求源的理性探索精神。科学精神就是理性、逻辑精神，本质上是有客观性、可控性、普遍性、精确性、统一性的规律。

道家还有"道进乎技"、"重道轻技"的立足于人的存在和发展、人的自由、平等的价值观。这中间有人文关怀，把科学精神和人文精神的结合。什么是人文精神？其核心在人，即把人作为评价的标准，作为一切行为的出发点和归宿处，提倡自由、平等、个性。

在人类文明史上，人文精神与科学精神本来是有机融合的。只是在近代自然科学技术与经济的结合，使之改造自然与社会功能逐渐在实践活动中凸显出来，于是成为一种独立的意识形态，影响着整个社会文明进程。自然技术科学和人文社会科学的两种文化、两种精神的分裂日益加剧。

道家的科技思想的特点是人与自然和谐交往立足于人与社会的和谐交往，而人与社会的和谐交往又立足于人类自我的身心和谐交往。自然科技中的技术，走向工具理性主义。如果从交往的交往力看技术，把技术从自然科学中剥离到社会和人类自身，如道家思想中所给予的资源，对今日的思维与行为方式会有所启发。

十八　自然灾害对社会的影响

（一）自然灾害是制约社会经济发展的一个重要因素。在以农业为主的古代社会，影响尤其严重。即使在科学技术高度发展的工业和信息文明社会，自然灾害的危害，仍然值得高度关注。2011 年 2 月，日本的地震、海啸而引起的核电站事故，说明了危害的新特点。

（二）自然灾害对社会的政治安危产生严重影响。

（三）自然灾害对社会思潮、人们心态也产生了重要影响。

（四）自然灾害的经济压力、政治因素、心理压力，使人们更关注生命（生死观、生命的意义、价值）。自然生命在灾难中结束，面对的无奈、无力，生命的脆弱感，加速了社会思潮和积极与消极相杂的社会与个人行为。例如中国历史上的某些时期的"三不朽"和"求仙"（立德、立功、立言及仙界的自由长生）现象，力求在灾害乱世中寻找个体生命的永恒存在。此外，及时行乐也表现了人们的心态：对个体生命的珍爱。

（五）自然灾害使有些人选择自然安顿方式，以保全个体生命。①统治者缺乏积极抗灾办法，在自然灾害面前用自责、大赦、改元、祈祷等无能为力方式，负面作用是：人们丧失抗灾信心、决心，不能形成集体抗灾精神；②天人感应思想言灾害；③无抗灾精神；④心理上的转向消极厌世、幻想清净自由世界，归隐田园；⑤以及自然灾害的影响应与当时政治、思想等因素综合考察。

十九　自然灾害与人类交往互动规律

互动规律是人类文明交往的金律。人与自然、人类社会与自然、人类文明与自然的交往，也受这一金律的影响。

广义的历史科学包括人类史和自然史。过去历史研究重人事而轻自然，在历史研究中对自然灾害与人类社会、人类文明之间互动交往及其影响重视不够。无论是渔猎文明、游牧文明、农业文明、工业文明的民族和国家，都与自然灾害有着密切关系。因此，从人与自然灾害的互动交往关系着眼，以自然灾害为切入点，研究人类文明史，十分必要。①

实际上，自然灾害对人类社会发展的影响既广又深。它涉及政治、经济、军事、民族、文化、习俗，又使整个社会处于不安与恐惧之中。自然灾害严重时期，往往是社会的特殊危机时期。可以说，人类文明史是在顺应自然环境中形成和在不断与自然灾害的抗争中发展的。

自然灾害与人类文明的互动，表现在人类利用和改造自然以求得生存与发展。然而如果人类的这种行为违背了自然规律，超过了自然环境，尤其是超出生态环境的承受力，就会受到自然的报复和惩罚。在这里，互动规律所反映的不只是自然环境的变异和自然灾害的自生，还表现为人为的社会作用。

人类破坏生态环境会增加自然灾害的事例历历皆是。以黄河泛滥为例，唐代前期在西北的屯田，以水代兵；五代后梁朱温父子为阻止晋王李克用父子的骑兵，在不到三十年间，先后三次掘开黄河堤防，造成山东、河南的大水灾；蒋介石掘开花园口黄河大堤的大灾；等等。

研究农民起义的原因，也要从自然灾害的严重程度和国家政权的救灾力度双向互动交流方面着手。每次农民起义几乎都有自然灾害相随，也与政府救灾救荒的效率直接相关。在自然灾害面前，文明程度（政权的稳定性、财力物力的充裕性、行政效率的高下、吏治的好坏）起关键作用。总结应对灾害危机的经验，是文明自觉的基础。

---

① 在我主编的《中东史》第7章中，专门有《自然灾害生态文明对近代中东文明的影响》一节，是作者韩志斌参考任德胜的博士论文《论自然灾害对中东文明发展的影响》，并加以研究写成。其中涉及了地震、海啸、瘟疫、饥荒等方面，详见人民出版社2010年版，第336—340页。

二十　自然灾害与生态伦理论纲

（一）何谓自然灾害？自然灾害不是纯粹自然性的事件。它是人与自然交往的重要方面，属于生态文明范畴。这种文明交往可简要概括为：①自然灾害是发生在特定地区、特定时间的影响特定人群利益的突发性文明交往事件；②自然灾害受文明交往互动规律的支配，是自然系统和人类社会系统相互作用的结果。

（二）何谓生态伦理？从一定程度讲，生态伦理是 20 世纪以来研究者对自然灾害的反思。这种反思表现为：①人类中心主义对自身的反思，承认人与自然交往中的功利化，并坚持人在宇宙中的核心价值地位，提出更为理性方式重新反思人与自然交往中出现的问题；②非人类中心主义反思人类中心主义中过度的功利化本质，认为这种对自然的歧视来源于科技理性对价值理性的压抑，因而特别强调自然、生物的内在价值。

（三）生态伦理两种反思的同异何在？二者的共同点是人类应当为目前生态危机担负起伦理责任；相异点为道德责任的理论依据不同。二者的共同缺点是：①仅从文化上反思人们的价值观而提了解决方案；②仅在实践上提倡，而对灾害问题无行之有效伦理行为规范，现实的环保运动也操作性不强；③涉及群体间伦理关系、应对灾害的制度伦理关怀问题、代际之间的伦理关系、灾害发生后的道义援助等自然灾害条件下的交往问题尚不具体不深入。

（四）灾害伦理与生态伦理有何区别？①对象：前者仅以自然灾害为中心进行多维度思考，而不限对"人类中心主义"的反思；②前者侧重于自然科学研究的结合，旨在建构可行的行为模式；③预防、救助和援助是自然灾害发生前、发生时、发生后的三个具体方面；④理论上为预防奠定基础，着重在人和自然的伦理关系，人对此应持的态度，确定自然的内在价值，特别在思想上认识到人从自然中来，人的生存和发展依赖于自然，人的活动要遵循自然规律；⑤对各种自然灾害作具体个案研究和具体问题研究（如各种群体关系、应遵守的伦理原则、应具备的伦理文化精神）；⑥深入研究救灾中的团结精神、共济伦理文化，使之提炼升华而后普及；⑦受灾地区内部和非受灾地区的伦理关系；⑧自然灾害涉及各学科应具有的道德要求（如工程伦理学、医学伦理学）；⑨文化模式对主体进行灾害认知和应对的影响；⑩灾害史研究不可少,要使灾害史的研究成果成为今日研究的基础。

(五)各种文明传统伦理文化的特点,对自然灾害伦理文化的深远影响需要重新进行挖掘和阐释。各国各民族的社会制度应在研究的关键地位放置。总之,灾害作为人类与之交往的经常对象,灾前的预防、灾中的救助、灾后的重建在人类文明化过程中的自觉,是文明的自觉。这种自觉是重新调整人与自然之间交往的自觉,实现人与自然和谐发展的理想。按照人类圈的概念,人类原属于生物圈之中;按照人类纪的概念,把人类作为主动调整自身行为主体。无论前者或后者,都是确定了人类在地球环境变化中的核心地位。人类总是用生态伦理来指导自己的生活方式、消费方式进行活动,使自然朝着有利于自己的方向发展。但高速的工业化、城市化和强化农业等人类活动,对地球环境、气候、生态系统产生了显著影响。生态伦理要求人类意识到自己对能源与环境的责任与使命。

(六)生态伦理是生态学的一部分,又是从人类文明高度去理解其内涵、定位,因而需要理性分析。生态文明有原始渔猎游牧、农业与现代之分,现代生态文明是充分利用人文社会科学和自然技术科学成果、适应现代人口规模需求条件下的生态文明。原始、农业、工业时期的生态文明,都受经济、政治、社会、文化包括伦理的影响。现代生态文明在生活、消费意识、行为、制度、产业等方面尤其与伦理相关。

(七)生态伦理不能停留在学理层面,不能停留在合法性问题上,而要着眼在生态伦理的实践层面上。

二十一　气候如何改变人类文明

安东尼·吉斯登在《气候变化的政治》中是从自然的"变"中看国际谈判之路。他希望多党制的西方国家,保持在气候方面的、政策方面的连续性,不能因为政府换届而改变气候环境问题的协调框架。气候变化进入人文社科领域,不仅对全球政治,而且在经济、文化格局也有影响。《世界是平的》的作者在《热评地球》中也大谈气候。气候在改变世界。

"气候如何改变人类文明?"

这是考古学家布赖恩·法甘所著《漫长的夏季:气候如何改变人类文明?》一书提出的问题。他认为,要正确地理解当代气候现象,例如厄尔尼诺现象,对这种严重影响全球气候的太平洋热带海域的大风及海水的大规模移动的深刻认识，就必须把它看成是过去一万五千年人类文明与气候变迁关系的一部分。

这样提出问题和回答问题的方式都体现了学问的自觉，实际上也是文明自觉的一部分。它把现实实际问题和考古这门研究远古的学科，从出发点、追溯线和未来预防联系在一起，产生了新的和丰富的视角。这里使人想起了《第欧根尼》创作者罗歇·凯卢瓦的座右铭："没有没有思想的事实，没有没有事实的思想。"跨学科的思想，使人们有了知物之明。

人们想到文明的衰落，不能忘记气候的作用。在伊拉克和叙利亚境内，在底格里斯河和幼发拉底河交汇而形成的冲积平原上，中东史上被称为"肥沃的新月"。它孕育着人类历史上最古老的美索不达米亚文明。可是 21 世纪初的持续高温和上游的筑堤拦水，这个新月带正在变成沙漠。据伊拉克官方统计，从幼发拉底河流入伊拉克境内的水量不足每秒 250 立方米，只能满足该国农业需要的四分之一。联合国环境规划署对这一地区未来的气候变化预测，幼发拉底河的流水量可能减少 73％。最坏的估计是，21 世纪内，这片公元前 8000 年的肥沃新月区，将会成为一个历史名词。

这是人与自然交往中遇到的一个重要问题。正确处理这种文明交往，是人类文明得以发展、社会进步得以延续的基本条件。

为了仔细分析人们对气候这种自然现象的适应能力，法甘追溯了西南亚地区（今日中东的中心）农作物的播种历史。那是三万五千年前至一万二千年前（公元前一万年）的冰期。大西洋中湾流停止流动，引起了一场严酷的干旱。尤其在冰期结束的三千至四千年内，迫使当地以打猎和采集食物的人，开始试验农耕。这就是人类生产食物、培种植物和驯化动物的变革。

法甘让人们想一想，上次冰川期虽然在远古时期发生，但那个所谓"小冰川期"直到 1860 年才结束。它曾导致波罗的海冰封千里，阿尔卑斯山区的小村庄被冰河吞没。他还引用文献，证明了人类文明受到气候变异而带来有害影响的程度。这种恶性影响，是人类与自然交往的另一种互动。现在全球的变暖，把人类的生态文明交往课题，突出地提了出来。

作为参考的，是美国趣味科学网站 2007 年 9 月 6 日报道的《气候变化促进了人类的进化》。根据美国科学基金会的马拉维湖（位于东非大裂谷南端，在莫桑比克、马拉维和坦桑尼亚之间）钻孔项目的研究结果，约七万年前的热带非洲气候剧变，可能对早期人类进化产生了巨大推动。在七万年前，非洲部分地区干旱，湖泊干涸，很多动植物种群消失，而在七万年之后，气候稳定湿润。湖面大幅上升，非洲人类数量迅速增长，而且开始迁移。纽约锡拉丘兹大学研究小组负责人克里斯托弗·肖尔茨说："稳定的新气候可能促使人类数量的增长，以及随后'走出非洲'人类移民的扩散。"美国科学基金会主管保罗·菲尔默说："出自马拉维湖的沉积物核是大陆热带地区目前可以得到的、记载气候变化的最长的持续性纪录。这是一个重大发现，这个湖的沉积物核样本显示的东非湿度水平情况，与人类进化中一个关键阶段之间存在的联系。"这是人与自然早期交往的实录。

气候是一种自然力。无论科学多么发达，有些自然力也是人力无法控制的。自然力会引起生态环境、流行病、政治、经济、社会、人口以及宗教信仰等方面的相互作用。在当今世界，全球气候变暖，以至形成灾难性后果，在很大程度上是人类自己不文明活动所造成的。

英国记者基斯（David Keys）在《大灾难》一书中也谈到气候的影响。他的观点是：① "气候具有改变历史的潜力——不仅在短期方面，而且包括长期方面。火山活动不过是能改变气候并能掌握这种力量的触发器之一。全球变暖……太阳黑子活动、流星或彗星撞击、地球轨道形状的周期性的微小变化，以及地球旋转轴的微小改变，都可以引发气候以及人类历史的重大变故。"（邓兵译，世界知识出版社 2001 年版，第 376—377 页）②他谈到自然界的"合力"："但是，只有未来才能告诉我们，究竟这些因素中哪一种或哪几种的合力，将决定我们的命运。"（同上书，第 377 页）③灾害导致 7 至 11 世纪阿拉伯人向海湾沿岸的移民潮；④灾害与战争交叉，1529 年巴林反葡起义时，两军对峙中，一种流行病突然爆发并迅速流行，双方都未能幸免而停战，使葡军队得以喘息后反扑，再次恢复据点；⑤ "就长期而言，我认为大灾难将会在减弱西方与第三世界之间的地缘政治不平衡方面起到作用……正如公元 535 年的火山爆发改变了世界历史，并将古代世界带至终结一样，将来的任何一次火山超级大爆发，都可能终结我们这个以西方为主的时代，并且重塑遥远未来的地缘政治雏形。"（同上书，第 376 页）

此书作者为欧洲考古记者、节目制片人，而不是历史学者。他的论点只是在一定意义上有启发性，但总的说是说服力不足，论据与论点相去甚远。记者的风格使他太看重渲染轰动效应。至于他多次谈到的古文明重塑，那是很勉强的。请看：一千五百年前古代世界最伟大的水坝的溃决，怎么能推动了伊斯兰教的诞生呢？更有甚者，那场神秘的灾难又如何"见证"了古波斯的衰亡、拜占庭取代罗马帝国、古代南阿拉伯文明的终结以及法兰西、西班牙、英格兰、日本、朝鲜、柬埔寨、马来西亚、印度尼西亚这些民族国家的最终形成呢？总之，除了耸人听闻的"立论"之外，自然环境的历史作用被简单化、夸大化了。看来，人同自然的交往关系问题，不能这样被"解读"！倒是英国《经济学家》杂志 2007 年 6 月 14 日一期刊有《生物学的大爆炸》一文值得注意，该文说到气候变化时，认为说到底是由于向空气中排放二氧化碳的速度超过了植物的吸收速度而造成的，这一问题的解决之道，部分在于栽培出来的燃料，不再是开采出来的燃料。这是从生物学方面提出的思考。

此外，经济是社会发展的基础。然而一个时代的历史变迁并不总是凸显于经济方面。经济发展往往与文化、环境互动，特别是在地理变迁的背景下进行。这就是人类与生态文明之间的交往关系。气候变迁是一个经常性的生态问题。在历史上，气候变迁对农业与畜牧业生产的影响，表现在农耕政权与游牧政权的共处与冲突。气候温暖，草原草盛马肥；两个政权和平共处；气候寒冷，游牧民族迁徙，农耕世界不稳，"牧者王朝"甚至代替了"农耕王朝"。这种文明交往状况，影响到文明中心的转移。畜牧业与农耕是两个具有不同生态适应性和能量生产效率的经济生产方式，它们与一系列文化因素互动作用，形成了超越社会性质变动的、以"化"出现的内外文明剧变。气候如何改变人类文明是人类文明交往中一个严肃的、复杂的问题，需要扎扎实实的潜心研究，才能生产出优秀的为读者折服的成果。

二十二　气候灾变的自觉与不自觉

中国气象局评出的 2006 年全球七大天气气候事件，给研究人类文明自觉以新的启示。无论是有气象记录以来的全球第六个"暖年"，还是新的厄尔尼诺现象形成，抑或是先后六个台风袭击东南亚地区所造成的严重灾害，都说明了在文明发达的今日，2006 年的极端气候变化，使我们不得不对气候的灾变，抱以敬畏之心。

人类文明面临着全球变暖的挑战。除了自然界本身原因外，主要是人类活动导致了近五十年来的全球变暖。预计 21 世纪末全球地表面温度平均增加 1.1—6.4 摄氏度，它将给人类社会和自然生态带来深刻影响。如全球高山冰川加快融化、持续暖冬、灾害性天气频繁发生、旱涝频繁、物种大量消失、水源短缺加剧、生态环境恶化。地球因二氧化碳而发烧。人们必须控制自己的行为！

从人类与自然的交往角度看，文明自觉已深入到一些政府决策人心中，并表现在广大的民众之间。具体说：①许多人已经认识到，气候的变化与人类日常生活、生产，以及社会安全和社会发展息息相关；②这种认识建立在许多事实上，如过去二十年中，全球至少有 300 万人死于自然灾害，其中 90％以上的死亡者在发展中国家，涉及人口超过 10 亿，而全球 70％以上自然灾害都与气候、水文直接相连；③理念上已不限于天气预报，早些年有"气象经济学"一说，表明人类已自觉利用气象科学进行跨学科研究，在理论与体制的结合上防范灾害；④"气候关乎国家战略安全"的观念，有不自觉状况，即仅限于气象界，只有进而成为全民自觉的思维方式才有力量；⑤许多气候灾变的自觉中的不自觉状况，导致人们对突如其来的灾害束手无策。不仅一国、一地区，而且全球都得关注极端气候事件日益增多的趋势。

干旱的影响曾经是中国唐朝和拉丁美洲玛雅文明衰落的原因之一。德国地质学研究中心人员分析了中国湛江湖和委内瑞拉海岸卡里亚克盆地的沉积岩后，认为在公元 8—9 世纪地质纪录显示，当时在中国和墨西哥都发生过持续的严重旱灾。当时，赤道副合带发生全球性偏移，伴随厄尔尼诺现象，导致夏季降雨大量减少，一直持续两个世纪之久。历史上 907 年导致唐文明衰落的农民起义和玛雅文明留下的最后纪年 909 年，或许是干旱所导致触发的压倒骆驼的最后一根稻草！

最近的 2006 年新年伊始，土耳其（位于欧亚大陆结合部）发生禽流感。这是继 2005 年 10 月发生禽流感之后又一次凶猛的灾害冲击波。这次事件使人想起传说中人类曾在阿勒山这个诺亚方舟停靠之处，走出一场大洪灾。这次禽流感重创土耳其，考验了该国的文明自觉程度。文明自觉"三知四明"四句中，首条就是"知物之明"。土耳其政府由卫生基础服务总署传染病专家局牵头，组织卫生部、农业部、各大学和医药公司约 70 人的专家团队，制订方案，组织演习。但行动迟缓以及由于经济考量而取消了一些医学研究机构，加上防控措施落实不够；许多人对禽流感传播途径、发病症状和应对措施无知；社会保障体系欠完善，一些平民无钱治病；家禽散养，增加了人与禽直接接触机会，不利防控，这都是文明程度不自觉的表现。

由不自觉走向自觉，关键是"知物之明"，具体到土耳其第二轮禽流感出现后，政府自觉性加强：①成立以总理埃尔多安为首的禽流感危机办公室和卫生、农业两部统一领导的全国禽流感协调中心；②通讯社、电视台、报刊等新闻媒体加大科学知识宣传与普及，即政治"知"、大众"知"；③落实治、防的监督控制措施；④争取世界卫生组织和欧盟，以及世界银行的国际援助。这都是认知提高的表现。严重之处是 H_5N_1 型禽流感一旦越出人际传染，引起全球性大流行，将危及数以百万人的生命，任何国家都不能独善其身。因此必须以"知物之明、知人之明、自知之明、全球文明"的文明自觉来应对世界各国共同面临的挑战！

文明自觉是宝贵的精神财富，其中的交往苦难更会使人类觉悟到自身的责任，使人类理智而清醒地判断未来的走向。

二十三　气候的变化

变化是一切事物的关键词，人类文明交往尤其需要关注变化这一关键词。

文明交往三大主题之一是人同自然的关系，而气候的变化，处于显著地位。

这里以 2007 年 12 月 10 日挪威诺贝尔和平奖颁奖仪式上金德拉·帕乔里（联合国政府间气候变化专业委员会主席）和和平奖得主、美国前副总统戈尔的讲话为例，加以说明。

第一，气候变化，尤其是气候变暖对人的严重威胁分为人类可控的能力范围之内（如饮水、食品、卫生条件、生态资源、居住安全）和人类经验范围之外的新危险。对后者不仅需各国科学家集体行动，而且需要全世界的及时行动。

第二，对此，戈尔的致辞更进了一步，他说："要想走得快，就一个人走。要想走得远，跟人一块走。"根据这句非洲谚语，他提出，我们需要走得又远又快，就要共同努力，一起分担责任。他又说，挪威剧作家易卜生写道，有一天，年轻一代将前来叩我的门，未来正在叩我们的门，会提出下列问题的二者之一：①那时你在想什么，为什么不行动？②你们从哪里得到的勇气，面对并成功地解决那场被认为无法解决的危机？

第三，戈尔不愧为政治家，他认为"我们拥有着手解决问题所需要的一切，缺少的只是政治意愿，而政治意愿是一种可再生的资源"。他回忆说："七年前，我读了自己的政治讣告，在我看来其评判是严厉而错误的。但是那一不受欢迎的断言也给我带来一份礼物，一个为实现我目标而寻找新道路的机会。始料未及的是，那种追寻把我带到了这里。"是啊，他站在诺贝尔和平奖的领奖台上，比他做总统毫不逊色，比政治上得势者而又退出《京都议定书》的小布什高尚得多！

第四,戈尔把应对气候变化比做一场战争,并且把它同当年反法西斯战争相比较。他说,那时,丘吉尔描述那些忽视希特勒的威胁人类的话,同样可以用在很多忽视气候变化问题的领导人的身上。丘吉尔说:"他们的做法是一个奇怪的悖论,他们决定让问题悬而不决,决心要优柔寡断下去,固执地放任自流,坚定地见机行事,强劲有力却无能为力。"最后这些领导人还是团结起来,打败了法西斯主义。

第五,戈尔分析了人们不重视气候变化的原因:二氧化碳是看不见、无味的污染,其破坏环境在人们视野和心思之外。它是史无前例的灾难,人们总是把史无前例和不可能相混淆而忽视它的威胁。这是一个科学的警示。因为小布什上台后,公开质疑政府间气候变化委员会评估报告的科学性,说科学家估计太严重了。科学这颗子弹反而被布什利用,成为美国反对《京都议定书》的冠冕堂皇的理由。政治气候变化所扮演的角色远远超过了科学。小布什应该记住自己高中的拉丁语教训:"Non Sibi"(不为自己),而为人类。

第六,戈尔借用反法西斯战争中一位领导人的话:"现在我们应该用星光来导航,而不是每一只过往船只上的灯光。"他认为这是目光远大的话,实际上就是居高临下的全局眼光,而不是只盯着自己局部的目光短浅者!

值得一提的是,2007年12月3日,戈尔从瑞士到了印度尼西亚的巴厘岛,在联合国气候大会上做了长达50分钟的讲演。他公开指责美国政府是阻碍谈判的罪魁祸首,要求谈判代表不受其影响,应该绕开继续进行。这个讲演,使大会有了转机。15日,美国谈判首席代表葆拉·多布里扬斯基宣布美国将同意签署"路线图",为后来设定了明确目标。

二十四　旅行与疾病的交互影响

在人类文明交往史上,旅行和疾病可谓是一种伴随交往进程的复杂关系。日本滨田笃郎著,曾维贞译,三联书店2007年版的《疾病的世界地图》一书,对旅行与疾病关系所形成的两门学科(古典旅游医学、现代旅游医学)的概念进行了简明的解释。此书从人类文明交往角度看,有下列要点:

(一)殖民扩张之旅。16世纪开始,西欧各国为拓展殖民地,纷纷朝热带地区前进。此种交往产生了"热带医学"和"军事医学"。前者是针对殖民者健康问题,后者是针对士兵健康问题。

(二)这两种殖民时代的医学是"旅游医学"的原型,其定型为"古典旅游医学"。

（三）20 世纪 60 年代，在欧美又开始了以国外旅行为对象的"现代旅游医学"，随即产生了交往中可操作的各种旅行医疗知识，为现代旅游者健康提供经验和建议。

人类在各种交往中的交互活动，可称为诸多的"之旅"，医学实文明之不可缺。

二十五 生态文明中的交往互动规律

北京地球村主任廖晓义女士被评为"2006 绿色中国年度人物"，她的《东张西望——廖晓义与中外哲人聊环保药方》一书，用 20 篇访问，联系生态危机、生态文明建设问题，反映了生态文明中的交往互动规律。该书由三辰影库音像出版社 2010 年出版。

她访问的诸多学者中，傅景华对东方生态智慧，特别是对中文中的"文化"和"自然"的语义分析，具有启发性。他不限于就中国生态智慧谈问题，而是和西方哲学家怀特海的过程哲学联系在一起。怀特海是当代西方过程哲学的创始人，他的代表作是《过程与实在》，其中谈到，他的"过程哲学（有机哲学）"更贴近中国文化。这种东西方文化交往互动的感悟，是文明自觉的表现。因为中国文化是追求有机和谐，其根基是过程的、辩证的。

她的生态文明观是多方面、多向的交往互动观。她写道："西方视野和东方视野的交叉，现代物理和古典中医的汇合，生态学概念和儒家义理的交融，现代性突围和儒家仁政的会师，'后现代无为'和道家智慧的问答，西方新兴的有机农业和中国自然农法的呼应。"在这里，我们看到的是一个开放的、多彩的文明交往互动的大图景，是中国意识、爱国情怀和全球意识、世界眼光的文明交往互动的大思路。

她的"东张西望"努力，也因文明交往互动规律所推动而且有创造的活力。她说："世界所呈现的西方和东方汇合的趋势，本质上是远行者朝向守望者的回归，是西方文明的先行者告别那种分解式和线性的思维定式，而向原生的、整体的、动态平衡的东方思维方式的回归。"这一段话是很精彩的，涉及了文明交往互动中不同文明的思维方式的变动问题。这也是"环保药方"中的根本内容。

第 三 编

历史文化

一 自然技术科学和人文社会科学

马克思、恩格斯认为，他们仅仅知道一门唯一的科学，就是历史科学。历史科学在广义上指世间一切事物的运动发展过程。[①] 它的涵盖性从深义上也与一切科学研究密切相关。自然史和人类史是历史科学的两个基本方面。研究自然史，就是自然技术科学。研究人类史，就是人文社会科学。从这种对科学的总括和划分，以及其彼此依存和互相制约关系，可以使我们有以下联想和理解：

第一，它涉及人与自然、人与社会、人类身心这三大主题和物质、精神、制度、生态四个文明交往层面之间的交往互动问题。马克思恩格斯在《德意志意识形态》中，进一步谈到这种交往互动关系："人类活动的一个方面——人改造自然。另一方面，是人改造人"，并且在边注上赫然地写下了"交往和生产力"（《马克思恩格斯选集》第1卷，人民出版社1995年版，第88页）几个人类文明交往的关键词。这本著作是手稿性质的，它只是扼要地记录下思路。自然史、人类史；人改造自然、自然改造人、交往和生产力——这同一历史进程的两个方面的历史、人、交往和生产力轮廓分析，体现了宏观历史文化的哲理思考。

第二，它涉及自然技术科学与人文社会科学的关系问题。自然技术科学的研究对象是自然界，人文社会科学研究的对象是人类社会。自然技术科学

---

① 恩格斯在《卡尔·马克思的〈政治经济学批判〉》中，在解释"一切历史科学"时，提出："凡不是自然科学的科学都是历史科学。"（见《马克思恩格斯选集》第2卷，人民出版社1972年版，第117页）

是立世之本，人文社会科学是处世之基。前者是自然世界认识体系，后者是社会伦理认识体系。前者研究的是客观物质世界，后者研究的是主观精神世界。二者之间不是割裂的，它们的基本属性在相辅相成的互动关系中联结在一起，体现了解决人类福祉的分工合作关系。在 21 世纪，社会的科学技术化和科学技术的社会化趋势下，自然技术科学中的人文底蕴和人文社会科学中体现的科技方法，二者之间的有机融合，对人的全面自由发展十分需要。这是马克思、恩格斯所说的历史是"唯一科学"的真义。

第三，进一步引申思考，关于宏观"大历史"沿着马克思、恩格斯的思路，还可以再细分下去。自然史—人类史—文明史—世界史，这条思路给"大历史"发展以更具体脉络的划分。与亿万年的自然史相比，人类史无非是短暂的一瞬。我们所研究的人类自身的历史与自然史的关系，当然首当其冲。自然史，那是人类史之源、之基。人猿揖别，人类史发生了转折。人类史从此由野蛮、愚昧逐渐进入了文明开化的文明史。文明史再前进，到公元 15 世纪以后，又发生转折，文明史转变为世界史。此后的人与自然的关系，历史研究中的地区史、国别史、专门史学科，也赋有新的时代内容。

第四，以狭义而论的历史学或史学，着重研究的是人类文明史和世界史，也研究它的分科的地区史、国别史、专门史等学科。但是，从 20 世纪以来，我们更多地发现文明史和科学史在更细学科中的多向交织。例如美国伊利诺伊大学的麦克斯·H. 费许为乔治·萨顿的《科学的生命——文明史论集》所写的序中，即指出："科学史是文明史的主线，是知识综合的枢纽，是科学与哲学的中介，是教育的基石。"21 世纪又有方兴未艾的生态史、环境史、科技史、全球史。我们在这里看到的是自然史与人类史的更高级、更复杂阶段的综合回归。

第五，具体的历史学或史学是人文社会科学的分支学科。它的特征是：①不可改变、不可重现的稳定性与已逝性；②对它的认识属于间接性的、通过中介方能沟通；③对它认识的相对性，客体的历史的认识无止境；④对历史的认识随着时代的变化，历史研究者必然把自己的感受渗透其中；⑤不能由此否定社会历史发展的客观规律性，因此历史认识的客观性是以主观性来体现的。这与自然科学认识不同之处，这只能在社会现实中检验其认识的客观性；⑥总之，历史具有科学性、客观性、规律性、真理性，可以逐步接近其实在性。人类史和自然史的交往中，可能是途径之一。

第六，具体到狭义的历史学科或史学，它和整个人文社会科学其他学科一样，不能直接创造物质财富，也不能当饭吃和使人如何发财致富，真是无实用价值。但不要忘记，其精华部分却能丰富我们的精神世界，增强民族的凝聚力，创造人类的精神文明，促进人们把所掌握的技术用于造福人类社会发展的正道上来。这是人文社会科学无用中之大用。人文社会科学提供给人类的是精神食粮，可供人类的精神营养和道德支撑；它是精神财富，使人类自我心灵洁化，使人类的精神富足。试想，如果人性中没有德性，人的行为中没有文明，人的心灵中没有审美情趣和诗意，一句话，人的记忆中没有历史，人的思想中没有哲理，人的生活中没有文化，人类将会是什么样子？天哪！幸好那种情况不会发生。

二 科学文化与人文精神

亚里士多德是古希腊哲学家中最博学的人。他把科学分为三种：理论的科学（数学、自然科学、哲学）、实践的科学（伦理学、政治学、经济学、战略学、修辞学）和创造的科学（诗学）。实际上，科学包括人文社会科学和自然技术科学。从文化形态讲，科学不仅是知识体系，而且是人类的文化体系。科学属于观念文化，科学与技术结合，便成为观念文化加上器具文化。所有属于文化的东西，其文脉都通于人文精神。

自然技术科学研究的对象很具体，问题特定而微观。它的文化体系与宗教、哲学这些主要以人们的信仰、信念、价值理念为研究对象的文化，区别之处在于它把自然界、客观物质世界作为研究对象，即使涉及的对象是人体、人的生命，也是把人体和生命视为自然的客观存在物，并以化学、物理方法作为主要研究手段。它的基础是实验，反复实验，形成定理。它的特点是通约性、重现性、实证性。

自然技术科学文化与人文社会文化在近代科学产生之前，或属于文学、哲学和社会、经济、政治，或臣服于宗教。在当代，科技促进社会经济发展、渗入社会生活各方面而成为文化主流、强势文化。其特征：①不断转化为生产力；②以认识与改造自然与社会为己任，显示人文关怀的价值取向。

自然技术科学是一个整体概念，包括：①物化产品；②知识体系；③科学建制；④自然技术文化形态。而人文社会科学则表现为：①精神产品；②历史进程；③社会思想文化形态。

自然技术科学是唯物的，但有局限性，如不慎重考虑，任意扩展其结论，可能走向悖论，甚至走向反动。德国纳粹把达尔文关于自然生物进化论中的"优胜劣汰，适者生存"理论，作为日耳曼民族优秀、进而要消灭其他优等劣等民族的理由，即为典型事例。

自然技术科学有求真、求美和崇善意义，也有自身永恒的有效技术价值和鲜明、突出的工具应用价值。然而技术应用的环境污染、生态失衡、人口剧增、资源短缺的负面效应通过提高改进科技加以解决的深化过程中，涉及人文关怀的更深价值层面。科学知识和科学活动存在明显的局限性。工具化、狭隘利益、非理智的应用、资本与市场的诱惑，存在潜在危害。因此绝不应忽视人类的根本价值理念和放弃人文关怀。在正确交往的文明价值观指导下发展科技，不只是科学家的责任，也是全人类的责任。

美国科学家巴伯指出，科学的进展，由①科学本身，②规范，③兴趣，④现实世界四方面共同推动，是有组织的或建制的共同体的社会实践活动。科学无法排斥伦理、人文的必要引导、规范和制约。人文精神是一切科学的中枢。

在近代文明交往中，受二元思维模式的影响，把科学主义和人文精神对立起来，往往作为非此即彼、非黑即白的选择。实际上，面对科学与人文这两种对立而又统一、有区别而又有共同的思潮，必须用具体的、互动的、活态的分析，才不至于各持一端。二者的联系之处，在于科学精神中充满着高度的人道关怀，而人文精神则洋溢着现代科学意识。这才是人类文明交往的自觉认识。

科学精神是求实存真和自然批判，无论在人文社会科学和自然技术科学。

三　科学精神与人文精神

儒家学说中的人文精神与科学精神有一致性。如追求真理方面的四"毋"：

1. 四"毋"见《论语·子罕》："毋意，毋必，毋固，毋我"。这是说，研究问题时应忌偏见，因为偏见比无知离真理更远。"意"是主观臆断，"必"是主观武断，"固"是主观不变，"我"是主观独断。主观则脱离实际，与客观分离，都离真理更远，这是从反面讲科学研究的虚怀若谷精神的必要性。

2.《论语·为政》："学而不思则罔，思而不学则殆"。学与思的辩证关系在科学精神中，是讲读书—思考—怀疑＝有所得，不会"罔然无解"；思—学＝有所得，不会"无所得"，都与怀疑的问题意识和不盲从一致。

3. 值得提出的孔子的"当仁不让于师"，人之为人在于"仁"的本质，在真理面前还要"志士仁人，无求生以害仁，有杀身以成仁"（均见《论语·卫灵公》），使真理高于生命而为真理献身。

4. 人文精神与科学精神在实质上是一致的，区别只在于表现的形态不同。它们的实质有六种人之为人的通则：尊重人的价值；重视人的人格尊严；改善人的生存状态；提高人的生存意义；构建人的生活境界；营造人的思想体系。六项通则，人为主导，试问哪一位科学家不包括在这种精神氛围之中？人文在中华传统文明中，是与天文相提并论的。程颐在《伊川易传》中说，天文是"日月星辰之错列，寒暑阴阳之代变，观其运行，以察四时之迁改"的"天之理"；而人文是"教化天下"、"人理之伦序"的理念与社会秩序。这中间有人文与科学精神的结合。

5. 人文精神与科学精神都是人类文明发展演进过程中，伴随着人与自然、人与社会、人类自身心灵交往不断提高认识能力而积淀下来的宝贵财富。二者本身是人类精神和价值体系，是相辅相成的互相依存关系。科学技术发展日新月异，社会竞争日益激烈，人的心态很可能被眼前利益和做事的单纯活动所左右，很难超越具体事物的大圈子，俯瞰人生，忽视对人和生命的深刻理解、同情和爱。此种趋向很容易使掌握先进科学的人失去做人的基本品位，文明自觉意义在此。

四　人文主题下的自然科学和社会科学文化

上海文化出版社总编辑陈鸣华是 20 世纪 80 年代的大学生，他学生时代长于文而弱于理，对自然科学存有敬畏。高中时代物理老师用举球落下的现象说明自由落体运算的意义，使他对此问题百思不得其解。上大学后从哲学老师那里得知这是"一种哲学上的思考"。自然科学是否意味着冷冰冰的定理与公式？其中是否有人文因素蕴藏？2003 年他突发奇想：推出为他那样"理工科成绩薄弱者"架起关切自然科学之桥？2005 年之后，"人文书房"先后出版《力量——改变人类文明的 50 大科学定理》、《主宰——支配社会发展的 25 大人文法则》、《代价——人类发展史上最值得铭记的 20 大教训》、《追星——关于天文、历史、艺术与宗教的传奇》、《幻想——探索未知世界的奇妙旅程》。

这套"人文书房"或从科学定理切入，或满含自然科学元素，或结合人文社会与自然技术两种科学文化的命题，都致力于二者的交往融合，可谓别具匠心。由此我想起了 1930 年乔治·萨顿的科沃尔讲演和 1935 年的埃里奥·鲁特讲演。那是这位科学史之父的新人文主义的理论创新，他强调了自然科学与人文主义结合的必要和可能，认为科学史是实现自然科学和社会科学这两种文化结合最好的途径。中国科学院自然科学史研究所是我国少数兼具人文社会科学和自然技术科学的研究所。该所所长廖育群在建所五十周年时说，近些年来，他们也就两种科学文化相容性展开跨学科的研究。上海交通大学教授刘兵在 2007 年出版的《新人文主义的桥梁》一书中，也阐发了萨顿的思想。

2007 年是人文精神大彰显之年。上海教育出版社还推出了《通透的思考——科学人文读本》和《金色的想象——科学人文读本》二书，精选了 40 余篇名家的科学随笔。前者通思了"科学人文"、"科学艺术"和"科学情怀"三问题；后者想象了"科学畅想"、"科学人生"、"科学历程"和"科学伦理"四题。这些名家从人文角度论自然科学，从自然科学观视角看人文，体现了人文精神在人文社会和自然科技两种科学文化的文明交往对话。

五　人文社会科学与自然技术科学

《庄子·齐物论》："昔者庄周梦为蝴蝶，栩栩然蝴蝶也……俄然觉，则蘧蘧然周也。不知周之梦为胡蝶与？蝴蝶之梦周与？"人与物相齐、相交，犹人之与蝴蝶之交。此种交往事是互动的、互通的，不自觉者如梦境，自觉者彼此互动，天人合一。但这还不是最后物我交往，合而后分，是融合之后的再分。人之与人、人之与物如此反复交往，凝结为人文社会科学与自然技术科学，升华为人类文明的自觉。

（一）人文社会科学和自然技术科学共同组成了人类的全部知识。二者是统一的实体。美国哲学家蒯因说："没有同一，就没有实体。"这个实体，是文化，是文明；这个同一，是文化交流，是文明交往。没有交往就没有人类文体的同一体，而这种同一体是多样性的统一。

（二）人类的福祉仰仗什么？①以人类本身及其活动为研究对象的人文

社会科学；②以自然现象为研究对象的自然技术科学。二者相辅相成，缺一不可。

（三）轻视人文社会科学的后果：①人文缺失；②物欲横流；③拜金主义；④技术至上；⑤价值扭曲；⑥诚信沦丧；⑦急功近利；⑧浮躁浅薄；⑨对大自然的无限索取；⑩对传统文化的蔑视。

（四）认识的片面性，导致自觉不自觉轻视人文社会科学，"科教兴国"被褊狭扭曲为"技术兴国"。人文社会科学发展面临窘境。科学之车因重此轻彼而失衡。

（五）全面认识二者：①车之两轮；②鸟之两翼。二者要保持平衡，方能前进。

（六）人文社会科学的作用：①作用的方式有自己的特点，即启蒙思想、传承文明、教化育人、改善制度、规范行为、丰富生活、促进人的全面发展和社会的全面进步；②人类社会进入信息化、全球化时代，我国建设进入实现科学发展、构建和谐社会新阶段，实现国家现代化和中华民族的伟大复兴，人文社会科学提供思想保障、精神动力、智力支持，还需要三新（与时俱进的新见解、新思想、理论创新）。

（七）人文社会科学应用广阔开放的视野：①追求专业研究的科学严谨性；②广泛定期的交流性；③严格的学术标准，为自由学术讨论提供机会和空间；④学科、专业的新时代特色和新发展成就；⑤研究问题密切关注现实社会生活；⑥研究方法（如定性、定量）不断完善；⑦理论推陈出新；⑧普及人文社会科学教育；⑨各学科的交叉性（相通性）与独特性。

（八）人文社会科学与自然技术科学教育并重，尤其是对研究生，特别是博士生的教育中，注意对待西方学科理论与研究方法之间关系的认真分析（启迪、参考、有普遍性，但也有局限性，需要具体考察验证）。

（九）人文社会科学中具有决定意义的"时间"、"生命"、"文化"、"文明"等概念，只单纯在人文社会科学范围内探讨，过于狭隘，需要开拓前所未有的大视野，其中具有决定意义的是自然科技的迅速发展。人文社会科学要跨越，不限自身范围：①走出原有学科界限；②与自然科技各领域密切结合；③以新面貌回归本质。

结论：理论结合实际，融合提炼，以我为主，开拓创新。

六　自然科技与人文社科之间的文化交流

由人与自然的交往问题引申出自然技术科学问题，也引申出自然技术科学与人文社会科学两种文化的交往关系问题。

被誉为"原子弹之母"的物理学家吴健雄在贝鲁特美国大学建校 100 周年的讲话中，特别提出了"要加强自然科学和人文、社会科学的沟通"问题。她认为这两种文化的隔阂必然清除，要"不遗余力地促使科学家与人文学家的相互交流"。"大学作为高等学府，也是两种文化人才荟萃之场所，显然要建立科学和人文世界的永久关系，没有比大学更为合适的场所了"。她从人类文明视角强调说："如果我们要想使人类的福利有持续的增长，那么消除两种文化之间的隔阂将是刻不容缓了。"她本人就是一位有中国古典文学深厚家学渊源的人，诗词歌赋，无不涉猎，喜爱戏剧、绘画。她编的教材，写的论文和讲课，形象生动，引人入胜，言辞隽永，文采四溢，融自然科学与人文社会科学为一体。

文明是有生态结构的。交往的规律是生态文明是"大写的规律"。生态文明包括社会文化大系统内自然科技和人文社科两大系统形态，它们之间，受交往互动规律的制约、转化、互补的关联，形成了结构性平衡关系。这种系统如许多环节组成之链，哪个环节上发生断离、分裂，都会给文明交往的有序交往发展带来恶性影响。

号称"力学之父"的钱伟长在自然技术科学与人文社会科学之间的交往问题上，很赋有自觉性。这表现在：①他认为这两种文化的融通是"20世纪末自然科学发展的总趋势"，认为"搞自然科学技术的人要懂得一点社会科学；搞社会科学的也要懂得一点自然科学，这样才能把我们的国家建设成最先进的社会主义国家"；②他指出："我国高等学校面临的挑战"是"把学科与学科之间的界限划分过严、各种专业分工过细、互不通气的孤立状态必须打破，长期以来，我国形成的理工分家，社会科学、文科、理工农各科分家现象非改革不可"；③他指出："学科融合将形成完整的科学体系"，"自然科学、技术科学、社会科学、人文科学传统的学科交割界即将会消除"，"不同学科之间再不是隔行如隔山，而是相互取长补短"，"这种科学的结合，就是世纪之交科学发展的特点之一。"这些都是人类文明交互规律见之于两种文化的真知灼见。

自然技术与人文社会这两种科学是车之两轮、鸟之两翼，两者构成了人类社会完整的科学体系。这实质上是两种文化系统另一种表述。两轮共转、两翼共振，协同前进之"车"，携手同飞之"鸟"，才是人类社会发展的指导和动力。这两种科学、两种文化，各有特点，一为探索外在世界，一为研讨内在人情；一重物理之性；一重人之性；一提高改造客观世界之力，一体验做人之道，总之都为人生存、生活、发展的必需。自然技术科学使人类摆脱愚昧、迷信和无助，人文社会科学使人类摆脱蒙昧、盲目和低俗。爱因斯坦曾把自然科技和人文社科与人的发展联系教育起来，认为"青年离开学校时，应该作为一个和谐发展的而不只是作为一个专家，否则他连同他的专业知识就像只受过训练的狗，而不是像一个和谐发展的人。"这句令人深省的话，对医治"智力发达、精神残缺"病症非常有益。这说明，人文精神对任何一个人都重要，它使人成为有人性的人，而非"学术渊博之怪"、"多才多艺之狂"和心理变态者。人文精神可使每个人生活得更理性、更文明自觉。

提起自然技术科学与人文社会科学两种文化的交往问题，不能不提到英国学者珀西·斯诺在1959年关于《两种文化与科学革命》的著名讲演。这个在西欧引起一场文化生态大讨论的讲演，有以下要点：①20世纪的学术文化，已分裂成两个壁垒森严对立的"世界"，即"人文的"和"科学"的世界；②这两种文化的分裂和对抗，使西方社会丧失了整体的文化观；③结果是使20世纪的西方思想界无法正确解释"过去"，无法合理判断"现在"，无法展望未来。讨论认同了这一点：人类文化分裂成两大互相对立的系统，将会给人类带来灾难性后果。举例者说，制造杀人的核武器将毁灭人类自身、地球变暖、环境污染，还有两次世界大战、大国争霸及独霸祸及全球，而利用现代科技造福人类进展迟缓、人类自由全面发展甚慢，等等。

由人与自然交往引申出的自然技术科学和人文社会科学关系问题，还有"李约瑟问题"、中国古代有无科学（自然科技）和科学思想、科学主义与反科学及伪科学问题，以至于中医的存亡危机问题，以及要不要敬畏大自然问题，等等。

谈到医学，不能不提一下王一方的《医学人文十五讲》（北京大学出版社2006年版）一书。他的论点是：一方面，医学首先是人学，因为它和人自身息息相关；另一方面，医学必须遵循物理学、生物学、化学的客观规律，在这个意义上它又是科学的。其实，这也与人和自然的交往有关。自然环境包括自然物、人化自然和人体，这些都是自然技术科学的研究对象。人体正是医学研究的对象，当然更深层的是人类自我心灵的矛盾，这也是医学心理学的研究对象。在人文视野中的"知物"（即大自然和人类自身心灵）是最重要之点，人文与自然的"中点"就是"知"，是人类实践中的"真知"。中医、西医二学的交流有序也在于对二者的"真知"。"真知"而后方有自觉的认识和行为。在二者交往中，正当中医受到现代西医冲击时，我看到了美国哈佛大学附属医院内科主任马克·希曼的《终极预防——6周让你健康一生》（中译本见广西科技出版社 2007 年版）一书。作者远渡重洋，到北京开诊所，深入研究中医，研究中医和西医的同异。他是一位文明交往使者，总结出整体辨证施治"未病"的人文哲理，把人与自然环境的和谐和中西医结合，提出了造福人类的"终极预防"的计划。

自然科技与人文社科两种文化的交往，受着互动规律的支配。自然科技与人文社科从各自不同领域向对方交往。刘兵在《像风一样——科学史与科学文化论》（上海科技教育出版社 2004 年版）中，提出"以人文立场看待科学，也包括以科学立场来看待社会文化问题"。2007 年他在《新人文主义的桥梁》和《从科学主义到人文主义》等著作和论文中，又进一步提出了具有自然技术和科学背景的学者，跳出"科学主义"约束，而关注人文文化的转变人物及思潮。他最关注的是当代科学史学科的奠基者乔治·萨顿，把这位"新人文主义"倡导者作为过渡阶段、过渡人物的典型。萨顿用科学史来联结这两种科学文化："只有当我们成功地把历史精神和科学精神结合起来的时候，我们才将是一个真正的人文主义者。"萨顿的"新人文主义"还表现在对人类、文化、自然和知识的统一性的关注："大多数文人，而且我也要更遗憾地说，还有不少的科学家，都只是通过科学的物质成就来理解科学，却不去思考科学的精神，既看不到它内在的美，也看不到它不断地从自然的内部提出出来的美。……一个真正的人文主义者必须理解科学的生命，就像他必须理解艺术的生命和宗教的生命一样。"（《科学史与新人文主义》，华夏出版社 1989 年版）

当然，萨顿也只是一个开端，在"科学文化"的"大战"中，更需要交往文明化。但萨顿从科学史高度、用历史观点看待两种科学文化协作的重要性，是了不起的贡献。难怪，江晓原在 2007 年 8 月 19 日上海书展上，大声呼呼："中国需要一千个萨顿！"

杨叔子在《光明日报》2009 年 4 月 12 日"院士论坛"上发表的题为《科学文化与人文文化的交融》一文中，提出了很有见地的观点。他的观点是：①"人类社会的历史本质上是一部文化史、文明史"；②"文化可以分为人文文化与科学文化，这两种文化在不同程度上的交叉与融合，形成了介于它们之间的各种文化"；③"科学文化追求的目标是研究、认识与掌握客观实际及本质与规律，即求真，探求'是什么'"，"人文文化追求的目标是满足精神世界与社会需要的终极关怀，即求善，探求'应该是什么'"；④科学文化是"立世之基"，人文文化是"为人之本"，人文文化是科学文化的"导向"，科学文化是人文文化的"基础"；⑤二者的关系是同源互含于逻辑与形象思维、实验与体验以及科学精神；⑥二者交融于知识（基础）、思维（关键）、方法（根本）和精神（灵魂）之中，是"天道"与"人道"的"主客一体"、"天人合一"的交融。

我之所以详摘杨叔子院士的文章，是因为他是从不同文明、文化之间交往视角来分析问题的。作为一位自然科学家，他把文明史作为人类社会史的"本质"，这比史学家认识得更深刻。他把文化分为科学（可称为"科技文化"）与人文两类，而且在交往作用方面也谈得很客观：违反科学规律一定失败，但科学文化本身"并不能保证科技方向一定是正确的和造福人类社会的"；而人文文化也"不能保证其发展基础一定是正确和造福人类社会"。同源互含说尤其是文明交往的精彩之处：科学原创性突破是"直觉、精练、系统、层次、呼应"和实证、实践。

还可以提到的是中国绕月探测工程的副总指挥栾恩杰，他在自然技术科学和人文社会科学研究之间，找到了使二者得以交叉联盟、融会贯通的一种思维方式。这就是他关于自然技术科学领域内的哲学思考。他在科学研究中，提出了"对立域"的概念，认为矛盾对立统一规律不是两部分，而是"一群"要素；影响事物的要素不是一对，而是"一丛"、"一堆"。他认为宇宙任何事物有质、有量、有"态"（状态），是三者的统一体，否定之否定有时因质对量的"钝区"（停滞）而"退化"，使否定成为不可能，因而不能循环下去。他用现代系统认中的各个概念表达普遍联系的物质世界。他的这些哲学思考，提供了两种文化、两类科学在方法论方面相互借鉴的思考。

人类文明是异常庞杂的系统。从历史科学看，是人类史和自然史两大文明类别。自然科学简称科学，是反映人关于自然物（包括人化自然）以及人体的知识。人文科学反映人的情感、人生价值、社会关系等问题的知识。二者的关系，用中国工程院院长徐匡迪的话说，是人类社会文明进步的两个轮子，少一个都不行。我把二者也比喻为人类文明社会的双翼，左右协作，和谐前进。的确，二者同为人类的创造和精神体现，而且处于同一社会交往关系之中，因此都受相互影响、作用的互动律制约。这种影响表现在生产者和交往者的人文与科学文化背景之下。人文文化通过政治观念、经济意识、思维方式、审美情趣、价值观各种交往渠道影响科学文化生产。科学文化也通过物质生活、技术水平、生产品种影响人文文化生产。这两种生产，是以交往为前提的。

科技文化和人文文化二者之间的影响是不同独立科学领域间的影响，不能彼此推导其领域的本身文化属性。然而二者可以借类比而借用，可以联想而借鉴，创造各自的文化效益。这种效应在科学史上屡见不鲜。如科学上的重要理论进展，如欧几里得几何学、非欧几何学、牛顿力学、热力学、进化论、相对论、量子力学、生物工程、人工智能，都有强烈的人文文化效应。人文理论上的进展也会产生科学的强烈效应。

我在《文明交往论》（陕西人民出版社 2002 年版，第 62—63 页）中说，贯穿这两种文化的是科学精神：这种科学精神分为三个层次：①认识上层次的客观性：逻辑一致性和实践性可检验性规范；②社会关系层次的责任性、公有性、无自私自利性和有条理的怀疑性等现代科学气质；③人文层次精神层次的真理性、伦理性和对真善美的最高价值准则。我认为："科学精神只有从认识层次上升到社会关系，再由社会关系层次上升到人文精神层次，才能完整地构成科学文化的核心结构。"这是一种包括自然科学和人文科学在内的普遍性的科学精神。自然科学和人文科学的科学性，都交融、互通于这种科学精神之中。

我现在仍然坚持上述观点。在一切学术问题上，包括科学精神和人文精神、科学主义和反科学主义、东方思维能否拯救中国科技、中医等问题，只有在多元文化的科学基础上，在承认西方近代科学的同时，以更理性的心态来审视科学文化的争论，思考人文历史及其价值，用文明交往的自觉性去理解自然和人类历史的内在联系，才能真正找出恰当的办法。所谓文明交往的自觉性，就是要承认知识结构、价值观以及视角的差异，对科学的人文化解释持宽容、平等态度，承认其多元性。这里，对话、理解是最重要的，用极端的、对抗的和消灭对手的"战争"方法是无济于事的。在"两种文化之争"中，我是和平交流主义者，是和平合作主义者，更是文明交往论者。据说，这种争论是 21 世纪争论问题之一，可能还要长期持续下去。如果如此，这种争论倒不一定争出一个"公理"来，但是，两种文化的互动理解，一定是人类文明交往的目标之一。只有在承认、接纳多元观念的共同前提下，实现宽容、平等、对话，才是人间文明交往的大道。

更进一步说，我主张自然科学和人文社会科学两大文化的交往合作。实行清醒而自觉的交往文明化。19 世纪到 20 世纪，有三种因素导致了这两大文化的分离和对立:①教育和科学的高度专业化和专门化。所谓教育,主要是文化教育,它可以分为人文文化教育和科学文化教育;②狭隘的实证主义、科学主义的科学观与狭隘的人文主义、人本主义的文化观的尖锐对立;③科学技术对人、自然和社会的正负面巨大影响。这两种文化的交往贯穿了整个 20 世纪,成为 21 世纪争论的深厚根源和基础。

从科学技术的本质上看,是一种文化活动。社会需要和人文背景是科学技术发展的主要动因。前者与经济生产密切相关,后者与文化思想深深相连。近代科学首先产生和发展于欧洲,是欧洲资本主义工商业和文艺复兴、启蒙运动人文背景的结合结果。人文动因无疑是科学内部的穿透力量。这种动因有两方面的作用:①它通过理想、精神、境界、信念、意志、兴趣和激情等人文因素,作用于科学家的世界观、人生观和价值观,给科学以内在推动力;②人文因素还会变成科学家的灵感、直觉和想象,直接参与科学的创造活动,使他们把科学上的求真、道德上的向善、艺术上的爱美和哲学的时代精神融合到实践中去,产生更有价值的成果。爱因斯坦说得对:"科学家的思想是受他的文化所约束,他的思想特征是由他的文化环境铸造而成的。"(《爱因斯坦文集》第 1 卷,商务印书馆 1976 年版,第 626 页)

读《蒯因著作集》(涂纪亮、陈波主编,中国人民大学出版社 2007 年版)后,始知这位美国哲学家并不是人们所责难的"唯科学主义"。他是一位强调经验和实验的实用主义与强调逻辑方法和语言分析的逻辑主义结合起来的当代哲学家。他此举被认为是救实用主义于危难之中并赋予新活力的人物。他作为逻辑学家,是把经验观察基础上的感觉加以系统化和理论化。在他心目中的"科学主义"并不是极端"实证主义",而是以逻辑主义为特征的理性主义。他反对实证主义坚持对经验内容的最终检验,认为这正好"妨碍了科学的进步"。他指出:"确实,下述情况经常发生:一个与所有的检验点相距遥远的假说,提示了可以检验的假说。这必定是值得检验的假说的一个主要源泉。"(第 6 卷,第 590 页)可见,他推崇和尊重科学,强调一切从科学出发的观念,正是哲学研究中最缺乏的研究思路。

这里还可以提出美国《实用主义哲学》的作者理查德·罗蒂。20 世纪 80 年代,三联书店出版他的《哲学和自然之镜》。2009 年上海译文出版社出版了《罗蒂自选集》(包括《实用主义哲学》、《后哲学文化》、《后形而学希望》等)。他目睹 20 世纪西方学术界欧洲大陆哲学与英美分析哲学的对立,从而对理性主义与浪漫主义冲突、自然科学与人文社科两大文化的分裂,深表忧虑。他兼有分析哲学与西欧哲学之长,在这两大哲学范式的沟通上,把科学人文化、又把人文科学化。他的这一工作，是发人深省的。他厘清了从柏拉图到当今西方哲学的脉络，激励人们进一步思考自然科技和人文社科的交往互动关系。罗蒂是一位将自然生命与科学生命汇为一体的人。他从来没有停止过阅读、思考、写作。2004 年他在上海"罗蒂哲学研讨会"上，以一个 73 岁高龄的老学者的身份，仍孜孜不倦地对所有论文进行阅读，并给予回应。须知，这时距离他生命的终点只有四年时间！

我们还要谈谈书法家欧阳中石的观点。他的观点可归纳为：①艺术的丰富意象和广阔可塑性素质根源在内在的逻辑思维理性："艺术是形象思维的结晶，而理性应当是逻辑思维的轨迹……一切形象思维的历程都必须以逻辑思维为皈依，一个形象思维结晶的艺术，必然以逻辑思维为内在灵魂。它们虽然是两条路，但绝无背舛。"②汉字既是一种理性产物，又是艺术结晶。汉字的这种基本以"形"为本的成字方式，从简单到复杂，从少到多，逐渐发展起来。如果没有合乎逻辑思维的理性为依据，这个汉字系统是不可能形成的。他举例说，日月为"明"，双木为"林"，止戈为武，人言为"信"就不是纯形象思维所能负荷的，而必须有先民思维的深度；③书法是书之"法度"、"法则"。"如果把书作落到艺术上是不够的，应当是中国文化的结晶"。他解释说，法也是学问，又是现实时代，还是求德、书仪、立事形象，关键在思路（学问高低在此）。为此，一要由博返约，博览精读；二要学、学、练、创，三者学最难。"练是自己变成自己，其实自己本身就是自己，如练的方法不对，那练就是重复错误；学是把别人变成自己，是'加'的积累。创是把自己变成别人的"；④他总结 16 字："作家行文，文以载道，以书焕采，切时如需。"学问之道，先博后精，博必能容，一切观点都是我们思考的对象。不自恃，不自卑，学为我用，有容乃大。立足社会，切时如需，确为经验之谈。

可见，艺术科学与自然、人文也是相通的。文明交往，真是兼类游离交织，切不可简单事之。对话精神应当成为各种科学共同持守的内在品质。文明之间、之际和文明之中、之内的对话，可以在不同文明中互相受益和显现个性的特点。

七　自然技术科学

（一）中国古代只有实用技术、而无真正的自然科学，似乎已不成问题，其实仍有许多争议。如自然科学的定义,如自然科学的兴趣,如自然科学教育,如自然科学的思想方法,以至于整个科学精神,都见仁见智。至于中国近代开始落后和西方迅速发展,有不少人从古希腊找原因或一直追到孔孟时代,有人认为深入了,有人则认为不必找得如此远,应在当时当地条件中去寻找。此问题繁多,而思路多出。

(二)在这些思路中,近代自然科学技术诞生是东西方文明交往中交互作用的规律却很少触及。我个人感觉,没有这一条,缺少了联系性。文明交往的这种融合,由于各种必然的因素和偶然的因素的结合,最初在西方、在欧洲,所以西方、欧洲近代科学就诞生了。近代自然技术科学固然诞生在西方、欧洲,但不能完全归功于西方文明,其他文明也在起作用。

(三)科学精神是什么?竺可桢将欧洲近代自然技术科学精神归结为两个字:求是。求是的实质是追求真理,是“求真”,即不盲从、不附势、不武断、不专横,即坚持真理,修正错误。自然技术科学与人文社会科学有许多不同,但在真理观这个问题上,其精神与人文精神是相同的。

(四)人文精神是真理观,也是价值观。它与一切科学的关系有八点:①同一,②分离,③差异,④依附,⑤对立,⑥冲突,⑦互补,⑧融合。把自然技术科学和人文社会科学完全对立起来有害无益,违反人类文明交往规律,也是孤立、片面的不自觉表现。皮特·N.斯特恩斯等著的《全球文明史》已看到了这一点,该书认为全球力量是技术和思想的交流,这种力量导致了过去和现在主要特征的形成。这种对文明交往的分析,有启发性(见赵铁锋等译,中华书局2006年版,二册)。

(五)科学、技术和社会是当代世界史开始写作时的一个中心问题,直到2006年编完后仍未画上句号,因为“述而不作”的写实方法未能作理论上的概括。近读殷登祥的《科学、技术与社会》一书,看到了一位技术科学家从学科体系的阐述。这个体系为“三维综合集成模式”:①社会的科学技术之维,主要从科学技术角度探讨和揭示社会发展的动力、过程和机制,从交叉学科看三者关系;②科学技术的社会研究之维,主要从社会学视角探索科学技术发展的动力、过程和机制,阐释社会对科学技术的影响性质、程度和方式,体现学科派的主张;③科学、技术与社会之维,从整体上研究三者的互动关系的性质、结构和规律。此书还区分了发达与发展中国家的不同情况(中国为发展中社会主义文明大国)。发展中国家坚持科学技术作为第一生产力要科教兴国,加快实现现代化,关注用科学技术和传统文化促进现代化,并开拓创新,与时俱进,用“科学、技术和社会”观念、意识全面理论与政策的国情研究。

（六）学术、技术不仅在自然科学技术与人文社会科学之间有争议，在人文社会科学领域中争议也存在。有的学者认为人文并不属于科学，社会科学是比较接近自然科学，而区别于人文科学的。也有的学者认为二者是学科意义上的区别，更呈现出实质内容上的统一。还有学者呼吁社会科学研究由"空洞化"、"玄虚化"转向"面向社会的对策研究"；更有人主张对抽象学理应追求的"纯学术"研究。在我看来，这些意见都有道理。社会科学中的应用部分，类似技术科学，与人文科学有区别。但人文科学也不是完全没有应用方面。人文社会科学总的说，是基础科学类似自然科学。具体问题要具体对待。其实这是个学科分工问题，大多数人去研究人文社会科学中的应用型、实际型和技术性问题研究，极少数人去作"为学术而学术"的不追求实用性和功利性研究，属常态性状况。

八　科学把一些人变成"太狂的人"

西方文艺复兴以后，从以下几个方面改变了人：①人重新认识了天体；②人重新认识了自己存在的地域空间；③人重新认识了客观自然界；④人重新认识了自己的起源；⑤人重新认识了自己的发展史；⑥人类不需要上帝，人自己成了上帝；⑦人可以排山倒海，重整江河；⑧可以上天入地；⑨可以人工造雨；⑩可以控制气候；⑪可以转化基因；⑫可以试管造人；⑬可以克隆动物乃至人类。

爱因斯坦早就告诫过，科学技术是一把双刃剑，它可以造福于人，也可以给人类带来灾难。的确，科学的双刃剑：①把人变成了"大写的人"；②也把有些人变成了"太狂的人"。这些人就是缺乏自觉的人。人原以为可以向自然、向生命、向世界上所有难题挑战，是万能的人。这种自觉来源于生态危机，来源于对环境生存的警醒。人们终于发现：科学理性的人，未来不是为民族荣誉、为宗教、为意识形态而战，而是为了自身生存而战。人首先不能摆脱生态问题困扰，如不久前海啸、飓风，如气候变暖、环境污染，都看到大自然正在报复人类。

那些"太狂的人"在狂妄掠夺地球、轻蔑其他生命的行为，拼命地、盲目地去追求利益最大化，以物质生产与无节制为荣，其更深刻的错误根源在于对大自然缺少敬爱、敬畏之心，尊重之心。在人类体现出空前高度能力面前，应当看到的是自然、大社会、大难题、全球灾难问题。

今天的人类，不断追求利润，追求扩大再生产，物质文明变成了"浪费文明"：到处是丢弃的印刷精美的广告、一次性的塑料袋、饭盒、纸杯、筷子、易拉罐，精制的包装袋、包装盒，地球成了垃圾场。"自然中心"、"自我利益至上"的"残酷文明"，全无文明的仁慈之心，如美国以各种借口无情打击伊拉克，以色列与巴勒斯坦之间残酷战争。社会生活中坑蒙拐骗、假冒伪劣、官商勾结、贪污腐败、见死不救、残害他人生命等，21世纪人类的前途何在？现在"天人合一"只在我的笔下，城市上空夜间看不见星星，到处是水泥森林，"道法自然"何在？

呼唤解决人与自然、人与人的和谐，在人心灵中的新智慧。老子有话："五色令人目盲，五音令人耳聋，五味令人口爽，驰骋田猎，令人心发狂。"（《老子·检欲第十二》）我们若一心求感官享受，任物欲驱使，既无知物之明，又无知人之明，更无知己之明，人只有在发狂中毁灭！"太狂的人"多么需要文明自觉，从而使人与自然、人与人、人与自身交往中日趋文明化！

九　自然科学技术本土化的交往互动个案

一般认为，人文社会科学有本土化的交往特征，其实自然技术科学也有此特征。

1627年，由德国耶稣会士邓玉函（Johann Terrenz）口授、中国学者王徵译绘的《远西奇器图说录最》在扬州付印，此后传播颇广。别的不说，先就"远西"二字就使人想起东方人的视角。中国人称欧洲有"泰西"即"极西"之意，如《泰西五十轶事》。此处称"远西"虽意指相似，但与西方人的视角中"近东"、"中东"、"远东"相联系看，说明王徵的方位感有其独到见解。

王徵原计划分为"重解"、"器解"、"力解"、"动解"，这"四解"虽只实现一、二"两解"，不过仅就"四解"之说，已有中国本土化味道了。现有的卷一用"表性言"、"表德言"、"力艺四解"三种表达也说明，此种结构语言跨文化的知识传播与会通表达。王徵虽皈依天主教，思想深处却仍立足于中国传统，他以中国传统的理念来理解和阐释西方传入的知识。他与西方耶稣教会不同，从相反方向、用中国传统经典内容（连53种科技图也中国化了）的模式编译取舍注解。

此书给文明交往的启示有：

1. 科技传播有其规则，即古代技术进步常表现为经验积累，成功者变为相对稳定法则。对外来技术掌握、功效评判须经过尝试、示范过程。真正的自觉发生在历史性转折时期（中国人痛感技术不如人，工业革命之后而用技术打造的坚船利炮直逼国门之时）。

2. 被刘仙洲称为"我国第一部机械工程学"的《奇器图说》，经中国科学院自然科学史研究所与德国马普学会科学史研究所合作而写的《传播与会通——〈奇器图说〉研究与校注》（江苏科技出版社 2009 年版）证明：科学技术从来不是孤立存在的。这里可见交往互动规律：它在特定文化与环境中发生、传播，并且是在特定的知识、环境、宗教信仰、政治、经济等交往互动中发展。它不能简单化、概念化。

3. 文明交往见之于科技是一种知识竞争，一种知识如果没有特别强的比较优势，就难以发挥实际影响。

4. 文明之间传播的本土化，即异质文化传播的互动有重构与会通问题。互动过程中有①怎样的进程；②何种后果；③影响过程的因素（社会、文化条件，知识选择，双方优势劣势，相容性程度）；④最重要的不是单向知识流动，而是外来与本土文化的双向互动。

5. 过程曲折复杂，但问题可思者在于今日中国同西方有些几乎同步而为何缺乏创新，背后深层原因何在？见之于人文社会科学，不是也有自主创新问题吗？

十　当代科技的社会意义

科技革命是指在科学技术起决定作用下而实现的社会生产力的根本变革。它随着世界经济中心的转移而转移。

（一）20 世纪中期开始，以电子计算机为标志的信息革命，不仅推动了产业结构的调整和管理体制的变革，而且导致了经济全球化的发展趋势。"二战"后的科技创新成果超过了以往全部时代的总和。与此同时，世界各国都处在现代化改革大潮之中，同时因其各自国情而处于不同阶段和特点的发展轨迹线上。

（二）诸多跨学科理论和大量新技术原理的涌现，既在研究对象和科学方法两个方面拓宽着科学研究的视野，又在某种程度上预示着科学和技术的未来发展方向。

（三）基础和应用科学研究，从认识和实践上为人类文明的不断进步奠定基础。基础研究通过理论发现作用于人类心灵的教育，使人类认识自身在宇宙中的地位和作用而理解生命的价值和意义；同时，把基础研究的发现转化为实用的应用研究，通过将科学规律衍生为一系列的技术原理和工程实践，为人类持续的生存和发展提供材料、能源和信息的条件。

（四）科学发现和技术发明是人类认识和利用物质变化、能量转化和信息控制的手段。人类正是同自然、同社会、同人的自身交往过程中，通过科学发现和技术发明，推动了文明的三个发展阶段的演进：以认识和利用物质变化为主导的农业文明→以认识和利用能量转化为主导的工业文明→以认识和利用信息控制为主导的信息文明。

（五）当代科学和技术正面临着来自社会的三大挑战：①人类生存环境的严重恶化倾向；②高技术评估的困难；③自然技术科学与人文社会科学两种文化的平衡。这反映了人类对科学和技术在社会实践上的运用程度、运用目标、自我调节和应变能力，人们就其利害的两重性而"化小害而为大利"，提高文明的自觉性，夯实这块为现代文明建设的奠基石。

（六）科学技术是人类文明中最具革命性的力量，它的无私诚实和严肃精神所形成的开放力和趋同力，为世界各民族在文明交往中的沟通和团结创造了基本条件。

（七）哲学上辩证自然观和社会观的理论变革：人类对物质、能量、空间、时间、运动、规律、因果性等概念认识深化，统治几个世纪的力学自然观，让位于变化和普遍联系和相互影响为基本特征的辩证自然观。经济中心与科学文明重心的位置，也因之而变化。"一切僵硬的东西溶解了，一切固定的东西消失了，一切被当作永恒存在的特殊东西变成了转瞬即逝的东西，整个自然界被证明是在永恒的流动和循环中运动着。"（《马克思恩格斯选集》第4卷，人民出版社1995年版，第270页）新的宇宙论的根本特色是实践的、整体关系的、生成的。科学的理性批判本质见之于社会观，强调现代社会是一个开放并不断渐进变革的社会，提出了物质世界、精神世界和知识世界的客观存在，确定了物质文明、精神文明、制度文明和生态文明交往的地位。

十一 忽视发展生产力和交往力的恶果

美国当代著名的史学家斯塔夫里阿诺斯在《全球通史》中，曾谈到西欧顺利扩张的原因时写道：近代阿拉伯人和中国人都热衷于内省，专做心灵工作，于是阿拉伯人让出印度洋，中国人让出了太平洋。中国的传统是"尊重老年人，轻视年轻人；尊重过去，轻视现在；尊重已经确认的权威，轻视变革。由此，它成为保持各方面现状的极好工具。最终导致了处处顺从、事事以正统为依据的气氛，排除了思想继续发展的可能。这一点有助于说明为什么中国尽管最初在发明造纸、印刷、火药、指南针方面取得了辉煌成就，但后来却在技术上落后于西方。中国人在做出这些发明之后，未能提出一系列科学原理"。

另一位美国史学家费正清也有相似的观点，不过他是从朱熹的"格物致知"谈起的。他在《美国与中国》一书中指出："'格物'这句话没有被解释为科学的观察，而是对于人生的研究。人类社会和个人关系是中国学问的中心点，其中心点不是对自然的征服。"原来朱熹讲的"格物"是"格心"，不是研究自然。费正清又说：中西古代学者不同之处，在于中国古代选官制度使读书人和工匠分开，"这种手与脑分离与达·芬奇以后的早期欧洲科学家先驱们形成了截然不同的对照。欧洲的科学家们往往来自讲求技艺传统的人们，虽然他们同样都是读书人，可是他们没有为社会风俗所限而建立了自己的实验室。"谁说不对呢？达·芬奇、罗蒙诺索夫、美卜尼兹不都是兼有人文与自然的科学巨人？大科学使人变成了巨人，大科学使人类创造了崭新的未来。

环顾古代欧洲的传统，欧洲人对自然有着浓厚的兴趣，他们总不安分，说好听是开放，说实质是扩张，是"发现"新世界，是发挥科学技术这个第一生产力，远涉重洋、奔走于世界的交往力，发动科学革命、工业革命和政治革命。这是他们传统的根源。古希腊哲学家就关注自然本源是什么？是水？是火？是土？是风？是数？是原子？这和孔子想的大不相同。公元前6世纪的古希腊哲人泰勒斯，想出海航行，苦苦测定太阳从夏至到冬至的运行轨道。正是古希腊的科技之光，折射到西欧，兼有人文科学自然的百科全书般的思想家和科学家成批出现了。

中国传统不同。孔子不用说了。老庄虽谈自然现象，并非自然科学，而且自然不是他们学说的根本，人生哲学才是他们的主体。儒、释、道三家，都有一个共同弱点：不关注自然科学，不关注生产力的发展。中国古代哲人的思路的片面性，自然科学思考被忽视了。到了宋代，理学兴起，本来不发达的自然科学传统急转直下。儒与禅的合流，打坐悟道，琢磨心性的传统，更加使自然科学的传统边缘化了。史书中有几处记载发明家的名字、著作、理论？又有多少发明得到广泛传播？

马克思和恩格斯讲得多好："某一个地域创造出来的生产力，特别是发明，在往后的发展中是否失传，取决于交往扩展的情况……只有当交往成为世界交往并且以大工业为基础的时候，只有当一切民族都卷入竞争斗争的时候，保持已创造出来的生产力才有了保障。"(《马克思恩格斯选集》第1卷，人民出版社1995年版，第108页)生产力和交往力的互动，才能促成人文科技之花双双开放，双双结果，人类生命的河流才得以拓宽，人类生命的色彩才得以张扬，人类的生命才得以舒展个性。一个更加文明、更加有知识、有教养的中国才会屹立于世界。

十二　两种文化浅议之一

（一）自然技术科学是从属于文化的。这是西方科学哲学在20世纪产生的新方法论。于是有了自然技术科学和人文社会科学这两种文化的阐述。C.P.斯诺所著的《两种文化》出版于半世纪前，而"两种文化"一词也从此流传至今。"很少有文学词汇像"两种文化"那样有如此持久的生命力"。彼得·迪齐克斯如此评论说。

（二）英国人斯诺是"学而优则仕"的人物：物理学家兼公务员，又是两种文化兼有的小说家和自然科学家。《两种文化与科学革命》是他在剑桥大学的讲演录。该书的中心论点是：①"所有西方社会的知识分子都日益分裂成两个处于顶端的团体：科学家与文学研究者"；②这个"相互之间无法理解的鸿沟"是研究文学这一类学者造成的；③文学研究者对自己不懂热力学第二定律一点都不感到害臊尴尬；④科学家被问到"你读莎士比亚的作品吗"时，显然让他大失脸面。

（三）斯诺是技术化前程的热心宣传者。他宣传的其实是：科学（自然技术科学）比其他科学（人文社会科学）都将让我们繁荣并更加安全。他的一个观点：教育不应该太专门化，从总体上看，至今还有现实意义。如果认为，斯诺是被肢解得七零八落的知识界中的目光锐利的人类学家，那可以肯定，这个看法是不对的。《两种文化》书中的深层含义并非指我们有两种文化。斯诺在书中对自然技术科学的乐观表述虽有可商榷之处，但关于进步的思想，比起其他文化类型学者来，与当今的联系更密切。

（四）1998 年，美国记者罗伯特·萨缪尔森（Robert Samuelson，1945－1998）在《新闻周刊》上撰文说，我们不能给予 Y2K 电脑病毒以更多重视，这也许会成为证明斯诺论断完全正确的证据。美国一些科技界名人也有类似担忧："我们生活在这样一个社会，或者说大学里，几乎没有人会承认——以此为荣更是绝无仅有——自己从未读过莎士比亚的任何戏剧。"2001 年，劳伦斯·萨默斯在就任哈佛大学校长的讲演中说："对从一个染色体中出来的一个基因一无所知，这很普通，也没有什么可说。他是 DNA 时代的斯诺，教职工对他完全冷眼相待。"2007 年，美国宇航局局长米歇尔·格里芬在一次演讲中说，两种文化已成为"一个家喻户晓的词汇"，而斯诺触及了一个"基本的真理"。

（五）斯诺关于两种文化理论褒理抑文倾向鲜明：①自然技术科学家们的"骨髓装有未来"，而"传统文化却在妄想未来并不存在对世事做出应答"；②自然技术科学家们在道德上是"我们所有知识分子中最崇高的一部分"，而文学伦理却让人生疑；③他引用一位自然技术科学界朋友提及庞德、叶芝、英国画家刘易斯（Wyndham Lewis，1882－1957）的法西斯倾向的事时，提出："岂非由于他们的影响使得奥斯威辛离我们更近了？"④斯诺认为这是文学文化"短暂时期道德缺失"，而且"并非所有作家"，但其倾向则清晰可见。

（六）剑桥大学的批评者利维不但批评其讲演，而且认为斯诺"在学识上要有多平庸就有多平庸"。另一位批评者莱昂内尔·特里林认为斯诺的著作"大错特错"，他的文化"宗教主义"损害了"理性话语的可能性"。到了后来，斯诺本人在 20 世纪 60 年代就认为社会科学家们能够形成"第三种文化"，把人文、尤其是人文科学与社会科学分开。而约翰·布罗克曼这位资深编辑和出版家，也用了"第三种文化"的概念。不过，他指的是进化生物学家、心理学家与神经学家。他认为，这些人"向我们呈现生活的深层意义"，并在"塑造他们那一代思想"的能力方面超过了文学艺术家。

（七）值得注意的是，斯诺《两种文化》的下述观点：①两种文化的鸿沟导致了一些有能力的人对自然技术科学职业这个事实视而不见，其后果让我们无法解释工业化带来的贫富差距，进而威胁到全局稳定。他的忧虑是：

"贫富之间的这种差距已为世人所知,尤其是贫困人群不无自然地、深切地体会到了。这种状况不会延续多久。在这个世界上,尽管我们知道许多东西可以安然度守两千年,但这个情况挺不了那么久。"②斯诺相信科学技术的纯粹力量无可阻挡,它将改变这个世界,不需要外力推动,即可向好的方向发展。他写道:"工业革命在包括知识分子在内的任何人都没有注意到的时候便发生了。"然而,与此同时他又认为20世纪的进步正在受到来自诗人与小说家漠然态度的阻挠。

(八)斯诺不但是个"坐而论道"的学者,而且是"起而行"的实行家。在"二战"前,他参加了英国组织科学家去海外工作的事业。"二战"后他又提出了积极的建议:向第三世界派遣技术团帮助工业化。他写作《两种文化》体现了关于发展观念中一种深层次的张力——自然技术科学的力量。他提醒知识分子关注此事,并提出社会文化的诊断。不过,他开出的药方人们不再采纳。在工业革命推动的既富有创造又能毁灭一切的大潮中,问题丛生:科学技术是一种无可抗拒的变革的催化剂,还是说它需要自上而下的指导?我们需要在多宽广、多深入范围内去传播科学知识,培养多少人才去应对气候变化,以何种方式进行人员分布,还需要其他方式(如群众对政府的广泛支持)等问题,在等待合理解决。总之,需要对《两种文化》一书的内容进行反思,既不是拿来就用,也不是漠然置之,而要消化或"文而化之",以适应发展的新条件。

十三　两种文化浅议之二

文化有两个特质,一是它的民族性,一是它的科学性。这里先议民族性,再议科学性。

(一)文化是民族有机体的"基因"。这是北京大学医学部韩启德院士的比喻。他的原意是强调传统文化在全球化时代的巨大影响力:"如果把一个民族作为一个机体来看,我们的文化就是基因,我们的经济、社会、政治在发展过程中受到来自各方面的影响,但最根本的是受到文化的决定性影响。"

(二)文化是一个民族的"标志"和"根"。这是北京大学袁行霈教授的比喻。他的原话是:"文化是一个民族的标志,是一个民族的根。在经济全球化的大趋势中,拥有几千年文化传统的中华民族,在吸取世界上其他民族优秀文化的同时,必须自觉地维护自己的根,这样才能自立于世界民族之林。"

（三）韩启德和袁行霈谈的"基因"与"根"，意思是一致的。他们在2007年6月17日北京大学国学研究院成立十五周年座谈会上的这些讲话，可谓"言因时而发"，因此，所以得体。现在传统和全球化，这两个张力都在加强，呈现"和而不同"的明显态势。我越来越感到，人类文明交往在当前需要新的自觉。这一点袁行霈谈得更为明确："必须自觉维护自己的根，这样才能自立于世界之林。"文明交往的自觉，在全球文明新发展进程中，特别迫切。

（四）不同文化的差异既有语言上和风俗上的差异，还有文化心理上的重要差异。文化作为人类心理活动的载体和环境，需要从文化与心理的角度进行诠释。不同文化交往中的沟通过程、结果的影响尤其重要。所谓不同文化之间的交往，即跨文化沟通遇到的语言、认同、风格、心理等障碍，要通过理解、影响、说服，以解决冲突。这是一个科学性的文明交往自觉问题。

（五）我有"文明交往五句"："知物之明，知人之明，自知之明，交往自觉，全球文明。"袁行霈的"自觉"是"自知之明"，这是首要的，虽然我的"五句"放在第三。那是从人与自然、人与社会和人类自身三大文明交往主题的关系而言。实际上，"自知之明"是根本性的。自知之明的"明"就在于①分析；②开放；③前瞻，这三种心态。反对抱残守缺，反对全盘西化，同时要把传统文明放在全民族现代化大格局和经济大视野之下，用人类文明交往观来对待。当然，仅有自知之明还是文明交往自觉的一方面，对自然、对社会，人也要有"知"而"明"，即文明，即交往自觉，才能全球文明。

十四　融入自然的隐逸文化

（一）隐逸文化不仅中国有，外国也有。定居法国巴黎的"都市隐者"、法国的捷克裔作家米兰·昆德拉就是其中之一。1978年他应后来成为法国总统的密特朗之邀，移居巴黎，居住在里特尔街的一座小阁楼里，平凡而平静地生活，安逸地度过后半生。他是个作家，又长于音乐与绘画。在他的卧室里，悬挂着捷克画家和他本人的超现实画作。20世纪80年代他从法国巴黎高等社会科学研究院退休后，便很少参加社会活动，在家潜心进行法语小说创作。1985年他就表示不再接受记者采访，选择了隐逸文化生活。不过他不是隐于山林，而是居都市、隐于书斋、守于心灵之中。

（二）米兰·昆德拉的隐逸文化思想，萌生于孩提时代。他说："当我还是孩子的时候，我就梦想发明一种药膏，能使自己隐身。而当我成人后，则希望成功。现在成功了，我又开始想让药膏使我隐身。"这就是他想成为隐身之士，在中国就成了"隐士"了。他不是一般的"隐士"，应当是"特大的隐士"。因为"大隐"隐于市，他不是隐于一般的城市，而是隐于法国首都——巴黎这样的国际大都市。这不是"特大隐"又是什么？

（三）米兰·昆德拉晚年的隐逸文化，充满着人类文明交往的精神自觉，而不是消极厌世的人生的悲观心态。他认为，与其让媒体炒作或者他也热衷此种活动，不如让学界或读者自己研读他的作品。《光明日报》驻布拉格记者任鹏在《古稀之年的米兰·昆德拉》一文中，这样描绘这位"特大隐者"的现代隐逸文化生活："在拉伯雷与狄德罗的作品中体味法语的韵律；从卡夫卡和塞弗尔特作品中领会捷克精神；在马尔克斯和富因特斯作品中吸取幻想与理想……面对这位历经坎坷、年逾古稀的老人，我们无法像对待其他公众人物那样炒作，而是静静地等待他用自己的作品向大家展示内心的独白。"

（四）任鹏的"内心独白"这个用语相当深刻地道出了隐逸文化在人类文明交往中的独特性的内在心态。无论是"小隐"、"大隐"，都有此心态，只是表现形式上不同。中国的陶渊明算是"名隐"。他的名诗《采菊》所说的"结庐在人境"的"隐者"，之所以没有车马的喧闹，缘由在于"心远地自偏"的隐士心态。署名"大隐"的《人生篆书——中国传统人生哲学精髓》，是《国民素质忧思录》一书的作者，是继后潜心研究儒佛道典籍后的新作。启功评此书为"得其髓"，季羡林认为"正合吾意"。陶渊明《采菊》诗中"此中有真意，欲辩已忘言"的隐士的"真意"，被启功、季羡林加以说明，而且在"大隐"这人署名中表明了。

（五）"内心独白"的隐逸文化心态在米兰·昆德拉的文学生涯中，表现出复杂的文明交往特征。他曾在75岁生日时自我解嘲地说："我在4月1日愚人节这天来到这个世界，有着形而上学的意义。"他的小说从《玩笑》（1967）开始，又有《好笑的爱》（短篇小说集，1970）和《笑忘录》（1979）。中间还出了《生活在别处》（1973）和《告别圆舞曲》（1976）。其中《生活在别处》获得法国美第契文学奖。20世纪80年代后期开始，越来越多用法语写作，以致后来连续出版了法语的三部曲：《慢》、《身份》和《无知》。虽然他的作品大部分都根植于他祖国捷克的生活，但由于《玩笑》卷入了后来的政治风波，加上1979年《笑忘录》出版之后，被剥夺了捷克国籍，这之后生活在法国，又用法语写作，作品中已看不出什么国籍了。

（六）从文明交往的角度看，米兰·昆德拉更愿意承认自己是"法国作家"。他在文化上是"由捷入法"，正像他身份归属是"捷裔法国人"一样。他自己袒露心迹说："当我的国家驱逐我的时候，只有法国人支持了我。在法国我有'复活'的感觉。"他自己在文化上觉得是一个欧洲人，甚至是一个"地球人"。他的三部用法文写的小说，在中国受到了欢迎。尤其是中国作家韩少功根据英文本翻译的《生命中不能承受之轻》（法文版1984年）的新颖主题和音乐般的叙事结构，令中国读者耳目一新。当然，他书中表达的感想很多与中国知识分子心灵相通，"媚俗"与"轻与重"的哲学概念也被广为认同。1994年之后，到2004年，他的系列作品在中国总发行量达到一百多万册。在遥远的中国，反响如此强烈，被称之为"文化轮回"。米兰·昆德拉因此与中国有较深的文明交往情缘。他自己承认，中国是他十分向往的国度。

（七）处在法国巴黎的"特大隐者"，其作品跨越洲际，这里值得从文明交往方面去理解。古罗马著名的"帝王哲学家"马可·奥勒留（公元121—180年），虽勤政而未挽救国家，却留下了名著《沉思录》（中译本为何怀宏译，中央编译出版社2008年版）。他认为必要抗拒的欲望里，是滥用权力，而最有吸引力的是"引退"去过宁静乡村生活的那种"隐士"愿望。这使人想起了陶渊明《归去来兮辞》的"归去来兮，田园将芜胡不归"的诗。陶渊明不为五斗米而折腰，实现了归隐的隐逸文化的适性任情生活。[1]马可·奥勒留却始终没有这份幸运。但他的《沉思录》却在鞍马劳累中写成，表现了他身羁宫廷和混乱世界之中，对冷静而达观的隐逸文化哲理生活的追求。对于米兰·昆德拉的古稀晚年人生，我想他还表现一种生活方式、人生价值，特别是审美境界的文明追求。他在思想意识上认同"隐"，行为上也履行"隐"，不愿张扬，保持低调，用余下不多的时间尽力为人类文明传承文化遗产。还有一种旷达的隐士，称之为"通隐"。《世说新语·雅量》有"戴公从东出"一语，注中引《晋安纪》："戴逵，字安道，……性甚快畅，泰于娱生，好喜鼓琴，善属文，尤乐游燕，多与高门风流者游，谈者许其通隐。"

---

[1]　陶渊明在《归田园居其一》就是以"少无适俗韵，性本爱丘山"开篇的。他笔下那"开荒南野际，守拙归田园。方宅十余亩，草屋八九间。榆柳荫后檐，桃李罗堂前。暖暖远人村，依依墟里烟。狗吠深巷中，鸡鸣桑树巅。户庭无尘杂，虚室有余闲。久在樊笼里，复得返自然"的种种脱俗的处世哲学跃然纸上。不过，他的《饮酒其五》仍然是他心情恬淡、以诗名志的隐逸绝唱："结庐在人境，而无车马喧。问君何能尔，心远地自偏。采菊东篱下，悠然见南山。山气日夕佳，飞鸟相与还。此中有真意，欲辩已忘言。"

《梁书·何点传》:"点虽不入城府,而簪不带,或驾柴车,蹑屐游人世,着草屐,恣心所适,致醉而归,士大夫多慕从之,时人号为'通隐'。"

(八)这使我想起 20 世纪 90 年代以来在中国有一股研究隐士问题的热潮。其中有 1942 年初版、1988 年上海三联书店二版的蒋星煜的《中国隐士与中国文化》,有台湾大学出版的王仁祥《先秦两汉的隐逸》;还有刘淑梅的《先秦时期隐士名称及其分类》(《齐齐哈尔师范学院学报》1997 年第 2 期),胡翼鹏的《古代隐士称谓分类及其身份特质研究》(《唐都学报》2007 年第 3 期)。最近的一本才作是吴小龙的《适性任情的审美人生——隐逸文化与休闲》(云南人民出版社 2005 年版)。此书对中国古代隐逸文化进行深入研究,并涉及休闲文化。这部有代表性著作最可注意的是,它把"隐士"的"隐逸"作为中国历史上一个非常独特的"文化现象"来研究,其中"隐士"主要是为了按自己喜好的生活方法而实现自我的文化追求。这和米兰·昆德拉的住巴黎小阁楼、不愿与媒体接触、过安静而平凡生活的选择和实现自我价值的精神是一致的。

(九)蒋星煜认为,"隐士"不仅在中国古代人物中占少数,而且,中国隐士的风格和意境,绝非欧美人所能了解的。1948 年,梁漱溟在《中国文化要义》(在《观察》杂志连载,后在 1949 年出单行本)中补充说,中国文化的隐士有三个特点:①政治上的独立性;②经济上的中间型(宗教禁欲与西方欲望本位);③生活态度上的爱好自然而且亲近自然。蒋星煜认为第③点"最为精彩,这个自然可以包括为两个方面,一是大自然的环境;二是用单纯朴质的心态去对待一切"。这与人与自然、人与社会和人与自我身心的文明交往三大主题说,在内涵上完全一致。

(十)隐士与国士不同。旅澳华人黄惟群访问隐居悉尼十八年的剑侠作家梁羽生对话中,对这两者作了明确区别。黄惟群问梁羽生:"如果今日再写《金庸梁羽生合论》,对你两人之间的认识,会有什么补充、什么不同?"梁羽生回答道:"再写是不可能了。以前我们很近,如今环境不同了,大家都不写武侠小说。我们友情是过去的,尽管不灭。他是国士,我是隐士。他专走海峡两岸,我为他祝贺,但我不是这块料。"隐于悉尼的梁羽生,可谓又一"特大隐士",十八年的隐逸文化生活,他的精神境界,他的自我价值追求和审美人生,是"国士"金庸所没有的,反过来也一样。因此,两者虽不同,但进行比较研究,还是有很大的文化比较研究空间。尤其在人类文明交往的认识人类自我身心问题上,很值得研究。

(十一)隐逸文化有一个显著特征,即在经历人生沧桑巨变之后,不是为了宗教信仰，而是为了选择对自我的超越所采取的生活方式、价值过程和审美境界。年已八十多高龄的画家吴冠中说过："现在我谢绝一切采访、会议、活动，只思考绘画。"是一种"老隐"之语。老而隐，于是出现了老年人常遇到的人死观问题。吴冠中正是对此有所体悟："上帝的安排不好，对生的态度积极，给生命、爱、爱情；对死的问题就不管了，人老了，病了，痛苦了就不闻不问了。我认为生命是个价值过程，在过程中完成价值过程就可以了，不要非得痛苦地活得那么长。鲁迅先生活了 56 岁，做出的成绩超过了长寿之人。"吴冠中到老年的"隐逸"其实也是一种实现自我的自觉，他认为，艺术创作中最重要的是思想、感情，没有思想的感情平庸，光有思想局限于犀利。

（十二）梁上泉的《望山诗》云："年轻时，我在山脚下／望山，山很大／中年时，我在山顶上，望山，山很小／年老时，我在山这边／望山，山不大也不小。"此诗乍看平淡无奇，细品却让人体味到含蓄深沉。人生如爬山。人生伊始，阅历不深，山仰望高大而生畏，所谓高山仰止。中年的奋斗，爬坡上岭，攀登高峰，山原来不过如此。人生也不过如此。老年继续往前走，迂回曲折，峰回路转，回首往事，方知人生原本有限，山还是那样的山！

（十三）据说现代意义上退休制度始于 19 世纪 80 年代的德国。在此之前，retirement 为遁世或隐居之意，纯属个人生活方式的选择，与社会制度无关，只是社会角色的变化。但古往今来的变化，也只是表象，人类始终未能真正突破自身的局限。比尔·盖茨退休时说："我不能再挡道了，我离开后，会有人填补我的空白。"制度对一些人并不习惯，退而不休或休而不退，或有退休之处的离休、离职、引退，千姿百态的事迭起。隐逸文化也随之呈现多彩多姿。2009 年 101 岁的美国人杰克·波顿律师为帮助人坐着轮椅上班，获得了"最老杰出工作者"的称号。他认为辛勤工作是他长寿的秘诀。英国"白厅花园"中心有位 101 岁的女老板，每周六天、每天六小时的工作习惯，从 60 岁开始，坚持了三十多年。这当然只是特例，也是另一个话题（老年人长寿）了。

（十四）此手记似乎可以用美国诗人沃尔特·惠特曼的《给老年》作结束语："从你／我到了／那在入海处／逐渐宏伟地／扩大并展开的河口。"人生如逝去的江河之水，行将流到入海处，回到大海的自然怀抱。来于自然，回归自然。别悲叹，知足吧！

十五　文化层面与文明层面的统一

由中国传播协会和《文明》杂志社主办的"文明论坛"公布的《关于文明传播的基本认识》中，提出了中国思想界正从对文化问题上升到对文明问题关注的趋向，并进而把文明问题提升到传播、和谐与发展整合为一体的学术语境。这是文明自觉的一种表现，它顺应了中国和世界文明发展的要求，对中华文明复兴的思考进入了国际学术界的理论话语权。

从人类文明交往史看，传承与传播始终都呈内外相互依赖、相互促进的状态。现代传媒伴随着工业革命、政治革命、信息发展，在强大的技术传播支持下，为人类文明的外部交往，即各文明之间的传播起了重要作用。

我在"文明交往论"的思考中，一直在思考传播在文明发展中的作用。总括起来，有以下三点：

第一，在 1996 年 9 月 27 日，我为李荣善的《文化学引论》写的序中，我从文明交往的全局角度谈"传播"："过去在文化上讲'交流'，现在文化上讲'传播'，这中间都贯通着交往的内容。例如，'传播'实际上就是人与人、人与群体、群体与群体之间的文化信息互动交往过程的一种概括。""所谓'文明交往'，是从唯物史观出发，即从现实人的实践活动这一前提出发，是对作为人们（作为历时性与共时性存在的不同实践主体）之间以变革生存环境或变革世界为目的，从相互发现、认识、沟通、理解、制约、影响、渗透、改造等实践活动的历史哲学范畴。"这就是说，"传播"是文明交往的重要渠道。

第二，在 2004 年出版的《松榆斋百记：人类文明交往散论》的《文明的传承与传播》一文中，我从"传承"与"传播"的比较上作如下简述："传承与传播是文明交往的一对环节。传承是指同一文明之内的继承、传递、积淀、发展的脉络。传播是指不同文明之间的接触、吸纳、选择和融化的脉络。传承是同一文明之内的纵向发展线索，是同一民族之内的、世代相同的、以时间为经线的时间变迁轨迹。传播是不同文明之间的地域相邻交往的、以空间为经线的时间演进轨迹。传承是同一文明之经，传播是不同文明发展之纬，经纬交织，内化外激，于是形成了不同地区、不同时代人类文明的多样性统一的灿烂绚丽的百衲锦衣。传承与传播都是文明交往不可缺少的内外环节，哪个环节薄弱，文明互动就会脱离良性互动轨道，文明发展就会减弱，社会衰退，甚至会破裂而走向消亡。"

第三，我同蒲瑶在《从文明交往论看伊斯兰教在东南亚的传播》一文中的研讨中，有所具体化："作为伊斯兰文明的核心——伊斯兰教，它的广泛传播，体现了人类文明交往的'普遍性'、'经常性'、'深层面性'和历史的'伴随性'，以及传播的因素、载体、方式、方向的论述，加深了传播在文明交往中的作用。"

文化传播和影响的特点是：①文化的起源和生成有国界，然而，文化的传播和影响是无国界的；②这种影响或传播是交往能力大小的表现；③一种文化能够越出起源地和出生地，被其他地区或国家认同与接受，是它生命力的集中表现；④有的文化在"本土断代"而在"异地却有所发展"（如基督教在中东传播并不广泛而却遍及全世界，如佛教在印度发展相对有限而在世界特别是东亚和东南亚却有影响）；⑤传播有"接力传播"的表现。

现在看来，大众传媒的传播在文明交往中扮演的角色，还可以从理论上具体化为两个方面：①实现了从信息提供者到文化启蒙者再到社会话语的操纵者的交替或并存的状态；②它以其自身独特的形式和地位，通过和地理、政治、资本等社会元素的合作过程中，主宰着文化的生产；③它在制造了媒介化生存和全球化传播的语境之后，又介入了人类知识的生产，进而最终深度地影响着人类文明交往的程序；④尤其是和谐社会的文明理念及其相关价值体系的传播，关系着中华民族的复兴和国家软实力的体现，大众媒介的向世界传播负有重大历史使命，是当仁不让的。

总揽文化层面与文明层面的统一，实质上表明了文化与文明作为一个统一体存在的内涵和外延。我在《文明的真谛》一文中，有以下几点思考：

第一，对文明概念的理解，必须从单纯的物质舒适尺度中解放出来，必须把文明的概念，从外在的物质方面，转换成内在的精神内涵。

第二，文明的真谛是精神的，而不是物质的。这种精神就是人文精神。人文精神是文明的本质内涵，是文明发生的内在逻辑，是人类各种文明形态的真正核心，是不同文明交往的演化基线。

第三，人文因素使物质的自然状态变为文明状态，即人类考古学上的文化范畴。文明是自然物的人文化形态。

第四，文化是文明的核心，文明是文化的外层；文化由哲学、宗教、艺术等构成的民族性、观念形态、价值感情，文明包括政治、经济、法律、科技等组成的社会制度、社会组织和社会设施。

现在中国思想界正从对文化问题上升到对文明问题关注的趋向，是从内核对表层的提升，是文化层面和文明层面的统一。传播与传承也只有通过这种统一，才会有全面的认识。研究人类文明的重任应特别关注文明的核心价值，即不同文明所包含的各自独特的人文精神，揭示各自人文精神的本质和价值，把握诸多人文精神的特点和规律。

无论是由内核到外层，或者由外层而入内层，进而探索其核心价值理念，把二者作为统一的整体，这都是文明自觉的表现。由此核心理念出发，可窥见各种文化和文明的普遍性与特殊性的共存于一个整体的关系。差别或者差异，相通或者相近，都可以在"和而不同"中多元化地发展。这是涉及不同文明之间的自觉性了，但与文化、文明层面的认识自觉都有一定联系。

十六　两种科学文化的相通之点

自然技术科学与人文社会科学同为文化。

文化是这两种科学相通的基本范畴。

自然技术科学被认为是人类历史上一座神圣的城堡。通向这个城堡之路的三条大道中，表明了两种文化的交融：

1. 科学史（量表功能，其中用"史"来贯穿），可以说是与历时层面的历史演化的人文社会科学有直接相通之处；

2. 科学知识社会学（素描功能、田野调查、科学实验、生产、制造），可以说是与两种文化相结合的外围与临摹方法有深层相通之处；

3. 科学哲学（透视功能），与科学发现的机理与逻辑有深层相通之处。

欲究其理，可读澳大利亚学者艾伦·查尔默斯的两本书：《科学究竟是什么》（1976）；《科学及其编选》（1990）。前一本书出版时，作者才37岁，他不求一时之名而隐居著述，及至第二本书出版时，人们才重新想起他来。第二本书出版后，他又以访问学者过着半隐居生活。低调、温和是他学者生涯的本色。

其实，两种文化在学术上处处相通。詹姆斯·P.德尔加多著的《沉舰——3000年海战史的考古之旅》（李艳霞、丁连普译，北京图书馆出版社2007年版）一书中，就指出海洋考古是研究世界文明的综合学科。它虽源于人文社会科学，其跨学科性涉及海洋学、气候学、海底地形及海底沉积、潜水技术、海洋工程、造船技术、水下摄影、文物鉴定及保护等。其实整个考古学都是如此。人们通常想的是水底沉船到底有多少宝物，而考古学家关注的是这两种科学文化结合后，沉船包含着多少人类文明及其交往的历史信息。考古学与历史学在这里成为天然的统一体，互相依存又彼此促进。两种文化相通在这里表现得最为集中。

自然技术科学为人类文明发展作出了千古不朽的贡献。试想如无自然技术科学的进步，人类到今天还可能处在原始蒙昧时代。然而自然技术科学如若不为人类谋福祉，没有道德灵魂，那是一个什么情况？人们常用"双刃剑"来形容自然技术科学，这里要以套用佛经的箴言：每人都有一把既可以打开天国之门、同时也可以打开地狱之门的钥匙。自然科技用于造福人类，便是打开天堂的钥匙；如用于反人类便开启了地狱之门，人类便成为科技进步的牺牲品。正如理查德·弗曼所说："科学知识是一种力量，它既能让我们行善，也能让我们为恶，但它本身并未附带使用说明。"科技进步、科技价值和科技道德，是世界各国同时强调的问题。科技要由人来发现、创造和运用。道德自律，这是人文精神，正是在这里，在惠及人类方面，两种文化找到了相通之处。

自然技术科学事关人类的福祉，只有全面理解才能更好驾驭，使之为人类造福。它与人文社会科学相通相融才能共同发展。事实上，已经有许多事实表明了两种文化的互动。如有人从哲学角度研究自然技术科学可靠的原因以及科学与非科学的界限，有人从社会学角度解说它的组织、发展、评价、激励，有人从心理学角度解释它创新的可能和实现，有人从法学角度解释它带来的利益分配，有人从经济学角度评估其投入与产出，有人从伦理学角度说明科技发展与价值观的关系。至于从历史上、文化上以及文明交往上，早就进行了。20世纪末的"科学大战"中，有一本《高级迷信——学术左派及其关于科学的争论》（美国学者保罗·格罗斯和诺曼著，孙雍君、张锦志译，北京大学出版社 2008 年版），是较早完成的、来自生化学家的反批评著作，值得一读，其中有文明交往中各种思想脉络交互作用的整体思维。

比利时科学史家萨顿认为自然技术科学发展的方向是人性化，而科学要人性化，新的启示可能会并且一定会来自东方。他是位认真求实的学者，他不是随意说的。马克思在《1844 年经济学哲学手稿》中，把共产主义作为完成了的自然主义，等于人道主义；而作为完成了的人道主义，也等于自然主义。这是人与自然之间、人与人之间的矛盾的解决目的，也是历史之谜的真正破解，当然也是人类文明交往自觉的表现。

十七　人与科技

读徐鲁著《徐迟:猜想与幻灭》(大象出版社 2006 年版),有感于人与科技的认识。

徐迟这位"孤身走我路"的人,在写《哥德巴赫猜想》时说:"我不懂科学,但我可以懂得人,懂得科学家的为人,也就可写一点科学了。"他在逡巡于分子生物学和分子遗传学以及人工合成胰岛素之间而写出《结晶》之后,特别是写《来自高能粒子和广漠宇宙的信息》时,他又说:"现在,为了更好地写作科学家,我想还是最好要懂得一点科学。"表现在作品上,他由写"人"而变为主要写"科学"。

令人思考的问题是,诗人如何与科学家、与科学相交往?他对徐鲁说:"别的可能是假的,都可以不写,而唯有科技,唯有高科技的东西是真的,才是非写不可的。令人深思的是,在浮躁和相当功利性的阅读心态下,他报道了科技的文章却为空谷足音。这使人想起了他在 20 世纪 40 年代译《巴马修道院》时,译过司汤达在书末的文字:"To the happy few"(献给少数幸福的人)。

这是人与科技关系上文明自觉一例。对文明交往的自觉性,只要耐心点、再耐心点,静心读书、静心思考,沉下来,深进去,就会进入一个奇异和瑰丽的新世界。这里是"空谷",但可发现"幽兰";这里高处不胜寒,却有诱人的杜鹃;这里是深山老林,会有罕见的人参;所谓雪莲、灵芝、牡丹,也会生在罕见的冰山、绝顶之巅。抽象思维之脑中显现!

我思考科学理论精华之处,在于强调"问题意识"。哲学史上先哲们对基本问题的回答、论证可以理解、领悟、锻炼出哲学的智慧(社会、信仰、想象之根)。这些问题是:

何谓真理?我们能否达到真理?真理与谬说的标准何在?

语言在人类认识世界过程中有何地位与作用?

有无独立于心灵并可认识的外部世界?能否认识?如何认识?心灵与肉体关系如何?

人死后有无灵魂世界?

死亡对人生意味着什么?

究竟有无上帝?信与不信上帝的理由与根据是什么?是一切都由必然性

决定吗？有没有个人自由意志？人可否自由选择并连带负有道德责任？

人生的意义和价值是什么？

什么是善？什么是恶？区别标准是什么？

什么是公平、正义、自由？

不平等和非正义现象有哪些根源？

什么是美？什么是丑？什么是崇高？

……

诸如此类的问题是终极性的，每个人在他的日常生活中都会以某种方式遇到，并且以某种方式做出回答。在这个意义上，每一个人都是哲学家，但又不是真正意义上的哲学家。生活哲学是人类文明中人们日常交往的哲学。它直接表达着两种文化和人文精神。

十八　德国文化特点

1. 文学与学术两栖。

2. 思想性过强，艺术性显弱为德国文学特点。

3. 大家如歌德、席勒等可以超越吗？

4. 德语"科学"为"智识"（Wissenchaft），大学文科课程为"文学科家"（Literaturwisenchaft）。人文科学与自然科学都用智识解释某种现象，所用方法不同，而努力的目标及根本精神则一。20 世纪 30 年代留学德国的陈铨，已从德国文化中科学有相当深入思考，而且把文学作为"一种科学工作"，表现对人文与自然两种文化有根本性了解。（见《清华学报》第 11 卷第 2 期，1936 年 4 月的《从叔本华到尼采》）

5. 文学虽属人文科学，其特点在陈铨看来，"大凡一种文学创造同一种科学研究，根本不同。科学注重规律建设，文学注重个性的描写，因为要建设规律，所以要研究某种某类大概的情形，所以要表示出某人某物独一无二的特点。科学对于一切的事物，只想说明解释它；文学对于一切事物，只想去表现它。如果一种事物，可以说明解释，已经没有什么神秘，所以科学的功用，往往是化神秘为平淡。文学家却能在极平常事物中，找出它不可思议的地方，所以文学的功用，往往是化平淡为神秘。"在他笔下，两种文化已经具体化了！二者之间能找到张力吗？能分向而努力吗？一介书生，在"救亡"时代，"致用"终于超过了"求是"，他力倡"战国思想"，推举"英雄崇拜"，悲剧正发生于此！

　　6. 一个学者，只有他不停下手中的笔，才意味着自己生存的价值。时代风暴，可使一个学者不能静心潜学，尽管有时"或多或少"有缝隙可钻，也有可能找到科学研究的生长点，但终究聊以为生的意味多，而学术生存与创造成分到底有多少！

第 四 编

学科边义

一 悖论与跨学科交往的边义性

悖论在希腊语中，本意为"多想一想"。最早的悖论名句是公元前 6 世纪古希腊人埃匹门尼德的话："所有的克里特岛人都说谎。"由于他本人为克里特岛人，从这句话的真可推出它的假，但从这句话只能推出可能是真，被称为"语义悖论"。后来，悖论被用作为一种导致矛盾的命题。在人类文明交往过程中，各种悖论出现在不同人群、不同领域和学科之中。20 世纪初以来，在数学、逻辑学、物理学、语言学、生物学，以至于哲学、经济学、文学、史学，直到一般系统论，耗散结构理论等，都存在着大量悖论性质的内容。在人类文明交往中，悖论困扰着一代又一代人。

我国逻辑学家金岳霖认为，悖论是一种特殊的认识矛盾，它不同于一般的逻辑矛盾和辩证矛盾。悖论虽与逻辑学有直接关系，但其矛盾大都站在一种逻辑学范围之中，说站在那一种逻辑学范围之外所发生的情形，因而并不意味着逻辑本身的自相矛盾。悖论的奇特推论不是源于保真性的演绎推论，而在于跨学科之间的交往。尼采在《悲剧的诞生》中说："当科学之环境变得更大时，它会在更多的地方碰到悖论。"美国哲学家普特南说："确实如此！量子力学正是这种情形的一个漂亮的论证，当它的理解力增加后，同时将世界置于一个漂亮的论证，当它的理解力增加后，同时将世界置于一个更充满悖论的境地。"他们所说的"科学之环境大"或"理解力增加"，正是指此而言。

什么是悖论？中文悖论从 paradox 译出后，有的用法指"似非而是的真命题"，有的指"似是而非，但隐藏着深刻思想或哲理的假命题"。悖论怎样得出的？它来自公认背景知识的基础和合理的前提出发，通过有效逻辑推导，而得出两个自相矛盾的命题。悖论与时代相关，所以莎士比亚在《哈姆雷特》戏剧中有言："这曾经是个悖论，时代解决了它。"

由此可见，以科学技术而言，它的造福和毁灭的双刃说明了跨学科悖论是时代、学科发展和理论创新的长生点和起点。如 1900 年前后发现的罗素等一系列集合悖论、1905 年爱因斯坦澄清自己在 16 岁时发现的"追光悖论"(伽利略的相对性原理与光速不变原理之间的矛盾)、法国社会学家孔多塞和数学家博尔塔发现"投票悖论"、1972 年肯尼斯·阿罗获得诺贝尔奖、1994 年约翰·奈斯比特在未来学著作中提出"全球化悖论"，等等，对科学思维方式、人类生存和发展、人类文明都有深刻影响。

我们进行科学研究，在重视一学科内的悖论时，不应忘记学科之间的悖论。现代科学已经发展到理论基础的深入探究阶段，常常用悖论形式表现某些特定研究对象的辩证性质和人类的思维辩证本性。所谓"科学之环"和"理解力"增大，研究范围随之扩大与复杂，学科之间的充分交往，是打开学科壁垒的突破口。这里的悖论包括不同学科之间对某一问题的不同结论，也包括理论与方法上的逻辑悖论。其结果是：反对科学垄断、新的科学分化。

现代性本身也是一种悖论式的概念。现代性不是全盘拥护或全盘反对的简单选择问题。现代性和现代生活之间存在着持久的矛盾和冲突。它本身的内在矛盾表现为内在张力，这种张力不是阻力和惰性，而是现代性的活力所在。由现代性导引的现代化进程，可以帮助人们从它与现代生活的持久冲突中，加深人们对真实世界的文明自觉，提高人们争取幸福美好生活平等、民主和自由的文明社会的水平。

现代性包括时间、空间和人类生存发展意义三因素。现代性与全球性是相互伴随的统一体。由全球性导引的全球化，指的是世界范围内的联系，特别是以世界市场、国际经济贸易交往为主体的经济全球化。今天面临的是以资本主义为主体的全球化。资本主义把世界市场分为原料、销售和资本三个市场，并且围绕资本市场建立起来的依附性交往关系。资本主义把贸易的目标定位于追求最大利润，它只关注创造金钱的能力，而且驱使破坏自然财富与人力资源的全球化，从而造成了市场权力的垄断化。

由现代性和全球性分别导引的现代化和全球化是互相联系的。现代化和全球化当前最新的进展是多样化。不同类型的现代化，都面临着既改变国内雇用劳动依附地位，又改变国际不公平、不民主的经济与政治交往，形成一种既保存民族独立性又超越其局限性的世界体系。人类文明交往力将穿透现代性的悖论，在实践中创造未来。

悖论无论是在一个学科或多学科之间出现，从积极方面讲，都可以激发人们的求知欲望，锻炼人们思想交往的能力，促进人们的文明自觉。英国学者罗伊·索伦森在《悖论简史：哲学和心灵的迷宫》以广义上的悖论为线索，重建西方哲学史的叙述框架，分析了悖论的意义。跨学科的交往可以广开视野，启发智慧，磨砺韧性，迸发创造性思维。正如美国学者克莱因在《跨学科性——历史、理论和实践》和法国学者雷斯韦伯在《跨学科方法》二书中所言，局限和统一将被打破，新的逻辑悖论必然出现。在此，人类将从交往中走向新的文明自觉。

二　教育不能完全回归"德性"

当今有人一谈大学教育，动辄引用《大学》中的"大学之道，在明明德，在亲民，在止于至善"。这实在是望文生义。须知中国古代经典中所说的大学，与现代大学有根本的区别。

当今也有人一谈教育，也引用柏拉图《理想国》把"善"作为国家的真谛，并把"德性"和知识教育联系在一起。须知"知识就是德性"（苏格拉底）到"求善"为国家之本，都不是现实，今人不能生活在"理想国"之中。

自然技术科学、工业革命浪潮兴起以来，人们对物质生活的过度强调，使教育越来越功利化，旨在授人以方法技能的科技教育大行其道，而旨在培养人性完美的人文社科教育则日渐式微。当人心不再思善、不再修德和道德沦落之时，呼唤"德性"完全必要。英国教育家纽曼把大学定位于"探索普遍学问的场所"，提出知识教育应是"普遍知识"而非"狭隘知识"。可见西方也大呼"德性"。

现在中国大学教育中需要加强科学创新思维和创新能力，其要旨在人文社科教育和自然技术科学教育之间寻求一个平衡点，其中心是培养"全面发展的人"。谈大学要旨，绝不可完全回归"德性"培养的"原教旨主义"。曾饱受落后挨打的中国人，怎能忘记科技落后的沉痛教训？大学的办学理念和方法，最重要之点是据自己国情、顺时代步伐，审慎思索，全面权衡教育理念，积极践行，走出自己的路来。

费孝通在《和青年学者谈如何做学问》（《学位与研究生教育》1988年

第 1 期)中,谈到人类的自觉性问题时说:"人类了解并改造自己所处的社会环境,不是靠习惯势力,也不是靠命令,而是靠自觉。中国要富强,要发展,就得拥有更多的掌握了知识自觉的人。"人类文明交往也是靠更多掌握了知识自觉的人。要对外国先进文化持开放态度,但也要提高各自的自觉性,分辨、消化外来学说、思想、文化的能力。立足在各自国情,中心在各自国土,宗旨在为人类社会进步尽责,不能"离开基本"、"中心外称"和"丧志于人"。

三　大学的文化个性

大学作为一个社会创新型组织,其独特的文化个性是:先进的文化精神、物质、制度、行为创新型结构。它赋有文明交往中的传承、研究、融合、传播和创新的功能。它的文化性要求它坚持学术自由与社会责任、适应需求与引导变革、文化传承与知识创新的统一。它以共享价值信念体系为核心的文化机制发挥主导作用。人们不会否认它的教育性、阶级性和产业性作用,但大学精神是文化性,即自由的学术和批判精神,彰显大学学人气质和独特的价值观。大学文化是人类文明交往中特有的存在和活动形态,是文化育人,文明化人,是使人由知识、技术到能力、素质的文化转变。

大学的文化性与主要依靠市场机制的商业组织不同,也与主要依靠基层机制的行政组织不同,它又以科研与育人相结合的特点,与科研机构区别开来。

担任美国哈佛大学校长长达二十年(1933—1953)的教育家科南特有句名言:"大学的荣誉,不在于它的校舍和人数,而在于一代一代人的质量。"哈佛大学的校志铭是他制定的"促进知识并使之永存后代"。哈佛大学有三百年的校史,32 位诺贝尔奖得主,还培养了 36 位总统。它已获捐款达 292 亿美元。令人深思的是:以它之大、之名、之富,其校门竟是古旧而简朴的。这同我国某高校用几千万元造豪华校门(后起诉"造谣者",更正为300 万元),何止天壤之别。别说高校,即使我国有些重点中学,也比哈佛校门壮观。哈佛校园相当于中国一所地区性学校。办大学的重点在哪里?是实实在在做学问的人。看重面子,热衷于攀比楼高院大,不顾实质的国民性,何日才能根除?何日才能走向文明自觉?

大学的文化个性以它以下四种内涵精神，在激励着中国新型大学的建设：

第一，崇尚人文传统精神，包括人类文明赋予大学教育活动的永恒主题——人的全面而自由的发展；也包括大学承担的永恒第一社会责任——通过文化养成健全人格和促进人的全面发展；还包括关注人类社会的终极关怀——对个体的人和整体的人。这一切，目的只有一个：使大学成为人类文明的精神家园。

第二，注重理性传统精神，包括把文化养成看做人的心智解放过程；也包括把理性作为认识自然和社会的认识基础；还包括以发展人的理性、产生活动的智慧和探究真理、发展知识为己任；当然，包括促进有知识的人向有文化的人转变。这一切自然是为了使大学成为思想最活跃、最富创造力的学术殿堂。

第三，坚守自由独立传统精神，包括学术自由（活力泉源）、基本理性与学术价值（核心价值）、教育家办大学，使大学成为传统、研究、融合、创新、高深学术的高等学府、人类社会的知识教育权威机构。

第四，追求卓越传统精神，包括科学批判精神、超凡脱俗的文化品位，坚持对超越现实的理想追求，不随波逐流、不成为政治附庸、不为经济所左右的社会良知的自觉代表者。

哈佛动向：担任八年哈佛大学哈佛学院院长的哈瑞·刘易斯在《失去灵魂的卓越——哈佛如何忘记教育宗旨的》（华东师范大学出版社 2007 年版）一书中写道：在《自由社会的通识教育》问世后三十年里，"课程的专业性和选择性完全占了主导地位，而'二战'后提出的围绕民主社会公民意识，为不同学生提供共同体验的理想则消失殆尽。"何谓"理想"？1796 年，约翰·克拉克给在哈佛读书的儿子写信说："我们的先辈深知学问的旨趣所在"，"我们学美广博，也仁慈地希望科学之光能照亮后代的心灵。我们对实现这一希望抱有足够信心——只要教书育人的工作在继续，美德和自由的理念就后继有人"。刘易斯认为，当今哈佛的"经济动机成为'象牙塔'教育的主题，我们已忘记了教给学生人文知识是为了教育学生怎样成为'人'……我们忘记了这样的道理，如果没有美国社会中公民的自由理想，大学就无法教会学生认识自身与全球社会的关系。"美国长春藤大学成为"商业性"而非教育性机构，哈佛成为这一变化的领导者。大门虽未变，文化性变了，堪忧！

梅·潘旧言：梅贻琦在《大学一解》中认为，大学之道，在明明德，在育新民，重视通识，关注人格，强调修身。又指出"博约"、"裁节"和"持养"三原则下的知、情、志的自由。潘光旦在《国难与教育的忏悔》中，认为新教育对不起青年之处，是"教育没有使受教育者去做一个'人'，去做一个'士'。"

小结：①作为人才养成的重要基地＋②人类社会的知识权威＋③四种精神传统＋④超越现实的理想追求＝大学文化个性组织形成与延续至今的根本原因。

大学离此公式，交往则陷入异化。此种异化表现为：大学听命于政府指令办学，成为政府附属机构；大学等级直接与行政挂钩；学府变官府，教研室变"基层"，校部为领导而非服务；学者、院士、教授有"官气"，不敢讲真话；大学少"学术自由、教育独立"。这一切都是官僚化行政体制弊端引起的恶果。

当代大学的根本问题：①缺乏教育理想；②被金钱和权力支配；③本科教育空洞化；④研究生教育生产出大量文字垃圾；⑤基础理论（尤其是文科基础教育理论）研究萎缩；⑥基本道德教育薄弱；⑦师生之间缺乏交往；⑧学生之间交往中文化因素的缺失。

文外音：

1. 中科院院士杨家福在 2007 年 8 月 14 日《文汇报》上发表《邓斯特先生的追求》一文中称，伦敦"希望屋"与"零能建筑"（不用矿石原料产生的能源）公司创始人邓斯特保护地球生态理念来自中学教育而产生的责任感，成为建筑师后，深感增长知识与"怎样做人与时俱增，人文精神成为动力"。

2. 2007 年 7 月一位哈佛大学毕业生之父参加毕业典礼后的感言："哈佛大学等名校与普通大学相比，有什么不同？从所学知识技能方面，或许没有什么大不同。最大不同之处在于人文修养的教育与熏陶。现代教育的弊端在于把学校变成了单纯的知识贩卖店。一流名校注重文化的传承和学生人格的全面培养。人文修养提高教育的根本。"

3. 比尔·盖茨获哈佛大学名誉博士（2007.6），请看世界首富当时有感而发的话："人类最大进步并不在科技发现和发明，而是如何利用它们来消除不平等……消除不平等才是人类的最大成就。"他记住了患癌症晚期母亲临终时的话："社会得益很多的人，社会对他期望高。"

四　哈佛大学的教育理念

哈佛大学第 26 任校长尼尔·陆登庭在 1998 年的一次讲演中，道出了哈佛同时重视科学教育和艺术教育的哲学理念：

"对于优秀的教育来说，还有更重要的、不能用美元衡量的任务。最好的教育不但帮助人们在事业上获得成功，还应使学生更善于思考并有更强的好奇心、洞察力和创造精神，成为人格和心理更加健全和完美的人。这种教育既有助于科学家鉴赏艺术，又有助于艺术家认识科学。它还帮助我们发现，没有这种教育可能无法掌握不同学科之间的联系；有助于我们无论作为个人还是社区的一名成员来说，度过更加有趣和更加有价值的人生。"

多么发人深省的概括啊！三句话，三层意思，第一层是总纲，第二、三层是作用和意义。从教育到人生，三层互联递进，使人回味无穷！

对比英国的牛津大学和剑桥大学所关注的不同问题，颇有所感：前者常向学生发问："what do you think?"；后者则多问下述问题："what do you know?"一个注重思想，一个注重知识，但都是"学而问"，头脑中有问题，这是科学的问题意识的培养。大学精神，各校应当有自己的特点，不能千校一面。

于此我想起中国大学似应沿开放融合的现代大学理念进行思考。有一段时间，有些大学的管理者把中国的《大学》一书中的"大学之道，在明明德，在亲民，在止于至善"当作大学精神。他们还解释"德"在"明"，"民在亲"，力求达到"至善"。这是一种误读。此《大学》非彼"大学"。现代大学怎么能从《论语》、《孟子》、《中庸》和《大学》这"四书"中的《大学》中找大学精神？古代中国的"大学"（太学）与今日的现代大学不是一回事。如此"回归"，是回而不归。此种办大学的理念实不敢苟同。

联合国教科文组织提出建立"前瞻性大学"的教育理念，本质是面向现代化、面向世界、面向未来，着眼于培养创新精神和实践能力的人才。大学理念是对现代大学的本质、功能和发展规律的理性认识。把大学理念放在人类文明交往自觉性的思路中，思考中国大学在现代世界教育与本国传统教育交叉点，围绕现代人的精神，倡导平等、自由和兼容的学术研究、重视道德情操、服务社会经济发展和传承文化。大学的教育理念是大学的灵魂。

五　诗意中的物质世界

（一）诗为艺术世界，属文化精神形态。诗和其他事物一样，不是孤立的，它和物质世界有着密切的联系。诗不仅是艺术世界，它通过美的境界，把精神世界与物质世界联系在一起。诗意治学首先是种意界。本书在第八集"学问学术"中，有专编谈诗意治学，集中谈这种意界。在史学界，有以诗证史的方法，从诗的资源中吸取对历史研究的材料。在自然科学研究中，也有此范例。那就是竺可桢。

（二）前面在"生态文明"中谈到气候。在写这个问题时，我想到竺可桢在 1973 年 6 月 19 日发表的《中国近五千年来气候变迁的初步研究》的科学论文。本来想在那里和《气候如何改变人类文明》一起探研。后来考虑独写更集中，于是有了这篇《诗意中的物质世界》的随笔。和一般科学家爱好诗歌、取诗意之美而与自己科学研究意境相结合的路径不同，竺可桢是一位有高深的诗学修养，是以诗来科学实证于气候学的学者。下面分述几节，以解学科边义的意义。

（三）有哪位科学家研究气候时，想到古诗呢？竺可桢想到了。他引用了许多中国古典诗来说明中国古今气候的变化，使人趣味顿生，美感益然，并且他研究路径的新颖。他的诗意的物质世界从梅树开始：

1. 周代中期，黄河中下游地区，梅树盛行，《诗经》中有五次提到梅树。如《秦风》中有"终南何有？有条有梅。"终南积雪六月天，是长安八景之一。此高山位于西安之南，现在却无梅树。不但现在，唐代以后，连华北地区也看不到了。气候变寒，干旱少雨，关中梅花至宋代消失了！

2. 他用荔枝来说：唐朝诗人张籍（765—约 830）的诗《成都曲》云："锦江近西烟水绿，新雨山头荔枝熟。"这说明成都当时有荔枝。宋代苏轼、苏辙诗中，却有了变化，荔枝只能在成都以南 60 公里的眉山和更南的乐山才有，说明唐代成都地区比北宋暖和，而宋代就变寒了。

3. 王之涣的《凉州词》首句"黄河远上白云间"，竺可桢的《物候学》认为应当是"黄沙直上白云间"。周培源在 1982 年第 5 期的《自学成才要有文化知识》中，引用了竺可桢的见解，并且写道："在唐开元时代的诗人，对于安西玉门关一带情况比较熟悉，他们知道玉门关一带到春天几乎每天到日中要刮风起黄沙，直冲云霄的。但后来不知在何时，王之涣《凉州词》第一句便被改成'黄河远上白云间'。"到如今，书店流行的唐诗选本，统统沿用改过的句子。实际黄河和凉州及玉门关谈不上有什么关系，这样一改，便使这句诗与河西走廊的地理和物候两不对头。科学家的严谨与诗人写成边战士之怨的主题是一致的。"黄沙直上白云间"，显出风沙之大，环境距内地远、冷、苦、恶劣，从而引出城之孤、山之高、春风不度玉门关之羌笛之怨声。

4. 竺可桢有《天道与人文》一书，直接谈人与自然之间的交往，进一步说明了诗意的物质世界之语言美。他说："月、露、风、云、花、鸟是大自然的一种语言，从这种语言可以了解到大自然的本质，即自然规律，而大诗人这类语言的含义，所以能写成诗歌而传之后。"这段诗论精彩而深刻。他不仅有理论，同时又有例证。他从物候学视角举了陆游的《鸟鸣》："野人无历日，鸟啼知四时。二月闻子规，春耕不可迟；三月闻黄鹂，幼妇悯蚕机；四月鸣布谷，家家蚕上簇……"陆游确实既是一位用自然语言表达人的感情，又是用这种语言表达农耕与物候变化之间的规律的诗人。

5. 竺可桢在《说云》一文中引用了南朝秣陵人陶弘景的诗句："山中何所有，岭上多白云；只可自怡悦，不堪持赠君。"他用此诗句"言云之超然美，洵为至切之谈"。他自己的下述论云雾之美，则直表他的美学观："若照柏拉图之见解，吾人亦可说地球上之纯粹美丽也者，唯云雾而已。他若禽鸟花卉之美者，人欲得而饲养之、栽培之，甚至欲悬之于衣襟，囚之于樊笼。山水之美者，人欲建屋其中而享受之；玉石之美者，人欲购而以储之；若西施、王嫱之美，人则欲得之以藏娇于金屋，此人之好货好色之性使然。至于云雾之美者，人鲜欲据为己有……且云霞之美，无论智愚不肖，均可赏览，地无分南北，时无论冬夏，举目四望，常可见似曾相识之白云，冉冉而来，其形其色，岂特早暮不同，抑且顷刻千变，其来不也需一文之值，其去也虽万金之巨，帝旨之严，莫能稍留。"这里，诗文之美，都寓于白云之中，颇与我在《书路鸿踪录·跋》中所写的"雁别蓝天去，山迎白云归"的意境相同。我经常仰望天空，蓝天白云之流动，便不时想起竺可桢的诗哲之语。

（四）自然技术科学和社会人文科学之间确有互通互补之处，而双方的研究者也要走边义之路。诗意治学可增加彼此的学术修养。中国古诗中有许多借客观物质世界以表达主观精神世界的内容，令启迪者感人文与自然的交往。因有此念，读诗手记中有以下点滴随笔：

1. 陶渊明："连林人不觉，独树众乃奇。""奇文共欣赏，疑义相与析。"事物的差异性、独特性的魅力，诗化而后楚楚动人！

2. 杜甫："始知五岳外，别有他山尊。"人对物的认识，无有止境。

3. 李商隐：赞其外甥韩偓："桐花万里丹山路，雏凤清于老凤声。"新生事物生生不息的生命力和科学内涵，启人心智。

4. 苏轼三首：《惠崇春江晚景》中的"竹外桃花三两枝，春江水暖鸭先知。"此"理趣诗"有科学实践性"原始点"思维演化轨迹。《题西林壁》："横看成岭侧成峰，远近高低各不同。不识庐山真面目，只缘身在此山中。"此诗承载科学多方位、多角度思考认知精神。《水调歌头·丙辰中秋》："人有悲欢离合，月有阴晴圆缺，此事古难全。"月不得常圆，人不得十全，世上无绝对完美之物，科学精神洋溢纸上。

5. 王安石："不畏浮云遮望眼，自缘身在最高层。"(《登飞来峰》)这是诗化了的高瞻远瞩的大视角。

6. 朱熹："胜日寻芳泗水滨，无边光景一时新。等闲识得东风面，万紫千红总是春。"(《春日》)客观物质世界丰富多彩的多元性，因而大美在其中。

7. 席勒在《美育书简》中说："科学的界限越扩张，诗的领域就越狭小。"此话真是如此吗？当科学把魔法原本充满诗的面纱从造物主的脸上揭去时，意的幻想就会受缚于冷漠的物质定律；当商品的那一重负面性格塞满诗人头脑时，原本自然的意象也会染上腐败的臭气。好在心灵的云翳会消除，功利算计会抛弃，情理的对立会消弭，诗意与科学总会有统一之时。

8. 诗人林庚中学时代曾醉心爱因斯坦的相对论，并且考上了清华大学物理系。可是，当他发现艺术"能于一瞬间见千古，于微小处显大千"时，便开始了诗意的学术追求。他的治学绝不枯燥，而是诗意飞翔。诗和科学有相通之处，两者有交叉之点。诗意治学，是无声的流动，无时不有，无处不在。

9. 郑樵在他的《通志略·图谱略》中写道："古之学者为学有要，置图于左，置书于右；索像于图，索理于书。"这里的图，有图画、图像，也有地图在内。图与人类文明史息息相关。在文明萌芽期，图画是人类记事的最早方式，是文字之源。文字产生后，图仍有重要位置。中国古代，"图"与"书"二字可以连用。图可以定位、定意象。图与文相配，方显艺术之美。治学的"右书左图"从表达文明的图与字的物质与精神世界，一如诗意之美。

六　两种文化的艺术聚焦

（一）法国作家福楼拜对自然技术科学与人文社会科学中的艺术学科的关系，有一个形象的比喻："两座塔在塔底分手、又在塔顶会合的塔。"他用有分有合、不同与相融的文化之塔，形象化这两种文化，可谓独有艺术见地。这喻义在于这两种文化在艺术学科聚焦，而两者因此理由可以同根于土地、同合之于顶，于是必然融汇于文化之真谛的人文精神之中。

（二）福楼拜这里指的科学是自然技术科学，这里的艺术指的是人文社会科学中的艺术学科。毋庸置疑，自然技术科学的进步，展现了人类文明史上灿烂的奇观，把物质文明推向一个新的更高的自觉程度。它的终极目的是为了人类生存发展的物质条件更丰富、更进步。人文社会科学是从精神文明角度以文化思想滋润美好的心灵，促使人类追求生活的积极意义，解决人类为什么活着的问题。这里的生存和生活，怎么样和为什么活着，都是人文精神世界的问题。人文精神是连接两大文化的文脉，是驾起两大文化的双轮，是贯穿两大文化的中轴，是追求人类共同目标的意境。两大文化交往点常常汇流在艺术的长河里。

（三）好奇心，想象力，按爱因斯坦的说法"比知识更为重要"，因为知识是有限的，而想象力几乎概括了这个世界的一世，它推动着技术的进步，它甚至是知识的泉源。想象力如马克思所说，是促进人类社会进步的天赋。正是想象力这种充满人类特有天赋和充满后天勤奋的人文精神的交往力，因而成为两大文化的推动力。好奇心、兴趣、想象力，集中于艺术的形象思维之中，表现于艺术上对审美的追求（如同诗歌一样）。这种情况，决定了艺术是两种文化的聚焦之处。许多自然技术科学家对此有深切的体会。钱学森在新时期就发表过关于形象思维的论文，对艺术界有了新的启发；而陈省身早有"数学是美丽的"的名言，他对唐诗的独特见解也是沟通人文的表现。我认为，在两大文化的交往中，"以真显美"和"以美启真"，"以真、以美从善"，是有机的统一体。真善美三者统一于人类本性的人文情怀之中。有了此种情怀，可以创造、可以利用这种创造为人类谋福祉；没有此种情怀，人便会成另一种狂人，可以利用这种用人文情怀的创造，做危害人类的犯罪事情。这里用得着爱因斯坦那句震撼人心、深入事物本质的形象化的比喻："我们全部值得称赞的技术进步文明，都可以与一个病态罪犯手中的斧头相比!"原始的斧头,可以伐木、制造木器,也可以杀人。现代技术可以创造物质文明,也可以危害人类,其杀伤力之大,远胜于斧头。所以,生活在两种文化环境中的科学家,都要有人文情怀。这种情怀既外化为科学意识,也内化为科学良知。艺术的修养,诗歌的修养,哲学的修养,历史的修养,可以成自然科学家交往的聚焦;同样,自然科学修养对于人文社会科学家也是必要的,各有专攻,又有相通交叉,这是学科边义的要旨所在。

(四)自然技术科学与艺术为社会文化的两大支柱,21世纪呼唤二者的整合。杨振宁、李政道二人都多次谈到"对称"艺术思想对他们创造性劳动成果的影响。

有意思的是,李可染生前有感于"相对论性重离子碰撞"之壮举,画有两头牛(刚健的牴牛)顶角对撞为内容,以"对撞生新态"为内涵的意笔佳作。李可染对此事深有感慨,以为由风景平和的主题而变为抗衡、对撞的心跳艺术。可见艺术之心与科学之景而动、科学之理融于艺景、科学与艺术之相伴相生。

科学与艺术有共同基础,那就是人类的创造力,在于其中的人文精神,在于人类生命之魂。2006年11月11日,80岁的李政道和李可染夫人邹佩珠为取材于李可染此画的雕塑《核子重如牛,对撞生新态》模型揭幕于清华园。这是科学与艺术交往的佳话。

又据同日的第二届"艺术与科学国际作品展暨学术研讨会"报道,李政道谈了与毛泽东当年讨论"对称"、"平衡"与"静止"问题时,曾把"对称"与"平衡"相区别,称"对称"(Symmetry)是动态的,不能译为静止的"平衡"。"平衡"哲学味重,"对称"艺术与科学相融,总是呈动态,这是文明交往的形式美。

归根结底,自然技术与人文社科之间的相通在人的爱美本性。数学家王元对此有深刻体会。他说:"一个人搞科学研究,特别是数学,不能判断好坏。""数学的评价标准和艺术,主要标准是美的标准。真的标准也很重要,但对于物理学、数学,美是第一个标准。"华罗庚也早已总结说,数学的美是简单美。

(五)从人类文明进化过程看,自然技术科学与艺术二者都是人类认知与思维活动的结晶,二者的关系,正如中国工程院院长徐匡迪在《程天民珍藏书画选集》题序中所说,是"形影相随"的。他举远古时期先民在改进弓箭、标枪成功捕猎或用水车灌溉取得农业丰收后,围着篝火载歌载舞的事例,以及遍布欧亚大陆和美洲高山、洞穴岩画中此类原始人类艺术萌芽等物证，说明这种"形影相随"的交往关系。他从一个自然技术科学家的角度看两大文化的交往，富有历史自觉意识，列举了许多融有两种文化于一身的杰出人物。如，①意大利的达·芬奇，这位以名画"蒙娜丽莎"传世的画家，又是人体解剖学、建筑工程学的开创者之一；②爱因斯坦是近代物理巨匠，又有很高的音乐造诣，是小提琴演奏家；③瑞典冶金工程学家艾克托普用娴熟的钢琴演奏音乐名曲、分析琴丝 E 弦与 G 弦高低音不同的方法，激发学生学习钢铁冶金的兴趣；④孔子的礼、乐、射、御、书、数的六艺教育传统对千百年来中国士大夫四书五经、琴、棋、书、画等文化素质的影响。可见，古今中外，都有两种文化在认知和思维活动上，都有相通的传统。

徐匡迪院士还有一个观点，即认为艺术科学的天资悟性的形象思维形式与自然技术科学的刻苦勤勉的逻辑思维方式之间，是有内在联系的。他举音乐中最基础的"和声"、"对位"和美术素描中的"近大远小"透视原理，都是"典型的逻辑思维"；而数学中的"数论"和生物学中的 DNA 双螺旋结构，"则多少含有形象思维的成分"。他的见解很符合自然科技科学与艺术科学的内在交往互动规律："在人的认识过程中，形象思维与认知思维往往是交替进行、螺旋式上升的。"一个常见的例子，便是幼童了解"数"是从形象思维开始的（如桌上糖果和幼儿园小组的小朋友有多少），然后再抽象为无特定对象的"数"，进而作逻辑演算，形成为通常的"算术"。

我之所以详细引用徐匡迪院士的观点，旨在说明科学与艺术的内在人文联系；这种联系既然由于教育中的分离和培养模式单一化、职业化及其他原因，所以必须通过教育来自觉地促进人的全面发展。正像他所说的，在经济繁荣、科技进步、教育普及的新时代里，更加注重教育过程中"科学技术素养与人文艺术精神的交流与交融"。我相信，人类文明交往的自觉必然把自然科技与人文社科两大文化交相辉映在中华文明复兴的大潮之中。

七　中西艺术思想异同

中国艺术不在于再现，而是将对客体的感受、认识，化为主体的精神、生命、意兴并融入艺术创造中去，再表现、传神、写意，强调艺术家心灵感受和意兴的表达。

西方艺术传统中以描摹再现客体，重现物化形态为主要特征的艺术思想。西方艺术更重视剖析和摹写客体的真实。

往深处说，中华艺术强调神似，以形写神表现客体，而不是客体的再现。有两个审美点：①意境理念即神似，太形似的东西不动人；②境界理念，寄寓意味在其中。以上理念的中心是创造。如《红楼梦》为"封建末世百科全书"，反映的复杂人际关系、思想观念、情感世界，读五遍也未必能达到深入、系统、透彻的了解。

结语：一种艺术，扩而大之，一种文明，只有它自身还充满生机勃勃的生命活力时，才能在人类进步的过程中表达自己的意愿、参与文明的进程。同样，文明处于开放时期，也是融合各民族文化的充满生命活力时期，但生机生长在优秀传统的土壤之中，从而具有走向世界的强大生命力。

八　自然科学与艺术的交而通

人文科学与艺术之间的交而通，是自不待的。同时，自然科学家与艺术家有没有交而通的例子呢？

钱学森谈培养杰出人才时，提到自然科学与艺术的结合，希望自然科学家和文学艺术家了解一点彼此的专业。他说："一个有科学创新能力的人，不但要有科学知识，还要有文化艺术修养。"钱学森的绘画历史很长，年轻时画的一些画，现在流传在国外。

但自然科学与艺术之间的交往有无通途？吴冠中在《奥秘和奥秘间隐有通途》（《光明日报》2006年11月26日）中，认为这是"探索宇宙"与"感情之奥秘"之间的"隐有通途"，并说"这通途凭真性情联系"。"隐"字和"真"字讲得很有深意。

李政道有真情绘画的实践，把科学家的自由法则体现在系情的点、线、块、面、曲、直、奔驰、紧缩的作画之中。真与情的深度的爱，真实与诗心的爱，就是这个"隐"的渠道。美与真的通途可用一首民歌来潜伏飘游表达："爱你爱你真爱你，请画个画来画你，将你画在眼睛里，睁眼闭眼都是你！"

自然科学家李政道"睁眼闭眼"见到的"真"与"美"其实都是缘于真情所牵，真善思念所系，说到底，是人文精神的脉脉温情的心声！文化的精神是人文精神。科学家是人，大科学家必有高深的人文精神。这是人类文明自觉的精髓所在。人文与科学的长期隔阂，似应从此例中疏通隐于其后的真理之路。

2007 年 12 月 10 日，诺贝尔化学奖得主、德国人格哈德·埃特尔在颁奖大会上也指出："科学将融合在一起。""不仅物理学、化学和生物学间的界限越来越小，1888 年凡高的《星夜》画作说明，艺术家和自然科学家对自然界有一样的洞察力。"他在《固体表面的化学反应：从原子到复杂的事物》的讲演中，强调了自然技术科学和人文社会科学这两大科学之间的思想文化交往的自觉性。

人文精神是人在文明交往过程中创造力的集中体现与升华。科学世界是人创造的世界。无论是自然科学和艺术科学，都有赖人的创造力才能发展。科学技术需要有人文的情怀。卢新华在《天地之艺物之道》中引用了孔子的"志于道"、"游于艺"和庄子的"技近乎道"来表达"技"、"艺"与"道"相通的理据。他说："'艺'是'道'的再现，'道'是'技'、'艺'的灵魂。只有'志于道'者，拥有'德'与'仁'之品，才能达到'游于艺'的最高境界。"我认为，这里有一个人文精神的具体分析问题，它可以作以下理解：

1. 人文精神有两个层次，一个是人"文而化之"的制造；另一个是人"文而化之"的创造。中国传统文化中有"巧"与"智"之分，所谓"巧者述之守之"，而"智者开天创物"。这就是一般技艺者与智者的区分。我有一个博士生，写学位论文提出"述而不作"的文体，我不同意此说。博士学位论文的质量在史论结合，在"唯陈言之务去"。作"巧者"，更是作"智者"，由"知"到"理"再到"智"，方可称为大乘，李政道便是如此。

2. 人文精神发展到深处，勤勉、勤奋是途径，通过此途，经过问、体、悟、证四境，由自然科学世界跨入艺术科学世界，充分发挥交往的创造力。这是由"物"入"情"的真情及人格的境界。李政道强调"物"与"道"的关系："道生物，物生道，道为物之行，物为道之成，天地之艺物道。"智慧和情感是内在创造力的二元素，艺道一体可摆脱机械而赋自然之道，又有成物、成事之智，可谓杜甫名句"细推物理须行乐，何须浮名绊此生"的真谛。

自然科学与人文科学之争可变为互通，通在人文精神的心灵对话上，通在诗意人生、智慧人生上。李政道的九幅画可使人思其"隐有通途"。

3. 在此问题上，吴冠中从思维上谈科学与艺术之间的"亲和力"。他在《推翻成见，创造未知》（《文汇报》2007 年 1 月 22 日）中写道："艺术思维和科学思维之间，两者相亲，同一性根植于思维与探索，推翻成见，创造未知，两者同具创新思维之核心。探索相似，情愫一致，其分工被误认为分道扬镳。"他在这里把人文精神深入到思维领域。满足人情和探索人情之需是艺术家的艺术思维。实际上人情世界和宇宙同样复杂、神秘，艺术和科学奥秘都需要人文精神的推动和穿透。

九　文学的人文精神

（一）作家的命运是什么？①逃亡平庸生活；②逃亡平庸艺术；③逃亡麻木心境和旁观者角色。这就是 2005 年塞万提斯文学奖得主、当代墨西哥作家塞尔西奥·皮托尔在《随笔集》中对作家应该怎样生活的回答。这是一种人文精神的回答。

（二）俄罗斯作家加尼切夫忧虑市场经济对人类道德、传统文化的冲击，提出：文学应提高人类不可或缺的奉献、团结精神、信仰和道德责任感。不过，他对信仰的解释是东正教文化的神圣信念，用以稳定社会。当然他也提到俄罗斯民族、历史、文化，并且强调文学要表现出对这些传统的忠诚。另一位俄罗斯文学评论家邦达连柯则认为："优秀的文学家始终坚持民族文化传统、民族精神、民族的魂魄。从这个意义上讲，作家永远是'顽固的保守派'。"

（三）针对 2006 年 6 月 22 日北京的中俄作家论坛上一些俄罗斯作家的言论，中国作家从三个方面作了回应：①在多元时代，文学、读者与市场经济的关系是"很微妙的"，不仅有对立，更有互动和互相促进作用；②21 世纪的文学不能忘记精神创造和对人类命运的关怀；③民族的，即是世界的。

（四）文学创作的审美立场在深入生活。"逃亡"平庸生活、平庸艺术、麻木心境和旁观者之后，应该是"追寻"。追寻良知、公正和真、善、美的有机统一。文学的人文精神有庄严的目标：①对本土文化的深刻理解，有纵向的历史穿透力；②对现实的深厚体验，有横向前瞻目光的洞察力；③有纵向与横向之间视野结合点的人格精神的创造力；④有素质上贯通中西的深厚精神储备力；⑤有追求内化精神、思想于文学的自觉目标。在人文科学中，文学以其"人文之学"的特质体现着人文精神。

十　哲学与生活：根源与本质的人文精神

哲学在人文科学中，比之文史而言，有其抽象的特征。哲学是人文精神的起点，是人的世界观，又是方法论。在学科意义中，哲学处于沟通自然技术和人文社科两种文化的高层，因而具有普遍的深度意义。在两种文化中生活的学者们，哲学家只是一部分，但大家都具有或多或少的哲学思想。

德国人药尔格・齐特劳的《自从有了哲学家》一书中，提到嘲笑哲学家的是一位使女。泰勒斯作为世界历史上第一个专职哲学家，有一次掉进井里。一位使女嘲笑说："泰勒斯想知道天上有什么，但脚下有什么，他却不知道。"

他认为哲学家不必忙于建构思想体系，应关注人的智慧表达。其实，泰勒斯和后来的哲学家不同，他更像一位"生活的智者"。虽然他也思考，甚至掉进井里，但他给予我们的，却是简短、明确而且实用的答案。泰勒斯被使女嘲笑一事在柏拉图那里，却赋予非常严肃的意义。柏拉图说："这个讽刺嘲笑的是针对所有生活在哲学之中的人的。"尽管"他们笨拙迂腐，甚至使人感到幼稚愚蠢"，但牵扯到正义及人生的核心问题，"哲学家的时刻就来了，他们所关心的，不是事物的表面，而是事物的本质。这是哲学家区别于普通人的地方。"

哲学植根于生活，而生活之树是常青的。哲学是人化之树的根本，人文精神的硕果。人文精神虽不能直接带来经济效益和物质成果，但它影响着人的思想，影响着社会生活的方向，开启着人的心智和精神。

十一　穆拉德的中西医文化交流观

熊月之在《西学东渐与晚清社会》中，把中国人与西医的交往过程概括为："疑忌—接触—试用—对比—信服"，颇有对东西文明交往在西医方面的特征概括。西医传入中国后，中医一统局面被打破，而中西医关系在文化上反映出双方互动的交往关系。这不仅对中国医学和医疗卫生事业发展有深远影响，也从中可以看出东西方文明交往的一个侧面，并可从中得到一些更深刻的启示。

1998 年诺贝尔生理学和医学奖得主费里德・穆拉德迷上中医，成为上海中医大学穆拉德中药现代化研究中心学术委员会主席。这位 2004 年已 68 岁的美国科学家对中医药的独特疗效发生兴趣，研究中药现代化成为他首选课题。

他对中药走向现代化的观点是：①中药成分非常复杂，有些成分具有功效，而其他成分只是安慰剂；②借助分子生物学、基因工程等手段，把那些重要药物成分甄别出来，弄清楚相对立的功效；③中药每一成分的分子式（化学成分、毒素）需时长、开发费昂贵，不必拘泥于对它们的研究；④关键是要找到用于解释中药疗法有效性解释的科学语言（药理学、分子学机理），尤其是与传统中医药相对立的现代医学语言（如西医的"多靶点"与中医的"多组分"两个相通的概念，它们的理论基础都是生病的人，而不是把具体的病看做诊治的对象）；⑤从色谱研究得到草药植物的指纹图谱，以发现中药有效成分，利用数理统计方法，对舌苔、脉象等传统中药概念进行数字解释。

中西医文化交流有个共同语言问题，这对传统与现代化之间的整合有启迪意义，穆拉德的科学忠告则与中西科学交往相通：①喜欢自己职业，从中获得很多乐趣；②科学需很宽知识面、勤奋、勇于面对失败，在挫折面前不丧失信心；③科学的魅力不是成功的激动，而是走入歧途、改变研究方向时，却幸运地发现了更重要的东西；④科学家要保持清醒，不要在日常琐事中白白耗费宝贵的智慧；⑤他 1998 年发现一氧化氮对心血管作用而获诺奖，由于一氧化氮对人体内分泌和其他功能起调节作用，而中药的许多成分正是通过此环节产生疗效。这里，除"语言"外，又有一个联系的环节。这对传统文化的现代化也有启迪作用。⑥最后一个问题，是韧性科学研究需要时间，这是对敬业精神的考验，然而，只要目标正确，研究领域总是充满希望的领域。

吴以岭《络病学》（中国科学技术出版社 2004 年版）是中医现代化方面一本理论性著作。从传统与现代文明交往角度看，它既按照中医学科的自身理论发展规律，又借用现代科学技术手段，还坚持二者结合起来用于指导临床疗效，从而促使中医与国际接轨。传统中医学术继承创新的严重滞后，与时代脱节，没有达到国际认同的中医理论体系和临床疗效，难以融入世界医学主流。中西医两大文明之间的交流，有赖双方的深度、长期努力。

十二 文明交往中共同的医学语言

《文汇报》记者王勇在访问上海穆拉德中药现代化研究中心学术委员会主席费里德·穆拉德时，提出了这样一个问题：

"近几年在治疗诸如艾滋病、SARS 等疑难病症方面，中医药再次显示其独特作用。但是，由于东西文化的差异，它却长期游离于西方主流社会之外。您认为这种状况有可能改变吗?"

这位来自阿尔巴尼亚移民后裔的美国科学家、1998年诺贝尔医学奖得主（我怀疑他是穆斯林后裔）回答的要点是:

（1）"我想会的，但估计至少还要10至15年"。主要是开发费用大。

（2）"中药走向现代化，关键是集中精力弄清楚其中有效成分，而不是拘泥每一成分的分子式。"

（3）"用科学方法对中药的有效作用进行再解释，包括研究已经被临床验证有效的中药作用机理，以及检验中药的活性成分"。

（4）"虽然和西药相比，中药发展的文化背景有所不同，但中药疗法有效性的药理学和分子学机理可以用相同的科学语言来解释。现在的关键就是要找到这种语言。"

"有些与传统中医相对应的现代医学语言是已经存在的。例如目前西医中方兴未艾的'多靶点'概念就与中医的'多组分'概念相通，其理论基础都是把生病的人而不是把具体的病看做诊治的对象。"

（5）"目前许多实验室正致力于通过色谱研究得到草药植物的指纹图谱，以发现中药的有效成分;还有研究利用数理统计方法，对舌苔、脉象等传统中医概念进行数化解释。"

（6）他因发现一氧化氮对心血管扩张作用而获得诺贝尔奖，进而研究一氧化氮对人体的内分泌和其他功能的调节起着重要作用，所以发现"中药的许多成分也是通过这一环节产生疗效的。所以，我希望弄清一氧化氮和中药有什么联系"。

要点中第（4）条关于相同的科学语言，对不同文明交往问题有启迪作用。不同文明之间的交往是历史的，具体的，它具体到不同领域不同学科。中医和西医，是不同文明在医学领域的两大学科。穆拉德对西医与中医之间的交往问题，用具体学科研究中的具体语言找关键点（他两次谈"关键"，后一"关键"比前一"关键"更具体化），这对不同文明之间的交往，提出了一个"文明对话"的途径，而且是普遍意义上的途径。

穆拉德之所以能真正在中西医结合上具体到"科学语言"这一关键，最终还应归功于"喜欢自己的职业，并从中获得很多乐趣"。他发明了"万艾可"药而为中国人欢迎，但他自己否认"万艾可之父"这种称呼。他说:"许多媒体喜欢把我称为'万艾可之父'，这其实并不准确。事实上，我是一个一氧化氮的狂热者。"他还告诉王勇说:中医药"是一个充满希望的领域",并把这句话作为访问的结束语（见《文汇报》2004 年 12 月 5 日：《迷上中药的美国老头——1998 年诺贝尔医学奖得主费里德·穆拉德访谈录》）。所有这些并非题外的语言，正是他寻觅中西文明交往的动力所在。

科学的学科不同，语言的专业性很强。对中医中药这种中华文明中的传统医学而言，它体现了一种独特的思维方式和文化符号。这种不同文明背景之下的中医中药，实行与西医结合，实非易事。穆拉德提出在中药疗法有效性的药理学和分子学机理上，可以用相同的科学语言来解释，并且认为存在着相对立的现代医学语言。这是一个有启发的思路。

中医药独特之处是两种文化的结合与统一，是中国的系统整体和阴阳平衡的思维见之于医术、医道的表现。正如西方重分析、重实证的思维方式产生了西医一样，中国传统文化决定了中医药的生成与传承。奥地利维也纳大学哲学教授沃尔纳就认为，中医是以综合分析性为基础，而西医则源于分析性文化。他指出："中医是科学的，因为它表现出与西方相同的结构，所以我们面对两种有效的治疗体系。"问题在于，首先对中药中医要传承、传播的力度与广度；其次要借鉴西医之长，走综合创新之路，加强中医药文化的主体性和整体性。这是人类文化多样性的表现，也是人类文明交往自觉性的发展趋势。

十三　医疗史也是自然人和社会人的历史

（一）马克思、恩格斯说，他们只知道一门科学，这就是历史科学；而历史分为自然史和人类史，并且二者是不可分割的。此语在福柯《临床医学的诞生》（刘北城译，译林出版社 2001 年版）一书中得到了间接认同。该书以赞赏的笔调写道："梦想家兰蒂给医学下了一个简洁而有历史内涵的定义：'医学最终将变成它应有的样子：即关于自然人和社会人的知识。'"医学定义中的自然人和社会人的双重性质，是自然史和人类史的历史内涵所决定的，它意味着自然和社会的边义交叉，其意义与马克思恩格斯所说的历史科学相同。自然人不能和社会人分开，正如社会人与自然人相统一一样。这种二者相统一的医学知识，决定了医生工作的性质和医疗史的特点。

（二）医疗史上的许多病案记载着这种医患之间的交往史例。梁启超的肾病案即其中一例。1926 年初，梁启超因血尿病久治不愈而住入协和医院。经 X 光等一系列检查，确定为右肾肿瘤。由该院著名外科医生刘瑞恒主刀，副手为美国医生。但是，意外的是，手术室护士用碘酒误把左肾标为右肾，刘瑞恒也未核对 X 光片，就把健康的左肾切除。3 月 16 日，医院化验室对切掉右肾作病理检查，未发现肿瘤，也无任何病灶。这是一次重大的医疗事故。协和医院事后为了保护名声，将它作为"最高机密"而"保密"。但是，纸包不住火，到后来还是传了出去。这是一个名人的医疗事故，被社会舆论责备为"以人命为儿戏"。

　　医者如此，而患者如何？梁启超出人意料，他尊重医学科学，不怨医生，反而说："医生技术精良，我体质本来强壮，割治后十天，精神如常，现在越发壮实。"他在医生"误切右肾"之后，还任医生折腾，在口腔和饮食方面找病因，结果被拔掉七颗牙齿，而且饿了好几天，但仍止不住尿血。三年后病逝，与此次误切有直接关系。其实，梁启超心里很明白，他私下对家人说："这回手术确可不必作。手术是协和孟浪了，错误了。"他是西医的推崇者，怕说出真话，影响西医在中国的传播。他先用"手术是协和孟浪了"，孟浪，即疏略，不精要之意，后又加上"错误了"，可见其苦心所在。司马光在《涑水记闻》十五说成都进士李戒"孟浪"，是"高自称誉"，用于协和为误切事故"保密"事，隐喻着梁启超的不满，"错误了"，那是对此事"妄自尊大、掩盖真相"的无奈。是啊，相信科学，就要服从医学权威的判定。梁启超肾病案例是对福柯的"权力—话语"模式的一个有力的诠释：在强大的医学科学面前，医患之间的平等关系，只能是有限的，它有待交往文明化的自觉，长期而逐渐实现。

　　（三）医疗，按福柯的解释是"人类的特殊行为"；"医院"，是"特殊空间"。《福柯思想肖像》（上海人民出版社 2001 年版）一书中着重从政治上看医院和医疗。他认为，医学对"社会空间"和"人的行为"的控制，在传染病流行期间，表现得最为明显。经过 SARS 之后，人们领会到"传染病医学及其实践，更导致医生政治化"，"他们受命监视本地区的时疫流行情况，医生的权威同国家结合起来。"（第 124 页）我最关注的是人文学者介入疾病史研究和医生有更多的人文关怀，使医学史、疾病史成为人类整个文明史的一部分，使医院的"空间"和医疗"行为"成为文明交往和谐场合和自觉行动。

十四　中西医文明交往的自觉

　　可能是受了"文明冲突论"的影响，《再造"病人"——中西医冲突下的空间政治(1832—1985)》(杨念群著,中国人民大学出版社 2006 年版)一书,以中西医冲突为线索,对西方医学在中国的传播问题,用 43 万字的篇幅,从政治和社会层面进行了叙述。

的确,中西医学是两个不同的医学体系,更是中华文明和西方文化两大体系的组成部分。[①] 这两大医学的交往,因为对疾病的理解和诊断,以及治疗理念都有着不同的理论与方法,所以争论乃至冲突是不可避免的。西医是随着西学东渐而进入中国的。西医传入中国的序幕是由传教士们揭开的。16 世纪的利玛窦(1552—1620)、艾儒略(1582—1649)、汤若望(1591—1666)等人,就是这些揭幕者的主要代表人物。中西医交往的正幕是伴随着 1840 年鸦片战争而展开的。在此前已有渐进的迹象,如 1832 年西医传教士伯驾来华,再早还有 1820 年李文斯敦在澳门办眼科诊所。在 1840 年之后,有两件标志性事件,即 1846 年上海广济医院和 1866 年广州博济医学校的成立,可作为大规模西医医院和医学学校的开端。

熊月之在《西学东渐与晚清社会》中,从中国人对西医的态度变化过程,反映了文明的自觉:疑忌—接触—试用—对比—信服。那么中国人对自己中医的态度呢?可以说,也是从怀疑、甚至从危机感开始的,而且是以排斥、革除的心态和行动来对待的。这在"五四"时代精英们中间具有普遍性。新文化运动的倡导者们,把"东亚病夫"隐喻成近代中国国力的衰落,不少人出洋学西医不仅仅是为了治疗中国人体质的羸弱。他们认为,要救中国,必须摒弃中国传统文化,必须学习西方文明中的科学与民主。在医学界的反映是:中医成为落后的东西,中药、中医是害人误病的。他们真诚地相信,废中医是反封建,接受西医是科学之举。1929 年第一届中央卫生委员会会议上,余云岫提出"废止中医案"获得通过,不仅是医学行动,而且是政治行动。此后中医界多有抗争,此决议案未能顺利执行。中医和西医的争论不仅是政治的、社会的,而且是西方文明和中华文明交往长河的一支细流,发展到今日,是一个对自己文明和异己文明的一个不自觉到自觉的认识过程。

医学在某种程度上说,也是人学,是关于自然人和社会人的学问,是文

[①] 栗山茂久:《身体语言——古希腊医学和中医的比较》(宏信等译,上海书店出版社 2009 年版)中,从中国人和西方人看待身体的方法和描述身体语言各不相同,双方在许多方面不易理解。作者认为这两大传统医学不用"调和法",而且"欣赏法",关注其异同以及这种异同背后的文化和历史。正像其他科学一样,中国和西方所走的完全不同的道路,这在传统中有其内在的必然性。

明的载体之一。它和人的社会变动，和文明的交往，和科学与人文的交织，都是紧密地联系在一起的。到了 21 世纪末，中医又反转过来影响西方，前文中的费里德·穆拉德就是一个例子。医学的医德有共同性。如唐代孙思邈就有对患者不分贵贱贫富，甚至提出了"华夷愚智，兼同一等"的理念，反映文明交往的自觉性。这同西医中的医学道德是相通的。

十五　经济交往的物质基础性

（一）《共产党宣言》："资产阶级奔走于全球各地"，"到处落户，到处开发，到处建立联系"；"一切国家的生产和消费都成为世界性的了"；"工业脚下的民族基础"已被挖掉；以往的自给自足和闭关自守状态"被各民族的各方面的互相往来和各方面的互相依赖所代替了"；"各民族的精神产品成了公共的财产"，"迫使它们在自己那里推行所谓的文明"。（《马克思恩格斯选集》第 1 卷，人民出版社 1995 年版，第 276 页）

（二）《资本论》：资本的扩张把城乡分工从国内推向国际："一切发达的、以商品交换为媒介的分工的基础，都是城乡的分离。"（第 1 卷，人民出版社 1975 年版，第 390 页）全球范围出了"世界农村"与"世界城市"国家的分工，从工业革命直到"二战"结束历时近两个世纪，所谓"工业欧美"、"原料亚非拉"的国际分工格局。随着殖民体系崩溃、民族独立国家体系形成，分工形式出现了复杂与简单工业加工之间、资本和技术密集型同劳动密集型工业之间以及二者零部件和工序工艺之间的国际分工，并成为分工的主导形式。"由协作和分工产生的生产力，不费资本分文。"（《资本论》第 1 卷，人民出版社 1975 年版，第 423 页）积极参与国际分工者，富；闭关锁国者，穷。国际分工因不合理的经济秩序而有弊端在，但也有利在，如《资本论》所指出，生产条件较为不利的国家在国际贸易中"所付出的实物形式的物化劳动多于它所得到的，但是它由此得到的商品比它自己所生产的更便宜"（同上，第 265 页）。这是发展中国家在经济全球化（国际分工深化所造成的）面前，应决心融入其中的重要理论依据。

（三）知识经济：科技进步推动下，社会生产力发展的结果，是直接建立在知识与信息生产、分配与使用基础上的经济，是在知识的创新、传播和使用基础上的经济。全球化的首要动力是科技进步和知识创新，它使人类社会和世界地理的距离空前缩短，喷气式飞机、计算机、地球卫生以及许多新发明,空前地跨越空间传输着人员和商品,促进了地区、民族和国际共同体的互相依赖。交往在这里被发挥得淋漓尽致,知识经济在交往中充分发挥着它易传播、易扩散的价值本性。在以前科技革命中,一项发明从出现到产业化需要十多年乃至数十年,如今多者八至九年,少则二至三年,新技术的先进和垄断期最多也不超过五年。这次新科技革命的易扩散性,即交往的世界性,为具有一定条件的发展中国家利用"搭便车"效应,从而实现经济起飞提供良好机遇。

巴西经济学家多斯桑托斯的观点:"资本主义必须发展生产力,而生产力的发展必然导致形成一种国际经济体系,但这种体系所依靠的私人企业和各民族国家基地同生产力发展的世界性趋势是矛盾的。"这"必将导致产生一种世界范围内的新的无政府状态"。(特奥托尼奥·多斯桑托斯:《帝国主义与依附》,社会科学文献出版社1999年版,第14页)21世纪的发达与发展中国家贫富差距的扩大,发达国家利用不合理规则、凭借经济实力使许多发展中国家边缘化、贫困化,是一体化与分裂化尖锐矛盾的根源。经济霸权国家追求全世界领导权、主宰权,为"价值观而战",力图按自己利益和需要建立由它充当法官兼警察的经济政治秩序。"超级帝国主义"与广大发展中国家之间的矛盾将更尖锐。

(四)世界经济:各国在国际分工的基础上,通过世界市场而形成交往中的互动(相互联系、相互依赖)有机结构整体,也体现着一定经济交往的客观实体。其变迁的宏观构成有如下发展阶段:

1. 资本主义世界经济的一统天下(一个世界经济体系,一种资本主义制度,一个资本主义世界市场,两类国家体系:宗主国与殖民地半殖民地国家)。

2. 俄国十月革命后,一统天下被打破。

3. 社会主义阵营出现后,两个平行市场,一个世界经济体系未变,但出现了两种制度和三种国家体系:资本主义宗主国及其殖民地半殖民地体系、亚非民族独立国家体系和社会主义国家体系。

4. 20世纪末到21世纪初期,市场经济取向的全球改革浪潮,正促成市场经济的一统天下的新局面。标志性的事件:20世纪80年代中国的开放改革,世界对社会主义市场经济刮目相看;20世纪80年代,跨国公司的扩张,使资本主义进入国际垄断资本主义阶段,1945—1980年12月,91个殖民地半殖民地国家获得独立,最终在资本主义殖民体系的废墟上,建成了民族独立国家体系,成为世界上最庞大的国家体系。它同发达资本主义国家、社会主义国家一道，共同推动人类社会生产力的迅猛发展。

从经济全球化角度看，三潮共涨共落：市场经济全球化、金融全球化、贸易和投资的自由化。

当然，经济交往的全球化不是唯一的交往文明化，但它却是基本的，并且是与其他全球化因素交往互动的。

十六　究天人之际与天人合一

究天人之际，是西汉史学家司马迁提出的理论命题。实际上已成为人文社会科学和自然技术科学的共同任务。它是在探讨人与自然之间的交往关系。从中国传统文化的最概括性表达，便是"天人合一"，其基本内涵是强调人与自然的有机统一，实现人和自然的和谐发展。反思现代工业文明和科技文明产生的负面效应，重构人与自然的新型关系，究天人之际，"天人合一"有其重要借鉴价值。

在中国文化史上，首次明确提出"天人合一"命题的是北宋理学家张载。他在名著《西铭》中有一个著名观点："民，吾同胞；物，吾与也。"天地如父母，人与万物都是天地所生，民众百姓，是我的兄弟姐妹，万物都是我的亲密朋友，人与万物自然，处于和谐的、均衡与统一之中。张载把道德原则和自然规律统一起来，作为人与自然都遵循的普遍规律，并认为天人协调是最高理想。

张载之所以达到这种认识，与宋明时期天人合一思想发展成为主导的社会文化思潮有关。当时，几乎各派思想家之间都认可"天人合一"是人的自觉。如王阳明就有"仁者与天地万物一体"的思想。这种泛爱万物的思想，是人类最高的伦理情感、人性的自觉表露和人对天地万物的一种责任感。这是儒家天人观的最高成就。

在此之前，"天人合一"思想经历了长期的文化演化过程。从西周时期的天为有意志人格神、为自然和社会最高主宰的神人关系，到春秋时期天人相通、天人遵循同一法则、敬天法天、"尽心、知性、知天"以及"明于天人之分"，等等，都是天人合一思想发展的不同阶段。中国古代儒家第一个自觉探讨天人思想的思想家是董仲舒。他明确提出"天人之际，合而为一"。他认为人是天的派生，人与天具有相同结构，人事规律与自然规律相似，因而推出"天人感应"之说。董仲舒在《春秋繁露·洞察名号》中的这些认识特征是：①是对和谐统一的天人关系的浅层感悟和朴素直觉；②与原始的神秘主义神灵崇拜不同；③与自然天道有别；④是一种混合自然规律、伦理原则和神秘权威三者的合成物。这种理性与神秘主义的混合物，是中国古代天人合一的思想演进重要阶段。

顺天应人、天人合一、究天人之际之所以成为中国传统文化心理结构演化轨迹，与传统农耕社会、重农主义传统有关，也反映了原始蒙昧时代主客不分发展到文明时代的天人分合的演变。中国古代天人关系内涵极为丰富，大体有：①意志之天；②义理之天；③自然之天。思想家除后面"生态文明"中的老庄"天人相混"之外，还有①天人相通；②天人合德；③天人相类；④天人合一。这种演化过程还可以从崇拜自然、敬畏自然，经过宗教化、哲学化，再到"天人合一"理想境界几方面观察。

总之，"天人合一"在中国传统文化中，熔宇宙观、社会法则、人生理想于一炉，其实质是自然界和精神的统一问题。其中蕴涵的人与自然之间交往关系智慧宝藏，是中华文明和人类文明的宝贵财富。

彭树智◎著

两斋文明

【第二卷】

LIANGZHAI WENMING
ZIJUELUN SUIBI

自觉论随笔

中国社会科学出版社

目　录

第二卷

第四集　文明遐思

第五集　人文解说

第六集　信仰力量

第七集　民族国家

第八集　学问学术

第四集

文明遐思

第 一 编

静夜沉思

一 由《静夜思》所引起的沉思与慎思

（一）

记得 2002 年在西安，小孙儿飞飞从美国打来电话，那是八月十五日中秋之夜，他背诵了李白的《静夜思》："床前明月光，疑是地上霜。举头望明月，低头思故乡。"当时他 5 岁。我从他童稚之声中，体味到一种前所未有的纯真感情：那就是从大洋彼岸的电波中传来看月思乡的怀念故土及对民族、对祖国的热爱之情。

李白此诗，真不愧千古的名诗。夜深人静，仰望皎洁月光，低头自然会涌流出人类一种幽幽乡思、神秘想象和浪漫美好情趣。中秋的静夜，尤其可思。那诗意般的与月邂逅，更有一番人与自然交往、和谐相处的情感。李白的《静夜思》以它自然清新、简约平易，易理解而体味无穷。只《静夜思》三字为题，就超越了各种吟月诗，成为后人遐思之窗。

静夜思，思什么？从深处说，那是人类文明交往自觉的慎思：疑惑、孤寂、清凉、眷恋之情，如细波微澜，涓涓清泉；热爱、纯真、责任、义务、生命等万籁俱寂之思，使人的思想变得格外深沉而醇厚。

我想，在他乡异国的中国人，在紧张的工作节奏之中，别忘了静夜观月，尤其是中秋节。此时观月，那是一种文化，是一种庄严典仪，是一种陶冶人文精神的美好境界。对此形神之交，荀子有"形具而神生"（《荀子·天论》）的概括。中秋观月，比之平时观月，更是魂牵梦绕，尤其是在国外。当然，平时观月，也可思考人与自然之间的文明交往主题，从月圆月缺的周期循环运行律中，体味历史的长时段的情景变迁。但中秋之月，则有中秋记忆的别致。

　　例如，飞飞朗诵《静夜思》，使我记忆起自己儿时的一句童谣："月亮走，我也走，月亮牵着我的手"；也使我想起当时身在的古长安所在地——古都西安，想起了"长安一片月，万户捣衣声"（李白：《子夜吴歌》）的唐诗中美妙的诗境。中秋之夜，人们仰望夜空，月泻清辉，群星洒花，脑海中思念的问题意识，不禁油然而生："今人不见古时月，今月曾经照古人。"（李白：《把酒问月》）月亮，还是那神话中的明月，还是那历史上的明月，还是那诗词中的明月。但是，那静泻于浩渺苍穹中的银光，洒向窗花床前的明霜，即使如清代叶适《丰湖秋月》描绘的"微微秋渚坠银蟾"，仍然是"一片空明百丈缣"的澄明。所有这些，怎能不给人带来无穷的遐思？

　　《静夜思》思什么？当然首推最难忘的思家思乡之情。蔡文姬的《胡笳十八拍》即有"无日无夜不思我乡"之句，若加以引申，那是她"拜月"之作，便显得日益笃远的思乡之情。诗圣杜甫的《月夜》可以说是同诗仙李白《静夜思》齐名的望月思乡的名诗。李白《静夜思》思乡平远；杜甫《月夜》思乡深悲。"国破山河在"，杜甫之思的是安史之乱中的家和国。他在长安被囚的月夜，思念的是远在陕北的"今夜鄜州月，闺中只独看"，想的是想象中妻子观月思绪情景，手法独特，符合当时的环境人物心态。"两脚踏中西文化，一心评宇宙文章"，这副融合自衿与自勉对联的作者林语堂，是中国现代文学史上罕见的双语作家。他在《有为斋自述》中说："宅中有园，园中有屋，屋中有院，院中有树，树上有天，天上有月"，末句也落到可观赏的月上，别有一般风味。台湾诗人余光中的"天上一个月亮，水里一个月亮，天上的月亮在水里，水里的月亮在天上。看月亮，思故乡，一个在水里，一个在天上"。据说，李白醉后曾入水捉月而死，余光中的诗则在此体悟中进了一步。

　　走出乡关走四方，走不出的是故乡。俄国（乌克兰）盲诗人华希里·爱罗先珂（1889—1952）是主张和践行世界语的，但正如周作人所说："爱罗君是世界主义者，他对于久别的故乡却怀着十分迫切的恋慕。""这虽然一见似乎是矛盾，却很能使我们感到深厚的人间味"。这是文明交往中人性的正常表现，也如冯雪峰所说，他的"童心的、美的，然而有真实性的梦"。童心是人的天性，是人性中最本真的内核，童真、诚实、勇敢、善良，是其基本元素，虽然嫩稚，但可润泽生命和世界。

　　月光如水水如天，月光照耀下的秋水长天，一轮明月融于水天，静谧中的故乡、祖国、血脉、情感的密切相关啊！"但愿人长久，千里共婵娟"，苏东坡的美妙诗句，道出了中华文明对中秋之月民族精神光芒的心灵穿透力。

静夜思故乡，是思考而不是乡愁。

李白把月亮看成高尚皎洁的象征，他仰观月，俯思乡，俯仰的思考，这是深邃、是深重、是冷静，如一洒月光一样的冷静寂凉。《静夜思》中"举头望"与"低头思"之间，是具体的沉思，是认识的转换，月亮与家乡，家乡与月亮，这是反思的认知周期率，不时又回到了认识的出发点。

苏轼的《水调歌头》是问月："明月几时有？把酒问青天。不知天上宫阙，今夕是何年？"先贤仰望明月所发出的各种疑问，到了后世，人们还不得一问再问。今人已圆登月之梦后，仍把人与自然的交往这个文明话题，与人与人、人与自身心灵关系，作为三大主题，继续问下去。每一代人，都有新的答案，都在反复追问中提升了文明自觉的程度，问问答答，答答问问，社会进步，和谐温馨，喜从中来，但人性中的惰性、脆弱也接踵而至，相伴而来。朱自清优美散文《荷塘月色》中的"塘中的月色并不均匀；但光与影有着和谐的旋律，如梵婀玲上奏着的名曲"。月亮就是这样，它是宁静夜晚给人类的一点明白，也是日光和月光的结合，反射而成的文明之明。明是日和月的组合，明就是人类对文明的一种思考。知物之明，知人之明，自知之明，明白了也就是如光与影和谐旋律这美妙乐曲般的文明自觉境界。

自然，如同荷塘月色并不均匀一样，地球月色也不划一，正如知物、知人、自知程度总有一与多表现一样。林庚去世时，袁行霈题的挽联是："金色的网织成太阳，那太阳照亮了人的心智；银色的网织成月亮，那月亮抚慰着人的灵魂。"上下联开头的太阳与月亮两句，是林庚的诗句；上下联的续尾两句是袁行霈的匠心之作。金色太阳，银色月亮，关乎人的心智与灵魂，这是从深义文化上对文明自觉的阐释。古代人类最重要的发明之一，是苏美尔人和中国人使用的太阴历（月历、阴历），或者农历。这是农耕文明时代人类用月亮的盈亏来指导播种和收获的途径，它也是犹太历和伊斯兰历法传承的基础。当然还有人类另一创造的太阳历。中国现在还是二历并用，四时八节，深入人心。八月十五的中秋节，看着月亮，遥想先民的创造，月和日在夜晚和白天都给人类带来了生活、生存的文明之光。文明就是人文至贵，日月同辉，日月同明。一个夜晚，一个白天，尤其是在幽静清寥的中秋之夜，作静夜之思，看月亮，最易动人情思！思考人从何而来，思考人又往何而去，思路迢迢，那是一条人类文明自觉的漫长之路啊！

（二）

《静夜思》是一首意味深长的诗。它虽然只有短短的 20 个字，却会引起多种思路的联想，甚至学术上的论争。在 20 世纪和 21 世纪之交的关于"床前明月光"的"床"为何物之争，就是最近一突出事例。

20 世纪 80 年代，有人突发奇问：李白睡在床上，怎么能见到地上的月光？又如何能做出举头与低头的动作呢？于是有的学者寻找答案，解释为"井床"即"井上围栏"。此据来自《宋书·乐志四》的《淮南王篇》："后园凿井银作床，金并素绠汲寒浆。"这里的床，作"井上围栏"解。但是许多人持不同看法，反对"床"为坐具，即包括"胡床"和"凳子"等的"坐具"，而是床。

2008 年中华书局出版的《马未都说收藏·家具篇》则把"胡床"明确为"马扎"。他又在中央电视台的《百家讲坛》上讲家具收藏。根据唐代建筑和家具，对"床"解释为"马扎"。在他看来，李白是坐在马扎上"举头望明月，疑是地上霜"而思念家乡的。他认为唐代的门不透光、窗子很小，月光不易入内，并举出三首唐诗作为佐证：①杜甫的《树间》："岑寂双柑树，婆娑一院香。高柯低几杖，重实碍衣裳。满岁如松碧，同时待菊黄。几回沾叶露，乘月坐胡床。"最后两句直击主题。②李白另一首诗——《长干行》："妾发初覆额，折花门前剧。郎骑竹马来，绕床弄青梅。"其中"床"即马扎的"胡床"，小女孩坐在门口的马扎前，扎花玩耍；小男孩骑着竹马围着她绕圈，"青梅竹马"、两小无猜的童稚之情，跃然纸上。"床"显然不是大床。③白居易的长诗《咏兴》开头："池上有小舟，舟中有胡床。床前有新酒，独酌还独尝。"其中"胡床"即马扎，坐在上面独酌品尝新酒。

然而，胥洪泉反对马未都的"马扎说"（《中华读书报》2008 年 4 月 30 日）。他从四方面针锋相对进行争论：①李白在床上作诗，并不一定躺在床上，"静夜"与"床"的思维定式决定"马扎说"的难于成立；②唐代建筑"窗户小"、"月光照不进内室"，但有七首唐诗可证此说站不住脚，如岑参"宅占凤城胜，窗中云岭宽"（《左仆射相国冀公东斋幽居》）和"疏钟入卧内，片月到床头"（《宿岐州北郭严给事别业》），如杜牧"寒城欲晓闻吹笛，独卧东轩月满床"（《秋夜与友人宿》）。至于唐代建筑，马说是以寺庙建筑为据，忽略了民居建筑特点；③马说引用杜甫《树间》和白居易《咏兴》中，明白指出是"胡床"而李白诗中的"床"即"胡床"，也是没有根据的想象。《静夜思》的第一字为"床"，未见顶真手法，也与李白《长干行》不同；④从宋人陶谷《清异录》记载"胡床"重不数斤，坐在屁股下面，那是不能看见形状的，马说如何解释"床前"二字？作者认为，李白诗中床应为"睡床"，表明诗人就寝前望月思乡，或坐在床沿，或站在床前，甚至是"忧思不能寐，揽衣起徘徊"，看见皎洁月光从窗口流泻进来，洒在地上，好像霜一样，因而"举头望明月，低头思故乡"。

围绕《静夜思》中"床"的争论，有许多看法，但比较有分量的当推刘麟的《李白诗中的"床"——与马未都先生商榷》（《中华读书报》2008年6月18日）。作者查阅了《李太白全集》诗句中带"床"字者二十句，含义有"卧具"、"坐具"、"水井护栏"三种，其中四句为"胡床"、九句为"眠床"、三句为"井栏"，其他为泛指。作者也从李白《长相思》、杜甫《月夜》、张若虚《春江花月夜》及王昌龄、韩愈诗中找到了"屋中可以看月"的诗句。作者也客观地说："文学鉴赏是不能绝对化，切忌一刀切的，只要言之有据、言之成理就可以成立。当然，如有错误或情理不通之处，学者自有责任予以纠正。"此外，还有人认为李白《静夜思》原稿为"床前看明月"。

诗毕竟是诗，是形象的思维，关于《静夜思》中的"床"为何物，自可以讨论，无论是院子里的"井栏杆"，还是"胡床"，都不能说明"床"非人睡觉的床，而是扩大了床的内涵。过去也有关于《枫桥夜泊》中的说法，也有《诗经》中的"蒹葭"为夏天不是秋天的说法。然而，如此考证解释即或有据，也难以改变人们对诗本身的固有的美感；如果这样较劲，诗味就没有了。

诗之为诗，以跳跃思绪，起伏变幻，终非史实那样有准确的时空观念。"乌鸦村"、"江村桥"以诗证史、证物，只是在限定的范围内，变数很大，不能那样较真。马说、胥说，均是一说。《百家讲坛》，也可有百说，但不能戏说、乱说。无充分材料和严密论证的随意哗众取宠于读者，终不可取。尤其是唐代家具、建筑研究，靠实证而非猜想。昔日学术史，胡适讲课列举各家之说以后，又加以"胡说"，本意为"胡适之说"，不意被学生理解为"胡说"而引起哄堂大笑，今日《百家讲坛》诸公，凭表演瞠目结舌而乱说者，倒真是"胡说八道"！《静夜思》是有思想之诗和有诗的思想之作，不可能胡思乱想，那毕竟是诗境之美和华夏文明的文化情绪！

（三）

海涅曾经给人们留下了一句心碎的话："夜间，想到德国，睡便离我而去，我也再也无法合眼，泪流满面。"这也是静夜思考自己祖国跌宕起伏历史的诗意美句。德国，既产生过黑格尔、尼采、马克思，也产生过希特勒，两极起伏，以至于有的德国历史学家呼吁：不要从纳粹短短时段去"倒看德国史！"细思理，静思考，夜静时深思，只有跌宕起伏的历史才是大历史，才让人频生联想。海涅辗转床上,久久沉吟,与李白的静夜思乡有相通之处。

静夜思,是文化之思,思考人类生活的旋律。现在有"拿来"和"送去"之说,其实是文明交往互动规律在起作用。文明交往互动是一个长期复杂的过程,不是可以随意"拿来"和"送去"的蛋糕那样简单。还是李白诗句说得对:"人攀明月不可得,月行却与人相随。"文明发展到当代,在交往中遇到现代性的强大冲击。在现代性研究中,有以下三大派:

(1)普世派。以普森斯为代表的西方现代性与美国民族性相结合的、以美国为中心的普世主义,极力使全球化为美国现代性类型的社会。有研究者称他是一个彻底没有"乡愁"的思想家。

(2)混合派。史马特(B. Smat):"追求自己国家和文明带有混合性目标。"

(3)复兴派。约翰·格容(Johm Grey):"通过恢复自己文化传统来获得现代性。"

三派之中,只有普世派为强势文化传播者的声音最为响亮,交往中不平等性表现在经济力、科技力、军事力、文化力的优势上。一方面,混合派和复兴派有一定差别,可说是同一类型的不同表现,只不过是复兴派多为古文明的周期率体现。另一方面,普世派并非不言民族性,并非不思故乡,而是民族性的扩张,所思者是强势的思想者,其欲望是将自己故乡国家文明强加于他族他国而已。

如果用李白的诗意表达,各种文明都通过自己的思想家"举头"望月,"低头"思自己文明家园发展的事,那是正常的。问题是怎样使人类在全球交往中文明化,更加自觉对待兴衰荣辱的交往互动规律。

法国小说家莫泊桑也对月光诗意有独特思考。他的地中海航行日记《水上》引述了雨果、缪塞等七位法国诗人关于月亮的诗作。他说:"我一直相信月亮对人的头脑能起一种神秘的作用""她有什么迷人的魅力,能使我们心神恍惚、飘忽不定、若有所失呢?"他提的问题是全世界文学家永远说不完的话题。不仅文学家,音乐家贝多芬不是也有《月光奏鸣曲》吗?更令人联想的是莫泊桑早期的小说《月色》中对月光普照青春、爱情和生命的赞美。他的长篇小说《一生》开篇也是主人公少女约娜陶醉在白杨山庄的银色月光里,直到小鸟啁啾的东方既白,月色与心灵融而为一。东西文化虽有区别,月光为文明之光则一,美好之光则一,思考确有人类文明的普世性、普遍性。

思很重要。思要深思，也要慎思。深沉之思，可去浮入里，但慎重之思，免于走邪。夜里两三点左右，夜深人静，月光如水，思维活跃，常常是我谨慎思考的最佳时间。往往是一觉醒来，头脑清晰，联想白天未慎思的问题，油然而生，翩然而来。我的许多理论思考，都是在这时候产生的，文明交往的自觉问题，便是其中诸多问题之一。这个习惯是在北京大学读研究生阶段养成的。1954年，住在北京大学十九斋，那时是三人一屋，深夜忽然想起白天苦思不得其解的问题，在月光照窗、夜阑人静的时候，在辗转反侧的思考中，想到了答案。想赶快记下来，开灯又怕影响两位师兄，只好在枕旁放一记录板，板上有纸和铅笔，随想随记。因摸着写，扭扭歪歪，重重叠叠，幸好是自己所写，白天整理还能认识。这个记录本对我十分有用，几乎每夜都有，有时还一夜多次，有思必记，让思想的火花不至于瞬息即逝。久而久之，深夜常醒，特别是在重大写作任务之时。我常想，学、思、写是三位一体的，静夜之思要随思随记。那是"随笔"的原始本。有人给我出过一个上联："日照窗棂，纱窗孔明诸葛（格）亮"，我虽未对上下联，可夜晚月光透过窗户，让我慎思的情绪，却常伴随着的精神觉醒、思想解放，也就是文明自觉的思路历程。于是有《手记歌》结束本手记："老夫好作静夜思，月光似水如天池。天池碧波入脑海，智潮涌动催手记。"直到今天，五十多年，都是如此。静夜思，动手笔，乐在手脑并用间。我感到，这时候大脑最为活跃，也是手最勤的时候。

二　文化：一个洞穴、一棵树、一条河

文化或文明史是动态的，是无法割断的，是人在时间和空间中的交往活动。无论对它比喻什么，都是处在历史运动之中。文化包括在历史之中，没有历史，文化焉存？如果不固定在某一时段、某一地域，唯一的方法，就是尽量打开历史大门，一窥全局，具体问题作具体分析。

（一）文化或文明，人们有各种比喻。记不清是哪位哲人说过，文明或文化就是一个洞穴，具有先天性的封闭力量。每一个文化都是民族的核心，因为人总是有归属感的。洞穴是空间和时间概念，有其封闭性，只有生命力的人的历史文明，方可有穿透力活动于穴居之地。比之于人类的原始文明存在背景，其自然世界实际而形象，封闭性确在其中。原始人居于洞穴，他们要走出洞穴，才能生存。所以，人类文明是由封闭走向开放的，是人类在自然界中创造石器、陶器原始文明向青铜、铁器等高级操作工具发展的过程，是对内和对外的不断文明交往的自觉过程。

(二) T. S. 艾略特说，西方文化发展的精神动力和创造源泉来自基督教，"如果基督教消失了，我们的整个文化也将消失，接着你不得不从头开始，并且也不可能提出一套现代文明的文化来"。他形象地说，文化是一种不断生长的有机体。它是一棵树，而不是一台机器。文化之树不能随意创造，而只能栽培，最终发育成什么树，还取决于种子的性质。艾氏上述论点见于他所著的《基督教与文化》，中译本见四川人民出版社 1989 年版，第206 页。他把文化比作树，与池田大作相同，见我的《文明交往论》(陕西人民出版社 2002 年版，第 54 页)。池田的观点是："文化就像树木一样，以过去的历史作土壤，从那里吸取养分，输送给未来伸展的枝条，使其叶茂、花开、结果。"历史是土壤，宗教、哲学是树根，特别是民族哲学渗透于物质和精神的文化形态中，这是一棵人文精神培养的生生不息的"文化树"，比喻生动而具体。他把哲学比作"树根"，很有道理。马克思也认为："哲学不仅从内部即就其内容来说，而且从外部就其表现来说，都要和自己的时代的现实世界接触并相互作用"；而"各种外部表现证明哲学已经获得这样的意义：它是文明的灵魂"(《马克思恩格斯全集》第 1 卷，人民出版社 1956年版，第 121 页)。也正是在这里，马克思说出这样一个命题："任何真正的哲学都是自己时代精神的精华。"这个"文明的灵魂"、"时代精神的精华"，比池田的比喻更深刻。

(三) 黄秋韵在史作柽的《二十一世纪宗教与文明新探》(宗教文化出版社 2007 年版) 第 8 页的"导读"中，以树木成长过程比喻人类文明的发展。他写道："若以树木的成长来比喻文明之发展，属人自然的形上自体世界就是作为树木生命与成长之基础的根部，一切均由之而生。尤其树木成长硕壮之后，有了树干、枝叶与花实，虽然枝叶花实看似与树根全然无关，然而又不能离却树根而独自存在。有了枝叶花实之后，树木的成长与发展已达极限，若要维持树木继续新生而不从此趋向老朽与死亡，那么果实必须掉落，种子必须重回泥土、再次扎根，才有新生的可能。文明亦树。"这里，他把树根(种子生根)——树干(文明之延伸)——树叶(文明之发展)——果实(文明之结论或尽头)——种子溯源寻根——再创——新生，作为"全史性"的"开放还原系统"。他认为："还原，是为了再出发；向前，是为了再回归。还原与开发的双向过程不断交互作用，促成了'原始自然'、'属人自体'以及'人文文明'三者各得其位运作，既不失人自体，又可恰如其分地操作文明，才得真正达到'超越历史、立足自然、观看人类'的统合工作。"
（第9页）。这些分析性比喻颇具思维逻辑性。

（四）树喻文明也见于史作柽《二十一世纪宗教与文明新探》第164页。
他把"大树"与他的"图形文明"相联系："人是自然者，人也是主体存在
者，同样人也是属于形式性延伸之存在性之原创者。一如大树于自然中而开
花，或一切动物于自然宇宙中，开绽出一朵形式性，但也灿烂无比之历史文
明之大花。虽然某些时刻地区也会充满着悲苦、矛盾、冲突或不智，但我们
果能超越文字，以一图形式之巨观之大眼而观看所有，整个人类文明仍不失
为大自然宇宙中，唯人类才能创造、培育，并经长期锻炼而成之一朵对大自
然宇宙而奉献之伟灵大花。"他把人类文明分为"图形表达"的"原始文明"
和"文字表达"的"人文文明"，旨在把原始文明和人文文明"一贯系之，
以对于人类文明之整体性之了解，尤其是人类性的确实把握而求得21世纪
新人文再生之可能"。（第3页）这是他在该书中的独特见解。柏杨在1983
年的《柏杨白话版〈资治通鉴〉序言》中则说："文化和传统不是一棵树，
而是一条大河，政治和军事力量，都无法把它拦腰斩断。"柏杨所说的"斩
不断"的原委，在于王安石的新党，想把此书宣布为"禁书"，因有人警告
说，《资治通鉴》是宋代第六代皇帝命名的书，若列为禁书，无异向皇帝挑
战，才不得不作罢。这里，把司马光的《资治通鉴》作为文化长河中的一段
标志。尽管帝王用《资治通鉴》的"鉴镜"对照获益不多，历史经验虽值得
注意，帝王们未必能注意到，人民也未见得能从此看得更多，但它确为文化
典籍之一，治史者作为"通识之学"，不可不读。河与树的比喻，可以互补
于文化传统的延续性。

（五）赵柏田在中华书局出版了一本关于16—18世纪中国思想史的著
作，书名是《岩中花树》。他写道："世界如此荒凉，只能培养一颗冷漠的
心。在如此贫乏的时代，如此贫瘠的山岩上，我却开了一树好花。"他笔下
生花的不是一个人，而是"一树花群"。这些花群人物就是明代中期的王阳
明，以及王阳明身后二百年江南的徐爱、王艮、张岱、袁中道、戴名世、黄
宗羲、吕留良、全祖望、章学诚、邵晋涵、戴震、汤显祖。这种文化的树
林，呈现出时代思想和学术史嬗变的轨迹。其中对经义训诂学的"琐屑支
离，只见荡舟不见渡河"的花树风气令人沉郁与痛切。这也是文化之树的别
样情景，以树比喻文化耐人深思。

（六）《环球时报》驻美国记者马小宁，用木已成林比喻文明交往的复杂
性："文化的发展像大榕树，先立足本土。树叶茂盛后，种子掉在周围，一

棵树变成了森林一片。"他感叹一些学者只热衷于约瑟夫·奈提倡的文化"软实力",却没有看到美国文化越来越受到其他国家的憎恨与抵制。如果目的是逞强霸道,那就是"武化",而不是"文化";是征服者,而非树可比,只能是丛林原则的以强凌弱和弱肉强食了。

(七)人的文明创造,政治是前提,人文化的物质,是经济基础,是根本;而文明、文化中的人文精神,是文明的灵魂,是文化的精髓。文化在人类历史上,尤其是在 21 世纪,处于主要位置和崇高使命。文化树和文化河都是动态的象征,而真正说,文化是一种生命,灭绝一种文化,就是杀死一种生命。文化是一种生命系统,它犹如自然环境一样,是人类所需要的一种生态环境,是人类生活美好的条件。文化的多样性是生态文明的要求。文化结构是生物结构,而非物理结构或逻辑学结构。文化是精神,它包括①民族性,②思维方式,③价值观,④意识形态,⑤道德规范,⑥宗教信仰;⑦风俗习惯等存在于社会生活各领域中的普遍现象。

(八)文化定义之多,如汗牛充栋。1952 年美国两位文化人类学家克鲁伯和克拉克合著的《文化:关于概念和定义的探讨》一书,统计了 1871—1951 年世界有关文化定义,已有 164 种之多。有人说有 300 多种。如果从那以来,到 2007 年,该有多少? 我们说的文化,一般为狭义的而非泛义的文化,主要是人类的精神思想文化,包括三大体系(人类知识、价值和工具),核心是人的知识创造和系统化和传承传播性。在中国,是《周易·贲》中的"观乎人文,以化成天下",即教化,即人文精神;在西方,有拉丁文字源 colere 的 Cultural,即对土地的耕耘和对植物的栽培,引申为对人身体和精神的培养。文化虽为西来词,但已中国化了。总之,是和教育联系起来,文化原始含义与转义是人对自然、对自身在实践中的统一,是主观与客观统一的主体性结果。

(九)文化又有人类学上的文化和社会学上的文化。前者是人类从蒙昧到野蛮再到文明,后者是有文化和没有文化,是相对自然而言。文化人类学意义上的文化包括挑战应战和冲突融合两个主要进化机制。人与自然充满了自然界的挑战,为了应对自然界的挑战(自然灾害等),人类就要发明创造,这是文明产生和进化的根源之一。自然是人类生存进化的条件、方式之一。文明的进化根源于人与自然的交互作用:人类在挑战中发展。此外,外来民族入侵也要应对,这也是文明存亡问题。人类文明进化的另一根源是不同文明之间的冲突和融合。亨廷顿讲"文明冲突",冲突并不可怕,而且冲突是社会进化的一个条件,冲突融合而后产生新的文明。真正的传承是创造,是文化基因的传承，是融合，而不是模仿，不是被同化。

（十）对文化传统要有自觉，创造新文明要尊重传统，不要因现在落后就把责任推给老祖宗。对自己文化要有"自知之明"，惟其如此，才能固本创新，从而适应文化选择的自主本位。科学是文明的基础，无此基础，谈不上自觉。

三 文化的民族性

文化的诸特征中，民族性占首位。

什么是文化的民族性？

第一，文化的思想本质特征。这里包括：①民族精神；②价值观念；③思维方式；④国民品性；⑤人格追求；⑥伦理情趣。

第二，文化的民族风格和民族气派。

第三，文化的民族类型、文化心理、文化结构。

其中民族精神中具有超越时代和阶级内容的长期性内涵，是与民族共存亡的。民族精神有继承性、时代性（自觉、合理、开放、进取、创新）。文明、民主、理性的追求，以历史传统为起点。整合、创造，是起点上的延伸。

文化的民族性的总特征是：①经过长期积淀而形成；②具有相对稳定性；③在发展过程中不断创新。

一个民族，一个国家，其生命所系，实系于文化。文化之脉曰"文脉"，它流入每个人的血液之中，渗透在传承的思想之内。所以说，文化根本在于思想。

据此，文化的民族性的连续性和继承性十分关键，连续性和继承性形成传统文明，这种传统文明应当珍惜，否则是可悲的。但一味泥古或完全崇拜也是可怕的。

日本马克思主义史学家永田广志在《日本哲学思想史》一书序中说："对过去的文化既不可一概否定，也不应一味赞美。不论我们如何想唾弃它，而它也与现代有着血肉联系；另一方面，不论我们如何赞美它，而它已经不能按原来的样子复活。"此论中肯而全面。

民族性之外，时代性是文化的另一重要特征。

传统文化必须自觉、主动择善和善择的调整，以适应时代的发展，对古典文化进行更新和复兴。

积极参加全球化过程,增强民族文化的世界性。坚决反对狭隘民族主义、文化保守主义和文化割据主义,也要有文化安全意识,防范西化、分化图谋。

文化自觉是文明自觉的保证。正确地对待文化民族性,首先就是坚持民族的传统文化,使之在新时代的世界中,形成为先进文化。

文化自觉意识是可贵的。可贵之处是对知识分子工作,包括教师工作的普遍意义。文化教育建设意识是自觉还是盲目,直接关乎教学质量。费孝通(他在文化学上有建树,加上社会学功力)临终前总结近一个世纪的人生经验、智慧和感悟,意味深长地告诉后学:

"一个知识分子应当怎样去履行时代赋予的责任确实值得认真想一想","'五四'这一代知识分子生命快过完了,句号画在什么地方确实是个问题。我想通过我个人画句号,就是要把这一代知识分子带进'文化自觉'这个大题目里去。"

什么是"文化自觉"?

它是"文明自觉"的核心。

它的自觉是坚持先进文化的方向,努力通过交往文明化发展和谐文化。

它自觉在经线上继承发扬中华民族优秀传统文化,与时俱进,充分体现鲜明社会主义时代精神。

它自觉在纬线上既立足本国又注重吸收世界先进文化的优秀成果。

它自觉地反对文化建设上的民族虚无主义和全盘西化,坚守中华民族神圣的精神家园。

它自觉为培养人、教育人,提升整个中华民族的精神素质、时代精神和科学思维方式。

四 文化的载体及其自我超越

在经济全球化时代,文化因素作用越来越重要。经济合作与竞争后面,是商品带来的文化交流。这里需要注意文化的载体和自我超越。

文化的载体有两个层面:非物质层面和物质层面。

非物质层面较为人注意,若经史子集,若信仰言谈,若讲章论坛,若风俗习惯。

物质载体层面常为人们视而不见其意，若古祠庙、牌坊、书院、民居、寺观、石窟、古塔、古城、古宫、古桥、古亭、古园林、古陵墓、摩崖石刻等。

介于物质与非物质或物质、精神兼而有之的也容易被人忽视其意。一国传统文化愈悠久，愈精深，则愈难被外国人认知。若中国文化的文字载体——汉字是表意的方块字，与当今世界"主流"文字——拼音文字迥异，更增加了外国人的认知难度。

生活在一定文化中的人，对其文化要有自知之明。在文化转型时期要有这种文化自觉才能有自主能力，才能使中国传统文化积极参与多元世界体系的建设。认识自身之长短而扬长避短，由文化自觉进而步入文化创新。

文明之间的交往是发挥文化载体的关键。积极主动的交往，一可促进文化认知，二可提高文化自觉，三可理解异质文化，四可经过文化比较而自我批评、自我超越，五可吸收外来优秀文化的同时，开掘自身文化深处的创造力、融合力，创造新文化。

主体超越性是实践的基本特征之一，它主要体现在：①对主体蒙昧状态的超越；②对基本生理和心理需求的超越；③对主体与客体对立关系的超越。交往作为人类的主要实践活动，要从社会主体生产论出发，重视这三个特征。

五　文化寻踪

（一）孔德与泰纳

法国思想家孔德努力使文化科学化。他的实证主义理论体系是以爱为原则、以秩序为基础、以进步为目的，被称之为利他主义的社会实证论。

另一位法国思想家泰纳认为，一切文化的性质都取决于三个要素：①种族；②环境；③时代。

（二）一本杀人如麻的书

希特勒的《我的奋斗》，曾经是德国人手一册的书。它曾是在一个特殊时代主宰德国法西斯政府的政治罪恶之书。

美国学者唐斯说："《我的奋斗》是20世纪一部极重要的书，它从1933年至第二次世界大战结束一直主宰着纳粹德国的政治……《我的奋斗》里，每一个字，使 125 人丧生；每一页，使 4700 人丧生；每一章，平均使 120 万人丧生。"

这部"恶之花"的书之果是扩张主义、种族主义、法西斯主义。所谓"国家社会主义"或"民族社会主义"都不是足以表达希特勒的思想，实质问题是种族主义，其目的是"巩固和保存种族社会"。在纳粹的奥斯威辛集中营中，仅匈牙利的犹太人，就死了 30 万人。整个第二次世界大战期间，死于纳粹刀下的犹太人不下 500 万人。

西方民族主义与东方民族主义不同之处，在于它含有种族主义成分。英国人的盎格鲁—撒克逊主义、法国的沙文主义、德国的日耳曼主义都是其表现。西班牙以及欧洲殖民主义者在世界的扩张，也是以种族主义方式进行的。种族主义是西方政治文化中的罪恶现象之一，白人在南非的种族主义统治长达半个世纪，种族主义至今仍在美国有市场：

1990 年，美国政治学者罗伯特·卡普里仍说非西方世界人民威胁世界安全；

1994 年美国哈佛大学心理学家赫恩斯坦与保守派理论家默里合写的《针形曲线》，宣扬种族主义的"科学性"，鼓吹不应同情"劣等民族"，而初版 20 万册销售一空，增印 20 万册。

这说明希特勒比他们更直率而已！

（三）庞德与中国文化

庞德是 20 世纪西方四大诗人之一。其他三位是艾略特、瓦雷纳和里尔克。

庞德比其他西方诗人有幸之处，是接触到已故美国汉学家费诺罗萨（芬诺洛萨）留下来的有关中国文化的文集和笔记，庞德后来编辑整理和出版了它。费诺罗萨认为："中国人一向是理想主义者，是塑造伟大原则的实验家。"庞德 1915 年出版了中国古诗选英译本《华夏》（又译为《中国》），受到欧洲文化界的很高评价。他十分认真钻研四书五经，他著名的诗句是"献给国家的礼物莫过于/孔子的悟性/那名叫仲尼的人/是述而不作。"他甚至认为："全意大利你连盘中国菜也买不到/这就要完蛋了。"他受费诺罗萨的影响，对中国汉字——形、意、声高度结合，称之为独特的审美艺术。他在长诗中引用了中国的"道"，他对意象解释也归根于"道"。在他的心目中，"道"是一种制度和原则，是一种人文精神和自然高度统一于生活的一种范式。他是中国文化的信徒，对孔子"反躬自省"铭记不忘。他开始研究中国历史，把中国历史上人与自然和谐统一的理想境界作为挽救西方文化的真正的"伊甸园"。他要用东方文化拯救西方，试图建立一个地上的乐园。关于庞德，我在《书路鸿踪录》第28—29页专谈了他的巨著《诗章》中的《经济诗学》；又在《松榆斋百记》第285—286页中，分析了他《地铁车站》诗。

（四）福泽谕吉的脱亚移欧论

日本西化论最突出的代表人物之一福泽谕吉，被称之为日本现代文化导师。他的代表作《文明论概论》对文明的种类、概念，实现文明的重要性都有明确的说明。

他提出"脱亚洲之因陋，移西方之文明"的经典式"脱亚移欧"言论中，亚洲实质上是中国。他要日本脱中国之影响，入欧洲文明之境。

1900年（日本称之为现代史开端）以来，日本完全按福泽谕吉指引的道路前进，步入"贸易和战争"的世界。从此，福泽谕吉盛赞的日耳曼友人的模式——扩张主义、种族主义、社会达尔文主义、殖民主义吸收入日本文化之中。

福泽谕吉认为，文明即人类德智的进步。他也谈到交往是人类的社会本性。但是他在文明交往中，给日本带来的是"全盘西化"。日本人在现代化中，工业化步子迈得大，军国主义步子走得更快，而日本军国主义者的道德却没有丝毫长进。日本军国主义者集中表现了人性中的恶性，而且更阴暗、更自私、更狭隘、更疯狂、更残暴。日本前首相吉田茂在回顾日本史时，提出"为明治天皇殉死的乃木大将，在其遗书中就曾经严厉谴责日俄战争后的道德混乱"。日本作家夏目漱石的话更深刻："日本的现代化，是为了反抗外来的压力而急剧进行的，因而丧失了日本人的良心和诚实，从而产生了充满虚伪、肤浅的社会。"

美国哥伦比亚大学人类学教授本尼迪克特，受美国战时情报局之托而写的著作《菊花与刀》中，尖锐地指出，日本文化的特殊之处在于它是一种"耻辱感文化"，这与西方"罪恶感文化"完全不同。她的研究成果曾引起西方轰动。日本的崛起，除了自身因素外，主要是"全盘西化"的结果。但是，日本在"全盘西化"的现代化之中，发展起了军国主义，做了一场"东亚帝国"的南柯梦；之后，又在美国人精心照料下，成为西方文化的"养子"。不过，按照福泽谕吉的文明标准，日本还不能算是一个文明的国家。虽然它是当今第三大经济国，而且被称为"西方工业大国"；而靖国神社中却供奉着包括大战犯东条英机等许多人类文明的罪魁祸首，特别是长期以来，日本朝野政要、文化名流，包括日本首相在内，每年都要前往叩拜。这是念念不忘野蛮、反动的军国主义，哪里有文明可言？

文明交往中的歧途与后果，值得深思，又是可悲可叹！

(五) 印度文明交往的特征

印度作为文明古国，吸引着西方文明交往者的关注。亚历山大大帝远征印度时，随军的古希腊怀疑主义创始人、哲学家皮浪曾从印度托钵僧身上看到一种独特的幸福生活方式，从而引起他对古希腊生活方式的怀疑和反思。

印度文明交往有许多特征，值得一提的有：

1. 接受西方文化影响早。印度土著民族曾创造哈拉帕文化，然而早在公元前 1000 年前后雅利安人入侵后，即确定了以种姓制度为基础的政治文化。

2. 近代西方入侵印度早。从早期葡萄牙，16 世纪的荷兰、英国、法国以商贸形式，19 世纪英国独占印度，受西方文明伤害重。

3. 人种混合欧亚。印度人外貌似欧洲人，而血型与蒙古人种相似。蒙古人后裔阿克巴建印度莫卧儿王朝与此有关。印度人思想、生活习惯又有亚洲人特点。

4. 形式统一、成分复杂的多文化国家。20 世纪初，印度是语言（通行14 种文字）、政治（土邦王公林立）、宗教众多（印度教、伊斯兰教、锡克教、耆那教及各宗派）和种姓庞杂（有 3500 种姓实行内婚制）的"准国家"。

所谓"早"，指亚洲而言；所谓复杂，是历史上印度土著、雅利安人、阿拉伯人、蒙古人、欧洲人长期交流互动和融合的结果。虽云"早"而"复杂"，但其政治独立的现代之路则完全是东方式的。甘地的反殖民主义、反种族主义、非暴力主义，尼赫鲁的民主、社会主义、团结、现实主义，都有东方特色。尤其是甘地的精神实质上就是印度文化复兴的精神，甘地是印度文化之子。

六　文明与文化的整体观

文明、文化，萃人文精神，撷日月光辉，俱寓文明交往实践之中。

（一）中国古人看待文明与文化，都是一个发展的整体观。中国最早的哲学著作《周易·贲》把"文"与"化"联系在一起使用的时候，就是从"观乎天文，以察时变"开始，而另一方面，便是"观乎人文，以化成天下"的"天人观"。人文是文化的核心，以人文"化"成天下中的"化"，一般理解为"教化"，实际上是指社会生活中人和人之间的交往（如父子、夫妇、兄弟、朋友、君臣等人伦序列交往联系）。对"文明"也是如此。《周易·乾》称："天下文明"是以"天下"观来看文明的。什么是"文明"？孔颖达也是以宏观整体来解释的："经纬天地曰文，照耀四方曰明。"天地、四方，多么宽大整体的视野！不仅全球、全世界，而且是整个宇宙！

（二）西方人看待文明和文化，都是生产生活的具体观。西方最早的文化字源来源于拉丁文 Colere，英文也是与拉丁文相关的 Cultus，直接上古农业生产生活，是很具体的农村、农业和农业文化。不过在转义上的对人本身的身体和精神的培养，与中国的教化、教育人相通。这种"殊途"同归的"殊途"，反映了中西文化观上整体与具体的不同，而"同归"则反映了人类在交往实践活动中对自然的改造和对自身改造的辩证统一。对"文明"的理解，也很类似。西方的文明（Civilization）表现的是城市和城邦文化内涵。拉丁文 Civis 是西方"文明"的字源，是指人类政治法律诸多交往活动中的市民社会生活，后来转义为市民的地位、身份、权利、品格修养，以及在当时比原始状态更开化的进步社会状态。总之，农耕及城市生活，是文明阶段，相对于原始社会的人类历史发展的更高阶段。城市是人类即将进入文明阶段或初步进入文明阶段的产物，而有明确的职能分工的城邦与氏族社会的区分，在于是否有城池的建立。中国的城隍即城池的保护神，来源于文明之初，甚至半坡时期的聚落边界雏形。

（三）恩格斯对文明的阐发。恩格斯根据摩尔根的研究，把摩尔根的人类史"前史"用时代生产特征加以概括：蒙昧时代——获取现成的天然产物为主、人工产品为辅的时期；野蛮时代——学会畜牧、农耕和靠人的活动来增加天然产物生产方法的时代；文明时代——学会对天然产物进一步加工和真正的工业和艺术时代。马克思、恩格斯对文明时代的理论有：①生产力——对天然产物的加工；②交往力——分工、交换、商贸充分发展，社会生产关系出现私有制和人剥削人的现象；③国家、法律制度的政治上层建筑形成；④精神文明成为独立生产部门；⑤整个文明时代商品经济都处于不同发展阶段，都在商品生产的经济规律支配之下；⑥文明的辩证法——三大文明时期即奴隶、封建和资本主义三大奴役时期，是私有制和阶级分裂的社会制度，伟大的历史进步同时也是一些人幸福通过对另一些人压抑的相对的退步［两句经典话——"公开的而近来是隐蔽的奴隶制始终伴随着文明时代"
（《马克思恩格斯选集》第 4 卷，人民出版社 1995 年版，第 176 页）；"由于
文明时代的基础是一个阶级对另一个阶级的剥削，所以它的全部发展都是在
经常的矛盾中进行的"（同上书，第 177 页）］。

（四）马克思对文明的二重性分析。文明是文化发展到一定阶段社会进
步和异化状态的表现，资本主义文明是历史巨大进步的雇用制和深刻阶级矛
盾异化现象的二重性。这是对恩格斯所说的"文明内部的野蛮"的补充。马
克思用 1871 年巴黎公社历史事件和 1857 年印度大起义等事实，说明资本主
义"秩序文明和正义""建立在劳动奴役制上罪恶的文明"实质，以及"资
产阶级文明"在殖民地的"极端虚伪和它野蛮本性"。马克思主要从资本主
义深刻的内在矛盾来理解它进步的巨大局限性。《不列颠在印度的统治》和
《不列颠在印度统治的未来结果》，当然，还有《共产党宣言》和《资本论》，
特别是《德意志意识形态》都有人类文明交往的深义在焉。恩格斯在《反杜
林论》中谈到了文明的否定之否定律。并指出："文明每前进一步，不平等
也前进一步。随着文明产生的社会为自己建立的一切机构，都转变为它们原
来的反面。"实际上，马克思与恩格斯是不能分的，很多理论是两人的共同
的成果。这里的区分是相对的，是为了说明细微的区别。

（五）文明与文化本身就是交往互动的。有几种用法：①偏重于文化概
念的文化与文明互用，黑格尔交替使用，后为 Kultur 优先；②文明与文化
同义；③用文化不用文明；④"精神生活所有个体（Personnelle）形式"为
文化，见法国 Henri Marrow 即区别二者，因法德而不同；⑤文明为制度
化、规范化的政治、法律、经济、教育、社会生活；⑥施宾格勒在《西方的
没落》：文化＝年轻的充满创造性的社会发展期；文明为"存在于一种走向
无生命期或死亡的渐衰状态、静态社会"；⑦文明为外在物质的社会经济进
步，即人类调节自然和人之间物质变换过程的进步；文化为精神的、内在
的、人类追寻理想、信仰、价值，并互相认同各自独特个性方面的进步；⑧
"一种文明是同期文化的财富的总和"，即社会生活和文化在社会、财富再生
产的基础上，并以此为目的的社会组织形式，而文化为个人在社会中自我实
现的方式；⑨文化先于文明而存在，是文明的前提，文化发展到一定水平，
文明才会产生，文明产生后，文化发展必然以文明为前提。

（六）文明与文化在西方和东方、在过去和现在都有重合之处，也在不
断并用。19 世纪英国人类学家的经典定义中就说："文化，或文明，就其广
泛的民族学意义来说，是包括全部知识、信仰、艺术、道德、法律、风俗以

及作为社会成员的人所掌握和接受的任何其他的才能和习惯的复合体。"（《原始文化》，连树声译，上海文艺出版社 1992 年版，第 1—2 页）这表明文化与文明是一回事。在考古学上，文化是一个专门的用语，与文明的区别明确。我在《文明交往论》中把文明内容界定为物质、精神、制度与生态四个层次，隐喻着文明与文化的通用。文化与文明只有相对意义上的区别，二者是重叠在一起的事物。文化有内在驱动性特征，文明有外在实在性的表征。二者虽有一定界限，但严格区别在历史和现实中很有普适性。这里只能具体问题具体分析，而不能受有限的定义的制约。我觉得从交往意义上理解二者是一个分合的整体为宜。

（七）荷兰学者冯·皮尔森《文化战略》出版于 1970 年，中译本为 1992 年中国社会科学出版社出版。他提出文化战略即人类生存战略的见解，主要指：①防止人创造出来的缓解人同自然紧张关系的文化，由于不恰当应用，转而加剧此关系，甚至危及人类存在；②防止人创造出来的用以提高人和解放人的文化，异化成贬低人和压制人的异常力量。其中对今天人类的思维方式和生活方式的变化对文明交往很有启发。

（八）为什么西方一些学者把文明冲突研究与国际形势、世界格局变化结合研究？这是因为冷战后的大背景。在他们看来，社会主义与资本主义在经济制度、政治制度上的斗争，以后者胜利而结束，后面的问题就是西方的文化价值观念与非西方文化价值观念之间的矛盾和冲突。亨廷顿的"文明冲突论"、弗朗西斯的"历史终结论"应运而生。托夫勒和约瑟夫·奈主张西方文明成为世界文明的"主流"。费尔南·布罗代尔重视法国文明，但他说了下述话："谁想认识和影响当今世界，他就必须'花点力气'在世界地图上辨明现有各种文明，确定它们的界限、中心和边缘，弄清每个文明中各地区的区划和气氛，以及那里的一般生活方式和特殊生活方式，否则那将会出现多少差错和灾难！"（费尔南·布罗代尔：《资本主义论丛》，中央编译出版社 1997 年版）

（九）海涅在《北海·不死鸟》中的话，可作本随笔的结语："有一只鸟从西方飞来，飞向东方的花园故巢，那儿有香树舒叶吐芳，棕榈低呼，清泉沁凉……预祝东方和西方人民更好地交流文化和思想，携手共同创造更新更美好的世界。"

七　爱敏的文化观

艾哈迈德·爱敏(Ihmad Lmin? —1954)的文化观集中表现在代表作《阿拉伯—伊斯兰文化史》(商务印书馆1991年版)中,其可注意之处有:

(一)文化产生与发展的内在根据:"自然环境与社会环境产生的必然结果。"(第3卷,第3页)二者对文化的决定作用首先是文化产生的必要条件,作用于一个民族的①生活方式,②经济发展水平,③民族文化发展的水平,④文化中心的分布。蒙昧时代的阿拉伯民族,"只知听候天时地利的支配:雨水好,就游牧而生,否则只好听天由命。这样的生活,绝不能致人类于文明进化之境,只是有了先安定的生活,然后动脑筋来改善生活,人类才会进化到文明的领域"。(第1卷,第4页)游牧其实也是文明的一种形态,而且是早期形态。城市"人民生活富裕,便能在谋生之外,有余暇从事工作,又有余暇交换彼此思想……于是科学思想因而产生,文学事业因而繁荣"。(第1卷,第181页)这就为培育民族宗教意识和民族性格,组成了民族性(语言文字、历史、宗教)。但是,其他沙漠为何未产生世界性宗教?这中间的因素是复杂的。但是,西奈沙漠、巴勒斯坦沙漠和阿拉伯沙漠确实产生了三大世界宗教。爱敏的解释是有道理的:"生活在大漠中的阿拉伯人,一年年暴露在大自然的烈日、狂风与星光之下,人们在这样强烈的、美丽的、残酷的大自然之下生活,心性未有不驰思于仁慈的造物、化育的主宰的。这或许可以解释世界上大多数人信仰的三大宗教产生于沙漠地区的秘密:犹太教产生于西奈沙漠,基督教产生于巴勒斯坦沙漠,伊斯兰教产生于阿拉伯沙漠。"(第1卷,第32页)不同程度影响民族性格,"沙漠里的人,是自然界的产儿,人们不从事农业,也不从事工艺,不受政府管束,也不受法律的限制。人们所受的拘束,只是两件事:'宗教'与'风俗';他们崇拜偶像,谨守无谓仪式,担负无谓的牺牲;他们尊重习俗,虽繁难的义务,也坚守无谓"。(第1卷,第49页)大漠中的人类,为了宗教利益,对外疯狂掠夺,进行血亲复仇,纵欲无度生活,虽受伊斯兰精神熏陶后不占主流,但仍残留于阿拉伯时代的民族性格之中:当今阿拉伯世界,呈现战乱与伊斯兰精神并存、节欲与放纵共在,使这一地区的文化具有两重性。"所以'继承性'便是指继承环境的结果而言"。(第1卷,第47页)

(二)文化发展规律:文化发展有一定的顺序性、阶段性。规律存在于

①一个民族的内部发展；②不同民族文化相互交流。这两个过程是内部和外部的文明交往过程。交流的条件（客观上交通等影响，主观上民族思想为基础）"必须思想相近的民族，文化才可以大量交流"（第 1 卷，第 32 页）；交流的范围（不同要素在交流中所处的地位，所受的影响不同）"各种文化都有自己的、其他文化几乎挤不进来的'势力范围'"（第 2 卷，第 350—351 页）；交流的形式与结果——关键词：①斗争，"这种斗争不仅是语言和宗教的斗争，也是风俗习惯、传统和学术的斗争。斗争的结果，各种文化各有胜负，惟其领域不同而已。"（第 2 卷，第 212 页）②融合，"各种文化的融合并不是自成一体的油与水的混合，而是糖与水的融合，花香与空气的融合。一经融合，便连在一起，永不分离。"（第 2 卷，第 359 页）③比较，"把其他民族的东西拿来比较，会使人们的认识更加全面。波斯词汇和阿拉伯词汇放在一起，外国的格言、修辞和阿拉伯的格言、修辞放在一起，波斯的制度，外国的文学和阿拉伯的制度和文学在一起，对发展学术和智慧都是有益的。"（第 2 卷，第 72 页）④适应，在斗争中一种文化要坚持主导地位，必须加速自身发展，以便更适应变化的社会生活。遇到阿拔斯时代阿拉伯人的两难（吸取与摆脱其他民族文化）"学者们只好一只眼睛注视着伊斯兰教的规定，一只眼面对阿拔斯文明的现实和不断发生的现实，要想完全按照伊斯兰教的原则处理发生的各种情况，不是一件容易的事情。"（第 2 卷，第 346 页）

（三）内部社会生活的决定作用。外部交往是文化发展的推动力，内部的要素起决定作用，具体是：①政治——全方位、多层次影响：阿拔斯王朝统治者利用权力直接掀起文化运动，如 9 世纪开始的"百年翻译运动"，七代哈里发麦蒙致函拜占庭国王，请求巴格达代表团去君士坦丁堡搜集古籍，这是吸取外来文化的政治需要，以维护伊斯兰政权需要。政治影响文化有正负方面影响。②学术："阿拔斯人干预学术活动，给学术染上了某种色彩，这只是坏的一面。而阿拔斯人在鼓励学术活动、记录学术成果、奖励学术研究、促进学术发展方面，仍有不可磨灭的功绩。"（第 3 卷，第 36 页）"当然，并非所有的科学都与国事、政治有关并受其影响。如数学、医学、逻辑学和物理学，就是独立的，与政治活动没有瓜葛。其他如历史学，则与政治联系极为密切。在阿拔斯时代，历史成了一种宣传手段"。（第 3 卷，第 25 页）③军事征战：阿拉伯帝国由军事大国成为文化大国。对外扩张，征服波斯、罗马、埃及、印度西北部等文化发达地区，军队所到之处，伊斯兰教和阿拉伯语便带到那里，军事占领带动了文化大融合。"伊斯兰教远征之胜利，对于征服者与被征服者之间，起了很大的交流混合作用，如血统的混合、社会制度的混合、思想意识的糅合、宗教信仰的糅合等"。（第 1 卷，第 91 页）④经济繁荣、国力强盛，支持百年翻译运动，尤其是"造纸业的兴盛、造纸的低廉……可以说，没有当时造纸业的发展，就没有阿拔斯时代学术的繁荣"。（第 3 卷，第 22 页）

（四）文化研究方法与作用。从一文化要素理解另一文化要素内涵的文化系统整体研究，首先是从局部、浅层入手，尤其是从古代遗留的诗歌、谚语入手。"我们认为蒙昧时代遗留下来的一些正确可靠的诗歌与谚语，多少总能反映一些那个时代的生活。譬如一件衣服，虽然只剩下了一只袖子，我们也可以借着这只袖子来知道这件衣服的长短和宽窄"。（第 1 卷，第 5 页）这的确是把哲学和文学结合起来，"用文学方式阐述哲学问题，用哲学思想分析文学问题"。（埃及驻华使馆新闻参赞贾马丁·赛义德：《一支长明不熄的火炬》，《阿拉伯世界》1994 年第 4 期）

八　资本主义文化的当代批判论

（一）法国弗朗索瓦·佩鲁有《新发展观》（华夏出版社 1987 年版）一书，其中强调市场经济沉浸于文化的汪洋大海之中。经济背后往往是严重失衡的非经济问题。"经济转型过程不单是纯经济结构的变动，它往往是人们利益结构的变动，因而引起人们思想道德与价值观念的变化。"资本主义文化"危机要必然地比经济制度失灵更为深刻，其原因就在于人们的思想感情发生了危机"。

（二）德国哈贝马斯《有效行动理论》（重庆出版社 1994 年版）。书中认为国家调节资本主义的冲突是生活质量、平等、人权原因，根在资本主义社会的文化体系压抑了人的本能欲望和禁锢人的思想，造成人与人之间的不信任。必须用道德、意识形态、主观因素解决西方文明危机。

（三）美国弗·詹姆逊的"三·三"主义：市场资本主义的现实主义、垄断资本主义的现代主义、晚期资本主义（多国化资本主义），是后现代主义的三种文化。其中后现代主义表现为空前的文化扩张。他的《后现代主义和文化理论》（北京大学出版社）还研究了跨国资本主义文化，并在中心和边缘文化二元对立关系中，把握边缘文化的命运，从而寻找后现代氛围中人类文明发展的新契机。

（四）美国伊曼纽尔·沃勒斯坦在《何种现代性的终结?》（《文化现代性》，中国人民大学出版社 2006 年版，第 114—116 页）中，有两种现代性论："技术现代性"，即"无限增长的财富的现代性"；"解放的现代性"，即"人性实现的现代性"。这两种现代性的张力关系构成了现代性的历史进程。他指出，"这两种共生的对立物，形成了我们现代世界体系（即历史资本主义体系）主要的文化矛盾。这一矛盾在今天达到了前所未有的尖锐程度，带来了道德和体制上的危机。"

（五）美国阿拉伯裔人士爱德华·W. 萨义德在《文化与帝国主义》中写道："忽视或低估西方人和东方人历史的重叠之处，忽视或低估殖民者和被殖民者通过附和对立的地理、叙述或历史，在文化领域中并存或斗争的相互依赖性，就等于忽视了过去一个世纪世界的核心问题。""帝国主义的文化并不是躲躲藏藏的。它也不掩饰它与现实世界的联系和利益关系"。（1993年出版，中译本三联书店 2003 年版，第 15、16 页）这都是东西方文明的不平等交往。西方强势文化的扩张，企图把自己的价值观强加于全球，尤其是中东地区，是这种相互依赖的互动交往中的一个危险倾向，值得人们警觉。

九 论西方政治传统中的自由主义传承链条

自由主义是西方的政治理念。它植根于整个西方政治传统之中，是西方文明在政治自觉中形成的，其传承链条是：①希腊罗马源头（"由法律制度结合个人需要以构成社会的思想"、"能在社群而非官僚的基础上发展出高度文明"的历史条件），特点是"法律下的自由"（西方政治生活最鲜明的特色，此概念烛照几千年历史由此贯通）；②穿越欧洲中世纪"黑暗时代"隧道（基督教二元社会观，即"恺撒之事归恺撒，上帝之事归上帝"，促成了教会与国家分立）。这一划时代的事件，它结束了"国家是唯一能推动大规模社会行动的机构"。一元社会的结束，一方面加强了（而非削弱了）古希腊罗马留下来的政治传统，使之成为近代生活要素；另一方面，为西方政治传统奠定了新的政治基础，使西方自由主义产生成为可能。"二元法治社会"的新基础，使近代自由主义要做的只是完成一个"世俗转化"——把教会与国家分立，转换为社会与国家分立；③近代政治的课题——转换中各种难题，尤其是各种相互冲突的政治思潮和政治力量，共同孕育了近代自由主义的理念。"对当代人说来，自由主义是对民主宪政体制的理想与方法的信仰。

根据自由主义者的看法，政府只有建立在互相冲突的观点，经过协商后形成'公意'上，才具有正当性。"

三个传承链条，关键是"法律下的自由"概念，此为"自由主义"理念的基础。这一概念，与"伦理而非法律手段来维护社会秩序"的其他文明传统区别开来。

贯穿三个传承链条的是人类的智能（intellect）。智能是人类文明交往中的核心因素，是不断提高文明在传承中自觉性的核心因素。自由主义理念的传承，从理论阐述上理解它是不可少的，但从西方政治传统的发生、发展史理解它更为重要。一种政治传统，必然存活于人们的政治实践和政治生活之中。理念更是思想，促其孕育、生成和发展也绝不是仅仅发生在人的头脑里和理论著作之中。理解一切理念，都要"力透纸背"地穿行于政治思想与政治实践"之间"。"之间"正是文明交往的天地。《人生智慧录》的作者叔本华的哲学名言是："理念总是努力挣扎着想要进入现实。"正像闪烁着高度人文价值的《人生智慧录》一样，这句名言同样令人对理念与现实交往关系产生自觉。这在第三个环节特别明显：各种思潮相互冲突、相互补充，各种政治力量相互斗争又相互妥协，从而共同促成自由主义理念的成型，在国家政治制度安排和公民政治生活中得以实现。它不是"自然"生长过程，而是文明"自觉"形成过程，是归功于人类"智能"的提高。

通过历史（知识史或智识史）写理念，可以使理论更清晰，可增加愉快的阅读经验，让人眼睛一亮而有所得。我真想写一部《文明自觉论》，面向对文明交往感兴趣而又不打算专门研究的读者，使他们识文明交往之真，探文明交往之理，致文明交往之用，普及于大众。一如美国学者弗雷德里克·沃特金斯（Frederick Watkins）在1948年写的《西方政治传统——近代自由主义发展》那样。本文引语出自李丰赋译，新星出版社2006年版。此书对西方文明与人类前途深为关怀。在"二战"后，谈极权政治使自由主义自身局限性的逻辑延伸的检讨尤为深刻。此书还有预见性提出建立国际组织和民间社团的必要性。

十　印度的政治和文化认同

印度前总理英迪拉·甘地曾经把自己的国家评论为"开放的社会，封闭的心灵"。

　　这使我想起了 1957 年自己一篇文章中关于"印度政治认同和文化认同的矛盾性社会"的思考。这篇文章收入我的《书路鸿踪录》中。这种"矛盾性社会"的发展，我用了下面的趋势来描述："西方文化、教育、铁路、工厂、科技等精神与物质文明浪潮势不可当，猛烈冲击着印度传统文化的认同，旧的传统文化岌岌可危。同时，印度的民族意识、国家观念随之兴起，民族主义思想在政治危机深层的文化认同危机中成长起来。建立民族独立国家和建立新文化，成为政治认同和文化认同追求的新目标"。（见该书第 150 页）

　　这是 1859 年英国统治印度以后的社会。1948 年印度独立以后，印度传统与现代之间的矛盾，这种政治与文化的认同，有了新的变化，主要表现为印度文化与西方文化之间的深层矛盾上。这就是英迪拉·甘地所说的开放社会和封闭心灵之间交往的矛盾。

　　2007 年 12 月 18 日《环球时报》发表了该报驻印度记者黄慎的报道，提供西方文明和印度文明之间交往的一些具体事例。

　　1. 一些欧美留学归来的高级白领，依旧遵父母之命、媒妁之言，在同种姓中寻求伴侣。

　　2. 在印度的互联网上，在线祈祷和网络占卜十分盛行。

　　3.《印度教徒报》2007 年 12 月的调查中，93％的印度人认为需要保护自己的生活方式，自认为世界上印度文化第一，63％的印度人认为本国在任何方面都比别的国家好。该调查与相邻"文明古国"比较：认为本国文化优于他国的比例：日本 18％，中国 20％，"文化帝国主义"美国 18％。调查显示："对本国文化自视甚高的民族，却极度缺乏安全感……印度人的自大和对外界的恐惧心态"，束缚了印度现代化发展的脚步。

　　4.《环球时报》记者发现，印度人对外部世界了解与关注有限，不知道中国首都是北京，国内报纸也不关心中东风云等一类国际大事，视野多在身边社会新闻和南亚一隅之地的政局，而各大媒体派往外国常驻记者只有中国的二十分之一。

　　5. 对外国直接投资一事有强烈争议，如在中央政府办公大楼前抗议沃尔玛、可口可乐公司的游行。经济区针对外资投资办厂和征地的流血冲突抗议时有发生。

　　6. 对外国文化项目提防之心很重，如不许开办孔子学院。

　　7. 对于多年生活在印度的移民，视为"异乡人"，如素食、敬牛如神的印度人反对华人吃牛肉和猪肉，如 2004 年受命组阁的索尼娅·甘地将总理一职拱手让给曼莫汉·辛格，也因为自己的意大利血统，让印度人产生了严重戒心。

8. 拥有 11 亿人口的大国，却在世界大型体育赛事中总是默默无闻。雅典奥运会仅得一枚飞碟射击银牌是个人首次突破。足球是彻底局外人，而体育领域封闭自信的印度人，只玩板球，对其他运动一律不感兴趣。

9. 刻意突出传统文化，消极抵抗甚至反对外来文化，例如，一到情人节，大城市就出现"情人节是西方没落文化的象征"口号，还有人封商店、砸玻璃、烧贺卡，甚至发生暴力事件。

10. 印度教徒极端分子们及其组织要"复兴印度教文化"，号召全民抵制外来文化，甚至对本国穆斯林宣称：如愿意居住在印度，就必须像印度教徒一样生活。

11. 80％以上印度人信仰印度教，其宗教文化是以自我为本、以内心宁静为体、讲究个人内在精神追求而非外在物质享受的文化。

12. 政治认同方面，独立以后建立以英国为代表的西方民主制，在经济上实行苏联计划经济，冷战后不与西方打交道，贸易保护主义和经济民族主义，把外国资金和商品挡在国门之外，近年来吸引外资不到中国的十分之一。

从以上可见，"开放的社会，封闭的心灵"，也是一种矛盾的文明交往社会心态。在经济全球化和世界多样化的浪潮中，印度已经有所反思。"向中国学习"使印度实行对外资优惠政策。印度总理辛格公开表示，希望举国上下捧读中国总理温家宝关于"只有开放兼容，国家才能富强，闭关锁国必然落后"的讲话，是事出有因的。但印度社会在民族文化特性方面所表现的浓厚封闭心态，以及对邻国根深蒂固的复杂社会心态（大国心态、地区霸权心态）都说明真正的开放，还要待以时日。

十一　文明的复兴与帝国的复兴

（一）在文明交往过程中，根据交往互动规律，先进与后进之间的互换中，有个文明复兴环节。有些古老文明可以复兴，有些则不能。美国学者 L. S. 斯塔夫里阿诺斯在《全球分裂——第三世界的历史进程》用"社会变异说"（Social mutation）来回答为何中世纪欧亚大陆许多高度发达的古文明中心，没有首先孕育出资本主义，而当时欠发达的西欧反而首先通过海外扩张揭开了世界近代历史的序幕？这就是西欧在罗马帝国衰落之后，没有像欧亚大陆及其他地区那样反复出现帝国复兴，相反，却反复地长期地发生蛮族入侵，这些入侵使罗马文明复兴成为不可能，并终于无可挽回地摧毁了古老帝国的最后残余，从而为一场命运攸关的"社会变异"即资本主义产生扫清场地。

（二）斯塔夫里阿诺斯还有"落后而变异说"，认为这是世界历史上反复重复出现的规律性现象。一种社会制度落后到趋于腐朽并将社会制度淘汰之际，率先发生转变的，多半不是中心的富裕、传统和板结的社会，而是外缘地区的原始、贫困、适应性强的社会。他的说法是对的。综观 20 世纪，革命大动荡就发生在外缘地，而中心地区仍保留着资本主义制度。第三世界就是在这种条件下形成、崛起，世界文明由这个地区推动着。想想资本主义相对稳定时期的亚非拉，我在对那时的观察，曾提出"持续发展"说。

（三）张岱年的"综合创新"，不同"全盘西化"、"国粹主义"、"折中调和"，提出"正德"（端正品德）、"利用"（便利器用）、"厚生"（丰富生活）、"参赞化育"（依靠科学）、"天下大同"（社会主义）（见《张岱年文集》第 1 卷，河北人民出版社 1996 年版）。他指出，"文化是通过集体劳动而改造自然并改变人们自身的总成果"。张岱年对提倡"儒学复兴"的"第三期发展"，认为儒学也"只能作为众多学派中的一个学派，而不可作为统治思想而存在"。

（四）文明复兴是文明交往中常见的问题，其他文明交往与文明复兴有关的问题有：①东西方文明；②传统与现代文明；③文明的民族性与时代性；④经济全球化与文化多样性；⑤国际政治中的文明认同问题。社会发展与文明变革实质为历史观问题。人的实践活动有合规律性和合目的性两个不可分割的方面。人的本质是力量的对象化，即一方面，是以人的自然存在和自然对象的客观存在为前提，而对自然规律的认识和服从，按照任何物种的尺度进行生产；另一方面，它通过对自然物的改造，并将内在尺度应用于对象，把人自己的特质客观化于物质生产和精神生产的产品中，以实现人的目的和价值，达到人的活动的合规律性和合目的性。

十二　文艺复兴与两种文化交流

（一）文艺复兴，复兴了现世主义、理性主义、自然主义表征的"古典主义"，即亚里士多德时代雅典人处于鼎盛期的精神。17 世纪时，自然科学技术取得惊人的进步，证明了这种精神是合理的，人文社会科学和自然技术科学两种文化为一种科学精神所推动。这在罗伯特·默顿的论述中得到论证（见亚·沃尔夫：《十八世纪科学、技术和哲学史》，商务印书馆 1997 年版，第 10—11 页）。

（二）自然技术和人文社科的深刻关联，从西方近代史看，主要源于古希腊的科学思想，关键是文艺复兴和启蒙运动。现世主义、理性主义、自然主义的观念，在文艺复兴运动（14—16 世纪始于意大利）中直接对中世纪以来的思想文化禁锢，具有巨大的突破和解放作用。它在倡导"回归历史传统"的同时，实现了推动人类文明的进步。这种同一文明内部的交往，看似倒退实质上却是退一步、进两步的大跃进。复兴，并非向后看，而恰恰说明了它对古代优秀文化的传承，并在思想上与时俱进的发展。根本问题在于：这是一个发现"人"和"自然"之间新的交往时期。"人"的发现，人性的张扬，是对"神性统治"的反叛。"自然"的发现，对自然规律的探索，是对"上帝万能"的否定。人性是自知之明的根基，开始了人文社科领域中的思想解放运动；对自然规律的探索，开始了自然科技领域中的革命运动。二者在交往中互动，即互动交融、相互支持、互相配合、互相激荡，大大地推动了社会历史进程。只要静心体察今日态势，就会发现，这种多元多样、交往互动、开放兼容的整体文化氛围以及人文精神，仍然渗透在政治、经济、社会、科技、法制诸多层面，对全球具有深远影响。

（三）1999 年世界科大会宣言表述了与科技进步紧密相连的文化价值观：①自然科技研究的目的始终是为人类谋幸福（包括减少贫困、尊重人的尊严和权利、保护全球环境），并且充分考虑我们对当代人和子孙后代所承担的责任；②所有科学家都应坚持高的道德标准、坚持高标准的科学尊严和质量控制，与人共享自己的知识、与公众进行交流和教育年轻一代，科学伦理、科学史、哲学等应列入自然技术科学课程；③平等参与自然技术科学工作。这几点体现了自然技术科学追求真理的社会性和人文性。

（四）乔治·萧伯纳："我们发现了一个秘密，那就是世界上没有什么伟人。我们还发现另一个秘密，那就是世界上没有什么伟大的民族，也没有什么伟大的国家。"不能老大自居。自居老大者必骄傲自大、盲目乐观，被遗弃于文明交往之外。平等，只有平等的人、平等的民族、平等的国家，全球才能文明化。大家都以各自的特性在交互作用中发展人类文明。

（五）自然技术和人文社科都是在反对神学中复兴的。1543 年哥白尼发表了《天体运行记》，提出了"日心说"。恩格斯说："从此自然研究便开始从神学中解放出来。"（《马克思恩格斯选集》第 4 卷，人民出版社 1995 年版，第 263 页）自然技术科学为了生存发展，必须有适合自己的哲学、宇宙观，必须在知识起源、上帝作用及其存在方式上，取代占统治地位的经院哲学。自然技术科学与哲学两者相互影响、相互推动，不仅影响人们的世界观，而且影响社会制度的变革，而先进的社会制度又为自然技术与人文社科发展准备必要条件。哥白尼生活于封建制度向资本主义过渡时代，而后牛顿生活在英国资本主义制度已确立时代。从哥白尼到牛顿这一历史时期中，自然技术与人文社科已分离开来，两种科学文化也不断细化了。

十三　复兴不是简单的回归

（一）古老文明的复兴之路是在新时代条件下，吸纳外来文明重新评价传统、继承与发扬传统之路。

在全球化的今天，任何一个传统和文明，在形成认同上遇到了时代变革、生活取向、工作取向上的挑战。保持古老文明，必须复兴。复兴就要保持主体性、自主性，复兴就要创新。革故鼎新是复兴的真谛。

"取新复古，别立新宗"，这是鲁迅的提法。复古可以理解为"回归"，但前提是"取新"，而"取新"就是学习人类优秀文明，吸取世界博大智慧。更重要的是"别立新宗"，要创造新的文明。

（二）郭沫若的诗《凤凰涅槃》中歌咏的"再生"，可以理解为"复兴"。"涅槃"为梵语音译，意译为"圆寂"。这是佛教全部修习所要达到的最高理想，一般指熄灭"生死"轮回而后获得的一种境界。周扬在《悲痛的情念》一文中认为，"涅槃"不是寂生，而是再生，是经过剧疼和死亡后的新生。郭沫若在《凤凰涅槃》前序中说："天方国古有神鸟名菲尼克斯（phimix），满五百年后，集香自焚，复以死灰中重生，鲜美异常，不再死。此鸟即为中国的凤凰。天方国有，凤凰涅槃，中国古代也有。"他指的是屈原《天问》中的"天式纵横，阳离爰死？大鸟何鸣，夫焉丧厥体？"他还认为，"阳离"，即朱雀凤凰。阳离在高亢的悲歌中，在太阳烈焰中燃尽自己尸体的壮烈情景，使人肃然起敬。于此可见，复兴要经过烈火煅烧，化旧体为新体。不是旧体的复活，而是新体的诞生。

在人类文明发展史中，这种"火鸟"不但是"凤凰于飞，翙翙其羽"

(《诗经·大雅·卷阿》),不但是"有羽之虫三百六十而凤凰为之长"(西汉·戴德《大戴礼记·易本名》),其在烈火中永生,还象征着一个伟大古老文明衰落后的复兴。这种象征文明复兴的"火鸟",古印度有,阿拉伯半岛有,中国有,西方也有。康德在《宇宙发展史概论》中称,"这种自然的火凤之所以自焚,就是为了要从它的灰烬中恢复着得到重生"。黑格尔在《历史哲学》中也歌颂凤凰的重生:"它再度出来的神采飞扬,光华四射,形成一个更加纯粹的精神。"重生,即再生,在烈火中再生。

(三)德国诗人海涅在诗集《北海·不死鸟》中,也对"火鸟"作了这样的描写:这种鸟"从西方飞来,/飞向东方的花园故巢,/那儿有香树舒叶吐芳,/棕榈低呼,/清泉沁凉……预祝东方和西方人民更好交流思想,/携手共同创造更新更美好的世界"。这里,海涅把凤凰作为一个东西方文明交往的使者呈现给全球。

(四)复兴是针对时代支配文明交往的基本关系,面对现实社会的最真实的挑战,不能抽象地讲道德,更不能重复过去的回归圆周率。现在是以西方为中心的当代世界,政治、经济、社会、文化思想各个文明方面都应当有自主性。没有自主性就没有文化的自我民族性。这是要自觉认识的第一个方面。第二个方面,文化的自我民族性,是在全球化条件下的自主性。什么是全球化的社会效应?全球化导致的结果是国家在普遍交往中的挑战与机遇并存,是社会的解体与重构同在。它的特征是开放的自主性,不是封闭的、循环的自主回归,是在同别的文明联系、交往、对话进程中形成的。

复兴要通过普遍的交往,开放和自主必须有一个恰当的关联点。这就需要新的文明自觉。

复兴是文明交往中的现象。在社会转型中,复兴要解决的是社会认同和共识问题,既有共同的认识,也有不同的差异。

在古老文明的国家和社会中,文明交往还遇到一个更复杂的问题,即把文化价值、社会价值、政治价值化为社会政治实践的问题。现在讲民主,讲民主化,这是政治文明的问题。核心是什么?并不是简单的政治价值,即民主这类东西。民主的价值无疑重要,但在概念层面上它很抽象,各种文化对它有自己的理解,而且在政治实践中存在很大危机。这里面,有西方民主本身的危机,在民族独立国家中也面临很大问题。民主是政治与社会的基础、社会的传统、社会的关系之间的交往,有很大裂痕。对待这种文化交往缺乏自觉,反而成为问题与麻烦之源。

所以重新理解现代政治价值同各国社会传统与实践之间的关系,要向前看，不是复古，不是对民主的思考回到专制，而是把政治价值的问题，同文化、精神、传统、社会各方面的交往关系联系起来，统一思考，才有一个文明自觉的而不盲目的政治实践。宜回顾，宜前瞻，宜反思，宜实践，宜回归自身，这就是民族复兴的自觉要义。

十四　丁韪良笔下中国的觉醒和复兴

丁韪良是一个被中国人误解的美国传教士，其实他在文明交往史上是一位值得研究的自觉智者。他长期生活在中国，担任同文馆总教习，后又出任京师大学堂总教习，出版过中文译著 42 部、英文著作 8 部，发表文章 150 多篇。人们最好从他的论著中做出实事求是的判断。

1868 年 10 月，他在美国远东学会发表了题为《中国的文艺复兴》。32 年以后，他把这篇讲稿的题目改为《中国的觉醒》，发表在《汉学菁华》一书的首篇。从"复兴"到"觉醒"是一种连续性的修改过程，但有两段话却一字未改：

（1）"从来也没有一个伟大的民族受到过更大的误解。中国人被指责为缺乏热情，因为我们没有一个透明的媒介可以把我们的思想传递给他们，或是把他们的想法传递给我们。中国人还被指责为野蛮透顶，因为我们缺乏广阔的胸襟，无法理解一个与我们截然不同的文明。中国人被描述为毫无独创的模仿者，尽管他们所借用别人的东西要比任何其他民族都要少。中国人也被说成是缺少创造力，尽管世界上有一系列最有用的发明创造都是受惠于他们。中国人还被认为是死抱住传统观念不放的，尽管在他们的历史中曾经发生过许多深刻的变革。"

（2）"中国人并不像人们一般所认为的那样，在其民族生活中是停滞不前的。中国的民族心态随着时代的变更也在不断地前进；尽管并不总是直线前进，但我们认为每一个朝代都记录了确凿无疑的进步；就像北极的黎明那样，东方天际的第一抹曙光会消失好几个小时，但随之而来的是更为明亮的曙光，就这样周而复始，在经过几个黑暗的轮回之后，日出的时刻终于来临了。"

《中国的文艺复兴》驳斥了西方一些人多年来对中国许多"傲慢与偏见"，在（1）中对五个指责进行了有力的层层剖析，把责任回归给西方人，并认为这些指责是"无知"。文中从文明交往的角度，批评了责难者胸襟不开放,不容忍宽待另一个"与我们截然不同的文明"。对中国人的了解与同情,跃然纸上。(2)中谈"觉醒",是照应着拿破仑有关中国的一段名言:据传拿破仑曾把中国比作一头睡狮,一旦醒来,整个世界将为之改变。这个比喻被丁韪良形象化为黎明前的黑暗暂息,朝阳不久会带着"曙光"迎接光明。这里,他用的"曙光"使我想起恩格斯"亚洲曙光"的名句,也想起了列宁"亚洲觉醒"的呼喊。他用"周而复始""黑暗轮回"的确道出了"复兴"和"觉醒"这两个人类文明交往的两个"自觉"的关键词。(1)中讲中国的"文艺复兴",他意识到东西方文明都有由黑暗转变为"复兴"之时;(2)又讲中国的"觉醒",蕴涵着东西方文明有某种相似的周期率在起作用。

丁韪良堪称19世纪的老智星,一个曾经隐居在北京西山宝珠洞的八旬智者,对中华文明、也是对世界文明的独特见解。

第 二 编

文明交往

一 文明交往的理想和现实

我在《文明交往论》中曾提出，"文明交往既是人类追求的理想目标，又是对现实创造的积极肯定。"（第 47 页）这中间陈述了理想与现实的关系。最近审读一位博士生的学位论文，其中对文明交往作为人类的理想很悲观，说"文明对话"渺茫不可及；又有一位博士学位论文中，则强调现实的合理性，否认人类在文明交往中的理想。由此我重新想起几年前关于文明交往中现实与理想的关系，可能有三个不同认识需要研究：①只看到现实和理想的差距，看不到二者的内在联系，因而取消了文明交往多样性的存在，可以说有虚无的彻底否定现实文明交往存在的倾向。②只看到现实中文明交往的多样性，完全认同现实中这种多样性，没有透过现实存在而发现理想。③较合理的思考，是应当看到理想是现实的目标，现实是理想实现的一个发展阶段，把人的局限性和超前性统一起来，人类的努力于交往文明化，正是为理想而实践。总之，人类的文明交往活动是历史的进步和道德进步、理想与现实的统一。虚无的文明交往观是不必要的，平庸的文明交往观也是不可取的，唯有辩证的文明交往观才是人类文明发展的主流。有位政治家说，道路是曲折的，前途是光明的。我们从人类文明交往的角度看，还必须用理智和智慧穿透现实和理想的表原，从而进入理性的认识。

二 人为三大交往主题的主体

人与自然、人与社会、人与自我身心之间的交往，是人类文明交往的三大主题。

1. 文明交往的三大主题的核心是社会历史主体论。

什么是社会? 人与社会的关系如何?

社会发展的主体是人,无人即无社会。人为了追求自己的目的而进行着社会历史活动,因此人的解放自由和全面发展是社会发展的核心内容和最高目标,也是社会发展的基本原则。

社会的发展依靠人,并且是为了人的价值追求。

社会生产力是满足人们需要的能力,是人的本质力量对象化的物化形态。

价值尺度评价社会发展是为了人。

客体尺度的生产力也是为了人。

2. 文明交往三大主题是人与自然全面和谐发展论。

人靠自然界养活。人类必须保护自然和利用自然。

人与自然之间的矛盾的全面恶化,是人类征服自然能力的广度和深度化所致。

自然生态平衡制约着人类生产力的发展。

生态环境规律为外在尺度,人类需要为内在尺度。人类利用自然的科学性和道德性必须为这两种尺度的统一服务。

3. 人与自我身心和谐即有道德性,但要与社会、自然环境相统一。此问题在第二集“自我身心”中有专题研讨。

4. 人为三大主题的基点:人的灵性、人的感悟、人的困惑、人的建树、人的憧憬。用现代的进步、优化、更新、发展去观察基点。

三　政治交往

政治交往不尽是玩弄权术或血风腥雨地生死角斗。

政治交往的关键是制度的观念。

制度可以概括政治文明的核心。

围绕制度这个文明命题,可以追溯一系列问题:①政治秩序,②权威,③义务,④政府,⑤权力,⑥权利,⑦平等,⑧正义,⑨自由,⑩财产权,⑪国家主权,⑫革命,⑬民主制,⑭国际秩序,等等。

从制度出发,可以理解什么是权威和如何建立政府。制度可以说是政治文明的制高点。站在制度文明的制高点上，可以俯视阴险诈恶的政治丛林，通过政治文明的通道，看到人类社会的进步。现实政治和历史政治中都存在着许多制度文明的"潜规则"，作为权力、游戏特别是国家权力运行的规则，正是政治交往的目标。

制度文明表现在政治交往中，权力，特别是财产权、平等、正义都不是空洞口号，而是激励一代又一代有识之士去创造文明生活的理念。这些理念的内涵和外延都随时代、环境变迁、阐释者立场视角不同而变化，有的大同小异，有的大相径庭。如自由，古希腊是自由人对奴隶各项权利和身份问题，自由与城邦对个体的权威并不对立，只是行使这些权力要根据法律，不是独裁者的意志。强调个体不受政治控制和干预的自由，是随着民族国家而形成的理念。

四　文明交往中的文学与政治

2005 年是《堂吉诃德》问世四百周年（第一部发表于 1605 年，第二部发表于 1615 年）。1991 年人民文学出版社第二卷第 1—2 页上，有塞万提斯的一段献辞：

"最急着等待堂吉诃德去的是中国的大皇帝，他一月前特派专人送来一封中文信，要求我——或者竟可说是恳求我把堂吉诃德送到中国去，他要建立一所西班牙语文学院，打算用堂吉诃德的故事做课本；还说要请我去做院长。我问那钦差，中国皇帝陛下有没有托他送我盘费。他说压根儿没想到这层。"

英译本在这里加了一注说，1612 年，即明万历四十年，神宗皇帝曾托传教士带给西班牙国王一封信。英译本的译者是塞缪尔·普特南，他认为塞万提斯的幽默献辞，可能是听说了这件事。

其实西班牙早在中世纪就通过入侵伊比利亚半岛的摩尔人和意大利商人与中国交往了。1403 年，（西班牙）卡斯蒂利亚国王恩利克三世（史称亨利三世）派克拉维霍携图书及礼品觐见邻近中国明王朝的帖木儿汗国开国君主帖木儿。1492 年，哥伦布在女王伊萨娜支持下，开始了以中国为目标的历史性航行，这位热那亚水手身上所带的是女王致中国大汗的书信，从巴罗斯出发，于 10 月 12 日登陆于今日的巴哈马群岛中之窝特林岛，却阴

差阳错地"发现"① 了美洲。16 世纪西班牙帝国开通了西班牙→新西班牙
(墨西哥)→菲律宾→中国的海上丝绸之路。西驻菲总督弗朗西斯科·桑德
在 1576 年的一份报告中，称中国是一盘散沙，西班牙仅需 4000—6000 人就
可以占领中国，西驻菲传教士也表示对中国"劝化无望"，只有"武力可
行"。(《中国与西班牙关系史》，大象出版社 2003 年版，第 75 页)

交往史是充满奇迹的，哥伦布想到中国而走错了路，塞万提斯想来中国
却等待了三百年，而且是以奇特的文学方式传入而非皇帝之邀！其传入译
本是：

1. 1922 年林琴南和陈家麟的《魔侠传》(据《堂吉诃德》第一部编译)。

2. 1933 年开明书店贺玉波、1933 年世界书局蒋瑞青、1937 年启明书局
温志达、1939 年商务印书馆傅东华四个译本。

3. 周作人对《欧洲文学史》(1918)的教材中塞万提斯的评介：塞"以
此书为例，揭示人以旧思想之难行于新时代也，惟其成果之大，乃出意外，
凡一时之讽刺，至今或失光泽，而人生永久之问题，并寄于此，故其书亦永
久如新，不以时地变其价值。书中所记，以平庸实在之背景，演勇壮虚幻之
行事。不啻为空想与实际生活之抵触，即人间向上精进之心，与现实俗世之
冲突也。Don Quixote 后时而失败，其行事可笑。然古之英雄，现时之失败
者，其精神固皆 Don Quixote 也，此可深长思者也。"

周作人倾情介绍《堂吉诃德》，并用该书思想影响其弟子们。最明显的
是废名的仿品——《莫须有先生》。

4. 鲁迅 1924 年发表《阿 Q 正传》，在阿 Q 影子后面看到堂吉诃德的原
型。周作人在上述引语中道出堂吉诃德"精神固皆 Don Quixote 也，此可深
长思者也"，其原因是"古之英雄，现时之失败者"。这里有两点值得注意：

(1) 有人把 Q 视为辫子，形象固形象，幽默中不乏深刻，但别忘记：Q
恰恰是吉诃德(Quixote)的第一个字母！若非无意，鲁迅为何要用一个洋
文字母，作为中国人物形象的名字？

(2) 阿 Q 精神胜利法难道不是屡战屡败却自我安慰的堂吉诃德"精神
胜利法"的中国版？一个 Q 字，显示中西文明交往之证。

(3) 鲁迅特爱《堂吉诃德》。他对该书爱不释手，直到 1928 年在《奔
流》创刊号上，还发表了郁达夫关于《哈姆雷特和堂吉诃德》(从德文转译，

---

① 西方史学家称为再次发现美洲，因为公元 1000 年诺曼人蘇·埃利克森已到达今加拿大之东
南的诺伐斯克细亚，并在此处度过三个冬季。

且为鲁迅约稿）。鲁迅在"编校后记"中，据屠格涅夫观点，进一步把"堂吉诃德精神"概括为"专凭理性勇往直前去做事"，同"哈姆雷特精神"的"一生冥想，怀疑，以致什么事也不做"相对立，从而形成新的计划——在自己主编的《朝花小集》丛书中出一个可读的《堂吉诃德》译本。

（4）作为反衬背景，创造社、太阳社都冷嘲热讽鲁迅为"中国的堂吉诃德先生"。

（5）鲁迅和瞿秋白分别从德文和俄文译出卢那察尔斯基的《解放了的堂吉诃德》（20 世纪 30 年代），特别是鲁迅在"后记"中写道："吉诃德的立志去打不平，是不能说他错误的：不自量力，也并非错误。错误在他的打法。因为胡涂思想，引出了错误的打法……而且是'非徒无益，而又害之'的。"

由上可见 20 世纪 20—30 年代这段文学交往中，中国接受西方文化有双重色彩——文学和政治。20 世纪末，商品经济和市场经济潮中，物质主义膨胀，精神错位，理智失落，于是有钱理群的《堂吉诃德》新声：《丰富的痛苦——堂吉诃德和哈姆雷特的东移》（1993），他把堂吉诃德精神扩大为"集体堂吉诃德"，集体盲动性唤起新的启蒙。此种堂吉诃德冲动已不是当年创造社、太阳社与鲁迅围绕"中国堂吉诃德"的首次中西文学的文学、政治双重交锋，而已转化为"适"（形而上学）的思考。"2004 年北京论坛"上，汤一介进而以《"文明的冲突"与"文明的共存"》为题的主题报告中，提出要以儒家的"仁学"和老子的"道"来化解文化冲突。在此十余年前，季羡林已用"天人合一"来解决发展理念和生态平衡问题。这些都有些堂吉诃德味道。古老的"道"不能真正解决现实问题，西方的理想（骑士精神，包括"打法"），也在现实严酷的利益面前，软弱无力，而现实中人们弄潮于商，为发财致富而前仆后继。惟其如此，堂吉诃德应运而兴，找社会交往平衡点仍需回到"道"上，以"道"抑"器"。其所以如此，是社会正在向那遥远的物质生产与精神境界的高度目标长途跋涉。

王夫之说过："非器则道无所寓"；黑格尔从另一角度说："熟知非真知。"物质是第一性的，具体的，看得见，用得着和离不开的生活现实、实际需要。"形而上者谓之道，形而下者谓之器"（《周易·系辞上》），"器"是"道"的载体，无"器"，"道"难以存在。"道"是从形形色色的"道"中引申出来的。但是，"道"在人类实践中的重要性，在于它能把握事物的本质，在于它是解决复杂问题必须具备的抽象思维。从具体到抽象，从感性到理性，这是认识"器"和"道"的规律。人类认识事物，具体东西都会"熟知"，但要真正知道事物，就要通过研究其本质（通过大量事物），把个别上升到一般，把具体上升为抽象，走一个曲线，甚至圆圈，从特殊与共性的相互联系中找洞察本质，达到"真知"。交往，说到底，就是事物的相互联系，就是彼此内在和外部、相互在各个方面的联系。真正认识和掌握人们之间、人与自然、人类自身之间的联系即交往规律，是一个民族、一种文明是否发展到成熟的重要标志。

五　文明对话和文明冲突

2008 年 7 月 16—18 日，世界对话大会（World Conference On Dialogue）在西班牙的马德里举行。

此次大会有以下引人注意之处：

1. 主旨：讨论世界多宗教、多文化实现的对话，建设一个和平、公正、繁荣的和谐世界。

2. 主持者为西班牙国王胡安·卡洛斯一世和沙特阿拉伯国王阿卜杜拉。

3. 参加者有世界许多国家和地区的宗教领袖、学者及政界人士共 200 多人，其中有英国前首相托尼·布莱尔、罗马尼亚前总统康斯坦斯库、"世界宗教和平大会"秘书长威廉·温德利、"世界宗教领袖千年和平峰会"秘书巴瓦简。

4. 地点在西班牙有历史性的象征意义：在 8—13 世纪时，这里是阿拉伯—伊斯兰帝国的西方部分，当时，穆斯林和交人头税的犹太人、基督教徒共同生活在阿拉伯人统治之下。

5. 目标为：强调宗教为人类社会的重要因素；反思不同信仰和文化在以往对话中的成功和失败的教训，发扬对话中的积极影响，避免消极作用；研究和分析可能阻碍对话的障碍；在国际水平上协调各方面工作，消除与人性和人类共同价值相抵触的负面行为所带来的新挑战；巩固道德价值和崇高的社会实践，应对无道义和无政府状态、道德沦丧和家庭瓦解；抑制推动不同民族文化和国家之间发生冲突的趋势。

6. 基本主题有五：对话及其宗教文化基础；对话在人类社会中的重要性；对话领域中的普世价值；对话的评估和改善；对话和共存文化的传播。

7. 大会公报有两点值得注意：恐怖主义需要国际有共同定义、行动，并指出根源，实现世界正义与稳定；拒斥各种文明冲突理论。

此会还可引起人们十五年前的遐思：

1. 1993 年美国《外交》杂志夏季号发表萨缪尔·亨廷顿的《文明的冲突?》一文，以后又有去了问号的同名书籍出版，成为文明冲突论而引起轩然大波。现在作者已 81 岁，因为中风、心脏衰竭和糖尿病并发，而在马萨诸塞州玛沙葡萄园岛上的护理机构过着陪助式的生活。他结婚五十年的妻子住在附近用《文明的冲突》版税建造的一幢房子里。不知道他们是否知道这次"拒斥"文明冲突论的世界对话大会。2007 年他在哈佛大学退休后仍坚持他的观点："我的观点仍然是，文化身份的对立，在国际关系中不仅扮演角色，而且将扮演主要角色。"不过，他在"对立"之后，加了"融合"二字，那就不仅是冲突了。

2. 有文明冲突问题的声音余波未断：

福阿德·阿贾米（Fouad Aiami），当时（1993）反对此论未考虑现代化背景下各文明不再纯粹、独特，低估现代性、世俗性的力量，但在 2008 年 1 月 4 日《纽约时报》上说，现代化衰退，世俗化的凯末尔主义被伊斯兰背景总统取代，"9·11"事件证明该论点正确。

萨义德在 2001 年 10 月 22 日《国家》周刊《无知的冲突》一文反对亨廷顿未考虑到各文明内部的内在动力与多样性，出于煽动和无知，擅自为整个宗教或文明代言，"9·11"只是 19 个阿拉伯年轻人为了罪恶目的而胁持了宏大的理念，而非亨式"预言"。

扎卡里亚在美国《新闻周刊》2008 年《我们是否需要一位战时总统》中认为基地组织无领土、资金，有吸引力理论，是跟大多数穆斯林世界为敌和与现代性为敌。

美国哲学家阿基尔·比尔哥雷米（Akeel Bilgrami）："冲突可以是良性的，哪怕是文明之间的冲突。"可见，文明交往是要人们用对话解决冲突，人类只有两个选择：或共有一个世界，或走向毁灭。

3. 我在写此手记的过程中，即 2008 年，亨廷顿去世了。德国学者哈拉尔德·米勒认为亨氏"文明冲突论"的理论根据是一种对世界未来忧虑的"恐惧感"。这种恐惧感来自他对"美国政府变成族群和种族问题越来越特异的社会"的担心。他在回应文章《不是文明又是什么?》（《外交》杂志 1993 年终合刊）上问道："如果新移民不能融入一直以来支配美国的欧裔文化，那么美国人口的非西方文化是否意味着它的非美国化?"这种恐惧感也来自国际范围经济全球化大背景，西方是基督教文化人口日渐萎缩、非西方文化因现代化出现过的差异呈缩小趋势。另一方面，越来越多的国家在觉醒中强调自己的文化身份和民族文化价值。亨氏七大块文明（西方基督教、伊斯兰、儒教、印度、日本、非洲、拉丁美洲）论遂为西方中心的世界格局论。

亨廷顿离开人世时不会很安然。人常说，在世道不好时，人间的恐惧感就会增强，寻找敌人成为需要，"文明冲突"论即由此而生。

六　文明对话:交往的最佳联系

交往力首先表现为人的语言对话能力。

人是社会生物，人从语言开始走入社会。语言是社会建构的纽带和桥梁。婴儿是在同成人对话中认识世界而长大成人的。一个人的语言理解能力也就意味着他认识世界的能力。

人是什么？人与动物最大的不同之处，按莱斯利·怀特说，"所有人类行为都起源象征的使用"（恩斯特·卡西尔：《人论》，上海译文出版社 1985 年版，第 2 页），"正是象征，它把人类的一个婴儿变为成人"（同上书，第 42 页）。语言是人的最直接的象征世界，是人之为人的根本源泉。因为有语言，"人不再生活在一个单纯的物理宇宙之中，而是生活在一个符号宇宙之中"（申小龙：《中国文化语言学》，吉林教育出版社 1990 年版，第 2 页）。在符号世界中，人认识世界最重要的能力是什么？卡西尔认为："在这个人类世界中，语言能力占据了中心的地位，因此，要理解宇宙的'意义'，我们就必须理解语言的意义。"（《人论》，第 143 页）

语言有什么意义？①赋予物质符号以生气，并使它们讲起话来；②语言使生命由执著于眼前的和直接的需求的本能冲动，转向"交往"的社会意义；③语言通过交往引领世界和介绍世界，沟通人与人的联系，从而形成不同的人类文明。认识世界的能力就是语言的能力。人成了"语言人"（海然热：《语言人》，三联书店）。语言之后是文字。文字成为文明的重要标志和文明对话的交往工具。

对话是文明之间最好的理解渠道，而这个理解是交互和认知过程。美国学者斯珀伯和威尔逊（Sperber D. Deirdre W.）创立的"关联理论"认为，人类交际行为是一个认知活动，这个活动所遵循的是"近取诸身、远取诸物"的"最大关联原则"（见所著 Relevance：Communication & wgnlition，上海外语大学出版社 2004 年版）。他们对此归纳为"最佳关联"是交际、交流的关键，即对话双方都必须付出最大努力，而超越人的认知关联本能。

文明对话中理解的惰性是最大的敌人。提高认知思维方式、认识能力的综合。在文明对话中，异质文明常常会丰富和补充同质文明，而理解不同文明对人与自然、人与人，特别是人类自身都有启发作用。

文明交往中的对话交往，无非在于认识我们身处的世界和认识世界中的自己。尤其是尼采所说的，是"我们梦寐以求的就是从中辨认自己"。从终极意义上说，最佳关联就在于：①缔造对话的基础；②提高认知水平；③认识自我世界。总之是超越本能局限，不断超越自我。

七 文明交往中的语言因素

我在《文明交往论》（第 25—27 页）中谈到了语言因素在人类文明交往中的作用，现在看还有必要作如下补充。

（一）语言的界定。语言是人类特有的用来表达意志、交流思想的工具，而语言是由语音、词汇和语法组成一定的系统。人们通过语言依附于族群、宗教或文化群体。语言是一种文化符号，当一种语言消失后，族群便失去了文化的语言特征。

（二）语言的统计。有两种主要的数字——①全世界有 6000 多种语言，具体是 2165（亚洲）＋225（欧洲）＋2011（非洲）＋1000（美洲）＋（大洋洲）1303 种。②7000 多种语言（2004 年 9 月在联合国教科文组织新德里"捍卫世界无形遗产"研讨会统计）。又据联合国教科文组织统计，世界上有一半语言集中在 8 个国家，其中 400 多种语言集中在印度；而列入宪法的语言有 18 种，官方语言为印地语（使用率 7％，报刊占 27.8％）和英语（使用率 70％，报刊占 18.7％）；在印度纸币上则印有 15 种语言。③"捍卫世界无形遗产"研讨会估计，在未来三百年里，如果采取有力措施，还能保留 2000 种，否则只剩下 400 种，相当于印度现有的主要语言。在同一会上，印度新闻广播文化部部长扎帕尔·莱迪说，现代媒体强化了主流语言，民众讲地方语言的人数锐减，一些部落语言，如土鲁语已经消失，如不关注，一世纪后 80％的印度语言将消失。这种语言流失，就是印度文化的流失。④经调查，约有两亿印度人粗通英语，5000 万人精通英语，87％的印度学校使用英语教学，100％的高等学校用英语教学。英语的优势化为经济知识的交往力，印度的精英们进入欧美社会不需要跨越语言和文化门槛而自然接轨。印度软件产业的发展，就是突出一例。一位英国语言学家在中国考察后，认为中国在普及英语方面追上印度至少需要五十年！

（三）几点思考。①复杂的语言现象源于国史的复杂性。古代印度王国林立，异族入侵与民族迁徙频繁发生。印度从来没有形成古代和近代的统一国家。孔雀王朝的阿育王一度拥有北印度，并把疆域扩大到现在的阿富汗。历经血腥屠杀的他，皈依佛门，没有像秦始皇那样统一文字。文字是语言的文明化阶段，没有进入此统一阶段，各种语言只能在辽阔的地域中作地方性的文化繁衍。英语是英国殖民地的文化遗留，英国人乘莫卧儿王朝后期各土邦互相争斗，通过武力和经济手段统治印度，推行英语教育，但仍没有统一印度文字。印度独立后至今的语言文字局面正是由此而来。②语言在文明交往中的作用也改变语言本身。印度英语、美国英语和英国英语一起，并列为世界三大英语。不仅发音有自己的特点，而且用印度语词汇的混杂融汇，丰富了英语词汇。受母语的影响，印度人讲英语分不出清浊音，如介绍年龄时说："我30岁了"（I am thirty），发音却是"我很脏"（I am dirty）。印度英语的随意性表现出印度文化中的幽默性，它把大部分英语单词的重音移在后面。词汇的印度文化特征就更多，举不胜举，如神像（juggerment）、化身（avatar）等，手镯（bangle）、披肩（shawl）也来自印地语。印地语也有夹带英语词汇的。③语言的多样性造就了印度人的语言才能。17％的印度人可以讲两种以上的语言，居世界第一。印度北方的流行语言是印地语，是中亚人迁往印度河和恒河流域过程中，吸收当地语言而形成的，讲印地语人口占30％以上，其语系为印欧语系中的印度雅利安语。南方流行语为达罗毗荼语系，操此印度土语的人口约占18％，印度东北还有汉藏语系的曼尼普尔语。④语言作为国语，作为联合国通用语的"大语种"，越来越感到英语的挑战，法语如此，俄语也是如此。俄罗斯国家杜马为此通过了《俄语国语法》，以法律形式规定了将俄语作为"国家正式语言"。"团结"议会党团议员、法案起草者之一的阿列克谢耶夫说，这部法律将使"俄语的地位大大提高"，"这完全符合国家政策"。法国也为提高法语在国际上的地位而努力。⑤翻译是开放和接受先进文化的开放性活动。阿拉伯文化的兴盛，源于对希腊文献的翻译。后来众多周边国家向她学习，将先进的阿拉伯著作译为自己的文字，而阿拉伯自己却中止了翻译活动，从而堕入故步自封，之后便是衰落的来临。翻译是双向的，全面的，对等的，惟其如此，才能互补互化，向前发展。

以上是继《语言的交往价值》（《松榆斋百记》，第161—168页）之后，对《文明交往论》的又一次补充，也是对《语言不只是符号》（《松榆斋百记》，第281页）、《语言文字的交往与理解》（同前书，第286—288页）的进一步阐述。

八　穆沙拉夫论和平与文明对话

2006年9月的第61届联大会议，有两个穆斯林国家领袖发出了自己的声音。一个是人们关注的伊朗总统内贾德，另一个是巴基斯坦总统穆沙拉夫。

穆沙拉夫的"文明对话"发言特别有力，似乎是对伊朗前总统哈塔米关于"文明对话"的延续。他讲话的要点是：

1. 原有的冲突和新出现的军事干涉，使伊斯兰世界产生了绝望和不公平的感觉，而每一场同伊斯兰国家有关的战争都成为孕育极端主义者和恐怖主义分子的摇篮。

2. 不加区别地狂轰滥炸、平民的无辜死伤、对人权的肆意践踏及种族歧视等，都加大了打击恐怖主义的难度，除非结束对穆斯林人民的外国占领和压制，否则恐怖主义和极端主义将继续在世界各地的穆斯林中间得到发展和加强。

3. 伊斯兰世界和西方世界需要通过对话来弥合日益加大的分歧，特别是结束西方世界对穆斯林人民的种族歧视和宗教歧视。

上述讲话之所以重要，主要是：

1. 针对性强。布什总统2006年8月31日发表对"伊斯兰法西斯主义"宣战在联合国大会上的回应。

2. 继续前言。穆沙拉夫2003年就提出"西方世界与穆斯林世界之间存在铁幕"之说。

3. 揭秘美国。2006年9月21日，穆沙拉夫对美媒体透露，美国副国务卿阿米蒂奇在"9·11"之后，向巴基斯坦发出威胁：如巴方不在清剿塔利班的行动中给予合作，美国将把巴基斯坦"炸回石器时代"。布什否认威胁，说如果美国向巴基斯坦派兵抓本·拉登，必须经巴的同意。但穆沙拉夫表态，"我们决不允许这样事情发生，如果必要，我们会亲自动手，而不是假借他人之手。"

4. 穆沙拉夫的灵活外交。先到欧洲，接着到古巴首都哈瓦那，与不结盟领袖会合，联合国讲话之后，又对美国正式访问。9月22日在华盛顿大学说，巴反恐是基于本国利益，而非外国压力。

5. 重启巴印和谈，2006 年 9 月 16 日在哈瓦那与印度总理辛格开启两国关于克什米尔问题商谈，并将访印。

总之，穆沙拉夫总统足迹遍及欧美大地，是"文明对话"的和平外交活动，虽然与美国保持适度距离。关于揭露美国如何利用反恐对一个主权国家进行恫吓的行径，颇使世人清醒一些。尤其是对恐怖主义问题有其深刻见解。

鉴于以上理由，我的随笔中，要记下穆沙拉夫的文明交往自觉言行一笔。

九　文字开始了人类文明交往史

文明的标志是文字和城市的生产社会，其中文字使语言成为可供传承和传播的交往载体，从而开始了人类文明史。

人类文明史开端于西亚的苏美尔人的"楔形文字"。它与国家的起源和发展互动演进。

有了语言，就有了交往；有了文字，就可以把语言记录下来。当代的学者，也就可以借助于文字记录古代人类的思想和行为，文明的历史从此开始了。

从公元前 3500—前 2500 年，产生了苏美尔文字。这是靠农田水利而兴的苏美尔人留给后世的西方文明的最珍贵的馈赠。开始是刻图像于石或或镌印于泥板、石碑上，以此作为拥有某种记载的标志。苏美尔人神庙的管理人员使用许多规范化的简图，把它结合起来保存神庙的财产档案和商业交易档案。后来图案变成了符号，后又成音节符号，后又变成刻在湿泥板上的、共有 500 多种的楔形符号。从公元前 2500 年以后的两千年间，楔形文字一直是美索不达米亚地区唯一的文字体系，而到了公元前 500 年左右，这种文字发挥了更大的文明交往作用：它成了西亚大部分地区通用的商业交往媒介。

楔形文字是苏美尔文明的基石。不过，苏美尔文明因农田水利管理不善而亡。闪族语系民族在征服苏美尔人之后，用闪族方言和书面语言代替了苏美尔语。埃及的象形文字出现在楔形文字之后，但它以象形、音节、字母三种书写符号组成的。单一的字母体系是公元前 1400 年左右由闪族语系人——腓尼基人发明的。但腓尼基人继承了埃及人的单一符号表示单一的思想，而且许多字母是以埃及人的字母为原型的。文字反映了不同文明之间的交往——腓尼基人的字母，反过来又成为希伯来人、阿拉伯人、希腊人和罗马人的字母表的范本。

文字的确在全球化时代，应当有自己的文化个性和民族的自尊、自信，顺应开放的世界潮流。文字开始了人类的文明交往史，也在发展着文明交往史。汉字将以其悠久传统在欧风美雨中，显示其强大生命力。

十　交往融于生活娱乐方式

不同文明之间的交往，始于语言工具，利于双方商贸，以通有无，而常融于社会生活娱乐方式之中。选择何种生活娱乐方式，首先是个人的性情、习惯与文化教养，同时与文化之间的交流极有关联。时下全球化、主要是全球经济一体化步伐的加快，发达国家的文化随在经济交往之后，向发展中国家越来越加深渗透。西风东渐，欧风美雨，一些洋娱乐被视为风尚，转而为时尚，许多古老而优美的传统生活娱乐方式反而衰落了。

常见的表现是：早晚遛狗于街，驾私家车上班，乘飞机谈生意，坐着磁悬浮车观光，休闲时在高尔夫场上挥杆击球或健身房消遣，酒酣饭饱在卡拉OK包间浪歌一曲，在舞厅中起舞一回，在酒馆、咖啡厅边用手机谈商务，边灌上一肚子甜咸酸辣混杂的饮料……饮食娱乐是不同文化之中人们最容易接受的沟通方式，交往常融于此。通过这一渠道，可能缩短了彼此的距离。然而，时尚之外，有人悲叹传统中一些原有生活娱乐方式的失落，于是"礼失而求诸野"，歌颂"真美，这残留在荒村野寨的流风余韵"，其实也大可不必。传统与现代的交融，在多样性生活娱乐方式的存留交往选择中，必有新的适用于现代人们的文明创新。不过，也不排除回归田野农村风光娱乐饮食的现象，那也是人与人、人与大自然交往的调节。"农家乐"不是也成为另一种时尚了吗？生活是多样的，正如文化是多元的共相一样。

十一　香料在东西方交往中的意义

读《马可·波罗游记》和西方有关早期欧洲东扩的动机，往往只看到金银而忽略了香料。其实马可·波罗特别注意调味香料。在爪哇,在印度,在中国南方,有关各种各样调味品生产,吸引着欧洲人。中世纪的欧洲,肉多是用盐腌的,需要保鲜调味。从中亚、中东传来的胡椒、肉桂,以及中国的姜,已成了最可贵的调味品和保鲜品。阿拉伯人善于经商,那时致富的不是靠石油,而是经营东方商品贸易,其中就包括调味品。他们在陆地和海上旅行,买来东方商品,再卖到欧洲。以调味品而言,在中世纪的欧洲,一磅姜价钱可以买一头羊,一磅豆蔻值三头羊或半头牛。最贵的是胡椒,是一粒一粒数着卖。11世纪,交税和房租可以用胡椒计算。英国伊丽莎白时代,伦敦码头为防止守卫偷胡椒,把守卫的口袋都缝起来。欧洲人航海技术发展后,不通过阿拉伯商人,而是自己出海,首先是葡萄牙,其次是西班牙,一次寻找调味品的航程改变了世界史。

十二　走为上和走出去

安徒生小时读过《一千零一夜》,那是他家唯有的两本文学著作之一。他似乎从中领会了东方对待困难的智慧:"走为上"。他一生出国旅行29次,足迹遍及欧洲,还到过北非。他的名字Andersen中"d",丹麦语中不发音,因而正确的译音是"安诺森"。由于英、德语的转移,到中文成了"安徒生",也就"习非成是"了。

安徒生被称为"生活在别处"的诗人,14岁第一次远行。他要躲避的是现实的此岸世界。他是一个梦游的文学家,他用半是幻想、半是写实的笔法,描写了一个又一个亦幻亦真的世界:他在但丁故乡佛罗伦萨,梦幻中化作一个孩子,骑在小猪身上经历了神奇的经历,被学者归纳为一个完整的童话:《铜猪》。现在一头铜铸的小野猪,矗立在佛罗伦萨的兰杜卡广场附近,成为旅游景点。在德国魏玛小镇,这个歌德生活了五十六年并产生了《浮士德》的地方,这个安静小镇的旅游小册上,赫然印着安徒生的话:"魏玛,不是一座有公园的城市,而是一座有城市的公园!"为了纪念安徒生二百年周年诞辰,丹麦在不同国家,任命当地名人为"安徒生大使"。中国有姚明、鞠萍、孙岩、六小龄童、宋祖英和王文章。我真佩服小国丹麦的文明交往大气魄、大眼光、大智慧和世界性举动。

有趣的是安徒生在中国不同时期经历了一个曲折的轨迹。李红叶的《安徒生在中国》(《生活周刊》2005年第12期)中有如下中国人的反映:

1913 年："究竟不晓得他的好处在哪里"（周作人）；

20 世纪 20 年代："小野蛮一般的思想"（郑振铎）；

20 世纪 30 年代："现代儿童已经不需要这些麻醉品了"（茅盾）；

1953 年："一个伟大的现实主义作家"（叶君健）；

2005 年："一个伟大的文学家和艺术家"（林桦）。

2004 年 3 月 2 日，中国"安徒生大使六小龄童"和其他百余名大使从哥本哈根到欧登塞参观安徒生博物馆。他说，很多丹麦人都知道吴承恩和"美猴王"。童话是相通的，中国应有自己的童话。2000 年国内曾举办了吴承恩五百周年诞辰活动，但不能和安徒生二百周年诞辰相比。我们同样需要在世界范围内推广我们自己的童话人物。这番话使我想起了卡通片《哪吒》正在国内传播，早些时候，《宝莲灯》也曾在海外风行过。不同文明之间的交往真需要"走为上"、"走出去"的双向开放态势！

十三　音乐与学术的两种中西文化观

冼星海对音乐理论有许多贡献，如中国音乐的大众化与民族形式、新兴音乐的人民性及时代性、大众的审美需要性，等等。他追求的音乐美学思想方向是"大众化、民族化、艺术化的统一艺术"。

冼星海说："现在作曲家表现了三种不同的姿态：第一种，死硬地摹仿西洋音乐；第二种则顽固地固执于中国音乐做法；第三种是尽力想使中国音乐与西洋音乐作适当的结合。我非常赞成最后那一种。"

音乐是一种艺术，冼星海的新音乐是凝聚中西音乐的精华，他的目标是"民族性与国际性的结合"，是把中国音乐提高到"国际乐坛地位"。具体的做法是：①强调艺术的真实性；②强调与真、善、美结合而产生的艺术美；③在艺术实践中把真、善、美有机地统一起来。他关注的是艺术性、思想性和群众性相结合的音乐和音乐家的社会责任，认为"在抗战期间，不容许我们有自我的'为艺术而艺术'的作品"。他也努力于用音乐提高国民素质。

他立意"以民间音乐做基础，参考西洋音乐的进步成果，创造一个新的中国音乐形式"。他还坚持"吸取欧美进步技巧，利用中国固有喜见乐闻的旋律"，形成自己的音乐创作特色和风格。

思考冼星海的中西艺术观，不禁使人想起王国维中西学术观。艺术和学术，都是文化范畴。在对待中西文化上，王国维独树一格，语出惊人，与冼星海表现了不同的思路。

王国维在《国学丛刊序》中写道："今之言学者，有新旧之争，有中西之争，有有用之学与无用之学之争。凡立此名者，均不学之徒，即学焉而未知学者也。"由此出发，他有以下议论：

（一）把一切学术按功能分为三大类：科学、史学、文学。具体说法是：①"凡事必尽其真，而道理必求其是，此科学之所有事也。"②"欲求知识之真与道理之是者，不可不知事物道理之所以存在之由，与其变迁之故，此史学之所有事也。"③"若夫知识与道理之不能表以议论，而可表以情感者，与夫不能求诸实地，而但可求诸想象者，此则文学之所事。"

（二）以辩证发展观看待学术史，尽真求是的科学是人类的需求，史学与文学也都是人类的需要，三种需要，归纳出"学无新旧"说。任何既存的学术物态，即使被认为"不真之学说"，"必有所以成立之由，是人类认识史中必然的一环。以时间划学术的新旧古今，是今人的价值判断，不能作为学术取舍的标准。"

（三）"学无中西"说。"世界学问，不出科学、史学、文学"，这些学问，无论中西"类皆有之"，"所异者，广狭疏密耳"。"中西二学，盛则俱盛，衰则俱衰，风气既开，互相推动。且展今日之世，讲今日之学，未有西学不兴，而中学能兴者；亦未有中学不兴，而西学能兴者。"这种把中西学术看成世界学术的整体组成部分、平等交流、消除二元对立壁垒，有利于会通。中西学术差异从国民素质上说是"各有所特长"，"无论古今中西，其国民文化等达一定之程度者，无不有一种之哲学"。中学重在实际、通俗、实践；西学重在思辨、科学、抽象、分类、综合、分析。此种差异是世界文化非一元而为多元多流所组成。王国维此说，有一定理由。俯视古今，环顾全球，世界学术文化，不能简单地分为东西两极。以地中海及西亚北非为例，它是一个世界文化旋涡，多元文化在这里交流，又在这里四散。

（四）"学无有用与无用"说。"用"即价值，学术之"用"为自身与社会价值二种，而前者并不能直接转化为后者。"欧洲近世农工商业之进步，固由于物理化学之兴，然物理化学高深普遍之部，与蒸汽电信有何关系乎？""以科学而犹若是，而况于史学、文学乎？"因此"凡学皆无用"。然而，知事物之"曲"、"全"、"释物"、"断事"，求"宇宙人生之真相者"，进而"思之得其真，纪之得真实，极其会归"，是学术的真正之"用"，即"无用之用"。他所反对的是借此为名，把学术作为实现某种社会功利的工具或手段，而求学者以非功利的"求真"精神，从事学术研究。

王国维说："学之义，不明于天下者久矣！"又说："故欲学术之发大，必视学术为目的，而不视学术为手段而后可。"此语为学术之真谛。

不过，学术毕竟是学术，音乐毕竟是音乐。音乐有它交往的特点。2005年8月10日，《光明日报》上刊登了汤洁的《音乐教学：民歌、民乐不应受到冷落》，其中从音乐角度谈到了中西文明交往问题。其要点是：①大众审美情趣的发展规律总是以"出走、回归"和高层次的"再出走、再回归"的循环往复方式为基本特征的。全球化在全世界造成消费主义领域领衔主演的惊人相似性的单调感之外（如肯德基、牛仔装、好莱坞等），迟早会失去新奇魅力而"回归"音乐原生态的民歌；②有丰富的民族性才有世界的多样性，民乐和西乐也是如此，没有很好的民族音乐基础，很难理解西乐中一些深刻的作品。作者用他的体验，认识到引导他接近莫扎特、贝多芬、李斯特、施特劳斯和音乐瑰宝的，正是中国民歌。蒙古长调、爬山调，甘肃和青海的花儿（比英国"蓝调"种类要多许多）等唱遍大江南北的中国民歌，是吃惯了细粮的而回味粗粮的"回归"大自然一样，陕西歌王王向荣等人，也受到国内外的欢迎；③民歌要革新，其原则是：更鲜明突出民族化艺术特点并赋予时代特色，为当代年轻人喜闻、乐见、爱唱。作者认为，不能把民族音乐改造成洋里洋气或者说不清是土是洋的变质的东西。这三点反映了在中西文明交往互动规律制约下，如何保持民族传统和吸收外来文明之间关系问题。

十四 第一个向中国介绍地球知识的人

天圆地方，是中国人长期的"天下"观。利玛窦这位中西文明交往的传教天使，从1582年至1610年在中国生活了二十八年。他向当时还处在相对封闭状态的中国，介绍了地球是个圆形的球体，世界上有五大洲的地理知识，还绘制了"万国地图"，开阔了中国人的全球视野。他和后来以政治为首要目的来华的西方传教士不同，他不仅身负传教使命，更重视双向文明交往。他把当时先进的西方科学技术传入中国，又把古老深厚的中华文明介绍给西方，是"科学文化式的传教者"。他来中国时，中国与西方文明发展水平大体相当。中国日臻完善的封建社会制度文明、儒学文明、大运河及城市园林与皇家宫阙的文明大厦内，自我封闭、停滞不前的因素在滋长，万历皇帝只是为了自鸣钟而见利玛窦。地球是圆的事实也未唤醒天朝自大的世界意识。政治化、道德化的先入为主的文明局限,不能深入理解异质文明。中华文明在与游牧文明交往中能化掉对方,与印度教文明接触而能将佛教中国化,但几乎没有反转影响印度。特别是与西方希腊、罗马文明的长期隔绝,有"天下"观念,而缺地球追求全球意识的局限,为害不浅。古老文明的失落,首先在全球定位中失落了。今日经济全球化波浪滔天,中国站在 21 世纪的门槛上,回眸历史,自应急帆勇进,永远挺起民族的胸膛,面向全世界。

十五　全球化与现代性

全球化就是现代化,这是已故学者李慎之在 1990 年 9 月号《文化中国》(加拿大)第 3 卷第 3 期上的《文化中国和全球化道路》中的观点。他认为:①现代化中的西方化是全球化的第一阶段;②1992 年联合国有一个决定,不讲哥伦布"发现"美洲,而说是"航行"到美洲,不过仍认为此举是全球化的一个转折点;③经济全球化是 20 世纪 90 年代的时代特点,但从工业发展角度看,以西方为中心的西方化,至少有五百年的历史。

实际上,全球化与现代化是相互联系又相互区别的概念。所谓现代化,从文明交往的角度看,分为西方文明之内和西方文明与其他文明之间的两类交往内容。现代化是一个全面发展的现代文明概念,它包括:①以工业化、信息化为核心的物质文明;②以民主法制为核心的制度文明;③以思想道德为核心的精神文明;④以保护利用自然为核心的生态文明。现代化又是以工业化、民主化、城市化、理性化之间的文明交往过程,归根到底是人的全面发展过程。

从本质上讲,现代化的核心内容的概括是现代性。20 世纪 90 年代中期以后形成的全球化浪潮,使人们对全球化与现代性有了进一步认识。它主要包括:①全球化是现代性发展的结果;②全球化是现代性的终结;③全球化表现为多种现代性;④全球化与现代性的重合;⑤全球化随着现代化的发展而经历了许多阶段。

全球化与各国现代化是文明交往的外在与内在因素的结合。以国际经济交往而论,仅仅从下层群众是否从既定的全球化经济秩序中获益还属表面现象。其深层仍在具体的国际和国内安排,如全球金融体系、本国现代化与之相应的关系,特别是本国现代化是否符合国情世情去考虑。的确,全球贸易这种国际经济交往并没有改变许多下层人群的贫困面貌,但这绝不能只归咎于全球化。更直接的往往是主要原因在于本国现代化中的社会经济政策（体制造成的偏差、关系到基础教育、公共卫生等文化教育的失误）。在全球化与现代化关系上的公式既不是"唯全球化"，也不是"去全球化"，而是"全球化"与"现代化"之和（全球化×现代化）。这个"和"与合作的"合"的含义是一致的，是相乘而不是相加。合作中自然有冲突，这种冲突只能在全球化和现代化之和中权衡利弊加以解决。

研究现代化有许多方法。具体问题具体分析应为基本方法。全球的地区可以是总的划分法，以此为准，用类型、用模式（范式）可以大分或细分，研究其发展脉络、特点与规律，是一个重大而有现实意义的任务。但无论如何研究，不能脱离开全球化。

十六　世界文学与人类科学

马克思、恩格斯在《共产党宣言》中所说的"世界文学"，英国学者柏拉威尔在《马克思与世界文学》中有这样的解释："马克思以文学（Literarisch）泛称一切书写材料。在他们看来，想象文学和其他著作一样，都涉及人们表达思想的方式及其创造的社会关系。故尔文学与科学一体，当称人类科学。"

马克思、恩格斯都喜爱文学，他们的文学观除了一般的文艺美学欣赏之外，更关注的是文学中的社会关系和科学思维方式。英国学者塔克就把《资本论》比作"最戏剧化的著作"。他的理由是：马克思把资本与土地人格化，写成了一部伟大的悲剧：在那"着魔的世界中，资本先生和土地太太一起兴风作浪"。于是工业机器成了《奥德赛》中的独眼巨人；而英国劳工的悲惨现状，也对应着《神曲》的地狱篇；再如英国政客厚颜无耻，活像《亨利四世》中的小丑福斯塔史；至于《泰晤士报》满口仁义道德，则具有狄更斯笔下"匹克威克式"的意义。

再回到柏拉威尔。他对《资本论》中的文学笔法，如象征、隐喻、反衬、幽默进行了分析。他说，《资本论》卷首引用的"走你的路，让别人去说吧！"是《浮士德》的语言。荒岛上的鲁宾孙天天记账，为的是"支配他与财产的关系"。资产阶级经济学家像堂吉诃德，"自以为游侠生活可同任何社会并存，却遭到惩罚"。工人被钉在资本上，"就像普罗米修斯被钉在岩石上"。莎士比亚说"金钱是娼妓"，英国资产者因此操起"夏洛克的语言"。

这样读《资本论》，别开生面，是文学与科学互通的表述。

十七　制度文明问题随笔

（一）制度文明包括政治、经济、社会、军事、文化等宏观方面，也有行政、司法、选举、财政、赋税等微观的及生活中成文、不成文的规则。仅以社会制度而言，就有组织方式、表现形式、结构法则和行动能力等。文明是贯穿于这种种制度之中，不同文明之间和相同文明之内的交往，则是文明演进的线索。有了文明交往，才有各方面制度创新和社会进步。文明交往在制度文明方面的观点，只能在社会评价的认识长河中得到厘正和发展。但在面对市场经济的浮躁气氛中，最需要静下心来，寻觅人类文明发展轨迹，持之以恒，必有所获。反思不仅是理念反思，而且要进行制度反思，特别是政治文明的反思。

（二）交往是一种关系，关系意味着相互依存。制度之间的交往，包括各个领域之内的"竞赛"和"竞争"。前者有社会发展、经济发展、政治和社会稳定等；后者包括经济贸易和人才。这些竞赛和竞争，不仅是统计数字的比较，而且是彼此体制与制度的比较。在国际关系领域中，不仅要看政治友好与经济互补和文化交流，而且要从国家制度竞赛的角度上，观察不同制度国家之间的安全、共处、互利问题。研究方法：归纳、比较、分析。

（三）制度的本质是文明交往的两个相互依存的原则：社会价值观和行为准则。制度基础是文明交往的基础。制度的差异是不同文明在交往中差异的表现。制度与政府权力结合是文明发展的政治文明。以制度本质为基础的文明交往两个环节是比较和借鉴。制度文明在正确认识传统与现实的交往中发展。政府制度的法律是正式制度，民俗及宗教为非正式制度，不同文明各不相同，同一文明也有制度修正的演变，制度交往关键是利益。

（四）战争制度。海湾战争之后，由于高科技在军事上的运用，有些人把战争中人民的因素摒弃了。其实，战争产生之后，就有人从武器装备中找出路，也有人从军事训练中找出路，也有人从体制编制中找出路。这都有其道理，都是战争取得胜利的条件。不过，不应当忽视的还是人民群众在战争中的决定作用和政治交往及经济的背景及基础意义。当然，战争和整个军事一样，有自己的特殊规律，交往互动规律是通过诸多因素，尤其是战争中各种制度的时代与条件起作用的。战争涉及武装力量的组织体制。恩格斯在

1868 年 1 月 16 日致马克思的信中谈到未来社会的军事制度时，就提出了实现常备军和军民相结合的武装力量相配合的体制。这种体制后来在中国革命战争中得到了充分体现。

（五）制度文明是历史中的根本性质所在。历史上的兴衰成败，根本在制度上的得失优差。文明交往中，制度文明之间的交往最为关键。历史是一门特别厚重的学科。以中国史而言，那些显赫的帝王如秦皇、汉武、唐宗、宋祖，或者如康熙、乾隆，既要从历史发展中评价其作用，也要从制度上研究其功过是非。缺乏从制度文明的深远视角，尤其对于一些历史知识贫乏或思想品位低下的编剧、导演、演员，或论坛上的一些名角，只能流俗地迎合观众了。

（六）制度在《周易·节》中解释为"天地节而四时成，节以制度，不伤财，不害民"。葛剑雄主编的《制度文明与中国社会》把制度定义为"在一定条件下形成的法令、礼仪、司俗等规范"，但未对"制度文明"作明确解释。我在《文明交往论》中，把制度文明与精神、物质、生态文明一起，组成了人类文明交往的四大内容。后来在《简说世界当代史》一文中，从资本主义和社会主义制度的交往关系上，又作了说明。制度文明不但涵盖广，而且在人类文明交往中，起着标志性作用。一个社会的特征要看社会层面。社会制度是实体、本质，它产生属性。

（七）制度的核心是公正，而制度公正是以人性理论为前提的。制度公正是人类要求的产物。制度公正是公正性，主要是维护人性、引导人性、抑制人性、纠正人性的某些方面。制度公正性的主要功能是抑恶扬善、协调个人私利与社会公益，从而达到塑造全面、自由发展的个性。

（八）制度文明也是全球化文明交往的一个根本性层次。它比观念、器物层次更实在。诺斯等人所著的《制度、制度变迁与经济绩效》一书中，将白里安·阿瑟的报酬递增用于分析新技术条件下的经济变迁，从而研究历史演进中的制度特征。该书从互动观点出发，指出："制度矩阵的报酬递增特征构成了一个复杂的相互依赖的规则与非正规制约，它们总起来决定经济绩效；单个的具体的正规性与非正规制约的变迁可能会改变历史，但绝大部分是不会使这一变迁方向倒转的。"（见上海三联书店 1993 年版中译本，第130 页）该书下述观点也值得注意："行动者的观念在制度变迁中起着更为重要的作用，因为意识形态观念对模型的主观构建的影响构成了选择。在一个制度逻辑下的选择更是多重的，因为正规的和非正规的制约之间存在着的相互关系。"（同上书，第 138 页）由此出发，另一个观点是："路线（路径）

依赖性来自报酬递增"(同上书，第151页)，并认为这对"历史是重要的"(同上书，第134页)。其实这种经济制度的方法论也可以扩大到对政治、社会、文化交往史中去。

（九）亚当·斯密的《国富论》发表的时间相当于中国康乾盛世。他把社会发展分为进步、静止和退步状态，并指出中国以"土壤、气候和位置"条件，如果制度进步，财富要高一些。他认为鄙视对外贸易，限制口岸通商，会失去对外商业益处。特别在第四篇第九章中指出，如果开放对外贸易，可以大大改进中国制造业的生产力，进而学到世界其他国家的先进技艺。同时，对小生产经营无安全保障，官吏可以随时以法律为借口进行掠夺。他没有到过中国，但对中国法律和制度的这些看法，却切中要害，突出地说明制度文明的作用。从交往的闭关政策（1757—1840）只开广州一口通商和财产权利安全（平等保护）看，亚当·斯密的看法，对二百多年后的今日，仍是卓识远见。他肯定中国重视农业、重视道路及水运航道建设和维护，以形成国内大市场，则是对内经济交往问题。

十八　制度文明与平等

（一）平等是政治哲学的基本概念之一，也是文明交往论的范畴之一。杨海蛟的《平等，人类对理想社会的诉求》（吉林人民出版社2005年版）中的界定是："平等是不同社会主体在一定历史阶段的交往过程中处于同等的社会地位，在社会领域享有同等权益、履行同等义务的理念、原则和制度。"平等在这里不是抽象的、超时代的永恒真理，而是历史过程的产物。平等的观念的形成，正如恩格斯在《反杜林论》中所说的："需要一定的历史条件，而这种历史关系本身又以长期的以往的历史为前提。"（《马克思恩格斯选集》第3卷，人民出版社1995年版，第448页）人类文明交往中的平等是历史的，又是具体表现于经济、政治、社会、民族、男女、教育等，而经济平等是基本的。这些具体的平等又是相对的，这体现了文明交往的特点：既互相区别，又互相联系，相互渗透，相互作用，相互联系，组成一个有机整体。平等是人类文明的崇高目的，不能短期达到，一蹴而就，要清醒，不能超越客观规律办蠢事，出现野蛮的空想。

（二）文明交往中，弱势者处于不平等地位。汤因比说："伊斯兰将再次面对西方，无路可退了；但这不平等现象比起他们在十字军最残酷的一次征战中经受的苦难更为严重，因为现代西方对于她来说，不仅武器装备精良，就是在军事技术上也占优势……而且在精神文化上也占优势——唯一能创造和维持被称为文明外表的向心力。"真是如作者在书名上所显示的：《文明经受着考验》。该书（浙江人民出版社 1968 年版）在第 159—160 页所讲的上面一段话，讲到两个不同时代的交往，似乎比较之下，需平等更困难。关键在制度。历史与现实中，强势文明，兴盛时期的文明，强和盛集中在制度不同。当然，强弱不是固定不变的，在一定条件下，双方会互变的。这也受交往互动规律所制约。

（三）制度文明体现着人类文明的社会要旨，其交往线索是制度变迁所导致的人的存在和发展互动结构关系。人的物质和精神生产、生活和制度安排、存在方式和发展或都在变化。制度创新是制度文明在交往互动过程中的自觉。人的社会沟通交往与交往方式的变革，尤其是现代通信手段的变化，网络化生存，人力资本的评价尺度，包括社会平等，都与制度文明相联系，平等是人与人之间的社会交往领域问题。兼顾、反映社会各阶层利益是首要问题。平等的基础是经济，文明之间和文明之内的交往，不能离开这一基础。

（四）制度文明是人类文明进步的结晶，它和法制联系在一起。但制度也不是万能的、孤立的。制度需要道德自觉。他律离不开自律。人比制度聪明，人总会找出制度的漏洞，逃避制度的制约。道德制约需要社会成员内化于心的意识形态，这就是文而化之的文明核心。各国需要自己的民主理论、自由的因素。外国的方法可以借鉴，外国的概念不可套用。各国自己的实践永远是研究的主体，制度也是如此。

十九　正义——文明交往的社会理念

柏拉图《理想国》是"他的一个贵族共产制服梦想"，而《法律》是他未完成的一部乌托邦国家规划。（H. G. 威尔士《文明的溪流》，袁杜译，江苏人民出版社 2010 年版，第 123 页）柏拉图说："你们所经历的社会和政治弊端多数是你们能够改革的，只要你们有意志和勇气去变革。你们可能在更好的社会制度下生活，如果你们肯去创造并实行这种制度。现在你们还没有觉悟到自己的力量呢！"他对国家制度的研究，影响到亚里士多德，而亚里士多德的学生们又研究比较 158 种不同的国家制度。由此可想见在经济增长中制度的重要作用。生产要素的投入和效益的提高，科技的进步，人力素质的提升，可使经济增长，但行之有效的制度是其中最重要因素。

柏拉图《理想国》中又有"正义是为强者的利益服务的，而不正义对一个人自己有好处、有利益"。（商务印书馆1996年版，第27页）此语颇极端，正义、公平、宽容，应为社会和谐的文明交往理念。

关于正义的本质和起源，柏拉图似乎看到交往文明化的某些问题，他说："人们说，做不正义事是利，遭受不正义是害。遭受不正义所得的害超过干不正义所得的利。所以人们在彼此交往中既尝到干不正义的甜头，又尝到过遭受不正义的苦头。两种味道都尝过之后，那些不能专尝甜头不吃苦头的人，觉得最好大家成立契约：既不要得不正义之惠，也不要吃不正义之亏。打这时候起，他们中间才开始订法律立契约。他们把守法践约叫合法的、正义的。这就是正义的本质与起源。正义的本质就是最好与最坏的折中——所谓最好，就是干了坏事而不受罚；所谓最坏，就是受了罪而没法报复。"（第46页）人的本性是"人不为己，天诛地灭嘛！人都在法律强迫之下，才走到正义这条道路上来的"。（第47页）

正义、公平是建设和谐社会的理性基础，是人与人、人与社会之间交往文明化的生活信念，是有利于人的全面发展的社会环境的保证。要倡导公平与正义，使之成为社会主流的自律和他律的信念和追求方向。这正是文明交往史所要求的。

"利己"、"正义"两种属性的关系，用制度来解决！当然，制度也有其条件和限度，并非万能。

二十　制度催化文明和文明推动制度

腐败被诺贝尔经济学奖得主贝纳·缪尔达归纳为"腐败民俗学"。这是一种社会文化，在这种文化阴影的笼罩下，人们容易认为任何一个有权力的人，都有可能以权牟私，由此人们对腐败的愤恨，"会基本上对于有机会通过不光彩营私之徒的羡慕"。此风的病灶不在文化层面，而在制度层面。无有效的制度约束，腐败者能轻松逃出法网，人们会因此而悲观失望，直到认为腐败是常态。大事如此，小事也是如此。文明的成熟在于制度的完备，制度可以催化文明的提升。

福州一位读者王卫华，在《生活周刊》2005年第27期上发表一篇短文，题目叫：《制度催化文明》。他有感于北京大街上包装纸、果皮、吐痰、狗粪便等常见的现象发表意见，认为"缺乏制度约束可能是问题的根本所在"。此话言之有理，说明制度文明的重要。人们常谈发达国家与不发达国家的"文化人"所表现的"文明程度"各异。比如登机，前者自觉排队，安之若素，而后者抢位加塞，斯义扫地。他写道："难道人易环境会变？否！文明国度，公共行为不仅受道德约束，还受法律法规调剂。在新加坡上厕所你如果不小心留下'后遗症'，走到门口便会听到管理员严肃的声音：回来，冲干净再走！你置之不理？好，马上打电话叫警察带走。"他的结论是："这就是制度的力量，久而久之，就能形成文明的习惯。"

听说，北京地铁实行吐痰罚款制。前些年我对北京地铁印象很好，感到特别干净，还认为吐痰陋习者到此干净环境不敢胡来。现在看，他们也胡作非为了。前有制度，更要有制度的执行者，否则制同虚设，副作用更大。制度催化文明，制度可使人形成文明习惯，关键在于切实奉行。

法律是制度国家强制形式，是社会文明进步的标志之一。作为专门科学，其特点是：①强烈的制度性；②实践性价值。《中国社会科学》2004年第6期刊载刘星的《重新理解法律移植——从"历史"到"当下"》一文中，认为"法律变革的任何主张，即使以'来自域外的法律制度'话语作为表现形式，也时常包含了我们自身的一个法律变革倾向"。评介此文的熊谞龙，在《法典化进程中的法律移植》（《光明日报》2005年9月29日）一文中则强调："制度建构只有落实到立法实践这个层面上，才能得到强有力推行。从这个意义上来说，对于法律移植的关注和讨论，其实也是对整个制度文明的关注和讨论。"

这里说的都是人类文明交往中的制度文明问题。移植是交往中的一种形式。有人说，制度不能交往，这是表面上的看法。制度同物质、精神、生态文明一样，时时都在交往，不论察觉与否，都在或明或暗地进行着。移植的自觉性是择善和善择的实践。移植而生根、开花、结果，是一个沟通与整合、消化与吸收的过程，是制度适应本土的选择和一个民族智慧的结晶过程。法律移植过程充满了利益权衡、价值共识、价值筛选，是一个民族化过程，归根结底，是不同制度之间的互动过程。制度催化文明，文明推动制度，制度文明化，从更深层上体现着人类文明交往由不自觉走向自觉的前进上升运动。

二十一　制度与自然

制度固然与人的社会性，即人与人的关系直接相关，然而人与自然的关系，也是极为重要的。

古犹太民族于公元前 12 世纪的近东半沙漠牧场一直到迦南的城市和乡村文明交往之中，这里的社会与自然的环境使他们为适应生活而形成了社会价值判断和行为准则，积累或积淀而成为犹太民族的文化传统。犹太民族的智慧之处就是将这一传统赋予一个可资信仰的神——上帝。上帝创造了人，规定了人类行为准则，创造了社会制度。《旧约》关于上帝造天地、造万物、造人（人类始祖亚当、夏娃）、犹太教在《旧约》，有从部落宗教衍化为社会特征民族的官僚制度（摩西岳父的主意及摩西本人的十诫）。后经耶稣对犹太教的修正，提出了法律问题，逐渐衍化为基督教。基督教经路德、奥古斯丁、茨温改革，发展成为新教，追溯到古希腊哲学内核（罗格斯）所包含的自然与社会属性，并引发了欧洲文艺复兴和古希腊哲学的复兴（实证主义精神），从而产生了现代科学精神和人文精神。

古希腊的自然观是自然的客观存在——万物（构成物质的资料）。犹太—基督教文明世界观、其他大的文明体系的世界观都与自然属性有关。自然属性的本源、神性的体系、自然存在的客观状态，都对人类文明的产生和社会的发展起了非常重要的作用。在人类文明的发展史中，制度是政治、社会和经济框架。部落时代是酋长制，封建时期是帝王制，近现代衍化为东西方不同的政体及经济、文化交流制度。这些制度框架中，权力主导形成的和自然及社会相适应、相协调形成了正规与非正规制度，而后者递进到前者，并且相互影响，权力主导是正规制度的强制约束力部分；而非正规制约属于制度范畴中对应了人类与自然环境和社会环境相适应、相协调产生的习俗、习惯和道德约束部分。

因此，制度概念是文明史的概念，特别是价值观、世界观的概念。制度内涵的自然属性、社会属性、宗教属性都应与制度体制通过文明特征而形成的相应政体来体现。犹太—基督教文明神（上帝）与人的关系和拉比关系，神性来源于犹太古老民族的民俗传统及其民俗传统的自然属性，并在此基础上形成制度体制和制度安排的社会属性。总之，作为一个生物属性的人，由于受特定的生活环境，人生阅历、个人资质、学识水平差异而不同，其中自然条件的作用，是人赖以生存的生态环境、气候、物候、物象、因素同样由人影响到民族宗教。《古兰经》和犹太《圣经》、《旧约》的典故、故事有渊源关系也反映了自然环境的作用。

二十二　汉字的交往特点

　　文字的发明是人类文明时代的开始。有文字记载的历史为"文明史"，无文字记载的历史称"史前史"。恩格斯在《家庭、私有制和国家的起源》一书中写道："人类从铁矿的冶炼开始，并由文字的发明及其应用于文献记录而过渡到文明时代。"美国的路易斯·亨利·摩尔根在《古代社会》一书中也指出："没有文字记载，就没有历史，也就没有文明。"可见，文字与文明有密切关系。

　　汉字的开端，最晚在五千年前的新石器时代，"大汶口文化"出土黑陶樽的"天象刻文"表示太阳初升景象的合体字可证。此时代晚期约公元前2800年至前2500年，和传说中的黄帝时代上限相接。古人相信汉字是黄帝史官仓颉创造。与"大汶口文化"大体并行的仰韶文化遗址，如西安半坡出土的陶器的原始符号和刻文，也表示汉字起源阶段的简单文字。如不去探求汉字的原生态，仅以相当发达成熟的殷商甲骨文算起，迄今已有三千年以上的悠久历史。秦汉以后的"书同文"，是汉文化为主体的中华文明共同体形成的标志。这同埃及的圣书体、美索不达米亚的楔形字、美洲的玛雅文、印度的婆罗米字母、腓尼基字母等世界上失传的几种死亡文字相比，成为文明传承"奇迹"性载体。20世纪80年代，有人认为"电脑是方块字的掘墓人"和"拼音字的助产士"，预言汉字"行将就木"。然而现在汉字输入电脑的速度却超过拼音字，而且优势潜力大。《说文解字》作者许慎说得对，"盖文字者……前人所以垂后，后人所以识古"，这说出了文字的传承文明的作用。

　　"文"和"字"的区分始于《说文解字》。"文"是象形文字，"字"是形声相依。因此，《说文解字》以"文"率"字"，"文"是部首，下列同一部首的"字"，创部首的字典编纂法，沿用至今。

　　从世界历史的大背景看，这是人类文明社会出现以来的奇观。汉字是当今世界上仅存的、仍在通行使用的一种古老文字！

　　中国文明受惠于汉字。它承载着中国民族传统文化得以延续至今。从文字图画到图画文字，再到甲骨文、金文、大篆、小篆、隶书、草书、行书、楷书，从承载先秦诸子、两汉经学、魏晋玄学、隋唐佛学、宋明理学、清代朴学，诸如古代文史典籍中的易经、春秋、诗经、楚辞、汉赋、二十四史、唐诗宋词元曲和明清小说，皆因汉字系统的传承才得以保全。人人皆谈中华文明是人类古文明中唯一延续至今的文明，为何忽视汉字的文献记录功劳？汉字是中华文化之根、文明之母，是中华传统的基因。这个基因把中华文明和其他文明区别开来。

不是吗？世界各民族文明早期都有以描物形为起点，唯有汉字保留了初始特征，又以"六书"系统形成自己"以形表意"、"识而见意"而无须通声音而口耳相传的文化。它的文化符号、文化信息集形象思维与抽象逻辑思维于一身，可以直接通往思想意思，其交往意蕴表现了中华民族创造文字的个性智慧。在文明交往史上堪称奇迹。

例如"仁"字，从甲骨文到小篆，形体会意，都以"二人"出现。中国古代先民用"仁"来表现社会生活中人的社会交往本性。在他们心目中，人不能单独孤立存在，而是人与人相互交往的社会关系。父子、夫妇、兄弟、朋友，都是"二人"关系。独则无朋，偶则相亲，这是人与人相互交往的基本准则。"仁"是"二人"相亲，以规范人际关系，进而纳入中华文明中的伦理道德体系。"仁"成为儒学核心，也是对人类文明交往的贡献。

汉语是世界上使用人口最多的语言。中国地大人多，语言差异之大、方言之多，实为世界各大语种最复杂的语言。北方和南方语言，若不是汉字，以中国之大，其结果难以想象，只有汉字才把全国统一起来。我们可以设想，如果中国人不用汉字，而像古罗马人一样用拉丁字母拼写中国各地诸多方言，那将是一种什么情况？汉字的凝聚力之大，秦朝统一文字功不可没。1940年傅东华在《书同文考》中说到这一点："同文之举，正所以继往开来，而首定我中华民族二千年来，文化政治之基础。"欧洲人对此体会比我们更多一层，如20世纪在中国生活了多年的美国传教士威廉斯（S. Wells Willams）就说过，一旦废除了汉字，用字母来拼写汉语方言，那么，中华帝国就不复存在，中国就将分裂成许多小国。因此，汉字应成为整个中华民族共同使用的书写符号。

在大陆与台湾都生活过二十多年的清华大学外籍学者彭培根认为，和平统一中国，中华文化如空气与水对生命一样不可缺少。大陆应当为此而进一步优化简化汉字。汉字自古以来就是沿着由简而繁、由繁而简的轨迹演进。繁体字不能反对，但要优化。如"中华民族"中的"华"字，写法应该一致。如果这四个字首先统一了，其他事情的统一就迎刃而解了。他说：中华文字是象形的，作为"华"的繁体的"華"，形象很好，左右对称像一朵花。"中华文明"四字一致，如美丽之花在两岸盛开，和平统一就有文化基础。汉字的生命力也将在信息社会中承担起新的使命。

提起信息社会，使我想起中国社会科学院语言研究所顾曰国对汉语的比喻："汉语就像是一座历史悠久、充满神秘的多维城市。"他把汉语的发展分为三个阶段：地面承载语言的口语阶段；书面承载语言的文字阶段；空中承载语言的网络阶段。这种分法有前瞻性新意。我想，汉字走向世界，联合国把 2008 年确定为国际语言年，都表明了汉语的力量。

《圣经》创世记中提到，地上的人类想联合起来，希望能建造通往天堂的高塔——巴别塔。但上帝却要人类说不同的语言，使人类相互之间不能沟通，计划因此告吹。从此，人类一直在寻找沟通的途径，文明交往或"跨文化交往"的对话交往力，无疑是人类寻求并建造的理想的巴别塔！

二十三 "通天塔"与语言交往

（一）

《圣经·旧约》中说，遭水灾的人类为了避难，试图在肥沃的巴比伦修筑一座"通天塔"（Babel），但上帝却不希望人类能达到与自己一样的高度，他让人类各自使用不同的语言，致使他们难以沟通与理解，最后终于无法完成初衷，从此散落栖居于各处。

对于一种语言，在学习、使用之外，要考虑的问题有：

（1）了解它的生存土壤；

（2）了解它的生长过程；

（3）了解它的性格；

（4）了解它身后的故事。

对话需要平等（不是"霸权主义"教导对话，也不是"犬儒主义"模仿对话），其要点有：

（1）真诚的倾听；

（2）坦率的表达；

（3）热情的追问；

（4）持续的思考。

(二)

《圣经》钦定版是英格兰的詹姆斯一世所为。他要把苏格兰和英格兰两个王国联合起来,而选定的交往工具就是英语。他要用英语作为一个统一国家的语言向外传播。

语言统一需要标准化,于是他作了钦定翻译的新《圣经》。这对英语的发展起了重大影响。钦定版的《圣经》追求"三好":好读,好听,好记。钦定《圣经》用8000多词的家常英语来教诲上帝的子民,结果该书名扬世界。它和文学大师莎士比亚对英语的贡献分别代表南北二极,成为全世界作家和说话者的参照点。不过,1755年4月15日出版的《约翰逊词典》,才真正给英语带来了稳定。

美国英语对英语已作了贡献。在当代社会,美国英语依靠强大国力做后盾向全球进发,把英帝国当年的势力又升了一级。英语带着美国英语的混血,也带着它的荣耀,带着文化殖民的霸权霸气,也带着莎士比亚和马克·吐温的巨额文化利润,在全球社会日常生活渗透。

英语带来与我们传统的价值观不同的文明,带着麦当劳、快捷的汉堡包,也带着从硅谷批发出来的计算机程序和指令,汹涌冲击而来。

一觉醒来,我们才发现自己陷入英语的十面埋伏之中。

我们将怎么办?汉语将怎么办?这是文明交往中一个重要问题。

二十四　文明和野蛮

当代史是一个科技突飞猛进、文化飞扬挥洒的文明史,也是战争与冲突、民主与专制、文明与野蛮互相激烈斗争的历史。

艾萨克·巴洛在1683年《神学博士的布道》(《文集》)中说:

"如果人们能够共同努力,为满足彼此的希望贡献力量,世界就像天堂一样,在欢乐和平静中欣欣向荣;而当人们像野兽一样互相仇恨、互相迫害并造成彼此的烦恼和毁灭时,世界多么像一片野蛮的荒野啊!"

宗教和哲学有一个共同的话题:人的归宿。一般说,在思维方式上哲学是理性的、批判性的,而宗教是信仰性的、领受性的。然而这又不是绝对的。15世纪的艾萨克·巴洛的话,对当代人类文明交往问题仍是箴言。伟大的成就和无节制的破坏,生活质量的改善和生活的衰退,充满着当代史篇章。今日像五个世纪前一样，宗教家的价值观几乎每一天都面临着战争和冲突的挑战。

人们在当代力求通过国际间交往的努力来控制自己的命运，解决自己的冲突。条约和协议成为交往带来的希望指针。国际条约、多国之间、两国之间，每年、每月都有通过冲突之后，人们期待着通过严肃的外交谈判来达成解决。

这不禁使人想起罗马教皇约翰·保罗二世的话："我以热情恳求的语言向你们呼吁，我诚恳地请求你们抛弃暴力之途，回到和平之途，进一步的暴力将会毁掉你们声称你们热爱的土地，以及你们声称你们崇尚的价值。""战争应当属于过去，属于历史……战争标志着人类的失败"。

政治狂人们哪能听这一套呢？虽然他们自称是虔诚的教徒！坎特伯雷大主教罗伯特·伦斯在1982年说得很现实："问题在于战争不仅是过去的悲剧，也是今天的悲剧。""战争永远是可恶的，但是自1945年以来我们一直与可以摧毁人类的这种力量相处"。

有意思的是，伦斯大主教对1909年诺曼·安吉尔《大错觉》一书的评价："这本书准确地描写了在现代世界中战争的非理性特点。其主要意思是说，在一个经济上互相依存的世界中，你不可能伤害另一个国家而不损害你自己的利益。"伦斯大主教还谈到了中东："中东是最大规模武装自己的国家，几乎每天都带来坏消息，有人打算使用这种非理性的不可容忍的手段去追求他们对领土和意识形态的野心。"

1993年伊扎克·拉宾在华盛顿所说的期望，也是中东和世界人民的共同期望："让我们祈祷那一天终会到来，那时我们都会说：'永别了，武器！'"1995年拉宾在遇刺前留下的遗言是："和平之路比战争之路更为可取。"

1999年3月北约14个成员国自建立以来第一次对一个主权国家塞尔维亚发动武装进攻。这14个国家是：英国、美国、比利时、法国、意大利、德国、丹麦、葡萄牙、西班牙、希腊、加拿大、荷兰、挪威、土耳其。这是自海湾战争以来世界上最大的军事行动。海湾战争（1991）时反伊联盟有29个国家参加：美国、沙特阿拉伯、埃及、英国、叙利亚、法国、科威特、阿拉伯联合酋长国、意大利、澳大利亚、孟加拉国、比利时、加拿大、捷克斯洛伐克、丹麦、德国、希腊、摩洛哥、荷兰、新西兰、尼日尔、挪威、阿曼、巴基斯坦、阿根廷、波兰、卡塔尔、塞内加尔、西班牙。北约对塞尔维亚的战争，是北约联盟在20世纪50年代作为冷战对抗组织建立以来第一次对一个主权国家的战争。但是英国首相布莱尔却说："盟国为了文明自身的价值，正在以正当的理由进行一场正义的战争。我们将毫不犹豫地决心把这件事进行到底。"

《二十世纪世界史》的作者马丁·吉尔伯特不无感慨地在书末写道："20世纪开始于1900年，这一年正好有针对中国的国际集体军事行动，德国、英国和美国参加了当年的入侵行动。在本世纪结束之际，这些国家又组成了针对塞尔维亚的空中打击力量。如今，他们中的每一个国家都希望出现一个更安全、更少暴力、特别是更文明的世界。或者从1999年的角度说，一个更人道的世界。"这段话前半是讲八国联军对中国的侵略和十四国联军对塞尔维亚的"打击力量"，对比是有趣的。不过后面讲14国中每一国都希望"更少暴力、特别是更文明的世界"，却是要打折扣的。没有过几年，在21世纪开头，不是有了美国等国的联军，又对另一个主权国家伊拉克发起了入侵行动吗？

二十五　从俄国两位学者的全球化视角说起

谈全球化问题，人们的视角是美国或西方，而有两位俄国学者却把全球化的视角转向中国或者东方。

一位是俄国国立人文大学哲学系副教授维塔利·库连诺伊。他在俄国《政治杂志》周刊2005年8月15日一期发表的《是来自东方的威胁，还是商品流通机制？》中，从中国移民问题出发，认为俄国领土并不是中国人梦寐以求的、渴望迁往的地方，到俄罗斯旅行不过是出于经济上的需要。他不同意俄国的"中国威胁的鼓吹者"的论点，"在我们面前的一条线（边界），在一边汇聚着成千上万的中国人，在另一边少得可怜的俄罗斯人却占着资源丰富的广大地区。……在俄罗斯的中国人已达百万之巨，可能数十年之后，我们的领土将被移民占领。考虑到中国人的生育速度……中国独生子女政策只会推动他们移居到我国境内并生育后代"。

他是从两方面反对这种论点的：第一，中国目前人口超过13亿，且每年新生人口近800万。但2017年将出现零增长，而老龄化将使中国经济发展面临向本国吸取劳动力问题，人口膨胀该走向结束。第二，据2002年统计，俄国的中国人只有50万人。从中国移民潮的动机和结构看，不是向新居住地的自发迁移，而是服务于商品流通的劳动的特殊流动形式，是中国政府鼓励的商品跨国流动。总之，并不对俄国构成威胁。

作者虽然谈的是中国对俄国的移民问题，从总体上还是着眼于全球化问题，而且首先是美国的问题。他指出："近年来中国越来越多地成为美国战略和力量分析家关注的中心。"他指出："全球化背景下的国家，能控制的领域是有限的。现代国家都已经卷入了无法控制下的全球化浪潮中，对这一趋势的破坏只会威胁自身的生存。那种认为一个国家现在仍可以为一己之利发动侵略战争的论断是肤浅的。美国试图赋予自己这样的特权，但离开了盟友和许多国家道义上的广泛支持也寸步难行。"

另一位俄国学者是亚历山大·库斯塔列夫。他在同期杂志发表了《来自东方的全球化》一文。他从遍及世界大城市的中国餐馆谈起，涉及体育、电影及东南亚、加利福尼亚的华商之后，得出一个结论："与全球化相伴出现的不仅有西方化和美国化，而且还有中国化。在世界文化中，已出现中国化的特征，将来这种特征必然更加明显"。他谈了中国化的特征有二：①中国经济持续高涨及其发展前景以及产生的后果，引起世界的关注——生产总值马上与德国看齐、十年后赶上日本、21世纪中期将赶超美国。"中国将成为世界经济的主要动因，而每个国家和整个世界的富足、稳定和发展都将取决于中国。"②中国化就是全球化，同时出现的威胁包括着中国在内的全球性危险。环境和生态、水和空气危机，自然资源的匮乏，"将引发空前的生态战争"。按照中国人现在经济的增长速度，要到达西方生活水准至少需要一百年，"十多亿人口要发展，这个从生态角度看并不长的时间，是现实危险"，"但它的产生与其说是由于世界中国化，不如说是由于中国的美国化"。

俄国人看世界，有一个特点，总是忘不了东方，不仅是中国。维塔利·库连诺伊说："中国和印度一样，经济正在上升，如果结合人口潜力，这两个国家将是可能改变世界现有力量格局的最重要的竞争者。"2005年8月29日，维克托·米亚斯尼科夫在俄罗斯《独立报》发表《欧亚三角关系》文章中也写道："理智的务实精神战胜了先前的领土纠纷，俄、中、印三国有共同利益。""三国的政治目标是一致的——建立自己的力量中心，结束由美国的一统天下的单极世界格局。"这使人想起列宁当年关于20世纪初世界发展的观点。

说到中国的"威胁"，不但在亚洲，尤其在美国也不乏其人。美国《基督教科学箴言报》2005年8月19日刊登记者阿梅莉亚·纽科姆的《中国会成为日本吗?》的报道，就反驳了这个论调。她写道："亚洲新巨人中国决心要从轿车到软件等各领域挑战美国，这越来越激起世人担忧。"她引用观察家普雷斯托维茨的话作为结论:"如果抛开政治,那么中美关系不会有多少令人担忧。"亚洲资深政治家李光耀早就指出:"对中国产生恐惧是非常愚蠢的,中国的强大是自由经济的必然。现在,随着中国改革开放的深入,引起一些人的猜想,实际上,挑战是有的,至于说构成'威胁',是不存在的。我认为,中国经济迅速发展不是威胁而是挑战。世界需要挑战,因挑战可以推动全球繁荣和世界变革。从全球化角度看,开放的中华文明,将随着中国的强大更广更深地向其他文明开展交往,则是必然的趋势。"

至于说看世界、看全球化,东西方人有无区别?美联社记者伦道夫·施密特在 2005 年 8 月 23 日的电文中认为,"亚洲人与北美人以不同的方式看世界"。根据密歇根大学研究人员调查,有欧洲血统的北美学生更关注照片中的物体,而中国学生则花较多时间研究背景和整体画面。研究人员尼斯比特指出:"这种差别是文化造成的。""亚洲人生活在相对比较复杂的社会环境中,他们必须更多地关注别人。我们是个人主义者。我们可以鲁莽行事,他们不行"。尼斯比特认为,中国文化的关键在于和谐,而西方文化的关键则是寻找解决问题的办法,对别人关注较少,这种文化差异可以追溯到数千年前的生态和经济发展。

尼斯比特研究了 25 名欧洲裔美国人和 27 名华裔美国人,他还有以下看法:

(1)古代农业生产方式不同。古代中国农业灌溉体系,共用水源,水稻种植尤为如此;西方人世界观形成于古希腊,那里更多的是自耕农,各管各的农场,种葡萄和橄榄,像个体商人经营活动。

(2)两千年前的亚里士多德关注物体本身,如石块之所以会深入水底是因为重力,木头浮在水面是因为浮力,他不会提到水。而古代中国人思考与所有活动相关的媒介,因此他们早在西方人之前就理解了潮汐现象和磁场现象。

(3)日本人看水底景色更可能看到水流、水的颜色是绿的、水底有岩石,然后看到鱼;美国人直截了当,看到水中最亮的物体或移动最快的物体,如三条游动的鲑鱼。

(4)"美国人是从客观的角度观察物体和解释行为,而中国人则对其中的联系观察得更多一些"。

(5)在北美长大的亚裔看待世界的方式,介于亚洲本土人和欧裔美国人之间,有时更接近美国人。

我还可以举法中友好协会会长亚丁对绘画考生的看法。两个中国考生看同一幅画，一个说，我首先看的是山水画还是人物画；另一个说，我首先注意的是绘画的年代和背景。法国考官赞赏第一个关于自然和感性的回答，不认同第二个理性和僵化的回答。他最看中的不是学生艺术知识的多少，而是对艺术世界的独特感和体验，关心的是内心的感受和创造性，是个性和真实，是艺术的原动力——自由独立的思想。艺术如此，因为它有自身的规律，自然不能先去看艺术品其他方面，而要关注它的本身。对它的年代、背景也要看，那是第二位的，也是不可或缺的。两者的结合，对艺术和学术都是适用的。对艺术和学术教育，都不能一味填鸭、只模仿、死记硬背。填满瓶子的容器与点燃蜡烛，是两种不同的教育思维。前者是教育者用自己主动而受教育者被动接受的思维，后者是教育者用火去点燃受教育者内心的艺术、学术世界，使之燃烧，发出光和热。要鼓励、要引导受教者多方法、多角度地观察世界。

上面引用的话可能多了一些，但同俄国人看全球化问题有内在联系。一个民族、一个国家，进而是一种文化与另一种文化，在看待世界的视角上千差万别的原因中，文明的特征是不可忽视的。尼斯比特的许多看法有启发性。尽管不尽准确，然而他的思路有深度，对研究文明交往有帮助。

二十六　"之际"的"间性"交往转折性特征

文明交往往往在事物"之际"的"间性"交往阶段表现出其种种特征。"之际"是文明之间和文明之内值得研究深思的方面。以政治、思想文化而论，在中国历史上常以王朝代际交往来显示"之际"的交往转折性特征。如商周之际、周秦之际、秦汉之际、汉魏之际、魏晋之际、隋唐之际、唐宋之际、宋元之际、明清之际以及由前清入民国之际等。在外国历史上，也是如此。"之际"的"间性"角度是文明交往史的一个很好的观察点，这可以称为"代际"视角。从此观察历史，必将发现交往的力量。

然而，文明交往的"间性"在开放过程中，其对话互动过程总存在力量强弱的对比，因之是不平等的。文明之间对话的差异和力量对比，表明了文明交往的动态状态。

历史无非是人类世代的更替。一代人有一代人之业，一辈人有一辈人之变。"之际"的"间性"交往是人类文明交往活动见之于世代更替的转折点上，即转变拐弯的变点上。在这个转折点的前后，人类社会、个体群体的变动，常常大起大落，迥然有别。有些代表性人物的思想和行动，可以用这种"代际"视觉来解释。如诗人屈原，即可作为一个典型个案。他生活在周秦之际中国实现大统一的前夕，这是一个代际变动时代，作为楚国贵族，对此心理上很失落。司马迁在《史记》中称他"虽流放，眷顾楚国"，这是在此时此地的感情心态的细致描绘。这种不适应"代际"转变的伤感情怀表现于形象上，就是"屈原至于江滨，被发行吟泽畔，颜色憔悴，形容枯槁"，表现于文学上就是屈原的不朽创作。这样理解，可能比一般从爱国主义方面理解要深入些。王国维1927年投昆明湖自尽，从前清入民国之际的文化"代际"方面解释，比之其他解释，也更有说服力。

"代际"变化如行车至转弯处，方向大转弯，新旧交替，变化激烈而突然。国家、社会、个人都有打破常规之感。如马克思谈印度开始沦为英国殖民地时的情况："失去了旧世界而没有获得新世界，所以具有特别悲惨的性质。"(《马克思恩格斯全集》第9卷，人民出版社1961年版，第145页)这种新旧交替情况，正是代际变动的特点：突然而有强制性，社会现实与个人价值观念对剧变的反应，因人因事而异，情况十分复杂，需要具体分析。屈原和王国维不过是反映了敏感而不适应转折的那种文史学家。历史的不确定性决定了各个"代际"转换也各不相同。因此"之际"表现在"代际"方面，研究文明交往的空间是最广阔的。这中间有一条交往互动的一与多、同与异、常与变的辩证规律。

"之际"当然不限于"代际"。"代际"是人与人、人与社会之间的代际变化，也有人与自我身心的"之际"变化，但没有包括人与自然之间的问题。司马迁在《报任安书》中，概括了中国古代哲学和历史的另一个根本问题："究天人之际，通古今之变。"所谓"天人之际"一般用"天人关系"或"人与自然关系"来理解。其实这是人与自然之间的交往，而交往的动态联系正集中表现在"之际"上，而"之变"也往往集中表现在转折性的"之际"上。

"之际"的"际"，从语义学上解读，《说文》释为"壁会也"。段玉裁的注解更具体："两壁结合之缝也。引申之，凡两合皆曰际，际取壁之两合，犹间取门之两合也。"这里，他把"际"与"间"相提并论，是很有见地的，"间"的比喻为"门之两合"更富有动态感。"之际"与"之间"都处于动态，处于两种事物的连接位置，国家之间称为"国际"，哲学上则把"之间"概括为"间性"，历史发展上的"转折"，文学上的"转换"，社会学上的"转型"，文明交往史上的"之际"、"代际"，都是如此。

"之际"是各种事物之间的"际动"。这是文明交往中常见的互动。经济、政治、思想文化有时是同步互动，有时则有时间上的差异，若不注意"代际更替"的渐进变异性、过渡性与转折周期性，若不注意转折"之际"前阶段的各种历史因素的长时段积累的复杂性结果，若不注意"代际"上下过程的影响，特别是若不厘清各种因素互动演进的进程、同与不同的变数以及发展的总的线索，就难以获得文明自觉。因此，研究者要着力深入文明交往的内在和外在事实在"之际"转折期的聚焦点，要从整体上把握这种历史积累中渐变的关节点，把它从突变焦点前后有机联系起来，探索其可变与不变（常）的成因。

"之际"无处不在却又往往为人们所忽视。在历史上和现实中，它又是形成发展总链条上的薄弱环节，也容易导致意料之外、其实是细想之中的断裂。俄国十月革命在资本主义发展薄弱之处突破，中国农村包围城市在统治薄弱之处成功，都是大的史例。大者如此，小者亦然。两军对阵，战争交往，往往在两军交战的有些接界处，成为薄弱地区，成为兵家应特别关注之处。研究学问，有所谓"学问得间"的经验，这种细查深思字里行间的空白之处，常常会得出重要的成果，因而成为科学研究选题上关注的领域。"之际"是对本学科的跨越，也是不断寻觅本学科领域与其他相关学科的知识、方法和理论上的跨学科研究。文明交往其实就是不同文明之间和相同文明之内的诸多联系，而研究其规律时要具有经常性、连续性的"边界思维"，把兴趣常放在"边界"之际。"不识庐山真面目，只缘身在此山中"，从上俯视、从旁边处观察，才会发现成峰成岭的纵横复杂交错的秘密。

"究天人之际"是人的主体性活动，导致天地万物构成一个属于人类的世界。人的主体活动就是"究"，在相遇中交往互动。人虽不能创造天地万物，人却是交往相遇的能动者，有自觉去"究"的交往能力。这种能力在《周易》中称为"中正"。《周易·同人》中说"文明以健，中正而应，君子正也。唯君子为能通天下之志"。此处"中正"，据高亨《周易大传今注》中解释，就是"居间"或"居中"，就是作为主体的人。一个文明世界的形成，天地万物之进入文明，是人的主体交往能力所致。天地、人相遇的交往互动之"际"，在于相遇中而不是脱离；但人又不是被湮没自身的动物，而是在相遇中自为究察的主体。"中正而应"、"通天下之志"的"君子"是人的主体性发挥"究"、"通"的自觉性不断增强的主体。

二十七　变化——文明交往的关键词

文明交往有几个关键词，以变化为主词的衍生词，如流行词"现代化"、"全球化"、"世俗化"等，都表明了文明交往的自觉性的提升。

"人与人之间，交流与表达的界面在发生变化。"这在当今文明交往中，人们都会察觉到的。新技术提供的可能性使交流手段和知识获取方式发生了极大的变化。

但是，这一切是否意味着我们能够日渐变得比远古先民更自由、更平等呢？

但是，新的社会理想究竟靠什么推动，而技术又担当多重的角色呢？

但是，人造物品的创意变得更富有文化内涵了，还是今天的人认为文化描述有助于人更亲近产品？

一句话：人本界面究竟有怎样变化？人们崇拜变化，而静中察变、变中求常，常中发现规律，才是关键所在。

〔附："变化"之化，还有"化"之外的"线"（如基线、顶线），"度"（如适度、限度）、"制"（如制衡、监督），还有"点"如转折、基点也是关键词之一〕

二十八　文明交往随记

1. 一种文明在交往中前进，所依靠的是传统与现代的平衡。

2. 改革、现代化如埃及者，数千年文明古国，效法西方于一旦，变易一切，诚非易事。"勿伤和气"的渐进方式为稳妥。

3. 自然河流一旦同人类文化联系而发生密切交往，便成为文明之河流，如尼罗河、两河（底格里斯河和幼发拉底河）、恒河、黄河和长江等。文明底蕴有多深，河就有多深；文明未来有多大，河就有多大。

4. 文明交往中的张力：张力原意为拉力、拉拽的力量，就内在而言，有扩张力、渗透力、凝聚力，与穿透力等交往力联动而成为交互力。

5. 只关注冲突和斗争是旧思维模式。关注亲和力，是注意良性和积极交往和谐感可以通过练习实践成为一种习惯力，但也不能忘记必要的斗争。

6. 在文明交往中，欧洲与美国同为西方世界，却大有不同，中东伊斯兰文明虽为一大文明，但却因国而异、因族而异。

7. 两个文明之间有独立思考和共同思考的问题，这就是文明交往的自觉问题。

第 三 编

文明自觉

一 人类文明自觉源于精神的觉醒

（一）历史意识的觉醒。述往事，思来者，从历史反思中观察现状和探索未来。知史而后明。《论语·为政》有言："子张问：'十世可知也？'子曰：'殷因于夏礼，所损益可知也；周因于殷礼，所损益可知也。其或继周者，虽百世可知也。'""知"的自觉性所体现的人类精神自觉在于：①夏、商、周三代历史有同有异（损益），体现历史的传承性；②兼有同异，是从历史的变化中可知"百代"；③三代的历史可知性推论历史的可知性；④由"德"（周公"有德者得天下，失德者失天下"）转"仁"（"仁者人也"），即由天上到人间，再由把人当做历史主体的人视为类本质相同的人。总之，这是人与人交往的社会层面的"通古今之变"的历史意识觉醒。

（二）历史理性的觉醒。黑格尔在《历史哲学》中曾经把中国看做一种"持久、稳定——可称为仅仅属于空间的国家——成为非历史的历史（un-historical History）"。（王造时译，三联书店 1956 年版，第 150 页）在用中国与波斯作比较时说，中国是一种"抽象的（abstract）统一"。（同上书，第 159 页）这是不知或无知中国历史而造成的误解或曲解。从远古起，中国史即有"三代"、"五帝"、"九皇"的周期螺旋式历史发展的思维模式与历史认识眼界，而且有断与续、变与常、一与多的时空兼容通变纵横思考和历史观念，天人古今在这里得到了统一。中国文明发展史的理性自觉，也在于知史而后明。

（三）辩证矛盾的觉醒。人类思想萌芽由原始动物式思维到思想的萌芽，同人是自然化为人类精神有关，可以说文明自觉始于"知物之明"。老子认为道在天地之先，即"有物混成，先天地生，寂兮寥兮，独立而不改，周行而不殆，可以为天地母。吾不知其名，字之曰道。"（《老子·象元第二十五》）这种"不知"中有"知"，把实与名在理性认识上初步统一起来。人类的精神觉醒具有持续、不间断的长期延续性，即连续性与阶段性在人与自然、人与社会、人性本身三种交往的精神自觉上。可以说，从古及今人类总是处在不断觉醒状态中，文明交往之光照耀着人类的道路。在精神自觉问题上，精神觉醒的辩证矛盾表现在精神解放与精神新枷锁反复更替的特征。

（四）文化视野的觉醒。考古学家从旧石器时代研究人类自身原初的潜藏秘密，并把人类新型智力的主体能动活动形态称之为"文化"是很正确的。最初的石器工具、火的使用、穴居、狩猎、采集食物、语言、岩画、葬仪以及这种文化创造的最主要成果——全新物种的人类本身，说明人是作为自然（他自己的自然性和周围的自然事物）和人类文化的产物。人初始为人的标志：①直立行走；②手脚分工；③人的五官形成；④人脑的形成。新石器时代人类的文化创造自觉性成就有：①农业为主的各种生产形态，②某种社会结构的形成，③国家出现，④文字。这可以说是人类精神的大发展，中东的古埃及和两河流域、中国的夏商王朝，但精神觉醒层次明确化是在较晚时期：中国起于殷周到孔老诸子，西方从希腊的梭伦和泰勒斯等七贤到苏格拉底及其后继者，距今不到三千年。希伯来和印度的觉醒采取宗教形态和神话叙事方式，不如中国和希腊人文形式的有明确时间和人物记录的觉醒。文明自觉不应把目光停留在"轴心"时代。世界近代、现代和当代，一次又一次地迈向递进式的觉醒。人类解放的新学说上升至全球范围的世界历史新篇章，标志着自觉新阶段。

（五）反观自身的自觉。认识对象是站在主体对面的东西——客体。反观自身是人的自我认识，就是把自己、把主体当做客体、当做对象来认识。具体说，眼睛一般不会也不能看到自己，除非有特殊需要还要借助特殊手段（如镜子，览镜自鉴）。感观尚且如此，至于人要认识自身的性能和根源，包括人与自然（天地之论）、人与人（社会之论）和人与自身（人论），特别是自己何以为人的本质本性，更不容易。自我反思的条件：①重大挑战引起人对自身发生重大疑问，②一定的环境和前提，③必要的知识，④高度的智力水准。在此基础上，方可发展为明确而系统性成就。因此，只有当人在灵性上达到了自我认识、自我意识和有了理性自觉的时候，只有他认识到自己何以是人，从而能够自觉地在自然界、社会界中学会如何做人的时候，他才在比较完全的意义上成为人。

（六）时代、民族精神的自觉。人类精神觉醒的重要特点是一个时代的、或整个民族的精神产物,而不仅仅是单纯的个人产品。然而,绝不能排除个人的杰出作用,原因在于杰出的思想家是时代和民族的代表人物。这种代表人物的思想成就之所以生产出来,其重要因素是:①时代性;②民族性;③个人的各种条件(如高度的思想水平、在精神劳动上的艰苦努力)。当然,时代、民族,以至于地域的局限,也影响到自觉性的提高。同时,也有同与不同、一与多的特点,如伊斯兰世界、中国、印度、东正教等地区,原先同西欧是很不一样的民族,在走向自己的新觉醒时,必然面对着不同的问题。21世纪是人类走向新觉醒的转折点上。为了解决人类文明的再自觉问题,应当:①以高度尊重的态度研究自己古代觉醒的起源和传统;②以高度开放的态度放眼世界和全人类的文明交往史。在这二者的新自觉结合中,实现全人类的世界历史主导权。

(七)文明交往的自觉。人类精神觉醒为人类社会与国家起源问题中的重大研究课题。它在人类文明交往史上呈现出复杂性:不限于古代,也不限于历史、哲学、宗教等知识领域。每个民族觉醒虽有一定共性,但因各民族进入文明的时间、地域、环境、条件不同,而表现形式各有不同。多元与多源是其交往的特点。文明交往是理性交往。理性有:①合乎规则和道理的思想;②指事物自身的规则和道理;③由感性而知性直至上升为认识的理性。既有规则,又有变动,还有人文精神,这样历史理性才会产生。文明交往之所以成为理性的,是非神性而是人类自己的人文性,其必要条件诸多"殊相"变动与常恒"共相"相统一,即变与常的交往互动关系。变与常也是历史的张力,多重的变与常使历史、现状和未来成为"可知"。变与常形成体用关系的辩证发展,构成文明交往中交往互动规律的基本内涵。

二　文明自觉与文化自觉意识

2006年9月25日《人民日报·海外版》报道了巴黎、华盛顿等地专为中国游客竖起了令人汗颜的中文告示牌:"请勿喧哗"、"请勿随地吐痰"、"请随手冲水"等。为此,中央文明办、国家旅游局也对国人出行的七大不文明行为采取措施。这七大不文明行为是:不修边幅、不讲卫生、不懂礼仪、不守秩序、不遵守法规、不爱护环境和公共卫生、喧哗吵闹。提升国人文明素质已提上日程。

　　文明自觉从自省反思始。反思什么？说到底，这些不文明行为的源头何在？这是应该深思的。我以为，这是意识上不自觉或者是意识上缺失。什么意识？①程序意识、规则意识；②主体意识、权利义务意识；③差序格局（道德和法律因人而变）；④上行意识（为官者、执法者带头破坏）。许多人为的、特权所为的潜规则盛行，有法不依，违规受罚者竟要求"摆平"。制度文明不完善，有制度而不够"文明"，是国民不文明的关键所在。主体意识指不自尊、不尊别人，意识不到自己是"社会人"，自己对社会的价值及意义，因而没有规则意识、纪律意识、自律意识，唯我独尊而无"你"、"他"，把主体意识"异化"为以我为中心。

　　主体意识是社会角色感和社会责任感的表现，是对权利义务意识的培养、尊重和敬畏。我在《理解：开启文明交往门户的钥匙》——《外国人丛书》总序中就提中国人这种陋习由来已久。当年李鸿章出洋，在美国纽约招待会的红地毯上大吐其痰，就曾出过国丑。当然，他还没有脱鞋、拍桌子、用粗话骂记者等与领导人身份不称的丑行。我在此文中指出："现实情况更令人哀叹，有人用'家如天堂，缺乏公德'来形容有些国人的居住环境。现在装修居室之风，遍及全国，从比学到赶超，但走廊杂物堆集，垃圾随处丢弃，衣冠楚楚者时不时随地吐痰（应加上'口出秽语'）。公共场合中的不守规则、不讲秩序、喧哗、抽烟等难与国际接轨的行为，但愿别带出国门，有损中华文明形象。就是在国内，也应坚持同样标准，提高国民的文明素质。"

　　"但愿别带出国门"，不幸言中了！"在国内，也应坚持同样标准，提高国民文明素质"，切望在内部交往中先行，在外部交往中力行！这是"适应全球化交往发展新阶段的时代需要"！我讲文明交往论，重在讲文明交往自觉论。文明交往的自觉，要有三个敬畏：对法律的敬畏，对道德律的敬畏，对自然律的敬畏；还要有两律求：自律和他律。只有这样，才有自觉意识的提升。这里最重要的时常从"镜中我"（别人心目中的自己）来认识，从认知态度落实到行为的改变，履行自己的社会角色。

三　文明自觉三题

（一）思维方式三要素

　　人的思维方式在交往中起选择和定向作用。它有三个要素：①人们在认识和改造世界时所持的基本立场；②所持的核心观点；③所采用的主要方法。三者的相对稳定组合，构成了思维方式的整体。

用此方式思考、调整人与人、人与自然、人类自身的关系，自觉探讨文明自觉问题。

（二）文明自觉的交往力

文明自觉是文化自觉，是精神自觉。

精神是人类内在的、心灵的思维、尊严、价值、终极关怀的真正家园。精神自觉构成了文化自觉的灵魂，也是文明自觉的核心。

精神自觉的力量来源于三种交往力：①传承的交往力；②凝聚不散的交往力；③新陈代谢的交往力。

（三）消费生活的文明自觉

凡人都有欲望，然而对欲望有种种不文明自觉，主要是禁欲和纵欲，即苦行主义和享乐主义。禁欲的人生是孤寂、干瘪、苍白的人生，它有悖于人性，是禁而不绝的。放纵欲望只能导致贪得无厌和寡廉鲜耻，造成道德沦丧和人性泯灭。

文明自觉者关注节欲，内涵为：①既有对欲望的规范节制；②又要使其合理化实现。其核心是有度（正当、适宜、合理），促进人性的健康化、文明化、均衡化。其价值核心是节俭、俭朴、节约。"俭节则昌，淫佚则亡"（《墨子·辞过》）；"历览前贤国与家，成由勤俭败由奢"（李商隐：《咏史》）；"智慧、勇敢、节制、公正"和"小的是美好的"（英经济学家舒马赫），都是传世的至理名言。

四　文明自觉与文学的自觉

文明自觉离不开历史的洞察，离不开哲学的思考，也离不开文学的畅想。

（一）文学使人的心灵生辉，文学使人类历史灿烂，中外文明交往都证明这一交互作用的话句。

（二）无论伟人、平民，无论官、农、工、商、军、士，谁不关注自身精神家园、心灵港湾，这是人性中的一种神秘本能，其渴望与向往只有取向不同，而其追求与向往则相同。例如：①拿破仑熟读歌德《少年维特之烦恼》七遍，且在金戈铁马征途中也带有此书；②萨达姆·侯赛因在美军从地窖中抓捕时，身边放有陀思妥耶夫斯基的《罪与罚》；③马克思每年都要读一读埃斯库罗斯的原著，精读歌德等作家的作品，他对莎士比亚戏剧中不起眼的人物，也很熟悉，他说巴尔扎克的《人间喜剧》用诗情画意的镜子反映了整整一个时代；④恩格斯认为，从巴尔扎克作品中学到的东西，要比当时所有专业历史学家、经济学家和统计学家那里学到的全部东西还要多，还认为19世纪俄罗斯文学方面的那个历史的和批判的学派，比德国官方历史科学在这方面所创建的一切都要文明许多；⑤高尔基对19世纪俄国文学命题中的"谁之罪？""怎么办？"的思考，直接引入到苏俄文学。

（三）文学价值在于人文情怀，审美视野。高科技也需要高情感。爱因斯坦在《悼念玛丽·居里》一文中说："我们不应仅仅满足于回顾她的工作成就和为人类作出的贡献。杰出人物的道德品质可能比纯粹理智成果对一个时代及整个历史进程所具有的意义还要大。"

（四）电子媒介时代（电子计算机、电视、互联网、手机等）的灵魂是生产力大发展，文明交往新阶段，使人类生产、生活思维方式和内容发生大变化，使文学、史学、哲学呈多形态发展。人文精神是其中的主线，这条线也贯穿于自然技术科学的文化长河。

（五）陈行之在《当青春成为往事》的后记中，有一系列令人深思的尖锐的问题："我常常想，历史究竟是什么？当一个人处在某种历史事件中的时候，他对于这个事件到底有多大程度的认识和了解？他是作为一个严格意义上的人还是作为社会符号存在于历史之中？他用何种方式与历史对话？在他也许自觉也许不自觉的过程中，他本性是被消散了被掩藏了还是被扭曲了？"

（六）探索的眼睛一旦张开，就难以再度关闭，问题是在求索中如何思考？寻找思想资源，历史却被现实"拙劣模仿"，不读马克思的《路易·波拿巴的雾月十八日》却浑然未察。文学、历史都应当有一条哲学的通道。用全人类优秀文明成果的总和武装自己，开发我们所拥有的独特现实和历史资源，加上艺术上的创造，才能登上文学上的珠穆朗玛峰。

五　文明自觉是对精神世界的深刻反思

文明自觉表现的主要点，在于对人类、对本民族精神世界的深刻反思，从而达到认识自己、认识世界，确定在世界的地位，从而实行传统文明的复兴。

人性之中含有动物的野蛮性，即所谓"兽性"。但这已不是野兽的兽性，而是人化了的兽性。有句域外箴言："没有道德的勇气，就是一头失去控制的野兽。"此外，尚有人性的其他性质。例如奴性，是盲目本能的表现。奴性是"奴在心者"，受外在力量或虚构之物的精神奴役，缺乏精神独立和思想自由，是依附性的奴隶精神状态。奴性之外，尚有"贪性"。去此状态需要深刻反思的思想家，不但从政治领域，而且特别从精神领域；不但侧重描述社会世态与乡土风俗生活，而是集中于反思自我的精神特征。

所谓深刻反思，也不能停在"悟性"上。仅悟己之沦为奴，只是反思的第一步，对自身与外界尚无系统深刻的理解。反思要超越民族、语言、宗教、文化对立，思考对立中的交往、联系、互动、融合。反思也要超越非此即彼而进入亦此亦彼思维方式，对古今中外的文明智慧，包括各种宗教文化进行反思。只有对主观世界与客观世界及其相互关系有"理性"认识，并提炼升华为反思结晶的境界，才能达到文明的自觉。

认识人类自己和外部世界关系的反思，是深刻的反思。这就是超越了一般生活哲学的反思，即鲁迅的为了人能够"幸福度日，合理做人"；也就是已故日本鲁迅学家伊藤虎丸所说的"个体思想"，认为人只有通过"回心"和"反省""看见自己"，才可能"自己成为自己"，达到"个体自觉"。人的全部尊严在于思想，在于对"独立之精神、自由之思想"而进行的反思。自知而后自觉；自知又来自反思。

所谓"反思的结晶"体现于文学、史学、哲学的研究成果上。如鲁迅的"五书"(《坟》、《野草》、《呐喊》、《彷徨》、《朝花夕拾》)及"二史"(《中国小说史略》、《汉文学史纲要》)。如冯友兰从85岁到95岁生命最后十年心血凝聚而成的七卷本《中国哲学史新编》。冯友兰在此书第一卷结论中回答"什么是哲学?"有下述名言："哲学是人类精神的反思。所谓反思就是人类精神反过来以自己为对象而思之。"这种反思与追思早已在人类有精神之日就已开始了，古希腊神庙上镌刻的"认识你自己"就是证明。法国思想家蒙田也在重复着"世界上最重要的事情就是认识自我"。

这种自我意识的自觉，是渐进的，但必须是带有深邃的哲学、民族体验的历史感和开辟新的未来世界的深刻反思，而且是世界性、历史性的全面反思。一个民族的思想家主要使命是使本民族认识自己，实现精神的自觉。鲁迅在《摩罗诗力说》中有"首在审己，亦必知人；比较既周，爱生自觉"的话；在《文化偏至论》中又提出了"根柢在人"，"首在立人，人立而后凡事举"。这使人想起老子的话："知人者智，自知者明，胜人者有力，自胜者强。"（《老子·辨德第三十三》）实现文明自觉之路：正确认识自己，尊重自己，认识别人，严格遵守自己与别人之间法律、道德律，以及与自然之间的自然律。

正视人生，从蒙昧人、本能人向自觉人、明白人转变。反抗来源于反思，而反抗和反思二者的根在于理性，而不是盲目性、冲动性。理性即自觉性。思想家有责任倡导清醒的自觉的理性反抗，而抵制盲目、颠顶的非理性反抗。对话从宽容开始，目的是相互了解，自我反思。反思使矛盾不要变为对抗，再变为冲突，再变为战争。从宽容到接受对方存在，就是共存。巴勒斯坦和以色列之间的对话，看似每况愈下，其实在进步中，双方至少接受了对方的存在。共存已是事实，互相还有起码的尊重。张载说："仇必和而解"，反思落在"和"字。中东地区尤其要分清这两种反抗，首先对历来各种各样反抗进行深刻反思，不要为极端思维所惑。中东的思想家应该是一个了解本民族又了解周围环境的"明白人"，精辟总结历史经验的"清醒人"，一个善于反思又善于反抗的"理想人"，就是"自觉人"。

六　文明自觉的几个关键点

文明自觉从本质上讲，是人的精神自觉和实践自觉。

它有以下关键点：人的精神觉醒；人的思想启蒙；文明的复兴；思想上的解放；认识与行动上结合；人类文明的整体性。

当代人类文明发展之路的走向是：新的矛盾（全球性的环境生态、人类持久和平、消灭贫困、实现社会公平、人自身的价值依托和精神出路）、深的矛盾（深层次的利益调整、民族和宗教、政治与经济、社会生活、文明复兴）和杂的矛盾［积压式、交叉式、跳跃式问题，西方国家百年的"历时性"方式在发展中国家以"共时性"方式的集约化特征，早、中、新兴工业并存，初步、欠发达区域共在，"未强先大"、"未富先老"、"未发"〔资源〕先枯〕的交往。因而需要解放思想的精神状态：①开动脑筋、勤于思考、破除迷信、振奋精神；②认准方向，敢闯敢干、勇于探索、允许试验；③尊重实践，善于总结，敢走新路，不走大弯路。

文明自觉三性：客观性（科学性）；创新性（先进性）；民主性。不认同主观偏见、习惯势力，不走老路，不照搬外国制度、价值观，走自己的路。坚持自主性（自主创新）、首创性（第一次特征）、先进性（文明潮流之生，时代之先，历史之先）绕不开（和资本主义长期共存、市场经济、开放改革）和挑战（多样化与民族化）、善于学习（应对西化、分化和长期性）。

文明交往诸自觉特性之外，逻辑发展的结果便是整体性。按钱锺书在《谈艺录·序》中的说法，东西方文明是"东海西海，心理攸同；南学北学，道术未裂"。大凡文明兴盛时期，强势文明总有一种自信心态，从其他文明当中吸取各种养分，以丰富自己，从不惧怕外来文明。如鲁迅所言，唐代对西域文化像对待"俘虏"一样化为己有。西方人自近代以来，认为西方文明是人类文明的全部，似乎形成主导思潮。实际上，任何一种文明，都只是人类文明的一部分。不但西方文明如此，中华文化、阿拉伯文明都是如此。只有互相借鉴、互相吸取、互相融合，在文明交往中共生同存，才能形成人类文明的真正整体。由歌德所强调的"世界文学"概念，被马克思、恩格斯吸纳入《共产党宣言》之中，正表现了人类文明的自觉的整体观。

我从人类文明交往的角度，关注东西方文明在价值观上的互相学习、互相启发、互相受益。这一切都在文明交往的自觉化过程中进行。最初，我从文明交往论角度观察人类历史，得出了这样的结论："文明的生命在交往，交往的价值在文明。文明交往是人类历史发展的动力。"后来，受了费孝通的启发。他对全球化时代人类文明史发展远景的名句是："各美其美，美人之美，美美与共，天下大同（或者是和而不同）。"我觉得人类文明交往一个关键是文明交往的自觉，而自觉的关键是理性地认知于自然万物、人类社会和自我身心。于是就有了下述的表述："知物之明，知人之明，自知之明，交往自觉，全球文明。"和上述文明交往价值论加在一起，就是我的文明自觉的整体性认识。

七 文明自觉与理性

理性是自觉的关键因素。

理性看待自己当属关键中的关键。

英国诺丁汉大学中国研究所郑永年在新加坡《联合早报》2006 年 7 月 11 日发表《中国人应理性看待中国的崛起》一文中写道:"国际社会怎么看中国,当然很重要,因为他们的看法从不同程度上影响着他们的对华政策。但更重要的是中国如何理性地看待自己的崛起。如果不能理性看待自己的崛起,不仅内部的持续发展会出现问题,而且也会对中国的外部交往产生不应有的影响,如盲目高估自己的国力,非理性的民族主义、大国沙文主义等。"

他从旁边看中国,认为中国的崛起,是单向的崛起,即使经济上也是数字计算,如和平崛起中的乘法和除法。这是其一。其二,带来社会经济问题,如能源危机、环境恶化、社会分化的严重化。其三,中国要避免军事崛起,必须有文化崛起和政治崛起。经济崛起,没有带来文化复兴,更没有造成新文化,相反传统文化被商业文化、快餐文化所代替。其四,保证政治平稳转型仍是巨大无比难题。其五,中国的外扩靠外贸和文化传播。外贸要"双赢",传播文化,沟通认同。

自觉是关注文化和政治的转型问题。

过去的帝国崛起,主要靠军事扩张。

经济力量不把重点放在转化为军事力量方面,可免蹈西方式战争崛起之路。中国历史上几次真正崛起:秦汉、隋唐、明清时代,文化与政治的崛起,总是伴随着经济崛起而来。当时,此三者都领先于其他国家。儒家文化圈的形成,是政治、文化对外影响和全面崛起的最佳见证。

自觉总是要求超越自我,感性上升为理性,其主要渠道是问题意识。2006 年 6 月 9 日到 7 月 9 日的 30 天中,狂热的世界杯足球热横扫世界。人们是否在"让足球占领大脑"的时候,多想想世界的其他问题?例如:

(1)这 30 天,世界上因饥饿而死了多少人?241.92 万人!

(2)这 30 天,世界军费开支有多少?777.6 亿美元!

(3)世界杯到底给世界留下了什么?是在反种族主义方面有所进步吗?是抛弃了外表上的种族成见,还是保留了许多?

(4)足球是什么?是现代社会最重要的"竞技",但所有与足球有关的东西又是什么？都是财富和商机！不是吗？从电视转播到网络直播，从球衣到广告，甚至于球迷的发套，也成了义乌工厂的大生意！

（5）富人和穷人是否在似乎抛弃了阶级成见而转为自己国家的球队而呐喊吗？

（6）世界杯真的是一次全球盛会吗？是不是它在人们被煽动的狂热情绪后面还隐藏着肮脏的操纵？

（7）尤其是中国的足球迷们，为什么连为自己国家球队呐喊都不可能时，却跟上西方人一起发高烧呢？

文明自觉就是要有理性的深思、冷静的发问，这对那些起哄的媒体尤其重要！

八　价值理性的自觉

文明自觉是理性的自觉，是由工具理性到价值理性的自觉。

什么是价值理性？从根本上讲，是人性的自觉，而要充分体现人的人性自觉，必须充实人的心灵生活。

哲学家从哲理之维出发，把幸福作为人生的最高目标。但什么是幸福，却是见仁见智，各有所见。若从人的观点而言，人之所以高贵于禽兽，在于心灵的享受。幸福是一种享受，享受有肉体与心灵之分。人既有肉体，也自然离不开肉体享受。正常的人，不能是禁欲的清教徒。然而肉体的享受不是人类最高尚的享受，而是人类与鸡啄狗龁所共有的。人类最高尚的享受是心灵上的享受。

什么是心灵上的享受？最主要的是真、善、美三种价值理性。学术（学问）、艺术、道德都是求真、爱美、向善的心灵活动，三者相互依存、相互联系组成了价值理性的整体，而这种互动交往即人类的生产和交往实践。人如果在真、善、美这三方面达到了精神上的满足，也就达到了最幸福、最好享受的境界。

价值理性表现在一个人的生活是否丰富健康，也就是有无价值，主要看他对于心灵或精神生活的努力和成就的大小。如果只顾衣食饱暖而对真、善、美不感兴趣，他就是一具行尸走肉、酒囊饭袋和没有理想、没有头脑的人了。

价值理性的道理本来就无深文奥义，也似乎在许多人看起来十分迂腐和不合时宜。价值理性所反映的是人的真、善、美，还是假、恶、丑？

九 文明交往自觉论手记

（一）潘岳（国家环保部副部长、中国环境文化促进会会长）2007 年 12 月 19 日在"草原文化与世界文明——中国第三届草原文化百家论坛"讲的十句话中的"第一句"："大中华文化，是由草原文明、中原文明和江南文明经历几千年交织、凝炼、融汇而成。"中华文明在交往中形成中庸、宽容、仁和道统使它的特征表现为"第四句话"："中华民族成为数千年来全世界以国家形态同根同种同文地留下来的唯一民族。犹太人虽然也称得上同根同种同文，但他在历史长河多时段里不是以国家形态而是以部落形态出现的。"（注意：埃及的特点）（沙漠文化—阿拉伯—伊斯兰文明）（蒙古帝国与阿拉伯帝国——马文化？）

（二）但在物质与精神之间取中庸之道很难把握。人性、历史，特别是制度、政策是保证逻辑上矛盾与实践上不悖的平衡器。

（三）极端思维不明白中西关系的关键是取舍选择。西方的合理性、必要性和界限——历史经验是入侵者、坚船利炮，竞争关系。对科技虚心学、尽量拿；制度，从满足社会正义、实现公民权利出发认真选择；"文明冲突"中的"软力量"属性，慎之又慎。主体性表现：①不要把西方作为标准；②不要忘记"西方"二字后面是一个利益和权力单位；③自己强盛，才能与西方和谐相处。极端重西方——全盘西化、文化虚无主义；极端重中华——义和团、原教旨主义。

（四）优秀传统的自觉认同是思想基础，不仅仅是道德伦理，更重要的是制度、法律。民族复兴是塑造民族文化性格，建构国家的现代形态，即文化认同、政治重建、身心安顿，特别是政治价值——落实到现实中的政治制度。传统现代化西方民族化自觉意识是本位的，又是开放的。传统是我们今天所解释、理解、利用、选择、认识的传统，而不是古人所认识和理解的传统。传统不是简单地回归、复兴，传统应该是现代的一部分。

（五）自觉地意识到价值问题：生活的意义、幸福的界定。现代化是①生产层面上的工业化，②生活方式上的城市化，③人们价值上的世俗化。人类社会各发展阶段有区别又有联系，而联系在很多情况下就是传统价值之所在。历史的转折就是历史主体和价值的改变。主体改变了，但社会组织、运行制度有许多相似之处。很多问题不会因社会制度变化而彻底消失，需要再认识，传统是思考问题的资源、财富。改变自己，是一种精神价值问题。价值在历史积累之中。

(六)潜意识的文明自觉。三种大文明的特征：

1. 西方文明从公元 800 年查理大帝接受利奥三世册封，政教结合、社会生活和人的信仰(精神生活)关系密切。政权与宗教分离，物质生活与信仰变成两个领域，信仰与科学对立，人生终极目的疏远，世俗化使近五百年的西方文明在物质丰富之后，陷于困惑。

2. 伊斯兰文明把人们的精神生活和社会生活，把价值、科学和手段融为一体，但落后于现代化的世俗性民族后面。它的天然优越性是解决了西方困惑。美国可以屠杀穆斯林，但很难征服他们的心。两世性，政教合一的特点不可忽视。

3. 伊斯兰文明的"神"性，西方文明的"欲"性，中华文明介于二者之间，神俗兼有。在传统与现代，神俗性之间综合，这是进行文化重建时的文化自觉认识。

十 从文明交往到文明自觉

(一) 新闻、小说与历史

Song Never to End (《永远尽头之歌》)，这是鹿桥 (1919—2002)《未央歌》的英文译名。

"过去的来源不知道，未来的结尾也不清楚"。

写西南联大校园生活，可作为更逻辑，还原人、事、物的"历史"读。这是因为：新闻是"历史"的初稿，小说是"历史"的想象，而且"历史"要通过苦难过程发掘生命与人性的亮点。

台湾音乐人黄舒骏有感于《未央歌》对自己的人生启蒙，谱写的《未央歌》中说："你知道你在，你知道你在，你知道你在寻找一种永远。"这不是"知道"在"寻求"吗？这不是在苦难中超越苦难，积极寻求创造吗？这不是在苦难中坚持真理、追求理想的进取精神吗？

(二) 中华文明复兴的自觉性

吕振羽著《简明中国通史》有言："清朝的衰机，可以说是起于乾隆之世。"

美国史学家史景迁说得更明显："乾隆受到太多的赞誉，却极少省思，在一派繁荣的乾隆中期，已经日益显现了衰退甚至崩溃的征兆。"省思就是文明自觉之源，思想的禁锢，对西方列强的迅速发展，对自己的停滞，视而不见，全无察觉，"与世隔绝"是不自觉之基。文字狱一个接一个，举国齐喑，而"十全老人"乾隆皇帝却极为铺张"六下江南"！

新中国成立，中华复兴，中间弯路中又有类似"历史之重演"。

弯路需深刻反思、总结，这也是文明自觉。

十一　蒙特霍的文明自觉之路

委内瑞拉诗人欧亨尼奥·蒙特霍（1938—2008）用"地球转动让我们靠近"的诗句，形象地表述了全球化的文明交往时代：

"地球转动让我们靠近，它自转也旋转在你我心间，一如《会饮》篇中所言：

……地球在音乐中旋转，带我踏上旅游程，它不会为某一刻而停转，因为爱情那么丰盛，多得妙不可言，这只是一曲柔板，写于许久之前，合着《会饮》谱写的心弦。"

诗中两次提到的《会饮篇》，来自柏拉图的《会饮篇》。该篇中写道："我们也可以把音乐说成是一门爱的学问……爱与谐音与节奏相关。"（《柏拉图全集》第 2 卷，人民出版社 2003 年版）在对话中，柏拉图借苏格拉底一大群大智食客之口，大谈特谈的文明自觉之"爱"：由凡人的爱、肉体的爱、属地的爱，最后升华为灵魂的爱，不可见的爱和属天的爱。因此，有节制的欲望是正确的和美好的，这与无节制的肉欲、淫荡、邪恶的爱，是截然不同的。

文明自觉的关键之处在自觉地节制到适当的度。诗歌如蒙特霍，不走拉美诗人柔肠寸断、充满哲理或口语连篇的"反诗歌之路"，而走上了当代的又不自外于现代、充满人情内省又绝不酸溜溜、平静镇定而又不故作堂皇。这条道路是自觉掌握了度的诗路，因而被誉为"摆脱了时间局限的永恒诗人"。他的文明自觉之路有以下路标：

1. 自觉意识之路。自觉始于自觉意识，要有意识地实践，而非盲目干活。文明自觉在实践中的质的提升和超越，是一次自觉意识的转换。

2. 自觉精神之路。探索要勇，信念要韧，路在不懈跋涉。不重复过去、他人、自己，不故步自封，不贪图安逸。名利、地位、寂寞处理适度。

3. 自觉能力之路。素质、能力为自觉追求之必需，贵在实践中学。向历史与现实学，向人民学，提高洞察力，把握时代脉搏，独立见解与开阔胸怀，均从学中来，从观察、思考中出。

4. 自觉环境之路。营造制度、规则。掌握度并不意味失去历史感，反而正表明了独特的政治态度。

十二　交往平衡的文明自觉

中东悲剧使人们痛感文明之间和文明之内对话必须建立在理解基础之上，而理解是对彼此利益要求的尊重和体谅。这中间充满着理想和现实的复杂矛盾，要解决这些交往中的矛盾，最为重要的是平衡。

平衡又熟悉又陌生，又抽象又具体，而细想起来，从文明交往的自觉性上讲，主要是力量、实力的平衡、利益利害的平衡，以及与这两种平衡有密切联系的心理平衡。这三个平衡水平的认识与行动的提高，实质上是人类文明自觉的表现。

如果把这三个平衡再根据中东历史与现实状况加以具体化，是处理武力与协商、对抗与合作、依存与沟通的关系。平衡有用武力方式解决的惯性思维，但平衡更多的是通过协商方式。当今世界，文明自觉之处在于武力将不再是个别国家可以随意使用的解决问题的方式，武力不再是解决所有问题的方式，是文明自觉者不希望看到的，也是从根本上反对的。当前世界格局的主要特点是：一个全球性大国和多个地区性大国构成的，解决问题之途在于它们之间的积极协商、主动合作和其他国家的沟通与参与。

利益的平衡是在经济全球化背景之下的各国经济利益分享上的平衡。全球化激发着人们的创造力，但必须恪守紧急援助和相互依存法则，要从道义责任与和平安全对待最贫穷、最脆弱的人群。富国与穷国之间需要建立一种和谐状态，其基础为相互理解和利益共享。

理解是理性的希望，是一种心理上的平衡。法国总理德维尔潘看到了这一点。他说：如果贫穷阶层失去了谋求更广泛的社会公正的希望，那我们的努力将毫无结果，或者坚持不了多久。因为我们得不到各国人民的理解，全世界各地区之间的裂痕会继续拉大。他的意思是很明白的：如何面对巨大的挑战和共同分担这一切，各文明体之间、各国之间，需要自觉地沟通和理解，并在此基础上达到心理上的平衡。

这个沟通和理解是不容易的。在许多美欧学者和政客的眼中，西方世俗化民主与伊斯兰文明是水火不相容的，尤其是美国当政者想利用其强势文明去"改造"伊斯兰世界。他们按照西方的价值观去推进"大中东改造计划"，推行单边主义外交政策，甚至美国总统布什使用"伊斯兰法西斯主义"这样极具刺激性的诂语。这样使人们心理更失衡，西方与伊斯兰世界更对立。本土穆斯林与移民穆斯林情绪更加不稳。特别是这位布什总统，比美国历史上任何一位总统都更爱用宗教语言，而且很多用语直接源于福音派本身。很多福音派教徒将伊斯兰极端主义等同于整个伊斯兰世界，强烈支持布什政府将伊拉克的"民主战争"进行到底，对美国外交政策产生颇大影响，因此加剧了美国社会的宗教色彩。这害了美国穆斯林，也害了许多伊斯兰国家的穆斯林。西方世界随着亨廷顿跳进了"文明冲突论"泥潭而失去了自觉。

目前，全球有10多亿穆斯林，分布在100多个国家，而现有的近60个伊斯兰国家同美国的关系恶化。如全球伦理基金会主席汉斯·金牧师所说的"预防性对话而非预防性战争"在提醒美国，要尊重各国的特殊性与多样性。在美国与其他大国之间力量的对比、发达国家与不发达国家利益摩擦、傲慢的西方文明与其他文明之间理解的鸿沟，根本问题在于美国的霸权。只要它在，世界混乱、中东动荡必将继续下去！但中东动乱毕竟不会影响世界稳定全局，全球正在寻找平衡，国际社会将从混乱中走向新的有序。

十三　启蒙运动是人类文明的自觉运动

启蒙运动的内在精神是什么？

我认为，启蒙运动是人类精神的大觉醒，是人类文明的新觉醒。启蒙、觉醒、自觉，都是人类思想反思之后，去蒙昧之蔽，觉悟于沉睡之误，走上文明之阶。欲上文明之阶，需要有反思之后的再反思，顺应人类文明发展大趋势，因此文明自觉是启蒙、觉醒最深层的思想和精神动力。启蒙运动虽是世界近代人类精神觉醒的一个最为突出的新阶段，但此种自觉是穿越了远古、也必然超越已往积累，而在当代继续展现其精神品质和思想风貌。文明自觉之路始于启蒙解蔽，进而觉醒自强。《荀子·解蔽》中说："凡人之患，蔽于一曲，而暗于大理。"这是基于对人生社会动乱根源的深刻思考。

康德在1783年12月德意志《柏林月刊》就"什么是启蒙运动？"问题

的回答中，体现这种文明自觉性："启蒙运动就是人类脱离自己所加之于自己的不成熟状态。不成熟状态就是不经别人引导，就对自己的理智无能为力。其原因不在于缺乏理智，而在于不经别人引导，就缺乏勇气与决心（知性）加以运行，那么这种不成熟就是自己加之于自己了。Sapere aude! 要有勇气用你自己的理智！这就是启蒙运动的口号。"（康德：《历史理性批判文集》，中译本，商务印书馆 1991 年版，第 22 页）

　　启蒙运动的内在精神是理性的思想精神，并用此批判"三权"（专制王权、封建特权、宗教神权）和实现"三权"（人的权利、自由和平等）的运动。启蒙思想家真诚的愿望是启迪民智、呼唤人类自身潜在的理性，如康德所说，把人类从不成熟的状态和奴役的状态中解放出来。伏尔泰的按理性行事的思想，也是旨在从"无知"中解脱人类，从"谬误"中，从"暴政"中解放人类。敢于用自己的理性指导人的行动，使人成为独立的人和自由的人，这是人与社会、人与自然、人与自身的人类文明交往的三大主题的核心。

　　历史地对待启蒙，也应当对反思之后再反思。唯有反思的反复在人类文明发展中进行，才有更新的文明自觉。当历史从近代启蒙中走出来的时候，许多思想家开始了思考其中的历史与逻辑。A. 麦金泰尔在《德性之后》（龚群、戴扬义译，中国社会科学出版社 1995 年版）提出了近代启蒙道德合理性的论证是失败的。培根、洛克、休谟、康德等近代启蒙思想家在超越经院哲学的大趋势下，掀起了以具相、经验、理性和人本为主要内涵为主潮的启蒙运动。这场运动严重偏离了人的信仰与道德为主要内涵的精神品质，其纯粹理性偏离价值关怀，物质文明脱离精神文明，其后果是物欲泛滥，灾害、血腥斗争等野蛮现象丛生。所以，时过二百年之后的 1983 年，哲学家米歇尔·福柯邀请他的朋友理查德·罗蒂、赫布尔·特德列、福斯、查尔斯·泰勒和于尔根·哈贝马斯等人在伯克莱举行了康德的"回答一个问题：什么是启蒙？"讨论会。在讨论中，福柯用最不能允诺的方式，"痛苦地拒绝"康德关于知性状态、自立和理性普遍规则的言说，认为所有这些都是"历史性的错误"。（Ceoffrey Galt Harphàm, what is Enligheenment? An Inqisition into Modernity, Crtical Inqury, Vol. 20, No. 3. 1994, p. 524）

　　这个反思是有历史根据的，而且与不平等的文明交往及其灾难性的后果有关。西方文明的传承关键——文艺复兴，是人们试图从观念上走出宗教等信仰之始；而西方文明的传播之旅——新航路的开辟，如哥伦布所说的，是"贪欲"和"令人改宗"之路。这种在启蒙运动之后，从观念上和实践出现的、在传统社会不可出现的灾难，充满了人类文明交往历史的篇章：残酷的殖民掠夺、以诸多借口和不择手段推行西方价值观，资源枯竭、环境恶化、民族文化遭受摧残、国家主权被剥夺。正如斯蒂芬·布隆纳在《重申启蒙：论一种积极参与的政治》一书中指出的：近代启蒙的历史积淀往往为帝国主义野心和寄生精英们所污染。只有单边主义政治才拥有"自由"。

反思见之于当代，有所谓新启蒙、后启蒙和第三启蒙持续出现，其中有两种论说较为重要。一种论说是伽达默尔的"三次启蒙说"，该说认为："从毕达格拉斯到古希腊为宗教时代的启蒙；从文艺复兴到 18 世纪近代启蒙高潮，特点是'从不成熟状态中走出'为目的，而陷入'盲目地对自动化信仰及价格对社会的统治'和'沉默于技术迷梦、着魔于解放的理想社会'的另一种'不成熟状态'之中；第三次启蒙是当代'对专家、尤其对社会问题专家的召唤'和对'信仰尊严'和'国家社会良心'的强调。"（《伽达默尔集》，严平编选，邓安庆等译，上海三联书店 1988 年版，第 83、95、74、98 页）第二种论说美国人保罗·库尔茨，他认为启蒙是启发"对大众有广泛应用价值的综合知识智慧"，把握科学的自然主义选择。他主张维护个人权利与意志，遵循自己道德价值观和民主开放的社会论。他用"世俗人文主义"反对神明拯救和灵魂永恒论。他论说的政治观关注民主、自由与极权主义的时代冲突、少数民族决定自己命运的民族解放运动和建立诸多对抗因素多元主义的共同体。

19 世纪瑞士史学家雅各布·布克哈说：世界将滑入两个极端，要么全面民主，要么走向专制。（《世界历史：沉思录》，金寿福译，北京大学出版社 2007 年版）20 世纪的霍本斯·鲍姆，称 20 世纪为"极端年代"。20 世纪的保罗·库尔茨说：我们时代的冲突不是在主义（社、资）、神（无、有）、人文与基督（主义）之间进行，而是在民主、自由与极权主义之间。两者之间存在着公共地带，有时需要公共开支，他的新启蒙目的是"炮轰所有边缘"（Paul Kurtz, Toward A New Enlightenment, New Brunswick and London，1994，p. 247）

启蒙要告别蒙昧，但绝不是告别信仰。启蒙是吸收传统中的优秀因素，而不是抛弃人类文明中的公民道德。启蒙的反思的基础是理性与信仰互补互融，并与公民道德与社会风俗相辅相成。启蒙的辩证法是把抽象的理性与实在的信仰结合起来，把科学技术和人性的道德智慧统一起来，促使全球的交往文明化。正确的结合，可以防止极端化、片面化，并且正视人性的罪性丑恶面和堕落面，清醒地运用交往互动规律，使各人的自私自利通过制度，使权利分置、互相制衡而有利于公共利益。

启蒙与民族国家之间关系集中在启蒙的民族性与世界性上。每个国家都有自己的启蒙史,每个国家都在用启蒙理念去寻找文明,民族利益与启蒙家著作联系在一起;同时,另一方面,各民族之间又在交流与融合,并存与互补和互进。只有民族性与世界性和谐与共,民族国家乃至整个世界文明才能和平发展。

十四　启蒙问题琐记

(一) 何谓启蒙?

人类文明自觉之路始于启蒙解蔽,进而觉醒自强。最为蒙昧时代,需要解蔽,解蔽而后进入文明时代。文明时代,需要解蔽,而后进入更高级的文明时代。蔽在何处?《荀子·解蔽》中指出,"蔽于一曲,而暗于大理",即所谓"一叶障目",以小蔽大。启蒙解蔽是人在解放自己的过程中,不断摆脱旧的精神枷锁的思想解放过程。这是一个由低级到高级的持续不断的路程。

《论语·述而》:"不愤不启,不悱不发",即孔子的启发式教育思想,求知不得而发"愤"时再开导,求知欲言而"悱"(不能恰当说出)时再启发。启和发,是教而自觉。"蒙"为《易》中一卦,朱熹解释为"纯一未发,以听于人"的"童蒙",也有启发之意。汉语用"启蒙"来表达"澄明"(德文Aufklärung)和 Enlightenment(英文"光照")并不恰当。二者都含有"光喻",是用光喻理性,即"理性之光"。启蒙不是由少数精英来教育大众,"启"他们之"蒙",而是公众要启蒙自己。启蒙是公众给自己启蒙,因为启蒙是人的本性。康德认为,知识精英以民众监护人自居,是一种反启蒙心态。

启蒙应从人性的普遍本质中进行学理性研究,反思政治层面底下更深层的文化心理,认识启蒙的实质是批判性思想,即自我批判的理性。理性是自由的,但这种自由分为:①公开运用理性的自由——言论、出版、公共舆论和思想传播自由;②私下运用的理性自由。康德认为,前者的"自由"不受限制,后者有职责限制,被认为是对现存制度的"妥协性"和对现实批判的"不彻底性"。他的启蒙思想与现实政治制度拉开距离,因而比法国大革命的启蒙思想更深刻。康德笔下的腓特烈大帝开明政策是:"争辩吧,愿意争辩多少就争辩多少，愿意争辩什么就争辩什么；但要服从！"（《历史理性批判文集》，何兆武译，商务印书馆 1991 年版，第 25 页）这使人想起"学术无禁区，宣传有纪律"的话。

这不是说启蒙仅限于书斋的抽象思想，根本不关心社会政治。康德说："这种自由精神也会向外扩展，甚至扩展到它不得不和一个对自身发生误解的政府外部阻力相争斗的地步。因为这毕竟在这个政府面前做了一个示范，即哪怕有自由，也丝毫不必担心社会的安定和共同体的团体。只要人们不去故意矫情地维护其中的粗野状态，人类就会逐渐地使自己从这种粗野状态中摆脱出来。"（同上书，中译本，第 30—31 页）。这里，康德谈"自由精神"时，直接触及了文明交往中的对立面——"粗野状态"。启蒙所倡导的"自由"是不破坏社会稳定的自由，目的是文明自觉——使人类逐步摆脱"粗野状态"。看来，他的启蒙的"自由精神"有三要素：①有节制、示范；②渐进、长期；③最终实质上影响社会。

康德是一个隐居起来思索人性的思想家，而不是充满过激心态、对政治权力追求和缺少宽容精神的谋臣或智囊。启蒙者最需要自觉地分析自己"唯我独尊"的内心矛盾，意识到自己的局限性，意识到自己文明中的历史惯性，不要盲目地把停滞不前当超越，把腐朽当珍宝。

（二）当代启蒙学说种种

从世界文明发展走向看当代，斯蒂芬·布隆纳在《重申启蒙：论一种积极参与的政治》（殷杲译，香港凤凰传媒集团 2006 年版）中，认为近代启蒙的历史积淀往往为帝国主义野心和寄生精英所污染，因而要反思它的诸多偏离。

A. 麦金泰尔在《德性之后》（龚群、戴扬义译，中国社会科学出版社 1995 年版）中，认为近代启蒙道德合理性的论证失败，毛病出在克尔凯郭尔、康德、休谟、斯密及其同时代人论证不够机敏，共同与独特的历史背景造成了这种失败。这种背景是当时以超越经院哲学为时尚，抽掉了人的信仰与道德，随之出现了物质文明的物欲泛滥与血腥争斗。

伽达默尔在《伽达默尔集》（严平编选，上海三联书店 1988 年版）中认为，世界历史上有三次启蒙：①"从毕达格拉斯直到希腊文化科学"的希腊启蒙，结果是强大的宗教时代的到来；②近代启蒙运动以文艺复兴为起点到 18 世纪达到顶峰，它以"不成熟的状态"始，以"盲目对自动化的信仰以及价格对社会的统治"和"沉醉于技术的迷梦和着魔于解放的理想社会"

终。结果陷入另一种"不成熟状态"之中;③当代的"对专家,尤其是对社会问题专家的召唤",强调"信仰的尊严"和"国家的社会良心"。

保罗·库尔茨在《走向新启蒙:对后现代主义批判人道主义的一个答复》(王宏印等译,《国外社会科学》1994年第8期)中,认为科学科技时代的失误与人类理性无关,技术滥用、生态被破坏,是人类运用技术不智之举所致。现在需要把握科学观点,发展对大众有广泛应用价值的智慧与各种知识的综合,捍卫自然主义的选择。他的新启蒙以世俗人文主义为依托、以理性为内核,其具体内容为:①个人权利与意志;②普遍的道德礼仪;③美德价值观;④政治经济上的民主与开放;⑤宽容的哲学原则;⑥人类未来潜能和前景的乐观;⑦实现丰富社会生活和创造性选择。保罗·库尔茨有一个观点:当代基本矛盾不是社会主义与资本主义、无神论与有神论和人文主义与基督教主义之间的矛盾,而是民主、自由与极权主义之间的矛盾。他关注两者之间公共地带的边缘,超越多元主义,走向人文主义的普世主义。他为此寻求共同伦理价值,在持续进行的"民族解放运动"(少数民族有决定自己命运的权利)和多种"对抗因素"两种运行力量中寻求建立一个共同体。

雨果·梅内尔在《前现代和新启蒙》中认为,旧启蒙虽然给人类巨大效益,但有大恶果:①科学主义,对全部价值的专制问题;②有限的实用主义(消费主义);③对于人类阴暗感情、集中消费中表现出的利益观,持有天真态度;④对传统思维、语言与行动方式以及趋势在经过检测并得到结果之前就持之非批判的轻蔑态度。

安德烈·柯恩主张21世纪的启蒙是在深层、真实和严肃的语境中的个体灵魂的转换。

格莱格·柏克主张在分离的知识世界建立科技与人文之间的桥梁。

(三) 当代启蒙几说

马克斯·霍克海默、特奥多·威·阿多尔诺在《启蒙辩证法》(洪佩郁等译,重庆出版社1990年版)中,认为信仰与理性两者在当代启蒙中处于各自独立而又相互均衡的核心位置,而信仰是根基。旧启蒙时代,理性更多地表现为革命性和破坏性,它试图赶走神性而寻找光明。这种启蒙精神摧毁了旧的不平等、不正确的东西和直接统治权,但同时又在普遍联系中,在一些存在的东西与另外一些存在的东西的关系中使这种统治权永恒化。他的论点是:启蒙告别的是蒙昧,但绝不是告别信仰;只有当信仰牵引理性向着正当方向前进的时候,启蒙才具有真正意义。

Steve Smith 在 *The publican Legacy in International thoughes*（Cambridge University Press，1998）中，认为公民道德和社会风俗也为启蒙重要方面。启蒙对传统既继承也批判。从苏格拉底到康德时代，公民道德始终被看成社会文明进步的重要依据，应予继承，使之补充法律之不足。与公民道德有关的还有社会风俗（法律形式的土壤，道德的左右手）。

米歇尔·福柯 1983 年同其哲友理查德·罗蒂、赫布尔·特德列、福斯、查尔斯·泰勒和于尔根·哈贝马斯等人讨论康德《回答一个问题：什么是启蒙?》一文时，认为康德关于知性状态、自立和理性普遍规则的言语，都是"历史性的错误"。（见 Geoffrey Galt Harphàm，What is Enlightenment? An Inquisition into Modernity，Critieat Inqary，Vol. 20，No. 3. 1994，p. 524）

Roy Porter 在 *The Enlightment in National Context*（Cambridge University Press，1981）中认为，启蒙无论在文化传统或思想家的价值取向上，都体现着民族性的基本特征。例如诺曼·哈姆森之于法国，西蒙·伽马之于新西兰，赛缪尔·泰勒之于瑞士，欧文·卡德维克之于意大利，杰克姆·瓦雷之于德国，都对本民族国家持维护态度（同上书，第 306—307 页）。历史上倡导世界主义的黑格尔，虽忽视民族国家权利，但在启蒙问题上却旗帜鲜明。当人们向他提出"近代启蒙是否可能迷惑或欺蒙一个民族"的问题时，他回答说："其实这个问题的答案应该是：问题根本是废话，因为一个民族在这种事情上是不可能被欺蒙的。"（《精神现象学》，贺麟等译，商务印书馆 1979 年版，第 89 页）用启蒙的理念去寻找抽象的光明，是近代欧洲文明主题所在，而光明的资源在不同传统和范例包容中的各国民族国家的个性特征。

Daniel W. Home 在 *Why the Scottish Enlightenment was useful to the Framers of the American Constitution*，*Camparative studies in society and History* 中，认为近代启蒙的民族性是为民族国家的合法性立言的，但民族国家的特性绝不是民族文明之间的交往（交流与互融）。他举例说，英国文明是美国文明的主要来源，除了殖民主义的历史原因之外，英国文明交往中的进步因素也有特殊张力。人们早就发现，苏格兰启蒙运动中的"共和思想"就曾经对美国宪政带来重要影响，尤其对早期美国的宪政框架作出了重要贡献。这是符合文明交往互动规律的。当代启蒙的民族性与世界互融性是可以并存互补、相互推进的。进一步看，只有当民族性与世界性（全球化）和谐与共时，民族国家和世界文明才能和平、稳定、健康的发展。

（四）信仰超越理性

人类文明在当代科技革命之后，理性有更大的合法性，最易淡忘的就是人性依据的精神品质——信仰、道德。信仰、道德在世俗化社会，科技燃起经济与欲望之火种，逐渐失去往日的纯真。人被物异化了。

理性是抽象的，信仰是具体实在的。

理性与信仰的矛盾中，双方是对立的。

对立才是理性获得意义的条件。

在双方对立的条件下，一切内容属于信仰。

信仰是一种安静的思维元素，每一环节都持续存在。

信仰的存在，拥有相对于理性所具有的优越性。

信仰是人性诸多要素中的基石。

信仰能"牵引"当代科技文明？

（五）启蒙运动中基督教与人文主义：圣准与补充

洛克：经验与常识与笛卡尔的理性主义相对立，《人类理解论》（1690）对宗教思想有阐述。上帝存在的两个前提：人自身存在的经验命题是"有某些东西存在；存在着的每一个东西都从另一个存在物获得其存在和性质"。在《基督教的合理性》（1696）中，又用启示补充理性主义。

卢梭："不在书中字里行间，而在人们心灵深处找上帝的法则"，思想深处是基督宗教道德理性。

康德：上帝存在、意志自由、灵魂不朽三大命题。

伏尔泰：反对天主教会的旧教会制度，一生保存了对创造主的信仰。

费尔巴哈：反对精神信仰的基督教。

（六）远离欧洲复杂历史、民族关系的美国——新文明交往社会

根源：百年前启蒙运动史、三百年人文主义史、近两千年基督教史。

《独立宣言》第一、二段：上帝赐予人的各项权利。

杰斐逊、富兰克林等的基督教精神理念与人文主义一致性：

基督教中清教的"人皆有罪性"观念与对人性堕落的警觉（自觉），表现在1787年草拟宪法时，看到人性幽暗意识（现实感）的清醒感。"宪法之父"麦迪逊（James Madison）：结党营私是人类通性，必须正视人性丑恶面，"政府之存在不就是人性的最好说明吗？如果每一个人都是天使，政府

就没有必要存在了"。

现实而清醒的人性观，人的经验、情感、良知、自由、人文与宗教都珍视。

（七）启蒙是文明交往的自觉：理性的局限

18世纪为理性对外界权威的批判。

19世纪以后，历史转向了对理性自身和人的当今存在的批判。

启蒙指向了自身，即对现代性问题的解答。

反省和批判，促进了人类文明交往的自觉——自身的局限、理性的局限。

（八）启蒙：思想解放的世代反思

阿伦·布洛克在《西方人文主义传统》中说，启蒙"没有最后一幕，如果人类的思想要想得到解放的话，这是一切世世代代都要重新开始的战争"。

启蒙与反启蒙、负启蒙并行，与新启蒙、后启蒙递进。启蒙的精神在于反思。只有反思，只有批判性的反省，才有文明自觉的价值。启蒙先驱者的思想，已融入反思者的血脉和心灵之中，自我反思和审问，是对批判权利的坚持和启蒙的未来走向。

如何反思？用理性批判、以多维视角对思想进行清理，有激情的责任感，有怀疑的批判感，有承担的信仰执著，耐心理顺启蒙大厦的根基。

启蒙是一个开放的系统和敞开心扉的学术情怀。它是永远开启着的人类精神大门。思想家的天职就是以真诚的心态，迎接一次次的心灵对话。

启蒙是不断的反思，是生存于问题的运动之中，其精神走向是解放思想，是人类文明交往的自觉，是世世代代的思想战斗。

（九）启蒙：交往的文明化

启蒙有五化——目标：现代化；武器：民族化；态度：理性化；主体：大众化；哲学：科学化。

五化之外，还有一化：本土化。任何事物都是"一般"和"特殊"的统一体，"一般"寓于"特殊"之中，"特殊"体现"一般"。这就是"共相"和"殊相"。外来的许多东西，进入本土，能本土化才能生存、发展。外来东西生长于不同国家、不同民族中间，主客观条件各异，有各种各样的表现形式，应用于本土，必须关注本土的特殊性。

本土化不是抱残守缺、本土本位。本土化的内容是历史的、民族的、时代的、国际的,因而是综合而多元开放的。它应当综合本土和世界历史,是本土优良传统与国际优良传统的文明交往,是创造新的人类文明的一环。批判接受本土历史传统,有条件地吸收外来文化,加以融会贯通。对本土的传统要扬弃,即有的要抛弃,有的要发扬;对外来的要鉴别,要选择吸收,进而创造自己的新文明。固守本位文化的文化保守主义和盲目崇拜外来文化都是不对的。

(十)启蒙:科学理性

科学理性分价值理性与创造理性两种。人性的本质特征证明理性优于精神性,价值理性又支配工具理性。科学的价值实现在于科学对人性的贡献。科学价值立足于自主,受哲学普遍理性引导。

科学是人类学意义上的文化(技术、制度、价值)。观念文化由技术、制度演变而来。

科学理性批判各种非人和抽象人学。人对自然的关系从根本上说是一种实践关系。深入到人性背后,深刻地洞悉人的本质是主观见之于客观的实践活动,说明人的实践、人的发展、人的解放。人的哲学理论体系是人的实践、现实的实践。

十五　冯友兰的"和通"及其他

1990年,冯友兰在他的《中国哲学史新编》的末章中写道:"现代历史是向着'仇必和而解'这个方向发展的,但历史发展的过程是曲折的,所需要的时间,必须以世纪计算……人是聪明的、最有理性的动物,不会永远走'仇必仇到底'那样的道路。这就是中国哲学的传统世界哲学的未来。"

这是张载的"为万世开太平"的长时段深刻哲学洞见的发挥。

和谐的"和",是中华文明智慧的焦点,其源当追溯至《周易·乾》的"保合太和,乃利贞"。"太和"是和谐的最高状态,它表示宇宙万物在和顺运动中存在于一个统一体之中。"仇必和而解",来自宋代哲学家张载的《太和篇》,这位陕西先贤对"太和"运动的变易调和过程的矛盾性写得很具体:"气本之虚则湛一无形,感而生则聚而有象。有象斯有对,对必反其为;有反斯有仇,仇必和而解。"

和谐不是皆成的现象，而是"象"的必然结果："有象斯有对，对必反其为；有反斯有仇"，这一过程的结果是："仇必和而解"，只有用"和"的方法解决矛盾。这与张载的"民，吾同胞；物，吾与也"（《西铭》）的思想，共同表明高深的中华文明光辉；这也与西方的进化论、物竞天择、适者生存形成鲜明对比。

文明自觉根源之一，便是哲学的"仇必和而解"的发展趋势。

冯友兰又提出，互动性显示多样性：文化问题既不可用东方讲究要求西方，也不可用西方说法来框东方。世界是多元的，文明是多样的，全球化在互动中发展，趋向是各种文明的交相融合，绝不是一种文明的一元独通。

互动更多从接受者角度考虑交往效率及实际效果。从传播的角度看单方面意志不能有过度的张扬，否则难有文明共享、共赢。

十六　费孝通的"文化自觉观"

费孝通在总结中华文明的内部交往时，1987 年提出了"中华民族多元一体格局"的理论，1990 年提出"各美其美，美人之美，美美与共，天下大同"的社会和谐观，1995 年又提出了"文化自觉"观。他以民族学家、社会学家的视野，从中华文明的形成、中华民族的形成到世界各民族的文化自觉、文化对话和文化包容，提出了与"文明冲突论"相对立的观点。他的"文化自觉"观讲到了文明核心的文化，他所讲的"文化自觉"实际是文化、文明交往的自觉，包括了不同文化、文明之间和同一文化、文明之内的良性交往。

《费孝通九十新语》中，贯穿了他的"文化自觉观"，其要点是：

（一）"文化的发展和变化，一方面受其所处环境的制约，它要和周围的环境相互调适而生存；另一方面还要与外来文化交流，受其影响、促进"。

（二）西方文化将"个人和自然对立起来"，"强调文化是人为和为人的性质，人成了主体，自然是成了这个主体支配的客体，夸大人的作用，以致有一种倾向把文化看成是人利用自然来达到自身目的的成就"，是一种"扬己"的"天人对立"的文化观。中国文化是一种"克己"的"天人合一"的文化观，这种文化观代表了人类文化发展的方向。

（三）在全球经济一体化的今天，文化"应该是东西方文化相互兼容、取长补短，以达到在世界范围内全人类的'多元一体'。"

(四)"中国传统文化中包括了诸如'和而不同'、'天人合一'、'中和位育'等先进文化理念,需要进行认识、发掘和提炼,进而为人类文化发展作出积极贡献。"

(五)"20世纪是个世界性的战国时代,……国与国之间、文化与文化之间、区域与区域实体依靠这些界限来维系内部的秩序,创造他们之间的关系。"

(六)到了21世纪,原有的"那种'战国群雄'的面貌已经受到一种新的世界格局的冲击,民族国家面临着如何在一个全球化的世纪中更新自身的使命"。

(七)"全球化过程中的'文化自觉',指的是世界范围内文化关系的多元一体格局的建立,指的是在全球范围内实行和确立'和而不同'的文化关系,希望'和而不同'的原则能够成为人类在科技快速发展时代进行人文重建的一个基本共识。当今世界的发展,要求中西方文化迅速做出调适,互相磨合,共同创一个新的世界文化。"

(八)"各美其美,美人之美,美美与共,天下大同"。关键是"美美与共",欣赏本民族文明易,欣赏、尊重其他民族文明难。"美不自美,因人而彰"。柳宗元对此有具体分析。而费孝通的见解是:"文化上的唯我独尊、固步自封,对其他文明视而不见,都不是文明生存之道。只有交流、理解、共享、融合才是世界文明共存共荣的根本出路。不管是'强势文明'还是'弱势文明',这是唯一出路。"

费孝通的"文化自觉观"是建立在两个基点上:①人类文化在至高精神境界和价值上有共通性;②人类文化在具体形态上有差异性。文化的共通性与差异性统一于互相欣赏,而不是统一于国家、民族的趋同思维,更不是你死我活的冲突。文化形态的差异性和对差性的互相欣赏是以并存为基础,是以互相补充为条件。南非大主教图图说过:我们为差异而欣喜。费孝通的"文化自觉观"第八条,可以说为世界乐于接受、为文明交往化的金玉良言。

另一方面,值得注意的是,费孝通在《反思·对话·文化自觉》中所讲的话:"文化自觉只是生活在一定文化中的人对其文化有'自知之明',明白它的来历,形成过程,所具有特色和发展的趋向。自知之明是为了加强文化转型的自主能力,取得决定适应新环境、新时代文化选择的自主地位。"这说明文化、文明发展的生命力,在于每一文化创造者的"文化自觉",或文明自觉。21世纪,各种文明都处在新的时代起点上,文化自觉或文明自觉精神是最为需要、最为可贵的精神。

十七 再谈费孝通的"文化自觉观"

费孝通以社会学和民族学的研究角度，来研究文化积淀，从中找出社会现象根源，指出解决国家、人类的经济、政治问题的途径。

问题的提出："21世纪要解决的主要问题之一是：各种不同文化的人，也就是怀着不同价值观念的人，怎样在这个经济上越来越息息相关的世界上和平共处？人类怎样在21世纪才能和平地一起住在这个小小的地球上？"（《费孝通文集》第8卷，群言出版社1999年版，第409—410页）

他的回答为"美美四句"："各美其美，美人之美，美美与共，天下大同。"这里面有两个意思：①对自己文化要有自知之明；②对别人的文化要有知人之明。这两点中，"和而不同"的辩证理念、哲学根据是文化自觉的基础。

他的解释：

（一）"美美四句"，"实际上，这也是中国传统经验里面一直强调的'和而不同'思想所主张的倾向。""总而言之，这一文化价值动态观念就是力图创造出一个跨文化界限的研讨，让不同文化在对话、沟通中取长补短，达到我的老话'和而不同'的世界文化一体。"（第15卷，第327、68页）

（二）是中华民族多元一体内部交往的基本经验："在中华文化的发展过程中，多元的文化形态在相互接触中相互影响、相互吸收、相互融合，共同形成了中华民族'和而不同'的传统文化。"

（三）是外部交往的国际政治的理想格局："'和而不同'是世界上成功文明体系的主要特征。"（第15卷，第286页）他提出："创造一个'和而不同'的全球社会"（第290页）和"'和而不同'会有日"（第411页）。

（四）也是"文化自觉"的文化观："全球化过程中的'文化自觉'，指的就是世界文化关系的多元一体格局的建立，指的就是在全球范围内实行和确立'和而不同'的文化关系。"（第287—288页）"文化自觉就是在全球范围内提倡'和而不同'的文化观的一种具体体现。"（第329页）

（五）反对"自我中心主义"、"文明冲突论"、"以暴制暴，冤冤相报"和"以恐怖手段反恐"等"唯我独美"、"迷信暴力"倾向："近百年来，西方文化一直处于强势地位，造成了其社会中某些势力的自我膨胀，产生了殖民主义、种族主义、极端民族主义、文化沙文主义、单线进化论等形形色色的自我中心主义思潮",从另一方面看,非西方的各种文明,在经历了几百年来的殖民主义、世界大战、冷战、民族解放运动等磨炼后,其社会成员的思想和心理都起了十分复杂的变化,产生了多种多样的社会思潮,其中不乏与"西方至上主义"相对立甚至对抗的思潮。这个状况,被一些人称作是"文明冲突",这种冲突已经影响到今天的世界局势。目前所谓的"恐怖主义"和"反恐斗争",就是这种冲突的表现之一。(《费孝通论文化与文化自觉》,群言出版社 2005 年版,第 535—536 页)

(六)"'和而不同'是人类生存的基本条件","现在人类拥有的武器能量已经可以在瞬间毁灭掉自身。如果只强调'同'而不讲求'和',纷争到极端状态,那只能是毁灭"。(第 15、328 页)

(七)方克立在"美美四句"的第四句的"天下大同"理想一句,改为"和而不同"的文明自觉的明确、现实性话语,但主张两版本同时存在。

(八)美国威斯康星大学周策纵把第四句改为"求同异,存同异"的资讯容易沟通(比之世界、天下大同)。

(九)文化自觉的"世界大同"不是文化"一统","只有一种文化",只是文化自觉所追求的最终目标(理想社会,消灭剥削、私有制的"天下为公")。

(十)注意费孝通的"解释":

"'各美其美'就是不同文化中的不同人群对自己传统的欣赏。这是处于分散、孤立状态中的人群所必然具有的心理状态。'美人之美'就是要求我们了解别人文化的优势和美感。这是不同人群接触中要求合作和共存时必须具备的对不同文化的相互态度。'美美与共'就是在'天下大同'的世界里,不同人群在人文价值上(重点为我所加)取得共识以促使不同的人文类型和平共处。"(第 14、194 页)

(十一)选择论:"不论哪种文明,都不是完美无缺的,都有精华和糟粕,所以对涌来的异文化要有所'选择'。这就是我说的'各美其美,美人之美,美美与共'。"(第 545 页)

(十二)从费孝通的文化自觉观我想起了日本的池田大作。他生于 1928年,他的尊重文化多样性思想和为中日文化交流和世界和平的实践,给文化自觉增添了研究新空间。文化是一个民族的灵魂和血脉。不同民族和不同国家的独特文化,是在不同生存条件下生成和发展的。它反过来又成为不同文化生存的主要因素和条件。池田大作强调文化多样性、差异性的共存,主张跨文化的对话交流,与费孝通的各美其美、美美与共,是相通的。他们二人的文化自觉，都来源于从全人类和全球的视角观察、思考和处理问题。英国史学家汤因比 1973 年对池田大作说："我所预见的和平统一，一定是以地理和文化主轴为中心，不断结晶扩大起来的。我预感到这个主轴不是在美国、欧洲和苏联，而是东亚。""中国人和东亚各民族合作，在被人们认为是不可缺少和不可避免的人类统一过程中，可能要发挥主要作用。"

十八 大江健三郎的文明自觉观

大江健三郎 1935 年 1 月 31 日生于日本四国岛。1994 年 10 月，以长篇小说《个人的体验》和《万延元年的 Football》获该年度诺贝尔文学奖。他在获奖讲演中，将南京大屠杀列为 20 世纪人类三大人道主义灾难之一，敦促日本自觉承认历史罪过，回归亚洲人的亚洲。他还拒绝天皇授予自己的文化勋章。这都是文明自觉的具体表现。

他的自觉来自鲁迅《呐喊》、《彷徨》中短而尖锐、厚重的小说，来自自己的生活经历、战争交往的启示，尤其是《故乡》中结尾的话句："我想，希望是本无所谓有，无所谓无的。这正如地上的路，其实地上本没有路，走的人多了，也便成了路。"

他的自觉也是来自"六绝"（学者、新闻工作者、小说家、诗人、音乐家、画家）的美国阿拉伯裔人士爱德华·萨义德和 20 世纪前半期法国诗人、评论家保尔·瓦莱里。前者 2004 年死于白血病，他在社会进程时发出了知识分子自己的声音。后者 1935 年在母亲中学讲演中关于未来的一段话，使大江健三郎更加自觉起来："我们最为重要的工作，就是创造未来。我们呼吸、摄取营养和四处活动，也都是为了创造未来而进行劳动。虽说我们生活在现在，细究起来，也是生活在融于现在的未来之中。即便是过去，对于生活于现在并正在迈向未来的我们也是有意义的，无论是回忆也好，后悔也罢。"对 64 岁的瓦莱里，他已进入老境，为了真善美而回忆，为了未来比现在更美好。

他的自觉是把鲁迅的话，理解为"希望之路"而通向瓦莱里的"创造未来"，并且提倡中日年轻一代"实现真正意义上的和解，并在此基础上展开友好合作。""和解"、"合作"这是他自觉的文明接力火炬啊！

大江健三郎生于森林之乡，所以他爱树，他又是知识分子，所以爱书。我以为，还在自觉地走文明之"路"，并且开拓着、呼吁着人们走这条希望之路。这是他对鲁迅名言真正意蕴的深刻理解。我有一本《书路鸿踪录》，记录了一生个人的"书路"上的"鸿踪"，当时竟然没有想到鲁迅的千古名言，也是我对"希望之路"自觉性不强。读大江健三郎在北京大学附中的讲演（2006年9月10日）后，顿觉认识上、行动上提高了许多。特别是他所说的"我的希望就是未来，就是新人"这句话，是从鲁迅的话"绝望之于虚妄，正与希望相同"而演绎为"始于绝望的希望"，颇有辩证意味。他说："我今年七十一岁了，最多还可以有效工作五年，活上十年，已经谈不上未来了。可是孩子们必须走向未来，而且，他们在未来生活得更长久。因此，他们必须在当下的现在就要开创美好的未来，而不是充满黑暗和恐怖的未来。"我比他长四岁，更应当珍惜时间，把知识、技能和智慧传递到下一代！立志树木，立德树人，立心树智，个人书路和鸿踪有限而薪传无尽，信哉，大江健三郎的文明自觉！

　　大江健三郎的文明自觉还表现在他在日本设立了"大江健三郎奖"（2005），旨在复活现代社会日渐式微的"文学语言"。该奖只有一名评委，即大江健三郎本人。该奖最大特色是"零奖金"，获奖作品将被翻译成英语及其他语种。大江健三郎说："现今社会对于纯文学的追求越来越少了，人们更愿意去读那些快餐文学。与之相反，文学奖奖金的数额则越来越高。作为一个得过诺贝尔文学奖的老人，我希望将日本优秀的'文学语言'向全世界推广。"2007年5月首界大江健三郎奖获奖者为34岁的日本作家长嶋有，其小说是《夕子的近道》。主人公"我"是位住在古董店楼上30多岁的男子，与周围环境发生冲突，却依然保存着一份本真，仿佛游离于尘世之上，因此备感空虚。小小年纪的"浮游感"，对生活与工作感到了厌倦。此小说被日本文学界评为"男性物语"的弹性文体魅力小说，这正与大江健三郎的"复活文学语言"的设奖宗旨相符。2007年已72岁高龄的他，深感在眼下受信息技术支配的社会当中，文学语言已变得越来越"消瘦"，他期待着充满活力的文学语言，能够在"知性的人文广场"上重新兴起。这是一种文明复兴的自觉。环顾"汉语热"中各国建立几百个"孔子学院"，细想国内网络上的"痞子语言"，真使人想说：伟哉，"知性的人文广场"！

　　2007年，大江健三郎推出新作《美丽的安娜贝尔·李，毛骨悚然而逝》。这部小说被誉为大江作品中的明珠。他自己也认为这是他最后两部作品之一。值得特别指出的是，大江认为这部小说是他向萨义德遗著《论晚期风格：反本质的音乐与文学》的致敬之作。此书日文版出书后，大江为之作序，并加以推荐。序刊登在封面上，名曰："推荐语"，称自己受到萨义德的鼓励，一直在为自己的"最后风格"做准备。

《美丽的安娜贝尔·李，毛骨悚然而逝》的书名，出自爱伦堡抒情诗巅峰之作《安娜贝尔·李》。大江称自己 17 岁时就被这首诗所打动。这位"永远的美好"的形象始终在他脑海里挥之不去，终于在晚年写下了这部大江自己并不擅长的浪漫体裁的大胆"破格"之作，小说把安娜贝尔·李变为国际级女演员——樱花小姐，真可谓俄、日文明交往的形象。她为了圆三十年前的一场电影梦，开始了生命中最后的冒险。樱花小姐很像大江，大江这本洋溢着浪漫情怀的小说，本身就是自我挑战之作。他在对日本著名读书杂志《波》月刊的采访时说，进入 70 多岁的老境，他要在死亡线上，在临死之前，让自己的作品充满朝气。早在 18 世纪，法国学者即有"风格即人"的名言。大江这部小说封面上的裸体少女，也许是求美的返老还童的"童心"自我超越的自觉精神追求之作。

十九　斯诺的文明交往独特逻辑思维

埃德加·斯诺在《向鲁迅致敬》（1937 年 6 月 8 日出版的《民主》杂志 1 卷 3 期）写道：

"在一个民族的历史发展长河中，偶尔会出现这样一类人，他是他所处时代的代表，他的一生如同一座大桥，跨越了两个世界，鲁迅是这样的人，伏尔泰也如此……只是因为时代接近的关系，人们才随口把鲁迅称为'中国的高尔基'，不过，鲁迅远远超出了这个口号。也许，更确切地说，应当称他为'中国的伏尔泰'。但事实清楚地表明，最恰如其分的称呼应是'中国的鲁迅'，因为鲁迅这个名字本身在史册上就占有着光辉一页。"

这一段话中，有"中国的高尔基"、"中国的伏尔泰"和"中国的鲁迅"三个称呼，其中贯穿着一个文明交往的逻辑思维。把鲁迅置身于世界文明之中，于是有了这三个相互联系的称呼。埃德加·斯诺的这三个称呼，是围绕着"跨越两个世界"的"大桥"，把东西文明联系在一起的逻辑思维。这个逻辑思维既有斯诺的创造，也有鲁迅逻辑思维的影响，例如斯诺的《鲁迅印象记》（《我在旧中国十三年》，北京三联书店 1973 年版）中，两人有下述谈话：

鲁迅："民国以前，人民是奴隶。民国以后，我们变成了前奴隶的奴隶了。"

斯诺："既然国民党已进行了第二次革命了，难道你认为现在阿 Q 依然跟以前一样多吗?"

鲁迅大笑道："更坏。他们现在管理着国家哩。"

斯诺："你认为俄国的政府形式更加适合中国吗?"

鲁迅："我不了解苏联的情况，但我读过很多关于革命前俄国情况的书，它同中国的情况有某些相类似之处。没有疑问，我们可以向苏联学习。此外，我们也可以向美国学习。但是，对中国来说，只能够有一种革命——中国的革命。我们也要向我们的历史学习。"

只要把这两段文字联系起来阅读，就会发现，斯诺不仅仅从鲁迅那些富有哲理的作品中，而且从鲁迅富有中华民族独特的逻辑思维中，受到"东方魅力"的熏陶。"东方的魅力"是斯诺的妻子海伦·福斯特的话。她说，她从宋庆龄和鲁迅身上发现了"东方的魅力"。向苏联、向美国学习，"但是"之后的两点——中国的革命、中国的历史，是不同文明交往中的立足点。这是不同文明交往中，应持的自觉态度。

二十　翦伯赞对文明交往的见解

翦伯赞先生是我敬仰的老师。1954 年我到北京大学历史系亚洲史研究生专业学习，他以系主任的身份在入学登记表上签字时，对我说：你是西北大学来的，你们那里是藏龙卧虎之地，陈直先生就在你那里。他的亲切话语，一下拉近了距离。当时，向达先生进来，我未与向先生见过面，他于是向我介绍，这位是向达先生，你不认识吧？向先生是北大图书馆长。我从他那里开始认识向先生的。此前只听陈登原先生在讲中国古代史时，提到向先生。陈先生说，向达向觉明先生的《唐代长安与西域文明》，要认真读一读。这次同时见到了翦伯赞和向达两位德高望重的学者，是我到北京大学学习时的第一件难忘的事，"文革"后，田珏学弟有感翦先生生后寂寞，要为他出版纪念文集，曾约稿于我。我以《阿富汗与古代中西文明交往》一文交稿，后因其他原因，该文集未出，但已尽心了。

翦伯赞先生的《中国史纲》，文笔生动，情趣洋溢于历史事件和人物的叙述之中。他善于选择典型史料，又用理论贯穿其中，可谓史实、史论与史趣兼备、熔文采、哲理与历史于一炉的史学家。最突出的尚有以下两例。

例一：《内蒙访古》，写的游牧民族大多立足于呼伦贝尔草原，然后由东向西走上世界大舞台。这是不同文明之间交往的历史秘密。"内蒙，对于历史学家来说，是一个富有诱惑力的地方"，诱惑之处就在于破译此秘密。北方游牧民族如匈奴人、鲜卑人、突厥人、回纥人、契丹人、女真人"一个跟一个进入这个地区，走上历史舞台，又一个跟着一个从这个地方消失，退出历史舞台。"他文史哲熔为一炉表现在：①形象称呼伦贝尔草原是"后台"，前台是"长城大门"、"内蒙中部和西部诸部落或最广大的世界"；②文明交往的路线："两汉与匈奴，北魏与柔然，隋唐与突厥，明与鞑靼，都在这一带进行了剧烈的斗争。一直到清初，这里还是和准噶尔进行战争的一个重要军事据点。如果这些游牧民族在阴山站不住脚，他们只有继续往西去，试图从居延打开一条通路进入洮河流域或青海草原；如果这种企图又失败了，他们就只有跑到准噶尔草原，从新疆东麓打进新疆南部；如果在这里也遇到抵抗，那就只有远走中亚，把希望寄托在妫水流域了。"③历史的悲喜剧："所有这些民族矛盾斗争在今天看来，都是一系列的民族不幸事件，因为不论谁胜谁负，对于双方人民都是一种灾难，一种悲剧。""但是悲剧时代总是一个历史时代，一个不可避免的历史时代，一个紧紧和喜剧时代衔接的历史时代。为了让我们更愉快地和过去的悲剧时代诀别以及更好地创造我们幸福的未来，回顾一下这过去了的时代，不是没有益处的。"

《内蒙访古》中提出的草原文明是黄河、长江之外的中华文明区域，是同一文明之内的开拓性研究空间，是古代文明和现代文明交往的重要资源、重要内容和重要形式，至今品读，仍有新意。

例二：《论中日甲午之战》（1945年2月）①由战争想到战争交往："一八九四年爆发的中日甲午之战，到现在已经五十年了。""五十年的时间飞速地过去了，假如我们不是又在与日本帝国主义作战，谁也不会再想到一八九五年春天的紧急"。②文明落后、政治腐败导致中国失败："甲午战争，中国一开始就是失败，以后也是失败，最后还是失败，非常明白，最主要的原因，就是因为中国落后腐败。""在甲午战争以前的世界，早已是资本主义的世界。资本主义的经济，民主主义的政治，自由主义的文化，是当时世界的主流。在这个历史主流之前，不动的推着走，落后的被清算，反动的被扫荡，这是历史的命定"。③昏聩无能的清政府："当敌人在旅顺口杀中国人民之时，中国的投降使节，却在上海待船出发。当敌人炮轰威海卫之时，而李鸿章却在马关与伊藤博文握手言欢。一个人是战争的最高指挥者，同时又是投降的全权代表，这在世界上是少有的。一面要前线的战士去作战，另一面又公开投降，这个战争怎么能不败？"

　　走笔至此，我想起了周一良先生关于中日甲午战争一篇论文。这是收入中日甲午战争论文集的首篇论文。周先生的文笔，寓文采于厚实之中，有时还引用古诗证史，是诗意治学的表率，形象地反映当时社会生活的生动状态。我记得其中有一首诗："金樽美酒千人血，玉盘佳肴万姓膏。烛泪落时民泪落，歌声高处怨声高。"这首诗是对高层统治集团花天酒地、歌舞腐化的生动写照，给人以诗意治学的深刻印象。周先生和翦先生关系很好，他们一起参加在荷兰举行的国际汉学会议。回来后，曾谈起翦先生报告受欢迎的情况，并说："翦老不习惯吃黄油面包，而我吃黄油面包，吃得发胖了。"

　　翦、周二师都以文史会通见长。章学诚在《文史通义内第三史德》中写道："夫史所载者事也，史必藉文而传，良史莫不工文。""史之赖于文也，犹衣之需乎采，食之需乎味也"。史之与文，比之于衣之色彩、食之品味，堪称妙喻。我想，哲之于史，也可喻为头脑之于人、魂之于身躯。工哲，是求真，工善是乐群，工美是乐趣，这三者都离不开"工文"。"良史莫不工文"，信哉，斯言！历史、文明、文明交往、文明自觉，都需要"行之久远"的文采。只有这样，才能传播得更顺畅通达。"工文"所工的审美，是把史实、史论和史趣结合起来，体现了诗意治学的境界，如王国维"治学三境"的情趣世界。翦伯赞先生生涯坎坷，死后寂寞，但他传世的史笔、闪光的思想、活泼的文采，却长流于史学史之中，使人每每读之，不禁神往。个别学者讥他能"浅出"不能"深入"之言，似宜谨慎、虚心地读读他的论著为好。

　　翦伯赞先生对文明之间交往的见解，是围绕中华文明的兴衰问题思考的。中华文明之所以屡遭劫难而不退，固然有原创力、自我更新力和内在传承的穿透力，然而各兄弟民族的新鲜异质文明因子、活力源源不断注入，也是生生不息的动力所在。进入中原的游牧民族的文明，融入中华文明的氛围之中，形成了汉民族为主体的多民族大家园。

二十一　加藤周一的《羊之歌》与《羊年善美谈》

　　2008年12月5日，89岁高龄的"世界旅人"加藤周一在东京去世。加藤周一两句名言，与文明交往的自觉直接有关："21世纪是不同文化对话和交流的世纪"；"人会深爱不懂的东西，却不会深懂不爱的东西。"

　　但是为了深懂这个世界，因此他终生从事着学问之旅：一个专攻血液学的医学博士，一个上智大学、耶鲁大学、柏林自由大学、慕尼黑大学、哥伦比亚大学教授，一个作家，一个能用日语、英语、法语、德语、意大利语讲课的学者。

不过，让我最感兴趣的是他的自传《羊之歌》（1968）和《续羊之歌》（1977）。他属羊，自己温和的个性多与羊相通。《羊之歌》有这样的自述："不胖不瘦，不高不矮，不富不穷。语言和知识两相杂糅，半是日本味，半是西洋味，宗教是不信任何神灵，天下政事是自己不怀青云之志，道德价值则采取相对主义。几乎没有人种偏见。艺术是大大喜欢欣赏，却没有达到亲笔绘画、亲笔演奏的地步。"《续羊之歌》自述五六十年代经历。

他有羊的一切特征：性格温和，说话不急不躁，目光慈祥，口吻和气，可以说是一种艺术表陈。但他却不是一头怯弱的羊，是一个"知识巨人"加"胆识巨人"。他善于吸收别国之长，又强调民族自信。中日邦交前夕他写的《外交不在四十年》中说，外交自主性，就是世界观的自主性，世界观的自主性，归根结底是日本国民的自主性。所谓文化，既非《源氏物语》，也非茶道，也非三味线，而是日本社会独特构造其中所保障的思想自由、国民福祉和民主权利，是我们自身对这些全部的自豪和自信。人没有自信，就做不到对他人的宽大。（是对抗，还是追随？）

他认为，自信来自自知，自信和自知贯注于他一生的研究中。对传统文化只说好而不说不好，实质是短了自信，少了自知。羊有一个特性：从众。加藤在这一点可不像羊。羊的温和口吻，却在加藤身上表现为对日本军国主义的忧虑，《羊之歌》中有所表述。他说，他一半是日本文化，一半是西方文化，其实中华文化在他心灵深处扎了根。看他寄心情于轶事、闲谈或梦境，笔法颇似《庄子》。他看重属相的羊，确实是中国文化。

很巧，加藤和我都属羊，他比我大一轮。我73岁时，写了《羊年善美谈》，着重谈美善的关系，因为善、美均为羊字作字首（见《松榆斋百记》，第13—17页）。我想此也应为加藤的本性。在这篇手记中对《羊年善美谈》有以下几处补充，兹附录于后。

羊年善美再谈

1. 今年是我的本命年。本命年的我，要立智。这智不是指智慧，而是指善。为什么？因为智为"五善"之一。仁、义、礼、智、信，五善德也。"仁义礼智根于心"（《孟子·尽心上》），即智根于人心，人与非人在"四心"："无恻隐之心，非人也；无羞恶之心，非人也；无辞让之心，非人也；无是非之心，非人也。"（《孟子·公孙丑上》）可见羞恶之心，在人心中，其中就包括智在内。"上善若水"，"智者乐水"，也是指智有善美的内涵。

2. 能常谈"义",多从正义方面考虑。正义,是文化的深层内容,许多文化人都看重"义",所谓"义不容辱",即指此而言。其实,若从文明交往中的人际交往方面看,就有对美、对善的追求。《说文解字》中就有"义(義),己之威仪也。从我从羊。"羊象征的美德有善良、美好、祥和,是古人崇尚的庄美形象。因此《说文解字》把"义"和"善"、"美"联系起来,贯通于"义"的解释上。可惜今人图方便,把"義"简化为"义",就看不出真意。义、美、善三种品德相通,成为中华文明中的传统美德。就其内涵讲,这是人们对羊所具备的美好境界的追求;就外延讲,羊总和美好事物连在一起。甚至在饮食文化上,人们在品味其美妙之处,如羊和鱼的结合,构成了最鲜美食品的文字表述。

3. 美就是理念,美与善是一回事。人间圣贤,宗教圣徒的理想人格,侧重于道德维度的持善。当今人们从科技、产业角度,尚智崇能,侧重于寻真。这二者各有侧重,各有片面性。介于善真二者之间的求美、审美。审美人格可以把善与真统一起来,引导人们扬弃单向度的追求。此三者统一,可使人格健全,即把享受感官快乐与保持道德良知、崇高信念结合为一个整体。

4. 1985年我在《历史研究》第6期上发表的《甘地思想的整体性和独特性》中说:"哲学、宗教、艺术都追求真善美,但侧重不同,哲学以真为主,兼求善美;宗教以求善为主,但也不脱离真美;艺术以美为出发点和归宿,真善即寓于其中……甘地则突出了一个'爱'字,把'爱'和'真理'联系起来,这是富于印度哲学的创造。"此文还提到,"甘地对佛祖把慈悲由人类推广到一切生物身上的善举,敬佩不已。"令我惊讶的是,甘地在《自传》中,把释迦牟尼和耶稣作对比时,竟然提到了羊:"他(释迦牟尼)的慈悲并不限于人类,而且普及一切生物身上。我们一想到那快乐地蜷伏在他肩上的羔羊,心里能不洋溢着怜爱之情吗?可是人们在耶稣的生平中,却看不到这种对一切生物的爱。"羊与佛和谐相处,象征佛教的爱,不仅比基督教博,而且比它大。博大的爱,源于众生平等,这种平等,比基督教也博大得多。世界大宗教中,只有佛教把爱扩大到生物界,不杀生成为它的戒律。

5. 记得1952年秋天,我一个人散步走在西安城墙边的护城河旁,一片荒凉,老鹰在天空盘旋,乌鸦叫声响成一片,颇有点恐怖。再往前走,我被眼前的场景吓呆了:一群跪倒在地的羊,哀声地叫,泪珠往地上掉,哀怜的面孔,面对着一些手执钢刀的宰羊者。我不敢再看下去,回头跑回原路,直到宿舍,心还激烈跳动。屠羊场一幕,使我终生不再敢吃羊肉,真是见其生不忍其死，闻其声不忍食其肉。我想，自己的属相，怎么这样可怜！

二十二 宇宙灵魂的和谐美

宗白华的《宇宙的灵魂》诗云："宇宙的灵魂/我知道你了，/昨夜蓝空的星梦，/今朝眼底的万花。"

宗白华解释说："宇宙是无尽的生命、丰富的动力。但它同时也是严整的秩序、圆满的和谐。在这宁静和雅的天地中生活着的人们却在他们心胸中汹涌着情感的风浪、意欲的波涛。但是人生若欲完成自己，止于至善，实现他的人格，则当以宇宙为模范，求生活中的秩序与和谐。和谐与秩序是宇宙的美，也是人生的基础。"

这真是"天人合一"的典范！"天"，是运动着生命节奏的宇宙，阴晴朝晦，四季轮转；"人"，是对生命节奏有深刻回应的活生生的存在，叹花悲月，伤春悲秋。两者合一，体现在他的美学中、诗歌中。他在《我与诗》中就说："在夜里，独自睡在床上，顶爱听那远远的箫笛声，那时心中有一缕说不出的深切的悲凉的感觉，和说不出的幸福的感觉结合在一起。"我在秋天的夜里，夜静更深，也喜欢欣赏秋虫的鸣叫声，想起了欧阳修的《秋声赋》。在清晨，在悠得斋的宽广的阳台上，有即景之五言六句体诗："人行树梢旁，鸟绕阳台飞。核桃低头笑，桐果肩上垂。彩蝶何方来？紫燕衔泥归。"这与李白望月那样的诗意，不禁使人产生出天地人生的文明交往遐思！

宇宙之魂，是大自然之魂。这种大魂与人之间的交往，是和谐，是秩序，是人生，是文明之美的基础。人的一生，深切的悲凉感和幸福感混杂在一起，既有不断的追求与奋进，又有不断的反思与超越，有限与无限、有尽与无尽相互蕴涵，逝于瞬间又生于瞬间，既短暂，又永恒。天地之间运行的宇宙的灵魂，是人与自然、人与自我身心、人与社会交往的文明步伐一致！这就是"自身存在于世界内"，有交往的无限多样性。

二十三 《纯粹的精灵》与文明之间的交往

文学是文明交往中最活跃、最前哨、最易传承与传播的生动形式之一。

古今中外文明交往的历史都在证明这一点。

《一千零一夜》就属于这一种文学作品。近看过去的日记，有一则《卫报》（英国）2003 年 7 月 27 日的文摘，说的是美英联合创作的话剧版《阿拉丁》。它把原作彻底改变命运的主题发挥到了极致。它原来讲述了一个碌碌无为的中国裁缝的儿子，遇到了神灯里的精灵后美梦成真，最后娶了一位公主为妻的传奇故事。改编后的作品从内容到形式都是奇特的：他们用《六人行》等喜剧中人物的名字作为自己的名字，彻夜工作以便和美国的白天同步。他们是一群扮演着与现实的自己完全不同的角色、假装来自一个从未去过的地方的现代"阿拉丁"。更奇特的是演员是印度班加罗尔操美式英语高科技呼报中心的印度低工资职员们。

人们也许奇怪这样不伦不类的改编和演出，我却从中看出了在文学作品中表现人类文明交往的奥秘。因为《阿拉丁》并非首次改编，而且，追根问底，《阿拉丁》神灯这个世界上最著名的故事，本身就是一个"赝品"。

《卫报》的评论者说："真实性从来不是考验一个神话故事能否引人入胜、广为流传的因素。伟大的故事都有翅膀（或者像阿拉丁那样有神奇的飞毯），令它能飞越地域和国家的界限。它还能'七十二变'，在每次讲述中都会随着现场听众的梦想和局限性而'变身'。"

这段话的确道出不同文明之间交往的关键："引人入胜、广为流传"的伟大"翅膀"和随着听众的梦想和局限的"变身"。据说《阿拉丁》并不是《一千零一夜》最早版本中的故事。《阿拉丁》可能是在 18 世纪初才被编入的，其中还包括《阿里巴巴和四十大盗》、《辛巴达航海记》等著名故事。它们用文明交往的"翅膀"和"变向"而进入这本"引人入胜、广为流传"的故事集。

文明交往的互动规律，经过长时间在民间的口头流传，把波斯、印度和阿拉伯的故事汇流在一起，成为《一千零一夜》。虽年代久远，此书的来源已难考证清楚，但文明交往的汇流可以想见。它第一次吸引欧洲人的想象力，约在 18 世纪初。当时法国作家安托万·加朗翻译了一本 14 世纪叙利亚的手抄本时，见到的故事不到 300 个。加朗干脆在译本中添加了一些自创的或者从其他地方听来的故事。《阿拉丁》从此进入了加朗版本的《一千零一夜》，后来又被收入阿拉伯文版本的《一千零一夜》。

东西方文明交往的河流仍在涌动着：加朗法文版本问世数年之后，英文译的版本接踵出现，当时引起欧洲人对一切和东方有关故事及事物的兴趣。有一个例子可见一斑：英国怪人威廉·贝克福德就曾耗巨资，试图把威尔特郡的住宅改建成《一千零一夜》里神话般的宫殿。在英国，整个 19 世纪都不断有《一千零一夜》的新版本问世。不过，为了不触犯维多利亚时代的道德禁忌，许多故事往往被大量删改。在 1885 年出版的理查德·伯顿的 16 卷本以大胆的直接著的版本，是一个大"变形"。它使得东方的神话，呈现出了挑逗的意味。该版本含有多篇像《土耳其闺房十夜》这样的色情故事，使得《一千零一夜》不仅是奇异的"变形"，而且是低级地"变形"了。这可以说是"异化"原版本的文明交往中的不文明流变。

二十四　交而通, 通而和

《周易·泰》："天地交而万物通也，上下交而其志同也。"交往内蕴涵有动静、升降、浮沉、相感，从而产生各种变化，在沟通中产生规则而使万事万物找到其位，达到协同、和谐。交往是沟通、变易的学问。通有直通，有曲成，有阻败，有交恶，但"和"是最为追求的理想。

"和实万物"中心是"平"，是"以他平他"，是平等平衡，对"他"的尊重。不是唯一的主产生万物，而是事物的融合而后生万物。不是主客"二元对立"，而是多元思维。

"道常无为无不为"。"天地万物生于有，有生于无"。"道"为形而上的"无"，"德"为生活具体的行为"样式"，是"有"。

"希言自然，故飘风不终朝，骤雨不终日"（"白雨三阵子"），自然二境界二状态，自然而然，不加不减；不主宰别人，也不要别人主宰；自然超越，不人为；不以万物之母自居；相辅相成。"万物负阴而抱阳、冲气以为和"。两面看，两面讲，在交融互设中维持文明交往的平衡。

但不是所有交往都可轻易地"通"，甚至交而"恶"也时有发生，交而不通，交而通阴的负作用都有。总的趋势是通向更多的"和"的。

二十五　文化自觉

文化是文明的核心。文化交往最需要自觉。

文化自觉需要高度的文化睿智，需要综合人文与自然的科学素质，还需要时刻准备与异质事物对话的开化心态。

对自己文化、对异己文化的传承与吸收,都要有自觉的选择取舍。自觉的选优汰劣,对待各种文化的优质和劣质作科学分析,而绝不是一味顶礼膜拜或一概鄙视排斥。

文化或文明在自觉中交流了,交汇了,交往而通达,而融会了!

二十六　再论文化自觉

自觉的反面是盲从,盲目而从,随波逐流。

文化根本内核是"以文化人"。文化就是使人的素质进化,以保障物质、精神、制度和生态文明全面协调和持续发展。"以文化人"就是教化人,使人把利益和道义统一起来。

为真求知,为善从事,为美养心,这"三为"是相区别又相联系的,也为交往互动规律所制约。为真求知的学术和为美养心的艺术,都以自己独特的方式把握世界。学者的归属是科学的求真,后者的归属是养心,而二者都是人类的事业,都在为善,有益于人类社会。真、善、美在文化内核,在文明外壳,都是统一的,是统一于文化自觉和文明自觉。

自觉是哲学层面的大智慧,包括学术、艺术的宏观哲学层面的大智慧,而不是微观、细枝末节的形式层面的小聪明。关注生活,关注民生,也须寄希望于智慧的大文明。文明的传承是一种民族精神的自觉,其中蕴涵着民族气节、民族品质。现在有"经济搭台,文化唱戏"之说,小品演员黄宏调侃一句:"如果经济是沸开的水,文化就是浓香的茶。"他还说,文化事业的繁荣不能只看票房、卖价、发行量及"粉丝"多少,也不能让炒作代替了繁荣,更不能让谩骂代替了评论。这用在学术上何尝不是如此呢?

一个民族的灵魂是文化,没有文化,不能称之为民族,充其量可称之为"种群聚集"。文化自觉被人忽视、容易动摇之处,就是文化安全。人们只注意国防安全、经济安全、粮食安全、政治安全,对文化安全有所忽视。在人类文明交往史上,随着外来资本和文化的进入,本土民族的语言、文字逐渐消失的教训是惨痛的。借鉴其他国家先进文化的同时,要重视自己的文化主权(保留住本质和内核,注入时代精神、内容),保证主体文化不受侵占,进而融入时代精神,创造优秀的新文化。无论一个人电脑使用得多么熟练,外语学得多么精通,都不应忘记本民族的语言文字。文化自觉的民族一定会在全民族中树立起传统文化的主体地位,一定会在吸收西方先进技术、吸取先进文化的同时抵制外来文化的糟粕，一定会在传承自己优秀传统文化时有所扬弃，一定会在青少年中培养民族自豪感，一定会积极向世界传播自己的传统优秀文化。一切国家的文明，都应通过弘扬传统优秀文化，铸起国家文化安全屏障，唯此才能确保和平发展的独立、自主的文化，形成自己的先进文化体系。学术上何尝不是如此呢？

第 四 编

智慧致知

一　智慧是什么

　　智慧是什么？古希腊哲学家苏格拉底说："正义和其他一切德行都是智慧。"为什么？他的回答是："因为正义和其他德行都是美好的，凡认识此种事的人决不愿选择别的事；凡不认识此种事的人也不可能将其付诸实践，即便他们试着做，也是要失败的。所以智慧的人总是做美好的事，愚昧的人则不可能做美好的事，即使他们试着做，也是要失败的。既然正义的事和一切美好的事都是道德行为，很显然，正义的事和其他一切道德行为都是智慧。"

　　智慧是什么？号称"管理之父"的德鲁克回答道：智慧是用成果填补问题的"空白"。为此，他的封笔之作《卓有成效的管理者》中，果然是一本"留白的智慧"之作。书内他先告诉你管理的样式与操作方法之后，在下页留下了空白，这一页让你将自己的实践经验反馈到空白处，以体现特点，以新经验补一般方法之不足，从而达到学习到卓有成效的目的。

　　德鲁克深通文明交往过程中的"知"与"行"关系，重于用"行"来丰富"知"。因管理是人与人之交制度化的文明交往，它的本质是实践，验证者不在逻辑而在成果，其唯一的权威是"成就"。值得称道的，他用"问题"形式启示"道"，用"实践"形式教授"术"，用"成果"来体现"计划"。这对各行各业都有借鉴意义：用求实务实精神，用实力实事本领来实现自身价值。对学术也是如此：实践成果是决定一切的"道"，细节决定一切是"术"；不能有"学"无"术"，不能"不学"而求"术"，更不能不"学"而无"术"。

　　"智慧"是名词 Sophia，含有知识的内容，和形容词 Sophos 派生而产生了"智者"（Sophistes）。"智慧"一词，在古希腊原指"存在者把存在者集合为一"，是一种把"多"归为"一"，把"必然"上升为"自由"，并思考"存在"与"意义"的直面人生的自觉。古希腊人认为神是最有智慧的。智者普罗塔戈拉（约公元前481—前441年）则有"人为万物之尺度，为万物存在之尺度，又为不存事物不存在之尺度"。这是人类早期的自我精神觉醒，和中国殷周时期"宗大敬鬼"到西周的"敬德保民"一样，是从依赖神到重视人的启蒙。"认识你自己"这句德尔菲城阿波罗神庙的石碑铭言和"人为万物之尺度"伟大命题一样，是人类对自然界和宇宙的关注转变为人类本身的探索，如西罗塞所说，是"把哲学从天国带来到了人寰"。古希腊"智者"对人的探索，有如下显著特点：①尊重人的个体价值；②从人的自然本性得出人生而平等；③在认识论上的多元论视角和相对主义。这最后一点从认识相对于人类情境价值判断，包含了每个问题都有两个互相对立的方面，对于文明自觉有开创性意义。

犹太民族有句谚语："智慧是经验和知识分子。"在历史上和现实中，许多事实说明犹太民族是智慧的民族。它正是用智慧实现了本民族文明的复兴。它把握了本民族长远的经济、政治、社会和文化"权力"的利益，而且有能力在任何情况下把这一利益置于其他考虑之上。不足的是，在建国之后，特别是成为强势文明之后，不用智慧去解决与阿拉伯—伊斯兰文明之间的冲突，这是令人遗憾的事。

曾任苏联共产党领袖的尼基塔·赫鲁晓夫说过："感受生活的好坏，有人用胃囊，有人用脑袋。"其实二者是不可分的。既用前者，也用后者，问题是怎么用法。人可贵之处，在于用脑思考生存、生产、生活和生命。一个民族、一个国家、一种文明，也贵在一种体现智慧的交往自觉。

问题是需要用脑思考的，需要经验和知识的。在以色列和巴勒斯坦这个中东核心问题的解决过程中，犹太和阿拉伯文明的智慧之门应当洞开，共同在交往中文明化。

二　《周易》的平实、玄奥与智慧

《周易·系辞上传》有一段精彩而体味无穷的话："乾以易知，坤以简能。易则易知，简则易从。易知则有亲，易从则有功。有亲则可久，有功则可大。可久则贤人之德，可大则贤人之业。易简，而天下之理得矣。天下之理得，而位成乎其中矣。"

　　这是一段前后贯通、环环相扣的绝妙逻辑性语言。立意在说明"易知""易简",即"易"不深奥,"易"是简单平实的。通过"易从"、"有亲"、"有功"、"可久"、"可大"诸环节,归结到"贤人之德"和"贤人之业",并且以"天下之理得矣",回应主题。

　　这真是一段经过深思熟虑而一气呵成之作,把"易"的乾、坤两个基本要素发挥得淋漓尽致。说"易"容易,只要把握住上环,下环自然相连;掌握着各个前提,下边的事就简明易做。不过,不深知其综合性、关联性,确实有神秘感。难怪西方学者称中国古代圣贤追求的智慧为"神秘主义"。其实深究理解,也并不神秘。道理越深,越发简单;事物越复杂,越需从"易知""简能"处考察。德、业之道,是知—从—亲—功—久—大的逻辑思维发展而来的,这是常理。惟其如此,才有玄奥之处,精深之境。文明交往的内涵之深,也在此处!

　　说一个最近中东的事例。美英侵略征服弱小的伊拉克,一边是超强霸权,一边是被经济制裁封锁了多年的小国,双方实力相差十分悬殊,其结果是不言而喻的。若用中国古代圣贤的眼光,却是透过表面的强力,看到人的本性中深层的道义力量、道德力量,这才是强大的力量。失道、失德者一方虽一时强大,但终究要陷入困境,从失败而列入历史的长时段之中。最典型的反法西斯的第二次世界大战,德、意、日当时是如何气势逼人、使全球山河变色,但结果呢?历史作了回答:文明战胜野蛮!文明交往的道理,就是这么简单平实而易知。然而,必须用知—从—亲—功—久—大的逻辑思维中理解,从实践、实验中去理解,而不要用一个模式去套用。真谛的大智慧在于:不能把简单的问题复杂化,也不能把复杂的问题简单化,更不能把一时一处一事的理论扩大化,特别不能用"一"去代替"多",排斥"多"。世界是多样性的统一,事物是真实性和深奥性的统一,文明是与野蛮的对立与统一。自觉性表现在"度"的把握,这一点也是说起来容易,做起来不容易。人类就是在文明交往中不断持续提升其社会性大智慧的。

　　《周易》是平实简易的,《周易》又是深奥而神秘的。其实,《周易》归根到底是一部既平易又奥秘的古代中国人的大智慧之书,是古代中国人看到的、理解的世界秩序和社会人生道理。可作为人类文明交往之源来理解、来研究,不必把它神秘化、实用化。

三　古希腊的智慧

古希腊文明结构来源于赫拉克利特的"逻各斯"（logos）概念，它意味着世界的普遍规律性，这是大智慧，万物的生成和永恒存在的命题都以"逻各斯"为意义和价值。"如果不听从我而听从这个逻各斯，就会一致说万物是一，就是智慧。"（苗田力主编：《古希腊哲学》，中国人民大学出版社1989年版，第165页）古希腊的逻各斯与智慧，都有其演变，逻各斯以后有各家的逻格，智慧也有诡辩的"智者"。但这都不是大智慧。

与古希腊不同，儒家把智慧同仁、勇连在一起，称为"天下之达德"。《论语·宪问》有"仁者不忧，知（智）者不惑，勇者不惧"。《中庸》则把智慧与学、行连在一起，所谓"好学近乎知（智），力行近乎仁，知耻近乎勇"，智、仁、勇被伦理化为文明自觉语言。

古希腊哲学家亚里士多德在《形而上学》中说："有经验的人较之只有官感的人为富于智慧，技术家又较之有经验之经验家、大匠师又较之工匠为富于智慧，而理论部门的知识比之生产部门更应是较高的智慧。这里，明显地，智慧就是有关某些原理与原因的知识。"（商务印书馆1996年版，第3页）这是古希腊哲学范畴发展到涵盖自然科学与社会科学领域的"大智慧"。后来，阿那克萨戈拉又演绎为"理智"（"知晓一切"）。柏拉图《理想国》又把智慧引向"正义"思考（见后《正义》）。尤其是柏拉图把理智与智慧作为高等学校培养统治者的理念，而亚里士多德倡导的发展学生理性的"博雅"教育，表明了他们社会本位的教育价值观。

到了犹太—基督教文明，《圣经》即有人类祖先违背上帝禁令而吃了能分辨善恶的智慧之树上的果子的故事。人类开始有了智慧，但同时也犯了"原罪"而被逐出伊甸园之事。

四　智慧在何处

智慧在何处？智慧在文字载体的间际与背后。

人类的智慧影子常常隐匿或闪烁在作为文明载体的文字或古物之间际和背后。如果不透过载体而发现其所蕴涵的智慧和深刻思想，达不到穿透载体后的新境界,则无法了解古今中外经典中的真正智慧。

人类在物质文明层次上的进步,因自然科技发达而超过了古人。在精神文明的智慧层次上,要超过古人,需要有智慧的洞察力和穿透力。古人多智慧,今人多聪明。在商品发达、市场繁荣、经济泡沫泛起的喧嚣社会中,聪明易,智慧反而成为奢侈难得了。聪明不是智慧,最多是小智慧。列宁有言:在市场上,声音喊得最响的人,可能是骗子。此语值得深思,否则聪明反被聪明误。"机关算尽太聪明,反误了卿卿性命",这是曹雪芹的话。

人类文明是以文字和器物等形式传承下来的,但文明精髓在间际或背后,我们先看到的只是文字等等。要解读历史真相,要穿透文字,用心思体察其实质。老子《道德经》开篇即告诉人们:"道可道,非常道。"用文字表达的"道"不是"常道",那是用文字表达的智慧光芒,是折射出来的,是"文以载道"的。古代人著书立说,功利心小,不似今人心存稿费、职称、上电视、获名利和当官等,而多是用文字表达自己对人生的领悟、体验或学术上的追求。

因此,在阅读古今中外经典名著时,最关注的是通过文字发现作者要表达的智慧,最用力之处在于打开智慧之门。鲁迅读史书从字里行间看到"吃人"二字,是一种智慧。曹雪芹唯恐后人读不出《红楼梦》智慧,而要人们体味作者苦衷。周一良先生曾告诉我说,做学问、读书都要"得间",即洞察细思字里行间的"深义"。文明交往所研究的"之际"、"之间",就包括文明之间、之中的问题,交织于人类文明演进中不同人群、时空和事件背后的大智慧。

五　智慧、智力、智性

文明交往史与一般历史不同,它的任务是:表现动态的历史经验、生命模式和人的交往内容。人的情感、情绪、心态,特别是智慧(Wisdom)这一复杂形态,是深入探究的领域。

熊十力把人的智慧分为"量智"与"性智",而"性智"又分为低层次的、以形象思维为基本的"象智"和高层次的"性智",是从思维角度集智慧之大成。

在我看来,"象智"与"性智"在思维深处是相通的互融的,而形象思维的特征是整体的、宏观的思维。对"性智",即综合与分析,也离不开从形象思维衍发出的整体性和宏观性。智慧中的"象智"与"性智"很类似于美国托马斯·弗里德曼在《世界是平的：21世纪简史》中所说的"高概念"（High Concepe）和"高感性"（High Touch），也类似于美国丹尼尔·平克在《全新思维》中所说的那种"创造性思维，即设身处地（共情）型思维、模式识别性思维和追寻意义性思维。"他们说的都是文明交往化中的思维问题。托马斯·弗里德曼是美国有影响力的新闻记者，他的综合性职业使他提出两种高智慧的思维能力：（1）高概念能力，即①具有美感，②富有创造力，③丰富情感，④写出优美文章，⑤能把表面上毫无关系的事物结合起来，从而创造出新的东西；（2）高感性的能力，即①理解别人，②懂得人与人相互交往的细微之处；③找到乐趣并感染别人，④超越平凡，⑤寻求生活的真谛和意义。这同丹尼尔·平克作为美国现代知名作家一样，有形象思维中的综合、整体文明交往氛围，就有了这种"象智"与"性智"的统一。

文明交往史倡导的是"历史的理解"，它通过"历史的叙述"把人类的经验化成一个个直接和具体而生动的史例，从而连缀在一起，形成有规律的发展过程。它认为任何文明都是通过与异质文明对话交往获得营养而整合创新的。它引导人们通过客观的历史，把阅读过程置于学习而思考的境界之中，使学习和写作成为不断发展"智力"的演绎，并逐步化为"智能"（itellect）。历史中有引进的"知识史"概念，即 intellectual history。但知识的译法一般化，不足以表达"有智力的"内涵，而仅表达为"知道"。于是"知识分子"被误解为"知道分子"。因此，把 intellect 译为"智识"更接近于文明交往史的理论与实践。正像 intelligence 由"知识"变为"才智"，甚至"明智"更接近于文明自觉含义一样。

中国传统文化中着重于"用心体会"或"用心体验"的认知方式，虽然玄奥，但有实际深度效果。上面的熊十力和两位美国学者的论说，就是实例。这正如《周易·系辞下传》中所说的："书不尽言，言不尽意……圣人立象以尽意。"象，即形象、比喻，也就是范缜在《神灭论》中对形神关系的深刻比喻。思维科学中形象是重要的，其中主线是理解。这正如左脑的逻辑计算和右脑的创造性、快乐性和探寻意义这两种思维能力，相结合为一，才有整体的人类智慧的头脑一样。

文明交往史考验研究者的"智能"，也检验研究者的信心。研究者通过探讨人类文明交往史，着力于充分体会到"智商"（intelligence）活动本身的形象、气象、意境、情趣和活力、理想这些要素的不可取代的重要性。

文明交往史也许并不能立即告诉研究的各种历史结论或历史因果，却能使人进行思考,激起阅读历史的生命冲动和好奇心,乐于在自己的知识结构上,成长为红彤的枫树,从而充满朝气,走向学术和理论的成熟。

如果说,蒙昧、野蛮、黑暗、空虚都因为无知和愚昧造成的消极感觉,那么文明交往史的创造力将推动人类创造新的文明世界,为研究者开拓"智慧"之路。西方有一个古老的信念:松树几乎总是长在凌乱的地方,但它却把周围景色点缀得井井有条、蔚然可观。尽管有各种严峻挑战,人类富有松树般的坚定智慧,只要心静,理想和信念坚定,光明总会驱散黑暗。

历史是人类史和自然史的综合,人类史重点是人类文明史,文明交往则为主轴。无交往不成文明。人类文明的生活世界因交往而复杂多变。人类文明交往史有两个永恒的主题:对未知的恐惧和对未知的探索。人类生活中存在着未知,所以才会探索未知。康德说过:"奇怪的命运落在人类理性头上,一些问题围困着它,而它则不能回避这些问题,因为这些问题是由它的本性强迫它接受的;可是它又不能回避这些问题。"人类文明的进步,就是从未知到已知又到新的未知。人类就是通过不断地上下反复求索未知而前进的过程。承认未知,发现未知,探索未知,破解未知,对大自然、对人类社会、对人的自身,尤其是人的心灵,是一个无穷大的未知。人本身是一种探索未知的动物,人的内心的未知是广大的领域。人类有很多本能的东西,对未知的恐惧,对黑暗的恐慌,即为其中之一。

六　知性、能性、德性

一般认识过程,是从感性到理性,再从理性到感性,如此上升发展。而在科学研究中,似宜再细一点。感性与理性这个大认识过程,可具体化为"知性"、"能性"和"智性"三阶段的递进上升过程。

基督教创始人把"终极真理"归结为"人是有精神的",是"上帝的感召,赋予他们知性",有的哲学家也提到"知性"。人的认识过程中的知性阶段,包括下知、中知和上知。初学、初问、初思为下知;中学、中问、中思为中知;大学、大问、大思为大知。

能性阶段包括下能、中能和大能。小学、小问、小思为下能;中学、中问、中思为中能;大学、大问、大思为大能。

知性阶段包括小智、中智和大智。小学、小问、小思为小智;中学、中问、中思为中智;大学、大问、大思为大智。

知性的内涵有"熟知"和"真知"，使"熟知"变为"真知"需要"知能"和"智能"，即真正知道事物的本质。否则，就是黑格尔所说的"熟知非真知"。

能性的内涵有"知能"和"智能"，知能不等于智能，知能是抽象思维能力的初级形式，它有待于向高级抽象思维能力提升，这就是"智力"阶段。

智性的内涵有"智力"和"智慧"。智力和智慧虽有联系，但有本质不同。智力基本上是一种单纯的能力，而智慧是一种更加综合的、全面的能力。智慧是大智慧，它既有严谨的逻辑，又有道义的德性。智慧的力量不仅是物质的，还是精神的。

教育育人，德性不可或缺。在认识的自觉点上，德性高而美。

美国前教育部部长威廉·贝内著有《美德书》，称西方历史上有益的道德教育文献中，有九类美德：①同情心，②责任，③友谊，④工作，⑤勇气，⑥毅力，⑦诚实，⑧忠诚，⑨自律。他告诉人们，成功本身不是美德，而只是美德作用的结果。他没把谦逊归于美德，其实谦逊是让人生活得有意义的重点品德。心灵力量和人格力量是别人无法取代的，而谦逊品德尤为重要。知性努力可训练，能性低下提升可如愿，智性虽高犹可攀，才高缺德是灾难。

七　"智"为何物

"智"为何物？它是人类的智慧、人类文明交往能力的结晶，即交往力的核心因素。

古代论"智"之说中，孔子把它作为"君子三道"之一，即"仁者不忧，知者不惑，勇者不惧"。《中庸》把它作为天下"三大德之一"，即"智仁勇三者，天下之达德"。不过，我最欣赏的，还是《论语·为政》中的话："知之为知之，不知为不知，是知也。"但是，言"智"必及事，只有将知识准确运用于实际事物之中时，才可称之为智。在这里的"知"，与"智"是一回事，知即"智"。这里讲了一个治学、处世、待人的实事求是的科学态度。一个人的知识是有限的，使有限的知识丰富起来，在于善于学习，而善于学习，就要"知之为知之，不知为不知"，才能学到更多知识，这才是真正的"大智慧"。

佛法中讲过"四智",即"妙观察智"、"大园镜智"、"平等性智"和"成所作智",也是对智慧的归纳。它是洞察细微而明辨之,融会贯通而领悟之,众生平等而互爱之,出入两世而超脱之的人类生活思维。思想是智慧,思维也是智慧,但思维是更具有深度的人文素质和理性品格的层次。思维是决定思想的。智慧见之于思维的,有思维方式、思维能力,这二者的提高有赖于逻辑中显现的沉潜的智慧。思维中理论思维制约着一个民族文明的程度。

"智"是"智谋之力",是人明善恶、辨是非、知己、知人、知社会、知自然的自觉交往力。中华文明中,"智"还被上升到美德的伦理核心价值理念,和仁、义、礼、信一起,组成了社会道德体系。"智"不仅是一种解决人的交往文明化的眼光、要素,而且是一种道德规范。这对文明交往力是一种丰富,由此,"智"作为五德之一,与其他的仁、义、礼、信,相互关联、相互依存,成为一个整体。如《白虎通义》中所讲:"五常者何?仁、义、礼、智、信也。仁者不忍也,施生爱仁也;义者宜也,断决得中也;礼者,履也,履道成文也;智者知也,独见前闻,不惑于事,见微者也;信者诚也,专一不移也。故人生而应八卦之体,得五气以为常,仁、义、礼、智、信也。"宋明理学家如二程将此五者称为"五常全体"的"仁"和"四体"的"义、礼、智、信",以及这五者即"性"的学说;如朱熹的"仁包四德"的以"仁"统的理论。孙中山则有"忠孝、仁爱、信义、和平"八个常规道德规范和"智、仁、勇"三"达德"。此种不间断的延续,实是文明交往自觉性延续二千五百年经久不衰的缘由所在。此种民族精神、优良品德、社会风气、社会进步的因子,使人回忆起1988年全球70多位诺贝尔奖得主在巴黎宣言中的名言:"如果人类要在21世纪生存下去,必须回首二千五百年,去吸取孔子的智慧。"这种文明交往自觉的结晶就是传统美德、民族精神和精神力量!

我在《书路鸿踪录·跋》的《雁别蓝天去,山迎白云归》中,谈到:"树立智慧,吸收智慧,把智慧化为力量,运用到科学研究工作中去,成为我书路人生的追求。七十多年的书路生涯,使我深信科学研究贵在学术原创,学术原创需要问题意识的指引和中国话语的表达,而学术创新、问题意识和中国话语的表达,都离不开对美的追求。学术上新的自觉、新的高度、新的成果,无不充满着诗性的、独立的、有空间理性和美的悟性的智慧。"这可作为我对"什么是智慧?"这个问题的具体的、人性的回答。我相信:人类的智慧是可以媲美大自然的创造的!人类智慧是可以超越时空界限而与时偕新的!

八　再问"智"为何物

智在西方哲学中被称为"爱智慧"。其实,"智"有广泛的内涵,如自然、社会、政治,后来提出认识每一个人认识自己,提出研究人的问题。中国有哲学一词在 1903 年,但哲学问题、抽象思维从古就存在的。司马迁在《报任安书》中就提出"究天人之际"。哲学的"智"是"大智",不针对具体问题,是人类社会问题。因此,"大智"是中国哲学中的思维能力和方式。"大智"在《易经》中表现最集中,就是变易、通变的互系思维。《书・皋陶谟》:"知人则哲,能官人。"能识别人的贤愚善恶,也有识别是非的含意。知同智,知,智古今字。《论语》中"智",皆作知。孔子说:"加我数年,五十以学易,可以无大过矣。"(《论语・述而》)他为少犯大错误而认真学《周易》这本哲学教科书,可见中国孔圣是"大智慧",学习生活、生命的大智慧。

孔子学智慧之道,是"高而能下,满而能虚,富而能俭,贵而能卑,智而能愚,勇而能怯,辩而能讷,博而能浅,明而能暗,是谓损而不极。能习此道,惟至德者及之。"(《说苑・卷十・敬慎》)即大智而大德的人,才能掌握这种宏大精深的"生活智慧"之道。汉字把"知"和"识"连在一起,谓之知识。识,《说文》为"识,常也"的"常"字是"意"字之误,应作"识,意也",而意是"心之所存",是用"心"去"体究"、"体悟"、"证悟"之后才有"智慧"产生。智是明理,慧即悟。

孔子是从周庙的"右坐之器"中体悟到这防变和促变之道的。此器注水太少即倾斜不正,注水过多则倾覆,只有水注到恰好处才端正放置。孔子让他弟子试验之后,叹息说:"呜乎! 恶有满而不覆哉!"他的弟子子路问他:有无保持满而不溢的办法,孔子说:"持满之道,挹而损之。"挹,是把过满的水舀出来,减少满度,其哲理减少过满,不使之走向极端,超过限度,即"持满之道,挹而损之","损而不极"。这是生活的"智慧之道"。从"变"中求"常",居安思危,居危思变,都可在变化交往的良性动态中,使人们在社会生活中交往文明化。这就是文明自觉的境界。此境不易达到,不易事事满意、转危为安、穷变通久,但不是不能达到,需要持续地学、思、实践与体悟,做学智慧、爱智慧的"至德者"。

　　《周易》是智慧之书，它重视"变"化的智慧。西方人因此把"变"这个核心观念用来命名《周易》为《变化之书》。在人类文明交往中，变即顺应事物发展变化的规律，在变化过程中，找准自己顺应规律的恰当有利位置。"定位"是文明交往中正确对待"变"与"常"、有自知之明的文明自觉程度的关键。但这还不够，正如《周易》所说，讲"变"是根据"时"，"变通趋时"，"因时而变"，这就是"与时俱进"的生活智慧，是"至德者"的生活境界。

　　然而，人与自然、人与人、人与自身心灵之间、各种文明之间和同一文明之内，经常有预料不到的复杂情况，所以，"知"又是文明自觉必须清醒把握的。《周易·系辞上传》说："夫《易》，圣人之所以极深而研'几'也。唯深也，故能通天下之志；唯几也，故能成天下之务；唯神也，故不疾而速，不行而至。"这里的"几"，为苗头，所谓"知几，其神乎！"苗头，兆头，不易发觉，容易为人们忽视、漠视。为了防微杜渐、知微见著，圣人就要极深研究"几"。因为"几"深而幽藏于内，微露端倪，只有发现深层东西，在交往中方能"通天下之志""成天下之务"；因为"几"是变化多端的"神秘"事物，变数大，难以把握，如果不下工夫认真研究，保持清醒头脑，"几"就会来得很突然、很快，使无准备者猝不及防。防患始于忧患，生好要从病、老、死倒看而顺通，月晕而风，础润而雨，凡事预则立，都是生命、生活的智慧，也是文明交往的自觉警句。这里关键是"知"，知而后明！

　　智慧是"知"人类自己的使命，所谓"知命"，《周易》把"天道"与"人事"的"知"联系起来，自觉认识自己，即"自知之明"。穷物理以明人事，把"知物之明"与"知人之明"联系起来，透过"物理"的有规律运行，透过自然去理解人生。有名的哲理话句："天行健；君子以自强不息"，"地势坤；君子以厚德载物"，"云雷，君子以经纶"，"山下出泉，蒙，君子以果行育德"。这里，日月星辰的"天行"、山岳川流的"地势"，以及云彩、震雷、山林甘泉，还蕴涵着自然有序与审美情感以及德性智慧的交织。孔子有许多话可为此哲句作注释诠释，如"知者乐水，仁者乐山"(《论语·雍也》)，如"岁寒然后知松柏之后凋也"(《论语·子罕》)；如"天何言哉，四时行焉，百物生焉，天何言哉"(《论语·阳货》)；如看河水流逝，而说"逝者如斯夫，不舍昼夜"(《论语·子罕》)。这和《周易》中"生生谓谓"的阴阳变易法则，以及"天地之大德曰生"的生命、生活、生存、生产的天地自然、人与万物及社会的智慧启示，与其中的合理性理念的交往有内在联系。

人类生生不息、自强不息，把物质、精神、制度、生态四大文明交往的关系，用观物取象、观象取意，强调知自然之道、明宇宙之理、通生命之道、体生活之美表现出来。虽属原初思维，其效法、其思考之处良多！

中国哲人的思维放得很广，"爱智慧"也很广。宋代哲学家张载把读书、做学问不放在认识自己上，而放在做什么人和做人的任务上。他的名言是"为天地立心、为生民立命、为往圣继绝学、为万世开太平"。这种最高的做人目标，包括了政治家的"为万世开太平"，包括了"为天地立心、为生民立命"的宗教界事务。任继愈认为，中国哲学的特点，不但是对哲学定义不同，而且始终和宗教紧密结合在一起。"天子"是宗教名称。天不变，道亦不变，发展下去，圣人之道不许怀疑，和西方一样，怀疑上帝，就是犯罪，这就堵塞了"大智"之路。这说明哲学要不断接触新事物，阶段性解决新问题，不能与社会生活、社会活动分开，才能不断前进。

九　人的自觉：智慧人

（一）

人在征服世界的狂迷浪潮中，"迷失"了自己，于是，苏格拉底的伟大箴言"认识自己"又一次成为文明交往中人的自觉问题。

近代法国数学家和哲学家帕斯卡尔（1623—1662）说："人把自己以及自己的生成视为自然界的最大的谜，因为他想不出身体是什么，更想不出心是什么，他最少知道的是身和心是怎样结合为一体的。但是，这个对他说来最难理解的问题，恰恰就是有关他自己的存在问题。"提出这个问题，是智慧之始，而识破这个谜语，正表明人类交往的自觉。

人的自觉是人对文明交往的自觉，使自己在交往中成为智慧人。

专业知识是获得智慧的一个前提，而不等于智慧。

互不联系的"博闻强记"，也不是智慧。让知识塞满头脑的人而不作联想思考的人，很可能成为呆傻者，成为有 IQ 而无 EQ 的人。

智慧人是综合人文社会科学与自然技术科学素质，并且时刻准备与异质事物作"文明对话"而具有开放心态的人。

（二）

智慧由天赋、经历、机缘，特别是思考诸多因素相互作用而生，相互促进而成。学习、读书、交往都是生命与智慧的对话。智者不是推销自己，而是不断自觉地扩展自己的头脑，储存和消化知识。智者，即智慧人，一定是智慧的读书人。

智慧有先天因素，而后天的获得来自学而思、思而学、学而实践的良性循环升华过程之中。

倾听、对话、注重前人智慧的吸收，都是学思的环节。倾听、对话，都是艺术，而倾听的艺术最难，要耐心，一定要使自己越过信息层次。这就是听而思，思而化为己有。"六十而耳顺"，"耳"字很重要，通过两"耳"倾听，又需要大脑的思考与指导；"倾"字是"听"字的前提，倾注精力去听对方的意见，通过"耳"的倾听，再通过思而后的"体知"、"笃行"，方可化为智慧。

对话是面对面的交流，有口、耳、脑、手的综合力和各方面知识积累的广深面，方可获得智慧。对话必须是文明对话，是在社会和个人的知识生态系统之中的对话，是动态知识、感觉、意识、观念、感情、信仰、生活态度之间的交融。平等为基，诚实为本，宽容为怀，欣赏差异，协商合作，理性、同情心不可或缺。

学习反思前人的智慧大者而言，有：儒道思想、佛教、印度教、伊斯兰哲学、基督教精神、犹太教思想、耆那教、其他的地区性精神形态。还有希腊哲学、波斯文化、罗马精神，细察其人类生活意义、当代活力和启示性资源。

智慧是什么？它是人类在实践过程中的整体的理解力＋深刻的自我认识＋长远的视角＋良好的判断力。

（三）

人类智慧的类型：

1. 原始矛盾一体智慧（万物有灵、物通灵而不区别真伪、善恶、美丑）。活在世界上的安全感、意义感的缺失。

2. 文化二元对立智慧（有文化之后的两分法，逻辑、理性的认识判断）。"智慧出，有大伪"，真智慧还需进一步发展。对话中有本质现象的区分，对生活的价值感增强。

3. 文明二元重合智慧（文明交往中的对话精神，在对立之间对话，在融合之中生成）。老子的"有无相生，难易相成，长短相形，高下相倾，音声相和，前后相随"（《老子·养身第二》）以及阴阳、"天人合一"体现明显。反思对立两极，回到"边缘""之际"相互对话。

交往文明化冲破对立的地理、精神和文化边界，即《周易》中否卦卦象中的"天地不交而万物不通也，上下不交而天下无邦也"，到泰卦中的"天地交而万物通也，上下交而其志同也"。

文明交往在不同文明之间、相同文明之内进行的之际的"天人"、"人人"和"人自"的文明对话。交往文明化旨在化解二元分裂所造成的极端危害，而使人类生命、生活与社会的和谐和睦。

十　知与人类的文明自觉

知是知识，识是见识，知与识连在一起，才会感悟。知是识之基，因为知以后才能明。所以知是自觉之始。

（一）人类的文明自觉是一种"知"的思想和行动，是一种学而习、问而思、思而行的反复循环，并围绕着人与自然、人与人和人自身之间的交往而实现"知"的文明自觉活动。这种周期性的思维认识，这种由不知到知、由知到觉悟的理性上升活动，是人类文明由自在走向自为、由自发走向自觉的过程。文明自觉可以用"三知"来概括：自知之明，知人之明，知物之明。

（二）人类文明自觉实际上是人类在不同文明之间和相同文明之内的交往自觉。这种自觉产生于天人和人我之交，并在一定方向上透过时间与空间的障碍，由"知"取得思维澄明而升华的。"知"是人类的根本文化因素，表现为人性中的"知性"。无机物既无生命，也无"知"；植物有生命而无"知"；禽兽有生命、有感觉而无"知"；只有人既有生命，又有感性、知性和理性。知性和理性，是人类认识万物的高级层次，而感性是初级层次。感性、知性、理性三层次之中，人们常忽视知性这个必不可少的中间环节，其实知性是从感性转化为理性的关键所在，也是人类文明交往中由自发转向自觉的关键。

（三）从汉语的词源学上看，"知"字从形象思维和抽象思维两个方面，表现了人类文明交往的意义。《说文解字》对"知"字的解释是："词也，从口，从矢。""从口"，既表现了人的口为用来说话器官的形象，又表现为用语言交流的抽象意向的沟通。"从矢"的"矢"为古代投壶之筹。《礼记·投壶》："投壶之礼，主人奉矢。""释文"说："壶，器名，以矢投其中射之类。""矢"与"口"合为一字，既有将语言交流准确性的形象化为投矢于壶而射中的比喻，又有抽象化为"直言"而表达交往的指向。进一步说，在《书经·盘庚上》中既有"出矢言"，以矢言为"直言"。汉扬雄《法言·五百》中，更有"圣人矢口而成言，肆笔而成书"的全面表达语言与文字的文明交往意义。扬雄明确地把"知"的"直言"的"正直"矢意性表达清楚，而且口述笔写的语言文字，也跃然纸上。在这句话下面的注解说："矢，正也；知，操也。"再反顾《书经·盘庚上》中的"出矢言"的"传"中"出正直之言"，特别是扬雄以"圣人"的权威身份，表现对语言的正直端庄、对文字的操笔郑重成书，以及把"矢"和"口"连用，正说明了"知"与语言在交往文明中的重要作用。

（四）"知"与"智"在古代为通用字。例如，《周易·蹇》："见险而能止，知矣哉。"再如，《论语·里仁》："择不处仁，焉得知。"这里，都是把"智"作为知。二者有无区别？在何种意义上相通用？二者在文明交往自觉性上具有什么关系？当然，发音上"知"为 zhī，而"智"为 zhì，这是其一。在现代，这是两个字，两种意义，这是其二。周海春在《〈论语〉中关于"知"的哲学思想》（《人文杂志》2007 年第 1 期）中，用德国哲学家海德格尔的"澄明说"来解释。"澄明"被海德格尔界定为一切在场者和不在场者的敞开之境，人的思想必然要对"澄明"投以特别的关注。"知"的"从矢从口"正有语言交往和投掷方向，涉及个体与整体之间认识联系，以达到"澄明"的意义。周春海据此认为，"智"是对"知"的"根本的澄明意义解说"。他在《论语》中关于"知"和"智"之训诂考据众说纷纭之外，另辟蹊径地说："在《论语》中如果句子的意义是强调根本的'知'的澄明属性的话，'知'和'智'就是可以互换的。"

（五）《论语》中"智"皆作"知"，其中心处在于把"知"的澄明属性加以强调，强调"知"是贯通人与自然、人与人、人类自身的"中间层次"。在这个意义上，"知"是以语言文字表示理解性方向的文明交往概念，又是沟通过去、现在与未来的交往能力，还是自知、知人、知物的交往关节点。《中庸》讲"成己，仁也；成物，知也。"《经书·皋陶谟》说"知人则哲"。这些都与自知之明、知人之明、知物之明有关。自知之明，重在修己，反思、批判内在黑暗面，使内心敞明、澄明，就是对"惑"（无明）的自觉。"知"和"智"相通，在于知性和理性的递进上升。知性是"知"的基础，是一种交互主体性的交往属性，它决定了交往向更高层次即由知识向智慧的过渡。"知"既是思维活动，又是实践的行动。"知"实现了人类文明交往自觉的第一步，它显示了人文精神和自然精神、理论精神与实践精神的统一。尤其是"知"具有"人我"和"天人"的思考和道德伦理的内涵，因此在主体间性的哲学内涵方面，为文明交往的"理性"自觉的高层次创造了条件。

（六）"知"，说抽象也具体，说遥远也当前。《周易·系辞下传》："履以和行，谦以制礼，复以自知。"疏云："自知者，既能返复求身，则自知得失也。"《老子》也有"知人者智，自知者明"的古训。近者可推《占领伊拉克》一书。据美联社纽约2007年4月8日电，曾从2003年起任伊拉克贸易、国防和财政部长、作为美国在伊拉克"新秩序"成员之一的阿里·阿拉维，在其2006年新著《占领伊拉克》（耶鲁大学出版社）中，用500页篇幅详细回顾了美国在伊拉克的"管理失误"。令人惊讶地发现，"无知"这样的词语在书中反复出现，首先是美国"极端无知"地于2003年在"根本不了解"伊拉克现实情况下发动了战争；"稍有远见的人凭本能就会知道，攻打伊拉克将让伊拉克社会的巨大分歧浮出水面"。其次，他嘲笑保罗·布雷默的美英联军占领当局"完全的外行和狂妄无知"。他们以占领者姿态撇开伊拉克人采取重大措施是愚蠢的错误。"知则明，无知则惑"，文明自觉多么重要啊！

（七）"知"本意为"省悟"、"明白"，与"言"、"学"有关。《白虎通·辟雍》中有"学之为言，觉也，悟所不知也"。学很重要，《书经·说命》云："念终始典于学，厥德修罔觉。"对此的"疏"是："日有所益，不能自知也。"意思是天天有收获，但没察觉到，即"不自知"。"觉"即悟性，《左传》文公四年杜预"注"把"觉"解释为："觉，明也。"明白，说明。学而有创言为觉，觉悟到自己所"不知"，根本在"德"，有修德而后有"觉"，有觉而后"明"。向达先生名"达"，字为"觉明"，意思已近"文明"了。

（八）梁晓声在《北京青年报》2007年6月20日发表的《把观察留给孩子》中说："知识两个字我历来认为它是要分开来谈的，知就是知感，识就是认识。所谓知感，就是别人呈现给你，展现给你，说给你听，要求你记住那一部分。但只有这一部分是不可以的，还要认识、思考。"这是另一条思路。其实，知也是要经过思考的。经过思考的记忆，才能记得牢；经过思考的学习，方可记得深。因此知中有思，不是死记硬背，而是思考后得的知或识，才是真知识。我常说，"学贵自得"，道理在此。

十一　"智"、学问与道德的自觉

汉语的"学问",外国人的对应词为"知识"(knowledge)、学习(learning),都没有"问"的意思。"学"和"问"组成一个词包括"学而问"、"问而学"的综合,可引申到《周易·乾》的"君子学以聚之,问以辨之"。"学问"贯穿着问题意识,体现着知识性和思想的交叉。从根本意义上讲,只有出于内心的热爱,只有出于清理和认识问题的冲动,进行研究,才是真学问。学问的初衷、内动力在于沉下心来,潜心探索知识的学德自觉。

当代新儒学代表人物之一牟宗三(1909—1995)在《认识心之批判》中写道:"认识心,智也;道德主体即道德天心,仁也。学问之事,仁与智尽之矣。"(台湾学生书局2005年版)在这本书的《重印志言》中,他又写道:"对于认知心有充分认识矣,自然能进而正视道德心。"牟宗三的这些话语,正是劳思光的精神概括:"穷智见德"。

人们关于道德与伦理概念的区别有一些争论。有人认为伦理是伦理学中的一级概念,而道德是伦理概念中的二级概念。这并不妨碍德的重要性,尤其是学者的道德最关重要。人无德不立,国无德不兴,学无德不全。立德、立言、立功,德总属其首。人无德便失去本,学者不能缺德,而学德来自"穷智",即对"认知心"的充分认识,而后"自然能进而正视道德心"。"认知心"可通向"道德心","智"可以正视"德",这是新的见地。学问家兼为思想家,方能做到"智"和"德"的有机统一。

热爱是坚毅的动力,捍卫真理的无畏勇气是学问的支柱。学者成为思想家,要由对人生真谛的思考和对人类社会矛盾的探索来推动。学问要严谨而有创造性,要有纪念的价值,要有实实在在的建树。这种建树不仅表现在厚实的论著,而且要有独有的和深刻的思想,并且有承前启后的气质和风采。

袁行霈在《学术的风采》(《北京大学学报创刊五十周年论文选粹》,北京大学出版社2005年版)中,在学术风采之外,从诗论学,进一步提出了"学问的气象"的命题。他写道:"作诗讲究气象,诗之气象,如山峦之有云烟,江海之有波涛,夺魂摄魄,每在于此。做学问的气象,如释迦之说法,霁云之在天,庄严恢宏,清远雅正,不强服人而人自服,毋庸标榜而下自成蹊。"

这是对学问的形象说法,是说学问的魅力和风范,是大气魄、大智慧、大手笔、大德性的说释。尤其是"不强服人而人自服，毋庸标榜而下自成蹊"。做学问者，应有此种非凡的精神风貌和本质特点。诗与学问之理，推及文与理关系，使人回顾起唐代的"文以明理"的古文传统；也使人回顾起宋元祐以后的"尚文者不能畅于理，据理者不能推之文"（元人刘将孙语）。把文采与哲理熔于一炉，使学问家有文采而又哲思，是学问家应努力之处。严楔其学，星斗其文，苍柏其性，赤子其人，道德其心，这是治学的高要求，虽不能及，然心向往之。

这使我想起了列夫·托尔斯泰其人其著。他有《战争与和平》，有《安娜·卡列尼娜》，有对社会问题和农民贫困状况的探索，有对人类文明进步的执著追求，还有对哲学上的钻研和探讨。1879 年，他在《忏悔录》中描述了他的思想危机："我有一些困惑的时候。生活停顿下来了，仿佛自己不知道该怎样生活，或该做些什么；我感到迷茫，不知所措，人也变得忧郁了。"托尔斯泰不但是个文学家、作家，而且是个思想家。他不断学而思、思而学。列宁称托尔斯泰用"富于创造性"来评价其"全部观点"，正是指他这位学问家成为有思想家的特征。这种特征的深处，也就是学问与学德的自觉；再往大处说，那是人类文明的自觉；退而求诸己，也就是自我的"认知心"和"道德心"了。

回过头来看唐君毅的《道德自我之建立》（商务印书馆 1944 年版）一书。该书谈道德自觉是从精神表现而言的。他说，人生"各种道德心理，即通常所谓现实生活之本之饮食男女求名誉等活动，皆为同一精神实在表现之体现，而明其相通，使人知人之一切生活，均可含神圣之意义"。唐君毅的道德自我论建立在发掘人类精神本体的基础上，通过道德的心灵自觉，将整个人生从饮食男女之自然本能活动一直到追求精神实现的求名誉活动全然统摄起来，而使人生和世界成为道德心灵观照的统一体。

用牟宗三晚年在回忆当时唐君毅"道德心灵自觉"成熟时的情况的话说："时友人唐君毅先生正抒发其《道德自我之建立》以及《人生之体验》。精诚恻怛，仁智双彰。一是皆实理之流露，卓然绝虚浮之玄谈。"（《牟宗三全集》第 18 卷，第 13 页）自觉在仁智的统一于道德。

十二　智者善对人生

人生是苦难的，又是美好的，问题是怎样对待。

智者用智慧对待人生。什么是智慧？有几个不等式：智慧≠小聪明；智慧≠小伎俩；智慧≠小权术；智慧≠诈骗之术；智慧≠厚黑钻营之术；智慧≠形而下的交往之术。

人言官场玩权术、商场玩骗术、战场玩诈术，而今学界也有以学玩术者，那都是蝇营狗苟之庸俗细作，算不上真智慧。哲人爱智慧，爱的真智慧；伟人用智慧，用的大智慧；智者追求的是真、善、美的人生智慧。

我很景慕苏轼，除了在《书路鸿踪录》序言中所说的人生智慧之外，他突出之点还在于他对待生活坎坷的彻悟、洞悉和超越旷达。他一生宦海沉浮，贬谪流浪大半个中国：44 岁因乌台诗案被贬黄州；59 岁又被贬惠州；62 岁再被贬儋州，即海南的海角。正如他的自题画像诗所云："问汝平生功业，黄州、惠州、儋州。"他在黄州写的《定风波》实有从容面对人生风雨的安适向上气度："莫听穿林打叶声，何妨吟啸且徐行。竹杖芒鞋轻胜马，谁怕？一蓑烟雨任平生。料峭春风吹酒醒，微冷，山头斜照却相迎。回首向来萧瑟处，归去，也无风雨也无晴。"这是多么耐读的智慧的真、善、美的诗句啊！

于是，我想起了陶渊明的组诗《形影神》。诗中概括有三种人生态度：所谓"形"，是生命的实体、物质形上的态、物质属性；所谓"影"是生命的名声，与"形"不同，"影"关注留名于后，而不是"得酒莫苟辞"的享乐，但其"名"是善名，即"立善有遗爱"，以延长生命的价值。"形"为肉体，"影"为生命之名；所谓"神"则是生命的精神、灵魂，是生命的"思想者"。陶渊明的"形影神"三论中，表现了他人生态度的"大化"：酒可暂忘痛苦，但加快死亡，是慢性毒药；善名后世为空谈，即"身没名亦灭"，善恶价准不一，善名留后世亦为空谈；只有勘透生命、人生、自己、顺乎自然："甚念伤吾生，正宜委运去。纵浪大化中，不喜亦不惧。应尽便须尽，无复独多虑。"放松精神，"采菊东篱下，悠然见南山"。这是平民智者的人生诗句。

于是，达官智者王维这位"与世淡无事，自然江海人"的智慧人生浮现脑际："中岁颇好道，晚家南山陲。兴来每独往，胜事空自如。行到水穷处，坐看云起时。偶然值林叟，谈笑无还期。"（《终南别业》）顺其偶然、自用，可做而不存心，万事不扰，半官半隐，身退行事。这种无所求、无所欲，无欲而满足，不是不要生命乐趣和现世生活，而是放弃执著于物质而追求生活的精神闲逸。

在现实生活中，平静心态不易，多彩生活，吸引人的欲求太多：无权争权，有权保权；脱贫而求富贵，富贵而求长生。如何过智者生活，人们宜从人生实践和书中仔细参悟。以上三人之书、之行可做人与自身心灵交往的借鉴。文明化交往的自觉，关键在自身，即"自知之明"。

十三 智者库尔特·冯内古特

库尔特·冯内古特（Kurt Vonnegut）自称是一个"没有国家"的"美国人"。他担心美国"太强大"："现在全世界惧怕、仇恨我们，就像当年惧怕、仇视纳粹分子一样。"他追问、不断追问：

（1）全球化某种程度变成了美国化，大型跨国公司工作人员以英语为工作语言，只是在下班时才讲母语，这到底是什么"国家"？

（2）我们在推动什么前进？

（3）怎样对待精神变态的政客？

（4）如何处理无同情心和无羞耻感的人？

（5）争夺财富的战争何时了？

（6）电子社会真的美好吗？

（7）经济会繁荣下去吗？

他不叫嚷怒骂，也不故作沉思，而是用化工专业训练出来的思维方式，用黑色幽默条分缕析地站在"我们这个星球"的角度分析问题。正是由于"没有国家"，他的批判是无遮掩的、一针见血的。

他已是年逾八旬的老人，依然斗志昂扬。生命力成为他生活中至高无上的主题。他坚强地抵御着快节奏和虚假情感，苦苦地从时代所抛弃和碾碎的物件中找到拯救人类文明的希望。

他如此接近死亡，堪称长寿，然而头脑不发昏，不倚老卖老，还能坚持爱护人类生命，发出如此震撼的号角声，就值得我认真倾听。这种倾听是用心读、用心体味这本《没有国家的人》（刘洪涛等译，上海人民出版社 2006年版）。

十四 文明的"智障"

语言学家周有光（1906—）在 102 岁时由笔耕而"指耕"（电脑操作）

的打印稿《丁亥春节的祝愿》一文，由屠岸首发于《上帝把我忘了》（《文汇报·笔会》2007 年 2 月 18 日）。这是一篇情见于文辞和恳切真诚而远见卓识之言，其要点如下：

"公历 2007 年 2 月 18 日，夏历丁亥年正月初一，炎黄子孙周有光，敬焚天香三炷，忆往思来，默祷上苍。第一炷香，祝愿丁亥年是一个与时俱进的好年份。从'阶级斗争一抓就灵'到'不问姓社姓资'，是历史跃进的伟大的一步。与时俱进，不仅是我国之必须，也是世界各国之必须。第二炷香，祝愿丁亥年是个和谐共处的好年份。和谐共处不仅是国内稳定的原则，也是全世界的国际和平原则。"

使我最感兴趣的是"第三炷香，祝愿丁亥年是一个知识上的好年份。生在信息时代，知识成为第一需要。信息化的财富是知识。比尔·盖茨以知识为资本，他是'知本家'，不是'资本家'。个人有智障，集体也有智障。个人智障来自教育陈腐，集体统治来自传统原始。袁世凯不能逾越帝王思想的智障。苏联领导人不能逾越沙皇制度的智障。中国现代化进程艰难，背景是两千年封建。迎头赶上，只有靠教育"。

的确很精彩。他关于"智障"的想法，实在发人深思。障，阻隔也。障碍是阻挡进行的事物，"智障"是隔挡智慧（即文明发展基因）的事物。"智障"不除，文明难以发展。破除"智障"，提高知识水平，要破除的是迷信，教条；所需要的是革新教育，是独立思考。智慧问题，是人类自身内在交往的关键，是人与他人、人与自然交往的核心。这些，人们都谈了，但谈"智障"，周有光是首创。此事是他谈前炷香的必然结果，破除"以阶级斗争为纲"，破除"战争解决问题观念"，是人类文明自觉的表现。这是世界问题，是国际问题，是人类进步和文明交往的问题。以世界和平而言，周有光振聋发聩地"指耕"下一段文字："不要忘记，第二次世界大战是在许多人认为第二次世界大战不可能发生的麻痹中突然发生的。为了预防十年或三十年后可能发生第三次世界大战，今天就要认真灭火于未燃！"对"人祸"的战争，对"天灾"的自然灾害，都要持此负责态度，警钟长鸣。为此，必须时时扫除文明自觉的"智障"！

十五　致知、致良知与致真

"致知"是西方思想所强调的哲学概念，它把真理的客观参照性摆在了第一位。

"致良知"是中国思想所强调的哲学概念，它探求的是生命的完整性。

"致知"和"致良知"是两种不同的生命体验模式。"致知"是理性中心主义，"致良知"为人性的价值论。"致知"是冷冰的知识中心主义，"致良知"是人的生命活感性与审美意向性。

在全球化、后现代社会中，西方和中国这两种生命体验的交往互动的特征，在西方成了主流，两者的冲突贯穿着 21 世纪的时间序列。主要问题是：

1. 人类在为真求知而上天入地求索时，有许多哲学家、艺术家、诗人对理性的滥用展开了痛苦的追问——他们为什么用带血的头颅去撞击理性主义的大门？

2. 为何冷酷的知识中心主义为人类创造了数不清的物质文明，却丧失了人文主义的家园，使人类的生活感性和艺术的审美意向性沦为消费社会的点缀景观？

3. 为何在现代性高度发达的文明时代，艺术开始变丑了？文明变粗鲁了？学术变为无学而谋术了？

4. 工具理性的"致知"机器对感性的"致良知"进行"异化"和"奴役"，西化的普世化、人的断片化，冲击价值理性的浪潮，如何制止？

"致知"与"致良知"虽是一字之差，但"良知"与"知"截然不同。真理的参照性第一与生命完整性第一不能统一，诗意和哲思却能一致。

思想的魅力在于它的自身价值取向。思——在无思处思，在不疑处疑，在沉默时间。思想家易误入隧洞，例如海德格尔暮年就走进了黑森林，例如蒲松龄也有"知我者，其在青林黑塞间乎？"的话。思想，尤其是不合时宜的思想，往往是孤独的。但历史的减法，风吹黄洲，大浪淘沙，良知必兴！

致知，致良知，归根是致人之真，为交往文明化致真，这种文明自觉的富有是真正的致富，那是文化之富、文明之富，是物质财富之魂！

十六　知人与自知

知人与自知的认识和实践，从来不能脱离社会经济的矛盾冲突。文明交往在以下两个方面凝结了精神价值上的自觉：

第一，人与人外在矛盾冲突的自觉表现，是人类社会文明进程中光明与黑暗、先进与落后、主流与非主流、人文与非人文等之间的斗争、博弈与曲折反复所展现的真、善、美。这是一个持续推进的文明交往自觉过程。

第二，伴随和依附于人的外在矛盾冲突，人自身内在的矛盾冲突，表现于情感、心理、观念、意识、心灵诸方面。人的自身内心的和谐，实际上来源于外在的矛盾冲突的解决，它表明人在社会文明进程中自我精神的转化和进步，也彰显了人在这一进程中的主体意义。

人不但在与外界矛盾冲突中外化于社会，而且外化于自然。这是人的精神外化之后，又反过来与人的精神进行结合而实现人的内化，即人的内心世界的矛盾冲突与和谐。人与社会、人与自然、人与自身的冲突，在调适、化解之后上升的真、善、美，是人文思维、意识、素质、能力的本质，是人性的至真、至善、至美的精神价值，是人类文明程度的逐步提高，是人作为人的追求。

和谐和冲突是相互联系的，是矛盾的不同侧面。冲突构成的真、善、美，所凝结的和谐美，是人类文明核心价值体系中最根本的元素，成为社会文明发展必然需要的一种人文力量，其内涵是作为主体人的意义。人是社会的主体。和谐总是伴随着矛盾冲突。人本身也是一个充满着矛盾的"复合体"，这既是人的本性和本质，也是人的精神与人文特征。

知人、知物、自知关乎人作为主体自身的健康发展、丰富进步。这三者归结于人自身愉悦的心灵，而根本在认知之理，在于人作为社会主体在精神素质和交往能力上的涵养与提高。这就是人文精神的自觉，文明交往的自觉。

老子说过："夫物芸芸，各复归其根。归根曰静，静曰复命。"(《老子·归根第十六》) 只有静心才能回归生命。自静其心是自然之明的途径，是文明之间交往的主要方面。自静其心使个人、民族进入自律、自省、自警、自励的境界。

《吕氏春秋·分职》中说："智能反无能，故能使众能也；能执无为，故能使众为也。"自知之明的人只做自己内行的事。被擢为领导，岂不使之成为外行？祸耶？福耶？只有上船之后才可回答。

文明自觉，关键在"自知之明"。文明交往力有应对压力的能力，但有效应对压力的能力的方法，终归求其在自我的交往能力。上船之后，再航行。

十七　自知之明、幸福与心灵

（一）书单：①《罗素论幸福人生》（杨玉成、崔人元编译，世界知识出版社 2007 年版）。警语："要使生活变得幸福，一定量的厌烦忍受力是必要的。这一点应该告诉年轻人。一切伟大的著作都有令人生厌的章节，一切伟大人物的生活都有无聊乏味的时候。""人类幸福的本质是很简单的"，就是要去掉"忌妒"，改变"比较性思维的习惯"。

②《幸福的方法》（［以色列］泰勒·本·沙哈尔著，刘骏杰译，当代中国出版社 2007 年版）。警语：权力、金钱都是获得幸福的手段，而不是目的。中国哲学的悟性加上西方心理学的实用性，用健康、勇气和爱代替病态、幻觉、焦虑、狂躁，积极发掘人类自身拥有的潜能、潜力，使大众用具体操作来提升幸福感。

③《懂得爱：在亲密关系中成长》、《懂得健康：在自我探索中治疗》、《懂得生命：在和谐关系中创造》（黄焕祥和麦基卓："懂得系列"）。

④"钻石途径系列"（［以色列］阿玛斯）《内在的探索》、《解脱之逐》、《自我的真相》。

⑤［印度］克里希那穆提：《世界在你心中》，警语：只有"内在革命"，即只有思维方式的转变，才能解决根本问题（心灵焦虑与物质丰富之间的矛盾）。

（二）心灵学：

"心灵"而成为"学"，是指出一条安顿之路，要走到终点，还要依靠：①个人的意志力；②踏实的实践。唐代鸟窠道林禅师在与白居易参禅时说，人生的道理并不深奥，却是"三岁孩童也晓得，八十老翁行不得"。不行，心灵依然荒漠。难在用心去悟、去做。心到之处，自有灵在。

十八　文明比较

文化自觉需要"文明比较学"，从比较中达到文化自我认同。

从文明比较角度看，中华文明史上，没有惨烈的十字军东征那样的战争交往，没有对别的民族与族群，采取入侵、掠夺、占领、强盗式的或者冤冤相报的血腥方式。

再具体到族群性格比较角度看，相对而言，中华民族的和为贵、和谐性、和而不同、忠孝、仁爱、信义、和平，是民族的性格特征，这些是价值理想，攀登境界，理论上是客观存在，实践上有区别，有主有次，有点有面，需要用人文情怀化解社会达尔文主义。成功不是打击对方，而是自我超越、自我对比，重在自我丰富与完善。成功属于自己，与别人无关，只注重内心感受，倾听自己声音，对外在变化做到宠辱不惊，与群体和谐。

儒家思想有老百姓的草根性。老百姓接受的并影响他人的生活哲学是蒙学读物、民谚、民歌中的劝善歌，是教育中的为人着想，堂堂正正做人做事，有民间根源的活力。

参与生活有真实体验。给人一个盼头、力量，又有切实感受。从理想与现实的"契合点"来把握。有些事不能说清，不该说清。

张世英有：①原始的人与世界合一"美"；②主体—客体，对立美；③超主客体关系的人与世界合一之"美"。从人的精神发展这三阶段看，人的日常生活多停在②，超此达到真"美"难，日常生活中显得远。"天人合一"有美好瞬间。

"五四"以来，中国人的国民性的负面的或"丑陋的中国人"揭露过了头，伤害了"民族性"。人性的阴暗面，东西方都有。美国的安然公司也有做假账的丑闻。人性有多面性。人之恶甚于禽兽。人有天使与魔鬼的多样性。自觉的任务是着力揭示出人类最可爱的、可以作为人的规定性的东西，保养它，经过后天教育改善它。

自觉性是认识理想与现实的关系，是理想实现的条件变化（不同历史阶段、不同阶级和阶层，实现的不同程度）的冷静、清醒、动态认识上。费孝通讲：美人之美，美己之美，美美与共，天下大同。但"美"离我们很远，是理想，这是理论层面；实际层面，又感受过，又很近。美——忽远又忽近。

十九　文明交往的三个观念

世界历史观念、全球观念和全人类观念是文明交往中三个重要观念。对于外部的不同文明之间自不待言，对于内部的同一文明之间的交往也不可忽视。

　　文明内部的交往是传承问题，继承问题，是对待本民族的传统文化问题。由于①世界文化交流；②批判思维定式；③长期对传统文化的不重视，产生了青年一代能否继承传统文化而完全被"西化"的疑虑。现在年轻人的知识结构中，西方势力要强于本民族文化。传统文化是一个包括多方面内容的复杂综合体，有引起民族自豪感的精华部分，也有很不好的糟粕部分，有必要细心筛选。传统是文化遗产，是血缘的、基因类的文化，是今日的生活方式、学术活动，其生命在民间延续，靠精英通过教育来引领传承，在实践中把感性因子的亲近感升华为理性的化解行为。

　　文明内部的交往也是受互动规律制约。首先是物质财富到精神财富的和谐化过程。孔子"先富之，后教之"的话是对的。虽然"文化搭台，经济唱戏"过于倾向物质而轻视精神，有碍弘扬传统文化，不过"衣食足而知礼义"仍是互动、互为前提的。其次是不能排斥西方文化，对内与对外交往的互动性表现在"知己越深、知彼也越深"的道理上。总之，要树立一个对全人类文明交往的共同标准底线——让每一个社会成员幸福，物质和精神上的满足。互动性要在这个标准底线上，对中外古今文化进行选择，中心还是一个人的全面、自由发展，好的都要以为己所用。这种选择是人类社会成员健全人格的选择。

　　文明内部交往是一个文化转型过程，在哲学上是转化问题。经济始终推动着文化，文化也促进经济的发展，中国经济的崛起，越来越受到世界注意，也越来越引起文化消费、文化发展等文化与现实关系的注意。中国文化的地位在21世纪中会有一个大变化而显示其活力。转化包括淘汰、保存、改造、吸收外来文化而形成新的稳定的价值观。

　　这里，世界历史观念、全人类观念、全球观念对理解传统文化资源的开掘有决定意义。有人在20世纪80年代就提出了"和合之学"，把它化为五大原理：和生原理、和处原理、和立原理、和达原理、和爱原理。姑且不论这样传统文化转化之举的作用如何，但它表现了中国传统文化从来就是在不断吸收新鲜文化基础上发展的特点。中国有适合各种文化生长的土壤，中国文化的当代意义实际上已经是东西方文化的新的综合体。昔日唐代已把儒、释、道结合起来，今日也有把中、西、马（马克思主义）、伊斯兰四者的互动提上日程。当然还有其他文明的互动，广纳百川。时代精神、时代思考决定着时代核心理论的建构，而这种建构又是为了化解当时遇到的冲突和危机，从中找到现实需要的系统化理论。文明交往论即其之一。

二十　人类文明交往的遐思和近思

遐思始于近思。信息化、经济全球化把人类生存的时间、空间压缩在"地球村"模式之中。知识爆炸有两个前途:人类文明向野蛮疯狂倒退;引导人类向文明更高阶梯攀升。

(一) 需要新的文明交往力

研究 20 世纪的人类历史,不能一般化记述和泛泛评论。为避免悲剧史不会重演,需要学人具有新的文明交往力,即穿透历史云雾的鉴别力;更深层次的批判力。这种文明交往力必须是独立的和强有力的,而且必须有新文明交往视角、历史责任感和使命感。

(二) 需要有长时段的思考过程

20 世纪是一个充满危机与挑战的世纪。此危机在 19 世纪出现,马克思主义批判资本主义最强有力。20 世纪最大的挑战是东方的民族主义运动,特别是独立后的经济发展和复兴民族文化。日本走向强国之路的缺点:吸收西方文化多于自身的系统独立创造成就。中国现代化寻找的不是固定现存模式。伊斯兰国家对西方势力进行了强烈抵抗反击,也在探索自己的现代化之路。冲破西方"游戏"罗网是长期任务。在公元 5 世纪开始后的一千年中,"一直到伏尔泰时代,土耳其和中国仍是文明生活的榜样,欧洲人只能投以羡慕的尊敬的目光"(英史家弗里·巴勒克语)。"东方给了西方的一切"(伏尔泰语)。东方应昂起头,挺起胸,但不要故步自封,也不要自高自大,要以开放的心态在 21 世纪中阔步向前。

(三)《文明人类的八大罪孽》

这是 1973 年诺贝尔医学与生物奖获得者洛伦茨所著的书。八大罪孽是:①人口爆炸;②环境污染;③种族冲突;④自然情感的麻木与丧失;⑤社会文化导致的人类自然遗传蜕变;⑥追求时尚,抛弃传统;⑦非人化的信息传播带来的单一性疾病;⑧核武器军备竞赛使人类社会面临"世界末日"的极端恐惧状态。这都是文明变态症状,需要用文明交往的自觉来医治。

（四）施本格勒论西方文化

20 世纪初，施本格勒的肯定而直接的判决：《西方的没落》——由创造性阶段到物质享受和反思阶段，下来就是无可奈何的没落阶段。在西方文明强大得不可一世时，他嘲笑了西方的自大狂。汤因比受他的影响，也抵制了西方人在文化上的那种"褊狭傲慢"的自我中心幻觉。美国社会学家也受施本格勒影响，但他反对"生物学类推法"和"直线性解释"历史文化，而把西方文化分成依次循环往复的感性的、心灵的、理性的三种形式。

《西方的没落》的价值在于它反映了文明交往的时代本质特征，在德国乃至整个西方唤起了西方文明的危机感，特别是认为德国文化中的特殊英雄传统，可以重铸危机中的变态文化。这就是军国主义、法西斯主义的纳粹主义，当然此书的复杂面也影响到文明史的研究，如英国汤因比的《历史研究》。不过此书承认危机，但仍可调和各家思想。

（五）麦克纳马拉的"忏悔录"

美国在越南战争时期的国防部长麦克纳马拉《回顾——越战的悲剧与教训》，是一本对西方文化研究有启迪作用的"忏悔录"。他敢于面对现实，总结了越南战争的 11 条教训，不仅承认美国政府的严重错误，更重要的是触及了悲剧的深层原因——战争的非人道性、现代化军事力量的局限性、西方文明的局限性。他终于明白了凝聚着民族精神的东方文明的力量。可惜，今日美国正陷入伊拉克、阿富汗战争交往泥潭而仍不自觉！当然，麦克纳马拉虽有所觉醒，但仍表现了犹豫不决和自相矛盾：他一方面喊"我们错了，彻底错了"，另一方面却又解释说："我认为导致我们犯错误的不是价值观和意图，而是判断力和能力。"这二者怎么能分开呢？前者是交往中之"因"，后者是交往中之"果"；前者是为"根"，后者是为"果"。这是身在西方文化母体中的产儿难以摆脱的文化基因。

他的下列话句，也对美国政治具有长时段的警示意义："要判断什么是另一个国家和人民的最大利益，应由国际社会公开辩论来决定。我们并不拥有天赋的权力，来用自己的理想或选择去塑造任何其他国家。"这种对西方文明中的扩张主义、殖民主义、帝国主义、种族主义、霸权主义价值观的否定性话语，足为一切重蹈覆辙的后来者戒。

从交往角度思考问题，里根有一句话更为经典："美国在与世界的其他部分交往中一向存在错误倾向：从西方民主标准来衡量所有政府，以西欧标准来衡量各种文化。"文明交往中的西方文明的弊端在此。

（六）文明交往在召唤

1987年，美国历史学家保罗·肯尼迪出版《大国的兴衰》一书，从经济和军事角度论述了西方诸大国兴起与衰落的必然性，论述了中国和欧盟在21世纪代替美国的趋势。这使人想起海湾战争后，他坚持认为美国的胜利仍无法挽救其没落的命运："美国正陷入类似英国在30年代的那种处境"，更可怕的是，"美国有毁于一种企图的盲目性的危险"。

1994年，英国历史学家霍尔鲍姆出版《极端年代》一书，引用了12位文化名人对20世纪的评论之后，在结尾处的感慨是："人类社会若不大加改变，将会是一片黑暗。"这是从政治上呼吁文明。

1995年，美国未来学家托夫勒出版《创造一个新文明》一书，否定西方文明的同时，直接发出了对新文明的期望。

在此前，1993年美国政治理论家亨廷顿发表《文明的冲突》，此后又出版了几本有关文明问题的著作，直接从文明交往中抽出了冲突问题。

文明交往包括：①历史与现实；②自然与人类；③个人与民族；④纵向和横向；⑤局部与全局；⑥光明与黑暗等各种力量共同形成的、跨越时间的强大合力。

文明交往也贯穿了20世纪的主线：①社会主义革命；②民族主义；③非殖民化；④科技革命；⑤信息与知识经济全球化。它们之间相互影响、制约、激荡，并最终改变世界。

文明交往是人类社会的大动脉。它引导人类历史走过了漫长时间和空间。它使许多文明生成、发展，走向高峰，又沉沦没落，而后一些古老文明在新的航道上寻求复兴之路。

文明交往对绝大多数尚未实现现代化的国家中，提醒人们不要迷恋西方物质文明生活，不要在一切方面都思考着与西方"接轨"，不要对西方经济一片看好，不要认为在任何情况下，经济都是决定国家一切的。文化是人类一切问题的精神归宿，它反映在许多发展变化的深处。20世纪许多大事件都与文明交往中的文化潮流有十分密切的联系。

（七）文化自觉：很远又很近

尊信传统——反对传统——创新传统，是螺旋式上升，是民族走向文化自觉的表现：

自觉的特征是理性对待自己的文化。

传统文化具有封闭性与开放性的矛盾两重性。具体分析的层次是：①个案研究；②学派分析；③整体通观。

传统和创新的自觉在于"矛盾融合"、"传承创新"，把传统放在现代文化研究的实践品格观照上，放在学术与社会的结合上。继往而开来，用文明交往的自觉，把过去、现在与未来贯而通之。

第五集

人文解说

第 一 编

人文精神

一 何谓人文

我在《文明的真谛》一文中曾经有一个看法："文明的真谛在于文明所包含的人文精神本质。"那么，何谓人文？

人文是从人类创造文字开始的，是文明的肇端。人类制造工具，也是人文创造。人文以自然为基，人而文之、化之，此种人文精神一直在促进人类文明的发展。人文即人化。

汉语的"人文"见于《周易·贲》："贲，亨，柔来而文刚，故亨。分，刚上而文柔，故小利有攸往，天文也。文明以止，人文也。观乎天文，以察时变；观乎人文，以化成天下。""人文"，指"文明以止"。朱熹《周易本义》对"止"的解释是"各得其分"，指人依其才性而在某种秩序中处于不同位置，可以引申为人伦与人道。人文、天文与天道和人道相通。天文也是一种"文"，在天曰阴阳，在人曰仁义。人文有教化内涵，此点与西方人道主义相通。罗马格利乌斯时代的人道主义 philanthroy 或者希腊人的 aretè（善行）和 paideia（身心全面训练，即人的教化）。柏拉图时代以城邦教育即人的智育教化。基督教的圣爱、博爱，也是教化人的灵魂。人在古代把自己看做自然的一部分，中世纪把一切归于上帝，文艺复兴以后，人的尊严、幸福，人的自我认识走向自觉。今日"人文"已中西合璧，humanism 的以人为中心，即对人的价值的重视。

人文是文化，是人的价值取向，是悲天悯人的情怀，它寓于知识世界之中。人文作为知识系统，有以下特征：①以人的精神世界为根本，要研究的对象是人文科学，引导人们发展个性，完善人格，升华人的精神境界，使人生文明化。它是评价性、体验性。人文科学是以人的文明化为中心思路的教化学问；②人又是社会性的、群体性的，因此必须有社会科学，必须研究各种社会现象及其发展规律，由此深入理解人的实践主体性、人的主观能动性、受动性和自觉协调人与自然、人与社会、人与自我身心的关系；③人类的生活、生产活动离不开自然生态环境，因此也离不开自然科学，离不开对物质世界为主对象的研究。自然界的物质形态、物质结构性质的规律，当然是人生应有之义。但科学精神（追求真理、自由探索、勇于和善于批判），即指导其科学活动，赋予人文性、社会性。科学世界本身也决不是只懂物性、不懂人性的世界，而自然技术科学与人文社会科学之作为科学，都有许多相通之处。鸟之两翼，人之两腿，可比喻为这两大类科学之于人类的关系。任何彼此攻讦、嘲笑，都是"偏见比无知距真理更远"。

人文科学与自然科学相对而言，一般被认为是关于人存在价值和意义的科学，包括文学、历史、哲学和艺术等。人文的特点是它的价值的规定性，即好与坏、善与恶、美与丑。它是基于人的社会本质、社会现象的复杂性和人性层次的难比性。不过，在科学主义者看来，人文这些特点具有不可证实性，因而与求真这个科学的最高价值相矛盾。

马克思在《1844年经济学哲学手稿》的第三手稿中提到一个观点："感性必须是科学的基础"。"自然科学往后将包含关于人的科学，正像关于人的科学包括自然科学一样，这将是一门科学"。在马克思看来，自己的理论是科学，但不仅仅是科学，不仅是基于"物"的层次，而更重要的是为了"人的解放、人的自由全面发展"，这就是人文。

人文科学和自然科学是没有本质区别的。人文科学观察事物时，不是用显微镜，也不能用化学试剂，而必须用抽象力、想象力等以及对与社会现象分析、判断等方面的交往力，这种交往力必须建立在"规定性"的基础上，这种"规定性"，其实指的就是人文。人文科学和自然科学又是有必然联系的，人文既关注感性，又尊重理性，是主观和客观的统一，正如一个硬币的两面，二者是无法也不应该分离的。无论在人文还是在自然科学，都是人类与自然、社会的交往，是人在用思维进行的工作，是互为包容的科学，正如马克思所说的，是一门科学，一门大科学。人文社会科学和自然技术科学要互为联盟而不能失衡。

上述这段话应该作为我对《文明交往论》第63页第一段后面的补充。

此外，人文赋予了以价值和意义为特征的人的生活世界，它使生活世界的差异性、个别性、主体性和自由性丰富化了，它使生活世界的伦理道德、文化的内涵和意义和规定性变成生机盎然的社会生活形态结构了。人文的

"文"，实质上是人的交往能力，是文明交往方面一个重要概念。"文"与"人"的关系是如影随形，是人的作用于物的动词。人而文之后，文便成为文明的"文"了。文而明之，这表现了人文的穿透力。

总之，人文情怀在人类文明交往史上是深刻意义的自觉意识，人文理想是一个时代一个民族文明程度的标尺。人文精神是文化的核心，而文化是文明的核心，因而人文的精神价值就是文明的真谛。人文精神是人与大自然交往的自觉性产物，其本源在大自然，犹如母体之于婴儿。婴儿出生虽不能返回母体，而人之为人，应永远不失童心，回归自然，方能有好奇心、想象力和创造的兴趣，人类文明才能在自然基础上自强不息，复兴再复兴，创造再创新，生生不已！

二　人文理念

人文理念在人文社会科学为最显性科学价值观。

人文理念在自然科学为隐性科学价值观。

显性是直接的、稳定的、前提性和基础性的价值取向。

隐性是间接的、具体的、通过人而变更性的科学价值观。

人在人文科学中二者是统一的、固守原则的。人文理念是任何人本应具有的良知，是正义、平等、人道原则、和平愿望、仁爱情怀，不是动物界的弱肉强食的"森林法则"或"社会达尔文主义"。

人文理念的原则是人文原则。这个原则是人类几千年文明的基础性原则。人类文明缺乏人文原则，人类文明就变成了野蛮。

人文理念是人类社会的理性原则，是做人的原则。所谓理性，就是人之为人的特性，就是超越一切动物性水平之上的认识、应对能力和资质的总和，人依靠它达到生存和发展的目的。人性是通过人文主义精神，即人文理念而升华的。

隐性要通过人的行为去穿透。不作这样的穿透，便会使自然科学走入歧途。自然科学包括技术科学本身不体现什么价值观。但是从事自然和技术科学的人，既可造福于社会，又可遗祸于社会，甚至毒害于社会。这就是隐性人文价值观的结果。

高度的理性自觉最终是人自身的精神自觉。在人类文明史上，我们不难发现：文明的一切创造，只有是为了人，一切事物只有通过人、依靠人，只有从人出发而尊重人的价值、尊严和人格，才是真正文明的自觉。此种人文理念可称之为人文主义人性观，或者更明确更具体说，是人文理性，是人文精神孕育而成的理念。人要自我保护，有自我性、利己性；人又要共同保护，有社会性、利他性，这是人文理念的两个方面。亚里士多德说过：人之为人或人类所异于动物的特性，就是他对善恶和是否正义以及其他类似观念的辨认。这也就是人文理念。

三　升华人文精神的条件

哥白尼 1543 年发表了《天体运行论》，提出日心说，"从此自然研究便开始从神学中解放出来。"（《马克思恩格斯选集》第 4 卷，人民出版社 1995 年版，第 263 页）这是西方天人关系的文明自觉，是天文、人文交往的跨越。中国上古时期的人类精神觉醒似应作上溯性的思考。

现在，谈文明常引用《周易·贲》的一段话："故小利有攸往，天文也；文明以止，人文也。观乎天文，以察时变；观乎人文，以化成天下。"这段话中有两个"观乎"天文、人文的"观"字。"观"是什么？观是观察而察时变，而化成天下，这是思考的结果。

这种自然观后来形成了道家的自然哲学，进而成为当代环境哲学家为探索环境危机思想文化根源及解决问题智慧时的思考点。如美国的马尔希（P. Marshau）把《老子》一书称为人类最早表达的生态思维；而挪威的奈斯（A. Naess）则把道家的"道"与自然的生态"大我"相等同。中华文明中这种亲自然的"天人合一"的人文精神，正是中华文明传统的现代价值所在。

这使人联想：人文精神的本意，在于从人们日常生活意识中揭示出事物的本真状态。这就是文化，就是理论，就是人类智慧的结晶。这种科学文化也就是自然科学和社会科学。这两大科学的首要目标是发现事物和事件的本质和规律，不是为某个人的，又是为每个人须臾不可离的真理，因为是为了整个人类的利益。这不仅使人们能够解释自然和社会并理解它们，而且会带来高度的实利，以新的利益丰富人类生活。这就是以人文精神为导向的生活哲学。它可以帮助人们以聪慧文明的方针生活于这个伟大世界上。

人文精神的升华条件有：①闲暇。黄帝、神农、伏羲都是闲暇之先民，"数学所以先兴起于埃及，就是因为那里的僧侣阶级特许有闲暇"。（〔古希腊〕亚里士多德：《形而上学》，吴寿彭译，商务印书馆 1977 年版，第 3 页）②兴趣。这是对思考者而言，因为日常生活和日常意识对一般人都无兴趣的。③静观沉思。观察和沉思创造科学，无静观、沉思发现不了问题；④能力。创造极具统摄力和穿透力的概念和语言文字的表达能力。⑤逻辑和理论思维表述力。"科学是现实之物的理论。"（海德格尔：《科学与沉思》，上海三联书店 1996 年版）据此，自然技术与人文社会两大科学都贯穿了上述五个条件。

四　文明自觉是人文精神的自觉

　　人文思想不仅在哲学社会科学中起主导作用，而且也促进自然技术科学的发展。这种表现可以具体化为以下几个方面：

　　（一）人文思想和意境是科学发现的灵感和动力（如好奇心、兴趣等）。

　　（二）人文精神形成的哲学社会科学许多基本原理成为自然科学的理论基础。

　　（三）人文精神的许多思维方法成为自然科学的研究方法。

　　（四）人文精神形成的许多概念和表述方法为自然科学所用。

　　（五）人文精神是哲学社会科学和自然技术科学大融合的核心，是创造人类文化的根本。

　　（六）人文精神是人的灵魂，是文明的灵魂。须知：一切文化、文明的主体是人，人的自觉意识和行为都是人文精神的表现。人文精神不但包括物质、精神和制度文明，也包括生态文明。在市场经济繁荣、物质主义盛行条件下，文明的核心——人文主义精神特别要加以强调。人类文明交往中从来就把人与自然的关系放在重要的位置！人文精神所体现的是人的思维能力、精神状态和文明素质，是涉及世界观、人生观、价值观以及认识论、方法论问题。文明、文化的发展，一刻也离不开人文精神！

　　（七）人文精神是文明交往的内在核心。不同文明之间或同一文明之内的相互学习和彼此促进，都集中于这个核心。交往文明化实质上是围绕这个核心，领悟对方的实质，而不仅仅局限于模仿其外在形式。一个别的文明模仿者，谈不上智慧，因为任何文明的模仿者，必定是借助于文明的"发明者"的智慧，而"发明者"的智慧永远在模仿者之上。人文精神永远追求超越、创造和主动消化、吸收和选择。

(八) 总之,人文精神是文明交往自觉的灵魂,是自觉掌握、运用人类交往互动规律的内在动力。人文精神对自然技术科学的意义,可以从李政道、杨振宁的弱相互作用中宇称不守恒理论看出,这个改变了人们关于对称性认识的发现中,人们看到了"互作用"即交往互动的表现。交往互动即交互规律是自然界和社会界发展的终极原因。

五　人文主义与生态文明

(一) 狄百瑞关于儒家的"修齐治平"的理解方式,与生态文明联系起来。他有三点联系衍发之处:

1. "就传统而言,中国文化和儒家文化是关于大地上栖居着人群的,他们在大地上繁衍生息并滋养着大地。正是从这样一个自然的、有机的过程中,儒家的自我修养导引出它的所有类比和隐喻。"

2. 他引用田园诗人温德尔·贝里 (W. Berry) 的话,证明儒家的"齐家"与生态文明的关系:"家是核心,不首先建成家园 (而不仅仅是自我和家庭) 作为我们努力的基地,我们不可能指望就环境做任何事情。"

3. 结论:"由于我们一起生活在一个比家庭和国家更为广大的世界里,要想在全球范围内彻底解决生态问题,家庭与国家 (民族的和国际的) 之间的基础结构的稳固非常重要。失去了家园,我们就无以立足,更遑论上层建筑了。这是温德尔·贝里传递给我们的信息,也是来自儒家和中国历史的教导。"(以上均见他的《"思考全球和为了本土"及其中间地带》,见 Mary Evelyn Tucker 和 John Berthrong 合编《儒家与生态:天、地、人的相互关系》,第 32 页,麻省剑桥大学;哈佛大学,世界宗教研究中心 1988 年版)

狄百瑞是美国的汉学家,1982 年 3 月间,我们"中国高等人文教育考察团"一行在哥伦比亚大学他的办公室内,同他交谈了一个多小时。我记得主要是同戴逸先生讨论中国近代史问题,其中也包括儒家思想的社会意义。他也慨叹美国重理轻文的现象。

(二) 杜维明的解释:"从修身齐家到治国平天下,人类繁荣昌盛这样一幅图景实际上展现了一种世界观:在整个宇宙的背景下看待人类处境。""钱穆、唐君毅和冯友兰提供了一个新视野,儒家人文主义由此呈现为中和的仁爱之心和同情共感的宇宙人文主义"。"人生存在于一个更广大的宇宙之中……地球,我们的家园,是生气勃勃的生命共同体"。"自然之富饶和创生洋洋可观，处处可见，但是只有通过深切的自觉，我们才能够完全理解我们在其中的位置和我们与它的精神联系"。"宗教的宽容通常具有生态的情怀"。文明交往中，宗教、哲学、文学艺术、教育——人文科学领域扮演着不可替代的作用。

（三）冯友兰的"天地境界"为人生最高境界，他的《中国哲学史》称赞张载"横渠四句"："为大地立心，为生民立命，为往圣继绝学，为万世开太平"是"人之为人的观念"。王阳明的《大学问》是"大人者，以天地万物为一体者也"。人心与天道互动于自身与社群之间、人类与自然之间。这里是一个人类宏观的人文主义蓝图。

（四）陈荣捷："如果有一个词能够概括整部中国哲学史，这个词会是人文主义，不是那种否认或淡化超越和至上力量的人文主义，而是天人合一的人文主义。在这个意义上，人文主义从一开始就主导着中国思想的历史。"（《中国哲学资料选》，普林斯顿大学出版社1963年版，第3页）

六 人文精神手记

（一）人文精神是文明的真谛

我在《文明的真谛》（见《文明交往论》，第48—63页）中，概括地分析了人文精神是人类文明的真谛所在。

近读《不列颠在印度的统治》一文，再次领会了人文精神的意义。马克思在创立唯物史观的初期，观察社会的尺度是历史主义的客观尺度，认为人的价值要服从历史的进步。他在对英国侵略印度的行为表示愤慨的同时，又肯定了这种侵略在客观上有利于印度的社会进步，其原因是它给印度带来了先进的资本主义文化，瓦解了旧社会制度的基础，促使印度社会开始走向了现代文明。

马克思在文章结尾，引用了歌德的诗："既然痛苦是欢乐的源泉，那又何必因痛苦而伤心？"这是他的态度：人的价值和幸福，应当服从于历史进步的尺度。

这里存在着矛盾，这种态度是在两难中选择了历史主义。这里需要把历史进步的客观尺度和人的自由、幸福的人文精神统一起来。这个统一，在马克思晚年做到了。他晚年的东方社会发展理论，即被国内史学界称为马克思的跨越"卡夫丁峡谷"论中表现出来了。既然资本主义的苦难与屈辱已大显于国内外之际，东方国家如何避免重蹈覆辙呢？

我以为，马克思的思路在"两难"之中更多的是对人文精神的重视，是对人文关怀的重视，归根结底，是对人的解放的思考。在东方通向新社会的道路上，要尽量避免资本主义的苦难，要选择社会主义，要重视大多数人的幸福和利益。由此看出，马克思晚年有一个思想的新变化，即蕴涵着博大的人文关怀，这是他关于人的解放理念、人学理论的深化和升华！这是马克思主义的真谛！人文关怀是马克思理论中的"普照之光"，人文精神之光照耀着人类文明交往自觉之路。人的全面、自由发展是文明交往的主线。

(二) 人的全面发展是文明交往的价值取向

文明交往是一种关系性的社会实践活动，是人的本质存在方式。

文明交往力和生产力一起，构成了人的社会实践活动中互为前提、不可分割的两个基本方面。

文明交往在人类发展历史形态中，经历了"最初交往形态"(人的依赖关系或个人之间的统治和服从关系)、"以物的依赖性为基础的人的独立性"(交换价值基础上)、"人的全面发展和共同社会生产力成为社会财富基础上的自由个性"三阶段。

人是什么？这是一个斯芬克斯(Sphinx)之谜，不只是俄狄浦斯(Oe-clipus)能猜中，真正给钥匙的是马克思，他是用现实人生产和生活交往关系实践中找到答案的。人存在的理念和人发展的理念，人在交往发展中创造自己真正全面性的物质过程。这种含有人文底蕴的"交往观"实际上是人类文明的真谛。

把人类文明中人的发展同人的生产与交往的社会实践活动紧密联系起来，揭示其间的相互关系和价值意义。强调人——而作为文明中心的人的存在和发展——是一切历史(包括生产、交往史)的发展的前提，交往对人的生存发展起决定作用。"只有随着生产力的这种普遍发展"，"人们的普遍交往才能建立起来"，"狭隘地域性的个人"才能转变为"世界历史性"的个人(《德意志意识形态》，《马克思恩格斯选集》第 1 卷，人民出版社 1995 年版，第 86 页)。这就是马克思对人之谜的答案。

(三) 人的全面发展是文明交往的价值取向

从文明总体的时空层面看交往的实践对人的意义：

1. 交往确证：实现人的实践本质和社会本质。生产是交往中的生产，交往是生产中的交往，二者统一于实践。交往是"许多人的合作"，是人的社会本质。

2. 交往的普遍发展是生产力得以进步的推动力和保证。人是生产力中的主导因素，劳动资料、劳动对象是人的本质的物化，人的交往的普遍化推动生产力作用，也是推动人的发展。

3. 交往是个人潜在生产力转化为现实生产力的关键。生产力只有在交往中才能成为真正力量。物质文明、精神文明成果中的巨大者，都是优秀个体联合体智慧的结晶。许多个人交往形成的联合体（集体）的大智慧、大实践，推动着个人智能转化为真正认识世界、改造世界的物质力量。只有通过交往而形成的集体中，个人才能获得全面发展其才能的手段（只有在集体中才可能有个人自由）。

4. 交往与生产实践是精神文明（思想、观念、意识）的本源、原动力。"人们的想象、思维精神交往在这里还是人们物质行动的直接产物"（《马克思恩格斯选集》第1卷，第72页）。在这里作用与反作用，物质生产与精神生产相交织。

5. 生产力与交往形式的矛盾运动决定了人的发展的变动性、过程性、上升性。"生产力与交往形式的关系是交往形式与个人的行为或活动圈的关系"。（同上书，第123页）新交往形式更替的"序列"是交错互动性、低级向高级依次演进性。前述三阶段：人的依赖性（依附于共同体而无独立性）；人对物的依赖性（用经济关系、商品关系，无超经济奴役，社会生产力、交往力都有大发展）；个人自由而全面发展（交往；自由联合体中个人的自由交往、自由个性人）是网状交互作用的人的动态发展。

文明交往的人在发展价值取向上有五种模式要素：

1. 宇观域：人与自然和谐交往，共同演进，持续发展；

2. 宏观域：参与世界性全球化交往（竞争、学习、发展的世界性）；

3. 中观域：市场经济、政治民主中的多层面交往；

4. 微观域：男女善性交往、主体自我交往（主体性）；

5. 中心域：交往中人与人的"统一性"、"人化自然"，主体国际性、世界历史性、普遍性。

（四）自由人是为自己活着的人

亚里士多德在《形而上学》中有下述一段话：

"最初人们是由于好奇而开始哲学思考的，先是对身边困惑的事情感到惊讶，然后逐渐对那些重大的现象如月亮、太阳和星辰的变化，以及万物的生成疑问。一个感到疑难和惊奇的人会觉得自己无知，人们是为了摆脱无知而进行思考的，显然他们是为了知识而追求知识，并不是为了其他有用的目的。事实可以证明，只有当种种生活必需品全都具备以后，人们才会进行这样的思考。我们追求它并不是为了他人的用处，正如我们将一个为自己而不是为他人而活着的人称为自由人一样，在各种知识中唯有这种知识才是自由的，只有它才是为它自身，才是自由的。"

这段话，学习西方哲学史的人都很熟悉。这段话蕴藏的不只是哲学意义上的，而且是治学、学术意义上的西方哲人、学人的理念。学人应当有自己的独立见解，不应盲目屈从他人，屈从某种权威。亚里士多德关于"为知识而知识"，即"为学术而学术"的思想，充分表明了"智慧之学"的哲学，实在需要学术上的自由。它是理性和自由的呼唤。自由是一种状态，自由是一种境界。一个人一生也许对自由是可望而不可即的，即使这样，也要理解它，体味它，渴望它，追求它。

亚里士多德这段话，使我想起了西方的文化源头的一些东西：

1. 科学的好奇心——最初人们的思考动力；

2. 科学的惊讶感——最初人们的困惑感；

3. 科学的问题意识——对重大现象（首先是自然现象）以及万物生死的疑问；

4. 科学的求知欲——感到无知、摆脱无知、为知识而追求知识；

5. 科学的安静哲学思考——在种种生活必需品全部具备后方可有条件研究学问；

6. 科学的自由精神——追求知识是为了知识自身，这种知识是自由的，是各种知识中最纯粹的；

7. 科学的自由人才能如此治自由知识之学。

总括以上，可以看到西方文明的源头在希腊文明，对后来人的影响莫大于"自由"二字。"自由"地治学不仅对所有大科学家治学的好奇心、兴趣、问题、求知欲、静心治学有帮助，成为他们有成就的精神思想动力，而且有人类文明交往中的共同体会。这从他们的经验中都谈到。这里可以再引申两点：

1. "德国科学研究的兴趣"：这是恩格斯在《费尔巴哈与德国古典哲学的终结》中总结的话，其特点是：在理论上毫无顾忌的精神；没有地位、利益的任何顾虑；不管是否违反警章；不管所得成果在实践上能否实现。这就是"为知识而知识"的自由性。恩格斯在这里哀叹此种精神已为"对职位和收入的担忧，以及极其卑劣的向上爬思想"所代替。反顾今日急功近利之学风，恩格斯在《费尔巴哈与德国古典哲学的终结》中讲的这些话，实在令人深思！

2. "为学术而学术"地追求"自由知识"是不易的，是受各种条件限制的。政治上、社会上并不是"各种生活必需品全都具备以后"，都能进行自由思考的。经历了各种政治运动的人都体验到，有些东西可以说，有些东西是不能说的。当然不能说，往往成为生存的不自由的生存方式和思维方式。须知，人的全面、自由发展，是一个漫长时段追求的文明交往发展过程。自由人的"自由联合体"需要多少个千年！但我们并不因此失去信心，在现实条件下，还应持理性和现实的态度对待，宽容地、冷静地对待这一切。学者应当为人类的前途而济世安民，也允许有纯粹为学术而学术、没有实用目的的学术。这两类学者共存是学术上的多样性表现，符合学术规律，也有益于社会，有益于人类文明。

（五）文明交往的要旨是人的解放

人是一种历史性的存在，而历史是人类向自由方向的生存的自觉过程。人生活在历史的延续之中，人生活的社会在时间流变中演进。

人的文明化关键在生产力和交往力的发展实践，此种实践活动所创造的是物质文明（物化形态）、精神文明（观念形态）、制度文明（规范形态）和生态文明（环境形态）。

人类文明的演进是以交往过程中的反思为前提，而其实现在实践基础上的、表现出人的生存自由的社会交往。反思性的历史交往，使人与历史相互生成。

人的存在就是文明交往的存在，就是人在实践活动中的生命力与实践活动中人化（人文化）的统一。人类的历史无非是世代的更替，而文明交往正是通过文明（知识、劳动工具、资料保存和完善）的同代人中传递和代际人之间的传承。在此交往的积累中增强人的本质力量，从而实现人的主体能动性和自由。

人创造的文明环境是优于任何动物的广阔生存空间。20 世纪以后，科学技术逐渐成为第一生产力，人化于自然的深广度达到前所未有程度。物质文明无限扩大对于人的生存价值往往相偏离。人的解放是从交往文明化过程中逐步实现人的自由。

（六）人文精神的实质

①尊重人的价值；②重视人格尊严；③改善人世间生态环境；④提高人的生存意义；⑤构建人的生活境界；⑥营造人的精神体系。总之，要旨在不断提高人类文明交往的自觉程度，关注人类文明交往中民主、自由、公平、正义、仁爱与和谐关系。

七　中华文明中的人文精神

"究天人之际"的天，是主宰命运、义理之天；是自然之天，顺其自然之规律，用以控制自然，即由人来调整自然（顺应、利用、保护、改造），此种自然价值观是天人关系的自觉。

（一）"人文"与"天文"实际上是既有联系也有区别的一对文明范畴。它们分别是指人类社会现象和自然世界现象。"人文"，首先是精神文明、社会生活的各种现象；"天文"，首先是自然的天象，但也可扩大到自然环境、气候变化，即《周易·系辞下传》的"天地之道"。这个区别，逐渐提升为科学文化，凝结为科学精神，形成为人类的物质文明、精神文明、制度文明和生态文明。

（二）"人文"与"天文"的区别之中，始终贯穿着整体的思维联系，这种联系的主体就是"人"，大写的"人"。"观乎天文"，谁来"观"？"以察时变"，谁来"察"？"观乎人文"，谁来"观"？"以化成天下"，谁来"化"，谁来"成"？不言自明，是"人"这主体。也就是说，人与自然、人与社会、人与自身三种矛盾，在文明交往中会导致不同类型和层次，但是"人"都处于主体地位。所谓"天文"是因"人"而"文"；所谓"人文"也是因人而"文"。"文"就是文而化之、文而明之，就是人的主观能动性而见之于客观事物的认识和行为，其主观与客观、理论与实践相统一，便是文化或文明自觉。

（三）中华文明中的人文精神与其他文明的人文精神相同之点是人的价值观自觉表现。不同之点是：①综合的整体性，即以汉文化为主体的多民族、以汉文化为主体的多人文价值的一元多样型；②在人与自然关系上的价值观：动物无"心"人有心，动物无"群"而人有群，《荀子·王制》有："水火有气而无生，草木有生而无知，禽兽有知而无义；人有气、有生、有知亦且有义，故最为天下贵也。"佛教有众生平等，源于轮回转世与众生有"佛性"说。《孝经》转述孔子说："天地之性人为贵"；③在人与神鬼关系上轻神鬼而重人事或以"道"代之，道佛有庞大鬼神系统，但佛常认为鬼比人低；④人与自身心灵关系的价值观上，强调个人自我价值在于追求真理的高尚品格、崇高的道德意识、坚定的独立意志与实践。孔子的仁爱、老子的"尊道贵德"、"道法自然"，以"无为"排除违反自然法则的主观执著，是人的生命意义所在。物质生活的方向、意义在精神道德生活（义利），精神高于物质，离开物质需要即无精神需要（理与欲）。

（四）中华文明中的人文精神优点：①重视人的价值；②人格价值；③社会价值；④自然价值。缺点：①比较忽视个性；②比较忽视逻辑；③比较忽视法治和法制；④比较忽视科技力量；⑤狭隘宗法观念；⑥森严的等级观念；⑦比较忽视自然科学。

（五）中华文明中的人文精神，一方面，在自然技术科学方面，优点：①中医学；②天文学；③农学等很发达。缺点：①偏重于技术；②自然科学基础理论研究较少；③逻辑思维、论证、推论不发达，由此产生的体系性理论成果少。另一方面，在人文社会科学中，军事学、政治学、文学、史学、哲学、伦理道德学说成果丰硕，而法律、经济则较少有系统理论成果。

对此也有下述不同看法：①有学者指出，中国古代自然技术科学非常发达（数学家祖冲之，《墨经》的光学，《淮南万毕术》、《抱朴子》的化学，尤其是明代的科学趋势，短短六十多年中有八本世界水平著作（即李时珍《本草纲目》、朱载堉《律学新说》、潘季驯《沙防一览》、程大位《算法统宗》、徐光启《农政全书》、宋应星《天工开物》、徐霞客《徐霞客游记》、吴有性《瘟疫论》）；②逻辑思维存在；③追求与坚持真理的科学精神所在；④有科学兴趣，如明末王锡阐观天象竟夕不眠，把日月食与自己的推算比较。

（六）人文精神在先秦诸子的学说中有集中表现。儒家是讲人道之爱、人伦秩序之道和道德理性之自觉。墨家的"兼相爱"与"交相利"都是讲人的交往之道。老庄的"无"以明哲保身的人为宗旨与孔墨的明哲献身的人，虽有所不同，但在人文精神上统一起来。再从人性特征上，我们也看到孔子的厚实、孟子的机敏、墨子的义侠、老子的深沉、庄子的任情、孙武子的聪慧、惠施与公孙龙的智辩、荀子的理性，以及韩非子扬弃荀子之学，引道入法而建立的权威主义法哲学的权力学独创。这都是人文精神的多彩结晶，而且他们之间充满了交织。这真如德国历史学家雅斯贝尔斯在《人的历史》中所说，是中国与印度、波斯、巴勒斯坦、希腊同时期的人类文化"轴心时代",使人必须怀着深切的同情、敬意和理解去思考它。当然,我们研究者要独立思考。

八　文化交流是人文精神的体现

人文社会科学和自然技术科学这两种科学文化之间和之内都需要交流,科学家之间、科学家和公众之间也需要交流。

科学的教育功能不是说居高临下去教育启蒙民众,而是平等沟通交流。民众的疑问可引起科学的思考,科学家的想法可以启发民众心灵和对自然界和社会界的看法。交流和交往在文化上是同义的,是双向的,互相反馈的,结果是交往互动良性作用:双赢。此外,也有交往互动中恶性作用,即交恶中的一方消灭一方或双方同归于尽。

科学的目的是务实求真,也要向善、关注民生;同时让人发现美、体会美和拥有创造美的能力。知识如流的水,而流水是不腐的;科学的创造是动态的,户枢动而不蠹,也是历久弥新的古训。

交流和交往一样,应是文明化的。只要交往自觉于人文精神的提高,就成了科学进步的动力。

科学发展的根本宗旨是将成果的福祉惠及人类,交流合作的作用会日益彰显。两大科学文化有各自研究规律,而倡导科学文化是共同顺利健康的根本。人文精神是呼唤科学坚持以人为本,促进人类社会持续和谐发展,这是两大科学顺应时代潮流发展的方向。两大科学文化之间,各个科学文化之内的交流,如同人类文明交往的整体一样,需要交叉、渗透、交流合作。跨学科可以开阔思路,封闭只能导致落后。这种交流体现"人而文之"的人的主观能动自觉性,也是人类文明交往互动规律所决定的。

九　卢梭论人

"人生而自由,但无不在枷锁之中"。这是卢梭在《社会契约论》中的名言。其要点从文明交往论看,有以下几条:

1. 只有自由原则才能说明文明交往的原因。因为自由就是自己决定自己,自己就是原因。

2. 人是交往中的自由能动者，人具有自我完善的能力。

3. 人的交往能力有双重性：这种能力使人类脱离了原始的自然状态，进入了文明状态，并学会知识、技能，结成社会关系，使人成为万物的主宰；这种能力也会使人类退步，它也会使自然状态中人与人的关系由平等变成奴役和屈从关系。

4. 人的自由能动性是按自然的顺序进入一个历史过程。它由自然状态的平等，走向文明状态的不平等。文明每前进一步，不平等也前进一步，进而达到暴君专制制度的不平等顶点。此种制度的平等的自然状态又出现了：一切个人在暴君面前都等于零。除君主欲望外，一切法律和道德原则都消失了。

卢梭的上述观点与斯宾诺莎的"人对必然的认识即自由"；洛克的"必然是自由的基础"有相通之处。洛克强调的也是人的能力，依我看这种能力就是交往力。洛克说，人追求幸福是一种必然，人的能力越多，自由就越多。

康德把这种能力、能动性深入到人的感性、知性、理性的认识过程，突出了主体的人文精神。人是有理性的道德主体，自主性是能动性的根，是目的。只是手段的人是他人的奴隶，人是以他自己为目的。

黑格尔认为，卢梭的自由就是思维本身，有思维能动，也就掌握了自由。人的思维隐藏在"绝对精神"之后。"人生而自由，但无不在枷锁之中"，告诉人们要不断挣脱思想枷锁，从而不断得到思想解放。

十　从人文精神层面上理解人性

"人学（the science of man）是其他科学的唯一基础"，因为"很明显，一切科学或多或少与人性相关。任何科学，不论看上去离人性多么遥远，都能通过这个或那个途径返回人性……因此，我们声称要解释人性原义，实际上是要将全部科学体系建立在一个近乎全新的基础上，而且是它们可以稳固立足的唯一基础"。

这是休谟（Hume，A）在 *A treaties of Huma Nature* 的论断（见 L. A. Selby-Bigge 主编，牛津大学出版社，p. xix）。启蒙时代思想重视人性，以我之见，应从人文精神上去理解它。人文精神首先是"自知之明"的文明自觉。卡西尔（Cassirer，E）在 *An Essay on Man* 中回答"人是什么"时写道："人是始终探索自身的生命物——在其生存的每一时刻必然考察和审视自身的生存条件。"人生的真正价值，就在于这种审视，在于这种对人生的批判态度。正如苏格拉底在《申辩》中所言，"未经考察的生活不值得过。"（Introduction to a philosophy of Huma Culture, Yale University Press, 1970, pp. 5—6）这是说文明是"文以明己"是人的本性，是人文精神的首先体现。探索自身的生存，而且是"始终"、"每一时刻"地考察和审视生存条件，考察和批判人生生活的态度，是人类自身交往的文明自觉。重视社会生活的意义在此，关注生活哲学的意义在此。

被宗教神学统治而无科学昌明，又会有什么人文情怀？

人的理性当然也是有限度的，科学自然也是有限度的，科学不是全能的上帝。

科学不等于机械性、工具性，应发挥其人文意蕴，使物性体现人性，实现其人文价值。

当然，人文不能流于虚妄，科学也不是乌托邦。

从人文精神层面上深入理解人性，不仅在体系上，也要在人文科学的研究方法上，强调抽象思维中的具体，即许多规定的综合和多样性的统一。恩格斯说过，任何一种社会哲学，它的研究结论如果没有包括"使它得以成为结论的发展过程"就毫无价值。这也就是我们常说的，不仅要重视研究者的结论，更要关注研究者得出结论的"过程"，从中悟出方法和思维方式，避免理论研究的抽象化顽症。

在这里，人文关注生活世界也和现代化进程有关，因为其中关系着对现实的关怀。人文精神要求研究者把学术史上分化出去的哲学、艺术、科学世界和政治系统、经济体系等非日常生活世界，再回归到生活世界中来，把哲学社会科学"自然科学化"过程再归还到日常生活的理性视野中来。关注人类文明交往中的人文精神，必须改变哲学社会科学的"宏观性"，如哲学——表述普遍精神和绝对理性的纯粹意识哲学；历史学——环绕着政权更迭和国家兴亡的宏观史学；政治学——以政治权力和制度安排为核心的宏观政治学；经济学——以揭示基本经济运动规律的国民经济学，从而使其与微观结合。

众所熟知的唯物史观一个基本原理：人首先必须吃穿住，才能从事政治、科学、艺术、宗教活动。人的社会性表现为：①人的生存需要；②满足需要的生产；③人的自身的繁衍；④人与人交往。衣食住行、饮食男女、婚丧嫁娶、礼尚往来是原初的日常生活世界，是社会历史运行的深刻基础，是基本社会历史理论的基本主题。而后来的理论未对此足够重视，而是围绕生产力与生产关系、经济基础与上层建筑等非日常领域展开。文明交往论主张把日常交往纳入社会理论视野，认真考虑两个世界（日常生活与非日常生活）在不同历史时期的互动中的完整人类全面世界图景，从而在物质、精神、制度和生态文明中深刻理解与把握社会历史运动。

美国的学者杰拉尔德·霍尔顿在《爱因斯坦、历史与其他激情——20世纪末对科学的反叛》（刘鹏、杜严勇译，柯文校，南京大学出版社 2006 年版）中，有两点看法值得注意：①"文化中的科学与人文方面并不是各自追求唯我独尊的相互对立的世界观，它们实际上是我们人性中互补的两个方面，它们之间能够而且事实上也是富有建设性地共存"。②共存源于"共同的起源——想象"。他引用爱因斯坦的话："科学理论所赖以建立的概念必然是人类想象的产物，因而最初都具有'虚构性'的特点。"他又引用熊彼特在《经济分析史》中强调的话："科学的经济学的基础是想象。"稍加思考，自然科学、人文、社会科学的共同基础也是想象。

由上两点可见：人文与自然科学，合则两利，互相取长补短，汲取营养，目的是为人类社会造福。左脑和右脑，组成了人思考的头脑。形象思维和抽象思维的结合，发展成为科学。诗意的想象，融入抽象思维之中，为诗意治学又增添了一个意境。

由"人文"到"人文精神"，是人的交往文明化的提升。人文精神的本质是人与自然、人与社会、人与自我身心的交往中，肯定人的价值，尊重人的主体地位和最高价值。以人为本，可以说是人文精神的内核，即以人类的整体利益为出发点、平衡点，从全球生态和世界历史发展方向角度处理人的主体作用。尊重差异、包容多样，表明物质和精神世界多样性的统一观，是人文精神情怀和文明自觉的表现。我有文明四句以回应人文精神：文以明己，文以明人，交往自觉，和谐生存。马克思说过，意识在任何时候只能是被意识到的存在，而人们的存在也就是他们的现实生活的过程。理解人的生活世界的思维方式就是人文的力量所在，这就是明变、求因、评判、理解、践行。

十一　《中东国家通史》终卷六记补

在《中东史》后记中，我写了几条总结。该书已由人民出版社于 2010

年4月出版。写完这篇后记之后，对其中文明交往部分似可增补如下。

（一）优秀的作品一定是直面内心的，让人的灵魂提升而不是下降，给人以希望而不是绝望，能给人以光和热，能让人变得更善良、更纯洁、更美好。文学应该有能力温暖这个世界。让哲学、历史、诗歌、小说留住历史，留住文化，不要残渣入内。

（二）人文科学无力使社会发生翻天覆地的变化，但它的功能是让人的灵魂有所依托。人文科学也是一个民族的精神和一种文明的人文精神所在。我们了解一个陌生的民族，最直接快捷的方式，就是阅读它的作品，特别是它的传世之作。

（三）第27届海合会（海湾阿拉伯国家合作委员会）2006年12月9日在沙特阿拉伯首都利雅德举行。该会除关注本地区许多悬而未决问题外，也关注巴勒斯坦、伊拉克、黎巴嫩等阿拉伯和伊斯兰民族事业。10日闭幕公报宣布：海合会国家将研发和平利用核能技术，着手制订联合发展核计划。它不要核弹，不要威胁，要遵守国际条约，接受检查，这与伊朗、以色列不同。会上继续表示要采取措施，巩固成就，迎接挑战；采取措施，加强成员国之间的经济互补和合作。

（四）人文精神第一基本要义：关注人、人类，关注人的生活，领悟人生真谛。人、人的生活、人的根基是生命，生命中最重要的内容：苦与乐、荣与辱、生与死。

（五）现代化使物质化的力量以不可阻挡之势，日益深入生活的根部，但物质化生活需要非物质化的力量来滋养、支撑、保护、提升，这就是人类精神需求永不枯竭的"生命学根源"。人文科学活动是人类将自己本质力量的对象化，它用实践活动再造了一个"属于人的存在"，人类作为物种的生活因此才成为完整、美好和丰富的生活。

（六）一个崇尚丰富生命内涵的民族，其社会成员不易被狂热的情绪所左右，即使误入歧途，也会自己纠正，并能够自觉保持对社会的关怀，对大自然的审美尊重。一个有丰富精神生活的民族其社会成员在物质化生活之上、之外，能清醒冷静葆有人格操守和道德自律，抵御低级趣味的侵蚀与干扰。

（七）人们在社会生活中不仅面临现成世界的问题，即如何生活的问题，也面临着可能世界的问题，即应该怎样生活。两类问题都无法回避，但后者有更加人性的根本意义。自然科学可解决前者：如何生活得方便、舒服，但未解决所有问题。人文科学精神境界回答应该不应该的问题，从而才具有超越现成世界而进入自由的可能世界。关注人类生存危机，强调人类终极关怀，探索社会发展合理性，重振人文精神。

（八）文明交往现状：交往四大方式：生存、生产、生活、思维方式。危机表现于战争、政治、社会变动、生态、人际关系冷漠、人人关系被虚拟化、符号化、利己主义、享受主义……需要人文精神：关怀（他人、民众、人类前途）、尊重（他人、群体的平等）、理解（如何做？做什么）、理性（不是科技理性而是人文理性，而是人的价值、情感、自主性）。人文精神（以人为本、人的价值、生存、发展、自由）（科学的经济、文化、精神价值）始终是一以贯之的理念。

（九）"意识在任何时候都只能是被意识到了的存在，而人们的存在就是他们的现实生活过程"。（《马克思恩格斯选集》第1卷，第72页）这就是关注现实人的生存与发展，让哲学面向现实生活的转向。

（十）2001年12月，中国是在WTO第四届部长会议上被批准加入WTO的，而此次会就在卡塔尔的多哈举行。此举实属大事，被誉为WTO"历史上最大的进步"。中国此次胜利，也是中华文明在外部交往、在国际经济领域的胜利。在此，应回到2007年，面对我主编的《中东国家卷终六记》的写作，面对多哈海湾六国史，让我们和中东人民一起锤炼人类文明交往气质！从13卷《中东国家通史》到《中东史》，从2007年至2010年，赖有对中东史由国家到区域的探讨，我的文明交往论已发展为文明交往自觉论了。

十二　人类共建的"文化双塔"

（一）文明是在人为和自然的双重环境下生成的。人为的环境是"人文之缘"，自然环境的作用是"天地之因"。此种因缘用现代语说，即为"机遇"。此种因缘的互相作用，即交往互动而形成文明。在这个意义上讲，文明缘由于"人而文之于环境谓明"。当然，人类作用于环境的同时，也在改造自身。

（二）人为环境中，人是主体，也只是主体，而非主宰。主体作用在"人而文之"的文，即人主动作用于自然，有意识作用于自然，而非主宰自然。主体与主宰，一字之差，结果完全不一样。人与自然关系中，人的交往虽越来越自觉，但自然环境却处于第一位，人为环境为第二位，天定胜人是绝对的，人定胜天是相对的；年代久远与晚近，决定了自然环境与人为环境之间的作用，通常是年代久远自然环境作用大，而年代晚近人为环境作用大。

（三）人为环境与自然环境的交互作用表现在利害之间的互变，有时是昔日之利，变为今日之害（如耕地之沙化），有时是昔日无用之物，化为今日大有用之物（如石油）。

（四）自然环境对各民族、各国家、各地区的不均等性：不同样慷慨、不同样吝啬，而总是厚此薄彼。人为环境因人而异，从不均等，或优或劣，或顺或逆，取决于人。

（五）"天地之因"，即天时地利的重赐，造成人类文明的摇篮。气候、雨量、寒热、江河湖海、山岭土沙、均为天设地造。北纬 15°—45°为旧大陆文明摇篮，文明古国都在此带之内。但古文明地带，在现代文明时期，却沦为边缘。文明的盛衰互变，多为人的作用。

（六）"人而文之"的"文"，昭示了人的力量，突出了人的智慧，显示了人的创造。正因为"人而文之"的"人文"力量，才有了不断的"文明"发展。"人而文之"为"文化"，人而文之谓"文明"。这里的"人文"是人类最宝贵的精神，不是一般的"人文"称谓。人文是人类特有的创造力，它不仅创造了"文明"，也创造了人文社会科学和自然技术科学这两种"科学文化"。这两种科学文化是"人为环境"和"自然环境"共建的"人类文明之塔"。这两种科学文化在塔底同长，在塔顶分手，而塔基都在人文土壤之中。自然技术科学文化解决人类为何活着的问题。它们是一个人类创造的造福社会的孪生双塔，正因为有了双塔文化的分工合作，人类文明才能辉煌。

十三 自然科学的人文精神根源

人文文化在自然科学诞生中的作用：①科学本体论；②方法论；③价值论中，都有人文根源可寻。

"逻各斯"概念的四层含义（言语、思维、思维、理性）中，反映了古希腊文化相互联系的四个方面重要特征，确立了自然科学所预设的本体的认识和信念。四层含义中，每一层都通向人文主义，而作为哲学术语，本身即直接与人文科学相联系。

自然科学的数学方法和认知价值，主要导源于推崇理性和真理的希腊文化。

自然科学的实践方法和认知价值，主要导源于注重实用和技术的罗马文化。

古希腊和古罗马的人文精神遗产共同为自然科学的诞生作出了巨大贡献，是上文所说的"文化双塔"之基。

十四 西方人文科学的人文化进程

（一）人文科学是人类文明进程中基本组成部分，最古老的知识和学问之一。

（二）人文科学始于初步探索——口头传说（半神话、半记忆）；非文字的符号、图形。

（三）人文科学是以人文精神研究人类的价值和精神表现。

（四）发端——古代罗马政治家、作家、古典学西罗塞培养雄辩家的教育纲领。

（五）批判中世纪神学的武器，开创了从信仰到理性的划时代的转变。

（六）界定：古典"三科"→文艺复兴"五艺"→今日欧美的语言学、文学→历史学、考古学、人类学、民族学、法学、艺术史、文艺批评、艺术理论、艺术创作。

（七）用人文主义方法、具有人文主义内容的学科领域（哲学）。

（八）国际哲学与人文科学理事会秘书长让·多尔梅松在《战斗的前沿》中说，今日关注热点：

"我们知道什么？"→"我们不知道什么？"

他说："关于未知的问题，因而是一个近似性问题，一个关于征服的问题，一个关于和睦的问题，一个关于熟悉的问题。这是一个关于边缘的问题。从我们知道的东西中获得我们不知道东西的启迪。这条道路的标志是一连串接连不断的发现，而已有的发现又等待、企求和呼唤有待做出的发现。"（《第欧根尼》2004 年第 1 期）

（九）自然技术科学的文化不可能推导出人文文化，其原因是不存在逻辑演绎交往的通道。人文科学文化在人文化进程中，存在着"类比—借用"和"联想—借鉴"的自然技术科学文化效应，可以用多元的文化解释。科学文化的确切称谓为"自然技术科学"，其核心是人的创造（精神上的理论和技术上的工程）。人文精神体现在人的社会环境中。所以，必然和人文社会科学一样在人文精神贯穿、沟通和影响之下。

十五　柏拉图呼唤文明自觉

古希腊哲人柏拉图在其名著《会饮篇》中说，世界上不追求真理和渴望智慧的人只有两类：一类是自命为"神"的人，另一类是无知者。前者不求真望智，是他们自以为是真理与智慧的化身；后者则因为无知。其根源殊途同归于"愚昧"。

请看柏拉图的话："其实，使他们如此无可救药的恰恰在于他们尽管不美、不善、也不聪明，却沾沾自喜，并不渴望他们从未觉得欠缺的美德。"这句话中的"沾沾自喜"恰恰就是愚昧而不文明自觉，"未觉得"就是"不自觉"。文明自觉的意义本质上在于从不知到知的飞跃，逐步超越认识上的局限性与相对性，不断接近客观真理。这中间有一个不断从旧的精神枷锁中解脱出来，进入新的思想解放境界。这就是要始终"觉得"自己文明中的不足，从而持着登高望远、胸怀宽大的开放态度。

渴望智慧，必须解除自命为"神"和愚昧的蒙蔽，去"神"而"脱愚"。任何一种文化（文明），若是失了这种自觉，就要走向衰落，而且衰落之后，也无望复兴。

十六　文明真谛

我在《文明交往论》中谈到文明真谛。在此，尚宜从另一侧面作一补充：

1. 自然技术科学与人文社会科学用文化连在一起。这是人类文明的两大支柱，是由一根共同的文化中枢控制的人类的左右手。科学需要人文，人文离不开科学。没有人文精神的科学是僵死而缺乏生机的枯燥物。

2. 科学领域的人文精神包括制度文明、人类关怀、公正道义、敬业进取、不畏风险、实事求是等内涵要素。人文精神是科学领域中不断积累的"文脉"。

3. 英国诗人华兹华斯说："科学追求真理，仿佛一个遥远而不知名的慈善家；他在孤独寂寞中珍惜真理，爱护真理。"科学中的"慈善"、"孤独"、

"追求"、"珍惜"与"真理",都深深地渗透着科学需要的人文精神。

4.2005年美国"发现"号航天飞机在太空待了半个月、一次次推迟返航时间之后终于回到家园,是一个令人提心吊胆的、充满着科学和人文精神的经历。"发现"号航天飞机女机长柯林斯发回的第一条太空简信中说:"当我回头观看美丽的行星时,再向前看未知的宇宙时,此时我们比任何时候都感到生活在地球上的人们对于探索太空的重要性;我们的航程正是人类未来探索宇宙许多航程的一次。"美国航天飞机有两次失败的经历,共有14名宇航员为此献出了生命。从中我们不能忘记科学背后的人文精神。为科学而献身,这就是人文精神的力量。

5. 科学所蕴藏的人文精神,其要旨就是"人类灵魂",就是由"科学知识"和"文化艺术"两个彼此依存、互为表里的博大精深的"人类灵魂"。

十七 省身与文明对话

未曾省身的交往,是文明不自觉的表现,这使我想起了苏格拉底在《申辩篇》中要求"论善"与"省身"的名言:

"我要告诉你们,必须每日讨论什么是善,不可有一日间断。你们还要讨论我所要教导你们的,像我那样去省察自我及他人,人所能从事的最高事业不过如此,生命中缺少这种省察就是枉活一世。"

这使人想起曾子"吾日三省吾身"的名言。"三省"是言多省,"再三省身",与苏格拉底"必须每日讨论"相同。曾子的"省身"也包括"省人","论善"虽在其中,但未明确提到"论",即讨论"对话"。苏格拉底的生活方式、有意识地选择与评价的思考方式和实践行动,归结到底三种成分:讨论、奉献、思考(思想、沉思)。讨论即对话是奉献和思考的前提,它包括着内在的理性深度及复杂性,它可使奉献(为新世界建设而努力)变为绝对必要,它可以促进沉思,从而通过沉思达到深沉倾听,进而真正了解自我。

美国学者斯蒂芬·儒的《在对话中共同成长:"后9·11"世界的苏格拉底视角》中说:"哲学作为一种实践性是与他者的对话,这个他者包括我的(介于能被客体化的一面与无法被描述的一面之间的)'自我'。对话不但使我们'认识你自己',而且也给我们带来直诚倾听他人的开放心胸。同时,从更加深刻的层次来说,哲学作为对话将我带到通的状态。"(《全球化与文明对话》,江苏教育出版社2004年版,第208页)

　　什么是"通"的状态？这里包括：①认识到先前自以为明白其实并不明白的事物；②对自己的无知有彻悟；③联想起内在呼唤与预言声音；④用内在呼唤和预言声音的领悟，经常提醒甚至在微不足道的小事上别犯错误。"通"就是弄通人是什么，弄通哲学的中心——人际关系和人际遭遇，平衡个人和社会群关系。

　　其实，人类文明和文明交往不仅与对话有关，它本身就是对话。纵观人类各大文明传统，人类智慧的产生、成长和发展，无一不是在对话的基础上演进的。基督教、佛教、儒学、道家、犹太教等宗教的经典、教义，无一不是在对话中形成的。各大文明的确定和开放的矛盾，需要从自我改造的实践中认识人类最深沉的"共通性"，特别是与不同文明传统在实践中建立对话关系。

第 二 编

文而化之

一 文化交流的作用

罗素说："不同文化之间的交流过去已被多次证明是人类文明发展的里程碑。希腊学习埃及，罗马借鉴希腊，阿拉伯参照罗马帝国，中世纪的欧洲又模仿欧洲，文艺复兴的欧洲则仿效拜占庭帝国。"

文化一代代传递有两条线：纵向继承和横向开拓。交流即交往在文化中的体现。文明的生命在交往，难道不是这样吗？欧洲文明之所以有强大生命力，不正是因为它在文明交往中不断吸收不同文明的因素而不断得到丰富和更新吗？交往是互相影响，交往可诱发人们灵感而导致开放、突破和变革。

全球化包括经济体制一体化、科技标准化、电信网络的普遍化，这三者把世界连成一个有机整体。全球化促成殖民体系的瓦解，造成后殖民社会，使民族独立国家体系得以形成。原殖民地半殖民地国家独立之后，首先面临问题：从各方面确认独立身份，而民族的独特文化为独特身份的重要因素。文化首先是民族语言（国语）。以色列建国后决定将长期来仅用于宗教仪式的希伯来语重新恢复为日常用语。其次是文化身份的其他方面（价值观、意识形态等）。这是发展模式驱动的核心问题。

可见，全球化一方面表现为：某些强势文化遍及全世界，有全部"同化"、"吞并"其他文化之势；另一方面促进文化多元化趋势。全球与本土始终是一个问题的两个方面。

二　宗教与民族冲突根源

原因：①有形的利益分歧；②无形的观念分歧；③宗教象征体系、教义理论的差异。

有形的利益集中为生活所需的外部条件（水源、牧场、土地、矿藏、原料、市场），过去靠战争，现在靠科技和贸易（荷兰、新加坡、日本）。和平、安全是冲突双方最大的利益。

无形的观念分歧集中为各民族自身的民族性（民族主义）、部族主义、沙文主义、国家主义，强调本民族不同甚至优于、高于其他民族的思想。宗教性辩护、论证常与民族性相伴随。

不同民族之间的观念分歧，其深层核心在于不同民族之间的宗教分歧。文化的民族性（习俗惯例、社会制度、语言文字、伦理道德、价值观念）的神圣化，是民族之间观念分歧的根源和不可调和之处。"在每种文化的核心之处，是传统上所称的宗教"（列·斯威德勒：《走向全球伦理普世宣言》，《全球伦理》，四川人民出版社 1997 年版，第 136 页）。

一般文明对话尚不能触及根本，只有从本源上深入认识民族之间的一致性和差异性，方可从根本上消除民族之间的观念冲突，进而消弭各民族之间的实际冲突。这个根本分歧在很大程度上就是宗教分歧。

宗教对话的可能：面对现代化的弊端和挑战，应有共同应对需要：有起码共性——信仰（终极的实在的）；学术界研究的客观性理解可作对话之桥。

伊斯兰教在 19 世纪末 20 世纪初的现代主义思想家如贾马尔丁·阿富汗尼、赛义德·阿赫默德·汗、穆罕默德·阿布杜、穆罕默德·伊克巴尔等人吸收西方某些思想以改革伊斯兰教。

伊斯兰教 1926 年在麦加召开世界伊斯兰大会，建立永久性的泛伊斯兰常设机构。民族独立问题为主题，此次会议是思想政治上的民族主义而不是宗教对话。当时民族主义往往同宗教上的现代主义结盟而不是同保守主义结盟，在穆斯林先进知识分子中，它是有利于对西方思想的吸收，也是有利于对话的。

两次世界大战及冷战教训，使 20 世纪下半期著名天主教神学家孔汉思认识到："没有各宗教间的和平，便没有各文明间的和平。没有各宗教间的对话，便没有各宗教间的和平。"（《全球伦理》，第 170 页）于是有 1993 年 8 月 28 日到 9 月 4 日美国芝加哥世界宗教大会的召开，世界各宗教、教派 6500 人参加，制定《走向全球伦理宣言》，对话取得历史性进展。

三　20 世纪和 21 世纪科学之谜

2005 年 10 月 24 日，李政道在清华大学报告中，讲了他对 20 世纪和 21 世纪两个不同的科学大谜。

20 世纪科学大谜是"太阳能的来源"。几乎 20 世纪绝大部分的科技文明，如狭义的相对论、核能、激光、半导体、超级计算机等理论和应用，都是在研究这个世纪大谜中产生的。这是 19 世纪的科学家想象不到的科技文明。

21 世纪初，出现了新的世纪大谜，即暗物质和暗能力。暗物质存在于人类已知的物质之外，人们目前已知道它的存在，但不知道它是什么，它的构成也和人类已知的物质不同。在宇宙中，暗物质的能量是人类已知物质能量的 5 倍以上。

暗能量更神奇。以人类已知的核反应为例，反应前后有少量的质量差，这个差异转化成了巨大能量。但暗能量却可以使物质的质量全部消失，完全转化为能量。宇宙中暗能量是已知物质的能量 14 倍以上。

正像 20 世纪科技文明迅猛发展一样，21 世纪暗物质、暗能量的研究，也会产生今天人类无法想象的新发明。

20 世纪最伟大的科学家首推爱因斯坦。他以惊人的速度写下了近 300 篇科学论文，来解决人类对宇宙的认识，从原子弹的爆炸到黑洞的发现，使当年爱因斯坦的"呓语"，逐渐被证明为伟大的真理。他与自然界的科学交往成果，使世界几乎花费了一个世纪来缓慢消化它的营养。虽然他谦虚地将成果归于自己旺盛的好奇心而非天赋，但他在解破 20 世纪"大科学"之谜中表现的跳跃式理论推导使后人震惊。

这个大谜是"大科学"之谜，是人类与自然交往的新方向，是文明交往在物质文明交往领域中的新趋势。科学是相通的，物质文明产生科技文明，精神文明产生人文文明。这对人文社会科学，尤其是对历史科学有什么启发呢？21 世纪的人文社会科学的世纪大谜又是什么呢？方向在哪里？对年轻学者挑战的问题又在哪儿？下一浪是什么？正在涌起的、将来达到最高峰的浪头又在何方？科学研究如何才能避免跟着别人跑？怎样才能走在科学研究的前沿？

四　文化核心问题

（一）"文化核心"是什么？

俄罗斯文化政治学家谢·卡拉-穆扎尔在《论意识操纵》（社会科学文献出版社 2004 年版中译本）中引用安东尼奥·葛兰西的"文化领导权"理论，并摘录葛兰西《狱中札记》的话，回答了这个问题：文化的核心是世界和人、善与恶、美与丑观念的总和，包括大量的象征、传统和成见、许多世纪的知识和经验。只要核心稳定，社会秩序就有"稳固的集体意识"；破坏了"文化核心"，就毁掉了"集体意志"，就丧失了"文化领导权"。

（二）怎样破坏"文化核心"？

按照葛兰西的理论，文化领导权的建立和破坏，都是统治文化价值认同的建立与破坏过程，而关键是对待"文化核心"中"分子"式的过程。

穆扎尔以苏联解体的个案为例，认为西方文化的入侵一点点改变了苏联人对苏联价值的认同，瓦解了苏联人的"集体意志"。从文明交往的方式看，是个人的"分子式"的和私人的渗透形态，是靠自身说服力、感召力、劝说力，而不是强制性灌输。这种渗透的潜移默化方式，侵入到敌对文化之中，逐渐腐蚀其"文化核心"，从而使其在外部压力下坍塌。

葛兰西在《狱中札记》中，把文化领导权和统治霸权作为霸权的两个方面，而且认为二者可能不是同步，由此洞开了一种历史的可能性。弱势社会阶级可以依靠文化优势，控制文化领导权，进行政治革命。

这里的启发性是：交往中漫长"分子入侵"式的和平演变，侵入"文化核心"，出现时间与空间上协调一致。

（三）共时性中发生文明巨变

文明自觉的共时性来自两个方面：一是世界历史过程，二是人类文明过程。这两者的联系点在人类文明交往的历史和现实。

从人文社会科学讲，有三个问题：①如何对待西方理论？②如何创建自己的理论？③如何在我们的文化传统中创新？文化在这里很重要。文化的存在、发展、变化，是受到它所处的环境相互调适和制约；同时，还要与外来文化交流，受其影响而促进。这也就是内部和外部的文明交往两方面的相互作用。

五　再论文化

文化，从根本上说，是人的问题，是人的个性与独立精神的完善化问题，是人的自由和全面发展问题。

历史是人的历史。纪念历史是冷静地追溯、理性地回顾、认真地反思，切不可把有关人的宝贵历史经验，用非理性的不肯、不愿、不敢、不屑的情绪"自私地"抛弃了！

学术史，集中了文化精英的血泪，其中最深刻的，是学术批判精神，是知识分子的正气和骨气，是献身学术和独立思考的人的文化根基。

学者应有：①专心致志于学术文化的追求；②以批判眼光看生活；③喜欢追求思想深度的习性。此三点即体现为陈寅恪所总结的、为王国维所表现的学人品格——"独立之精神，自由之思想"。

北京大学的文化传统中有讲不完的动人故事。我的老师周一良先生有他的悲剧人生，我在他家书房中，看到了赫然在目的"毕竟书生"四个大字。那是王力先生的题字。毕业于北京大学中文系的黄修己先生，在中山大学自己的会客室墙上，挂有"难得清高"的条幅。学人守严求真，季镇淮先生请自己的学生做研究生答辩委员，这位昔日学生、今日研究员不讲情面，全投反对票，并申述其理由。季先生则对此坚持标准、严格要求，感到愉快，予以赞赏。

学人的经验是：做人一要坚定不移，二要善于变通。总结亲历的历史，在大灾难、大逆境中完成人生转折后，理解与宽容又和深刻结合在一起："一支秃笔写书，两副心肠做人"。一副是自守心肠，旨在守住人格；另一副是变通心肠，便于处世生活。这是无奈，难得是以镜自律！这是黄修己的"律己"啊！也是文化——这个文明交往的历史经验啊！是文化之于人生一个个案！

六　文化与人文精神

人文精神主要有三部分：知性（表现于知识系统，包括专业知识和一般知识）；能性（创造能力、适应力、塑造未来力——关键是创造精神与能力，包括意识、思维、技能、情感、人格）；智性（价值观念——道德、政治、人生）。

人文精神是对人之为人的本质规定性的反映，是以观念形态存在的人之为人的价值界定，是对理想中人的本质特征的说明，表现为人们关于人的一种价值理想、价值追求。

人文精神的主要特征：主体性、自觉性、社会性、自我超越性。这些特征是在一定社会共同体交往中形成的。社会性是基本的，人本质上是社会的人。传递知识而不限制于现成模式，创造而不脱离现实生活需要，发展个性又不助长自我中心，个人独特性而不忽视合作。在个性化与社会化两者之间找准平衡点与契合点，避免畸形发展。

文化是文明的核心，文化的核心是人文精神。文化、文明的发展与作用在于良性交往的互动性。当今世界，文化与经济和政治相互交融，文化交往的力量，深深熔铸于社会生命力、创造力和凝聚力之中。文化在人类新旧制度文明和社会变革中的人文精神，就蕴藏在新制度、新体制之内，成为批判、否定和超越以及建立新价值的理念。在新制度的社会正常运行的交往常态中，文化中人文精神的因子（法律、理想、道德、礼俗、情操、诚信、正义、公正等），就起着熏陶、教化、激励和潜移默化作用。文化就是通过语言等载体，对生活于文化环境中的人产生同化（人文化）作用，人文化表现于为人们的价值观、审美观、是非观、善恶观涂上基本相同的"底色"和判断。人文精神是：①"化"经济以价值意义（制度选择、战略提出、政策制定）；②"化"生产、交换、分配、消费以思想理论及经济发展方向和方式；③"化"经济以组织教育；④"化"人的社会性，给相互认同以渗透力；⑤"化"经济以竞争力，用文化因子加重产品附加值。总之，所谓社会变革"内燃机"、"社会常态调节器"、凝聚社会"黏合剂"、经济发展"推进器"，无不显示着文明交往力在文化方面的作用，其核心是人文精神的作用。

七　文化传统和传统文化

文化传统和传统文化是两个概念。文化传统可以发展，传统文化不能发展，发展了就不是传统文化。不能在传统文化的原地折腾。传统文化就是文化遗产，如果在这上面折腾，那是在原地上动脑子的思维定式，违反文化遗产不能再生的特点。

传统文化不仅是民族的血脉、精神、根本，还是民族继续前进的动力和保证。文化传统不能丢失，不能在"发展"中丢失"自己"。

中国社会最大的"关键字"是"发展"。每个人每件事都在发展。经济发展给每个人都会带来或多或少的好处，但不能忽视负面影响。一个有理性、有智慧的民族更不能在前进中割断历史。"人"之所以为"人"，在于①有精神追求；②有"人类"的历史与文明；③"人"和"人类"之所以为"人"和"人类"，关键在文明自觉，是知道传统文化之真、善、美，是喜欢自己的传统。

对民族文化、文明仅仅用精华与糟粕二元论的思维方式来审视，是太简单化了。尤其是对古老文明而言，其丰富性决不能把复杂的问题用发射火箭的速度去解决。须知"精华"与"糟粕"之间还存在着众多尚待人们用持续的文明觉性去认识、鉴别的领域，远非 1＋1 或 1－1 那样非白即黑的存在物。

这些特征是：①大量"精华"与"糟粕"共存共生的文化；②在此文化体系中被视为"糟粕"，在彼文化中又被视为"精华"的文化；③审美标准的变化；④价值判断的变化。两个例子：①过去的"三寸金莲"对妇女"人体艺术"一时被认为高雅精致，后又被废除。此种对人体造成伤害的甚至畸形的历史文化现象，是不是都是丑陋的、不合理的和应该谴责的？试想，现在不是也有人在文身，在耳、鼻甚至在口、舌上，甚至在肚脐上挂铁环吗？②"文化大革命"中"破四旧"，几乎所有传统文化的传承者都成了"牛鬼蛇神"，所有古物如城墙、钟鼓楼及其他古建筑都程度不同地被视为封建余孽。而在今，那个时代被视为"封、资、修"的东西，大部分并非"糟粕"，而是人类文化"精华"！短短几十年，便有了不止一次的"颠倒"。值得注意的是：当年犯这些错误时，每一次都像今天一样义正词严，觉得自己真正在乎、无比正确，代表了历史前进方向。这是什么问题？为何反复？文明自觉是个反复过程，在过程中、在教训中提高文明自觉性的问题。

美国女学者、明清社会史和比较妇女史学者高彦颐有一本《缠足："金莲崇拜"盛极而衰的演变》（苗延威译，江苏人民出版社2009年版），对"缠足"作了具体分析，其要点值得从文化互动角度看问题：①过去的"五四妇女史观"的思维逻辑是"野蛮/文明"、"压迫/解放"的二元对立命题，实际上取消了女性的主体性和能动性，把她们视为停滞不变的非历史同质性客体。②尤其是漠视了两性权力关系与女性个体在社会经济地位的差异。女性身体的审美叙事中外皆然（中国的"三寸金莲"与西方《欲望城邦》中女主角凯莉的"四寸高跟鞋"实无区别）。此种时尚也有女性的主动参与，在传统妇女中形成了独特的审美意识。③这种把缠足置于古典时尚史范畴，进入社会和社会人评判之本，其中隐秘化身体美的风尚对女性的认识是：缠足不是一种负担，而是一种特权。从16世纪起，经济允许的中国女孩，家里都为她缠足。仅是男人对女体的欲望，无法使缠足"恶习"延续千年。④她甚至说，小脚对于中国古代妇女，是一种追求"身体美学"，是"流行文化"，跟现在的穿高跟鞋、戴耳环很类似。

缠足是一个时代、一个社会阶段的现象。高彦颐之说，与20世纪70—80年代开始的"身体"研究有关。研究者（哲学、社会学、人类学、宗教学、精神分析学、女性主义）视"身体"为趋之若鹜的"新大陆"，颇具后现代的西方学术风味。如特纳的《身体与社会》就认为，"身体"在西方人文社会科学界的缺席，是笛卡儿身心二元对立遗产的结果。特纳认为，在身体和心灵之间没有互动，至少没有重要互动，导致了对"身体"研究的漠视。这种研究是苏格拉底"认识你自己"的表现，也是人类文明交往中人与自己身心的互动交往关系。

总之，文化传统与传统文化关系是复杂的。妇女身体史也证明，对人自己身体与心灵是随着社会的变动而不断变化的。中国史上有"楚王好细腰"也是一种古典时尚。李唐王朝的"丰乳肥臀"也并非完全唐明皇专宠杨贵妃的结果。如何认识穆斯林妇女的面纱呢？高彦颐此书是有启发性的。

八　论文化比较

1. 在中国的语言系统中，"文"、"化"两个字连用，较早见于战国末期儒生编辑的《周易·贲》："观乎天文，以察时变；观乎人文，以化成天下。"

从古代到 19 世纪末，中国把文化界定在文治教化、礼乐典章制度方面。

2. 美国人类学家阿尔弗雷德·克洛依伯和克莱德·克勒克荷恩在《文化：概念和定义批判分析》（1963 年出版）中列举文化定义达百余条之多。

3. 陆扬．王毅·《大众文化与传媒》（上海三联书店 2000 年版）统计，"文化"定义至少有 160 多种。

4. 英国诗人 T. S. 艾略特在《关于文化定义的笔记》中称：文化涵盖了"一个民族的全部生活方式，从出生到走进坟墓，从清晨到夜晚，甚至在睡梦之中。"这个界定是最有诗意又最不好把握的泛意界定。

5. 英国人类学家 E. B. 泰勒在《原始文化》（一译为《文化的起源》，1971 年出版）中，认为"文化是一个复杂的总体，包括知识、信仰、艺术、道德、法律、风俗以及人类在社会里得到的一切能力与习惯"。与汉语系统中"以文教化"的小文化相同。

6. 胡文彬在《红楼梦与中国文化论稿》（中国书店 2005 年版）中说："说文化要落在实处，说文化要有历史的眼光，说文化要透过表层深入底层，说文化要说出中国特色（民族文化）。"他道出了文化的首要特性：民族性！作家："怎么写"比"写什么"更能体现作品的风格和价值；研究者："怎么说"比"说什么"更能体现研究成果的特色和价值。什么是"落到实处"？从实际出发，就具体内容作具体分析。什么是"历史眼光"？纵向、横向比较现象的来龙去脉。比较是学识和眼光的综合。"深入底层"，即底层意蕴，文学作品即审美功能与价值以及哲学思考。至于"民族性"的原因：历史、地理环境等因素而形成的物质、精神、制度文明现象。

九　文明交往论导读

1.《文明交往论》的自序篇名为：《文明交往是关于全球文明和谐问题的科学课题》。"导读"应从此读起。

自序写于 2001 年，当时提出"和谐"问题是源于古今中外思想家、政治家普遍的美好社会理想，即以文化为核心、以文明为外壳的智慧结晶。在西方，从柏拉图《理想国》到法国空想主义；在中国，从先秦儒家的"大道之行也，天下为公"（《礼记·礼运》）到清末康有为的《大同书》，都是阐发人类文明的、以"和谐"为特质的理想社会。

2. 文化是一个民族的核心认同，民族特色的、自己的文化是自立于世界民族之林的基础。文化归属是共同血脉和灵魂的民族自尊心和自豪感，是同一部历史、文化、语言、文字的传统，是文化、心灵、血脉之桥。

3. 今日世界——经济一体化、信息高速化和文化多样互补的新时代，人们的思想活动的独立性、选择性、多变性、差异性加强，价值观念巨变，文化道德养成关键时期。在文化霸权、强势文化存在条件下，放弃固有传统文化意味着全盘西化和自身优势。民族复兴不仅有经济、政治实力，也需要有文化的复兴。

4. 文明史是人人应略有所知。对本国史、外国史，均需以人类历史眼光对历史的所知，伴随之以"温情与敬意"(钱穆语)。

5. 文化是文明的核心。歌德谈德国文化时说："假如不是通过一种光辉的民族文化均衡地流灌到全国各地，德国如何能伟大呢？遍布各地的图书馆、博物馆和剧院，作为支持和促进民族文化教养提高的力量，是绝对不应该被忽视的。"可见表现文化深厚性载体的重要性和文化的巨大力量，传承与传播的交往都在其中。

十　审美文化

审美是"真、善、美"中的美的人文精神深度追求。

审美是使人愉快喜悦的文化价值内涵。

"美"只有通过"审"(体悟、体验)，才会有典型的美学感性思维和理性思想。

审美的主要内涵有：人的审美理想、审美观念、审美趣味。这三者体现了审美性质。人类通过它可以获得审美关照、情感体验和审美感悟。

中华文化审美品格有五大基本特征：

(1) 文史哲互融的感性与理性美的统一。

(2) 真善美互汇的伦理与自然的交织。

(3) 儒释(禅)道互流的宗教与世俗的融汇。

(4) 中西互化的传统与时代的兼容。

(5) 以和谐为中心的美学理念与思想的民族精神。

审美对文学、文学史、文明史都是重要的视角。历史视角最为重要。不能离开历史而孤立地谈审美。时代之大事、国家之大事、历史之大事，是首要的背景。仅有审美视角，看文学史是不够的。这样会看到审美的文学史，然而那审美的文学史必然看不到事件之间的联系，是抽掉了时间、空间、人间意义上的杂乱无序的几座文学高峰。

审美文化是文明的价值核心，属文化范畴，是文明自觉的与时共时的文化，是人类不同文明的同与不同的文化形态。具体分析、个案研究，对于深入理解各民族、各国家文明和文明交往，具有重要意义。特别是理解典型审美文化（各类文学艺术）、理性的美学思想、感性的物质交往和社会生活中的人文精神，大有裨益。

十一　政治文化与政治结构

政治文化属制度文化层面，其根本是制度，但又不限于制度。具体说，可以再分述为：

1. 政治文化：政治观念和政治心理。
2. 政治结构：政治的法定制度。
3. 政治文化为政治结构的基础和稳定因素。
4. 政治文化与政治结构二者之间的联系：①不能不顾国情而照搬西方民主制；②过分强调政治文化，实行民主先培养政治文化。

十二　自然科学家谈文化与文明

"整个科学的发展与全人类的文化是分不开的，在西方是这样，在中国也是如此。可是科学的发展在西方与中国并不完全一样。"西方认为，"要了解宇宙的构造，就要追问最后的元素是什么。大的物质是由小的元素构成，小元素是由更小的粒子构造，所以是从大到小，小到更小。这个观念是希腊时就有（atorm 就是希腊字）的。"中华民族文化认为"微观元素与宏观的天体是分不开的，所以中国人从开始就把五行与天体联系起来"。"中国古代的看法是太简单。一切物质都是由分子构造，分子中有原子构造，原子又由电子与核子，由子由轻子构造，核子由夸克构造。这就是我们现在了解的物质，所有的宇宙都是这样构造的。""了解当代大问题对于 21 世纪的科学发展需要抓住大问题。""现在我们猜不到 21 世纪文化是什么，就如同在 1 世纪我们猜测不到是怎样一样。""将来的历史会写上：是在我们这个时代，把微观世界与宏观世界用科学方法连接起来"。(李政道 1992 年 11 月在复旦大学的讲演,见《世界科学》1993 年第 4 期)

"我想我们宣传的'大成智慧'……就在于微观与宏观相结合,既不只谈哲学,也不只谈科学,而是把哲学和科学技术统一结合起来。哲学要指导科学,哲学也来自科学技术的提炼。这似乎是我们观点的要点:必集大成,才能得到智慧!"(《钱学森讲谈录——哲学、科学、艺术》,九州出版社 2009 年版)

十三 "打开关闭房间"的犹太文学家

2005 年 10 月 31 日,瑞典文学院宣布:英国著名剧作家哈罗德·品特获得 2005 年诺贝尔文学奖。他将获得 1000 万瑞典克朗(约合 130 万美元)的奖金。

评审委员会说,品特是第二次世界大战后英国戏剧的最杰出代表,"他的戏剧揭示了日常废话掩盖下的惊心动魄之处并强行打开了压抑者关闭的房间",他"恢复了戏剧基本的要素:一个封闭的空间和不可预测的对白"。

品特 1930 年出生在伦敦东区哈克尼镇的一个犹太裁缝之家。青年时代,他经历了反犹太浪潮。他曾说这对他后来决定当一名剧作家起了重要作用。

1957 年他的第一部剧作《房间》公开发表。1959 年剧作《看管人》使他的事业取得了突破。之后在 1964 年他又创作了《归乡》。

品特是 20 世纪最伟大的剧作家之一,是荒诞派戏剧的代表人物,是"语言停顿大师"和"威胁大师"。在他的剧作中,常常有"此时无声胜有声"的意境。他在剧作中用闲聊、支吾和不连贯的对白来表达主人公内心的慌乱和矛盾。品特共创作了 30 多部戏剧,他还创作诗歌、散文以及电影剧本,有时他也在电影中扮演角色。其中《看管人》、《生日聚会》、《归乡》等剧作代表了西方现代派戏剧的最高成就,其电影剧本包括《事故》和《背叛》等。

他曾强烈批评撒切尔夫人和里根总统的政策,他反对伊拉克战争并因此出版过以反对伊拉克战争为主题的诗集。获奖后,他已经决定终止自己的创作生涯,更多地投入到政治活动中。品特有时容易发怒,所以从来不受媒体的欢迎。品特 1980 年与女作家安东尼娅·弗雷泽结婚。这是他的第二次婚姻。媒体当时嘲笑他们俩的结合是组成了一个讨论小组。品特很少谈论他个人的社会关系，从不承认他的个人生活与他的作品有关。

关于他创作的角色，品特对要求他解释其作品的人明确表示说："与剧情有关的一切都在剧情中了。我认为，正是在沉默中，人物才是最鲜活的。"这是很深刻的思想，无论是对剧作而言，或对文学而言，以至于对历史、哲学而言，都是适用的。他为文明交往自觉涂上了浓郁的一笔。

十四　文化与文明

实力有"硬实力"与"软实力"之分。

我回忆对文明与文化的区分时，曾有"外壳"与"内核"之说。"外壳"坚硬，因为它是物质的，是科技、经济、军事；"内核"是松软的，因为它是精神的、人文的、是思想的。司马迁在《报任安书》中有"究天人之际，通古今之变"一语，可以作为透过坚硬外壳的文明外层，透过松软内核，探讨一种文明的发展。一种文明的内部的变迁，外部交往的力量对比是起作用，但决定各种文明发展力量的是内因。内因通过外因起作用，这话是对的。当然，这不是绝对的，只有交往互动作用，才推动着文明的发展。有时候，外因也通过内因而起作用。总之，交往互动是金律，其间关系是辩证的。

这些道理看似空洞、抽象，但结合文明的发展，文化的交流，具体到一定历史阶段的具体问题，却是生动的、多姿多彩的。变中求常，一中看多，同中见异，便可以察觉其间的轨迹、脉络和理出其中的线索。具体问题具体分析，是文明交往研究的活的灵魂。

十五　软实力唤起文化记忆

我记得"软实力"是美国一位教授在 1990 年提出的，他是官僚型学者，曾担任过美国国防部的部长助理。软实力本来是一种文化概念，但在他那里，和科技、经济、军事等硬实力一样，变成了霸权概念。在全球化的核心蔓延起来的文化霸权，其目的是切断边缘国家的文化记忆，使这些国家的人民患上没有历史、没有祖国、没有民族认同感、没有文化和文明的"失忆症"。

以美国而言，自己宣传爱国，强化祖国感，文化优越论，却用自己的价值观迫使发展中国家摒弃爱国主义，遗忘民族文化。但是，软实力之说，却唤醒了边缘地带的文化觉醒，激起了文明的自觉。文明在这些国家的复兴，正在激活文化记忆、传承文明，在逐步积累和培育过程中增强文化的认同基础。

第三编

文而明之

一 文明是什么

（一）文明是什么？只要有生命，就有生长能力。植物生长，始于幼嫩之芽，动物生长于幼小之畜。动物与植物不同，是活动的，活动于空间之内，其能力与其活动范围相适应、相增长。人类是动物一类，但人的活动能力更强。就人类个体而言，幼婴进入少年、青年，活动范围日渐扩大；从整体人类说，从野蛮而蒙昧，从蒙昧而文明。文明也是不断生成聚散、兴盛衰退，乃至衰退落后的复兴。人类总是和文明交往活动的历史密不可分，文而明之，文而化之，人的此种活动能力就是文明的交往力，为人类的特有属性。此种能力使人类从蒙昧状态脱颖而出。因此，文明是人类智力在交往活动中的体现和象征，是智力与自然和社会交往的动态性交往。智力是文化性的，是文明交往的核心因素，可以分解为：语言—文字—电脑；智力—生产工具、思维工具的表达。

（二）语言的根本属性是人的社会性。在整个动物界，只有人把声音变成了思维交往的工具，变成了思维交往的创造性活动。人类的语言是有声的语言，是在社会交往中逐步进化（动作语、表情语、手势语）、逐步发展而形成的。语言与人类高级思维能力的结合，打开了交往的高级门户，成为人与动物本能活动的分界线。"言以明志"，不言谁知其志？言即人类文明之言，语言成为交流传志的工具。语言的发展，使人类步入文明门槛。

（三）文字是人类文明形成的重要标志，是人类文明史的开端和重要标志。复杂的社会交往活动，需要文字。文明传承需要文字。文字是用书写符号筑起来的文明交往之桥。文字是人类文明自觉的决定性步骤。文字的使用，显示了人类文明自觉的步伐：六千年前，生活在中东两河流域闪米特种的苏美尔人，创造了人类最早的楔形文字；此后，古埃及人的"纸草文字"（公元前三千多年）、中国的甲骨文字（三千五百年前）和印度的"印章文字"（公元前三千年）。"言之无文，行而不远"，那是说文化没有文字，传承、传播都受到限制。语言以文字而传远，促活动范围扩大而使交往行而远。以文字立言，以书写记录立说。文字生而典籍存，文字的书籍，成为扩大交往的媒介，对文明的内部和外部交往，都是快捷、广大而久远。各种文明都有文字书籍为典籍，文明因之历久不衰。

（四）专制者是害怕文字的传播力的。中国历史上此类事情颇为有名的是秦始皇的"焚书坑儒"和清朝的"文字狱"。西方世界也有类似事情，这就是罗马帝国的"焚书"：公元 303 年后，戴克里先（Diodetian）迫害基督教徒，对基督教经典的销毁是惊人的。他注意到文字记载对信徒的影响力。基督教、犹太教、佛教、伊斯兰教这些世界性的宗教，都是"有书的"宗教。这些宗教的长期存在与发展，在很大程度上是人们从文字记载经典的阅读中，理解并信仰教义。当然，专制的压制总是短命的。324 年，君士坦丁大帝成为基督教徒。

（五）语言本属文化范围，有中心或核心的区别。语言随着不同文明之间交往而加快分化重组。从理论上说，语言交往应当彼此丰富。

二　文明、公民与天性

（一）公民与文明

我在 20 世纪 80 年代研讨甘地思想的整体性和独特性问题时，曾经思考过"公民"与"文明"的关系。近读英国现代社会学先驱弗格森（Ferguson Adan，1723—1816）的《文明社会史论》（初版于 1767 年）中译本（林木椿、王绍祥译，辽宁教育出版社 1991 年版）后，又引起了重新思考。

严格说，亚当·弗格森是苏格兰启蒙运动的核心人物之一，此书在他生前已再版七次。这部代表性著作肯定工商业文明进步性同时，立足于古典社会政治理论对现代文明的异化进行了深入批判，因与古典自由主义（以休谟、斯密为代表）的苏格兰启蒙运动学术主流派意见相左，以致引发了英国学界关于文明社会"现代性危机"的争论。

汪丁丁在《中译本序》中，从字源学角度考证，认为此书中文译名"其实应当是《公民社会史论》"（第 3 页）。其具体论据是：①作为形容词"文明"的英文 Civil 的古典来源是拉丁文 Civis，三重含义是：公民权益、合法的、民法。启蒙时期的经典作家弗格森，正是在古典意义上用 Civil 语词的。②而今文明含义源于希腊文，"由于亚里士多德政治学和伦理学对中世纪政治哲学和法哲学的重大影响，拉丁文 Civis（公民）开始向着 Civilization（文明）转变，并且在其'公民政治'的含义里带上浓重的希腊文（Polis）的影响。"（第2页）其含义又有城邦国家（City-state）、文化艺术和整体精神生活方式及风俗习惯的文明和公民政治生活精神生活方式。③但"公民社会"（Civilsociety）经后马克思主义者的运用已"当代化"而会引起含混，因此改用《市民社会史论》中译名，以保持"文明社会"原义。其实"更恰当地应当叫做'古代文明的政治社会学研究'"。

弗格森著作的文明交往线索主要是"现代与历史的对话"。他虽讨论与分析的对象多为古代文明而不是他那个时代的文明，但他的讨论总要"影射"到现代文明。他关注集中于政治制度文明，引导性文化描述及其文化讨论集中于特定社会的精神气质。他的政治哲学叙事总是反思当前社会，是批判性、社会学性质叙事。

我注意到"公民"、"文明"在甘地与索罗的著作［如索罗《文明（公民）不服从的义务》，甘地的《文明（公民）不服从运动》］都有此问题。我在1985年发表于《历史研究》第6期的《甘地思想的整体性和独特性》、1992年在《东方民族主义思潮》（西北大学出版社）第122页中，都有"文明"与"公民"双重含义的解释。从文明交往的内部交往规律看，西方工商业文明的交往史发展，逐渐把文明的希腊根源的古典人文精神，异化为 Civilization，Civil 变了。逻各斯异化为"逻辑"，科学异化为"技术"，teke（音符）异化为 tekhniros（巧遇），又异化为改造、设计、控制（technique）等等说明，一切事物都在交往中变化。

（二）弗格森论人类的"天性"

弗格森强调人的社会性对情感的作用：社会阅历产生社会的强烈情感；社会的成功与繁荣、灾难和不幸都会引起许多情感波澜；危险和困难更加刺激情感和增加力量。他的名言是：勇气是社会对人的馈赠，与人和睦相处是人生命中最崇高的部分、愉悦情感、优良品格的源泉。这是交往文明化的名言。

我注意到他对商业国家"重利"的批判，其中可启发之处是：①人类天性更主要是社会的同情心；②相互发爱之心可使互相竞争的人群放弃私利；

③追求私利会在高尚品格的感情烈焰中消失（第 374—375 页）。总之，他认为人类感情有双重性格——强烈的恨和同样强烈的爱。这是他文明社会一般原理中的核心部分。他是探究文明衰落的原因和应戒备的弊病（自由精神异化为普遍腐败）。"自由是每个人都必须随时自我维护的权利。试图将自由权利作为恩惠施予他人的人，事实上恰恰会因此而丧失了自由权利。"（第 293 页）自由首先是一种"依靠自己来维护自身安全"，"同不光彩行为作斗争"的精神，其次是一种制度。他有许多精彩语句，如"在每个国家中，国民的自由取决于国内各部分的均衡与协调一致。而在人类中，任何这种自由的存在，都取决于各国间的均衡。在征服的过程中，被征服者即丧失了自由。但是，从人类历史上看，征服和被征服事实上似乎都丧失了自由"。（第 302 页）再如，"对于任何一位领导者的绝对服从或让他滥用权力，即使本意在于为人类谋福利，往往也会以破坏法制而告终。这种致命的大变革无论以哪一种方式实现，最终将导致军政府的出现。"（第 301 页）

　　这些话都是对文明交往的经验总结。传统带给人的影响是深刻的，每一个思想深刻的学者，都有其生命活力的传统。"半亩方塘一鉴开，天光云影共徘徊。问渠那得清如许？为有源头活水来。"（宋·朱熹：《观书有感》）这个活水是学者由学术传统带来的矛盾思想空间。弗格森思想体系是矛盾的，他的学术传统是休谟和斯密异化了文明所作的英国经验主义认识论；而这个传统中又有柏拉图古典政治哲学的理想王国"理念"和"至善"的影子。现实与理想处于矛盾的思想空间，在推动着他对文明世界的思考。

三　早期文明

　　（一）交往空间。地球是一个略扁的椭圆形球体，直径约 1.28 万公里；与太阳的最近距离约 1.47 亿公里，最远约 1.52 亿公里；距月亮约 38 万公里。人类生活在广阔无际的太阳系空间，而且即使在地球的表面上，离地心还有 6000 多公里。生物深入地下不过 5000 米，高也不过 8000 米。其余地方仍为无生命的空间。

　　（二）交往时间。地球作为独立行星，已绕太阳转了 20 多亿年。文明远溯至公元前 1.5 万年至前 1.2 万年，那时人类开始耕种和驯养牲畜。最初的年代学是以月的盈亏为计算单位，巴比伦人的历史以 13 次月的盈亏周期计算播种时间。

（三）人类文明生成。全球从无生命的混沌状态演进至有生命时代，再演进至有人类时代，进而人类由蒙昧、野蛮时代而文明时代，历程漫长而跌宕。其历史特征是自然史、人类史、人类文明史、人类世界史（全球史）的递进、交织的复杂进程，其中心是各民族、各国家发展的绚丽多姿的人类社会发展历史图景。

（四）语言和文字时代。人类语言之变为文字，始于公元前六千年以前，尼罗河、北波斯、西土耳其斯坦、南阿拉伯和中国的社会组织已发展到简单未开化的村落文化上。那时幼发拉底河和底格里斯河各有各的河口流向波斯湾。两河之间生活的苏美尔人建筑最初的城市。世界拼音文字之源在苏美尔和埃及。中国的象形文字有自己的独立传承，绵延至今而不衰。文字的作用：①记录契约、法律、命令；②使绵延不断的历史成为知识；③使祭司、帝王的命令、印章可远达他们目光和声音所不及的地方，而且威严可以一直保存到他们死后。总之交往范围因文字而扩大，文明也因之而传播久远。

（五）犹太教的民族性与宗教的穿透力。这是一种信仰的穿透力。犹太文明以《旧约全书》的圣经为标志，史称"希伯来圣经"。它成书于公元前5或前4世纪，内容包括早期世界史、纪年学、法律、颂歌、诗、小说等方面。犹太民族性和宗教性的相融相合，体现了对这部圣经的倾注于读、了然于心、实践于行，形成了信仰穿透于民族凝聚力、激励性和持久性。有些形象的说法，如，耶路撒冷不过是"犹太人名义上的中心，他们心中的真正中心是《旧约全书》"；如，"与其说犹太人编著了《圣经》，不如说《圣经》造就了犹太民族"。这种特征决定了犹太民族能够遭遇二十多个世纪的厄运却始终流而不散。信仰力穿透了民族，上帝的信念表现在：①上帝是无处不在的世界主宰（与其他民族思想迥然不同，其他民族的精神是在人造庙宇的偶像中）；②上帝高居于天堂，超越一切祭司与祭品；③上帝将犹太人作为特别选择的臣民（选民），重建耶路撒冷，使其成为全世界真理的中心；④犹太人是以一种共同命运作为天职而自信自豪的民族。这种精神在历史上已经打下深深印记：他们被掳到巴比伦，反又复归耶路撒冷时，这种信仰的穿透力已经深入人心。

（六）希腊文明和希腊精神。希腊精神可以从两部史诗谈起。公元前8世纪的《伊利亚特》（ILiad）和《奥德赛》（Odyssey），分别描写希腊人联盟攻占小亚细亚的特洛伊城和良将奥德赛从特洛伊回到自己海岛的冒险故事。这是用战争形式体现在文明交往中希腊各族人民共有互相关联的团结精神以及同族、同语、同文、同品性、同勇气的文明内外交往史。

谈希腊精神，不可不谈奥林匹克精神，这更是人类文明交往的自觉精神。它原为每四年在奥林匹亚（Olympia）的竞技和商贸运行，后增至 30 多个城市，它倡导和平，具体精神是：①体育这种和平的、互通感情的和平交往形式可以为异质文化所接受；②商业影响也在其中，尽管体育为主流；③民族性文化演化为国际情，以至为全球的文明交往活动而深入人心。

希腊精神本质上是希腊哲学创造人类求知的精神与方法，与犹太人的希伯来先知探究的传世真理之神形成对比。这种精神是：①对现存世界的深刻怀疑；②探索世界的本体是怎样的？③它来自何处？④它的命运怎样？⑤摒弃原有不清楚的现成答案。这里产生了一批与犹太预言家、释迦牟尼、孔子、老子同世代的思想家，之后还有更有代表性的思想，如苏格拉底、柏拉图、亚里士多德，但谁也不知道谁及其思想。不过，笃信佛教的国王阿育王，曾把传教士派到了波斯、亚历山大，这也是当时交往局限性的一例。

四　蒙古民族是人类文明史上耀眼的交往明星

蒙古人在其鼎盛时期，曾经是人类文明史上光彩夺目的大明星；不，这个"马背上文化"的民族来也匆匆，去也匆匆，是划过东西方文明"太空"的璀璨彗星。想当时，大汗宏伟的亚欧版图，东西方交通畅通，文明交往以各种形式展现：各国政使云集大汗宫廷（其中有罗马教皇使臣、阿拉伯官员）。印度的佛教僧侣、中国和意大利的工匠、拜占庭和亚美尼亚的商人、波斯和印度的天文学家和数学家，也纷纷穿梭而行。蒙古民族的征战杀戮之名远播于史。我的苏联老师瓦·巴·柯切托夫曾说，你们中国人吓唬小孩时，常说"狼来了"，俄国人却用"蒙古人来了"来吓唬小孩，再爱闹的小孩，一听妈妈一声"蒙古人来了"，便会安静下来。可见影响之深。事实上，这只是一个方面。蒙古人即使算不上最有创造性的民族，也是有创造性的民族之一。他们充满着对学问的好奇与追求，特别是在知识和方法的传播方面，对世界历史产生了巨大影响。西方史研究者也承认：蒙古统治者的理解力、创造力，比起浮华自负的亚历山大大帝，比起精力过人而目不识丁的神学家、政治幽灵的招魂者查理曼大帝，也毫不逊色。在这方面他们和阿拉伯人的传播知识于欧洲可以媲美并肩。

可以这样说，蒙古人远征的雄风，对驱散十五六世纪黑暗欧洲的乌云起了相当大的作用。

蒙古族政权在 13 世纪之后表现了文明交往影响的世界性：①元朝及四大汗国等蒙古族政权的产生，欧亚政治格局大变，东亚、中亚、西亚林立的地方政权消失，欧洲部分地区纳入蒙古族统治之下；②残酷的战争、剧烈的社会震荡，给欧亚各国人民带来巨大苦难；③蒙古族政权在客观上促使欧亚之间经济文化交流壁垒被打破，如交通驿站便于安全通商、文明直接对话，地理空间及人为封闭被打破得更广大。

文明交往使中国认识世界和世界认识中国大大前进了一步，其具体影响：

（一）促进了中国的国际化

1. 对外影响、往来国家数量、国际地位超过唐朝。吸引西方及阿拉伯世界的有：优惠的通商政策、通畅的商路、富庶的国度、美丽的传说。吸纳的国际化大都市：上都、大都、杭州、泉州、广州（国际最大贸易港为泉州）。来自波斯、伊拉克、阿速、康里、叙利亚、摩洛哥、阿富汗、阿塞拜疆、印度、波兰、匈牙利、俄罗斯、亚美尼亚、英国、法国、意大利等国的旅游家、商人、传教士、工匠、政府使节中，有的用笔记录了在中国的见闻，甚或有的长期侨居中国或做官。其中马可·波罗等人的著作不但改变了欧洲对世界的理解，且对大航海时代的到来产生影响。

2. 双向性。中国的火药、指南针、印刷术，阿拉伯医学、天文学、农业技术，欧洲数学、金属工艺，南亚雕塑艺术等文化双向交流信息大、传播广。

3. 开创东西文化交流繁荣化。宋代的海上贸易国与地区为 50 多个，元为 140 多个。《元史》称："迩千里者，如在户庭；之万里者，如出邻家。"中国人足迹延至西欧，介绍多为亲身经历（如汪大渊《岛夷志略》即不载"传说之事"，如《西游记》、《西游录》、《北使记》、《西使记》、《真腊风土记》、《异域志》也是如此）。

（二）推进了中国内部交往的多元一体化

1. 三使都总裁官、中书右丞相脱脱力尊辽、宋、金"三史""各与正统，各系其年号"。

2. 蒙古族用蒙文写《蒙古秘史》，统一王朝多民族修史，多文字并用。儒家经典被译为蒙文、办蒙古国子学、回回国子学。涌现出蒙、契丹、女真、色目人等一大批汉学者。回族在中华大地诞生。

3. 兼容与务实特征的思想文化观念。去"避讳"，少文化禁锢（为明清两朝几十分之一）。宗教信仰自由。元曲（散曲与杂剧）的"自由创作"。

4. 儒学繁荣。孔子被尊为"大成至圣文宣王"。设免杂役的"儒户"层。书院 400 余所，州县学校达 24400 余所。

5. 废科举，以才是举。重天文地理，方志达 160 种。加强农业的南北交流。重印刷、医学、造船、陶瓷、水利。

五 重提"文明冲突论"

"文明冲突论"源自亨廷顿在 1993 年《文明的冲突》一文。其中有些观点并不因他的去世而消失：

亨廷顿说："我认为新世纪冲突的根源，将不再侧重意识形态或经济，而文化将是截然分隔人类和引起冲突的主要根源。在世界事务中，民族国家仍举足轻重，但全球政治的主要冲突将发生在不同文化的族群之间。文化的冲突将左右全球政治，文明之间的断层底线将成为未来的战线。"

亨廷顿又说：当今文化分为"西方文化"与"非西方文化"，非西方文化又突出"儒家与伊斯兰的联合"，并认为"儒家与伊斯兰的军事结束已经形成"。

亨廷顿再说：避免冲突与战争（特别是世界大战）的策略是："抑制伊斯兰与儒家的军事扩张"，"保持西方在东亚和西南亚国家的军事优势"；"制造儒家与伊斯兰国家之间的差异与冲突"；"巩固能反映西方利益与价值并使之合法化的国际组织，并推动非西方国家参与这些组织"。

这些论点过去也从片面思想、强权逻辑以及不谈意识形态的隐喻意识形态、不提经济的根深蒂固的经济利益受过批评。就文明交往方面看，冲突与合作总是一对矛盾，亨廷顿强调文化或文明冲突，具有强烈的政治色彩。仅就以上三点，是"西方中心论"的变种无疑。

宗教、民族冲突和战争，历来忽强忽弱，在 20 世纪 90 年代世界走出冷战时代之后，更加突出。世界大战可能性暂时变小，但是如此发展下去，21 世纪发生毁灭人类自身的世界大战，并非完全不可能。如何消灭大战根源，消灭霸权主义，包括文化霸权主义，是值得探讨的问题。

文化是文明的核心，文明包括物质、精神、制度、生态四个方面。因此：①把文化之间的关系理解为"军事"、"政治"和战争，至少是文化心理不成熟的表现。文化被异化，文化变为"无文化"，文化需要重新"文而化之"。②全球化最困难之处在文化的核心化。全球化从经济开始，技术、商业、通信，全球化易，而文化的全球化难。把文化看成政治冲突，实际上是缺乏想象力的必然逻辑。③文化霸权害人害己，伤害彼此的创造性，甚至造成犯罪，造成"文化生态灭绝"，消灭文化多样性。罗尔斯的"无知之幕"——美国在一块空白土地上建立民主国家，而在历史不正义之处是：基本上消灭印第安人。

六　文明复兴的两翼和四轮

一个古老文明的复兴，靠什么？靠人文社会科学和自然技术科学这"两翼齐飞"，靠承载文明的物质、精神、制度和生态这"四轮共进"。

现在，我们谈复兴，都立即会想到欧洲的文艺复兴。文艺复兴是人类文明自觉的标志性事件。在此之前，欧洲经历了千年的基督教会的统治。那时作为文明核心的文化是宗教文化，而文化的第一要素是基督教的意识形态，价值观是赎罪进入天堂的神学救赎价值观，以赚钱为耻，以清贫为荣。这个文化体系具有四无特征，即无人性、无世俗、无人的主动性、无现世的幸福。

文艺复兴时期的文明自觉始于对教会说教中的宗教神学的怀疑。那个时代的巨人们超越过中世纪，进入古典世界，把自己时代与中断了的古代联结起来，从古典时代的民主、人性、理性等意识形态和价值观中，寻找文明复兴的要素。这一经人文主义者的核心价值观是对人的价值的发现和肯定，是对自我名利荣誉、人的个性和人生意义的发现和肯定。他们有一种新的平等观：人们在才能和财富面前一律平等。他们在宗教之外发现了世俗世界，自觉或不自觉地走上了探索自然世界的道路，开创理性主义、个人主义和科学主义的现代精神。尤其是在科学主义思维影响下，人们确定了观察、试验和归纳方法，用层出不穷的发明创造改变了社会生活面貌。

当人们在人文社会科学和自然技术科学"两翼"起飞中"复兴"之后，这两种科学本来是统一的。人们进行的科学研究是旨在建立一种新型宇宙观和统一的知识。二者是互为依存的。文艺复兴时期的知识是人文的，自然技术是建筑在人文的基础之上的。人文社会科学和自然技术科学是统一的。但在继承和发展中产生了异化，在取得巨大进步的同时，逐渐暴露出危机和负面的东西。更高的物质生活带来了精神压力，更多的个人自由要求却使自己陷于孤独，骄傲于资本主义制度时，却出现了世界大战和经济危机。现代人自负的"人定胜天"征服自然时，大自然却处处在惩罚人类。理性至上沦落为工具理性与技术理性，使主体性极度扩张。结果环境污染、两极分化，人与人的关系因主客二元对立结构而被还原为无价值的物与物的关系。熙熙攘攘，皆为利来利往，交往机械化了。

"两翼"失衡，"四轮"（物质、精神、制度、生态）歪斜，向两种科学提出通力合作，解决人文社科文化与科技文化的对立，平衡人类与自然、个人与社会、物质与精神生活的分化问题。现今两大科学、两大文化的"两轮"要滚滚顺畅向前，必须：①发扬科学、理性、人性原则；②用人文精神去对待物质、精神、制度、生态良性互动交往规律；③关注整体世界观，关注人的全面发展。

最根本的问题是人文精神和科技发展的统一性：失去人文精神的国家，便失去科技发达的根本；同样，失去现代科技的国家，也不可能有现代人文精神。

七　21 世纪文明的不同思考

21 世纪，称为"新中世纪"，才更恰当。

这是埃里克·耶格尔发表于 2006 年 1 月 1 日《洛杉矶时报》的一篇惊世骇俗文章的篇名。

谁不知道"中世纪"是"黑暗的中世纪"？文明昌盛的 21 世纪，成了"新的中世纪"，真是不可理解。

然而，他这样说，有他的缘由。他对照近三十年前芭芭拉·塔奇曼的畅销书《遥远的镜子：多灾多难的 14 世纪》之后，痛发感慨：今日酷刑已经合法，神秘的瘟疫威胁人类，对魔幻的沉迷难以阻挡，科学成为怀疑对象，宗教狂热四处弥漫、贫穷施虐，都使 14 世纪这面镜子中的影子更清晰。他称赞芭芭拉·塔奇曼这本书是"20 世纪那些最恐怖的灾难后所完成的一部划时代的作品。在今天，人类依然无法摆脱各种人类的或自然灾难的威胁"。

在现代，技术如光速般迅猛发展。埃里克·耶格尔对此很失望：技术的进步并没有带来人类品性的进步与道德的完善。他指出："工具的好坏都取决于使用者。"科学给人类带来知识，科学是人类文明的泉源。当代的灾难不是由于科技，而是由于人对科技的不正确运用。往往是少数人甚至是个别人在利益驱使之下，对科技的滥用。

他下述话颇有启示性："中世纪的人是如此之无知，但他们却根本不知道自己生活在（蒙昧野蛮的）中世纪。"我们由此也可以反思自己对当今信息时代的认识，向自己提出下面的问题：我们对自己生活时代的文明，究竟知道多少？

如何认识自己所处的"文明时代"，这使我想起马克思 1843 年在《黑格尔法哲学批判》中的话："我们的时代即文明时代，却犯了一个相反的错误。它使人的实物本质，即某种仅仅是外在的，物质的东西脱离了人，它不认为人的内容是人的真正现实。"（《马克思恩格斯全集》第 1 卷，人民出版社1956 年版，第 346 页）

马克思这句话正是从中世纪史而引发。他认为"中世纪是人类历史上的动物时期，是人类动物学"。因为中世纪的等级制"使人脱离自己的普遍本质，把人变成直接接受本身的规定性所摆布的动物"（同上书）。马克思所认识他那个"文明时代"是物化的、人受物奴役的时代，在今日仍有其影子。不过，回答我们当今的 21 世纪时代的文明问题，一时的"轰动性效应"是不够的，还需要新的文明自觉。

八 文明的创造与继承

马克思的著作中，有一段话对我印象最深："人们自己创造自己的历史，但是他们并不是随心所欲地创造，并不是在他们选定的条件下创造，而是在直接碰到的、既定的、从过去继承下来的条件下创造。"这是在《路易·波拿巴的雾月十八日》中的名句。

历史、文化、文明、文明交往，都是继承性的固有特性和积累的过程。马克思研究路易·波拿巴政变时，对拿破仑被用来影响历史事变时，还说："一切已死的先辈们的传统，像梦魇一样纠缠着活人的头脑。"

这说明任何历史阶段的精神文明的发展，都在继承先辈的遗产的基础上创造，都有对历史上存在过某些精神文明因素的承载。人们的思想，无论如何都摆脱不了传统文化的影响，而且新的精神文明的创造，都必须有此基础和条件。

意大利文明继承、积累及对古希腊、古罗马的特殊兴趣，使文艺复兴首先出现于此。古希腊人本理性在此有较大影响。文化精神的独立性决定了内在的继承性，继承性的内在交往决定了"复兴"成为后世人的决定性因素。

著名画家李可染对传统与创造的名言是："要用最大的功力打进去，要用最大的勇气打出来。"传统是任何一个民族避不开的，是直接碰到的，是既定的，要创造必须从过去继承中创造。因此需要深入其中，要有传统的功力；同时要超越传统，光有勇气不够，必须有科学精神和人文精神的支撑。

人文精神是人类文明成长史的总线。在中国，它融会道德教化，喻指人事、人伦和道德经世品格；在西方是指那些与神学并立的文学艺术、哲学、修辞学、语言学等学科，包含一些有益于提高人的修养与优化人的生活的学问，总的肯定人的价值与世俗需要，自由、独立、解放的文明自觉精神。

九　中西文明交往的另一面情结

中国人应当有民族自尊。这种自尊心受到了种种伤害。西方列强的侵略和中国人的反抗，增强了自尊。

中国人强烈要求现代化和现代国家，渴望强大，自立于世界民族之林。自立、自强与学习西方是近代以来中西文明交往的双向运动。在这期间，蒙受屈辱的中国人，对外部世界的认知常常处于矛盾状态中，因而产生了一种学习西方的被动情结。

这种被动情结产生了被动交往。从内心深处有中华文化优于西方文化的历史优越感，产生了"中学为体，西学为用"的学习西方思维方式。历史优越感也要具体分析，古代中西文明交往都是有历史局限性的，有些交往并未展开，对比是相对的，哪个文明先进、后进，需要全面衡量。近现代文明交往越来越清楚，足以启发人们的交往思维。

以西方的物质文明成果在中国被迫打开国门之后，逐渐进入日常生活。中国人在使用这种成果时，会思考原创者为何不是中国人？西方文明对中国人的深刻影响需要认真思考研究，无论是物质的、精神的。

东西方文明交往中，有一个善于学习的问题。在我看来，要善于学习必须解决学习思维方式的矛盾。这就是由被动情绪而产生的对西方物质、精神、制度、生态文明认知的矛盾：一方面学习、移植；另一方面把西方先进的东西误认为是列强强加于人的东西。要从中国社会发展的内在地、逻辑地需要学习西方，自觉地、主动地学习西方，像近代日本明治维新前后，学习西方的"高才生"日本那样。当然日本学习西方侵略中国，那是应当反对的。

情感动力有一定作用，它需要上升为理性动力。中国人对百年来屈辱带来的被动学习情结，也有积极作用。不过，化悲愤为力量用现在的话来说，需要超越中西交往中的悲愤记忆。一切先进的文明都是人类的、都属于世界的。学习和吸收各民族的文明成果，才能发展本民族的文明。这是历史多次证明的真理，也是文明的自觉。

十　改革开放与文明交往

改革是什么？是文明内部交往。

开放是什么？是文明外部交往。

改革的强大力量，在中国历史上有十分突出的表现。商鞅变法中的废世卿进禄制、奖励军功；废井田，开阡陌；统一度量衡，这是秦文明内部大交往、大变动。正是这次大交往，使本归蛮夷之列的弱秦，"拓霸国之规模，立统一之基础"。但是内部交往离不开外部交往，改革不能脱离开放。秦的改革首先是吸纳外地人才，向外开放。百里奚、张仪、范雎、李斯等都来自外地。如果依了逐客令的政策，那也没有了真正的改革。内部交往是文明之内的交往，它提炼出一种民族精神：自强不息，鼎新革故，求变图强。

这种民族精神使华夏文明延续五千年而一脉相承，使一些史学家之为惊讶：中国古代的改革，是人类智慧所作的最惊心动魄的"魔术"，它能使一个侏儒变成一个巨人，把一个没落民族变成一个蓬勃发展的民族，把一个弱小国家变成一个强大的国家。

但近代中国的因循守旧、腐朽没落，不仅对外自绝于世界潮流之外，对内也拒绝改革、反对改革，堵塞内部文明交往之路。这种恶性互动，致使内则民生凋敝，外则被列强凌辱，导出文明衰落的结局。不改革，是内部的自我封闭。

其实文明的内外交往是相互联系、互为因果的。恶性互动出现恶性循环。出路只有内改革、外开放，才能振兴中华、复兴华夏文明。发展生产力与之相应的交往力是内外主线。

交往不仅是外部交往，也应包括文明之内的交往。交往不仅是双向或多向的，也是互动的。康德的哲学坐标中的"头上的星空和内心的道德法则"，把交往扩大到人与自然和人类自我身心，也是交往的永恒主题。

十一 文明——理解世界史的关键性概念

世界史是人类文明发展的新阶段，是人类新的文明史，是全球的整体性文明史。文明史从人类脱离原始的愚昧野蛮之后，便开始了，但它不是全球性的和世界性的普遍联系。只有到了世界性市场、全球性交往，才有世界史。只有这时文明才具有世界的全局性。

（一）技术与文化：人类社会与其自然环境之间的主要关系（提高对自然的控制力：变化、平衡决定文明特点）。

（二）制度与农业生产技术：政治结构与文化模式的不同。埃及为希腊文化提供了基本制度和思想观念。

（三）文明交往与世界历史：从文化上区分文明与野蛮（中国的蛮、夷、狄，交往中学会中国语言、衣着、食物等生活方式，即汉化而为"文明人"）〔希腊、罗马人同样从文化意义上看文明，在交往中采用希、罗习惯而效忠者，均可成为城市文明（Civilization）中公民〕→文明人（创建规模宏大城市，不朽建筑、书写、发达科技、大帝国）、蛮族（游牧）和野人（采集、狩猎为生）→交往互动（欧洲思想和生理差别互动下的人类社会结构模式、文化表达下的种族等级色彩文明架构：白色人种、棕色人种、黑色人种）。交往之中为帝国主义扩张"文明使命"辩护。

（四）20世纪殖民地人民起义，尤其是第二次世界大战前以及期间纳粹分子以种族主义为名犯大罪而失去市场。

（五）文明——人类走向社会组织化的多途径表现。社会是文明的本质特征。所有的人（狩猎者、采集者、农耕者、做工者）都生活在社会之中。社会又是一个文明交往的概念，所有的社会都拥有文化：各种思想、目的，特别是由于人们之间的社会交往互动而形成的行为模式的组合。

（六）文明——产生于足够的剩余产品而导致职业分工、规模和复杂程度达到一定程度而有别于其他类型的社会组织。因此所有人群都有建立文明的本能，但实现取决于：①资源条件；②历史环境；③创建文明的渴望程度。

（七）文明并不一定就是进步。文明意味着社会阶层和财富的更不平等和社会更加两极分化。然而文明的发展的确产生了：①新技术；②政治活力；③增加了艺术和知识的复杂性和多样性；④文明带来昌盛；⑤在文明交往中，在其他文明受到昌盛的影响或者有意模仿其成就时，文明有向外扩张的倾向。

（八）文字与文明：①具有革命性的技术；②详细记录社会；③记录文献、交流史料；④生产更复杂的心智生活（科技知识和人文知识）；⑤传习价值系统（英雄史诗）；⑥帮助人的记忆；⑦促进贸易和制造业发展，与其他地区交往；⑧造成早期文明的社会分化（少数人掌握文字）。有的历史学家反对过多强调文字的作用，认为无文字也可以表述复杂社会，但口头语言与文字的结合，才能读写社会，例如狩猎采集与农业社会的分野差异根本性才能得到全面表述。

十二　"向东转"与"反转过来影响"：互动中的互变

对我们身处的现代生活的了解，离不开对现代历史进程的真实了解。历史在理论与实践之间循环往复的交往中开拓通达未来之路。实质性的历史只有存在于实质性社会运动中才能真正展开，但即使最具有洞察力和穿透力的理论也无法预知一切。

按照黑格尔抽象的时间观念和抽象的历史哲学，即"绝对精神"或者"理性"，是从黑暗的东方起步向西，经过漫长的旅行最终在西欧特别是在德国达到自我实现的最高峰。"世界历史"被理解为向"绝对精神"及其故乡直线进步的过程。不同文明也被从时间上理解为"绝对精神"的历史进程的不同阶段。西方资本主义扩张、征服也被理解为此种精神在世界范围"空间"内不断自我实现的"主体的自由解放"。此即西方中心主义或欧洲中心论。

弗兰克（Andre Gunder Frank）的《向东转：亚洲近代的全球经济》反对黑格尔以来的"向西转"的世界历史观，认为不能从西方或东方视角来看复杂历史，指出现代生活起源不是任何一方，而是从亚洲、欧洲和美洲联系或者是"交往"中发展的。欧洲殖民者掠夺美洲白银，进入亚洲市场，发展商业（关税、保护主义、国际贸易、进口替代、资本市场）、机器、工业革命，这时正在亚洲衰败之时。欧洲近代资本主义是内部结构变化和与亚洲关系交互作用中诞生的。

这使人想起列宁在 20 世纪初的有关亚洲觉醒文章中，所说的"亚洲'反转过来'影响欧洲"的话。20 世纪以前的几个世纪，欧洲在影响亚洲，

20世纪开始，土耳其、伊朗、中国的革命，亚洲的觉醒在"反转过来"影响欧洲。面对亚洲的革命风暴和欧洲的革命低潮，列宁提出了"先进的亚洲和落后的欧洲"的名言。列宁说，这是"辛辣的真理"。其实，这正是文明的交往互动规律的表现。

通过一系列历史个案研究，在历史叙述的终点出现理论归纳，相互作用、互相联系与影响的文明交往轨迹依稀可见。

发展中国家与发达国家的表层交往掩盖了中心与边缘、主宰与从属的不平等关系。当代世界民主思想——全球范围内对财富和生产的民主控制问题说明，必须改变支配现代进程中的不公正权力关系。国内：改变雇用劳动者的依附地位，使之有社会政治权利、生活安全、公正和幸福；国际：建立公平、民主的经济关系、政治保障、和平和发展，地球生态平衡，保存民族独特性、又超越民族国家体系的世界体系。

交互作用与反作用，影响与反影响，落后与先进之间，是互动互变的交往关系。这是人类文明交往互动规律的具体表现形态，为古今文明发展中所常用。

十三　现代化和人性的认识过程

（一）概念：西化——器物→制度→精神；实践内容——工业化、经济发展；摆脱西化束缚——特定的社会变迁模式。再进一步：社会基本特征，现代社会深层特点（理性化、世俗化、社会分化与整合）、内生性、自身发育，尤其是民族之间的正常交往（国家独立是发展的前提、为实体）。再进一步：元发展理论（现代化与现代性、现代化诸因素之间的关系、进程阶段、市民社会、模式比较），并有分支研究（发展社会学、经济学、哲学、法学）——独立学科（体系重大问题）。

（二）中国风格的现代化研究学派、学科意识及概念体系：合理模式、基本类型、发展战略。防止盲目崇尚外国现代化研究成果，忽视中国特点和特有国情，也不要过于强调中国特点而忽略现代化通则。中国社会机体本身的复杂性、现代化进程本身的复杂性为研究者深入探讨提供了非常广阔的空间和难得的机遇。

（三）人性—社会（政治）—思想为中西思维路线通例。中国思想沿"性善"、西方沿"性恶"倾向发展为人类政治文明演进作出不可替代的贡献。由"性善"而"德治"，由"性恶"而"法治"的精神与制度建设，在当今不可偏废。有论者说："行德以兴国，明法以安邦"，法制观念和人的素质同为现代化所必需。

何谓人性？回答：①有自然、社会、精神三种属性；②人性与动物性之和的普遍性；③不同于兽性和神性的人的品性；④性恶论（荀子"生来本恶"）；⑤性善论（孟子"生来本善也"）。④⑤说，"性善"与"性恶"中西皆有，中国未成主流而已。

（四）我认为：社会需要产生交往，人性即人的社会性，即人们总在一定的社会关系中生活，交往把不同需要的人们联系在一起。需要是交往的前提。

十四　文明交往的自觉与"间性"

司马迁在《报任安书》中有句经典式的名言："究天人之际，通古今之变，成一家之言。"

说他这句名言是"经典"语言，是说他以极其精练的语言概括了文明交往三大主题的核心：人与自然、人与社会、人类自身的联系。

这个联系就是"间性"，也就是具体的"之际"、"之变"、"之言"三种形态。

《礼记·中庸》有言："致中和，天地位焉，万物育焉。"天人"之际"、人人"之际"是中国传统文化思想的核心。"之际"，即"间性"的"之间"，是天地万物的诞生根源。"之变"在"之际"之中生，"之言"在"之际"之中长。主体在"之际"中成为"究"、"通"和"成"的行动主轴。"一家之言"是独立、自主的自我个性化的集中理论表现。

工业革命讲主体性。后工业革命要超越它的文明形态与主客二分的思维模式，所以提"间性"。其含义在主客"共生"，排除主客二分对立思维，在互相"之间"的"不同"中发展。这是一种新的文明交往形态。

天人之际，空间、时间、人间。人与自然和谐是在"间性"中，"间性"即"之际"或"之间"。交往在文明"之间"、"之际"双向或多向互动。

"间性"是"文明间性"、"文化间性"的交往语言。按法国比较文学研究者达尼埃尔·亨利·巴柔的说法，"间性"比"多元"更有利于文明之间的对话，"多元文化"是 20 世纪 80 年代，加拿大、美国和澳大利亚等国在移民、当地人和种族冲突之后采取的政治策略。后来，文学上的后殖民写作中就运用了不同文化群体之间共存的研究方法。与多元文化不同，文化间性是以文化之间的开放为前提。开放性并不表示对话是平等的，在对话过程中，互动的力量总存在着强弱的对比。

因此，各种文化对话基础上的差异无法脱离等级、距离、熟悉程度和异国感强弱这些概念。各种文化的适应从来都不是单向的，而是一个复杂的转换机制。文化间性能够促使我们对身在其中的文化进行思考，并且能够使我们在这一过程中保持有差异的概念。"间性"的文明自觉表现在：只有差异和力量对比的存在，单一与多元、个人身份和他者、个人和世界，才能在交往互动相促中得到辩证关系的结合。

十五　甘英在海湾闻希腊女妖神话

东汉和帝永元九年（公元 97 年），班超经略西域，大获成功后，派甘英出使大秦，对中国人域外知识的扩展有重要影响。《后汉书·西域传》载："和帝永元九年，都护班超遣（副使）甘英使大秦。抵条支，临大海欲度，而安息西界船人谓英曰：'海水广大，往来者逢善风，三月乃度。若遇迟风，亦有二岁者，故入海者皆赍三岁粮。海中善使人思土恋慕，数有死亡者。'英闻乃至。"

中国史籍中的大秦，乃罗马帝国，泛指帝国统治下的地中海东部地区。甘英所到的大海（"甘英穷西海而归"）的位置，学术界曾有里海、黑海、地中海和波斯湾四说。现在，里海、黑海很少有人再坚持，而地中海和波斯湾仍有很大争议。甘英"抵条支"，条支为 Antiochia 的译音。甘英到达的"条支"位于波斯西部边界，而叙利亚境内的"条支"当时在罗马帝国境内，所以有些学者主张甘英到达的"西海"应为今波斯湾，"条支"即波斯湾头的 Antionchia。此地曾以 charax（Kerecène）之名见称，公元前 166 年由塞琉古帝国的安条古四世重建，现名安条克（见《中东国家通史·伊朗卷》，第 95 页）。

过去认为波斯船员阻止甘英西进，是出于阻止中国与罗马帝国之间直接贸易交往的目的，以便垄断丝绸之路商业利润。朱杰勤认为，是"不明情况而止"（《中国和伊朗关系史稿》，新疆人民出版社 1988 年版，第 5 页）。但张绪山在《〈后汉书·西域传〉记载的一段希腊神话》（《光明日报》2006 年

3 月 21 日《史学》），却从最原始资料《后汉书·西域传》中"（永元）九年，班超遣掾甘英临西海地区，皆前世所不至，《山经》所未详，英不备风土，传其珍怪焉"一段话中的"珍怪"中，发掘出海中怕的"怪异"故事来。作者还从《晋书·四夷传》有"汉时都护班超遣甘英使其（大秦）国。入海，（安息）船人曰：'海中有思慕之物，往者莫不悲怀。若汉使不恋父母妻子者可入。'英不能渡"一段话中，注意到"海中有思慕之物"与《后汉书·西域传》中"数有死亡者"联系起来，得出了有"不远游"传统中原人因有客死他乡、葬身大海的恐惧。

作者这种直接面向经典世界生活、并从中发掘未经明言而隐含其中的当时海上早已流行的故事，进行了深思：①波斯船员讲的可能是波斯传说；②可能是罗马帝国中拥有希腊文化圈中的神话传说，因为安息（波斯）与罗马西部毗邻，对此并不陌生。于是作者认为此可怕的故事即希腊神话中的海上半人半鸟形怪物女妖（塞壬 serens）的传说。此妖善歌唱，以娇媚动听的歌声迷惑航海使者，使他们如痴如醉，停舟不前，待在那里听下去，一直到死亡为止。海妖故事早在公元前 9—前 8 世纪荷马史诗《奥德赛》中已有记载。据说，奥德修斯听从巫师建议，用蜡封住同伴耳朵，让同伴将自己绑在桅杆上，才抵御住海妖们歌声的诱惑，将船驶过海妖岛活了下来。另一则希腊神话把海妖与俄耳甫斯和阿耳戈斯的英雄们联系起来。阿耳戈斯的英雄们在得到金羊毛返回途中路过海妖岛，英雄之一俄耳甫斯用自己的歌声吸引住同伴们，躲过了海妖们的歌声诱惑。诸如此类的海妖以优美歌声诱惑航海者致使海员忘归而死亡故事传遍欧洲，与"海中善使人思土恋慕"（"海中有思慕之物"）和"数有死亡者"的故事框架相吻合。

甘英来自内陆，对大海怀有神秘的恐惧感。《晋书》：甘英回国后有"途经大海，海水咸苦不可食"报告，还以为海水可饮。粮食、饮用水，加上安息船员渲染的海妖故事，挡住了缺乏海上航行经验的甘英。此外，安息西界船人讲海广大，逢善风三月乃度，迟风有二岁者，恐非波斯湾，而是地中海。广阔的地中海，更是甘英西行的大障碍。那里是罗马文明之海。这在中国史册上，隐藏着中华文明与希腊罗马文明交往的一段饶有趣味的插曲。

这个故事是希腊故事吗？如果是波斯的故事呢？如果是波斯湾居民的故事呢？那也是中华文明与波斯文明的一段佳话，这段佳话通过波斯船员的讲解，通过甘英带回这类海怪故事，通过《后汉书》、《晋书》记载而永远留在中国史册上。不要说神秘大海，使中原人思乡，沙漠何尝不如此？边塞诗中有许多以音乐引起"思土慕恋"的故事。"不知何处吹芦管，一夜征人尽望乡"(唐·李益:《夜上受降城闻笛》)不就是一例吗?

十六　道教与儒家的交往

　　中华文明中各家的交往从来不是孤立的。中华文明内部交往的主要特征之一是儒道互补、儒道统一。魏源早就说过,中国文化是阴阳之学。林语堂讲儒道是中国人灵魂的两面。儒家是阳,道家是阴,是中国文化的基因。《老子》文本不是春秋时老子所作,完成于战国前期。老子推崇自然状态,儒家有进化意识,把"礼"看成一种文明形式,孔子比老子小二三十岁,孔子向老子问礼,老子批判周礼,不是针对孔子,而是对礼乐文化的批判。

　　文明的发展,在交往上有动力系统,如孔子是三代文明传承的动力系统,提升《六经》使中华文明几千年未中断,这是儒家文化自觉传承的强烈实践意识。也有调节系统,如道家的存在,对儒家有批判提醒作用和输送营养作用。具体说,儒家重群体性、人际智慧、凝聚力,道家强调宽容性,灵活性,以柔克刚。柔的韧性使生命有一种厚度和弹性,不易夭折。庄子把哲学和艺术结合起来,美学的线索是:楚辞—庄子—玄学。道家还有生态文明的自然因素。

　　儒学与道学有直通之处:孔子讲"无为而治者,其舜也与"(《论语·卫灵公》)。但儒是现实主义,多讲有为,所以生活得很累。儒家需要道家的无为逍遥而补充。

　　《庄子·天运》载:孔子研读古籍,编过《六经》,以其中先王之道游说七十二君无效而求教老子。老子答:"夫六经,先王之陈迹也,岂其所以迹哉!今子之所言,犹迹也!夫迹,履之所出,而迹岂履载……时不可止,道不可壅,苟得于道无自而不可,失焉者,无自而可。"老子还以虫鸟之类的"风化"而生命不息启发孔子别恋陈迹,而要得道而化。孔子思三月,悟出了人不为天地万物之道所"化",如何去"化"人呢?"述而不作"由此而出。

　　不仅儒道有相通的交往记录,道释也有相通之处。《老子》中有"大音无释,大象无形"。佛经中也有"至像无形,至音无声"。佛经的中译者可能受《老子》的影响,用汉字表述,难免用类似字句,但佛经本意是不会变的。道的"无",与释的"空"的确也有相通的灵犀。

交往是无往不入的，只是因时因地因人而异，表现形态不同而已。

十七　在相互依赖的交往中弱者要服从强者

冷战时代是全球对峙的时代。那个时代是苏美两大强国对抗的格局。苏联在军事和意识形态上比中国强大得多，它虽然几乎具有与美国对抗的所有王牌，却没有避免落入美国全球化的陷阱。为什么？除了其他内部原因之外，最重要的是自我孤立于世界经济体系之外而导致与美国争夺世界霸主的失败。但日本是另一极端，它非常成功地融入世界经济体系，以致 20 世纪七八十年代，许多美国人都担心日本在经济实力上超过自己。但日本未能与美国竞争，它在政治上、军事上和心理上过于依赖美国，成为服从者。日本在冷战时代，在经济上和技术上强于今日中国，苏联在军事上和意识形态上强于中国，但都落入美国全球化陷阱。

美国的经济全球化的原则是使国家间依存程度越来越高，使弱者服从强者。但世界经济中金融作用日大，西方世界虚拟经济发展使实际生产部门转向第三世界国家。中国利用了这种趋势，发挥争夺外资优势，并且提供良好法律和经济条件，促使发达国家撤出的企业涌向中国。中国向美国挑战的三大阵地：巨大人口优势、强硬而务实的政治方针和绝对忠实于国家的传统。中国摆脱美国全球化的道路：借助西方和西方规则走向世界市场，吸引更多外部投资，靠国家大、政策务实提高自己在世界生产领域中的比重，而且把中美双方捆在一起，竭力避免对峙。这与苏联只控制内部市场和内部投资不同。中国以高速度在全球经济体系中灵活扎根。要不了多少时间，美国的经济全球化为基础（为自己利益精心策划）的世界秩序，开始成为反对自身的枷锁。它给中国在密切经济合作条件下的赶超机会（从东南亚、中亚到非洲及拉丁美洲），遵照美国人的规则夺去它的影响。

这是文明交往中强势与弱势互交互变的新特点。

十八　杜威的互动论

杜威的互动论来源于多元论。他在《自由与文化》一书中的互动论有以下要点：

1. 世界上存在着各样文化和各种人性构成的因素；

2. 这些文化和人性因素是相互作用的，传统人性论与经济决论忽略此而根本无法解决人的自由问题；

3. 文化等于许多因素相互作用而组成的一种状态，这些因素是：法律、政治、工业、商业、科技、艺术（表达和交流）、道德（人们珍视的价值、评价方式）、观念体系（一般性）；

4. 构成文化诸因素中没有占主导地位的因素，它们只是相互作用，它们只与人的自由和特殊文化背景密切相关。

互动论与文明交往中的互动性有符合之处。但最后一条遭到了当今美国人亨廷顿的反对。他认为文化是多元的，又认为多元化不可行。西方文明成为样板，然而强行推进于非西方国家（价值观、体制、文化）是不道德的。西方价值观并不在于它是普遍的，而在于它是独特的，他认为美国可以强调一元化的重要性，否则就是联合国，而不是美利坚合众国。如果美国非西方化了，西方就缩小到只剩下欧洲和几个欧洲移民人口不多的国家："没有美国，西方便会成为世界人口中的一个微不足道的和衰落的部分，居住在欧亚大陆一端的一个小而无关紧要的半岛之上。"（《文明冲突》，第53页）

十九　重提爱德华·W. 赛义德

在《松榆斋百记》第二十四记《阿拉伯智星爱德华·赛义德的陨落》（西北大学出版社 2005 年版，第 64—71 页，赛义德又译为萨义德）中，我记述了这位"智慧之星"于 2003 年 9 月 24 日逝世时的感怀。他晚年曾提出一个巴以和平共存的单一世俗的设想。

他这种设想，是他长期反对巴以分治思想的理想化的归宿。他在 1998 年发表于 *Al-Ahram Weekly*（5 月 21—27 日）上的《新历史，旧思想》一文可作为这一设想的佐证。

他从此出发，对"后犹太复国主义"（Post-Zionism）进行了评价：①以佩普的破旧立新和摩里斯的调查研究结果值得重视，这种打破犹太复国主义构建的神话，为巴勒斯坦人穷困状况提供了严肃的证据；②巴勒斯坦也应探索自身的神话及对国家理念的批判性研究；③后犹太复国主义不愿从自身的调查研究中谴责犹太复国主义者定居巴勒斯坦的行为，反映出其局限性；④他号召巴勒斯坦人与"后犹太复国主义者"和新史学进行对话。"后犹太复国主义"提出把以色列变成所有居民的国家，选择"民主性"而不是"以色列性"，改变原来"殖民主义者"的计划，改变宣传和教育中的极端民族主义。他们从全球化看以色列多元文化社会，提出把以色列由一个尚武的福利社会转变为和平、个人利益、民主化和世俗化中东，构建经济一体化的中东，以解决同巴勒斯坦人的冲突。他们认为，以色列和美国与西方其他国家的特殊关系，决定了并非完全独立国家。它是在与美国利益协调中，以分析恐怖、野心和利益的复杂网络来左右自身的"中东唯一民主国家"的自我形象。这种思潮尚未定型，但值得注意其流向，爱德华·W.赛义德在他晚年已敏锐地察觉到这一变化。

二十　《未来时速》与智有所不明

斯蒂夫·保罗·乔布斯（Steve Paul Jobs）为比尔·盖茨最佩服的人，他在斯坦福大学毕业生大会讲话中说："物有所不足，智有所不明。"的确，一个人再聪明，只能在有限度内思考，认识总是有限的。比尔·盖茨（Bill Gates）《未来时速》中关于学校电脑的"十条确凿启示"第八条："电脑并不削弱传统的技能。"（北京大学出版社1999年版，第379页）此条需要研究，不可苟同。电脑/网络与传统文化的关系中，人文学者负有对传统经典传播、保存与转化传统文化负有重要使命。

艾伦·布鲁姆在《走向封闭的美国精神》中，如此这般地叙说那里人文学者的处境："无论喜欢与否，他们实质上一直从事阐释与传播经典论著的工作，致力于保持我们所谓的传统，而且是在一个并不十分看重传统的民主体制下。他们是一伙闲散和优雅之徒，却致身于一个追求明显的功利和效用的社会。他们的王国是在永恒和沉思冥想之际，可是其社会背景却注重的此时此地与行动。他们的正义观念是平等主义，但同时又追求惊世骇俗，精益求精，超凡入圣。"（缪青等译，中国社会科学出版社1994年版，第377页）

人文研究以知识增长、精神解放和人格独立为终极目标，其思考与表达更具弹性。记住赛义德（Edward W. Said）的说法："不为利益或奖赏所动，只是为了喜爱和不可抹煞的兴趣，而这些喜爱与兴趣在更远大的景象、越过界线和障碍，拒绝被某个专长所束缚、不顾一个行业的限制而喜为众多的观念和价值。"（单德兴译，《知识分子论》，台北，麦田出版公司1997年版，第115—121页）

人文科学在网上最易越界，"独尊北京"心态逐渐消解，百家并起局面将生。C. P. 斯诺《两种文化》中关于人类知识分裂为人文与自然，使学者之间"存在着互不理解的鸿沟"，呼唤沟通二者的"第三种文化"（纪树立译，三联书店 1994 年版，第 4、68 页）。人文科学的特点：对研究者说，个人的意志、慧心、悟性、情感、想象力起更大依赖作用。先进技术为辅助而非决定作用。若依赖电脑，可能面临记忆力衰退、历史感淡薄、独立性困境。电脑上的快速浏览，能代替沉潜思考吗？脱离纸与笔的动手劳动，写字不但缺点少画，而且思维模糊。若有一天，人文学者撰文的工作程序变成：一、设定主题；二、搜索；三、浏览；四、下载；五、剪裁；六、粘贴；七、复制；八、打印，你感受如何？写作与编辑、写作与抄袭界限不清。"含英咀华"？读书与查书不分了。阅读、动手有的体会、反省、怀疑、提炼、选择、反复玩味没有了。

信息≠知识，信息≠人生智慧，信息≠生命境界。治学单有寻觅感、品尝感、动手动脑功夫。查电脑之弊，是药三分毒，用其利。让张载的"为天地立心，为生民立命，为往圣继绝学，为万世开太平"的人文精神去判断网络功能吧？把电脑与人脑、人手融合，另创新路，倒是一条未来探索之路。

二十一 交往是人的基本需求

生命和健康的生存权是起码的人权。

在生命和健康获得保证的前提下，人的基本需求是交往。

当代信息方便、迅速、有效传递时，社会结构和人与人的交往方式也会发生根本变化。

互联网给人类文明带来的主要不是速度，而是新的时空概念或拓宽人类互相交流的时空。

互联网是传媒，也是工作和通信交流的工具。它以不断升级的技术和不断爆炸的信息，冲击传统的封闭社会结构（层次化变为扁平化）和社会民主平等化。

互联网推动着信息全球化，使之大有超越经济全球化和政治全球化的趋势。

网络是全球经济文明高速发展时代的"廉价"交往手段。互联网一开始就是开放的信息和知识结构。资本和人才永远朝着最活跃的市场和最丰厚的利润而流动。

但是，比尔·盖茨说过一句话，令科学界人士常忆常新："人们在估算今后三至五年内发展情形时往往表现得过于乐观，但对十年内可以实现的事又过于不足。"急功近利的浮躁者，应以此为戒。

二十二　文明如星球、如地层

文明如星球，是不断旋转的动态的星球。文明星球的核心是文化，文明星球的外层是社会。

文明又如星球的地层积累运动，它是人类自然、社会的互动的历史运动。文明是人类文化和社会发展的新时期。文明持续发展，它进入世界史之后，又向新的全球化演进。

文明生成和发展的基础是物质资料的生产，是生产力和交往力的交互作用。社会不断复杂化、社会分工和社会阶层分化为不同阶级，交往手段不断提高和交往形式多样化，出现了文字、国家、法律等交往性、规范性、强制性的公共权力和社会结构。

文明的四个组成部分是物质文明、精神文明、制度文明和生态文明。这四个部分是相互依存、彼此联系的统一体。这个文明统一体的驱动是互动的社会生产力和文明交往力。这个统一体通过人和自然、人和社会、人和自身的交往而形成为社会物质生产状态、社会意识状态、社会结构状态、社会生活状态。

社会物质生产状态包括文明赖以存在的物质资料的生产以及科学技术发展状况（主要是农业、畜牧业、手工业、大工业及信息科技发展状况，包括资源、气候等自然生态环境）。这种物质文明体现着生产力发展水平，也反映人类认识与改造物质世界的交往力。

社会意识状态属社会的精神、观念文明，包括人类对世界的认识、知识与理解，主要表现为宗教信仰、意识形态、伦理道德、文化艺术的成果。

社会结构状态属社会的组织制度，属制度文明范畴，它包括国家政体、社会的权力结构、管理系统和政治、经济制度。

社会生活状况是人类文明交往深层文明的体现，其表现是社会生存状态，其内容是生活方式。

社会意识形态在文明交往（包括国际关系、对外政策）中的广泛性、复杂性。如社会主义与资本主义两种社会制度与意识形态是本源性、结构性矛盾,不可能消除。如美国的战略是强权政治、霸权主义,如果说是在"全球维护和平",也是美国主导下的"霸权和平"。"自由"、"民主"为口实,干涉别国内政、颠覆他国政权,试图建立美国霸权的一统天下。

社会意识形态在相同文化的国家中,也有价值观的差异,分歧与争吵常见,欧盟在逐步塑造某种不同于美国的特性。德国著名哲学家哈贝马斯曾指出欧美之间价值取向存在五大区别。同为伊斯兰国家,阿拉伯、伊朗、土耳其、阿富汗,也各有特征,即使同为阿拉伯民族,各国、各地区也有所不同。文明交往在看到相同时,也要看到其不同。

二十三　古老"交流"思想的变化

英国教师安德鲁·坎宁安在中国从事英国教育制度的宣传,鼓励中国学生赴美留学。他面对的是 200 多个中国商界人士和官员,经过讲解和对话之后有两点感想。

第一,中国和英国在文化上的差异。用幽默打破与听众的障碍未能达到预期效果,讲了 15 分钟的幽默换来的是沉默而不是笑声,最后是稀稀拉拉的礼貌性掌声。他讲完后想听听提问题,结果无人发问,"遇到了最难对付的听众"。他后来才知道,中国有尊师传统,大学体制是以静听而不是以积极提问为基础。中国的老师像宗教领袖,受尊重而不允许挑战。这一点我1982 年赴美考察文科教育时有同感。我们不断提问,美国同行很高兴,说我们与过去的中国来访者不同。

第二,他开始意识到,"英国与中国的教育关系一直是单向的,'交流'这个古老的思想到底发生了什么变化?"有一位能流利操中、英两种语言的企业家的礼貌提醒,使他这个"身心教师"的人,"感到自己被上了一课"。这句话是:"现在问题不是你们能给我们什么——我们有许多东西要教给你们,比如我们的语言、我们的中药、我们的文化及书法。"他认为中国在英美推广的汉语教育、中国的经济快速发展,"我们还有什么理由认为自己知晓一切呢?"他认为英国的青少年来中国学习语言文化收益更大。这作为一个英国宣传自己教育的人,有此感觉可谓是"文明交往自觉"。

我想,文明交往贵在自觉,要有交流的自觉意识。交流不应、也不可能是单方面的。如果是单方面的，那不成其为良性的互动交往。文明交往是在反思和对话中发扬自身的传统。深度的反思，是发掘未经明言而隐含其中的思想，沿现代化与民族化方向，从文明交往的反思进入国际文化之中。对话固有深思而创造共识，在对话中发出创见之声、中国人之声，创造世界性问题解决途径。对话不接受唯一教条，而要把握自己真实问题、平凡生活，找回民族思想活力。

二十四　社会结构：文明深层

（一）社会结构不应忽视个人日常生活中的感受。否则，必然导致对历史规律认识的简单化。它需要日常生活史作补充。

历史结构主义把人类历史看成一种纯粹客观存在，用数字、图表、宏观框架、社会发展模型来表现历史。长时段、大过程、大跨度、大比较而成为"大结构"。其主要缺点是抽掉了"人"的内核。史学"科学化"是"见物不见人"。

在人类社会结构"规定性"与个人之间、制度与个人之间，会留下"缝隙"，这里常常是说明社会差异和矛盾的关键。人际交往远比"结构"更能表现社会发展动力。

个人、群体的价值观、愿望、需求、焦虑、渴望根源的社会压力，在接受、利用世界中改造世界。

（二）社会结构是社会转型的结果。

社会结构的变迁是社会诸要素相互作用中形成的，而相互作用是文明交往的金律。

当今自然科学的发展成果所引起的人类思维方式大变革告诉我们：相互作用是事物变化的终极原因。这还是文明交往论的辩证唯物论依据。

社会系统对外开放，吸入物质能量信息流，对社会结构进行全面分化与整合，形成协同动力机制，实现社会结构的高度有序，是通向现代化之路，而文明交往则为路上之桥。

社会结构的变迁是区别传统社会与现代社会、传统社会转型和现代化的分水岭，而社会结构的变迁，是社会诸要素在文明交往中相互作用的结果。

社会结构变迁可以回答工业革命爆发、大国兴衰、小国崛起、生产力突飞猛进的原因，也可以对当今世界的主旋律（生产力发展的动力、现代化）

作恰当的解释。

（三）发展中国家的现代化绝不同于欧美的现代化。它不是自发的，而是自为的过程。它的主要任务是改造传统社会结构，用现代化意识强烈、知识渊博的领导人组成的强大政府进行有效管理。在一个功能正常的社会，国家以国家机器和意识形态力量控制领土、保障安全、提供公共商品、维护法律秩序的"阳光社会结构"。安自上作，盛从下起。

现代化改变社会结构（政教分离，使教育、政治、法律、道德脱离宗教控制）、社会结构形态、社会意识形态、社会生活形态是人类文明交往形成的基本形态。三种社会形态都随时代和民族精神发展而发展。

同一民族精神在不同时代都有不同的特点，时代与民族精神互为交融和统一于社会体制之中，引领文明交往发展，同为前进的动力。

二十五　全球化与文明对话的自主性

（一）全球化不应集中在现实层面（操作）的追赶西方国家的策略问题，而应从经济、政治、文化三个层面综合地去观察。

（二）全球化分世界性的现代化运动之前和之后两大历史时期。之前，文化因地域、种族隔离而与之同生，交往也与地域扩张和种族融合同步为"民族交往意识"。之后因市场世界化和科技传播而出现全球化的两个阶段：①早期的资本主义殖民化运动发展为世界范围的帝国主义，工业经济是核心；②20世纪，特别是后半期以知识经济为驱动力的全球化运动（这中间有非殖民化的独立国家体系的出现）。

（三）发展中国家被拖进全球化进程，是移植的现代化，一直有"西化"与"化西"（半盘西化）的难题。全球化对民族语言哲学说，是全球化的"对话"格局，与过去"独白"不同，是对话问题、避免世界政治、经济、文化格局中"世界主义"与"民族主义"的恶性循环，清醒认识在对话格局中的本土意识。赶超西方、走现代化富强之路之深层是：在新的文化生存环境下重建社会的合法性根基和个体价值根基。

（四）全球化的内在核心是文化，它是由西方文化开端的。目前，市场和资本是驱动力。

（五）东西文化同为发展精神资源，取其智慧解决自己问题。一方面是东方传统重建，另一方面是西学变为"现代东学"。东方语言哲学保证学术研究纯正性（与社会科学的应对性、策略性、政策性分家），关注对话中的根源性问题，论证与参与社会生活。对话与创造，而不是"学舌"、"失语"。社会合法性根基与个体价值依托的终极问题的探讨（独具智慧、言说理路哲学体系）。

二十六 《全球伦理》探讨普世价值

美国环境伦理学家莱奥波尔德在《大地伦理》一书中指出："事实上，人只是生物队伍中一个成员的事实，已由对历史的生态学学上的认识所证实了。很多历史事件，至今还都从人类活动的角度去认识，而事实上，它们都是人类和大地之间相互作用的结果。"

这是 1993 年他说过的一段名言。它说明了人和自然之间的交往要遵循文明交往互动规律。

20 世纪末，孔汉思、库舍尔合编的《全球伦理》（中译本，四川人民出版社出版），企图从世界各大宗教的经典中，寻觅具有权威性和普遍性的命题、判断和话语，提炼出伦理道德的"黄金规则"，然后组成"普遍价值"体系。它由两个基本原则组成：①"人其人"（每个人都应当得到人道对待）；"己所不欲，勿施于人"。②人们认同的四条行为规范："不可杀人，不可偷窃，不可撒谎，不可奸淫。"

任何对象的价值，都将依具体的主体不同而不同，也因主体之间的共同点而有相同价值。不同主体可以在同一系列的行为中各自获得所需要的满足，主体之间通过多元互补或动态延续而获得一致起来的价值结果。

《圣经》上有一个"通天塔"的故事，由于语言不同，人们终于难以合作建造一座通天塔。古人关于语言的统一哲理，后来有些人精心创造了一门新语言——世界语。近百年来，世界语仍为世界语协会范围内的语言，没有一个国家或民族所认同。这说明：①语言是民族、国家自己文化权利和责任问题；②现实条件和能力问题。"需要"必须和现实的可能性相结合。一切价值认同和选择的起点是：人们自己的权利、需要和能力；在此起点上缺乏足够动因的东西，在现实中终究是难以实现的！

理念必须与大多数人的生活方式、切身利益、经验、条件所认同。《全球伦理》提炼出的"黄金规则"把复杂的问题简单化了。

任何人的价值设计，只能是为绝大多数人需要、愿意，而且能够实行，在主客观条件都具备了的时候，才是全人类普遍认同的价值选择。任何人想脱离上述条件，把自己的价值观和设计强加于全人类，都是行不通的。历史上曾有过不少人企图将自己认可的价值模式强加给一切人，都以失败而告终。现实中那种推行（强行）自己价值观（民主、自由）者应以此为戒！

第六集

信仰力量

第 一 编

信仰与生命

一 信仰的形态

信仰是人生根基、是人生目的，基于信仰、为了信仰，才有人类最古老的各种原始的自然崇拜到系统严谨宗教的产生、发展和社会组织的建成。信仰也促使古代哲人思考世界构成和运行，进而推动近现代科学家探索宇宙、社会和人生的奥秘。

迄今为止，信仰形态有：①原始信仰，其核心是灵魂观念，其特征是自然崇拜、图腾崇拜、祖先崇拜；②宗教信仰，其核心是神的观念，其特征是主神崇拜；③政治信仰，其核心是社会与人类自身，其特征是真理、主义的追求。这只是指主要而言，三个形态之间尚有此中有彼、彼中有此、非彼非此、或此或彼的中间环节，以及由此种种形态衍生的文化信仰现象。

信仰形态对于人类文明而言，因时因地而异，人类信仰是千差万别，动态多变。不过都有以下共同之处：①有总目标或任务，即为短暂而有限的人生存在于茫茫宇宙之中，建立一个"宇宙图式"或确定的精神家园；②有社会模式和准则、价值与伦理规范，即使人在有秩序、有道德、明是非、辨善恶的合理社会中生活；③有人生终极关怀，即有人生追求精神领域或彼岸世界的终极性生存观念、状态和价值观。

信仰是人生的精神支柱。坚定的信仰为人类的精神世界开辟了广阔的活动空间，使人生获得知识、安慰、关怀、信心、充实与希望，而克服无知、怀疑、空虚、孤独与绝望。信仰坚定了，可排除万难，使人的精神能力得以充分发挥。人类创造的灿烂文明和丰富历史，正是信仰者的劳动、热情和智慧的结晶。

信仰还有客观与主观形态之分。客观形态，包括信仰的领袖、经典、组织、建筑、徽章、礼仪、服饰等一切与信仰有关的客观存在；主观形态，包括信仰理性、意志、情感、态度、行为等个体或群体在信仰活动中的表现。信仰是一个复杂的人类精神世界的问题。上述划分只不过是一部分甚至是很小一部分形态思考，有待进一步学而思，思而写。

二 信仰的三性

信仰需要善性，因为它追求的是善行；科学需要理性，因为它追求的是真理；艺术需要感性，因为它追求的是美感。

人类需要信仰。信仰有穿透心灵的力量。

人类信仰有三性：

（一）神圣性。人类在长期的生产、生活交往活动过程中，尤其在对超自然力量的崇拜过程中，伴随着各种庄严行动程序、礼仪的熏陶，逐步产生的种种神圣感、敬畏的心理感，产生了神圣性。神圣性是信仰内核，这种内核是无数次信仰活动而积淀定位的结晶。人类精神情感需要神圣感。神圣性可以成为强大的心理动力。信仰离不开神圣性，信仰若失去神圣性，便失去了宗教信仰的敬畏感、向往意识和献身精神力量。但神圣性不可盲目、泛化和极端。

（二）超越性。所谓超越性，是对人类由物质世界到精神世界超越的概括，是由现实世界到理性世界超越的概括，是人的事实世界到价值世界超越的概括。超越的目标是人类对物质世界精神化的追求，是让意识光照物质世界，使之变为可以认识、可以把握，使人具有自主自由意识和独立存在精神。信仰的超越性为人类提供的生命归宿由人类的自然存在（生存、生活）中解脱出来，使人类由个别的肉体存在变为普遍的精神存在。各种信仰超越的途径大都通过个人道德完善来达到自己生命的圣境。

（三）局限性。信仰的排他性是其局限性根源。美国的统治者认为自己是世界的统治者，其根源来源于《圣经》中的信仰。路德说：只有信仰才能使人成为"信义会"的义人，才能给人一种无穷的力量。从华盛顿到小布什，都从未忘记向上帝祈祷。小布什即使访问中国，也要到北京教堂做礼拜。如果路德的名言走上了非理性、盲目性、极端性，就有可能导致狂热性大灾难。康德的话可作为美国统治者的清醒剂："犹太民族认为自己是特殊民族，是上帝的唯一选民，最有资格统治世界——这才会遭到世界上每一个民族的仇恨。"

三　信仰四题

（一）应当把做学问、从事科学研究当做一种信仰——这是我读美国学者贾雷德·戴蒙德的《崩溃：社会如何选择成败兴亡》一书后的感言。做学问，是信仰，其内涵为求真①、向善、尽美，关注人类文明交往和谐化问题。作为人类的一分子，这是一个重大的理论与现实问题，自应关注和研究。

贾雷德·戴蒙德这位当代美国研究人类文明的学者，走入世界生态环保领域，研究人类生态文明，倾注社会成败兴亡，呼唤着人类自知之明、知物之明的文明自觉。他冷静而严谨的学人风度，敲响了人与自然之间关系中人类自我身心危机的警世之钟。致力于研究这个事关人类社会前途命运的人，应当是有信仰的人。有信仰的人总是思考人类文明交往自觉问题的人。这种人是在泰山未崩之前，冷静而紧迫地研究这方面的学问，这是信仰使然。信仰按佛家言："人天等类同信仰。"（唐译《华严经》十四）《法苑珠林》九四《绮语》引《习报颂》则说："生无信仰心，恒被他笑具。"学人以学术为生命，学问成为信仰，理在其中。

（二）哲学以理智的方式，而宗教以想象的方式回答以下问题：

1. 人类从哪里来，到何处去？

2. 生与死如何转化？

3. 形与神有怎样的关联？

4. 神人关系如何解释？

5. 宇宙是什么？

但是，在人类文明史上，宗教在先，哲学在后；传说在先，历史在后。在人类漫长的文明史上，由简朴的神话到复杂的哲学，再到理性的哲学而反复地螺旋式上升。这是一个历史的辩证的自觉认识过程。传统的辩证法把所有的事物，都进行了一分为二的对待，而信仰问题则要求人们灵魂和肉体的

---

① 中国传统哲学是伦理哲学，偏重于向善，相对于希腊求真至上的自然哲学，求真强调不够。对问题要敏锐发现，这在文学艺术思维中比较容易，正如美学所长一样。但重要的是理性分析、理论剖析，提出解决问题的办法。真是真善美统一体中的基础，善美是这个统一体中的中枢。

合二而一的理解。

(三)对虔诚的宗教信仰者而言,在进行神学冥思的时候,他把神想象成一个具有人形的形象,一个不受空间和时间限制的形象。与此对比的是,人的存在,无论在空间与时间上,都是有限的和短暂的。

哲学思辨似乎也证明过神的存在。然而,它证明的只是人的思维所寻求的一种未知名的绝对永恒的东西,不过至今并没有找到。哲学所要说的,是可以寻找的方向和体会。历史所承载的是现在通过过去而走向未来之路。

总之,无论是神学的冥想和哲学的思辨,都是对那个永恒的隐蔽物进行猜测。最大限度地说,只能在有限程度上通过一定方式所进行的一些了解和理解,就是历史的穿透。信仰的穿透力也是有限的。

(四)中国和西方文明的不同根源之一在神话的不同。古希腊、古希伯来的宙斯神未接触到宇宙起源问题。《圣经·创世记》是上帝创世论。上帝用心灵、用意志、用语言创造天地万物。

中国神话是盘古开天辟地论。盘古氏用双手的劳动开出本来已存在的混沌宇宙而有天地的宇宙。他是改造宇宙,而非创造宇宙。[①] 有人在"论坛"中,说女娲氏是造人者,这是误解。她是"补天"而非造人。

由于源不同而影响到宗教信仰的不同。基督教中上帝的身份是创造者兼主宰者,成为唯一神。中国古代天神只是主宰者,是靠诸神辅佐的至上神,而非绝对权威。此外,基督教的上帝按神的形象创造了人,中国神话把神造人归功于唯一女神女娲氏;还用其他神话,如蛋、石、葫芦生人、猴子变人,等等。这是把人类起源多样化、生活化,由此形成中国人在终极关怀上的多元化。

中国人的宇宙观初始是混沌一团,如同鸡蛋,后经盘古开辟,分出天地,天地间生出人类和万物,至今还有民间儿歌:"人生在天地间"。道家的"有物混成,先天地生"(《老子·象元第二十五》),"道生一,一生二,二生三,三生万物"(《老子·道化第四十二》);儒家的"认祖归宗","慎终追远",成为中华文明的传承基因。

(五)信仰与人类文明交往的关系是一个复杂而现实的问题。信仰属精神文明范畴,其特征是:

---

① "天地浑沌如鸡子,盘古生其中。万八千岁,天地开辟,阳清为天,阴浊为地,盘古在其中。一日九变,神于天,圣于地。天日高一丈,地日厚一丈,盘古日长一丈。"〔《太平御览》二,三国(吴国)徐整:《三五历记》〕

1. 信仰是人类普遍、深刻的精神现象和活动。

2. 信仰是文化层次中高级意识形态和活动。

3. 信仰是人类意识的全面反映（主要在人类自身生存的背景、条件、历史、结局的审视）。

4. 信仰是人类认识自身与外界关系体认和调整的自觉化。

5. 信仰是人类对自身终极目的追求与确认。

6. 归根到底，信仰是人类复杂的社会、文化思想活动，是人类不同时代、不同文明的精神核心，大帝国、大民族、显赫的教会这些有形文明机体兴衰的征兆。信仰联系广泛，主导力多样，作用也是多方面的。信仰如果沦为工具，便与利益结合，甚至会成为战争旗帜。唯物论者不接受"神学"，其原因为：①对人民负责；②正视现实；③保证正确思维。对于宗教信仰的态度：①既不认为它是"神圣不可侵犯"；②也不盲目随意持否定立场；③维护信仰自由的权利；④反对鬼神观念，坚持科学精神。

四　信仰与科学

信仰与科学的关系有各种不同的看法。

例如，科学能不能成为信仰？有人认为，科学是实证、实验，而不是信仰。有人认为，科学是自己的信仰，自己为科学而献身，这就是信仰。

例如，法律能不能被信仰？伯尔曼认为："法律必须被信仰。"有人则认为这是一个错误的命题，而且危害性大。因为这不适合中国的国情。中国法律与宗教无关，中国法律不具备被信仰的超然品质。若认为法律可以被信仰，会给法制带来两个负面效应：①转移社会价值危机视线；②混淆信仰与权威界限。"法律信仰"是不适合中国国情的命题。

这方面有许多问题需要研究，如，①信仰与知识和科学的基本关系；②不同文化中的信仰与知识传统；③经济全球化语境下的信仰、知识与环境的融通，等等。具体到中国传统信仰的定位及其与科学和环境的关系问题，如，①东西方在信仰与科学方面的不同含义；②信仰差异与技术转移；③人类中心主义与非人类中心主义的争论。

加强信仰与科学问题研究的目的，是从这些资源开发中为更多的人提供精神支柱。科学技术在推动人类社会现代化方面有决定意义，但是人类的精神文明没有随之同步前进。难题就在信仰。

信仰是人文范畴的核心。信仰缺位导致一系列深刻的社会问题：①随着经济增长而来的大规模环境污染；②资源过度开发和消耗；③全球性心理和精神疾病的增加，关系到社会的安定。在综合社会治理中，不同民族、不同民族国家的宗教中有不少思想和现实资源可加以利用。

总之，信仰与科学问题比人们想象的复杂得多。

五　信仰与哲学

伊曼努尔·康德在回顾自己一生的著述时，曾经将自己毕生全部努力的方向精练为三大问题：①我们能够知道什么？②我们应该知道什么？③我们应该信仰什么？他在"现象界"和"自在之物"这两个世界中，把解决不了的问题留给了"信仰"：在"自在之物"世界中，上帝、自由、灵魂等超自然之物，属信仰范围。

德国哲学史学者汉斯·约阿西姆·施杜里希在《世界哲学史》中对此三大问题的反应是："如果按照这三个问题的观点对哲学的历史加以考察，我们就会发现一个基本特征，这三个问题在历史上出现的先后次序正好相反"，即"信仰"这个问题应列在最先。为什么？作者认为，这应从发生学角度来解释。

施杜里希的《世界哲学史》是一部权威性著作。它初版于1950年，到1999年已达17版。他把信仰作为首问，可见对信仰的重视，可见信仰在哲学中的价值。

六　科学信仰的价值

科学信仰的价值集中表现在理论、实践、人生导向、精神支柱几个方面的价值上；科学信仰又贯穿着人与自然、人与人和人自身之间的交往文明化上。

人类发展到19世纪，科学信仰的典型形态是马克思主义，其实践信仰的形成是社会主义和共产主义，其总特征是真理与价值的统一，其精髓是因具体条件不同而各具特色的实践形态，其过程是一个很长时段的探索过程。指导着前进方向的是以下三个统一：①科学与信仰发展理念的统一；②现实生活与信仰活动的有机统一；③人类社会发展方向与信仰动力的统一。

人类应该多多关注自身的交往文明自觉，多多关注人与自然、人与社会、人类自身之间的交往互动规律。正如马克思在《1844年经济学哲学手稿》中所说的："把自己奉献给上帝的越多，他保留给自己的就越少。"

七　信仰通过世代文明交往而传承

信仰是文化传统，是历史积淀，是通过百代千祀的文明传承而融入个人、族群，汇成地缘、教缘、族缘之中。其传承主渠道是人的教育。家庭教育、基础教育尤为重要，它起着血缘的作用。信仰渗入每一个人的血脉（文脉），与家庭教育有更密切关系。

人是教育的中心，育人的道德教育其人就体现着信仰在内。教育家陶行知说："千教万教，教人求真；千学万学，学做真人。"求真、向善、爱美的人文关怀，是各种文明的交往主线，其中渗透着信仰的穿透力。这种穿透力贯穿着一个"爱"字。

1956年被评为全国特级（首批）教师的霍懋征把爱的教育具体化为"激励、赏识、参与、期望"八个字，又用"十学会"来体现素质教育的标准，即学会做人、自律、学习、思考、创造、审美、乐群、健身、生活、劳动。她说："没有爱，就没有教育。"教师不只是职业，还是"神圣的职业"。以从事的职业为神圣职业，表现了信仰的神圣性。

由于爱而赋予教师职业以神圣性质，这是用神圣性穿透了人与人之间的关爱心；师生关系是人与人关系中最美好的关系之一，教师对学生最重要的是爱心，学生对老师最重要的是尊重，尊师爱生，师生就能够形成一种亲密无间的关系。神圣不是神秘，而是庄严性，加上爱的道德，便会形成信仰的穿透力。

20世纪60年代初期，我在西北大学历史系有位学生，后来在国家对外友协工作，也担任过北京市书法家协会秘书长，陕西三原人。他叫谢德萍，在京城流行着他一句为人格言："谁不尊敬他的老师，我就不和他交朋友。"这句格言被称为"谢德萍信仰箴言"。在北京工作，他不忘西北大学历史系教过他的老师们的师恩，他用他的书法润笔费请有名的缝纫师专门为老师们每人制作了一套西装，作为教师节纪念礼物。老师们都十分珍视这份厚礼，每年教师节都要穿上，为有这样的好学生而骄傲。令人遗憾的是，他英年早逝，而且就逝世在由北京回西安及三原访师、拜祖的路上。至今在我的北京松榆斋对面，仍然有他为韩国烧烤店题的"权金城"大字招牌。他是研究陕西先贤、书法宗师于右任草书的，但这招牌上的大字却是工整的楷书，雄浑有力，伟岸大气。每次出入松榆斋，睹字思人，不胜怅然。德萍的音容笑貌，宛如昨日。2008年初，我突然发现"权金城"招牌仍在，后面的"谢德萍"三字不见了。这是一位草书大家用楷书写的大字，颇见功力，人字同存，才有意义。我问保安队长为何取掉书法家名字，他也很茫然。当他知道书法家的情况后，也很无奈。原来有的商人只信仰金钱，只要赚钱，其他都不在话下，招牌随时可换。"人一死，茶就凉"，名字也就被抹掉了。遗憾的是，他们不知道书法家故去后，其遗墨价值更高，更有保留价值。

"教师是神圣的职业。"神圣性是信仰的重要特点，体现了在传承文明中的庄严职责。这也就是教师是"人类灵魂工程师"的文明自觉内涵。

八　信仰与人的本性

信仰是人类最根本的精神活动。

人类实践的本质属性，即超越本性是信仰产生的内在根据。

信仰萌生于人类追求的目标。在实践活动中，永不满足是人的本性。人生中现实与理想、此岸与彼岸的基本矛盾因此产生。信仰成为对上述矛盾的理解方式或解决方式，成为统率人的精神领域和实践行为中的精神力量。

信仰的对象实质上是诸多理想客体的升华和高度抽象。

信仰是多样化的。信仰能导致各种宗教情结和特殊心态。十一二世纪，西欧人断断续续进行了近二百年的十字军运动，就是这种特殊心态（圣地耶路撒冷）的表现。这种精神动机造成的血腥军事征战，使伏尔泰和狄德罗怀疑信仰的价值，因此反对这种宗教狂热。

信仰是政治活动的精神动力。

社会法律思想、道德等，都以一定信仰为根据，是信仰的具体化。

对信仰必须作人文化的解读。

科学精神、科学知识是科学信仰的基础和标志。

科学信仰不是为了求得个人解脱，而是追求人的全面发展和人类的解放。创造人类的解放和幸福，全靠人类自己，而不是神仙和救世主。

科学信仰是对劳动者主体性的肯定。

终极关怀与实际活动结合在一起。

没有共同信仰的民族是缺乏凝聚力的民族。

九　宗教信仰者与研究者

真正的信仰宗教者，与宗教信仰的研究者，是两个根本不同的境界。前者和后者都是灵魂和心智的双重活动，不过前者因投入灵魂而投入心智，后者是刻意投入心智而希望带动灵魂。

记得 20 世纪 80 年代，季羡林和赵朴初两先生到西安开会，他们都希望去楼观台参观一下，我被派去作陪同，但季先生不愿与赵先生同行。问到原因，才知道季先生是区别宗教信徒与宗教研究者的学者："他是佛教徒，我是佛教研究者；他信佛信神，我不信神，只信科学。"

我是在无神论环境中成长起来的人，除了幼小时因读《聊斋》而怕鬼和中学在教堂听意大利神父用英文讲《圣经》而知道"上帝"之外，不相信有一个万能的上帝在主宰着人类和自然界。我相信自己的"克己"、"自律"，有时也有"尽人力，听天命"的无奈，但觉得不需要一个偶像或者别的万能者来指引迷津。自己的戒律是：坚持一条做人的原则底线，坚持一个在失控路上的安全着落于人文理性基点。

信仰的确定靠理性思维，靠认识和掌握事物的本质与规律。敬畏自然律（头顶上的星空，脚下的地球）、法律（社会规则）和道德律（心中的道德律）。敬畏其实首先是尊敬、尊重；其次是怕畏、警戒。规律不能违，要自醒、自警、自励，关键是自觉。人是有灵性、有悟性的，是有良知的动物。人生一世，认识自己，锻炼自己，改造自己和客观世界，都要自觉认识，掌握规律，才有自由。信仰在其中占重要地位。

宗教的冲动是信仰中的一种冲动。信仰可以泛化为工具，可以与利益折中，宗教可以用来包装商品，原则可以跟物质妥协。信仰有时只是工具，有时就是命运。我们不能接受"神学"，原因有二：一是对人民负责；二是正视现实，保证正确思维。研究宗教信仰，有四条要旨：①宗教信仰既不是神圣不可侵犯；②也不要盲目随意否定；③要维护信仰者的权利；④坚持科学的无神论，反对愚昧鬼神观念。

把信仰和信仰研究保持到终身，都不容易。

十　信仰与宗教的未来

《宗教的未来》是美国哲学家理查德·罗蒂和意大利哲学家瓦提莫、萨巴拉三人围绕"宗教的未来"问题的讨论集。主题为：哲学、科学、宗教都无法胜任其他领域统率的任务，它们只有从形而上学中走出来，才有未来。

这是罗蒂坚持叙事哲学传统和隐喻性特性，使哲学从客观、永恒、科学的宝座上离开的继续。哲学成为神学的代替物，是启蒙运动的后果之一。不过，在《宗教的未来》中，他详谈的是宗教力量衰退之后的另一话题：科学与宗教的对立。其要点如下：

1. 科学与哲学同为中世纪神学信仰的代替物。

2. 科学与哲学的争论发生于十八九世纪，其影响一直持续到现在，造成了信仰与科学的分裂。这场争论造成了科学的胜利，使启蒙前后有如下变化：之前人们对上帝负责，之后人们对理性负责。

3. 现在的状态：为何宗教徒们执迷不悟？为何科学家的迷信科学不改？宗教与科学的两难选择如此艰难？罗蒂认为，是信科学，还是信宗教，永远无法解决，彼此无法改编和统摄。一切结合二者的努力都是徒劳无功的。

4. 罗蒂的结论：由势不两立转向握手言和，是二者的归宿。宗教回归私人领域，科学列位公共领域。未来的宗教是宽容地和科学共存的宗教。无论宗教或科学，都不是形而上学。只要消除了形而上学层面的争斗，二者的矛盾就自然消除了。

多么平缓、清晰的叙事哲学，从中我们看到了宽容，找到了消除残忍的思想壁垒。这真是"仇必和而解"。他用严谨、诚实的态度，对待自己在历史偶然性中获得的国家、民族、宗教、科学的价值感，从而走向团结、善良。他和哈贝马斯相似，过去的普遍理性使二人不满，一个创造了"交往理性"，进入社会学理论；一个则以更彻底的姿态，经杜威的路径，走向了文学。罗蒂去世前这最后一部单行本著作（《宗教的未来》），虽不是最出色的著作，但却是用独具风格的语言为他一生画上了完满的句号。

十一　生命与信仰

"生命只为一个信仰……我的信仰是无底深海……那是忠诚永在。"这是电视连续剧《潜伏》主题歌《深海》中的歌词。把信仰与生命的目的连在一起，又把信仰比作"无底深海"，特别是以"信仰"界定"忠诚"，使此歌具有哲学意义。

信仰是人的一种意识，是人的社会性的表现。任何人、任何社会都有自己的独有信仰模式。从真理观看，信仰即人们对未来世界的认识，道德则是在信仰支配下的行为。信仰是一种评价道德规范来评价行为的意识形态。

信仰有个人信仰，有集体信仰。个人信仰常常寓于集体信仰之中。美国人说，他们的信仰就是"上帝和权利"。上帝是他们的道德化信仰体系，自由是他们意识形态的基础。美国的总统，没有一个是常满口自由而不信仰上帝的人。

信仰不可被形形色色的物欲信仰所蚕食和污染，也不可被貌似正确和忠诚的错误信仰所误导，更不能被庸俗主义和功利主义所异化。

个人信仰的缺失是不好的，集体信仰的迷失和沦丧，却是社会的灾难。

十二　信仰与不同文化之间的不可通约性

亨廷顿的文明冲突论是指欧美为代表的基督教的西方文明和以中国的儒教、中东的伊斯兰教为代表的东方文明之间的冲突。他认为这种冲突一直延续下去，不可解决。

亨氏所说的"文明冲突"，是文明核心的"文化"冲突。不同文化之间是不可通约的，因为它是文明的内核，而文明则是组成文化的"外壳"。

文化之间的差异、本质是什么？差异背后有无统一性？何物决定了不同民族的行为和制度？

2009年蔡华在《人思之人》（云南人民出版社2009年版）一书中，从人类学的角度，认为这背后的秘密是"信仰"！信仰支配行为、制度、社会组织。其具体理论要点是：

（一）信仰的本质就在于它是一种观念存在，信仰是主观的，是一种主观存在。

（二）信仰与行为之间的因果关系和关联关系证明，作为主观信仰具有客观性，这是一种主观存在之客观性，因为信仰是个体身份的实体。

（三）信仰原理支配着整个社会领域，也是由此而决定了社会的运作机制。……信仰的变化可以使一个群体的行为方式产生新的运动方向。

（四）信仰有排他性，以同性相斥异性相吸为特征。信仰此种属性可解释为"文明冲突"。

（五）信仰理论对"文化"概念作了系统解释（归纳性）。

（六）信仰是文化的本质，或者说是文化的内涵。一个民族的文化是它的各种信仰体系的集合。"我们把一个民族接受和遵守的或者一个民族的不同群体分别接受和遵守的所有宗教的、制度的、法律的、伦理的、美学的理念，所有的知识技术，都称为文化事实。""文化以信仰写就，信仰经行为展露。"

（七）信仰是人文社会科学研究对象的真正硬核（正如自然科学研究的对象的实体是物质）。"对信仰与行为方式之间的因果关系的认定，对信仰的结构力的认定，使我们得以区分两类异质的事实：文化事实和社会事实。这两类事实代表着人文社会科学研究对象处于不同层面的两类实体"。

（八）信仰原理是文化血缘原理和社会血亲性排斥定理的逻辑基础……在观念结构和社会结构层面，它使我们得以洞悉我们星球上大量出现的各种文化的特殊性。

（九）信仰是社会事实的基本粒子。社会事实之所以不同于物理事实，就在于文化性、社会性不同于物理性。真正的知识忠实地再现各种现象之间的关系。没有被揭示的关系，便无任何知识可言。

以上九条，是对信仰的具体化分析，其中每条都表现着文明交往互动规律。

十三　信仰、道德和人性

（一）信仰比人类知道的任何武器都更强大。阿联酋总统扎耶德·本苏尔·坦认为，伊斯兰教是充满物质文明的当代人类所必须的道德平衡的行为，涉及人类道德的各个方面的解放，而使它获得新生只能靠信仰。因为道德是一种精神现象，精神只有靠精神才能发展。

扎耶德说："首先要有信仰。因为信仰比人类所知道的任何武器都更强大。"在政治交往中，最重要的原则就是道德。一旦失去道德、信仰和诚实，我们就会失去我们的宗教，我们就会失去我们的人民。

扎耶德又说："信念曾是（先辈们）战胜最强大帝国的武器。我们作为一个古老的、具有丰富民族遗产和精神价值的民族，如果我们使用这一武器，我们也会取得同样的结果。"（以上引语见哈迪姆·塔玛姆《扎耶德传》，王黄发译，文化艺术出版社 1990 年版，第 121—130 页）

（二）宗教、和平与人性。以色列的国民来自全世界各地，宗教信仰使他们精神相通，但不同的文化生活背景又使他们在理念与表达方式上各有不同。仅有 650 万人口的以色列，却有 30 多个政党。他们崇尚自由，长期的自由环境使以色列人习惯坚持自己的观点，而且即使在最严肃的政治问题上也会独立独行。

一个典型的例子是定居荷兰的以色列人哈尼·阿布·阿萨德导演的《天堂此时》（*Paradise Now*）。电影围绕两名巴勒斯坦青年克汉雷和萨德充当自杀炸弹的故事展开。在出发前，两人在绝对保密情况下和家人度过最后一夜，次日两人被带到边界，安装上炸弹而去特拉维夫。然而行动出了意外，两人失散了，身上带着炸弹的两位好友，要面对自己的命运。作者从人性角度描写了他们告别家人后开始怀疑自己爆炸的价值和失散后迷茫的心理，至此戛然而止。

这部电影获得 2005 年第 55 届柏林电影节蓝天使最佳欧洲片奖，2006 年初又获得第 63 届金球奖最佳外语片奖。只是在 2006 年 3 月 5 日美国第 78 届奥斯卡奖时落选。有人认为此片引起争议反映了政治和文化的冲突。此片不仅为以色列人导演有以色列演员出演，而且由以色列基金组织出钱摄制。联合制片人贝罗·贝耶认为他此举是"让所有极端主义变得更具人性化"。信仰在犹太民族中又有矛盾。不赞成电影主题的以色列人也表示宽容这种不同行动。

巴勒斯坦的穆斯林和以色列的犹太人，这两个苦难而又有辉煌过去，并且在文明交往中有不少共同东西的民族，其和平愿望还是在宗教问题上传承下来。在冲突、战争的曲曲折折交往中，伊斯兰教和犹太教还是表现了和解精神。世界阿訇和拉比和平大会已经召开了两次。2006 年 3 月 19 日，第二届世界阿訇和拉比和平大会在西班牙塞维利亚开幕。巴勒斯坦加沙阿訇伊玛德·艾尔法鲁齐和以色列大拉比约纳·梅齐格出席大会，并且在开幕式上发了言。来自中东、欧洲、亚洲和美国的两大宗教领导人讨论了下列问题:①推进中东和平;②抵制极端宗教情绪;③宗教领袖在解决冲突中的作用;④教育年青一代宗教宽容问题。这是一个很有希望的和平光芒,宗教虽不能从有形的物质利益上解决冲突,但它可以从精神的无形利益上,即从信仰上化解、消融冲突。虽然宗教的排他性在信仰上表现最集中,和平却可以从人性需求上加深其在宽容上的精神穿透力。

(三)信仰的诗。英国维多利亚女王时代被认为是英国历史上的辉煌时代。女王本人虽然身材矮小,但野心很大,实际上她在文治上无甚建树,物质文明建设上也无大能力。不过,在军事侵略和武力扩张方面却深谙帝国之道。她的信仰表面上是上帝,但在政治上的主要信条是"帝国主义"。

她的晚年,不仅德国和俄国成为心腹大患,连日本也成为劲敌,甚至小国比利时,也同英国争夺殖民地。在南非、在阿拉伯地区,也频起反抗风暴。这些使她心瘁力疲。英国桂冠诗人孙尼有诗云:"我的稳步变成了蹒跚/忧虑的重压使我倾跌/登不上世界祭坛云梯/无力在昏暗中向上帝登攀。"信仰对她说来,已经无力回天了。

(四)信仰之思。《诗经》三百零五篇,历经长期锤炼,超越时、空、人事的局限而变得异常具有生命力。例如:"蜉蝣之羽,衣裳楚楚。心之忧矣,於我归处。"(《诗经·曹风·蜉蝣》)其中可见古人对"朝生暮死"的短暂蜉蝣生命的悲叹,也可见含有人生的思考:生得精彩,如蜉蝣一样美丽,而生命之于人,不也是短暂的吗?面对有限的生命怎么办?怎样才让生命有意义?何处是归宿?人的终极关怀,不能不思。这就有人之心,何以不忧的问题。忧而思,一种淡淡的愁绪,一种怅然若失的情结,进而使人思考到信仰,心灵的栖息处,特别是宗教。

英国哲学家塞缪尔·斯迈尔写了《法国的胡格里教徒》,余星和李柏光把它译为《信仰的力量》(北京图书馆出版社2005年版)。这与我的随笔这一集的名称不谋而合。该书记述了16—17世纪法国基督教新教徒遭受迫害而不屈不挠坚持信仰的历史,读后颇感到信仰的力量。一位德国学者说:"我们不能自由地选择历史,但我们可以从历史中自由地选择学习的榜样。太多的人向威胁利诱屈服了,太少的人有坚贞不屈的勇气,有信仰才能给人这种的勇气。"这种勇气不是一般的力量,而是一种鼓舞前进的精神上、心灵中的信仰穿透力。这种穿透力是文明交往的自觉力量。

十四　信仰的心灵资源

陀思妥耶夫斯基在他的小说《卡拉马佐大兄弟》中借其主人公之口，说了一句关于信仰的话："如果没有上帝，那么，人，什么事都干得出来。"这实际上是说明了信仰这个人类文明的基本问题的价值。人心灵中的信仰，是行为的准则。如果内心缺少神圣的内心道德理想和精神支柱，不仅会缺少精神钙质和铁质，而且文化精神中更缺少心灵动力和人性中美好的品行，软骨病、贫血病、短视症、失魂落魄、恐惧、疯狂症，等等，都会随之而来。

信仰是人文理性的核心。一个人群、一个民族、一个国家的信仰的丧失，会引发一系列深刻的社会问题。现代化大潮中，科技起着推动作用，然而随之而来的环境污染、资源过度开发、全球各种心理与精神病态等问题，在很大程度上都与人们的精神与信仰有关。社会治理也离不开对信仰问题的研究。信仰是一个文明交往自觉问题，关系着文明在内部、外部交往中的兴衰荣辱，不可不察。它是文明大厦的精神支柱，是文化基因中的动因之源，是文明、文化的传承、传播的文脉血缘。

十五　信仰与人类文明

信仰属精神文明，其特征是：

（1）信仰是人类普遍、深刻的精神现象和精神活动。

（2）信仰是文化层次中的高级意识形态和意识活动。

（3）信仰是人类意识的全面反映（主要是人类自身生存的背景、条件、历史、结局诸多方面的审视）。

（4）信仰是人类认识自身与外界关系的体察和调整自身心态的自觉化。

（5）信仰是人类对自身终极目标的追求和确认。

（6）归根结底，信仰是人类复杂的文明（社会、心理、思想）交往的活动，是不同时代和不同文明成就的精神内核。大帝国、大民族、显赫的教会这些有形文明机体兴衰之前，首先表现在信仰的勃兴和危机、生长和枯萎、复兴和一蹶不振。

十六　信仰的变与常

变，指变化状态；常，指常规状态。

（1）信仰并非一成不变，而是在不断创造。

（2）一个民族因此在信仰上只存在变与常，而不可能存在"断代"。

（3）即使在巨大而深刻的社会转型时期，一个民族仍然不可能完全脱离原有基础去重建它的思想信仰体系。

（4）旧思想信仰会受社会变迁的挑战，但它只是被不断创造，而不是被彻底抛弃。

（5）信仰体系只要社会根基存在，此社会根基应在社会组织形态、人与人之间关系、城乡之间的千丝万缕中寻找。

（6）社会变革深广程度如何，都不应该也不可能完全改变一个社会的个性特征。

（7）民族思想信仰与既定的社会基础相连，注定不会脱胎换骨。

（8）社会变革只能去除某些失去合理存在的信仰因素，吸纳符合合理条件的新信仰因素。

十七　信仰需求的经济法则

为什么会有宗教？因为人类需要它。

在什么方面需要它？人们一般从精神、社会需要上阐释它。

罗德尼·斯达克和罗杰尔·芬克合著《信仰的法则——解释宗教之人的方面》（杨凤岗译，中国人民大学出版社2004年版）别出心裁，从经济学角度用99个命题、44个定义来解释具有普遍性的宗教现象。

该书把社会宗教和世俗（或商业）经济两个社会子系统的完全类似之处归纳为：两者都包括有价值的产品的供求互动关系。宗教经济构成包括：①现有的和潜在的教徒（需求）市场；②寻找服务于这个市场的宗教组织（供应者）；③不同的组织所提供的宗教教义和实践（产品）。

这种宗教经济学的理论前提是：以最大限度取得回报并避免代价；而要达到此点，必须：①在信息和理解程度的限度内；②在实际的选择范围内；

③在喜好和兴趣引导下，进行理性选择。在回报稀少，或者不能直接得到时，人们会接受在遥远的将来或某种其他不可能验证的环境中获得回报（如基督教徒期待在死后进入天堂，佛教徒期待来世活得更好）。宗教专业人员（教士）负责解释或监督和跟神交换。宗教组织是社会单位，其主要目的是给一个群体创造、维护和提供宗教，并支持和监督他们和神交换。这是宗教经济的微观基础。

现代化和科学为何不能使宗教灭亡？他们认为：①宗教本身不是一成不变；②宗教也处于自由竞争条件下；③宗教教职人员也基于存在与发展的条件；④这就需要创造并提供新的宗教产品；⑤激发大众的宗教需求和宗教消费。

宗教经济学的宏观理论：一个国家宗教繁荣程度与其使用强制力管制宗教的强度密切相关。具体的理论是：在相对宽松的强制力强度下，宗教更倾向于繁荣发展；宗教垄断会带来经济的萎缩。举例：瑞典宗教成为政府行为，教士地位相当于公务员，由政府发工资，这样国家规定的宗教成为垄断宗教，从而导致教士的"消极怠工"。另一例：美国有 1500 个宗教教派，其中 24 个超过 100 万名成员，都靠捐款，每年达 600 多亿美元，亦即 18 岁以上的人中，平均每人 330 美元。

这里的问题是：宗教是以神为本，在神圣领域的宗教中引入经济理论，用供求关系解释宗教信仰，必然会损害宗教的神性。肯定超自然力的存在，是宗教存在的一个条件，没有超自然力量就没有宗教。尽管宗教经济学自称对宗教研究有"革命性突破"，但在这个关键点上总是没有说服力，因而难以使人认同。

不过，信仰的需求经济法则超出了人文学领域，不在哲学、文学、思想史范围之内，而用经济学解释宗教，还是有它的启发作用。问题并不在什么宗教学界"哥白尼"式革命，而在于宗教学研究提供了一个新的思维方式。可以说，这是对信仰问题的一个新解吧。

十八　罗素把知识归结于信仰

我在《博士论文作者三层次说》中把作者分为知者、能者和智者三个层次。近读哈耶克《两种心智类型》（《哈耶克文集》，邓正来编译，首都经济贸易大学出版社 2001 年版，第 395 页以下）一书，把学者分为两大类型：

"头脑清醒"、"头脑模糊"。他是从思维清晰度上的差异来划分"才智类型学者"。具体分法是：①清醒的学者澄澈，模糊学者曲折于山重水复之中；②清醒学者有很强的学习能力（能把有关人类过去、现在经验、思想在他们头脑中重新组织一遍，然后用简明的语言清楚地表述出来），人类文明的传承主要依靠这类学者的努力；模糊学者著作艰深晦涩，但能在困思中发现新的思想，具有很强的原创力。明晰与深邃，在哲学中也许是两者不可兼得。胡塞尔在《哲学作为严格的科学》（《胡塞尔选集》，上海三联书店 1997 年版，第 140 页）中说："深奥事关智慧，概念的独特性与明确性则事关严格理论。"但深奥者往往过于偏执，清晰者常把许多复杂的关系化约得过分简单。

清醒头脑哲学家当推英国哲学家罗素。他的《哲学问题》（何兆武译，商务印书馆 2004 年版）是一本简明清晰和启迪问题意识的入门书。第八章谈康德学说比康德本人还说得明白，突出表现了他是位清晰的"智者"。用《易经》的"方以智"标准看，他是位谨严方正、体系齐整、客观有序的"智者"；不过也有"圆而神"的旋点旋飞的蜻蜓点水式怀疑派哲学家意味。他不是怀疑过度的维特根斯坦，后者愈思念愈多疑，最后导致不写不言，生前只出版成书和只有两万字的著作。罗素不是这样，他认为，知识源于怀疑，但最好归于信仰："我们全部的信仰或其中任何一条都可能是错误的，因此，对一切信仰至少应当稍有存疑。但是，除非我们以某种别的信仰为依据，我们便不可能有理由拒绝一种信仰。"他把知识归结于信仰，从信仰来解释问题意识，可谓别开生面。

十九　信仰在交往中的复杂性

弗朗西斯·鲁宾逊主编的《剑桥插图伊斯兰世界史》中，提到在西方文化历史上，某些基督教徒认为，"自己有责任去反对一种信仰，这种信仰否认基督教圣父、圣子、圣灵三位一体的教义，否认耶稣被钉在十字架上，而且把《古兰经》的权威显示于《圣经》之上。同样，某些基督教徒的统治者也认为自己有责任去反对一种信仰所拥有的军队……当然，基督教徒统治者们 11—13 世纪在东地中海登陆进行反伊斯兰战争时派出的十字军"。但这不妨碍西方学者去研究伊斯兰教。这本著作还列举了英国新教徒汉密尔顿·吉布提出了理解伊斯兰历史发展的框架；美国贵格会教徒马歇尔·霍奇森在世界史背景下研究伊斯兰教；而法国罗马天主教徒路易斯·马斯戎农则大大拓宽了对伊斯兰教精神领域的理解。（见安维华、钱雪梅译，世界知识出版社2005年版，第6—7页）此外，英国穆斯林还要进行"世界革命"。信仰很容易成为宗教极端主义的重要社会基础的基础。

二十　当代西方旧正宗派信仰

当代西方旧正宗派的核心人物阿尔汶·普兰汀通过否定过去对于神圣的否定来重新论证神圣的存在。西方否定神圣的观点有基础主义（foundationlism）和证据主义（evidentalism）之分，前者主张信仰必须建立在确定的、自明的理性基础之上；后者认为宗教信仰者应该提供可资分析的经验证据。普兰汀用"破"和"立"的方法论证自己的观点："破"——①前者需要一个恰当合理、自明的标准才能确定自己不容置疑的基础，但没有这样的标准；②如果承认存在这样一个不需要证据的自明标准，为什么一定要求上帝的存在必须用证据来证明呢？③任何恰当而基础性的信仰总是在某种条件才能成立，在这种条件下，上帝存在自然应当是一个恰当的基础性命题。可见，他认为两者互为联系的观点都是成立不了的。于是他用"立"——①创造了新概念"内在理性"（internal rationality），即一种信仰虽与外在证据无关，却在一个人内在的认知功能上完全正常时，可以得到理性反映；②创造另一个新概念："确定性"（warrant），即人们正常认知器在正常环境下产生的确实感、激活真实信仰的机制、在上述条件下形成的信仰的真实性，在统计学的意义上讲是真实的。他由此得出结论：信仰上帝就是具有这种确定性的内在理性。这两个概念为基督教，也为佛教、道教、印度教、耆那教信仰神圣提供了认识论的基础。

但是，同为旧正宗认识者，约翰·希克却把维特根斯坦的"看作"（seeing-as）扩展为"经验为"（experiencing-as），并且此概念展开他对于"神圣"的多方面理解。他在《理性与信仰》一书中，认为维特根斯坦强调的是人类用"经验为对象"的方式依赖于人们应用的"概念系统"，不同民族的历史文化造就了代代相传的不同概念系统，这自然导致对同一神圣实体的不同体验。他指出："如果有人问为什么基督教徒、佛教徒、犹太教徒、穆斯林以及印度教徒对神圣者的知觉迥然不同，原因就在于他们使用着一套套不同的宗教概念，根据这些概念他们就能以特征各异的方式去体验经验。"

（四川人民出版社 2003 年版，第 29 页）他进一步认为，这些特征各异的"经验方式"，"当然是对情景的中性描述。一方面，全部经验可能都不正确，而只是投射在宇宙中的不同幻象；另一方面，每一种宗教都可能对超出人类概念的无限的神性实体在作出回应，而人类能够以这些迷人的不同方式思考和经验这个神性实在。"（同上）我觉得，约翰·希克这个判断很清醒，他是在说明：人类之所以要去"经验"这个神性存在，为的是从超越的层面上或更深层次为人们的生命提供价值和意义的源泉，或者是寻找拯救之道。他的独特之处，在于塑造了一个远远超越具体宗教形态的神圣实体，其结果是：①为宗教多元化提供了一个本体层面的理论支持；②表明了身为基督教徒的他具有相当民主平等的开明心态。

普兰汀和希克这两位当代西方旧正宗派关于信仰神性的论述，给信仰的穿透力问题的启示是：①分析哲学对西方宗教哲学的影响方面，一是成为其分析问题的工具，二是受到分析哲学观念的改造，三是分析哲学对其理论气质的渗入。这三条归纳起来，是西方哲学中的理性主义和经验主义给宗教哲学一次新的洗礼，增加了厚重的力量。②乍看起来，普兰汀反对宗教之间的对话和宗教多元主义的主张，但仔细思考的问题是，如他这样有深刻思辨能力和丰富知识的学者，为何与希克有如此不同的心态。我觉得这是在重塑神圣信仰问题上，围绕如何对待人类所有传统资源问题，是从民族传统资源以满足自己情感问题出发，还是从整个人类所有资源出发。不同的出发点，就会有不同心态和气质，就会导致对神圣本质和信仰实体的不同认定。我觉得，眼界、视野、情感、胸怀、心态、思想，都是学者在文明交往中值得关注的问题。

二十一　荣毅仁的信仰

信仰按《辞海》的解释，是"对某种宗教或主义极度信服和尊重，并以之为行动的准则"。

信与诚相关，仰为仰首的引申而成敬慕。信与仰相连，成一专有词。它首先表现为宗教信仰，其次表现为其他信仰，其中包括着主义。

人大都有信仰，不是坚定的信仰，就是变化的信仰，或是不明确的信仰。只要坚持信仰，就有实现的可能。荣毅仁即是千万例中之一例。

国家通讯社发布有关荣毅仁的消息称他为"中国现代民族工商业的杰出

代表、卓越的国家领导人、伟大的爱国主义、共产主义战士"。

他从商又从政，从政而又兼商，半个多世纪的人生沉浮，每次命运跌宕转折之际，总是显出惊人的智慧。智慧之中，总是彰显出信仰。

1993年，他当选为国家副主席以后，惊讶之声、感叹之声，不绝于国内外。对于400多位荣氏家族成员，更有其许多联想。他的侄女荣智美有一句话说到了点子上："我四叔很幸运，他有他的信仰，一个人按照自己的信仰一直做下去，就能得到实现，今天他实现了。"

荣毅仁的幸运之处，在于他践行了自己的爱国主义、共产主义的信仰。他开始是无党派民主爱国人士，后来成为共产主义者。政策好，人努力，天帮忙。无（无党派、民主人士）、知（知识分子）、少（少数民族）、女（妇女）中他占了两个，而符此条件人何其多，坚定的信仰在深层穿透着他的心灵，因而鹤立鸡群。

二十二　信仰与文明交往

"在全球化时代，最重要的是让不同信仰、不同文化的人，增进了解，和平共处，相互尊重"。

这是英国前首相托尼·布莱尔在2008年5月29日准备去纽约启动"信仰基金会"时讲的一段话。

这个基金会的目的是：增进不同宗教的了解，通过宗教信仰鼓励人们与全球贫困作斗争。

为此有下列措施：

（1）筹措数亿美元，为抗击全球贫困计划提供资金（布莱尔接受《时代》周刊记者访谈）；

（2）通过强调各大宗教普遍蕴涵的尊重、公平和同情的价值观，信仰有助于团结世界，让世界朝着更好的方向发展（布莱尔办公室声明）；

（3）创立头三年里，该基金会把宗教信仰交流计划作为优先重点，通过各层次的教育增进各大宗教之间的了解（同上声明）。

布莱尔2007年6月卸任英国首相，12月，曾是英国国教圣公会教徒的他，皈依了罗马天主教。他的夫人切丽和四个女儿都是天主教徒。

在英国，宗教与政治的界限分明，因此布莱尔在首相十年任期中，闭口不谈自己的宗教信仰。

实际上，宗教人士和非宗教人士之间的对话交往，也有益于人类和平。由新世界出版社 2006 年出版的《江边对话：一位无神论者和一位基督教徒的友好交往》，此书记录的是中国国务院新闻办公室主任赵启正和美国宗教领袖路易·帕罗之间的三次对话。这种交往反映了宗教体系与非宗教思想体系之间的互补性，如基督教伦理中的"你们愿意人怎样对待你们，你们也要怎样对待人"，与"己所不欲，勿施于人"，正是一例。他们认为，普世的伦理价值，既是宗教，也是各民族文化传统中长期共存的通理。无神论者不信上帝，也不能"爱你的敌人"，不过在研究领域中，仍然可以为宗教实在论和伦理保留一些灵性的信仰空间。人类情感的深义表达，不仅是理性和实证，还有直觉和情怀。

英国无神论的大哲学家罗素在《怎样避免愚见》中说："如果有人对你说 2＋2＝5，或者冰岛在赤道上，除非你的数学和地理知识与他一样浅薄，你才会与他愤怒争辩；否则，你应该同情他。"这是一位立足于人类普遍的感情而非理性的"同情无知者"，但他提出了治愚方法。基督教的"爱你的敌人"和《老子》中的"以德报怨"，也属此类情感。这里都有潜在宗教情怀，信仰由此表现了穿透力。

二十三　信仰的心灵资源

席勒在《信仰的话》中说："智者看不见的东西，却瞒不过童稚天真的心灵。"

陀思妥耶夫斯基在其小说《卡拉马佐夫兄弟》中，借其中人物之口，说了这样一句关于信仰的话："如果没有上帝，那么，人，什么事都干得出来。"

人心中的信仰是一个行为准则。如果内心缺少神圣（如上帝，如天理良知，如道德伦理）的内心道德理想和精神信仰，不仅会缺少精神钙质，而且在文化中更缺少心灵动力，软骨病、短视症、疯狂、盲从和失魂绝症都会随之而来。人之为人，在于人文精神，而信仰实际上是人文精神的核心。信仰丧失会引发一系列深层次的社会问题。法制和道德、法治和德治是相辅相成的。不同文明中有许多心灵资源可以开掘。

"信"在汉语中含有诚信内容，而"仰"包括"敬慕"、"敬仰"意义，如"高山仰止"。全面理解信仰，应当是对某种宗教或主义极度信服和高度尊崇，并且以之为行为准则而付诸实践。信仰是见之于理念和行动的文明交往概念。从交往力的强度上看，是最具有持久力和穿透力的精神动力。

二十四 灵魂的扭曲

教皇本笃十六说："我认为，哈利·波特对人们是一种微妙的诱惑，在人们基督教信仰尚未完全成熟的时候，《哈利·波特》丛书在不知不觉中扭曲了人们的灵魂。"

环顾文坛，一些奇思怪想的东西，不也是如此吗？

本笃十六最担心的是失去青年。他力图挽回天主教的颓势，以 78 岁的高龄，于 2005 年 8 月 19 日到他的祖国——德国，参加世界青年日，其目的是"用信仰拯救被扭曲了灵魂的青年"。

本笃十六还是一个人类文明交往的使者，他在天主教、新教、东正教、犹太教和伊斯兰教之间，寻求对话。

不仅宗教之间，即使宗教人士和非宗教人士之间的对话，也有益于人类和平。上面提到的《江边对话：一位无神论者和一位基督教徒的友好交往》和所引罗素在《怎样避免愚见》中的话，正是两个例子。我之所以重复提到，是因为从教皇本笃十六而想起《江边对话》和罗素之间在文明交往自觉之间的联系，而且布莱尔也作同样努力。

二十五 约旦王后的"信仰飞跃"

（一）约旦王后努尔·侯赛因的《信仰的飞跃：约旦王后的传奇生活》（此书中译者为刘冰、张培芳、刘娟，东方出版社 2006 年版，书原名 *Leap of Faith：Memoirs of an Unexpexpected Life*）写于 2001 年 11 月。有人认为这是一本描写爱情故事的书。我觉得它是一本关于不同文明之间交往的书，特别是关于信仰的书。作者从头到尾贯穿的也就是信仰。我在《中东国家通史·伊拉克卷》的《编后记》中，提到了这本书："给全球文明交往增砖添瓦的最近努力，首推约旦前国王侯赛因遗孀努尔王后。她写了一本自传《信仰的飞跃：非凡的人生回忆》。她在此书发行的 2002 年 5 月纽约书展上发表的讲演中说，她的书是描写她所理解的伊斯兰教，她希望这本书能消除美国公众对伊斯兰和阿拉伯世界的普遍误解和偏见。这位出生在美国，在普林斯顿大学毕业的约旦努尔王后，以她的人生经历，说明了不同文明之间的交往需要广泛交流和平等对话、需要文化体验和深入理解。"（彭树智主编，黄民兴著：《中东国家通史·伊拉克卷》，商务印书馆2002年版，第402页）

（二）这本书的献词就集中于信仰中的生死观："献给我心爱的侯赛因——我的生命之光：活着就勤奋工作，活着就乐在其中，仿佛永远不会死去；为来生工作，为逝去的亲人尽心尽责，就好像明天自己也将驾鹤西去。"

（三）伊斯兰教的"信主独一"是该教的主旨，而如何循此主旨、走人生之路，是信仰中最为重要的事。《古兰经》开宗明义的第一章，在申明信仰真主的五条原则之后，着重谈的是路："求你引导我们上正路，你所佑助者的路，不是受谴责者的路，也不是迷悟者的路。"这四个"路"从正反两个方面说明信仰真主的人所应该走的路。这部信仰之书也是从"路"开始的：

"我就是这样，自己开着车通过现代沙漠之路（按：向西横穿巴勒斯坦的老商贸路）从约旦北部和叙利亚的边境一直驶向亚喀巴。……沙漠之路是通往南部最快捷的道路，可我最喜欢的还是古代的通商路线——王道，在那条道路上可以尽享无限风光。据三智者去伯利恒（巴勒斯坦的古都，耶稣的降生地）时途经王道，摩西带领人民去迦南时也走了这条路。"（第4页）

可见，这里有两条路：沙漠之路和王道。努尔·侯赛因这时未入伊斯兰教，她引用《圣经·民族说》21节中摩西请求国王西宏允许自己穿越西宏的王国，可西宏拒绝了摩西的请求。这条路对努尔·侯赛因是有象征意义的。她作为一个声名显赫的阿拉伯裔美国家庭的少女，经过王道到约旦首都安曼，住在两个山谷之间的山上宾馆——洲际宾馆。她写道："每天早晨当我在黎明前的静谧中醒来，便可听到伊斯兰寺院尖塔上晨礼室礼员的呼喊。那有节奏的喊声在环抱的群山间回响，把我深深地吸引住了。"她就是在阿曼的机场跑道上，巧遇了先知穆罕默德的嫡系传人、约旦国王侯赛因，从此逐渐改变了信仰。

（四）努尔·侯赛因的"信仰的飞跃"是从了解约旦的历史特别是约旦的文明交往史开始。她在该书第47页中有一段精彩的叙说："约旦就像一个大熔炉，几千年来，它一直处在中东腹地，在促进中东各国商贸文化交流及中东与外界沟通方面，起着至关重要的作用。在古代，它曾经归属过亚述帝国、巴比伦帝国、埃及帝国、希腊帝国、罗马帝国和波斯王朝。看看安曼那些历史悠久的大家庭，你不难发现不同种族、不同文化之间的相互影响的作用。约旦国民主要分为三类：第一类是古老的半游牧民族贝都因部落的后裔，现在大都居住在城市；第二类是在 20 世纪上半期从邻国移居到约旦的一些家庭，他们可能来自于叙利亚、巴勒斯坦，也可能来自于黎巴嫩或沙特阿拉伯；还有就是大大小小的城镇和乡村居民，几百年甚至上千年以来他们的祖先一直过着定居的生活。"她特别提到古老城镇与农村的悠久历史和传统的克拉克、马达巴、伊尔比德、阿兹拉克、希森、阿杰隆、安加拉、马安、亚喀巴等地保留的本土文化的鲜明色彩，"但这种本土文化终于将与 20 世纪的约旦文化相结合"。她从这里发现了阿拉伯文化注重互相依靠的原因。

（五）在该书第五章中，她写了自己"信仰的飞跃"，她由原名的"丽莎"因嫁给国王而改名为"努尔·侯赛因"（侯赛因之光），她自己也随之变为穆斯林了。她的根在阿拉伯。她回忆说："我的父母没有向我灌输任何一种特别的宗教思想，他们总是鼓励我自己选择精神旅途。穆斯林的信仰成了第一个真正吸引我的宗教。"她特别举出《古兰经》（2：256）中的"让教中没有压迫"和先知的"只有能做到对自己兄弟的期望和对自己的期望一样，才是真正的信仰者"。尽管《约旦宪章》没有要求王后必须是穆斯林，侯赛因也未提出此要求，她出自内心做出这一决定，而且认为"生命中第一次感到了一种归属感"。在该书结束时，她写道："感谢真主让我在年轻时就超越了信仰"，"信仰支持我度过前面的岁月"。"生与死，都是人的灵魂旅程的不同阶段，都在真主的掌握之中。……为了得到积极而持久的改变，我们必须认识到我们共同的人道，依靠我们信仰中相同的价值来生活。"她又一次引用了先知在《祈主福安之》中的"除非你要想给你兄弟的和自己想要的一样，你就不是一个真正的信仰者"这句话。这不正是孔子的"己所不欲，勿施于人"的另一种表述吗？

（六）回到开头的两条路线：沙漠之路和王道。我在《中东国家通史·约旦卷》后记中，以《西域土地人物略》的路线图中，只有"天方国"（麦加）可以断定，其他城名颇多费解。现在城名的顺序是：麦加—吉达—延布—乌姆莱季—哈奈克—沃季赫—阿卜德—杜巴—索拉—艾努奈—拜拉—泰布克—亚喀布湾—安曼。可与《西域土地人物志》对照：天方国—迷乱力城（吉达）—牙瞒城—文谷鲁城—阿都城—也勤朵思城—撒黑四塞—哈利迷城—阿的纳城—菲即城—安吉鲁城—可台城—宇罗城—鲁迷城（土耳其科尼亚？伊斯坦布尔？阿拉伯半岛东端的鲁迷）。我怀疑沙漠之路的传统贸易之路的宇罗城或是今日叙利亚的阿勒颇，如果是这样，这条路线还要北延至巴勒斯坦地区，再到"西有海、中有舡"的宇罗撒城（阿勒颇），距鲁迷城"东至宇罗撒一千二百里"也许可以得到解释。不过这只是推测，这个路线之谜只有待后来者破解了。

二十六　信仰的宗教性和民族性

民族学研究者彭时代在 2007 年 9 月出版了《宗教信仰与民族信仰的政治研究》（民族出版社）。这是一本系统研究信仰的政治价值见之于民族与宗教关系的著作。我从文明交往自觉的角度，作了以下读书札记。

（一）宗教与信仰：二者密不可分，言宗教者必言信仰，论信仰者必说宗教。这是文明史上的常义。麦克斯·缪勒（F. Max Muler）在 *Lectures and Growth of religion* 中把宗教理解为一种"信仰力量"或"从感觉到信仰的力量"。他说，没有"信仰"，没有这种"信仰力量"，或者没有"从感觉到信仰的力量"，"也就没有宗教了，甚至连最低级的偶像崇拜和动物崇拜也没有"。（1976 年纽约版，第 22—24 页）爱德华·泰勒（Tylor E. B.）则认为：宗教是"对于精灵实体的信仰"。（*Primitive Culture*，Lindo，1871，p. 4）弗雷德·坎特威尔·史密斯（Wilfred Cantwell Smith）在 *The meaming and End of Religion*（New York，1963，pp. 53—59）中更突出宗教的"信仰"本质。他认为，宗教是"信仰"（faith）和"信仰的表达"（the expression of faith），宗教首先是"一种活生生的信仰"。伊米尔·林克海姆（Emille Durkheim）在 *The Elementary Forms of the Religious life*（Landon，1915，p. 47）中把宗教看成"一种统一的信仰和行为体系，这些信仰和行为与神圣的事物，即被划分出来归入禁忌的东西有关，把所有的信奉者团结到一个称为教会的单一的道德共同体之中"。密尔顿·英各（J. Milton Yinger）也认为，宗教是"人们借以和生活中的终极问题进行斗争的信仰和行为体系"（见 *Scientific study of religion*，New York，1970，p. 7）。总之，宗教性是信仰的属性。宗教是人类历史发展一定阶段的相应社会关系、经济活动和智力知识基础的产物。在宗教的诸多要素（如宗教信仰、宗教感情或体验、宗教徒、宗教组织、宗教活动场所、宗教思想、宗教行为等）中，宗教信仰（对超自然的力量或神灵的信仰）占有首要位置。保尔·蒂利希（Paul Tilich）认为，信仰是宗教的"纵向坐标"，文化为宗教的"横向指标"（*The Protestant Era*，Chicaso，1948，pp. 185—191）。塞雷纳·南达在《文化人类学》中则认为"宗教信仰实际上就是以超自然的神秘化方式实现社会控制"（陕西教育出版社 1987 年版，第 283 页）。

（二）宗教与人类文明交往中的"自我异化"。可以顺着说："宗教就是信仰"；但不能反着说."信仰就是宗教"。冯天策在《宗教论》（山东人民出版社 2008 年版，第 144—145 页）中解释说："一方面因为信仰是比宗教更加抽象、更为普遍的概念；另一方面因为宗教是一种复杂的社会现象，它的内容和功能大大超出信仰范畴所在。"实际上，宗教信仰是人与自然界交往中的一种"自我异化"。这里用得上文明交往中"异化"这个概念。在这种"异化"中，人创造了神，却丧失了自我，即成为"还没有获得自己或是再度丧失自己的人的自我意识和自我感觉"（《马克思恩格斯全集》，人民出版社 1965 年版，第 452 页）。这是人的文明交往自觉的"异化"。

（三）宗教信仰的对象是神，这种信仰是宗教体系的核心。"宗教意识中的价值源泉和创造主体，再也不是人类自身，而是神。结果创造的自觉变成了自觉的服从。信仰的基本问题：个体与群体、现实与理想的关系问题，统统被系统化为人和神的关系问题。更确切地说，信仰的基本问题被全然取消，代之以唯一的高悬于人类之上的神"。（顾伟康：《宗教协调论——中国宗教的过去、现在和未来》，学林出版社 1992 年版，第 16 页）但神这一信仰对象是非实证的。费尔巴哈提醒人们说："如果你希望用望远镜在天文学的天上找到神，或者用放大镜在一个植物园中找到神，或者用矿物学上用的锤子在地质学的矿山里找到神，或者用解剖刀和显微镜在动物和人们腑脏里找到神，那就暴露了对宗教的最大无知。"（《费尔巴哈哲学著作选集》下卷，商务印书馆 1984 年版，第 496 页）神是神秘，具有不可言、不可测的奥秘，是"敬畏"的神秘。这就是前面保尔·蒂利希所说的宗教信仰是宗教坐标中的"纵向坐标"，是变动不已的宗教中的"常数"。这就是宗教信仰的实质。

（四）信仰的民族性和民族的特点有关。民族是居住于共同地域、有着共同经济生活的人们在长期的历史发展过程中形成的具有文化的稳定的共同体。它同文明交往关系至密。美国的文明学者莱斯利·怀特在《文化科学——人和文明的研究》一书中指出了这一特点："自从人类诞生以来，人类种族的每一个成员从他降临人世的那一刻起，便生存于一定的气候、地形、动植物群地带的自然环境中，同时，也进入了一个由一定信仰、习俗、工具、艺术表达形式等组成的文化环境。这种文化环境是一个连续体、一种传统；它一代一代地沿袭下去，并可能横向地从一个民族扩散到另一个民族。文化作为一种复杂机制，其作用是保障人类群体的生命安全和延续不断。"(曹锦清等译，浙江人民出版社 1988 年版，第 15 页)民族信仰事关民族生存与发展，属于民族的精神世界，具有民族传统特质和时代特征，起着引导、规范和推动民族文明延续的作用。从文明交往角度看，民族信仰首先是维系作用，维系着民族身份认同和归属，使民族成员凝聚在社会共同体内在的、有机联系之中；同时，民族信仰是一种价值观，它指导着民族成员的行为。此外，在生存理念上民族信仰支撑着民族的生存意义，并为此提供终极性的理论依据。

(五)宗教信仰与民族信仰的交互性。宗教信仰的民族性产生于具体民族历史文化条件下，并且以民族为基础。因此民族信仰具有宗教性，同样宗教信仰具有民族性。伊斯兰教可作为例证。第一，它最初产生于阿拉伯半岛社会危机加剧、外族入侵威胁条件之下，阿拉伯人要求改革。原有的多神教不利于民族统一，而信仰一神教的犹太教和基督教早已传入，其教义、传说在一些地区流传，并产生了一神论倾向的哈尼夫派。这在交往中对伊斯兰教的产生起了催化作用。第二，伊斯兰教在文明交往中发展为世界性宗教，但固有的民族性未变。其中原因如恩格斯所说："伊斯兰教由于它保持着它的特殊东方仪式，它的传播范围局限于东方以及阿拉伯贝都因人占领和新移植的北非，在这些地方它能成为主要的宗教，在西方却不能。"(《马克思恩格斯全集》第 19 卷，人民出版社 1963 年版，第 335 页)伊斯兰教徒 98% 以上在亚洲、非洲及其邻近地区，原因与民族性有关。当然，各民族都有自己的宗教信仰，不过各有自己的特色，如有的民族全民信仰一种宗教，有的民族其民员信仰几种宗教，而且宗教信仰也有改变的。

(六)民族信仰与宗教信仰之间的交互性使得问题复杂化，尤其是在民族之间政治经济利益发生尖锐冲突之时，表现得最为明显。一般情况下，各民族和平相处时期，能互相宽容。但宗教因素在全球化时代，越来越突出，越来越与民族冲突紧密相连。民族冲突夹杂宗教因素，不同信仰以及教派冲突都会诱发民族冲突。交互性使民族问题与宗教问题交织在一起，往往上升为政治问题，甚至会危及世界和平。总之，信仰的宗教性和民族性都有其积极与消极、正面和负面的政治性价值。

第 二 编

宗教信仰

一 从人类文明交往角度看宗教

（一）

宗教是神学？宗教是哲学？宗教是迷信？宗教是文明或文化？

在宗教问题上，众说纷纭，莫衷一是。其实诸多说法都有一定依据，又有其局限。

我关注的是宗教的社会功能，我更关注从文明交往角度去认识宗教。宗教是人类与自然交往的产物。有自然就有人与自然之间的交往，而这种交往就有宗教的存在。可以说，宗教是人类文明中最早的文明。宗教问题是同政治、社会、文化、民族和现实的矛盾交织在一起的。宗教社会学为我们提供了文明交往在宗教问题上互动交往金律的正负作用的表现及其作用。尤其在心理调适、社会整合、社会控制、个体社会化、群体认同、文化沟通、对外交往等方面，宗教有其不受政治理论和意识形态限制的特征。

从文明交往角度认识宗教，首先是从一定历史时期的物质经济生活条件说明宗教的本质和起源。关键是具体问题具体分析。我们说，从社会学认识宗教问题的深化，是指在物质、精神、制度和生态文明之间的历史和现实交往中，认识从不同历史时期的社会条件的同与不同中去理解宗教问题。我们提文明交往，是因为它能使人们的认识超越了对宗教社会存在的静态框架结构，深入到动态的整体上把握宗教与文化、文明的关系问题。人与自身的交往中，逐渐加深了对人类宗教及其灵性存在的认识。其中最为重要的是宗教思维的文明特点：形象化、情感化、意征化、抽象化等哲学和神学表现。

从文明交往角度看宗教，就是从宏观和综合的观点研究宗教的发展过程及其具体变化。宗教是文明交往的纽带，需要深切的人文自觉的把握。汤用彤的"同情之默应"和"心性之体会",可作用一切宗教研究的视角。宗教是人类文明的一部分,是民族文化的重要构成方面。宗教对塑造民族价值观念、思维方式、社会心态、行为准则、风俗习惯等文化因素的重要作用,在于它的超人间、超自然的神的力量。宗教既可以强化民族特征,又可以弱化民族特征;既可以起团结民族的作用,又可以导致民族冲突。这在不同民族或同一民族之间的文明交往过程中,可以用许多事例说明。

宗教是不同历史阶段的人类群体依据自己文明或文化和科学知识水平对所在现实的理解与未来的看法。宗教是智慧的启示性文化资源,可以说是历史的钥匙。人类从中可以开掘整体性的理解力和判断力、长远视角和深刻的自我认识。宗教是社会集体的心理、思维方式最强烈的表现,是文明诸因素中深层次因素。

宗教不仅与历史的转折相伴随,而且在现实中也有其独特魅力。信仰宗教者以其消灭私欲的无限膨胀、维护和平为天职。宗教信仰者占全世界总人口的五分之四,也是人类的真正大多数。这个数字显示了宗教仍是人类精神文明的需要。

研究历史不能不了解宗教,研究中东史不能不了解伊斯兰教、犹太教、基督教。以中东史而言,不了解这三个宗教及其文明交往,就不可能真正认识中东史。当然,还要研究祆教、佛教以及中东其他古代宗教。尤其是伊斯兰教,对于世界史,特别是伊斯兰世界,至关重要。伊斯兰世界地跨亚、欧、非三洲,面积占世界三分之一,人口超过 13 亿,占全球人口近五分之一。世界上九个超过一亿人口的国家中,就有印度尼西亚、巴基斯坦和孟加拉国是伊斯兰国家。印度尼西亚科学院历史学家阿卜杜拉说:"印度尼西亚是一个不可能实现的梦想。700 个语言组列,17000 个岛屿,所有这些不同历史的人如何在一起是一个谜。"他是历史学家,又是穆斯林,他忘记了印度尼西亚作为伊斯兰大国的历史,忘记了伊斯兰教的信仰穿透力。伊斯兰会议组织已有 57 个成员国。在伊斯兰世界中,2000 万人口以上的大国占 14个。不研究伊斯兰社会、文明、文化及其与世界历史与当今的交往,很难全面深入其内核及脉络。

研究宗教和研究文化一样,既不能把宗教看做随意否定的对象,也不能把宗教看做神圣不可触犯的领域。没有宗教的相关知识,难有研究者的发言权。要对知识有正确的解释,必须有历史唯物主义的指导。否则,会出现各种错误和极端谬说,例如 18 世纪法国启蒙学者得出的"宗教是由傻子和骗子相遇而产生的"简单化结论。用文明交往观来看待宗教,只能说宗教是人与自然、人与社会、人与自身之间交往的产物，它有深刻的社会根源和认识根源。只有对宗教作独立的、具体的、创造性的研究，在生产出为读者所折服的优秀作品过程中，科学地解释宗教。宗教是敏感性极强的学问，它的敏感性正好反映了它与时代息息相关，也更应该持科学态度进行深入研究。

（二）

从文明交往角度研究宗教问题，不仅是历史问题，而且是现实问题。这个问题往往是环绕宗教与科学的关系进行的。

从西方文化的源头上看，古希腊的"证明科学"和中世纪的"实验科学"是近代产生自然科学的两个重要源头。在这两个源头上，我们都看到了宗教背景。科学与宗教是什么关系？科学家、宗教家、哲学家之间需要新的对话，需要和最新的科学进展，如宇宙物理学、基因工程、新技术的发现与应用，以及它们对宗教、伦理的挑战进行深入的研讨。这种对话和历史上科学与宗教之间的对话具有新的特点。

远的不讲，2000 年在厦门大学举行的"第六届中美哲学—宗教学研讨会"，主题就是一个文明交往的主题——"科学、宗教及其对话"。2002 年美国宗教学者伊安·巴伯（Lan. G. Babour）在北京大学作的学术讲座也是文明交往的话题——"西方科学与宗教的对话"。他的两本著作《科学与宗教》和《当科学遭遇宗教》都有中译本，在其中有一个共同的倾向，是"文明融合论"，即认为宗教与科学可以在交往中探求"融合"，认为二者看起来是冲突的，或是两码事，实际上通过宗教与科学的互补，可以统一起来。

宗教与科学的争论是一种交往活动。交往文明化有几个关键：①前提：承认差异（不同的社会意识）；②有对立、冲突一面（世界观、认识论、方法论方面，如上帝创世论与人择原理、量子力学与自由意志及灵魂来世等）；③宗教在部分被神学占领的地盘上承认错误后的让步（改变自己，如 1984年罗马教廷为伽利略冤案平反昭雪，1996 年教皇谨慎表示进化论不仅仅是假说，而是理解地球上生命最好的解释）；④双方在挑战与应战中交往（神学适应科学发展而改变理论，科学也认识到已知边界的不断扩大面临更多的未知需要探索，因而神学总有机会挑战科学）。

总之，科学在艰难地"登山"，宗教神学在政治、社会文化、法律、教育方面，都提出了挑战。两者有矛盾，又有长期存在的基础，其性质属于思想认识，并不等于无神论者与有神论者在政治、道德、人格上有高低上下之分，也不是必然对立。交往文明化是多元文化的共处对话，是互相尊重，是各自保持自己的认识状态。无神论者和有神论者的"和而不同"的基础，是为人民谋福祉，在这个共同基础上团结合作。无神论者要启民智，反对以"科学"言辞掩饰下进行愚昧迷信活动，大力普及科学知识，培养科学精神。宗教的合理性和社会功能也因时因地因人而不同，这种文化现象是人类文明的重要部分。宗教的发展与人类文明的新阶段——世界史阶段同步。

二　需要论与文明交往论的联系

为何人类文明交往发展中的每一步都围绕需要进行？为何交往的低级阶段问题少而简单，而高级阶段问题复杂而多样？这都缘于人类的物质和精神需要的本能在起作用、在提高；这种提高是社会的进步，但又孕育着危机。

这是因为需要是文明交往的内在根基。

美国心理学家马斯洛在《人的潜能和价值》（华夏出版社 1987 年版）中把人类需要分为：①生理需要；②安全需要；③归属需要；④尊重需要；⑤自我实现需要。前三种属生存层次，后两种是人格的高层次的需要。

人类寻求宗教信仰的需要，一直在历史上延续至今，不顾怀疑、批评和否定浪潮，从未停止，人类从原始宗教（巫术与神话）到有文字以后人文宗教文明整体史昭示我们：宗教信仰对人类是一种不可或缺之物，是人类生存或文明交往的需要。未知的神秘、自然宇宙和人的精神世界，为追求宗教信仰留下了相当大的存在空间。

恩格斯谈到宗教时说过，宗教是由那些本身感到宗教的需要，并且懂得群众对宗教的需要的人创立的。这指的是精神的需要。作为有高级思维的人类，除了基本需要的生存意义之外，还有追求意义的超自我的需要。这是内在的精神需要。之所以是内在的，是说存在于每个人内心之中，它并不因为文化背景不同而有很大差别。宗教之所以存在，是因为它可以满足人们内在的精神需要。美国心理学家马斯洛的"人的动机论"就是指此而言。

据美国《教会研究国际公报》1996 年统计，全世界 58 亿多人中，有80％以上的人信仰各种宗教。该报当时预测，2005 年全世界人口为 83 亿，宗教徒为 82％以上。当然，宗教并不是唯一能满足人的精神需要的手段。但上述数字说明，作为文明交往载体的宗教，确实是大多数人满足精神需要的家园。

美国社会学家托马斯·奥戴谈到宗教信仰（超验之物）时指出，人之所以需要宗教的原因有三：第一，人生活在变幻不定的环境中，无法预知那些对人的安全和幸福至关重要的事件，换言之，人类生存具有偶然性的特点。第二，人控制和驾驭生活环境的能力虽然与日俱增，但却有其内在的局限性。从某种程度上说，在人的需求和环境的冲突中，人有软弱性。第三，人必须生活在社会之中，而社会则按照某种秩序配置功能．资源和酬赏，社会包括劳动分工和产品分配，这需要某种强制性的合作，即人与人的一定程度的统治和隶属关系。而且，社会存在于一种缺乏性的状态中。

这个分析很具体。宗教信仰是由人们生存经验出发的，是满足于生存的种种需要，把自己异化出去，寻求保护神灵，而追求人的福祉。从哲学角度看，宗教信仰根源于人类交往的实践本性，自觉主动追求精神自由的表现，其形式是凭神的存在来满足超越现实生活的需求。

实际上，人类最基本的需要仍是一个平行四边形：物质、精神、制度和生态；而此四边形是奠基于人与自然、人与社会和人与自我身心的三角形基础之上的。需要论是人类文明交往论的基础。根据需要论来观察文明交往中的"升级"特征，将有利于交往文明化的理解。宗教文明或反宗教及宗教以外的文明并存，都是人类文明多元性的反映，它反映了人类需要的多元性。宗教信仰的世俗化，在本质上就是宗教信仰与社会需要、政治需要相适应的过程。如果从整体人类文明交往史看宗教问题，而不限制在宗教领域内看宗教；如果把宗教发展放在人类文明交往史上进行宏观观察，人类本身的需要、必须，才是最根本的问题。

三　宗教需要论——巴哈伊教的复兴

为什么在人类文明发展中每一步都离不开交往？为什么交往活动需要文明自觉？这是源于人类对物质和精神的需要。马斯洛在《人的潜能和价值》一书中，把人类需要分为生理、安全、归属、尊重、自我实现等多个方面，但从根本上还是物质和精神两个大层面。宗教虽不是满足人类精神需要的唯一方面，但大多人将长期依靠宗教来满足自己的精神需要。精神需要是内在的，是人的自我身心的交往。之所以是内在的，之所以存在于人的内心之中，是因为它并不因人的文明背景不同而有很大差别。

季羡林先生在《人生絮语》一书中，提出了宗教需要论的观点。他认为宗教是人的一种需要，宗教需要有多种含义：真正的需要、虚幻的需要，甚至麻醉的需要,虽性质不同,其需要则一。他还认为,宗教会适应社会发展、生产力发展而随时改造自己,改变自己(详见浙江人民出版社 1996 年版,第 6—7 页)。

宗教的需要性是信仰的需要,是人类精神世界内在的需要。这种需要性有很大的适应力,在现代化的条件下,宗教仍可以体现人类探索世界和自身的作用,体现人类对灵性世界和精神需求的关怀。这本身就是人类文明交往的基本问题。20 世纪巴哈伊教的复兴,表明了宗教信仰的穿透力。

巴哈伊教的源头要追溯到伊朗希拉兹城商人赛义德·阿里·穆罕默德(1819—1850)。1844 年 5 月 23 日,他自称为巴布(阿拉伯语意为“大门”)。他的著作《默示录》,宣布他代表着一道门,安拉的另一位使者将通过这道门出现在世上,把救世主的思想传达给人民,人民由此门接近和领悟救世主。赛义德·阿里·穆罕默德进而自称为先知马赫迪,以直接表达真理和启示的身份在国王、大臣和乌勒玛中间传教。他宣传“精神与道德的重生”,主张废除穆斯林一些法律而代之以新法律,因此于 1847 年被捕。在狱外的巴布教徒继续在人民中传教,并在 1848—1852 年举行起义,遭到残酷镇压。起义失败后巴布教派分裂,出现巴哈伊教派。

这就是伊朗近代史上著名的巴布教徒起义,它是和我国太平天国运动同时发生的亚洲重大历史事件。它和太平天国相似,是以宗教为旗帜,以追求财产公有、男女平等和废除封建统治特权的未来“神圣王国”为目标的运动。由于这次起义以宗教为旗帜、反对的是英俄支持的伊朗王朝,因此“带有鲜明的伊朗传统文化特点,同时也具有反对殖民主义的时代特征”(《中东国家通史·伊朗卷》,商务印书馆 2002 年版,第 244 页)。

巴哈伊教认为,巴布运动是自己信仰的先驱,巴布是巴哈安拉的先驱。巴哈、白哈、比哈(Bahāiyah,阿拉伯语音译),意为“光辉、美丽、漂亮”,源于伊朗的米扎尔·侯赛因·阿里·努里(1817—1892),自称“巴哈安拉”。他的父亲是伊朗政府的大臣,他年轻时不愿进入仕途,而致力于慈善事业。1844 年,他成为巴布的信徒。在巴布遇害后,他也被捕,在德黑兰监狱中度过四年,然后又过了四十年流放生活。1863 年流放途中,他向信徒宣布自己就是巴布预言的那位使者。1868 年,他被遣送阿卡,最后二十四年的生命岁月专心于著述。

巴哈安拉去世前,要他儿子阿卜杜拉在今以色列北部海法市的卡尔迈勒山为巴布建立陵墓。1909 年建成时很简陋,后来又加修饰,到 1987 年,经十多年装建,耗资 2.5 亿美元(全部由信徒捐款)于 2001 年修成。该陵殿分三层：正方形的底层四周，由 6 根意大利花岗岩石柱组成回廊，石柱上拱形装饰为伊斯兰风格；中层为六边形，各边拱形门窗也为伊斯兰风格；顶层的金碧辉煌的穹顶，由 12 根意大利石柱支撑着，1.2 万块荷兰镀金的鱼鳞形金叶组成了壮丽的穹顶。巴布的灵堂正中灵幡上，用波斯文绣着"唯有被宽恕的尊贵的你，没有其他的神"。这就是唯一的安拉，而巴布、巴哈安拉是继亚伯拉罕、摩西、释迦牟尼、耶稣和穆罕默德之后的天使。陵殿四周是和谐、对称和有序的巴哈伊教美丽的花园。现已成旅游地，海法市市长称之为"世界第八大奇迹"。

巴哈安拉的陵殿在海法市附近的阿卡，和卡尔迈勒山的巴布陵殿一起，成为巴哈伊教的两个圣地。在中东除耶路撒冷是三大宗教圣地之外，又增添一个信仰圣地。巴哈伊教也是一神教。由于巴哈安拉主张"地球乃一国，万众皆其民"，因而被称为"大同教"。它的总部"世界正义院"就设在卡尔迈勒山。巴哈伊教从 1844 年巴布教开始算起，只有一百五十多年的历史，是世界上最年轻的独立宗教。该教的特点是：①强调团结、宗教包容；②主张男女平等；③消除贫富悬殊；④普及教育；⑤戒杀、戒偷、戒淫、戒赌、戒毒；⑥主张世界和平。祈祷简单灵活，饮食除不饮酒外，没有禁忌。同穆斯林一样，每年有斋戒期，但只有 19 天。平时的"灵宴聚会"19 天一次，教徒一起诵经、议事，备有简单饮食。

巴哈伊教还有一个独特之处，它不设专职神职人员，管理机构分地方、国家和世界三个等级，每级机构由选举的 9 人组成。要求教徒服从所在地政府的法律，可以担任非党派性的政府职务，但不得介入党派政治活动。财政来源靠信徒自愿捐赠，不接受任何形式的外界赠与。总部管理人员有来自不同国家的 500 多人，多为志愿者（不领工资），总部负担食宿。服务没有年限规定。

1921 年，巴哈安拉之子阿卜杜拉逝世时，巴哈伊教徒不过 10 万人，而且大部分为伊朗人。1957 年增至 40 万人，分布在 250 多个国家和地区。1985 年猛增至 350 万人。据 1992 年《大英百科全书》统计，至 1991 年全球已有 540 万教徒，分布在 205 个国家和地区。澳门巴哈依出版社 1992 年版的《巴哈依》统计，1992 年该教已扩大到 232 个国家和地区。据《世界基督教百科全书》统计，巴哈伊教在全球有 116000 个分布点，仅次于基督教。最值得注意的是，在伊斯兰的核心地带，如阿拉伯世界的约旦、黎巴嫩、也门、摩洛哥、苏丹、突尼斯，特别是在海湾地区的巴林、科威特、阿曼、卡塔尔、阿拉伯联合酋长国等国，都建立了巴哈伊团体。

阿拉伯旅美作家纪伯伦（1883—1931）将阿卜杜拉视为"基督再临"，并以他的原型创作了著名的散文诗篇《先知》。《先知》用英语写成，出版后轰动西方世界，被认为是"东方赠送给西方的最好礼物"。（季羡林主编：《东方文学史》，吉林教育出版社 1995 年版，第 140 页）纪伯伦身为阿拉伯人，但不是穆斯林。他生于基督教马龙派教徒家庭。他没有地域、宗教、民族的局限。他有一句名言："整个地球都是我的祖国，所有人类都是我的乡亲。"［《纪伯伦全集》（一），第 6 页］这一名言与巴哈伊教的"地球乃一国，万众皆其民"教义一致。

巴哈伊教方兴未艾，被称为"人类的新曙光"——《巴哈依信仰》（李绍白的书名，澳门巴哈依出版社 1995 年版）。这也反映了全球化时代文明交往在信仰层次的新态势。宗教是"有限的"人和"无限的"神的结合。宗教有自己的信仰体系、教义、哲学、礼仪、戒律、组织制度，其中穿透力是信仰。上帝是什么？是生命和死亡的综合，生生不息，死死不已，是人的心灵、终极关注和精神世界的存在物。需要论、适应论都是人类文明交往中信仰穿透力的理论反映。

四　佛教的人文精神

（一）印度佛教的人文精神：关注人生苦境，追求人之生死轮回的解脱，人的宗教信仰平等的践行；对世间涅槃、众生佛性、自利利他的菩萨行的最初提倡。救世情怀使佛陀放弃舒适安逸的王子生活，出家多年，历经磨难，最终在菩提树下，论悟正道，成为觉者——自觉的人生解脱之宗教遂因之而诞生。

人生解脱论：原始佛教人文精神的集中体现（四谛即苦、集、灭、道）和救世情怀。

（二）公元 1—7 世纪：大乘佛教（将此前佛教贬称"小乘"）时期。该教的涅槃境界为人生最终理想与目标。《方广大庄严经》卷九："令众生皆得解脱，安置涅槃寂静之乐。"小乘的解脱是超越生死轮回之后的涅槃境界，而大乘以实相涅槃、无往涅槃开拓了一条世间、此岸的现实人生解脱的新人文路向，由此通向了中国的禅宗及近代的人生佛教和人间佛教。众生皆有佛性的人文倾向也通向中国。大乘佛教以菩萨为修行者的最高目标：《佛地经论》有"具足自利利他大愿，求大菩提，利有情故"。《大智度论》有"大慈与一切众生乐，大悲拔一切众生者，大慈以喜乐因缘与众生，大悲以离苦因缘与众生"。这是以自利利他为解脱论原则，以宗教践行、不离尘世菩萨道为宗旨，如约翰·希克在《宗教之解释——人类对超越者的回应》中所云："菩萨作为终极的人格表现，成了人们崇拜的对象。"其原因是："他们揭示了佛性的慈悲面，对人类表达了一种无私的爱。"（四川人民出版社 1998 年版，第 300 页）

（三）印度小乘佛教开拓了以自我为中心的人生解脱之路，大乘佛教开启了以人类为中心的人生解脱之路，而入世菩萨行精神又开创出佛教的人文化——禅宗的人文化，有下列特征：①主张人是佛、心是佛，否定佛崇拜；②人类生活（担水砍柴、饥餐渴饮皆妙道修行），反对持戒、坐禅等修行方式；③现实世界之外无"净土"，开悟之后，"见山还是山，见水还是水"，人世间即出世间；④生死即涅槃，瞬间即永恒，不承认有一个不生不死的涅槃状态。

（四）禅宗的"无心"即"平常心"，马祖道一云："何谓平常心？无造作，无是非，无取舍，无断常，无凡无圣。"（《景德传灯录》卷二十八）佛为心生，有心才有觉悟，在于本心本觉，而不是常心。

（五）人生佛教以人类为本，"故人类虽为许多众生中之一类，而高过其他的众生，能以知识研究一切事物，并能以众人的知识作种种交换互助，在交换互助中完成创造和进步"（《佛学之人生道德》，《太虚大师全书》第 5 册，第 161 页）。"人生者，人类在生存中能作所作的生活"。（第 43 册，第 970 页）总之，人生、人间净土更强调为现实的人服务，更人性、人间化，人文精神比传统佛教更强。

五　观音信仰的穿透力——《观音信仰的渊源与传播》序

观音信仰是中国历史上最流行的一种宗教信仰形态，对中国传统文化的许多方面，特别是文学、建筑、音乐、绘画、雕塑、书法、民俗、伦理、社会生活乃至思维方式、民族精神等均产生了非常深刻的影响。它不但是一种底蕴深厚、特色鲜明的历史遗产，也是当今依然十分盛行的社会文化现象，而且也必将是未来很长时期内中国许多人的信仰选择之一。这种具有旺盛生命力的宗教信仰形态原本并不是中国人的创造，而是借助丝绸之路，通过中国与中亚、中亚与印度、中国与印度等多重复杂的文明交往链条，经过持续上千年的漫长历史,逐步传入中国的印度佛教文化。如果说印度佛教文化向中国的传播是古代中外文明交往史上最辉煌灿烂的一页,那么观音信仰的传入,则是这次文明交往当中最富神圣性、大众性、普及性、感召性的一种外来信仰形态。所以,观音信仰不但是宗教历史以及哲学、文学、艺术、民俗等领域的重要研究对象,更是文明交往领域的典型个案,值得我们认真思考,深刻剖析,理性总结。李利安教授的《观音信仰的渊源与传播》就是这方面的厚重硕果。在这本专著正式出版之际,我作为他攻读博士学位时期的导师,不禁欣喜赞叹,并想借此机会发表一点文明交往论与宗教研究,特别是信仰性佛教研究的意见。

李利安教授的这部书以观音信仰的渊源与传播为主要研究对象。渊源是指一种事物的根源与形成的过程,其内在动力在传承,而传播则是一种信息的空间流动与时间传递。从人类文明交往互动的基本规律来看,传播与传承既密切关联又相互有别。传承是指同一文明之内的继承、传递、积淀、发展的脉络;传播是指不同文明之间的接触、吸纳、选择和融化的脉络。传承是同一文明之内的纵向发展线索,是同一民族之内的、世代相传的、以时间为经线的时空变迁轨迹;传播则是不同文明之间的横向拓展进程,是不同文明互相涵化的、以空间为纬线的时空演进轨迹。传承是同一文明进步之经,传播是不同文明发展之纬,经纬交织,内化外激,于是形成了不同地区、不同时代人类文明的多样性统一的灿烂绚丽之历史百衲锦衣。传承与传播都是文明交往互动作用链条上不可缺少的内外关键环节,哪个环节薄弱,文明交往就会脱离良性互动轨道,文明发展就会减弱、就会衰退,甚至走向消亡。如果说观音信仰的渊源重在探寻这种信仰形态的形成历程,那么观念信仰的传播则重在揭示这种信仰在中印文明交往过程中所实现的渐进输入、地域突破、内涵扩充、类型变异、横向扩展等一系列文明传播的问题。

从"人类文明史"的角度看,传播更明显地贯穿着"交往"的内容。因为在这个层面上,"传播"实际上就是人与人、人与群体、群体与群体之间的文明信息互动"交往"过程的一种概括。"交往"在哲学的层面是从人类主体与客体的关系方面来讲的,而社会学各派则是从人与社会的关系角度讲"交往"的。法兰克福学派第二代代表人物哈贝马斯在《交往与社会进化》一书中,把交往对社会的创新作用提到首位,并试图以交往的一般理论为基础,实现对历史唯物论的重建。实际上马克思和恩格斯早在《德意志意识形态》中也多次运用了"交往"这一范畴,如"世界交往"、"个人之间的交往"、"普遍交往"、"民族内部与外部交往"和"物质交往与精神交往"等。

他们从"一切冲突，都根源于生产力和交往形式之间的矛盾"出发，从历史变为世界历史的高度，用"交往"来说明历史变革的必然性、生产力推动历史变革的更深层次原因和人类在历史变革中实现自身的文明化过程。这是哈贝马斯没有领悟到的。他们从文明程度观察人类社会的发展和文明交往的特点，这也是哈贝马斯所没有看到的。因此从历史学上讲，"交往"是人类文明历史的发展过程；从史学理论而论，"交往"是历史哲学范畴，可以称之为"历史交往"。文明史、文明学研究，在 20 世纪中，其著作可称汗牛充栋，其学人则是群星灿烂，远则如德国人斯宾格勒、英国人汤因比，近则如法国人布罗代尔、美国人亨廷顿，其成绩可为纪念价值者不少。他们或论文明之衰落，或述文明之分类，或为文明的时段，或谈文明之冲突，涉及的都是文明交往问题，惜乎未把文明与交往密切相连，作理论上的概括。我把文明和交往作为一个整体理论，来把握世界历史和人类社会发展，可称之为"文明交往论"或"文明交往观"。所谓"文明交往论"，是从唯物史观出发，即从现实人的实践活动这一前提出发，对作为历时性与共时性存在的不同实践主体之间以认识和变革生存环境或认识与变革世界为目的，从而在文明交往中相互发现、认识、沟通、理解、制约、影响、渗透、选择、改造等实践活动的一种认识体系。它是人类文明史的理论研究，属于历史哲学的范畴。

文明交往是人类跨入文明门槛之后，直到现在，而且还将持续发展的基本实践活动。这种实践活动是由一系列属性所组成的有机整体，其中比较重要的属性有以下几种：一是实践性。这是文明交往的本质属性。人类生存和发展的基本实践活动是生产实践和交往实践。人类精神文明和物质文明的生产实践也总是伴随着文明的社会交往实践。人类也正是在文明交往实践中不断克服自身的动物野蛮性，不断加强人的文明性，从而建立和发展文明社会有序的人与人、人与自然的和谐关系。二是互动性。因为文明交往是一个人与人、人与自然关系的互动系统，是有"交"有"往"，互相依赖，彼此互动，或多向互动的一种动态进程，并伴随着互相冲突、互相融合、互相渗透等复杂的交往形态。这样，文明交往又是一种交互作用观。三是开放性。一个有生命活力的文明，总是敞开大门，欢迎其他文明，并在交往的涵化基线上，广为吸收消化自己发展所需要的外来文明成分。这种涵化基线是对自己本土传统进行扬弃和转化的创造性，是对外来文明感情接受、理性升华的自觉性；这种涵化是双向甚至是多向的，而其基本的原则是"化外"，而不是"外化"，即保持本土文明的基线，吸取人类文明的优秀成果，使之成为自己文明的有机组成部分，从而创造出自己民族独特的新的文明。而且只有保持自觉的、积极的开放性，文明才能发展。可见文明交往还是一种与时俱进的开放观。四是多样性。文明交往作为人类的社会实践活动，反映着纷繁的人生现实，因而其变迁轨迹呈现出复杂性和多变性，在演进形态上，蕴涵着普遍性和特殊性的并存，在联系形式上表现为多类型性和多渠道性。各种文明本身和各种文明之间，都经历着不同的文明交往之路，具有不同的历史发展背景、社会制度和价值观念，传承着不同的思想文化和生活方式。文明交往多样性正像文明的多样性一样，是世界充满活力、竞争和创新的动力和源泉。所以，文明交往是一种兼容的多元观。五是迁徙性。这是指人类群体在文明交往过程中的空间位移变迁，它体现了因时因地的变易观。通过李利安教授的研究成果，细心的读者可以发现，观音信仰作为一种宗教文化，它在印度的渊源与传承及其在中国的传播与演变，均体现着文明交往的这些基本属性。

宗教是文化基因的价值核心和内在精神，所有民族文化的各门类，都不同程度体现了该民族文化的宗教精神。同时，宗教的具体表现形式又与文化的各种表现形式并列，从而成为文化的一部分。特别是在中国，宗教以各种形态的精神性文化因素渗透到人们的意识之中。宗教与文化的密切联系，使之成为不同文明之间和同一文明之内交往的基本要素和重要载体，所以，宗教总是背负着不同肤色、不同民族、不同国家、不同社会阶层人群之间交流经验、沟通文化的重任。佛教起源于古代印度的恒河流域，后来不断向周边扩散，在公元前3世纪时，经过孔雀帝国阿育王的大力支持，开始向南亚次大陆以外的地区传播，其中小乘佛教向南传播，以巴利语为载体，形成了延续至今的南传佛教；大乘佛教显宗系统向北传播，经过中亚地区再传入中国，先以梵语为载体，传到中国后则以汉语为载体，形成了汉传佛教；印度大乘佛教的密宗系统翻越喜马拉雅山脉传入西藏，以藏语为载体，形成了藏传佛教。佛教对全球文明交往带来深远影响，特别是中华文明，曾深深受惠于印度佛教文明，而佛教也由于传入中华文明而得到延续光大。隋唐以来，佛教与中华传统文化融合成诸多教派，实现了中印两大文明交往中的质的飞跃，并进一步传至朝鲜半岛、日本、越南等地，谱写了一曲规模大、影响深的人类文明交往的历史长歌。

作为这一长歌中的强音之一，观音信仰从印度到中国的历程不但充满了文明交往的诸多特征，而且以其和平、渐进、互补、普及、渗透等特点，成为人类文明交往史上的一个典型范例。与此同时，观音信仰研究还涉及历史学、宗教学、哲学、心理学、地理学、民族学、社会学、民俗学等许多学科领域，呈现出强烈的学术性和实践性。从当代学术史看，20 世纪末我国宗教学研究的关键一步，是把宗教作为文化现象来研究。这不但解放了思想，而且加深了对宗教灵性存在和宗教思维特征的认识，增强了学术的自觉。我个人感到，现在的研究应从文化层次进入文明层次，特别是进入文明交往层次，用人类文明交往观把握宗教研究。在佛教研究方面，把突破点选在信仰性佛教研究上，已经得到许多学人的共识。对观音信仰的研究，特别是把渊源和传承、传播等文明交往的环节作为切入点，进行细密、深入的微观研究和个案分析，尤为必要。也正因为如此，我不但始终支持李利安教授的义理性佛教研究，而且在他跟从我攻读博士学位期间，我建议他以观音信仰为研究对象，展开深入细致的专门探讨，在填补学术空白的同时，揭示中印佛教文化交往中所涉及的诸多关系、诸多要素、诸多特性，并尽可能总结出一些规律性的认识。李利安以勤奋、严谨、求实、创新的治学精神，在读期间，终于拿出了令我满意的高水平的博士论文。后来又经过适当的修改和调整，形成现在的这部研究成果。在这本书中，他既保持了学术研究的理性与科学，也蕴涵着对佛教文化的热情与尊重；既追寻了观音信仰的历史渊源，也揭示了观音信仰的基本体系与基本特征。我认为，这是在信仰性佛教研究上的一次突破和深入，他不但完成了学科建设上一项艰巨的科研任务，填补了学术的空白，也塑造了自己的学术个性，奠定了他在菩萨信仰研究领域的权威地位。

李利安教授的这部著作不但具有很强的原创性，而且逻辑贯通，结构清晰，文笔流畅，耐人品读。这使我又想起我一直追求的一种更高的学术境界。大家都承认，学术研究贵在原创，学术原创需要问题意识的指引和中国话语的表达，而学术创新、问题意识和中国话语，都离不开美的追求。学术上新的自觉、新的高度、新的成果，无不充满着诗性的、独立的、有空间理性和美的悟性的智慧。学术研究中的审美意识是人类智慧中最宝贵的智慧力量，这是一种深刻而长远的力量，往往超过了政治的、经济的、伦理的力量。人和动物都有生命活动，都有自身的生产和交往活动，但人使自己的生命活动本身在生产和交往实践中变成自己的意志和意识的对象。马克思在《1844 年经济学哲学手稿》中指出，有意识的生命活动把人和动物的生命活动直接区别开来，并且分析了动物生产和人的生产的各种不同，他特别指出"人也是按照美的规律来建造"、来"改造"、来"创造"世界的。科学研究是人类思维的建造、改造、创造世界的生命活动，"美的规律"是它的最高境界的规律。在科学研究中首先要追求真，但美涵盖真而又高于真；在科学研究中也应追求善，但尽善而后的境界是尽美，所以，审美意识是更高层次的科学情趣和道德意识。真、善、美是一个层次递进的、逐步上升的统一过程。做学问的真、善、美相统一的气势，如释迦牟尼之说法，如观音之普度，如行云流水之在天地，庄严恢弘，清远雅正，不强服人而人自服，无须捧逗而自成顺理。我求真，向善，更爱美，所以，我在科学研究过程中，总要尽力使自己的论著美一些，再美一些，更美一些，尽量使文采行而远，语言顺而雅，在保持独立原创力强劲不减的同时，让思想锋芒的智慧之光更加闪出美的光亮。这是一种很高的境界，虽不能至，然心向往之，奋力笃行之。路漫漫其修远兮，吾将上下而求索。愿以此与利安共勉，希望能看到他更多更好更美的研究作品。

2007 年 12 月 25 日于北京松榆斋

附：

序后再致作者信

利安：

　　序言的撰写与修改对我说来，是一种科研乐趣。乐在我为你的理论悟性而乐，趣在为论文思想理论的升华而趣。做学问，其初衷和内动力出于内心对研究对象的热爱和理解。出于认识和清理问题冲动的学问，才是真诚的学问。只有对人生真谛的思考，只有对人类社会矛盾的探索，只有对人类文明命运的关注，方可成为有思想深度的学问。学问要严谨其学、建树其实、创造其本、纪念其值，而做学问者，要赤子其人、道德其心、勤奋其基。

　　上述语言，是我在三改序言之后，余意未尽而展开的思绪。我觉得你理解我的文明交往观是准确的，和观音信仰研究的结合，是对路的。渊源、传承、传播，都是在《文明交往论》、《书路鸿踪录》和《松榆斋百记：人类文明交往散论》之后，思考我所深入思考的问题。你的《观音信仰的渊源与传播》一书，为此问题提供了典型的个案研究范例。我想，其中有许多文明交往资源可以发掘和思考。

　　渊源研究虽已结项多年，但我想你在研究中受益的深意，一生难忘，这是学术纪念价值。历史与现实的课题有沿流溯源，有由源及流。源流考究，其归本及根的方法，可烛照人类文明交往的全貌，许多论断即由此出。近读姜夔《白石诗说》，颇有诗外的启发："人所易言，我寡言之；人所难言，我易言之，自不俗。"世界史、全球史、文明史，人类"易言"而多言，唯人类文明交往，人言者不多不深。我在世界史、南亚中东史领域作入而出、出而入的史实与理论上的上下求索，乐趣在其中。人言师生情谊为人类最美好的感情之一，其中内涵在于学问情结和学术情缘。每一个人的能力、生命都是有限的，但师生之间薪火相传、接力相续，可以使学术变有限为长续。龚自珍有诗云："未济终焉心飘渺，万事都从缺憾好。吟到夕阳山外山，古今谁免余情绕。"我今年七十有七，是坐七望八之年了。读龚诗有深深感触。"缺憾"其实也是一个美。电影界的延艺云对我说过，电影是遗憾的艺术，学术其实也是有"缺憾"，惟其有"缺憾"，才有后来的研究空间。"万事都从缺憾好"，好就好在"缺憾"是后来居上的起点。夕阳无限好，唯有其近黄昏；桑榆犹未晚，为霞尚满天。我现在正在路上跋涉，像你和你以下的中青年朋友也和我一起在路上一样。这一点龚诗中的"未济终焉心飘渺"的心境我并不存在，如果说有"余情"绕我心，那就是师生之间学问情结的文明交往自觉了。

作诗讲究气象。诗的气象，吟山峦则有云烟，诵江海则有波涛。诗的夺魂摄魄，每在于此。我序中讲的"学问的气势"，即由此而来。学问如无真的本根，如无善的情理，如无美的智慧，则不成其为学问，也无纪念的价值和实实在在的建树。这种建树不仅在于厚实的论著，也在于有深刻的思想。这就是序言中所说的"让思想锋芒的智慧之光更加闪亮"的"思想锋芒"。以上所言，均为随情所叙，虽不严准，但属真情，供你参考。这是在寄出序言之后写的随感，收到后来电告知，以释悬念。

彭树智

2007 年 12 月 25 日于北京松榆斋

六　从城隍信仰看民间信仰的演变

城隍庙许多城市都有，我在《书路鸿踪录》中曾记三原城隍庙故地重游一事。《文博》2004 年第 5 期《韩城城隍庙》一文，谈及城隍是古代传说中的守护城池之神。文中引用《周易·泰》中"城复于隍"的起源，说是"从周代创建八腊之祭开始祭城隍，经历唐代的郡县皆祭城隍，元、明、清全国各地普遍建有城隍庙。城隍庙主要供老百姓祈雨、求晴、禳灾诸事，祈求城隍的神灵，保佑全家平安，诸事皆顺利"。

城隍何义？城壕也。有水的城壕为"城池"，无水的城壕为城隍。《文选》载，汉班固《两都赋》序中有"京师修宫室，浚城隍，起苑囿，以备制度"。这是在讲城隍的原义。以城隍命名的神，也并不像《韩城城隍庙》一文作者所说，是"八腊之祭"那样含糊。《礼记·郊特牲》有"天子大蜡"所祭八神，其第七神为"水庸"，相传为后来的城隍。《北齐书·慕容传》有祭城隍记载，说明在南北朝时此种信仰已在南方传播。大约到了唐宋时代，已是普遍的民间信仰了。祭城隍文的作者，在唐代就有张说、张九龄、韩愈、李商隐等。清代赵翼的《陔余丛考》三五就有较为系统的《城隍考》。

民间信仰中有"人之正直，死为冥官"，城隍神是一个城镇的地方"冥官"。唐代已有封城隍爵位的举措，五代加封为王。明代的开国皇帝朱元璋下诏仿照各级官府衙门的规模，建造各地城隍庙，并按行政建制称某州某县城隍之神，供奉本主。《明史·礼志三》有言："城隍之祀，莫详其始。"城隍这一民间信仰经过历代加官进爵后，成了半官半民的神灵。过分官方化，降低了城隍在老百姓心目中的神圣性。甚至后来有的文学作品如《聊斋志异》把城隍神作为讽刺的对象。这种对城隍信仰的改造，是中国传统社会中，"大传统"对民间信仰的改造和引导，二者形成了交往互动的作用。这种互动作用是一个时起时伏、缓慢而又不断整合的过程。城隍的演变是一个典型事例。但最成功的还是将历史人物关云长的神化和信仰，社会上下层均认可而且影响持久。

现在保留下来的城隍庙多为明清两代修建和维修。一般都是中轴线的大道两旁的系列建筑，除各殿外，还有戏楼、钟鼓楼。奇怪的是，中轴线偏后东西两侧都有道院。城隍庙不归佛家，而归道家。抽签问卦，都有道人主持，但又非道观。三原城隍庙大门口有铁牌楼，有哼哈二将的巨大泥塑，有令人生畏的十八层地狱诸鬼神泥塑及壁画，对有罪的鬼魂过望乡台、奈何桥、上刀山、下油锅，对行善之鬼魂经阎王判定，再乘马转世为富贵之人。似乎有许多民间轮回报应传闻进入城隍庙内。三原城隍庙和韩城城隍庙的东道院都小，而西道院大。我在三原县中的一年级宿舍就在西道院，而东道院是道士们居住的地方。三原城隍庙与三原县中为邻，一边是暮鼓晨钟，一边是上下课铃声，神庙与学校，诵经与读书，相处相闻。

远古先民活动范围由山洞入平原与河谷地带聚居繁衍，为防范野兽及其他部落侵袭，在聚居地周围挖壕沟，并将挖的土堆积在壕沟内侧，形成一道防护带，这就是城壕和城墙的来由。这使我想起了西安半坡先民们居住周围有壕沟，那是早期的城隍。后来发展为《礼记·礼运》中所说的"城郭沟池以为固……谋用是作，而兵由此起"。城墙既起防水坝作用，也可阻挡敌人入侵。正如恩格斯所说：后来人们"用石墙、城楼、雉堞围绕着石造或砖造房屋的城市，已经成为部落或部落联盟的中心……在新的设防城市周围屹立着高峻的墙壁并非无故：它们的深壕宽堑成了氏族制度的墓穴，而它们的城楼已经高耸入文明时代了"。（《马克思恩格斯选集》第4卷，人民出版社1995年版，第163—164页）城墙与壕（无水之城壕）、沟（有水之城池）形成为生活与防御一体的城堡，成为人类抛弃野蛮而进入文明交往的门槛。《周礼》中常提到的"王城"、"大邑"就是都城，后来"城"与"市"又联系在一起。朱元璋有"非深沟高垒，内有储蓄"不能破敌的主张（《明太祖实录》卷四十六）。总之，在实物城市壕沟演变的另一条轨迹，是城隍的演进，星罗棋布的城隍庙，在中国大中小城市中，发射出百姓祈求平安之光，而城隍作为一城的保护神，又为道教所经管，并杂以儒学、佛学及民间传说色彩，可谓文明交往的一个史迹。

由此我想到民间信仰的作用。我生活在陕西关中大地，自幼耳闻目见，深感民间信仰在传统社会中无处不在，任何一种宗教似乎都在社会生活中不能与它相比。农村的劝善说唱、风俗习惯、庙会集市、结构功能、认知方式的影响和作用，特别是神秘知识和经验知识的系统、万物有灵的精神世界的感情慰藉和心灵保护，对适应乡村社会需要具有不可忽视的价值。

七　信仰对象与思维对象

（一）欧洲文艺复兴时期经院哲学有一个值得注意的问题，那就是把信仰的对象变成了思维对象，把人从绝对信仰的领域引到怀疑、研究和认识的领域，促进了文艺复兴的酝酿。

（二）"人文理性"是文艺复兴的原动因子，是对压抑人的个性的中世纪传统的反抗。"借神颂人"、"圣经人文主义"是文艺复兴对神学传统的选择与吸收。这种交往互动在意大利人文主义者与宗教的关系，既表现为对抗，也表现为寻求宗教与世俗之间的平衡。双向互动最终变为双重矛盾。

（三）中世纪的基督教渗透到西欧社会诸方面，支配着人们的行为方式和思维取向，但斥宗教信仰为"蒙昧"、"禁欲"则失之于简单化。宗教要生存也需适应资本主义变化：教会经济伦理从反对资本主义到不同程度认可资本主义，甚至支持资本主义，这是社会经济发展的必然结果。

（四）薄洁萍在《上帝作证——中世纪基督教文化中的婚姻》（学林出版社 2009 年版）中，认为基督教文化对中古西欧婚姻制度和婚姻生活产生重要影响，由此而固定下来的一夫一妻制模式，体现了文明的进步。此外，教会对黑死病在英国造成社会危机时所采取的救治措施，也是这种"适应性"交往的表现。

（五）正像学术史常见简单思维模式（两极）一样，不究源流变化而在"进步"与"反封建"框架中对待宗教信仰，结果易于产生片面认识。"问题意识"可突破"启蒙主义"模式，从"信仰对象"进入"思维对象"，可以从思考、怀疑、探索中对待信仰。社会阶级、社会制度、各种主义应先于宗教而消亡。

（六）康德把宗教信仰放到"自在之物"中去，而"自在之物"又不可知，其结果就把认识论从宗教信仰中解放出来，认识论成了哲学的主导，让哲学之光普照人类。康德只关心大自然律和人心中的道德律，我意还应关心社会的法律。三律常在，和谐有望。对于各种政治思想、思潮，不要滥用阶级观点，不要用"国之大事"横扫一切，要洞察其中的社会性、时代性，对具体问题作自我分析，走自己治学之路。

（七）信仰要走向文明的主体性自觉，人的主体意识的自觉，在于自我价值的内在定位，从社会上是公民的自觉、自律，惟其如此，才可成为自由、全面的人。

八　"文化基督教"的"五问"

以基督教为研究方向的张西平，1998 年走进"圣城"罗马时，才觉得自己第一次从感性上触摸了基督教，才真正从内心感受到"一种宗教的神圣"。圣彼得大教堂那高大圆顶与蔚蓝天空浑然一体，十字架在阳光下闪烁，给他的是"恢弘与神秘之感油然而生"。教堂的五扇大门——"死亡之门"、"铜门"、"善恶之门"、"圣事之门"和"圣门"的封闭与开启，使他领悟到：

"任何宗教都是通过各种不同的宗教礼仪沟通现世与超世，促使宗教情感的交流与融合，当我站在关闭圣门前默想时，仿佛自己也汇入了朝圣队伍之中。"在圣若望教堂看到一位中年神父对着圣像若痴如迷地独唱达两个多小时的场面以后，他发出了以下"五问"：

（1）我能和他说些什么呢？

（2）我对心中的信仰有他那么虔诚吗？

（3）在这个金钱瓦解、消融掉了神圣、正义的世界里，我们到哪里去寻找精神的家园？

（4）生命的价值不正是在超越有限、指向那无限的永恒吗？

（5）当头上的星空被科学的进展遮住它神秘的星光时，当心中的道德感在物欲的诱惑下已土崩瓦解时，我们像一根飘浮的小草，难道我们不需要守住祖先传留于我们心中的对未知的神秘，对神圣的敬畏吗？

这是一条彷徨、回归之路上的"五问"。所以，张西平在《中华读书报》2008年9月3日发表的《圣城罗马》一文最后，心里默念着屈原的"路漫漫其修远兮，吾将上下而求索"和孔子的"道不行，乘桴浮于海"（《论语·公冶长》）的名言，而踏上了回家之路。

研究者需要感性与理性的互动交往。唯有如此，方能加深理解，走向理解，进入学术自觉的深处。信仰的穿透力在此找到了生长点。

九　中东地区的宗教文明交往

（一）发源于、存在于中东沙漠地区的三大宗教文化都是世界性的：犹太教产生于西奈沙漠，基督教产生于巴勒斯坦沙漠，伊斯兰教产生于阿拉伯沙漠。

（二）这三大宗教的生成和聚散，同样是世界性的：犹太教随着犹太民族的流散，遍及世界，第二次世界大战后建立以色列国，以巴冲突成为中东的核心问题。基督教西传并远播全世界，成为西方文明的灵魂。它在中东的教徒虽少但仍然存在（黎巴嫩等国有基督教的希腊东正教徒、有天主教的马龙派，塞浦路斯的基督教与伊斯兰教并存，埃及有科普特基督徒）。至于伊斯兰教，其影响不仅成为中东和非洲22国阿拉伯世界的灵魂，而且是160多个国家伊斯兰世界的灵魂。但是，伊斯兰世界中，人口最多的国家却不在中东，而是东南亚的印度尼西亚和南亚的巴基斯坦和孟加拉国。

（三）中东地区自古是宗教文化汇集之地，除上述三大宗教之外，其他如祆教、摩尼教、萨比教、巴哈伊教等宗教的多元文化结构长期存在。古文明的核心地区，无疑在中东，虽然"学者们至今尚在辩论西方文明究竟是发端于尼罗河流域，还是发端于底格里斯河—幼发拉底河沿岸的美索不达米亚"（西内·费希尔：《中东史》上册，姚梓良译，商务印书馆1979年版，第10页）。

（四）中东地区最大的宗教是伊斯兰教。伊斯兰文明在中东的交往可以说是多姿多彩。早期的横跨亚非欧的阿拉伯—伊斯兰帝国、近代继之起来版图巨大的奥斯曼—伊斯兰帝国，后来的伊斯兰国家，如阿拉伯的诸多伊斯兰国家，伊朗、土耳其和阿富汗等非阿拉伯的伊斯兰国家，都是这种交往发展的结果。这种同（伊斯兰）中有异（民族）的中东地区伊斯兰国家，同于宗教信仰、异于民族国家利益的交往，构成了一幅复杂多变的发展图景。

十　信仰圣地需要和平

德国《明镜》杂志2008年12月一篇谈到圣地耶路撒冷（DAS HEILIG LAND）的文章说，2000年以来圣地的人生活并不快乐，他们很不幸。其要点如下：

（一）2000年过去了，耶路撒冷依然古老。如今这里正在上演着"自杀性袭击之后的反击，休战日之后是无休止的战争"。"因为尘世中的主角仍期待弥赛亚的拯救，这就让人间戏剧在这里频繁上演"。

（二）这里有700万居住者，却有10亿朝圣者。2000年当中，住在这里的人被他们的邻居驱逐、迫害和谋杀，犹太教堂、基督教堂、清真寺被捣毁。

（三）罗马人杀害不信仰罗马人之神的犹太人，基督化之后，犹太人又因不信仰基督被驱逐。

（四）当穆斯林来到这里时，基督教徒因不信仰穆罕默德而被杀害。基督教徒反过来杀害穆斯林，因为后者不相信耶稣基督。

（五）最后犹太人回来了，驱逐所有的阿拉伯人，因他们不是犹太人。正因为如此，现在仍有很多穆斯林要谋杀犹太人。

（六）叹息声：圣城的人生活在不幸中，世界文化遗产之地，仍无和平曙光！

　　不过，从历史的长远视角看，这是发展中的曲折与复杂性的表现。因此不需要悲观失望，而需要的是冷静和耐心地研究和思考。人类文明交往的自觉进程总管着和平进程，和平曙光终究要在圣地升起。对此，我持冷静的乐观态度，因为这是人类文明自觉，人类需要和平！

十一　伊斯兰文明的两项信仰因素

　　有一千四百年历史的伊斯兰教，全球有 12 亿信徒，分布于 162 个国家和地区，教徒人口占总人口 80％以上的国家有 37 个。我国 56 个民族中有 10 个民族信奉伊斯兰教，信徒约 2000 万人。伊斯兰教是宗教与社会革命的产物，它本质上是一种政治性的宗教，有顽强的政治生命力。伊斯兰教主张为信仰、为"主道"而战。不可忽视，伊斯兰教有两项信仰因素。

（一）伊斯兰传统文明中的人本主义因素

　　伊斯兰教是神本位的，在神本位第一性的条件下，存在着强调人在社会实践和人生实践的主体地位。这中间的主体地位，含有人本主义因素。抹杀自我的神本主义是把此举自我归于彼岸信仰，文艺复兴以来的人本主义强调个人独立人格而带有强烈个人的人本主义。伊斯兰人本主义是道德化的人本主义，前提是将社会责任和历史使命作为抽象宗教教义；途径是通过集体道德的强化，使个人的灵魂得到拯救，中心是个人为动力中心。《古兰经》规定了人要走正道："赖买丹月（伊斯兰教的九月），开始降示《古兰经》，指导世人，昭示明证，以便遵循正道，分别正伪。"（第二章第 184 节）《古兰经》又要求人要有理智和觉悟："唯有理智的人，才会觉悟。"（第二章第 269 节）人的行为由神性决定，行为的选择由人决定，行为选择—行为结果—善恶之报都是为了人。真主给人在认知领域中的主体地位，又肯定人在社会道德实践中的主体地位，其中彰显人本主义因素。《古兰经》："他们自创出家制——我未曾以出家为他们的定制——他们创设此制，以求真主的喜悦。"（57：27）伊斯兰教认为，"人是最好方式创造出来的。他被授予无限的可能性。"（赛义德·菲亚兹·马哈茂德：《伊斯兰教简史》，中国社会科学出版社 1981 年版，第 31 页）这里鼓励人的创造，是人本主义的核心所在。

　　人的本位意义在伊斯兰教中关于神本前定的神秘主义思想缝隙中生长，

形成了鼓励人们不断劳作、不断创造、不断开拓的独特精神上的宗教感召力。其作用表现在：①人的价值创造和社会实践中的主体地位；②以唤起自我超越的精神上的宗教信仰力，体现人的主体地位；③这种在实践中的独特主体性，在适应现代化的选择中有适应现代化的因素。

（二）伊斯兰传统文明中的理性主义因素

信仰，对伊斯兰教本义中含有一种思想，即不应盲目模仿，而要进行认真学习、辛勤努力的观察和理性思考。《古兰经》第十章第101节有言："你说：'你要观察天地之间的森罗万象。'""有眼光的人们啊！你们警惕吧！"（59：2，7：185）"难道没有观察天地的主权和真主创造的万物吗？"（59：2，7：185）《圣训》上也说："你们应常常同学者座谈，听博士们的言论，因为安拉智慧之光，使其已毁灭的人心再生。宛如借甘霖，令枯萎的大地繁荣一般。"

这里面已隐含着理性主义的因素，启示着文明智慧的复兴。其作用是：①为传统文明的生存和发展，提供合理的解释；②发掘新价值，以连续的现代文化冲击而带来的人心中的断层；③安拉智慧之光，折射着心灵深处的复苏。理性神学的理性不同于世俗理性，除天启神条之外，都要用人的理性来检验和判断取舍。

阿布笃（阿不杜，1849—1905）在《回教哲学》中说："《古兰经》命令我们用理性去观察宇宙现象及其规律，以谋得对于《古兰经》之教训的确信。"（商务印书馆1934年版中译本，第26页）他论述一神教旨的要点为：真主的存在、真主的单一性、真主的各种属性以及先知启示的本质。他的贡献主要是弥补了伊斯兰经院神学（一神论）在系统性和完整性方面的不足，其中就包括神学理性。阿布笃认为，人类通过先知（真主的使者）领悟真主的意志，作为宗教对人类的终极回应，最高阶段就是对终极实在的直接体验，如苏非主义的理论与实践。这也是虔诚信仰的宗教情怀对终极实在的关怀。

十二　戴维·基斯论伊斯兰教的信仰

信仰，首先是宗教信仰。信仰是寻求心理慰藉。中国现有佛、道、伊斯兰、天主、基督五大宗教，一亿多人的信徒，而且近20个少数民族，几乎全民信教。英国记者戴维·基斯（David keys）在《大灾难》（邓兵译，世界知识出版社 2001 年版）中谈到了伊斯兰教信仰问题。

该书对公元 6 世纪中期发生的一次全球性气候大灾难的分析中，得出了这样的结论：这个主要的世界性因素，推动了古代世界走向终结并帮助奠定了当今世界地缘政治的基础。其表现是：①公元 535 和 536 年的人灾难长达 18 个月，可能是大型火山爆发或一颗小行星撞上了地球，太阳被掩去了大部分光与热，直接造成了气候失控、瘟疫流行，以及引发了世界经济、政治、宗教、人口及其他方面的相互作用。②具体事件有罗马帝国的农业歉收及饥荒，英国的坏气候，美索不达米亚的大雪，阿拉伯的洪水之后的饥荒，尤其是 536 年中国的旱灾与饥荒、沙尘暴，或大爆炸引起的金陵的"黄色尘土如雪般降下"。③公元 6 世纪第四个十年因大灾难而导致欧、亚、美政治巨变。④大灾难过后一百年，世界历史上"黑暗时代"核心岁月的文化变迁。

书中特别提到，气候引发阿拉伯地缘政治改变，并最终导致地中海地区末世的"天启氛围"。他认为，正是这些因素，促成了伊斯兰教的产生。主要的例证是也门 539 年或 540 年的瘟疫和 6 世纪 50 年代马利卜水坝的溃决。

马利卜水坝高 53 英尺、长 2046 英尺、底基宽 200 英尺，灌地 24000 英亩和供三四万人生活饮用。《古兰经》有两段话：①"他们（人类）的邪恶才招致我们将伊拉姆（马利卜水坝）的洪水降临到他们身上，并且（我们）用两个苦果的（坏）花园取代了他们的两个（好）花园……"②"他们自己作孽……所以……我们……令他分居处——完全分散开来。"据说，这是公元 7 世纪 20 年代先知的话。作者认为，洪水与大坝有关，并说，大约在 590 年大坝终于被洪水冲垮而废弃。人们纷纷迁徙，巴奴迦散和阿兹德两部落向北移居阿拉伯半岛中部的麦地那绿洲。四十年后，先知即生于此城；而早在 6 世纪中晚期，先知的曾祖父艾米尔为救饥荒从叙利亚购来小麦，以"哈布姆"（"弄碎"——弄碎的面包）而闻名于世。

不仅水坝，还有公元 6 世纪 40 年代的瘟疫，也导致当时占阿拉伯半岛人口一半的也门，走向衰落。作者认为，这为伊斯兰教兴起，留下了权力真空。

在"自然因素"之后，作者认为政治与神学形势是伊斯兰教兴起的"关键"因素，其中就有"信仰危机"：

（1）政治：统治地中海达八百年之久的罗马帝国的最后终结。

（2）军事：公元 605—630 年的波斯战争。

（3）宗教上"世界末日"的大灾难：犹太教和基督教预言中世界终结的三阶段——魔鬼统治与蛮族入侵；弥赛亚（教世主）降临并打败魔鬼，死者复活与最后审判。

（4）伊斯兰是"世界末日"氛围中出现的宗教：《古兰经》中"世界末日"词汇——"尤姆阿尔—基亚马"（复活日）一词的次数不下 70 次；"世界末日"出现 45 次；"阿尔—萨阿"（最后时刻）出现 40 次；"最后审判"出现 22 次，"尤姆阿尔·希萨卜"（最后清算日）出现频率也较高。

这类"世界末日"的含义在政治军事上的呼应是："波斯人逼近罗马帝国首都、攻占耶路撒冷。在宗教上表现为穆罕默德是真主派来的信使——我是信仰者的告诫者，也是好消息的传送者。"（《古兰经》第七章第 188 节）。结论是："伊斯兰教在当时——并且，在今天又再次（当然，对此是有争议的）是一种政治与流行神学（即'世界末日'）相应的宗教。"（第 81 页）

戴维·基斯在《大灾难》中肯定地说，伊斯兰的一神论思想是受了犹太教与基督教的影响。这种不同文明之间的交往来源于接触传播：①阿拉伯半岛北缘存在过基督教徒部落和小国；②阿拉伯半岛南部也门也有基督教徒存在；③犹太教在也门影响广泛，在半岛西北（尤其是麦地那）影响相当大。

"伊斯兰的教义使其不仅仅从利益角度，而且还从信仰角度，渴望进攻（罗马与波斯）这两个已经衰落的超级大国。"（第 82 页）这是作者颇为独到的见解。他引证《古兰经》："安拉说：'我们真正的仆人们应当得到这个世界。'"在该经《战争与报酬》一章中，详细讲述了"不相信安拉的启示"的下场，其中 54 节注明为 624 年与异教徒麦加人之间的巴德尔战役（伊斯兰教第一大战役）："哦，先知！对诚信仰者战斗。"

戴维·基斯认为信仰有巨大的推动力："伊斯兰的教义，恰恰正是麦地那人需要征服阿拉伯半岛的信仰基础，而此后，伊斯兰教的教义更成了阿拉伯人征服元气耗尽、已然积弱的罗马和波斯帝国的信仰基础。"（第 83 页）

信仰是什么？"伊斯兰教是从命运和责任的角度，而不是从物质和政治角度来看待征服与胜利的。"伊斯兰教是一个主张宽容、平等的宗教，但同时也具有排他性。它允许其他宗教徒皈依伊斯兰教，但不允许伊斯兰教徒皈依别的宗教，否则以叛教论处。这使人想起科威特宪法的规定："信仰绝对自由。国家保护宗教信仰自由，只要它不违背社会秩序和伦理道德。"该宪法同时规定："伊斯兰教为国教，伊斯兰教法是立法的主要依据。"

十三 中国伊斯兰教革新的启示

上海古籍出版社在 2007 年 11 月出版了《中国伊斯兰教典籍选》（精装册）。它汇编了明代至民国中叶三百年间伊斯兰文献 52 种，其中除明代 1 种、清代约 15 种外，其余为民国时期的典籍。此书之出版，对中国伊斯兰教与其他宗教的文明交往颇有启示意义。

启示一：典籍文献多在清末到民国中叶这三十年，向中国思想史研究者提出了一个问题：关注中国伊斯兰教的宗教文化革新。这时期，在欧风美雨浪潮冲击下，中国伊斯兰的文化自觉者起而"保教保族"，办学校、创社团、办报刊、派遣留学生。这场伊斯兰文化潮流，在穆斯林和汉民知识分子中都有深刻广远影响。它不仅比思想文化史上的新文化运动早，同时也对中国现代新文化的形成，有重要影响。在大家都注意儒、释、道和中、西、马的同时，也不应忽视这场启民智的文化运动。

启示二：典籍所选的第一个文献是阐述伊斯兰教哲学的《希真正答》（王岱舆），是伊斯兰教学者与佛教、道教学者的问答；而收入最后一本是王静斋翻译的《回耶雄辩录》，是伊斯兰学者与天主教学者的辩论。首尾连读，省察其中还有儒学思想在，而且特别应了文明交往中对话交往的律则。在中国历史上，从来没有发生过因宗教信仰冲突而导致大规模战争的事例。这种人类文明交往史上的奇迹，说明了文明对话交往的重要性。中国伊斯兰教就是在与儒学及佛教、道教、基督教对话中发展起来的。

启示三：典籍文献是无声的言说，它对中国伊斯兰教理解自身，也对其他宗教和文明理解中国伊斯兰教开了窗户。宗教是什么？宗教是一种文化，它有自己的个性。有人称基督教的个性是"传教"，那是根据五百年来，特别是近两百年来教士们千方百计把"福音"传遍世界各地。也有人给佛教传播的个性下了"取经"的称谓，两千年间，尤其是佛教传入中国的第一千年，官派、民间自发的"西天取经"成为主要途径。那么，与基督教和佛教相比，中国的伊斯兰教在传播上有何个性？有人根据中国伊斯兰教主要在穆斯林社区内流传、对汉族影响不大而概括为"内向性"。此言有理，因为伊斯兰教虽有唐代已传入中国之说，而明代才有汉语的教义典籍，还是为汉语穆斯林读的。即使如此，也为不同文明与同一文明之间的对话，创造了条件。

总之，这部典籍从较系统的历史陈迹中，显现了中国伊斯兰教文明的信仰和思考，它虽久被忽视，甚至被湮没、被忘却，但今日披阅，仍以鲜活姿态出现在中国近三百年思想文化史上。这是独特的、绚丽的中国文化思想上、文明交往史上不可或缺的篇章。

十四　《古兰经》中的经济问题

（一）经济制度方面，资本主义制度是在个人财产神圣不可侵犯思想支配下的自由竞争与契约相结合，社会主义是在人人都有劳动的权利和义务思想支配下的主要生产资料属全体人民所有。伊斯兰教的法律观念是真主授予穆斯林法，即"沙里亚"（Sharia，阿语"通向水源之路"——指行为、道路），而非人定的，是穆斯林对真主的敬畏与信仰的义务体系而非国家政权强制执行的。"沙里亚"的来源最根本的是《古兰经》。

《古兰经》共 6226 节经文，直接涉及法律的 600 多节，与经济有关的 1400 节。财富全属真主，人只是受委托代管；个人财产中有用于济贫者；鼓励缴纳天课；公平交易；禁止高利贷；反对浪费是主要内容。

"沙里亚"有"停止"或"废止"（nasikh，拿西合）原则。第二任哈里发欧美尔在位时，颁布了关于收取天课的具体办法，停止过去一直实行的将新征服的土地分配给穆斯林将士的做法，停止了过去向一些信仰不坚定者发放赈款的做法，以及包括婚姻、家庭、刑罚等方面的许多改革，为以后伊斯兰国家立法开了先河。但 10 世纪之后，随着各种制度完善而关了"创制之门"，失去往日活力。只是 19 世纪末 20 世纪初才开始改变。

（二）由此我想起了制度文明在经济中的地位。各种文明经典中都有自己的表述，经济学家的说法："制度是一个社会中的一些游戏规则；或者，更正式地说，制度是人类设计出调节人类相互关系的一些条件。"这是美国新制度经济学派经济史学家道格拉斯·诺斯在其《制度、制度变革与经济绩效》第一章开宗明义的话（三联书店中译本 1990 年版，第 3 页）。制度至关重要，有了制度，土地、劳动、资本诸要素才能充分发挥其功能。

现在人们每天都在谈制度，但在众说纷纭之中，有一条得到认同：制度是制约人们行为，调节人与人之间利益矛盾的一些社会承认的规则。制度在经济运行中之所以发生作用，是因它可以在人们的相互交往中，使双方的行为形成较为稳定的预期，减少人们相互交易行为中的不确定，并因此减少相互交往中的交易成本，促进经济正常运行。核心是调解人们之间的利益关系。

正式经济制度（成文的法律、法令、公司规章、商业合同）之外，还有人们在长期交往中形成的价值信念、伦理道德、风俗习惯、意识形态等非正式制度。它是悠久的历史积累，潜移默化在人们的思维方式之中，其代代相传的文化力量，比正式制度更根深蒂固，更难改变，有更持久的生命力，效益更大。但也不能夸大它的作用，它是建立在人们是否自觉执行的基础之上的，控制的随意性大。只有两者结合，才有法德二治相得益彰之效。

制度文明包括政治、经济、社会、文化等诸方面，是与物质、精神、生态一起，组成了人类文明的四大内容。观察经济制度文明，应从制度文明的总体，特别是从制度文明与物质、精神和生态文明的互相联系中，才能获得完整的认识。

十五　"缠回"引起的文明交往话题

头巾，是伊斯兰教徒的文明标志之一。中亚及阿拉伯地区的部分穆斯林自古以来就有以黑白条布缠头的习惯。我国新疆维吾尔族宗教人士也以白条布束头，而自称先知的后裔者则以黑布束头。回族宗教人士也有以白布束头的习惯，更多则戴白帽。白寿彝在《关于回族史的几个问题》中说，清代人的一些著作中，称维吾尔为"缠回"，而维吾尔族人中，又有黑帽派（回）、白帽派（回）之称。

内蒙古阿拉善左旗有 2000 多人为蒙古族穆斯林，语言、文字、生产方式基本同于蒙古族，但信仰伊斯兰教，饮食习惯同于回族，当地人称他们为"缠头回回"，他们也自称"缠回"。据丁明俊研究，这是历史上新疆蒙古上层统治者在蒙古强行推行伊斯兰教的结果。察合台汗国统治新疆二百多年，伊斯兰教在蒙古人中迅速扩展，仅秃鲁黑·帖木儿汗统治时期（1346—1363），新疆就有 16 万蒙古人皈依伊斯兰教。15 世纪初，察合台汗国的马哈麻汗强行蒙古人信伊斯兰教，严守教规，"蒙兀人如不缠头巾（Dztar），他就要用马蹄铁钉钉入这个人的头中，这种做法是司空见惯的"。[米儿咱·马黑麻·海答儿：《中亚蒙兀儿史——拉失德史》（第一编），新疆人民出版社 1983 年版，第 233 页] 这比满族入关后的"留发不留头"还残酷。

考诸《古兰经》，对伊斯兰教徒戴缠头巾未作规定。祆教徒或古代印度人都有戴头巾的习惯。传说先知穆罕默德认为，对于穆斯林来说，"缠头巾"是区分不信与真信的樊篱。后来，缠头巾在伊斯兰学者或有身份的穆斯林中形成风气。头巾除信仰因素之外，多与中亚、西亚、北非的自然环境有关。尤其是海湾地区，炎热多风沙漠环境下，阿拉伯的头巾配上宽松的大袍，最具有民族地域特色。这种头巾叫"固特拉"，把一块下垂的大毛巾，折叠在头部，用黑色双圈粗丝绳编织成头箍加以固定，以防阳光、沙尘和昆虫的干扰。阿曼人用白色缠头巾。阿联酋人用白色或白底方格大布缠头巾。科威特人现行头巾中为白色绸纱布，天冷时，或戴红白间隔的毛质头巾。

缠头巾引起许多话题。玄奘从高昌国到西突厥王都碎叶城，不仅看到了云集西域各地商人的商业都市，而且看到西突厥可汗穿着绿绫缎袍子，以及他头上缠着一丈多长的丝头巾。我在《二十世纪中东史》第九章第二节中，谈到头巾。在《中东国家通史·约旦卷》编后记中，引用了《陕西通志》关于当时人的记载，即涉及此话题。我在谈阿拉法特头巾的特殊象征时，也想起了马克思对埃及穆罕默德·阿里的头巾与头脑的评论，并且把它作为民族国家自觉的象征，写进了人民出版社 2009 年出版的《中东史》绪论中。凯末尔改革中的土耳其帽与西式礼帽之争，也是一个象征文化问题，文明交往与头巾似乎是中东文明史上一个谈论不休的话题。

十六　天启与文明交往

记得我主编的《伊斯兰教与中东现代化进程》送审于上级出版局，有一位官员的意见可难住了我。他说，不能说伊斯兰教受其他文明的影响，因为伊斯兰教是天启的宗教，是真主启示而产生的宗教。我本想和这位上级官员讨论宗教的天启性问题，当我知道他是一个穆斯林时，只好作罢。因为我知道，在穆斯林看来，《古兰经》是真主的语言，是由天神吉卜利勒（天使迦伯利）依照原型（《古兰经》原型保留在七层天之上），口授给先知穆罕默德的。在宗教信仰上是难于超越的，用宗教的观点研究问题，自由度是有限的。于是，在修改书稿时，我用"在穆斯林看来"的说法，客观地表述了"天启"观点。同时，用宗教信仰、民族性格、思维方式、价值观念、道德规范、风俗习惯、审美情趣等方面的具体分析，研究了这种影响。

要说"启示"，首先应该是"历史的启示"，要把历史的内容还给历史。因为历史不是神的启示，而是人的启示，并且只能是人的启示。历史的内容是人，但只要对彼岸幻影的信仰还很强烈很狂热，人就只能用彼岸之神的迂回办法，取得神的内容。中世纪的强烈信仰的确赋予了那个时代以巨大的力量，这种力量来自人的本性，但由于寄托于神的恩典，而使这种力量处于不自觉的萌芽状态。人们不了解这是把自己的本质神化。恩格斯指出："我们要把宗教夺去的内容——人的内容，不是什么神的内容——归还给人，所谓归还就是唤起他的自觉。"（《马克思恩格斯全集》第1卷，第649页）这种自觉是在文明交往中自由人的自觉，明确认识到大自然和人的统一，自由地独立创造人类道德生活关系基础上的新世界。只有回到人的自我本身，才能获得自己的人性和自己的本质。

这实际上是人类文明交往的自觉，是用这种观点看伊斯兰文明同其他文明之间，在不同时期、不同地区的相互影响和作用，包括伊斯兰教的产生问题。在文明交往的空间上，阿拉伯半岛的地理位置有六个"相"，即半岛北部相接于两河流域美索不达米亚的古老巴比伦——亚述文明；西部通过西奈半岛与古埃及尼罗河文明相连；东部隔海湾与波斯古文明相通；地中海东岸的迦南—腓尼基—希伯来文明（当时分属于波斯、罗马）相邻；南濒印度洋与印度文明相望；张骞"凿通"西域后，与中华文明有陆海交通大动脉的相交。阿拉伯半岛麦加，是宗教、经济、文化、社会生活中心所在，先知穆罕默德正生于斯。阿拉伯腹心地带，尤其是伊斯兰圣地麦加、麦地那，古代一直处于古商道上。海上远东、欧洲和非洲的贸易，"中国人的手，法兰克人的头，阿拉伯人的舌"，这是智慧富于其中的三事物。此处呼唤平等（因奴隶主与奴隶矛盾尖锐），呼唤和平、安定、统一（因氏族部落矛盾而劫掠、血亲复仇战乱不止）和周边罗马—拜占庭帝国与波斯帝国争夺半岛战略要地而激起阿拉伯民族意识，应运而生。文明交往的渠道有三：政治接触；宗教影响；商贸往来。此外，还有历史因素。迦萨尼王国（叙利亚地区、罗马边境）、希赖王国（幼发拉底河畔，波斯边境）是阿拉伯与罗马文化、波斯文明的汇合处，撞击点，是不同文明的中介、代理人、保护国。迦萨尼国王是阿拉伯人，深受希腊—罗马影响而信奉基督教。波斯为连接东西方的桥梁，希赖王国有不少东罗马俘虏移民，王族有许多人信基督教。信犹太教的有太马、海尔巴、法达克绿洲、瓦迪—古拉谷地、麦地那及也门的阿拉伯人。《古兰经》多处提到的"天经"（46：30）、"前经"（12：111）、"天经"（10：37）就是犹太教、基督教的《旧约》、《新约》。因此，伊斯兰教兴起以前的阿拉伯文化与周边文化，特别是犹太教、基督教文化相交往，古代东方诸多民族文化相交中融合的一神教。伊斯兰教是不妥协的一神教，此特点免去了关于神学的许多分歧，有利于阿拉伯的统一。该教又是预言式宗教和在真主面前人人平等。

总之，文明交往中高度融合了各种不同文明，并在交往中形成了以伊斯兰教为核心、以阿拉伯语为纽带的阿拉伯伊斯兰文明。由此也可以有几点认识：①先进文化的洗礼（埃及、印度、希腊、罗马）使伊斯兰教文明得天独厚、得地独宜；②文化的溶解力与消化力使伊斯兰教文明博大精深、与时俱进；③保持固有文化精神，"化"外为内在组成部分，使伊斯兰教成为世界性和时代性的宗教。

回味恩格斯《反杜林论》关于一神教产生的原因分析："最初仅仅反映自然界的神秘力量的幻想，现在又获得了社会的属性，成为历史力量的代表者。在更进一步的发展阶段上，许多神的全部自然属性和社会属性都转移到一个万能的神身上，而这个神本身又只是抽象的人的反映。这样就产生了一神教。"（《马克思恩格斯选集》第3卷，人民出版社1995年版，第658页）

十七　阿拉伯—伊斯兰文明札记

（一）洗手的故事

据说阿拔斯朝有为的哈里发哈伦·赖世德（Harun ar-Rashid，786—809年在位）有一次同盲人学者艾布·穆阿威叶共进午餐，饭后，学者按照伊斯兰教的习惯想要洗手。[①] 有人端来脸盆和汤瓶，并给他倒水，盲学者洗完手后，照例对给他倒水的人表示感谢时，却发现做这事的人，正是哈里发哈伦·赖世德——尽管他手下的仆人成群，不需要他动手。于是学者感慨地说："信士的长官！我相信你这样做是尊重学问。"赖世德答道："正是这样！"

这应了穆斯林学者艾布·艾斯瓦德·杜艾里（Abu al-Aswad ad-DuaLi，605—688）的名言："没有什么比学问更宝贵：君王是人们的统治者，学者

---

① 伊斯兰教先知穆罕默德将清洁提高到信仰的高度："清洁是信仰的组成部分。"因为"安拉是喜爱清洁者"。《古兰经》（第九章第108节）。

则是君王的统治者。"这也许是中古时期阿拉伯文明昌盛的秘密所在——尊重知识!

(二)哈里发的乐趣

又有一个故事,是哈里发对乐趣问题的回答。"真主已经实现了你所有的愿望,那你还有什么乐趣没有得到吗?"哈里发的回答是:"是的!还有一个乐趣,它比我得到的一切都崇高,比我做过的一切都壮丽,世界上没有什么乐趣,也没有一种地位——即使是哈里发的地位——能近似它,更不要说与它相等了。那就是:我能有一次像《圣训》学者那样,坐在讲堂里,让别人听写,我讲解,并给学生记成绩。"

这是哈里发对教师的乐趣。重视教育也许可以认为是中古时期伊斯兰君主的座右铭。那时,孩子很小就被送往私塾或清真寺,以《古兰经》为主要教材学习读写和各种宗教知识。在许多大城市,如巴格达、巴士拉、大马士革、开罗、科尔多瓦等地,不仅清真寺成为学者云集的讲学中心,而且如巴格达的"尼扎姆大学"还开设了语言学、法律、历史、自然科学。"有人说,这所大学的某些规章制度,似乎成为早期的欧洲大学的先例"。(希提:《阿拉伯通史》上册,商务印书馆1979年版,第486页)

(三)交往开始了西方文明的复兴与昌盛

德国女学者吉格雷德·洪凯在《阿拉伯的太阳照亮了西方》中指出:"西方的昌盛与复兴只是当它开始在政治、科学、贸易方面与阿拉伯人交往之后才开始的;欧洲的思想是随着阿拉伯的科学、文学、艺术的到来才从持续了几世纪的沉睡中醒来,而变得更丰富、完美、健康、充实的。"(转引自《当代伊斯兰阿拉伯哲学研究》,人民出版社2001年版,第35页)希提在《阿拉伯通史》中有同样的说法:"阿拉伯人所建立的,不仅是一个帝国,而且是一种文化……后来他们把其中许多文化影响传到了中世纪的欧洲,遂唤醒了西方世界,而使欧洲走上了近代文艺复兴的道路。"(见该书上册,第2页)其实阿拉伯文明也是在交往中发展的,他们继承了两河流域、尼罗河流域、地中海东岸的古代文明,又吸收了、同化了希腊罗马文化的主要特征。像西方文明是受惠于同阿拉伯文明之间的交往一样,阿拉伯—伊斯兰文明也受惠于古代文明。

(四)阿拉伯—伊斯兰文明何以衰落

文明的演进和生物的进化,存在着很大差异。文明的演进是非线性的,是可以断裂的,可以衰落和迅速死亡的。历史上一些伟大文明的兴衰荣辱,就是思考的史证。阿拉伯—伊斯兰文明何以衰落?

首先,阿拉伯帝国的衰落。阿拔斯王朝后期大权旁落于波斯、突厥族之手,诸王割据;1096—1254年西方七次"十字军东征",许多大城市破坏,无数锁封荡然无存;东方成吉思汗(1162—1227)统一蒙古后,于1219年率20万大军西征,帝国属国(花剌子模、呼罗珊及中亚、西亚一些大小王国)被占。许多文化古城(撒马尔罕、布哈拉、内沙布尔、哈马丹等)被洗劫一空,许多文物、图书化为灰烬。1258年成吉思汗之孙旭烈冗攻巴格达,杀哈里发,洗城40天,焚书或将书投入底格里斯河中,军队所到之处,文化典籍破坏惨重;同一时期,阿拉伯人也被逐出安达卢西亚。阿拉伯东方的巴格达和西方的科尔瓦多及格拉纳达两个文明灯塔黯然失色!

其次,后续者马木鲁克王朝(1250—1517)统治埃及、叙利亚和希贾兹地区,击败蒙古军,开罗变为文化中心,但王朝前期(1250—1382)执政者为突厥奴隶近卫军,后期(1382—1517)掌政者为塞加西亚奴隶近卫军,执政者集团文化落后,且穷兵黩武,宫廷奢靡,人民贫困,文化教育衰落,自不待言。

最后,奥斯曼帝国是土耳其—伊斯兰文明,帝国执政者为土耳其人不懂或不精通阿拉伯语及其文化,不启迪民智,不提倡教育和奖励学术,反而实行种族歧视和愚民政策,规定土耳其语为国语,企图人为消灭阿拉伯语。郭应德在《阿拉伯史纲》中写道:"那时,学校极少,而且都是初级宗教学校,根本没有阿拉伯报刊,书籍也很缺乏,在大马士革和阿勒颇等大城市,找不到一家书店。经院神学统治一切,盲目崇古之风盛行。故步自封,墨守成规。自然科学衰落,社会科学毫无生气。曾经放过异彩的阿拉伯文化,受到了严重摧残。"(《阿拉伯史纲》,中国社会科学出版社1991年版,第284页)

(五)阿拉伯—伊斯兰文明的复兴

人类历史上的古老文明,既有衰落,也有复兴。20世纪中期的阿拉伯复兴社会党的"复兴",是阿拉伯国家建立什么类型的民族国家、走什么模式的发展道路、通过什么方式实现现代化的问题。政治复兴、民族复兴、文化复兴、宗教复兴，最基本的是经济振兴；而这一切都经常在民族主义和伊斯兰主义之间游离沉浮，在复兴和统一之间寻找契合联系，于是各种民族主义都在伊斯兰主义、社会主义之间交往互动。但是阿拉伯复兴社会党所持的混合思潮，本质上仍然是阿拉伯民族主义，它复兴的仍然是阿拉伯民族国家。

文明复兴对阿拉伯国家而言，是民族复兴，又是宗教复兴；民族主义者侧重于阿拉伯民族复兴；伊斯兰主义者侧重的是伊斯兰教的复兴。在伊斯兰世界，各个国家虽有不同，但伊斯兰教是一个重要因素，民族主义的阿拉伯社会主义，也离不开它。以伊斯兰教为文化内核的伊斯兰传统文化的复兴进程，包括两个组成层面：表层——伊斯兰世界的社会复兴浪潮；深层——传统价值在现代文明背景下不断凝练出的新的时代命题。

信仰、生活哲学、文化体系、意识形态合而为总体生活样式的伊斯兰教，其传统价值包括：①内倾型的精神超越和外化型的世俗关怀相结合（"天国渴望"、"现实关注"），结果复兴是肯定过去的方式把伊斯兰教的信仰与现实传统价值延续下去；②群体本位和个体实践结合的价值观，传统—道德—秩序—拯救的内在逻辑整体的联系与制约，使道德传统获得高度社会意义。

埃提·拉皮达斯在《伊斯兰社会史》中分析说：①伊斯兰的人生理想境界是穆斯林的心灵无限趋近真主，最终达到"人神合一"而获得灵魂拯救；②终极关怀的价值目标是通过道德实践，达到自我人格完善；③在道德的实践中为现实超越、彼岸向往及灵魂拯救，注入现实内容；④由于以上特点，就为伊斯兰教增添了一种凝重、静气、清洁和伦理情谊的内在气质。（中译本见天津大学出版社 1988 年版，第 94 页）

伊斯兰文明是整个伊斯兰世界的信仰体系，而伊斯兰现代主义的贡献如斯泼希托所言："在于它实实在在地影响了穆斯林社会发展以及它对西方的态度：伊斯兰现代主义再次唤醒了穆斯林过去拥有的力量和光荣历史的意识，去重新解释伊斯兰，树立伊斯兰的现代意识，并显示了伊斯兰和现代西方社会政治改革的适应性。"（《伊斯兰与现代化》，《世界宗教文化》1997 年春之卷）这里各个民族的特色最值得关注。

（六）中东因阿拉伯—伊斯兰文明而激荡世界

阿拉伯—伊斯兰文明从形成到扩展到北非、西班牙、印度河和中国西部边界，离穆罕默德逝世仅百年。这百年研究者已认识到它对西方文明的影响。也有研究者注意到地中海古文明交往中的苏美尔—阿卡德、巴比伦、赫梯、亚述、希伯来、希腊、罗马诸文明的秩序转变。这中间令人思考的是：阿拉伯—伊斯兰文明形成和鼎盛时期的世界文明交往中，基督教西传、佛教东传的许多历史事件。6—10世纪的中华文明内部佛、儒、道的交往和东传东亚南亚的外部交往。6—10世纪欧洲东正教和天主教的内部支配地位。这种东西方文明交往的格局变化，正好是阿拉伯—伊斯兰文明发展时期，阿拉伯帝国的版图大于极盛时期的罗马帝国。这是世界文明建构性大变化时期，它奠定了文艺复兴以后西方文明的强势地位。阿拉伯—伊斯兰文明有沟通西方文明与中华文明、印度文明的作用。至今在世界文明交往中，仍然不可忽视。"中东"因阿拉伯—伊斯兰文明而激荡世界，至今不衰。伊斯兰教与基督教、犹太教同为闪族人所创造的一神教，这三教文明至今的交往仍是东西方文明的关键政治、文化地缘格局。有人惊呼"第二轴心时代"的到来。雅贝尔斯所说的许多轴心，贡献出了自己一份力量之后，或消亡或退出历史舞台，只有中华文明占据东方舞台中心。后来的复兴后的西方文明和伊斯兰文明，和中华文明在此后交往中，以各自的优势和局限出现。对各自的局限性的自觉程度，将决定其发展的前途。

十八 信仰"中道"

"中道"在中华文明中，发挥得最充分。"中和"之说，"中庸"之论，都围绕"中"而言"度"。过犹不及，连史学之"史"字，也被《说文解字》解释为"从又持中"，体现着汉字的"适度"内涵。

佛教的原始阶段，是以"苦"为中心、以"出世"为修行而进行其信仰活动的。但到了佛陀开创理论时，就提出了他的"中道"论。此种思想方式是反对极端化的倾向。以后禅宗阶段把"出世"与"入世"相统一，并用此来指导实践，也体现了在人伦日用的佛界中的"中道"。

伊斯兰教把"中道"引入经济领域，提倡"适度消费"。《古兰经》要求人们树立"既不挥霍，又不吝啬，谨守中道"的消费观。此种消费观反对"过分"："你们应当吃，应当喝，但不要过分，真主确不喜欢过分者。"伊斯兰教用"中道"来规范人的欲望，用赏善罚恶和公正的宗教伦理道德来践行六大信仰（信真主、信使者、信经典、信天使、信后世、信前定）的人生追求之路。

"中道"在人类文明交往中的自觉性领悟，确有很宽广的研究空间。从根本上说，是面对"适度"与"极端"两个对立的方面，如何恰如其分地理解与掌控的问题。尽管"极端"给人类文明带来很大危害，但总是挥之不去，此与"人性恶"有很大关系；尽管"适度"给人类带来很大利益，但实行起来却复杂又艰难，此与"人性恶"也有很大关系。去"人性恶"、扬"人性善"，是人类文明交往的长时段任务。

"中道"难，但不是难于上青天，其正道就在脚下。我之所以思考人类文明交往论，在于我有一个信念：我相信文明交往是人类智慧、善良和爱心的持续不断积累的结晶。它在发展的总轨迹上所呈现的是逐步摆脱人类的野蛮性而日渐文明化。我之所以把思考人类文明交往转变为文明自觉论，在于我有一个理念：我相信文明交往发展的总特点，是由自发性向自觉性的演进，是由自在走向自为，是由情绪化走向理智化，是由必然走向自由，是由对立、对抗走向对话、合作。

我还是坚持 2002 年在《文明交往论》总论的结语中所写的理性与现实关系的看法："21 世纪将是人类文明交往过程中的历史的新阶段。人们对文明交往的未来，理应持冷静与乐观的态度。因为文明交往已经达到了一个新水平，虽然面临种种挑战，但它的总趋势是现实主义与理想主义的互换和提高，总的特点是多样性的统一，是文明程度的提高和社会的不断进步。文明交往既是人类追求的理想目标，又是对现实创造的积极肯定，人类已经并必然继续沿着社会进步的阶梯，永不停止地拾级而上，步入一个又一个文明交往的崇高境界。"

十九　宗教与哲学意义上的信仰

（一）信仰，从字面上是信服、尊敬、敬畏的意思。《法苑珠林》卷九十四《绮语》引《习报颂》："生无信仰心，恒被他笑具。"佛教经典中有"人天等类同信仰"之说（见《华严经》卷十四）。《现代汉语词典》的解释是："对某人或某种主张、主义、宗教极度相信和尊敬，拿来作为自己行动的榜样或指南。"依此而言，做学问，敬业，对事业的追求，成事业，都可称为信仰，而不单把宗教作为信仰。

（二）的确，应当把做学问也当做一种信仰。我读了美国学者贾雷德·戴蒙德的《崩溃：社会如何选择成败兴亡》之后，果然有如此感言。作者是当代美国研究人类文明的学者，他走入世界生态环保深处，呼唤人类的文明自觉。文明自觉不限于物质、精神、制度方面，也包括生态文明的自觉。生态文明的自觉，在当代日益彰显其人文精神本质。他冷静而严谨的学人风度，敲响了人与自然关系中人类自我身心的警钟。有信仰与学问的人，总是泰山崩于前而不动声色的。治学者理当如此有责任感的。

（三）传统的辩证法把所有事物都进行一分为二来加以对待，而信仰则要求人们灵魂与肉体的统一。信仰是由许多问题的答案组成，而哲学以理智的方式、宗教以想象的方式去回答。这些问题主要有：

（1）人类从何处来，到何处去？

（2）生与死如何转化？

（3）形与神如何关联？

（4）人与神是何种关系？

（5）宇宙从何而来？

在漫长的人类文明史上，就发生的次序而言，宗教在先，哲学在后。宗教之前，还有神话。人类认识世界，天文和地文在先，人文在后。简单的神话，首先源于大自然的变化。简单的神话，复杂的宗教，理性的哲学，螺旋式上升地围绕着天文、地文和人文问题提升文明自觉。

（四）仅以宇宙从何而来，即宇宙起源问题，中西就有不同答案。中国神话提出盘古开天辟地说。盘古是用双手劳动开辟出本来已存在的混沌宇宙，从而成为有天地的宇宙。他是在改造宇宙，而非创造宇宙。古希腊宙斯神未接触过宇宙起源问题。《圣经·创世记》是上帝创世记说，即上帝用心灵、用意志、用语言创造天地万物。中西神话为中西文明不同的一个重要根源。由此首先影响中西的宗教。中国神话中，宇宙初始是混沌一团，如同鸡蛋，后经盘古开辟，才分出天地，天地间陆续生出万物和人类。哲学家由此把形象化的探源神话上升为抽象性的理论化形态。如道家的"有物混成，先天地生"，"道生一，一生二，二生三，三生万物"；儒家的"认祖归宗"、"慎终追远"，成为中华文明传承的文化基因。

（五）神话这个源头，对文明的肇源与发展都有重大作用。

在西方，基督教中上帝兼有宇宙创造者和主宰者双重身份，成为唯一主宰的神。在中国，古代的天神只是主宰者，是靠诸神辅佐的至上神，而非绝对权威。基督教的上帝照神的形象造了人。中国神话把神造人归功于另一位女神——女娲氏，同时还有蛋生人、石生人、葫芦生人、猴子变人等说。总之，把人类起源多样化、生活化，这可能就是中国人在终极关怀上多样化的一个源头。

（六）对虔诚的宗教信仰者而言，在进行神学冥思的时候，他把神想象为一个具有人的形象。这是一个受空间和时间限制的形象。与此相对比的，人的存在，无论在空间与时间上，都是暂时的。神存在吗？哲学思辨似乎也证明过神的存在。然而，它证明的神很玄秘，神只是人的思维所寻求的一种未知名的、绝对的和永恒的东西，而且并没有找到。哲学所寻找的，或者所言说的，应当是可以寻找的方略和体会。总之，神学的冥想或哲学的思辨，都是对那个永恒的隐蔽物进行猜测。在一定程度上讲，这些猜测只能是在有限意义上通过某种方式所进行的一些了解和理解。

二十　最欠缺的信仰是诚信

《最欠缺的信仰是诚信》，这是韩永红在新加坡《联合早报》2010 年 8 月 9 日发表一篇文章的篇名。作者有感于神仙佛道（如"神医"张悟本、"隐僧"释德健、"道医"李一之流的骗子）大行其事而有这句关于信仰的话。这些以信仰为名义、以养生为幌子，竟骗过境内外许多人，包括富豪显贵，以及严肃媒体（如凤凰卫视的"铿锵三人行"和央视某导演写的《世上是不是有神仙》）都为之鸣锣开道。只是在《南方周末》调查下，才入"教籍"四年的李一，原来是个街头卖艺的杂技人和公司股东、法定代表人。他和他的重庆缙云山的绍云观，在法院的档案里，是一个无法执行赔付判决的被执行人，如果不是因为法律规定不能查封宗教活动场所，否则该观早就被拍卖了。

李一由于官方媒体的吹捧，市场的喧哗，加上自己的弄虚作假，使这个"土造神"成为受众信仰的对象。中国的物质文明的发展，这一两代人之内经历了其他国家可能十几代人才经历的巨变。在精神文明方面却严重发展滞后，信仰空缺，建设时代的意识形态失落，弄虚作假的江湖骗子便乘虚而入。

看起来，这似乎与信仰无关，但在诚信欠缺的情况下，却和信仰联系在一起。诚，即真心实意；信，即诚实不欺。《汉书·马援传》就讲过："开心见诚，无所隐伏。"曾子"三省吾身"之一，就是从交往思路谈"与朋友交而不信乎"诚信相连为一词，也是顺理成章。诚信在信奉宗教者中间，最为乐道。诚而信之，信而仰之，表示对某种宗教的极度信服和尊重，并以之为行为准则。当然，信仰不限于宗教，还有某种主义，某种事业，有经商、科研，都有这方面的道德伦理问题。韩永红鉴于谎言、骗子大行其道的现象，从信仰角度作出了下述结论："其实，不论推行哪种宗教，经什么商，办什么事，诚信都是一切的基础。如果社会大众的确需要信仰什么，我但愿以诚信为最多人信奉的'普世信仰'。"这是段警世的良言，值得仔细品味。

诚信，在中华文明占有重要一席，它与许多优良品德相关。如诚信中的"诚"，有诚实，不虚假，有言行与内心一致的内容；而诚信中的信，也有诚实的含义，包括不欺骗，所谓商业道德上的"童叟无欺"和政治上的"民无信不立"。信作为中华文明中的道德规范，是与礼相提并论的。《国语·周语上》认为："礼所以观忠、信、仁、义也"，而"信所以守也"。孔子把信作为仁的重要内容，在《论语·学而》中提出"敬事而信"、"谨而信"。《孟子·尽心下》把诚实的人称为"善人"、"信人"，把信和善联系在一起，认为"可欲之谓善，有诸己之谓信"，即人自身确实有善德方可称为信。总之，儒家把信作为道德规范之一。

对诚的认识上，还有对人、对事的真实无妄明理自觉。这就是诚明论。《中庸》有"自诚明，谓之性，自明诚，谓之教。诚则明矣，明则诚矣。"人性中本来是诚实无欺，弄明白这个本性，然后通过教育使人自己明白事理，就会回归真实无妄的本性。这是把诚当做精神实体，它可以起着人化万物的作用。于是《中庸》有"诚者，自成也，而道自道也。诚者，物之终始，不诚无物。"诚，在孟子看来，是人类社会和自然界的最高道德范畴，他提出："诚者，天之道也；思诚者，人之道也。"（《孟子·离娄上》）到了唐代的李翱，把诚视为"圣人之性"，是至静至灵寂然不动的心。圣人，即先知先觉者具有"诚明"的能力，而能明照于天下，通达天下事理。宋代的周敦颐在《通书》中，继续发挥诚明论思想："诚者，圣人之本。大哉乾元，万物资始，诚之源也。"这就把诚作为至高无上的宇宙本体。明清之际的王夫之完善了诚明论，提出"诚，以言其实有尔"，"诚者，天地之道也，阴阳有实之谓诚"。他以诚指客观实有，并把诚作为宇宙的一般规律，而把"明"解释为对一般客观规律的认识和把握。他指出："明诚合一，则其知焉者即行矣，行焉者咸知矣。"（《读四书大全说》卷四）这是从知行关系上把诚与明的关系说完整了，指出其真意在诚明（知行）的统一观。

人类认识的发展逻辑由不知到知，由知到明，而不能停留在知的阶段。

明是把知变为自觉行动的关键。诚明论给人自觉的启示，正是明诚合一，知行统一。人类文明史昭示我们，知物之明，知人之明，自知之明，交往自觉，全球文明，这正是文明交往自觉的真义。人类文明交往互动规律的集中表现也在这里。它确实具有普世意义。

第七集

民族国家

第 一 编

现代全球

一 亚非民族国家的若干问题

（一）土耳其现代改革家凯末尔是土耳其民族国家的缔造者。他领导的现代化改革在亚洲和非洲发展中国家里可谓独树一帜，这种类型的改革核心是民族性，主要特点和影响于中东地区的主要之点，在于它的世俗化。凯末尔这一派人的独特之处，在于他们对民族国家的看法："在这个世纪，文明国家之间没有本质的差别，文明的交往已经使人类的文明部分成为相同的东西。"（Mehmet Yasar Geyikdagi，Political Parties in Turkey，New York，p. 46）土耳其民族国家是现代军队官僚和知识精英的西化类型国家，它和伊斯兰下层大众现代化力量之间的矛盾成为现代性与伊斯兰性冲突的集中表现。但这种冲突在不断寻找解决办法，而且已经有成效，前景看好。谈到中东民族国家，人们首先关注土耳其，是有充分的历史、现实和未来的依据的。

（二）现代性。这是民族国家的基本特征，它与历史上的其他时代国家的基本区别在此处。现代民族国家始于 15 世纪下半期，用恩格斯的话说："国王的政权依靠市民打垮了封建贵族的权力，建立了巨大、实质上以民族为基础的君主国，而现代的欧洲国家和现代的资产阶级社会就在这种君主制国里发展起来。"（此话见于《自然辩证法》，载《马克思恩格斯全集》第 20卷，人民出版社 1971 年版，第 360—361 页）现代民族国家出现于亚洲，是在 20 世纪初期，当时正值土耳其、伊朗和中国的革命，在民族国家问题上表现了"亚洲的觉醒"。第二次世界大战扩大于亚洲、非洲则在 20 世纪下半期。它的特征是在西方殖民体系崩溃瓦解的废墟上建立起来的国家群体，形成了亚非民族独立国家体系。

（三）世界性。从真正意义上说，现代民族国家的形成和西欧北美、大洋洲资本主义民族国家体系的形成，有一个长时段世界历史的大背景。这便是公元 1500 年以后人类文明交往的世界历史发展时代。从那时到 19 世纪中期，欧洲、北美、日本、大洋洲的民族国家体系形成了。列宁在《论民族自决权》中说过，1789—1871 年，是资本主义战胜封建主义的时代，这个时代"是同民族运动联系在一起的"，"因此，建立最能满足现代资本主义这些要求的民族国家，是一切民族运动的趋势（趋向）"。列宁还谈到这种民族国家体系问题："在西欧大陆上，资产阶级民主革命时代包括的一段相当确定的时期，大约从 1789 年起，到 1871 年止。这个时代恰恰是民族运动和民族国家建立的时代。这个时代结束后，西欧便形成了资产阶级国家体系。"到了 20 世纪，已如上述，形成了不同于西方的亚非民族独立国家体系。这是世界性的事件。

（四）民族性。亚非民族独立国家千差万别、变化不定，但在民族独立上这一点是相同的。它们都是在民族主义思潮、民族主义运动基础上建立起来的，民族的独立和解放，是它们共同的政治文化特征。因此，亚非民族国家的民族性是需要深入探讨的问题。谈到民族性，我想到西方民族国家体系形成时代的情况。"先生们，民族是上帝的旨意"。根据雅克布·布克哈特（1818—1897）的事后回忆，这是奥波德·冯·兰克在柏林讲授历史课时常用的一句开场白。兰克史学的特点是文献、现代性、语言（研究文化通过语言）和哲学的综合，而其标志则为民族史。兰克的概念是：历史演进的最终目标是民族。19 世纪 30 年代，兰克在课堂上提到，史学家应当把注意力集中到"在历史上曾经发挥过杰出和积极作用"的民族身上："我们自己应当关注这些民族之间相互影响，关注他们之间发动的战争，关注它们在和平时期和战争时期的发展。"他相信黑格尔的国家理论、崇拜罗马式的国家文化，也首次开创了政治史。兰克史学注意了民族性，尤其是注意到文明的交往互动规律，也注意到了政治文化。这些都对文明自觉有历史的启发性的深远意义。

（五）全球化。全球化是当今人类文明交往的直接外部环境。它影响到民族国家的权力、建设、发展前途，要求其调整政策、策略、发展步骤；也要求强化其适应力、应变力和应对挑战的能力，以便使内外交往向良性发展。政治与意识形态、经济与技术等概念的行为理念化，也应与之相通互进。不过，当代世界许多重大问题，依然要在国家主权基础上通过政府间谈判（对话）协商来解决。在全球化时代，有许多新的情况（如跨国公司发展、跨国组织、市民社会等），民族国家的社会功能有新变化。然而，民族国家依然是现代化的政治前提。国家的民族性体现在它仍然是全球化中的基本政治单元和利益集中的共同体。

（六）后民族国家战争。亨廷顿的文明冲突论主张西方世界与其他文明（主要是伊斯兰文明和儒家文明）之间的对抗（20 世纪）和战争（21 世纪的宗教），隐含的不是君主国或民族国家之间的冲突，而是西方"推广民主、自由价值，使之成为全球普遍价值的努力，势必招致其他文明的反作用力"。在这个以种族与宗教为界定自我身份标准的世界里，战争将不是以你"站在哪一边"，而是以"你是谁"来划分。这是另一种考虑 21 世纪战争问题的角度，很独特，但不一定对。

（七）自觉性。民族国家本身首先是国家认同，其中包括民族认同、公民身份认同、权利义务，当然基点是国家主权、国家独立。具体深化为以下几个方面的自觉：①民族共同体的自觉（语言、文化、风俗等文化传统的确认）；②政治民主（系统的民主宪政制度和各种公民权利义务的制度）；③主权独立（捍卫本国领土安全和自主的内外交往）。民族国家发展的历史逻辑：欧洲中心的民族强国体系→亚非拉美的民族独立国家体系→世界的多元、多文化构成并存的民族国家的共存共进与合作发展。在中国已不是 Nation-states，而是 National-state。对此，我的意见是：中国是国族统一下的不同族裔、不同文化群体居于共同疆域领土的政治—社会共同体。民族国家内的各民族，融为"国族"，即国族共同体，如费孝通称中华人民共和国为"多元一体"的中华民族国家。

（八）问题。新时代的民族国家正在发展，面临着新的问题。从文明交往自觉的视角看，在全球纷繁复杂的大环境中，发现那些与民族国家有高度关联的问题，思考那些更重要、更有价值的问题，进而从中找出问题的症结，发挥科学研究能力和写作能力，出有质量的作品。全球眼光、国际视野和深刻洞察力特别重要。我最关心的是亚非国家特别是中东及南亚国家（民族独立国家体系的中心地区）的历史命运问题。就中东地区而言，伊斯兰性与现代性仍然是文明交往的焦点。

二　民族独立国家的建构

（一）当代民族独立国家体系是区别于发达资本主义国家体系与社会主

义国家体系的新型国家体系。它是在帝国主义殖民体系废墟上，用各种形式的民族革命而逐渐建立起来的体系。1945—1990 年，摆脱殖民统治、实现独立建国的民族独立国家 104 个，这标志着世界民族独立国家体系的最终形成。民族革命成功，真正的考验才真正到来。民族觉悟的提高，也增加了民族冲突。21 世纪最大的挑战是：长期在殖民统治下迷失方向并且被剥夺一切的人民如何建立新的文明——如何成为独立的、有效率的民族国家和富裕繁荣的社会。

（二）民族独立国家初建立时，面临：①脆弱的国家结构；②落后的经济现实；③文化教育和科技的落后；④不同民族和宗教之间深刻的分歧越来越凸显和严重；⑤工业化国家的国际经济体制的限制；⑥人口增长的压力和因此带来经济发展中对环境的破坏；⑦无力拥有防污染设备而独立后的几十年就遇到严重的生态文明大敌（空气、水、土壤污染）；⑧贫困化；⑨官员腐败；⑩传统文化与社会价值日益崩溃；⑪社会动荡；⑫领导层决策失误；⑬对现有秩序的挑战力量（共产党、左翼社会主义派、世俗激进及保守的宗教复兴运动）；⑭政治文化发展中的民主与自由问题。

（三）民族独立国家成为富有活力并维持多元社会、正确处理以上持久性难题，需要有一个长时段的可比较的文明交往观。危机、冲突是西方学者常常习惯关注的中心，他们未究其障碍从何而来：①西方殖民政策对独立国家内部分裂和政治软弱的作用；②西方社会自身深刻的分裂（美国长期种族冲突）；③民主经常是民族独立国家内部民族群体间紧张关系和外部势力威胁的主要牺牲品。

（四）长时段视角一例：民族独立国家大多数只有几十年的历史。它们带着严重的创伤实现了独立。许多创伤是殖民时代经历的直接结果。而发达国家，如美国从最初 13 块殖民地脱离英国并建立美国差不多一百年以后，还进行了一次维护统一和历史上代价最高的内战。它的人口少，工业竞争对手更少，没有从世界各地攫取资源的能力。

（五）民族独立国家体系是在利用现存工业强国的世界市场体系中寻求自己立足之地的。

（六）找到自己国家式的办法和方案，解决发展问题。这种方案因各国社会（文明）差异而有很大不同。可能的方案：西方影响＋各国古老历史和卓越文明生活传统＋现行实践的经验。加法（＋）只是一个比喻，实际上不是简单的相加，而是与世界情况、时代情况和国家情况相结合，形成相互交往而融合的结晶。

（七）交往结论：传统成分被保存的"连续性"，提醒我们不要过分地夸大 20 世纪历史与以往历史之间差别的根本程度。这种连续性还提醒我们注意长达几千年的文明生活观念与模式的复兴能力。文明织就了人类互动而紧密的网络。旧的模式可能被 20 世纪的革命大动荡深刻地改变了。但更多的情况是，变化是不彻底的，而且保留下来的东西要比革命领导人愿意承认的多得多。因此，历史上殖民主义所造成的民族压迫与剥削，通过建立民族国家并未完全消除。经济全球化浪潮中就包含着后殖民主义因素。民族独立国家面临压力和挑战，应战之道在于大力发展经济、金融、科技和文化，加强地区经济合作，与发达国家对话，推动世界多极化，以改变不合理的国际经济竞争规则，变被动为主动、变自发为自觉参与经济全球化。这是最关键的新的文明交往自觉。

三 民族独立国家的文明比较

1945—1990 年，摆脱殖民统治、实现独立建国的国家达 104 个。世界民族独立国家体系最终形成。历史上殖民主义造成的民族压迫与剥削，通过民族独立运动而消除。殖民地残余表现为 42 个旧属地，大部分为岛屿，其分布为：英国：10 块；美国：10 块；法国：8 块；荷兰：8 块；丹麦：2 块；新西兰：3 块；澳大利亚：1 块。

在西方民族国家形成之前有一个重要环节和阶段，即"绝对王权"或"绝对主义"的特定政体。它是指将国家权力从教会和封建贵族那里独立出来的政权。这是欧洲历史上的一个进步。欧洲民族国家正是由此转向现代民主政治的。

现代民族国家体最早出现在欧美，首先是 1789 年革命后的法国和美国。统一的现代国家的标志是美国，1789 年联邦制美国国家成立，美国宪法也是世界上第一部现代成文宪法。

美国历史从现代国家史来说只有二百多年，但从世界现代国家史来说，是最早的。美国的移民先辈从欧洲迁入北美，带去的是欧洲几千年文明，其中西方文明的四大要素［希腊人的求真精神、罗马人的法制传统、犹太—基督教的上帝信仰以及"高贵的野蛮人"（恺撒《高卢征战记》）的自由精神］都在美国人当今生活中生根。这些文明要素经过美国人的再整合，转化为：①科学；②法治；③在上帝面前人人平等的原则；④对世俗权威的怀疑态度的传统而来的公民参政；⑤对个人权利和自由高度的追求；⑥由民族独立国家向霸权主义国家的转变。

文明史发展至当代，民族国家方面，美国国家作为先行者和后来者的历史都可引为借鉴。同时，在现代国家建构的时间差（一百至二百年）的事实，对发展中国家的现代化实践，也应持冷静、客观、宽容、谦虚的态度。另一方面，从文明史看，美国是集西方文明大成的国家，其他国家也应予以尊重并从中有所吸取。正确态度是，对己和对人，不宜将不同事物放在统一标准中比较。以中国与美国相比，中国五千年历史，美国二百年历史，前者是中华文明史，后者是现代国家史，但美国人的文明渊源是几千年的欧洲文明。在此意义上，美国也是"文明古国"，有今日之成就，独领风骚实非偶然。

总之，知己之明（自知），知人之明（知人），是对待不同文明全方位思考的文明自觉。加上"知物之明"（知物），这"三知"是目标，也是现实文明多样共处的深度自觉。

四　国家体制与人类文明交往

在中国，体制问题是一个敏感话题，而文明或文化也难免深入到人们的自觉思想意识之中，从而导致争议。

绕过？接触？二者要从扬弃传统中的封建因素和殖民地因素入手。自主的威力在于创新。革故鼎新的国家体制建设，方能有新的文明自觉。

（一）现代国家统治体制与资本主义经济体制是驱动西方现代文明起飞的"双翼"。

（二）国家学说沿着文明史路线向前进行。维克多·李·伯克（Victor Lee Burke）的《文明冲突：战争与欧洲国家体制的形成》（王晋新译，上海三联书店2006年版）是西方学术史上，在亨廷顿文明著作以外的另一力作，其中论及这一文明交往发展线索。

（三）基本框架：解释现代国家体制如何形成的理论；战争与文明其他方面的内容的相互作用，是如何对促进西欧统治体系的发展进行历史经验式的考察。理论与历史交汇之处即研究主题——欧洲国家的形成及其过程。有云：欧洲国家体制的兴起，是它向东方扩张失利的历史后果。

（四）基本理论："文明斗争模式（The Civilization Struggle Model）的

理论与学术准备（严肃的学者在阐明自己的学术主张之前，必须完成一程序——表明自己的学术工作与前人成果之间的关系）。此种文明结构理论的核心理念是：各个伟大文明之间的冲突、碰撞的向下作用，塑造出各种政治结构；它由发生在四个层面（普世、超宏观、宏观、微观）中的不同文明之间的斗争与冲突（主要是战争）构成。

（五）四个层面的界定：①普世层面（Universal Plane），即文明际（Interciviliza tional）层面，也就是世界范围内的各个不同文明之间的冲突与斗争；②超宏观层面（Supermacro Level），即处于同一文明之中的各不同国家、民族、社会间的矛盾斗争；③宏观层面（Macro Level），即同一国家或社会、民族之中的各个不同阶级、集团、人群之间的矛盾与斗争；④微观层面（Micro Level），即作为个体的人与人之间的相互作用。

（六）战争的作用：众多、反复出现的霸权及霸权争夺改变了边缘—核心结构。战争一直是持续不变的动力源，颠倒克劳塞维茨的名言：政治（交往）似乎是战争的某种表现形式。暴力是如此泛滥，可见战争是现代西方国家体制起源又一个基本的组织化要素。

（七）现代欧洲国家起源于三大原则：理想、感性和理性三者的综合；中世纪创造潜能的枯竭、瓦解，现代西方物质至上为基石的文明（感觉）创造潜能耗尽即再生新文明；（现代）文明只是此前文明在形态上的终结或凝结，有循环论观念（青年、成熟、衰老）（斯宾格勒）；现代化（20世纪五六十年代）国家世界产生于工业革命（工业生产与社会变迁之间联系的重要性）；国家社会内部财富的产物（国家缔造者们的政治决定论）；文明与国家相互作用。

（八）核心地区剥夺边缘贫困地区的能力才导致西方国家的崛起。

五　民族国家问题思考

（一）民族国家是什么？实质是什么？意义是什么？独立地把这个问题弄清楚。

（二）不要忘记基本的历史联系（产生的历史条件、发展阶段、现在情况）。

（三）新型民族国家：科学技术（战略高科技）的综合国力，经济发展的质量与效益，完善的制度措施和良好的社会氛围，完善的技术创新体系和科技管理体制的自主创新型国家。

（四）民族国家是政党的制约因素。英国学者萨松《欧洲社会主义百年史》写欧洲社会主义政党的比较史时，把民族国家与国际体系、主导意识形态作为社会主义政党的共同制约因素。他在书中对社会民主党、劳动党、工人党受民族国家制约的环境，问题，进行了具体分析，成为研究欧洲社会主义运动的经典之作，成为欧美几乎所有著名高校使用的学术教科书。该书不是从社会主义思想史角度，也不是"从底层"写社会主义史，而是用"制约环境"特别是从民族国家因素研究，对亚非拉民族独立国家研究有借鉴作用。该书为姜辉、于海青、庞照明译，社会科学文献出版社 2008 年版。

（五）亨廷顿在其"文明冲突论"的开篇之作《文明的冲突?》（《外交事务》1993 年夏季号）也肯定"民族国家仍将继续在世界事务中挑大梁"，但他强调的是："全球政治的重大冲突会发生在不同文化体系的国家与团体之间。文明的冲突将主宰全球政治。壁垒分明的文明界线，将会是未来世代的战线。"即使他强调文明或文化冲突，也还离不开"国家"或"民族国家"。

六 民族认同与文化认同

一个民族的根本在哪里？

是基因遗传？对的，这是人类生物意义上的遗传。但还不够。没有人文文化的传承，生物学意义上的遗传，很可能就发生变异。"黄皮香蕉"的面黄里白，如果确属地道，那一定是文化变异，成为另一种人文文化民族了。

所谓"炎黄子孙"，其人文之脉必为"人文子孙"，而非"遗传子孙"。因此，民族概念很多，内容丰富，然而，根本上是人文文化的根念。一个民族若无自己的独特文化，这个民族便不存在。一个人若失去了自己的独特民族文化，更真的成为英印人、诺贝尔文学奖得主所亲身感受的、肝肠裂断的"无根人"了。

文化认同和国家、和民族认同紧密相关。文化是内在的气概，是生生不息的决心，是自立的能力，文化是自尊心、自豪感，是民族凝聚的动力。民族国家要独立自强，立于全球化民族国家之林，取决于文化认同。

文化认同决定民族凝聚力，为综合国力的关键因素。一个国家、一个民族，如无强大的经济、科技、军事实力，在外敌入侵时，必然一打就垮。一个国家、一个民族，如若丧失了人文文化，必定导致不打自垮。一个国家、一个民族，可以错过产业革命的列车，可以蒙受耻辱，但绝不可丧失文化尊严。资金、技术、劳动力、再加上民族的团结心，便是 21 世纪强大国家的坚实基础。今日的强国，不仅有 19 世纪那样的坚船利炮，人文、科学各方面都不可少。文明之内、文明之间的交往演进，均取决于民族文化认同的自觉。

七　在世界体系中考虑自己在文明中的位置

民族独立国家体系是全球化体系中复杂的国家群。这个体系中每个国家要解决的最根本问题是涉及自身位置的国力、价值观、民族认同。

制度文明是一切文明的核心。古埃及文明是金字塔文明，古希腊文明是城堡文明，中国汉唐雄风文明，其中都是制度文明，尤其是政治社会制度文明。今日西方是法制加民主制文明，还是政治社会制度文明。民族独立国家要独立，要振兴，有赖于政治社会制度建设。

但思想和制度要同步，政治制度与思想管理相辅相成。人性离不开法制约束。利己与利他需要平衡。

王国维之死，陈寅恪认为是文化问题，因为王国维有文化认同和体认，由于没有文化纲纪和机制，只是空余一人，无可奈何，因而自杀。实际上，这不仅是文化问题、价值问题，还是制度问题。文化的延续，要有制度建设。如孝道，古代有宗法制、家族制。制度不在，孝文化还在，使这种"老有所养"文化应该有制度化建设去落实。

现代化、全球化的追求，都不能持一元文化交往观，即西化观。现代化唯一模式是西方发达国家走过的、我们已看到的、比较理想的文化与物质发展模式。后来者以此模式为唯一赶超思维，在人后追赶物质性数量和经济发展指标，而放弃了真正该坚持的本国传统。

如何约束利益最大化无限膨胀？这个约束无非是法制和道德。用此制约因素使这种利益驱使不能以牺牲社会的、环境的、资源的、他人的利益为代价而实现的利益最大化。法律制度的确立与实施，需要有一个深层文化的价值背景。唯现代化、唯增长意识，极端追求物质，轻人文、轻伦理的深层价值观必须改变。

现代化的过程是平等过程，政治上、法律上平等。有平等政治权利的国家，人民才有义务去爱它。有公民意识和平等意识，才有爱国心。本国是本国人唯一家园。不是个人要服从民族国家，在现实世界历史中，只有组成民族国家,才能更好维护个人利益。个人利益是目的,国家利益是手段。

制度是由人制定的,制度由承担责任的个体完成。如果所有承担责任的个体责任不明确,制度便形同虚设。因此需要责任意识、形成共识,从下而上地打造基础。文明交往论认为:需要一个责任意识主导的责任社会。

宗教能不能抵挡物质化潮流? 有抵挡作用,但有限。关键是制度建设,用此以约束人性的自私面。制度的缺陷,跟任何宗教徒都没关系。道德缺陷对人性的自私面造成了犯罪的机会。而制度更关键。好制度可以使坏人无法任意横行;制度不好可以使好人无法充分做好事。当然,制度不是万能的,不能走向制度决定论的极端。道德不可缺,而道德需要土壤 (一个和国家分离的社会),在自主发展的社会里形成一种道德规则。

一个好的制度,必须是符合本国实际,同时要时刻考虑自己在人类文明中的位置。

八　文明交往、现代化与民族国家

(一) 文化相异性

现代化既是制度"操作"的结果,也是文化"前提"的产物。各国现代化有经济制度的"相近性",又有文化本身的"相异性"。文化属"本位"为基础,其"相异性"对原本同一的现代性政治与经济制度符合"国情"与地区特点起调适与改造作用。这是世界上现代化呈现纷繁模式与类型的根源。

宗教是文化前提的主要内容。西方——基督教→新教;东亚——儒学→新儒学;中东——伊斯兰→复兴主义。儒之新——勤勉、节俭、职分、天命。新教之新——勤勉、节俭、天职、天命。儒学为"内核文化",对外来文明有强烈拒否性质。

(二) 地图构建世界

地理边界——东亚与东南亚——古代华夷一统秩序圈 (内交外隔) (维系纽带:朝贡贸易有政治、经济、社会、礼仪、文化交往),华—夷=内核—外缘。

亚洲 (Asia) 一词来自欧洲。古希腊称它之东方为 Asia,即今之土耳其小亚细亚以东。也有认为 Asia 来自古国"亚述",意即"东方"。早期欧洲人心目中:Asia=东方。

亚洲各民族有不同特点，即使在东亚，差异也很明显，《这地方，怎一个"亚洲"了得?》(《东方》1995年第4期)

丹尼斯·伍德有《地图的力量》(中国社会科学出版社2000年版) 一书，其中说："地图建构世界，而非复制世界"，"地图的作用在于为利益服务"。

1890年出使欧洲的薛福成突发奇想，在"舟中无事，睹大海之汪洋，念坤舆之广运，意有所触，信笔"将亚洲一分为三。其中第三大部分是：印度、缅甸西境、阿富汗、波斯、阿拉伯诸国。很巧，其中除印、缅之外，即今日之中东地区 (《出使英法意比四国日记》，岳麓书店1983年版，第79、80页)。

(三) 世界的复杂性

布罗代尔在《15—18世纪的物质文明、经济和资本主义》一书中提出了一个问题："伊斯兰、印度和中国三个经济地带是否构成幅员最大的经济世界?"接着，他又自问："把未经前人充分研究的历史片断组成一个整体，此举是否明智?" (三联书店1996年版，第558页)

布罗代尔无论谈什么问题，总能显得无与伦比的博学。从这里得到启示的，正是"自知之明"。只有广博地了解历史复杂性的人，才能有文化上的自疑、自省和自觉。事实上，"经济中心"地位与自我意识上的中心，并不是任何时候都是一致的。亚洲自我中心意识来自欧亚的"人—我对视"；"中心—边缘"结构是亚洲中心的内部张力。

复杂性是世界的本质和人类历史的本质。研究历史，特别是文明交往史，就要把视角集中于复杂性上，就是要对历史的复杂性具有自觉的反思。所谓历史的复杂性，有以下含义：①历史本身的复杂性，这是本义。如历史形态的多样性，历史动力的互因性，历史进程的非线性，历史实践的非全控性、长时段历史走向的模糊性、历史构成的多元性等。②历史认识的复杂性，包括认识前提、认识过程、认识对象和认识结论的混合、难分、多选择和不确定性。③历史思维方式的复杂性，它具备着多线性、过程纵深性、分析整体性、过渡的关系性思维和规定性。总体上是自觉地直指历史的复杂性，从交叉、重合、同源坐生和有所侧重上体味历史复杂性。对历史复杂性保持清醒意识，为推进文明交往论的关键支撑点。

当年亚历山大挥师亚洲，首先要解开一个"葛第士"结，欧洲或亚洲中心同样也是一个繁杂的"价值"之结。从亚洲内部的"中心—边缘"结构也呈现"人—我"对视,而欧、亚二洲的"人—我"对视也基于世界体系的"中心—边缘"结构。两者其实是同一条线的两头。"人—我"是突出矛盾对立;"中心—边缘"是强调级差格局。

"结"就打在"中心—边缘"的换移,而"人—我"的换位,也使之打上了"反结"。

"西方"与"东方"对不同对象有不同意义,东方人自"东"反观;西方人自"西"反观。萨义德的"东方主义"立足于西方,他的"东"主要是指近东(中东)。他揭示了空间上的"东""西"方对峙之背后,潜藏着意识形态意义。

(四) 现代化与反现代化

艾恺在《世界范围内的反现代化思潮——论文化守成主义》中,列举了"中—西"对比96对二分法概念(贵州人民出版社1999年版,第89—90页)。比起一般常识上差异比较法来言说东西方之不同,是丰富多了。西方重分析,东方重整体;西方精确,东方模糊;西方主动,东方主静;西方"主客二分",东方"天人合一";等等。在20世纪初李大钊、陈独秀、杜亚泉的"中西文化争论"文章中这些论点都有体现。这是以常识为准的东西,不能真正反映东方的西方主义和自我的东方主义。

以中东地区而言,其概念是历史的、地理的、政治的和文化的。中东是新航路开辟之后西方殖民者以欧洲为参照眼光而置其于近东与远东之间的地区。

中东价值与普世价值的互动,在西学东渐后吸取西方文化中的合理价值,发生了更新,适应了现代化,演进为人类先进思想财产。但不能与世界普世价值对立。伊斯兰世界的原教旨主义似乎在走19世纪日本"国粹"回归的"日本主义"老路,是一个很危险的方向。这也是昔日德国文化地域主义(费希特等人)的重演。正是这种文化保守主义导致了希特勒的法西斯主义。这也可能在中东冲突中发挥不良作用。

对西方文化的抵御和认同是理解现代化、全球化的大问题。抵御领土侵略、政治控制,是合理的民族主义(爱国主义)。极端民族主义是反现代化,是种族优越论,是国家主义与专制主义强化而走入法西斯主义。

(五) 马汉与亨廷顿

马汉(Alfred T. Mahan)是19世纪结束时广受舆论关注的美国海军战

略家。他预言：①非西方（或东方）向西方强权挑战的世界新格局将在 20 世纪出现；②美国必须明确西方认同，负起捍卫西方强势地位责任；③战争是一个健康国家的标志，一个进步国家必须扩张，扩张的基本因素是一支强大的海军；④这种"捍卫"包含了强烈的进攻性，然而深远的因素是文化，是西方"同化"（to assimilate）非西方，这是最终维护西方强势地位的唯一选择。

亨廷顿是备受关注的 20 世纪即将结束的美国政治学家。他预言：①21 世纪的世界格局与马汉预见极其相似；②不主张进取性"西化"各类非西方文明；③大部非西方文明实际上不可能被西化；④强调西方与非西方（中国，伊斯兰文明，马汉强调东西）冲突的必然性；⑤最终仍然主张人类各文明应互相学习并习惯于相互共处（见《民族主义感言》）。

指出两个世纪末期此种相似的预言现象是亨廷顿的哈佛大学同事入江昭（Akira Inye），时在 1998 年。中国的罗志田在论民族主义时也指出此现象。

民族主义关注的问题有：①民族主义的必要性；②民族主义与爱国主义的关系；③民族主义在政治、经济以及文化民族主义的精神取向；④对民族主义非合理化演变的警惕；⑤民族主义与泛民族主义；⑥民族主义与国家分裂主义；⑦民族主义与国家主义及泛国家主义；⑧民族主义与战争；⑨民族主义与国际主义交替演化规律认识；⑩21 世纪民族主义的特点（包括阿拉伯、伊斯兰民族主义）。

（六）决定社会发展的因素与动力

决定社会发展的因素有三类：①生产力、经济基础；②意识形态、文化传统、政治制度；③地理、气候、生态环境、人口、土地、技术、饮食结构。传统文化不可忽视。

社会发展的根本动力是经济因素，而意识形态有时也会起关键作用。西方的人性解放、个人主义促进了人对自身发展的追求，从而推动国家、社会的发展。归根结底，社会是人的社会，社会的发展是发挥每个社会成员能动性的结果。个人利益驱动着地理大发现、对外贸易、殖民拓展，这是西方民主、自由、法制观念的文化层面，为东方社会、宗教社会之所缺。中国传统文化中的源远流长的是保守的集体主义，"皇恩"、"父母官"、"德政"的民众心态，而没有民主、自由、法制等现代理念。

经济并不可能决定一切。贡德·弗兰克的《白银资本——重视经济全球化中的东方》（中央编译出版社 2001 年版）对 1400—1800 年中国在世界经济中占有明显优势的论述曾使无"知己之明"的国人耳目一新。可是为何强大的经济实力却未形成发展动力？历史、政治、宗教、军事、地理环境、外部压力都有，但文化层面不可少。从中西现代化比较中，不能陷入"欧洲中心论"的普洛克路斯忒斯①之床，对中国历史特点进行削足适履式的改革。

(七) 世界造就了欧洲

世界造就了欧洲。世界比欧洲更重要。欧洲只是世界果壳中的欧洲。

这是弗兰克的整体主义视野看待世界历史的核心观点。他继承马克斯·韦伯、布罗代尔、沃勒斯坦等人的理论，又进而否定了欧洲中心论。

自新航路开辟，尤其是工业革命以来，西方人自居世界中心，认为从欧洲出发的资本主义扩张过程就是"全球化"过程（世界体系形成过程），一切民族都将接受此单向的强力辐射，而社会科学即是在此基础上建构起来的。弗兰克认为：我们在其中生活的这同一个世界体系至少可以追溯到五千年以前，我们并没有生活在一个和现代欧洲世界体系截然不同的世界体系里，恰恰是亚洲在更早时期转动了这个世界体系，而欧洲不过是这个亚洲世界体系的边缘。

资本积累过程是五千年世界体系历史的动力。它有"中心—边缘"结构的周期互换。

弗兰克批判欧洲中心论的武器：①整体主义哲学；②全球视野；③横向整合的宏观研究方法。具体是："整体大于部分的总和"，"每一部分不仅受到其他部分的影响，而且受到整个世界体系情况变化的影响"，全球视野或人类中心视野——"多样性里存在着统一性。但是如果我们不考虑统一性本身是如何产生的，是如何不断改变多样性，我们就不能理解和欣赏世界的多样性"。纵向——大大小小的地区的时间隧道、特定地点特定问题；横向——全球横向联系。

伊曼纽尔·沃勒斯坦的《所知世界的终结——21世纪的社会科学》（社会科学文献出版社2002年版，第197页）："事实上中国、印度、阿拉伯世界及其他地区没有走向资本主义"，证明了"它们对毒素有更好的免疫力，而且是它们的历史功绩"。他看到资本主义的"毒素"与弗兰克关注欧洲

---

① Procrustes，古希腊神话中的强盗，捕得旅客将之缚于床上，然后或砍其腿，或拉之使长，以适合其床。此种西方比喻与中国的削足适履相似。

"霸权"之前的亚洲，是反欧洲中心主义的殊途同归。

（八）论现代性

现代性（modernity）一词出现较晚，法国诗人波德莱尔在 1859 年对现代性（modernitc）以预言家口吻描绘道："现代性是短暂、瞬间即逝、'偶然'，是从短暂中抽取永恒。"与之同时，另一法国诗人韩波说："必须绝对现代性！"

现代性可作为"现代"、"现代主义"、"现代化的总和"、总体内涵。最初是美法民主革命的产物与工业革命的产物，它在政治上为民族国家、自由主义、民主，经济上是工业资本主义，文化上乃理性的张扬。

1. 黑格尔：现代性——宗教改革、启蒙运动、法国革命时代概念，与古代、中世纪相对，时代精神为危机、革命、解放、进步、发展。

2. 尤尔根·哈贝马斯（Jürgn Habemass）：现代性为启蒙时代以来的思想、社会、文化等全部正面价值、理想，民主、平等、自由等人类逐步发展完善的理性蓝图。他认为：由于"理性"太少，"工具理性"太多，遮蔽了"交往理性"，导致"生活领域的内在殖民化（生活领域完全受金钱技术操纵）。现代性还有待深入掘进。

3. 安东尼·吉登斯（Anthorn Giddens）：现代性＝现代社会或工业文明（缩略语）。世界观为人类主宰自然；经济上是工业生产、自由市场；政治上乃民族国家、民主、自由。引申：世界的社会生活或组织方式。第一波：工业化，第二波：反思性现代化。

4. 韦伯：人们的信仰、信念、生活习惯、期望的变化是经济变化之源，这种精神变化复杂而本质上难于预测。市场经济是经济、精神、文化、从生活的投影等集合的综合体。

可见：①现代性有政治、经济、社会、文化四个过程之间的复杂关系。世俗政权、现代民族国家、市场经济、工业化、现代社会的形成中的工业化、城市化、科层化、自由民主化、市场化、世俗化、主体化、市民社会、民族主义，都是现代性的指标。②现代性在社会学与美学、心理学范畴的对立：社会学对社会作理性的阐释；美学、心理学和文化则崇尚对现实的批判。③现代性：普世性与民族性并在，西方现代性的普世性与独享性共存于西方文明群体之中。普世性中生产力（科技）、器物的商品、经济层次的工业化与市场经济、政治层面的民主与法治，思想文化、生活方式、宗教信仰为深层。④东方——开始是西化促现代化，后期为现代化推动"去西化"。

⑤现代性形成（19、20、21世纪）及全球性定义。⑥普世价值与民族特色——"全球"的现代性与现代的"民族性"——民族精神。⑦现代性与传统性的冲突及张力（在文明交往中的结果）。⑧现代性的社会性基础——精神"底层"（农村与城市、农民与市民的地位，作历史性检讨）。

（九）民族国家

建立民族国家是发展中国家走向现代化的现实起点。

民族国家包括：①民族政治独立；②社会经济发展；③民族文化重建；④与其他国家之间平等交往。

总课题——建立现代化的民族国家。

现代性问题本身很复杂，也很宏观和抽象，必须作一系列具体研究和分析。具体真实的现代性必须和具体问题相结合。

倪伟著有《"民族"想象与国家统制——1929—1949年南京政府的文艺政策及文学运动》一书，上海教育出版社2003年版。他是从现代性角度研究民族国家与现代文学的。他写道："我个人更感兴趣的问题是文学与现代民族国家建设之间的关系，即文学是如何被整合进民族国家建设方案之中的？它在民族认同或是民族意识的形成过程中发挥了什么作用？"

现代性确有文学艺术及审美意义，它在文学界比其他学界的关注更热烈。汪晖的《现代中国思想的兴起》、余虹的《革命·审美·解构——二十世纪中国文学理论现代性与后现代性》、王一川的《中国现代性体验的发生》、张洁的《文艺与中国现代性》等即是从现代性本身问题的梳理，文学却不怎么显眼了。

倪伟关注现代性问题中的民族国家问题，又具体到1929—1949年南京政府这个中国现代性建制中特殊的时期，切入细微深入具体，显示了文明交往的金律；互动性——现代性与现代文学在民族意识上的互动性。民族意识是民族国家的基本理念，它最具聚合力、号召力。无论谁成为现代国家权力统治者，都必须以民族利益的代言人身份来确证其政权的合法性地位。

本尼迪·克特·安德森认为，民族作为一个想象的共同体，在现代国家整合中起着极其重要的作用。现代的民族国家的民族性，体现在民族意识上，它是最具有认同聚合力的文化想象物，它是民族国家进行高度组织化权力整合的动力。民族（救亡）压倒民主（启蒙）是民族国家现代性之路、现代性高度组织化社会建构必然选择这条道路。

现代性的民族国家，可能造成系列灾难，如鲍曼在《现代性与大屠杀》

一书中对奥斯威辛的评价那样。民族国家的集权制与高度组织化的现代性之间的关系，确实用纳粹德国和军国主义日本的事例来验证。大和民族、大日耳曼、大和魂的民族主义，就是以民族国家名义，用民族意识发动战争的。战争屠杀是现代性的极端表现。极端集中、集权的高度组织化民族国家，在战火硝烟中由生而灭。

文学的作用在此情况下会：①趋同于民族国家的意识形态，成为其战鼓号角；②成为自律性文化存在，作为个性化差异化的审美创造而保持自身的独立性。

现代中东地区一些极端性民族国家的现代性社会结构，是否可从此探讨其现代化进程？

任何一个社会的进化，必然会从经济领域延伸到社会与政治领域。20世纪的中东，伴随着经济领域市场化因素增强和西风东渐潮流的裹挟，以及人民的民族国家意识的高涨，社会领域由先前的"单质同一性"社会向"异质多元性"社会过渡。

就现代化的特定意义而言，19世纪中东社会大变动中，它只是诸流向中的一个流向。20世纪，逐渐上升为诸流向带有主导性的趋势。中东的区情，对于社会领域中的任何范例的剖析，也只有放在现代化视野中去研究，才更合乎实际。现代化应注意公民社会与现代化两个理论交织下，解决国家与社会关系的模式。国家与社会关系是权力关系。现代化需要良好的制度环境和结构体系的和谐。

新制度经济学家诺斯说过："没有国家办不成事，有了国家又有很多麻烦。"这被称为"诺斯悖论"。"强国—强社会"，国家要有权威性，社会要有自主性，二者在民主基点上的有机结合，避免国家主宰社会和社会对抗国家的恶性交往，争取二者之间的良性互动平衡。

九　文明交往的跨国性与民族性

2006年10月27日，哈佛大学的入江昭在《多文明的跨国交汇》报告中提出以下观点：①文明不等于国家，国家是地域性的、有国界的，而文明却是超国界的；②20世纪70年代以前，国家是塑造世界的主力，此后，两极世界缓和、新兴国家崛起，全球化速度加快、跨国问题出现、非国家行为体增长，导致文明超越国家力量，上升为国际交流主角而出现于世界舞台；

③文明交往的重要性突出，国家框架内的方案无法应对时，国际行为需要从文明的角度加以解决；④文明比国家更具延续性。

这是一个对文明与国家在交往关系上的分析。它提出文明交往的跨国性、超国性、高国性和延续性问题。我们知道，文明与国家的关系是复杂的。在许多情况下，文明和国家是一体的。国家曾经是文明成熟的重要标志。文明正是跨进了国家这个门坎之后，才有自己的空间。但文明又不限于国家。虽然依赖于国家而存在和发展，但又跨越国家而扩展、延续。因此，文明交往是贯穿于其兴衰荣辱的全过程，可以说是文明与国家之间互动的主要脉络。这个脉络既可理顺错综复杂的关系，也可从中发现其中的关键与变数。当然广阔的视野是最重要的。正是从全球化的广阔视野中看国家的民族性，从中发展自己。迄今为止的人类文明交往活动，都是由国家调控的。跨国性为民族国家发展开拓了新途径，为文明交往扩大了活动空间。

十　全球化与民族国家

全球化实质上是文明交往当代时期的世界秩序问题。

西方文明学理论派别的观点：①由于文化认同差异以及由此引起的利益区别，国家或文明冲突不可避免。早期的霍布斯，当代的肯尼思·沃尔兹，还有亨廷顿，都认为世界的无政府性质和国际法缺乏主权国家法律那种强制性条件下，和平不过是战争的间歇阶段。②跨国性全球社会的形成，理性主义、自由资本主义占上风、市场经济向全球扩展，经济、环境、卫生等互相依存诸因素在冷战后的增长，加上沟通密切，人们对民主、自由文化（现代性文化）的广泛认同，文明、国家冲突可以避免，和平不一定靠"均势"来维持，这些观点以自由主义者罗伯特·基欧汉、弗朗西斯、福山为代表。③"建构主义"者的观点认为民族、主权等与人们生活及理论密切相关的社会建构概念，是可变的。民族国家、国际社会、非政府组织的认同与利益变化，社会和文化变革对文明体互动在演化。

中国社科院社会所苏国勋在《全球化背景下文化冲突与共生》中有如下要点：①文化价值体系的层次和结构、价值体系对社会治乱兴衰的影响，类似"轴心时代文明"即德国学者雅斯贝尔斯的 Axial age 的自身定型文化核心内容［时间不一定限于公元前 500 年左右（中东地区犹太教、基督教、伊斯兰教文化框架），在宗教文本上聚焦，印度次大陆在文化的文学文本上，东亚儒学地区，尤其中华文明在政治—规范符码或典章（即"礼"）上，古希腊在哲学思考上，大罗马在法理上，发挥深远而重大影响]。②全球化并不必然导致民族国家的衰落；③当代国际政治中"文明冲突"需要社会学和宗教学解读；④文化帝国主义与强势文化的软权力扩张；⑤中国传统文化对当代共生观念的启发与有效价值。

由此进一步考虑的是：文化核心特点。思路是：①或明或暗的核心作用；也有直接或间接问题；②文明融合中核心存在着变形的可能；③潜能作用在与传统、现代性交往时的理解、反应、接受、适应的不同变异，多样性由此而出差异性变；④经济市场化是当今现代性表现，在传统或价值核心的社会关系（结构）中各有差异；⑤"扳道工"（现代性的意识形态、马克思主义都受其影响而与之适应或互相适应）角色。

在全球背景下民族国家的主权地位受到了各方面的挑战，如，①全球化逻辑与民族国家体系的尖锐冲突；②科技发展；③经济全球化等只有在超越国家界限的全球层次上方可解决。贾英健在《全球背景下的民族国家研究》（中国社科博士论文文集）（中国社会科学出版社 2005 年版）中认为：民族国家问题是全球化进程中各种矛盾的焦点；民族国家是全球化产物、推动全球化进程的重要力量；全球化的并不是不要，甚至取消民族国家，其深层蕴涵着民族国家理论的未来建构；民族国家问题应分析探讨基本问题、材料、资源、概念、理论、方法、观点、规范与框架。

印度的生态女性主义者达娜·库瓦在《失窃的收成——跨国公司的全球农业掠夺》（唐均译，上海人民出版社 2006 年版）一书中，对全球化与民族国家的关系，提出了许多观点。其中要注意的有：①全球化破坏了民主政治、生态环境和传统文化；②全球化是扩张至全球的"新殖民化过程"；③全球化组织（如世界贸易组织、国际货币基金组织），利用资本和自己制定游戏规则（如知识产权）开始了新一轮"圈地运动"（不仅仅是土地，还包括基因、生物多样性、水资源）而谋求利润的最大化，生态、政治、经济危机及恐怖主义的根源在此；④发展中的民族独立国家在全球化背景下，赶超发达的资本主义，以其生活水平为标准而必须走老路，结果是始终赶不上，再过美国高耗能的生活也不可能，反而付出了破坏环境和生活水平下降的代价。她认为：方向必须改，建立多元生态文化、人与万物和谐、关爱公平正义的伦理观，以建设独立民族国家。

文化或文明冲突在美国或以色列成为流行观点，而根据多在伊斯兰世界，具体有：①冷战后一系列暴力事件发生在"危险的伊斯兰弧形地带"，即所谓的"文明分界线"上；②伊斯兰世界很少认同西方价值观（个人主义、自由主义、宪政制度、多党政治、议会民主、市场经济、政教分离等原则）。"文明冲突论"不是什么高深的学问和理论，它无非是说文明之间历史形成的差异难以改变，发生冲突的逻辑演绎由此开始。他们特别举出苏联在解体后，"绿色威胁"（伊斯兰）代替"红色威胁"，成为西方主要敌人。这既违背基本事实，也毫无理论价值，只能是政治宣传而已。其错误在于：①他们认为，伊斯兰世界只是宗教而不是统一的经济实体，其实，它幅员辽阔、人口众多、资源丰富，但在政治上也必都成为反西方同盟；②他们也没看到，即使在阿拉伯—伊斯兰、中东—伊斯兰核心的伊斯兰地区，尽管宗教、民族一致，其内部也不是经济、政治统一体，只有伊朗、叙利亚与西方对立，但对西方也不能构成安全与利益的实质性威胁；③他们也没有真看到，原教旨主义属非政府、非主流民意派别，至于反对本国政府内外政策，在意识形态、价值观上反西方，也只是有威胁而无危险；④他们应当认识到，阿拉伯世界反对美国偏袒以色列的中东政策，而非反西方文明，其中许多虔诚穆斯林不是"文明冲突论"者，而是主张不同文明间，特别是与西方展开对话交往，并全力建构自己的民族独立国家。

全球化是当代文明交往的全局性转变，其基础是以知识为核心的新的经济形态，以资本、人力和信息为全球网络为整体的组合。全球化进程造成了民族历史传统的断裂，新的民族主义和宗教认同纷纷崛起，民族国家失去了过去完全控制局势的能力，从而不得不面对许多超越本国的全球性问题。民族国家在全球网络组合中转型，寻求新的途径。新旧转变中失去旧世界而未得到一个新世界，所以全球化与民族国家之间的紧张关系成为人类文明交往自觉的中心问题。各民族国家都必须依据自己的国情而转化其形态。

十　西方与东方的民族国家问题

（一）国家和民族在西方是一致的。这与西方国家的历史有关。西方中世纪后期，随着资本主义发展，民族意识觉醒，民族国家开始诞生。欧洲的宗教改革、文艺复兴，特别是近代的工业革命，促成欧洲民族国家体系的确立。按列宁的说法，1871年是这个体系完成的标志，而亚洲在日本明治维新之后，在20世纪初期"亚洲觉醒"之后，建立民族国家的趋势也加强了。20世纪中期，亚非民族国家形成世界上最大的国家体系。

（二）西方民族国家的建立与一个民族的建构相伴随，如欧洲伴随着拉丁方言变为民族语言、基督教共同体认同变为民族认同、封建义务变为中央集权、地方族群一体化变为单一民族。从本质上讲，这是西方资本主义经济、政治的发展，促使原来多民族王国统治下各民族要求独立建立自己"民族国家"的过程，是把各民族之间的差异（语言、宗教、历史记忆、部落部族历史）上升为政治边界，要求建立以民族为单元的各自独立的政治实体。

（三）亚非发展中国家是经过殖民地民族解放运动而建立的民族独立国家体系，此种体系是在西方殖民体系废墟上建立起来的。它与西方民族国家体系在许多方面有同有异，而根本上说，是独特的，即借鉴西方又不完全模仿西方。以中东地区的一些阿拉伯国家而言，如阿富汗、沙特阿拉伯等国，由于传统宗教与部族体系仍然在社会上发挥重大作用，因此部族在政治中仍扮演举足轻重角色。在非洲的苏丹、索马里、乌干达等国，社会基础为部族、部落，其首领是民众效忠的政治对象，部落利益高于国家利益，部落政治即国家政治，美国学者菲利克斯·格罗斯把这些国家称为不同于"公民国家"的"部族国家"。需要指出的是，所谓"部族国家"也在变动中，它们向现代"公民国家"过渡时有动荡、动乱，但在维护主权、领土完整、国家利益等"国权"方面，仍是民族国家生存的基本权益。同时要充分估计，亚非发展中国家的模式必然有自己的特点，它们必然要走自己的路。

十二　21世纪：发展中大国与人类文明的新世纪

20世纪后半期的转折在80年代，那时以自由化为核心的世界之风席卷全球。90年代，苏联解体，东欧剧变。中国等社会主义国家开始实行市场经济制度。在世界市场开始一统天下的同时，以微电子为基础的信息技术网络以及WTO的成立和运作为经济全球化开辟了道路。经济全球化是不可抗拒的历史潮流，必将推动生产要素的跨国流动，提高全球资源的合理利用，从而推动世界产业结构、生产力水平及生产效率上一个新台阶。它的艰险之处在于许多原有制度难以适应新变化，从而造成制度障碍，甚至爆发经济危机（如1997年东亚金融危机——21世纪金融危机的"前哨战"）。

发展中的三大国——中国、印度、巴西，大力发展信息技术和信息产业，经济发展进入新的迅速增长期。在不发生世界大战和特大自然灾害的情况下，可能在21世纪中期赶上中等发达国家。那时结束美国为首的发达国家主宰世界政治经济的局面和代之以发达国家与发展中国家真正平等相待、互利合作的新时期将可能到来。无论时间如何漫长，人类的新文明必将在这个交往互动过程中孕育和诞生。

十三　大国与小国

世界由大国和小国组成。世界上小国如林，"林中大树"的大国，在数量上不如小国多。世界上的国家也往往奉行着"丛林原则"，由于大国多富且强，以大压小、以富欺贫、以强凌弱者比比皆是。大而富、富而强的国家，实力雄厚，引人关注，研究世界历史走向的人，多注意大国而忽视小国。

研究大国，在学术史上的著作，可说是汗牛充栋。当代史学中，保罗·肯尼迪的《大国兴衰》（中译本，四川人民出版社 1988 年版）可说是这方面的代表作之一。他有一个观点：经济中心的转移预示着旧大国的衰落和新大国的兴起。实际上，大国的兴衰，应当具体化经济中心转移为政治经济发展的不平衡规律所使然；而不平衡状态的出现和形成，与文明交往有很大关系。

保罗·肯尼迪认为，大国走下坡路的本能反应是，将更多的钱用于"安全"，因而必然减少经济投资，从长远看，使自己的处境更困难。这对当今美国的走向，有警示作用。当今的美国，是世界历史上最强最富的大国，称之为"超级大国"，处于经济中心地位。它在"电气时代"和"信息时代"形成的"美元霸权"，取代了"蒸汽时代"和日不落的"英帝国霸权"。1944年的《国际货币基金组织协定条款》实行美元与黄金挂钩、各国货币与美元挂钩；而 1971 年美元与黄金脱钩之后，"美元帝国"显露危机征兆。接着是西欧、日本经济高速增长、东亚崛起和"信息时代"的到来。世界经济中心显示出变动迹象。"9·11"事件后，"安全"问题难住了美国，"牛仔总统"小布什慌不择路地掉进了伊拉克战争泥潭。把美国纳税人的钱用于"安全"，减少经济投资，是出于走下坡路大国的"本能"，后任的总统能否摆脱本能，还要拭目以待。不过，在今后长时段的历史交往过程中，人们将一步一步看到世界大国经济技术发展新蓝图。

大国与大国之间、大国与小国之间的交往，反映着人类文明交往的各个侧面。文明交往是人类的社会状态。人类社会的交往互动规律使之具有不断变动的动态动力。此种动力是人类的生产力和交往力，这两种动力相互伴随、相互推动，综合而组成合力，冲击着社会结构、政治体制、军事力量以及各大小国家的地位。

大国与小国，一般是指国土、人口的自然与人文地理而言。20 世纪发展到现在，当今国家已形成了三个类型的国家体系：①发达的资本主义国家体系；②民族独立国家体系；③社会主义国家体系。后两种国家体系被称为发展中国家，以示它们与发达资本主义国家相区别。然而，从体制、制度和历史形成的层面看，三个类型的特征，都是在文明交往的互动状态中形成的。发达的资本主义国家体系是在封建主义制度基础上形成的国家群。民族独立国家体系则是在资本主义殖民体系的废墟上出现的新国家群。社会主义国家体系或在资本主义国家体系，或在资本主义殖民体系中诞生，是完全新型的国家体系。

这三种类型的国家体系之间的关系是十分复杂的、多层面的体系关系，是处于当代诸多文明交往的网络互动之中。经济全球化是全球文明交往化。资本主义文明成果是人类的共同成果，发达资本主义国家的先进经营方式、管理方法反映着现代社会生产规律，社会主义国家都必须大胆吸取和借鉴，博采各国文明之长。但是要坚持以我为主、为我所用的原则。在对外交往中，要超越社会制度和意识形态差异，交往形式多样，寻找共同利益的汇合点，扩大互利合作，相互尊重，共同应对人类生存和发展面临的挑战。

谈到大国与小国的关系问题，小国如何自处？小国不一定是弱国、贫国。中东许多国家中，有不少是石油富国，而以色列虽为小国，却并不弱小。我在《中东国家通史·约旦卷》的《编后记》中，提到小国如何自处的问题。写完《中东国家通史·海湾六国卷》的《编后记》，我的思绪回到了中国史上的春秋战国时代。我想起了两千五百年前，齐宣王与孟子的问答：

齐宣王问曰："交邻国有道乎？"孟子对曰："有。惟仁者为能以大事小，是故汤事葛、文王事昆夷；惟智者为能以小事大，故大王事獯鬻，勾践事吴。以大事小者，乐天者也；以小事大者，畏天者也。乐天者保天下，畏天者保其国。诗云：'畏天之威，于时保之。'"（《孟子·梁惠王下》）

中东国家为民族独立体系国家，此种国家体系很大但很脆弱，正在发展之中，变数很多。不仅小国，就是中等国家，大的国家，也都面临着如何自处的问题。愿海湾地区小而富有的王国，有以小事大、善于自处的智慧，发展自己，如约旦那样的善处者，为中东区域和世界和平，作出文明化交往的贡献。

当今世界，是一霸多极的帝国加战国的时代。孟老夫子的"交往之道"中的"仁"、"智"思想，也许能为大小诸国的共存问题，开拓一条新的思维空间。小国在全球化时代的文明交往中，交往的文明自觉表现的思路：①从小促大；②从小做大。交往辩证法的根本在实力与灵活的策略和政治远见。

十四　理解民族性

现代化或现代性，它是一个民族国家的问题。

民族性是现代化中与现代性同样主要的维度。不能离开民族国家谈现代性。

现代性乃是民族性的事。

民族国家是现代史、当代史及目下生存的一个关键词，是理解近现代世界史的钥匙。重建"国民"人格的主体性。

民族性——现代性的涵项（基本、本质）。

民族性——传统，理解现代性的关键。

个体主义（individualism）是西方立国基本精神观念现代化的结果，是西方通过继承、转化二希传统（古希腊、希伯来）的"文艺复兴"和"宗教改革"的结果。

古希腊典籍因阿拉伯中介而保存。当时的学者赋予了人类社会的进步性观念。

全球化是代替冷战两极对立体系而走向多极化的国际体系。

全球化世纪中，民族国家及其文化格局的分化，使各国面临更新自己的使命。其格局：世界范围文明关系为多元一体。多样发展来自各文明的互欣互重而永葆生命力。文明生存之道：交流、理解、共享、合作，而非唯我独尊。

十五　姆扎利论民族性与文化

民族性是文化的首要因素。

突尼斯的社会活动家、曾任总理的穆罕默德·姆扎利是这样界定"民族性"的："民族性是由民族文化、文明、语言、宗教、历史和其他一系因素构成。……为了恢复自己的民族性，必须先具有与之相适应的思想觉悟"，而"文化对社会发展意味着个人和集体的独创性，意味着标新立异的权利……但文化决不能是单一的，应该追求有差异的文化，各种文化之间的对话应该是国际关系的基础及其发展动力，对话是振兴突尼斯灵感之所在。""一切事业取决于人……为了人，由人去做，又服从于人。"

他的代表作是《言必行》，另有政论集《阵地》。

他作为社会主义宪政党人，相信阿拉伯社会主义。

他的口号："自由和宪政"。

他 1955 年创刊《思想》，并任主编。

十六　民族国家的政治自觉

民族国家的政治自觉性首先是稳定的政治秩序，具体体现在政府的治理水平。发展中国家的现代化事业的顺利进行，从政治条件而言，首先是中央政府的政治秩序稳定。社会动员与社会参与政治要与政治组织化和制度化相适应，如果二者之间的交往进程过快或过缓，便会因失度而导致政治动荡，甚至政治动乱。

民主是重要的，不过这种民主必须是合法的、高效的秩序规范下的民主。自由是重要的，然而这种自由必须是同样秩序规范下的自由。政治治理是国家的基本职能。国家机器失效的原因之一，便是民主和自由脱离了这种秩序规范。

亨廷顿在《变革中的政治秩序》（李盛平等译，华夏出版社 1998 年版）的开篇中写道："各国之间最重要的政治区别，并不在于政府统治形式的不同，而在于政府统治形式的高低。有些国家的政治拥有一致性、一体性、合法性、组织性、高效和稳定的特点，而另外一些国家的政治则缺少这些特点。这两种国家的政治之间的差异，要比民主制和独裁制之间的差异更为显著。"亨廷顿的政治哲言是："人类可以不自由而有秩序，但不能无秩序而自由。"

无疑地，亨廷顿的这些提法有其合理性。问题在适度。一个国家连稳定的政治秩序都不存在，谈政治治理、谈国家政治，以及经济、文化的发展，都失去了前提条件。这种秩序和治理能力源于国民对国家的认同感和对国家尊严的维护，来源于每个国民应有的爱国精神。在今日英语世界中，"民族主义"（Nationalism，Nationalistic feelings）在许多人心目中完全变成了一个负面的概念，被理解为仇外排外，甚至与纳粹混为一谈。其实，真正的民族主义在世界近现代史上，起过很大的积极政治作用。且不说欧洲近现代史上，起过很大的积极政治作用。且不说欧洲近代的民族国家统一，即以"亚洲觉醒"（1905—1911），尤其是"二战"以后，世界殖民体系的崩溃和世界民族独立国家体系的建立，民族主义思潮、民族主义运动，都起了推动作用。《大不列颠百科全书》对民族主义下的定义是："对国家的高度忠诚，即把国家利益置于个人利益或团体利益之上。"

有一段时间，民族国家的政治自觉被后现代主义"解构"了，国家的意识形态和民族凝聚力被解构了，真善美与假恶丑的界限也被消解了。这是跨国资本家集团所乐意看到的事。"解构"之风劲吹，相对的真理观不存在了。绝对的相对性取代了相对的绝对性。言称虚拟、称狂欢、称多元、称人权高于主权，这种只有跨国公司时代才会出现的政治观，使许多在认识世界缺乏独立判断的人，糊里糊涂地落入了别人的理论圈套。人们不会忘记尼克松为中美建交而来中国时，在北京机场的第一句话："我为美国利益而来！"哪个国家的政治家会放弃其国家利益？今日世界各国的交往谁不是为了本民族的国家利益？亨廷顿的"文明冲突"归根到底也是国家利益冲突，他只不过是从文明角度谈这种冲突。美国国际交往中有一个潜规则：打不败的敌人是朋友。这也是从一个稳定秩序的国家政权才可与美国打交道的角度而言的。发展中的民族国家是要借鉴发达国家的一切有益理论，但借鉴外国要"以外资内"，而不能"以内殉外"，丧失了民族性。

十七　滕尼斯的"共同体"理论

（一）安德森把民族国家视为"想象的共同体"，而滕尼斯的德意志国家情怀使他认为，德意志确实是"想象的"和"共同体"二者兼而有之。滕尼斯的"社会与共同体"二分法，是他对社会学的一大贡献。他对共同体与社会的二分法把德意志称为"共同体"，把普鲁士称为"社会"，而"共同体"是本质，"社会"是表象，可能扭曲和倒转，但"社会"的普鲁士应向"共同体"回归。可是德意志民族国家的"普鲁士化"，导致"一战"的爆发。20世纪30年代，希特勒以德意志之名向人类文明进攻。历史转过了这一轮回中，滕尼斯同这个"德意志"决裂。1936年他在困顿中去世。

（二）滕尼斯多次谈到文明，例如他说："我们已经进入了国家与社会的年代，如果共同体播撒的种子不能存活下来，直到从腐烂的这种文明中养育出新的文明形式，那就真是文明的衰落了。"在他死后的第二年，即 1937年，"二战"在欧洲爆发，这是他预感的理性被用于消灭人类共同体中的同胞事件，文明这时由衰落变成了野蛮。

（三）滕尼斯的第一部著作是《共同体与社会》（1887），最后一部著作是《新时代的精神》（1935），始终推崇共同体。他的共同体理论，在早期是反对社会，后来演变为指导和改良社会。商业、科学、理性、契约、男性气质、个人自由，都是社会正面价值的产物。他前期认为现代文明必然要衰落，后期则认为，文明衰落之后，由一种新文明代替，但这种新文明是什么，任何人都不知道。但社会中存在着重建"共同体"的可能，一个最高的、无限的"共同体"，会使人类通过共同生活统一在一起。

（四）1931 年他的学术会议发言《我与社会学的关系》反映了他晚年的学术立场。他是学术人物，又是政治人物。在学术与政论写作中一直扬"共同体"，而抑"社会"。但这种强烈的褒贬色彩，到这时慢慢消退，反复强调"既无恨愤，又不偏袒"。

（五）滕尼斯生于德意志联邦时代，青年、中年、晚年在第二帝国、魏玛共和国时代、第三帝国时代度过。他在"一战"期间说德国是"共同体"、英国是"社会"，立场是赞扬和宣传本国、批评和揭露敌国。在希特勒德国以发动"二战"为德意志"时代精神"时，他指责希特勒的"最终目标是不可救药地破坏一切关系"。1936 年，在"二战"全面爆发的关键时刻去世的他，作为学者完整地见证了德意志近代文明的兴起和衰落。他 1917 年写的《英国的国家与德国的国家》一书中，认为德国是"新共同体"，英国是"新社会"。其中可供思考的是他对德、英与欧陆传统和英美传统不同的分析，以及对德国民族国家蜕变的阐述。

第二编

民族主义

一 民族主义问题手记及续记

2005年7月，可以说是讨论民族主义问题的月份。请看我的《松榆斋三百记》第179记"民族主义"篇：

7月3日，德国《星期日法兰克福汇报》刊载《"黄祸"一词的历史》一文，全文如下：

"对中国的恐惧早在19世纪中叶就在美国产生，它是当时美国人对中国移民美国、特别是对中国移民到加利福利尼亚的反应。'黄祸'这个概念也很快传遍欧洲。1894年，德国殖民运动的支持者埃米尔·梅茨格创作了《白种人与黄种人之战》一书。1895年9月，德皇威廉二世捡起了'黄祸'这个概念，并找人创作了一幅油画。在画面上，肥胖的佛陀驾驭着一条巨龙，从亚洲向欧洲奔腾而来，身后留下了被战火摧毁的废墟；代表欧洲列强的女神们则在手持宝剑的女神日尔曼尼亚的率领下迎击敌人。德皇命人复制这幅怪诞的油画并将其分发给欧洲列强。1898年，《哈勃周刊》以'黄祸'为题刊登了这幅画，从而使之在英语国家流传开来。"

"1895年，日本在甲午战争中取得的胜利令欧洲列强印象深刻。但关于'黄祸'的神话并未因此削弱，反而甚嚣尘上。企图扩张的日本的军事力量和中国众多人口这两个因素相结合，成了在西方人看来极其危险的混合体。欧洲国家宣扬这种忧虑是为了将其帝国主义诉求粉饰成保卫战。1897年到1914年，青岛处在德国统治下，1900年这座城市是义和团运动的舞台之一，中国人试图靠这场运动摆脱殖民者。德皇派遣远征军镇压义和团起义，在送别仪式上作了臭名昭著的'匈奴演说'，其中'毫不留情，不留俘虏'这句话备受指责。在冷战中，当共产主义统治世界的景象被广为散布时，对中国的恐惧再度复苏。"

读此文使我想起 1960 年 4 月，我应《西安晚报》之约，写过《威廉二世与"黄祸论"》，它的背景是中苏论战"九评"中关于亚非民族主义运动问题，苏联当时散布中国为"黄祸"，上述德文报纸并未提及。西方国家一遇到中国大事变或强盛消息时，总会用"黄祸"表现其心态。尽管历史一再说明中国不是一个侵略扩张的国家，历史无此传统，现实也无此可能，然而这种心态还是一再表现出来。

读此文使人感到德皇威廉二世不愧为"黄祸论"大师，他会制造舆论，还会授意绘制"黄祸"为题的油画，以形象表现其意图：①巨龙驮着佛祖向欧洲进攻；②巨龙身后留下一片废墟；③女神日尔曼尼亚代表欧洲列强全副武装迎战。看画思义，我不能不佩服德皇及其御用画家的构思，他们对象征中华文明的"龙"和儒佛融的理解，超过了当今西方的一些政治理论家。这种表现东西方文明冲突论的心态，自然会联想起亨廷顿的"文明冲突论"，当然，在他的笔下不只是"黄"的中华文明，还有"绿"的伊斯兰文明。

在这里，我不得不引用德国诗人荷尔德林（1770—1843）的话："没有比我们学会自由使用民族的东西更困难了。何况，正如我们认为的那样，陈述的明晰对我们是如此之自然，犹如天火之于希腊人。但是，习本器应该像习异器那样，要好好地学会。所以，希腊人对我们是不可或缺的。只是恰恰在我们的本器中，在民族之物中，我们跟希腊人，因为我已经说过，自由地使用本器是最困难的。"应该说，在民族主义潮流迭起之时，荷尔德林这段话值得重温。

7 月 9 日，香港《亚洲时报》刊载吉姆·洛贝的文章：《两个主义的幽灵》，评介美国《金融时代》专栏作家阿纳托尔·利芬的《美国是对还是错：剖析美国的民族主义》和美国退伍上校、波士顿大学国际关系研究中心主任安德鲁·巴切维奇《美国的新军国主义：美国人如何接受战争的诱惑》。

阿纳托尔·利芬的观点是：美国存在着两种民族主义：①公民民族主义，即以启蒙运动的原则为基础，并体现已有 229 年历史的《独立宣言》（1776 年发表）的精神；②更具侵略性的排外的民族主义，即仿佛又恢复到新教徒的宗教改革和它引发的宗教战争。他警告说，美国目前的政治体制背弃了自由、法治和政治平等的美国信条。

安德鲁·巴切维奇的书中指出：美国最近对暴力的迷恋既可能威胁军事机构，也会危及美国的建国理想。他引用美国第四任总统詹姆斯·麦迪逊在 1795 年说过的话："在公共自由所有敌人中，战争也许是最可怕的，因为它包括并可能孕育其他每一个敌人的萌芽……没有一个国家可以在持续的战争中保持自由。"安德鲁·巴切维奇认为:"在冷战结束后,美国人开始赞美军事力量。对武器和军队的怀疑消失了。政治领导人和保守派都开始迷恋军事力量。"他们用军事行动表明实力。

这两本书作者所说的民族主义和军国主义在美国是有联系的。如何发展,可以拭目以待。

7月12日,《光明日报》发表了李世安的《警惕民族主义的恶性膨胀——第二次世界大战的历史启示》。该文的行文逻辑顺序是:资本主义—民族国家—民族主义—战争。作者所指的"极端民族主义",只限于欧洲,着重是讲德国的军国主义和日耳曼种族优越论的反犹太人传统。文章还谈到英、法、俄及苏联对波兰的民族政策。值得提出的是作者的两点结论:①希特勒把极端民族主义、种族主义、沙文主义结合起来,发展为法西斯主义,把世界推向战争,导致了"二战"的爆发。②要消灭世界大战,从根本上说,就要消灭资本主义的政治经济制度;而民族主义是伴随资本主义而生存的。因此,深入研究资本主义条件下民族主义的发展,消除极端民族主义的影响,以避免世界战争的发生。

读这篇文章,我想起了作者在《烟台大学学报》2005年第3期上发表的《普鲁士精神、法西斯主义与第二次世界大战的爆发》。该文有两点值得注意:①普鲁士精神是爱国主义、军国主义、社会达尔文主义、沙文主义、种族主义的混合;②在"一战"后德国和欧洲社会经济和思想混乱、凋敝、失望、绝望和恐怖状况下,在人们希望从历史文化传统中寻找精神支柱的形势下,希特勒把普鲁士精神发展为法西斯主义,使之能最恶性发挥,成为"二战"爆发的直接原因。

这两篇文章主要谈德国的民族主义与法西斯主义的关系,没有谈德国民族主义的其他问题。德国的民族主义可以上溯到德意志统一时期,也使人想起前面提到的德皇威廉二世"黄祸论",而从其影响看,对东方民族主义颇有联系。我在《东方民族主义思潮》(西北大学出版社1992年版)第九章"萨提·胡斯里的阿拉伯民族主义理论",曾谈及胡斯里曾努力把德国民族主义思想同阿拉伯哲学家伊本·赫勒顿的民族思想结合起来,被称为"阿拉伯的费希特"。回顾十三年前我所写的《东方民族主义思潮》,突然觉得有必要从文明交往观角度写它的续篇。

7月19日,英国《金融时报》刊登了记者维克多·马利的文章《亚洲令人不安的局势:尽管经济互相交织,但各国的民族主义情绪日益高涨》。

文章引用了日本东京都知事、日本民族主义者石原慎太郎的观点：朝鲜和中国是日本的严重威胁，美国也是不可靠的支持者。他认为，中国历史上对日本和西方不满，并且和高速发展所创造的野心和自信心结合在一起，后果严重；还有韩国的"独岛"问题引起的民族主义；此外，泰国、马来西亚、印度尼西亚都有民族主义浪潮。他提出了一个问题：经济交往的密切程度，导致的不是互相融合，而是彼此无法容忍对方。其原因是：①中朝两个国家不完整，有其社会需要；②被压抑的民族主义在冷战后的释放。他还认为，民族主义与反民族主义潮流，在中日之间交往运转是"恶性循环"。

这位英国记者谈的亚洲现状中的表面现象，所引用是日本人中的一派观点。他没有涉及一个问题：东西方民族主义多种多样，不但有现实表现，而且有历史根源，如同是发动"二战"，给本国，尤其是给邻国带来灾难的德、日两国，为什么对战争持相反的态度？一个认罪，一个参拜供有战犯牌位的靖国神社。

7月25日，德国《每日镜报》刊载哈拉尔德·马斯的文章《害怕黄种人》。作者指出，在日本崛起为经济大国二十年之后，"黄祸"的幽灵在西方再次游荡，他列举的现象有：①中国的纺织品充斥欧洲市场；②中国欲收购美国优尼科公司；③北京军事预算是正式公布的2—3倍。他估计：①中国的工业化将改变世界，从而成为西方在原料、石油及高质量产品的竞争者；②将动摇美国超级大国的地位。但是，作者指出，对西方构成威胁的不是中国的崛起，而是中国经济发展的失败。他有两问：①哪一个跨国集团今天能放弃这个占世界人口五分之一的市场？②如果几亿中国人作为难民离开他们的国家，欧洲和美国还能安稳吗？

续记

写完这篇民族主义问题手记两年多以后，我又读到了美国《哈特福德报》2007年9月23日刊登的文章：《中国——威胁与机遇》。这篇文章是从提问题开始的："人人都在试图搞清楚中国对西方意味着什么：出现于东方的新商机？会导致西方的贫困？抑或是一个竞争的超级大国？"它又是从历史上考察这些问题的，并且又一次提出2005年7月3日德国《星期日法兰克福汇报》涉及的"黄祸论"问题。请看由我在手记开头涉及"黄祸论"问题的余波：

"一个世纪前，杰克·伦敦问过所有这些问题。这位因创作淘金潮故事而出名的作家于1904年报道俄日战争，见证了一个欧洲国家被一个非欧洲国家打败。这场亚洲胜利到来时正值加州爆发反华骚乱。这样的背景下，他发表了题为《黄祸》的评论,预测中国人有朝一日可能会接手整个地球。三年后,他的科幻小说《空前的入侵》做出两个有关中国将来的预言:一是日本将侵华,但最终被逐出中国。重要的是第二个预言。他认为中国将在20世纪开始工业化进程,庞大的廉价而守纪律的劳工将再次使中国成为世界最大的经济强国。

"杰克·伦敦的预言末章令人恐惧:西方列强害怕中国新生的力量,用生物武器消灭了其全部人口。他或许不赞成这样的屠杀,但无疑把'黄祸'视为对西方的一个威胁。尽管这是丑恶的种族主义,但他捕捉住了全球化的两方面:东方惊人的增长前景和西方相对衰落的冲击。

"没什么地方比中国增长得更快,该国极度贫困人口比例从64％降至10％,同期中等贫困人口从84％降至35％。人类的生活水平从未经历如此迅速的改善。

"许多在华的外国人也在变富。笔者上月在中国出差,看到豪华酒店和会议中心挤满了来自世界各地的商人。这是一股淘金潮——中国的工业化令全球的绝对财富空前增长。同时美国的相对财富及与之相关联的政治和军事力量在下滑。

"如今,贫穷国家的增长比富裕国家快得多。中国正向我们展示我们世界的潜力有多么大。我们绝不要被一个复兴的亚洲的恐惧所左右,以免与这个创造财富的巨大引擎失之交臂。让我们变得更有建设性——然后分到更大的一份财富。"(作者吉姆·斯托德,汪析译,原载《环球时报》2007年9月25日)

这位作者不但以清醒的文明交往自觉,从全球化趋势看东西方的历史和现状,而且对西方文明中根深蒂固的民族偏见和对东方文明复兴的恐惧心态有深刻的分析。特别是指出了像美国作家杰克·伦敦这样杰出文化人物也难免在"黄祸论"问题上不能摆脱传统痼疾。我把这种民族性称为"西方文化病"。当然,这并不排除对杰克·伦敦1907年关于中国预言的敏锐性:后来发生的1931—1945年抗日战争的胜利和改革开放之后的现代化进程。

杰克·伦敦发表《黄祸》评论和《空前的入侵》,其背景是日俄战争中亚洲国家日本战胜俄国和美国加利福尼亚州的反华骚乱。2005年此种浪潮又在德国重演。直到2007年此风不减,8月17日,德国《明镜》周刊用具有挑衅性和煽动性的"黄色间谍"作为封面,刊登了用诸多不实材料和误导方式写成《沙粒原理》一文,将所有德国留学生、科学家、员工、企业家,统统怀疑为"经济间谍"。这自然受到了在德华人的反对。这也反映了"西方文化病"的根深蒂固。这种社会心态与威廉二世时期的"黄祸"论及当时的艺术油画，有异曲同工之处。对这种时不时泛浮的浪潮，也遭到西方公正人士的批判。如20世纪60年代初，加拿大的特鲁多就著文批判宣扬"黄祸"论的书。后来，特鲁多曾担任加拿大总理，1973年10月曾访问过中国。

在东西方文明交往过程中，拿颜色说事的，有很多事例。除"黄祸"论之外，尚有欧美的一些媒体炒作"伊斯兰"威胁的话题。如说苏联解体后，伊斯兰的"绿色威胁"将取代"红色威胁"。（J. L. 斯波西托：《伊斯兰威胁，神话还是现实》，社会科学文献出版社1999年版，第1页）此外，许多西方政论家，包括亨廷顿的论著中，也可以察觉出此类炒作的影子。

不过，我觉得从东西方文明交往观点看，中国同西方的历史联系太复杂、太曲折，这中间形成的偏见、成见太多太深。让世界适应中华文明的复兴，有各种难题需要时间，需要智慧，需要在实践中破除威胁、崩溃思维定式。交往互动规律是文明交往的金律，首先是中国有自知之明，自己不要盲目自大或自卑，不要被动而要主动，用自身的积极自觉性去消除西方的误解。这是文明自觉的开始。同时，要历史地理解西方，知人之明也是不可缺少的。人类文明自觉总是在交往互动中进行的。

具体地说，文化三要素：民族性、意识形态、价值观，这三者关键是民族性。作为文明核心的文化，民族性又组成了核心的核心。文化自觉的自知之明，首先是民族自信心，没有这一前提，不待外来文化化掉，就会因自戕而崩溃，本位文化会成为跟在别人后边的爬行文化。自强、自立、自信，是自知之明的根基。当然要借鉴外来文化，吸收一切有益的、先进的因素，但不能走极端。民族性与价值观、道德、意志、创造力密不可分，这都是文化深处的东西。一种文明自身的发展以及与其他文明的交往，最重要的环节是认识对方的民族性和价值观，也包括意识形态。所谓自知之明、知人之明，在于"知"这些核心东西。本手记大量涉及"黄祸论"心态，是我们"知"西方文明之明的一个长时段的传统思维，研究西方民族主义问题时，不可忽略它。现实是，美国、欧洲国家、日本、亚非拉其他大国，都不会坐视后进国家超过它。在全球化时代，民族国家作用表现在发达国家运用其经济、科技、金融、军事、文化强势，垄断各种资源、市场，向发展中国家进逼，发展中国家则奋起直追，这才成其为世界。

中国快速发展，对世界不是祸，而是福；不是冲突，而是和平。"仇必和而后解"，北宋哲人张载的哲言不但是中华文明的真谛，也是超越国家利益的普世格言，战争和冲突的热战和冷战思维不符合人类大多数的根本利益。"和"的基础是经济平衡经济，是消除贫困。全球 500 个富人的收入超过 4.16 亿人收入的总和，富国瑞士人均收入是穷国埃塞俄比亚的 330 倍，这是不和之根基。持久和平，离不开共同繁荣；和平、发展、合作为的是公平、普惠、共赢，这是人民意向，时代大潮。世界 60 多亿人口、200 多个国家、2500 多个民族、6000 多种语言，多种宗教和文化，必将在文化交往中走向自为、自觉的"和而不同"的目标。

二　世界现代史上三次民族独立运动浪潮

（一）20 世纪初期，"一战"后，奥匈帝国瓦解，欧洲出现了不少新兴国家。

（二）20 世纪 50 年代末期 60 年代初期，亚非拉有大量原老牌帝国主义的殖民地宣布独立。

（三）苏联解体后的独联体国家和南斯拉夫联邦共和国解体后出现的一些国家。2008 年 2 月科索沃宣布独立，是南斯拉夫解体后巴尔干地区变化的尾声。

可以看出，三次民族独立浪潮都是原先政治结构瓦解的结果。只要母国强大稳定，就不会出现分裂。

（四）V. S. 奈保尔这位"文化无根"的诺贝尔文学奖得主曾说："祖国，对我是一个难以表述的国家。"对于出生在印度、中国、埃及这些拥有地球上最悠久文明亚非国家的人，寻觅祖国往往是艰难而神秘的。有人认为这种寻觅是一场缺乏定义感的旅程，必须保持不确定的乐观。

（五）觉醒从 20 世纪初"亚洲觉醒"开始。民族、国家、科学等概念，从那时进入形成时期，并进一步向国家进步整体叙述的民族国家体系目标行进。这是一次又一次的冲突，甚至在灾难中进行的进程。有时是因缓慢而丧失信心，有时又对苦难有信心，但更多是焦虑不安。往往是"一战而人皆醒"，尤其是两次世界大战。改革是民族独立国家复兴之路，开始是勇气和努力，继而是判断力和韧性。无论前者或后者，都是文明自觉或高或低的表现。醒来，被压迫的民族！起来，不愿做奴隶的人们！前进，发展中国家！

三　民族精神体现着民族文化本质

我在《文明交往论》中，谈到文明的真谛时，把文化作为文明的核心，把文化的核心又定位于民族性、意识形态和价值观三点。其中民族性居于首位。这三者的关系既是分层次的，又是互为联系、彼此渗透和相互依存的。民族性贯穿于民族文化的意识形态和价值观之中，从而显示其中心位置，并表现为民族精神。

具体人群都是在一个特定的文化环境中生成起来的，人类学有句行话：人天生就戴有"文化眼镜"。民族性、意识形态和价值观组成了"文化眼镜"的三要素。这三要素有正面、负面因素，有文化精华，也有糟粕，有包容，也有偏见和歧视。但主流上应从民族精神上认识，应以平等态度对待不同民族传统，在良性交往中使民族精神得以弘扬。

民族精神是民族文化最本质、最集中的体现，是一个民族生生不息、薪火相传的精神力量。人类文明交往史说明，一个民族能自立于世界之林，其生命之根在于它在文明交往中所表现的独特而优秀的精神和自身高尚的品格。民族精神在民族国家中，是国民对国家的爱国之情、强国之志和报国之心。这是民族国家的爱国主义价值观，是民族国家认同感深化到凝聚力、向心力、创造力的文化根基所在。

民族精神也是民族文化、文明复兴的动力，它和时代精神俱进，并且互相交融，深入到民族意识、民族品格、民族气质之中。传统文化是现代文化的主要源泉之一，是民族文化之根。文化看不见摸不着，但其影响深入人心，熔铸于人的血液和气质之中。现代文化气质和底蕴使民族精神既有深厚传统文化根基，又有时代和世界眼光。这也是人的全面发展和社会和谐的促进力量。在文明交往中，民族性和世界性必须结合互动，正确处理古今中外文明的相互关系。着眼于世界文明的前沿，立足于本民族的历史与现实实际，既反对闭关自守的狭隘民族主义，也反对历史虚无主义，在与世界文明交往中生存、发展和创造新的民族文明。

但是民族主义是一种最简单然而又是最强大的意识形态，在理论系统性上不易建立。由于它的感情因素强烈，因而最易为未受理论训练的普通人所接受。不能空谈主义，不谈实际问题，要深明因义，才是真正的民族精神。只有真正和自己从事的职业、行业行为密切结合，明确自己所负的民族重任，更有具体的切实举措，而不挂在口头上、理想上，才是文明之本。保持民族性，体现时代性，使优秀传统文明与现代文明相协调。对民族性而言，一个民族文明，首先要有自知之明，"从我做起"。只有对本民族文明的"自我"平衡、和谐，才能与别民族的文化、文明，与自然，达成平衡，乃至和谐统一。

民族性是文化多样性的表现，它经常是以国家政治形态来存在的。全球有200多个国家，讲6000种语言，分属超过5000个族群。由于政治、经济，特别是文化的差异，来自不同方向、有着不同追求、处于不同层次的国家，势必出现以强凌弱、以大欺小以及野蛮冲击文明的事件。这是自古及今皆如此。一国之内多民族决定了文化多样性，多民族组成了国族；一国之外、各国之间，今日民族国家之间，更多地体现了多样性。正确处理文化多样性，如同生物多样性一样，使人类更安全、更和平、更有发展活力。

四　民族主义与宗教的极端性

"文革"后期，我的研究领域曾扩大到国际共运史中的极端性问题，如蒲鲁东和巴枯宁的无政府主义。在《书路鸿踪录》中，收录了"第一国际与无政府主义"，这是我从学术角度思考和研究蒲鲁东与巴枯宁思想，特别是国家观方面"极端性"的论文。我在《书路鸿踪录》序言中谈到收录缘由时写道："极端主义"这种政治、思想对人类文明的负面影响太大了。后来研究方向又转向民族主义，其成果是《民族主义运动史》和《东方民族主义思潮》两本书，但对民族主义的"极端性"注意较少。再后来研究方向转向中东，民族主义和伊斯兰的宗教"极端性"问题，越来越成为萦绕脑际的课题。

民族主义在18、19、20这三个世纪中，扮演了极其重要的政治角色，在世界范围内产生了极其重要的影响。近代民族主义是资产阶级政治意识形态，它为欧洲、美洲和日本等发达的资产阶级民族国家体系的建立和形成，发挥了理论威力。现代亚洲、非洲和拉丁美洲的民族主义，为资本帝国主义殖民体系的崩溃和民族独立国家体系的建立和形成，起了前导和推动作用。另一类是社会主义国家体系，这三大体系是20世纪的世界性事实，虽然它们变迁不已。

民族主义尽管在主流上导致了西方和东方民族国家模式的建立，并形成为体系，但民族主义的复杂性和国际性却向不同歧途发展。民族沙文主义曾导致帝国主义，民族极端主义曾导致法西斯主义。在一个主权独立、领土完整的民族国家内部，由于民族问题在内外因素交织下，民族主义的"极端性"，也导致了民族分裂主义，而民族分裂主义又导致恐怖主义、战争冲突和国家裂变。苏联解体以后的中亚诸国，民族自我中心主义虽然有助于提高主体民族的凝聚力，但向极端化方向发展，便导致主体民族与非主体民族的矛盾，甚至成为危害国家安全的异己力量。

英国学者霍布斯说过："要使民族疆界与国界合而为一的理想，恐怕只有野蛮人才做得到，或者说，只有靠野蛮人的做法才可能付诸实现。"实际上就是靠野蛮人的方法也办不到。当代世界上民族分裂主义的类型很多，一国内的居多，如斯里兰卡、菲律宾、俄罗斯、英国国内都有武装对抗，西班牙、法国有暴力恐怖，前南斯拉夫和塞浦路斯国内各民族独立分国等。而跨国民族分裂主义有中东地区的库尔德人、巴尔干地区的阿尔巴尼亚人等。

殖民主义惯用的手段是"分而治之"、"以夷制夷"。按马克思的说法，这是罗马帝国的古老传统。正是殖民主义强权干预，才使其统治遗产还尚有巴勒斯坦建国存留问题，但显然不属于民族分裂主义，而是民族解放运动范畴。有民族分裂主义的历史和现实状况，则同今日一些国家用同样处理民族问题的政策有关，即所谓的"新干涉主义"。内因在于民族主义的负面特点——本民族利益至上的利己和排他性，以至以建立民族与领土相一致的独立国家为目的。内因还在于民族主义的负面特性——情绪化、盲动性、煽动性、激动性、渲染性、狂热性，等等。民族主义的极端性，走向实现政治目的暴力化，这正是民族分裂主义和恐怖主义相结合的典型特征，也是与宗教的极端性相通之处。巴勒斯坦人要求建国的政治组织不属于民族分裂主义组织，但这种组织中包括专事恐怖主义活动的极端势力，此种势力的恐怖活动对巴勒斯坦人建国有百害而无一利。

极端性意味着非理性，由民族和宗教的极端性而演化为恐怖主义势力，只是以民族、宗教为情景，只能是利用民族、宗教矛盾和民众情绪进行暴力恐怖活动的专制统治集团，而绝非相关民族、相关宗教的代表。各民族中都有理性的智慧财富，各宗教中都有反对极端性的箴言。例如《古兰经》中就有"真主的确不喜欢过分的人"（5：87—88）。在恐怖主义"全球化"情况下，如果把具有民族、宗教背景下的恐怖主义视为相关群体的代表，只能掩盖恐怖主义势力反人类、反文明的极端性本质。

以当代世界的各种极端主义恐怖组织中的信仰伊斯兰教的民族恐怖主义

组织而言，在数量、规模、破坏性和影响方面无疑是最为突出的。但"9·11"事件后，几乎没有人公开声明反恐要同伊斯兰教和阿拉伯民族为敌。民族和宗教极端主义，不是伊斯兰教的特有现象。世界各大宗教都在面临现代化、世俗化挑战下有回归传统的反应。伊斯兰教之所以凸现，是因为它流行的地区是世界各种矛盾、冲突的交汇点，是各种文明交往的聚散区。特别是 20 世纪 90 年代冷战格局结束后的宗教、民族冲突，同 80 年代中东兴起的伊斯兰复兴运动激起的浪潮相连，致使研究者更为关注。宗教的极端性与善良性宗旨相对立。宗教极端主义在伊斯兰教中，其思想渊源是 13 世纪新罕百勒学派的伊本·泰米叶，他主张对已皈依伊斯兰教但拒绝伊斯兰法的名义上的穆斯林，仍是"圣战"的对象。埃及总统萨达特就是被圣战者组织以伊本·泰米叶"教令"杀害的。伊斯兰极端势力的近代思想渊源来自沙特阿拉伯的瓦哈比派的尊经崇圣、回归正统的宗教保守主义，这种尊祖派在现代组成"赛莱非耶派"，为本·拉登所支持。当代宗教极端势力的代表人物是赛义德·库特卜，代表作是《路标》。

伊斯兰原教旨主义与伊斯兰极端主义之间的关系，是有联系（总上所述，是思想上，还有组织上各种分合、同异、合法、武装、政教合一诸种复杂关系），也有区别（主流原教旨主义主张合法伊斯兰运动，反对暴力恐怖，而极端原教旨主义思想、行动上均为极端，为建立教旨主义国家不择手段、不计后果）。总之，可归为整体与部分的关系。

最近，美国《洛杉矶报》刊登了一幅极端主义的漫画，描绘了宗教极端主义是用"仇恨"的奶水来喂养而泛滥的。21 世纪，西方与穆斯林世界的敌意加深，影响了人类文明的发展，在国际关系上也将出现新的特点。英国《卫报》2003 年 12 月 8 日转引了英国外交部战略文件的下述一段话，是有针对性的："在 21 世纪最有可能影响英国和其他西方民主国家的可能的思想冲突来自宗教和文化。宗教信仰正在重新成为国际关系中最重要的推动力：在有些情况下，人们会利用宗教信仰来掩盖政治目的。在西方民主国家同一些穆斯林国家或穆斯林组织之间的关系中，很显然会出现这样的问题。"物极必反，极端性在民族、宗教上的极端势力国际化，有许多复杂原因。其极端性是曲解民族主义和宗教信仰，把一切问题归之于民族和宗教感情，这种民族和宗教狂热有极强的破坏性，彼得·博蒙特在英国《观察家报》2002 年 10 月 27 日发表的《恐怖主义的新面貌》中写道，这种破坏性"源于一种心理的抑郁，在很多有极端倾向但通常受过良好教育的年轻穆斯林中普遍存在这种心理"。2003 年 10 月 14 日，马来西亚前总理马哈蒂尔以一位伊斯兰信徒的身份说："愤怒的人不能恰当思考，于是我们看到部分人不能恰当思考，于是看到部分人做出非理性举动。他们发动袭击，任意杀人，包括穆斯林，借以发泄愤怒和不满。"贫穷，西方对阿拉伯世界的压迫和西方价值观、生活方式的负面影响，这些社会、历史等物质和精神因素，特别是冷战结束之后的战乱环境为这种极端势力猖獗提供了沃土，使暴力恐怖主义在任何情况下都采取非正式手段。文明对话已成为文明交往的公认形式。2002 年 10 月在黎巴嫩召开的、有 55 个国家参加的法语国家首脑会议上，确定的主题是"不同文明间的对话"。法国总统希拉克在介绍新当选的法语国家组织秘书长、前塞内加尔总统迪乌夫时说："他来自一个穆斯林人口占 95％的非洲国家，这个国家的人民选举了一个基督教徒（指迪乌夫）来做他们的总统，这就是文明间的对话和交流的最好例子。"用对话和交流这种文明交往形式，来取代对抗和暴力，终究要成为人类文明发展的趋势。

五 国民性、民族性

（一）此二性是 19 世纪西欧、北美和日本民族国家形成时期的思维方式的结晶。

（二）此二性习惯于把人的一切差异一概或简单地归结为民族、国界所致。

（三）此二性是民族主义的无意识而有目的的再现。

（四）此二性之于中国知识界，在 20 世纪才开始，其根源在欧美、日本，其直接环境在知识分子自居高尚，居高临下批判老百姓愚昧和批判传统，居高临外即站在中国人之外讽刺中国国民。

（五）此二性严重影响中国现代化，因此是 20—21 世纪历史的产物。

（六）此二性之后涉及不同文明之间交往中的金律——交互律，它不把这种交往看成动态互动，而是以不同文明之间各自的孤立、静止传统为前提，忽略了两种文明交往中的已经和正在发生的变动潮流。

（七）文明交往的交互作用不是孤立主义，也不是先入为主，更不是否定一切，而要实事求是地求同异、存同异。

（八）翻译在文明冲突中的作用往往不容忽视，它可能成为被忽视的原因和背景。

六　陈独秀的《爱国心与自觉心》

1914 年 11 月 10 日的《甲寅》第 1 卷第 4 号上，陈独秀发表了《爱国心与自觉心》一文，涉及了国家和自觉这两个相关问题。其实，这也与"传播"工具的期刊有关。陈独秀与章士钊两人经历、交往于办刊物，说明"传播"思想对舆论的重要。李宪瑜博士在《〈新青年〉杂志研究》一文中已看出陈独秀从办《安徽俗话报》到《甲寅》再到《青年杂志》是"一种知识分子精英心态下的舆论理想"，而沈尹默早在《我和北大》一文中，已谈到陈独秀等人"不能忘情于舆论和政治"问题。

对"传播"思想的重视，也是文明自觉的表现。重视舆论，自然要论及当时的启蒙命题，如"国家"概念，因为"爱国"是晚清以来最中心的问题。陈独秀在《爱国心与自觉心》中以他"言之急激"的风格，对此提出质疑，其要点如下：

1. 国家的界定："土地、人民、主权者，成立国家之形式耳"，国家的实质应当是"为国人共谋安宁之幸福团体"。

2. 国家的现状：中国当时无"共谋福利之团体"，所以"爱国"只是感情冲动的"情之属也"。

3. "立国"无可能：人民努力不能立国，共和、立宪均非所宜。

4. 国家问题的惊世骇俗结论："立国既有所难难，亡国自在所不免，瓜分之局，事实所趋，不肖者固速其成，贤者亦难遏其势。且更为情论之，亡国为奴，岂国人之所愿。惟详察政情，在急激者即亡国瓜分，亦以为非可恐可悲之事。国家者，保障人民之权利，谋人民之幸福者也。不此之务，其国存之无所荣，亡之无所惜……海外不师至，吾民必且有垂涕而迎之者矣。"

既然是文明自觉，为何有此极端之举，且看当时的几种解释：

1. 章士钊的"故作危言，以耸国民力争自由"的"正言若反"说（见《国家与我》，《甲寅》第 1 卷第 6 号，1915 年 6 月 10 日）。

2. 梁启超的"敢于质言"（以代表国人的大多数欲言而未言）语（同上）。

3. 李大钊解释更细，可贵之处都在"自觉"问题上；陈独秀此文缺点在"厌世之辞，嫌其泰多，自觉之义，嫌其泰少"；此文谈"自觉之义"在于"改进立国之精神，求一可爱之国家而爱之，更不宜因其国家之不足爱，道致断念于国家而不爱，更不宜以吾民从未享有可爱之国家，遂乃自暴自弃，以侪于吾国之民，自居为无建可爱国之能力也"（《厌世心与自觉心》致《甲寅》杂志社记者，见该刊第 1 卷第 8 号，1915 年 8 月 10 日）。把"厌世心"与"自觉心"连在一起，"自觉"自然就变味、变消极了。

这是 20 世纪初的一桩公案，放在 21 世纪初思考，论"国家"、论"自觉"仍不失其启迪价值。

七　孙中山的民族主义

我在《东方民族主义思潮》中，认为孙中山的民族主义理论核心是革命的民主主义，是建立民族国家、经济独立和民生富强问题，特别是农民的生计问题。

1906 年孙中山在讲解民族主义时，针对清王朝统治时说："民族主义却不必要什么研究才会晓得的，譬如一个人，见着父母总是认得，决不会把他当路人，也不会把路人当作父母。民族主义也是这样，这是从种姓发生出来的。"

辛亥革命后，清王朝被推翻，建立民族独立国家提上了日程。革命者面临的任务是建立现代的民族国家，民族主义的主题深化了。中国要富强，必须现代化，民主主义、民生主义更加快了民族国家的现代化主题。但是，富强的榜样，是那些掠夺中国、阻碍中国独立的欧美现代发达的民族国家。

因此，孙中山把西方现代化政治内容本土化，提出民权主义，建立"民主宪政政体"，"改造社会经济组织"。孙中山说：民生主义是从发达的民族国家来的，因为他们的财富越是增加，贫富不均的问题越明显，建设民族国家，就是解决农民的生计问题，关键是土地问题。他设想了一个土地定价政策。不过，这一次他的视野更宽广了，是从文明自觉角度看民族国家的富强问题。他认为，有了这个政策，"文明越进，国家越富，一切财政问题，断不至难办"。关于革命后的宪法，孙中山考察了英美宪法的三权分立，他在这里又一次从文明自觉的视角看待西方经验："百余年间，美国文明日日进步，土地财产增加不已，当时的宪法，现在已经是不适用了。"他学习西方，是有创造性的。在立法、司法、行政这"三权"之外，"创一种新主义，叫作五权分立"，这"三权"之外，他加上了"考试"和"监察"的独立权，选择和考察官员。他已意识到这种"五权宪法"，"不但是各国制度上所未有，便是学说也不多见，可谓破天荒的政体"，并将其视为中国人民的最大福祉。

孙中山的民族主义与民权、民生是内在的统一体，是后来联俄、联共与扶助农工的三大政策之基，是文明自觉的历史性表现，至今仍不失其独立思考中国特色的价值。

八　卡夫卡的民族国家思想

《卡夫卡全集》（叶廷芳译，河北教育出版社 1990 年版）中，有一篇小说，名为《中国长城建造时》（第 1 卷，第 375—387 页），写于 1917 年 3—4 月，1931 年由布洛德整理问世。

这是一个诗意的意象比喻小说。他所建造中国长城是诗学的、文本性和跨文化性的作品。小说隐喻了卡夫卡这位犹太复国主义者的思想。中华帝国隐喻着他思想中散居于世界各地的犹太人群体。犹太人失去了巴勒斯坦故土之后，流散各地，如何重新凝聚为一个整体，从一个民族（nation）变成一个现代民族国家（nation-state）？失去了国家的命运便无依无靠。卡夫卡对古斯塔夫·雅努斯说：

"今天，犹太人已经不满足于历史，即时间上的英雄故乡。他们渴望得到一个空间上的小小的、通常的家。越来越多的犹太青年回到巴勒斯坦。这是回归到自身，追寻自己的根，回到生长之地。故乡巴勒斯坦对犹太人来说是必要的目的地，而捷克斯洛伐克对捷克人来说是出发地。"（古斯塔夫·雅努斯：《卡夫卡对我说》，赵登荣译，时代文艺出版社 1991 年版，第 117 页）

这是卡夫卡犹太复国主义的"国土加语言"复兴梦。与文化犹太复国主义不同，他追求法律保护犹太民族，认为"犹太民族性不仅是信仰的事情，而首先是由一个信仰决定的群体生活实践问题"。犹太民族的复兴不仅仅是精神上的复兴，不仅仅是古犹太文化的复兴，而是寻求一条解决犹太民族的现实生存空间的道路，即在巴勒斯坦建立新的犹太国，一个以犹太人为主权拥有者的民族国家。这个国家被卡夫卡形象化为一道如长城那样防御坚固的地理空间——民族国家。这是一个现实国家的共同体。

最好的作家总是理性最强的人。卡夫卡是个律师，他的理性在这篇小说中已体现无遗。

培根的"史鉴使人明智，诗歌使人巧慧"名言中，似乎可以把小说也加入诗歌之中。诗化的文学，用形象思维"巧慧"了历史！这是"智者"的行为。

九 政治是什么

政治是什么？亚里士多德考察了一百多个希腊城邦后写成《政治学》，可以说是政治学中最早的专著。他说政治是城邦的政治："人是城邦的动物"，城邦（polis）后演变为"政治"（politics）。他认为："国家的本性先于家庭和个人的本性"，国家是自然的产物，是包括其他一切结合的最高结合形式。在他看来，最好的政体是一种介于君主贵族寡头政体和民主政治之间的混合政体——共和国。他的名言："中产阶级组成的国家是最好的国家制度。"此语已成为今日美国政治的口头禅。

面对这个问题，奥托·冯·俾斯麦在 1867 年这样回答："政治是一门关于可能性的艺术。"

如何解决"可能性"问题，并且使之成为"艺术"？这位铁血宰相、德国民族国家的统一者说："蠢人常说他们是从自己的经验中进行学习。我却认为利用别人的经验更好一些。"他作为一代杰出政治家，认为"找老师在政治上很重要"。他运用"可能性的艺术"建设了德意志民族国家，此讲值得思考。要说"权威政治"，他应是较早的历史代表人物。

另一位德国人卡尔·施米特，1932 年出版了《政治的概念》一书。他把政治归纳为一个大要义："区别敌友"；然后细化为：①先确定敌人，然后才知道谁是朋友；②区分"私敌"和"公敌"；③不与"私敌"斗争，而与"公敌"斗争到底；④"公敌"是"政治敌人"，是"先验"的"敌人意识定义"，而不是"私利""私仇"的定义。施米特嘲笑自由主义者不懂得政治问题，其幼稚性表现为："在经济学上把敌人转换为竞争对手"；"从知识上把敌人化为论争对手"，而且以为这样做了，就可以解决对敌斗争问题。他认为，事实上经济和知识上没有永远的敌人，而人们无条件地需要有敌人，这在他看来是人类政治冲突之所以永远难以化解的深刻隐秘的原因。

"没有敌人也要创造敌人"，这是施米特的西方政治学格言。不过，德里达的"友谊政治学"却以"善意政治"来反对施米特的"敌意政治"。亚里士多德说的"啊，我的朋友们，世上本无朋友"这句话被德里达自我解构为循环格式的"友谊思想线索"。他认为施米特根本不懂得什么是朋友，或只是从互利的庸俗关系中理解朋友，所以敌人才成为他的政治核心意识。德里达发现"友谊"是一个能跨越公共政治空间和私人空间鸿沟的特殊政治关系，建立新的政治是"无敌人"好客的信任他者，把朋友的概念推广到全部他者。这种想法与康德的"好客"观念和列维纳斯关于"他者至尊"相通，而且似乎理想成分太重，与现实差距太大。无限"好客"精神，成为未来民主的基础，纯粹是善良愿望。

分清敌我友是政治家们放在首位的问题，这是对的，但是，过去的"星球大战"之类的影片，是到处找敌人。亨廷顿"文明冲突"则是树立敌人。哈贝马斯用理性对话来对付冲突，加上俾斯麦、施米特、德里达的敌友观念，都能引发人们对文明交往的思考。阿伦特认为，政治就是公共领域中人的言论与行为，是行动主体通过这种言行而进行的自我彰显，政治实践必须依赖作为民主平等的对话场所的公共空间而存在，这是一个没有支配和宰割的平等对话空间。在特定条件下的政党一体化、一元化集中指导，也就取消了公民的政治参与能力和政治生活的公共性品格，实际上是空前的非政治化。阿伦特所说的"政治"品格是多元性与创新能力。这是自由民主的政治，允许不同个体带着自己不可化约的差异性进入公共领域，其特点是差异性同时在场而保持多元性，公共性是对话的平等性。事实上，政治是一种人类交往方式。克劳塞维茨《战争论》认为战争是"政治另一种交往手段的继续"。不是一般的政治手段，而是"政治交往手段"，是政治交往手段继续发展为战争。这一点我已在《文明交往论》一书的《读〈战争论〉札记》中谈到。

历来的学者把《庄子》看做道家"无为"出世哲学著作，诗人聂绀弩却认为是讲政治之理。据寓真在《独具只眼，透悟庄子》（《中华读书报》2008年4月2日）中指出，《庄子》是告诉人们如何对抗统治者。①如《庄子》首篇《逍遥游》并不是南怀瑾的物化、人化、气化，而是要求打破枷锁，要求自由的被统治者的愿望；②如《养生》篇并非讲养生法，而是告诉被统治者在残酷专制制度下保存生命、善待自己；③如《应帝王》篇是应对被统治者的办法，其中所说的帝王是对统治者诡诈多变本性的刻画。聂绀弩有句话：《庄子》这本书"在社会进步时期，它是一本反动的书；在社会反动时期，它是一本进步的书"。

1965年12月20日，聂绀弩给高旅的信中说："我近翻漆园著作，读过十几家著批之类，除训诂本只在卖弄其说文知识，原不求文意者外，觉无一人真懂漆园者。"1966年4月4日致高旅信中说："近抄《庄子》，觉较杜诗更饶兴趣，且有前人所不知之见，颇发思绪。"以上就是在北大荒以"右派"

眼光读《庄子》，说《庄子》，充满了政治智慧与谋略，是有体验的。他没有这方面的著作，只有此中的"真意"，可惜！不过，人总是从自身的体验进入经典世界的，各人的视角不仅靠间接体验，还有直接体验，俾斯麦的说法无疑有片面性。聂氏从政治学角度读《庄子》可说是一家之言。政治是什么？交往实践不同有不同的认识。可能忤的艺术也是　家之言吧。

十　论政治交往

（一）有人说，大多数军事家不懂政治。今人也说，古人早有人说过此事。

司马迁在《史记·绛侯周勃世家》中就说："亚夫之用兵，持威重，执坚刃，穰苴曷有加焉！足己而不学，守节而不逊，终以穷困，悲夫！"他的话指"足己而不学"和"守节而不逊"，司马贞在《史记索隐》中解释说："亚夫自以己之智谋足，而不虚己，不学古人，所以不体权变，而动有违忤。守节谓争栗太子，不封王信、徐卢等；不逊谓顾尚席取箸，不对制狱也。"正是由于此，结果一代名将"因不食五日，呕血而死"。

人们常以此称，将军们大多不懂政治，而终于难以善终，并举前列后，如蒙恬，如韩信，如岳飞，有人常说，兔死狗烹，鸟尽弓藏，有道理，但不尽如此。仅此一端，难免以偏赅全。政治和军事，政治家和军事家，不能截然分开。政治斗争在很大程度上是军事斗争，政治与权力有着紧密的联系。不过，政治和军事还是有区别的。司马迁所讲的"足己而不学"和司马贞的"不虚己不学古人，所以不体权变"，倒是有道理的。"学问知不足，学习知不足，学思知不足"，我的这句话，可说明大军事家的悲剧，往往就在这里"知足"了。这是文明自觉性的问题，是"知物之明，知人之明和知己之明"的文明自觉性问题。

（二）政治起源于古希腊语的国家或城邦。亚里士多德在《政治学》中指出："既然一切社会团体都以善业为目的，那么我们也可以说社会团体中最高而包含最广的一种，它所要求的善业也一定是最高而最广的：这种至高而广函的社会团体就是所谓'城邦'，即政治社团。"（吴寿彭译，商务印书馆1997年版，第3页）城邦由不同团体组成，政治中有不同利益，于是政治意味着不同利益冲突。解决利益冲突的方法一是强力（有颠覆城邦危险，各方不得已而用之，即使用之也作为协商筹码）；二是协商，用妥协解决利益冲突，此为常态方法。

亚里士多德所说"善业为目的"，意味着与"善"相对的"恶"同为共存于政治之中。政治面对"非善即恶"，追求"善"却无法容忍"恶"，善于斗争"恶"，而不善于妥协"恶"，这同政治挂上了钩。

将军们从事战争，而战争是政治的一种表现形式。克劳塞维茨在《战争论》中说：必须用政治尺度来衡量战争，确切地，是政治交往的另一种形式（流血的政治）。将军们不是完全意义上的政治家（治国者）。治国者对战争胜负的看法与将军们有时不尽一致（中国人民解放军军事科学院译，解放军出版社 2005 年版，第 954 页）。《剑桥战争史》认为，德国在 1866 年和 1870 年打的胜仗反而为 1918 年灭亡打下基础。将军们只管打赢战争，政治家应关注国家利益和人民福祉（弗杰里·帕克等著，傅景川译，吉林人民出版社 1999 年版，第 386 页）。

政治性的精神也表现于军事技术之中。政治家与军事家有时在此有相通之处，西方战争模式是军事技术战争，西方在全球崛起靠技术。但技术的膨胀最终将吞噬掉政治共同体中的道德品质。原子弹的出现改变了战争形态，是西方战争模式的极致发展，传统的军事道德大都失去作用。而原子弹可能是不会常用的武器。主持"两弹一星"的张爱萍，为了实现毛泽东的"中国人在世界上说话算数"而"打什么仗找什么武器"时，找到原子弹。可他认为"它只是一种精神，中华民族自强不息的精神！倒了这种精神，就只好去乞讨了"。此种精神本身就是政治性的（张胜利：《战争中走来》，中国青年出版社 2008 年版）。

（三）看来战争这种古老社会现象不仅源于利益纠葛，还有人类的人性本身。永久和平，或者是人类的良好祈愿，或者是不明世道本性。人性的撕扯制约着战争。

政治行为比战争复杂得多。治国的政治家先修身，才有资格齐家，才有资格平天下，这与亚里士多德的"以善业为目的"可谓异曲同工。国家不应从追求"善"转向追逐共同利益，从而失去了人的基本道德品格。"知人而哲"，知体制和知人不能分割，体制为人制，靠人制定，靠人执行。用人而不问德，体制也会被断送，不能丢掉灵魂而从事政治。

这里我们再次回到亚里士多德。他在《尼各马可伦理学》中写道："公正是一切德性的总括。公正最为完全，因为它是交往行为上的总体德性。它是完全的，因为具有公正德性的人不仅对他自身运用其德性，而且还能对邻人运用其德性。许多人能够对自己运用其德性，但是对邻人的行为却没有德性。比阿斯说得对：'公职将能表明一个人的品德。'因为，在担任公职时，一个人必定要同其他人打交道，必定要做共同体一员。……最好的人不仅自己的行为有德性，而且对其他人的行为也有德性。"（廖申白译，商务印书馆2004年版，第130页）着重点为我所加，这里交往与总体德性，与共同体的关系，是交互规律的表现。

"公职将能表明一个人的品德"，这是交往行为中的根本性政治。所谓"自知之明"就要在此处表现为自觉。在利益面前，不能牺牲自己的良知，自己的灵魂。公职也最能看一个人是否有文明交往的自觉，文明自觉的程度多少、大小，这原因在于它是公职，要与其他人打交道，即交往，他手中有大大小小的权力。他是否以自己交往行为的德性而对待公众的德性。这也是文明交往中的道德自觉。这要求有一种正派、慎微的涵养和心态。

《周易·系辞下传》有言："君子安而不忘危，存而不忘亡，治而不忘乱，是以身安而国家可保也。"这种古训在歌舞升平时代尤为重要，生于忧患，死于安乐，生而不忘死，盛而不忘衰，这是人类文明交往自觉之训！

十一　民族国家与文化帝国主义

1991年，英国诺丁汉特伦特大学的约翰·汤林森博士在其《文化帝国主义》一书中，强调指出，从民族国家角度出发的学者，忽视了文化本身是一个历史的动态过程。各民族国家之间的文化存在交流、融合和相互影响，是不应当忽视的。他很重视"影响"这个关键词，认为西方文化对第三世界国家不是"支配"而是"影响"。他还有一个观点："现代性"不是文化的宿命，在西方文化本身充满不确定性的今天，"文化帝国主义"将被致力于全球各地域联系的"全球化"所取代。他把"全球化"突出地提升为"文化帝国主义"的取代者，是对"后现代"、"后殖民主义"的明白无误的归纳。他还提到了"媒介帝国主义"问题，认为这种帝国主义研究夸大了媒介在现实中的作用。

新兴的民族国家，是在帝国主义殖民体系的废墟上建立起来的。这些国家首先是政治独立，是主权，这就是我把它们称为"民族独立国家"的原因。在政治独立的同时，它的中心任务是发展独立的民族经济，而首要位置是摆脱昔日殖民霸权控制，其中就有帝国主义的文化霸权。在经济、政治、军事、科技强势国家面前，新兴民族国家处于弱势。强势的国力，使它们的文化也变得强势起来，成为文化霸权，在后殖民主义理论中，葛兰西的"文化霸权"论最为重要。殖民帝国是政治、经济、军事和文化的综合体。宗主国的统治文化，在殖民地国家具有支配权力和巨大的影响力。葛兰西把这种文化支配和影响文化形态解释为"霸权"是正确的。研究新兴的民族国家，理解工业化的西方文化生活对殖民后的这些社会的影响，"霸权"这一概念是必不可少的。正是失去了政治霸权，原宗主国在文化上的影响力，赋予了后殖民主义的持久的耐力，从而成为文化安全的重要因素。约翰·汤林森所说的西方文化对新兴民族国家是"影响"而不是"支配"；所说的西方文化本身充满了不确定的今天，"文化帝国主义"将被致力于全球各地域联系的"全球化"所取代，是有道理的。这符合今日文明交往的现实，所有新兴的民族国家都要冷静沉稳地对待西方文化的影响，从而在全球化的世界潮流中找准自己的位置。

对"文化霸权"理论的归纳，应当是《东方学》的作者萨义德。他有《文化与帝国主义》一书，而"重叠的边疆，交织的历史"是第一章的主题。他提出了"东方主义"的殖民文化总括，其中包括了语言、书写、文本代码等意识形态符号及其文化象征活动。这一整套对待扩张和对外统治的意识形态符号的核心是西方的价值观。帝国主义殖民体系的时代过去了，"文化帝国主义"以另外的形式出现在当今时代。全球化首先是经济全球化，但绝对不限于经济。扩张和霸权也如影随形。以美国这个全球帝国而言，就是一个拥有数百个全球军事基地和海外领地的跨洲际国家。它不仅控制着全球公共海洋和公共天空，而且在 2006 年合并了美国太空司令部和 2009 年成立了网络司令部，进一步加强对太空和网络空间的控制。美国的霸权欲望也决不限于军事，尽管它是一个迷信和崇尚暴力的国家，但在文化霸权上也一点不放松，在"软实力"方面也成为主导势力的机制性共识。这是美国文化惯性思维和社会产物，不是党派轮换所能改变的。

按照人类文明交往的互动规律，需要"传播不同形态的历史、一种新的社会学、一种新的文化自觉"（萨义德：《报道伊斯兰》，阎纪宇译，上海译文出版社 2009 年版，第 86 页）。

十二　查吉特论民族主义

（一）帕尔特·查吉特的《民族主义与殖民地世界》（范幕尤等译，译林出版社 2007 年版），是以葛兰西、福柯等人的理论，尤其是对葛兰西"阵地战"和"消极革命"的运用，并从新的角度审视独立前后的民族主义思想与亚洲民族国家话语，证明了民族主义的复杂性。他认为，民族主义在很大程度上是对西方殖民主义思想的挪用或改造。在殖民地历史结束后，西方殖民者阴魂不散，仍然统治着新兴民族国家人民的思维与实践。

（二）《民族主义与殖民地世界》是查吉特的成名之作。这本著作隐喻着一个东西方文明交往的曲线：长期存在于殖民地反抗西方的民主主义话语，当它以少数民主精英领导"底层人"方式出现时，其本质依然是西方的理论（殖民主义思想的变体）。由此出发，他认为，民族主义是殖民主义的派生物，新兴民族国家的建立，是西方殖民主义的胜利。根据这一文明交往曲线，查吉特曾想把《民族主义与殖民地世界》一书命名为《曲线》。他借用布莱希特《伽利略传》中的话："如果有障碍物存在，两点之间最短的线可能是曲线。"这里，他用"曲线"比喻的不仅是民族主义，而且包括民族独立国家的建立历史过程。他认为，民族独立国家的建立过程不是"革命"或"独立"的"直线"发展，而是对种种横在过程中的障碍付出"让步"、"妥协"、"变异"的代价。总之，民族独立国家的建立，绝非直线过程，对西方理论的接纳和借用包含在这个历史过程之中。

（三）查吉特所描绘的"曲线"是针对二元对立的几何学式的思维模式（即现代经典牛顿力学和笛卡儿几何学所描绘的纯粹空间的理想状态）。他反对这种纯粹的点与线的关系。历史的真相是多变的、复杂的。他的主旨是反对"东方主义"与"民族主义"的二元对立思维方式和机械思路，主张两者之间的关联性和相似性。在他看来，"东方主义"并非孤立的产物和古已有之的思想，而是西方现代性衍生出来的话语。民族主义思想的"客体"是东方人并保持着东方主义的话主所描述的本质特性，不过这种东方客体是主动的、积极的和具有可以"造就"的"主体性"。民族主义与东方主义都将东方人视为可以加以塑造的"客体"，只不过塑造的主体变成了主动的"东方"自身；另一方面，东方主义对"东方"的本质化理解，对东西方区别的强调，也在相当大程度上包括在民族主义理论之中了。综上所述，查吉特的"曲线"实际上是东西方文明交往复杂性的反映，他只不过是用后殖民主义理论的一种特殊表述。

（四）如果说查吉特在曲线的表述上还不太明确，只是在细读细思之后才能明白；那么，在从思想史入手，分析印度民族主义的历史问题时，却表现了思路清晰的条理性。他把印度民族主义史分为三个时期：①分离期（代表人物为班吉姆·钱德拉）；②策略期（代表人物为甘地）；③完成期（代表人物为尼赫鲁）。在对这三个时期的三位代表人物的思想及其实践活动的论述中，他论证了这个曲线：①印度民族主义和民族独立国家如何从殖民地世界和被殖民化经验的历史遗产中汲取营养；②如何采取"类殖民主义"方式对待农民为主体的印度"底层人"；③调动起这些底层人的积极性之后，又怎样在意识形态上予以控制，避免底层人的思想损害民族独立国家。然而，我觉得代表人物人分离期还强一位革命家的作用，那就是具有印度特质的、具有构建民族国家自觉、具有发动底层人（包括工人）投身自治，并且影响了甘地的提拉克（详见我的《印度革命活动家提拉克》，商务印书馆 1982年版）。

（五）接着钱德拉说，此位先行者是位先知先觉的民族自觉者。他不只是批判西方殖民者，也进行自我批判。印度为何落后而沦为殖民者，在他看来，印度人缺乏体力和勇气，缺少凝聚力，缺欠追求自由的热情。正因为如此，在英国入侵印度之前，就沦为莫卧儿帝国的统治。查吉特提出，后殖民理论中分两方面进行世界性、普世性的改变：①批判的目标要反求之于自身，这样不至于"将古典政治著作看作人类永恒智慧话语的一部分"（第 66页）；②改变对"西方游戏"规则的理解，解构思维方式，避免另一倾向：将来自西方的理论看成人类颠扑不破的真理。这个问题往深处延伸，那就是找适合自己国情之路，区分真普世与伪普世的真理，在理论与实践上获得民族国家生存和发展的自觉。这使我想起甘地写的自传，该书的副标题就是《我寻找真理的故事》。

（六）甘地怎样寻找真理？他走了一条什么道路？甘地的独特的思想是何类和为何而发？其要点可概括如下：自然经济的农业乌托邦思想；返璞归真的号召：回到纺车时代去；反对暴力机器，反对工业文明、物质主义和民族国家。甘地主义的意义，在寻找殖民主义方式之外的、用非西方的武器来拯救印度，以达到"罗摩盛世"的乌托邦理想社会。在人类文明交往之路上，甘地把批判殖民主义与批判西方文明模式和现代性思维结合起来，真实、大勇而过于天真，反映了对西方文化认识的初始状态。但其道路却是后殖民主义的根本立场所在。甘地在三方面进行探索，以求真理之路：①坚持非暴力不合作运动，反对西方式的暴力革命；②反对市场经济而提倡土布运动，而土布一旦成为商品时，他又否定土布运动；③反对建立现代民族国家，主张以村庄为单位的人民自治，不同意国大党参加议会和主管国家。他的国家观也是很奇特的："民族国家应该使用其立法机构，正式地放弃它促进'发展'这个假定责任，由此腾出地方来，让群众性非国家机构承担复兴乡村经济工作。"他主张将西方文明的"发展观"从国家机器上卸下来。他对西方市民社会的批判具有多重色彩：小农意识、民粹主义、无政府主义、乌托邦。这一切同甘地根深蒂固的印度教传统思想有关。甘地本质上是一位宗教家，他从宗教的视角看政治、看国家。政治观和宗教道德观是有区别的。有人把政治比喻为印度的玩蛇人，政治就是"像条蛇那样盘旋在头顶"上的无情事物，使时代浪潮推动下的弄潮儿甘地，在行动上常常力不从心，在思想精神导引中常常脱轨。悲剧就是由这里发生的：他认为"一个国家，即便是由其自己的国民军统治，在道德上也绝不会自由的"（第163页）。当国大党掌握了国家政权，甘地却说："我在荒野里流泪。"

（七）有人认为甘地的思想和行为是"很奇怪的"。奇怪吗？"语有之，'少所见，多所怪'。今之人，但知耳目之外，牛鬼蛇神之为奇，而不知耳目之内，日用起居，其为诡谲幻怪非可以常理测者，固多也。"（明·凌濛初：《初刻拍案惊奇》序）。凌濛初在《二刻拍案惊奇》序中说："知奇之为奇，而不知无奇之所以为奇。"奇怪产生的根源在于少见、在于非常理和不知无奇之所以为奇这三条上。实际上，印度民族主义这一"很奇怪的策略期"，比钱德拉的"分离期"更实际，是实现钱德拉理想的进一步阶段。尤其重要的是，甘地对印度底层人中的最大多数——农民群众的动员之广度、之深度，在印度可以说是空前绝后。这是一件了不起的大事，尼赫鲁正是在这种群众性浪潮中增加了民族自信心。查吉特在本书中也写道：甘地"使国家最大一部分人口——农民阶级——能被借用到演化的新的印度国家政治形态当中"，从而"要农民阶级心甘情愿地参加一场完全由他人设计并指挥的斗争"（第177页）。毛泽东在农民动员问题上与甘地有类似之处，但后者更重视经济政治的实际力量。在毛泽东同斯诺的谈话中，曾问及甘地的情况，也说明他关心此事。不过二人却有根本区别。"圣雄"甘地的政治主张中有太多的无政府主义和乌托邦思想，太多的理想化，宗教家使他性格上产生政治上的幼稚性，终于在现代文明冲击下，他的"罗摩盛世"只能作为理想而存在于历史上。

（八）曲线发展从钱德拉到甘地再到尼赫鲁的发展在继续。钱德拉时期服膺西方，甘地反对西方，再到尼赫鲁有西方留学背景，决心建立民族国家。这中间，尼赫鲁与甘地的关系是很微妙的。他不得不与甘地合作，但又坚持建构民族国家，设立暴力机构，发展机器文明。他以政治家的策略，拒绝甘地式的真理，排除其古典乌托邦理想，又巧妙用甘地在底层人特别是在农民中的威信，来解释自己的真理。在一次甘地生日为一个铁路车厢制造厂举行落成典礼时，尼赫鲁慨言："我相当肯定，如果有幸尊敬的甘地今天和我们在一起，他会为这个工厂的开工而高兴的。"（第220页）尼赫鲁认为，东西方没有本质的差异，只是印度历史上碰到运气不好的时机，正当欧洲充满活力的时期，印度却故步自封。印度的独立，使印度开辟了新纪元。凯末尔也有相似的观点，他认为，东西方的差别在19世纪或者之前，当时的文明是欧洲文明。到了20世纪，"文明国家之间没有本质差别，文明的交往已经使人类的文明部分成为相同的东西"（见 Mehmet Yasar Geyihdagi，《土耳其的政党》，第41页）。

（九）查吉特关于民族主义和殖民地世界关系的研究的结论：殖民主义、殖民地经验，从未离开印度，这是"理性的狡黠"。这种情况似乎也启发着他的后殖民理论的新思路。他有一本《被治理者的政治》（田立年译，广西师范大学出版社2007年版），是题献给爱德华·萨义德的。其中用"政治社会"概念修正葛兰西的经典理论。他面对"大部分世界的大众政治"，把底层人的斗争特点归结为有自己独特的重要形式。这种思考底层、个体和历史细节、重视日常斗争，与《民族主义与殖民地世界》主题是一致的。后殖民主义的后学理论正在走向历史学，在东西方文明交往中，民族主义思想谱系应当在人类文明的历史自觉之中。

（十）如果从亚洲追溯到欧洲中世纪后期，世界第一波民族国家在文明交往中的战争形式中开始产生：西班牙民族在收复失地、驱逐阿拉伯人中产生，英法两个民族国家在英法百年战争中产生，瑞典脱离丹麦产生了瑞典与丹麦两个民族国家，俄罗斯脱离蒙古人的统治而形成俄罗斯民族国家，俄罗斯和波兰互相争斗使波兰成为民族国家。早期的欧洲民族国家的特点是专制王权对国家政权的统一和统治。此时国家属于"中央集权的专制君主的权威"，正是这种国家的中枢统一了国家，自立了民族，结束了中世纪的混乱局面，为现代化创造了政治前提。世界第二波民族国家在革命形式中正式产生。为克服专制王权，欧洲发生了许多革命，尤其是1789年法国大革命及其以后的拿破仑战争，成为近代欧洲民族主义和民族国家的真正起源。此前形成的民族国家，最高权威的君主制维系着民族国家的统治，包括1640年的英国革命，也是以君主立宪制形式出现的民族国家形式。由此可以看出欧洲民族国家发展的曲线轨迹。在法国大革命以后，民族国家间的冲突，更加突出了民族利己主义，彼此发展不平衡，成为欧洲动荡的根源。1848—1870年，是世界民族国家形成的第三波，不仅在欧洲的德国、意大利等国，而且在中亚也出现民族主义地区，甚至 1868 年东亚的日本明治维新，使日本也建立了民族国家。这样，一个发达国家的民族国家体系形成了，它覆盖了欧洲、北美、大洋洲和日本。世界民族国家发展的第四波，在第一次世界大战，特别是第二次世界大战以后，在亚非地区殖民体系的废墟上形成了新兴民族独立国家体系，直到 20 世纪 70 年代最后形成。这是人类历史上规模最大、意义深远的历史性转变。世界民族国家发展的第四波在 1991 年苏联解体以后，到现在还在发展，民族国家内的分裂呈现新的问题，出现了全球性的问题，其中包括查吉特等人后殖民理论所涉及的问题。后殖民主义既反对殖民主义，又反对民族主义的非本质主义立场。这种背景是文明交往中西方思想界内的一大困境。全球化以后的时代，按沃勒斯坦的世界体系理论、非西方的、边缘的人进入西方，要从内部来瓦解西方的知识理论体系，西方要用其价值观向全球侵略。从《东方学》到《文化帝国主义》对传统英美文学的冲击波震动了我国文学界。但对我国的国际问题研究、文化文明研究似乎尚未开始。

第 三 编

中东民族国家

一　中东民族独立国家问题

（一）此题为基础性问题。它是构建体系比较严密的现代科学所必需，又是对中东危机频仍、对那些影响地区稳定以及经济、政治、社会和文化进程重大问题的必然要求，也是准确判断当前形势的基本前提。

（二）中东民族独立国家特点：①建立现代民族国家历史短；②国家认同与民族认同、部落意识、宗教信仰等概念相互冲突、重叠；③民族独立国家体系复杂多变；④脆弱、不稳定、易乱。此四个特点，是中东动乱的内因。

（三）中东许多国家跨越了巨大的历史空间和发展与知识的鸿沟而突然进入当代世界（海湾国家最明显），想要在传统与现代性之间建立桥梁不易。

（四）民族国家体系局势动荡的外因：外部力量的卷入。大国之间、小国与中东政策及关系为交往重大课题。尤其是美国为重要外因（武力推进"民主"目标）。

（五）伊斯兰从来是中东重要角色。冷战后伊斯兰开始在国际政治层面凸显其重要性。主要表现：①在政治变革中的作用；②与西方关系；③与恐怖主义；④与社会正义；⑤与全球化；⑥与民主；⑦与西方的文明是冲突还是对话；⑧与西方（美、英、法、德）社会内穆斯林群体政策。

（六）由此，引起西方从文化决定论发展为政治伊斯兰与极端伊斯兰发展问题的关注。有三位学者即美国坎贝尔（Gilles Kepel）、法国罗伊（Olivier Roy）和 Fawaz A. Gerges 都关注为何杰哈德（"圣战"）走向全球？

（七）中东现代民族国家状况考察，离不开现代化问题。有研究者对中东现代民族国家用不平衡性来概括，这是指发展程度问题；有的研究者则从多样性来分析，这是指不同类型问题。但殊途同归，即归结于现代化问题。

（八）中东现代民族国家是不发达国家，是新兴的民族独立国家，各国都有自己特色，也有大致相同的趋向。综合而论，可归纳为：①复兴古老文明（伊斯兰—阿拉伯、土耳其、伊朗、阿富汗以及塞浦路斯的基督教文明和希伯来犹太文明）以适应现代化的内容，②20世纪历经推翻旧制度、摆脱殖民统治的巨大政治动荡之后，建立了民族独立国家体系，走上现代化之路；③这个体系的所有现代民族国家，保护、促进了现代化的发展，其中以色列、海湾诸国取得了最大成功，土耳其、埃及、伊朗也有大的进展。

（九）问题在哪里？有研究者总括说："中东则深陷在各种利益争斗中，利益冲突使冲突各方都无力自拔；但同时，中东的人们又把自己纠缠在要'现代'、还是'前现代'，或是某种特定文化意义上的独特'现代'的无穷无尽的争论中，从而一再错过追求现代化的较好机遇。"是不是这样简单？内外交往很复杂。

（十）"后现代"要修补"现代民族国家"形态，建立国际仲裁机制和地区范围的"超越"民族国家的一体化，对国家主权实现分解。现代化已经是全球化，世界融为一体，但发展中国家要"发展"民族国家，发达国家则企图"超越"民族国家；发展中国家首先考虑"发展"，发达国家考虑的首先是"发展"的副作用。中东民族国家如何自处？世界被现代化所席卷，不平衡随之尖锐，构成冲突的根源，对于21世纪问题的这个中心问题，中东民族国家如何对待？不平衡或"失衡"是中国现代化进程的主要特征之一，如何书写中东当代史，还要靠文明交往互动规律这个大手笔来写。

（十一）中东问题的核心是巴以冲突。1917年《贝尔福宣言》引起巴勒斯坦阿拉伯人和犹太人的冲突；1947年联合国的巴勒斯坦两族人的分治决议是一个历史转折；1967年联合国的242号决议（以色列撤出所占阿拉伯人领土）；2007年法塔赫与哈马斯对立，巴勒斯坦事实上出现两个政权。1917、1947、1967、2007年，四个"7"年代，对巴以冲突是重要年代。两个民族争执在巴以边界划分、耶路撒冷归属、巴难民回归、水资源分配、犹太定居点等问题上，相持不决。以不执行决议，美的支持，阿拉伯内部与美有外交关系的国家（埃及、约旦）引起的分裂。阿以冲突和中东政治动荡掩盖了现代化的步伐，民族国家忙于应对中东和平进程的长期复杂性。真是令人迷茫的云雾遮罩啊！

二　中东民族国家建构中的外力因素

（一）美国及其盟国在伊拉克的战争，推翻了萨达姆的政权模式。这是外部因素干预中东民族独立国家建构最突出的事例。当然，这是脆弱的中东民族独立国家体系最为脆弱之处。战争，包括内战特别是外战，是作用于国家建构相互作用最明显的例证之一。

（二）战争固然可以摧毁一个政权模式，军事占领却不能解决伊拉克国家的建构问题。布什政府的战领者在建立一个强大的中央政府，不过，其成果有限，且伤亡人数不断增多，国内混乱丛生，美国公众支持率不断下跌，有可能处在内部经济危机的边缘。

（三）为解救布什总统的伊拉克战争战略的危局，约翰·霍普金斯大学国际问题高级研究学院爱德华·约瑟夫和布鲁金斯学会高级研究员迈克尔·奥汉隆二人提出了将伊拉克分为什叶区、逊尼区和库尔德区的"分区计划"。民主党总统候选人、参议院外交关系委员会主席约瑟夫·拜登和前外交学会会长莱斯利·盖尔布共同制订了"分区计划"。他们为此提出在伊拉克国内实行"软分治"的稳定局势报告，由各区负责本区治安和管理。这是古罗马帝国"分而治之"的当代版。美国当政者的思维方式总离不开帝国霸权轴心。

三　中东民族国家会成为美国"民主"的复制品吗

布什政府用战争方式在中东推行美国式的民主理念和价值观。这是一种把利己主义推向极端的霸权政治价值观。华盛顿的新保守主义者坚信，只有这样才能从根本上消灭恐怖主义。历史似乎在应验惠灵顿公爵的"大国无小战"的名言。

布什推行全球民主战略使人想起纳坦·夏兰斯基。此公为苏联持不同政见者，后移民以色列，曾任以色列副总理兼住房和建设部长。他著有《论民主：战胜暴政和恐怖主义的自由力量》。2006年3月5日，他在美国《洛杉矶报》上发表的《民主能结束暴政吗？》中有些迷惘："美国在中东推进民主计划似乎已经遭到重创，伊拉克、埃及，特别是加沙和西岸最近的选举结果……使该地区最危险和最反对民主的分子，通过民主手段取得了权力。"他认为，布什"强调要在每一个地方都尽快进行选举，这显然是一个错误，因为选举虽然是民主进程的一部分，但选举不能代替民主"。他建议先实行三年"民主改革"，然后再进行选举。在未被布什采纳，而"哈马斯在最近选举中胜出就是只注重民主（选举）的形式而非其实质（建设和保卫自由社会）政策的结果"之后，于是他提出新的建议：①用道义、政治、经济影响；②将贸易与经济自由挂钩；③鼓励外交官员会晤所在国的持不同政见者；④援助、保护持不同政见者；⑤通过政策声明表示，扩大自由对各国都有利。他唯独不提从伊拉克撤军。

对这位苏联的持不同政见者的建议，布什政府并不在意。夏兰斯基所在的以色列，是中东的西方式国家，也是布什心中的民主样板。伊拉克这个阿拉伯复兴社会党模式的民族国家，被美英联军颠覆了。布什政府还盯着阿富汗，更想着对霍梅尼式的伊朗伊斯兰共和国如法炮制。不过，无论是布什，或者夏兰斯基，并不真正了解伊斯兰文明和阿拉伯世界。他们甚至比不上弗朗西斯·福山。① 1998 年，福山曾经是鼓吹美国在伊拉克进行政权更迭的"斗士"。他和拉姆菲尔德和沃尔福威茨一起，为推翻萨达姆政权在致克林顿总统的信上签名。"9·11"事件后，他又在一封类似的信件上签名。美军的坦克闯进巴格达以后，他在《华尔街日报》上撰文，欢呼胜利。可是，他心中一直暗自怀疑侵入伊拉克的后果。2003 年，萨达姆政权被美军颠覆后一个月，他曾同一个对美军入侵伊拉克持乐观态度的朋友打赌说："不出五年情况就会变得一团糟，我就等着赢钱了。"2006 年 3 月 19 日，英国《星期日泰晤士报》记者萨拉·巴克斯特在该报上刊载访问记《我曾是一个新保守主义者，我错了》中写道：福山直率告诉他"我是一个叛徒"。该记者并且认为从理论上和实践上完全错误的伊拉克战争，是福山与新保守主义者决裂的原因。福山如同苏联解体后把《历史的终结》一文变成一本同名的书一样，在这次谈话后，他也出版了一本书：《新保守主义之后：美国处在十字路口》。在书中，他的结论是："新保守主义无论是作为一种象征还是作为一种思想体系，已经发展到我们不能再支持的东西。"福山这种怀疑是在英国

---

① 弗朗西斯·福山（1953— ），日裔美国学者，师从美国哲学家阿兰·布卢姆、沃尔福威茨，结识威廉·克里斯托尔（新保守主义杂志《旗帜周刊》主编）。他在 1989 年的《历史的终结》写道："我们正在见证的不仅是冷战的结束，或是'二战'后一个特别历史时期的结束，而是下面这种历史的结束：即人类思想进化史的终结，而且西方的自由民主政体将作为政府的最终形式得到推广。"

期间形成的。他写道:"我记得当时人们对美国的反感令我大为震惊。美国犯了一个错误,就是没有正确判断这种感情。人们对此置之不理,认为这不过是一种反美主义。"福山在书中指出,伊拉克是一个复杂的社会,不可能由上而下地被改造为"民主国家"。他把自己说成一个马克思主义者:"因为我相信经济和现代化有一个普遍的过程。一个国家的社会转变只在社会的边缘引导和加速事变的发展,而不强加于它。"福山的忧虑在伊拉克战争后的"双赤"危机中已经显现,军事力量征服并管理一个国家的局限性越来越明显,伊拉克人民绝不会长期容忍在外国军管条件下生活。布什政府给了下任政府一份沉重的遗产。

2006 年,美国退役陆军上校罗伯特·基勒布鲁在《华盛顿邮报》发表了一篇文章,题目叫《伊拉克的不同模式——忘掉越南战争的类比,朝鲜战争是更好的比较对象》。文章认为:"1953 年朝鲜战争结束时,西方有人怀疑被带入现代社会的亚洲人,能否掌握民主制度和自由市场经济。半个世纪后,我们看到了对中东人民类似的疑虑。"这位军官想象在中东地区"催生"一个类似韩国那样的"美国盟友"。他对此种设想信心的来源是:"石油财富"会使之"获得更大成就"。

新保守主义者在伊拉克战争中的目标自然会引起亚非民族国家的思考。西方文明的价值观强烈地冲击着世界文明交往的格局。全球化的不断深入,强国拥有强大的军事资源、雄厚的经济和高科技的基础,文化、传播的加快,特别是布什的美国万能观念所依赖于军事力量和"先发制人"的战争方式,使文明交往失衡,弱势文明濒临被同化的危险。同化与反同化的矛盾日增,发展中国家寻找自身发展难度也随之增加。

中东必须寻找一条不同于西方的发展道路。历史传统、地球的现有资源、当前的国际环境,都为此提供了更多的比较和思考空间及借鉴范例。强势文明与弱势文明之间的交往,在向西方学习过程中,最重要的是"不要迷失自我"!富裕之国,并不完全意味着就是"真理之乡"。问题的关键不是中东国家能否达到发达国家的生活水平,而是采取什么模式才能达到这样的水平,而这种模式又依靠什么样的价值观支持。有了此种价值观就有发展的交往内聚力。"福善之门莫美于和谐,患咎之首莫大于内离"(《汉书·东平思王刘宇传》),"内离"使中东失去了许多发展机会。从本质上讲,中东的和平、民主、自由、人权、经济发展,主要靠自己。实践,只有实践中的思考,才有中东的未来。

四　犹太民族成为民族国家才有力量

犹太民族是人类文明交往史上极富特色的民族。

犹太民族在中东和世界的生成和聚散极富历史奇迹。

犹太民族长期失去祖国。失去祖国的苦难虽然曾经使其奔走世界各地，在艰难中智慧倍增，经商赚钱赚得快，治学学问做得好。马克思、爱因斯坦、弗洛伊德都是犹太人。在一般人的头脑中，尤其是在今日自由主义思想界，犹太人几乎无缺点可言。

但是有些欧洲人看不起犹太人，认为他们有钱有文化，唯独没有祖国，没有自己本民族的国家。他们每个人的能力都能够极致地发挥，但在灾难面前毫无自卫能力。大流散而失国之后，仅靠犹太人的族群互助或慈善救援，难以达到真正自救的目的。20世纪20年代，并不因为犹太人的个体优势而免遭德国纳粹的大屠杀。犹太民族的复国主义自有其历史的理由。

复国成功了。一个小小的犹太民族的国家——以色列，却发展得如此快，如此有战力，就是历代灾难告诉犹太人多难兴国，国家是他们的靠山。世界上可能只有犹太人对祖国认识最深刻，爱国心最强。这是千年来的流浪经历的民族体验，这是德国纳粹奥斯维辛集中营经历的民族体验。正是这种体验促进了犹太人的民族国家自觉，使他们清楚地意识到、觉悟到民族国家与财富的真谛：民族国家是他们真正、永远也不能失去的靠山。如果没有民族国家，不仅财富、甚至连生命也保不住。国家至上，财富其次，这是犹太人的民族体验。这一点，使人们能够理解为何美国的许多犹太人会倾家荡产地做出努力，促使美国国会的一项项亲以色列政策获得通过。多难之时，大难之时，只有背靠祖国才有力量。只有富裕、自由、民主，而无强大的国家和军队，无人民的爱国心，民族的生存便无从谈起。这是亚非民族独立国家的共同结论，而不仅仅限于以色列。亚非新兴的民族独立国家可不要被全球化蒙住了眼睛。

在民族主义问题上，有文化认同的民族主义和政治认同的民族主义。前者把民族文化心理的层面看得至关重要，甚至认为民族文化传统决定国家政权和社会制度。后者则强调民族必须与领土、国家主权、公民意识、法人意识联系在一起。其实从民族国家角度看，文化认同和政治认同是统一的，是同样重要的。强调民族与国家相联系，才有祖国。国家保护民族，因而才有犹太"复国"主义，之后才有"以色列国"。但以色列建国后，侵占了大片不属于自己的国土而为所欲为，巴勒斯坦在自己狭小的领土上生存无法保障。同样是"现代民族国家"（巴勒斯坦还是没有国都的特殊国家），何以如此不同？原因在未完成民族独立国家的建立。只有真正建构成民族国家，才有力量发展现代经济和文化。如此看来，政治和文化是两种民族主义统一的认同概念。

五 土耳其的政治认同和文化认同

我在《东方民族主义思潮》绪论中，提出民族主义是一种政治文化。后来在 1999 年第三届西安伊斯兰文化研讨会上，在吴云贵同志的论文《伊斯兰与民族主义问题的思考》中，得到了响应。他写道："广义而言，政治意识形态也是一种文化，可以称为政治文化，但它又是起指导作用的特殊文化。所以，凯末尔主义作为一种起主导作用的现代土耳其政治文化，对土耳其民族文化的发展方向具有决定性影响。"这是很中肯的结论。

政治文化的指导作用表现在制度文明的演进上。凯末尔主义在民族民主革命进程中，完成了政治、司法、教育制度文明的建设和文化制度的建设。这是一条政治认同和文化认同相结合、政治民族主义和文化民族主义相结合的文明交往之路。政教关系的良性交往，是神圣的宗教文化转变为世俗民族文化的保证。今日政治认同在土耳其已凝固定型，而文化认同常有"越轨"交恶发生，并且影响到政治的不稳定。20 世纪 70 年代以后，中东伊斯兰复兴浪潮泛起，繁荣党一度势力冲击政治，一度竞选获胜，而且组织联合政府。这次冲击虽对现代土耳其国家未造成大变动，对凯末尔主义这种政治文化所确立的伊斯兰教与民族主义格局影响不大，但在文化价值观这个文明的核心问题上，似乎显露出文明回归起点的迹象：民族选择还是伊斯兰选择？

我在《松榆斋百记》中，谈到"无赖国家"问题时，谈到小布什进攻伊拉克时有以下话句："当土耳其议会投票否决了美国人想要的东西（利用土耳其作为基地进攻伊拉克）时，他被告知必须再次投票，否则就要经济报复。后来投票通过了，美国又因为自己利益又迫使土耳其议会收回决议。"我在下面说："人们不能只悲叹凯末尔的后代人，更要怨美国人的反复无常。"（第 80 页）当然还有美国的蛮横霸道。土耳其和美国在地区问题上的分歧没有因伊拉克战争结束而消除。作为主权国家的土耳其，担心伊拉克北部库尔德人大量向基尔库克移民及其独立倾向。美国在伊拉克战后对伊朗和叙利亚的咄咄逼人架势令这两国的邻国土耳其深感不安。土耳其对伊拉克大选并不看好，舆论普遍认为此举不意味着民族与自由的胜利，伊拉克依旧是一个充满问题的火药桶，此种状况岂能成为中东民主自由的样板！土耳其手中的王牌在握：不必每次有求必应向阿富汗派兵维和，暂停美国对土军事基地使用权。土耳其之所以能和美国较劲，仍在于政教关系处理得好，政治认同与文化认同关系稳定。内部交往良性运行，对外交往才有自主权。

六　民族性与土、美交往

正常的对外交往，是独立自主的交往。民族性首先是文明交往中的政治文化原则。在亚洲，东亚有日本，投靠美国，脱亚入欧，挟美制亚，这不是个正常的国家外交；西部有土耳其，在脱亚入欧，靠近美国，要求入欧盟，加入欧美联盟，在文明交往中，民族主义因是其建国原则，与日本有些差别，土与美的交往时显时隐地有独特表现。

（一）民族性是文化和文明的首要因素。此外意识形态、价值观也不可少。文化这三个基本因素不是单个孤立的，与三者相关联的还有三个因素，即时代性、思想理论和社会生活。从逻辑上讲，文化的因素包括三对概念：①民族性与时代性，即与时俱进的存在方式；②意识形态与理论思维，即思考问题的思维方式；③价值观与社会生活，即日常与非日常生活方式。这三对逻辑概念中，存在方式、思维方式和生活方式起着经常性的作用。

（二）文化作为文明的核心，它所表现的力量，深入在人的生存状态、思维和生活之中。人的生存、思想、理论、生活、社会无不体现着它的力量。人的气质、心态、心灵，无不受着文化这种"精神氧气"的渗入和支撑。若问文化复兴事，请看文明自觉时。

（三）民族性在土耳其和美国的交往中时不时体现出来。我在《中东国家通史·土耳其卷》的"编后记"中，已经谈到这两个盟友在交往中的矛盾。后来发生的一系列事件，又一次说明了文化的民族性与政治的民族性之间的联系：

第一，亚美尼亚事件。第一次世界大战期间（1915—1917），在奥斯曼土耳其帝国有 150 万亚美尼亚人死亡。对此历史事件的定性一直存在着争议。一些历史学家认为这是奥斯曼土耳其帝国策划的种族灭绝行为。但奥斯曼土耳其帝国的继承者——土耳其共和国一直否认这一指责，认为人数被夸大，亚美尼亚人的死亡是由于饥饿、贫穷和战乱所致，而不是民族性大屠杀事件。有 22 个国家通过决议，认为这是一次屠杀，这包括 2006 年 10 月 12 日的法国国民议会。法国的"亚美尼亚大屠杀"法案规定，任何否认大屠杀事实的人将被判处一年监禁和 5.6 万美元的罚款。土耳其领导人当时即表示，该法案将损害土法双边关系。

时隔一年，美国在 2007 年 10 月 10 日，由众议院外交事务委员会通过"亚美尼亚大屠杀"决议案（27 票赞成，21 票反对）。众议院议长佩洛西表示将提交众院全体会议。法新社说，已有 226 名众议员支持，超过了所需的半数票。这件事激怒了土耳其民族，反美情绪空前激烈。土耳其总统阿卜杜拉·居尔致信布什说，如果众议院通过决议，"两国关系将出现严重问题"。土耳其外交部在 11 日发表声明，认为土耳其政府对美国众议院外交事务委员会通过的议案表示"遗憾"，并指出，"这是土耳其民族完全不能接受的"。特别是土耳其总统的政府声明称，"土耳其民族在历史上从未犯下这样的罪行，因此不可能接受这种莫须有的罪名进行的谴责"，美国的这一做法将使"土美战略伙伴关系陷入困境"。这种民族性还表现在首都安卡拉由土耳其工人党组织的反美集会和在伊斯坦布尔美国领事馆的群众抗议。11 日土耳其召回驻美国大使以及取消贸易部长等高层的访美计划，都反映了老搭档变成了新冤家。

美国提出此议案有历史根源，第一次世界大战后，土耳其的亚美尼亚人大批移居美国，他们组织族群利益集团，积极活动，要求将"亚美尼亚人大屠杀"案列入美国当局议事日程。这一民族性的历史事件遂成为影响美国与土耳其关系一颗相当有分量的棋子。一些美国国会议员从人权或其他诸多价值观、利益观考量，多次试图推动通过有关决议，如 2000 年由于克林顿政府干预而未果。2005 年，已有动议，因共和党在众议院和外事委员会占多数而未获通过。此次虽经布什干预（认为不应该把当初奥斯曼帝国的历史记载选作自己的审议对象引起盟国非常反感），但仍然通过，而且众议院议长佩洛西在 10 月 10 日就表示将此案提交众议院审议和表决。佩洛西曾发誓为"亚美尼亚"而努力。然而，有的研究者认为此举可能是美国为了阻止土耳其越境打击库尔德工人党的行动。

第二，库尔德工人党问题也是历史遗留的民族矛盾。库尔德人是中东的第四大民族（命运多舛的古民族）。2007 年 5 月以来，库尔德工人党武装连连越过伊拉克北部边境发动恐怖袭击，造成重大人员伤亡。土耳其反对党与受害群众强烈要求政府立即采取有效措施。在此情况下，10 月 9 日，土耳其国家最高反恐委员会宣布，政府将越境彻底铲除伊拉克北部的库尔德工人武装。10 月 17 日，土耳其大国民议会不顾布什反对，以 507 票对 19 票通过了政府提交的"关于授权越境反恐"的动议。

土耳其的决议通过之前，就有土耳其与伊拉克政府之间进行"外交角力"。伊拉克副总统塔里克·哈希米 16 日访问土耳其，在安卡拉机场对媒体说："我们必须首先通过政治手段解决问题。我们理解土耳其政府和民众心情，本次访问意在促进双方达成共识。"哈希米表示，双方要合作打击库尔德工人党武装，伊拉克总理努里·马利基当天表示，他"不会接受通过军事手段解决争端"。但土耳其总理杰普·塔伊普·埃尔多安却在当天向伊拉克发出"直言警告"说："土耳其对伊拉克似乎失去了耐心。"他提出下列两个要点：①伊拉克中央政府和其北部地方政府，应当同恐怖组织划清界限，如果有人做不到这一点，反恐战争的矛头就可能对准他；②迫切期望美国和伊拉克政府采取具体措施，铲除活跃在伊拉克北部的库尔德工人党武装。双方交往隐藏着杀机，土耳其政府认为伊拉克北部库尔德人自治区是库尔德工人党武装的基地，当地一些库尔德组织是库尔德工人党武器弹药和后勤的补给者，同时又是向土耳其境内发动袭击的协助者。另一方面，美国是伊拉克政府的"太上皇"，所以必须点美国的名，而美国在中东地区的行动是不能绕过土耳其的。土耳其地跨欧亚大陆，人口居世界第 17 位，国土面积居世界第 36 位，国内生产总值居全球第 24 位，不仅是中东大国，也堪称巴尔干乃至东南欧强国。

为了适应冷战需要，美国早在 1952 年就将土耳其拉入了北大西洋公约组织。北约在土耳其设有东南欧盟军司令部和战术空军司令部。此外，美国在土耳其设有 16 个军事基地，常驻军事人员达 5000 人以上。在伊拉克战争时，驻伊拉克美军 70% 的空运物资和 95% 的新式防雷车辆，以及三分之一的燃料都需要经过土耳其运往伊拉克。难怪布什对土耳其的此次越境打击库尔德工人党武装念念不忘，他说，美国国会应当明白，现在的土耳其每天都在为我们的军队提供至关重要的支持，越境打击库尔德武装随时都可能点燃中东地区的战火。美国知道，现在大约有 3500 名库尔德工人党武装成员聚集在伊拉克北部相对安定的地区，它和伊拉克政府同样担心，一旦土耳其军队进入北部，本来就动荡的伊拉克将更为危险。

第三，伊斯兰问题。土耳其全国 99％的居民信奉伊斯兰教，其中 85％为逊尼派，其余为阿拉维派。在伊斯兰复兴这一宏观背景下，正义与发展党成为执政党。2007 年 7 月，该党在选举中再度胜出，获得单独组阁权。该党现任主席埃尔多安为虔诚的穆斯林，是以正统伊斯兰利益代表出现在政坛上的，他反世俗、反西方化倾向突出，虽表明坚持世俗化方向，在未来发展仍待观察。9 月 27 日，他以土耳其总理身份到美国众议院外交委员会就"亚美尼亚屠杀"案进行游说，但未能奏效。他的政府受到两方面压力：①人民压力。美国处理巴以冲突和伊拉克问题的做法，使土耳其人只有 9％对美国有好感（美国皮尤调查中心最近一项民意测验）。近期在缴获的库尔德工人党武器中，发现大量的武器乃美国所制造。②军队压力。土耳其受库尔德工人党武装的严重威胁，激起在该国起关键作用的军队不满，这种压力更大。俄罗斯智库中东研究所所长叶夫根尼·萨塔塔夫看到这一点："土耳其受到库尔德武装威胁，如果此时政府不支持军队主张，军队将发动政变另择政府。"

在土耳其与美国关系中，不能忽视伊斯兰因素的影响。"9·11"事件后，美国与伊斯兰世界关系恶化，加上美国"大中东计划"的推行，美国更加需要土耳其。土耳其作为伊斯兰国家的宗教民族性国家，在美国侵占阿富汗和伊拉克等中东国家有特殊作用，美国更希望把土耳其作为与伊斯兰世界关系的一种象征。美国在支持土耳其加入欧盟时，曾声称这"将成为穆斯林国家和西方关系的一个重要发展和进步，那种所谓文明间冲突的说法将成为过时的神话"。美国还期望着土耳其作为自己向中东伊斯兰世界推行"民主改革"计划的一个样板，以此来证明伊斯兰世界是可以被美国改造的。可见，伊斯兰性不仅仅是宗教问题，而且是一种政治文化、文明问题，其中民族性是时隐时显的。当然，土耳其在国家利益上，无论在政治、经济、军事上也需要美国，交往是相互的。无论从中东或全球问题上看，双方是彼此依赖的。虽然现在两国关系出现恶化，但是毕竟是暂时的，可以缓解的。美国、伊拉克和土耳其三方会从文明交往的不同程度的自觉性上，找出缓解的行动。土耳其作为中东一个独特的现代民族独立国家，其民族性自然有其特殊表现。

第四，这使我想起 2007 年 2 月在德国各地上映的土耳其影片《狼谷》。此片以伊拉克战争为背景，讲述美国军队与土耳其军队的冲突。它的拍摄原型是 2003 年 7 月美国士兵在伊拉克北部逮捕和虐待 11 名土耳其特种部队士兵事件。影片中一名土耳其安全部队士兵在伊拉克执行任务时被美国军队俘获而遭到侮辱，回国后感到失去做人的尊严而自杀。在遗嘱中请求土耳其著名特工阿里姆达替土耳其挽回国家荣誉。阿里姆达于是率一个特种兵分队深入伊拉克北部，依靠勇敢机智终于找到侮辱土耳其士兵的美国士兵，为土耳其国家赢回了荣誉和正义。这是一部土耳其民族性很强的影片，它塑造了一个与美国人斗争的"土耳其的中泰龙"形象。影片还显现了美国在伊拉克对平民大肆杀戮，连儿童也不放过，把平民关进监狱并切割其器官出售给美国和犹太富豪的场面。《狼谷》投资达 1000 万美元，在德国放映头 10 天里，就有超过 20 万的德籍土耳其年轻人观看。据《光明日报》驻柏林记者柴野说，观众群情激动，时而愤怒无比，时而欢欣鼓舞。反映了土耳其人的反美民族情绪。

然而，它在德国引起轩然大波。反对者称，此为突出种族主义和煽动反西方情绪电影，德国巴伐利亚州州长在接受媒体采访时说："我要求德国电影院马上停止这部带有强烈仇恨色彩的反种族主义和反西方社会的影片。"巴登—符腾堡州内政部长认为这部电影充满了强烈的反犹太情绪，分裂不同文化，会使土耳其青年一代走向极端。德国绿党议会党团副主席施特吕贝尔既认为这可能是一部很不友好的电影，又认为禁止上映绝不是好主意。他以美国为例说，在美国，任意诬蔑其他国家的电影比比皆是，连现任加利福尼亚州州长施瓦辛格都主演过多部此类电影。持这种立场的还有德国土耳其论坛主席、基督教民主联盟成员阿尔斯兰，他认为这部使在德国生活的土耳其年轻人中产生负面影响的电影固然不好，但在电影市场上有无数部好莱坞拍摄的类似电影，很多国家都被美国人当做假想敌，也没有引起舆论什么反应。一些在德国生活的土耳其社会人士也认为，《狼谷》风格是完全美国化的，它不过是"美国生活方式"的土耳其版本。德国媒体的过分炒作，只会引起更多人的观看兴趣。

可见，民族性在土耳其与德国的交往中，也出现了和美国交往中的类似表现。其实不仅是德国、美国，在西方国家中，也都看见民族性的作用，而且民族性和伊斯兰性往往是联系在一起的。一些土耳其人由此直接指责西方文明中的新闻自由观的双重标准：当某些西方国家用漫画丑化伊斯兰教先知穆罕默德时，西方政客辩解说，这是民众享有的新闻及言论自由权，而面对土耳其的这部内容大多虚构的电影时，却要禁演，认为是种族主义。民族性，包括宗教性，常常是文明交往底线上的红灯警示点。

七　所谓"黄祸"、"黄色间谍"诸论

我在本集第二编《民族主义问题手记及续记》中，谈到了德国某些人总以种族肤色来看中国问题。"中国威胁论"在他们那里，似乎多了些种族主义色彩。

人类文明交往的自觉性，表现在面对重要问题是否有理性认识，能否清醒地对待彼此的差异。交往不跨越差异的感性鸿沟，必然会出现偏差、偏见，甚至冲突与对抗。西方并不真正了解中国，即使中国问题专家也不能由点及面、由表入里地了解基本情况，因为他们很少精通中文，且来华精心考察者不多。所谓"中国威胁论"只在西方一些领域和一定层面存在，不意味着中国已成为众矢之的，尤其是在大众层面的影响力十分有限。即使在官方，欧美关系才是第一位的，欧中关系排在后面，所以看得并不十分重。

交往互动规律要义首先要有自知之明。中国人自知之明首先在于心态（克服老的帝国心态、中国为世界中心观心态、大国小民心态），根子在于传统（长期带来封闭性的孤立主义、不能正确对待西方批评），最根本之点在于积极正面看待世界（足够理性、思考世界规律、相信并尊重事实、找到彼此沟通的对接点，如人性中的正义、崇高、公正，须知人同此心，心同此理）和正确面对及认识现实（竞争≠冲突；狭隘民族主义≠真正爱国和中华民族性；合作＝共赢共利；权利与责任并重；减少盲目自信，头脑发热；多比较中国与其他国家的差距；多思考自己发展的起点和变化）。

这中间还有两个问题：一方面在文明交往中相信可以超越差异，另一方面要注意各国各民族之间不同历史发展阶段对不同族群人们的不同影响。有两句在人类文明交往高度看东西方心态的话：西方正生活在未来的阴影下，东方正关注着光明的未来；西方自己刚从过去的历史中感到沉重与迷茫，东方从西方的历史中看到未来。

交往互动也要求世界与东方彼此重新审视自己。

八　民族主义的变数——《伊拉克复兴民族主义理论与实践研究》序

　　民族主义是当代世界政治中重大的理论与实践问题。它直接关系到亚非民族国家体系的建构和国际政治格局的发展。特别是对中东地区这个当今地缘政治主战场的民族主义，着重进行研究尤其显得重要。研究可以是宏观的，也可以是中观的和微观的。无论什么类型的研究，具体问题具体分析是最关键的。正是出于这种考虑，我倾向于对民族主义做典型的个案方面的专题研究。韩志斌同志的《伊拉克复兴党民族主义理论与实践研究》的学术价值，在于他对伊拉克复兴党的民族主义理论与实践进行了系统的、细致的和深入的分析研究，从而在中东民族主义的直观、具体、理性的理解上，作出了重要的贡献。

　　这本著作即是韩志斌同志国家社科基金青年项目"伊拉克复兴党民族主义理论与实践研究"的结项成果，也是他在博士学位论文的基础上，进行修改而成的科研成果，还是西北大学中东研究所"当代中东重大专题研究"出版书目中的第一批著作，这一成果的正式出版，是学术研究见诸社会效果的理想途径。作为博士指导教师，我对他的认真负责和不懈努力，深感欣慰。在写这篇序言时，我又阅读了这本著作的主要部分，更加确认了这一选题的理论价值和现实意义。它在资料上有更厚重的基础，论述上有创新，研究方法上有特色，在民族主义学术史上也理应有其一家之言的地位。它采用历史与逻辑相结合、理论与现实相统一，并且系统而有重点地表述了伊拉克复兴党的兴衰荣辱全过程。它用整整十章篇幅，剖析了伊拉克复兴社会党的民族主义理论、政治实践、经济、文化与社会治理、内外交往及其在民族国家的认同等问题，其中新的、自得之见迭出，在每章之后，都用"总结与思考"的结论性语言，理出历史思维与空间图像，显示出条理有序和思路清晰的伊拉克复兴党民族主义的特征。

　　对民族主义，我想用众多的复数形式来形容它。无论是过去、现在和未来，民族主义都充满着多种变数，因而产生了各种不同的理解。挪威历史学家列夫·利托（Leif Littrup）在1992年看到我刚出版的《东方民族主义思潮》时，不但对于"东方"概念不明白，而且对"民族主义"也大惑不解。我当时向他说明："东方"是一个政治文化地理概念，包括远东、东南亚、南亚、中东地区。"东方",本来是欧洲人看待亚洲的方位概念,现在变成了一个约定俗成的地域称谓。至于民族主义,在东方而言,是指这一地区殖民地半殖民地世界争取民族独立和建设民族国家的思想理论与政治实践。我告诉他,看一下《东方民族主义思潮》的内容之后这一切就可以明白。我事后想,也许东西方文明隔阂太深,他可能在复杂的民族主义问题上,把民族主义同种族主义混淆了。因为"民族主义经常被视为一种意识形态(或一种行为方式),这种意识形态使民族的自我意识、种族认同或者语言认同成为某种寻找政治表达的学说性的核心政纲"(安德鲁·文森特著:《现代政治意识形态》,袁久红等译,江苏人民出版社 2005 年版,第 414 页)。事实上民族主义是一种政治文化,它走向极端时,可能与种族主义相联系,从而把强调自然意义上的种族,变为政治上相关的优越性。列夫·利托的研究领域不在这里,他是以研究世界小国问题为专业的学者,所以完全可以理解他的困惑。① 不过这件事情也反映了民族主义的复杂性。

　　具体到复兴党的民族主义,正如该党的全称所显示的——阿拉伯复兴社会主义党(The Arab Ba'th Socialist Party),包含了民族、宗教、历史、理论、组织等诸多因素。这种复杂性,充分反映了阿拉伯—伊斯兰文明在当代文明交往条件下,由衰落走向复兴的自觉过程。作者在本书中提到,该党创始人和担任领袖二十多年来的米歇尔·阿弗莱克,是一位信仰希腊东正教的基督教徒,正是这位非穆斯林的阿拉伯民族主义者,提出了一个有关人类文明的关键词:"复兴"(用阿拉伯语 Ba'th 来表述)。在阿拉伯语中,Ba'th 也有双重含义:复兴(民族意义上的);复活(宗教意义上的)。把"复兴"作为该党的核心名称和宗旨,说明阿拉伯民族主义的文脉,深深植根于古老的阿拉伯—伊斯兰文明的土壤之中。同时,用"社会主义"作为该党的特征,并把"统一阿拉伯民族"作为"不朽使命",则反映了它的政治性与时代性。"复兴"对于文明交往而言,其重要意义在于提醒研究者注意,在人类文明发展的萌生—成长—兴盛—衰亡过程中,还应该补一个特殊阶段:有些古老民族文明,在衰落之后并未走向消亡,是衰而不亡,走向了"复兴"阶段。"复兴"是文明交往的一个值得关注的概念,它意味着一种古老文明的韧性生命力和开放的价值观,是人类文明交往自觉的表现。这种自觉"追寻人类

----

① 很感谢他,是他第一次把中国学者撰写的《世界史》六卷本(高等教育出版社 1994 年版)的编写情况介绍给欧洲同行。

文明交往中的盛衰与复兴，是人类在文明交往中不断摆脱新的枷锁而获得思想解放，是人类在实践中加速社会进步和文明程度的升华"（韩志斌：《从文明交往到文明自觉——彭树智教授访谈录》，《历史教学问题》2009 年第 2 期，第 22—26 页）。

　　民族主义是民族国家建构和政治认同的自觉理论形态。据本尼迪克特·安德森研究，这种形态始于德国的语言民族主义者赫尔德（1744—1803），而赫尔德的理论也旨在解决民族认同和国家认同问题（本尼迪克特·安德森著：《想象的共同体——民族主义的起源与散布》，吴叡人译，上海人民出版社 2003 年版，第 81 页）。赫尔德的思想也成为萨提·胡斯里（被誉为阿拉伯民族主义精神之父）的理论渊源之一。正如该书所言，伊拉克复兴党是西方文明与阿拉伯—伊斯兰文明互动交往的产物和后果，它受到文明交往互动规律的制约，是自发与自觉并存和交互转换。从安德森对民族主义起源与散布的分析中，有美洲"克里奥尔民族主义"、欧洲"语言民族主义"、官方民族主义和殖民地民族主义"四波"的历史阶段。复兴党的民族主义属于最后一波，其任务是使殖民政府转型为"民族国家"。这里除了表明民族主义的巨大张力外，对伊拉克复兴党有两点可作参照：一是它的两面性，既掀起民族独立运动，反向作用于帝国主义，又有排斥性和迫害性的民族运动，既促进了殖民体系的崩溃，又造成民族之间的冲突；二是它的非理性的情绪化、绝对性的对抗思维，敌视现代国家建构典范，对外交往中僵化刚性的对抗立场。对伊拉克复兴党，还有一个问题，即它受泛阿拉伯主义影响，后来走向战争扩张势力范围的地区霸主之路。在没有建构好自己民族国家体制的情况下，四处出击，对外树敌。萨达姆是一位如鲁迅比喻的那种嘴里没有"毒牙"，额上却标着"蝮蛇"式的人物。他打杀别国，又引发被别国打杀自己的行为，终于演出了新兴民族国家轻率动武的扩张主义悲剧，从而充分显露了盲动的、不自觉的民族主义的短视性和脆弱性。

　　阿拉伯复兴党之所以把"社会主义"作为党的三要素之一，不是偶然的。"统一、自由、社会主义"三者的排列也是有意识的。"它意味着党的纲领是基于下述事实，即一个阿拉伯人必须成为一个民族主义者才能达到自由。这最终必然导致统一，并由此达到社会主义"。（福阿德·马塔尔著：《萨达姆·侯赛因》，世界知识出版社 1991 年版，第 184 页）为何要加上"社会主义"？这里有时代、政治和历史背景。第二次世界大战胜利后，直到 20 世纪 80 年代，在殖民体系崩溃后建立的民族独立国家体系中，以"社会主义"命名的民族主义政党有 100 多个，党员近 2000 万人。这种既有地域特点又有民族主义本质和社会主义因素的思潮，是亚非拉美执政的民族主义为解决国内复杂矛盾的政治文化选择。但是，"不管是米歇尔·阿弗拉克的非宗教的社会主义，还是哈菲兹·阿萨德的温和社会主义，都被认为既不是科学社会主义，也不是民主社会主义，甚至不是伊斯兰社会主义，它被称为阿拉伯社会主义，实际上只不过是阿拉伯民族主义的延伸。"（蔡德贵主编：《当代伊斯兰阿拉伯哲学研究》，人民出版社 2001 年版，第 18 页）在这里所呈现的当代东方民族主义思潮、民族主义运动和民族独立国家发展的时代逻辑，是"授者提供选择，受者自身决定取舍"的表现，它实质上反映了不同文明之间交往互动规律所制约的历史轨迹。

　　韩志斌同志曾经问起我由印度民族主义到阿拉伯民族主义以及由文明交往到文明自觉的书路人生历程问题。这引发了我的思路回归。我想起印度文学家泰戈尔的民族主义观："冲突和征服的精神是西方民族主义的根源和核心；它的基础不是社会合作。它已经演变为一种完备的权力组织，而不是精神理想。它像一群捕食的野兽，总得有它的牺牲品。""西方民族最慷慨地给予我们的就是法律和秩序。"（泰戈尔著：《民族主义》，谭仁侠译，商务印书馆 1989 年版，第 11—25 页）泰戈尔对本民族的深厚感情和并未滑入排斥性、对抗性思维的泥潭，反映了他清醒理智地理解了人类文明交往的自觉。这种广阔的世界视野，使我进而想到了中东："中东的当代史时期，是殖民体系崩溃、民族国家体系形成和现代化文明交往的新时期。""全球性的文明自觉把中东深深卷入了世界历史进程之中。尤其是全球性网络用交往的拉力把不同文明'拉'在一起，使之冲突融合；又用交往的推力把不同文明'推'开，使之在变革中回归本位，从而加深了中东地区的一与多、同与异、常与变的社会结构模式。"（彭树智：《〈中东史〉的书前书后》，《西北大学学报》（哲学社会科学版）2009 年第 4 期）其实，科学研究也是人类的一种自觉的生命活动，是求真中的理性自觉，是向善中的道德自觉，是爱美中的审美自觉。

九　民族主义和国家主义

　　（一）民族主义是一种政治文化，包括两个层面内容：①理论或思想层面，即建立在民族认同基础上的思想、思潮或思想体系；②实践或运动层面，即现实的群众性政治活动或运动。基础是民族认同感和共同的文化。民族主义从历史来看，是近代民族发展的文明自觉的产物，它包括民族生存与发展的内外关系、权利义务、实现民族利益的条件和方式，直至建立民族国家的系统化、理论化的思想体系和运动。20 世纪的民族主义运动共有三次高潮：①第一次世界大战前后，主要表现为大民族主义和大国沙文主义；②第二次世界大战以后，特别是 20 世纪 50—70 年代，世界范围内的民族独立国家体系的形成；③苏联解体后，20 世纪 80—90 年代，民族主义突出表现为多民族国家非主体民族的地方分离主义运动。

（二）民族主义的分类和它的定义一样复杂，若从民族信仰的政治价值审视，有两种基本类型。第一是政治化的民族主义。这种特征如汉斯·科恩（Hans kohn）在 1962 年出版于纽约的《民族主义的世纪》（*The Age of Nationlism*）第 12 页中指出的："在其初始之际，民族主义打碎了传统的、陈腐过旧而束缚人的社会秩序，并以人类的尊严感、以参与历史和管理自己的事务为骄傲和满足感填充着追随者的心灵。这种使人类获得解放的感情正是 19 世纪欧洲早期民族主义的特征，这正如今天的亚洲和非洲一样。"

（三）民族主义的复杂性从产生时就表现出来。民族主义的目标和价值，是以政治力量（和平或暴力）维护民族权利和利益，维持民族国家的生存和发展。但民族国家基本上都不是单一民族国家，都是主体民族与国家政体相结合的国家形态的民族政治体系。民族主义对主权国家的政治交往于这种普遍的政治体系或政治框架中，不是政治集中，就是政治分裂，结果会出现国家稳定或动荡局面。如果是国家政权和社会生活处于相对稳定状态，民族主义可以表现为爱国主义；如果国家处于动荡状态，民族主义可以表现为狭隘的民族主义或民族分裂主义；如果国家奉行扩张政策和侵略方针，民族主义会以国家的形式表现为大国沙文主义或霸权主义（地区的或全球性的称霸行为）。

（四）国家主义的价值观是"国家至上"，是以国家利益为最高原则和理念。此为任何一个主权国家在理论和行为中奉行的根本准则。以民族国家为主体、为国际的政治基本单位，为国内主导组织的国家主义，始终把国家意识放在第一位，以此为准则把国家意识与民族意识统一起来。从历史渊源上看，民族先于国家；从历史发展上看，国家高于民族。任何民族，只有以国家的名义，借助国家政权的力量才能生存与发展。国家主义在全球化、现代化条件下，民族意识向法制和政治民主化转变，以公民身份体现着爱国主义精神，特别是人类文明交往的自觉，加强了全球化、现代化和各民族国家之间的交往和相互依存性，国家主义有一个突破（民族信仰、国家意识、政治界限)、一个超越(传统民族国家)、一个融合(主权国家疆界基础上高层次的新国家共同体的变化)。如欧盟,如许多由经济共同体的演化的新的、具备联合意义的区域共同体,能够确保各民族国家的相对稳定和共同发展。这是人类文明交往的自觉性表现,其发展走向预示着人类共同体发展的必然趋势,虽然它还是长期而曲折的。

第八集

学问学术

第 一 编

书路学步

一 《书路新语》续

2003 年，我在《书路鸿踪录》一书中，收录了 1999 年发表在《文史与书画》第一期的《书路新语：治学诗词杂话》一文。此文主旨在于通过古典诗词的深厚审美情趣，探研美化治学者的心灵境界问题。本篇即其续作。它是经过了十年以后，在编审完《中东史》（人民出版社 2010 年 3 月版）时，为该书写的一篇后记的修改稿。

（一）学术的路标

中国改革开放 30 多年，特别是 20 世纪 90 年代这十几年，是我和我的学术群体（西北大学中东研究所师生）在中东领域获得丰硕成果的年代，也是我书路人生 50 岁以后焕发活力的时期。一路走来，到 2009 年初，当我编完《中东史》之后，在写这篇后记之时，掩卷沉思，觉得此时此刻，自己很像一个勤劳的农民，是站在田头地畔的农民，望着守望已久的麦棉，正在伸伸腰，缓缓神，开始清理劳动成果了。或者更确切地说，我作为一个书路漫漫、探求人类文明交往自觉问题的长途跋涉者，回顾这些年的学术之旅，应该总结一下自己的心灵历程了。

回顾 20 世纪 80 年代以来的书路历程，首先呈现在我面前的，是一系列关于世界史、中东史和人类文明交往问题研究的书目。这些由我撰写或主编的书，依时间顺序排列在书路上，形成了一排排路标，到 2010 年，共经历三个阶段：

第一阶段（20 世纪 80 年代）的路标：共 10 本。

（1）《阿富汗三次抗英战争》独著，商务印书馆 1982 年版。

(2)《印度革命家提拉克》独著,商务印书馆 1982 年版。

(3)《修正主义的鼻祖——伯恩施坦》独著,陕西人民出版社 1982 年版。

(4)《世界历史教程》(主编),陕西人民出版社 1986 年版。

(5)《世界近代史》(主编),西北大学出版社 1986 年版。

(6)《现代民族解放运动史》独著,西北大学出版社 1987 年版。

(7)《世界近代史教程》(主编),西北大学出版社 1987 年版。

(8)《世界近代史基本问题》(主编),西北大学出版社 1987 年版。

(9)《当代世界史讲座》(主编),河南大学出版社 1988 年版。

(10)《无政府主义之父巴枯宁》独著,陕西人民出版社 1988 年版。

第二阶段（20 世纪 90 年代）的路标:共 12 项,28 本。

(1)《中东国家和国家问题》(主编),河南人民出版社 1991 年版。

(2)《阿拉伯国家简史》(主编),福建人民出版社 1991 年版。

(3)《东方民族主义思潮》独著,西北大学出版社 1992 年版。

(4)《二十世纪中东史》(主编),高等教育出版社 1992 年版。

(5)《陕西历史学年鉴》(主编),西北大学出版社 1992 年版。

(6)《世界史系列教程》(主编),包括世界上古、中古、近代、现代史教程等共八种,西北大学出版社 1992—1993 年版。

(7)《世界史·现代编》下册 (主编),高等教育出版社 1994 年版。

(8)《阿富汗史》(主编),陕西旅游出版社 1993 年版。

(9)《伊斯兰教和中东现代化进程》 (主编),西北大学出版社 1997 年版。

(10)《阿拉伯国家史》(主编),福建人民出版社 1999 年版。

(11)《第三世界的历史进程》(合著),中国青年出版社 1999 年版。

(12)《世界十大（人物）系列丛书》(主编),三秦出版社 1999—2001 年版。

第三阶段（21 世纪 10 年代）的路标:共 12 项,41 本。

(1)《中东国家通史》13 卷 (主编),商务印书馆 2000—2007 年版。

(2)《古物文明》(主编),陕西人民出版社 2001 年版。

(3)《二十世纪中东史》(增订本),高等教育出版社 2001 年版。

(4)《阿拉伯国家史》(主编),高等教育出版社 2001 年版。

(5)《外国人丛书》(主编),共 10 本 (包括美国人、英国人、日本人、俄罗斯人、印度人、犹太人等),三秦出版社 2002—2003 年版。

(6)《文明交往论》独著,陕西人民出版社 2002 年版。

（7）《世界帝国兴衰丛书》（策划），共 10 本（罗马、亚历山大、波斯、阿拉伯、莫卧儿帝国等），三秦出版社 2003—2004 年版。

（8）《书路鸿踪录》独著，三秦出版社 2004 年版。

（9）《松榆斋百记：人类文明交往散论》独著，西北大学出版社 2005 年版。

（10）《世界史·当代卷》（主编），高等教育出版社 2006 年版。

（11）《中东史》（主编），人民出版社 2010 年版。

（12）《两斋文明自觉论随笔》独著，（2000—2010 年完稿，待刊）。

跨越 20、21 世纪之间的三个十年间，近八十本书之外，还有合著、合编 13 种，论文百余篇。若仍以十年为阶段，论文的路标，从 20 世纪 80 年代开始，其标志当推《要历史地评价考茨基的〈卡尔·马克思的经济学说〉》（《书林》，上海人民出版社，1980 年第 2 期）、《1841 年阿富汗人民反对英国侵略者的斗争》（《百科知识》1980 年第 3 期）、《伯恩施坦与〈社会民主党人报〉》（《西北大学学报》1981 年第 4 期）。这是第一个书路转折点。我在"文革"结束后由国际共运史转入了世界史和中东史。这和第一阶段的 10 本书的轨迹是一致的。第二个转折点在 20 世纪 90 年代初的《巨变的世纪和变革的中东》（《西亚非洲》1990 年第 4 期）和《东方民族主义思潮与政治文化》（《西北大学学报》1992 年第 1 期），标志着对民族主义思潮研究告一段落和完全进入中东史研究。最后，由第二阶段到第三阶段的转折性标志，是《中东国家通史卷首叙意》（《中东研究》2000 年第 2 期）、《论人类的文明交往》（《史学理论研究》2001 年第 4 期）和《回归史学本体，获得学术自觉》（《世界历史》2008 年专刊）、《中东史的书前书后》（《西北大学学报》2009 年第 1 期）、《序说〈两斋文明自觉论随笔〉》（《三秦文史》2010 年第 1 期）。这是世界史、中东史、文明交往自觉问题研究的汇流。

回首这一个个阶段性著作路标和转折性标志论文，我的回忆不是借往事忆思已逝的时光，而是如英国学者阿兰·德波顿（Alainde Botton）在《旅行的艺术》中所写："让我们在前往远方之前，先关注一下我们已经看到的东西。"我从上述路标和标志看到的不仅是书，而是书路上的心灵轨迹。那一个个树立在人生旅途中的转折性路标，泛浮涌动于我脑海之中的，是一种对人生的领悟，是一种臻于成熟的学人思路，是一种对历史的洞察，是一种对学术生命的爱护，是一种对有限时间的珍惜，是一种对真善美的追求，是一种致力于有益社会的目标。

（二）学术生命的自觉

我在 2003 年的《书路鸿踪录》书前的《雪泥鸿爪存，披览前踪在》的序中说："唯学人求知和创新的自觉，在促进学术龄期的耕耘，以期有益于社会。"在同书后的《雁别蓝天去，山迎白云归》的跋中进一步指出："科学研究是人类思维建造、改造、创造世界的生命活动"，"是人类文明交往史上的特殊生命活动"，"是求真中的理性自觉，向善中的道德自觉，爱美中的审美自觉，一句话，就是文化自觉，文明自觉，特别是在文明交往中的人生自觉"。以上两段话，是我由文明交往问题的探研深入到文明自觉问题的两次明确表述。

现在，在上述表述六年之后，在回顾学术之旅之时，在思考学术生命成长的心灵收获这样复杂的问题上，我的思路仍然集中在"文明自觉"这个问题上。文明自觉具体深化到科学研究方面，也是一个"学术生命的自觉"的命题。以我自己的体会，其要点可归纳如下：

1. 学术生命的自觉，肇始于科学研究生长点的选择和坚定。学者为学，以学术为生，以学问为命。这意味着首先要将自我的生命同研究的对象相结合，并且要落实到一个自己喜爱的、有兴趣的、有开拓性的和有研究价值的科学生长点上。其次，选择好了生长点，还意味着要长期坚定、持续致力于生长点的培育上，不动摇、不放弃，并且逐步与研究对象熔于一炉，你中有我，我中有你，在学术生长点上，生根、长叶、开花、结果，由点到线、由线到面，表现出学术生命的生机、实力和活力。

2. 学术生命的自觉，壮大于科学研究群体的成长。学术个体是治学之本，只有个体学术生命的自觉活动，才能在科学研究生长点上创造出科学成果。但是，这还不够。如果把个体学术生命，融入群体生命之中，形成为一个有学术带头人、有共同目的和方向的群体，同心协力，完成重大项目，那就能有更大的创造力。个体学术生命力毕竟是有限的，唯有众木方可成林。每一项重大的科研成果，后面必定有一支学术带头人领导下的既合作又分工的学术群体。

3. 学术生命的自觉定位于本学科的建设上。学科建设是一种对学术史思考见之于本学科发展的自觉活动。任何一项科学研究都不是孤立的，都有其学术史定位和本学科建设的定位。学者的每项科学研究项目只有从学术史的定向中察其脉络走向，从学科建设的找定位置中，做出自己的贡献，才能自觉赋予学术生命的具体地位和独特意义。

4. 学术生命的自觉植根于学派意识的觉醒。这种觉醒是学术进步的推动力。它是独立、自由的科学思想的觉醒，是学人将这种思想付诸实践的自觉行动。这种觉醒促进了学派建设（学派理论、学派群体、系列著作等）的自觉性。不同学派的出现和形成，是学术主体性的集中表现，是学术史上的常态。学派有师承关系，是一个个科学研究项目，由一代又一代志同道合者在一批又一批重大学术成果和学派理论体系创造过程中自觉形成的。学派要有学术雅量。学派之间是互相尊重、彼此学习和共同发展的交往互动关系。

5. 学术生命的自觉性栖息于爱、好、乐的人文精神境界之中。对研究对象在理解基础上的"爱"、专注深爱的好（hào）和审美情趣的"乐"（lè），是学术生命自觉递进上升的三种治学境界。这三种治学境界受科学求真、向善和爱美规律的导引和制约。爱而深思，常使学者头脑中涌动着不断起伏的学术思维波澜；好而成习惯，没有比学术研究更为学者着迷的事；乐以审美，乐在科学研究之中，寂静无哗会使学术客体产生意外的美的创造。生活在爱、好、乐的诗意氛围的学人，生命创造力之门经常是敞开的。

6. 学术生命自觉性在行为规范上有其座右铭和箴言。铭为：坐得住、沉下来、静下心，不浅尝辄止，要深入问题，对学术充满责任感、使命感，坚定不移地走自己的路。箴言曰：知足知不足，有为有不为。这十字箴言可具体表述为：三足三不足和三为三不为。这就是：尽力知足，尽心知足，尽责知足；学习知不足，学思知不足，学问知不足；为真求知，为善从事，为美养心；不为名缰，不为利锁，不为位困。①

（三）治学理念

现在，编完人民出版社出版的《中东史》和正在修订《两斋文明自觉论随笔》，并且已经是坐七（七十八岁）望八（八十岁）的我，还正跋涉在学术路途之上。在路上的中东研究所的学人们，同我一道，在以下五个治学理念激励下不懈奋进：

第一，专心致志。其治学格言即如马克思在《资本论》中引用但丁的诗句所说：走你的路，让别人去说吧！

第二，崇实致真。其治学路径是，手在近处，心怀远境，屈原有歌：路

---

① 林语堂在台湾阳明山有书房名"有不为斋"，是有所不为而又有所为，是智者的忙中偷闲和有名无名、动静合一的人生哲学。他曾写道："我们已在这尘世上活下去，就必须把哲学由天堂上带到地下来！"这也是他"人生必有痴"的生活艺术。

漫漫其修远兮，吾将上下而求索。

第三，固本致新。其精神境界在于物我交往，诗意治学，张载咏芭蕉诗云：芭蕉心尽展新枝，新卷新心暗已随。愿学新心养心德，长随新叶起新知。

第四，宁静致远。其治学情景可用宋代名将宗泽的《早发》诗来表达：伞帷垂垂马踏沙，山高水远路多花。眼前形势胸中策，徐徐缓行静勿哗。

第五，坚毅致强。其韧性追求，用我自己的《学路》诗来叙意：治学之路是活的。/路，/没有捷径。/路，/不怕坎坷曲折。/路，/不管风吹雨晴。/脚，/无畏无惧地选择方向。/纵使误入隧洞，/走出来，/将是一片光明！/

以上理念，可用下述跋语作为总括：

书路漫漫，且吟且行。相思不尽，栖而不息。一书之成，端赖众力。薪火相传，求真善美。成书千古事，得失寸心知。

二　学问、学术：问题、方法、细节

学问、学术离不开学和思。孔子的"学而不思则罔，思而不学则殆"（《论语·为政》），谈得最为全面。荀子的《劝学》中，则深有体会地说："吾尝终日而思矣，不如须臾之所学也。""故诵数以贯之，思索以通之。"谈得都很到位。本手记集中谈学问。

（一）有系统而专门的学问就是学术，此可为学问与学术关系一解。对学问中的"问"不可忽视。人类文明的演进过程中，总是带着许多疑问。这些疑问是人们对内部世界和外部世界直接或间接认识事物变化的反映。随着人们对现实世界和自我身心的交往，尤其是人文社会科学和自然技术科学的发展，规律不断被发现、了解和掌握，人们的文明自觉便不断提升。人类总是遵循着古圣先知的足迹，承载着先辈传统的梦想，融会创新，追求探索自然和社会的秘密。学而问，问而知，知而明。"世事洞明皆学问，人情练达即文章"（《红楼梦》第五回）。对学问的专门研究就是学术，这是对学问与学术关系的又一解。学问、学术，学为本，问为释疑，术为方法。二者互为依存，有区别而又联结为整体的学问或学术。

（二）在《人与自我身心交往的自觉》手记中，我集中谈了"人死观"。在《学问、学术的自觉》手记中，首先应谈"人生观"。导演艺术家陈颙

（yōng）主导的《立秋》话剧有这样的话："天地生人，有一人应有一人之业；人生在世，生一日应尽一日之勤。"勤奋、敬业是人生之本色，也是做学问的首要品质。敬业！敬业！勤奋！勤奋！这是我为历史系、文博学院、中东所所设计的《学生守则》和《学风》的最核心内容之一。《学生守则》是：尊师、敬业、乐群；《学风》是：勤奋、严谨、求实、创新、协作。把陈颙的话稍改动一下：人生在天地之间，当负有自己之事业，人在世上生一日当尽一日之勤奋。人生就是这样：知足知不足，有为有不为。"知足"扩而述之为：尽力知足，尽心知足，尽责知足；"知不足"扩而述之是：学习知不足，学问知不足，学思知不足；"有为"扩而述之是：为真求知，为善从事，为美养心；"有不为"扩而述之是：不为名缰，不为利锁，不为位囿。这可以成为治学做人的人生观理念。

　　这种"知足知不足，有为有不为"的人生观理念是积极的，不是消极的；是辩证的，不是机械的；是向上的，不是颓废的；是入世的，而不是出世的。它比"事能知足心常惬，人到无求品自高"（文物鉴定家杨仁恺语），似乎更全面、现实，更可望又可即些。有人主张研究高深学问，培养高级人才，要明确把"学"与"术"分开，用"学"与"术"把培养大学本科学生与研究生区分开来。这当然自有其道理。可我以为"学"与"术"是难以分开的。学而问对研究生和本科生都需要，要说高深学问，那就是"学术"，研究高深学问就是研究"学术"，这是一码事。把本科生培养定在"术"上，去掉了"学"字，不是有"术"无"学"，岂能成"学生"？没有"学"的自觉性，"术"如何"学"好？这和只有"知足"、只有"不为"一样，对人生观的理念来说，是孤立的、片面的思维方式。所以，治学为人都有一个全面的辩证思维的问题。

　　（三）治学方法也有个辩证思维方式问题。在治学（学问、学术）活动中，术，即方法论不可忽视。俄国生物学家巴甫洛夫认为："方法掌握着研究的命运。"黑格尔从思维科学角度断言："方法不是外在形式，而是内容的灵魂和概念。"学界有一种习以为常的说法：王国维治学方法是"双重证据法"。实际不是如此。不是"双重证据"，而是"多重参证"，或者是"多重补证"、"多重释证"，是实证多元化方法。陈寅恪对王国维治学法归纳为"治学三法"：取外来之观念与固有之材料相参证；取异族之故书与吾国之旧籍互补互证；取地下之实物与纸上之遗亡相释证。这是较为全面的说法，而不仅仅是"双重证据法"一种。"外来观念"与"固有材料"，"异族故书"与"吾国旧籍"之间的相参证、互补证，反映了更开放、更广阔的治学视野。这是在"双重证据法"之上又多了更高深的理念。1930年陈寅恪为陈垣的《敦煌劫余录》序中,更从时代视角解释此法:"一时代之学术,必有其新材料与新问题,取此材料,以研究问题,则为此时代的新潮流。"这实际是学术研究上所反映出的人类文明之间交往的自觉性。这才是辩证的、全面的、高境界的治学方法。

当然,"双重证据法"也是重要的治学方法之一,是考证大功夫,不可或缺,更不可否定。顾颉刚反对"双重证据法"。他认为"不能一部分之真证全部之真",他主张以文献辨伪来质疑王国维和陈寅恪。上古实物,特别是文字实物与文献的遗失,这是一个客观存在事实,看来只有使古史顾氏难题永远疑古了。"问"从"疑"生。顾氏治学,站在"现代科学"立场而对传统人文学术提出"疑问",其积极意义在于吸引学人"答疑",以延续古史中的文化生命。然而,这种"顾氏现象"看来是研究者的主观存在对被研究者存在的干预。否定传统的负面作用是对历史责任感的否定。这是一种"极端性失度"的思维方式。问题意识不总是有益于史学研究的,关键在"学问"的"度",是"底线"。疑古派由疑走向问,却又由问走向了疑的极端,还跨出了一大步,甚至不接触考古资料,这正如当前的"后现代主义"用取消问题的方法去解决问题一样。

(四)治史方法论是治史的门径。方法因人因时因事而变,不能"因噎废食",过多过重看待方法论,会忽视运用方法来研究"学"的本体、本位。考据学不是史学本体、本位。考据学容易忽视历史过程,忽视经济社会本身的发展,忽视人类文明交往的总体路线。

史学的最高价值是对历史本体、本位的研究。史学研究的根本宗旨是对研究的对象的过去、现在作出贯通性的解释,它从属于对历史本位、本体的说明和调查。贯通性解释包括"通变"和"通识",如能从这"二通"中抽象出普遍性意义的公理、公例,即规律性的东西,当属史学研究的上乘境界。唐德刚在《当代中国史学的三大主流——在中国留学生历史学会成立大会上的讲辞》(《史学与红学》,广西师范大学出版社2006年版,第80页)一文中认为:"史学里本有'史实'和'释史'两个重要部门。史家治史的目的第一便是在追求真实的历史;第二便是把可靠的历史事实'概念化',以期逐渐摸索出历史事实演变中可能存在的'客观规律'。"

进一步说,"史实"为基,"史论"为魂,还有一个"史趣"为美。三者熔为一炉,方是治史的本体、本位的整体性。

(五)方法论离不开本体论,整个理论方法也离不开开放视野。改革开放 30 多年，对西方史学理论的态度有"三变"：简单介绍——冷静评析——平等对话。跟着说，顺着说，是分析明辨的基础，是融会贯通的桥梁。根本目标在于超越创新，在于多年研究积累的悟性，以及由此而产生的直觉与灵感，在于真善美的结合。这中间，对话是贯穿始终的。我认为，对着说（即对话）是最大的收获。对话是平等的、相互尊重的，其根本为：用传统特殊视野、文化、话语方式，其眼光为不同历史时期、不同时代背景，其方向为走向世界、融入世界，为全球文明化作出自己的贡献。

三　学问、学术：责任、敬业、良知

我在《小议学界二三事》（《松榆斋百记·九十九》）中，谈到学术争议问题时，曾经提道："学术界是一个民族文明和良知最自觉的守望所"，直接接触到学术交往中的文明自觉问题。此外，在其中的"学术自律"、"学术与文化的民族精神"，同样也论及文明交往的自觉问题。这中间最为关键的是：责任、敬业和良知。具体尚有以下笔记：

（一）学会做人。学对任何人（包括学者）首先是学会做人。这可以说是国际普遍认同的普世价值观。国际 21 世纪教育委员会向联合国教科文组织提出 21 世纪教育的四大目标的第一个目标就是学会做人。其余三条是：学会生存、学会学习、学会合作，这实质上都是做人的重要方面，也是人类文明交往的自觉表述。

（二）术为能力。学术的术，可以作多种理解，可以理解为方法论或学的本体有关方面。从学术能力方面，有文字表达能力、问题研究能力、思维能力，特别是直击学术前沿和学术纵深的能力。术为能力，即驾驭知识、择善善择、应对当前、展望未来走向的能力。术为能力也是一种创造力，创造力的泉源在独立自主的思考和广阔的视野，在宽厚的吸纳和学习知不足的自觉，而学习的动力在问题和兴趣。学问、学术，学为先，问为根，不学不问自然无术。

（三）学术自觉。持续地探求和回答时代赋予的学术问题；自觉进入研究深处思考，会站在本学科学术史的高度位置上；加强钻研本学科领域的重大学术问题；对总体学术发展规律时刻铭记在心，同时在学术实践中不断体悟、总结，使提炼为指导研究的理念。

（四）学术传承。学术——文化、文明传承的主要载体，即"大传统"；

学术——灵魂、根本在学术精神,"致真"、"致用"皆精神,但以"致真"为本位;学术——社会关怀、经世致用,均应避免脱离"致真"基础的学术工具化倾向;学术——它的缺陷和遗憾往往是非学术因素造成的,靠权力和行政运行的学术,出于强烈的主观目的去研究,会背离学术本身的发展规律,其成果本身就是可疑的;学术——它有固有的审美价值,它是苦于行而寓于乐的,诗意治学的境界是兴趣和趣味交织的境界;学术——离不开文明交往互动的学术交流,内在的规定性、内在的理路有人文的规律,参照内外、取舍传统,高度的文明自觉在于经济社会与内在学术理路之间的平衡。术学不能颠倒,求术而不求学,比不学无术还可悲。

(五)读、思、写。对我来说,最不愿意放弃的生活方式是什么?是读、思、写这三件互相关联的学术生活方式。学问、学术都从学开始。我最大的爱好和兴趣在此。可以说这三件事伴随着我整个生命。学问、学术的学,和思考密不可分。学史使人明智,学哲使人深刻,学文使人雅秀,学逻辑使人顺畅,这些人文学科贯穿着思考两个字。"玉不琢,不成器,人不学,不知义",义在于思考,思考中有义的思想和行为。读、思、写的辩证关系,孔子已讲清楚了,那就是"学而不思则罔,思而不学则殆"。孔子没有说写,因为他是主张述而不作的。即使如此,他并没有停笔写史删诗,他的"学而时习之"也包括着读、思、写,而且也以此为乐。他"入太庙,每事问","三人行,必有我师",也是一种以学术为生命的自觉治学境界。

四　学问、学术:传承、理性、知学

(一)学首先要知学。王充在《论衡》卷十三的《效力》篇中说:"人有知学,则有力矣。"从学中获得知识,知识会使人有力量。从其意来讲,与英国哲人培根的"知识就是力量"有相同之处。比培根早一千五百多年的王充,已经看到了这一点,虽然在时代与内涵上并不尽同。当然,这是指真实的知识,无论是人文社会科学或自然技术科学方面的知识。

(二)学在传承。学问学术不但在系统、体系,而且在传承。其实系统化的学术、体系化的学问,正是在传承中逐渐形成的。宋代郑樵在《通志·校雠学》中有言:"学之不专者,为书之不明也;书之不明者,为类例之不分也。有专门之书,则有专门之学;有专门之学,则有世守之能人。人守其学,学守其书,书守其类;人有存没而学不息,世有变故而书不亡。"这里讲的"世守之能人"、"人守其学，学守其书"、"人有存没而学不息，世有变故而书不亡"，都是言传承的重要。文化之所以成为文化，实质在传承。其中关于"专门之书"与"专门之学"时，提出了"书"，即文化典籍，还有书的分类，即目录学，确实是学科体系建设的重要问题。学问、学术的理性自觉在此。

（三）学问的传承性是在学术史上的贡献，是历史性的、长时段和连续性的。王元在《华罗庚传》中写道："对于一百年之后的数学家，人们只需要知道他数学的贡献是什么，不会再有人管他的出身、爱好、经历与荣辱。除了学问外，一切都是无足轻重的。"这话虽然说得绝对了点，但学问对于一切学者，却是真理。学者的一生经历与学问是自然生命与学术生命的结合，否则就不成为学者；而学者在学术上的建树，是他生命力的所在。出身、爱好、经历、荣辱，与学术贡献有关，但比起学术贡献来说，居次要地位。因此，王元的话是理性的、自觉的治学语言。

（四）知学，是知学界并非净土，知道需要反对学界的"P"族——抄袭者（plagiary）。瞿泽祈对抄袭者的解说是，"抄袭在英文中叫 plagiarize（剽窃者，plagiary），好比法律上的 fraud，欺骗，骗子，是 no cure，意思是，犯了这个，是没治的。"他鉴于瞿同祖反对抄袭之风，曾当面说过，美国南卡罗来纳州大学院长在一次迎新会上给新生讲话时，因为引用一段别人的话而未加说明，结果被迫辞职。瞿同祖听后，非常赞成说："太对了，就该这么干！"现在，与欺骗有关的沽名钓誉、谋取利益最大化的"伪大师"、"伪学者"，也当属欺骗、骗子之列。

（五）幼小时随安谧中老师学《三字经》、《百家姓》、《千字文》，又学习《论语》。《孟子》未读完便读了《小小猫》为第一课小学读本。学"三"、"百"、"千"产生了意料不到的效果。安老师在蒙学把三字经中的中国史部分编了一首歌："三皇五帝夏商周，春秋战国秦统一，西汉东汉魏蜀吴，西晋东晋五胡兴，南朝是宋齐梁陈，北朝是北魏齐周，隋唐梁唐晋汉周，辽金两宋元明清，宣统三年革命起，中华民国共和成。"后来考大学，这首歌及安先生的讲解，使我的历史得了满分，被从志愿中的中文系录取到了历史系，改变了我一生的学术命运。至今对这首歌还能背诵下来。对于《孟子》，都未读完，但安先生用他的名字"谧中"讲的安静的中和心学，也印象很深。后来再读《孟子》，才细细品味孟老夫子的儒学心性学理化贡献，以及宋儒思想的源头。陕西先贤张载长二程十几岁，见二程谈《易》而止步。但他的"横渠四句教"及"民胞勿与"思想，都堪称孟子后第一人。二程的

"思虑所得，中心悦豫"、"学至于乐则成"的经验之句，道出治学的趣味。

五　学术为本位

原则：学术自主。

两种科学的区别：自然技术科学追求量化、强调实用（直接转化为生产力、为经济服务）；人文科学研究的对象为意义和价值。

人文社会科学涉及的问题：非数字化，甚至反数字化，深刻的人生哲理不能通过数字、量化公式来表达。

量化学术评估、学术奖励、学术资助体制的后果：投资大、通过学术"大跃进"和学术 GDP 选政绩思路、复杂烦琐量化考核体制、论文包括项目与学位点增加、适应此制度的学术体制的教师待遇上去了，最负面后果——学术质量不升反降、抄袭风和浮躁风迅猛刮起。

学术弊端：运行机制被金钱与权力扭曲；量化到荒唐地步（如据刊物行政级别定论文质量）；忙于表格大战；学术评估与科研考核周期过短（一至三年），无法潜心长时段积累，进行重大课题研究。

名利双收的变形"教授"：填表、跑点、争项目、行走（讲学）教授。

人文科学被数字霸权压迫，无时间从事沉思默想地创造性思维，为急功近利缰锁所缠绕（权威、核心刊物文章可记多少分，拿多少奖金），有几人在面对真正学术问题？

六　学术自觉

近读几篇（实际上几本，20 万或 30 万字）博士论文，开头都是流行的规格：开头中文提要、英文提要、关键词，看多页之后，不知道作者要讲什么。尤其是引文堆来堆去，西化文字莫名其妙，甚是费劲！

我不明白，为什么作者不讲自己的话，不谈自己的思考和所知，为什么不说自己的话？

文字要干净、明快、充满思维活动，才有力量。文字其实是思想的表现。文字不好的思想，是很混乱的思想；文字不好的思想，也深刻不了，可能更多的是词不达意。文字是学术自觉的标志，文字不清晰的思想，总是事与愿违。很可能是学术自信心不足的表现，洋八股、土八股中，没有自我。

问题意识曾被人反对过，我觉得当下学术界学风虚浮，高谈"主义"不解决问题，"热闹"只是一时。我很奇怪，读一些博士论文，常常是原地打转，转一圈又回去了，不见前进的脚步。

做学问要有主体的独立意识，通过读、思、写，掌握真材料、新方法而有明确的观点，不要人云我亦云，要有艰苦劳动之后创新，要在前人的基础上前进。

希腊诗人品达说："一个人最应该描写的是那些美和善的东西。"我愿还应把一个"真"字加在最前面。只有把真善美统一起来，才是学人的追求。退一步话，可以不做学人，但绝不可以不是一个真正的人，一个真善美的人。

七　学术要有人的温度

2008 年 8 月 7 日，《新华每日电讯》发表了黎昌政、俞俭的文章：《裘法祖：医学要有人的温度》。

提起裘法祖，人们自然会想到 2008 年 5 月 24 日，四川地震伤员转诊来武汉同济医院，94 岁的他，主动请缨，担任了医疗专家组顾问。6 月 14 日，他离开人间，但他的名言留给了医学界：

"做一名好医生，一定要有仁爱之心。医学要有人的温度，要温暖病人。"

"医术不论高低，医德最为重要。"

他 2001 年获中国医学基金会医德风范终身奖，当之无愧。他著作等身，但从来没有架子，不论病人身份高低贵贱，凡预约的病人，他都提前到诊室等待；病人来信，他每封必复；他无论多晚，一定到病房探视手术后的病人；他要求医生要尽可能减少病人的苦痛，提高术后生活质量。"能不开刀就不开刀，能开小刀就不开大刀"。这又是一句人文情怀的名言。

医学也是学术，学术和医学都要有人的温度。在 1992 年 7 月，西南师范大学历史系杨群章教授介绍他的弟子们来西安后，有一位学生在 2008 年元旦为自己的著作写后记时，还记忆起我对他们讲的一句话："做学问要学会坐热板凳。"他在后记中是这样写的：

"我当时还以为自己听错了，或者彭先生一时口误。他马上解释说，人们常说做学问要学会坐冷板凳，这话只说对了一半，确切地说，应该是坐热板凳。说冷板凳是指做不得学问、坐不住的人而言，板凳是冷的。对于做得了学问、坐得住的人来说，板凳的体温与人的体温是一样的，不能说冷，应该叫热。人的体温37℃，板凳的体温也低不了多少，所以，真正做学问的人是感受不到冷的。一席话，我们三人都笑了。"(见吴成著《走进共和——伊朗伊斯兰共和国的第一个十年》，线装书局 2008 年版，第219—200 页)

当时同这些青年谈话的内容我记不清了，而他们求知尊师的情况，尚有记忆。西南师范大学历史系有研究伊朗史的积累，我在《中东国家通史·伊朗卷》的后记中特意提到了。那里也是我的泾阳先贤吴宓先生长期工作的地方。三位青年远道而来西北大学求教的心情我现在还有印象。我正是怀着对他们的"忘年交"之情来接待他们的。我当时对他们没有保留，先交朋友，后谈治学。人的体温与冷板凳的不冷反热之类的话，就是在这种情况下说的。

1996 年 12 月 12 日，已故的孙培良教授遗著《萨珊朝伊朗》出版，他的弟子杨群章教授特赠一册留念。其中有张椿年先生(时任中国社会科学院世界史研究所所长)的序，也提及"从事科学事业必须有锲而不舍、甘于坐冷板凳的精神"。(孙培良：《萨珊朝伊朗》，西南师范大学出版社 1995 年版，第 2 页)我想起范文澜"板凳一坐十年冷，为文从不半句空"的名言。这是治学的经典名言，每为学人提及，也是情理之中。正是这句名言，鼓舞着一代又一代学人。孙先生生前的多卷本《伊朗史》未能完成，实属遗憾。仅存萨珊朝遗著有此科学精神，颇有使人倍增冷感。我在《中东国家通史·伊朗卷》后记也谈此事。把冷板凳坐热，本是引申之说，也是对孙先生所创西亚史研究所及其弟子的期望。后来他的学传弟子冀开运、吴成和王平都相继考入西北大学中东研究所，成为我的研究生，都获得伊朗史的博士学位，且学有所成。这也了却了我的一个心愿。

八　学问，知不足

(一)学者为学，以学为生命，以学为大、为高。真正的学者，其自觉境界应是：一不为"名"所"缰"，即不为名所羁绊；二不为"利"所"锁"，即不被利所枷所锁；三不为"位"所"囚"，即不为官位所拘禁。名，为人所求，但成为"名缰"般的羁绊，便失去了人的自由。利，为人所求，但成为"利锁"锁住的枷锁，也会沦为罪人。位，为人所求，但成为"位囚"，其命运是可悲的。这三个"不为"，是一个限度，是一个底线。那么，要有什么作为？也是三个：为真求知，为善从事，为美养心。人贵知足，也要知不足，也有三个知足。这三个知足：尽力知足；尽责知足；尽心知足。还有三个知不足：学习知不足；学问知不足；学思知不足。有的学者有机遇、有条件，学而优则仕，如若仍有学者本色，在他的视野与心目中，进行加权时，最高价值应当是学本位，而不是官本位。若是学者，或者是仕而优则学的官员，在他的视野和心目中，自然是学然后知不足，自然是尽力、尽责、尽心而后知足。这个"学而优则仕"的"优"不是"优秀"的"优"，而是有空闲、有余力。这是朱熹的解释。我觉得今日的学人而为仕者，应重新解读"学而优则仕，仕而优则学"，从而获得全面、真正的领会。

（二）这里不谈有为有不为，也不谈知足知不足中的学习知不足和学思知不足，只谈学问知不足。

什么叫"学问"？《荀子·大略》中的解释是："诗曰：'如切如磋，如琢如磨。'谓学问也。"学问按这个意思，是学习过程的对话，是相互质询答疑。如果进一步了解，学问应当是治学过程中的问题意识，也就是发现问题、提出问题、分析问题和解决问题。治学的原则是：对所学不可轻信，不可尽信，更不能迷信。真正接受知识和理论，不但要问"是什么"，还要追问"为什么"。读书、听讲、研究都要动脑子，提出疑问，求得真知。

孔子的问题意识极强，他入太庙，"每事问"。他的弟子们也善问，载入《论语》中的各种问题也有百余个，孔子很称赞提问题的人，有所谓"大哉问！"的惊喜。《论语》可称为充满问题意识的智慧之书。

提问题之难在于所提问题要到位。比如，孔子的"每事问"，那是到了"太庙"才采取的态度。如果学问之道非要不分问题轻重地"每事问"，那就错了，而且肯定办不到。善于问的人，所提问题应在要害之处、关键地方。但"问的是地方"，用关中语讲"问到向上"（即问到关键之处），也不易，因而要知不足。

孔子在为师之道方面并不尽善尽美。他的从政愿望使他对弟子教育方面，政治权术教导多，治学方面少，对权威的敬畏也多。孔子有师道尊严思想，因而也不愿与弟子争辩。苏拉格底的希腊式教育，关注探求真理，不把现成结论告诉学生,而是以学者的批判、理性和视学生为朋友。孔子的教学思想与苏格拉底不同。这种不同,在一定程度上反映了中西文明的某种差异。王充在《论衡》中,已经察觉了这一点:"学于孔子,不能极问。"这种学问观,是一种极端的自我道德约束,从根本上压抑了学习的热情、激情、兴趣、乐趣,特别是好奇心和创造力。他细思忖,后来的道学、理学缺点之源在此。

(三)学问,知不足,还在于提出问题并不包括判断正确和错误。它只是引人思考,引人辨别。它也只是"慎思"、"明辨"、"笃行"的开始。这是学术自觉的契机。陈白沙有言:"学贵知疑。小疑则小进,大疑则大进。疑者,觉悟之机也。"① 就是指此言。能发现问题、提高问题,是学术自觉的开端肇始。"觉悟之机"的重要意义在于:它是与兴趣与毅力融合于一起,组成了学无止境和学然后知不足的自觉动力。

学问,固然首先在学,真学才会有真问题。其实,进一步看,问,反过来也可以促学走向深入。学与问二者密切相关,交互作用的规律,在学与问关系上也起作用。"为何"、"缘何"或"何故",是科学家头脑中的常问常新的词,"?"是治学一个不可或缺的符号。爱迪生幼年时,就爱问一些奇奇怪怪的"为何"、"缘何"、"何故"的问题。他以纯真的童心问父亲:"为何刮风?"父亲回答:"阿尔,我不知道。"爱迪生又问:"你为何不知道?"不但爱迪生,就是爱因斯坦到老年,还不断用"为何"、"缘何"、"何故"的问题,来激发科学家固有的、难以泯灭的童心。

费曼总结此种现象时指出:"如果对我们生活的这个世界缺乏敏锐的关注和好奇,你就不会在科学研究上有什么出息。因为在人们的周围,没有一件事情是毫无意义的。"这对人文社会科学和自然技术科学说,都同样适用。我在谈文明自觉问题时,提出"九何而问",来细说问题意识,实际上问题不止于"九何",那是言其多而已;而且对于"为何"、"何故"等问题,可以作这样或那样的回答,回答的多样性,使人感到科学居然如此有趣,研究可以如此多彩,学问果然如此复杂。人类的智力水平、文明程度,也就是在众多问题答案中的"一半是"或"一半不是",或者在"是与不是"的对话中,或在对比、鉴别、存疑、积累中,穿过好奇之门,走过趣味之路,上升到一个又一个文明自觉的进步阶梯。

---

① 此语出自明·陈献章《白沙子·与张廷实》。陈献章少年时随祖父迁居白沙,故后人尊为"白沙先生",又称陈白沙。

（四）学问和一切事物一样，有一个"度"，不能走极端。问而生疑，但不能"怀疑一切"。学术史上极端事例不少。顾颉刚的古史辨派即有此倾向。他不信古史实而疑之，问之，提出了"宁疑古而失之，不可信古而失之"的口号。他甚至在证据不足的情况下，把许多古文献判为"伪书"。他的研究学问方法，对史学有革新作用，这应当允分肯定，但不可引导人们走向极端。

学者要学会和问题交往，学会有耐心。不用消极，不用悲观。"为真求知"，而"真"来自"知"，知来自"问"。既学又问，才能有治学的持续的恒心与韧性。王充在《论衡》中说："不学不问，不能知也。"知事又知理，明事又明理，知而明之，进而从知与明的进程中，走向学术自觉。学术的自觉是无止境的，又是不断上升的，当然有曲折，但总趋势是前进的。如歌德在《威廉·迈斯特的学习时代》第七部第一章中那句劝说人们不要抱怨虚度时光的话所云："你错了，我们所遇到的一切都会留下痕迹，一切都不知不觉地有助于我们的修养；但要把它解释清楚，否则，是有害无益。那样一来，我们会变得不是骄傲而怠慢，就是颓丧而意气消沉，对于将来，二者都同样地阻碍着我们。最稳妥的永远是做我们面前最切身的事。"眼在远处，手在近处，这是真理。

九 学问：人类文明交往的自觉美

有句拉丁语名言："Finis Origine Rendet"（"结局系于开端"）。可以借用这句话的逻辑，学术自觉系于"问题"。学术始于"问题"，终于"问题"，问题意识，是学术自觉的关键。学问、学问，学术自觉在于问题。

学人有三不知足：学是总纲。学然后知不足。学包括学习、学思和学问，具体而言，即学习知不足，学思知不足，学问知不足。学习、学思和学问，本为"三不足"的顺向思维序列。学者的著作应追求有学问的思想和有思想的学问。广泛阅读、静心思考和持续写作，是必须长期坚持而成为自觉治学习惯。现在，我用逆向思维思考，在学习、学思和学问的"三学"中，把学问放在最前边来研究学问。

汉语中的"学问"二字，英语通常译为"Knowledge（知识）"，或"Learning"（学习）。两种译法，都没有"问"的意思。究"学问"一词，在古代汉语中，是一个把"学"和"问"组成的综合词。它正如学习、学思相似，是体现着知识性和思想性相结合的内涵，而且是和行为活动相互联系的。因此，"学问"包括学、问，还有思、行，是一个人类文明交往中的"文明对话"的词，还有研究上的"问题意识"的文明自觉指向。

博，对硕士、博士都需要，只是层次上有所区别。博学而审问，用什么来"审问"？先在善于学习，有志于学，切磋互学；其次在于思考，在学而问，问而思中进行学术交往，从而获得自得。《论语·子张》中载有子夏的一句论学之语："博学而笃志，切问而近思，仁在其中矣。"对此，中国现代思想家马一浮有两点解释：①"博学而不笃志，犹之未学；切问而不近思，犹之未问"；②"学必资于问，不学则不能问"。（均见《宜山会语·释学问》）看来，"学问"一词，不仅有综合于"学"和"问"的分合解释，也有"倒义"解释方面。学人治学，在此意义上也可称之为"问学"，学问与问学，是一个交叉的互动过程，关键是思考、思想。学问家不一定都是思想家。思想是思考的结晶和升华，是文而化为"自得之见"的独立见解。还是马一浮在《宜山会语》中说得对："学以穷理，问以决疑。问前需学，问后要思。故学问之道以致思为最要，思则得之，不思则不得也。"思想是学问的灵魂，思想是在对话中交往，是思想的活动自觉化。这样，学问的"柳暗"变"花明"，陈言变新知，使学问家变成了学者兼思想家。

这使我想起了列夫·托尔斯泰。他有《战争与和平》，有《安娜·卡列尼娜》和《复活》。不过，在我看来，他有一般文学家不可多得的特点：对人类文明的追求，对社会问题和农民贫困问题的思考，对哲学的钻研和实践上的探索。托尔斯泰说："假如鼠目寸光的批评家认为，我想写的只不过是我所喜欢的，例如奥布浪斯基怎样宴客，卡列尼娜有着怎样的双肩，那他们就错了。在我所写的全部作品，几乎是全部作品里，指导我的是这样一种必要性，即把互相联系的思想收集起来以表现自己，而且如果取出处于这种联系中的一个思想，用语言单独地表现，那么，每一个思想都要因此而失去自己的含义，从而可怕地降低了。"思想，社会意义上和主人公历史命运的思想，指引着托尔斯泰的文艺创作，使之在形象思维之中，蕴涵着深刻的辩证理论思维。1879年，他在《忏悔录》中描述了自己的"思想危机"："我有一些困惑的时候。生活停顿下来了，仿佛自己不知道该怎样生活，或该做些什么；我感到不知所措，人也变得忧郁了。"他是不断学习、不断思考和不断学问与问学的思想家。① 列宁称他为"富于独创性的全部观点"，正道出了他这位文学家、学问家的思想家特征。他的思想，反映了他所处时代俄罗斯文明变迁动荡的凄寂、自信与自觉。

从学术史上看，只有出于对学术的热爱和出于清理和认识问题冲动的学问，才是真诚的学问。学问的初衷和内动力在此。学问要有艰苦坚毅的内动力来推动，也需要外力的激励和促进。这种内动力和外动力的支撑点是坚持和捍卫真理的无畏勇气和科学精神。有了对人生真谛的思考，有了对人类社会矛盾的探索，有了对人类文明和文明交往的自觉追求，才使学者变为思想家。这个转变表现为严谨而有创造性，意义深远而有纪念价值，并且留在学术史上不仅是实实在在的建树，而且蕴涵着深刻的思想，特别是令后代学人沉思的问题和做人的根本。

现代新儒家代表人物牟宗三在《认识心之批判》中说："认识心，智也；道德主体即道德的天心，仁也。学问之事，仁与智尽之矣。"他在《认识心之批判》的"重印志言"又说："对于认知心有充分认识矣，自能进而正视道德心。"在学术上，人们关于道德与伦理概念多有争论，有的人把伦理作为伦理学中的一级概念，把道德作为伦理概念的二级概念。但是，人无德不立，国无德不安，学无德不全。立德、立言、立功，德总属首位，人无德便失去了做人的根本，学问也不能缺德，智德兼备，智仁双馨，思想之花之果方能流芳长久。

学问是站在巨人肩上并借鉴其极富创造性的理论和方法，进行科学探索的工作，是重在诠释、比较而不是重在对前人的研究观念进行论证和批判的工作。学问既要表明前人的劳动成果与贡献，更要表明自己研究所得与前人不同之处。总之，学问应具有寻求超越、形成自己独立的见解，应具有学术良知，坚持一个正直学人的必备的道德。学问必须有"学德"支撑，学术道德其实是一种真实的美，道德修养总给人一种美感。给人留下的是道德文章，是一种既不掠他人之美的诚实美，又蕴涵着科学自尊的自信美。彰显他人是尊重、承认前人劳动，思考吸收其一切有价值的东西，而不是盲目崇拜，人云亦云，亦步亦趋，贵在创造。对自己的独立贡献的实事求是的肯

---

① 他青年时代研究卢梭、伏尔泰学说，晚年研究孔子和老子，其目的寻找"造福于人世"的思想，可是他没有找到实现这一理想的道路。他82岁高龄离开庄园到民间去，正是这次离家出走，提前结束了他的生命。他和他的夫人共生育了13个孩子，告别人世之后，留下了100多位后裔，分布在俄国、瑞士、意大利、美国等地。他把后裔留到了人间，把人生思考、把思想问题也留到了人间。

定,也是对科学的尊重,不是自吹自擂,压抑别人,抬高自己,贵在有自知之明。智人之明、自知之明,都是文明交往的自觉之美。

学问流芳在宽容雅量,风采之外,还有诗化的学问、气势关、气象美,感人以不强人服而人自服的感召力和说服力,动人以山峦云烟、江海波涛的宏大气势,夺人心灵之于万千气象自然之中。论史双融于详尽的中间环节和叠峦岭峰交汇之处,贯通一体,而非以意御史、以史就论、强史就我或者其他相反的倾向。这是一种学问的魅力和风范,是大气魄、大手笔、大智慧和大德性的治学精神。治学者,理应严谨其学、精美其文、善良其性、道德其人,法乎其上,虽不能及,庶可达乎其中。学思学习之乐不已,学问与生命之美同在焉。

十　学科的学术自觉

高等院校理应为学术自由殿堂,应以"百花齐放,百家争鸣"为标志。学术为本,育人为先。人的教育不等于工业产品,它需要真善美的文化素质,需要启发人对真理追求和对知识的兴趣与好奇心。

(一)前言:哈罗德·布卢姆说到文化、文学研究者的分化时写道:学界中涌出了"业余的社会政治家、半吊子社会学家、不胜任的人类学家、平庸的哲学家以及武断的文化史学家"(《西方正典》,江宁康译,译林出版社2004年版,第412页)。其实,分化是必然的,人类学、社会学、哲学、文化史本来是交叉的,越出边界的跨学科也实属自然。问题在于:学科衰退感、分化感、困惑感应融化于科学精神,文化于人文精神,总归流于学术自觉。

所谓①清醒于原则(实事求是);②追求境界(融会贯通);③走自主创新之路,都是学术自觉所要求的。而个人潜心于学科中的学术本位、多学科交汇、老中青结合,潜心研究也是基本条件。但问题还是具体的,是学术自觉的出发点。

(二)问题:何谓"不胜任的人类学家"? 其中的问题是:

1. 人类学的学科内涵是什么?

2. 人类学学科的公众形象中为什么与历史考古学、社会学、民族学混淆不清?

3. 人类学学科共同的学术语言和价值观及公认的基本阅读书目是什么?

4. 人类学学科为什么没有共同关注的概念体系？

5. 人类学学科不同于"古人类学"、"考古学"和"少数民族的原始社会形态研究"吗？

（三）人类学的特点：

1. 人类学是研究人的社会和文化的学问之一。19 世纪中期西方大学社会学研究工业化社会、人类学研究非工业化（传统、部落、殖民地）社会。中国学界社会学关注传统社会向现代社会过渡过程，如城市或乡村的城市化；人类学关注农村、少数民族，或从非工业化社会世界观出发研究现代性。

2. 人类学学科关注"基本社会制度"（有四个基础——血缘、地缘关系构成的亲属制度；信仰、仪式、宇宙观构成的"宗教"；不平等关系、权威形态、支配等构成的"政治"；生产和交换在不同文化实践中构成的"经济"），从而衍生出专门化研究（医疗、法律、城市生活、生态人类学）。

（四）学科与学术自觉：

1. 国内为农村或民族社会学（费孝通），成为"中国化"、"本土化"学术自觉产物。严复译《天演论》为中国人类学起点。中国学人虽主张"原原本本地"按西方学科原则去做，但事实上在做的过程中总是自觉、不自觉地带有自己的特点。研究对象为农民、少数民族、外国人。最高境界是对人类本性提出自己解释，人类学家进入哲学家行列。大多数人则相信人的本性为社会性，要用经验研究方法，在经验中富有想象力地去解释人的社会存在。社会学研究中国化实际上是乡土性的人类学化。

2. 学科自觉并不排除，相反，具有十分开放的视野。自知之明不能没有"他者"的眼光、比较的眼光，因为只有看到别人，才知道自己是谁。这里有一个基点，是所研究对象的实际，不是拿西方概念去研究东方，只是把西方的理论看做研究对象。西方理论也有很大差别（如人类学）。吸取一切先进技术，把自己研究学科做好，不要太在意别人说什么。

3. 研究历史，从总体上说，应从人类文明交往总体上把握。人类进入文明状态，才是人类历史真正的开端。人类之所以成为人类，其根本内涵在文明，而文明的生命在交往，交往的价值在文明，文明的自觉在知物之明、知人之明和自知之明。从全世界、全球化把握历史是必要的，但其根本还要从人类文明交往上把握。因为历史之变成世界史、之变为全球史，是因为人类文明交往所致的发展。人类学进入文明交往史境界，才是学科的新境界。

十一　"通"与学术自觉

治学者其上乘是将细微考订与宏大综括融会贯通,合为一体,称为精通。专精与博通的结合,谓之曰充实而光辉。专精属"学"的范围,对应物为"充实",意味着内容扎实、考证精详、术业专攻。博通属"识"的范围,对应物为"光辉",意味着视野广阔、思想深刻、高瞻远瞩。通很关键,博未必通,而通则必博。《孟子·尽心下》云:"充实而有光辉之谓大。"治学的自觉性大小在于通博基础上的专深程度。

(一)"通"为会通。稍具体而论,即纵通古今,横通中西,从总体上贯通,形成整体,其主线为历史理论的穿透史实。

(二)"专"的基础上会通。所谓"专"有两层含义:①治史者个人先有窄而专的专题研究,成为某学科之专长,其特点是纵而深;②集各专家的研究成果,加以综合缀连,其特点是横而广。所谓"通史",只能在此基础上编写通史,这就是既有"通识",又有"通基",还有"通专";③这是会通于研究事物共同规律,同时又要关注相似与不同之处。

(三)通要关注学术性,即学术自觉。以历史言,不在史事,而在史学;不在史政,而在学术价值;不在史教,而在史论。学术性存在于第一流著作之中,一般性的、无研究品位的史学知识书籍,无学术性可言,自然难有学术自觉。

(四)梁启超的《中国历史研究法》本是根据几本中国和日本人译成的讲演稿(通俗的而非专业的),就是号召天下人研究整个通史。他竟能用此概括成论,写成这一本影响一代人的史学理论著作,与他的天赋和积累密切相关。他对学术的解释是:"学也者,观察事物而发现真理也;术也者,取其发明而致用也。"

(五)如果说,梁启超还是"致用"而逢时的学者,而"史圣"司马迁的《史记》,不仅是"史家之绝唱,无韵之离骚"的"史典"与"诗意"相结合的传世名著,而且是人类知识的群山和智慧的海洋。他那句"究天人之际,通古今之变,成一家之言",的确是"高天人"、"纵古今"和"洁心灵"的治通史的箴言。更深层地说,这句哲理警语不但通涵着人和自然、人和社会和人的自我身心的三大文明交往自觉主题,而且表现了恢弘永驻的学术自觉，通达雅正，直向心灵幽处。

（六）"通"可作通达解释，是人类文明交往中一个关键字。交流而通，也有交换含义，《荀子·儒效》有"通财货"之说，通市、通商、通财，都是商贸往米。在学术的自觉上，通尤其是重要的关键字。通达可贯通思维，对于学术本身可走向深化，可深入到学术根本价值的认识，因此不仅是思维方式，而且还包括价值观。研究学问，不能满足于正确的和公开的学术观点。这是因为，再严谨的学者，也只能说在他著书立说时，没有发现自己的错误。治学者要解放思想，大胆提出，并通过严格审查自己的新观点，独立而反思，是谓通达。到达通达之路要找门径，学方法论，可少走弯路，但最根本还在于刻苦钻研，勤奋活学，坚定坚持走治学之路。这种在学术上的自觉，如马克思所说："在科学上，没有平坦的大道，只有不畏劳苦沿着陡峭山路攀登的人，才有希望达到光辉的顶点。"

（七）通达治学的经验，历来是学界的共识。如早有"中今中外"治学之说，今有"通专结合"之议。宗教学家楼宇烈对学生提出了"四通"的要求：文史哲通，儒佛道通，古今通，中西通。他认为，"四通"才能"八达"，治学眼界才能开阔，学者不能把自己封闭在一个狭小的圈子里。他的经验，直接用"四通"和"八达"表明了通达的意义。通有纵通与横通两个相互联系又相互区别的层面。纵通属治学的专业领域，这是内在的通；横通属治学中与专业相关的业务领域，这是外在的通。这两方面的关系是专业为基、为主，旁及有关领域，使之与专业形成一个统一整体。

（八）治通史者，才思、理论、精神为"通"的灵魂。通贯通着时代精神，通关注着时代问题，因而必须有贯通时代的精神。时代的变迁，世事的舛变，感悟系之，行诸文字，所谓通识眼力，就成为通观历史的灵感源头活水。通所处的时代精神与研究对象，至真至诚，文采尽美，文思高雅。研究者与对象同歌同行，成为自觉的治学者。

（九）同情与理解研究对象，思想上知人论世，上通古今之人，旁通中外之事，直抒胸中之意，凸显人性的共通性和普世感，这是沟通人类历史的通的境界。此通感为切身感受体悟，实为通史理论支撑不可缺少的补充。

（十）理想的史著是：①熔史才、史学、史识、史德于一炉，是谓火候之通；②冶铸文采、词章、义理、考据于一身，是谓冶炼之通；③化感性、知性、悟性于一书，是谓化成之通；④使史实、道德、艺术（亦即真、善、美）融会为统一之通，是为会通，这是成一家之言最理想境界，虽不能人人都能达到，但人人皆应向往之，力争之，不达其上，可达其中、其下，也可知足矣!

（十一）钱伟长虽不治史，但他对"通"的理解很在行。他在《笃学重教自良师》一文中指出："读史贵在融会贯通，弄懂它，不在于死背熟读某些细节。学物理也是一样，也是重在弄懂，不要死背公式，熟记定律，懂了自然记得，会用肯定忘不了。所以，能学好历史，同样也能学好物理。他（叶企孙，著名物理学家，时任清华大学理学院院长）这场谈话，使我学物理的信心倍增，而且也是从此以后，成为学习各种科学的指导方针。"（《光明日报》1994 年 9 月 8 日）他原学历史，后学物理，又有名师的指点，方通过实践有此见解。把"通"理解为"融会贯通"，并归结于"弄懂"，这就是"知"。"知"而后"明"，这是文明交往的自觉之道，它通向一切科学，而不限于历史。

十二　重新估定与学术自觉

《二十世纪中国社会科学》（李储文总编，上海人民出版社 2005 年版）的"总序"有几点与学术自觉有关：

（一）社会科学和自然科学在 20 世纪中共同积累了新知识，构成了中国从传统社会向现代社会转变的必不可缺少的条件。

（二）当代（19 世纪末到现在）中国社会科学迅速成长的原因：①数千年延续不断的丰厚的学术文化积累（底蕴），②积极、主动、广泛地吸取了世界各国精神生产的优秀成果，③立足中华文明和中华民族的复兴实践。在以上三个基础上努力发现与创造。

（三）中国社会科学的三次大规模"重新估定"先行学术、思想、文化，带来了飞跃、普遍思想解放和民众素质的广泛提升。①对支配地位的传统经学乃至传统儒学的重新估定。康有为托古改制否定尊孔崇儒，章太炎订孔为历史学家，发展到"五四"打倒孔家店，解放了"独尊儒术"、开拓诸子、科技、俗文学和佛学的丰富资源。最重要的是摆脱传统"经传注疏"式思维方式和治学方法的束缚，获得了了解东西方各国学术、思想、文化成果和独立进行探索、思考、创造的空间。②对中国人曾经热切憧憬的 17、18 世纪以来的西方学术、思想、文化及西方主要国家发展模式的重新估订。孙中山在《实业计划·结论》中即指出根本宗旨是"欲使外国之资本主义以造成中国之社会主义，而调和此人类进化之两种经济能力，使之互相为用，以促进将来世界之文明"（《孙中山全集》第6卷，中华书局1985年版，第398页）。马克思主义、列宁主义及其他社会主义、无政府主义、启蒙思潮、批判资本主义思潮、拉斯基和费边主义的传播，结果：向西方学习时不迷信、看到西方成功之处注意其问题，思考从实际出发走自己复兴之路。理论成果：毛泽东新民主主义论。③对毛泽东思想的"重新估定"。一方面，马克思列宁主义、毛泽东思想解放了人们的思想，另一方面又套上教条片面的新桎梏。实践是检验真理的唯一标准大讨论，开始了新的思想解放，对马克思主义"与时俱进"的科学品格有了更深刻理解。

（四）此文所谈三次重新"估定"，可以理解为学术自觉（社会制度、社会生活、社会实际变迁中的反映）：与时俱进、先进性、多样化相结合的品格。

十三　学派雅风

学人之间，需要雅量。学派之间，需要雅风。学术之间的差异需仁爱之道加以融通。仁爱之道是承认人的尊严，它把差异视为丰富人性交往互动的机遇。互惠性价值是一种学习互进的能力，以真诚对待"他者"。互相欣赏、互相理解。信任是互重、互容和学术对话的前提。

史学家们有不同见解、不同文风、不同体裁，都属正常而且为文明交往所必需。

没有不同见解、不同文风、不同体裁，史家便失去学术自觉，史学便失去活力。

学派之间要有容人雅量之风。不同学派之间的交往应该是并生竞长。

学派之间，虽不免优胜劣汰，但决非不共戴天。

庄周与惠施属于不同学派。庄周为道家，惠施为名家，彼此争论不休。惠施主张"合同异"，认为一切事物的差异、对立是相对的。由于过于强调，甚至夸大事物的同一性，流于诡辩。但庄周与他虽见解不同，而相处甚笃，情谊深长，在《庄子·天下》中称"惠施多方，其书五车"。

惠施先庄周而死，庄周过惠施墓，不胜伤感，给随行门生讲了一段"郢人寓言"："郢人垩慢其鼻端若蝇翼，使匠石斫之。匠石运斤成风，听而斫之，尽垩而鼻不伤，郢人立不失容。"（《庄子·徐无鬼》）其一说匠石神技，其二说得郢人而显，后因以喻郢人为知己。后来，一位国君听说匠石有这等本领，请他再表演一番。匠石说，我当然还会舞耍斧头，但那位敢把石灰涂在自己鼻子上让我砍的郢人早已去世了，我无法再表演了。庄周把自己比作姓石的工匠，把惠施比作郢人，为惠施去世后无人对辩而抱憾终身。不同学派之间的交往，有此文明化程度就好了。

十四　通古今之"变"解

（一）历史研究给我们什么"学术自觉"？

1. 用过去知识作为我们透视今天社会的"视角"；

2. 用过去的认识（解决问题不同方式）启示我们人类经历中重要的普遍性推动力（交往力）；

3. 用多样性提供共同规则、语汇和事例帮助我们相互沟通。

（二）历史研究即关于变动的研究

1. 分析时间长河中人类经历的主要变化；

2. 考察变化把过去（古）和现在（今）联系起来的方式；

3. 分清四种变化：浅表变化、根本变化、急剧变化、逐渐变化；

4. 解释变化发生的原因与影响；

5. 分辨出连续性事物和创新性事物；

6. 总之，通古今之"变"是对人类社会动态的研究。

（三）历史研究的变动整体性

1. 以不同社会历史为独立而非"拼合"之变；

2. 整体过程中历史性事件之变；

3. 焦点是主导社会文明的演进和全球范围内各民族之间的互动交往。

（四）对历史变化的理解工作

1. 历史探索工作的争论工作——可以促进对世界历史的理解；

2. 历史探索过程的考证工作——可以增加所知历史事实的基础。

十五 历史研究三题

（一）历史的写法

研究历史，路径、方法，千姿百态。概而言之，要旨有三：①今时今地的历史研究；②当时当地的历史研究；③立足于今时今地而又还原于当时当地，同时又不被历史和时代的偏见所遮蔽的研究。

"历史是当代史"的命题，即用当代的眼光研究历史，已为许多历史研究者在不同程度上所认同，可是有缺漏，而且不是理想的命题。

上述第三种看似理想，但最难做到。因为时代的政治、经济、社会、文化、思潮影响太多太复杂了。研究者不受以上诸多因素的左右，是不可能的。这种影响不是直接的，就是间接的，有时候是潜意识、下意识的，甚至连研究者自己也没有想到。

历史研究有各种方式，各种方式都有自己的优势和缺失。年鉴派史学曾经启发了许多史学家。美国文化史学者雅克·巴赞出生于法国，法国式的清晰巧妙方式影响了他，但他也看到了布罗代尔著作中的错误和曲解。实际上，那是一种研究方式、方法中的固有缺陷。在确定中时段和长时段的模式及其周期时，常使布罗代尔不能顾及事件、政治力量和军事力量。当然这并不否认他对地中海地区研究的精彩、新颖和富有学术自觉的笔力，而且这与19世纪末平民主义盛行、社会学兴起和对以前的编年史方式的厌倦有关。一个时代有一个时代的史学，其特点总打上了时代深刻的烙印。

历史和历史研究，都是会捉弄人的。列宁的话很有针对性：你本来要走进一个房间，却走到了另一个房间。

历史还原法是西方新历史主义的研究方法，即还原历史于原生态环境的原生态之中，让事实说话。多叙述事实，少发议论分析。用写实的方法，这是我在1984年写当代世界史教材的要旨初衷，用它来祛除先人的偏见。

（二）历史是不间断的文明对话

英国学者E. H. Car的《什么是历史？》中，对"历史是什么？"的回答是："历史是现在与过去之间不间断的对话。"（History consist of An uneding dialogue between the present and past）卡尔的论点是：必须用当代眼光（Contemporary insighes）去分析过去，历史必须能够包容人们对现在的理解。对卡尔在 1961 年发表的这个观点,大卫·坎纳尔在《当代的历史概念》(2001 年版)中,提出了自己的看法,20 世纪 80—90 年代,历史界实行了"从因果到意义、从解释到理解的转移";这个"转移"是"世界权力"重心的转移——从西欧到北美(1960)——"潜在世界权力"——东欧、亚洲、非洲的转移。

卡尔的"对话"观点,在大卫·坎纳尔那里,也得到了认同,认为历史是一个"连续体"。在我看来,卡尔所说的"不间断的对话"和大卫·坎纳尔的"连续体"的观点还应当再进一步,应该是人类文明之间的互动,是过去和现在的跨文明的交往。时间上的过去和现在,与空间上地区扩大活动,时间的范围扩大开放交往,是人的社会本性。文明对话不断跨越民族、地区、大陆、海洋、地球,促进着人同自然、人同社会、人的身心交往走向深化。100 万年前直立人诞生之日起,人类已从非洲逐步走向世界。"丝绸之路"既有陆路,又有海路的跨越。海洋跨越中,地中海文明交往,费弗尔已有《地中海史》之作。600—1750 年长达一千多年时间,印度洋也是跨文明交往,其中波斯、阿拉伯、印度、中国、印尼的航海家都扮演着主角。更不用说西半球的欧洲人、北美人在 1492 年以后的贸易、移民交往活动了。因此,历史是过去和现在不间断的文明对话。

(三)历史将伴随人类长存

谈到福山,芝加哥大学精神病学家乔纳森·利尔认为,应当提到福山在 20 世纪 90 年代冷战结束后西方世界的乐观情绪使他写的《历史的终结和最后的人》这本畅销书。乔纳森·利尔认为,福山预言苏联的解体为自由民主世界取得胜利铺平了道路,历史终结论是一个大胆的希望,认为人类冲突就此结束了。但是不要忘记弗洛伊德,他虽然在 20 世纪 90 年代声望低到最低点,但是在《文明及其不满》中说,历史永远不会终结,因为历史是由人类创造的。正如乔纳森·利尔医生所讲,他的话值得一听,即使他的精神分析法从来没有治好过别的病人。我要补充一句,弗洛伊德比起福山来,走进了历史的更深处。

十六　历史深处

研究历史,路径、方法、思路千姿百态,目标追求、价值取向也各有不同。有当时当地，有今时今地，有立足于今时今地而又还原于当时当地，而不被历史和时代偏见所蔽遮。

今时今地的历史研究即克罗齐的"历史是当代史"命题的那一种。用当代的眼光去研究历史，这种研究方法为大多数史学行外人所赞许，也为一些史学研究者所认同，但毕竟不是很理想的方法。

立足于今时今地而又还原于当时当地的方法最难。因为时代的政治、文化、思想潮流影响太多了，它总在左右着研究者。这种影响不是直接的，就是间接的，有时候是潜意识的，甚至是研究者没有想到的。

历史研究有各种各样的写法。美国学者海登·怀特在《元史学：19 世纪欧洲的历史想象》（陈新译，译林出版社 2004 年版）中提出：历史学与修辞学相通，是一个逻辑推导式。这个方式是：存在着的历史（历史 1）→意识形态的历史（历史 2）→被叙述的历史／修辞的历史（历史 3）。

作者在中译本序言中解释道："只要史学家继续使用基于日常经验的言说和写作，他们对于过去现象的表现以及对这种现象所做的思考，就仍然会是'文学性的'，即'诗性的'和'修辞性的'，其方式完全不同于任何公认的明显是'科学的'话语。"

怀特把修辞看做真实历史与历史想象之间的纽带。"历史 1"即记录文献的历史事实。由于对待这种历史的研究者意识形态的介入，使历史不同程度意识形态化；而"历史 2"进入叙述时，与历史学家追求的还原历史真实，再一次产生了距离，历史被叙述合法修辞化了，"历史 1"以多种"历史 3"的形式出现了。

把修辞学泛化于文艺美学、文化批评、后殖民主义理论及各种学科，我认为不值得惊讶。历史事实为史基、历史理论为史魂、历史的史趣为史形，这三者组成了史学的整体。修辞学在史形上与史学联系，它给"史趣"以文学性或诗意，但不宜泛化为史学。"辞章"不可或缺，然而这毕竟是史学的因素之一。一旦以偏求全、以点代面，就脱离史学本体了。放大的修辞学，它在史学本体中的作用就被歪曲了。退一步说，修辞学在史学中有多大能量？形式能超过内容吗？

历史还原法是新史学主义的方法。还原历史于原生态之中，让事实本身说话，这是对的。历史理应多叙述事实本身，寓论于史实之中，寓趣于史实之内，这是理性的史学整体（史实、史论、史趣）表达。多叙述历史本身、少议论、用写实的方法写历史，这是我在 1984 年写世界当代史（是难写的历史）教材的思路。历史是客观而具有理解同情性的学术领域。"跟着"、

"顺着"、"翻案"、"戏说"或"唯上"、"唯西"、"唯古"都与历史学的严谨、独立、自由学术性相去甚远。历史学有自己的独特性和复杂性,它在各种合力相互影响、相互制约和相互依存运动中形成自己的学术个性。历史学如果让政治、意识形态、随俗性的主观因素所左右,简单化复杂的事物,就很难冷静、客观、全面地表达历史真实。所谓"理解同情性"的学术,特别关注容易被忽略的历史纽结之处。我以为,以学术价值深思历史就要走向历史深处,观察历史本质和内在联系,写人类文明交往之变,体现人在生产、生活中的自觉,在真实、真情、细微之处,知微而见著。

英国史学家阿克顿(Lord Acton)在《历史研究讲演录》中说:"只要历史的写作是严谨的,具有简洁性和洞见,就可以得到每一个有善意的人的首肯,并且迫使他同意。"不管用何种方法,他说的这句话都是适用的。

十七　中国学人的"自知之明"

(一)中国学人与西方学人相比,应当提高"自我"和"自我文化"的"理性认识"。如反思自身,就会发现,近百年学术最不自觉的就是很少有自己独立的声音。很多思想不是源自西方,就是受西方影响,自己创造性不强。

(二)复兴先复兴"眼睛"(自己的,非古人的,非西方人的)。以前做学问是看古圣先贤的书,现在是看西方人的书(特别是理论)。当然,根本在头脑,是头脑指导眼睛。

(三)复兴同时在谈某圣某贤"曰",西方某人"说",别忘了自己怎么"说"。

(四)原创性知识最缺乏,"缺创症"发展,无论经济上多发达,皆因只会模仿,而不会创造,只能在世界上永远处于被支配地位,不可能成为先进思想的发源地。

(五)缺乏"地理大发现"——对世界认识少客观眼光、少实验精神。复兴前大多数人类社会也有此"共病"。西方人在文艺复兴前对地理空间、对宇宙知识仅局限于《圣经》。进入大海才发现《圣经》上的知识不对,真正的航海知识≠神学家、哲学家和虚构宇宙者的测算。海上航行不靠文献,要靠事实引导,靠学习、经验和检验。陆上地貌可以文字记载、神话或传说,而海上为自由王国。这需要希腊的地理学、几何学,西方学希腊文化的复兴思潮的兴起，意味着实验精神的觉醒。文明自觉开始，欧洲人革去繁复文献、宗教生活中的想象，而直接感受真实的客观世界。于是现代科学、哲学、社会科学，走出书斋感受真实生活，走下神坛，关注人的现实生活的人文精神。

（六）学书本（古圣贤、西方理论）越多，符号之网编织得越牢固和越精致，也易远离客观现实，它所说的和所滋长的思想都不是自己的（原创的），都是人云亦云（亦步亦趋）。走出繁杂符号之网，直接面对事实（自然实在、生活实在），从中作出自己的本能（?）的反应。老子云："为学日益，为道日损，损之又损，以至于无为；无为而无不为。"（《老子·忘知第四十八》）

（七）做"发现者"，不要成为"被发现者"；要有"自知之明"，从中外"圣贤书"中解脱出来，直面现实实在，自己发现自己的航线，从自己的探索日志实况中描绘真实的自己文化图景。为社会提供真知识，重新认识自己文化，从自己知识获取方式及构成做起——文明自觉的步履。

（八）人贵在自知之明，人难也在自知之明。人要有真正的自知之明，最好不要过早下结论，尤其在总结自己的时候，不要给自己下结论。是非功过，由后人评论吧。

十八　自知之明

"历史学是为了人类的自我认识"，史学理论家柯林武德（R. Collingwood）的这一论点很有见地。

自知之明的人善于自己认识到自己的适当位置，也知道为此所应付出的代价。

自知之明的人遇事首先在思考自己、说服自己、开导自己、解脱自己。

自知之明的人善于在读书中思考书外所深含的东西，从而找到所需要的智慧。

自知之明的人在行动中注意寻找适合自己施展才能的专业，及时回归自己的学术世界、艺术世界、科技世界，哪怕是孤寂，但恬静、充实而快乐有趣或是竞争、紧张而又充满风险的世界。

自知之明的人有一个安静的心态，在嘈杂喧闹的世俗中深思，但不脱离社会生活。对一切事物心怀敏感，但不盲目随从，更不浮躁喧哗。

　　自知之明的人永远怀着探索、学习、质疑的独立姿态，在任何变动中认准自己的位置，顺应由内在的天性而不屈服于外在力量。

　　自知之明的人总在观察见识，见人见己，见事见物，如作家刘绍棠所说，"释迦牟尼在后宫见识女人太多了，才跑出去当了与女人绝缘的'和尚'。我16岁就接触官场，官场情态见识得多了，也就产生了不可从政的自知之明"。文人犯官迷，古已有之，而刘绍棠终生不仕，一是因为看透官场情态，二是深知自己缺乏为官的细胞和脾气秉性，这就是自知之明。

　　自知之明的人的内在和谐而执著，永远不为潮流裹挟，这种坚持来自对志业的崇敬，更来自于对自身清晰而深刻的判断。

　　自知之明的人是单个的人，也是生活在一定文明中的族群、民族、国家的人类。

　　自知之明是一个文明，也是全球文明自觉所必备的首要条件。

　　自知之明是针对"知"的自觉性。1995年美国哈佛大学心理学家丹尼尔·戈尔曼在《情绪智力》一书中，提出了与"智商"相对形式命名的术语——"情商"（EQ）。智与情都是理解、理性的必要条件。"爱智慧"的哲学和"同情和谐"的心理学都是人类认识自己文明的大学问。以"情商"而言，包括两个方面：①对自身正确认知，使自身情绪得到深入的了解与控制，保持平静对待不同文明；②对他种文明善于认知，保持"美人之美""美美与共"的和谐关系。同情地理解各种文明，面对人类历史和先贤的心智，这是了解自己、了解世界、增强理性之路。

　　知与行历来是人类文明交往中的难题。贺麟有《知行合一新论》，其中对王阳明的"知行合一"和孙中山的"知难行易"进行辨析。他认为，低层次的"知"和低层次的"行"是合一的；高层次的"知"和"行"是合一的。他比喻说，大学教授运用大脑，是大学教授的"知行合一"；舞女用大腿，是舞女的"知行合一"。这是他在西南联大作学术报告讲的。他讲完后，主持大会的汤用彤宣布散会时，也幽默地调侃说："我们运用大脑完了，也该运用我们的大腿了。"知行之于"自知之明"，尤为困难。某些伟大经常理论脱离实际，言行不一，甚至相反的事例太多，可见"自知之明"之难。

十九　"为"的第三种表现

　　我的"有为有不为"学路中，具体分析了"为真求知，为善从事，为美养心"和"不为名缰，不为利锁，不为位囚"三"为"与三"不为"。仔细想来，还有第四种，就是"知其不为而强为之"这一种表现。

这就是"哀民生之多艰兮长太息以掩涕"的屈原。他的思想可以说是儒道互补，但其生命哲学与二者不同。他是一位一身硬骨、上下求索追求真理的"愤怒"诗人。古罗马诗人尤维利斯有句名言："愤怒出诗人。"恩格斯在《反杜林论》中多次引用过。这句名言影响到当代葡萄牙作家若泽·萨拉马戈，他1997年在北京出席他的小说《修道院纪事》中译本首发式时说，自己希望死后墓碑上写下"这里安葬着一个愤怒的人"一行文字。中国古代诗人屈原可谓用诗、用行动来表示"愤怒"的人。他是用诗品、用人格、用思想和行为熔铸了中华文明的精神的人。他执著于自己的思想，坚信"众人皆醉我独醒，知其不为而强为之"，轰轰烈烈地死去。

中华民族为纪念自己伟大的愤怒诗人，专门设了一个端午节，以独特的方式一年一度怀念这位孤独傲世、特立独行的诗人。作为民族之魂的诗化了的道德人格和思想精神——屈子精神，是全民族也是全世界规模最盛大的悼念行为。屈子迷人的诗篇，端午节的龙舟竞赛，家家户户的粽子，都熔铸在中华民族的记忆之中。

文化是文明的内核，屈原的精神穿越历史时空，又成为"中国传统文化一个坚硬的内核"。

桑永海在《穿越古今的屈子之魂》（《中华读书报》2007年6月20日）一文中说了屈原精神的要素：诗化了的道德、人格、思想。这里需要历史思维。中国秦汉之际是中华文明交往中的转折年代。晚清史学家夏曾佑说过，只有研究清楚秦汉之际的巨大变化，才能测识中国未来发展的基础路径。秦汉之际、之交是秦楚汉的交往史，楚是一个重要角色。田余庆有《说张楚》一书，说明了楚的重要作用。楚汉相争的前前后后，贯穿着多少历史线索，其中就有屈原的历史身影。想到诸楚的历史，秦汉之际的历史扞格就可以"通"了，历史的"结点"就可以解开了，历史的定型就可以全面了。文史学家多重视秦汉之际的历史转折点，这与中国社会、中华文明交往中密切相关，从这个大转变中，人们是否对屈原精神持续的精神文化现象可以有更多的理解呢？

知其不可为而为之，孔子也是一例。这种勉为其难的人物，历史和现实中都有不少，实在有重新理解的必要。其理由是：它与人类文明自觉关系密切。

二十　情感体验与问题意识

我在《松榆斋百记：人类文明交往散论》的《附录二：第二十八》即《问题意识的"度"》一记中，有一段强调问题意识对学术研究的重要性。其中提出两点：①问题意识是学术研究的"前导力"；②发现问题、提出问题、分析问题和解决问题，组成了学术研究的"思维逻辑和行为的中轴线"。在谈到问题意识产生社会生活背景时，我写了下面两句话：

"问题意识从广义上讲，是产生于对时代、经济、文化、宗教、风俗、民情等各方面的情感体验以及这些体验对学人研究问题的影响。鲜明的问题意识，其实是很复杂的，它可以使学术研究焕发勃勃生机，又可导致学术研究的混乱。"（见上书，第 297—298 页）

问题意识需要"情感体验"吗？问题意识仅靠掌握了一些理论辞句、名词、概念和套用技巧，就可以提出"真问题"吗？单纯的理论训练、脱离了历史的洞察和现状的体悟，就能培养"问题意识"吗？把理论当做教条来套用历史和现状问题、把贩卖西方理论用来解释东方本土问题，能有好的效果吗？问题意识可以"预先设计"、可以据此来剪裁史实、可以削足适履、建构定型的"理论模式"吗？

我认为，第一个问题，即"情感体验"问题是正确理解问题意识的关键，而其关键的要害处，仍如我所说的在于"度"。为什么？因为，问题意识关注的是人的主体，关注的是人文精神，关注的是由人本性体验的情感及其历练的灵性、悟性和灵气。人的主体性、人文主义精神总是动态的而非静止的，是活态的而非机械的，是丰富的而非单调的，总之是真、善、美而非假、恶、丑的。

特别是科学研究中，求真的过程始终和爱美相伴随。我在《松榆斋百记·十九》的"审美思维"一记首段就提出审美和情感体验相联系："这种探索人类社会与自然界的庄严感、神圣感、神秘感、畏惧感即寓于崇高美、灵魂美、情韵美、乐趣美、终极美，以至宗教美。这种探索也是对人类文明交往的深化。"（同上书，第 51 页）理论思维和审美思维是相统一的。人类学家列维·斯特劳斯在《野性的思维》中指出，本质上，决定历史叙述的不是史实本身，而是历史学家对史实的解释。历史学是需要感觉体验和想象力的，正如美国历史学家海登·怀特所体悟的，历史学家和文学家在运思结构、议论格式以及意识形态指向上没有本质上的差异。

英国史学家卡莱尔有句名言："历史才是真正的诗，假如演得当的话，真实远比虚构有看头。"人们很熟悉培根的一句名言："读史使人明智。"但是，别忘了，他下面紧接着一句是："读诗使人灵气。"明智和灵气是可以结合的，集中表现在鲁迅对司马迁《史记》的评价："史家之绝唱，无韵之离骚。"离骚是诗之上乘，美在其中，情在其中。文史融为一体，自然是《史记》丰富、生动优秀叙事史学传统的突出特征。这里要注意的情感体验、想象力虽然重要，但它毕竟是概念和知识形成过程的初级阶段，这个认识的最低层必不可缺，不过它需要从具体的特殊的认识，上升到一般的抽象的认识。人类的认识上的"感觉"层次，必须上升到"知觉"层识。哲学上讲，感性要上升为理性，而在我看来，理性由"知性"、"能性"和"智性"组成，知、能、智三个层次是递进的。人由此而有"知者"、"能者"和"智者"三种理性人。这样，认识是由感性（感觉、知觉）到理性（知性、能性、智性）的螺旋性上升线的反复。

卡莱尔、培根，以至于鲁迅讲了文史相通，说了情感、感觉体验，旨在说明感性和理性并不是彼此对立、非此即彼的对立关系。鲁迅所说的司马迁《史记》，实际上也不只是文史相融，而是文史哲相通。司马迁的"究天人之际，通古今之变，成一家之言"，正是天人、人我、我心之间的哲学名句，感觉离不开专业训练、知识积累和高度的理论自觉。这就是人类的文明自觉。

历史就是历史，不应由感情支配，美好的主观愿望也改变不了历史。科学的理性的问题意识永远是研究者需要的。感情，尤其是民族情不能超越理性。比如长期流行的"李约瑟难题"，需要从西方科学通史研究中理解，而不宜从中国古代科学技术领先于西方的前提出发去研究。三联书店出版的《继承与叛逆》（陈方正著）认为"李约瑟难题"是一个伪问题，其前提不能成立。他从通史的视野观察西方科学发展，结论是现代科学出现在西方，其源头在希腊。我国有些学者认定我们中国古代科技如何"遥遥领先"于西方的前提，而且不断研究。这种民情诸如同中华文明五千年，如同什么远古断代工程，都不是纯粹学术研究，而是受民族情绪的影响。

因此，我有题外之问，想起了苏轼的《琴声》：

若言琴上有琴声，放在匣中何不鸣？
若言声在指头上，何不于君指上听？

苏轼的诗颇有问题意识，其实质是一个科学思考的方法问题。古代史学家有优秀史著，但未意识到史学本身的方法论。神学和哲学思维在15世纪以前，对人文社会科学和自然技术科学影响很大，18世纪人文精神刚摆脱神学和哲学统治，自然技术又有主宰趋势，认为只有按自然科学方法如法炮制才可称之为科学。何谓科学方法？它相当于人类身体的感觉器官，都有自己的特殊功能和适用范围。人的眼睛构造奇妙，但它只能有自己的适用范围。声音和味道能从发出声音的琴弦振动幅度中看到这种振动吗？只有耳朵才有此功能。但耳朵能听到的声音，只有在人的手指和琴的交往互动中，才能发出声音。这就是"人而文之"的人见之于物的主观能动作用。匣中的琴不会自鸣，手指如果离开琴，也必然无琴音。这个例子可以说明人类的文明交往互动规律。

因此，我又回到题旁之问，想起了我在《松榆斋百记·二十》的"理论视角"中所谈的"人类心灵封闭症"。在那里，我引用了20世纪最伟大的科学史学者萨顿的话："通过科学的物质成就来理解科学，却不去思考科学的精神，即看不到它的内在美，也看不到它不断地从自然内部提取出来的美。"可见，不仅人文社会科学有情感体验的美，自然技术科学同样如此。两种科学、两种文化的科学精神，在作为主体的人文理性上架起了相通的桥梁。科学，包括自然技术科学和人文社会科学，对物质文明和精神文明的理论力量在于它的生命美。

情感体验与问题意识手记的结语，可以用我的一个观点来表述：

萨顿不愧为研究自然科学史的大家，因为他看到这门学科联系两门科学的人文理性，他提示人们必须理解科学中的生命情感美。我们从他的论自然技术科学与生命美关系中，也理解了艺术美和宗教美。

"理性自觉是求真，道德自觉是求善，审美自觉是求美，归纳起来是真、善、美的自觉"。(同前书，第53页)这是我对人文理性自觉的理解。

二十一　学问之道在学与问结合

学问必在学之先有问题意识，否则学而无方向、无目的。然而问题意识又不是凭空产生，而是在学中遇到又在学中明确和加深的。学与问结合，积累知识，以及与思考、研究相结合，学习知识与追求真理相结合，可称之为完整意义上的学问。

说到积累知识，这是研究学问的重要门径。学问指学习和询问，如《诗经》所说："如切如磋，如琢如磨"，都是指在积累知识的过程和基础上，经过勤学多思而使积累知识系统化。《荀子·大略》把学术研究称为"谓学问也"。讲治学的坚韧与敬业精神，也是这位先秦思想家在《劝学》中讲得最精彩：

> 积土成山，风雨兴焉；积水成渊，蛟龙生焉；积善成德，而神明自得，圣心备焉。故不积跬步，无以至千里；不积小流，无以成江海。骐骥一跃，不能十步；驽马十驾，功在不舍。锲而舍之，朽木不折；锲而不舍，金石可镂。

科学研究，离不开积累。荀子上述所说的"积土成山"、"积水成渊"，"积跬步"而"至千里"，"积小流"而"成江海"，全在于这种"不舍"的专心致志、一心一意。清代钱大昕把自己的书斋称为"十驾斋"，以"驽马"自喻，这匹"驽马"的"十驾"，已远远超过了"不能十步"的"骐骥"！

积累过程即学与问相结合的过程，这个过程中，多思善悟至关重要。"学问之通，贵在自得，欲求自得，必先有悟出处，而悟出之处，恒在单词只义，人所不经意处，此则会心有所不同，父师不能以喻子弟也。"这是吕思勉在《经子解题》开端的经验之谈。这里首先提示的"自得"，而"自得"在于"自悟"；其次是"悟入处"，即从何处悟；最后是悟出处"恒在单词只义"，即在"人所不经意处"。他认为，这全是自己在学中体悟，也就是自己在积累中思考，全靠自己"会心"，而各人所得各有不同，"父师不能以喻子弟也"。这是一种"执微"精神，可以理解为治学上的"细节决定成败"的精神。梁启超在《清代学术概论·十二》中，谈到王念孙、王引之父子治学方法时，曾写道："凡常人容易滑眼看过之处，彼善能注意观察，发现其特别研究之点；所谓读书得间也。"人们常关注"中心"，往往忽略"边缘"。"得间"是在被人容易忽略的"空间"处，获得成绩。"得间"是"得之于细节的学问，在学处的薄弱处突破"。这就是"执微"、"补缺"的治学精神。

但是，吕思勉并不是局限于"执微"的学者，而且还以"通贯"著称。严耕望称他为"史学四大家"而与钱穆、陈垣、陈寅恪齐名。吕思勉的著作之多，范围之广，在四大家中，堪为首位。他在学问之道中，提出"悟出处"着手，是有针对性的，是从《经子解题》一书而发的。"悟出处"这只是一处而已,此外,还有好多出处。这里关键在"悟",在"会心",是因问题而各有所悟。"悟出处"是觉悟之处,悟什么?我体会是一个学与悟过程中的意识的自觉化。那就是清醒的、自觉的问题意识。否则,无论于"单词执议"或"贯通"全局,均难有"自得"之效。

首先要学会问。此事看似平常,实际上却不易。老师、家长以至上级、同仁、学友、学人,多喜欢"听话者",按老师、长辈的话去认真学,照着去办,亦步亦趋,教育思维所使然。这就阻碍了学问之道。爱因斯坦有此体会:提出问题比解决问题更困难,但更重要。李政道进一步解释说,如果没有很难的问题要解决,就不会有新的理论被发现。当然,发现问题之后,毅力最不可少,要思考问题,对准目标,排除困难,锲而不舍,不达目的,决不止步。

其次要学会思考。此事也不易,有知识的人会思考吗?不一定。怎么想?有三种思想者:①见所常见,想所共想。做学问者所知所想,同行者皆知皆想,此为初学。②见所常见,思所未思。做学问者对常见事物,有特殊的、独特的视角,与同者不同。③见所未见,思所未思。做学问者,对问题的思考有新材料、新方法、新观点,所为学问有鲜明的学术个性,在同行中属出类拔萃者。

最后要固本与创新互动,既有基本知识、方法、工具,又有文化价值观念,还要深思疑处、问处。基础性的固本决不可缺,空言创新而无固本功夫必无新可创。然而,人为学人,不能成为有用的工具、机器,要有人格、学品,要有真、善、美情感与是非标准。蔡元培曾警告学人,不可将自己很好的工具被怀有别样目的的人所利用。另一方面,锻铸功底要与问题意识的培育同步。黄宗羲把疑问分为三层:"小疑,则小悟;大疑,则大悟;不疑,则不悟。"胡适把疑问分为两类:"做学问要在不疑处有疑,待人要在有疑处不疑。"

学问是学术自觉的途径。明代学者陈献章说:"疑者,觉悟之机也。"人类文明自觉的每一次转机,都与疑问有关。学术自觉也是如此,其转机也在"质疑",即"问题意识"。学无问不成其为学问,若无疑无质,就成了书本的奴隶,其所学者也会成为"邯郸学步"。尤其是一旦留下误谬与妄解,难免终生遗憾。学古而不泥古,学洋而不迷洋,疑义相与析,不随人说短长,疑问而深思,方是学问之道。

总之,学问之道,在学与问有机地统一,这犹如做人与治学相统一。因为学人首先要时刻认识自己是个"人",要做好这个"人"。教师育人先育己，道德一流，学问一流。育人育什么人？根本问题在于发现、分析、解决问题的本领。学生在将来会在社会上成什么样子？任何一个老师都难以预料将来的事。但老师可以说，在学术上创新，在事业上创新，学生一定要超过老师。要青出于蓝，做人治学，争做一流。应当有这个抱负、志向和努力，虽不一定超过老师，但总会有所前进，收获自己的辛勤耕耘果实。

　　但学与思决不能脱离写作，而且要有持久的、有深度的论著，特别是系列性、开拓性论著，方可称之为大学者。如果通过师承薪传、培养一代学术群体，这和出学术成果结合在一起，既出人才群体，又出集成学术论著，那贡献就更大了。成为学派，成为大学问家，对社会的作用就更重要了。

第 二 编

学贵自得

一　学贵自得源流

学贵自得对治学者可以说是座右铭，也是文明自觉的名言。其源在全祖望（清代史学家、经学家）。语云：

"学贵自得，心明则本立。"（《外编·城南书院记》）

"求其原本，折衷而心得之。"（《鲒埼亭集·翰林院编修赠学士长洲何公墓碑铭》）

"以求自得，不随声依响以为苟同。"（《外编·城北镜川书院记》）

"要归于自得。"（《明儒学案·师说》）

"心之所得，非浮虚剽袭之言。"（《外编·黄南山先生传家集序》）

（一）两个虚假的"自得之学"：

1. 脱离"真知"的"自得"——"学贵自得，心明则本立"，是其入门也。"精思而得之，兢业以守之"，是其全力也。入门是守前说"以稍有所见，即以为道在是，而一往蹈空，流于狂禅"（《外编·城南书院记》），此为无根之学。这种"自得"——"孟子之所谓自得，欲自然得于深造之余，而无强探力索之病，非有脱落先儒之说，必有超然独立之见也。举世误为自得之意，纷纷新奇之论，为害不少"（《宋元学案·北山四先生学案》）。

2. 以他人之见矜为"自得"——宋昆山卫湜荟萃百家，纂成《礼记集说》一百六十卷，自言："他人著书，唯恐不出于己。予之此编，唯恐不出于人。"全祖望："至哉言乎！世之狗偷獭祭以成书，矜为自得，或墨守一家坚僻之学者，其亦可以已矣夫。"（《外编·跋卫栎斋礼记集说》）——掠人之美为"自得"。

医治以上二"积弊"——"躬行"即"论之学，当观其行，不徒以其言"，"苟非验之躬行，诚无以审其实得焉与否"（《外编·石坡书院记》）。

（二）感想：自得是经过思考而有所创新之所得，或曰独到见解。这是治学中最为可贵之点。令人感到高兴的是改革开放 30 多年中，学界对西方史学理论态度的"三变"：简单评介→冷静评析→平等对话。对话（基于自身文化传统视角、话语方式）；条件（不同历史时期不同时代背景）；方向（走向世界，融于世界），实现自知之明、知人之明、知物之明、交往自觉、全球文明。

（三）结语：学贵自得，融会百家，不足一尊，注重独创。最要紧的是通过自己苦学深思、慎思而得到的收获，而非浅尝辄止、浮光掠影的结论。学术自身的内在逻辑一是时代性，二是民族性。借鉴外来学术，从学术发展史中找灵感，注意其现实社会实体之间的结构"差异性"（由社会制度、经济条件、文化传统诸因素所构成）。此种差异正是需要学者"转化"而使时代性与民族性相适，以实现新超越，不"西化"，不"复古"，坚定、坚韧、坚持自己的研究方向、优秀学术传统、学术尊严和原则，在当代世界学术中取得与时代相应的历史地位。

（四）问题：主要是不敢追求自得之见，不敢树立自己之理。常见的现象是：在无休止学习西方理论中迷失自我，有的人乐此不疲地顺着人家思路找出路，跟着走。中国的学问离不开世界，但把握时代脉搏，需要"中国的世界"；世界的学问，也离不开中国，需要"世界的中国"。归根到底，学术自觉要有体现中国学者的思维，要反映中国学者的情结，要讲中国人自己的话。

二　学问得于"间、际"之中

治学方法各人依具体情况而定，所谓学无成法。研究问题，历来以鉴别的厚实材料为依据、为基础。这是通则。

我在北京大学做研究生时，毕业论文呈交周一良先生处，先生看的方法出我所料：先看了原拟定的选题，便从最后详读。我很奇怪，先生看出来了，立即说，我看文后的书文参考目录，看该读的书读了没有，基础厚实程度如何，高楼大厦不能建在沙滩之上。

周老师后来又告诉我"学问得间"之法。看书，尤其是经典传世之作、原始资料、回忆实录，要从字里行间独立寻觅思考，多方面察看其中的内在联系。后来我慢慢从研究实践中悟到"之间"、"之际"太重要了。明人焦竑谈司马迁的《史记》，有一句精彩的心得："读子长文，必越浮言者始得其意，超文字者乃解其宗。"为何？这是因为"子长著作，微情妙旨，寄之文字蹊径以外"。在这里，焦竑提出了三个概念：①越浮，②超文，③寄外。今人多言"超越"，古人已讲此点，不过焦竑把"越"放在前，而把"超"放在后，意义相同。一方面，治学贵在自得，而自得之途在"越浮言"，越过浮在面前的言论，始能得其意；另一方面，自得之途还在于"超文字"，超过书面文字的论说，"乃解其宗"。宗和意，都是自己思后得，独立思考而后方可获得其宗意，而深思必须联想，掌握互动交往规律，关注"间"、"际"中的奥秘，用以理解事物的内外联系和终极原因。

《史记》确系中华文明经典名著，且不言说司马迁的"究天人之际，通古今之变，成一家之言"的传世史观，就以《史记·匈奴传》而言，就值得"越浮"、"超文"和"寄外"地去读、去思。司马迁不喜欢汉武帝穷兵黩武，又不敢深论，我们细读他在《赞》中的笔法，时隐时显，又茹又吐，真是一笔入而一笔又出。又如《平原君虞卿传赞》，有"穷愁著书"论，《田叔列传赞》的"救孟舒"事，《勾践世家赞》的隐忍说，特别是《屈原贾生列传》的郁结之气，都有因己而发的含义在。学问得间，实研究者与文本交往自觉有关。

"之际"、"之间"都是人类文明交往的概念，也适用于治学，可促使学术自觉。"得间"是得之于间际，从"之间"、"之际"的交往中求得真、善、美。科学求真，宗教求善，艺术求美。其实学术与艺术相通，艺术是欣赏，即从艺术品中发现真知、真善、真美，达到认识自身，从而得到审美共鸣，这就是审美享受的美感内容。治学首先从学与思中发现真、善、美，从中得到共识和欣喜。自己的著作，要先自我欣赏，也让别人欣赏。美己之美，美人之美，美美与共，天下大同，不仅是文明交往的理想追求，也是治学的方向。归根结底，是文明互动中的良性的交而通达。

三　劝学二则

（一）生长点存在于潜能之内

大学生包括研究生在校学习的目标是什么？具体而简约地深化为一句话：是寻找自己人生的生长点，事业的生长点，未来生存、生活与发展的生长点。

老师包括硕博士指导教师的责任是什么？也可以具体而简约地深化为一句话：是帮助学生发现自己的潜在能源，是培养他们的研究兴趣和处世治学能力，从而有一个更快更确切的生长点。

实质上老师教给学生的东西只有两件·知识和能力；而浇养学生心灵深处的力量是希望，是放射着好奇与兴趣之光的希望！

但是，希望和目标要联系在一起，追求与向往要有自知之明。无知的希望是盲目的幻想，理性和实际的希望才会产生毅力，才会实现自己的目标。一切都要靠实践，通过一个个实践行动来确定生长点。

伟大的毅力只是为伟大的目标而产生。有生命活力的生长点只存在于自己的潜能之内。把个人生命与学术生命融于一身，才有自觉的人生。

（二）已有、陌生和寻觅

英国的阿兰·德波顿在《旅行的艺术》（上海译文出版社 2004 年版）的结尾语是："让我们在前往远方之前，先关注一下我们已经看到的东西。"这句话为全书的精粹之处，它实际是指导着包括治学书路在内的人生旅程的"路标"。中国有句俗话，形容那些不知珍视已看到，却又不重视已得到成果的人，是"狗熊掰棒子（玉米），掰一个，扔一个"。这句话正是一个忠告，它教会我们在发现平实人生旅程中对真善美的敏感。

该书还有一句话："宏观的思考常常需要有壮阔的景观，而新的观点也往往产生于陌生之处。"治学做事，要远处着眼，又要不断开拓新领域，即"陌生"之处。宏观思考，陌生处着手，这是书路人生的智慧之言。用美学角度看，这是审美与学术的对应，是"无招胜有招"。

《古兰经》开篇以"路"示人，这有指问迷津的意义。人怎么走完人生之旅，应该完成什么，这是最为重要的事。治学是学者的路，书路人生要专一，专注于爱，用它来抗御其他诱惑。《新约·马太福音》也有言，耶稣告诉众人："你们祈求，就给你们；寻找，就寻见；叩门，就给你开门。"寻找、寻见、叩门，重在"寻"，叩，也是"寻"，"寻"入门之处。只要努力"寻"，孜孜以求地"寻"，努力追求，必有所获。治学是一种寻找、寻见、寻根、溯源，即寻觅的过程。多"寻"出新意，出新物。好的论著，最好让读者能窥见"寻觅"者入门的独特心境和独特路径，给人一种有启发的人文心境。"寻"是学者从事积累积淀的"历史感"，更是厚重的"文化自觉"。

四　问学、谏往与省今

萧公权的教育观中有一个引人深思的概念："粗浅的实用主义。"它之所以引人深思，在于这个概念道出了中国高等教育中的弊端，包括过去的和现在的根深蒂固的弊端。

萧公权所著《问学谏往录》，2008 年 1 月由黄山书社出版。他是带有自由主义背景，抗战期间在清华大学和西南联大执教，1949 年后去美国，受聘于华盛顿大学，直至退休。读他的书，确是"问学"的交往方式，如书名所示，谏往那一代人的思想，发掘他们留下的精神资源。但发掘还是为了"省今"。萧公权的"粗浅的实用主义"确实令人谏往而省今。

五　方法论手记

培根、笛卡儿打破经院哲学"天启思维方式"的束缚，是探索真理的钥匙。科学观与方法论给物质宇宙带来革命之外，也渗透到人文社会科学之中，影响到当今思维方式和思考的问题，促进了科学与民主思想。

(一) 培根的归纳法

培根的归纳法是一种科学思维方式。

这种方法不是讨论日常生活经验的归纳，而是归纳逻辑的发现真理的思维形式。它集中表现为"三表法"：

(1) 肯定表：把那些具有某种同一性质的例证列为一表；

(2) 否定表：把缺乏这一性质的例证列为一表；

(3) 程度表：根据研究的性质出现的各种不同程度加以列表。

最后对三表的例证进行综合的观察、分析、比较，排除非本质规定，确定研究的性质或本质的形式。

不迷信古人、宗教权威，任何一位通晓实验技术的人，即使才智并不出众，都可发现真理。对"天启神学"是致命一击，使每个人更加相信自己，崇尚自我，反独裁而启民主。

与归纳法相伴随的，是实验实用的科学观，即"科学的真正合法的目标，就只是给人类生活提供新的发现和力量"。科学知识可以造福人类，使人类脱离了智慧童年的谈说、争辩的希腊人的童年和中世纪的宗教愚昧，确立了人的生活目的是使现世生活更美好。

这是"敲醒了唤起才智之士的钟声"，对于人类文明走出蒙昧状态，完整理解科学的社会意义和作用，提高人类控制自然和自身能力，具有特别重要意义。我们不能因今日科技的"双刃剑"作用而完全否定培根的科学观，看不到它知己知自然的人文精神！

（二）笛卡儿的理性思维方法

"我思故我在"是人文意识命题。人的实体是人的思想、心灵，是自我意识进入哲学本体论。人的思维和理性给予至上地位。

笛卡儿把机械学原理推广于生物本体：人有天赋观念（思想、心灵、理性的精神实体、数学、逻辑、宗教、伦理的抽象观念），而动物无思想，被动接受自然规律支配，无自由，是机器。

笛卡儿在《谈谈正确运用自己的理性在各门学问中寻求真理的方法》（简称《谈谈方法》）中有四原则之说："第一条是：凡是我没有明确地认识到的东西我决不把它当作真的接受，也就是说，要小心避免轻率的判断和先入之见，除了清楚分明地呈现在我心里，使我根本无法怀疑的东西以外，不要多放一点别的东西到我的判断里。第二条是：把我所审察的难题按照可能和必要的程度分成若干部分，以便一一妥为解析。第三条是：按次序进行我的思考，从最简单、最容易认识的对象开始，一点一点逐步上升，直到认识最复杂的对象；就连那些本来没有先后关系的东西，也给它们设定一个次序。第四是：在任何情况下，都要尽量全面地考察，尽量普遍地复查，做到确信毫无遗漏。"（［法］笛卡儿著：《谈谈方法》，王太庆译，商务印书馆2004年版，第12页）

怀疑为问题之始，理性思维之体，通过实验观察，确立人的尊严，改变社会生活。

（三）方法论、要义

方法①："马克思的整个世界观不是教义，而是方法。它提供的不是现成的教条，而是进一步研究的出发点和供这种研究使用的方法。"（《马克思恩格斯选集》第2卷，1995年版，第76页）

方法②："如果不把唯物主义方法当做研究历史的指南，而把这当做现成的公式，按照它来剪裁各种历史事实，那就会转变为自己的对立物。"
（《马克思恩格斯选集》第 4 卷，1995 年版，第 688 页）

方法③："结论要是没有使它得以成为结论的发展过程，就毫无价值。"
"结论若本身固定不变，若不再成为继续发展的前提，就比无用更糟糕。"
（《马克思恩格斯全集》第 3 卷，2002 年版，第 511 页）

方法是重要的，但不是绝对的，也不是孤立的、固定的。即以方法论本身而言，也理应是：法无定法，因人而异，理有常理，因时而变。找适合自己特点之路，只有艰苦探索，清醒自觉，方能通达。

六　问题意识与学术对话

问题意识见诸文明交往方面，核心是一个"人的问题"。

细化之下，有以下各种：①何谓人？②人从何处来（从创造人，或从演化）？③人发展到何处去（天堂地狱，还是物质不灭）？④如何为人（如何知，如何行，如何信）？⑤人能理解人之所以为人的"终极关怀"吗？⑥人与自然有何种关系（恶性循环或互动：榨取、破坏、挥霍，还是良性互动）？⑦人同社会关系向何处发展（种族、宗教、性别、战争，还是平等、和谐）？

问题意识的细化，还有一个具体问题：人能继承文化传统（赋予人生意义的）吗？如何了解文明交错地区——中东的现代转化？如何通过"认同"（文化、政治、社会）来理解"文化传统"与"传统文化"之间的"互动"？如何理解宗教、文化与经济规律之间的关系？

这就需要真正自觉地"对话"（古今、东西）。

"对话推动我们努力实现一个真正包含所有人的共同体。"（杜维明：《对话与创新》，广西师范大学出版社 2005 年版，第 11 页）

"对话是一种需要精心栽培的艺术。"（同上）

"文明与文明之间的对话，我们首先要想到是人和人之间的了解，是活生生的、有血有肉的具体人之间的互相了解。"（同上）

对话"是要增加自我反思的能力，同时要了解别人，通过了解使自己的视域能够扩展。这是对话的目的，即你自身要抱一种'学心'。正如荀子所说，要'公心辨，仁心听'，要以学习的心态来增长知识与智慧"（同上书，第 13 页）。

2001 年联合国秘书长安南根据联合国大会通过的"文明对话年"决议，成立了文明对话小组在卡塔尔的多哈讨论，德国前总理韦瑟克说影响世界和平的最重要的负面因素是美国的单边主义。他和其他 17 人一起讨论文明对话问题。中国是宋健，华裔有杜维明、许东美（新加坡驻美大使、驻联合国代表），南非的纳第·格德坞（诺贝尔文学奖获得者）、阿马蒂亚·森（诺贝尔经济学奖获得者），德国神学家汉斯，伊拉克外交部副部长扎利夫等。此组织在维也纳、都柏林、北京也开过会。

七　何故——因果律的局限

科学是高度的抽象（常识、理论）。"何故"的因果律自然也有其局限。

一个高度抽象的常识和理论，如果你看别人对"何故"的答案，并对之进行反驳其分析的因果关系，那是不难的。"缘何"于是成为流行的标题。

为什么？这是"何故"的直接表述。抽象的理论与实际交接、之交、之际中，有一个缝隙处。在这里，原因和结果都是重重叠叠交织在一起。就算有一万个个案事例在前面支持着抽象出来的理论，那后面的第一万零一个个案事例很可能是例外。

原因大多是复杂的，结果也一样不单纯。西安地方话说：事情简单得跟一个"一"一样。那是指抽象的东西，把复杂问题简约化，谓之"一"，但这"一"总是和"多"连在一起。

因果关系肯定是经过不同的人筛选出来的。事实上，如果把一件事情的因果关系全部描述出来，不仅不可操作（有些原因可能永不见天日），而且文书不可能出版。

如果一个理论和常识告诉你一个非常负面的结果，愚笨者的态度是轻信而不努力探索，而智慧者即使相信它在 99% 情况下不能工作，却要抓住剩下的 1% 的工作。

以"李约瑟问题"为例，就在"何故"提问中追问不已。余英时甚至认为这是一个"伪问题"（pseudo-question）。何故？余英时说："中西对自然现象的探究既然自始便'道不同，不相与谋'，则所谓'李约瑟问题'只能是一个'伪问题'。""事实上，中西这两种'科学'同名而实异；二者不能用同一标准加以测量或比较。"他以"棋"有围棋与象棋为例，二者同属

"棋"但属于"完全不同的两套游戏"。其结论是:"李约瑟问题是根本不能成立的,中西'科学'之间无从发生过领先的问题。"

也有人反对此问题的提出。现代科学为何没有在中国产生?没有产生的东西,是没有结果的东西,没有结果的东西,难以找原因。这个"何故"提法不规范。"如果"不是历史思考逻辑。事事和西方相比,比不胜比。预测是不可靠的。

李约瑟在世时,曾对爱因斯坦关于中国未能产生现代科学是因为中国缺乏希腊式的逻辑体系和欧洲文艺复兴的系统实验的说法,表示过异议。李约瑟在《语言和逻辑在传统中国》中说,中国的文言文也能创作出科学术语和表达中国科学思想。"李约瑟问题"与李约瑟深入研究中国科学技术史是密切相关的。早在1937年,李约瑟受到三位在剑桥大学攻读博士学位的中国留学生的影响,产生了这个问题,以后形成了"李约瑟难题":中国既然有那么多科技成就,为何没有发展为现代科学?

其实,李约瑟有自己的科学观和科学史观。他是在研究中国科学技术发展史的基础上,提出此问题的。1970年,70岁的李约瑟在纪念科学史学者萨顿时说:"各种各样的人群均有途径通达这种科学,只不过是道路或近或远";"均有时参与了这种科学建构,只不过是贡献或多或少,在持续时间上或长或短";"这种连续的科学之路,它始于巴比伦天文和医学,经由中世纪中国、印度和整个古典世界所提供的先进自然知识,到文艺复兴晚期欧洲的突破性进展——正如人们所述,关于发现最有效方法被发现了"。李约瑟的科学观有广阔的视野,他说:"纪念是为了更好地前行。""科学需要与宗教、哲学、历史和审美经验并存;科学单独存在会导致极大危害。"

此难题从产生到现在,尚未完全破解。虽有人还在沿着各种思路,寻找答案,甚至沿爱因斯坦之路,从西方找源头,甚至如余英时说的是"伪问题"。猜想在继续,疑惑的,否定的,本身都显示其诱惑力。人们会永远记住这位难题的提出者,他在警示人们不要忘记科技落伍的历史教训。这个教训太深,宜作警钟长鸣。

李约瑟对中国科技史的研究开辟了一个新时代。因果律可以继续追问"何故"?也要求对他的贡献给予肯定褒扬,更要前行而超越。

八 哲理问题与文明自觉

（一）整个社会的基础是经济体制、生活方式和世界观，而经济危机使这些最基本的原则变得很脆弱。德国畅销书作家理查得·大卫·普莱希特发现，人们又开始关注一些基本的人生哲学问题，如连接人生价值的纽带到底在哪里？道德在现代社会中有何现实意义？

他又认为，哲学首先要回答以下十个问题（这里我想起列宁在《唯物论与经验批判论》书前，也在同别人争论中提出了要对方回答十个问题）。

（1）何谓真？

（2）我为何人？

（3）感情究竟为何物？

（4）我有自由意志吗？

（5）道德是天生的吗？

（6）爱情究竟为何物？

（7）我需要财富吗？

（8）人生的意义到底何在？

（9）幸福究竟有何意味？

（10）人为何而活着？

（二）波兰哲学家柯拉柯夫斯基（1927—2007）有名著《为何是存在某物而不是无？——大哲学家提出的 23 个问题》。该书一一质疑了大哲学家们提出的根本性问题。例如：苏拉格底的"我们为何作恶？"叔本华的"我们应该自杀吗？"以及莱布尼兹的"为何存在某物而不是无？"他不仅质疑别人，而且认为："一个从来不怀疑自己、只有徒有虚名的现代哲学家，一定是个肤浅的人，其作品不值得一读。"

（三）重要哲理问题可以启示人类对文明自觉意义的思考。这些问题可扩而大之，约略有：

（1）是否存在于我们心灵，并且成为我们的认识对象的外部世界？

（2）如果有，我们能否认识它？

（3）认识的途径、过程、程序、方法准则是什么？

（4）什么是真理？

（5）我们是否能达到真理？

（6）区别谬误与真理的标准与途径是什么？

（7）语言在认识世界的过程中有何种地位和作用？

（8）语言、思想与实在之间是什么关系？

（9）我们的身体与心灵有何关系？

（10）除了我们自己的心灵，还存在他人的心灵吗？

（11）如何证明它的存在还是不存在？

（12）人死后有所谓"灵魂世界"吗？

（13）死亡对人生意味着什么？

（14）究竟有没有上帝？

（15）信仰或不信仰上帝的理由和根据是什么？

（16）是一切都由必然性决定，还是存在着人的自由意志？

（17）人可以自由选择吗？

（18）人生的意义和价值是什么？

（19）什么是善？

（20）什么是恶？

（21）区别善恶的标准是什么？

（22）什么是公平、正义和自由？

（23）不平等和非正义现象有哪些根源？

（24）什么是美？什么是丑？

（25）什么是崇高？

（26）如何区分鉴别美与丑、真与假、伪？

（四）人类社会的生活世界复杂多变，人类的生命世界和生存世界变幻莫测，人类的智慧是有限的。康德在《纯粹理性批判》中说："奇怪的命运落到了人类理性的头上，一些问题围困着它，而它则不能回避这些问题，因为这些问题是由它的本性强迫它接受的；可是同时又不能回答这些问题。"（蓝公武译，商务印书馆1960年版，第29页）

康德的话有道理，但不是绝对的。没有问题的人才是可悲的，正如人而无理性相同。因此，马克思对此的说法大意是，人类的理性是最不纯粹的，它只有具有不完备的完备，每走一步都有遇到新的待解决的问题。

人为问题而生，是之谓人生。人在死亡之后，把问题留给了后人。人类的文明在解决问题的过程中获得自觉。人类文明交往实际上是在解决不同问题的过程中发展，社会因此而得以进步。人类生存之路的每一步，都会遇到新问题。

九　《摩西五经》四问

在阿拉伯史学史上，开"编年通史"先河的泰伯里（838—923）著有13卷《历代先知和帝王史》。此书上溯"传说时代的阿丹（亚当）、易卜拉欣（亚伯拉罕）、易斯马仪（以窦玛利），中及东方各国和阿拉伯古代及穆罕默德生平，下到阿拉伯—伊斯兰帝国兴起，直到公元914年（作者去世前九年），可谓由古及今的编年通史。

泰伯里是9世纪阿拉伯史学家。他的13卷《编年史》第1卷第一部分记载了五位犹太哲学家（《摩西五经》精通者）向先知提出了以下问题：

（1）哪儿是地球上的第一幢房子？

（2）谁是头发变白的第一人？

（3）什么是上帝对所罗门王所说的十字真言？

（4）亚当之前世界上有谁？

这些问题都是《摩西五经》中的问题。这种提问模式被广泛应用。

问题意识是学而思的中心环节。它的要求在于寻源问津和撷根取髓。它是成大事业、做大学问的源头活水。朱熹说透了此点："问渠那得清如许？为有源头活水来。"（《观书有感》）问题意识是学和思之源头，是学和思之活水。什么时候没有问题意识，认为一切皆知，那一池之水只能是一潭死水、行将枯干了。

泰伯里把人类文明作为一个整体，为阿拉伯史学家立下划时代的里程碑，开辟了通史的编纂体系。他多述帝王将相谱系、战争始末和各族变迁，而对经济、社会、文化涉及不多。后来的阿拉伯史学既继承了他的优点，也沿袭了他的缺点。称他为"阿拉伯的司马迁"是不过分的。

十　学问与书

"房子是一块砖头、一块砖头造成的，学问是一本书、一本书读成的。"

这是我国杰出的新闻工作者、新闻学教育者和中国新闻史研究者戈公振给他的侄子戈宝权积木盒上的题词。这句话对戈宝权的童年带来刻骨铭心的力量，决定了他的人生道路。

　　自觉升级是时代理念和生存方式,更快升级方能更好生存。个人自觉升级靠学习,学习重要方式之一靠读书。书籍是获得知识和提高素质的重要渠道。书籍对知识的系统性、思想观点的深度和阅读的审美感受有不可或缺的作用。读书中日积月累,渐见甚多,如春苗之见日光、空气和水,不见其长,实则日有增。多读一点旧的、被证明的见解卓越、质量上乘的经典名著,有得教益、受启发、获美感之功效。历史是真正的宝库,积淀丰厚。在读书中不断实行自觉升级!

十一　读书札记

　　知是自觉,它多来源于读书。高尔基把读书与文明演进和心灵发展联系在一起。他说:"书籍是人类进步的阶梯。"文明是沿书籍拾级而进的。他又说:"书,是心灵的窗户。"一本开卷有益的书,不仅能获得知识,而且阅读是一种人的心智活动。阅读是进入人类心智活动的过程。迈开腿、打开窗,使心灵进入知识海洋,和作者面对面交流,进行文明交往阶梯的攀登。

　　法国学者珀蒂德芒热(Guy petitdemange)著,刘成富译,江苏教育出版社 2007 年出版的《20 世纪的哲学与哲学家》有以下论点与视角:

　　(1)西方哲学在"二战"后的命运:德国作为哲学之乡为何出现纳粹极权制?纳粹为何又深受祖国的哲学与文艺的影响?哲学到底有何用处?它造福人类,还是在吞噬人类的真、善、美?西方人该做什么样的人?一个人该怎样生活?

　　(2)20 世纪西方哲学两个转向(走向):语言学转向;伦理学转向。

　　(3)不谈胡塞尔、海德格尔、福柯、哈贝马斯,而谈罗森茨威格、本雅明、列维纳斯、保罗·利科,原因:胡塞尔等哲人未实实在在地思考一个普通人的伦理和生活问题。真、善、美,值得过的生活未详谈。

　　(4)罗森茨威格反对同时代的犹太思想家柯亨(将犹太思想与西方主流思想结合),认为犹太人是一个特殊的民族,拥有坚定的民族信仰却无祖国,因而一直处于被流放和屠杀的境地。柯亨认为,犹太人要安全,必须将古老传统思想汇入西方正统思想。罗森茨威格却始终坚持:犹太人最终极的依靠与信仰,始终必须来自于自己独特的民族文化传统。

　　(5)文学理论家本雅明的思考出发点来自于犹太人的处境问题。出于对传统历史的关注，他用毕生精力去研究"现代"的内涵及意义。他晚年接近毒品，放纵生命，服用过量吗啡而逝世，那是因为他对西方"现代性"深深地、令人心碎地绝望。

（6）列维纳斯作为海德格尔的忠实信徒，因海德格尔投身纳粹阵营而使他陷入绝望。他的犹太家人均死于纳粹屠刀下，这使他用伦理学核心思想的"他者"这一概念来研究犹太问题。其要点是：世界并不只属于一个人，一个人并不能仅仅通过"向死而生"地选择自己一生的命运。每个人必须超越"我"的个人存在而抵达"他人"、抵达"他"周围、抵达他之外的"他者"。从"他者"出发，寻找自己生存的意义。

（7）此书的启示：一个哲学家的态度、责任，对什么是哲学的深刻反思。两次世界大战和犹太人问题，启示人们：在思考与生活的天平中，哲学家应该用自己的良心和勇气选择正确的态度与责任。"致知"应该转入"致良知"。

十二　读和写是我每天的"功课"

我养成了一个习惯：不拿纸笔不读书。

治学最根本的是勤奋：眼勤、脑勤、手勤。手勤就是勤动手，就是勤于写作。

成功的学者，少不了几个因素：勤奋、天赋、机遇。这些因素中，唯有勤奋是自己最可以掌握的，自己最能掌握的东西，也必须靠自觉推动。我年已八十，仍然每天都把读和写看成自己必修的"功课"。读报、读书、阅读、写作，脑有所思则立即手记。日成千字文，月累三万字，使我对治学的兴趣和好奇，变成生活中的习惯和爱好。如果哪一天没有阅读、思考和写作，就怅然若失，生活得没有意义。我常想，我每天坐在书斋东窗书桌上，以初学者的姿态向一切知识学习，以古今中外学人为师，从他们的成果中求得他们的心得，进而化为"自得"。"自得"之道，在于自觉，自觉求知，不为旧念所束，不被时尚所惑，始终清醒面对知识的海洋。

莎士比亚说得对："在时间的大钟上，只有两个字：现在。"在自觉治学者的心里，也只有四个字："自强不息！"具体到两个字：勤奋。

语云，天地生人，一人有一人之业，而一人有一人之业，在业精于勤。勤是对学术事业的责任感、使命感，是有志于学术特殊交往力，即韦伯所说的"天职"(vocation)，如若勤而无果，也许他天赋不适宜从事治学，可以尽快改行。但我相信，热爱、爱好、乐于思考的人，即使是中等天赋，只要终生勤奋不已，持之以恒，追求不已，必有所成。

十三　"我思故我在"的底蕴

"我思故我在"，被理解为"主观唯心论"的名言。其实，对它也可以作另一角度的思考。

"我思故我在"，有两个要点：一是把思建立在全面系统地表达的"思"的基础之上；二是把思建立在"思"的恰当表述上。思而不述，思便失去基础，所以近乎无思。这里还有一个重要之点，是必须有主体性，要常思，不思不果；但思中一定有"我"。无"我"之思，等于无思；而无"我"之思，失去"自我"之思，其所表述的思想，所写的文字，便是无"我"之语，言之无意，其结果，招致上帝笑为"痴语"、"呆言"、"空言"，这是必然的结果。

不过，思维是流动的，是学术生活中沿着所积累的，是对待各种信息的处理模式的变换过程。人们使用某一种认知方进行思维，重复的次数越多、越有效，就变成了一种惯性或固定的方式。这种自觉或不自觉的行为对治学有积极作用，但也有消极方面，成为前进的枷锁。

思要在学问生根处，要时刻关注思想过程的复杂曲折处，关注"曲径通幽"。年复一年，经风历雨，入火沉水，穿越多种学说层，锤炼韧性与深度。思如明珠之线，思如水乳之融，破隔离而汇通，方有主体的我在。见微知著，过程的层次、类型、形态、趋势丰富多彩，观己反求诸己，深思庐山真面目，在"我思"中察"我"与"人"的关系，是文明交往的互动自觉。

十四　哲学问题

哲学对科学研究不可或缺。哲学可以给治学者以全面辩证观点，可以给治学者以抽象思维，还可以给治学者以自由、独立和"异中求同"的创新精神。哲学方法重在结合专业坚持运用。

卡尔·波普（Karl Raimund Popper，1902—　）说："如果不对假定的前提进行检验，将它们束之高阁，社会就会陷入僵化，信仰就会变成教条，想象就会变得呆滞，智慧就会陷入贫乏。社会如果躺在无人质疑的教条上睡大觉，就可能渐渐烂掉。要激励想象，运用智慧，防止精神生活陷入贫瘠，要使对真理的追求（或者对正义的追求，对自我实现的追求）持之以恒，就必须对假设质疑，向前提挑战，至少应做到足以推动社会前进的水平。"

他否定归纳法、证伪主义和科学划分法有一定道理，贯穿着批判理性精神，缺点是片面性。他提出的证伪主义是针对逻辑经验主义的"可证实性原则"。其核心是：①科学不开始于观察，而开始于问题；②问题促使理论产生，促进科学发展；③理论是对问题所作的尝试性解释，正确与否，有待于经验的检验，最重要的是理论不能被"证实"，只能被"证伪"，理由是：科学理论是"全称陈述"，具有普遍有效性，不能被"个别经验"所"证实"，只能被个别经验所"证伪"（被个别经验事实所否定）；④科学发展程序：问题→假设→证伪，旧假设被证伪，新的完善假设即出现，科学沿此程序不断发展。

十五　用多维视角并以交互律为经来观察国际问题

经济学家崇尚数理工具，善于用模型研究问题，逻辑思维严谨，尤其是在国际问题研究领域内，随着 2008 年金融危机以后，经济因素越来越受到重视。金融危机不但重创世界经济，也触动国际关系。从经济角度看，这次危机没有引起各国实力对比方面发生实质性变化，国际货币体系改变美元地位的"大变天"时代还未到来。

研究经济与研究政治不能完全分开。但经济学为什么很少考虑政治因素在其模型中的地位？究其缘由，在于政治因素难以量化。不过若因此而离开了政治考量，就少了一个重要视角。以欧元为例，它是经济现象，其中政治非常重要。如果按经济学模型，欧元便是"早产儿"，但欧元已成功运转了十年。从政治上看，欧元是团结欧洲国家的最好工具，这符合欧洲一体化进程，它的产生有必然性，也不会走向消亡。

经济、政治两个视角当然还不够。如社会学视角的类型分析，对国际问题也很重要。文化视角也可以从内部观察国际问题的变化。自然科学方法也有助于气候变化的研究。总之，要用多维视角观察国际问题。国际即国家之间，本身就是交互作用的。自觉把交互作用的规律，具体运用到研究中去，可以更全面、更清楚地说明问题。国际问题研究，多学科、跨学科的多维视角应以交互律为经，经纬交织，图景面貌会整体性呈现。

第 三 编

治学逻辑

一 《中庸》"五之"的文明自觉

治学必须有逻辑思维。《礼记·中庸》中说:"博学之,审问之,慎思之,明辨之,笃行之。"这"五之"是一个人处事治学的文明交往的自觉过程。它从"学"要"博"开始,其实"学"不仅是治学,而且有处事。成大事业与治大学问其理相通。但"博学之"是治学的开放心态,是"三人行必有我师"的胸怀和好学态度。这是自觉的前提,由此出发,由同外界对话,进入"审问之"、"慎思之",则是自我消化和自我反思阶段。"明辨之"是问和思的自得所在,使学而成为自己的结果。"笃行之"是将所得的思想付诸现实实践。在对话中反思,在反思中用实践来寻求价值,检验自己所得是否正确。这"五之"有深刻的、完整的哲学化思考。如果说王国维有成大业、治大学问的"三境"说,是诗化了的治学处事过程说,而中庸的"五之",可以说是哲学化了的治学处事行动逻辑。

我常说,当今有学者爱用"拷问"一词,远观古人的"审问"一词,不是现成的、容易理解,也不那么使人有阴森,至少是不舒服的感觉吗?这也使人想起,中国早有"发言权"的现成用语,可一些人学西方心切,转译了一个"话语权"于学界,新固新矣,却不如陈原先生的话妥当:"引入新词有四个条件:必需、规范、准确、上口";又说:"有旧词可见,不必引入新词。"对比这些,"拷问"、"话语权"不是显得需要改改吗?

二　个案研究问题

个案研究有深度、有侧重，但有局限。每个个案背后有不同的社会历史过程。进入个案—走出个案—扩展个案—谨慎外推，是一个过程。个案研究的作用不是代表性，而是同异性。个案研究不能孤立进行，关注处是：研究前后的理论丰富性和抽象性。研究者要表达自己的真实感受。此外最重要的是中国气派的问题意识和学术关怀。方法固然重要，但许多有用的方法是在研究问题的过程中慢慢产生的。个案之间的真正沟通是知识上的积累与合作。文明交往论的研究，应当正视个案研究的深化。

文明是"大文明"，是人类的物质、精神、制度、生态文明。这是着眼点。一方面，从"大文明"着眼，站在洞察社会变革的人类文明交往的高度，观察人与人、人与社会、人与自然的整体矛盾化解为和谐的历史进程，方能高屋建瓴。高勒夫这位法国年鉴派第三代核心人物在《新史学》中，把"问题意识"、跨学科研究、长时段看问题和整体观，归功于马克思，是值得人们深思的。他认为唯物史观"把群众在历史上的作用放在首位"，我要补充的是，关于生产力与生产关系、经济基础与上层建筑的理论，都是马克思的独创。另一方面，从"小文明"着眼，在分门别类的个案专题研究的基础上，才有进行综合的可能。要既见树木，又见森林；既见现象，又见本质，才是研究文明交往的途径。在研究个案问题上，年鉴派的微观分析是可取的。例如布罗代尔的《菲力浦二世时代的地中海和地中海世界》、勒华拉杜里的《蒙塔尤》，可作为代表作。但其缺点是过于烦琐，过了学派的"度"，淹没了学派的"论"。人类文明从根本上说，是社会状态，只有从无数个案中综合，上升为"大文明"与"小文明"的结合中，才可以讲清问题。这中间最重要的是不能脱离人类文明交往这根主线，特别是人类文明自觉这根脉。

三　经典世界和日常生活世界

经典世界是文明的接力棒，它能够通过人的传承把人类最优秀的思想记录与保存在接力棒上，把文明的生命延伸到更为久远的历史生活中去，把文明的接力棒延续到现实的日常生活世界中去。阅读经典，是与先哲对话，从接力棒上接受先人的思想和智慧。永远的接力棒啊，从阅读经典接引人类文明脉络，这是确认文化身份的文明之路！漫漫长路，一代一代的接力棒啊！

《朱子语类》第 2 册（宋代黎靖德编，中华书局 1986 年版，第 429 页）："夫子教人，零零星星，说来说去，合来合去，合成一大事物。""孔门教人甚宽，今日理会些子，明日又理会些子，久则贯通。如耕荒田，今日耕些子，明日又耕些子，久则周匝。虽有不到处，亦不出这里。"《论语》是每日零碎问。譬如大海是水，一勺也是水。所说千言万语皆是一理。须是透得，则推之其他，道理皆通。科学研究要积累，思考也围绕此进之，有积累，才有通的基础。

朱熹注四书，进入经典世界，他的心目中，经典既平实而经典。《论语》很平实，但有强烈的文化渗透性，潜移默化，变成社会生活的价值坐标，结果是"百姓日用而不知"。这就是改造人、培养人的道德化教育。《周易》、《中庸》为理论型经典。语类《论语》不如《中庸》，对曰："只是一理，若看得透，方知无异。"学术自觉需要积累而触类旁通。积累、触类旁通，可产生学术自觉。

四 说"志"与"志业"

在《中东国家通史》的海湾国家卷中，作者笔名我用了"钟志成"的集体笔名，意在用众志成城（钟谐音为"众"），以示众志成"书"，表示"一书之成，端赖众力"之团队协作精神。

按，"志"有志趣、乐志之说。《说文解字》："志，意也"，是立意用心。志，篆书的写法是上部为"之"，下部为"心"，字义即"心之所之"。综上所述，志是表达人生理想，表达学术追求的。人有理想，有志向，有追求，才有创造。人各有志，就有了创造的多样性。"钟志成"其实是在"众志"，在大众一心，在众志诚心。众人协力而同心，是成书的动力。

孔子说，诗言志。编《中东国家通史》后，我有了"书言志"的意境。这是把一人之志合为众人之志。"书言志"是书中的意境，更是书后面的意蕴。我在中东研究所有"所训"：勤奋、严谨、求实、创新、协作所表现的团队精神。一本书、一套书、一个研究单位，最可贵的就是这种团队精神。

五　理解研究对象

我思考文明交往是从历史上的文明联系开始的，而且是逐渐从历史与现实之间的联系开始的。

最早是从远古，从石器时代人们的交往开始的。中国和世界考古学家对中亚早期欧、亚、非不同文明之间在石器方面的相同之处，显现了这种联系。

最近，《参考消息》用《文明的相会——中国的凯尔特木乃伊之谜》的标题，转载了英国《独立报》2006 年 8 月 28 日克利福德·库南的同名文章。新疆乌鲁木齐博物馆藏有一具青铜时代苏格兰部落骑士木乃伊，DNA 测定为凯尔特人（定居于法国大不列颠群岛），其文明高峰在公元前 300 年前。公元前 500—前 100 年进入不列颠，后来迁徙路线为：爱尔兰→西班牙→波兰→乌克兰→土耳其中部平原→塔里木盆地。

美国宾夕法尼亚大学维克多·梅尔教授说："人类的各个社会都有内在联系。早期欧洲人前往的不同地区：一支向西，成为英国和爱尔兰的凯尔特人，一支向北成为日耳曼部落，另一支来到新疆。"

研究历史，要从表面上看似乎不相关的事件中看出各种联系。对考古文物，也要见物及人和见人及于思想之间的联系。"联系"是理解文明交往的关键词。

六　全面的反传统思潮

传统不可全面反对，对传统要扬弃，即发扬光大优良传统，放弃不良传统。革故鼎新之后的传统，有很大转变"潜能"，价值系统及符号成为有利变迁的"种子"。但中国"五四"以来，有全面否定传统文化的潮流，流至"文革"的"批孔"为"秕糠"。这是世界古文明中，如印度文明和伊斯兰文明中所未有的现象。现实中的问题都被归罪于传统文化。人们不注意过度反传统之害，反而将其归结为反传统不彻底。其原因：反传统主义的思想方式与变迁的思想内容之间的恶性交互作用所致。科学主义、一元论——政教科学主义（一元论科学主义）在作怪，不该被全面否定的东西被全面否定了，必将最终受其害。

这种人类文明交往现象引人深思。这是深刻的、沉痛的历史教训，人们不应当忘记。

七 活着和死了

臧克家的名句："有的人活着，他已死了；有的人死了，他还活着。"有好事者接着说：有的人活着，人们咒他早死；有的人死了，人们盼他复活。

王泉根在纪念陈伯吹的文章《一颗仁慈而博大的心》中说："有的人死了，世人不再说他。有的人死了，世人还在不断念叨他，纪念他，阅读他。"他又说："活在孩子心中的人永远是年轻的、快乐的、幸福的，永远不会消失的，正如童话不会消失、童年不会消失一样。"这是一种有活力的、自觉的学术。近来读刘纯燕写的《金龟子来了》，又使人产生这种纯真感觉。这是人类文明自觉之光。

八 文明交往提问

纳吉布·马赫福兹（1911—2006）在 2004 年德国法兰克福书展开幕式上的录音讲话中，提醒人们的话是："人类文明就是其全部不可分离的文化之总和。阿拉伯文化过去给西方文明的影响之巨大，就如同今天西方文明影响他们一样。"他还提出了这样的问题："难道西方要感到安全受到威胁，才去重新发现伊斯兰文明和阿拉伯文化吗？"

这是一个交往文明化式的反问，值得今日西方人反思。这位诺贝尔文学奖得主的提问，一是从全球方位提问题；二是从全人类角度提问题；三是从文明史的影响角度，即从交往角度提问题，总之是一个深广度兼有的问题。

九 苏格拉底(问题中的哲人)式的提问

思想的本质是问题意识，而问题意识是科学研究的出发点，问题意识又是科学研究有没有价值和价值大小的关键。正确提出和把握问题又是独创性和原创性，而不是可重复的和批量生产的区别所在。

问题意识始于"提问"。在哲学史上，苏格拉底的提问是最早为人称道的提问。苏格拉底是"问题中的哲人"，而不是"学问中的学人"。哲人与学人有相通之处，都要"问"，但前者更侧重以问促思，学而思，是哲学的特点。

苏格拉底（约公元前 483—前 376）的最大爱好是思考和向人发问。不修边幅、衣衫邋遢的赤脚"怪人"苏格拉底，每天都在雅典大街上和别人讨论自己的观点，探讨宇宙和人生的大问题。他发问的方式是奇特的：从不直接驳斥对方，而是不断提出问题，问题环环相扣，其结局总是在对方自己否定处等着对方。这就是苏格拉底式的提问。什么是幸福、勇敢等问题都在询问之列。

苏格拉底受"雄辩家"（或"智者"）的影响，但他反对怀疑道德，而认为美德能带来幸福。他是第一个关注伦理道德的古希腊哲学家。他认为道德、理性指导正确行为和理性生活，而幸福生活所需要的一切就是改变无知，学习道德知识。他是超越"雄辩家"式"智者"的理性"智者"。

但是，苏格拉底的独特提问引起父子关系的紧张。年轻人以他的提问方式顶撞父亲。他的学生克里提亚斯是公元前 404—前 403 年血腥事件的首领，株连到苏格拉底，被诬为"亵渎神灵"、"教坏青年"而被所谓"民主政府"处死。苏格拉底在审判中不为自己辩护，拒绝朋友帮他越狱的好意，从容而死。大智者苏格拉底死后不久，雅典便追悔不及。他的死反映了雅典的制度文明的缺陷，但也帮助人们了解生活及社会现象中的哲学问题，提升发现问题的能力，从而形成理性思考的习惯，不断思索生命境遇，树立人文终极关怀。

十　问题是时代的课题

问题意识不是"预先设计"的，不是用此种设计任意剪裁史实的，而是研究者通过历史事实的思考、体悟和想象、联想提炼之后，发现和提出来的问题时代的课题。时代自研究者从各方面提出问题，这种问题表现出时代在研究者的实践中，反映为研究者最实际的呼声。一个时代的迫切问题，有着和任何在内容上有根据因而也是合理的问题共同的命运。主要的困难不是答案，而是问题。因此，真正的批判要分析的不是答案，而是问题。这就是问题意识。弄清事实真相，把握界限，保持距离，留有余地，把结论留给读者，把问题留给自己，善于从历史发展变化中观察问题，切忌"戴帽"、"画脸"，常有换位思考习惯。

（一）

特里·伊格尔顿（Terry Eagleton）的《人生的意义》（*The Meaning of Life*，牛津大学出版社 2007 年版）中有①问题意识，即"人生问题何其巨大"，"人人都在问，但有几人能找出答案"？"自己知道在问什么吗？""虚无主义、现代主义洗礼之后，人们还有提问题的勇气吗？"②文学理论家伊格尔顿认为，生命的意义，不在于稍纵即逝的欢乐，个人的享受是自私的，也是无意义的。应当这样度过人生：人生是一支爵士乐队，其中人人尽力，因为爱而相互依存，为了幸福而集体共同努力。这是由问题意识引申出来的和谐和睦之歌。

问题意识举例有：①整题性，即拓宽问题范围，力戒狭窄片面；②深入性，即加深考察问题的层次，深究底层原因，见物尤见人、重物尤见人，深入人文关怀层面；③辩证性，即分清主次，如正式约束（法律、制度、契约、合同）与非正式约束（道德、思想教育、观念更新、相应意识形态和文化传统的积淀）中发生的问题，前者为主，后者为辅，往远一点思考这类问题，应当是法治重于德治，人的行为主要靠外在的正式约束，是"他律"，而"自律"应表现于自觉遵守法律和道德律。

（二）

英国科学哲学家波普尔说："科学和知识的增长永远始于问题，终于问题——越来越深化问题，越来越能启发新问题。"科学和知识进步，离不开真正的批判，而批判不是寻找答案，是为了发现、提出、分析问题，而科学地提出问题是解决问题的前提。

问题是科学生长的活力所在。这是因为科学是以求真为根本宗旨，探求真理是其过程和归宿。非科学和伪科学的存在，才使科学家孜孜不倦地求真。这就是科学研究中"问题意识"的意义所在。

这里要注意：①提高对有价值问题的敏感性和学术研究的理性自觉；②关注原始性问题（客观性、复杂性、隐蔽性以及思考的多向性、被迷雾笼罩的衍生性）解释的最理性途径；③关注热点问题，又不盲目追热赶潮；④不忘却冷门问题，其中隐藏着绝学，甚至长久时段的问题，要耐得住寂寞去探求；⑤重视主体、返顾主体，不"尊奉"西东，唯真理是从，而且贵在创造；⑥立足现实问题，追溯历史问题，展望未来问题。

（三）

科学的生机在自由而悠然地交往对话。据调查诺贝尔奖得主，50％的人获益于无拘无束地交流思想。其自由度完全自由，交流的题目由科学家们自己决定，地点、参加人、活动方式，也由科学家们自己定。没有行政命令，只有行政服务，没有长官意志，只有官员服务。

科学的本质是批判的，人文社会科学也是不断为解除人的精神奴役和枷锁的。这里必须有学术质疑。交流本质是质疑。任何权威都无权湮灭科学真理智慧之光。科学家有捍卫不同观点的权利，也有改正错误的义务。科学道德律要求敢说"不"，善说"不"，不胡说。

科学质疑需要有三种境界：①知识的境界，有厚实的知识基础；②见识的境界，如艾略特所说："要把淹没在知识中的智慧找出来。"质疑要有智慧含量，否则就是市井之徒吵架。心平气和求知，高声大叫、刻薄挑逗无助问题解决（列宁说，在市场上叫喊声最响的，往往是骗子）；③胆识的境界，独立见解，深思自得之见，敢于提出，敢于坚持。

十一　问题意识后面的三个意识

学术史、科学史都重视问题意识。问题意识出于"疑"。宋儒张载有言："学则须疑"，"于不疑处有疑方是进矣"。但这还不够，从有疑到无疑，从无疑到新的有疑，才是最理想的境界。

问题意识是发现、梳理、诠释、分析意识。紧扣问题意识，才能深刻阐释学理、运用逻辑思维和展开学术旨趣，进而揭示多种多样问题，从历时、共时交织中深入问题。

问题意识不能孤立处理，它后面的第一意识是语境意识或背景视角，问题理解，无论是单一的或多元的问题，必须扎根于此。第二是语言意识。精通语言是学术研究的第一台阶，古代、地方、外国问题，都要了解有关语言的文化背景。没有语言功力，追源溯流便不会严谨，也会欠缺缜密地思考问题的方式，便会让读者在阅读中掉入云雾之中而不能得到对问题的通透明白了解。第三是对话意识，语言差异，通过技术可以处理，而文化差异则需要对话来理解。沟通的对话机制是丰富的，渠道是多样的，效用是多种可能的，意义是深远的。但要有平等、交往意识，批评与自我反思的融合。

问题意识后面的语境意识、语言意识和对话意识的走向深度，决定了自觉学术意识的强弱。这些意识还要自觉地转化为行动，内化为奋发有为、只争朝夕的精神状态。

十二　理智生活不易

英国学者罗杰斯（Nigel Rodgers）、汤普森（Mel Thompson）著，吴万里译的《行为糟糕的哲学家》（新星出版社 2006 年版）中，介绍了卢梭、叔本华、尼采、罗素、维特根斯坦、海德格尔、萨特和福柯等 8 位哲学家的另一面。他们虽然经常教导别人应该如何对待朋友、家人，怎样认识世界，但在实际生活中表现甚至不及格。

哲学家也不是那么超凡脱俗，凡人身上的弱点他们也不可免。他们与贩夫走卒之别不过是职业不同，如此而已。此书作者说得对："要求这些大师的感情和性生活达到与其名声和思想相般配的高度"，并不现实。

结论：学术生活的智慧并不一定带来理智的生活，它需要学术自觉的滋养。

十三　文化人类学的启示

在历史界，有历史人类学的跨学科一说。有的大学设立研究机构、创办专门学。有评论者以社会学理论入史的"疲惫"、"琐屑"，而认为历史人类学会为史学带来生机。人类历史学以口述、田野方法入史，有人认为是为了更好"解读文献"的辅助方法。从人类文明交往的角度看，我更关心文化人类学。

英国人类学家、功能派代表马林诺夫斯基说过："文化是包括一套工具及一套风格——人体的或心灵的习惯，它们都是直接或间接地满足人类的需要。一切文化要素，若是我们的看法是对的，一定都是在活动着，发生作用，而且是有效的。文化要素的动态性质指示了人类学的重要工作就是研究文化的功能……这派学者深信，文化历程是有一定法则的，这法则在文化的功能中。"

读马林诺夫斯基的这段话，使人想起了费孝通先生。他是马林诺夫斯基的学生，社会学者。无独有偶，他谈文明交往的精练话句也言犹在耳："各美其美，美人之美，美美与共，天下大同。"可见社会学、文化学，文明交往关系是相通的，人类学也是与它们密切相关的。

文化和文明的真谛在人文精神，把它贯穿于科学与技术的研究更有助于人类文化学的探索。科学与技术是文化现象、文化有机整体的一部分。科学与技术本身就是文化，是人类的文明创造物。"科技"绝不是独特孤立事物。把它同文化、文明的观念加以内化，极关重要。文化人类学方法可用之于科技史研究，使人类学史成为社会与自然相结合的大历史。

文化的功能是综合性的，是对具体问题具体分析。一般一谈文化，总先想起的是它一定首先同渔猎、农业、工业生产有关，而忽略了其他方面的功能。实际上政治功能相当重要。江晓原的《天学真原》中，认为"天学"在中国古代是一种政治巫术，二十四史中所以有《天文志》，原因在于"天学"在中国古代有重要的功能，这种功能与政治、王权、天命紧密地联系在一起。恰恰就在这部著作中，他引用了马林诺夫斯基前面的一段话，从而又归结到文化功能。

以上思路，与我的《文明的真谛》中关于科学与人文精神关系问题的论述，留下了进一步思索的空间，也是又一个例证。

十四　简析亨廷顿的政治秩序论

一般人都知道亨廷顿的文明冲突论，却没有重视他的政治秩序论。

亨廷顿在《变革社会中的政治秩序》（原为三联书店1989年版，李盛平、杨玉生译，中国社会出版社2005年版）中，研究了亚非拉民族国家的现代化问题，别具一格地研究了政治因素，使政治经济因素相互作用、相互影响、共同发展，他跳出了传统上仅从经济角度研究现代化的局限，为现代化增加了新内容、新指标，对亚非拉民族独立国家发展的脆弱之处，作了政治现代化的新论述。

"二战"之后，亚非拉殖民地半殖民地国家赢得了政治独立，形成了与资本主义发达国家和社会主义国家两大体系相并行存在的最大的国家体系。这些国家为巩固独立纷纷走上了现代化的道路。在发展过程中，许多国家出现了政治动荡，社会陷入深重的矛盾与纷争之中。亨廷顿的贡献在于：他从政治参与和政治制度化之间的关系出发，得出了一个简明的观点："政治动乱在很大程度上，是社会急剧变革、新的社会集团被急剧动员起来卷入政治，而同时政治体制的发展却又步伐缓慢所造成的。"解决问题的办法，是在政治参与、政治稳定、政治制度之间建立一个有序的关系模式。

什么是政治秩序论？该论的出发点和归宿处是政治稳定，认为："首要的问题不是自由，而是建立一个合法的社会秩序。人当然可以有秩序而无自由，但不能有自由而无秩序。必须先存在权威，而后才谈得上限制权威。"现在研究"权威主义"政治的人，似乎没有注意到这一点。

如何实现政治稳定：该论主张：①加强政治制度化，这是政治稳定的保证和前提。②建立强有力的政党，从而以一个制度化的公共利益来取代四分五裂的个人利益，使之超越狭隘地方观念的效忠和认同奠定基础，成为维护各种社会力量的纽带。③组织农民参与是维持亚非拉发展中国家最重要的问题。"农村集团的盼望和要求多半是相当具体而温和的。如果这些要求合情合理地得到满足，那么农村的平民百姓就会恢复到惯常的保守状态中去。"

这是亨氏三十多年前提出的理论，难免有许多局限，如就政治谈政治，脱离了发展的经济基础，在评介政治制度方面也是主观片面的；虽然承认一党制、多党制都能促进政治稳定，却把两党制放在符合长远发展趋势上。但他的政治秩序论揭示了现代化发展道路的多样性。各国之间最重要的政治分野，不在于它们的政府形式，而在于它们政府的有效治理程度。政治秩序论奠定了他的当代西方保守主义政治学大师地位。这个理论是文明交往中的制度文明问题，其制度又与政党、农民政治参与联系在一起。这一理论对亚非拉民族独立国家的发展，有更强的理论价值、实践价值和借鉴意义。

亚非拉民族独立国家是发展中国家。对于发展中国家，转换发展理念和发展模式是最迫切和最重要的；而要解决这两个问题，必须面对生存和发展问题，首先是有发展的战略。政治稳定是重要的，公众参与是发展的不竭动力。然而，经济民生、节约资源、转变经济增长方式，以及人才、教育、国际合作都不可少。和平是发展的前提，发展是物质基础，而合作是发展的主要途径。正如前世界贸易组织总干事素帕猜所说："发展中国家在融入世界贸易体系。"

十五　秩序与自律

　　法度、规则、制度随着世界的变化而变化，即使一变再变，也未必能达到秩序井然的效果。

　　自律、自善，是道德境界，但说到底，只是一种善良愿望，效果也因人而异。

　　情与法的矛盾是永恒的。有些事于情难以理解，于理却非如此不可。人类的智慧还没有能创造出更合情合理的办法，而情感在利益的介入下愈加复杂。

　　以体育竞赛而言，如体操、跳水、摔跤、柔道，打分主观因素多，裁判员不可缺，但运动员有犯规必须服从裁判员，裁判员出了事，只能由赛事组织和主管部门内部裁定，有些裁判员哨子不干净，结果不了了之，而运动员受到裁判裁决却当场公之于众。其实，自律、秩序、人文色彩、绝对公正，都很难，虽有法律。

十六　文学六题

　　（一）时代与文学。市场经济的两面性——消费性存在方式，审美理想化为浮躁、刺激、自我抚摩、消解道义；改变一体化处境，使文学多样化，为作家提供了新的创造素材和人生经验。有现代化的实验室（被迫进入现代化，丰富，复杂而紧张。一个西方人活四百年才经历的时代，在海湾几十年就曾走过现代性三阶段）。

　　（二）批判和建构。衡量文学尺度——①表现出对人性理解的深度，塑造出富有深刻内涵人物形象的功力；②尊重艺术规律，强调艺术上的创新探索（文学超越道德）。

　　（三）理性的追索，精神世界的发掘，"比大海广阔的是蓝天，比蓝天更广阔的是人的心灵。"

　　（四）文学中常有文字生生死死之苦，文人要心胸宽厚，宽厚了，可以学会把浓浓的世味看成淡淡的清水；可以面对这池清水，悠然静观书里书外的大千世界。

（五）文学与史学。文史不分家，两者相得益彰。文学需历史感，文学作品若有历史含量，一定可以增重。当然，史学论著如有文学性，不仅为更多读者接受，而且，此种文学性的"史趣"可以为"史基"与"史论"增光添彩。须知，文学审美情趣与"历史心性"是相得益彰的。

（六）文学就是文学，这话看起来似乎等于没有说。实际不然，这是回归本体的说法，有一种把文学混同于社会范畴的"人学"说法，似是而非，是违反学科特点的提法。文学是社会生活世界和自然物观世界在作家头脑中的映射。我用"映射"，没有用"反映"，是强调文学本体作用。俞平伯在1920年为康白情诗集《草儿》所写的序中有段很值得思考的提法："文学的作用，与其说是描摹的，不如说是反射的。既不是纯主观，也不是纯客观，是把客观的实相，从主观上映射出来……文学原不仅是表现人生，是在人的个性中间，把物观世界混合而射出来的产品。""文学只是一种混融，只是一种综合……自然和人生——同化而成的！合拢来，合拢来，才跳出一个活鲜的文学。"文学要回归本体，史学亦然。这是文明交往自觉在学术上的具体表达。

十七　时间与和平

我在为李利安的毕业论文（博士学位论文）序言中提到"空间"、"时间"、"人间"的"三间"说。近读吉狄马加的诗集《时间》，发现有以下名句：

> 哦，时间！/最为公正的法官/它审判谎言/同时，它伸张正义/是它在最终时刻/改变了一切精神物质的/存在形式/它永远在死亡中逝去/又永远在死亡中诞生/它包含了一切/它又在时间之外/如果说在这个世界上/有什么东西真正的不朽/我敢肯定地说：那就是时间！

又有诗句："我相信，人活在世上都是兄弟。""一切生命都因为爱美好/在希望与绝望之间/只有一条道路是唯一选择/那就是和平！"

时间与和平，对世界、对人类，当然对中东尤其令人感到迫切。中东是大亨们的石油暴利的轮回，是军火商们的发财恶性循环。正因为如此，我们在中东地区所看到的景象反复出现：一千次的希望，变成了唯一的绝望！一万次的怨怨相报、以暴易暴，变成了由鲜血、哭泣、生命拧成的难以解开的死结！但愿诗人敬畏生命、热爱和平的理想，化为现实中各种生命都能和平、和睦共处，各种不同文明共存的环境！

空间在人类生存之地，在文化和文明生长之地，在文明赖以交往之地。歌颂大地的文学家何其众多，争夺空间的政治家、军事家又何其众多。自然灾害也在争夺空间。在拜占庭时代，基督教历史学家伊瓦格瑞尔斯谈到公元6世纪和7世纪中、晚期的大瘟疫时，记录了这场广大空间发生的大灾难。它的见证人、《圣徒传》的作者以弗所的约翰写道："整个世界都在摇晃，走向崩溃，当一代人的生存时间都被大大缩减了的时候，就算能够记录下这些数不胜数的事件当中的一部分，又有何用呢？"作者忘记了，"上帝的愤怒"是摧毁了东罗马帝国的瘟疫，是一个广大的空间地区啊！

十八　评估学术研究成果的标准

（一）学术研究评估几弊

1. 功利化：快、多、新、大、用，使学术品格大降，使一些学者成为名利场中人，其成果从象牙塔走向商场，甚至青楼，也有走向腐败。

2. 工具化：升降机、敲门砖、印钞厂，"形而上"的学术变为学术之外的非学术"形而下"的非学术利益。

3. 反科学化：定时定量，不顾学术积累和超越性。

（二）注意问题

1. 成果、人才的质量与数量。

2. 二者是"为学"与"诲人"的结果。

3. 牢记责任、增强使命感、潜心研究、悉心创造，为学术而献身、为真理而献身的精神。

4. 学问与人生的统一，自律于"忌"、"倡"（忌：藏奸耍滑、投机取巧、急功近利、轻浮炒作；倡：安于清贫、甘于寂寞、殚精竭虑、鞠躬尽瘁）之界。

5. 出自独立思考理性的大无畏精神，此为科学、学术自觉创新生命力之所在。不迷信、不屈从、"唯真理是从"、"我先下地狱"劐得出的思想准备，包括敢于顶住误解与打击的勇气，又要坦荡承认、改正错误的勇气。

6. 在深厚科学积累根基上选择生长点与突破口。

7. 自觉传承薪火。

8. 完善的学术研究制度、学术考核体制的研究环境。

十九　为何围着"轴心时代"旋转

德国哲学家雅斯贝尔斯在他的《历史的起源与目标》中，提出了人类文明的"轴心时代"论点。这是对黑格尔首创的"轴心论"的纠正。

黑格尔的"轴心论"实质上是西方文明中心论。他的历史偏见很深，说什么中国、印度等东方国家没有进入历史大门。历史大门是从西方，是从希腊开始的。他以基督教为"轴心"，基督教一出现，人类文明的轴心随之出现。

雅斯贝尔斯的妻子是犹太人，受希特勒的迫害，他因而也逃到国外。他是在这个背景下进行了人类文明的反思。他发现，黑格尔的概括只限于基督教，而不是从全世界的视野来审视人类文明。他承认不同地域不同文明都有自己的价值，世界轴心时期有中国、印度、西方、以色列等。他的认识大体上符合当时世界历史实际，这是他的"轴心时代"理论比较为更多人接受的原因。

然而，任何一个理论，都有其局限性。比如，为什么文明一定要有一个"轴心"呢？"轴心"之外是什么？任何理论也有其时代性，有其限度，是否适合所有人类历史时代的文明？它可以成为一家之言，但研究者不能不思而从或浅尝而学。人们都要回到"轴心时代"吗？伊斯兰文明显然在"轴心"之外，然而它对西方文明的复兴，都是最大给予者。没有它，西方文明怎么从"轴心"再到"轴心"？"轴心"者，中心也。西方中心论者始终摆不脱"中心"观念，这是根深蒂固的。

再往上追探历史，古埃及文明、古巴比伦文明、玛雅文明，总之，基督教之前的文明在他的视野中也消失了。按他的理论，只有公元前8—前2世纪的希腊的苏格拉底、柏拉图，印度的释迦牟尼，中国的孔子、老子为各自文明制定了模式，因而其他阶段的历史都要围绕着这个"轴心时代"转动。他说："直至今日，人类一直靠"轴心时期"所产生、思考和创造的一切而生存。每一次新的飞跃都回顾这一时期，并被他重燃火焰。自那以后，情况就是这样。轴心期潜力的苏醒和对轴心时期的回忆，或曰复兴，总提供了精神动力。对这一时期的复归是中国、印度和西方不断发生的事情"。真是这样吗？这是一个用特别快车的速度、用部分代替全局的方法，去总结人类文明交往的复杂而多变的进程。

雅斯贝尔斯的总结，虽然有局部真理，如若从人类文明交往的整体发展仔细考察，又可以发现：它既脱离了历史整体发展和人类文明交往互动规律，也远离经济和思想运行的中轴线索，可谓以偏赅全。他虽语出惊人，乍看似有哲理，实则经不起严肃的推敲，因而难成为普遍真理。人们之所以对历史上的思想寻求解释，都是为了自己时代的实际需要而进行的，而不是由某些古代人与文本决定的。生存实践决定了人们在回归历史的目标。人类文明交往互动相促的规律才是自然界和人类社会发展的中轴律。时代和条件变，这个规律始终是变中之常和动中之轴。

研究人类文明史，特别是中华文明史，为什么一定要跟着"轴心时代"转呢？为什么顺着"轴心时代论"往下说呢？什么有"后轴心时代"、"第二轴心时代"、"新轴心时代"，说个不完。难道中国学者就没有自己独立的创造吗？真是！

二十　史情、国情与世情

史学界追求的"回归史学本体"，可称之为"史情"。

改革开放前的中国，史情不明，是走弯路的思想根源之一。所谓"国情"，在很大程度上是"史情"，即对自己历史、传统、文化不明，进而不顾"国情"，干了不少蠢事。"国情"还要加上"世情"（世界之情），不了解"世情"，也是不了解"史情"。

改革开放时代重视"国情"、"世情"，史学上回归本体而进入真实而非虚假的繁荣。

理想的史学境界为熔冶"史情"（史实，即活灵活现的真实历史，"本体"之本，不仅有骨骼，而且有血有肉）、"史理"（哲理，如经络管领躯体那样蕴涵于史实之中，非削足适履式移的就箭而美其名曰规律）和"史趣"（从史实中散发出来的本色生香的诗意，不是以浮华浅薄而美其名曰文采或美感）于一炉的境界。

仅"史情"为一境；仅"史理"为二境；只有"史情"、"史理"和"史趣"三者融为一体，才是高境。当然，这三境又是和"国情"、"世情"的时代背景相通的。

三者其实有密切关联。无论古今中外,"史实"即本体中都包括着哲理和诗意。历史书最好能使读者在明了史实的同时,也同时领略哲理和诗意。

史理不一定要博大精深,史趣不一定要重新细描。执简御繁、化浓为淡、理趣兼备、雅俗共赏,都要建立在辨明史情的基础上。史情、国情、世情,实在是史之本体所在。

二十一 合理性在人类文明交往实践中的意义

崔月琴在《合理性:理性精神在当代的意蕴》(《社会科学战线》2003年第 4 期)中指出,哈贝马斯确定了交往合理性是主体之间通过交往的主题思想,为当代合理性问题奠定了理论基础。交往合理性是主体之间的交往,其途径是:对话(辩谈)而相互理解、相互协调,进而逐渐走向自愿联合;其过程特点是:交往参与者互为主体,并且在交往中形成自己的主观成见,从而获得一致性,最终达成共识。哈贝马斯在 1981 年出版的《交往行动理论》中,系统阐述了交往理性的理论,把交往的合理性理解为:在形成有论据的判断的基础上,采取有效的行动。他的名言是:"合理性体现在总是具有充分论据的行动方式中。"(《交往行动理论》第 1 卷,重庆出版社版)

哈贝马斯是从哲学和社会学角度谈交往的合理性。他实际上已经把合理性与主体的人的行动相联系,与人的行动意义和价值相关联。在他看来,交往实践是所有人类实践的基础,交往理性是人类理性的核心与基础,而交往理性的首要准则就是真理。他反对罗尔斯将真理与正义观念相分离,为重建人类理性生活和社会共同体生活而努力。他的交往理性在人类文明交往史上,有促进自觉的意义。

二十二 "二战"与人类文明

战争是人类文明交往的重要形式。

"二战"在人类文明交往史上占有特殊地位。

1. "二战"是世界爱好和平与正义的国家和人民,同人类文明的凶恶敌人进行的一场殊死的搏斗。

2."二战"又是人类文明史上前所未有的浩劫，德意日法西斯在人类历史上留下了最野蛮的一页。

3.德意日法西斯在世界上发动战争，使许多民族面临着灭亡威胁，使人类文明面临着严峻的挑战。

4."二战"的胜利，是20世纪人类历史上的重大事件，它挽救了人类文明，对人类文明交往产生了持久的、深远的影响。

5.第二次世界大战后六十多年来，在各国人民共同努力下，延续数百年的殖民主义体系被彻底粉碎了，广大发展中国家成为国际舞台上的新生力量。冷战局面被打破后，人类文明多样性和国际关系民主化不断推进。社会生产力大发展。科学技术日新月异。

6.中国的抗日战争的胜利，捍卫了中华古老文明发展的成果。历经磨难的中华民族自强不息，为人类文明进步、为和平发展的和谐世界而努力奋斗。

7.在人类历史上，总有一股逆历史潮流而动的势力，不惜以极端野蛮的交往方式，向人类文明挑战，但"二战"再一次证明：人类的文明进程和成果是不容许破坏的。

8.人类总是不断寻找社会进步的规律，不断提高文明交往的自觉性，不断把人类文明推向更高的水平。维护文明的多样性，以和平、平等、民主、合作的良性交往方式，推动各种文明的共处共进、取长补短、共同发展，让世界更加丰富多彩、更加美好！

第 四 编

诗意治学

诗意治学是从审美视角观察治学的融文学、历史学的哲学观。德国存在主义哲学家海德格尔（1889—1976）深得此道。他从"思维是存在的思维"命题出发，将烦、畏、死三者视为人生的基本结构。他为了发掘人的生存智慧，调整人与自然的交往，理顺人在天地间的位置，对荷兰诗人荷尔德林的"人诗意地栖息在大地上"诗句，进行了哲学诗化的阐释。仁者乐山，智者乐水，学者治学中存在于山水之间，把自己的心灵与历史长河中的审美心灵、学术生命熔于一炉，就成了诗意治学的境界。

一 诗意治学解

（一）

诗意治学是指把学问、学术融入审美价值之中，使治学栖息于乐趣之内，即寓学于乐，即"诗意栖息"于科学研究。这是一种学术上的心灵自觉。伏尔泰说："诗把心灵从现实的重负下解放出来，激发起心灵对自身价值的认识。""诗开启了一个更高更强的世界，展示出新的远景。"这种心灵和远景，构成学人治学之旅的未知世界，他们可求知于无涯的海洋之上，追寻思考的乐趣，此种趣味美除后面要讲的"三趣"，尚有思想的理趣和历史的韵律之趣。

诗人、文学史学者林庚曾被朱自清誉为"用诗人的锐眼看中国文学史"的学者，朱自清又称他为"写的是史，同时又是文学"。林庚是以诗意治史，他说："诗的本质是发现，诗人要永远像婴儿一样，睁大了好奇的眼睛，去看周围的世界，去发现世界新的美。"这和好奇的科学家一样，都具有追求乐趣于未知世界之真。本文集中我曾多次谈童心问题。科学家的童心未泯。

与生俱来的好奇心和求知欲，充满幻想，都是科学的本质属性。科学和诗学都是人的社会实践和认知活动，是人的自觉性体现。童心未泯就是人心未泯，就是人性所使然。诗意治学的主旨是把人性中求真、向美、审美之心有机地结合统一于学术生命价值深处。

诗意治学的学人永远致力于教和学，虽甘守寂寞，但热心却始终向着讲坛与学业，敬业而乐于将热情、将心中诗意倾注于莘莘学子和学术团队，把个人的学术生命和群体的学术生命结合为一体。

诗意治学意味着学人常怀洁净的心灵，常有修立挺拔的品格。他们坐有坐相，行有行相，如青松的昂首挺胸，如古榆的直腰正脊。诗意治学是一种治学的文化意境，是人的审美趣味、审美观念、审美理想的人文理想。学人在治学意境中享受美的情感体验、精神愉悦，以及"天地之大，莫大于和"的和谐美感。

诗意治学是一种不屈不挠的精神，是一种历史感和现实关怀。诗学与史学传统文化的融汇使生活深沉悠远而兴趣盎然；诗学与哲学的交流使生活意味深长而生动有趣。历史感和现实关怀成为治学的彼此相依的精神纽带。西北大学中东研究所的治学理念在此纽带上，形成了下述语句：立足现实，追溯历史，从历史的高度审视现实并展望未来。这是治学上把现实、历史与未来结合的尝试。

（二）

诗本身有诗度，诗度与治学之度的吻合即诗意治学之度。诗意治学不是让学人都去写诗。当然能写诗更好。但这种学人并不多。更多的是用诗的意境和乐趣去治学。王国维曾有"治学三境"之说：

"古今之成大事业、大学问者，必经过三种之境界：'昨夜西风凋碧树，独上高楼，望尽天涯路'，此第一境也。'衣带渐宽终不悔，为伊消得人憔悴'，此第二境也。'众里寻他千百度，蓦然回首，那人却在，灯火阑珊处'，此第三境也。"

这里，他用了晏殊的《蝶恋花·槛菊愁烟兰泣露》、柳永的《蝶恋花·伫倚危楼风细细》和辛弃疾的《青玉案·东风夜放花千树》中三句词语，表达了诗意治学规律的种种联想。这种对宋代三位词人名篇中所断意而取其诗意的"治学三境"之说，是发掘了三位词作者在无意之中表达的治学的审美诗意，堪称诗意治学心态的审美艺术创造。这是大学者王国维的诗意治学的创新名作。他用旧瓶装新酒，装得有新意、有创意，把"成大事业、大学问"之路，用三句古老词句连缀成完整链条，借用精微的审美艺术形式，洋溢着机敏的感受力而使后人受用无穷。

王国维的"治学三境"说从学人心灵深处沟通了两个世界：艺术世界和科学世界。三个境界的递进上升发展，有立意、苦求和收获的惊喜，有始于情致和迷茫、上下探索和豁然开朗的书路人生体验，这二种诗意境界既符合科学研究规律，又赋予审美艺术诉求。这种隐藏在艺术词品之后的"治学三境"真是诗度与治学之度的高度表达，使人品味和感受深远。王国维在说明"治学三境"时，一方面认为他的诗意治学的解释，三位原词作者不会认同，但另一方面又认为，"此等语皆非大词人不能道"。在中国美学史上，王国维会通中外百家而把"境界"这个古典理念过渡到现代，由词而哲，由词而治学，而人生，这是一条走上体悟美学的创造之路。我在这里不去展开说明，详见我的《书路鸿踪录·书路心语：治学诗词杂话》（三秦出版社 2004 年版，第 18—23 页）。

总之，诗意治学是诗度与治学之度的相通吻合。度为分寸、火候和感悟，是事物有关性质所达到的程度。诗是诗，科学研究是科学研究，两者是不同质的，但又有相通之处，既不可过度而滥用，又不能不看到其中的内在联系之点。这里还是事物交往互动规律在起作用。把握情怀、心态、体验、觉悟，一句话，学术自觉最为关键。这里用得着英国诗人艾略特的《四个四重奏》的诗句："只有通过形式、模式，/语言或音乐才能达到静止，/正如一只中国瓷瓶，/静止不动然而在时间中不断前进。"这里，他把度看做是动与静的互动交往，看做是差异身份相互转移。正是差异之中的通同造成了诗度与治学之度的不同中的相同与相通。

（三）

文学是有诗意的，各种学问究其根底，也离不开诗意美感的培育。以史学而言，在"史基"（史事）、"史论"之外，也少不了"史趣"（即史学的美趣）。当然，文学中的诗意是浓。法国华裔学人程抱一的《天一言》（杨年熙译，人民文学出版社 2009 年版），就是一本把诗意与激情升华为小说的杰作。《天一言》，是小说主人公天一之言，也可以说是作者构思十二年、动笔时已是古稀之岁的诗意表达。

程抱一院士这本小说有以下几点，可作诗意治学之鉴：

1. 治学的广深视野。诗意需要丰沛激情和深沉理性的有机统一，此种有机统一来源于使命感和追求。其境界是感性生活与理性生活的融合，是引导人们提升文明，而不是下堕愚昧；是仰望而不是俯就命运。程抱一把感性的心灵深处的形而上学困惑和探索生命奥秘的愿望之间的互动交往，铸成的《天一言》，可谓诗意中的诗意。

2. 治学的诗意是"发乎情，止乎礼义"，即由感情、情感经知性而升华为治学理性和睿智。程抱一研究画，关注到东西方思维方面的差异："东方以一减再减的方式，设法达到了淡薄的原味，使个人的内在和宇宙的本质相合；西方则以人世的富裕，颂扬物质的光辉，一面推崇实存世界所显示的诸事万物，一面彰显他们最为秘密和最为疯狂的梦。"这种比较还见之于东西方音乐的区别："中国的音乐，矜持而幽远，往往如泣如诉，因此我们不习惯欣赏如此威严、如此具有征服者气势的西方交响乐。后者不是顺从自然，它撕裂表皮，刺穿血肉，变成脉动本身。这首交响乐勾勒的，无疑是遥远的欧洲的麦田和牧场，但它却如此贴近我们这两个漫漫黑夜里的行者的心灵！"

3. 悲天悯人的天人之际的情怀，俯仰于天地自然之间，可以从诗意中沉思与遐想。小说中的主人公天一和浩郎同时爱上了大家闺秀王梅，天一发现王梅与浩郎拥抱便主动离开远走法国。多年后，天一从法国得知浩郎在20世纪50年代死于劳改农场，回国后寻找王梅，又得知她不堪一个当权者的纠缠而自杀。之后他又得知浩郎可能仍活在北大荒。于是他"要用最粗野的笑来撕裂这个卑鄙丑陋的世界"，已经是美院教师的浩郎，甘当"右派"去北大荒，两人终于在那里的劳改农场相见。这是一幅简洁无华和透亮清明的天人合一图景，"天一言"诗意非同寻常。诗意中的激情与理性融为一体，这是天人合一的物我一体境界！

(四)

诗意治学的"意"是意境，是心态，是意识，是自觉的觉悟，是人类文明发展中心神、心情的人生阅历和同情的理解和启悟。从深处讲，是文明核心的文化底蕴，是神智之于学术，是对研究对象的形与神的掌握。章学诚在《文史通义·杂说》中早就说过："学问生于神智，而神智又出于学问也；制度生于聪明，而聪明又启悟于制度也。"他从交往互动作用角度谈到了治学和制度问题。其中的"神智"、"聪明"，其实就是诗意中的"意"，是人在治学处事中的主动意识见之于客观对象的自觉行动。历史研究不仅是考据、统计，跨学科方法或编织史料，而是求真。求真之中追求神智，还历史以生动优美的精髓。这就是诗意治学、自我身心交往自觉的境界。

二　诗人自觉的诗外思考

阿拉伯诗人阿多尼斯在诗文集《黑域》中有句诗："用诗歌，他想超越诗歌。"①

他在超越美学形象思维而与理论逻辑思维互换位置；他在超越艺术边界而与历史、政治、文化以至上升到文明，又不失各自本位；他在超越文明交往中的故步自封、孤陋寡闻思想，具有批判意识，并在变化中关注正负两面因素。他有深厚的艺术家眼光和诗人修养，有诗人般的热烈敏感和思想家的丰富与深刻，又有历史的、世界的远大眼光，一句话，是阿拉伯世界用头脑思考的诗人和思想家。

阿多尼斯究竟想从诗歌中超越什么？具体说，有以下几点：

第一，超越诗歌，进入思想，使思想融化在诗中。

他说："一个伟大的诗人，就某种意义而言，一定是个伟大的思想家，他不但奠定新的美学价值的基础，而且创立新的世界观和价值观。古往今来的人类历史都证明了这一点。然而，思想应该融化在诗歌当中。一首诗如一朵玫瑰，其中汇聚了多种要素：土壤、水分、肥料、阳光和空气。但最终玫瑰是以其芳香而在为玫瑰的，它不是土壤和水分。所以，如何表达这就十分重要。有好的思想却表达不好，那写出来的还只是土壤和肥料；表达好了，才有可能成为芳香馥郁的玫瑰。"这如同治史三要素：史实、史论、史趣一样，只有三者在交往中有机地融为一体，才可能成史学的参天大树。

第二，超越诗歌，是在诗人和学者之间转换。

他为何要转换？他要改变阿拉伯国家忽视理性和民主的原则。他说："在我们阿拉伯国家，理性、民主历来不为人们重视。所以，我必须身体力行，倡导理性和民主。"怎样转换？在撰述学术著作时，"保持完全清醒，有理有节，不卑不亢"；在写诗时，"如同在梦中，任灵感摆布自己"，"随心所欲，狂放不羁"，这时，"逻辑依靠着一根断杖/在我手中入睡/诗歌却欢舞着不眠。"为何如此？转换是十分自然，"梦与现实的切换是很自然的，这也许跟我的天性有关"。对古今中外的学术，也应有完全清醒、有理有节、不卑

---

① 手记中引文来自阿多尼斯首部中译诗集《我的孤独是一座花园》的译者、北京外国语大学教授薛庆国对阿多尼斯的专访，见《中华读书报》2009 年 4 月 15 日。

不亢；既不盲目崇拜，也不盲目排斥，保持学者和学者之间的自觉转换。

第三，诗歌中的历史、现在和未来。

他自认为诗歌的巅峰之作《书：昨天、空间、现在》（3卷本，1995、1998、2002年）是重新审视阿拉伯政治史、文化史的"文化工程"的重要里程碑。这种在阿拉伯文化身体内部交往，如但丁《神曲》的天地之游，导游是阿拔斯时期的大诗人穆太奈比（915—965）。他引用墨西哥作家卡洛斯·富安蒂斯对山鲁佐德讲述《一千零一夜》故事的评价："往昔的故事，由现在时讲述，旨在拯救未来。"他自认为，"我的这部诗集，正是诗歌中的山鲁佐德"。他的具体观点是：①向阿拉伯的历史表示爱恋，又跟它作痛苦的决斗；②总体笼罩着悲剧色彩，又有对阿拉伯历史上富有创造力巨匠们（他称之为"欢乐的流星"）的描述；③诗歌不等于历史，"历史是展示和叙述，而诗歌是突破和探索"；④诗集避免史诗式叙述结构，让历史的记忆与现在和未来作对话，将史实与个人的想象和沉思融为一体。

第四，在对待诗歌中的传统与现代关系方面，他是抱着诚实的、怀疑的态度，去审视过去。

他重视阿拉伯古代诗歌遗产，认为"诗歌现代化并不意味着割裂传统，而是意味着以新的眼光重新审视和理解古诗，从中吸取养分，同时创造新的表现方式，以表达具有时代特征的思想。他以艺术和美学思想，从古代诗歌和散文集中精选了三大卷《阿拉伯诗歌选》。该诗集把湮没在散文、历史、地理等著作中表达个人独特体验、富有想象力和思想魅力的诗歌收集在一起，包括文藻丰盛的起社会、政治功能的颂诗、悼诗、矜夸诗、攻讦诗等，成为有价值的诗史资料。用他的话说："你从中读到的不是权势，而是人；不是机构，而是个体；不是政治，而是自由；不是部落主义，而是叛逆；不是因袭者的修辞，而是创造者的体验。"

第五，阿拉伯文明中稳定（常）与变化（变）的自觉。

他有《稳定与变化》一书。写此书动机有二：《阿拉伯诗歌（选）》时的资料积累、问题思考和引发动机——追溯现代阿拉伯面临问题的历史和文化根源；在黎巴嫩大学的任教风波——20世纪60年代黎大保守学者联名上书，威胁校方，以他无博士学位、如何担任大学教授为题，迫使校长解除聘约。由于支持他的教授罢课，学校几乎停止教学活动，学校重新聘用，同时希望他攻读博士学位，以免别人再有非议。于是他请假一年半，埋头写作博士论文，于是就成这本《稳定与变化》一书。

《稳定与变化》是一部研究阿拉伯政治史、文化史乃至阿拉伯文明史的著作。它是当代阿拉伯文明交往中传统性与现代性之间关系问题研究的重要著作。该书所说的"稳定与变化"实质上是文明交往互动律中的常与变的辩证原则。他从历史和现实中概括了两个相互伴随的因素：稳定与变化。这是学术自觉的表现。他认为，变化是变态、求变、创新，这是阿拉伯文明最为宝贵的成分；稳定是常态、因袭、保守，这是"阿拉伯史上一直占据主流、至今仍然如此"的社会现象。他重点分析了后者，认为这是"隐藏在他们文化深处的可怕地狱"，要让阿拉伯人了解自身文化中"隐含的灾难性因素"。只有认识这些，他们才能走出地狱；否则，他们就无法跨出远离灾难的第一步，而灾难将意味着"阿拉伯文明的终结"。他认为："这部书完成至今已经四十多年，尽管如此，它依然年轻，因为书中的观点没有过时。对此，我真不知道是庆幸还是悲伤。"

我认为，批判必须有诗人的热烈敏感和思想家的深刻和智慧。阿多尼斯正具备这两个条件。真正的批判是一种深度的理解。

在人类文明史上，文学、史学、哲学的积极社会批判功能，推动着社会的进步。诗歌作为文学的一部分，体现着人类审美的创造力和想象力。孔子所说的诗可以兴、可以观、可以群、可以怨，就包括着这两种力量。在现实生活的基础上，创作的艺术美会引起人的共鸣和思考，从而清醒地认识到现实中的问题和不足。

第六，超越诗歌，其深意在于历史的、世界的眼光。

他对好友萨义德的评价是：他不仅同情阿拉伯人、巴勒斯坦人的事业，"更在于他能站在全世界的高度"。他形象地说：萨义德"不只是长笛和锣鼓，他是一个完整的乐队。如果考虑到他还是一位极有见地的文学评论家和钢琴演奏大师，那我们就会更清楚地认识到：那些对他的理论作军事化解读的人们，不仅简约化了，而且是在误解他、歪曲他"。

他对萨义德的评价，不但是历史的，而且是辩证的。他们一个是竭力批判西方的东方主义，为阿拉伯文化辩护；一个是批判阿拉伯文化中的痼疾。阿多尼斯认为："我们两人的观点似乎是背道而驰的，但又是殊途同归的。因为我们有一个共同点，即都反对权势，尤其是权势和文化相结合，或归顺于权势的文化。此外，我们两人所做的一切，最终都旨在促进阿拉伯民族的进步。"他不同意萨义德把西方、东方学研究一概称为西方政治、权势和意识形态服务的，认为公正、独立的学者大有人在，如德国人布鲁克勒曼的《阿拉伯文学史》连阿拉伯学者都自愧不如。德、法、荷学者研究伊斯兰教的成果也很重要。他直言："萨义德对阿拉伯文化其实并未深刻认识，阿拉伯语仅会口头表达，读原著速度很慢，如果他对阿拉伯文化有更深刻造诣的话，他的观点也许会发生改变。"

总之，阿多尼斯是一个善于用逻辑思维和形象思维思考的左右脑并用的人。他是马克思所说的用"头脑思考"的阿拉伯人。不仅超越，还会回归本原，是阿拉伯文明的自觉者。

三　《兰亭序》与人生俯仰之间

诗意治学，不限于写诗而治学，而在治学中的心境。学也是广义的，包括艺术及其研究。书法自在其列，书法自有诗意。每读《兰亭序》，常思王羲之论人生俯仰之间，书法与诗意、形式与内容，令人品味无穷。

王羲之（303—361），晋代琅玡临沂人，居会稽山阴。字逸少，司徒王导从子，官至右军将军，会稽内史，习称王右军，少从叔父廙、后又从卫夫人学书，得见诸名家书法。他精草、隶、正、行，能博采诸体之长，自成一家，《兰亭序》为最著名行书，世称"书圣"。

《兰亭序》为千古第一行书艺术，数百字便签，信手书来，如春风过草，一片灵盛自然书道人生。蔡邕有言："书者，散也，欲书先散怀抢，任情恣性，然后书之。"《兰亭序》是"帖"而非"碑"，非专心为书法，却天然自成艺术情趣，是东晋时代士人对自然人生的诗意治学的结晶。唐代以后，碑书为书法主流，政治性日强，有"碑"胜于"帖"的书法观念统治，书法职业化路开书道自然沦丧，流害至今。

王羲之的《兰亭序》不仅是书法名篇，也可列入人类文明交往史实之中，并且蕴涵着文明自觉，特别是诗意治学的底蕴。仅就其中三次提到人生俯仰之间的命题，就足以说明他对人与自然、人与社会和人与自我身心的卓越见地。

其一："是日也，天朗气清，惠风和畅，仰观宇宙之大，俯察品类之盛，所以游目骋怀，足以极视听之娱，信可乐也。"

其二："夫人之相与俯仰一世，或取诸怀抱，悟言一室之内；或寄所托，放浪形骸之外……当其欣于所遇，暂得于己，快然自足，不知老之将至。及所之既倦，情随事迁，感慨系之矣。"

其三："向之所欣，所欣俯仰之间，以为陈迹，犹不能以之兴怀。

况修短随化，终期于尽。古人云，死生亦大事矣。岂不痛哉！"

短短三百余字的文章，三次提到俯仰之间所触及的是人类文明交往的根本关系：人与自然、人与社会和自身身心关系。其中大自然不仅是人类的来路和生活土壤，也是人性的熏陶、养育的旷逸启迪趣境，更是人类处理治学中激发灵感动力的源泉。春夏秋冬，风雨雷电，日出日落，月圆亏缺，万物周期运行，是天地自然法则。人生在天地之间，与自然万物一般，平等相通。离此天地自然原则，人性便异化了。

比起大自然，人其实是很渺小的。王羲之爱大自然赋予人类之乐，慨叹"仰观宇宙之大，俯察品类之盛"，即由此受"天朗气清，惠风和畅"之惠。人之所以是渺小的，是因为生命是极其有限的。"人之相与俯仰一世"，"不知老之将至"，但"情随事迁，感慨系之矣！"俯仰是一种观察思考人生的形象动作。人的习惯是顺流而下的思维方式，有时回顾和反思，反而会带来悲怆。"前不见古人，后不见来者，念天地之悠悠，独怆然而涕下"（唐·陈子昂：《登幽州台歌》），就反映了这种情怀。人往往是思考"生"多，思考"死"少，甚至讳言"死"。我在本书第二集《自我身心》中，专门谈了"人死观"，旨在强调对"死"的思考。王羲之在《兰亭序》中第三次谈"俯仰之间"时指出："古人云，死生亦大事矣，岂不痛哉！"他把"死"放在"生"前，也是一种"倒看人生"的思维方式。我们从这种方式中得到的是积极的方面，自觉的方面。"痛"自痛矣，痛定思痛，可以正面看待人生，积极、自觉地做好有生之年的每一具体工作，无愧于一生。

俯为低头，低头望地；仰为抬头，抬头望天。俯仰之间，主体为人，这一俯一仰，生动地表现了人应对自然、社会和内心世界的思考。哲人用哲理思考其间的关系，艺术家用情感思考其中的联想，历史学家则用文明交往自觉观察其嬗变。俯仰大有学问在。传说中的伏羲，也有俯仰之间的人类文明交往观。"仰则观象于天，俯则观法于地，旁观神明之德，以类万物之情，造书契以代结绳之政"。这句含有丰富内涵的话，见于《三皇本纪》。它在俯、仰之外，还加上了"旁观"。仰观天、俯观地、旁观神的"三观"，体悟万物而造书契，以代结绳之治，这分明是人类文明步入新台阶的初步自觉！这比《周易·系辞上传》中的"仰以观于天文，俯以察于地理"又进了一步。

由此联想起司马迁的"究天人之际，通古今之变，成一家之言"的人类历史自觉，也想起西方大哲康德最敬畏的两大问题：天上的星空与心中的道德。旁观神明之德与康德的心中之德,以及司马迁的"际"、"变"、"言",都是交往中的人文精神要"究"、要"通"、要"成"的领域。古人常用"俯、仰"二字,都有交往的内容。如《史记·范雎列传》:"范雎恐,未敢言内,先言外事,以观秦王之俯仰。"《汉书·司马迁传》:"故且从俗浮湛,与时俯仰,以通其惑。"《文选》卷二十九曹植《杂诗》之四:"俛(俯)仰岁将暮,荣耀难久恃。"而李白《静夜思》的"举头望明月,低头思故乡",也是有俯仰内容。至于治学,古代就有"仰屋著书"的成语,说的是学者"仰眠床上,看屋梁而著书"。意思是仰睡床上看屋顶上,思考在心中,有所得之后,起而写作。成语形容学者坐也思,走也思,睡在床上,辗转反侧,仰望梁上,心无旁骛地专注于学术。马端临的《文献通考·序》中,也有"矜其仰屋之勤,而俾免于覆车之愧"的论说。我自己有个小体会,静夜之中,仰卧床上,万籁俱寂,看天花板而思,最易迸发出灵感火花,最宜深思白天之所思而有所获。

这也是一种诗意治学的沉寂美感境界,也是存在于俯仰之间。人一生都有这种俯仰相伴随,如王羲之所写,是"趣舍万殊"的,又是兴怀、兴感"若合一契"的。朱光潜在《诗论》中,把"诗的境界"归纳为"情趣与意象"。何谓"诗境"?那是指诗人的意识中的心趣、情趣、乐趣,在直觉中与意象中契合而成,使诗人在刹那俯仰之间见古今、在微观中显大千、在有限中寓无限的审美境界。意象是我思独想的直觉,是恰好表达诗意的真善美境界。在治学中固然是理性为主导,但感性不可或缺。这里既有王羲之的情景意交融,也有直觉和理念的统一。诗人、艺术家在其独立领域,哲学、史学家的治学在心境上也与诗人、艺术家有相通之处。例如史学研究就有史实、史论和史趣的完整结合的追求目标。三者统一于心境、心态,即诗意的乐趣美、逻辑美和通畅美,尤其要关注研究对象之美与大自然美之间的内心交往自觉。人生的成事、治学都有俯仰的反复与冷静的观察和思考,都应像王羲之那样春风随意,俯仰于天地之间,挥洒于自然的心态和才艺之中。对自然之美,视而不见,听而不闻,俯仰怨愁,这是俯仰外化于人、置俯仰于游离状态,使学术、艺术脱离了本位的盲目状态。

四 治学中的诗意境界

我的《诗意治学:芭蕉篇三趣》(见本编七:诗意治学:芭蕉篇三趣)

在《陕西诗词》发表时，被删去"己丑五月十六日赠蒲瑶、王平博士"的副题，变得不完整了。这也难怪，"人不知而不愠"。编辑恐不知王国维在《人间词话》中的"治学三境"的意义。别说编辑，即使是我赠诗于两位博士之一的王平，也在给我的信中说，他并不明白赠诗的意义，但表示要在今后治学中从实践来体会审美的情趣。我真希望《陕西诗词》也应当多读些历代诗话的著作，以增加诗词理论的修养，把刊物办得更好。

读晚近的中东史，其中辛酸仔细回望，每个历史片段，都是悲剧性错误充斥其间。这些错误常常被大事所淹没。只有细察尘封史料，如芭蕉之抽叶，一叶接一叶，"相思抽不尽"才会意识到悲情大事之后的关键因素。此即郑板桥所说的"风雨怨秋声"式的悲剧。这是诗意治学中的"情趣"。这种体验我在《东方民族主义思潮》的卷首叙意结语写道："清代学者钱大昕在《十驾斋养新录》中引用了张子厚的《咏芭蕉诗》，表明他古稀之年仍在勤奋攻读、追求新知的韧性治学精神。我深深敬佩这种精神。1991 年 6 月，在我'坐五望六'之年，谨抄录这首诗于后，以作为自勉。"我从钱大昕的诗意治学的求新追去，得到诗意治学的启示。这里边也包括着我的治学体验。我感到张子厚这位陕西先贤的"新卷"、"新德"、"新知"背后的"新心"之趣，物我一体，实在是治学的高境界审美表述，真是常吟常新！

读完张、郑二位先贤诗后，我曾有一首随感诗：

"芭蕉二诗有深意，诗意治学栖不息。[①]横渠'四为'真浩志，[②]板桥'三绝'[③]人中奇。"

按：西人在人世间劳作而"诗意栖息"的审美情趣，中国近代学人如王国维的"成大事与大学问"的"三境"，以及清代钱大昕在《十驾斋养新录》引张子厚，即北宋哲学家张载《芭蕉诗》以明"新、心"的追求，凡此种种，皆循人生的审美意境路径。"诗意栖息"实际上是"栖而不息"，心灵情

[①]　西哲海德格尔曾用诗歌来表达其思想，把诗人荷尔德蒙的"人，诗意地栖息在大地上，从事劳作"，作诗意治学的诠释，使之赋于哲理化文学名言。是啊，治学如做事做人一样，都是劳作，都应诗意地栖息在大地上。孔子在川上曰："逝者如斯夫，不舍昼夜。"庄子云："天地有大美不言。"人世间与自然界的栖息与劳作的诗意体味，是一种顺乎发展的态度。万物生死，有其规律，人不可盲目超越而贸然浪费气力。人和自然有共同的互动周期律，人的治学心态可以在此种物我交往中自我欣赏和欣赏万物，在治学中且吟且行，在审美自觉中悠然自得地栖而不息地徜徉。

[②]　横渠，指北宋理学家张载（1020—1077），字子厚，凤翔郿县（今陕西眉县）横渠镇人，因长期讲学于横渠镇，亦称横渠先生。张载治学诗外，有"为天地立心，为生民立命，为往圣继绝学，为万世开太平"的"四句教"之传世名训。

[③]　郑板桥有"诗书画"的"三绝之才"。

感安顿于真善美相融合的境界，动静合一，是为"大动"，平和而又柔韧若穿石之滴水，长流不息。"人有知学，则有力矣"（王充：《论衡》）、"人有存没而学不息，世有变故而书不亡"（郑樵：《通志·校雠略》)、"学至于乐则成"（张载），都是经验之谈，具有普遍意义。

五　由《竹扇吟》所想起的

2003 年值我的本命年，即羊年（癸未之年），在夏季炎热之时，在西安水文街购竹扇两把，回家题随意诗一首：

"扇动风送爽，手促脑健康。烈日在扇上，热浪躲一旁。挥摇乾坤大，悠然任徜徉。奥秘何处觅？心静自然凉！"

此诗叙说手、脑、心三者的人的自身交往联系。近读《学位与研究生教育》杂志刊西南某大学一位史学家的治学文章，说手到不如脑到，脑到不如心到的话，突然想起了上述诗篇。又说，手到最多是手艺人，而非学术者；脑到是一般思考，而不能持久；唯有心到才算深入。这从递进层次有一定道理，但对三者的内在联系的统一性，没有加以必要的强调。

心是重要的，是中国传统文化（如王阳明"心学"等）的特征。心是心灵，是灵感，是自然流露的"内在律"，是熔理智与目的性于一炉的冥思、感悟（尤其是"自悟"、"自道"、"自证"的联结）。心灵的无目的性是在理性的节制下的情绪之"体"与语言形式之"相"的巧妙结合，决不能把心灵和手勤脱离开来，而脑的思考也与心灵涌动本是难以分割开来的。胡适说，写作是"吸收的利器，又可以说手到是心到的不二法门"。手、心、脑并用，是学习掌握知识的好方法，是文明高雅的生活方式。

《竹扇诗》挥扇而动，非但有益于养生健体，而且可以联动人的手、脑、心，可治人生的浮躁症而使文章不再染尘！

六　两副昆明西山名联

（一）昆明西山名联一：

南浦绿波西山气爽

春风落日秋水长天

这副对联是西山华亭寺所见，引发我在 2000 年 7 月 16 日在全国世界现代史学会年会上写的一首小诗：

学会建立廿一春，皋兰春城佳音闻。
人生几回忆往事，秋水长天老翁心。

（二）昆明西山名联二：

置身须向极高处
举首更多在上人

这副对联在西山中段。吴于廑先生解释此联有二义：①科研要站在理论高度，以之为指导，可站高看远，高屋建瓴，势如破竹；②科研工作者要谦虚，尊重前人成果，倾听今人意见，有宽容雅量。

我有感于以上两副对联，在 1991 年西北民族学院为学生也写了一副对联：

长天学海能容物
秋水文章不染尘

联与诗有别，然而联中有诗意，犹如治学中有诗意在其中。主要是乐趣，放在治史，有史趣；放在治学中有文趣、哲趣。自然技术科学的治学中，也不乏诗意的学趣，所谓兴趣，好奇心和趣味，都属一类。这是一种心境、意境，并非要写诗，成为诗人。

七　诗意治学：芭蕉篇三趣

王国维的《治学三境》影响了一代又一代学人。我在本编开篇就回顾了这段学术史上的美谈。自从 1950 年陈直先生在西北大学文物陈列室谈起《治学三境》之后，那种"成大学问之三种境界"时不时在我脑海中泛浮。我也写了一些文章，谈这方面的体悟。2009 年我在北京松榆斋又一次想起了治学的三种境界，于是草成《诗意治学：芭蕉篇三趣》，简称《治学三趣》，可以说是对《治学三境》的新的体悟。

诗的全文如下：

诗意治学：芭蕉篇三趣

（一）心趣·横渠之"心新"咏

　　　芭蕉心尽展新枝，新卷新心暗已随。

　　　愿学新心养新德，旋随新叶起新知。

（二）情趣·板桥之"相思"吟

　　　芭蕉叶叶为多情，一叶才舒一叶生。

　　　自是相思抽不尽，却教风雨怨秋声。

（三）乐趣：松榆之"互动"歌

　　　芭蕉凋谢叶化扇，送风消暑结人缘。

　　　栖而不息挥不止，乐在手脑互动间。

现在写古代诗的人多了，刊物也不少，只是对古诗的理解尚须深化。由我的"治学三趣"，我想起王国维的"治学三境"。我在《书路鸿踪录》的"诗意栖息录"中，用了较长篇幅分析王国维开掘的治学审美科学鉴赏观。王国维认为治学必须经过"三种境界"，表述了有关治学规律的种种联想，反映了诗意治学的审美辨识力和感受力。"三境"集中了高远自强、执著情操和艰苦而得的诗化治学审美境界，的确是一个创造。

我在写《治学三趣》时，并未奢望与《治学三境》相齐并论，只是想用诗意总结一下我从《东方民族主义思潮》以来的书路历程。在这个历程中，"治学三境"给我很大启发。治学之路是追求真、善、美的过程，而且这三者是统一的。真为三者之首，治学求真，真为基础，无真而追求之善，可能是"伪善"，无真而追求之"美"，可能为浅薄的文艺思维。浅薄之美既非真，也非美，当然也非善。在治学求真向善的同时，美不可或缺，而诗意美就是"心趣、情趣、乐趣"这"三趣"。这和"求真至上、向善自明、审美自知"的治学主旨完全一致，也与王国维的"治学三境"是殊途同归。此一得之见，供学人参考。

八　诗可以怨

诗可以怨，这种诗意功能也可以体现在治学的意境中。当一个学者在治学中遇到复杂的特殊问题时，也会在思想中产生怨，也会表现于研究对象上。

1980年11月20日，钱锺书在日本早稻田大学文学教授恳谈会上发表了《诗可以怨》的学术讲演。这个讲演于1981年1月发表于《文学评论》。这是一篇诗意治学之文。张隆溪等人在编《比较文学论文集》时，钱锺书作了增补与改动，后又收入自编的《自选集》、《也是集》、《七缀集》，足见他对此种诗意治学文章的重视。

此文写作时，钱锺书已年入古稀期，他选《论语·阳货》中的"诗，可以怨"为题，从中国文学评论的概念角度予以评述。他的论点有以下各方面：①苦痛产生诗歌（或者说苦痛比快乐更能产生诗歌，或者进而说好诗主要是不愉快、苦恼或"穷愁"的表现和发泄）。②"治世之音安以乐"，"乱世之音怨以怒"，"亡国之音哀以思"（《诗大序》）。③转至《报任安书》和《史记·太史公自序》的诗意治学的学术史："司马迁也许是最早不两面兼顾的人"，在上述二文中"历数古来的大著作，指出有的是坐牢写的，有的是贬了官写的，有的是落了难写的，有的是身体残废后写的；一句话，都是遭贫困、疾病、甚至刑罚折磨的倒霉人物"。他把《周易》打头，《诗三百篇》收梢，总结说："'大抵贤圣发愤之所为作也'，还补充一句：'此皆意有所郁结。'那就是撇开了'乐'，只是强调《诗》的'怨'或'哀'了；作《诗》者都是'有所郁结'的伤心不得志之士，诗歌也是'大抵'是'发愤'的叹息或呼喊了。"④"陈子龙曾引用'皆圣贤发愤之所作'那句话，为它阐明了一下：'我观于《诗》，虽颂皆刺也——时衰而思古之盛王'。颂扬过去正表示对现在不满，因此《三百篇》里有些表面上的赞歌只是骨子里的怨诗了。"⑤《汉书·艺文志》中说："故哀乐之心感，而歌咏之声发"，和《诗大序》一样的"不偏不倚"。⑥结论："'诗可以怨'是中国古代的一种文学主张。在信口开河的过程中，我牵上了西洋近代……'诗可以怨'也牵扯到更大的问题。古代评论诗歌，重视'穷苦之言'，而古代欣赏音乐，也'以悲哀为主'。"

孔子的原话是："诗可以兴，可以观，可以群，可以怨。""怨"是最后一个，讲得比《汉书·艺文志》全面，《诗大序》则从时代角度讲得更深刻。孔子所说的"诗"，指经过他删改的三百篇《诗经》读本，是让他的学生们学习、研读的教科书。这都是没有问题的。唯独"怨"，钱锺书解为"诗可以怨"为"发愤为诗"，进而断言《三百篇》皆"怨诗"，似过于偏执，文学界有不同看法。有人则认为"怨"是委婉劝说他人"改过"的方式，而不是自我情绪的"怨"；是"诗教"，而不能用比较文学的无可比较性互证互释。这些都是文学界的争议，和诗意治学的方向不合。诗意治学是一种治学的思想境界，是借助诗人的隐喻来反映治学的心境，如王国维有名的"治学三境"所说的境界。再往上说，如张载的《咏芭蕉诗》和钱大昕《十驾斋养新录》的互动，集中于"新""心"二字。不过，钱锺书所说的司马迁"历数古来的大著作"，已经表明了一种诗意治学的"发愤"表现，那也是一种诗意治学的境界，在学术史上占有相当大位置，不过不是全部。

九　简单是平凡的真理

已故清华国学研究院四大导师之一的赵元任关于文明的话很简单："物质文明高，未必精神文明高，物质文明不高，精神文明一定高不了。"

已故人文社会科学家胡绳关于科技与人文作用的话很简单："没有科技，一打就垮；没有人文，不打自垮。"

已故书法大家启功说："一拳之石取其坚，一勺之水取其净。"他自称为"坚净居"的"坚净翁"，简单而美好。

当代著名歌唱家关牧村的名言："平常心是道，简单是福。"

至理名言，其实都简单而平凡，但并不是人人都能理解。认识真理和实践真理之间确有距离。理论脱离实践，越是自命为"伟大"者越是距离越大。解说者也有两种情况：或是把简单的问题复杂化；或是把复杂的问题简单化。两者超过限度，多走一步，即使是真理，也会变成谬误。

南宋诗人姜夔（号白石道人）在《白石诗说》中说："人所易言，我寡言之，人所难言，我易言之。自不俗。"文明理论自觉的语言似可加上一句：人所繁言，我简言之。

自然技术科学与人文社会科学之间的关系，可作如是观。

十 后学与现代性

研探中东史，有两个问题是我特别关心的。一个是伊斯兰性与现代性问题，一个是文明交往自觉问题，而后者是解决前者的途径。

中东现代化发展到现在的阶段，出现了许多问题，贫富分化、教育、宗教民族问题、战争与和平问题，等等。如何解决这些问题，是不能不思考的问题。在国际政治领域，如何看待伊拉克战争，如何看待美国霸权和在中东输入民主问题，如何看待经济全球化给中东现代化带来的文明交往新问题，都涉及现代性问题。

现代性包括着后现代性问题。后现代思潮的著作很多，代表性的有福柯的《性史》、《疯癫与文明》；德里达的《论文字学》（又译《论书写》）；沃勒斯坦的《现代世界体系》；利奥塔的《后现代状况：关于知识的报告》；鲍德里的《消费社会》、《完美的罪行》；罗兰·巴特的《写作的零度》。直接涉及历史学的有海登·怀特的《后现代历史叙事学》和《形式与内容：叙事话语与历史再现》。但直接涉及文化和后殖民主义问题的还是萨义德的《东方主义》和《文化与帝国主义》。

对于这些著作，学界吸收多而消化少，文学界很热闹，社会学界也不寂寞，唯独史学界冷漠，国际政治关系中，中东很少有"后学"谈论。萨义德的著作，中东似乎无人问津。"后学"与现代性虽有联系，但与中东现实有差距。对现代性的反思，人们终于看待当代世界许多问题，眼光就有所不同。从长期看，"后学"中的反西方霸权不会消失。它对学科之间、国家之间、高雅文化与通俗文化之间界限的模糊化，将改写知识版图。传统文化的复兴热，直接和现代化、现代性关系相连，还有一个中东现代化特点问题和中东民族国家的前途问题。

十一 治学随感集（共 26 则手记）

（一）承诺与信任

袁行霈在为孟二冬著《中唐诗歌之开拓与新变》所作序中说，他曾给孟二冬布置关于历代"文气"的原始资料任务，当时并未发现他对此有十分兴趣。但是，想不到两个月之后，他送上的是一本数百页的资料长编，包括了文学、哲学、音乐、书法、绘画、医学等领域。

对此，袁行需赞叹的话，值得深思："一个人承诺一件事情的时候，话是如此之轻，以至于不敢确定是否真的想做；而在做的时候，却肯花如此多的力气，以至于深怕他过于劳累，这样的人太值得信任了。"

承轻负重，重然诺，是值得信任的人。人类交往文明化，诚信第一。以心化而为诚，以行化而为信，这是对一个人文明程度的试金石！既然承诺，就要守信，否则即非人言！在本书第六集"信仰力量"中，我把诚信界定为"信仰"，正是从人类文明自觉原则上界定的。

一个人的心能沉得下来，大千世界的各种诱惑，都动摇不了对学术的执著追求，尤其是不能动摇信守承诺的原则，这一点太重要了。我最厌恶的品质，是言而无信，答应承担的写作任务，不当回事，真烦人。我有太大太多的想法，一时不可能都做，我希望有更多更值得信任的人去做。

康德说："守时就是最大的礼貌。"我可以用一句中国名言补充康德："一诺千金"，"民无信不立"。信守时间，信守诺言，是做人处事的基本信条。

一句结尾的话：承诺的信守度，是检验素质高低、学风正歪、品德优劣程度的试金石。

一句题外话：给承诺人以时间，使他们增强信心和力量；一个人没有自信心，往往是失约、失败的原因。

事物是复杂的，没有信心的时候，要建立信心，信心可以给人以力量、成就和胜利；但胜利和成就也会刺激过分的自信，而过分的信心会使人说过头的话，做过分的事，无论失败和成功，都要保持清醒头脑，谨防走入极端之路。须知：极"左"、极右都要付出沉重的历史代价。

（二）未来

历史是现在同过去的对话，未来也应在人的视野之中。未来的特性是：①实在性；②复杂性；③价值性；④多变性；⑤趋势性。未来不在于实证与预测，而应当纳入规范性哲学研究。涉及主要问题：①科学的新特征；②自然与环保的新科学革命观；③技术对未来的影响；④当代技术与宗教信仰和社会乌托邦；⑤多样性与文化和文明的未来。

其实，人类历史是不同文明之间和相同文明之内的互动交往，这比对话更全面。

（三）中东史的英雄因素

"在中东地区的历史中，强硬人物深得人心。埃及前总统纳赛尔就是一个范例，他鼓舞了阿拉伯世界一代民族主义者。还有伊拉克前总统萨达姆，他勇于反抗美国的态度使他赢得了阿拉伯世界的赞誉。目前，中东强人的地位出现空缺。艾哈迈迪—内贾德可能是波斯人，但这并不影响他成为阿拉伯世界的英雄"。

这是英国《每日电讯报》2006 年 1 月 21 日刊登特里克·毕晓普文章的话。论文的标题就是：《伊朗总统成为新的阿拉伯英雄》。事出有因，艾哈迈迪—内贾德认为对他影响最深最多的两个人正是纳赛尔和霍梅尼。

对政治领袖的狂热情怀，应该加理性的判断和解读。不过，感情有其神秘性，它有时候是和理性完全分开的。把个人的命运和领袖的命运联系在一起而产生的迷信，是一种不自觉的思维定式，自觉的文明交往思维应当是寄希望于一种制度文明，而不是特定的个人。

（四）读书偶感

一见到"话语"、"博弈"……以至"建构"之类书文名称，心下顿生一丝疑惑，至于内容涉及欧美文史理论，更是惴惴于自己学力不逮，而难于卒读，有时不得不耐住性子读下去，于此一点，可见交往之难，对话不易。

文明交往不只是影响与被影响的关系，因为交往不只是单向关系，而是双向或多向互动关系，是"通"与"变"的互相渗透的变动整合状态。文史哲面貌的阶段性特征、生存状态与心理基础，作用于作者的情感结构和读者的期待视野，以及经济基础与文史哲二者交往的作用，都是深层之处。

（五）理论如何把握时代

理论总是时代的理论，而客观地把握时代的理论，才是经得起考验的理论。

学术也是如此。一味紧跟时尚的变化，而缺乏距离空间的独立精神，则会造成追风逐浪、随波逐流和人云亦云的学界现象。与时俱进是指总趋势而非一时的时尚。

人们常谈王国维的"治学三境"，实际上王国维的"出入说"更可以反映理论、学术与时代之间的真谛。他在《人间词话》中，谈及诗人同人生、同世界之间的关系时说："入乎其内，固能写之；出乎其外，固能观之。入乎其内，故有生气；出乎其外，故有高致。"这里虽是说明文学创作既深入生活又要保持俯瞰高度的问题，但对跟踪时代变化而"入乎其内"与保持清醒头脑对待时代变化，也同属此理。

理论、学术要关时代，但选择什么主题，却不能急躁、不能盲目地"紧跟形势"，不能说风就是雨。学术史昭示我们：凡盲目学跟时尚形势，用时尚政治图解"学术"，大都是不好的成果；跟来跟去，唯人唯上唯书，弄得跟者不是无所适从，至少是留下可以避免的遗憾。

在这里，独立思考最重要，追求主体性和深度审视最为重要。具体环节方面，选题上在时间上要和时代变化保持一定的距离最为关键，要冷静，要看清形势、弄清真相再动手，要从容写作，保持学术自觉，把一切中外东西化为己有。追风、追时尚，可能还与学人本人心态浮躁有关，"紧跟情节"后面是"急于求成"，于是跟风派所为的"学术"、"理论"、"文学"成为时代的"过眼烟云"。

深思熟悉的作品成果，还源于历史的眼光，"高致"意识建立在历史厚度之上。为何学界跟风老病成为难愈的沉疴，回顾大家及其代表作的产生历史即可了然！

（六）文化安全

文化安全是面临外来文化冲击、面临工业文明，全球化、信息化大趋势下生活方式所带来各种文化形态改变，以及由此改变的人们的心态和行为的表现。

文化安全主要是青年人不仔细品味自己传统文化内涵、淡忘其中神韵，从而无意中失去民族认同、民族尊严，而在现代化中本民族文化被别民族"化"掉。

文化安全不是排外，它只是一种民族文化的价值立场、审美立场，是民族自尊、自信，民族记忆、认同。民族文化生态需要保护。民族凝聚力在文化（交往、传播、认同、理解）中积淀。

民族性是民族文化之根，安全即保卫此根。

（七）从哲学走向历史深处

我在《松榆斋百记：人类文明交往散论》中，以"步入历史深处"为终篇。我在这篇跋记中写道：

"我愈是思索人类文明交往问题，愈感到深入历史研究的重要性。我愈

来愈感到，唯有步入历史深处，才能在更广阔的时间和空间中去深刻认识和理解人的本性。"（第 342 页）

对我说来，研究人类文明交往问题是在文学、历史学和哲学三个领域中统一进行的。但中轴始终是围绕历史进行的。要研究历史，需要人的理念、学术理念、社会生活理念、文化理念和世界理念。最后一个理念是登高望远，是贯通的中外一体的理念。我自幼喜爱文学，文学可以陶冶性情，培养审美意识，提炼文笔，增加看问题的广阔度。哲学是高明之学，智慧之学，学哲学，用哲学观察事物，可以站得高些，看得远些。然而，我认为历史是治学的根底，学了历史，才有看问题的厚度、深度，才有从长时段看问题的历史感。

以思考人类文明交往问题而论，从我个人的体验看，是来自在文史哲的结合中，思路进入历史研究深层的结果。我研究文明交往论，不是因为追求世界通史体系的困境而不得已求其次于人类文明史，而是深入历史，从马克思哲学思想的"历史人学"找出门径而创造自己的理论线索。

我的解决世界史的钥匙直接来源于马克思的哲学思想，尤其是"世界历史"的思想。马克思哲学思想着重点在历史领域。他虽然从哲学进入政治经济学、科学社会主义，然而历史科学始终是他的中心。他和恩格斯在《德意志意识形态》中，首先概括了"大历史观"：我们知道的唯一科学是历史科学，即相互联系的人类史和自然史。他把人的劳动创造、人的思想智慧、人的尊严、权利和个性的全面自由发展及其社会条件或社会制度保障，看成是历史活动的最高原则，认为这个原则是历史、社会和人的关系与发展之秘密所在。马克思特有的历史逻辑根植于人类个体生命、需要、劳动、分工、共同体，尤其是交往关系，他的历史逻辑正是这些多维逻辑起点及其概念辩证关系和运动。

马克思的世界观并不是经济主义决定论，也不是阶级斗争和暴力决定论，人性不断文明化正是人类历史活动交往多重性关系发展的过程。人类历史上存在的剥削压迫和阶级斗争，即马克思所谓"劳动的消极意义"，直到现代科技文明剥削他人劳动的现代资本私有制，都反映了非公平正义社会制度或人与社会全面异化关系的历史必然性，是人类生产活动中交往的历史阶段。人类文明交往史充满了创造：创造了物质文明、制度文明，创造了剥削、压迫的社会关系，创造了精神文明（概念、范畴、思想），创造了生态文明。整个人类史、自然史就是文明交往史：在交往中追求个体生存自由平等发展，却又处处受制于主客观条件的非自由平等关系的文明与野蛮交往矛盾中运动迂回前进的历史。

　　文明交往强调"历史阶段",既然人类在一定"历史阶段"创造了剥削奴役关系,那么在一定"历史阶段"也能创造消灭这种剥削奴役的社会关系。共产主义就是这样一个"历史阶段",它为"个人自由是一切人自由联合活动"创造必需的社会条件。

　　我感到理解马克思原著需要六种素质:历史视角、知识、智力、思维能力、心理体验、逻辑科学、方法论。还要执著、韧性,爱的感性加上思的理性。

(八) 创造力即交往力

　　宇宙的创造力是大爆炸时形成的。它是由一种热力均衡状态起源的。这是一种单一物质扩散引起一系列创造过程的前奏。重力使物质聚集在一起,引力以扩散的方式经历许多亿年的自我组织复杂过程,创造出宇宙结构,在均匀分布的气体中形成星系。地球上生命的出现,多细胞生物的缓慢进化,复杂行为及最后智能的出现。原始宇宙的简单性,开始孕育巨大创造潜力,确保了宇宙的复杂性。

　　宇宙的创造性新阶段是人这样有知觉生命的出现。人类通过艺术、科学、技术重塑世界。有谁说得清楚人类头脑的创造力会在多大程度上重塑宇宙?

　　人的创造力是一种文明交往力,它也是简单性和复杂性互相作用的辩证运动。其穿透力的变化可具体化为以下思维状态:

　　1. 融合一些相互矛盾的不同概念,组合一些完全对立的,甚至是对抗的事物,概念、事物差异组合愈大,产生创造的新奇效果愈大。如"文明冲突"和"文明会通",可直达"文明交往",这是我在文明交往论探索中的体验。美国亚拉巴马州创造性媒体中心高级研究员汤姆·沃得用"友好的敌人"、"健康的疾病"组成新的传播语言,也有新意。此谓"兼听则明",从对立交往中觅创造力。

　　2. 多搜集不同想法,包括自己的不同想法,随时手记下来,不时用脑与之交往;多离开自己熟悉的研究领域,不断对自己提出挑战,在学有专长时,仍需努力,在未专门研究处多下些工夫。创造力在广为交往中产生。

　　3. 创造力是交往中文明性的迸发,在行动受到压力同时大脑处于自由活动的特定状态下,会产生智慧的火花。说它是"火花",是因为它稍纵即逝,必须立即捕捉,否则如灵感之易于消失,追悔莫及。我自己的体会是躺在床上作"静夜思"，长期的大脑思考状态，实际上在酝酿中由渐变走向突变，当人们在睡眠和非睡眠的状态之间切换时，创造力的强点与弱点也在切换，也许如宇宙一样，复杂性会由简单性脱颖而出。静夜的空间，最宜扩散创造思路，当然不只是"乡思"，而是创造的新思维。创造力需要时间，也需要静默的空间，可以进行自由的遐想。

4. 有准备的头脑和对一个问题锲而不舍的精神，是文明交往给创造力的宝贵财富。坚持自己的想法，留下足够的思考空间。思维交往徜徉于大问题与细微处之间。研究具体问题时，宽阔的视野可成为最好的指引明灯；而细节则可以从不同角度反映对大问题的深刻见解。对一切观点，仔细倾听，密切关注，反复思考，这样将会比别人学得更多。

5. 学会从变中掌握常：创造力需要专业，但不可被专业化蒙住眼睛；突破性想法是从不可能中产生；需经受别人批评性的评估，但也要有战胜自己怀疑和犹豫的勇气。科学的主要成分是：对问题的沉醉、解决问题的强烈愿望，对过去错误的方法比较熟悉、完全不在乎其他专家的想法，善于坚持走自己的路。

（九）选择项目和选择人

选择项目很重要，这是毫无疑义的，是第一位的。不过，有时选择人这个第二位工作比选择项目这种第一位工作更为重要。因为人是决定性因素，更重要的是，因为有了人才会创造出事先想不到的重大方向。第三，选人要看学术条件，更要看诚信度。有了信守诺言的人，才能按时完成项目，疲疲沓沓的人，只能拖延进度。第四，在选择项目时，要把人才建设和建立良好科研环境放在重要位置，既出科研成果，也出创新人才。第五，带头人要有甘为人梯精神，培养新人。

（十）博士学位论文选题

1. 起点适当。

2. 值得做，有理论实践意义。

3. 我能做——为知识积累、扬长避短、兴趣所在。

4. 小题大做，在深、厚处"单刀直入"。

5. 前人未做的，角度新——开拓、独创、新颖性。

6. 系列性、有长远研究价值的、博士论文为阶段性成果。

孔子曰："博学于文"（《论语·雍也》），"行己有耻"（《论语·子路》）。

博士论文是高层次的学术训练，要从事锻炼"评论性思考能力"，要博瞻通贯，也要专深于业。引用诺贝尔评奖委员会访华团长佛勒施特罗姆的话："中国学生很幸运，生活在目前世界最有动感的地方，你们有责任为这个社会的蓬勃发展贡献你们的创造力。"

历史是常捉弄人的，本来是走这行，却进入了另一行。(《培养世界史博士研究生工作手记》四则)

(十一) 学风、文风

1. 珍视、尊重博士学位的声誉。

2. 良好文风。晦涩难懂，夹缠梗阻，噎塞不通，句义不明，文义模糊，不堪卒读。

3. 言而无文，行之不远，要鲜活而有持久生命力，行文流畅，逻辑严谨。

4. 厚实学术底蕴，学术责任心强，固本强基，打牢学术功底。

5. 记忆与创造并重，积累与突破齐飞。

(十二) 学养、眼光、方法

治学者，学术修养要深厚达通，首先要注重通才训练，其次是向别人学习。固本强基，是学养之本。学术需日积月累，长远考虑与坚实步伐。

治学者学术眼光要宏大博通。所谓眼光一要新颖，二要独到。独具只眼，从常见材料中也能见新，从不相干学科、事物中，也会得到豁然贯通的观点。材料、史实无新旧，眼光高下有宽容。眼光即眼界，即史观。我治历史，所以由史到文明，又到文明交往，由文明交往到文明自觉，其轨迹即沿着究天人之际的眼界、通古今之变的眼光和成一家之言的眼力，把人与自然、人与社会、人类自身置于中外古今宏观的物质、精神、制度、生态诸文明交往的变化的大背景下，彰往察来，从诸多问题中得到启发，以至用于人类社会。

治学者，学术方法要融合兼通。在文、史、哲之间找到相互支持、相互提高的契合点，达到互动融通、触类旁通、异类兼通，方可达到"才、学、识、德""四长"的高境界。才是天分，学是基础，识是关键，德是自律。当然，德最为基本，是长中之长。文史哲不分离，吸纳而不是搬用，触通而不是现学现卖。不为评职、评奖、获取学位、糊口这些日常生活之事奔忙很难，人总要生活，要有衣食住行，但有底线，即学术道德。治学总应深思熟虑，着力于空曲交往之际，以求未知，树立新义。黄庭坚把高瞻远瞩比作"如禹之治水，知天下之脉络"，我意尚有"疏导"之法在。

深厚达通、宏大博通、融会兼通，这三通之于学术修养、学术眼光、学术方法，十分恰当。强调"通"是司马迁的史观核心。天分，博学（通），转益多师，融通不同学科方法，不断蜕故变新，敞开怀抱，接受新见解、新方法，然后化为己有。

治史要有独立性、创造性。学术研究不要人云亦云，亦步亦趋，更不应唯利是图，趋势媚时，应把独立和创造视为自己的学术生命，并扎扎实实地体现在自己的研究全过程中。

（十三）儿时学诗忆

我从小就爱文学，爱写各种文体的习作。在三渠口小学上学时，被称为"小诗人"。上三原县中、仪祉农校和三原高中时，也多爱学文写作，舞笔弄墨。三原高中语文老师潘子实先生，华县人，高高个头，瘦削脸庞，走路直腿向前，人戏称"潘牛腿"。他不苟言笑，很高傲，经常用陕西华县特有的口音说："让人家说，我不在乎。"他对这个"潘牛腿"戏称也不在乎，置之一笑，走路姿态依然故我，这可能同他倔犟耿直的性格有关。我写的许多作文，都被他删删改改，圈圈点点，费了不少心血。记得我有一首诗是这样的篇名：《清道夫》，原诗为：

> 池阳深秋天，
> 碧树凋零、叶落满校园，
> 学子共叹行路难。
> 老侯清道四十年，
> 雪发霜眉腰曲弯，
> 两袖清风衣衫褴，
> 手把扫帚不停闲，
> 扫呀扫，扫呀扫，
> 秋去冬来扫不完。

大意如此，许多句子记不起来了。印象最深的是，潘老师用红笔逐句批改，还有画掉的，整个作文本上，红黑交汇，简直像一幅图画！至今我还不能忘的，是他把最后一句"秋去冬来扫不完"，改为"扫尽多少黄金钱"。一

句之改，使这个习作，换了一新境界。潘老师对我说，富贵未必可重，贫贱
未必可轻！秋天落黄叶，黄叶像金钱，老侯清道扫落叶，扫去多少黄金钱，
悲耶？乐耶？让读者去体味吧！这就是诗情的含蓄美啊！他还给我背了首抗
战时在成都小报上他写的诗："细雨成都路，微尘戏落花。入暮旋收市，凌
晨即品茶……"让我体味抗日战争时大后方一些人懒散的生活状态和麻木的
心态。

　　潘老师在我考入西北大学历史系以后，还专门从三原赶来看我，对我未
上中文系学习感到遗憾，但又说，文史哲不分家，阴差阳错，也许会是另一
种前景。"既然历史选择了你，你就要对得起历史"，这是他对我说的最后的
一句话。至今想起他那期望的目光，回味他那鼓励的话句，从内心深处油然
而生对老师的人格和学问的敬意。

(十四)"跨学科"很难

　　一个普通人很难把握两门以上的学科，正如一个人要掌握两种以上外语
一样难，除非他在主观或客观条件上有过人之处。至于精通，那就更难了。

　　真正意义上的"跨学科"，泛指建立研究小组，超越个人局限，由几个
学科学者合作，而不是一个人的努力，方能取得突破性成果。

(十五) 治史思想

　　1. 解放与理解、寻找原因与寻找历史意义。二者兼顾，但重要在探究
历史联系，即文明交往。

　　2. 社会空间、世界地理（经济、环境、文化），超越民族国家。

　　3. 航海地区也是社会空间概念，大规模互动交往由此而来，所谓"海
路大通"与海洋、沿岸、海湾有关。

　　4. 1963 年美国学者威廉·麦克尼尔《西方的兴起》用现代化理论框架
解释世界史，实质为西方中心；现代化标准为西方历史经验，西方文明世界
性扩张史等于整体史。现代化不能以欧洲标准为基础，全球历史范围框架下
各地的变化、市场的全面性。欧美现代化不只是欧美价值观的呈现，而是对
不同地域带来不同后果的互动交往过程。

　　5. 全球化加速于 20 世纪下半期，全球史是世界通史编纂方法，即"把
全球化历史化"，根据文化生产理论运用于历史研究。文化——持不同观念
的个人或群体之间持续的互动（超越文化特殊性、排他性、地方性）过程。
以不同文化之间的互动为着眼点，不是一种文化对他种文化的"影响着眼看

历史"。这实际上是文明交往全球化的历史。

6. 交往互动有：物种交换、移民、文化互动与社会发展、商品流通、帝国主义两类命题一起，组成三过程（人口增长、技术进步与传播、不同社会之间交往）。互动（强势与弱势在文化方面，不能用结果反推原因为发达国家找进步"基因"，为西方制造"普适性文化特质"；考察一国与参照其他国家同一事件过程的影响）。

7. 不能忽视社会内在交往与发展。这是交往的主要认识论与实践过程。

8. 生态文明史观也是人与自然的互动交往史观。人类自己的经济活动、社会活动、政治活动的行为对生态环境影响和环境反过来对人类的影响。互动交往的影响是中心。自然史与人类社会史的交叉，从二者相互作用来理解、探讨历史——极富启示性、震撼性认识。丰富历史内容、为全球化相关问题提供新的、深远视角。生态环境史——新的生长点。

（十六）中东史的写法

1. 考虑对中东史有兴趣的读者提供阅读教育和服务（为何读此书？提醒背景知识与以前了解的联系对接；阅读中注意思考问题、创造联想、选择阅读线索；读后的思考总结与自我评估）。

2. 考虑到读者的特性：开放式结构。

3. 视觉联想——地图；人物、古迹、风土、人情以及各种形象、图片的感性知识；年表——把枯燥的数字转化为形象的历史信息统计表；中英词汇对照表；索引……

4. 平等对话、共同和读者思考问题，引导读者去发现历史、学习历史，进行历史思维。

5. 历史研究的是过去，关怀的却是将来，理解历史遗产和教训，使我们在这危机四伏的年代里，有机会做出明智选择。人是世界历史的创造者，从在日常生活中做出的选择将会影响未来的世界文明！中东的世界交往的文明化密切相关！

6. 中东史注定要记住 1905 年，记住亚洲觉醒始于这一年。这正像世界历史注定要注意 1905 年一样，这一年的 3 月、4 月、5 月、6 月和 11 月，有一位长着蓬松浓密的白发和下垂胡须的犹太人，他在 5 个月内，连发狭义相对论、光量子理论、光电效应等 5 篇论文，推动了整个物理学的革命。他就是爱因斯坦！

（十七）论历史思维

勤学、多思、常写、敏行，此八字是论学要点。

学而不思则罔，思而不学则殆，学和思还必须写，用手来巩固、调动大脑思维力和记忆力，消化学习、思考成果。但学、思、写还不是目的，践行才是根本追求和验证。讷于言而敏于行，行要敏，要有智慧。行分创造与首创两种。前者为中性概念，有益有害均在其中，而首创性活动，是对社会进步价值的追求。

人人都有创新能力，问题在于培养。方法上要注意联想思维与发散思维；有对问题的感受能力，而后在勤学中、在多思中提出问题，在动手写作中融化归纳而为己有。接下来的环节是行动，是验证。

历史思维是思的重要部分，也就是历史感，是厚重的历史感。文学可增加人生的广度，哲学可给予人生的高度，而历史思维可使人不失去自我，不失去主体，使人有自己的成果。毕加索要求张大千有"自己的画"，爱迪生发现埃德温·巴恩斯的执著："从多年与人交往的经验"，知道能有多少创造。

人是社会关系的总和，个人也许无法对历史负责，却永远对自己的生命负责。在历史大潮面前，个体生命理性往往显得微弱，不能与历史的非理性相抗衡。尽管如此，个体理性却是实现个人生命价值的重要保证。历史思维可以透过历史迷雾，看出人的价值，看出个体理性的自由空间，看出现实中的历史限度。人情是真实的。历史可能荒唐，可能危险，但要善于自处，生命不能虚度。

当前，金钱正在逐步取代政治，成为左右社会生活走向的力量。金钱正像当年政治强势下使很多人迷失人生价值一样，也会使许多人迷失人生价值。然而，历史思维会给人以智慧，它可使历史的荒唐和虚妄都成为教训，真正的人生价值毕竟会在历史思维引导下，使真正的人生价值永存。

（十八）爱因斯坦的世界观和国家观

爱因斯坦在《我的世界观》一文中写道："我的政治理想是民主主义，让每一个人都作为个人而受到尊重，而不让任何人成为崇拜的偶像。"

爱因斯坦说："公民自由意味着人们有用语言表达自己政治信念的自由；宽容意味着尊重他人的无论哪种可能有的信念。"

爱因斯坦的国家观表现在1931年建立"爱因斯坦反战者基金"的讲话：

"国家是为人而设的，而人不是为国家而生存；国家应该是我们的奴仆，而我们不应该是国家的奴隶。"这句话2005年被德国政府刻在了政府大楼上，作为对他逝世五十周年的纪念。

（十九）精练的自序

明清之际的思想家、史学家顾炎武尽大半生的时间与精力写成读书笔记《日知录》，洋洋80余万字。然而自序却只有短短61字：

"愚自少读书，有所得，记之。其有不合，时复改定。或古人先我而有者，则或削之。积三十余年，乃成一编。取子夏之言，名曰《日知录》，以正后之君子。东吴顾炎武。"

61字，概括性极强。要义是：①勤写——少小读书有勤写心得习惯；②多改——发现与新材料、新认识有不合之处，就反复修改；③积累——学术在积累，三十年工夫，得以成书；④务实、刻苦钻研、独立思考、尊重前人、期待后学、求真、严谨、去芜存真、学风贯通字里行间。

值得品味的是，顾炎武对当时追逐名利、草率自刻文集的人斥为"失足坠井"；而不辨良莠、盲目为此类文集作序者，则被责为"落井下石"。

更值得品味的是，顾炎武以"铸钱"喻治学，抨击不学无术之徒想铸"新钱"又不肯"采铜于山"，只好收买"废铜"，甚至不惜"古人传世之福，春锉碎散"后铸钱。此种铸钱中之偷工减料，以次充好，乃至毁国宝铸钱的办法，导致钱既粗恶，又失国家，可谓"两失"！

环顾今日自费出书、公费出书的环境中，弊端不是也有"失足坠井"之人和"落井下石"之序作者吗？不是也有不阅原典、不找原始材料的"不采铜于山"者，而收"废铜"甚至毁国宝的"两失"的急功浮躁的近利治学者吗？

顾炎武把"平山之志与业，皆于其中"的治学精神，铸造了精品意识。"文不遗多"，"夫多必能工"，"愈来而愈舛漏，愈速愈不传"，他认为无非是"其视成书大易，而急于求名故也"。这话说得多好，三百年后仍有现实意义！

他还有句名言：以兴趣始，以毅力终。这似乎比"兴趣是科学之母"更深一层。无持之以恒的毅力，怎么能终成大器呢！兴趣与毅力相伴始终，实为科学的生命所在。

（二十）入门靠朗读

入佳作之门靠朗读。夏丏尊和叶圣陶合著的《文心》强调"书声"、"语感"、"语调"在语文教学中的重要性。琅琅出声，可受美的熏陶，可受人文精神的化育。我在初中背诵的许多古代和现代中外名篇，至今仍能大致不差地吟咏，其中意味与后来阅读所感大不相同。钱理群在《与鲁迅相遇》的"后记"中说："鲁迅作品不能只是默看，非得朗读不可。他的作品那种韵味，那种浓烈而又千旋百转的情感里边可意会不可言传的东西，都需要通过朗读来触动你的心灵。讲鲁迅作品，最主要是读……这里接近他的内心和他的艺术的'入门'通道。"

（二十一）击中伪善的"伟人——莫里哀"

莫里哀（1622——1673）有很多头衔：法国杰出的喜剧作家、戏剧活动家、出色的导演、造诣极高的演员……

据说，莫里哀逝世后，法国国王路易十四问法兰西学院院士、文艺理论家布瓦洛，在他统治期间，谁在文学上为他带来最大的光荣？布瓦洛回答："陛下，是莫里哀！"

但是，由于莫里哀的作品充满了对当时社会道德的嘲弄，却被排斥于正统之外，没有被接纳为法兰西学院院士。

不过，最为引人思考的，是他的戏剧《伪君子》（1664年演出）。在此剧中，他居然敢在天主教的国家攻击天主教，天主教把他当"魔鬼"看待。演出此剧经过了两年艰苦斗争。此剧成为名剧而被俄国著名文学评论家别林斯基认为是："一个能够在伪善的社会面前狠狠击中虚伪这条毒蛇的人，就是伟大的人物！《伪君子》的创作者是不会被遗忘的！"伪善者何其隐蔽，中国的伪善者常用权、钱来驱动，伪大师、伪学者犹如莫里哀笔下的伪君子，而历史和现实中的假道学即其一例！文明中的真善需要莫里哀这样的行动——击中伪善！

（二十二）头和尾

为文要细心揣摩，字斟句酌、瞻前顾后，一以贯通，然后成篇。

为文要求美，有逻辑，有脉络，有气韵，力争成为艺术品。

文章结构尤其注重于开头和结尾的连贯性和呼应性，使中间部分融为一体。

（二十三）学术应引人自觉

学术不等于知识。

学术关乎生命的自我觉悟，即自觉。

学术关注自由的心灵，引人走向自觉，即己求真而引人明白真理，此为学术的真正意义。

学术是生命觉醒的方法。

学者是生命觉醒的人。

经济上有可能一夜暴富，学术却不可能。学者要①长期独立研究；②日积月累；③专注；④恒心；⑤创造；⑥超越；⑦执著。

学术是"术业"，"术业有专攻"，"学之道，贵以专"，淡泊名利，潜心治学，坐得住，沉下心来，把冷板凳坐热，先自觉，再自觉觉人。

（二十四）好学深思，心知其意

"反右"期间，西北大学党委某领导因为有人给他提意见，说他讲话冗长，"意已尽而言无穷"，比起"言已尽而意无穷"者来说，只是"末流"之人。结果这个人被以"反党"罪名打成"右派"。每想起此事，言和意的关系，常泛浮脑际。

语言和思想之间，本来就是矛盾。其矛盾的表现形式有：①意已尽而言无穷，如刘端棻的大报告，咬牙切齿，声色俱厉，前后重复，拉拉杂杂，令人生厌；②言已尽而意无穷，如善表达者，使听者久久遐思；③言不及意，或表达水平，说不出意，或有意不说真话而言假；④言不达意，这是能力问题，把意思表达不出来。"法其意"，在于思，在于深思。司马迁说得最对："非好学深思，心知其意，固难为浅见寡闻道也。"（《史记·五帝本纪赞》）朱熹的"讲论一篇书，须是理会得透"（《朱子语类·读书法》）。什么是"透"？这就是"把这一篇书与自家羁作一片，方是。去了本子，都在心中，皆说得去。方好"（《朱子语类·读书法》）。用心读书，用意表达，以自己的语言说出、写出、讲出来，方为上乘。

（二十五）战争与想象力

芝加哥大学商学院院长巴贝丝在 2006 年春的上海交通大学"全球商学院院长讲坛"（77 所）说："想象力比学习重要，想象力指数更重要，因为它为我们设立了新的方向，让我们关注一直被忽视的东西。"她语出惊四座：

"战争似乎成了人类的爱好,之所以人类用战争来解决问题,是因为政治家想象力有限,没有办法艺术地解决问题。"这话有些偏颇,因为战争之中有军事艺术。

(二十六) 倾听

陕西朝邑人张奚若,以诤谏闻名,曾因此得罪蒋介石。反右前,作为中国对外友好协会会长,又是清华名教授,向毛泽东提三条意见:①好大喜功,急功近利;②蔑视古人;③迷信未来。毛泽东不能倾听不同意见,反批之为"好大喜功有何不好,好社会主义之功,有何不好?"不是周恩来保护,张奚若差点被划成右派。

田家英,多才英俊,一直是毛泽东最信任的秘书。他也了解毛泽东,敢于直言面上。他对毛泽东有三条意见:①能治天下不能治左右;②过于自信,难道不怕百年之后有人议论;③听不得批评。毛泽东不能倾听。1966年,田家英被划入批判对象,排在彭真、罗瑞卿、陆定一、杨尚昆之后,称为彭罗陆杨田。同年5月23日,被逼自沉于南海,临终遗言:"相信会把问题搞清楚,相信不会冤沉海底。"历史证明,他同张奚若一样,是诤友,他的意见有历史见地。

真诚是美德,宽容也是美德,可惜要做到太难了。

十二　谷超豪的诗意治学境界

谷超豪治学的境界是诗意治学的境界,其特点是用诗来表达枯燥数学的人生乐趣,具体表现在:

1. 他在1986年乘船去浙江舟山讲学时,写了一首诗表达微分几何两个著名定理:"昨辞匡庐今蓬莱,浪拍船舷夜不眠。曲面全凸形难变,线素双曲情可迁。晴空灿烂霞抽日,碧海苍茫水映天。人生几何学几何,不学庄生殆无边。"

2. 他诗意治学的境界是自然科学与诗的审美思维的统一。在《观巨型皂沧飞舞》诗中写道:"斯人雅兴殊堪羡,盈尺珠玑迤逦开。凸凹婆娑飘飘舞,谁能解得方程来。"他在微分几何、偏微分方程和数学物理的"金三角"领域治学,在国际数学领域的双曲型方程、多元混合型偏微分方程、规范场理论、孤立子理论中的 Darboux 方法等方面,贡献非凡,而且使这些研究游弋于审美意境之中。

3. 可贵的是他以自己切身的体会，经常告诫年轻学人千万不要重理轻文，爱数学，也要爱文学，不要单纯和数学、公式、定理打交道。他劝学数学的人要从文学中充实自己的精神世界，更重要的是汲取自然科学的思想。他有两句话表达自己诗意治学的境界："数学与古典文学都十分重视对称性，许多作品中还蕴含着丰富的科学思想萌芽。""文学和写作一方面能够丰富生活，另一方面也有益于数理思维的发展。"

谷超豪在数学的交叉研究和边缘化研究方面，都站在当前数学的最前沿，这与他广阔的治学理念有密切联系，又和他专深研究直接相关，还由于他把文学功底和数学思维结合，终于创造出治学的乐趣世界！

4. 由此我想到了科学的真、善、美之间的统一交互关系问题。求真、向善、审美是科学价值的整体追求，它综合地体现了科学给予人类的好奇心、想象力、神秘感、可能性和趣味性。我在《书路鸿踪录》的跋中说："美的规律是科学研究最高境界的规律。"科学的美是主体情感见之于研究过程的愉悦、快意，是感性和理性相融的美，体现求真和向善的本质美。其中把抽象美和具体美用诗意表达出来，如谷超豪的诗作那样。

十三　诗的文化意境

1. 学诗三节："学诗有三节：其初不识好恶，连篇累牍，肆笔而成；既识羞愧，始生畏缩，成之极难；及其透彻，则七纵八横，信手拈来，头头是道矣！"（严羽：《沧浪诗话》）

2. 诗之四境："花鸟缠绵，云雷奋发，弦泉幽咽，雪月空明，诗不出此四境。"（刘熙载：《艺概》）

3. 诗的秘密：中国文化使人民喜爱现实世界，爱护备至，却又不致陷于现实得不近情理！他们已本能地找到了事物旋律的秘密。不是科学权力的秘密，而是表达方法的秘密。这是一个积极伟大的天赋。

4. 恢弘文化气象美学：老庄的"言不尽意"、"大音希声"、"大象无形"、"道可道，非常道"。"言已尽而意无穷"与"意已尽而言无穷"之别。"此中有真意，欲辨已忘言。"此中重在"点到为止"的"悟"上。

5. 自然生命意识的诗意美：心灵与茫茫宇宙的敬畏和大自然万事万物生命本原的运转规律暗合和呼应，把创作与欣赏熔于一炉之中，寓思辨逻辑、学理概括力于"性灵"的妙语深处。

6. 诗的艺术与政治：艺术规则与政治思想互补互动，以艺术为主导。中国的道家恬淡无为的放达情怀更接近艺术规律，而儒家的深邃修身经世思路更靠近政治，二者结合，体现了中华文化的美学价值和人文风尚。

7. 诗学传统：英国的文明史学者汤因比在《历史研究》中，提出中华文明作为文化体系长期延续而从未中断的"延续性"人类历史现象，说明中华文明传统的厚重性和生命力。最能反映这一特点的有两条大线：一为史学传统，从《史记》开始的二十四史，此为世界史学中所仅有的大而长的人类历史画卷；二为诗学传统，从先秦古朴瑰丽的《诗经》、两汉铺陈壮阔的大赋、魏晋沉郁深重的古诗、唐宋豪放清婉的诗词，直到元代雅俗共赏的元曲。这是割不断的民族文化传统之线，是刀断江河水复流的文化认同。一个民族、国家，政治是面貌，经济是身躯，而文化是灵魂，民族的核心价值观在灵魂，所谓"民族魂"是应传承、复兴、发扬、传播的文明自觉的精神所在。

十四　不觅封侯但觅诗

周一良先生在评论他的老师陈寅恪先生时，总结了三句话："诗人气质"、"史家学术"和"儒生思想"。在方法论上，是"多重参证、补证和释证"。特别是"以诗证史"，即寓有诗意治学的内容在内。

57 岁的陈寅恪，失去了学者治学读书的第一条件：双眼。

这是他辛勤写作、过度劳累工作的后果。1944 年 12 月 12 日，他完成了《元白诗笺证稿》。失明开始于左眼，后来是右眼。失去双眼，见不到光明，但学术的灿烂光芒在他头脑中发出智慧的力量。此后他全凭积累的学术记忆不懈工作。

1953 年，他的学生蒋天舒寄长篇弹词《再生缘》，病中的他，用蜡纸刻印，分送友人，其中有一份寄给挚友吴宓，时间是 1961 年 8 月。这时他们二人已阔别十二年。文末陈寅恪题诗：

"文章我自甘沦落，不觅封侯但觅诗。"

这是诗与史、艺术与人文精神的智慧结晶。他有大智的头脑，一个失去双目仍在思考的大智头脑。头脑是学者的至宝。难怪词界泰斗夏承焘在日本飞机轰炸杭州时，有诗云：

"日本炸杭州，不要炸我楼。日本炸我楼，不要炸我手。日本炸我手，不要炸我头。"

记得"文革"中，我在北京见到他，曾提到了这首诗。他说，那是戏而为之，不料被批判为"贪生怕死"的"铁证"。他宁肯失去所住的楼，失去劳动的双手，也要保住思考的头脑。陈寅恪已失去了双目，幸好保全了头脑，才有多种著作留给后世。马克思希望阿拉伯民族的先行者们，像埃及改革家阿里那样，不但有漂亮的"头巾"，而且有会思考的"头脑"。恩格斯在马克思逝世时说，一个思考人类前途的智慧头脑离开了我们，于此可见，头脑是何等的重要。

"文章我自甘沦落，不觅封侯但觅诗"，这是把诗意治学推到了极致。这种执著的人生追求，是人文社会科学和自然技术科学这两种文化的共同灵魂。在后者也不乏其例。以当代中国而言，严济慈、童第周视治学严谨为科学生命；竺可桢强调学者"运用自己的思想最重要"，主张治学要有"科学的方法，公正的态度，果断的决心"；王大珩认为"做人比做学问更重要"；等等。两种文化的创造者都是活生生的人，都要解决为何而活、如何而活的生存与发展的共同问题，因而治学中的人文共性自在情理之中。

第 五 编

学问人生

一 蒙田的治学观和生命观

蒙田（Montaigne）在 1851 年 11 月做波尔多市长，但很快便辞职研究学问。他有一句名言："世上最难学懂学透的学问就是如何享受此生，在我们所有的缺点中最严重的就是轻视生活。"许多学人对这句经验之谈没有重视，这是教训。

蒙田一生只写过一本著作：三卷本的《蒙田随笔录》。在当市长前，他在长达 500 天的旅行、隐居中，完成了随笔的前两卷。当市长时，他又把市长办公室变成了小型图书馆，整天埋头阅读那上千册藏书。

蒙田虽然只有三卷本随笔著作，几世纪以来却被人们反复阅读和发现。

"轻视生命"，被蒙田看做人类所有缺点中最严重的缺点，以及世上最难学懂学透的学问是如何享受此生，是意味深长的。

什么是生命？从生物学上讲，生命是蛋白质存在的一种形式。人的生命力是人的生存力、发展力，即人类特有的文明交往力。一位西方哲人说过，人的生命从自己的哭声中开始，又在别人的泪水中结束。人的生命有限而且宝贵，它的长度、宽度、厚度、重度、高度和深度的价值表现，是对人类社会的贡献大小、多少。人的生命价值在于生物性和社会性的统一。健身是保护生命，治疗是爱护生命，不虚度人生，才是珍惜生命。生命是有限的，可以说是短暂的，是在一秒一分中逐渐地、一去无回地消逝的。浪费时间是对生命最大的浪费。如何珍惜时间，是珍惜生命最重要的人生课题。

蒙田的治学观和生命观使人想起托尔斯泰对生命的解读："爱就是生命的本身。"生命本身从哲学意义上讲，是必然中的偶然。偶然而生，偶然而存，偶然而别，偶然而失。然而，生命观有必然性，它是自然的产物，它生活于、延续于而且是顽强地发展于大地之上。爱，是生命的本身；不爱，是这种必然中的偶然性，人的精神就缺失了。拥抱人生，热爱人生，追求真善美，这才是人生的真谛。

二　演绎怀特海的名言

英国哲学家怀特海有句名言："在中学阶段，学生伏案读书；在大学阶段，他需要站起来，四面观望。"

这里，站起来很重要，只有站起来，才能放眼社会、历史、未来、生活，才能把握恰当目标，才可能有远大前途。

当然，这只是一个象征性的比喻。但我以为还可以顺着怀特海的思路演绎一下：在研究生阶段，特别是博士研究生阶段，不但要登高望远，还要低头沉思。不要人云亦云，而要独立思考，要创造创新。博士研究生心中要有这个"要、不要"的教育哲学名言。"要"是指努力做真正大写的人，做围绕目标的实事，做大学问、求真知。

科学的求真、求是，从知开始。《周易·乾》中有言："知至至之，知终终之。"这是真知，真正知道机遇的重要，并随时为此而积累实力，以免时机已来，却因无实力而错过；知是真知，知道自己终于应当和能够做什么，从而为此全力以赴，决不动摇、不懈怠。研究生，尤其是博士研究生，应珍视自己有效的"学术生长期"，这是最优于无此幸运同辈的"学术实力积累期"，应当珍惜，这样，才不算白过，不会悔恨。

有所高校，百名教授留给大学生一副长联，也可作为对怀特海名言的另一种形式的演绎：

想古代先贤，本胸怀鸿鹄，悬梁刺股，受辱胯下，为江山社稷桃园结义，爬雪山，过草地，创造文明华夏；

看我辈学生，岂能腹无国家，怕苦畏难，小肚鸡肠，因个人私欲以邻为壑，泡网吧，迷情场，愧对太平盛世。

此类演绎，看似文字游戏，实则体现着一种治学精神和人生哲理，还是一种审美情趣。

三　甘地的坚持理念

英国《新观察报》2007年8月9日一篇纪念甘地的文章说,甘地去世时,爱因斯坦感慨而言:后人将难以相信有这样一个真实的人曾经存在于世。文章认为,对印度之外的人,甘地更多地被看做20世纪的道德标准:和平、宽容和真诚的理念。马丁·路德·金、曼德拉这些伟人都受此印度文明与外界交往的影响。也有人把他视为现代社会的耶稣,为印度教与伊斯兰教两大宗教信徒的和睦相处而上了十字架,以自我牺牲制止文明流血冲突。

应当说,甘地的品格的特征是坚强、坚定和坚持,他的自传副标题就是《坚持真理的故事》。之所以坚持,在于有十根美德作支柱。用一个公式表达,就是坚强的品格=智慧(古希腊人认为是美德之首,它引导其他美德)+公正(尊重所有人的权利的金律(The Golden Rule))+坚忍不拔(内在刚毅)+自我控制+爱(爱在给予而无私)+勤奋+正直(告诉自己真相)+感激(不是情感而是意愿产生的行为)+谦逊(道德生活的基础、认识自己的不足、督促发挥潜力而不是赢得声誉)。

运用在治学上,也同样需要。坚持而不动摇,沉心静志治学,一是政治经济收益不应成为研究与写作的动力;二是见惯于学问与财富、权势不成正比的现象;三是耐得"朴素"、耐得"寂寞"和耐得"颠扑"。

学人是人,人生如何度过?在治学中能否坚持、坚定和坚持?这如同前面蒙田所说,是世上最难学懂学透的学问,也是不可或缺的学问。

四　"蛮族"是移民、难民

《观点》2007年8月17日提出一个"观点":欧洲史上的蛮族不是单纯从"入侵"意义上的族群。这篇文章引用意大利现代史学家巴贝罗的观点说,蛮族其实是移民、难民和逃亡者,其中大多数目的并不是罗马,而是寻找生存之地。罗马人对他们的默认,实际上是将移民纳入国家化管理。

公元406年12月31日,一群汪达尔人、苏维汇人、阿拉伯人越过冰冻了的莱茵河,进入对岸的高卢地区。公元410年,这些人遍布于从阿尔卑斯山到大海,从比利牛斯山到莱茵河岸。三年后越过比利牛斯山,占领西班牙西部和南部大部分地区，罗马人被迫承认他们为"同盟者"！

欧洲史学家沿用袭称"蛮族"，也被马克思在《德意志意识形态》中转述。我的一位新疆维吾尔族学生对此大为反感，认为这是种族歧视语言，应当删除或改称。他不了解这里没有贬义，只是就文明程度相比而言。换一个"后进民族"就能改变歧视了？不过他的敏感也使我思考文明交往中的理解问题。对一些习非成是式的通用词，值得审问而改正。

五　帕斯卡尔论哲学与艺术

17 世纪的法国哲学家帕斯卡尔在《思想录》中写道："一个艺术家，如果没有哲学思想，便只是个供玩乐的艺人。"

学术若无哲学思想，与此同理。哲学思想是鸟儿的翅膀，是学问的空气环境。教学也需哲学思想的引导，方能开窍生智。有人教了一辈子书，而且在大学讲堂上，张口则结结巴巴，动笔则如虫爬，脑子里糨糊一团，不去作哲学思考，还要作"科学"姿态，实际上是让学生打瞌睡的三等教书匠而已！

有哲学思想深度的艺术，可以拯救陈旧的体验。美国作家苏珊·桑塔格说："人们对于外部现实具有一致认识的部分，实际上非常有限，但当使用一种语言的人，被要求表达某些感观印象时，他会用同一种语言作出反应。"她认为，这是陈旧、贫乏的表述，是遮蔽了人的体验，而拯救方法之一便是艺术。

布克哈特对艺术的作用，则有自己的表述："唯有通过艺术这一媒介，（一个时代）最秘密的信仰和理想才能传递给后人，而只有这种传递方式，才是最值得信赖的，因为它不是有意而为的。""艺术并不是历史的尺度，它的发展与衰退并不能提供有利或不利于某一时代或某一民族的绝对证据。不过，它总是天才民族的最高现存要素之一"。

艺术之美会使人发现新的体验。对于人来说，最大的困难是选择，而不是行动，或者说是选择之后的行动。我们应该改变方法，从另一个角度观察世界，从另一种认识、另一种逻辑思维与检查方法看待世界。

六　名家读书的艺术

林语堂在《读书的艺术》中写道："我认为一个人发现他最爱好的作家乃是他知识发展上最重要的事情。世间确有一些人心灵是类似的，一个人必须在古今的作家中，寻找一个心灵和他相似的作家。他只有这样才能获得读书的真益处。一个人必须独立自主寻出他的老师来。"

这里说的寻找老师应当是很多，应当是各方面的。如果从读书角度看，文学家我喜欢陶渊明，他"好读书不求甚解，每有会意，便欣然忘食"的不死读书的"会意"精神，使我终生受益。"会意"在于不死读书之后，犹如领悟佛经真谛一样"知味"。外国的作家有契诃夫（俄），他的人道主义正像《金蔷薇》（帕乌斯托夫）中所言："现在我们有些文学家缺乏契诃夫的善良。"契诃夫对"美的空费"的伤感之情，发人深思。

这里有一位现代中国作家给我留下了极深的印象，他就是朱自清。他的《背影》使人知道什么是作家的厚道、善良，他的《荷塘月色》使人知道什么是美好情愫。此外，如王统照也使人想到正直和灵性。

有些作家，如杜甫的"读书破万卷，下笔如有神"（《奉赠韦左丞丈二十二韵》）也令人愈老愈有体会。而曹禺 1930—1933 年在清华大学读了许多世界名剧而在 1934 年写成传世之作《雷雨》，不仅是才情，而且是积累的苦功之后的灵感爆发。当然，这里并不排除天赋与智慧的高峰期。

七　童年阅读记

童年所留给我的感觉印象是"恐惧"，阅读环境不佳。当时正值抗日战争，日军虽未进入潼关，但人们心里很恐慌。不仅日军飞机经常在空中盘旋，有时炸西安，有时炸泾河大桥，有一次听说日军一支骑兵已闯进潼关，全村都在准备逃难。我开始是私塾老师，教《三字经》、《百家姓》、《千字文》，后来读《幼学琼林》。父亲是医生，懂得古文，不但让我读各种汤头歌，也有张仲景、陈修园的医书，还让我读私塾，跟安谧中老师学习，背《论语》和《唐诗三百首》。后来上小学，是开明书店的课本，第一课是"小小猫，跳跳，小猫跳，小狗叫，小弟弟，哈哈笑"，觉得挺新鲜活泼。

初中是在陕西三原县中，是在城隍庙隔壁。城隍庙是个文化市场，有各种旧书，可以出租。说实话，一年级没有好好上课，租借各种书籍看，大多是武侠小说，如《三侠五义》、《七侠五义》、《施公案》、《彭公案》。是同学们凑钱租书，让我看后给大家讲。我成了很活跃的故事员。下午，晚上，大家都等着我开讲。但校长韦文宣老先生，要我用文言文作文，我凑了一篇《龙桥记》，竟然大受赞扬。他送了我本《昭明文选》，对我说："文选烂，秀才拌。"又要我读《古文观止》、《古诗源》，当时虽然不太懂，但背下来的东西，使我受益匪浅。

后来到泾阳仪祉农校，国文老师李一琴教我写古体作文。写什么，记不得了，只记得他改得很认真。修改后让抄整体，然后写上批语，把《古文观止》上的文章让对照。对那些农业技术课，一门也没学好。

八　梁漱溟的治学思想

（一）

梁漱溟是一位特立独行的人。他说："我本来无学问，只是有思想，而思想之来，实来自我的问题，来自我的认真。因为我能认真，乃会有人生问题，乃会有人生思想、人生哲学。"真是名人名言，特立独行之气概，跃然纸上。

梁氏是学者，这毫无疑问。1916 年，年仅 23 岁就在北京大学讲"印度哲学"、"儒家哲学"。27 岁出版《东西文化及其哲学》。他是因有学问而成名的。但他不是为了学问而做学问的。1930 年，他在《我是怎样一个人》一文中写道："大学误解我什么？这就是误认为我是一个学者，甚或说是什么'哲学家'、'佛学家'、'国学家'，这真是于两面都不合适：一面固然糟蹋了学者以及国学家；一面亦埋没了我简单纯粹的本来面目……谈学问，在我只是不得已，非是有心……我只是好发生问题——尤其易从人事上感触发生问题。有问题，就要用心思；用心思，就要有自己的主见；有主见，就从而有行动发出来。外人看我像在谈学问，其实我不过用心思来解决我的问题而已，志不在学问而已。我一向之谈哲学，谈心理学，始终是此态度；今日所读又涉及政治与经济，仍不外此。"

梁氏被美国芝加哥大学教授艾恺认为是"最后一个儒者"。他是在儒家大义指导下从事着远离书斋的人生实践。他反对"逐求"："人于现实生活中逐求不已，如饮食、宴安、名誉、声、色、货、利等。"他自己"逐求"的是"心情平平淡淡"，"志不在温饱"，"恶莫大于俗，以俗为耻"。他从事社会实践思考和追求的两大问题：中国问题、人生问题。1924 年，辞去北大教职后，到山东、广东、上海、山西、河南考察八年，1931—1937 年在山东邹平从事乡村建设活动。抗战后，1938 年 1 月访延安，同毛泽东谈话八次。后到敌后巡视。1940 年与黄炎培、左舜生、张君劢办民盟，1946 年接任民盟秘书长。

留美学者俞庆棠曾问梁有何爱好。梁答：爱思考问题。俞听后说："这太可怕了！思考问题本是一种工作，怎么能够当做爱好呢？"梁氏在一个记事本上写了"思想就是消遣，工作不是负担"，似乎是对俞庆棠的再回答。

梁氏信佛，在信仰上却是从佛理中吸取有益东西的高境界，而不是偶像崇拜；梁氏从不以新儒学奠基人自居，只说在殿堂之外往里看，不敢说登堂入室。

梁氏以求同存异原则与人交往，能合作共事，宽容待人，承认"不同"，强调的是"和"。他与毛泽东的交往，堪称宽容中的大度者。他对毛泽东的居高临下的批判一事，直至毛泽东逝世后，仍是以一种释然不计的宽广胸怀对待。

梁济（巨川）作为梁漱溟的父亲，在 1918 年 60 岁生辰前三天，因忧国而投湖。临走前和儿子讨论国际形势，他问梁漱溟："世界会好吗？"梁漱溟回答："我相信世界是一天天往好里去的。"他点点头说："能好就好啊！"这是梁巨川留在世上的最后一句话。父子之间最后仍谈社会问题，说明父子传承是深刻的、持久的，而且儿子是父亲思想的践行者。

（二）

但是，梁漱溟因思想性而有学术上的大成就，因思想性而努力解决儒学传统与现代性"接头"的努力。

1921 年，他在《东西方文化及其哲学》一书中，从保持民族文化自主性前提下消化现代性出发，提出了解决传统文化与现代文化之间交往的矛盾问题。他的视角是人类文化生活，即文化是一个民族的"生活样法"，可以理解为"模式"、"范式"，而生活是从不同民族的"意欲"出发的。"意欲"是他区别民族文化特质的"生活样法核心"。他认为，中国、印度、西方这"三种文化类型"有"三种路向"，表现在哲学上各有特点：中国人生哲学与形而上学相连，占哲学全部，宗教素淡，绝少注意知识；印度宗教概括了人生思想，哲学全部为宗教问题；而西方哲学为"知识论"掩盖一切。

1949 年出版的《中国文化要求》一书，他又细化中国传统文化（七大个性、十四个特征）后，提出因此而造成中华民族的十大特点：①自私自利；②勤俭；③爱讲礼貌；④和平文弱；⑤知足自得；⑥守旧；⑦马虎；⑧坚忍及残忍；⑨韧性及弹性；⑩圆滑老道。他比较中西文化，总结出以下各点：①中国是理性文化，西方为理智文化；②中国未经物质文化充分发展，而进入高级的理性阶段，是早熟的人类理性文化；③西方文化与物质文化相联系，只有向上发展，才进入"理性文化"，因为理性是人心对人心，所考虑的是"人"而不是"物"；④中国重家庭而不重集团，以道德代替宗教作人生信仰。

他最后的也是集思大成的著作，是《人心与人生》。按他自己的解题为：改正《东西文化及其哲学》这部早年著作中的错误，"其改正的要点全在辨认人类生命（人类心理）与动物生命（动物心理）异同之间。此一辨认愈来愈深入与繁密，遂有志于《人心与人生》专书之作"。此书有三点与人类文明自觉有关：①人类与一切动物都有与生俱来的"本能"，也是"人类生活所不可缺少的工具"；②人类与动物不同之处，在于有静以观物心智性的"理智"，"理智"所得到的外界的"物理"，还夹杂个人好恶的感情；③人类自身还有"清明自觉的感情"，这就是"理性"，即罗素称之"灵性"，是人类站在公正无私的理性感情上观物所得到的情理。这三点都是文明自觉三大主题（人与自然、人与社会、人类自我身心）的具体研究。可以说，他思考的是生命生活哲学，是人类文明交往过程中三个有区别、有联系的关节点。

梁漱溟是一位爱国的、好学深思的哲人。他对中国传统文化如何适应时代发展，有着强烈责任心和使命感，并且有大无畏的精神和坚韧的执著精神。

九　费孝通的学术交往

文明本质是社会性。作为中国第二代社会学家的领头人，费孝通在 93 岁时，把传统社会学领域扩大到人类文明学，并以文明学的思想、方法研究社会学，创造了有别于实证社会学的新社会学——文明社会学。

费孝通一生是学术交往创新的开拓者。他早年打破社会学、人类学与民族学的界限，继承了吴文藻人类田野调查方法研究社会学的路向。他的学术交往使命意识是继承与发展前辈学术精神。从三位外国老师——芝加哥学派创始人派克、人类学家史禄国、社会学家马林诺夫斯基和多位中国前辈——孙本文、陈达、李景汉、潘光旦、吴泽霖、吴文藻、吴景超等人那里，接受知识、方法、品格、志趣。

知人论世，知世论人。人与人之间的交往，直接是三代人之间的关系：上代、自己一代、下一代。各代有差异，费孝通说，他这一代"要在人家眼里做个好人，在做人问题上要个面子"，而"下一代要不要面子已经是个问题了"。上一代人呢？他以潘光旦为例说，是"把心思用在自己怎么看待自己，这一点很难做到"。吕文浩先生总结费孝通的学术生涯时说："继承"、"推陈出新"是费孝通的特点，而最重要的特点是"更加彻底地'从实求知'"。"实"是实地调查、身边事实的观察、体悟中提炼社会学的认识。可贵的是费孝通看到自己的弱点是缺乏历史知识，在与潘光旦的合作中弥补了不足，写出《中国士大夫》课题的《科举与社会流动》一文，影响长远。后来又合作研究民族学，两人对土家族和畲族的研究，取得了共识——不能把两族孤立处理，而是从各民族的迁移、融合与冲突来研究中华民族形成的动态过程。这是合作交流的文明交往之光，照耀着日后费孝通的成名之作——《中华民族的多元一体格局》(1988)。全局意识与理论关怀，是他从潘光旦那里受益的指导思想。

学术交往是智慧和心灵的交流，是相知、相惜、相助。潘光旦在1946年为费孝通的《生育制度》写了一篇序——《派与汇——作为费孝通的〈生育制度〉一书的序》，从中西社会思想分分合合的历史，提出了一个更为综合的新人文的社会思想，期望费孝通能百尺竿头，更进一步作全面分析。这就播下了费孝通后来谈到人与社会关系问题上重视文明、人文的种子。1990年，通过长期的风风雨雨，尤其是反右和"文革"中的经历，他提出了人的"自我"和"社会"两个"互相配合的永不分离的实体"思想。"自我"不仅是"社会载体"，也可以是"社会对立体"，对社会的压力"从表面服从，直到坚决拒绝，即自杀了事"。"这种人把人和社会结成一个辩证的统一体的看法也许正是潘光旦先生所说的新人文思想"。费孝通这样做出了学术交往的结论。

由此我想起了夏鼐和陈正祥之间的学术交往。1978年夏鼐读到陈正祥的《真腊风土记研究》，认为此书"对自然方面的注释超越任何人，但考古和方言尚有可商酌之处"。陈知此事后，鼓励夏鼐写书评，并"勿因友谊而失公正"。1983年，两人在北京见面，夏问及华北植被，陈答：主要是草原，由此引出了陈的《草原帝国》一书。夏又谈古代丝路，因青海一线被忽视而引发陈在《中国文化地理》一书中加上了《丝绸之路》一章。陈对学术交往的感慨之言，可谓掷地有声："同志同道合的人交谈，受益的不限于对谈双方，尚可牵动学术的进步，导致文化的升华。"学术交往如此，其他文明交往何尝不是如此！

十 《垮掉一代》及其作者的命运

我在《文明交往史例：美国曾鸣寒山钟》（《书路鸿踪录》，第48—54页）中，曾谈到《垮掉一代》的作家杰克·凯鲁亚克。他在1957年写成的《垮掉一代》（*Best Generation*）反映了美国文明演进的一个片断。

这是一本将近尘封半个世纪的剧本，是和凯鲁亚克的代表作《在路上》同年写成的。剧中记述了主人公杰克·杜罗兹（Jack Duluoz）纵酒吸毒的日常生活，是作者的自我写照，而且书名为 *Best Generation*。但是，《在路上》出版后，作者声名鹊起，百老汇有人约他写剧本，他以他惯有的高速度，只用了一个晚上就写好了这个剧本。他的代理人史特灵·劳德对《纽约邮报》说，凯鲁亚克拿着剧本找了几位制作人，均被拒绝，因而交给了劳德，劳德又把剧本放进新泽西家中的库房。半年之后才找出来。劳德还透露说，凯鲁亚克还想与大明星马龙·白兰度合作，也失败了。

这个剧本的命运和作者的命运不同：前者沉寂了近半个世纪，后者当时就赫赫有名。不过，剧本的命运在作者的著作中，也不是唯一的。他的大量作品在生前也难得出版。作者本人是短命人，只活了47岁。1969年死时，身上仅有91美元。真是个"穷老九"！

十一 写作、思维和交流

美国语言学会提出的"学习通过写作"口号，意思是把写作当做学习的途径，其内涵深处是思维训练。孔子认为，"学而不思则罔，思而不学则殆"。写作与学习的关系，表面看是一个动手能力的问题，实际上，深入一层，却是一个思维训练的问题，是一个手脑并用的有效实践活动，它为学术研究之不可或缺的训练。

美国教育家约翰·宾的《研究性学习》（张仁铎译，江苏教育出版社2004年版），有"多样性写作"与"批判性思维"两项主张，说出了通过写作培养思考能力的问题。作者看到了强调语法精确性和正确性的局限，这种局限是孤立地谈技巧，而缺乏交流思想。作者认为作业形式应多样化，如日记、课堂写作、学术交流信件；如分年、辩驳式的学术论点写作，如随记、小品、诗歌、书评；如个人一次性写作，如多次修改性写作。实际上是不同学科的不同实践形式。

最值得注意的是"批判性思维"。这里的核心是问题意识，即提出问题，思考各种可能性的答案，酝酿各种观点，反反复复地思考、寻觅。对诸多问题可以质疑现成答案，可以提出尝试性答案，对这些问题付之写作，把思维和写作结合在一起，多思多写是学习的原动力和强烈兴趣的源头。这是人类自身交往的良性循环，加上讨论，起文明化相互培育、共同成长的作用。

旧书不厌百回读，新书常在案上见。书无新旧皆挚友，熟读深思我自知。知识靠勤取，书多不可自豪，自豪在于读和使用，即熟读思考，这就是把写作、思维和交流连成一体，进入浑然天成的深境。

十二　童心·真心·真人

爱因斯坦关于"想象力比知识更重要"名言的背后，隐寓着他是磁场方程式展示的一个与光线同行的"男童"；又进而意味着童心是大自然的本性，是人的生气勃勃、春意盎然的心态。我这里且不再谈丹麦哲学家日兰·克尔凯郭尔要人们"重新成为孩子的设想"，此文中仅就明末大思想家李贽的《童心说》（原文附后）而论，有以下几点很值治学者思考。

（一）何谓"童心"？李贽在《童心说》中回答："夫童心者，真心也。若以童心为不可，是以真心为不可也。夫童心者，纯假纯真，最初一念之本心也。若失却童心，便失却真心，失却真心，便失却真人。人而非真，全不复有初矣。童子者，人之初也；童心者，心之初也。"他以这一段总纲，把童心、真心、真人三者连成一体。与此相对的是，"理障"之心，是"假人假言"、"假事假文"。正面的论述，连贯如链，用"真"、"始"为线，颇具逻辑推理之力。而反面则用真心被障而归假，归于一假到底。科学在求真，其背面是反假反腐败，论文作假，抄袭剽窃，都是患有"心障"病。有此病者，闻假则窃喜，童心失而人文灭。李贽之说，可作为爱因斯坦科学童心意境的全面佐证，也是治学者的借鉴。

（二）童心对一切科学都需要。读书为文，应"护童心而勿使之失焉"。障即遮蔽，障掩，障之所深在于"心障"，障住了童心的"天真"、"纯真"，这就障了人的"想象力"、"好奇心"，也就障了人的本真，随即丧失了作为人的良知、道德。儿童是最接近人的本质，老子把人的"含德之厚，比于赤子"，又说，赤子，"和之至也"，最接近自然和谐。所谓"赤子之心"，纯洁天真。人总是要长为成人；人总是要老的。但是童心不可泯灭。真正的科学研究，也要有一颗"绝假纯真"的童心。

（三）李贽的"义理障其童心"的"心障"说，是指人的社会心态，与自然生理带给人的"智障"相异。他说："童心既障，于是发而为言语，则言语不由衷；见而为政事，则政事无根底；著而为文辞，则文辞不能达。"患"心障"症者，多为两面人，阴阳各一套，为文多言说，用真蔽伪，实伪无真，常逢场作秀，哗众取宠。患"心障"症者，虽名为学者，心向官场，头脑削尖，钻营拍马向上爬，不是"学而优则仕"，而是"学而假为官"。不说真话，为文从政因失去童心而异化为"官场动物"。中国古代官场中实不乏此物。2007年王跃文写《大清相国》，主人公先后担任工、吏、户、刑四部尚书，文渊阁大学士，历经五十多年，最后老死相位。他揭露了古时官场复杂黑暗，伴君如伴虎和同僚似狼环伺的情况。他对"官场动物"的界定是："那种浸淫在官场游戏规则里边，只有官性、慢慢磨掉人性的职业人士。"如果说这是一种文化，这种文化可称为政界文化之一种，实质上是失去了童心"根底"的官场文化。这些官僚是一批"心障"症患者。

（四）科学家最需要"童心根底"和童心的思维方式。以原初童心从事科学研究，其心态是最好奇、最有兴趣、最专注、心无旁顾的状态。那是一种不按常规思考的想象力，是"喜新厌旧"而又不为时尚、权势、利欲和名位所污染的精神状态，是诗意般的求真、向善和爱美的科学气势。李贽时代的社会生活奢靡，颇似今日的物质圈中人，事事多重物质，不少人被物化，纯真、诚信的赤子之心多么重要！李贽敏锐地察觉于此，于是《童心说》之文出。今日读之，仍不失为一剂医"心障"症的良药。他的"真人"之说，是抓住了人的根本、本真，即人之为人的真诚和纯真。当然，童心之中有稚嫩，需要成熟，需要自觉。这是一种文化交往的自觉。所谓做事先"做人"，回归童心是回归原本的真心，用此真心事为人做事，使人生文明化而"笃笃生辉"，而"有德"，而成为真人。

（五）法国童话作家艾姿碧塔的《艺术的童年》是一本自传，由安徽教育出版社 2005 年出版中译本。这是一本从人生原始点开始的回忆录。她不世故、不伪善，也不回避艰辛和故作天真，而是真实地记录了童年和童心。世界是复杂而多样的，儿童也是因人而异。儿童并不因为是儿童，个个都变得天真善良。儿童的社会环境的变迁，会失去原本的自我。艾姿碧塔十分珍惜自己童年的宝藏——童心。她长大以后，自己所走的每一步，都在延伸着童心。她说："每个长大的生命，都要受到童年的滋养。"儿童文学作家自然少不了童心，科学家也应有童心。实际上，作家与科学家的童心有区别，成人的童心与幼稚的儿童的童心也不尽相同。但在纯真、良知和诚实的真人之心上，是相通的。

（六）新闻学家周瑞金在《新闻改革新论》中说："大其心究天下之物，虚其心纳天下之善，静其心观天下之势，平其心论天下之事，定其心应天下之变，雄其心创天下之业。"他的"心学天下观"以宏观视角表现了人的心灵灵性的呼声，也从微观深度表述了对生命社会的哲理沉思。若用此观察人与自然、人与社会、人类自我身心的交往，还可以加上一句"童其心以思天下之业"。心学之中，童心不可缺。童心是良知，是自然纯真，是德性，是人要常常回归本真、获得自觉的原生点，是人人要多多省身之处。谈起治学，童心之德，也很重要，《礼记·中庸》有言："君子尊德性而道学问。"这里可用周汝昌的有启示性的话："宜回顾，宜反思，宜回归自然。"春江大海能容物，秋水文章不染尘，童心、真心、真人，应作如是观。

附：

李贽《童心说》

龙洞山农叙《西厢》末语云："知者勿谓我尚有童心可也。"夫童心者，真心也。若以童心为不可，是以真心为不可也。夫童心者，绝假纯真，最初一念之本心也。若失却童心，便失却真心；失却真心，便失却真人。人而非真，全不复有初矣。童子者，人之初也；童心者，心之初也。夫心之初曷可失也？

然童心胡然而遽失也？盖方其始也，有闻见从耳目而入，而以为主于其内而童心失。其长也，有道理从闻见而入，而以为主于其内而童心失。其久也，道理闻见日以益多，则所知所觉日以益广，于是焉又知美名之可好也，而务欲以扬之而童心失。知不美之名之可丑也，而务欲以掩之而童心失。夫谓理闻见，皆自多读书识义理而来也。古之圣人，易尝不读书哉。

然纵不读书，童心固自在也；纵多读书，亦以护此童心而使之勿失焉耳，非若学者反以多读书识义理而反障之也。夫学者既以多读书识义理障其童心矣，圣人又何用多著书立言以障学人为耶？童心既障，于是发而为言语，则言语不由衷；见而为政事，则政事无根抵；著而为文辞，则文辞不能达。非内含于章美也，非笃实生辉光也，欲求一句有德之言，卒不可得。

所以者何？以童心既障，而以从外入者闻见道理为之心也。

夫既以闻见道理为心矣，则所言者皆闻见道理之言，非童心自出之言也，言虽工，于我何与，岂非以假人言假言，而事假事文假文乎？盖其人既假，则无所不假矣。由是而以假言与假人言，则假人喜；以假事与假人道，则假人喜；以假文与假人谈，则假人喜。无所不假，则无所不再。满场是假，矮人何辩也？然则虽有天下之至文，其湮灭于假人而不尽见于后世者，又岂少哉！何也？天下之至文，未有不出于童心焉者也。苟童心长存，则道理不行，闻见不立，无时不文，无人不文，无一样创制体格文字而非文者。诗何必古选，文何必先秦，降而为六朝，变而为近体，又变而为传奇，变而为院本，为杂剧，为《西厢》，为《水浒传》，为今之举子业，大贤言圣人之道，皆古今至文，不可得而时势先后论也。故吾因是而有感于童心者之自文也，更说甚么《六经》，更说甚么《语》《孟》乎！

夫《六经》《语》《孟》非其史官过为褒崇之词，则其臣子极为赞美之语。又不然，则其迂阔门徒，懵懂弟子，记忆师说，有头无尾，得后遗前，随其所见，笔之于书。后学不察，便谓出自圣人之口也，决定目之为经矣，孰知其大半非圣人之言乎？纵出自圣人，要亦有为而发，不过因病发药，随时处方，以救此一等懵懂弟子，迂阔门徒云耳。药医假病，方难定执，是岂可遽以为万世之至论乎？然则《六经》《语》《孟》，乃道学之口实，假人之渊薮也，断断乎其不可以语于童心之言明矣。呜呼！吾又安得真正大圣人童心未曾失者而与之一言文哉！

十三 学而思，思而写

自幼学习，私塾老师告诉我，学而时习之，要笨鸟先飞。中学老师又教导我业精于勤的道理。大学时代,我染上了肺结核,当时苦闷孤独。我回忆起来,读书、思考、写作,尤其是读文艺小说、刊物,写各种文体的作品,才逐渐使我不再六神无主、悲观失望。我坚持写作,读、思之后,在写作中找到了生活的栖息地。对我而言,大学时代的困惑,被写作取代了。写作改变了我的大学生活。静心、潜心的精神,有益于我以后的治学。大学老师要我谨记治学要选好科研生长点,多多练笔。研究生时中国老师要我培养问题意识、重视积累,苏联老师告诉我勿忘思考、审美和修改。后来,书路坎坷,年过半百以后,才有条件"罄澄心以凝思,眇众虑而为言"(晋·陆机:《文赋》)。我愈到老年,愈体验到老师们为人治学的教诲在自立、自强,在勤奋和执著。

幼年时,每逢国文老师布置作文时,我总以"光阴似箭,日月如梭"或"光阴如白驹过隙"作为开头。那时无生活体验,只作点缀词藻而已。现在已坐七望八,回眸过去,真所谓"少年不识愁滋味","为赋新词强说愁"而已。现在蓦然回首,真的体验到"光阴似箭"的生命穿透力。但人老而精神不能因此随之衰老,尽力尽心尽责的事业心不能随之而衰老。热爱新时代,拥抱新生活,追求真善美的向上心,也不能随之而衰退。学而思,思而问,思而写,学、思、问、写而不要忘记笃行。写作是我的实践,是我的习惯,因为写作是我生命的栖息地,是我灵魂的停泊所。写作几乎是我生活全天候中的最美妙、最快乐的时光。学而时习、学而多思、学而常问、学而力行,都融入我的学术观、人生观、价值观之中,都铸入我的著作和论文之中。

我所致力之处,是从人类文明的角度来透视历史学、文学和哲学,再从人类文明交往的角度来观察人类社会、自然世界和人类自身,又从人类文明自觉的角度来审视历史、现实与未来的发展总趋势。在一个个史例和一个个个案研究中,从文明、文明交往、文明自觉中推演出新的理论命题,或对原有理论中增加新内容。我所走的治学路数是学习、学思和学问相结合,用写作、用不懈的写作来走出一条自己的路。

何谓思想?马一浮在《泰和宜山会晤》中的答案是:"从闻见得来的是知识,由自己体究,能将各种知识融会贯通,成立一个体系,名为思想。"学而知,这包括知识和思想两个内容,把前者化为自我文理,化为自己学术生命的自觉意识,才是完整的切身涵容体究的过程。这个思维过滤过程不是一次完成的。

我常想,要因"思"而为人,因"美"而懿人。人之别于动物,在于人有思想,特别是有抽象思维和形象思维。人之别于动物,在于先思而后行,在于人有理性思考——深思而践行，践行而深思，在思想指导下而生活、生存和发展。思想是生活、生存、生产、发展的产物，是人类有意识、有目的和自觉的行动指南。

深入一层说，人之高于动物，还在于能把思想化为审美意识和观念，这就是形象思维。人之有审美思想，更在于有审美自觉。美有各种，而在文化上有品德之美，有行为之美；行文上有文字之美，有深刻之美，有隐喻之美，有诗意之美；等等。为真求知，为美养心，善在其中矣。

有位先生在一学生刊物《凝眸》的献词中，认为人之异于动物凝眸之处是：①对准夜晚的星空；②透过眼睛窗口通透观察世界；③从事学术研究。而不同于动物的还有凝眸的对象与自身利益无关。此言可能是即兴而未认真思考之语，有一定道理，但偏颇欠全且浅浮。高博良破译罗塞石碑上的古埃及象形文字，顾炎武从古籍充栋及实地调查中"采铜于山"，王国维从甲骨文中考订殷代先公先王世系，等等，难道是无思的凝眸吗？凝眸中摒除杂念，正确心态中不是也有"胸中正，则眸子瞭焉；胸中不正，则眸子眊焉"吗？胸即心，心之器官主思，明眸无思难以读书得真知，难以治学有所成，难以了解社会和体味人生的真谛！赞深思吧！学而思，思而学以正凝眸吧！

唐李商隐《闻歌》云："敛笑凝眸意欲歌，高云不动碧嵯峨。"韩偓的《太平谷中玩水上花》曰："凝眸不觉斜阳尽，忘尽樵人蹑石回。"都是因"欲"、"忌"而集中思考以至目不转睛的高度神会。聚精才能凝神，聚精才能会神思考，白居易《霓裳羽衣歌》把心、目、耳缀连，中心仍在"思"字："当昨乍见惊心目，凝视谛听殊未足。"学习而不思考会导致盲目的实践，思考而不学习就缺少实践价值，这是源于知不足。知不足才要学，才要思啊！

十四　学思而后知不足

思考是一种趣味，学思而后知不足，是在治学中品味思考之乐。

海德格尔曾说过，"思"，是人类最简单，也最费力的一项手艺活。确实，学术是一门要下苦功和用脑思考和积以时日的工种，无思不成学，无苦不成术，勤为学路，苦为学舟。梁漱溟说，学者分为两种：①学术中人；②学问中人。实际上二者虽有区别，但其中有一条共同线贯穿，那就是：学术、学问，都离不开"思"，只有学思，才能知自己的不足。这是最平凡，也是很高的学术或学问的自觉性。

学习知不足，是学然后知不足。孔子重视学习，《论语》开篇讲"学而时习之，不亦说（悦）乎"，不但把学、习连在一起，而且把学、习引入学习的最高境界——爱、好、悦之中。

然而，学习与学思不可分。"学而不思则罔，思而不学则殆"。学思的重要在刘勰的《文心雕龙·神思》中讲得更开阔："寂然凝虑，思接千载；悄然动容，视通万里。"

思从学中来，学赖思提升。思想宽容和自由，是德国大学的根本原则，是由希豪森（1688—1770）创建的。思想的生命是宽容和自由，是源头活水，也是环境和气魄，其核心是哲思。哲学是学而思、思而学的学问，学、思、问，才成其为哲学。

哲学是学问之魂，抽象与具体经常转换，概念要反复玩味、回味，把概念当活体来解剖。对经典东西尤其要尊重，要细细品读。经典经典，就是经过多少代人的甄别、筛选、笃行、检验而存在下来的典籍、元典。

学思，即学而思考。思是用心，仅思而不动手笔耕随记，也会被淡忘，或瞬间即逝。思考在深思，在沉思，这样可使知识更有力量。处处留心皆学问，勤于处处思考可以使学识升华为智慧。冯骥才有句名言："最好的序应该是一种读后感。"我在《中东国家通史》13卷的13篇"后记"中，体会到"后记也应该是认真思考的学术论文，是对一个国家、一个地区文明交往状况的思考结晶"。思考必须有问题中心，可以深入用理论或形象思维力穿透，否则思考不出什么真正有价值的东西。话回到段首，随时笔耕勤记的习惯不可少，否则就是"狗熊掰棒子"了。

学而思的"思"，是人的主观能动性的表现。古训中有许多"思"的启示。如《左传·襄公十一年》有"思则有备，有备无患"。《战国策·楚策》有"于安思危，危则虑安"。魏徵在《谏太宗十思疏》中告诫李世民要"念高危，则思谦冲而自牧；惧满盈，则思江海下百川；乐盘游，则思三驱以为度；忧懈怠，则思慎始而敬忠"。思的重要，于此可见。

司马迁的治史传世"三句"是："究天人之际，通古今之变，成一家之言。"他特意在当时思考天人、人人、人我之间的交往关系时，拈出了八个大字："好学深思，心知其意。"他把"学"提高到"好"的境界；把"思"提高到深的水平，使所思的问题，达到"心知其意"。这才是"究"、"通"、"成"的目的。究而通，通而成，去掉其中的阻障。中医有"通则不痛，痛则不通"，从生理上也说明"思"对"学"的重要和学思而后知不足的道理。

宋儒胡瑗有"无所不思，无所不言"之说。梅贻琦以此来解释"学术自由"。他清醒地指出"无所不思，无所不言"不是放荡，"而是致力于知、情、志之陶冶者也"。以言知，则有博约之原则在；以言情，则有裁节之原则在；以言志，则有持养之原则在。三原则把知、情、志（意）统一起来了。

苏格拉底说："未经反思的人不值得生活。"反思，是检查、有悟那些指导我们生活的观念、思想，因为这些东西往往是我们从别人那里不假思索地接受过来，没有认真思考、鉴别而加以仔细吸收。就如苏格拉底所说的，很多时候，我们把自己的脑袋当成了"鸡窝"，听任"思想的母鸡"在那里下蛋。在生活上，人们会对物质上的不劳而获加以鄙视，而对思想上的不劳而获常常处之泰然，或者浑然不觉。面对那些愿意就此进行思考的人，甚至遭到冷嘲，因为按世俗的观点，这种思考不能带来现实的利益，即是无用的思考。美国学者 R. C. A. 斯普罗的《思想的结果》，是一本面向大众的生活哲学著作。他以生动活泼的方式，引导读者思考西方哲学史上重要的思想观念，分析其影响，帮助人们避免脑袋沦为"鸡窝"的危险。东方也多么需要避免这种危险啊！由此可见，学而思然后知不足的心态，确是文明的自觉心态！

十五　人类需要创造怎样一个世界

21 世纪人类面临着前所未有的巨变（时、空、人）。这种从机械制造转向信息世界的转变，是文明交往史上的巨变。它对于人类来说，无论是渔猎文明转向农业文明，还是从农耕转向工业机械，都完全不可相比。

21 世纪的形势来自 20 世纪的直接、快速、多变的历程。两次世界大战，一次世界冷战，亚非拉民族国家体系的形成，苏联东欧及社会主义国家体系的曲折发展，现代化及全球化潮流所向等等全球性事件，深深影响到 21 世纪。

J. 里夫金有《工作的终结》（中译本为上海译文出版社 1998 年版），比较欧美社会生活不同，在于欧洲人生活的质高，美国人热衷个人奋斗的物质追求。J. 里夫金还有《欧洲梦：21 世纪人类发展的新梦想》（中译本为重庆出版社 2006 年版）。该书中译本有作者致中国读者的信，信中说："当我垂垂老矣，回首一生之际，我们会清楚意识到，生命中重要的时刻是那些与物质积累没有什么关联，却和我们对同胞的热爱，我们作为个体与人类的关联，与我们居住的星球息息相关的时刻！正在展开的欧洲梦试图开启一扇大门，通向有关生命意义本身的更重大的问题。作为生存于此的人类，什么才是我们存在于 21 世纪真正的意义和目的？"

对这个值得全人类思考的大问题，中国人、欧洲人和美国人……

十六　适度地工作和持续地思考

亚当·斯密在《国富论》中有一句治学的体会，即：适度地工作。

为什么？亚当·斯密回答说："因为适度地工作而得以持久地工作的人，不仅能够最长久地保持健康，而且能够在有生之年完成最多的作品。"

适度是人生哲学，也是治学之道。适度是指导思想，也是操作方法。说起来容易，做起来不易。无节制和过度，总是伴随着忙碌和愁苦。

适度离不开耐心，其目的后面的动力是持之以恒。在科学研究的治学之路上，合理地利用短暂而有规律的时间，应该关注的不单单是适度，同时要关注的是伴随适度的实践，从而产生的持之以恒的毅力。

思考在任何时候也不能停止。理清思路，多思、多体验与勤写，也要有持续性，也要思考工作的适度与持久毅力的自我培育。

十七　《名理探》一书中的"三通"之门

傅泛际与李之藻合译的《名理探》，把亚里士多德所讲的三种思维方法归纳为"名理学三门"，即："一论明悟照物之纯识，是谓直通。二论明悟断物之合识，是谓断通。三论明悟由此及彼之推识，是谓推通。"

这里所谓"直通"，即"直觉"、"断通"，即"综合"、"推通"，即"演绎"。"直通"很类似于康德所讲的"知的直觉"，即瞬间照彻天地万物之理。此种大能，唯有灵界之神方可秉真，"故非涉名理探之界者也"。结果，"名理探之全界"，实由"断通"、"推通"二者相合而成。此二者论证的特点，是"各自由所明，以推所未明"。

译者用"通"贯穿亚里士多德的"直觉"、"综合"和演绎的方法论，颇有见地；用"明悟照物"、"明悟断物"和"明悟由此及彼"，也颇含人类文明交往于物的智慧。这里隐含着中西文明交往的"通而明悟"的思路。中国学术史上有一个传统，就是把"通古今之变"作为人们认识历史的基本需求。清代土夫之读《通鉴》后的议论将此发挥到极致："其曰'通'者，何也？君道在焉，国是在焉，民情在焉，边防在焉，臣谊在焉，臣节在焉，士之行已以无辱者在焉，学之守正而不陂者在焉。虽扼穷独处，而可以自淑，可以诲人，可以知道而乐，故曰'通'也。"尤其是"学之守正而不陂者"，对治学之会通，仍为警语。"三通"之门，为此打开吸取历史智慧之路。

十八　汪曾祺论"三通"

1992 年岁首，汪曾祺在鲁迅文学院第七届文学创作进修班与地矿培训班的结业仪式上，即兴讲话，提出作家要做"通家"、做"杂家"，而且要求做到"三通"：

1. 打通中西文化的阻隔，融中西文化于一体。

2. 打通中国古典文学与现代文学的阻隔，沟通古典文学与当代文学的渠道。

3. 打通古今文学与民间文学的阻隔，沟通古今文学与民间文学之间的渠道，以便从民间文学中汲取不尽的艺术养料。

我的思考：

1. 历史、现实、中外……在人们学术中都有"智障"，需要打通！

2. "通"，就是看穿、看透，就是穿透。理论有此穿透力。中医的"通则不痛，痛则不通"，从生理上说明此理。

3. 司马迁讲"通古今之变"，在于对当时历史"好学深思，心知其意"，他特指通史中的这八个字，把"学"和"思"会通，才能心知通的意境。所谓"读书得间"、"言谈微中"，即"通人"之识，才有打通古今之意蕴。

十九　审美的特点

审美是一种文明交往力，其交往力体现在艺术的鉴赏力和理解力，通过这两种能力的提高，陶冶性情，开阔心境，升华人文修养程度。审美型人格是超然于社会物质现实之外，旨在追求精神上的自由、愉悦与满足，在交往文明化中，使日趋完善的人格与社会、自然建立和谐美好的良性互动关系。这种美的历程，始终是围绕着以真善美克服假恶丑的主题展开的。

审美是一种超越性、综合性教育，其特点是具有形式化、动情化，并培养受教育者的感性能力（感受力、鉴赏力、想象力、创造力），使之具有高尚健全人格和完美理想人性，实现人与自然、人与社会、人与自身感性与理性和谐的最终追求。审美体验处于激越的情感体验之中，是主体的主动投入，体验快乐、崇高，并在潜移默化中提升美的体验。

康德在《判断力批判》中认为美是真与善的桥梁。孔子也说："兴于诗，立于礼，成于乐。"（《论语·泰伯》）有文化的文明人，起码是一个有感受美丑能力的人。不仅人文社会科学会给人以美，自然科学也有美的感受。吴冠中作为艺术家，他在清华大学生物研究所看到的细菌、病菌、蛋白质等各类原始生命状态放大在屏幕上之后，"千姿百态、繁杂而具有结构规律，仿佛是出人意料的抽象艺术大展，大都很美。"数学和物理学所展现的深邃奇观、奇妙的生命现象和数学与符号，都存在着令人感动的美！

抓住身边无数的"美丽"。树木、花草、鸟类、昆虫，等等，无不在精心装扮着自身的美。

休谟 1760 年再版《论奢侈》时，将其改名为《论艺术的精美》。他认为，趣味与理智不同，"理智传达真和伪的知识，趣味产生美与丑的及善与恶的情感。前者按照事物在自然中实在的情况去认识事物，不增也不减速。后者却具有一种创造功能，用内在情感借来的色彩来渲染一切自然事物，形成了一种新的创造。他说的享受已经不是罗马式的暴饮暴食，而是品尝精美的食物"。

对感性的召唤，是席勒在《审美书简》中为美学带来的新方向。他标志18 世纪美学兴起的尺度是对资本主义的批判。他指出，资本主义社会把人分裂成了碎片，人的耳朵里听到的永远是齿轮和嘈杂声，人成了感性自我的对立面。他号召，人们应从审美中把自己从物化的程度中解救出来。

这使我想起了美国诗人惠特曼（Walt Whitman, 1819—1892）的诗句："看哪，伟大的宇宙，万物的联系，何等的完美！"这句诗的上下句连读起来，更有诗的整体美：

"从滚滚的人海中，一滴水温柔地向我低语：/'我爱你，我不久就要死去；/我曾经旅行了迢远的长途，/只是为的来看你，和你亲近，/因为除非见到了你，我不能死去……'现在，我们已经相会了，我们看见了，我们很平安，/我爱，和平地归回到海洋里去吧，/我爱，我也是海洋的一部分，我们并非隔得很远，/看哪，伟大的宇宙，万物的联系，何等的完美！/只是为着我，为着你，这不可抗拒的海，/分隔了我们，/只是在一小时，使我们分离，但不能使我们永久分离，/别焦急，——等一会——你知道我向空气、海洋和大地敬礼，/每天在日落的时候，为着你，我亲爱的缘故。"

多么美，自然的美，联系的美，爱的美！

以美育文化，以文化育文明，以文明促进交往和谐化。

和谐是审美的特质，它显现人类文明生成历史，影响现代物质文明演进取向，推动现代精神文明的发展，优化制度文明和促进生态文明的进步。

二十　从知识到市场

人们常说的先知穆罕默德圣训名言："知识，虽远在中国，亦当求之。"但出处难以查出，所以许多著作中多冠以"据说"二字。这可能是口传的"圣训"。

2005年8月4日，《光明日报》记者于毅发表了一篇报道，题目叫《市场虽远，亦当求之——中沙能源合作侧记》。他从中国和沙特阿拉伯石油公司的能源合作，把圣训中的"知识"演转为"市场"，说明了两国文明交往的深入。

研究中东，尤其是研究沙特阿拉伯，有三个不可缺少的重要因素：伊斯兰教、阿拉伯民族和石油。说起石油，沙特阿拉伯更是独占鳌头。沙特阿拉伯有两个"四"：①已探明石油储量为2642亿桶，约占世界石油储量的四分之一；②天然气储量6.7万亿立方米，约占世界四分之一。这两个"四"，实际上是前列，尤其是石油，堪称石油的"巨无霸"。

中国经济迅速发展，需要与沙特阿拉伯交往。中国1993年成为石油净进口国。从1995年开始从沙特进口石油，到2000年达573万吨，2004年增至1724万吨，石油及石化产品进口额超过70亿美元。沙特已成为中国原油第一大进口国。沙特阿拉伯石油公司有六十多年历史，是世界最大的石油公司和世界第六大炼油厂商，业务遍及全球。它管理着2600多亿桶的原油储量，有潜力新增可采储量2000多亿吨。按目前产量，够开采一个多世纪。

2003 年，中石化公司与该公司共同投资，在沙特阿拉伯注册中沙天然气有限公司，中方控股 80％。2004 年，中方中标鲁卜哈里沙漠 B 区天然气项目，开发期二十五年，初期投资约 3 亿美元。2005 年，该公司总裁阿卜杜拉·朱马赫参加了福建炼油项目奠基仪式，中、美、沙三国石油公司合资建设，总投资 36 亿美元。该公司还拟投资 12 亿美元，与中方合资建设青岛炼油厂，2005 年内可签合同。

在石油方面的合作中，朱马赫总裁非常重视中文人才的培养。这是阿拉伯伊斯兰文明与中华文明交往中的有见地、有眼光之举。他引用中国古语"一年之计，莫如树谷（gǔ，车轮中心，有窟窿可以插轴部分）；十年之计，莫如树木；百年之计，莫如树人"，来印证先知穆罕默德的"知识，虽远在中国，亦当求之"的意义。他说："公司选拔了 25 名有潜力的青年人到中国各大学学习，其中 9 人即将毕业，他们及更多的年轻人将在公司担任要职。"他的下列话更反映了世界两大文明交往的一个侧面："世界石油市场的起伏，就像印度洋的波涛，面对大风大浪，让我们共担风险，同享成果。我们的航船已经启航，让我们通过合作、互助，共同达到理想的彼岸。"石油已成为文明交往的纽带，石油领域的合作反映了文明交往的互动金律。

二十一　再谈东方和西方

有一首关于东西方的诗流传颇为长久，它在英国、中国、中东都有反映。这就是古卜林的《东西方谣曲》：

"啊，东是东，西是西，两者万难同处一地。"

（"Oh，East is East，and west is west，and never the twain shall meet."）

辜鸿铭写作《春秋大义》之时，多年之后，美籍阿拉伯作家萨义德写《东方学》之时，此诗都在影响着他们。

但人们常引此诗时，有些误读其本意。因为此诗的下句是：东西方只有经过一场"肉搏"，并分别从对方身上认出一个值得钦佩的对视之后，才有可能像"亲兄弟"一样共处，"面对面而立"（"When two strong men stand face to face"）。

这里有两层意义：①此诗可作隐喻读，"肉搏"可作广义的文明交往理解，即不只是用战争形式去"肉搏"交往，也可以或大量地在日常交往中互动和平进行"握手"。②这里也有主体与主体，即主体互换、主体对话意义。因为"face to face"（"对视"）这种身体语言，只可能发生在长时段和以各种相互渗透方式，方可达到文明自觉，使交往在两个平等的主体之间进行。

文明交往的自觉性是理性交往，但理性交往存在于理想与实现互动之间游弋。哈贝马斯是一位对理性交往有着高度期待和十分自信的人，他的理论不回避冲突，认为冲突来源于东西方之间相互理解中断于话语障碍，所以主张双方本着理性交往的原则，就可以逐渐达到一致。但是，现实中存在的问题是："权力"会导致交往中断。所以，对"权力"异常敏感的福柯，认为理性交往绕不开"权力"。在东方和西方之间还有一道与理性交往无关的集体记忆，那就是历史上西方对东方残酷的殖民掠夺，殖民奴役，以及由此给东方带来的耻辱，那就是这种交往史给西方带来的霸气和居高临下的优越感。前者往往是心理劣势和自卑，是主体残缺的"集体记忆"。① 在这里换位思考是理想的，在现实中却是难于理智实践的。民族感情常使处于东西方文明冲突中的东方民族主义向两个极端发展：一些人以追求欧美式生活为自豪；一些人常常会表现出狭隘的民族主义情绪。怎样认识自己的主体意识，成为东方人的行为关键。东西方交往问题的实质在于关于财富、贫富与和平。西方强势文化并不能说明它本身的优越性，但财富在起作用。只有东方人自己主体强大起来才有发言权，经济发展了，文化提高了，弱势就会变成强势。

费孝通先生在 21 世纪初提出大视野、大智慧的"文化自觉"说，其要点是：①"生活在一定文化中的人对其文化有'自知之明'，明白它的来历，形成过程，所具有的特色和它发展的趋向。"（《费孝通论文化与文化自觉》，群言出版社 2005 年版，第 232 页）②"每个文明中的人对自己的文明进行反省，做到'自知之明'。"（第 531 页）③"各美其美，美人之美，美美与共，天下大同"，即希望"人们在欣赏本民族文明的同时，也能欣赏其他民族的文明"。（第 532 页）它的前提是：①承认世界文明多元化；②强调民族

---

① "集体记忆"概念的奠基人为法国社会理论家哈布瓦赫（Manrice Halbwachs），他在《记忆的社会环境》和《论集体记忆》二书中，研究了社会如何保存记忆和个人记忆、社会记忆之间的紧密联系。集体记忆为社会建构概念，即社会在不同历史时期所表现出来的对过去的各种看法。这些看法由现实的信仰、兴趣和愿望构成。

文化个性；③ "不主张全盘西化或全盘苏化"，"使人们更理智一些，从而摆脱各种无意义的冲动和盲目举动"；④目的是 "为了加强对文化转型的自主能力，取得决定适应新环境、新时代文化选择的自主地位"（第 232—233 页）；⑤强调自身文化个性不带任何 "文明回归"，不是要 "复归"（第 232 页）。

"文化交流是推动人类社会前进的主要动力之一"。这是季羡林 "文化拿来"与 "送去"的观点（《季羡林先生留给我们的遗产》，《中国图书评论》2009 年第 9 期），现在文化交流 "逆差"、"失语"、"自说自话"应改变。

二十二 西北大学的伯仲叔季顺序

（一）大学是人才交往互动的场所，是青年学者举行成人礼的礼堂。它使一个青年由入学到毕业，接受培养训练，一批批学士、硕士、博士，如雨后春笋般成长。其中交往互动于秩序之中。德国教育学家雅斯贝尔斯的大学交往教育观是："大学是研究和传授科学的殿堂，是教育新人成长的世界，是个体间富有生命的交往，是学术勃兴的世界"。他特别提到 "个体间富有生命的交往"，是很有意义的。

（二）伯仲叔季，是兄弟排行的长幼顺序。此种排序，自古而然。在我的上一代师长中，仍屡见不鲜。20 世纪 50 年代，我在西大的师长中，陈登原先生即是一例。他字伯因，排行最长。他有一位兄弟，叫叔陶，排行第三，是当时西安交大的名教授，不仅理工科出名，而且文科造诣颇深，有关于二十五史方面的著作。

（三）我用此排序，把西北大学学生分为四种兄弟排行表，不过是先从后倒排的：

学士，学士，学之季弟；

硕士，硕士，贤能叔士；

博士，博士，渊通仲次；

博士有后，协作伯壎（埙）。

（四）但在中东所，可以排为伯仲叔三种新序列：即博士后、博士、硕士。特别是博士和硕士两个序列，是中东所主要基本序列。因此用得上《诗·小雅·何人斯》的一句诗："伯氏吹壎，仲氏吹篪（篪、篪）。"壎、篪，两种古代吹奏乐器。壎为陶土烧制，篪为竹制。后来用壎篪比喻兄弟和睦。

《文选》中有汉弥衡《鹦鹉赋》，谈壎、篪的互和时，有"感生平之游处，若壎篪之相须"。有鉴于此，中东所博士后很少，博硕之间的和谐相处，为主要关系，可将博士为伯，硕士为仲，博硕和谐相处，可用伯壎仲篪、相依相扶来表现：

> 博士，博士，渊通伯壎，
>
> 硕士，硕士，贤能仲篪，
>
> 和谐相处，乐群共识。

（五）上述中东所的博士、硕士和谐歌体现了"尊师、爱生、敬业、乐群、致真"的学风，也反映了"勤奋、严谨、求实、创新、协作"的所风。

二十三　2005 年教师节的讲话稿

尊师重教是中华民族的优良传统，教师的职业道德建设是建立高水平师资队伍的核心。陕西省授予我"师德标兵"的荣誉称号，我认为不仅是个人的荣誉，不仅是对个人的鼓励和鞭策，更重要的意义在于：它是我校为了加强师德师风和提高教师职业道德水平的重大举措之一。我作为教师队伍中的一名老兵，向大家学习，和全校教师一道，以教为荣，以教为乐，为教育的发展做出应有的贡献。

我这一生，除了担任过历史系的五年系主任、三年文博学院院长和十六年中东研究所所长这些行政职务之外，主要从事着三件事，这就是：教书、读书和写书。这三件事中，最主要的是教书，从 1957 年开始在西北大学任教，迄今已有四十九年。我回首往事，感到从事教师职业，是人生幸事，是提高学生人格、同时也提高自己人格的人生乐事。1986 年暑期，我应中国世界现代史研究会和山东史学会之邀，为全国中青年培训班讲课，在《忆蓬莱》诗中，有感而发，写下了"东坡无缘见海市，西人有幸执教鞭"之句。那时听蓬莱阁导游介绍，苏东坡在此等了好长时间，竟没有看到"海市蜃楼"的美景，我那次竟看到了，但我感更有幸的"西人"的我，选择了教师职业！我的人生的志守（志向、操守）、志趣（志向、情趣）、志操（志向、操守）都在其中了。

1986 年北京《人物春秋》向我提出了 14 个采访问题，其中第一个问题就是："您如何爱上自己的职业？"我从三业（专业、职业、志业）的关系上，回答了这个问题。我首先告诉记者说："我是一个长期从事世界史教学和研究的高等学校教师。热爱我的专业（历史）和热爱我的职业（教师）是紧密相关的。"其次，我提醒记者，我在大学的教学岗位上，通过感性的体验与理性的思考，结合理论与实践互动，把历史专业与教师职业融为新的统一体，可以用马克斯·韦伯的"志业"来表达它。最后，"志业"是追求真理和培养人才的科学志向和旨趣，是历史的责任感和职业的自豪感，是教育事业的人生高尚精神境界，它追求的是由"爱"到"好"（hào）到"乐"的三个递进的道德之宫。

如何提高教师职业的道德水平？怎样使专业和职业化为志业？我体会有以下三点：

第一，选择好、坚持住科学研究的生长点。

教学离不开科学研究的支撑，而做好科学研究，就要选择好、坚持住科学研究的生长点。选择科学研究生长点的治学理念，是受了侯外庐校长讲话的启发。侯先生说，治学必然选好科研生长点，而且最好从大学时代开始。章太炎是中国近代史学的承前启后者，他用历史发展观、现代史和民族主义观，把古代与现代中国史学衔接起来。我读《民报》上章太炎同印度革命志士的交往史事，选择了印度近现代史这个有开拓性的领域，作为本科毕业论文，具体着手处是印度民族独立运动史。作这个题目费去了我大学三、四年级学习大部分时间，写成了20万字一本厚厚的稿本。1954年，我就是带着它去见我的导师周一良先生，周先生在称赞之余，还把它介绍给了季羡林先生。在北大攻读研究生期间，在周、季二先生及苏联专家瓦·巴·柯切托夫指导下，我又把1857—1859年印度民族大起义作为毕业论文选题，作为这次历史事件的百年纪念献礼。1957年5月10日，这篇论文的前期成果《百年前的印度人民大起义的历史意义》在《人民日报》上发表了。1957年第4期的《北京大学学报》发表了我的论文前半部分《1857—1859年印度反英大起义略论》。在这个生长点上，我进行了有关1905—1908年印度独立运动、1946年海军起义、印度大资产阶级的特点、甘地的独特思想体系研究，并在商务印书馆出版了《印度革命家提拉克》一书。

选择科研生长点的治学理念是不变的，但是具体的生长点却是因时代而不断改变的。十年"文革"对我说来是选择生长点的不寻常经历，那时政治运动冲击一切，学校不成其为学校，哪有可能从事科学研究？我也曾经多次困惑过。然而，从大学时代以来寻找科研生长点的习惯力量，使我产生了从马列原著中找课题的想法。当时"革命大批判"中"批判"过国际共产主义运动中许多著名人物,我计划对十个有争议的人物进行逐个研究,其途径就是通过阅读《马克思恩格斯全集》和《列宁全集》来体味导师们对这些人物的评论,再去读这些人物的著作。我一本一本去读,一边读一边作笔记,大游行、大批判会时,我也带上一本读。我的行动受到红卫兵的表扬,他们说:"彭老师学马列多认真啊!"其实,他们不知道我是在最困难时期在新的科研生长点上播种生根。有了新的生长点,兴趣油然而生,理念历久而弥坚。"文革十年",荒乱十年,我竟然系统而有目的地读完 40 多卷《马克思恩格斯全集》和 30 多卷《列宁全集》。这样大部头、多卷本和大阅读量的科研积累,使我在"文革"后期和"文革"结束时,相继写成,并作为陕西人民出版社国际共运系列丛书出版的《考茨基》(1978)、《伯恩施坦》(1982)和《巴枯宁》(1985)三书,共 100 多万字。其中后两本获陕西社会科学优秀成果二等奖和陕西教委人文社会科学优秀成果一等奖。特别是后者得到了《中国社会科学》等刊物的高度评价,认为是对"巴枯宁学"研究的新贡献。

立足现实、具有开拓性是选择科研生长点的基本标准,时代赋予的使命感和责任感促使着研究重点的转移。1979 年苏联军队入侵阿富汗激起了我的义愤,1980 年我在《百科知识》上发表了《1841 年阿富汗人民反对英国侵略者的斗争》对此作了历史上的回应。从此,我由南亚向西移至中东,并和亚非拉民族主义运动史研究合流,先后出了一系列研究成果。其中最主要的有:《凯末尔和凯末尔主义》、获得了国家人文社会科学优秀成果二等奖的《东方民族主义思潮》和陕西社会科学优秀成果一等奖的《现代民族主义运动史》。尤其在中东研究领域中,出版了我国第一部《阿富汗史》,第一本面向大众的《中东国家和中东问题》和为我国中东史学科奠基之作的 13 卷《中东国家通史》。后者是我校"211 工程"建设的标志性著作,产生了较为广泛的影响。它对中东 18 国作了从古到今的系统的阐述,并用文明交往论的思想贯穿全丛书 13 卷之中。这套共 300 余万字的大型通史性著作,在我国尚属首创,在国外也属罕见,成为有中国气派的中东史书。

回顾半个多世纪的学史经历,我认为选择科研生长点是一个科学工作者治学的关键一环。特别对于青年学人,有一个时代性、现实性强,开拓性广的科研生长点,有利于他在这个基点上生根、开花、结果。科研生长点是训练研究能力、磨炼意志、提高人格、树立敬业精神和科研意识的基地。我在培养研究生时,经常从不同角度强调选择好生长点的重要性。我在为王铁铮同志《沙特阿拉伯的国家与政治》所写的序言中,提到他在硕士和博士研究生时选择科研生长点的情况："我培养研究生，着力于科研意识、科研基本功、科研生长点和科研成果四个方面，其中选择科研生长点属科研人员的长远发展方向，在科研规律中占突出地位。生长点必须在硕士研究生阶段确定，并在加强科研意识和训练科研基本功（各环节，如写各种作业、完成各种课程，特别是写硕士论文等）的过程中，初步体现为系列的科研成果。王铁铮同志选定的科研生长点，是他的旨趣所在，并且是有开拓性的沙特阿拉伯问题。"他正是在这个生长点上，生根、开花、结果，成为有造诣的中东问题学者。黄民兴同志的学术成果就也是在选定的科研生长点上有计划、有步骤扎实前进的实践者。我主编的各类丛书，特别是13卷《中东国家通史》，使中东所一批中青年学者有了自己坚实的生长点，从而使他们处于国内研究领域的前列。我的一位毕业博士研究生，就此问题专门写过题为《立足现实和时代需求，寻觅史学科研生长点》的文章，他以自己的体会，认为"科研生长点是学术立命之基性""科研生长点必须具有现实性和开拓性""科研生长点的根本在于创新"，并指出"在学界浮躁之风盛行、低水平重复之作充斥之时，坚持在科研生长点上潜心治学，对史学界同仁，特别对青年史学工作者有深刻启迪意义"。我很同意他的看法。人一生都在选择中，但能坚持却是最可贵的。我的体会是：水滴石穿，绳锯木断，持之以恒，功效必见。

第二，走教学结合科研之路。

大学教师经常遇到的矛盾是教学与科研之间的矛盾。我在长期教学生涯中体会到：教学与科研是矛盾的统一体，它统一的关键在于结合。我把它归结为以下几句话：教学科研，如鸟之两翼，如车之两轮，两相结合，则相得益彰；两相脱离，则两败俱伤；互相侧重，则运转正常。一句话，教学与科研相结合，是既能提高教学质量，又能提高研究水平的最佳途径。

教学与科研怎样结合？我体会主要有两个方面。

首先，是同编写教材相结合。一个好教师，必须有一本自己的教材，这是提高教学质量的前提。戏剧影视界有一句话：剧本剧本，一剧之本。教材对教学也是这样，它是课程之本。只有把本学科研究成果源源不断地融入教材之中，才能从根本上提高教学质量。新的科研成果包括别人的研究成果和自己的研究成果。前者主要是靠综合，后者就要由自己在教学中遇到的重点、难点、空白点进行系统而深入的研究。

编写教材是一项结合教学活动而进行的特殊科学研究。这里我想起老一辈史学家翦伯赞先生在20世纪60年代初就提出教学与科研相结合的设想。

他认为，教师应该有自己的研究性的教材，第一年编写好，最好三年不大改。在这三年中把修改时间用于对关键性的大课题进行科学研究。三年之后，把研究成果加进教材后，又是三年不大改，三年中做专题研究。在第二个三年中，再对一些新课题进行深入研究后，再进行一次大改。这样下去，有几个三年，教材的质量也提高了，教学与科研的矛盾就解决了。我至今还记得他那风趣的名言："要游月宫，必须研究火箭，而不能靠诗人的狂想；要提高教学质量，必须开展有计划的科学研究，而不能靠教师的主观愿望。"他这里所说，不仅是教学与科研相结合的问题，而且说明了教师对所教课程的敬业精神和对学生的高度责任感。

翦伯赞先生关于教材建设的观念和我在教学的实践，养成了我写作教材的习惯。在各类各级的教学中，我都把关注点集中在编写有自己的风格和特点的教材，而且把它作为科学研究的主要途径。从 20 世纪 50 年代后期到现在，我共编写教材 15 种，共获奖 8 种。其中：①大专教材《世界史教程》获陕西省优秀教材一等奖；②大学本科教材《世界史·近现代卷》获国家优秀教材一等奖，修订本已列入"十五"国家级重点教材；③大学本科教材《东方民族主义思潮》获国家人文社会科学二等奖；④大学教材《现代民族主义运动史》获陕西省社会科学优秀成果一等奖；⑤研究生教材《阿拉伯国史》和《二十世纪中东史》被教育部审定为全国研究生用书，前者获国家级优秀教材二等奖，后者获陕西省社会科学优秀教材一等奖。还有一本是我为博士生写的理论教材《文明交往论》，此书凡六易其稿，历时十五年，作为我校"211 工程"标志性成果已于 2002 年正式出版。我觉得，教材有它的特殊要求，这就是：①正确的指导思想；②吸收国内外最新研究成果；③有作者潜心研究的课题；④符合教学原则的编纂方法；⑤有一定的研究深度；⑥兼有科学性、实用性、稳定性、适应性和可读性。我作为国家教委优秀教材评委、国家教委"大学历史丛书"编委，深感一部好的教材产生的社会效益和深远影响，也深感结合教学活动修改的重要性，尤其是研究生教材，要遵循稳定性与创新性、政治与史学本体相结合原则，把强化学术品位作为首要原则的修改工作十分重要。教材是"改"出来的，毕业一届研究生，修改一次；研究生从中受到西北大学中东所的勤奋、严谨、求实、创新、协作学风的熏陶，教材水平也随之提高。研究生的学术个性化培养工作和教材建设、中东所学科建设工作与时共进，培养的人才群体也在全国形成独特的学术风格。

其次，是教学法的研究。教师的水平不限于业务水平，还包括教学指导思想、教学方法、教育心理学诸多方面。教材包括知识、原理，是作为有机的知识结构而存在的，教师不但要透彻了解教材内容，而且要注重学生透彻掌握教材内容的最佳途径。这里就有一个合理选择教学方法、组织教学序列的问题，不仅使学生掌握知识和能力，还应当唤起学生的心灵旨趣，给学生以智慧。

　　一个高等学校教师，可以是研究型的，也可以是教学型的，但绝对不能没有对教学法的研究。教学法研究，也是一种特殊的科学研究。一篇有意义的教学法研究论文，理所当然是科研论文。我一生当教师，深感教师不但要编好教材，也要关注教学。例如备课这个环节，我曾总结了"教学三'之'"的方法：① "无字之课"，即全面了解学生，备课必备"无字之课"；② "有字之课"，即钻研教材，博览群书，是备"有字之课"；③ "无纸之课"，即讲课时必须脱离讲稿，胸有成竹，熟悉于脑，思路清晰，进入角色，讲"无纸之课"。

　　这种研究教学法的习惯，使我在教每门课后，都有写"教学手记"的记录，以便及时把所感所思用文章记下来。例如在培养博士研究生以来，我写过十几篇培养手记。其中有三篇发表在国务院学位办的机关刊物《学位与研究生教育》上。这就是 1992 年第 3 期的《做好博士研究生指导工作的关键在哪里?》、2003 年第 2 期的《略谈博士研究生的个性化培养问题》和 2006 年第 2 期的《博士学位论文作者三层次说》。这三篇手记，在 2005 年天津师大"世界史博士导师论坛"上结集在会上发表，引起了许多老年博导的同感和中青年博导的注意。2005 年我在《学位与研究生教育》杂志第 5 期上，又发表了《谈博士研究生学术自觉意识的培养》的手记。和前面的手记一样，都有其针对性。对于我自己说来，最重要的收获是，更加意识到"质量第一"指导思想的重要，更加意识到严肃认真、严格要求的重要，特别是把目标集中在出优秀的博士学位论文上。虽然人文社会科学从来上榜不多，但这个目标不能动摇。我经常提醒自己：21 世纪是更加重视质量的世纪，由数量向质量的转移，标志着一个时代的结束和另一个时代的开始。重视质量是一个时代问题的命题。谁轻视质量谁将付出沉重的代价!

　　第三，实践创造性的教育理论思维。

　　科学研究生长点、教学与科研相结合和教学法研究三者之间，贯穿着一条教育理论思维的思想线索。用教育科学原理分析学生的实际，用理论上的高视角与创造性思维去研究教材的要求，这有赖于教育哲学思想的培养。

　　我 1982 年招收硕士研究生，1986 年招收博士研究生。长期以来有些问题萦绕脑际。我常想：我国人文社会科学界为何很长时间未出公认的大师？为什么20世纪前期涌现了灿若群星的人文社会科学大师？这些大师们是怎样成长起来的？他们身上都具有什么样的学术风格？大师们的成长历程对我们培养研究生有何启示？我曾试图从中外学术史上寻觅答案。从粗略统计的概览中，可以发现：凡是人文社会科学有所作为和有所创造的人，他们都有鲜明的、与众不同的独特的学术个性，他们既尊重前人成果，又不迷信权威，而且在勇于探索未知领域中不懈地开拓思路。我觉得我们培养的方向应该是求知为基础、锻炼能力为关键、健全人格为根本，使学生具有探索真理、追求真理的品格。从负面讲，故步自封、妄自尊大，跟着别人走，围着别人转，唯书、唯上、唯时尚，一味模仿，这条路子不仅对教育，而且对国家、社会和个人，都是一条僵化教条之路，无利可言。

这使我想起《庄子·秋水》讲的"邯郸学步"的寓言："且子独不闻夫寿陵余子之学行于邯郸与？未得国能，又失其故行矣，直匍匐而归耳！"寿陵，燕国城市；邯郸，赵国都城。寿陵少年到邯郸去学习赵国的走步技能，因为只知模仿，把原来的故行都失掉了，结果爬着（匍匐）而归。这个比喻一味模仿别人，反而丧失原来本领的成语，很有启示性。我们的教育理论思维应该是：①不要对学生填鸭说教，而要启发引导；②不要使学生亦步亦趋，而要他们独立思考；③不要使学生局限于模仿，而要鼓励他们勇于创造。德性使学生更坚贞，韧性使学生更坚定，悟性使学生更坚强。

最后我用恩格斯的话作为结语。他说过：一个民族要站在科学高峰，就一刻也不能没有理论思维。这对我们的教育界，对我们的教师也是如此。如果轻视创造性的教育理论思维，就会陷入不正确思维的泥潭。现在都谈创新，创新之本就在于贯彻马克思主义最本质的东西、活的灵魂——具体地分析具体情况。愿与大家共勉。